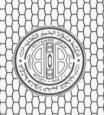

القرآن الكريم

ورتل القرآن ترتيلا

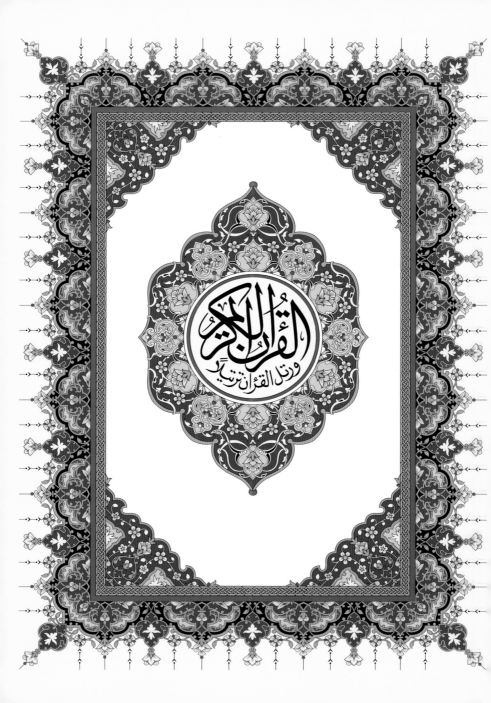

وزارة الأوقاف والشؤون والمقدسات الإسلامية

مديرية التعليم الشرعي

تصريح تداول المصحف الشريف

إجازة رقم (468/م/2022/1/648)

سعادة مدير عام دار المعرفة / دمشق

السلام عليكم ورحمة الله وبركاته،

يسر وزارة الأوقاف والشؤون والمقدسات الإسلامية أن تبلغ سعادتكم بقرار لجنة تدقيق المصحف الشريف بإجازة بروفة القرآن الكريم برواية ورش عن نافع والمكتوب بالخط الكوفي بيد الخطاط عثمان طه، مقاس 25×35، وذلك بناءً على قرار اللجنة في اجتماعها الأول لسنة 2022 يوم الثلاثاء الحادي والعشرين من شهر رجب 1443 هـ الموافق 2022/2/22 م.

على أن تراعى الدقة التامة في عمليات الطباعة والجمع والتجليد وأن يتم تزويد الوزارة بثلاث نسخ بعد الطباعة.

والسلام عليكم ورحمة الله وبركاته

صدر هذا التصريح حسب قانون الأوقاف والشؤون والمقدسات الإسلامية رقم (32) لسنة 2001.

عضو اللجنة	عضو اللجنة	نائب رئيس اللجنة	رئيس لجنة المصحف الشريف
عبد الكريم يونس	مساعد الأمين العام لشؤون المديريات	مساعد الأمين العام لشؤون الدعوة	مفتي عام المملكة
	مدير التعليم الشرعي	مدير الوعظ والإرشاد	عبد الكريم الخصاونة
	د. حاتم السحيمات	إسماعيل الخطبا	
عضو اللجنة	عضو اللجنة	عضو اللجنة	عضو اللجنة
		مندوب المكتبة الوطنية	مندوب هيئة الإعلام
مصلح سلامة	محمد الحويطي	موسى العواملة	عمر العلاونة

عضو ومقرر اللجنة

رئيس قسم شؤون المصحف الشريف

محمد فالح عفان

تصديق

تحريراً في 21 / 7 /1443 هـ

وزير الأوقاف والشؤون والمقدسات الإسلامية

الموافق 22/ 2 /2022م

الدكتور محمد أحمد الخلايلة

دقق هذه النسخة أصحاب الفضيلة: د. إبراهيم محمد الجرمي ود. راشد حسين الحمصي ود. احمد القضاة.

بسم الله الرحمن الرحيم

وزارة الأوقاف والشؤون والمقدسات الإسلامية

الرقم: ٢\٢\٢ ١ ٩٠١٥

التاريخ: ١٤٤٣/٠٩/٠٣ هـ

الموافق: ٢٠٢٢/٠٤/٠٥ م

السادة دار المعرفة للنشر والتوزيع / دمشق

السلام عليكم ورحمة اللّه وبركاته

إشارة إلى كتابكم رقم م/ 29 تاريخ 3/ 4/ 2022م والمتضمن طلب إجازة للمصحف الشريف برواية ورش عن نافع بجميع مقاساته.

أرجو العلم أن الإجازة الصادرة عن وزارة الأوقاف رقم (846/ 1/ 2022/ م/ 468) لبروفة المصحف الشريف برواية ورش عن نافع تشمل المقاسات التالية (25×35 سم)،(17×24 سم) (14×20سم) ،(12×17 سم)،(10×14سم) و (8×12 سم) وسواء طبع المصحف كاملاً أو أجزاء، حيث أجازت لجنة المصحف الشريف أصل هذا المصحف الشريف في اجتماعها رقم (1/ 2022) بتاريخ 22/ 2/ 2022م.

على أن يراعى تزويد الوزارة بنسخة من كل مقاس للاطلاع عليها قبل دخولها إلى المملكة.

والسلام عليكم ،،،

الأمين العام لوزارة الأوقاف

الدكتور عبد ألله عقيل

نسخة / مساعد الأمين العام لشؤون المديريات مدير التعليم الشرعي
نسخة / مستشار الأمين العام لشؤون المصحف الشريف
نسخة / رئيس قسم شؤون المصحف الشريف
نسخة / الملف 1/ 1/ 16

ص. ب ٦٥٩ - عمان ١١١١٨ الأردن - هاتف ٥٦٦٦١٤١ - فاكسميلي ٥٦٠٢٢٥٤

القُرآنُ الكَرِيمُ

رواية ورش عن نافع

وبهَامشِه تفسير وبيان كلمات القرآن الكريم

جَوَّد حروفه الدكتور المهندس

صبحي طه

مراجعة الشيخ الدكتور

محمد عبد الله زين العابدين الشنقيطي

نال شرف كتابته عَلَى الرَّسم العثماني الخَطّاط عُثمان طه

معالجة ورسم الكتروني محمد علاء أحمد طه

حَازتْ شَرفَ إصْدَارهَا

دَارُ المَعرِفَة

سوريا - دمشق - ص.ب 30268 / +963112210269 +963112241615

www.easyquran.com Email:info@easyquran.com

Ar:facebook.com/easyquran Fr:facebook.com/easyquran.fr

youtube.com/daralmaarifah twitter.com/SubhiTaha

الرقم التسلسلي المعياري الدولي QR ISBN: 978-9933-423-15-5

يطلب في المملكة المغربية من

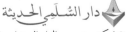

دار السُّلَمي الحديثة

86 شارع فيكتور هيجو - الدار البيضاء - المغرب

الهاتف: 0522441550 / الفاكس: 0522304371

www.darsoulami.ma / darsoulami@gmail.com

9 789933 423155

الطبعة الأولى 1443 هـ/ 2022 م

مطبعة دار الكتب - الدوتس - لبنان

بِسْمِ ٱللَّهِ ٱلرَّحْمَٰنِ ٱلرَّحِيمِ

ٱلْحَمْدُ لِلَّهِ رَبِّ ٱلْعَٰلَمِينَ ۝١ ٱلرَّحْمَٰنِ

ٱلرَّحِيمِ ۝٢ مَٰلِكِ يَوْمِ ٱلدِّينِ ۝٣

إِيَّاكَ نَعْبُدُ وَإِيَّاكَ نَسْتَعِينُ ۝٤

ٱهْدِنَا ٱلصِّرَٰطَ ٱلْمُسْتَقِيمَ ۝٥ صِرَٰطَ

ٱلَّذِينَ أَنْعَمْتَ عَلَيْهِمْ ۝٦ غَيْرِ ٱلْمَغْضُوبِ

عَلَيْهِمْ وَلَا ٱلضَّآلِّينَ ۝٧

● مَدّ مشبع ٦ حركات	● إخفاء، ومواقع الغُنَّة (حركتين)	● تفخيم
● مَدّ ٢ أو ٤ أو ٦ جوازاً	● مَدّ حركتين	● قلقلة
	● إدغام، وما لا يُلفَظ	

● رَبِّ ٱلْعَٰلَمِينَ: مُربّيهم ومالكِهم وَمُدبّرِ أُمورهم ● يَوْمِ ٱلدِّينِ: يَوم الجَزاء

● ٱلصِّرَٰطَ ٱلْمُسْتَقِيمَ: الطَّريق الَّذي لا اعوجاَج فِيه

سُورَةُ ٱلْبَقَرَةِ

بِسْمِ ٱللَّهِ ٱلرَّحْمَٰنِ ٱلرَّحِيمِ

الٓمٓ ﴿١﴾ ذَٰلِكَ ٱلْكِتَٰبُ لَا رَيْبَ ۛ فِيهِ ۛ هُدًى لِّلْمُتَّقِينَ ﴿١﴾ ٱلَّذِينَ يُؤْمِنُونَ بِٱلْغَيْبِ وَيُقِيمُونَ ٱلصَّلَوٰةَ وَمِمَّا رَزَقْنَٰهُمْ يُنفِقُونَ ﴿٢﴾ وَٱلَّذِينَ يُؤْمِنُونَ بِمَآ أُنزِلَ إِلَيْكَ وَمَآ أُنزِلَ مِن قَبْلِكَ وَبِٱلْءَاخِرَةِ هُمْ يُوقِنُونَ ﴿٣﴾ أُوْلَٰٓئِكَ عَلَىٰ هُدًى مِّن رَّبِّهِمْ ۖ وَأُوْلَٰٓئِكَ هُمُ ٱلْمُفْلِحُونَ ﴿٤﴾

● مَدّ مشبع 6 حركات	● إخفاء، ومواقع الغُنَّة (حركتين) ● تفخيم
● مَدّ 2 أو 4 أو 6 جوازاً	● مَدّ حركتين ● إدغام، وما لا يُلفظ ● قلقلة

▪ ذَٰلِكَ ٱلْكِتَٰبُ: القرآنُ العظيمُ ▪ لَا رَيْبَ: لاشكَّ في أنَّه مِن عند اللهِ ▪ هُدًى: هادٍ مِن الضَّلالةِ

▪ لِّلْمُتَّقِينَ: الذين تَجنَّبوا المَعاصيَ وأدُّوا الفرائضَ فوَقَوا أنفُسَهم العذابَ ▪ عَلَىٰ هُدًى: على رشادٍ ونُورٍ ويقينٍ

إِنَّ ٱلَّذِينَ كَفَرُواْ سَوَآءٌ عَلَيْهِمْ ءَأَنذَرْتَهُمْ أَمْ لَمْ تُنذِرْهُمْ لَا يُؤْمِنُونَ ۝ خَتَمَ ٱللَّهُ عَلَىٰ قُلُوبِهِمْ وَعَلَىٰ سَمْعِهِمْ وَعَلَىٰٓ أَبْصَٰرِهِمْ غِشَٰوَةٌ وَلَهُمْ عَذَابٌ عَظِيمٌ ۝ وَمِنَ ٱلنَّاسِ مَن يَقُولُ ءَامَنَّا بِٱللَّهِ وَبِٱلْيَوْمِ ٱلْءَاخِرِ وَمَا هُم بِمُؤْمِنِينَ ۝ يُخَٰدِعُونَ ٱللَّهَ وَٱلَّذِينَ ءَامَنُواْ وَمَا يَخْدَعُونَ إِلَّآ أَنفُسَهُمْ وَمَا يَشْعُرُونَ ۝ فِى قُلُوبِهِم مَّرَضٌ فَزَادَهُمُ ٱللَّهُ مَرَضاً وَلَهُمْ عَذَابٌ أَلِيمٌ بِمَا كَانُواْ يَكْذِبُونَ ۝ وَإِذَا قِيلَ لَهُمْ لَا تُفْسِدُواْ فِى ٱلْأَرْضِ قَالُوٓاْ إِنَّمَا نَحْنُ مُصْلِحُونَ ۝ أَلَآ إِنَّهُمْ هُمُ ٱلْمُفْسِدُونَ وَلَٰكِن لَّا يَشْعُرُونَ ۝ وَإِذَا قِيلَ لَهُمْ ءَامِنُواْ كَمَآ ءَامَنَ ٱلنَّاسُ قَالُوٓاْ أَنُؤْمِنُ كَمَآ ءَامَنَ ٱلسُّفَهَآءُ أَلَآ إِنَّهُمْ هُمُ ٱلسُّفَهَآءُ وَلَٰكِن لَّا يَعْلَمُونَ ۝ وَإِذَا لَقُواْ ٱلَّذِينَ ءَامَنُواْ قَالُوٓاْ ءَامَنَّا وَإِذَا خَلَوْاْ إِلَىٰ شَيَٰطِينِهِمْ قَالُوٓاْ إِنَّا مَعَكُمْ إِنَّمَا نَحْنُ مُسْتَهْزِءُونَ ۝ ٱللَّهُ يَسْتَهْزِئُ بِهِمْ وَيَمُدُّهُمْ فِى طُغْيَٰنِهِمْ يَعْمَهُونَ ۝ أُوْلَٰٓئِكَ ٱلَّذِينَ ٱشْتَرَوُاْ ٱلضَّلَٰلَةَ بِٱلْهُدَىٰ فَمَا رَبِحَت تِّجَٰرَتُهُمْ وَمَا كَانُواْ مُهْتَدِينَ ۝

• **خَتَمَ ٱللَّهُ**	طبع اللَّهُ
• **غِشَٰوَةٌ**	غطاءٌ وسترٌ
• **يُخَٰدِعُونَ**	يعملون عمل المخادع
• **مَّرَضٌ**	شكّ ونفاقٌ أو تكذيبٌ وجَحْدٌ
• **خَلَوْاْ إِلَىٰ شَيَٰطِينِهِمْ**	انصرفوا إليهم أو انفردوا معهم
• **يَمُدُّهُمْ**	يزيدهم أو يمهلهم
• **طُغْيَٰنِهِمْ**	مجاوزتهم الحدّ وغلوّهم في الكفر
• **يَعْمَهُونَ**	يعمَون عن الرشد أو يتحيّرون

• تفخيم	• إخفاء، ومواقع الغُنَّة (حركتين)	● مدّ مشبع 6 حركات	● مدّ حركتين
● قلقلة	• إدغام، وما لا يُلفظ	● مدّ 2 أو 4 أو 6 جوازاً	

3

مَثَلُهُمْ كَمَثَلِ الَّذِي اسْتَوْقَدَ نَاراً فَلَمَّا أَضَاءَتْ مَا حَوْلَهُ ذَهَبَ اللَّهُ بِنُورِهِمْ وَتَرَكَهُمْ فِي ظُلُمَاتٍ لاَّ يُبْصِرُونَ ﴿١٦﴾ صُمٌّ بُكْمٌ عُمْيٌ فَهُمْ لاَ يَرْجِعُونَ ﴿١٧﴾ أَوْ كَصَيِّبٍ مِّنَ السَّمَاءِ فِيهِ ظُلُمَاتٌ وَرَعْدٌ وَبَرْقٌ يَجْعَلُونَ أَصَابِعَهُمْ فِي ءَاذَانِهِم مِّنَ الصَّوَاعِقِ حَذَرَ الْمَوْتِ وَاللَّهُ مُحِيطٌ بِالْكَافِرِينَ ﴿١٨﴾ يَكَادُ الْبَرْقُ يَخْطَفُ أَبْصَارَهُمْ كُلَّمَا أَضَاءَ لَهُم مَّشَوْا فِيهِ وَإِذَا أَظْلَمَ عَلَيْهِمْ قَامُوا وَلَوْ شَاءَ اللَّهُ لَذَهَبَ بِسَمْعِهِمْ وَأَبْصَارِهِمْ إِنَّ اللَّهَ عَلَى كُلِّ شَيْءٍ قَدِيرٌ ﴿١٩﴾ يَا أَيُّهَا النَّاسُ اعْبُدُوا رَبَّكُمُ الَّذِي خَلَقَكُمْ وَالَّذِينَ مِن قَبْلِكُمْ لَعَلَّكُمْ تَتَّقُونَ ﴿٢٠﴾ الَّذِي جَعَلَ لَكُمُ الأَرْضَ فِرَاشاً وَالسَّمَاءَ بِنَاءً وَأَنزَلَ مِنَ السَّمَاءِ مَاءً فَأَخْرَجَ بِهِ مِنَ الثَّمَرَاتِ رِزْقاً لَّكُمْ فَلاَ تَجْعَلُوا لِلَّهِ أَندَاداً وَأَنتُمْ تَعْلَمُونَ ﴿٢١﴾ وَإِن كُنتُمْ فِي رَيْبٍ مِّمَّا نَزَّلْنَا عَلَى عَبْدِنَا فَأْتُوا بِسُورَةٍ مِّن مِّثْلِهِ وَادْعُوا شُهَدَاءَكُم مِّن دُونِ اللَّهِ إِن كُنتُمْ صَادِقِينَ ﴿٢٢﴾ فَإِن لَّمْ تَفْعَلُوا وَلَن تَفْعَلُوا فَاتَّقُوا النَّارَ الَّتِي وَقُودُهَا النَّاسُ وَالْحِجَارَةُ أُعِدَّتْ لِلْكَافِرِينَ ﴿٢٣﴾

• مَثَلُهُمْ
حَالُهُمُ العجيبة أو صفتُهم

• اسْتَوْقَدَ نَاراً
أوقدَها

• بُكْمٌ
خرسٌ عن النطق بالحق

• كَصَيِّبٍ
الصَّيِّب: المطر النازل أو السحاب

• يَخْطَفُ أَبْصَارَهُمْ
يَسْتَلِبُها أو يذهبُ بها بسرعة

• قَامُوا
وقفوا وثبتوا في أماكنهم متحيِّرين

• الأَرْضَ فِرَاشاً
بِساطاً وِطاءً للاستقرار عليها

• السَّمَاءَ بِنَاءً
سقفاً مرفوعًا أو كالقُبّة المضروبة

• أَندَاداً
أمثالاً من الأوثان تعبدونها

• ادْعُوا شُهَدَاءَكُم
أحضروا آلهتكُم أو نُصراءَكم

● مدّ مشبع ٦ حركات
● مدّ ٢ أو ٤ أو ٦ جوازاً
● إخفاء، ومواقع الغُنّة (حركتين)
● إدغام، وما لا يُلفظ
● مدّ حركتين
● تفخيم
● قلقلة

وَبَشِّرِ ٱلَّذِينَ ءَامَنُوا۟ وَعَمِلُوا۟ ٱلصَّٰلِحَٰتِ أَنَّ لَهُمْ جَنَّٰتٍ تَجْرِى مِن تَحْتِهَا ٱلْأَنْهَٰرُ كُلَّمَا رُزِقُوا۟ مِنْهَا مِن ثَمَرَةٍ رِّزْقًا قَالُوا۟ هَٰذَا ٱلَّذِى رُزِقْنَا مِن قَبْلُ وَأُتُوا۟ بِهِۦ مُتَشَٰبِهًا وَلَهُمْ فِيهَآ أَزْوَٰجٌ مُّطَهَّرَةٌ وَهُمْ فِيهَا خَٰلِدُونَ ﴿٢٤﴾

۞ إِنَّ ٱللَّهَ لَا يَسْتَحْىِۦٓ أَن يَضْرِبَ مَثَلًا مَّا بَعُوضَةً فَمَا فَوْقَهَا فَأَمَّا ٱلَّذِينَ ءَامَنُوا۟ فَيَعْلَمُونَ أَنَّهُ ٱلْحَقُّ مِن رَّبِّهِمْ وَأَمَّا ٱلَّذِينَ كَفَرُوا۟ فَيَقُولُونَ مَاذَآ أَرَادَ ٱللَّهُ بِهَٰذَا مَثَلًا يُضِلُّ بِهِۦ كَثِيرًا وَيَهْدِى بِهِۦ كَثِيرًا وَمَا يُضِلُّ بِهِۦٓ إِلَّا ٱلْفَٰسِقِينَ ﴿٢٥﴾ ٱلَّذِينَ يَنقُضُونَ عَهْدَ ٱللَّهِ مِنۢ بَعْدِ مِيثَٰقِهِۦ وَيَقْطَعُونَ مَآ أَمَرَ ٱللَّهُ بِهِۦٓ أَن يُوصَلَ وَيُفْسِدُونَ فِى ٱلْأَرْضِ أُو۟لَٰٓئِكَ هُمُ ٱلْخَٰسِرُونَ ﴿٢٦﴾ كَيْفَ تَكْفُرُونَ بِٱللَّهِ وَكُنتُمْ أَمْوَٰتًا فَأَحْيَٰكُمْ ثُمَّ يُمِيتُكُمْ ثُمَّ يُحْيِيكُمْ ثُمَّ إِلَيْهِ تُرْجَعُونَ ﴿٢٧﴾ هُوَ ٱلَّذِى خَلَقَ لَكُم مَّا فِى ٱلْأَرْضِ جَمِيعًا ثُمَّ ٱسْتَوَىٰٓ إِلَى ٱلسَّمَآءِ فَسَوَّىٰهُنَّ سَبْعَ سَمَٰوَٰتٍ وَهُوَ بِكُلِّ شَىْءٍ عَلِيمٌ ﴿٢٨﴾

● مُتَشَٰبِهًا
في اللون والمنظر لا في الطعم

● فَسَوَّىٰهُنَّ
أتمهن وقومهن وأحكمهن

| ● تفخيم | ● إخفاء، ومواقع الغُنّة (حركتين) | ● مدّ مشبع ٦ حركات |
| ● قلقلة | ● إدغام، وما لا يُلفظ | ● مدّ حركتين | ● مدّ ٢ أو ٤ أو ٦ جوازًا |

وَإِذْ قَالَ رَبُّكَ لِلْمَلَٰٓئِكَةِ إِنِّى جَاعِلٌ فِى ٱلْأَرْضِ خَلِيفَةً قَالُوٓا۟

أَتَجْعَلُ فِيهَا مَن يُفْسِدُ فِيهَا وَيَسْفِكُ ٱلدِّمَآءَ وَنَحْنُ نُسَبِّحُ

بِحَمْدِكَ وَنُقَدِّسُ لَكَ قَالَ إِنِّىٓ أَعْلَمُ مَا لَا تَعْلَمُونَ ۝٢٩ وَعَلَّمَ

ءَادَمَ ٱلْأَسْمَآءَ كُلَّهَا ثُمَّ عَرَضَهُمْ عَلَى ٱلْمَلَٰٓئِكَةِ فَقَالَ أَنۢبُِٔونِى

بِأَسْمَآءِ هَٰٓؤُلَآءِ إِن كُنتُمْ صَٰدِقِينَ ۝٣٠ قَالُوا۟ سُبْحَٰنَكَ لَا عِلْمَ

لَنَآ إِلَّا مَا عَلَّمْتَنَآ إِنَّكَ أَنتَ ٱلْعَلِيمُ ٱلْحَكِيمُ ۝٣١ قَالَ يَٰٓـَٔادَمُ

أَنۢبِئْهُم بِأَسْمَآئِهِمْ فَلَمَّآ أَنۢبَأَهُم بِأَسْمَآئِهِمْ قَالَ أَلَمْ أَقُل لَّكُمْ إِنِّىٓ

أَعْلَمُ غَيْبَ ٱلسَّمَٰوَٰتِ وَٱلْأَرْضِ وَأَعْلَمُ مَا تُبْدُونَ وَمَا كُنتُمْ

تَكْتُمُونَ ۝٣٢ وَإِذْ قُلْنَا لِلْمَلَٰٓئِكَةِ ٱسْجُدُوا۟ لِءَادَمَ فَسَجَدُوٓا۟

إِلَّآ إِبْلِيسَ أَبَىٰ وَٱسْتَكْبَرَ وَكَانَ مِنَ ٱلْكَٰفِرِينَ ۝٣٣ وَقُلْنَا

يَٰٓـَٔادَمُ ٱسْكُنْ أَنتَ وَزَوْجُكَ ٱلْجَنَّةَ وَكُلَا مِنْهَا رَغَدًا حَيْثُ

شِئْتُمَا وَلَا تَقْرَبَا هَٰذِهِ ٱلشَّجَرَةَ فَتَكُونَا مِنَ ٱلظَّٰلِمِينَ ۝٣٤ فَأَزَلَّهُمَا

ٱلشَّيْطَٰنُ عَنْهَا فَأَخْرَجَهُمَا مِمَّا كَانَا فِيهِ وَقُلْنَا ٱهْبِطُوا۟ بَعْضُكُمْ

لِبَعْضٍ عَدُوٌّ وَلَكُمْ فِى ٱلْأَرْضِ مُسْتَقَرٌّ وَمَتَٰعٌ إِلَىٰ حِينٍ ۝٣٥ فَتَلَقَّىٰٓ

ءَادَمُ مِن رَّبِّهِۦ كَلِمَٰتٍ فَتَابَ عَلَيْهِ إِنَّهُۥ هُوَ ٱلتَّوَّابُ ٱلرَّحِيمُ ۝٣٦

الحاشية (يمين الصفحة):

• يَسْفِكُ
ٱلدِّمَآءَ
يُرِيقُهَا عدوانًا
وظلمًا

• نُسَبِّحُ
بِحَمْدِكَ
نُنَزِّهُكَ عن
كلِّ سوءٍ
مُثنينَ عليك

• نُقَدِّسُ لَكَ
نُمَجِّدُك
ونُطَهِّرُ ذكرَك
عمّا لا يليق
بعظمتك

ثُمُنْ

• ٱسْجُدُوا۟
لِءَادَمَ
اخضعوا له
أو اسجدوا
سجودَ تحيّةٍ
وتعظيم

• رَغَدًا
أكلًا واسعًا أو
هنيئًا لا عناءَ
فيه

• فَأَزَلَّهُمَا
ٱلشَّيْطَٰنُ
أذهبهما
وأبعدهما

شريط أحكام التجويد:
• مدّ مشبع 6 حركات | • إخفاء، ومواقع الغُنَّة (حركتين) | • تفخيم
• مدّ 2 أو 4 أو 6 جوازًا | • مدّ حركتين | • قلقلة
• إدغام، وما لا يُلفظ | • مدّ حركتين

قُلْنَا اهْبِطُوا مِنْهَا جَمِيعًا فَإِمَّا يَأْتِيَنَّكُم مِّنِّي هُدًى فَمَن تَبِعَ هُدَايَ فَلَا خَوْفٌ عَلَيْهِمْ وَلَا هُمْ يَحْزَنُونَ ﴿37﴾ وَالَّذِينَ كَفَرُوا وَكَذَّبُوا بِآيَاتِنَا أُولَٰئِكَ أَصْحَابُ النَّارِ هُمْ فِيهَا خَالِدُونَ ﴿38﴾ يَا بَنِي إِسْرَائِيلَ اذْكُرُوا نِعْمَتِيَ الَّتِي أَنْعَمْتُ عَلَيْكُمْ وَأَوْفُوا بِعَهْدِي أُوفِ بِعَهْدِكُمْ وَإِيَّايَ فَارْهَبُونِ ﴿39﴾ وَآمِنُوا بِمَا أَنزَلْتُ مُصَدِّقًا لِّمَا مَعَكُمْ وَلَا تَكُونُوا أَوَّلَ كَافِرٍ بِهِ وَلَا تَشْتَرُوا بِآيَاتِي ثَمَنًا قَلِيلًا وَإِيَّايَ فَاتَّقُونِ ﴿40﴾ وَلَا تَلْبِسُوا الْحَقَّ بِالْبَاطِلِ وَتَكْتُمُوا الْحَقَّ وَأَنتُمْ تَعْلَمُونَ ﴿41﴾ وَأَقِيمُوا الصَّلَاةَ وَآتُوا الزَّكَاةَ وَارْكَعُوا مَعَ الرَّاكِعِينَ ﴿42﴾ أَتَأْمُرُونَ النَّاسَ بِالْبِرِّ وَتَنسَوْنَ أَنفُسَكُمْ وَأَنتُمْ تَتْلُونَ الْكِتَابَ أَفَلَا تَعْقِلُونَ ﴿43﴾ وَاسْتَعِينُوا بِالصَّبْرِ وَالصَّلَاةِ وَإِنَّهَا لَكَبِيرَةٌ إِلَّا عَلَى الْخَاشِعِينَ ﴿44﴾ الَّذِينَ يَظُنُّونَ أَنَّهُم مُّلَاقُو رَبِّهِمْ وَأَنَّهُمْ إِلَيْهِ رَاجِعُونَ ﴿45﴾ يَا بَنِي إِسْرَائِيلَ اذْكُرُوا نِعْمَتِيَ الَّتِي أَنْعَمْتُ عَلَيْكُمْ وَأَنِّي فَضَّلْتُكُمْ عَلَى الْعَالَمِينَ ﴿46﴾ وَاتَّقُوا يَوْمًا لَّا تَجْزِي نَفْسٌ عَن نَّفْسٍ شَيْئًا وَلَا يُقْبَلُ مِنْهَا شَفَاعَةٌ وَلَا يُؤْخَذُ مِنْهَا عَدْلٌ وَلَا هُمْ يُنصَرُونَ ﴿47﴾

7

وَإِذْ نَجَّيْنَٰكُم مِّنْ ءَالِ فِرْعَوْنَ يَسُومُونَكُمْ سُوٓءَ ٱلْعَذَابِ يُذَبِّحُونَ أَبْنَآءَكُمْ وَيَسْتَحْيُونَ نِسَآءَكُمْ وَفِى ذَٰلِكُم بَلَآءٌ مِّن رَّبِّكُمْ عَظِيمٌ ۝ وَإِذْ فَرَقْنَا بِكُمُ ٱلْبَحْرَ فَأَنجَيْنَٰكُمْ وَأَغْرَقْنَآ ءَالَ فِرْعَوْنَ وَأَنتُمْ تَنظُرُونَ ۝ وَإِذْ وَٰعَدْنَا مُوسَىٰٓ أَرْبَعِينَ لَيْلَةً ثُمَّ ٱتَّخَذْتُمُ ٱلْعِجْلَ مِنۢ بَعْدِهِۦ وَأَنتُمْ ظَٰلِمُونَ ۝ ثُمَّ عَفَوْنَا عَنكُم مِّنۢ بَعْدِ ذَٰلِكَ لَعَلَّكُمْ تَشْكُرُونَ ۝ وَإِذْ ءَاتَيْنَا مُوسَى ٱلْكِتَٰبَ وَٱلْفُرْقَانَ لَعَلَّكُمْ تَهْتَدُونَ ۝ ۞ وَإِذْ قَالَ مُوسَىٰ لِقَوْمِهِۦ يَٰقَوْمِ إِنَّكُمْ ظَلَمْتُمْ أَنفُسَكُم بِٱتِّخَاذِكُمُ ٱلْعِجْلَ فَتُوبُوٓا۟ إِلَىٰ بَارِئِكُمْ فَٱقْتُلُوٓا۟ أَنفُسَكُمْ ذَٰلِكُمْ خَيْرٌ لَّكُمْ عِندَ بَارِئِكُمْ فَتَابَ عَلَيْكُمْ إِنَّهُۥ هُوَ ٱلتَّوَّابُ ٱلرَّحِيمُ ۝ وَإِذْ قُلْتُمْ يَٰمُوسَىٰ لَن نُّؤْمِنَ لَكَ حَتَّىٰ نَرَى ٱللَّهَ جَهْرَةً فَأَخَذَتْكُمُ ٱلصَّٰعِقَةُ وَأَنتُمْ تَنظُرُونَ ۝ ثُمَّ بَعَثْنَٰكُم مِّنۢ بَعْدِ مَوْتِكُمْ لَعَلَّكُمْ تَشْكُرُونَ ۝ وَظَلَّلْنَا عَلَيْكُمُ ٱلْغَمَامَ وَأَنزَلْنَا عَلَيْكُمُ ٱلْمَنَّ وَٱلسَّلْوَىٰ كُلُوا۟ مِن طَيِّبَٰتِ مَا رَزَقْنَٰكُمْ وَمَا ظَلَمُونَا وَلَٰكِن كَانُوٓا۟ أَنفُسَهُمْ يَظْلِمُونَ ۝

• يَسُومُونَكُمْ
يُكَلِّفُونَكُم ويذيقونكم

• يَسْتَحْيُونَ نِسَآءَكُمْ
يستبقون للخدمة

• بَلَآءٌ
اختبار وامتحان بالنعم والنقم

• فَرَقْنَا
فصلنا وشققنا

نُمَنُ

• ٱلْفُرْقَانَ
الفارق بين الحق والباطل

• بَارِئِكُمْ
مبدعكم ومحدثكم

• جَهْرَةً
عيانًا بالبصر

• ٱلْغَمَمَ
السحاب الأبيض الرقيق

• ٱلْمَنَّ
مادة صمغية حلوة كالعسل

• ٱلسَّلْوَىٰ
الطائر المعروف بالسمانى

• مَدّ مشبع 6 حركات	• إخفاء، ومواقع الغُنّة (حركتين)	• تفخيم
مَدّ 2 أو 4 أو 6 جوازاً	• إدغام، وما لا يُلفظ	• قلقلة
	• مَدّ حركتين	

وَإِذْ قُلْنَا ادْخُلُوا هَذِهِ الْقَرْيَةَ فَكُلُوا مِنْهَا حَيْثُ شِئْتُمْ رَغَداً وَادْخُلُوا الْبَابَ سُجَّداً وَقُولُوا حِطَّةٌ يُغْفَرْ لَكُمْ خَطَايَاكُمْ وَسَنَزِيدُ الْمُحْسِنِينَ ۝ فَبَدَّلَ الَّذِينَ ظَلَمُوا قَوْلاً غَيْرَ الَّذِي قِيلَ لَهُمْ فَأَنْزَلْنَا عَلَى الَّذِينَ ظَلَمُوا رِجْزاً مِنَ السَّمَاءِ بِمَا كَانُوا يَفْسُقُونَ ۝ وَإِذِ اسْتَسْقَى مُوسَى لِقَوْمِهِ فَقُلْنَا اضْرِبْ بِعَصَاكَ الْحَجَرَ فَانْفَجَرَتْ مِنْهُ اثْنَتَا عَشْرَةَ عَيْناً قَدْ عَلِمَ كُلُّ أُنَاسٍ مَشْرَبَهُمْ كُلُوا وَاشْرَبُوا مِنْ رِزْقِ اللَّهِ وَلَا تَعْثَوْا فِي الْأَرْضِ مُفْسِدِينَ ۝ وَإِذْ قُلْتُمْ يَا مُوسَى لَنْ نَصْبِرَ عَلَى طَعَامٍ وَاحِدٍ فَادْعُ لَنَا رَبَّكَ يُخْرِجْ لَنَا مِمَّا تُنْبِتُ الْأَرْضُ مِنْ بَقْلِهَا وَقِثَّائِهَا وَفُومِهَا وَعَدَسِهَا وَبَصَلِهَا قَالَ أَتَسْتَبْدِلُونَ الَّذِي هُوَ أَدْنَى بِالَّذِي هُوَ خَيْرٌ اهْبِطُوا مِصْراً فَإِنَّ لَكُمْ مَا سَأَلْتُمْ وَضُرِبَتْ عَلَيْهِمُ الذِّلَّةُ وَالْمَسْكَنَةُ وَبَاءُوا بِغَضَبٍ مِنَ اللَّهِ ذَلِكَ بِأَنَّهُمْ كَانُوا يَكْفُرُونَ بِآيَاتِ اللَّهِ وَيَقْتُلُونَ النَّبِيِّينَ بِغَيْرِ الْحَقِّ ذَلِكَ بِمَا عَصَوْا وَكَانُوا يَعْتَدُونَ ۝

رَغَداً: أَكْلاً وَاسِعاً طَيِّباً
حِطَّةٌ: مَسْأَلَتُنَا يَا رَبَّنَا أَنْ تَحُطَّ عَنَّا خَطَايَانَا
رِجْزاً: عَذَاباً
فَانْفَجَرَتْ: فَانْشَقَّتْ وَسَالَتْ
مَشْرَبَهُمْ: مَوْضِعَ شَرْبِهِمْ
لَا تَعْثَوْا: لَا تُفْسِدُوا إِفْسَاداً شَدِيداً
فُومِهَا: الْحِنْطَةُ أَوِ الثُّومُ
الذِّلَّةُ: الذُّلُّ وَالْهَوَانُ
الْمَسْكَنَةُ: فَقْرُ النَّفْسِ وَشُحُّهَا
بَاءُوا بِغَضَبٍ: رَجَعُوا بِهِ مُسْتَحِقِّينَ لَهُ

٩

إِنَّ الَّذِينَ ءَامَنُوا۟ وَالَّذِينَ هَادُوا۟ وَالنَّصَٰرَىٰ وَالصَّٰبِـِٔينَ مَنْ

ءَامَنَ بِاللَّهِ وَالْيَوْمِ الْءَاخِرِ وَعَمِلَ صَٰلِحًا فَلَهُمْ أَجْرُهُمْ عِندَ

رَبِّهِمْ وَلَا خَوْفٌ عَلَيْهِمْ وَلَا هُمْ يَحْزَنُونَ ۝ وَإِذْ أَخَذْنَا

مِيثَٰقَكُمْ وَرَفَعْنَا فَوْقَكُمُ الطُّورَ خُذُوا۟ مَآ ءَاتَيْنَٰكُم بِقُوَّةٍ

وَاذْكُرُوا۟ مَا فِيهِ لَعَلَّكُمْ تَتَّقُونَ ۝ ثُمَّ تَوَلَّيْتُم مِّنۢ

بَعْدِ ذَٰلِكَ فَلَوْلَا فَضْلُ اللَّهِ عَلَيْكُمْ وَرَحْمَتُهُۥ لَكُنتُم مِّنَ

الْخَٰسِرِينَ ۝ وَلَقَدْ عَلِمْتُمُ الَّذِينَ اعْتَدَوْا۟ مِنكُمْ فِى السَّبْتِ

فَقُلْنَا لَهُمْ كُونُوا۟ قِرَدَةً خَٰسِـِٔينَ ۝ فَجَعَلْنَٰهَا نَكَٰلًا لِّمَا

بَيْنَ يَدَيْهَا وَمَا خَلْفَهَا وَمَوْعِظَةً لِّلْمُتَّقِينَ ۝ وَإِذْ قَالَ

مُوسَىٰ لِقَوْمِهِۦٓ إِنَّ اللَّهَ يَأْمُرُكُمْ أَن تَذْبَحُوا۟ بَقَرَةً قَالُوٓا۟ أَتَتَّخِذُنَا

هُزُوًا قَالَ أَعُوذُ بِاللَّهِ أَنْ أَكُونَ مِنَ الْجَٰهِلِينَ ۝ قَالُوا۟

ادْعُ لَنَا رَبَّكَ يُبَيِّن لَّنَا مَا هِىَ قَالَ إِنَّهُۥ يَقُولُ إِنَّهَا بَقَرَةٌ لَّا

فَارِضٌ وَلَا بِكْرٌ عَوَانٌۢ بَيْنَ ذَٰلِكَ فَافْعَلُوا۟ مَا تُؤْمَرُونَ ۝

قَالُوا۟ ادْعُ لَنَا رَبَّكَ يُبَيِّن لَّنَا مَا لَوْنُهَا قَالَ إِنَّهُۥ يَقُولُ

إِنَّهَا بَقَرَةٌ صَفْرَآءُ فَاقِعٌ لَّوْنُهَا تَسُرُّ النَّٰظِرِينَ ۝

قَالُوا ادْعُ لَنَا رَبَّكَ يُبَيِّن لَّنَا مَا هِىَ إِنَّ ٱلْبَقَرَ تَشَبَّهَ عَلَيْنَا وَإِنَّا

إِن شَآءَ ٱللَّهُ لَمُهْتَدُونَ ۝ قَالَ إِنَّهُ يَقُولُ إِنَّهَا بَقَرَةٌ لَّا ذَلُولٌ

تُثِيرُ ٱلْأَرْضَ وَلَا تَسْقِى ٱلْحَرْثَ مُسَلَّمَةٌ لَّا شِيَةَ فِيهَا قَالُوا ٱلْـَٰٔنَ

جِئْتَ بِٱلْحَقِّ فَذَبَحُوهَا وَمَا كَادُوا يَفْعَلُونَ ۝ وَإِذْ قَتَلْتُمْ

نَفْسًا فَٱدَّٰرَٰٔتُمْ فِيهَا وَٱللَّهُ مُخْرِجٌ مَّا كُنتُمْ تَكْتُمُونَ ۝ فَقُلْنَا

ٱضْرِبُوهُ بِبَعْضِهَا كَذَٰلِكَ يُحْىِ ٱللَّهُ ٱلْمَوْتَىٰ وَيُرِيكُمْ ءَايَٰتِهِ

لَعَلَّكُمْ تَعْقِلُونَ ۝ ثُمَّ قَسَتْ قُلُوبُكُم مِّنۢ بَعْدِ ذَٰلِكَ

فَهِىَ كَٱلْحِجَارَةِ أَوْ أَشَدُّ قَسْوَةً وَإِنَّ مِنَ ٱلْحِجَارَةِ لَمَا يَتَفَجَّرُ

مِنْهُ ٱلْأَنْهَٰرُ وَإِنَّ مِنْهَا لَمَا يَشَّقَّقُ فَيَخْرُجُ مِنْهُ ٱلْمَآءُ وَإِنَّ مِنْهَا

لَمَا يَهْبِطُ مِنْ خَشْيَةِ ٱللَّهِ وَمَا ٱللَّهُ بِغَٰفِلٍ عَمَّا تَعْمَلُونَ ۝

أَفَتَطْمَعُونَ أَن يُؤْمِنُوا لَكُمْ وَقَدْ كَانَ فَرِيقٌ مِّنْهُمْ

يَسْمَعُونَ كَلَٰمَ ٱللَّهِ ثُمَّ يُحَرِّفُونَهُ مِنۢ بَعْدِ مَا عَقَلُوهُ وَهُمْ

يَعْلَمُونَ ۝ وَإِذَا لَقُوا ٱلَّذِينَ ءَامَنُوا قَالُوا ءَامَنَّا وَإِذَا

خَلَا بَعْضُهُمْ إِلَىٰ بَعْضٍ قَالُوا أَتُحَدِّثُونَهُم بِمَا فَتَحَ ٱللَّهُ

عَلَيْكُمْ لِيُحَآجُّوكُم بِهِۦ عِندَ رَبِّكُمْ أَفَلَا تَعْقِلُونَ ۝

● لَا ذَلُولٌ
ليست هيّنة
سهلة الانقياد

● تُثِيرُ ٱلْأَرْضَ
تقلبُها للزّراعة

● ٱلْحَرْثَ
الزّرع أو
الأرض المهيّأة
له

● مُسَلَّمَةٌ
مبرّأة من
العيوب

● لَا شِيَةَ فِيهَا
لا لون فيها
غير الصّفرة

● فَٱدَّٰرَٰٔتُمْ
فتدافعتُم
وتخاصمتُم

حِزْب

● يُحَرِّفُونَهُ
يبدّلونه أو
يؤوّلونه

● خَلَا
مضى أو انفرد

● فَتَحَ ٱللَّهُ
حكم وقضى

● مدّ مشبع ٦ حركات   ● إخفاء، ومواقع الغُنّة (حركتين)   ● تفخيم
● مدّ ٢ أو ٤ أو ٦ جوازاً   ● مدّ حركتين   ● إدغام، وما لا يُلفظ   ● قلقلة

أَوَلَا يَعْلَمُونَ أَنَّ ٱللَّهَ يَعْلَمُ مَا يُسِرُّونَ وَمَا يُعْلِنُونَ ﴿٧٦﴾

وَمِنْهُمْ أُمِّيُّونَ لَا يَعْلَمُونَ ٱلْكِتَبَ إِلَّا أَمَانِيَّ وَإِنْ هُمْ إِلَّا يَظُنُّونَ ﴿٧٧﴾ فَوَيْلٌ لِّلَّذِينَ يَكْتُبُونَ ٱلْكِتَبَ بِأَيْدِيهِمْ ثُمَّ يَقُولُونَ هَذَا مِنْ عِندِ ٱللَّهِ لِيَشْتَرُوا۟ بِهِۦ ثَمَناً قَلِيلاً فَوَيْلٌ لَّهُم مِّمَّا كَتَبَتْ أَيْدِيهِمْ وَوَيْلٌ لَّهُم مِّمَّا يَكْسِبُونَ ﴿٧٨﴾ وَقَالُوا۟ لَن تَمَسَّنَا ٱلنَّارُ إِلَّا أَيَّاماً مَّعْدُودَةً قُلْ أَتَّخَذْتُمْ عِندَ ٱللَّهِ عَهْداً فَلَن يُخْلِفَ ٱللَّهُ عَهْدَهُۥ أَمْ تَقُولُونَ عَلَى ٱللَّهِ مَا لَا تَعْلَمُونَ ﴿٧٩﴾ بَلَى مَن كَسَبَ سَيِّئَةً وَأَحَطَتْ بِهِۦ خَطِيئَتُهُۥ فَأُو۟لَئِكَ أَصْحَبُ ٱلنَّارِهُمْ فِيهَا خَلِدُونَ ﴿٨٠﴾ وَٱلَّذِينَ ءَامَنُوا۟ وَعَمِلُوا۟ ٱلصَّلِحَتِ أُو۟لَئِكَ أَصْحَبُ ٱلْجَنَّةِ هُمْ فِيهَا خَلِدُونَ ﴿٨١﴾ وَإِذْ أَخَذْنَا مِيثَقَ بَنِي إِسْرَءِيلَ لَا تَعْبُدُونَ إِلَّا ٱللَّهَ وَبِٱلْوَلِدَيْنِ إِحْسَاناً وَذِي ٱلْقُرْبَى وَٱلْيَتَمَى وَٱلْمَسَكِينِ وَقُولُوا۟ لِلنَّاسِ حُسْناً وَأَقِيمُوا۟ ٱلصَّلَوةَ وَءَاتُوا۟ ٱلزَّكَوةَ ثُمَّ تَوَلَّيْتُمْ إِلَّا قَلِيلاً مِّنكُمْ وَأَنتُم مُّعْرِضُونَ ﴿٨٢﴾

• أُمِّيُّونَ جَهَلَةٌ

• أَمَانِيَّ أَكَاذِيبَ افتراها أحبارُهم

• فَوَيْلٌ هَلَكَةٌ أو حسرةٌ أو وادٍ في جهنَّم

• أَحَطَتْ بِهِ أحدقَتْ به واستولتْ عليه

● مدّ مشبع 6 حركات ● مدّ حركتين إخفاء، ومواقع الغُنَّة (حركتين) ● تفخيم
مدّ 2 أو 4 أو 6 جوازاً ● مدّ حركتين ● إدغام، وما لا يُلفَظ ● قلقلة

12

وَإِذْ أَخَذْنَا مِيثَـٰقَكُمْ لَا تَسْفِكُونَ دِمَآءَكُمْ وَلَا تُخْرِجُونَ أَنفُسَكُم مِّن دِيَـٰرِكُمْ ثُمَّ أَقْرَرْتُمْ وَأَنتُمْ تَشْهَدُونَ ۝

ثُمَّ أَنتُمْ هَـٰٓؤُلَآءِ تَقْتُلُونَ أَنفُسَكُمْ وَتُخْرِجُونَ فَرِيقًا مِّنكُم مِّن دِيَـٰرِهِمْ تَظَـٰهَرُونَ عَلَيْهِم بِٱلْإِثْمِ وَٱلْعُدْوَٰنِ

وَإِن يَأْتُوكُمْ أُسَـٰرَىٰ تُفَـٰدُوهُمْ وَهُوَ مُحَرَّمٌ عَلَيْكُمْ إِخْرَاجُهُمْ أَفَتُؤْمِنُونَ بِبَعْضِ ٱلْكِتَـٰبِ وَتَكْفُرُونَ بِبَعْضٍ فَمَا جَزَآءُ مَن يَفْعَلُ ذَٰلِكَ مِنكُمْ إِلَّا خِزْىٌ فِى ٱلْحَيَوٰةِ ٱلدُّنْيَا وَيَوْمَ ٱلْقِيَـٰمَةِ يُرَدُّونَ إِلَىٰٓ أَشَدِّ ٱلْعَذَابِ وَمَا ٱللَّهُ بِغَـٰفِلٍ عَمَّا يَعْمَلُونَ ۝

أُو۟لَـٰٓئِكَ ٱلَّذِينَ ٱشْتَرَوُا۟ ٱلْحَيَوٰةَ ٱلدُّنْيَا بِٱلْـَٔاخِرَةِ فَلَا يُخَفَّفُ عَنْهُمُ ٱلْعَذَابُ وَلَا هُمْ يُنصَرُونَ ۝

وَلَقَدْ ءَاتَيْنَا مُوسَى ٱلْكِتَـٰبَ وَقَفَّيْنَا مِنۢ بَعْدِهِۦ بِٱلرُّسُلِ وَءَاتَيْنَا عِيسَى ٱبْنَ مَرْيَمَ ٱلْبَيِّنَـٰتِ وَأَيَّدْنَـٰهُ بِرُوحِ ٱلْقُدُسِ أَفَكُلَّمَا جَآءَكُمْ رَسُولٌۢ بِمَا لَا تَهْوَىٰٓ أَنفُسُكُمُ ٱسْتَكْبَرْتُمْ فَفَرِيقًا كَذَّبْتُمْ وَفَرِيقًا تَقْتُلُونَ ۝

وَقَالُوا۟ قُلُوبُنَا غُلْفٌۢ بَل لَّعَنَهُمُ ٱللَّهُ بِكُفْرِهِمْ فَقَلِيلًا مَّا يُؤْمِنُونَ ۝

ثُمُنْ

- تَظَـٰهَرُونَ
  تتعاونون

- أُسَـٰرَىٰ
  مأسورين

- تُفَـٰدُوهُمْ
  تخرجوهم
  من الأسر
  بإعطاء الفدية

- خِزْىٌ
  هوان وفضيحةٌ

- وَقَفَّيْنَا
  مِنۢ بَعْدِهِ
  أتبعناهم إيّاه
  مترتبين

- بِرُوحِ ٱلْقُدُسِ
  جبريل عليه
  السلام

- غُلْفٌ
  مغشاة بأغشية
  خلقيّة

وَلَمَّا جَاءَهُمْ كِتَـٰبٌ مِّنْ عِندِ ٱللَّهِ مُصَدِّقٌ لِّمَا مَعَهُمْ وَكَانُوا۟

مِن قَبْلُ يَسْتَفْتِحُونَ عَلَى ٱلَّذِينَ كَفَرُوا۟ فَلَمَّا جَاءَهُم

مَّا عَرَفُوا۟ كَفَرُوا۟ بِهِۦ ۚ فَلَعْنَةُ ٱللَّهِ عَلَى ٱلْكَـٰفِرِينَ ۝

بِئْسَمَا ٱشْتَرَوْا۟ بِهِۦٓ أَنفُسَهُمْ أَن يَكْفُرُوا۟ بِمَآ أَنزَلَ

ٱللَّهُ بَغْيًا أَن يُنَزِّلَ ٱللَّهُ مِن فَضْلِهِۦ عَلَىٰ مَن يَشَآءُ مِنْ عِبَادِهِۦ ۖ

فَبَآءُو بِغَضَبٍ عَلَىٰ غَضَبٍ ۚ وَلِلْكَـٰفِرِينَ عَذَابٌ مُّهِينٌ ۝

وَإِذَا قِيلَ لَهُمْ ءَامِنُوا۟ بِمَآ أَنزَلَ ٱللَّهُ قَالُوا۟ نُؤْمِنُ بِمَآ أُنزِلَ

عَلَيْنَا وَيَكْفُرُونَ بِمَا وَرَآءَهُۥ وَهُوَ ٱلْحَقُّ مُصَدِّقًا لِّمَا

مَعَهُمْ ۗ قُلْ فَلِمَ تَقْتُلُونَ أَنۢبِيَآءَ ٱللَّهِ مِن قَبْلُ إِن كُنتُم

مُّؤْمِنِينَ ۝ ۞ وَلَقَدْ جَآءَكُم مُّوسَىٰ بِٱلْبَيِّنَـٰتِ

ثُمَّ ٱتَّخَذْتُمُ ٱلْعِجْلَ مِنۢ بَعْدِهِۦ وَأَنتُمْ ظَـٰلِمُونَ ۝

وَإِذْ أَخَذْنَا مِيثَـٰقَكُمْ وَرَفَعْنَا فَوْقَكُمُ ٱلطُّورَ خُذُوا۟

مَآ ءَاتَيْنَـٰكُم بِقُوَّةٍ وَٱسْمَعُوا۟ ۖ قَالُوا۟ سَمِعْنَا وَعَصَيْنَا

وَأُشْرِبُوا۟ فِى قُلُوبِهِمُ ٱلْعِجْلَ بِكُفْرِهِمْ ۚ قُلْ بِئْسَمَا

يَأْمُرُكُم بِهِۦٓ إِيمَـٰنُكُمْ إِن كُنتُم مُّؤْمِنِينَ ۝

• يَسْتَفْتِحُونَ
يستنصرون

بِبَعْثَتِهِ صلى
الله عليه
وسلم

• ٱشْتَرَوْا۟ بِهِ
باعوا به

• بَغْيًا
حسدًا

• فَبَآءُو
بِغَضَبٍ
فرجعوا
وانقلبوا به

قُل إِن كَانَتْ لَكُمُ ٱلدَّارُ ٱلْأَخِرَةُ عِندَ ٱللَّهِ خَالِصَةً مِّن دُونِ ٱلنَّاسِ فَتَمَنَّوُا۟ ٱلْمَوْتَ إِن كُنتُمْ صَـٰدِقِينَ ﴿٩٣﴾ وَلَن يَتَمَنَّوْهُ أَبَدًۢا بِمَا قَدَّمَتْ أَيْدِيهِمْ وَٱللَّهُ عَلِيمٌۢ بِٱلظَّـٰلِمِينَ ﴿٩٤﴾ وَلَتَجِدَنَّهُمْ أَحْرَصَ ٱلنَّاسِ عَلَىٰ حَيَوٰةٍ وَمِنَ ٱلَّذِينَ أَشْرَكُوا۟ يَوَدُّ أَحَدُهُمْ لَوْ يُعَمَّرُ أَلْفَ سَنَةٍ وَمَا هُوَ بِمُزَحْزِحِهِ مِنَ ٱلْعَذَابِ أَن يُعَمَّرَ وَٱللَّهُ بَصِيرٌۢ بِمَا يَعْمَلُونَ ﴿٩٥﴾ قُلْ مَن كَانَ عَدُوًّا لِّجِبْرِيلَ فَإِنَّهُۥ نَزَّلَهُۥ عَلَىٰ قَلْبِكَ بِإِذْنِ ٱللَّهِ مُصَدِّقًا لِّمَا بَيْنَ يَدَيْهِ وَهُدًى وَبُشْرَىٰ لِلْمُؤْمِنِينَ ﴿٩٦﴾ مَن كَانَ عَدُوًّا لِّلَّهِ وَمَلَـٰٓئِكَتِهِۦ وَرُسُلِهِۦ وَجِبْرِيلَ وَمِيكَىٰلَ فَإِنَّ ٱللَّهَ عَدُوٌّ لِّلْكَـٰفِرِينَ ﴿٩٧﴾ وَلَقَدْ أَنزَلْنَآ إِلَيْكَ ءَايَـٰتٍۭ بَيِّنَـٰتٍ وَمَا يَكْفُرُ بِهَآ إِلَّا ٱلْفَـٰسِقُونَ ﴿٩٨﴾ أَوَكُلَّمَا عَـٰهَدُوا۟ عَهْدًا نَّبَذَهُۥ فَرِيقٌ مِّنْهُم بَلْ أَكْثَرُهُمْ لَا يُؤْمِنُونَ ﴿٩٩﴾ وَلَمَّا جَآءَهُمْ رَسُولٌ مِّنْ عِندِ ٱللَّهِ مُصَدِّقٌ لِّمَا مَعَهُمْ نَبَذَ فَرِيقٌ مِّنَ ٱلَّذِينَ أُوتُوا۟ ٱلْكِتَـٰبَ كِتَـٰبَ ٱللَّهِ وَرَآءَ ظُهُورِهِمْ كَأَنَّهُمْ لَا يَعْلَمُونَ ﴿١٠٠﴾

• يُعَمَّرُ
يطول عُمْرُهُ

• نَبَذَهُ
طرحه ونقضه

ثُمُنْ

• مدّ مشبع 6 حركات   • إخفاء، ومواقع الغُنَّة (حركتين)   • تفخيم
• مدّ 2 أو 4 أو 6 جوازاً   • مدّ حركتين   • إدغام، وما لا يُلفظ   • قلقلة

15

وَاتَّبَعُواْ مَا تَتْلُواْ ٱلشَّيَٰطِينُ عَلَىٰ مُلْكِ سُلَيْمَٰنَ وَمَا كَفَرَ

سُلَيْمَٰنُ وَلَٰكِنَّ ٱلشَّيَٰطِينَ كَفَرُواْ يُعَلِّمُونَ ٱلنَّاسَ

ٱلسِّحْرَ وَمَآ أُنزِلَ عَلَى ٱلْمَلَكَيْنِ بِبَابِلَ هَٰرُوتَ وَمَٰرُوتَ

وَمَا يُعَلِّمَانِ مِنْ أَحَدٍ حَتَّىٰ يَقُولَآ إِنَّمَا نَحْنُ فِتْنَةٌ فَلَا تَكْفُرْ

فَيَتَعَلَّمُونَ مِنْهُمَا مَا يُفَرِّقُونَ بِهِۦ بَيْنَ ٱلْمَرْءِ وَزَوْجِهِۦ

وَمَا هُم بِضَآرِّينَ بِهِۦ مِنْ أَحَدٍ إِلَّا بِإِذْنِ ٱللَّهِ وَيَتَعَلَّمُونَ

مَا يَضُرُّهُمْ وَلَا يَنفَعُهُمْ وَلَقَدْ عَلِمُواْ لَمَنِ ٱشْتَرَىٰهُ مَا

لَهُۥ فِي ٱلْآخِرَةِ مِنْ خَلَٰقٍ وَلَبِئْسَ مَا شَرَوْاْ بِهِۦٓ أَنفُسَهُمْ

لَوْ كَانُواْ يَعْلَمُونَ ﴿١٠١﴾ وَلَوْ أَنَّهُمْ ءَامَنُواْ وَٱتَّقَوْاْ

لَمَثُوبَةٌ مِّنْ عِندِ ٱللَّهِ خَيْرٌ لَّوْ كَانُواْ يَعْلَمُونَ ﴿١٠٢﴾

يَٰٓأَيُّهَا ٱلَّذِينَ ءَامَنُواْ لَا تَقُولُواْ رَٰعِنَا وَقُولُواْ ٱنظُرْنَا

وَٱسْمَعُواْ وَلِلْكَٰفِرِينَ عَذَابٌ أَلِيمٌ ﴿١٠٣﴾ مَّا يَوَدُّ ٱلَّذِينَ

كَفَرُواْ مِنْ أَهْلِ ٱلْكِتَٰبِ وَلَا ٱلْمُشْرِكِينَ أَن

يُنَزَّلَ عَلَيْكُم مِّنْ خَيْرٍ مِّن رَّبِّكُمْ وَٱللَّهُ يَخْتَصُّ

بِرَحْمَتِهِۦ مَن يَشَآءُ وَٱللَّهُ ذُو ٱلْفَضْلِ ٱلْعَظِيمِ ﴿١٠٤﴾

• تَتْلُواْ
تقرأ أو تكذِبُ

• فِتْنَةٌ
ابتلاء واختبار
من الله تعالى

• خَلَٰقٍ
نصيبٌ من
الخير

• شَرَوْاْ بِهِ
باعوا به

• رَٰعِنَا
كلمةُ سبٍّ
وتنقيصٍ عند
اليهودِ

• ٱنظُرْنَا
انتظرنا أو
انْظُرْ إلينا

• مدّ مشبع 6 حركات
• مدّ 2 أو 4 أو 6 جوازاً
• مدّ حركتين
• إخفاء، ومواقع الغُنّة (حركتين)
• إدغام، وما لا يُلفظ
• تفخيم
• قلقلة

16

نِصْفُ

۞مَا نَنسَخْ مِنَ ـايَةٍ اَوْ نُنسِهَا نَاتِ بِخَيْرٍ مِّنْهَآ أَوْ مِثْلِهَآ
أَلَمْ تَعْلَمَ اَنَّ اَللَّهَ عَلَىٰ كُلِّ شَےْءٍ قَدِيرٌ (105) اَلَمْ تَعْلَمَ اَنَّ
اَللَّهَ لَهُۥ مُلْكُ اُلسَّمَٰوَٰتِ وَالَارْضِ وَمَا لَكُم مِّن دُونِ
اِ۬للَّهِ مِن وَلِيٍّ وَلَا نَصِيرٍ (106) اَمْ تُرِيدُونَ أَن تَسْـَٔلُواْ
رَسُولَكُمْ كَمَا سُئِلَ مُوسَىٰ مِن قَبْلُ وَمَنْ يَّتَبَدَّلِ اِ۬لْكُفْرَ
بِالِايمَٰنِ فَقَدْ ضَلَّ سَوَآءَ اَ۬لسَّبِيلِ (107) وَدَّ كَثِيرٌ مِّنَ
اَهْلِ اِ۬لْكِتَٰبِ لَوْ يَرُدُّونَكُم مِّنۢ بَعْدِ إِيمَٰنِكُمْ كُفَّاراً
حَسَداً مِّنْ عِندِ أَنفُسِهِم مِّنۢ بَعْدِ مَا تَبَيَّنَ لَهُمُ اُلْحَقُّ
فَاعْفُواْ وَاصْفَحُواْ حَتَّىٰ يَاتِيَ اَللَّهُ بِأَمْرِهِۦٓ إِنَّ اَللَّهَ عَلَىٰ كُلِّ
شَےْءٍ قَدِيرٌ (108) وَأَقِيمُواْ اُلصَّلَوٰةَ وَءَاتُواْ اُلزَّكَوٰةَ وَمَا تُقَدِّمُواْ
لِأَنفُسِكُم مِّنْ خَيْرٍ تَجِدُوهُ عِندَ اَللَّهِ إِنَّ اَللَّهَ بِمَا تَعْمَلُونَ
بَصِيرٌ (109) وَقَالُواْ لَن يَّدْخُلَ اَلْجَنَّةَ إِلَّا مَن كَانَ هُوداً اَوْ
نَصَٰرَىٰ تِلْكَ أَمَانِيُّهُمْ قُلْ هَاتُواْ بُرْهَٰنَكُمُۥٓ إِن كُنتُمْ
صَٰدِقِينَ (110) بَلَىٰ مَنَ اَسْلَمَ وَجْهَهُۥ لِلهِ وَهُوَ مُحْسِنٌ فَلَهُۥٓ
أَجْرُهُۥ عِندَ رَبِّهِۦ وَلَا خَوْفٌ عَلَيْهِمْ وَلَا هُمْ يَحْزَنُونَ (111)

- **نَنسَخْ**: نُزِلْ ونُبْطِلْ
- **نُنسِهَا**: نمحُها من القلوبِ
- **وَلِيٍّ**: مالكٍ أو متولٍّ لأمورِكم
- **أَمَانِيُّهُمْ**: مُتمنّياتهم الباطلةُ
- **اَسْلَمَ وَجْهَهُ**: أخلصَ عبادتَه

مدّ مشبع 6 حركات	مدّ حركتين	إخفاء، ومواقع الغُنَّة (حركتين)	تفخيم
مدّ 2 أو 4 أو 6 جوازاً		إدغام، وما لا يُلفَظ	قلقلة

وَقَالَتِ ٱلۡيَهُودُ لَيۡسَتِ ٱلنَّصَـٰرَىٰ عَلَىٰ شَيۡءٍ وَقَالَتِ ٱلنَّصَـٰرَىٰ لَيۡسَتِ ٱلۡيَهُودُ عَلَىٰ شَيۡءٍ وَهُمۡ يَتۡلُونَ ٱلۡكِتَـٰبَۗ كَذَٰلِكَ قَالَ ٱلَّذِينَ لَا يَعۡلَمُونَ مِثۡلَ قَوۡلِهِمۡۚ فَٱللَّهُ يَحۡكُمُ بَيۡنَهُمۡ يَوۡمَ ٱلۡقِيَـٰمَةِ فِيمَا كَانُواْ فِيهِ يَخۡتَلِفُونَ ۝ وَمَنۡ أَظۡلَمُ مِمَّن مَّنَعَ مَسَـٰجِدَ ٱللَّهِ أَن يُذۡكَرَ فِيهَا ٱسۡمُهُۥ وَسَعَىٰ فِي خَرَابِهَآۚ أُوْلَـٰٓئِكَ مَا كَانَ لَهُمۡ أَن يَدۡخُلُوهَآ إِلَّا خَآئِفِينَۚ لَهُمۡ فِي ٱلدُّنۡيَا خِزۡيٌ وَلَهُمۡ فِي ٱلۡأٓخِرَةِ عَذَابٌ عَظِيمٌ ۝ وَلِلَّهِ ٱلۡمَشۡرِقُ وَٱلۡمَغۡرِبُۚ فَأَيۡنَمَا تُوَلُّواْ فَثَمَّ وَجۡهُ ٱللَّهِۚ إِنَّ ٱللَّهَ وَٰسِعٌ عَلِيمٌ ۝ وَقَالُواْ ٱتَّخَذَ ٱللَّهُ وَلَدٗاۗ سُبۡحَـٰنَهُۥۖ بَل لَّهُۥ مَا فِي ٱلسَّمَـٰوَٰتِ وَٱلۡأَرۡضِۖ كُلٌّ لَّهُۥ قَـٰنِتُونَ ۝ بَدِيعُ ٱلسَّمَـٰوَٰتِ وَٱلۡأَرۡضِۖ وَإِذَا قَضَىٰٓ أَمۡرٗا فَإِنَّمَا يَقُولُ لَهُۥ كُن فَيَكُونُ ۝ وَقَالَ ٱلَّذِينَ لَا يَعۡلَمُونَ لَوۡلَا يُكَلِّمُنَا ٱللَّهُ أَوۡ تَأۡتِينَآ ءَايَةٌۗ كَذَٰلِكَ قَالَ ٱلَّذِينَ مِن قَبۡلِهِم مِّثۡلَ قَوۡلِهِمۡۘ تَشَـٰبَهَتۡ قُلُوبُهُمۡۗ قَدۡ بَيَّنَّا ٱلۡأٓيَـٰتِ لِقَوۡمٖ يُوقِنُونَ ۝ إِنَّآ أَرۡسَلۡنَـٰكَ بِٱلۡحَقِّ بَشِيرٗا وَنَذِيرٗاۖ وَلَا تُسۡـَٔلُ عَنۡ أَصۡحَـٰبِ ٱلۡجَحِيمِ ۝

• خِزۡيٌ
ذُلٌّ وَصَغَارٌ وَقَتۡلٌ وَأَسۡرٌ

• سُبۡحَـٰنَهُ
تَنۡزِيهًا لَهُ تَعَالَى عَنِ اتِّخَاذِ الۡوَلَدِ

• قَـٰنِتُونَ
مُطِيعُونَ خَاضِعُونَ

• بَدِيعُ
مُبۡتَدِعٌ وَمُخۡتَرِعٌ

• قَضَى أَمۡرًا
أَرَادَ شَيۡئًا

• كُن فَيَكُونُ
أحۡدِثۡ فَهُوَ يَحۡدُثُ

وَلَن تَرْضَىٰ عَنكَ ٱلْيَهُودُ وَلَا ٱلنَّصَٰرَىٰ حَتَّىٰ تَتَّبِعَ مِلَّتَهُمْ قُلْ إِنَّ

هُدَى ٱللَّهِ هُوَ ٱلْهُدَىٰ وَلَئِنِ ٱتَّبَعْتَ أَهْوَآءَهُم بَعْدَ ٱلَّذِى جَآءَكَ مِنَ

ٱلْعِلْمِ مَا لَكَ مِنَ ٱللَّهِ مِن وَلِىٍّ وَلَا نَصِيرٍ ﴿١١٩﴾ ٱلَّذِينَ ءَاتَيْنَٰهُمُ

ٱلْكِتَٰبَ يَتْلُونَهُۥ حَقَّ تِلَاوَتِهِۦٓ أُو۟لَٰٓئِكَ يُؤْمِنُونَ بِهِۦ وَمَن يَكْفُرْ بِهِۦ

فَأُو۟لَٰٓئِكَ هُمُ ٱلْخَٰسِرُونَ ﴿١٢٠﴾ يَٰبَنِىٓ إِسْرَٰٓءِيلَ ٱذْكُرُوا۟ نِعْمَتِىَ

ٱلَّتِىٓ أَنْعَمْتُ عَلَيْكُمْ وَأَنِّى فَضَّلْتُكُمْ عَلَى ٱلْعَٰلَمِينَ ﴿١٢١﴾ وَٱتَّقُوا۟

يَوْمًا لَّا تَجْزِى نَفْسٌ عَن نَّفْسٍ شَيْـًٔا وَلَا يُقْبَلُ مِنْهَا عَدْلٌ وَلَا

تَنفَعُهَا شَفَٰعَةٌ وَلَا هُمْ يُنصَرُونَ ﴿١٢٢﴾ ۞ وَإِذِ ٱبْتَلَىٰٓ إِبْرَٰهِۦمَ

رَبُّهُۥ بِكَلِمَٰتٍ فَأَتَمَّهُنَّ قَالَ إِنِّى جَاعِلُكَ لِلنَّاسِ إِمَامًا قَالَ وَمِن

ذُرِّيَّتِى قَالَ لَا يَنَالُ عَهْدِى ٱلظَّٰلِمِينَ ﴿١٢٣﴾ وَإِذْ جَعَلْنَا ٱلْبَيْتَ مَثَابَةً

لِّلنَّاسِ وَأَمْنًا وَٱتَّخِذُوا۟ مِن مَّقَامِ إِبْرَٰهِۦمَ مُصَلًّى وَعَهِدْنَآ إِلَىٰٓ إِبْرَٰهِۦمَ

وَإِسْمَٰعِيلَ أَن طَهِّرَا بَيْتِىَ لِلطَّآئِفِينَ وَٱلْعَٰكِفِينَ وَٱلرُّكَّعِ

ٱلسُّجُودِ ﴿١٢٤﴾ وَإِذْ قَالَ إِبْرَٰهِۦمُ رَبِّ ٱجْعَلْ هَٰذَا بَلَدًا ءَامِنًا وَٱرْزُقْ

أَهْلَهُۥ مِنَ ٱلثَّمَرَٰتِ مَنْ ءَامَنَ مِنْهُم بِٱللَّهِ وَٱلْيَوْمِ ٱلْءَاخِرِ قَالَ وَمَن كَفَرَ

فَأُمَتِّعُهُۥ قَلِيلًا ثُمَّ أَضْطَرُّهُۥٓ إِلَىٰ عَذَابِ ٱلنَّارِ وَبِئْسَ ٱلْمَصِيرُ ﴿١٢٥﴾

- لَا تَجْزِى
  لا تُغنى

- عَدْلٌ
  فِدْيَةٌ

- إبْتَلَىٰٓ
  اختبَرَ وامتحنَ

- مَثَابَةً
  مَرْجِعًا
  أو ملجأً
  أو موضع
  ثواب

| ● تفخيم | ● إخفاء، ومواقع الغُنّة (حركتين) | ● مدّ مشبع ٦ حركات |
| ● قلقلة | ● إدغام، وما لا يُلفظ | ● مدّ حركتين | ● مدّ ٢ أو ٤ أو ٦ جوازًا |

19

وَإِذْ يَرْفَعُ إِبْرَٰهِۦمُ ٱلْقَوَاعِدَ مِنَ ٱلْبَيْتِ وَإِسْمَٰعِيلُ رَبَّنَا تَقَبَّلْ

مِنَّآ إِنَّكَ أَنتَ ٱلسَّمِيعُ ٱلْعَلِيمُ ۝ رَبَّنَا وَٱجْعَلْنَا مُسْلِمَيْنِ

لَكَ وَمِن ذُرِّيَّتِنَآ أُمَّةً مُّسْلِمَةً لَّكَ وَأَرِنَا مَنَاسِكَنَا وَتُبْ عَلَيْنَآ

إِنَّكَ أَنتَ ٱلتَّوَّابُ ٱلرَّحِيمُ ۝ رَبَّنَا وَٱبْعَثْ فِيهِمْ رَسُولًا

مِّنْهُمْ يَتْلُواْ عَلَيْهِمْ ءَايَٰتِكَ وَيُعَلِّمُهُمُ ٱلْكِتَٰبَ وَٱلْحِكْمَةَ

وَيُزَكِّيهِمْ إِنَّكَ أَنتَ ٱلْعَزِيزُ ٱلْحَكِيمُ ۝ وَمَن يَرْغَبُ

عَن مِّلَّةِ إِبْرَٰهِۦمَ إِلَّا مَن سَفِهَ نَفْسَهُۥ وَلَقَدِ ٱصْطَفَيْنَٰهُ فِي ٱلدُّنْيَا

وَإِنَّهُۥ فِي ٱلْءَاخِرَةِ لَمِنَ ٱلصَّٰلِحِينَ ۝ إِذْ قَالَ لَهُۥ رَبُّهُۥٓ أَسْلِمْ

قَالَ أَسْلَمْتُ لِرَبِّ ٱلْعَٰلَمِينَ ۝ وَوَصَّىٰ بِهَآ إِبْرَٰهِۦمُ بَنِيهِ

وَيَعْقُوبُ يَٰبَنِيَّ إِنَّ ٱللَّهَ ٱصْطَفَىٰ لَكُمُ ٱلدِّينَ فَلَا تَمُوتُنَّ إِلَّا

وَأَنتُم مُّسْلِمُونَ ۝ أَمْ كُنتُمْ شُهَدَآءَ إِذْ حَضَرَ يَعْقُوبَ

ٱلْمَوْتُ إِذْ قَالَ لِبَنِيهِ مَا تَعْبُدُونَ مِنۢ بَعْدِي قَالُواْ نَعْبُدُ إِلَٰهَكَ

وَإِلَٰهَ ءَابَآئِكَ إِبْرَٰهِۦمَ وَإِسْمَٰعِيلَ وَإِسْحَٰقَ إِلَٰهًا وَٰحِدًا

وَنَحْنُ لَهُۥ مُسْلِمُونَ ۝ تِلْكَ أُمَّةٌ قَدْ خَلَتْ لَهَا مَا كَسَبَتْ

وَلَكُم مَّا كَسَبْتُمْ وَلَا تُسْـَٔلُونَ عَمَّا كَانُواْ يَعْمَلُونَ ۝

الهامش الأيسر:

• مُسْلِمَيْنِ لَكَ
منقادين أو مُخلِصين لك

• مَنَاسِكَنَا
معالم حجِّنا أو شرائعه

• يُزَكِّيهِمْ
يطهِّرُهم من الشِّرك والمعاصي

• يَرْغَبُ عَن
يزهَدُ وينصرف

• سَفِهَ نَفْسَهُ
امتهنَها واستخفَّ بها أو أهلكها

• أَسْلِمْ
انقَدْ أو أخلِص العبادة لي

ثُمُنْ

الأسفل:

• مدّ مشبع ٦ حركات
• مدّ ٢ أو ٤ أو ٦ جوازاً
• إخفاء، ومواقع الغُنَّة (حركتين)
• إدغام، وما لا يُلفظ
• مدّ حركتين
• تفخيم
• قلقلة

وَقَالُواْ كُونُواْ هُوداً أَوْ نَصَٰرَىٰ تَهْتَدُواْ قُلْ بَلْ مِلَّةَ إِبْرَٰهِيمَ حَنِيفاً وَمَا كَانَ مِنَ ٱلْمُشْرِكِينَ ﴿١٣٤﴾ قُولُوٓاْ ءَامَنَّا بِٱللَّهِ وَمَآ أُنزِلَ إِلَيْنَا وَمَآ أُنزِلَ إِلَىٰٓ إِبْرَٰهِيمَ وَإِسْمَٰعِيلَ وَإِسْحَٰقَ وَيَعْقُوبَ وَٱلْأَسْبَاطِ وَمَآ أُوتِيَ مُوسَىٰ وَعِيسَىٰ وَمَآ أُوتِيَ ٱلنَّبِيُّونَ مِن رَّبِّهِمْ لَا نُفَرِّقُ بَيْنَ أَحَدٍ مِّنْهُمْ وَنَحْنُ لَهُ مُسْلِمُونَ ﴿١٣٥﴾ فَإِنْ ءَامَنُواْ بِمِثْلِ مَآ ءَامَنتُم بِهِ فَقَدِ ٱهْتَدَواْ وَّإِن تَوَلَّوْاْ فَإِنَّمَا هُمْ فِي شِقَاقٍ فَسَيَكْفِيكَهُمُ ٱللَّهُ وَهُوَ ٱلسَّمِيعُ ٱلْعَلِيمُ ﴿١٣٦﴾ صِبْغَةَ ٱللَّهِ وَمَنْ أَحْسَنُ مِنَ ٱللَّهِ صِبْغَةً وَنَحْنُ لَهُ عَٰبِدُونَ ﴿١٣٧﴾ قُلْ أَتُحَآجُّونَنَا فِي ٱللَّهِ وَهُوَ رَبُّنَا وَرَبُّكُمْ وَلَنَآ أَعْمَٰلُنَا وَلَكُمْ أَعْمَٰلُكُمْ وَنَحْنُ لَهُ مُخْلِصُونَ ﴿١٣٨﴾ أَمْ يَقُولُونَ إِنَّ إِبْرَٰهِيمَ وَإِسْمَٰعِيلَ وَإِسْحَٰقَ وَيَعْقُوبَ وَٱلْأَسْبَاطَ كَانُواْ هُوداً أَوْ نَصَٰرَىٰ قُلْ ءَأَنتُمْ أَعْلَمُ أَمِ ٱللَّهُ وَمَنْ أَظْلَمُ مِمَّن كَتَمَ شَهَٰدَةً عِندَهُ مِنَ ٱللَّهِ وَمَا ٱللَّهُ بِغَٰفِلٍ عَمَّا تَعْمَلُونَ ﴿١٣٩﴾ تِلْكَ أُمَّةٌ قَدْ خَلَتْ لَهَا مَا كَسَبَتْ وَلَكُم مَّا كَسَبْتُمْ وَلَا تُسْـَٔلُونَ عَمَّا كَانُواْ يَعْمَلُونَ ﴿١٤٠﴾

● حَنِيفاً مائلاً عن الباطل إلى الذين الحق

● ٱلْأَسْبَاطِ ذُرِّيَّة يعقوب

● صِبْغَةَ ٱللَّهِ تطهير الله النفوس بالإيمان

● مدّ مشبع ٦ حركات   ● إخفاء، ومواقع الغُنّة (حركتين)   ● تفخيم

● مدّ ٢ أو ٤ أو ٦ جوازاً   ● مدّ حركتين   ● إدغام، وما لا يُلفظ   ● قلقلة

۞ سَيَقُولُ ٱلسُّفَهَآءُ مِنَ ٱلنَّاسِ مَا وَلَّىٰهُمْ عَن قِبْلَتِهِمُ ٱلَّتِي كَانُوا۟ عَلَيْهَا قُل لِّلَّهِ ٱلْمَشْرِقُ وَٱلْمَغْرِبُ يَهْدِي مَن يَشَآءُ إِلَىٰ صِرَٰطٍ مُّسْتَقِيمٍ ۝١٤١ وَكَذَٰلِكَ جَعَلْنَٰكُمْ أُمَّةً وَسَطًا لِّتَكُونُوا۟ شُهَدَآءَ عَلَى ٱلنَّاسِ وَيَكُونَ ٱلرَّسُولُ عَلَيْكُمْ شَهِيدًا وَمَا جَعَلْنَا ٱلْقِبْلَةَ ٱلَّتِي كُنتَ عَلَيْهَآ إِلَّا لِنَعْلَمَ مَن يَتَّبِعُ ٱلرَّسُولَ مِمَّن يَنقَلِبُ عَلَىٰ عَقِبَيْهِ وَإِن كَانَتْ لَكَبِيرَةً إِلَّا عَلَى ٱلَّذِينَ هَدَى ٱللَّهُ وَمَا كَانَ ٱللَّهُ لِيُضِيعَ إِيمَٰنَكُمْ إِنَّ ٱللَّهَ بِٱلنَّاسِ لَرَءُوفٌ رَّحِيمٌ ۝١٤٢ قَدْ نَرَىٰ تَقَلُّبَ وَجْهِكَ فِي ٱلسَّمَآءِ فَلَنُوَلِّيَنَّكَ قِبْلَةً تَرْضَىٰهَا فَوَلِّ وَجْهَكَ شَطْرَ ٱلْمَسْجِدِ ٱلْحَرَامِ وَحَيْثُ مَا كُنتُمْ فَوَلُّوا۟ وُجُوهَكُمْ شَطْرَهُۥ وَإِنَّ ٱلَّذِينَ أُوتُوا۟ ٱلْكِتَٰبَ لَيَعْلَمُونَ أَنَّهُ ٱلْحَقُّ مِن رَّبِّهِمْ وَمَا ٱللَّهُ بِغَٰفِلٍ عَمَّا يَعْمَلُونَ ۝١٤٣ وَلَئِنْ أَتَيْتَ ٱلَّذِينَ أُوتُوا۟ ٱلْكِتَٰبَ بِكُلِّ ءَايَةٍ مَّا تَبِعُوا۟ قِبْلَتَكَ وَمَآ أَنتَ بِتَابِعٍ قِبْلَتَهُمْ وَمَا بَعْضُهُم بِتَابِعٍ قِبْلَةَ بَعْضٍ وَلَئِنِ ٱتَّبَعْتَ أَهْوَآءَهُم مِّنۢ بَعْدِ مَا جَآءَكَ مِنَ ٱلْعِلْمِ إِنَّكَ إِذًا لَّمِنَ ٱلظَّٰلِمِينَ ۝١٤٤

الَّذِينَ ءَاتَيْنَٰهُمُ ٱلْكِتَٰبَ يَعْرِفُونَهُۥ كَمَا يَعْرِفُونَ أَبْنَاءَهُمْ وَإِنَّ

فَرِيقًا مِّنْهُمْ لَيَكْتُمُونَ ٱلْحَقَّ وَهُمْ يَعْلَمُونَ ۝١٤٥ ٱلْحَقُّ مِن

رَّبِّكَ فَلَا تَكُونَنَّ مِنَ ٱلْمُمْتَرِينَ ۝١٤٦ ۞ وَلِكُلٍّ وِجْهَةٌ هُوَ مُوَلِّيهَا

فَٱسْتَبِقُوا ٱلْخَيْرَٰتِ أَيْنَ مَا تَكُونُوا يَأْتِ بِكُمُ ٱللَّهُ جَمِيعًا إِنَّ

ٱللَّهَ عَلَىٰ كُلِّ شَيْءٍ قَدِيرٌ ۝١٤٧ وَمِنْ حَيْثُ خَرَجْتَ فَوَلِّ

وَجْهَكَ شَطْرَ ٱلْمَسْجِدِ ٱلْحَرَامِ وَإِنَّهُۥ لَلْحَقُّ مِن رَّبِّكَ وَمَا ٱللَّهُ

بِغَٰفِلٍ عَمَّا تَعْمَلُونَ ۝١٤٨ وَمِنْ حَيْثُ خَرَجْتَ فَوَلِّ وَجْهَكَ

شَطْرَ ٱلْمَسْجِدِ ٱلْحَرَامِ وَحَيْثُ مَا كُنتُمْ فَوَلُّوا وُجُوهَكُمْ

شَطْرَهُۥ لِئَلَّا يَكُونَ لِلنَّاسِ عَلَيْكُمْ حُجَّةٌ إِلَّا ٱلَّذِينَ ظَلَمُوا

مِنْهُمْ فَلَا تَخْشَوْهُمْ وَٱخْشَوْنِي وَلِأُتِمَّ نِعْمَتِي عَلَيْكُمْ وَلَعَلَّكُمْ

تَهْتَدُونَ ۝١٤٩ كَمَا أَرْسَلْنَا فِيكُمْ رَسُولًا مِّنكُمْ

يَتْلُوا عَلَيْكُمْ ءَايَٰتِنَا وَيُزَكِّيكُمْ وَيُعَلِّمُكُمُ ٱلْكِتَٰبَ

وَٱلْحِكْمَةَ وَيُعَلِّمُكُم مَّا لَمْ تَكُونُوا تَعْلَمُونَ ۝١٥٠ فَٱذْكُرُونِي

أَذْكُرْكُمْ وَٱشْكُرُوا لِي وَلَا تَكْفُرُونِ ۝١٥١ يَٰأَيُّهَا ٱلَّذِينَ

ءَامَنُوا ٱسْتَعِينُوا بِٱلصَّبْرِ وَٱلصَّلَوٰةِ إِنَّ ٱللَّهَ مَعَ ٱلصَّٰبِرِينَ ۝١٥٢

ثُمُنْ

• ٱلْمُمْتَرِينَ
الشَّاكِّينَ فِي
أَنَّ الحَقَّ مِنْ
رَبِّكَ

• يُزَكِّيكُمْ
يُطَهِّرُكُمْ
مِنَ الشِّرْكِ
وَالمَعَاصِي

وَلَا تَقُولُواْ لِمَن يُقْتَلُ فِى سَبِيلِ ٱللَّهِ أَمْوَٰتُۢ بَلْ أَحْيَآءٌ وَلَٰكِن لَّا تَشْعُرُونَ ۝ وَلَنَبْلُوَنَّكُم بِشَىْءٍ مِّنَ ٱلْخَوْفِ وَٱلْجُوعِ وَنَقْصٍ مِّنَ ٱلْأَمْوَٰلِ وَٱلْأَنفُسِ وَٱلثَّمَرَٰتِ وَبَشِّرِ ٱلصَّٰبِرِينَ ۝ ٱلَّذِينَ إِذَآ أَصَٰبَتْهُم مُّصِيبَةٌ قَالُوٓاْ إِنَّا لِلَّهِ وَإِنَّآ إِلَيْهِ رَٰجِعُونَ ۝ أُوْلَٰٓئِكَ عَلَيْهِمْ صَلَوَٰتٌ مِّن رَّبِّهِمْ وَرَحْمَةٌ وَأُوْلَٰٓئِكَ هُمُ ٱلْمُهْتَدُونَ ۝ إِنَّ ٱلصَّفَا وَٱلْمَرْوَةَ مِن شَعَآئِرِ ٱللَّهِ فَمَنْ حَجَّ ٱلْبَيْتَ أَوِ ٱعْتَمَرَ فَلَا جُنَاحَ عَلَيْهِ أَن يَطَّوَّفَ بِهِمَا وَمَن تَطَوَّعَ خَيْرًا فَإِنَّ ٱللَّهَ شَاكِرٌ عَلِيمٌ ۝ إِنَّ ٱلَّذِينَ يَكْتُمُونَ مَآ أَنزَلْنَا مِنَ ٱلْبَيِّنَٰتِ وَٱلْهُدَىٰ مِنۢ بَعْدِ مَا بَيَّنَّٰهُ لِلنَّاسِ فِى ٱلْكِتَٰبِ أُوْلَٰٓئِكَ يَلْعَنُهُمُ ٱللَّهُ وَيَلْعَنُهُمُ ٱللَّٰعِنُونَ ۝ إِلَّا ٱلَّذِينَ تَابُواْ وَأَصْلَحُواْ وَبَيَّنُواْ فَأُوْلَٰٓئِكَ أَتُوبُ عَلَيْهِمْ وَأَنَا ٱلتَّوَّابُ ٱلرَّحِيمُ ۝ إِنَّ ٱلَّذِينَ كَفَرُواْ وَمَاتُواْ وَهُمْ كُفَّارٌ أُوْلَٰٓئِكَ عَلَيْهِمْ لَعْنَةُ ٱللَّهِ وَٱلْمَلَٰٓئِكَةِ وَٱلنَّاسِ أَجْمَعِينَ ۝ خَٰلِدِينَ فِيهَا لَا يُخَفَّفُ عَنْهُمُ ٱلْعَذَابُ وَلَا هُمْ يُنظَرُونَ ۝ وَإِلَٰهُكُمْ إِلَٰهٌ وَٰحِدٌ لَّآ إِلَٰهَ إِلَّا هُوَ ٱلرَّحْمَٰنُ ٱلرَّحِيمُ ۝

• لَنَبْلُوَنَّكُم
لنختبرنّكم

ربع

• صَلَوَٰتٌ
ثناء أو مغفرة

• شَعَآئِرِ ٱللَّهِ
معالم دينه في الحج والعمرة

• ٱعْتَمَرَ
زار البيت المعظم

• يَطَّوَّفَ بِهِمَا
يسعى بينهما

• يَلْعَنُهُمُ ٱللَّهُ
يطردُهم من رحمته

• يُنظَرُونَ
يؤخّرون عن العذاب لحظةً

مدّ مشبع ٦ حركات ● مدّ حركتين ● إخفاء، ومواقع الغُنّة (حركتين) ● تفخيم ●

مدّ ٢ أو ٤ أو ٦ جوازاً ● مدّ حركتين ● إدغام، وما لا يلفظ ● قلقلة ●

إِنَّ فِي خَلْقِ ٱلسَّمَٰوَٰتِ وَٱلْأَرْضِ وَٱخْتِلَٰفِ ٱلَّيْلِ وَٱلنَّهَارِ وَٱلْفُلْكِ ٱلَّتِي تَجْرِي فِي ٱلْبَحْرِ بِمَا يَنفَعُ ٱلنَّاسَ وَمَآ أَنزَلَ ٱللَّهُ مِنَ ٱلسَّمَآءِ مِن مَّآءٍ فَأَحْيَا بِهِ ٱلْأَرْضَ بَعْدَ مَوْتِهَا وَبَثَّ فِيهَا مِن كُلِّ دَآبَّةٍ وَتَصْرِيفِ ٱلرِّيَٰحِ وَٱلسَّحَابِ ٱلْمُسَخَّرِ بَيْنَ ٱلسَّمَآءِ وَٱلْأَرْضِ لَءَايَٰتٍ لِّقَوْمٍ يَعْقِلُونَ ۝١٦٣ وَمِنَ ٱلنَّاسِ مَن يَتَّخِذُ مِن دُونِ ٱللَّهِ أَندَادًا يُحِبُّونَهُمْ كَحُبِّ ٱللَّهِ وَٱلَّذِينَ ءَامَنُوٓا أَشَدُّ حُبًّا لِّلَّهِ وَلَوْ يَرَى ٱلَّذِينَ ظَلَمُوٓا إِذْ يَرَوْنَ ٱلْعَذَابَ أَنَّ ٱلْقُوَّةَ لِلَّهِ جَمِيعًا وَأَنَّ ٱللَّهَ شَدِيدُ ٱلْعَذَابِ ۝١٦٤ إِذْ تَبَرَّأَ ٱلَّذِينَ ٱتُّبِعُوا مِنَ ٱلَّذِينَ ٱتَّبَعُوا وَرَأَوُا ٱلْعَذَابَ وَتَقَطَّعَتْ بِهِمُ ٱلْأَسْبَابُ ۝١٦٥ وَقَالَ ٱلَّذِينَ ٱتَّبَعُوا لَوْ أَنَّ لَنَا كَرَّةً فَنَتَبَرَّأَ مِنْهُمْ كَمَا تَبَرَّءُوا مِنَّا كَذَٰلِكَ يُرِيهِمُ ٱللَّهُ أَعْمَٰلَهُمْ حَسَرَٰتٍ عَلَيْهِمْ وَمَا هُم بِخَٰرِجِينَ مِنَ ٱلنَّارِ ۝١٦٦ يَٰٓأَيُّهَا ٱلنَّاسُ كُلُوا مِمَّا فِي ٱلْأَرْضِ حَلَٰلًا طَيِّبًا وَلَا تَتَّبِعُوا خُطُوَٰتِ ٱلشَّيْطَٰنِ إِنَّهُ لَكُمْ عَدُوٌّ مُّبِينٌ ۝١٦٧ إِنَّمَا يَأْمُرُكُم بِٱلسُّوٓءِ وَٱلْفَحْشَآءِ وَأَن تَقُولُوا عَلَى ٱللَّهِ مَا لَا تَعْلَمُونَ ۝١٦٨

- **بَثَّ**
فَرَّقَ وَنَشَرَ

- **تَصْرِيفِ ٱلرِّيَاحِ**
تَقْلِيبُهَا فِي مَهَابِّهَا

- **أَندَادًا**
أَمْثَالًا مِنَ الْأَصْنَامِ يَعْبُدُونَهَا

- **ٱلْأَسْبَابُ**
الصِّلَاتُ الَّتِي كَانَتْ بَيْنَهُمْ فِي الدُّنْيَا

- **كَرَّةً**
عَوْدَةٌ إِلَى الدُّنْيَا

- **حَسَرَٰتٍ**
نَدَامَاتٌ شَدِيدَةٌ

- **خُطُوَٰتِ ٱلشَّيْطَٰنِ**
طُرُقُهُ وَآثَارُهُ

- **بِٱلسُّوٓءِ**
بِالْمَعَاصِي وَالذُّنُوبِ

- **ٱلْفَحْشَآءِ**
مَا عَظُمَ قُبْحُهُ مِنَ الذُّنُوبِ

● مَدّ مُشْبَع 6 حركات	● إخفاء، ومواقع الغُنّة (حركتين)	● تفخيم
● مَدّ حركتين	● مَدّ 2 أو 4 أو 6 جوازاً	● قلقلة
	● إدغام، وما لا يُلفظ	

وَإِذَا قِيلَ لَهُمُ ٱتَّبِعُواْ مَآ أَنزَلَ ٱللَّهُ قَالُواْ بَلْ نَتَّبِعُ مَآ أَلْفَيْنَا

عَلَيْهِ ءَابَآءَنَآ أَوَلَوْ كَانَ ءَابَآؤُهُمْ لَا يَعْقِلُونَ شَيْـًٔا وَلَا

يَهْتَدُونَ ۝ وَمَثَلُ ٱلَّذِينَ كَفَرُواْ كَمَثَلِ ٱلَّذِي يَنْعِقُ بِمَا

لَا يَسْمَعُ إِلَّا دُعَآءً وَنِدَآءً صُمٌّۢ بُكْمٌ عُمْيٌ فَهُمْ لَا يَعْقِلُونَ ۝

يَٰٓأَيُّهَا ٱلَّذِينَ ءَامَنُواْ كُلُواْ مِن طَيِّبَٰتِ مَا رَزَقْنَٰكُمْ

وَٱشْكُرُواْ لِلَّهِ إِن كُنتُمْ إِيَّاهُ تَعْبُدُونَ ۝ إِنَّمَا حَرَّمَ

عَلَيْكُمُ ٱلْمَيْتَةَ وَٱلدَّمَ وَلَحْمَ ٱلْخِنزِيرِ وَمَآ أُهِلَّ بِهِ

لِغَيْرِ ٱللَّهِ فَمَنِ ٱضْطُرَّ غَيْرَ بَاغٍ وَلَا عَادٍ فَلَآ إِثْمَ عَلَيْهِ إِنَّ ٱللَّهَ

غَفُورٌ رَّحِيمٌ ۝ إِنَّ ٱلَّذِينَ يَكْتُمُونَ مَآ أَنزَلَ ٱللَّهُ مِنَ

ٱلْكِتَٰبِ وَيَشْتَرُونَ بِهِۦ ثَمَنًا قَلِيلًا أُوْلَٰٓئِكَ مَا يَأْكُلُونَ

فِي بُطُونِهِمْ إِلَّا ٱلنَّارَ وَلَا يُكَلِّمُهُمُ ٱللَّهُ يَوْمَ ٱلْقِيَٰمَةِ

وَلَا يُزَكِّيهِمْ وَلَهُمْ عَذَابٌ أَلِيمٌ ۝ أُوْلَٰٓئِكَ ٱلَّذِينَ

ٱشْتَرَوُاْ ٱلضَّلَٰلَةَ بِٱلْهُدَىٰ وَٱلْعَذَابَ بِٱلْمَغْفِرَةِ فَمَآ

أَصْبَرَهُمْ عَلَى ٱلنَّارِ ۝ ذَٰلِكَ بِأَنَّ ٱللَّهَ نَزَّلَ ٱلْكِتَٰبَ

بِٱلْحَقِّ وَإِنَّ ٱلَّذِينَ ٱخْتَلَفُواْ فِي ٱلْكِتَٰبِ لَفِي شِقَاقٍۭ بَعِيدٍ ۝

• أَلْفَيْنَا
وجدنا

• يَنْعِقُ
يُصوِّتُ
ويصيح

• بُكْمٌ
خرس

• أُهِلَّ بِهِ
لِغَيْرِ ٱللَّهِ
ما ذُكر عند
ذبحه غير
اسمه تعالى

• غَيْرَ بَاغٍ
غير طالب
للمحرَّم للّذة
أو استئثار

• وَلَا عَادٍ
ولا مُتجاوز ما
يسدُّ الرَّمق

• لَا يُزَكِّيهِمْ
لا يُطهِّرُهم
من دنس
ذنوبهم

• شِقَاقٍ
خلاف
ومنازعةٍ

نصف

۞ لَّيْسَ اَ۬لْبِرُّ أَن تُوَلُّواْ وُجُوهَكُمْ قِبَلَ اَ۬لْمَشْرِقِ وَالْمَغْرِبِۖ
وَلَٰكِنِ اِ۬لْبِرُّ مَنَ ـامَنَ بِاللَّهِ وَالْيَوْمِ اِ۬لَاخِرِ وَالْمَلَٰٓئِكَةِ
وَالْكِتَٰبِ وَالنَّبِيٓـِٕينَ وَءَاتَى اَ۬لْمَالَ عَلَىٰ حُبِّهِۦ ذَوِے اِ۬لْقُرْبَىٰ
وَالْيَتَٰمَىٰ وَالْمَسَٰكِينَ وَابْنَ اَ۬لسَّبِيلِ وَالسَّآئِلِينَ وَفِے اِ۬لرِّقَابِ
وَأَقَامَ اَ۬لصَّلَوٰةَ وَءَاتَى اَ۬لزَّكَوٰةَۖ وَالْمُوفُونَ بِعَهْدِهِمُۥٓ إِذَا عَٰهَدُواْۖ
وَالصَّٰبِرِينَ فِے اِ۬لْبَأْسَآءِ وَالضَّرَّآءِ وَحِينَ اَ۬لْبَأْسِۖ أُوْلَٰٓئِكَ اَ۬لذِينَ
صَدَقُواْۖ وَأُوْلَٰٓئِكَ هُمُ اُ۬لْمُتَّقُونَۖ (176) يَٰٓأَيُّهَا اَ۬لذِينَ ءَامَنُواْ كُتِبَ
عَلَيْكُمُ اُ۬لْقِصَاصُ فِے اِ۬لْقَتْلَىۖ اَ۬لْحُرُّ بِالْحُرِّ وَالْعَبْدُ بِالْعَبْدِ وَالُانثَىٰ
بِالُانثَىٰۖ فَمَنْ عُفِيَ لَهُۥ مِنَ اَخِيهِ شَےْءٞ فَاتِّبَاعُۢ بِالْمَعْرُوفِ وَأَدَآءٌ
اِلَيْهِ بِإِحْسَٰنٖۖ ذَٰلِكَ تَخْفِيفٞ مِّن رَّبِّكُمْ وَرَحْمَةٞۖ فَمَنِ اِ۪عْتَدَىٰ
بَعْدَ ذَٰلِكَ فَلَهُۥ عَذَابٌ اَلِيمٞۖ (177) وَلَكُمْ فِے اِ۬لْقِصَاصِ حَيَوٰةٞ
يَٰٓأُوْلِے اِ۬لَالْبَٰبِ لَعَلَّكُمْ تَتَّقُونَۖ (178) كُتِبَ عَلَيْكُمُۥٓ إِذَا
حَضَرَ أَحَدَكُمُ اُ۬لْمَوْتُ إِن تَرَكَ خَيْراً اِ۬لْوَصِيَّةُ لِلْوَٰلِدَيْنِ
وَالَاقْرَبِينَ بِالْمَعْرُوفِۖ حَقّاً عَلَى اَ۬لْمُتَّقِينَۖ (179) فَمَنۢ بَدَّلَهُۥ بَعْدَ مَا
سَمِعَهُۥ فَإِنَّمَآ إِثْمُهُۥ عَلَى اَ۬لذِينَ يُبَدِّلُونَهُۥٓۖ إِنَّ اَ۬للَّهَ سَمِيعٌ عَلِيمٞۖ (180)

- **اَ۬لْبِرُّ**: هو جميعُ الطّاعاتِ وأعمالِ الخيرِ
- **فِے اِ۬لرِّقَابِ**: في تحريرها من الرّق أو الأسر
- **اِ۬لْبَأْسَآءِ**: الفقرِ ونحوهِ
- **الضَّرَّآءِ**: السّقمِ ونحوهِ
- **حِينَ اَ۬لْبَأْسِ**: وقتَ مجاهدةِ العدوِ
- **عُفِيَ**: تُرِكَ
- **كُتِبَ**: فُرِضَ
- **خَيْراً**: مالًا كثيراً

مدّ مشبع 6 حركات	مدّ حركتين	إخفاء، ومواقع الغُنّة (حركتين)	تفخيم
مدّ 2 أو 4 أو 6 جوازاً		إدغام، وما لا يُلفَظ	قلقلة

فَمَنْ خَافَ مِن مُّوصٍ جَنَفًا أَوْ إِثْمًا فَأَصْلَحَ بَيْنَهُمْ فَلَآ إِثْمَ عَلَيْهِ إِنَّ ٱللَّهَ غَفُورٌ رَّحِيمٌ ۝ يَٰٓأَيُّهَا ٱلَّذِينَ ءَامَنُواْ كُتِبَ عَلَيْكُمُ ٱلصِّيَامُ كَمَا كُتِبَ عَلَى ٱلَّذِينَ مِن قَبْلِكُمْ لَعَلَّكُمْ تَتَّقُونَ ۝ أَيَّامًا مَّعْدُودَٰتٍ فَمَن كَانَ مِنكُم مَّرِيضًا أَوْ عَلَىٰ سَفَرٍ فَعِدَّةٌ مِّنْ أَيَّامٍ أُخَرَ وَعَلَى ٱلَّذِينَ يُطِيقُونَهُۥ فِدْيَةٌ طَعَامُ مِسْكِينٍ فَمَن تَطَوَّعَ خَيْرًا فَهُوَ خَيْرٌ لَّهُۥ وَأَن تَصُومُواْ خَيْرٌ لَّكُمْ إِن كُنتُمْ تَعْلَمُونَ ۝

۞ شَهْرُ رَمَضَانَ ٱلَّذِىٓ أُنزِلَ فِيهِ ٱلْقُرْءَانُ هُدًى لِّلنَّاسِ وَبَيِّنَٰتٍ مِّنَ ٱلْهُدَىٰ وَٱلْفُرْقَانِ فَمَن شَهِدَ مِنكُمُ ٱلشَّهْرَ فَلْيَصُمْهُ وَمَن كَانَ مَرِيضًا أَوْ عَلَىٰ سَفَرٍ فَعِدَّةٌ مِّنْ أَيَّامٍ أُخَرَ يُرِيدُ ٱللَّهُ بِكُمُ ٱلْيُسْرَ وَلَا يُرِيدُ بِكُمُ ٱلْعُسْرَ وَلِتُكْمِلُواْ ٱلْعِدَّةَ وَلِتُكَبِّرُواْ ٱللَّهَ عَلَىٰ مَا هَدَىٰكُمْ وَلَعَلَّكُمْ تَشْكُرُونَ ۝ وَإِذَا سَأَلَكَ عِبَادِى عَنِّى فَإِنِّى قَرِيبٌ أُجِيبُ دَعْوَةَ ٱلدَّاعِ إِذَا دَعَانِ فَلْيَسْتَجِيبُواْ لِى وَلْيُؤْمِنُواْ بِى لَعَلَّهُمْ يَرْشُدُونَ ۝

• جَنَفًا
مَيْلًا عَنِ الحقِّ خطأً وجهلًا

• إِثْمًا
ارتكابًا للظلم عمدًا

• تَطَوَّعَ خَيْرًا
زادَ في الفدية

ثُمُن

● مَدّ مُشبَع 6 حركات
● إخفاء، ومواقع الغُنّة (حركتين)
● تفخيم

● مَدّ 2 أو 4 أو 6 جوازاً
● مَدّ حركتين
● قلقلة

● إدغام، وما لا يُلفَظ

أُحِلَّ لَكُمْ لَيْلَةَ ٱلصِّيَامِ ٱلرَّفَثُ إِلَىٰ نِسَآئِكُمْ هُنَّ لِبَاسٌ لَّكُمْ وَأَنتُمْ لِبَاسٌ لَّهُنَّ عَلِمَ ٱللَّهُ أَنَّكُمْ كُنتُمْ تَخْتَانُونَ أَنفُسَكُمْ فَتَابَ عَلَيْكُمْ وَعَفَا عَنكُمْ فَٱلْـَٔنَ بَٰشِرُوهُنَّ وَٱبْتَغُوا۟ مَا كَتَبَ ٱللَّهُ لَكُمْ وَكُلُوا۟ وَٱشْرَبُوا۟ حَتَّىٰ يَتَبَيَّنَ لَكُمُ ٱلْخَيْطُ ٱلْأَبْيَضُ مِنَ ٱلْخَيْطِ ٱلْأَسْوَدِ مِنَ ٱلْفَجْرِ ثُمَّ أَتِمُّوا۟ ٱلصِّيَامَ إِلَى ٱلَّيْلِ وَلَا تُبَٰشِرُوهُنَّ وَأَنتُمْ عَٰكِفُونَ فِى ٱلْمَسَٰجِدِ تِلْكَ حُدُودُ ٱللَّهِ فَلَا تَقْرَبُوهَا كَذَٰلِكَ يُبَيِّنُ ٱللَّهُ ءَايَٰتِهِ لِلنَّاسِ لَعَلَّهُمْ يَتَّقُونَ ﴿١٨٦﴾ وَلَا تَأْكُلُوٓا۟ أَمْوَٰلَكُم بَيْنَكُم بِٱلْبَٰطِلِ وَتُدْلُوا۟ بِهَآ إِلَى ٱلْحُكَّامِ لِتَأْكُلُوا۟ فَرِيقًا مِّنْ أَمْوَٰلِ ٱلنَّاسِ بِٱلْإِثْمِ وَأَنتُمْ تَعْلَمُونَ ﴿١٨٧﴾ ۞ يَسْـَٔلُونَكَ عَنِ ٱلْأَهِلَّةِ قُلْ هِىَ مَوَٰقِيتُ لِلنَّاسِ وَٱلْحَجِّ وَلَيْسَ ٱلْبِرُّ بِأَن تَأْتُوا۟ ٱلْبُيُوتَ مِن ظُهُورِهَا وَلَٰكِنَّ ٱلْبِرَّ مَنِ ٱتَّقَىٰ وَأْتُوا۟ ٱلْبُيُوتَ مِنْ أَبْوَٰبِهَا وَٱتَّقُوا۟ ٱللَّهَ لَعَلَّكُمْ تُفْلِحُونَ ﴿١٨٨﴾ وَقَٰتِلُوا۟ فِى سَبِيلِ ٱللَّهِ ٱلَّذِينَ يُقَٰتِلُونَكُمْ وَلَا تَعْتَدُوٓا۟ إِنَّ ٱللَّهَ لَا يُحِبُّ ٱلْمُعْتَدِينَ ﴿١٨٩﴾

ربع

- **ٱلرَّفَثُ** الوقاع
- **لِبَاسٌ** سترٌ عن الحرام
- **حُدُودُ ٱللَّهِ** منهيّاتُه أو أحكامُه المتضمِّنة لها
- **تُدْلُوا۟ بِهَآ** تُلقُوا بالخصومة فيها

- مدّ مشبع ٦ حركات
- مدّ ٢ أو ٤ أو ٦ جوازاً
- مدّ حركتين
- إخفاء، ومواقع الغُنّة (حركتين)
- إدغام، وما لا يُلفَظ
- تفخيم
- قلقلة

وَاقْتُلُوهُمْ حَيْثُ ثَقِفْتُمُوهُمْ وَأَخْرِجُوهُم مِّنْ حَيْثُ أَخْرَجُوكُمْ وَالْفِتْنَةُ أَشَدُّ مِنَ الْقَتْلِ وَلَا تُقَاتِلُوهُمْ عِندَ الْمَسْجِدِ الْحَرَامِ حَتَّىٰ يُقَاتِلُوكُمْ فِيهِ فَإِن قَاتَلُوكُمْ فَاقْتُلُوهُمْ كَذَٰلِكَ جَزَاءُ الْكَافِرِينَ ﴿١٩٠﴾ فَإِنِ انتَهَوْا فَإِنَّ اللَّهَ غَفُورٌ رَّحِيمٌ ﴿١٩١﴾ وَقَاتِلُوهُمْ حَتَّىٰ لَا تَكُونَ فِتْنَةٌ وَيَكُونَ الدِّينُ لِلَّهِ فَإِنِ انتَهَوْا فَلَا عُدْوَانَ إِلَّا عَلَى الظَّالِمِينَ ﴿١٩٢﴾ الشَّهْرُ الْحَرَامُ بِالشَّهْرِ الْحَرَامِ وَالْحُرُمَاتُ قِصَاصٌ فَمَنِ اعْتَدَىٰ عَلَيْكُمْ فَاعْتَدُوا عَلَيْهِ بِمِثْلِ مَا اعْتَدَىٰ عَلَيْكُمْ وَاتَّقُوا اللَّهَ وَاعْلَمُوا أَنَّ اللَّهَ مَعَ الْمُتَّقِينَ ﴿١٩٣﴾ وَأَنفِقُوا فِي سَبِيلِ اللَّهِ وَلَا تُلْقُوا بِأَيْدِيكُمْ إِلَى التَّهْلُكَةِ وَأَحْسِنُوا إِنَّ اللَّهَ يُحِبُّ الْمُحْسِنِينَ ﴿١٩٤﴾ وَأَتِمُّوا الْحَجَّ وَالْعُمْرَةَ لِلَّهِ فَإِنْ أُحْصِرْتُمْ فَمَا اسْتَيْسَرَ مِنَ الْهَدْيِ وَلَا تَحْلِقُوا رُءُوسَكُمْ حَتَّىٰ يَبْلُغَ الْهَدْيُ مَحِلَّهُ فَمَن كَانَ مِنكُم مَّرِيضًا أَوْ بِهِ أَذًى مِّن رَّأْسِهِ فَفِدْيَةٌ مِّن صِيَامٍ أَوْ صَدَقَةٍ أَوْ نُسُكٍ فَإِذَا أَمِنتُمْ فَمَن تَمَتَّعَ بِالْعُمْرَةِ إِلَى الْحَجِّ فَمَا اسْتَيْسَرَ مِنَ الْهَدْيِ ۞ فَمَن لَّمْ يَجِدْ فَصِيَامُ ثَلَاثَةِ أَيَّامٍ فِي الْحَجِّ وَسَبْعَةٍ إِذَا رَجَعْتُمْ تِلْكَ عَشَرَةٌ كَامِلَةٌ ذَٰلِكَ لِمَن لَّمْ يَكُنْ أَهْلُهُ حَاضِرِي الْمَسْجِدِ الْحَرَامِ وَاتَّقُوا اللَّهَ وَاعْلَمُوا أَنَّ اللَّهَ شَدِيدُ الْعِقَابِ ﴿١٩٥﴾

ثُمُنْ

• ثَقِفْتُمُوهُمْ
وجدتُموهم

• الْفِتْنَةُ
الشِّرْكُ في الحَرَم

• الْحُرُمَاتُ
ما تجب المحافظة عليه

• التَّهْلُكَةِ
الهلاك بترك الجهاد والإنفاق فيه

• أُحْصِرْتُمْ
مُنِعتم عن الإتمام بعد الإحرام

• اسْتَيْسَرَ
تيسّر وتسهّل

• الْهَدْيِ
ممّا يُهدى إلى البيت من الأنعام

• مَحِلَّهُ
الحَرَم

• نُسُكٍ
ذبيحة وأدناها هنا شاةٌ

• مدّ مشبع ٦ حركات   • إخفاء، ومواقع الغُنّة (حركتين)   • مدّ حركتين   • تفخيم
• مدّ ٢ أو ٤ أو ٦ جوازاً   • إدغام، وما لا يُلفظ   • مدّ حركتين   • قلقلة

ٱلْحَجُّ أَشْهُرٌ مَّعْلُومَاتٌ فَمَن فَرَضَ فِيهِنَّ ٱلْحَجَّ فَلَا رَفَثَ وَلَا فُسُوقَ وَلَا جِدَالَ فِي ٱلْحَجِّ وَمَا تَفْعَلُوا مِنْ خَيْرٍ يَعْلَمْهُ ٱللَّهُ وَتَزَوَّدُوا فَإِنَّ خَيْرَ ٱلزَّادِ ٱلتَّقْوَىٰ وَٱتَّقُونِ يَٰأُولِي ٱلْأَلْبَٰبِ ۝ لَيْسَ عَلَيْكُمْ جُنَاحٌ أَن تَبْتَغُوا فَضْلًا مِّن رَّبِّكُمْ فَإِذَا أَفَضْتُم مِّنْ عَرَفَٰتٍ فَٱذْكُرُوا ٱللَّهَ عِندَ ٱلْمَشْعَرِ ٱلْحَرَامِ وَٱذْكُرُوهُ كَمَا هَدَىٰكُمْ وَإِن كُنتُم مِّن قَبْلِهِ لَمِنَ ٱلضَّآلِّينَ ۝ ثُمَّ أَفِيضُوا مِنْ حَيْثُ أَفَاضَ ٱلنَّاسُ وَٱسْتَغْفِرُوا ٱللَّهَ إِنَّ ٱللَّهَ غَفُورٌ رَّحِيمٌ ۝ فَإِذَا قَضَيْتُم مَّنَٰسِكَكُمْ فَٱذْكُرُوا ٱللَّهَ كَذِكْرِكُمْ ءَابَآءَكُمْ أَوْ أَشَدَّ ذِكْرًا فَمِنَ ٱلنَّاسِ مَن يَقُولُ رَبَّنَآ ءَاتِنَا فِي ٱلدُّنْيَا وَمَا لَهُ فِي ٱلْءَاخِرَةِ مِنْ خَلَٰقٍ وَمِنْهُم مَّن يَقُولُ رَبَّنَآ ءَاتِنَا فِي ٱلدُّنْيَا حَسَنَةً وَفِي ٱلْءَاخِرَةِ حَسَنَةً وَقِنَا عَذَابَ ٱلنَّارِ ۝ أُو۟لَٰٓئِكَ لَهُمْ نَصِيبٌ مِّمَّا كَسَبُوا وَٱللَّهُ سَرِيعُ ٱلْحِسَابِ ۝

• فَلَا رَفَثَ
فلا وقاع أو فلا إفحاش في القول

• لَا جِدَالَ
لا خصام مع الناس

• جُنَاحٌ
إثم وحرج

• أَفَضْتُم
دفعتم أنفسكم وسِرْتُم

• ٱلْمَشْعَرِ ٱلْحَرَامِ
مُزدلفة

• مَّنَٰسِكَكُمْ
عباداتكم الحجّيّة

• خَلَٰقٍ
نصيب من الخير أو قدر

حِزْبٌ

۞ وَاذْكُرُوا۟ اللَّهَ فِىٓ أَيَّامٍ مَّعْدُودَٰتٍ فَمَن تَعَجَّلَ فِى يَوْمَيْنِ فَلَآ إِثْمَ عَلَيْهِ وَمَن تَأَخَّرَ فَلَآ إِثْمَ عَلَيْهِ لِمَنِ ٱتَّقَىٰ وَٱتَّقُوا۟ ٱللَّهَ وَٱعْلَمُوٓا۟ أَنَّكُمْ إِلَيْهِ تُحْشَرُونَ ۝ وَمِنَ ٱلنَّاسِ مَن يُعْجِبُكَ قَوْلُهُۥ فِى ٱلْحَيَوٰةِ ٱلدُّنْيَا وَيُشْهِدُ ٱللَّهَ عَلَىٰ مَا فِى قَلْبِهِۦ وَهُوَ أَلَدُّ ٱلْخِصَامِ ۝ وَإِذَا تَوَلَّىٰ سَعَىٰ فِى ٱلْأَرْضِ لِيُفْسِدَ فِيهَا وَيُهْلِكَ ٱلْحَرْثَ وَٱلنَّسْلَ وَٱللَّهُ لَا يُحِبُّ ٱلْفَسَادَ ۝ وَإِذَا قِيلَ لَهُ ٱتَّقِ ٱللَّهَ أَخَذَتْهُ ٱلْعِزَّةُ بِٱلْإِثْمِ فَحَسْبُهُۥ جَهَنَّمُ وَلَبِئْسَ ٱلْمِهَادُ ۝ وَمِنَ ٱلنَّاسِ مَن يَشْرِى نَفْسَهُ ٱبْتِغَآءَ مَرْضَاتِ ٱللَّهِ وَٱللَّهُ رَءُوفٌۢ بِٱلْعِبَادِ ۝ يَٰٓأَيُّهَا ٱلَّذِينَ ءَامَنُوا۟ ٱدْخُلُوا۟ فِى ٱلسِّلْمِ كَآفَّةً وَلَا تَتَّبِعُوا۟ خُطُوَٰتِ ٱلشَّيْطَٰنِ إِنَّهُۥ لَكُمْ عَدُوٌّ مُّبِينٌ ۝ فَإِن زَلَلْتُم مِّنۢ بَعْدِ مَا جَآءَتْكُمُ ٱلْبَيِّنَٰتُ فَٱعْلَمُوٓا۟ أَنَّ ٱللَّهَ عَزِيزٌ حَكِيمٌ ۝ هَلْ يَنظُرُونَ إِلَّآ أَن يَأْتِيَهُمُ ٱللَّهُ فِى ظُلَلٍ مِّنَ ٱلْغَمَامِ وَٱلْمَلَٰٓئِكَةُ وَقُضِىَ ٱلْأَمْرُ وَإِلَى ٱللَّهِ تُرْجَعُ ٱلْأُمُورُ ۝

- أَلَدُّ الْخِصَامِ: شَدِيدُ المُخَاصَمَةِ في الباطلِ
- الْحَرْثَ: الزَّرْعُ
- الْعِزَّةُ: الأَنَفَةُ والحَمِيَّةُ
- فَحَسْبُهُ: كَافِيهِ جَزَاءً
- الْمِهَادُ: الفِرَاشُ أَي المُسْتَقَرُّ
- يَشْرِى: يَبِيعُ
- السِّلْمِ: الاسْتِسْلَامُ والطَّاعَةُ أو الإِسْلَامُ
- خُطُوَاتِ الشَّيْطَانِ: طُرُقُهُ وآثَارُهُ
- ظُلَلٍ: ما يُسْتَظَلُّ بِهِ
- الْغَمَامِ: السَّحَابُ الأَبْيَضُ الرَّقِيقُ

- مَدّ مُشبع ٦ حركات
- مَدّ ٢ أو ٤ أو ٦ جوازًا
- إخفاء، ومواقع الغُنّة (حركتين)
- إدغام، وما لا يُلفَظ
- مَدّ حركتين
- تفخيم
- قلقلة

سَلْ بَنِےٓ إِسْرَآءِيلَ كَمَ ـاتَيْنَٰهُم مِّنَ ـايَةِۢ بَيِّنَةٖۖ وَمَنْ يُّبَدِّلْ نِعْمَةَ
اَ۬للَّهِ مِنۢ بَعْدِ مَا جَآءَتْهُ فَإِنَّ اَ۬للَّهَ شَدِيدُ اُ۬لْعِقَابِۖ (209) زُيِّنَ لِلذِينَ
كَفَرُواْ اُ۬لْحَيَوٰةُ اُ۬لدُّنْي۪ا وَيَسْخَرُونَ مِنَ اَ۬لذِينَ ءَامَنُواْۖ وَالذِينَ
اَ۪تَّقَوْاْ فَوْقَهُمْ يَوْمَ اَ۬لْقِيَٰمَةِۖ وَاللَّهُ يَرْزُقُ مَنْ يَّشَآءُ بِغَيْرِ حِسَابٖۖ (210)
۞ كَانَ اَ۬لنَّاسُ أُمَّةٗ وَٰحِدَةٗ فَبَعَثَ اَ۬للَّهُ اُ۬لنَّبِيِٕٓـِٔينَ مُبَشِّرِينَ
وَمُنذِرِينَ وَأَنزَلَ مَعَهُمُ اُ۬لْكِتَٰبَ بِالْحَقِّ لِيَحْكُمَ بَيْنَ اَ۬لنَّاسِ
فِيمَا اَ۪خْتَلَفُواْ فِيهِۖ وَمَا اَ۪خْتَلَفَ فِيهِ إِلَّا اَ۬لذِينَ أُوتُوهُۖ مِنۢ بَعْدِ
مَا جَآءَتْهُمُ اُ۬لْبَيِّنَٰتُ بَغْياَۢ بَيْنَهُمْۖ فَهَدَى اَ۬للَّهُ اُ۬لذِينَ ءَامَنُواْ لِمَا
اَ۪خْتَلَفُواْ فِيهِ مِنَ اَ۬لْحَقِّ بِإِذْنِهِۦۖ وَاللَّهُ يَهْدِے مَنْ يَّشَآءُ إِلَىٰ صِرَٰطٖ
مُّسْتَقِيمٍۖ (211) اَمْ حَسِبْتُمُۥٓ أَن تَدْخُلُواْ اُ۬لْجَنَّةَ وَلَمَّا يَاتِكُم
مَّثَلُ اُ۬لذِينَ خَلَوْاْ مِن قَبْلِكُم مَّسَّتْهُمُ اُ۬لْبَأْسَآءُ وَالضَّرَّآءُ وَزُلْزِلُواْ
حَتَّيٰ يَقُولُ اُ۬لرَّسُولُ وَالذِينَ ءَامَنُواْ مَعَهُۥ مَتَيٰ نَصْرُ اُ۬للَّهِۖ أَلَآ إِنَّ
نَصْرَ اَ۬للَّهِ قَرِيبٞۖ (212) يَسْـَٔلُونَكَ مَاذَا يُنفِقُونَۖ قُلْ مَآ أَنفَقْتُم
مِّنْ خَيْرٖ فَلِلْوَٰلِدَيْنِ وَالْاَقْرَبِينَ وَالْيَتَٰمَيٰ وَالْمَسَٰكِينِ
وَابْنِ اِ۬لسَّبِيلِۖ وَمَا تَفْعَلُواْ مِنْ خَيْرٖ فَإِنَّ اَ۬للَّهَ بِهِۦ عَلِيمٞۖ (213)

ثُمُنٌ

- **بِغَيْرِ حِسَابٍ**: بلا عدٍّ لما يُعطي
- **بَغْياً**: حسدًا أو ظلمًا
- **مَّثَلُ**: حالُ
- **خَلَوْاْ**: مضوا
- **اُ۬لْبَأْسَآءُ وَالضَّرَّآءُ**: الفقرُ والسّقمُ ونحوهما
- **وَزُلْزِلُواْ**: أُزعِجوا إزعاجًا شديدًا

مدّ مشبع 6 حركات	مدّ حركتين	إخفاء، ومواقع الغُنّة (حركتين)	تفخيم
مدّ 2 أو 4 أو 6 جوازاً		إدغام، وما لا يُلفظ	قلقلة

كُتِبَ عَلَيْكُمُ اُ۬لْقِتَالُ وَهُوَ كُرْهٞ لَّكُمْۖ وَعَسيٰٓ أَن تَكْرَهُواْ
شَيْـٔاٗ وَهُوَ خَيْرٞ لَّكُمْۖ وَعَسيٰٓ أَن تُحِبُّواْ شَيْـٔاٗ وَهُوَ شَرّٞ لَّكُمْۖ
وَاللَّهُ يَعْلَمُ وَأَنتُمْ لَا تَعْلَمُونَۖ ﴿214﴾ يَسْـَٔلُونَكَ عَنِ اِ۬لشَّهْرِ
اِ۬لْحَرَامِ قِتَالٖ فِيهِۖ قُلْ قِتَالٞ فِيهِ كَبِيرٞۖ وَصَدٌّ عَن سَبِيلِ اِ۬للَّهِ
وَكُفْرُۢ بِهِۦ وَالْمَسْجِدِ اِ۬لْحَرَامِ وَإِخْرَاجُ أَهْلِهِۦ مِنْهُ أَكْبَرُ
عِندَ اَ۬للَّهِۖ وَالْفِتْنَةُ أَكْبَرُ مِنَ اَ۬لْقَتْلِۖ وَلَا يَزَالُونَ يُقَٰتِلُونَكُمْ
حَتَّيٰ يَرُدُّوكُمْ عَن دِينِكُمُۥٓ إِنِ اِ۪سْتَطَٰعُواْۖ وَمَنْ يَّرْتَدِدْ
مِنكُمْ عَن دِينِهِۦ فَيَمُتْ وَهُوَ كَافِرٞ فَأُوْلَٰٓئِكَ حَبِطَتَ
أَعْمَٰلُهُمْ فِے اِ۬لدُّنْي۪ا وَالَاخِرَةِۖ وَأُوْلَٰٓئِكَ أَصْحَٰبُ اُ۬لنّ۪ارِ هُمْ
فِيهَا خَٰلِدُونَۖ ﴿215﴾ إِنَّ اَ۬لذِينَ ءَامَنُواْ وَالذِينَ هَاجَرُواْ
وَجَٰهَدُواْ فِے سَبِيلِ اِ۬للَّهِ أُوْلَٰٓئِكَ يَرْجُونَ رَحْمَتَ
اَ۬للَّهِۖ وَاللَّهُ غَفُورٞ رَّحِيمٞۖ ﴿216﴾ ۞يَسْـَٔلُونَكَ عَنِ اِ۬لْخَمْرِ
وَالْمَيْسِرِۖ قُلْ فِيهِمَآ إِثْمٞ كَبِيرٞ وَمَنَٰفِعُ لِلنَّاسِۖ وَإِثْمُهُمَآ
أَكْبَرُ مِن نَّفْعِهِمَاۖ وَيَسْـَٔلُونَكَ مَاذَا يُنفِقُونَ قُلِ اِ۬لْعَفْوَۖ
كَذَٰلِكَ يُبَيِّنُ اُ۬للَّهُ لَكُمُ اُ۬لَايَٰتِ لَعَلَّكُمْ تَتَفَكَّرُونَ ﴿217﴾

- كُرْهٌ: مكروهٌ
- اَلْمَسْجِدِ اِلْحَرَامِ: الحَرَمِ المكيّ
- حَبِطَتْ: بطلَتْ
- رُبُعٌ
- اَلْمَيْسِرِ: القمارِ
- اَلْعَفْوَ: ما فضلَ عن الحاجةِ

مدّ مشبع 6 حركات	مدّ حركتين	إخفاء، ومواقع الغُنَّة (حركتين)	تفخيم
مدّ 2 أو 4 أو 6 جوازاً		إدغام، وما لا يُلفَظ	قلقلة

فِى ٱلدُّنْيَا وَٱلْءَاخِرَةِ وَيَسْـَٔلُونَكَ عَنِ ٱلْيَتَـٰمَىٰ قُلْ إِصْلَاحٌ لَّهُمْ خَيْرٌ وَإِن تُخَالِطُوهُمْ فَإِخْوَٰنُكُمْ وَٱللَّهُ يَعْلَمُ ٱلْمُفْسِدَ مِنَ ٱلْمُصْلِحِ وَلَوْ شَآءَ ٱللَّهُ لَأَعْنَتَكُمْ إِنَّ ٱللَّهَ عَزِيزٌ حَكِيمٌ ۝٢١٨

وَلَا تَنكِحُوا۟ ٱلْمُشْرِكَـٰتِ حَتَّىٰ يُؤْمِنَّ وَلَأَمَةٌ مُّؤْمِنَةٌ خَيْرٌ مِّن مُّشْرِكَةٍ وَلَوْ أَعْجَبَتْكُمْ وَلَا تُنكِحُوا۟ ٱلْمُشْرِكِينَ حَتَّىٰ يُؤْمِنُوا۟ وَلَعَبْدٌ مُّؤْمِنٌ خَيْرٌ مِّن مُّشْرِكٍ وَلَوْ أَعْجَبَكُمْ أُو۟لَـٰٓئِكَ يَدْعُونَ إِلَى ٱلنَّارِ وَٱللَّهُ يَدْعُوٓا۟ إِلَى ٱلْجَنَّةِ وَٱلْمَغْفِرَةِ بِإِذْنِهِۦ وَيُبَيِّنُ ءَايَـٰتِهِۦ لِلنَّاسِ لَعَلَّهُمْ يَتَذَكَّرُونَ ۝٢١٩ وَيَسْـَٔلُونَكَ عَنِ ٱلْمَحِيضِ قُلْ هُوَ أَذًى فَٱعْتَزِلُوا۟ ٱلنِّسَآءَ فِى ٱلْمَحِيضِ وَلَا تَقْرَبُوهُنَّ حَتَّىٰ يَطْهُرْنَ فَإِذَا تَطَهَّرْنَ فَأْتُوهُنَّ مِنْ حَيْثُ أَمَرَكُمُ ٱللَّهُ إِنَّ ٱللَّهَ يُحِبُّ ٱلتَّوَّٰبِينَ وَيُحِبُّ ٱلْمُتَطَهِّرِينَ ۝٢٢٠

نِسَآؤُكُمْ حَرْثٌ لَّكُمْ فَأْتُوا۟ حَرْثَكُمْ أَنَّىٰ شِئْتُمْ وَقَدِّمُوا۟ لِأَنفُسِكُمْ وَٱتَّقُوا۟ ٱللَّهَ وَٱعْلَمُوٓا۟ أَنَّكُم مُّلَـٰقُوهُ وَبَشِّرِ ٱلْمُؤْمِنِينَ ۝٢٢١ وَلَا تَجْعَلُوا۟ ٱللَّهَ عُرْضَةً لِّأَيْمَـٰنِكُمْ أَن تَبَرُّوا۟ وَتَتَّقُوا۟ وَتُصْلِحُوا۟ بَيْنَ ٱلنَّاسِ وَٱللَّهُ سَمِيعٌ عَلِيمٌ ۝٢٢٢

● لَأَعْنَتَكُمْ
لَكَلَّفَكُمْ ما
يشقُّ عليكم

● أَذًى
قذر أو ضرر

● حَرْثٌ
لَّكُمْ
مَنبَتٌ للولد

● أَنَّىٰ شِئْتُمْ
كيف شئتم ما
دام في القُبُل

● عُرْضَةً
لِّأَيْمَـٰنِكُمْ
مانعًا لأجل
حلفكم به
عن البِرّ

| ● مدّ مشبع 6 حركات | ● إخفاء، ومواقع الغُنّة (حركتين) | ● تفخيم |
| ● مدّ 2 أو 4 أو 6 جوازًا | ● مدّ حركتين | ● إدغام، وما لا يُلفظ | ● قلقلة |

لَّا يُؤَاخِذُكُمُ ٱللَّهُ بِٱللَّغْوِ فِىٓ أَيْمَٰنِكُمْ وَلَٰكِن يُؤَاخِذُكُم بِمَا كَسَبَتْ قُلُوبُكُمْ وَٱللَّهُ غَفُورٌ حَلِيمٌ ۝ لِّلَّذِينَ يُؤْلُونَ مِن نِّسَآئِهِمْ تَرَبُّصُ أَرْبَعَةِ أَشْهُرٍ فَإِن فَآءُو فَإِنَّ ٱللَّهَ غَفُورٌ رَّحِيمٌ ۝

وَإِنْ عَزَمُوا۟ ٱلطَّلَٰقَ فَإِنَّ ٱللَّهَ سَمِيعٌ عَلِيمٌ ۝ وَٱلْمُطَلَّقَٰتُ يَتَرَبَّصْنَ بِأَنفُسِهِنَّ ثَلَٰثَةَ قُرُوٓءٍ وَلَا يَحِلُّ لَهُنَّ أَن يَكْتُمْنَ مَا خَلَقَ ٱللَّهُ فِىٓ أَرْحَامِهِنَّ إِن كُنَّ يُؤْمِنَّ بِٱللَّهِ وَٱلْيَوْمِ ٱلْءَاخِرِ وَبُعُولَتُهُنَّ أَحَقُّ بِرَدِّهِنَّ فِى ذَٰلِكَ إِنْ أَرَادُوٓا۟ إِصْلَٰحًا وَلَهُنَّ مِثْلُ ٱلَّذِى عَلَيْهِنَّ بِٱلْمَعْرُوفِ وَلِلرِّجَالِ عَلَيْهِنَّ دَرَجَةٌ وَٱللَّهُ عَزِيزٌ حَكِيمٌ ۝ ٱلطَّلَٰقُ مَرَّتَانِ فَإِمْسَاكٌۢ بِمَعْرُوفٍ أَوْ تَسْرِيحٌۢ بِإِحْسَٰنٍ وَلَا يَحِلُّ لَكُمْ أَن تَأْخُذُوا۟ مِمَّآ ءَاتَيْتُمُوهُنَّ شَيْـًٔا إِلَّآ أَن يَخَافَآ أَلَّا يُقِيمَا حُدُودَ ٱللَّهِ فَإِنْ خِفْتُمْ أَلَّا يُقِيمَا حُدُودَ ٱللَّهِ فَلَا جُنَاحَ عَلَيْهِمَا فِيمَا ٱفْتَدَتْ بِهِۦ تِلْكَ حُدُودُ ٱللَّهِ فَلَا تَعْتَدُوهَا وَمَن يَتَعَدَّ حُدُودَ ٱللَّهِ فَأُو۟لَٰٓئِكَ هُمُ ٱلظَّٰلِمُونَ ۝ فَإِن طَلَّقَهَا فَلَا تَحِلُّ لَهُۥ مِنۢ بَعْدُ حَتَّىٰ تَنكِحَ زَوْجًا غَيْرَهُۥ فَإِن طَلَّقَهَا فَلَا جُنَاحَ عَلَيْهِمَآ أَن يَتَرَاجَعَآ إِن ظَنَّآ أَن يُقِيمَا حُدُودَ ٱللَّهِ وَتِلْكَ حُدُودُ ٱللَّهِ يُبَيِّنُهَا لِقَوْمٍ يَعْلَمُونَ ۝

يُؤْلُونَ يحلفون على ترك مباشرة زوجاتهم

تَرَبُّصُ انتظار

فَآءُو رجعوا في المدة عمّا حلفوا عليه

قُرُوٓءٍ حيض وقيل أطهار

بُعُولَتُهُنَّ أزواجهنّ

دَرَجَةٌ منزلة وفضيلة

تَسْرِيحٌ طلاق

حُدُودُ ٱللَّهِ أحكامه

وَإِذَا طَلَّقْتُمُ ٱلنِّسَآءَ فَبَلَغْنَ أَجَلَهُنَّ فَأَمْسِكُوهُنَّ بِمَعْرُوفٍ أَوْ

سَرِّحُوهُنَّ بِمَعْرُوفٍ وَلَا تُمْسِكُوهُنَّ ضِرَارًا لِّتَعْتَدُواْ وَمَن يَفْعَلْ

ذَٰلِكَ فَقَدْ ظَلَمَ نَفْسَهُۥ وَلَا تَتَّخِذُوٓاْ ءَايَٰتِ ٱللَّهِ هُزُوًا وَٱذْكُرُواْ

نِعْمَتَ ٱللَّهِ عَلَيْكُمْ وَمَآ أَنزَلَ عَلَيْكُم مِّنَ ٱلْكِتَٰبِ وَٱلْحِكْمَةِ

يَعِظُكُم بِهِۦ وَٱتَّقُواْ ٱللَّهَ وَٱعْلَمُوٓاْ أَنَّ ٱللَّهَ بِكُلِّ شَيْءٍ عَلِيمٌ ﴿٢٢٩﴾

وَإِذَا طَلَّقْتُمُ ٱلنِّسَآءَ فَبَلَغْنَ أَجَلَهُنَّ فَلَا تَعْضُلُوهُنَّ أَن يَنكِحْنَ

أَزْوَٰجَهُنَّ إِذَا تَرَٰضَوْاْ بَيْنَهُم بِٱلْمَعْرُوفِ ذَٰلِكَ يُوعَظُ بِهِۦ مَن كَانَ

مِنكُمْ يُؤْمِنُ بِٱللَّهِ وَٱلْيَوْمِ ٱلْآخِرِ ذَٰلِكُمْ أَزْكَىٰ لَكُمْ وَأَطْهَرُ وَٱللَّهُ

يَعْلَمُ وَأَنتُمْ لَا تَعْلَمُونَ ۞ ﴿٢٣٠﴾ ۞ وَٱلْوَٰلِدَٰتُ يُرْضِعْنَ أَوْلَٰدَهُنَّ

حَوْلَيْنِ كَامِلَيْنِ لِمَنْ أَرَادَ أَن يُتِمَّ ٱلرَّضَاعَةَ وَعَلَى ٱلْمَوْلُودِ لَهُۥ رِزْقُهُنَّ

وَكِسْوَتُهُنَّ بِٱلْمَعْرُوفِ لَا تُكَلَّفُ نَفْسٌ إِلَّا وُسْعَهَا لَا تُضَآرَّ وَٰلِدَةٌ

بِوَلَدِهَا وَلَا مَوْلُودٌ لَّهُۥ بِوَلَدِهِۦ وَعَلَى ٱلْوَارِثِ مِثْلُ ذَٰلِكَ فَإِنْ أَرَادَا

فِصَالًا عَن تَرَاضٍ مِّنْهُمَا وَتَشَاوُرٍ فَلَا جُنَاحَ عَلَيْهِمَا وَإِنْ أَرَدتُّمْ أَن

تَسْتَرْضِعُوٓاْ أَوْلَٰدَكُمْ فَلَا جُنَاحَ عَلَيْكُمْ إِذَا سَلَّمْتُم مَّآ ءَاتَيْتُم

بِٱلْمَعْرُوفِ وَٱتَّقُواْ ٱللَّهَ وَٱعْلَمُوٓاْ أَنَّ ٱللَّهَ بِمَا تَعْمَلُونَ بَصِيرٌ ﴿٢٣١﴾

● ضِرَارًا
مُضَارَّةً لهنَّ

● هُزُوًا
سخريةً بالتهاون بما فيها

● فَلَا
تَعْضُلُوهُنَّ
فلا تَمنعوهنَّ

● أَزْكَى
أنمَى وأنفعُ

نِصْف

● وُسْعَهَا
طاقتها

● فِصَالًا
فطامًا للولد
قبل الحولين

● مدّ مشبع ٦ حركات   ● إخفاء، ومواقع الغُنّة (حركتين)   ● تفخيم
● مدّ حركتين   ● مدّ ٢ أو ٤ أو ٦ جوازًا   ● إدغام، وما لا يُلفظ   ● قلقلة

وَالَّذِينَ يُتَوَفَّوْنَ مِنكُمْ وَيَذَرُونَ أَزْوَاجًا يَتَرَبَّصْنَ بِأَنفُسِهِنَّ أَرْبَعَةَ أَشْهُرٍ وَعَشْرًا ۖ فَإِذَا بَلَغْنَ أَجَلَهُنَّ فَلَا جُنَاحَ عَلَيْكُمْ فِيمَا فَعَلْنَ فِي أَنفُسِهِنَّ بِالْمَعْرُوفِ ۗ وَاللَّهُ بِمَا تَعْمَلُونَ خَبِيرٌ ۝

وَلَا جُنَاحَ عَلَيْكُمْ فِيمَا عَرَّضْتُم بِهِ مِنْ خِطْبَةِ النِّسَاءِ أَوْ أَكْنَنتُمْ فِي أَنفُسِكُمْ ۚ عَلِمَ اللَّهُ أَنَّكُمْ سَتَذْكُرُونَهُنَّ وَلَٰكِن لَّا تُوَاعِدُوهُنَّ سِرًّا إِلَّا أَن تَقُولُوا قَوْلًا مَّعْرُوفًا ۚ وَلَا تَعْزِمُوا عُقْدَةَ النِّكَاحِ حَتَّىٰ يَبْلُغَ الْكِتَابُ أَجَلَهُ ۚ وَاعْلَمُوا أَنَّ اللَّهَ يَعْلَمُ مَا فِي أَنفُسِكُمْ فَاحْذَرُوهُ ۚ وَاعْلَمُوا أَنَّ اللَّهَ غَفُورٌ حَلِيمٌ ۝

لَّا جُنَاحَ عَلَيْكُمْ إِن طَلَّقْتُمُ النِّسَاءَ مَا لَمْ تَمَسُّوهُنَّ أَوْ تَفْرِضُوا لَهُنَّ فَرِيضَةً ۚ وَمَتِّعُوهُنَّ عَلَى الْمُوسِعِ قَدَرُهُ وَعَلَى الْمُقْتِرِ قَدَرُهُ مَتَاعًا بِالْمَعْرُوفِ ۖ حَقًّا عَلَى الْمُحْسِنِينَ ۝

وَإِن طَلَّقْتُمُوهُنَّ مِن قَبْلِ أَن تَمَسُّوهُنَّ وَقَدْ فَرَضْتُمْ لَهُنَّ فَرِيضَةً فَنِصْفُ مَا فَرَضْتُمْ إِلَّا أَن يَعْفُونَ أَوْ يَعْفُوَ الَّذِي بِيَدِهِ عُقْدَةُ النِّكَاحِ ۚ وَأَن تَعْفُوا أَقْرَبُ لِلتَّقْوَىٰ ۚ وَلَا تَنسَوُا الْفَضْلَ بَيْنَكُمْ ۚ إِنَّ اللَّهَ بِمَا تَعْمَلُونَ بَصِيرٌ ۝

حَٰفِظُواْ عَلَى ٱلصَّلَوَٰتِ وَٱلصَّلَوٰةِ ٱلْوُسْطَىٰ وَقُومُواْ لِلَّهِ قَٰنِتِينَ ۝٢٣٦ فَإِنْ خِفْتُمْ فَرِجَالًا أَوْ رُكْبَانًا فَإِذَآ أَمِنتُمْ فَٱذْكُرُواْ ٱللَّهَ كَمَا عَلَّمَكُم مَّا لَمْ تَكُونُواْ تَعْلَمُونَ ۝٢٣٧ وَٱلَّذِينَ يُتَوَفَّوْنَ مِنكُمْ وَيَذَرُونَ أَزْوَٰجًا وَصِيَّةً لِّأَزْوَٰجِهِم مَّتَٰعًا إِلَى ٱلْحَوْلِ غَيْرَ إِخْرَاجٍ فَإِنْ خَرَجْنَ فَلَا جُنَاحَ عَلَيْكُمْ فِي مَا فَعَلْنَ فِيٓ أَنفُسِهِنَّ مِن مَّعْرُوفٍ وَٱللَّهُ عَزِيزٌ حَكِيمٌ ۝٢٣٨ وَلِلْمُطَلَّقَٰتِ مَتَٰعٌۢ بِٱلْمَعْرُوفِ حَقًّا عَلَى ٱلْمُتَّقِينَ ۝٢٣٩ كَذَٰلِكَ يُبَيِّنُ ٱللَّهُ لَكُمْ ءَايَٰتِهِۦ لَعَلَّكُمْ تَعْقِلُونَ ۝٢٤٠

۞ أَلَمْ تَرَ إِلَى ٱلَّذِينَ خَرَجُواْ مِن دِيَٰرِهِمْ وَهُمْ أُلُوفٌ حَذَرَ ٱلْمَوْتِ فَقَالَ لَهُمُ ٱللَّهُ مُوتُواْ ثُمَّ أَحْيَٰهُمْ إِنَّ ٱللَّهَ لَذُو فَضْلٍ عَلَى ٱلنَّاسِ وَلَٰكِنَّ أَكْثَرَ ٱلنَّاسِ لَا يَشْكُرُونَ ۝٢٤١ وَقَٰتِلُواْ فِي سَبِيلِ ٱللَّهِ وَٱعْلَمُوٓاْ أَنَّ ٱللَّهَ سَمِيعٌ عَلِيمٌ ۝٢٤٢ مَّن ذَا ٱلَّذِي يُقْرِضُ ٱللَّهَ قَرْضًا حَسَنًا فَيُضَٰعِفَهُۥ لَهُۥٓ أَضْعَافًا كَثِيرَةً وَٱللَّهُ يَقْبِضُ وَيَبْصُۜطُ وَإِلَيْهِ تُرْجَعُونَ ۝٢٤٣

الهامش:

● قَٰنِتِينَ
مطيعين خاشعين

● فَرِجَالًا
فصلّوا مُشاة

● مَتَٰعٌ
متعةٌ أو نفقةُ العدّة

● يَقْبِضُ وَيَبْصُۜطُ
يضيّق ويوسّع

أَلَمْ تَرَ إِلَى ٱلْمَلَإِ مِنۢ بَنِىٓ إِسْرَٰٓءِيلَ مِنۢ بَعْدِ مُوسَىٰٓ إِذْ قَالُوا۟

لِنَبِىٍّ لَّهُمُ ٱبْعَثْ لَنَا مَلِكًا نُّقَٰتِلْ فِى سَبِيلِ ٱللَّهِ ۖ قَالَ

هَلْ عَسَيْتُمْ إِن كُتِبَ عَلَيْكُمُ ٱلْقِتَالُ أَلَّا تُقَٰتِلُوا۟ ۖ

قَالُوا۟ وَمَا لَنَآ أَلَّا نُقَٰتِلَ فِى سَبِيلِ ٱللَّهِ وَقَدْ أُخْرِجْنَا

مِن دِيَٰرِنَا وَأَبْنَآئِنَا ۖ فَلَمَّا كُتِبَ عَلَيْهِمُ ٱلْقِتَالُ

تَوَلَّوْا۟ إِلَّا قَلِيلًا مِّنْهُمْ ۗ وَٱللَّهُ عَلِيمٌۢ بِٱلظَّٰلِمِينَ ۝٢٤٤ وَقَالَ

لَهُمْ نَبِيُّهُمْ إِنَّ ٱللَّهَ قَدْ بَعَثَ لَكُمْ طَالُوتَ مَلِكًا ۚ

قَالُوٓا۟ أَنَّىٰ يَكُونُ لَهُ ٱلْمُلْكُ عَلَيْنَا وَنَحْنُ أَحَقُّ

بِٱلْمُلْكِ مِنْهُ وَلَمْ يُؤْتَ سَعَةً مِّنَ ٱلْمَالِ ۚ قَالَ إِنَّ ٱللَّهَ

ٱصْطَفَىٰهُ عَلَيْكُمْ وَزَادَهُۥ بَسْطَةً فِى ٱلْعِلْمِ وَٱلْجِسْمِ ۖ وَٱللَّهُ

يُؤْتِى مُلْكَهُۥ مَن يَشَآءُ ۚ وَٱللَّهُ وَٰسِعٌ عَلِيمٌ ۝٢٤٥ ۞ وَقَالَ

لَهُمْ نَبِيُّهُمْ إِنَّ ءَايَةَ مُلْكِهِۦٓ أَن يَأْتِيَكُمُ

ٱلتَّابُوتُ فِيهِ سَكِينَةٌ مِّن رَّبِّكُمْ وَبَقِيَّةٌ مِّمَّا

تَرَكَ ءَالُ مُوسَىٰ وَءَالُ هَٰرُونَ تَحْمِلُهُ ٱلْمَلَٰٓئِكَةُ ۚ

إِنَّ فِى ذَٰلِكَ لَءَايَةً لَّكُمْ إِن كُنتُم مُّؤْمِنِينَ ۝٢٤٦

فَلَمَّا فَصَلَ طَالُوتُ بِالْجُنُودِ قَالَ إِنَّ اللَّهَ مُبْتَلِيكُم بِنَهَرٍ فَمَن شَرِبَ مِنْهُ فَلَيْسَ مِنِّي وَمَن لَّمْ يَطْعَمْهُ فَإِنَّهُ مِنِّي إِلَّا مَنِ اغْتَرَفَ غُرْفَةً بِيَدِهِ فَشَرِبُوا مِنْهُ إِلَّا قَلِيلًا مِّنْهُمْ فَلَمَّا جَاوَزَهُ هُوَ وَالَّذِينَ آمَنُوا مَعَهُ قَالُوا لَا طَاقَةَ لَنَا الْيَوْمَ بِجَالُوتَ وَجُنُودِهِ قَالَ الَّذِينَ يَظُنُّونَ أَنَّهُم مُّلَاقُو اللَّهِ كَم مِّن فِئَةٍ قَلِيلَةٍ غَلَبَتْ فِئَةً كَثِيرَةً بِإِذْنِ اللَّهِ وَاللَّهُ مَعَ الصَّابِرِينَ ۝٢٤٧ وَلَمَّا بَرَزُوا لِجَالُوتَ وَجُنُودِهِ قَالُوا رَبَّنَا أَفْرِغْ عَلَيْنَا صَبْرًا وَثَبِّتْ أَقْدَامَنَا وَانصُرْنَا عَلَى الْقَوْمِ الْكَافِرِينَ ۝٢٤٨ فَهَزَمُوهُم بِإِذْنِ اللَّهِ وَقَتَلَ دَاوُودُ جَالُوتَ وَآتَاهُ اللَّهُ الْمُلْكَ وَالْحِكْمَةَ وَعَلَّمَهُ مِمَّا يَشَاءُ وَلَوْلَا دَفْعُ اللَّهِ النَّاسَ بَعْضَهُم بِبَعْضٍ لَّفَسَدَتِ الْأَرْضُ وَلَٰكِنَّ اللَّهَ ذُو فَضْلٍ عَلَى الْعَالَمِينَ ۝٢٤٩ تِلْكَ آيَاتُ اللَّهِ نَتْلُوهَا عَلَيْكَ بِالْحَقِّ وَإِنَّكَ لَمِنَ الْمُرْسَلِينَ ۝٢٥٠

• فَصَلَ
انفصل عن
بيت المقدس

• مُبْتَلِيكُم
مختبركم

• اغْتَرَفَ
أخذ بيده
دون الكرع

• لَا طَاقَةَ
لا قدرة

• فِئَةٍ
جماعةٍ

• بَرَزُوا
ظهروا

۞ تِلْكَ الرُّسُلُ فَضَّلْنَا بَعْضَهُمْ عَلَىٰ بَعْضٍ مِّنْهُم مَّن كَلَّمَ اللَّهُ وَرَفَعَ بَعْضَهُمْ دَرَجَٰتٍ وَءَاتَيْنَا عِيسَى ابْنَ مَرْيَمَ الْبَيِّنَٰتِ وَأَيَّدْنَٰهُ بِرُوحِ الْقُدُسِ وَلَوْ شَاءَ اللَّهُ مَا اقْتَتَلَ الَّذِينَ مِنۢ بَعْدِهِم مِّنۢ بَعْدِ مَا جَاءَتْهُمُ الْبَيِّنَٰتُ وَلَٰكِنِ اخْتَلَفُوا فَمِنْهُم مَّنْ ءَامَنَ وَمِنْهُم مَّن كَفَرَ وَلَوْ شَاءَ اللَّهُ مَا اقْتَتَلُوا وَلَٰكِنَّ اللَّهَ يَفْعَلُ مَا يُرِيدُ ﴿٢٥١﴾ يَٰٓأَيُّهَا الَّذِينَ ءَامَنُوٓا أَنفِقُوا مِمَّا رَزَقْنَٰكُم مِّن قَبْلِ أَن يَأْتِىَ يَوْمٌ لَّا بَيْعٌ فِيهِ وَلَا خُلَّةٌ وَلَا شَفَٰعَةٌ وَالْكَٰفِرُونَ هُمُ الظَّٰلِمُونَ ﴿٢٥٢﴾ اللَّهُ لَآ إِلَٰهَ إِلَّا هُوَ الْحَىُّ الْقَيُّومُ ﴿٢٥٣﴾ لَا تَأْخُذُهُۥ سِنَةٌ وَلَا نَوْمٌ لَّهُۥ مَا فِى السَّمَٰوَٰتِ وَمَا فِى الْأَرْضِ مَن ذَا الَّذِى يَشْفَعُ عِندَهُۥٓ إِلَّا بِإِذْنِهِۦ يَعْلَمُ مَا بَيْنَ أَيْدِيهِمْ وَمَا خَلْفَهُمْ وَلَا يُحِيطُونَ بِشَىْءٍ مِّنْ عِلْمِهِۦٓ إِلَّا بِمَا شَاءَ وَسِعَ كُرْسِيُّهُ السَّمَٰوَٰتِ وَالْأَرْضَ وَلَا يَـُٔودُهُۥ حِفْظُهُمَا وَهُوَ الْعَلِىُّ الْعَظِيمُ ﴿٢٥٤﴾ لَآ إِكْرَاهَ فِى الدِّينِ قَد تَّبَيَّنَ الرُّشْدُ مِنَ الْغَىِّ فَمَن يَكْفُرْ بِالطَّٰغُوتِ وَيُؤْمِنۢ بِاللَّهِ فَقَدِ اسْتَمْسَكَ بِالْعُرْوَةِ الْوُثْقَىٰ لَا انفِصَامَ لَهَا وَاللَّهُ سَمِيعٌ عَلِيمٌ ﴿٢٥٥﴾

• بُرُوجِ الْقُدُسِ
جبريل عليه السلام

• خُلَّةٌ
مودةٌ وصداقةٌ

• الْحَىُّ
الدائمُ الحياة

• الْقَيُّومُ
الدائمُ القيام بتدبير أمرِ الخلق

• سِنَةٌ
نعاسٌ وغفوةٌ

• لَا يَـُٔودُهُ
لا يُثقِلُه ولا يشقُّ عليه

• الرُّشْدُ
الهدى

• الْغَىّ
الضلال

• بِالطَّٰغُوتِ
ما يُطغي من صنم وشيطانٍ ونحوهما

• بِالْعُرْوَةِ الْوُثْقَىٰ
بالعقيدة المحكمة الوثيقة

• لَا انفِصَامَ لَهَا
لا انقطاعَ ولا زوالَ لها

• مدّ مشبع 6 حركات   • مدّ حركتين   • إخفاء، ومواقع الغُنّة (حركتين)   • تفخيم
• مدّ 2 أو 4 أو 6 جوازاً   • مدّ حركتين   • إدغام، وما لا يُلفظ   • قلقلة

42

اللَّهُ وَلِيُّ الَّذِينَ ءَامَنُوا يُخْرِجُهُم مِّنَ الظُّلُمَٰتِ إِلَى النُّورِ وَالَّذِينَ كَفَرُوٓا أَوْلِيَآؤُهُمُ الطَّٰغُوتُ يُخْرِجُونَهُم مِّنَ النُّورِ إِلَى الظُّلُمَٰتِ أُو۟لَٰٓئِكَ أَصْحَٰبُ النَّارِ هُمْ فِيهَا خَٰلِدُونَ ۝ ﴿256﴾ أَلَمْ تَرَ إِلَى الَّذِى حَآجَّ إِبْرَٰهِـۧمَ فِى رَبِّهِۦٓ أَنْ ءَاتَىٰهُ اللَّهُ الْمُلْكَ إِذْ قَالَ إِبْرَٰهِـۧمُ رَبِّىَ الَّذِى يُحْىِۦ وَيُمِيتُ قَالَ أَنَا۠ أُحْىِۦ وَأُمِيتُ قَالَ إِبْرَٰهِـۧمُ فَإِنَّ اللَّهَ يَأْتِى بِالشَّمْسِ مِنَ الْمَشْرِقِ فَأْتِ بِهَا مِنَ الْمَغْرِبِ فَبُهِتَ الَّذِى كَفَرَ وَاللَّهُ لَا يَهْدِى الْقَوْمَ الظَّٰلِمِينَ ﴿257﴾ أَوْ كَالَّذِى مَرَّ عَلَىٰ قَرْيَةٍ وَهِىَ خَاوِيَةٌ عَلَىٰ عُرُوشِهَا قَالَ أَنَّىٰ يُحْىِۦ هَٰذِهِ اللَّهُ بَعْدَ مَوْتِهَا فَأَمَاتَهُ اللَّهُ مِائَةَ عَامٍ ثُمَّ بَعَثَهُۥ قَالَ كَمْ لَبِثْتَ قَالَ لَبِثْتُ يَوْمًا أَوْ بَعْضَ يَوْمٍ قَالَ بَل لَّبِثْتَ مِائَةَ عَامٍ فَانظُرْ إِلَىٰ طَعَامِكَ وَشَرَابِكَ لَمْ يَتَسَنَّهْ وَانظُرْ إِلَىٰ حِمَارِكَ وَلِنَجْعَلَكَ ءَايَةً لِّلنَّاسِ وَانظُرْ إِلَى الْعِظَامِ كَيْفَ نُنشِزُهَا ثُمَّ نَكْسُوهَا لَحْمًا فَلَمَّا تَبَيَّنَ لَهُۥ قَالَ أَعْلَمُ أَنَّ اللَّهَ عَلَىٰ كُلِّ شَىْءٍ قَدِيرٌ ﴿258﴾

ثُمُنْ

● فَبُهِتَ
غُلِبَ وتَحَيَّرَ

● خَاوِيَةٌ عَلَىٰ
عُرُوشِهَا
خَرِبَةٌ أو
خَالِيَةٌ من
أهلها

● أَنَّىٰ يُحْىِ
كيف أو متى
يُحيي

● لَمْ يَتَسَنَّهْ
لَمْ يتغيّرْ مع
مرور السنين
عليه

● نُنشِزُهَا
نحييها

● مدّ مشبع 6 حركات | ● إخفاء، ومواقع الغُنّة (حركتين) | ● مدّ حركتين | ● تفخيم
● مدّ 2 أو 4 أو 6 جوازاً | ● إدغام، وما لا يُلفظ | | ● قلقلة

43

وَإِذْ قَالَ إِبْرَٰهِيمُ رَبِّ أَرِنِي كَيْفَ تُحْيِ ٱلْمَوْتَىٰ قَالَ أَوَلَمْ

تُؤْمِنْ قَالَ بَلَىٰ وَلَٰكِن لِّيَطْمَئِنَّ قَلْبِي قَالَ فَخُذْ أَرْبَعَةً مِّنَ ٱلطَّيْرِ

فَصُرْهُنَّ إِلَيْكَ ثُمَّ ٱجْعَلْ عَلَىٰ كُلِّ جَبَلٍ مِّنْهُنَّ جُزْءًا ثُمَّ

ٱدْعُهُنَّ يَأْتِينَكَ سَعْيًا وَٱعْلَمْ أَنَّ ٱللَّهَ عَزِيزٌ حَكِيمٌ ۝٢٥٩ مَّثَلُ

ٱلَّذِينَ يُنفِقُونَ أَمْوَٰلَهُمْ فِي سَبِيلِ ٱللَّهِ كَمَثَلِ حَبَّةٍ أَنۢبَتَتْ

سَبْعَ سَنَابِلَ فِي كُلِّ سُنۢبُلَةٍ مِّائَةُ حَبَّةٍ وَٱللَّهُ يُضَٰعِفُ لِمَن

يَشَآءُ وَٱللَّهُ وَٰسِعٌ عَلِيمٌ ۝٢٦٠ ٱلَّذِينَ يُنفِقُونَ أَمْوَٰلَهُمْ فِي سَبِيلِ

ٱللَّهِ ثُمَّ لَا يُتْبِعُونَ مَآ أَنفَقُوا۟ مَنًّا وَلَآ أَذًى لَّهُمْ أَجْرُهُمْ عِندَ

رَبِّهِمْ وَلَا خَوْفٌ عَلَيْهِمْ وَلَا هُمْ يَحْزَنُونَ ۝٢٦١ ۞ قَوْلٌ

مَّعْرُوفٌ وَمَغْفِرَةٌ خَيْرٌ مِّن صَدَقَةٍ يَتْبَعُهَآ أَذًى وَٱللَّهُ

غَنِيٌّ حَلِيمٌ ۝٢٦٢ يَٰٓأَيُّهَا ٱلَّذِينَ ءَامَنُوا۟ لَا تُبْطِلُوا۟ صَدَقَٰتِكُم

بِٱلْمَنِّ وَٱلْأَذَىٰ كَٱلَّذِي يُنفِقُ مَالَهُۥ رِئَآءَ ٱلنَّاسِ وَلَا

يُؤْمِنُ بِٱللَّهِ وَٱلْيَوْمِ ٱلْءَاخِرِ فَمَثَلُهُۥ كَمَثَلِ صَفْوَانٍ عَلَيْهِ

تُرَابٌ فَأَصَابَهُۥ وَابِلٌ فَتَرَكَهُۥ صَلْدًا لَّا يَقْدِرُونَ عَلَىٰ

شَيْءٍ مِّمَّا كَسَبُوا۟ وَٱللَّهُ لَا يَهْدِي ٱلْقَوْمَ ٱلْكَٰفِرِينَ ۝٢٦٣

ربع

• فَصُرْهُنَّ
أَمِلْهُنَّ أو
قَطِّعْهُنَّ

• مَنًّا
تَعْدَادًا
للإحسان

• أَذًى
تَطَاوُلًا
وتَفَاخُرًا
بالإنفاق

• رِئَآءَ ٱلنَّاسِ
مُرائِيًا لهم

• صَفْوَانٍ
حَجَرٌ كبيرٌ
أَمْلَسُ

• وَابِلٌ
مطرٌ شديدُ
الوَقْع

• صَلْدًا
أَجْرَدُ نَقِيًّا من
التُّراب

• مدّ مشبع ٦ حركات
• مدّ ٦ حركات
• إخفاء، ومواقع الغُنّة (حركتين)
• تفخيم

• مدّ ٢ أو ٤ أو ٦ جوازاً
• مدّ حركتين
• إدغام، وما لا يُلفظ
• قلقلة

44

وَمَثَلُ ٱلَّذِينَ يُنفِقُونَ أَمْوَٰلَهُمُ ٱبْتِغَآءَ مَرْضَاتِ ٱللَّهِ وَتَثْبِيتًا مِّنْ أَنفُسِهِمْ كَمَثَلِ جَنَّةٍ بِرَبْوَةٍ أَصَابَهَا وَابِلٌ فَـَٔاتَتْ أُكُلَهَا ضِعْفَيْنِ فَإِن لَّمْ يُصِبْهَا وَابِلٌ فَطَلٌّ وَٱللَّهُ بِمَا تَعْمَلُونَ بَصِيرٌ ۝٢٦٤ أَيَوَدُّ أَحَدُكُمْ أَن تَكُونَ لَهُۥ جَنَّةٌ مِّن نَّخِيلٍ وَأَعْنَابٍ تَجْرِى مِن تَحْتِهَا ٱلْأَنْهَٰرُ لَهُۥ فِيهَا مِن كُلِّ ٱلثَّمَرَٰتِ وَأَصَابَهُ ٱلْكِبَرُ وَلَهُۥ ذُرِّيَّةٌ ضُعَفَآءُ فَأَصَابَهَآ إِعْصَارٌ فِيهِ نَارٌ فَٱحْتَرَقَتْ كَذَٰلِكَ يُبَيِّنُ ٱللَّهُ لَكُمُ ٱلْأَيَٰتِ لَعَلَّكُمْ تَتَفَكَّرُونَ ۝٢٦٥ يَٰٓأَيُّهَا ٱلَّذِينَ ءَامَنُوٓا۟ أَنفِقُوا۟ مِن طَيِّبَٰتِ مَا كَسَبْتُمْ وَمِمَّآ أَخْرَجْنَا لَكُم مِّنَ ٱلْأَرْضِ وَلَا تَيَمَّمُوا۟ ٱلْخَبِيثَ مِنْهُ تُنفِقُونَ وَلَسْتُم بِـَٔاخِذِيهِ إِلَّآ أَن تُغْمِضُوا۟ فِيهِ وَٱعْلَمُوٓا۟ أَنَّ ٱللَّهَ غَنِىٌّ حَمِيدٌ ۝٢٦٦ ٱلشَّيْطَٰنُ يَعِدُكُمُ ٱلْفَقْرَ وَيَأْمُرُكُم بِٱلْفَحْشَآءِ وَٱللَّهُ يَعِدُكُم مَّغْفِرَةً مِّنْهُ وَفَضْلًا وَٱللَّهُ وَٰسِعٌ عَلِيمٌ ۝٢٦٧ يُؤْتِى ٱلْحِكْمَةَ مَن يَشَآءُ وَمَن يُؤْتَ ٱلْحِكْمَةَ فَقَدْ أُوتِىَ خَيْرًا كَثِيرًا وَمَا يَذَّكَّرُ إِلَّآ أُو۟لُوا۟ ٱلْأَلْبَٰبِ ۝٢٦٨

ثُمُن

• بِرَبْوَةٍ
مكان مرتفع من الأرض

• أُكُلَهَا
ثمرها الذي يُؤكل

• فَطَلٌّ
فمطر خفيف (رذاذ)

• إِعْصَارٌ
ريح عاصف (زوبعة)

• فِيهِ نَارٌ
سموم أو صاعقة

• لَا تَيَمَّمُوا۟
لا تقصدوا

• ٱلْخَبِيثَ
الرديء

• تُغْمِضُوا۟ فِيهِ
تتساهلوا وتتسامحوا في أخذه

• مدّ مشبع ٦ حركات   ● مدّ حركتين   ● إخفاء، ومواقع الغنّة (حركتين)   ● تفخيم
● مدّ ٢ أو ٤ أو ٦ جوازاً   ● إدغام، وما لا يُلفظ   ● قلقلة

وَمَآ أَنفَقْتُم مِّن نَّفَقَةٍ أَوْ نَذَرْتُم مِّن نَّذْرٍ فَإِنَّ اللَّهَ يَعْلَمُهُ وَمَا لِلظَّٰلِمِينَ مِنْ أَنصَارٍ ۝ إِن تُبْدُواْ ٱلصَّدَقَٰتِ فَنِعِمَّا هِىَ وَإِن تُخْفُوهَا وَتُؤْتُوهَا ٱلْفُقَرَآءَ فَهُوَ خَيْرٌ لَّكُمْ وَنُكَفِّرُ عَنكُم مِّن سَيِّـَٔاتِكُمْ وَٱللَّهُ بِمَا تَعْمَلُونَ خَبِيرٌ ۝ ۞ لَّيْسَ عَلَيْكَ هُدَىٰهُمْ وَلَٰكِنَّ ٱللَّهَ يَهْدِى مَن يَشَآءُ وَمَا تُنفِقُواْ مِنْ خَيْرٍ فَلِأَنفُسِكُمْ وَمَا تُنفِقُونَ إِلَّا ٱبْتِغَآءَ وَجْهِ ٱللَّهِ وَمَا تُنفِقُواْ مِنْ خَيْرٍ يُوَفَّ إِلَيْكُمْ وَأَنتُمْ لَا تُظْلَمُونَ ۝ لِلْفُقَرَآءِ ٱلَّذِينَ أُحْصِرُواْ فِى سَبِيلِ ٱللَّهِ لَا يَسْتَطِيعُونَ ضَرْبًا فِى ٱلْأَرْضِ يَحْسَبُهُمُ ٱلْجَاهِلُ أَغْنِيَآءَ مِنَ ٱلتَّعَفُّفِ تَعْرِفُهُم بِسِيمَٰهُمْ لَا يَسْـَٔلُونَ ٱلنَّاسَ إِلْحَافًا وَمَا تُنفِقُواْ مِنْ خَيْرٍ فَإِنَّ ٱللَّهَ بِهِ عَلِيمٌ ۝ ٱلَّذِينَ يُنفِقُونَ أَمْوَٰلَهُم بِٱلَّيْلِ وَٱلنَّهَارِ سِرًّا وَعَلَانِيَةً فَلَهُمْ أَجْرُهُمْ عِندَ رَبِّهِمْ وَلَا خَوْفٌ عَلَيْهِمْ وَلَا هُمْ يَحْزَنُونَ ۝

نِصْف

• أُحْصِرُواْ
حبسهم
الجهادُ

• ضَرْبًا
ذهابًا وسيرًا
للتكسب

• ٱلتَّعَفُّفِ
التنزه عن
السؤالِ

• بِسِيمَٰهُمْ
بهيئتهم
الدالّة على
الفاقةِ
والحاجةِ

• إِلْحَافًا
إلحاحًا في
السؤالِ

● مدّ مشبع 6 حركات   ● إخفاء، ومواقع الغُنّة (حركتين)   ● مدّ حركتين   ● تفخيم
● مدّ 2 أو 4 أو 6 جوازًا   ● إدغام، وما لا يُلفظ   ● قلقلة

الَّذِينَ يَأْكُلُونَ الرِّبَوٰا۟ لَا يَقُومُونَ إِلَّا كَمَا يَقُومُ الَّذِي يَتَخَبَّطُهُ الشَّيْطَٰنُ مِنَ الْمَسِّ ذَٰلِكَ بِأَنَّهُمْ قَالُوٓا۟ إِنَّمَا الْبَيْعُ مِثْلُ الرِّبَوٰا۟ وَأَحَلَّ اللَّهُ الْبَيْعَ وَحَرَّمَ الرِّبَوٰا۟ فَمَن جَآءَهُۥ مَوْعِظَةٌ مِّن رَّبِّهِۦ فَانتَهَىٰ فَلَهُۥ مَا سَلَفَ وَأَمْرُهُۥٓ إِلَى اللَّهِ وَمَنْ عَادَ فَأُو۟لَٰٓئِكَ أَصْحَٰبُ النَّارِ هُمْ فِيهَا خَٰلِدُونَ ۝٢٧٤ يَمْحَقُ اللَّهُ الرِّبَوٰا۟ وَيُرْبِى الصَّدَقَٰتِ وَاللَّهُ لَا يُحِبُّ كُلَّ كَفَّارٍ أَثِيمٍ ۝٢٧٥ إِنَّ الَّذِينَ ءَامَنُوا۟ وَعَمِلُوا۟ الصَّٰلِحَٰتِ وَأَقَامُوا۟ الصَّلَوٰةَ وَءَاتَوُا۟ الزَّكَوٰةَ لَهُمْ أَجْرُهُمْ عِندَ رَبِّهِمْ وَلَا خَوْفٌ عَلَيْهِمْ وَلَا هُمْ يَحْزَنُونَ ۝٢٧٦ يَٰٓأَيُّهَا الَّذِينَ ءَامَنُوا۟ اتَّقُوا۟ اللَّهَ وَذَرُوا۟ مَا بَقِىَ مِنَ الرِّبَوٰٓا۟ إِن كُنتُم مُّؤْمِنِينَ ۝٢٧٧ فَإِن لَّمْ تَفْعَلُوا۟ فَأْذَنُوا۟ بِحَرْبٍ مِّنَ اللَّهِ وَرَسُولِهِۦ وَإِن تُبْتُمْ فَلَكُمْ رُءُوسُ أَمْوَٰلِكُمْ لَا تَظْلِمُونَ وَلَا تُظْلَمُونَ ۝٢٧٨ وَإِن كَانَ ذُو عُسْرَةٍ فَنَظِرَةٌ إِلَىٰ مَيْسَرَةٍ وَأَن تَصَدَّقُوا۟ خَيْرٌ لَّكُمْ إِن كُنتُمْ تَعْلَمُونَ ۝٢٧٩ وَاتَّقُوا۟ يَوْمًا تُرْجَعُونَ فِيهِ إِلَى اللَّهِ ثُمَّ تُوَفَّىٰ كُلُّ نَفْسٍ مَّا كَسَبَتْ وَهُمْ لَا يُظْلَمُونَ ۝٢٨٠

يَـٰٓأَيُّهَا ٱلَّذِينَ ءَامَنُوٓاْ إِذَا تَدَايَنتُم بِدَيْنٍ إِلَىٰٓ أَجَلٍ مُّسَمًّى فَٱكْتُبُوهُ وَلْيَكْتُب بَّيْنَكُمْ كَاتِبٌۢ بِٱلْعَدْلِ وَلَا يَأْبَ كَاتِبٌ أَن يَكْتُبَ كَمَا عَلَّمَهُ ٱللَّهُ فَلْيَكْتُبْ وَلْيُمْلِلِ ٱلَّذِى عَلَيْهِ ٱلْحَقُّ وَلْيَتَّقِ ٱللَّهَ رَبَّهُۥ وَلَا يَبْخَسْ مِنْهُ شَيْـًٔا فَإِن كَانَ ٱلَّذِى عَلَيْهِ ٱلْحَقُّ سَفِيهًا أَوْ ضَعِيفًا أَوْ لَا يَسْتَطِيعُ أَن يُمِلَّ هُوَ فَلْيُمْلِلْ وَلِيُّهُۥ بِٱلْعَدْلِ وَٱسْتَشْهِدُوا۟ شَهِيدَيْنِ مِن رِّجَالِكُمْ فَإِن لَّمْ يَكُونَا رَجُلَيْنِ فَرَجُلٌ وَٱمْرَأَتَانِ مِمَّن تَرْضَوْنَ مِنَ ٱلشُّهَدَآءِ أَن تَضِلَّ إِحْدَىٰهُمَا فَتُذَكِّرَ إِحْدَىٰهُمَا ٱلْأُخْرَىٰ وَلَا يَأْبَ ٱلشُّهَدَآءُ إِذَا مَا دُعُوا۟ وَلَا تَسْـَٔمُوٓا۟ أَن تَكْتُبُوهُ صَغِيرًا أَوْ كَبِيرًا إِلَىٰٓ أَجَلِهِۦ ذَٰلِكُمْ أَقْسَطُ عِندَ ٱللَّهِ وَأَقْوَمُ لِلشَّهَٰدَةِ وَأَدْنَىٰٓ أَلَّا تَرْتَابُوٓا۟ إِلَّآ أَن تَكُونَ تِجَٰرَةً حَاضِرَةً تُدِيرُونَهَا بَيْنَكُمْ فَلَيْسَ عَلَيْكُمْ جُنَاحٌ أَلَّا تَكْتُبُوهَا وَأَشْهِدُوٓا۟ إِذَا تَبَايَعْتُمْ وَلَا يُضَآرَّ كَاتِبٌ وَلَا شَهِيدٌ وَإِن تَفْعَلُوا۟ فَإِنَّهُۥ فُسُوقٌۢ بِكُمْ وَٱتَّقُوا۟ ٱللَّهَ وَيُعَلِّمُكُمُ ٱللَّهُ وَٱللَّهُ بِكُلِّ شَىْءٍ عَلِيمٌ ۝

281

● وَلْيُمْلِلِ
يُمْلِي ويُقِرّ

● لَا يَبْخَسْ
لا يَنقُص

● يُمِلَّ
يُمْلِي ويُقِرّ

● لَا يَأْبَ
لا يَمتَنِع

● لَا تَسْـَٔمُوا۟
لا تَمَلُّوا
أو لا تَضجَروا

● أَقْسَطُ
أعدَل

● أَقْوَمُ
لِلشَّهَٰدَة
أثبَت لها
وأعونُ عليها

● أَدْنَىٰٓ
أقرَب

● فُسُوقٌ
خُروجٌ عن
الطاعة

۞ وَإِن كُنتُمْ عَلَىٰ سَفَرٍ وَلَمْ تَجِدُوا۟ كَاتِبًا فَرِهَٰنٌ مَّقْبُوضَةٌ فَإِنْ أَمِنَ بَعْضُكُم بَعْضًا فَلْيُؤَدِّ ٱلَّذِى ٱؤْتُمِنَ أَمَٰنَتَهُۥ وَلْيَتَّقِ ٱللَّهَ رَبَّهُۥ وَلَا تَكْتُمُوا۟ ٱلشَّهَٰدَةَ وَمَن يَكْتُمْهَا فَإِنَّهُۥٓ ءَاثِمٌ قَلْبُهُۥ وَٱللَّهُ بِمَا تَعْمَلُونَ عَلِيمٌ ۝ لِّلَّهِ مَا فِى ٱلسَّمَٰوَٰتِ وَمَا فِى ٱلْأَرْضِ وَإِن تُبْدُوا۟ مَا فِىٓ أَنفُسِكُمْ أَوْ تُخْفُوهُ يُحَاسِبْكُم بِهِ ٱللَّهُ فَيَغْفِرُ لِمَن يَشَآءُ وَيُعَذِّبُ مَن يَشَآءُ وَٱللَّهُ عَلَىٰ كُلِّ شَىْءٍ قَدِيرٌ ۝ ءَامَنَ ٱلرَّسُولُ بِمَآ أُنزِلَ إِلَيْهِ مِن رَّبِّهِۦ وَٱلْمُؤْمِنُونَ كُلٌّ ءَامَنَ بِٱللَّهِ وَمَلَٰٓئِكَتِهِۦ وَكُتُبِهِۦ وَرُسُلِهِۦ لَا نُفَرِّقُ بَيْنَ أَحَدٍ مِّن رُّسُلِهِۦ وَقَالُوا۟ سَمِعْنَا وَأَطَعْنَا غُفْرَانَكَ رَبَّنَا وَإِلَيْكَ ٱلْمَصِيرُ ۝ لَا يُكَلِّفُ ٱللَّهُ نَفْسًا إِلَّا وُسْعَهَا لَهَا مَا كَسَبَتْ وَعَلَيْهَا مَا ٱكْتَسَبَتْ رَبَّنَا لَا تُؤَاخِذْنَآ إِن نَّسِينَآ أَوْ أَخْطَأْنَا رَبَّنَا وَلَا تَحْمِلْ عَلَيْنَآ إِصْرًا كَمَا حَمَلْتَهُۥ عَلَى ٱلَّذِينَ مِن قَبْلِنَا رَبَّنَا وَلَا تُحَمِّلْنَا مَا لَا طَاقَةَ لَنَا بِهِۦ وَٱعْفُ عَنَّا وَٱغْفِرْ لَنَا وَٱرْحَمْنَآ أَنتَ مَوْلَىٰنَا فَٱنصُرْنَا عَلَى ٱلْقَوْمِ ٱلْكَٰفِرِينَ ۝

● وُسْعَهَا طاقتها وما تقدرُ عليه

● إِصْرًا عبئًا ثقيلًا وهو التكاليف الشاقّة

● لَا طَاقَةَ لا قدرةَ

سُورَةُ ءَالِ عِمْرَانَ

ترتيبها ٣ — آياتها ٢٠٠

بِسْمِ ٱللَّهِ ٱلرَّحْمَٰنِ ٱلرَّحِيمِ

الٓمٓ ﴿١﴾ ٱللَّهُ لَآ إِلَٰهَ إِلَّا هُوَ ٱلْحَىُّ ٱلْقَيُّومُ ﴿١﴾ نَزَّلَ عَلَيْكَ ٱلْكِتَٰبَ بِٱلْحَقِّ مُصَدِّقًا لِّمَا بَيْنَ يَدَيْهِ وَأَنزَلَ ٱلتَّوْرَىٰةَ وَٱلْإِنجِيلَ ﴿٢﴾ مِن قَبْلُ هُدًى لِّلنَّاسِ وَأَنزَلَ ٱلْفُرْقَانَ ﴿٣﴾ إِنَّ ٱلَّذِينَ كَفَرُوا۟ بِـَٔايَٰتِ ٱللَّهِ لَهُمْ عَذَابٌ شَدِيدٌ وَٱللَّهُ عَزِيزٌ ذُو ٱنتِقَامٍ ﴿٤﴾ إِنَّ ٱللَّهَ لَا يَخْفَىٰ عَلَيْهِ شَىْءٌ فِى ٱلْأَرْضِ وَلَا فِى ٱلسَّمَآءِ ﴿٥﴾ هُوَ ٱلَّذِى يُصَوِّرُكُمْ فِى ٱلْأَرْحَامِ كَيْفَ يَشَآءُ لَآ إِلَٰهَ إِلَّا هُوَ ٱلْعَزِيزُ ٱلْحَكِيمُ ﴿٦﴾ هُوَ ٱلَّذِىٓ أَنزَلَ عَلَيْكَ ٱلْكِتَٰبَ مِنْهُ ءَايَٰتٌ مُّحْكَمَٰتٌ هُنَّ أُمُّ ٱلْكِتَٰبِ وَأُخَرُ مُتَشَٰبِهَٰتٌ فَأَمَّا ٱلَّذِينَ فِى قُلُوبِهِمْ زَيْغٌ فَيَتَّبِعُونَ مَا تَشَٰبَهَ مِنْهُ ٱبْتِغَآءَ ٱلْفِتْنَةِ وَٱبْتِغَآءَ تَأْوِيلِهِ وَمَا يَعْلَمُ تَأْوِيلَهُ إِلَّا ٱللَّهُ وَٱلرَّٰسِخُونَ فِى ٱلْعِلْمِ يَقُولُونَ ءَامَنَّا بِهِ كُلٌّ مِّنْ عِندِ رَبِّنَا وَمَا يَذَّكَّرُ إِلَّآ أُو۟لُوا۟ ٱلْأَلْبَٰبِ ﴿٧﴾ رَبَّنَا لَا تُزِغْ قُلُوبَنَا بَعْدَ إِذْ هَدَيْتَنَا وَهَبْ لَنَا مِن لَّدُنكَ رَحْمَةً إِنَّكَ أَنتَ ٱلْوَهَّابُ ﴿٨﴾ رَبَّنَآ إِنَّكَ جَامِعُ ٱلنَّاسِ لِيَوْمٍ لَّا رَيْبَ فِيهِ إِنَّ ٱللَّهَ لَا يُخْلِفُ ٱلْمِيعَادَ ﴿٩﴾

- ٱلْقَيُّومُ
الدَّائِمُ الْقِيَامِ بِتَدْبِيرِ خَلْقِهِ

- ٱلْفُرْقَانُ
ما فُرِّقَ بِهِ بَيْنَ الْحَقِّ وَالْبَاطِلِ

ثُمُنٌ

- عَزِيزٌ
غالِبٌ قَوِيٌّ مَنِيعُ الْجَانِبِ

- مُحْكَمَٰتٌ
واضِحاتٌ لا الْتِباسَ فيها ولا اشْتِباهَ

- أُمُّ ٱلْكِتَٰبِ
أصْلُهُ الذي يُرْجَعُ إليه

- مُتَشَٰبِهَٰتٌ
خَفِيَّاتٌ اسْتَأْثَرَ اللَّهُ بِعِلْمِها أو لا تَتَّضِحُ إلا بِنَظَرٍ دَقيقٍ

- زَيْغٌ
مَيْلٌ وانْحِرافٌ عَنِ الحَقِّ

- لَا تُزِغْ قُلُوبَنَا
لا تُمِلْها عَنِ الحَقِّ

• مدّ مشبع ٦ حركات		• مدّ حركتين	
• مدّ ٢ أو ٤ أو ٦ جوازاً			
• إخفاء، ومواقع الغُنَّة (حركتين)	• تفخيم		
• إدغام، وما لا يُلفظ	• قلقلة		

50

إِنَّ ٱلَّذِينَ كَفَرُوا لَن تُغْنِيَ عَنْهُمْ أَمْوَٰلُهُمْ وَلَا أَوْلَٰدُهُم مِّنَ ٱللَّهِ شَيْـًٔا ۖ وَأُو۟لَٰٓئِكَ هُمْ وَقُودُ ٱلنَّارِ ۝ كَدَأْبِ ءَالِ فِرْعَوْنَ وَٱلَّذِينَ مِن قَبْلِهِمْ ۚ كَذَّبُوا بِـَٔايَٰتِنَا فَأَخَذَهُمُ ٱللَّهُ بِذُنُوبِهِمْ ۗ وَٱللَّهُ شَدِيدُ ٱلْعِقَابِ ۝ قُل لِّلَّذِينَ كَفَرُوا سَتُغْلَبُونَ وَتُحْشَرُونَ إِلَىٰ جَهَنَّمَ ۚ وَبِئْسَ ٱلْمِهَادُ ۝ قَدْ كَانَ لَكُمْ ءَايَةٌ فِي فِئَتَيْنِ ٱلْتَقَتَا ۖ فِئَةٌ تُقَٰتِلُ فِي سَبِيلِ ٱللَّهِ وَأُخْرَىٰ كَافِرَةٌ يَرَوْنَهُم مِّثْلَيْهِمْ رَأْيَ ٱلْعَيْنِ ۚ وَٱللَّهُ يُؤَيِّدُ بِنَصْرِهِۦ مَن يَشَاءُ ۗ إِنَّ فِي ذَٰلِكَ لَعِبْرَةً لِّأُو۟لِي ٱلْأَبْصَٰرِ ۝ زُيِّنَ لِلنَّاسِ حُبُّ ٱلشَّهَوَٰتِ مِنَ ٱلنِّسَاءِ وَٱلْبَنِينَ وَٱلْقَنَٰطِيرِ ٱلْمُقَنطَرَةِ مِنَ ٱلذَّهَبِ وَٱلْفِضَّةِ وَٱلْخَيْلِ ٱلْمُسَوَّمَةِ وَٱلْأَنْعَٰمِ وَٱلْحَرْثِ ۗ ذَٰلِكَ مَتَٰعُ ٱلْحَيَوٰةِ ٱلدُّنْيَا ۖ وَٱللَّهُ عِندَهُۥ حُسْنُ ٱلْمَـَٔابِ ۝ ❊ قُلْ أَؤُنَبِّئُكُم بِخَيْرٍ مِّن ذَٰلِكُمْ ۚ لِلَّذِينَ ٱتَّقَوْا عِندَ رَبِّهِمْ جَنَّٰتٌ تَجْرِي مِن تَحْتِهَا ٱلْأَنْهَٰرُ خَٰلِدِينَ فِيهَا وَأَزْوَٰجٌ مُّطَهَّرَةٌ وَرِضْوَٰنٌ مِّنَ ٱللَّهِ ۗ وَٱللَّهُ بَصِيرٌ بِٱلْعِبَادِ ۝

حِزْبٌ

- كَدَأْبِ: كَعَادَةِ
- ٱلْمِهَادُ: الْفِرَاشُ أَيِ الْمُسْتَقَرُّ
- لَعِبْرَةً: لَعِظَةً
- ٱلشَّهَوَٰتِ: الْمُشْتَهَيَاتِ
- ٱلْمُقَنطَرَةِ: الْمُضَاعَفَةِ أَوِ الْمُحْكَمَةِ
- ٱلْمُسَوَّمَةِ: الْمُعَلَّمَةِ، أَوِ الْمُطَهَّمَةِ الْحِسَانِ
- ٱلْأَنْعَٰمِ: الْإِبِلِ وَالْبَقَرِ وَالْغَنَمِ
- ٱلْحَرْثِ: الْمَزْرُوعَاتِ
- ٱلْمَـَٔابِ: الْمَرْجِعُ

● مَدّ مُشْبَع 6 حَرَكَات	● إِخْفَاء، وَمَوَاقِع الْغُنَّة (حَرَكَتَيْن)	● تَفْخِيم
● مَدّ 2 أَوْ 4 أَوْ 6 جَوَازاً	● مَدّ حَرَكَتَيْن	● إِدْغَام، وَمَا لَا يُلْفَظ	● قَلْقَلَة

الَّذِينَ يَقُولُونَ رَبَّنَآ إِنَّنَآ ءَامَنَّا فَٱغْفِرْ لَنَا ذُنُوبَنَا وَقِنَا

عَذَابَ ٱلنَّارِ ۝ ٱلصَّٰبِرِينَ وَٱلصَّٰدِقِينَ وَٱلْقَٰنِتِينَ

وَٱلْمُنفِقِينَ وَٱلْمُسْتَغْفِرِينَ بِٱلْأَسْحَارِ ۝ شَهِدَ ٱللَّهُ

أَنَّهُۥ لَآ إِلَٰهَ إِلَّا هُوَ وَٱلْمَلَٰٓئِكَةُ وَأُوْلُواْ ٱلْعِلْمِ قَآئِمًۢا بِٱلْقِسْطِ

لَآ إِلَٰهَ إِلَّا هُوَ ٱلْعَزِيزُ ٱلْحَكِيمُ ۝ إِنَّ ٱلدِّينَ عِندَ

ٱللَّهِ ٱلْإِسْلَٰمُ وَمَا ٱخْتَلَفَ ٱلَّذِينَ أُوتُواْ ٱلْكِتَٰبَ إِلَّا مِنۢ بَعْدِ

مَا جَآءَهُمُ ٱلْعِلْمُ بَغْيًۢا بَيْنَهُمْ وَمَن يَكْفُرْ بِـَٔايَٰتِ ٱللَّهِ

فَإِنَّ ٱللَّهَ سَرِيعُ ٱلْحِسَابِ ۝ فَإِنْ حَآجُّوكَ فَقُلْ أَسْلَمْتُ

وَجْهِىَ لِلَّهِ وَمَنِ ٱتَّبَعَنِ وَقُل لِّلَّذِينَ أُوتُواْ ٱلْكِتَٰبَ وَٱلْأُمِّيِّـۧنَ

ءَأَسْلَمْتُمْ فَإِنْ أَسْلَمُواْ فَقَدِ ٱهْتَدَواْ وَّإِن تَوَلَّوْاْ فَإِنَّمَا

عَلَيْكَ ٱلْبَلَٰغُ وَٱللَّهُ بَصِيرٌۢ بِٱلْعِبَادِ ۝ إِنَّ ٱلَّذِينَ يَكْفُرُونَ

بِـَٔايَٰتِ ٱللَّهِ وَيَقْتُلُونَ ٱلنَّبِيِّـۧنَ بِغَيْرِ حَقٍّ وَيَقْتُلُونَ

ٱلَّذِينَ يَأْمُرُونَ بِٱلْقِسْطِ مِنَ ٱلنَّاسِ فَبَشِّرْهُم

بِعَذَابٍ أَلِيمٍ ۝ أُوْلَٰٓئِكَ ٱلَّذِينَ حَبِطَتْ أَعْمَٰلُهُمْ

فِى ٱلدُّنْيَا وَٱلْأَخِرَةِ وَمَا لَهُم مِّن نَّٰصِرِينَ ۝

• ٱلْقَٰنِتِينَ
المطيعين الخاضعين لله تعالى

• بِٱلْأَسْحَارِ
في أواخر الليل

• بِٱلْقِسْطِ
بالعدل

• ٱلدِّينَ
الملّة والشريعة

• ٱلْإِسْلَٰمَ
الإقرار مع التصديق بالوحدانية

• بَغْيًا
حسدًا وطلبًا للرياسة

• أَسْلَمْتُ
أخلصتُ

• ٱلْأُمِّيِّـۧنَ
مشركي العرب

• حَبِطَتْ
بطلت

● مدّ مشبع ٦ حركات	● إخفاء، ومواقع الغُنّة (حركتين) ● تفخيم
● مدّ ٢ أو ٤ أو ٦ جوازًا	● مدّ حركتين ● إدغام، وما لا يُلفظ ● قلقلة

ثُمُنٌ

۞ أَلَمْ تَرَ إِلَى اَ۬لذِينَ أُوتُواْ نَصِيباٗ مِّنَ اَ۬لْكِتَٰبِ يُدْعَوْنَ إِلَىٰ كِتَٰبِ
اِ۬للَّهِ لِيَحْكُمَ بَيْنَهُمْ ثُمَّ يَتَوَلَّىٰ فَرِيقٞ مِّنْهُمْ وَهُم مُّعْرِضُونَ ﴿23﴾
ذَٰلِكَ بِأَنَّهُمْ قَالُواْ لَن تَمَسَّنَا اَ۬لنَّارُ إِلَّآ أَيَّاماٗ مَّعْدُودَٰتٖ وَغَرَّهُمْ
فِے دِينِهِم مَّا كَانُواْ يَفْتَرُونَ ﴿24﴾ فَكَيْفَ إِذَا جَمَعْنَٰهُمْ
لِيَوْمٖ لَّا رَيْبَ فِيهِ وَوُفِّيَتْ كُلُّ نَفْسٖ مَّا كَسَبَتْ وَهُمْ
لَا يُظْلَمُونَ ﴿25﴾ قُلِ اِ۬للَّهُمَّ مَٰلِكَ اَ۬لْمُلْكِ تُوتِے اِ۬لْمُلْكَ
مَن تَشَآءُ وَتَنزِعُ اُ۬لْمُلْكَ مِمَّن تَشَآءُ وَتُعِزُّ مَن تَشَآءُ وَتُذِلُّ
مَن تَشَآءُ بِيَدِكَ اَ۬لْخَيْرُ إِنَّكَ عَلَىٰ كُلِّ شَےْءٖ قَدِيرٞ ﴿26﴾ تُولِجُ
اُ۬ليْلَ فِے اِ۬لنَّهَارِ وَتُولِجُ اُ۬لنَّهَارَ فِے اِ۬ليْلِ وَتُخْرِجُ اُ۬لْحَيَّ مِنَ اَ۬لْمَيِّتِ
وَتُخْرِجُ اُ۬لْمَيِّتَ مِنَ اَ۬لْحَيِّ وَتَرْزُقُ مَن تَشَآءُ بِغَيْرِ حِسَابٖ ﴿27﴾
لَّا يَتَّخِذِ اِ۬لْمُومِنُونَ اَ۬لْكَٰفِرِينَ أَوْلِيَآءَ مِن دُونِ اِ۬لْمُومِنِينَ
وَمَنْ يَّفْعَلْ ذَٰلِكَ فَلَيْسَ مِنَ اَ۬للَّهِ فِے شَےْءٍ اِلَّآ أَن تَتَّقُواْ
مِنْهُمْ تُقِيَةٗ وَيُحَذِّرُكُمُ اُ۬للَّهُ نَفْسَهُۥ وَإِلَى اَ۬للَّهِ اِ۬لْمَصِيرُ ﴿28﴾
قُلِ اِن تُخْفُواْ مَا فِے صُدُورِكُمُۥٓ أَوْ تُبْدُوهُ يَعْلَمْهُ اُ۬للَّهُ وَيَعْلَمُ
مَا فِے اِ۬لسَّمَٰوَٰتِ وَمَا فِے اِ۬لَارْضِ وَاللَّهُ عَلَىٰ كُلِّ شَےْءٖ قَدِيرٞ ﴿29﴾

- غَرَّهُمْ: خدعَهم وأطمعَهم
- يَفْتَرُونَ: يكذبونَ
- تُولِجُ: تُدخِلُ
- أَوْلِيَآءَ: بطانةً أودّاء
- تَتَّقُواْ مِنْهُمْ تُقِيَةً: تخافُوا من جهتِهم أمرًا يجبُ اتّقاؤه

مدّ مشبع 6 حركات	مدّ حركتين	إخفاء، ومواقع الغُنّة (حركتين)	تفخيم
مدّ 2 أو 4 أو 6 جوازاً		إدغام، وما لا يُلفظ	قلقلة

53

يَوۡمَ تَجِدُ كُلُّ نَفۡسٍ مَّا عَمِلَتۡ مِنۡ خَيۡرٍ مُّحۡضَرًا وَمَا عَمِلَتۡ مِن

سُوٓءٍ تَوَدُّ لَوۡ أَنَّ بَيۡنَهَا وَبَيۡنَهُۥٓ أَمَدًۢا بَعِيدًا وَيُحَذِّرُكُمُ ٱللَّهُ نَفۡسَهُۥ

وَٱللَّهُ رَءُوفُۢ بِٱلۡعِبَادِ ۝٣٠ قُلۡ إِن كُنتُمۡ تُحِبُّونَ ٱللَّهَ فَٱتَّبِعُونِي

يُحۡبِبۡكُمُ ٱللَّهُ وَيَغۡفِرۡ لَكُمۡ ذُنُوبَكُمۡ وَٱللَّهُ غَفُورٌ رَّحِيمٌ ۝٣١ قُلۡ

أَطِيعُوا۟ ٱللَّهَ وَٱلرَّسُولَ فَإِن تَوَلَّوۡا۟ فَإِنَّ ٱللَّهَ لَا يُحِبُّ ٱلۡكَٰفِرِينَ ۝٣٢

۞ إِنَّ ٱللَّهَ ٱصۡطَفَىٰٓ ءَادَمَ وَنُوحًا وَءَالَ إِبۡرَٰهِيمَ وَءَالَ عِمۡرَٰنَ عَلَى

ٱلۡعَٰلَمِينَ ۝٣٣ ذُرِّيَّةًۢ بَعۡضُهَا مِنۢ بَعۡضٍ وَٱللَّهُ سَمِيعٌ عَلِيمٌ ۝٣٤ إِذۡ

قَالَتِ ٱمۡرَأَتُ عِمۡرَٰنَ رَبِّ إِنِّي نَذَرۡتُ لَكَ مَا فِي بَطۡنِي مُحَرَّرًا

فَتَقَبَّلۡ مِنِّيٓ إِنَّكَ أَنتَ ٱلسَّمِيعُ ٱلۡعَلِيمُ ۝٣٥ فَلَمَّا وَضَعَتۡهَا قَالَتۡ

رَبِّ إِنِّي وَضَعۡتُهَآ أُنثَىٰ وَٱللَّهُ أَعۡلَمُ بِمَا وَضَعَتۡ وَلَيۡسَ ٱلذَّكَرُ

كَٱلۡأُنثَىٰ وَإِنِّي سَمَّيۡتُهَا مَرۡيَمَ وَإِنِّيٓ أُعِيذُهَا بِكَ وَذُرِّيَّتَهَا مِنَ

ٱلشَّيۡطَٰنِ ٱلرَّجِيمِ ۝٣٦ فَتَقَبَّلَهَا رَبُّهَا بِقَبُولٍ حَسَنٍ وَأَنۢبَتَهَا

نَبَاتًا حَسَنًا وَكَفَّلَهَا زَكَرِيَّآ كُلَّمَا دَخَلَ عَلَيۡهَا زَكَرِيَّا

ٱلۡمِحۡرَابَ وَجَدَ عِندَهَا رِزۡقًا قَالَ يَٰمَرۡيَمُ أَنَّىٰ لَكِ هَٰذَا قَالَتۡ

هُوَ مِنۡ عِندِ ٱللَّهِ إِنَّ ٱللَّهَ يَرۡزُقُ مَن يَشَآءُ بِغَيۡرِ حِسَابٍ ۝٣٧

• مُحۡضَرًا
مُشَاهَدًا في صحف الأعمال

• يُحَذِّرُكُمُ
يُخَوِّفُكُم

• مُحَرَّرًا
عَتِيقًا مُفَرَّغًا لخدمة بيت المقدس

• أُعِيذُهَا
أُجِيرُها وأحصِّنها

• كَفَّلَهَا
زَكَرِيَّاءُ قبلها أو ضمن القيام بأمرها

• ٱلۡمِحۡرَابَ
غرفة عبادتها في بيت المقدس

• أَنَّىٰ لَكِ هَٰذَا
كيف أو من أين لك هذا

هُنَالِكَ دَعَا زَكَرِيَّا رَبَّهُ قَالَ رَبِّ هَبْ لِي مِن لَّدُنكَ ذُرِّيَّةً طَيِّبَةً إِنَّكَ سَمِيعُ الدُّعَاءِ ۞ فَنَادَتْهُ الْمَلَائِكَةُ وَهُوَ قَائِمٌ يُصَلِّي فِي الْمِحْرَابِ أَنَّ اللَّهَ يُبَشِّرُكَ بِيَحْيَى مُصَدِّقًا بِكَلِمَةٍ مِّنَ اللَّهِ وَسَيِّدًا وَحَصُورًا وَنَبِيًّا مِّنَ الصَّالِحِينَ ۞ قَالَ رَبِّ أَنَّى يَكُونُ لِي غُلَامٌ وَقَدْ بَلَغَنِيَ الْكِبَرُ وَامْرَأَتِي عَاقِرٌ قَالَ كَذَلِكَ اللَّهُ يَفْعَلُ مَا يَشَاءُ ۞ قَالَ رَبِّ اجْعَل لِّي آيَةً قَالَ آيَتُكَ أَلَّا تُكَلِّمَ النَّاسَ ثَلَاثَةَ أَيَّامٍ إِلَّا رَمْزًا وَاذْكُر رَّبَّكَ كَثِيرًا وَسَبِّحْ بِالْعَشِيِّ وَالْإِبْكَارِ ۞ وَإِذْ قَالَتِ الْمَلَائِكَةُ يَامَرْيَمُ إِنَّ اللَّهَ اصْطَفَاكِ وَطَهَّرَكِ وَاصْطَفَاكِ عَلَى نِسَاءِ الْعَالَمِينَ ۞ يَامَرْيَمُ اقْنُتِي لِرَبِّكِ وَاسْجُدِي وَارْكَعِي مَعَ الرَّاكِعِينَ ۞ ذَلِكَ مِنْ أَنبَاءِ الْغَيْبِ نُوحِيهِ إِلَيْكَ وَمَا كُنتَ لَدَيْهِمْ إِذْ يُلْقُونَ أَقْلَامَهُمْ أَيُّهُمْ يَكْفُلُ مَرْيَمَ وَمَا كُنتَ لَدَيْهِمْ إِذْ يَخْتَصِمُونَ ۞ إِذْ قَالَتِ الْمَلَائِكَةُ يَامَرْيَمُ إِنَّ اللَّهَ يُبَشِّرُكِ بِكَلِمَةٍ مِّنْهُ اسْمُهُ الْمَسِيحُ عِيسَى ابْنُ مَرْيَمَ وَجِيهًا فِي الدُّنْيَا وَالْآخِرَةِ وَمِنَ الْمُقَرَّبِينَ ۞

| ● مدّ مشبع 6 حركات | ● إخفاء، ومواقع الغُنّة (حركتين) | ● تفخيم |
| ● مدّ 2 أو 4 أو 6 جوازاً | ● مدّ حركتين | ● إدغام، وما لا يُلفظ | ● قلقلة |

وَيُكَلِّمُ ٱلنَّاسَ فِي ٱلْمَهْدِ وَكَهْلًا وَمِنَ ٱلصَّٰلِحِينَ ﴿٤٦﴾ قَالَتْ

رَبِّ أَنَّىٰ يَكُونُ لِي وَلَدٌ وَلَمْ يَمْسَسْنِي بَشَرٌ قَالَ كَذَٰلِكِ ٱللَّهُ

يَخْلُقُ مَا يَشَآءُ إِذَا قَضَىٰٓ أَمْرًا فَإِنَّمَا يَقُولُ لَهُۥ كُن فَيَكُونُ ﴿٤٧﴾

وَيُعَلِّمُهُ ٱلْكِتَٰبَ وَٱلْحِكْمَةَ وَٱلتَّوْرَىٰةَ وَٱلْإِنجِيلَ وَرَسُولًا

إِلَىٰ بَنِىٓ إِسْرَٰٓءِيلَ أَنِّى قَدْ جِئْتُكُم بِـَٔايَةٍ مِّن رَّبِّكُمْ إِنِّىٓ

أَخْلُقُ لَكُم مِّنَ ٱلطِّينِ كَهَيْـَٔةِ ٱلطَّيْرِ فَأَنفُخُ فِيهِ

فَيَكُونُ طَيْرًۢا بِإِذْنِ ٱللَّهِ وَأُبْرِئُ ٱلْأَكْمَهَ وَٱلْأَبْرَصَ وَأُحْىِ

ٱلْمَوْتَىٰ بِإِذْنِ ٱللَّهِ وَأُنَبِّئُكُم بِمَا تَأْكُلُونَ وَمَا تَدَّخِرُونَ فِى

بُيُوتِكُمْ إِنَّ فِى ذَٰلِكَ لَءَايَةً لَّكُمْ إِن كُنتُم مُّؤْمِنِينَ ﴿٤٨﴾

وَمُصَدِّقًا لِّمَا بَيْنَ يَدَىَّ مِنَ ٱلتَّوْرَىٰةِ وَلِأُحِلَّ لَكُم

بَعْضَ ٱلَّذِى حُرِّمَ عَلَيْكُمْ وَجِئْتُكُم بِـَٔايَةٍ مِّن رَّبِّكُمْ

فَٱتَّقُوا۟ ٱللَّهَ وَأَطِيعُونِ ﴿٤٩﴾ إِنَّ ٱللَّهَ رَبِّى وَرَبُّكُمْ فَٱعْبُدُوهُ

هَٰذَا صِرَٰطٌ مُّسْتَقِيمٌ ﴿٥٠﴾ ۞ فَلَمَّآ أَحَسَّ عِيسَىٰ مِنْهُمُ

ٱلْكُفْرَ قَالَ مَنْ أَنصَارِىٓ إِلَى ٱللَّهِ قَالَ ٱلْحَوَارِيُّونَ نَحْنُ

أَنصَارُ ٱللَّهِ ءَامَنَّا بِٱللَّهِ وَٱشْهَدْ بِأَنَّا مُسْلِمُونَ ﴿٥١﴾

رَبَّنَآ ءَامَنَّا بِمَآ أَنزَلْتَ وَاتَّبَعْنَا الرَّسُولَ فَاكْتُبْنَا مَعَ

الشَّٰهِدِينَ ۝ وَمَكَرُواْ وَمَكَرَ اللَّهُ وَاللَّهُ خَيْرُ الْمَٰكِرِينَ ۝

إِذْ قَالَ اللَّهُ يَٰعِيسَىٰٓ إِنِّي مُتَوَفِّيكَ وَرَافِعُكَ إِلَيَّ وَمُطَهِّرُكَ

مِنَ الَّذِينَ كَفَرُواْ وَجَاعِلُ الَّذِينَ اتَّبَعُوكَ فَوْقَ الَّذِينَ كَفَرُوٓاْ

إِلَىٰ يَوْمِ الْقِيَٰمَةِ ثُمَّ إِلَيَّ مَرْجِعُكُمْ فَأَحْكُمُ بَيْنَكُمْ فِيمَا

كُنتُمْ فِيهِ تَخْتَلِفُونَ ۝ فَأَمَّا الَّذِينَ كَفَرُواْ فَأُعَذِّبُهُمْ

عَذَابًا شَدِيدًا فِي الدُّنْيَا وَالْأَخِرَةِ وَمَا لَهُم مِّن نَّٰصِرِينَ ۝

وَأَمَّا الَّذِينَ ءَامَنُواْ وَعَمِلُواْ الصَّٰلِحَٰتِ فَيُوَفِّيهِمْ أُجُورَهُمْ

وَاللَّهُ لَا يُحِبُّ الظَّٰلِمِينَ ۝ ذَٰلِكَ نَتْلُوهُ عَلَيْكَ مِنَ الْءَايَٰتِ

وَالذِّكْرِ الْحَكِيمِ ۝ إِنَّ مَثَلَ عِيسَىٰ عِندَ اللَّهِ كَمَثَلِ

ءَادَمَ خَلَقَهُ مِن تُرَابٍ ثُمَّ قَالَ لَهُ كُن فَيَكُونُ ۝

الْحَقُّ مِن رَّبِّكَ فَلَا تَكُن مِّنَ الْمُمْتَرِينَ ۝ فَمَنْ حَاجَّكَ

فِيهِ مِنۢ بَعْدِ مَا جَآءَكَ مِنَ الْعِلْمِ فَقُلْ تَعَالَوْاْ نَدْعُ أَبْنَآءَنَا

وَأَبْنَآءَكُمْ وَنِسَآءَنَا وَنِسَآءَكُمْ وَأَنفُسَنَا وَأَنفُسَكُمْ

ثُمَّ نَبْتَهِلْ فَنَجْعَل لَّعْنَتَ اللَّهِ عَلَى الْكَٰذِبِينَ ۝

- **مُتَوَفِّيكَ**
  آخِذُكَ وَافِيًا بِرُوحِكَ وَبَدَنِكَ

- **مَثَلَ عِيسَى**
  صِفَتَهُ العَجِيبَةَ

- **الْمُمْتَرِينَ**
  الشَّاكِّينَ

- **تَعَالَوْاْ**
  أَقْبِلُوا

- **نَبْتَهِلْ**
  نَدْعُ بِاللَّعْنَةِ

| ● مَدّ مُشبَع 6 حَركات | ● إخفاء، ومواقع الغُنّة (حركتين) | ● تفخيم |
| ● مدّ 2 أو 4 أو 6 جوازًا | ● مدّ حركتين | ● إدغام، وما لا يُلفظ | ● قلقلة |

57

إِنَّ هَـٰذَا لَهُوَ ٱلْقَصَصُ ٱلْحَقُّ وَمَا مِنْ إِلَـٰهٍ إِلَّا ٱللَّهُ وَإِنَّ ٱللَّهَ لَهُوَ ٱلْعَزِيزُ ٱلْحَكِيمُ ۝٦١ فَإِن تَوَلَّوْاْ فَإِنَّ ٱللَّهَ عَلِيمٌۢ بِٱلْمُفْسِدِينَ ۝٦٢ قُلْ يَـٰٓأَهْلَ ٱلْكِتَـٰبِ تَعَالَوْاْ إِلَىٰ كَلِمَةٍ سَوَآءٍۭ بَيْنَنَا وَبَيْنَكُمْ أَلَّا نَعْبُدَ إِلَّا ٱللَّهَ وَلَا نُشْرِكَ بِهِۦ شَيْـًٔا وَلَا يَتَّخِذَ بَعْضُنَا بَعْضًا أَرْبَابًا مِّن دُونِ ٱللَّهِ فَإِن تَوَلَّوْاْ فَقُولُواْ ٱشْهَدُواْ بِأَنَّا مُسْلِمُونَ ۝٦٣ يَـٰٓأَهْلَ ٱلْكِتَـٰبِ لِمَ تُحَآجُّونَ فِىٓ إِبْرَٰهِيمَ وَمَآ أُنزِلَتِ ٱلتَّوْرَىٰةُ وَٱلْإِنجِيلُ إِلَّا مِنۢ بَعْدِهِۦٓ أَفَلَا تَعْقِلُونَ ۝٦٤ هَـٰٓأَنتُمْ هَـٰٓؤُلَآءِ حَـٰجَجْتُمْ فِيمَا لَكُم بِهِۦ عِلْمٌ فَلِمَ تُحَآجُّونَ فِيمَا لَيْسَ لَكُم بِهِۦ عِلْمٌ وَٱللَّهُ يَعْلَمُ وَأَنتُمْ لَا تَعْلَمُونَ ۝٦٥ مَا كَانَ إِبْرَٰهِيمُ يَهُودِيًّا وَلَا نَصْرَانِيًّا وَلَـٰكِن كَانَ حَنِيفًا مُّسْلِمًا وَمَا كَانَ مِنَ ٱلْمُشْرِكِينَ ۝٦٦ إِنَّ أَوْلَى ٱلنَّاسِ بِإِبْرَٰهِيمَ لَلَّذِينَ ٱتَّبَعُوهُ وَهَـٰذَا ٱلنَّبِىُّ وَٱلَّذِينَ ءَامَنُواْ وَٱللَّهُ وَلِىُّ ٱلْمُؤْمِنِينَ ۝٦٧ وَدَّت طَّآئِفَةٌ مِّنْ أَهْلِ ٱلْكِتَـٰبِ لَوْ يُضِلُّونَكُمْ وَمَا يُضِلُّونَ إِلَّآ أَنفُسَهُمْ وَمَا يَشْعُرُونَ ۝٦٨ يَـٰٓأَهْلَ ٱلْكِتَـٰبِ لِمَ تَكْفُرُونَ بِـَٔايَـٰتِ ٱللَّهِ وَأَنتُمْ تَشْهَدُونَ ۝٦٩

• كَلِمَةٍ سَوَآءٍ
كلام عدل أو لا تختلف فيه الشرائع

• حَنِيفًا
مائلًا عن الباطل إلى الدين الحق

• مُّسْلِمًا
موحّدًا أو منقادًا لله مطيعًا

• وَلِىُّ ٱلْمُؤْمِنِينَ
ناصرُهم ومجازيهم بالحسنى

• مَدّ مشبع ٦ حركات	• إخفاء، ومواقع الغُنّة (حركتين)	• تفخيم
• مَدّ ٢ أو ٤ أو ٦ جوازاً	• مَدّ حركتين	• قلقلة
• إدغام، وما لا يُلفظ		

58

يَأَهْلَ ٱلْكِتَٰبِ لِمَ تَلْبِسُونَ ٱلْحَقَّ بِٱلْبَٰطِلِ وَتَكْتُمُونَ ٱلْحَقَّ وَأَنتُمْ تَعْلَمُونَ ۝ وَقَالَت طَّآئِفَةٌ مِّنْ أَهْلِ ٱلْكِتَٰبِ ءَامِنُواْ بِٱلَّذِىٓ أُنزِلَ عَلَى ٱلَّذِينَ ءَامَنُواْ وَجْهَ ٱلنَّهَارِ وَٱكْفُرُوٓاْ ءَاخِرَهُۥ لَعَلَّهُمْ يَرْجِعُونَ ۝ وَلَا تُؤْمِنُوٓاْ إِلَّا لِمَن تَبِعَ دِينَكُمْ قُلْ إِنَّ ٱلْهُدَىٰ هُدَى ٱللَّهِ أَن يُؤْتَىٰٓ أَحَدٌ مِّثْلَ مَآ أُوتِيتُمْ أَوْ يُحَآجُّوكُمْ عِندَ رَبِّكُمْ قُلْ إِنَّ ٱلْفَضْلَ بِيَدِ ٱللَّهِ يُؤْتِيهِ مَن يَشَآءُ وَٱللَّهُ وَٰسِعٌ عَلِيمٌ ۝ يَخْتَصُّ بِرَحْمَتِهِۦ مَن يَشَآءُ وَٱللَّهُ ذُو ٱلْفَضْلِ ٱلْعَظِيمِ ۝ ۞ وَمِنْ أَهْلِ ٱلْكِتَٰبِ مَنْ إِن تَأْمَنْهُ بِقِنطَارٍ يُؤَدِّهِۦٓ إِلَيْكَ وَمِنْهُم مَّنْ إِن تَأْمَنْهُ بِدِينَارٍ لَّا يُؤَدِّهِۦٓ إِلَيْكَ إِلَّا مَا دُمْتَ عَلَيْهِ قَآئِمًا ذَٰلِكَ بِأَنَّهُمْ قَالُواْ لَيْسَ عَلَيْنَا فِي ٱلْأُمِّيِّۧنَ سَبِيلٌ وَيَقُولُونَ عَلَى ٱللَّهِ ٱلْكَذِبَ وَهُمْ يَعْلَمُونَ ۝ بَلَىٰ مَنْ أَوْفَىٰ بِعَهْدِهِۦ وَٱتَّقَىٰ فَإِنَّ ٱللَّهَ يُحِبُّ ٱلْمُتَّقِينَ ۝ إِنَّ ٱلَّذِينَ يَشْتَرُونَ بِعَهْدِ ٱللَّهِ وَأَيْمَٰنِهِمْ ثَمَنًا قَلِيلًا أُوْلَٰٓئِكَ لَا خَلَٰقَ لَهُمْ فِي ٱلْءَاخِرَةِ وَلَا يُكَلِّمُهُمُ ٱللَّهُ وَلَا يَنظُرُ إِلَيْهِمْ يَوْمَ ٱلْقِيَٰمَةِ وَلَا يُزَكِّيهِمْ وَلَهُمْ عَذَابٌ أَلِيمٌ ۝

رُبْعٌ

• تَلْبِسُونَ
تخلطون أو
تسترون

• عَلَيْهِ قَآئِمًا
ملازمًا له

• ٱلْأُمِّيِّۧنَ
العرب الذين
ليسوا أهل
كتابٍ

• لَا خَلَٰقَ
لا نصيبَ من
الخير

• لَا يَنظُرُ إِلَيْهِمْ
لا يُحسن
إليهم ولا
يرحمُهم

• لَا يُزَكِّيهِمْ
لا يطهرُهم أو
لا يُثني عليهم

● مدّ مشبع 6 حركات   ● إخفاء، ومواقع الغُنَّة (حركتين)   ● مدّ حركتين   ● تفخيم
● مدّ 2 أو 4 أو 6 جوازًا   ● إدغام، وما لا يُلفظ   ● قلقلة

59

وَإِنَّ مِنْهُمْ لَفَرِيقًا يَلْوُونَ أَلْسِنَتَهُم بِالْكِتَٰبِ لِتَحْسَبُوهُ مِنَ الْكِتَٰبِ وَمَا هُوَ مِنَ الْكِتَٰبِ وَيَقُولُونَ هُوَ مِنْ عِندِ اللَّهِ وَمَا هُوَ مِنْ عِندِ اللَّهِ وَيَقُولُونَ عَلَى اللَّهِ الْكَذِبَ وَهُمْ يَعْلَمُونَ ۞ مَا كَانَ لِبَشَرٍ أَن يُؤْتِيَهُ اللَّهُ الْكِتَٰبَ وَالْحُكْمَ وَالنُّبُوَّةَ ثُمَّ يَقُولَ لِلنَّاسِ كُونُوا عِبَادًا لِّى مِن دُونِ اللَّهِ وَلَٰكِن كُونُوا رَبَّٰنِيِّينَ بِمَا كُنتُمْ تَعْلَمُونَ الْكِتَٰبَ وَبِمَا كُنتُمْ تَدْرُسُونَ ۞ وَلَا يَأْمُرَكُمْ أَن تَتَّخِذُوا الْمَلَٰئِكَةَ وَالنَّبِيِّنَ أَرْبَابًا أَيَأْمُرُكُم بِالْكُفْرِ بَعْدَ إِذْ أَنتُم مُّسْلِمُونَ ۞ وَإِذْ أَخَذَ اللَّهُ مِيثَٰقَ النَّبِيِّنَ لَمَا ءَاتَيْتُكُم مِّن كِتَٰبٍ وَحِكْمَةٍ ثُمَّ جَاءَكُمْ رَسُولٌ مُّصَدِّقٌ لِّمَا مَعَكُمْ لَتُؤْمِنُنَّ بِهِ وَلَتَنصُرُنَّهُ ۞ قَالَ ءَأَقْرَرْتُمْ وَأَخَذْتُمْ عَلَىٰ ذَٰلِكُمْ إِصْرِى قَالُوا أَقْرَرْنَا قَالَ فَاشْهَدُوا وَأَنَا۠ مَعَكُم مِّنَ الشَّٰهِدِينَ ۞ فَمَن تَوَلَّىٰ بَعْدَ ذَٰلِكَ فَأُولَٰئِكَ هُمُ الْفَٰسِقُونَ ۞ أَفَغَيْرَ دِينِ اللَّهِ يَبْغُونَ وَلَهُ أَسْلَمَ مَن فِى السَّمَٰوَٰتِ وَالْأَرْضِ طَوْعًا وَكَرْهًا وَإِلَيْهِ يُرْجَعُونَ ۞

ثُمُنْ

• يَلْوُونَ أَلْسِنَتَهُم   يُمِيلُونَهَا عَنِ الصَّحِيحِ

• رَبَّٰنِيِّينَ   عُلَمَاءَ فُقَهَاءَ

• تَدْرُسُونَ   تَقْرَؤُونَ

• إِصْرِى   عَهْدِى

• أَسْلَمَ   انْقَادَ وَخَضَعَ

• مَدّ مُشْبَع ٦ حَرَكَات   • إِخْفَاء، وَمَوَاقِع الْغُنَّة (حَرَكَتَيْن)   • تَفْخِيم
• مَدّ ٢ أَو ٤ أَو ٦ جَوَازًا   • مَدّ حَرَكَتَيْن   • إِدْغَام، وَمَا لَا يُلْفَظ   • قَلْقَلَة

60

قُلْ ءَامَنَّا بِاللَّهِ وَمَآ أُنزِلَ عَلَيْنَا وَمَآ أُنزِلَ عَلَىٰٓ إِبْرَٰهِيمَ وَإِسْمَٰعِيلَ وَإِسْحَٰقَ وَيَعْقُوبَ وَالْأَسْبَاطِ وَمَآ أُوتِيَ مُوسَىٰ وَعِيسَىٰ وَالنَّبِيُّونَ مِن رَّبِّهِمْ لَا نُفَرِّقُ بَيْنَ أَحَدٍ مِّنْهُمْ وَنَحْنُ لَهُۥ مُسْلِمُونَ ۞ وَمَن يَبْتَغِ غَيْرَ الْإِسْلَٰمِ دِينًا فَلَن يُقْبَلَ مِنْهُ وَهُوَ فِي الْأَخِرَةِ مِنَ الْخَٰسِرِينَ ۞ كَيْفَ يَهْدِي اللَّهُ قَوْمًا كَفَرُوا بَعْدَ إِيمَٰنِهِمْ وَشَهِدُوٓا أَنَّ الرَّسُولَ حَقٌّ وَجَآءَهُمُ الْبَيِّنَٰتُ وَاللَّهُ لَا يَهْدِي الْقَوْمَ الظَّٰلِمِينَ ۞ أُو۟لَٰٓئِكَ جَزَآؤُهُمْ أَنَّ عَلَيْهِمْ لَعْنَةَ اللَّهِ وَالْمَلَٰٓئِكَةِ وَالنَّاسِ أَجْمَعِينَ ۞ خَٰلِدِينَ فِيهَا لَا يُخَفَّفُ عَنْهُمُ الْعَذَابُ وَلَا هُمْ يُنظَرُونَ ۞ إِلَّا الَّذِينَ تَابُوا مِنۢ بَعْدِ ذَٰلِكَ وَأَصْلَحُوا فَإِنَّ اللَّهَ غَفُورٌ رَّحِيمٌ ۞ إِنَّ الَّذِينَ كَفَرُوا بَعْدَ إِيمَٰنِهِمْ ثُمَّ ازْدَادُوا كُفْرًا لَّن تُقْبَلَ تَوْبَتُهُمْ وَأُو۟لَٰٓئِكَ هُمُ الضَّآلُّونَ ۞ إِنَّ الَّذِينَ كَفَرُوا وَمَاتُوا وَهُمْ كُفَّارٌ فَلَن يُقْبَلَ مِنْ أَحَدِهِم مِّلْءُ الْأَرْضِ ذَهَبًا وَلَوِ افْتَدَىٰ بِهِۦ أُو۟لَٰٓئِكَ لَهُمْ عَذَابٌ أَلِيمٌ وَمَا لَهُم مِّن نَّٰصِرِينَ ۞

• الأَسْبَاطِ
ذُرِّيَّةُ يَعْقُوبَ

• الإِسْلَٰمُ
التَّوْحِيدُ
أَوْ شَرِيعَةُ
نَبِيِّنَا صَلَّى اللَّهُ
عَلَيْهِ وَسَلَّمَ

• يُنظَرُونَ
يُؤَخَّرُونَ
عَنِ الْعَذَابِ
لَحْظَةً

• مَدّ مُشبَع ٦ حركات	• إخفاء، ومواقع الغُنَّة (حركتين)	تفخيم
• مَدّ ٢ أو ٤ أو ٦ جوازاً	• مَدّ حركتين	قلقلة
	• إدغام، وما لا يُلفظ	

۞ لَن تَنَالُواْ ٱلْبِرَّ حَتَّىٰ تُنفِقُواْ مِمَّا تُحِبُّونَ ۝ وَمَا تُنفِقُواْ مِن شَيْءٍ فَإِنَّ ٱللَّهَ بِهِۦ عَلِيمٌ ۝ كُلُّ ٱلطَّعَامِ كَانَ حِلًّا لِّبَنِيٓ إِسْرَٰٓءِيلَ إِلَّا مَا حَرَّمَ إِسْرَٰٓءِيلُ عَلَىٰ نَفْسِهِۦ مِن قَبْلِ أَن تُنَزَّلَ ٱلتَّوْرَىٰةُ قُلْ فَأْتُواْ بِٱلتَّوْرَىٰةِ فَٱتْلُوهَآ إِن كُنتُمْ صَٰدِقِينَ ۝ فَمَنِ ٱفْتَرَىٰ عَلَى ٱللَّهِ ٱلْكَذِبَ مِنۢ بَعْدِ ذَٰلِكَ فَأُوْلَٰٓئِكَ هُمُ ٱلظَّٰلِمُونَ ۝ قُلْ صَدَقَ ٱللَّهُ فَٱتَّبِعُواْ مِلَّةَ إِبْرَٰهِيمَ حَنِيفًا وَمَا كَانَ مِنَ ٱلْمُشْرِكِينَ ۝ إِنَّ أَوَّلَ بَيْتٍ وُضِعَ لِلنَّاسِ لَلَّذِي بِبَكَّةَ مُبَارَكًا وَهُدًى لِّلْعَٰلَمِينَ ۝ فِيهِ ءَايَٰتٌۢ بَيِّنَٰتٌ مَّقَامُ إِبْرَٰهِيمَ وَمَن دَخَلَهُۥ كَانَ ءَامِنًا وَلِلَّهِ عَلَى ٱلنَّاسِ حِجُّ ٱلْبَيْتِ مَنِ ٱسْتَطَاعَ إِلَيْهِ سَبِيلًا وَمَن كَفَرَ فَإِنَّ ٱللَّهَ غَنِيٌّ عَنِ ٱلْعَٰلَمِينَ ۝ قُلْ يَٰٓأَهْلَ ٱلْكِتَٰبِ لِمَ تَكْفُرُونَ بِـَٔايَٰتِ ٱللَّهِ وَٱللَّهُ شَهِيدٌ عَلَىٰ مَا تَعْمَلُونَ ۝ قُلْ يَٰٓأَهْلَ ٱلْكِتَٰبِ لِمَ تَصُدُّونَ عَن سَبِيلِ ٱللَّهِ مَنْ ءَامَنَ تَبْغُونَهَا عِوَجًا وَأَنتُمْ شُهَدَآءُ وَمَا ٱللَّهُ بِغَٰفِلٍ عَمَّا تَعْمَلُونَ ۝ يَٰٓأَيُّهَا ٱلَّذِينَ ءَامَنُوٓاْ إِن تُطِيعُواْ فَرِيقًا مِّنَ ٱلَّذِينَ أُوتُواْ ٱلْكِتَٰبَ يَرُدُّوكُم بَعْدَ إِيمَٰنِكُمْ كَٰفِرِينَ ۝

ٱلْبِرَّ
الإحسان وكمال الخير

حَنِيفًا
مائلًا عن الباطل إلى الدِّين الحق

عِوَجًا
مُعوَجّة

● مدّ مشبع ٦ حركات   ● إخفاء، ومواقع الغُنَّة (حركتين)   ● تفخيم
● مدّ ٢ أو ٤ أو ٦ جوازاً   ● مدّ حركتين   ● إدغام، وما لا يُلفظ   ● قلقلة

62

وَكَيْفَ تَكْفُرُونَ وَأَنتُمْ تُتْلَىٰ عَلَيْكُمْ ءَايَٰتُ ٱللَّهِ وَفِيكُمْ
رَسُولُهُۥ ۗ وَمَن يَعْتَصِم بِٱللَّهِ فَقَدْ هُدِىَ إِلَىٰ صِرَٰطٍ مُّسْتَقِيمٍ ﴿101﴾
يَٰٓأَيُّهَا ٱلَّذِينَ ءَامَنُوا۟ ٱتَّقُوا۟ ٱللَّهَ حَقَّ تُقَاتِهِۦ وَلَا تَمُوتُنَّ إِلَّا وَأَنتُم
مُّسْلِمُونَ ﴿102﴾ ۞ وَٱعْتَصِمُوا۟ بِحَبْلِ ٱللَّهِ جَمِيعًا وَلَا تَفَرَّقُوا۟
وَٱذْكُرُوا۟ نِعْمَتَ ٱللَّهِ عَلَيْكُمْ إِذْ كُنتُمْ أَعْدَآءً فَأَلَّفَ بَيْنَ
قُلُوبِكُمْ فَأَصْبَحْتُم بِنِعْمَتِهِۦٓ إِخْوَٰنًا وَكُنتُمْ عَلَىٰ شَفَا حُفْرَةٍ
مِّنَ ٱلنَّارِ فَأَنقَذَكُم مِّنْهَا ۗ كَذَٰلِكَ يُبَيِّنُ ٱللَّهُ لَكُمْ ءَايَٰتِهِۦ
لَعَلَّكُمْ تَهْتَدُونَ ﴿103﴾ وَلْتَكُن مِّنكُمْ أُمَّةٌ يَدْعُونَ إِلَى ٱلْخَيْرِ
وَيَأْمُرُونَ بِٱلْمَعْرُوفِ وَيَنْهَوْنَ عَنِ ٱلْمُنكَرِ ۚ وَأُو۟لَٰٓئِكَ هُمُ
ٱلْمُفْلِحُونَ ﴿104﴾ وَلَا تَكُونُوا۟ كَٱلَّذِينَ تَفَرَّقُوا۟ وَٱخْتَلَفُوا۟ مِنۢ بَعْدِ
مَا جَآءَهُمُ ٱلْبَيِّنَٰتُ ۚ وَأُو۟لَٰٓئِكَ لَهُمْ عَذَابٌ عَظِيمٌ ﴿105﴾ يَوْمَ تَبْيَضُّ
وُجُوهٌ وَتَسْوَدُّ وُجُوهٌ ۚ فَأَمَّا ٱلَّذِينَ ٱسْوَدَّتْ وُجُوهُهُمْ أَكَفَرْتُم بَعْدَ
إِيمَٰنِكُمْ فَذُوقُوا۟ ٱلْعَذَابَ بِمَا كُنتُمْ تَكْفُرُونَ ﴿106﴾ وَأَمَّا ٱلَّذِينَ
ٱبْيَضَّتْ وُجُوهُهُمْ فَفِى رَحْمَةِ ٱللَّهِ ۖ هُمْ فِيهَا خَٰلِدُونَ ﴿107﴾ تِلْكَ
ءَايَٰتُ ٱللَّهِ نَتْلُوهَا عَلَيْكَ بِٱلْحَقِّ ۗ وَمَا ٱللَّهُ يُرِيدُ ظُلْمًا لِّلْعَٰلَمِينَ ﴿108﴾

ثُمُنٌ

- يَعْتَصِم بِاللَّهِ: يلتجئْ إليه
- تُقَاتِهِ: تقواه
- شَفَا حُفْرَةٍ: طرفِ حفرةٍ

مدّ مشبع 6 حركات	مدّ حركتين	إخفاء، ومواقع الغُنَّة (حركتين)	تفخيم
مدّ 2 أو 4 أو 6 جوازاً		إدغام، وما لا يُلفَظ	قلقلة

وَلِلَّهِ مَا فِي ٱلسَّمَوَاتِ وَمَا فِي ٱلْأَرْضِ وَإِلَى ٱللَّهِ تُرْجَعُ ٱلْأُمُورُ ﴿١٠٩﴾

كُنتُمْ خَيْرَ أُمَّةٍ أُخْرِجَتْ لِلنَّاسِ تَأْمُرُونَ بِٱلْمَعْرُوفِ

وَتَنْهَوْنَ عَنِ ٱلْمُنكَرِ وَتُؤْمِنُونَ بِٱللَّهِ وَلَوْ ءَامَنَ أَهْلُ

ٱلْكِتَابِ لَكَانَ خَيْرًا لَّهُم مِّنْهُمُ ٱلْمُؤْمِنُونَ وَأَكْثَرُهُمُ

ٱلْفَاسِقُونَ ﴿١١٠﴾ لَن يَضُرُّوكُمْ إِلَّا أَذًى وَإِن يُقَاتِلُوكُمْ

يُوَلُّوكُمُ ٱلْأَدْبَارَ ثُمَّ لَا يُنصَرُونَ ﴿١١١﴾ ضُرِبَتْ عَلَيْهِمُ ٱلذِّلَّةُ

أَيْنَ مَا ثُقِفُوٓا۟ إِلَّا بِحَبْلٍ مِّنَ ٱللَّهِ وَحَبْلٍ مِّنَ ٱلنَّاسِ وَبَآءُو

بِغَضَبٍ مِّنَ ٱللَّهِ وَضُرِبَتْ عَلَيْهِمُ ٱلْمَسْكَنَةُ ذَلِكَ بِأَنَّهُمْ

كَانُوا۟ يَكْفُرُونَ بِـَٔايَاتِ ٱللَّهِ وَيَقْتُلُونَ ٱلْأَنۢبِيَآءَ بِغَيْرِ

حَقٍّ ذَلِكَ بِمَا عَصَوا۟ وَّكَانُوا۟ يَعْتَدُونَ ﴿١١٢﴾ ۞ لَيْسُوا۟ سَوَآءً

مِّنْ أَهْلِ ٱلْكِتَابِ أُمَّةٌ قَآئِمَةٌ يَتْلُونَ ءَايَاتِ ٱللَّهِ ءَانَآءَ

ٱلَّيْلِ وَهُمْ يَسْجُدُونَ ﴿١١٣﴾ يُؤْمِنُونَ بِٱللَّهِ وَٱلْيَوْمِ ٱلْآخِرِ

وَيَأْمُرُونَ بِٱلْمَعْرُوفِ وَيَنْهَوْنَ عَنِ ٱلْمُنكَرِ وَيُسَارِعُونَ

فِي ٱلْخَيْرَاتِ وَأُو۟لَٰٓئِكَ مِنَ ٱلصَّالِحِينَ ﴿١١٤﴾ وَمَا تَفْعَلُوا۟

مِنْ خَيْرٍ فَلَن تُكْفَرُوهُ وَٱللَّهُ عَلِيمٌۢ بِٱلْمُتَّقِينَ ﴿١١٥﴾

أَذًى
ضَرَرًا يَسِيرًا

يُوَلُّوكُمُ
ٱلْأَدْبَارَ
يَنْهَزِمُوا

ثُقِفُوٓا۟
وُجِدُوا

بِحَبْلٍ
بِعَهْدٍ

بَآءُو
بِغَضَبٍ
رَجَعُوا بِهِ

ٱلْمَسْكَنَةُ
فَقْرُ النَّفْسِ
وَشُحُّهَا

قَآئِمَةٌ
مُسْتَقِيمَةٌ
ثَابِتَةٌ عَلَى
الْحَقِّ

مَدٌّ مُشْبَعٌ ٦ حَرَكَاتٍ	● إخفاء، ومواقع الغُنَّة (حركتين)	● تفخيم
مَدُّ حركتين	● إدغام، وما لا يُلْفَظُ	● قلقلة

● مَدٌّ ٢ أو ٤ أو ٦ جَوَازاً

إِنَّ اَلذِينَ كَفَرُواْ لَن تُغْنِيَ عَنْهُمُۥٓ أَمْوَٰلُهُمْ وَلَآ أَوْلَٰدُهُم مِّنَ
اَللَّهِ شَيْـٔاٗۖ وَأُوْلَٰٓئِكَ أَصْحَٰبُ اُلنّ۪ارِ هُمْ فِيهَا خَٰلِدُونَۖ ﴿116﴾ مَثَلُ
مَا يُنفِقُونَ فِے هَٰذِهِ اِ۬لْحَيَوٰةِ اِ۬لدُّنْي۪ا كَمَثَلِ رِيحٖ فِيهَا صِرٌّ
اَصَابَتْ حَرْثَ قَوْمٖ ظَلَمُوٓاْ أَنفُسَهُمْ فَأَهْلَكَتْهُۥۖ وَمَا ظَلَمَهُمُ
اُللَّهُۖ وَلَٰكِنَ اَنفُسَهُمْ يَظْلِمُونَۖ ﴿117﴾ يَٰٓأَيُّهَا اَلذِينَ ءَامَنُواْ
لَا تَتَّخِذُواْ بِطَانَةٗ مِّن دُونِكُمْ لَا يَالُونَكُمْ خَبَالٗا وَدُّواْ مَا
عَنِتُّمْۖ قَدْ بَدَتِ اِ۬لْبَغْضَآءُ مِنَ اَفْوَٰهِهِمْ وَمَا تُخْفِے صُدُورُهُمُۥٓ
أَكْبَرُۖ قَدْ بَيَّنَّا لَكُمُ اُلَايَٰتِ إِن كُنتُمْ تَعْقِلُونَۖ ﴿118﴾ هَٰٓأَنتُمُۥٓ
أُوْلَآءِ تُحِبُّونَهُمْ وَلَا يُحِبُّونَكُمْ وَتُومِنُونَ بِالْكِتَٰبِ كُلِّهِۦۖ وَإِذَا
لَقُوكُمْ قَالُوٓاْ ءَامَنَّاۖ وَإِذَا خَلَوْاْ عَضُّواْ عَلَيْكُمُ اُلَانَامِلَ مِنَ
اَلْغَيْظِۖ قُلْ مُوتُواْ بِغَيْظِكُمُۥٓۖ إِنَّ اَللَّهَ عَلِيمُۢ بِذَاتِ اِ۬لصُّدُورِۖ ﴿119﴾
إِن تَمْسَسْكُمْ حَسَنَةٞ تَسُؤْهُمْۖ وَإِن تُصِبْكُمْ سَيِّئَةٞ يَفْرَحُواْ
بِهَاۖ وَإِن تَصْبِرُواْ وَتَتَّقُواْ لَا يَضِرْكُمْ كَيْدُهُمْ شَيْـٔاًۖ اِنَّ
اَللَّهَ بِمَا يَعْمَلُونَ مُحِيطٞۖ ﴿120﴾ ۞ وَإِذْ غَدَوْتَ مِنَ اَهْلِكَ
تُبَوِّئُ اُلْمُومِنِينَ مَقَٰعِدَ لِلْقِتَالِۖ وَاللَّهُ سَمِيعٌ عَلِيمٌ ﴿121﴾

- صِرٌّ: بردٌ شديدٌ أو نارٌ
- حَرْثَ قَوْمٍ: زرعَهم
- بِطَانَةً: خواصّ يستبطنون أمرَكم
- لَا يَالُونَكُمْ خَبَالًا: لا يقصّرون في إفسادِ أمرِكم
- مَا عَنِتُّمْ: مشقّتكم الشّديدةَ
- خَلَوْاْ: انفردَ بعضُهم ببعضٍ
- اَلْغَيْظِ: أشدّ الغضبِ والحَنَقِ
- غَدَوْتَ: خرجْتَ أوّلَ النّهارِ

ثُمُنٌ

- تُبَوِّئُ: تُنزِلُ وتُوطِّنُ
- مَقَٰعِدَ: مواطنَ ومواقِفَ

مدّ مشبع 6 حركات	مدّ حركتين	إخفاء، ومواقع الغُنّة (حركتين)	تفخيم
مدّ 2 أو 4 أو 6 جوازاً		إدغام، وما لا يُلفَظ	قلقلة

65

إِذْ هَمَّت طَّآئِفَتَانِ مِنكُمْ أَن تَفْشَلَا وَٱللَّهُ وَلِيُّهُمَا وَعَلَى ٱللَّهِ فَلْيَتَوَكَّلِ ٱلْمُؤْمِنُونَ ۝١٢٢ وَلَقَدْ نَصَرَكُمُ ٱللَّهُ بِبَدْرٍ وَأَنتُمْ أَذِلَّةٌ فَٱتَّقُوا۟ ٱللَّهَ لَعَلَّكُمْ تَشْكُرُونَ ۝١٢٣ إِذْ تَقُولُ لِلْمُؤْمِنِينَ أَلَن يَكْفِيَكُمْ أَن يُمِدَّكُمْ رَبُّكُم بِثَلَٰثَةِ ءَالَٰفٍ مِّنَ ٱلْمَلَٰٓئِكَةِ مُنزَلِينَ ۝١٢٤ بَلَىٰٓ إِن تَصْبِرُوا۟ وَتَتَّقُوا۟ وَيَأْتُوكُم مِّن فَوْرِهِمْ هَٰذَا يُمْدِدْكُمْ رَبُّكُم بِخَمْسَةِ ءَالَٰفٍ مِّنَ ٱلْمَلَٰٓئِكَةِ مُسَوِّمِينَ ۝١٢٥ وَمَا جَعَلَهُ ٱللَّهُ إِلَّا بُشْرَىٰ لَكُمْ وَلِتَطْمَئِنَّ قُلُوبُكُم بِهِۦ وَمَا ٱلنَّصْرُ إِلَّا مِنْ عِندِ ٱللَّهِ ٱلْعَزِيزِ ٱلْحَكِيمِ ۝١٢٦ لِيَقْطَعَ طَرَفًا مِّنَ ٱلَّذِينَ كَفَرُوٓا۟ أَوْ يَكْبِتَهُمْ فَيَنقَلِبُوا۟ خَآئِبِينَ ۝١٢٧ لَيْسَ لَكَ مِنَ ٱلْأَمْرِ شَىْءٌ أَوْ يَتُوبَ عَلَيْهِمْ أَوْ يُعَذِّبَهُمْ فَإِنَّهُمْ ظَٰلِمُونَ ۝١٢٨ وَلِلَّهِ مَا فِى ٱلسَّمَٰوَٰتِ وَمَا فِى ٱلْأَرْضِ يَغْفِرُ لِمَن يَشَآءُ وَيُعَذِّبُ مَن يَشَآءُ وَٱللَّهُ غَفُورٌ رَّحِيمٌ ۝١٢٩ يَٰٓأَيُّهَا ٱلَّذِينَ ءَامَنُوا۟ لَا تَأْكُلُوا۟ ٱلرِّبَوٰٓا۟ أَضْعَٰفًا مُّضَٰعَفَةً وَٱتَّقُوا۟ ٱللَّهَ لَعَلَّكُمْ تُفْلِحُونَ ۝١٣٠ وَٱتَّقُوا۟ ٱلنَّارَ ٱلَّتِىٓ أُعِدَّتْ لِلْكَٰفِرِينَ ۝١٣١ وَأَطِيعُوا۟ ٱللَّهَ وَٱلرَّسُولَ لَعَلَّكُمْ تُرْحَمُونَ ۝١٣٢

• تَفْشَلَا
تجبُنا عن القتال

• يُمْدِدْكُم
يقوّكم ويعنْكم

• فَوْرِهِم
من ساعتهم

• مُسَوِّمِين
مُعلَّمِين بعلاماتٍ

• لِيَقْطَعَ طَرَفًا
لِيُهلِكَ طائفة

• يَكْبِتَهُم
يُخزيهم بالهزيمة

• مُضَٰعَفَة
كثيرة

۞ سَارِعُوٓا إِلَىٰ مَغْفِرَةٍ مِّن رَّبِّكُمْ وَجَنَّةٍ عَرْضُهَا ٱلسَّمَٰوَٰتُ وَٱلْأَرْضُ أُعِدَّتْ لِلْمُتَّقِينَ ﴿١٣٣﴾ ٱلَّذِينَ يُنفِقُونَ فِى ٱلسَّرَّآءِ وَٱلضَّرَّآءِ وَٱلْكَٰظِمِينَ ٱلْغَيْظَ وَٱلْعَافِينَ عَنِ ٱلنَّاسِ وَٱللَّهُ يُحِبُّ ٱلْمُحْسِنِينَ ﴿١٣٤﴾ وَٱلَّذِينَ إِذَا فَعَلُوا۟ فَٰحِشَةً أَوْ ظَلَمُوٓا۟ أَنفُسَهُمْ ذَكَرُوا۟ ٱللَّهَ فَٱسْتَغْفَرُوا۟ لِذُنُوبِهِمْ وَمَن يَغْفِرُ ٱلذُّنُوبَ إِلَّا ٱللَّهُ وَلَمْ يُصِرُّوا۟ عَلَىٰ مَا فَعَلُوا۟ وَهُمْ يَعْلَمُونَ ﴿١٣٥﴾ أُو۟لَٰٓئِكَ جَزَآؤُهُم مَّغْفِرَةٌ مِّن رَّبِّهِمْ وَجَنَّٰتٌ تَجْرِى مِن تَحْتِهَا ٱلْأَنْهَٰرُ خَٰلِدِينَ فِيهَا وَنِعْمَ أَجْرُ ٱلْعَٰمِلِينَ ﴿١٣٦﴾ قَدْ خَلَتْ مِن قَبْلِكُمْ سُنَنٌ فَسِيرُوا۟ فِى ٱلْأَرْضِ فَٱنظُرُوا۟ كَيْفَ كَانَ عَٰقِبَةُ ٱلْمُكَذِّبِينَ ﴿١٣٧﴾ هَٰذَا بَيَانٌ لِّلنَّاسِ وَهُدًى وَمَوْعِظَةٌ لِّلْمُتَّقِينَ ﴿١٣٨﴾ وَلَا تَهِنُوا۟ وَلَا تَحْزَنُوا۟ وَأَنتُمُ ٱلْأَعْلَوْنَ إِن كُنتُم مُّؤْمِنِينَ ﴿١٣٩﴾ إِن يَمْسَسْكُمْ قَرْحٌ فَقَدْ مَسَّ ٱلْقَوْمَ قَرْحٌ مِّثْلُهُ وَتِلْكَ ٱلْأَيَّامُ نُدَاوِلُهَا بَيْنَ ٱلنَّاسِ وَلِيَعْلَمَ ٱللَّهُ ٱلَّذِينَ ءَامَنُوا۟ وَيَتَّخِذَ مِنكُمْ شُهَدَآءَ وَٱللَّهُ لَا يُحِبُّ ٱلظَّٰلِمِينَ ﴿١٤٠﴾

■ ٱلسَّرَّآءِ وَٱلضَّرَّآءِ
اليُسر والعُسر

■ ٱلْكَٰظِمِينَ ٱلْغَيْظَ
الحابِسين غيظهم في قلوبهم

■ فَٰحِشَةً
كبيرة متناهية في القُبح

■ خَلَتْ
مضت

■ سُنَنٌ
وقائع في الأمم المكذّبة

■ لَا تَهِنُوا۟
لا تضعفوا عن القتال

■ قَرْحٌ
جراحة

■ نُدَاوِلُهَا
نصرّفها بأحوال مُختلفة

● مَدّ مُشبع 6 حركات   ● إخفاء، ومواقع الغُنّة (حركتين)   ● مَدّ حركتين   ● تفخيم
● مَدّ 2 أو 4 أو 6 جوازاً   ● إدغام، وما لا يُلفظ   ● قلقلة

67

وَلِيُمَحِّصَ ٱللَّهُ ٱلَّذِينَ ءَامَنُوا۟ وَيَمْحَقَ ٱلْكَٰفِرِينَ ۝١٤١

أَمْ حَسِبْتُمْ أَن تَدْخُلُوا۟ ٱلْجَنَّةَ وَلَمَّا يَعْلَمِ ٱللَّهُ ٱلَّذِينَ جَٰهَدُوا۟ مِنكُمْ وَيَعْلَمَ ٱلصَّٰبِرِينَ ۝١٤٢ وَلَقَدْ كُنتُمْ تَمَنَّوْنَ ٱلْمَوْتَ مِن قَبْلِ أَن تَلْقَوْهُ فَقَدْ رَأَيْتُمُوهُ وَأَنتُمْ تَنظُرُونَ ۝١٤٣ وَمَا مُحَمَّدٌ إِلَّا رَسُولٌ قَدْ خَلَتْ مِن قَبْلِهِ ٱلرُّسُلُ أَفَإِي۟ن مَّاتَ أَوْ قُتِلَ ٱنقَلَبْتُمْ عَلَىٰ أَعْقَٰبِكُمْ وَمَن يَنقَلِبْ عَلَىٰ عَقِبَيْهِ فَلَن يَضُرَّ ٱللَّهَ شَيْـًٔا وَسَيَجْزِي ٱللَّهُ ٱلشَّٰكِرِينَ ۝١٤٤ وَمَا كَانَ لِنَفْسٍ أَن تَمُوتَ إِلَّا بِإِذْنِ ٱللَّهِ كِتَٰبًا مُّؤَجَّلًا وَمَن يُرِدْ ثَوَابَ ٱلدُّنْيَا نُؤْتِهِ مِنْهَا وَمَن يُرِدْ ثَوَابَ ٱلْءَاخِرَةِ نُؤْتِهِ مِنْهَا وَسَنَجْزِي ٱلشَّٰكِرِينَ ۝١٤٥ وَكَأَيِّن مِّن نَّبِيٍّ قَٰتَلَ مَعَهُۥ رِبِّيُّونَ كَثِيرٌ فَمَا وَهَنُوا۟ لِمَآ أَصَابَهُمْ فِي سَبِيلِ ٱللَّهِ وَمَا ضَعُفُوا۟ وَمَا ٱسْتَكَانُوا۟ وَٱللَّهُ يُحِبُّ ٱلصَّٰبِرِينَ ۝١٤٦ وَمَا كَانَ قَوْلَهُمْ إِلَّآ أَن قَالُوا۟ رَبَّنَا ٱغْفِرْ لَنَا ذُنُوبَنَا وَإِسْرَافَنَا فِي أَمْرِنَا وَثَبِّتْ أَقْدَامَنَا وَٱنصُرْنَا عَلَى ٱلْقَوْمِ ٱلْكَٰفِرِينَ ۝١٤٧

ثُمُنٌ

• لِيُمَحِّصَ
لِيُصفِّيَ من الذنوب أو يختبر ويبتلي

• يَمْحَقَ
يُهلِك ويستأصل

• كَأَيِّن مِّن نَّبِيءٍ
كثيرٌ من الأنبياء

• رِبِّيُّونَ
علماءُ فقهاءُ أو جموعٌ كثيرةٌ

• فَمَا وَهَنُوا۟
فما عجزوا أو فما جبُنوا

• مَا ٱسْتَكَانُوا۟
ما خضعوا أو ذلُّوا لعدوِّهم

● مدّ مشبع ٦ حركات   ● مدّ حركتين   ● إخفاء، ومواقع الغُنّة (حركتين)   ● تفخيم

● مدّ ٢ أو ٤ أو ٦ جوازًا   ● إدغام، وما لا يُلفظ   ● قلقلة

فَـَٔاتَىٰهُمُ ٱللَّهُ ثَوَابَ ٱلدُّنْيَا وَحُسْنَ ثَوَابِ ٱلْءَاخِرَةِ وَٱللَّهُ يُحِبُّ ٱلْمُحْسِنِينَ ۝١٤٨ يَـٰٓأَيُّهَا ٱلَّذِينَ ءَامَنُوٓا۟ إِن تُطِيعُوا۟ ٱلَّذِينَ كَفَرُوا۟ يَرُدُّوكُمْ عَلَىٰٓ أَعْقَـٰبِكُمْ فَتَنقَلِبُوا۟ خَـٰسِرِينَ ۝١٤٩ بَلِ ٱللَّهُ مَوْلَىٰكُمْ وَهُوَ خَيْرُ ٱلنَّـٰصِرِينَ ۝١٥٠ سَنُلْقِى فِى قُلُوبِ ٱلَّذِينَ كَفَرُوا۟ ٱلرُّعْبَ بِمَآ أَشْرَكُوا۟ بِٱللَّهِ مَا لَمْ يُنَزِّلْ بِهِۦ سُلْطَـٰنًا وَمَأْوَىٰهُمُ ٱلنَّارُ وَبِئْسَ مَثْوَى ٱلظَّـٰلِمِينَ ۝١٥١ وَلَقَدْ صَدَقَكُمُ ٱللَّهُ وَعْدَهُۥٓ إِذْ تَحُسُّونَهُم بِإِذْنِهِۦ حَتَّىٰٓ إِذَا فَشِلْتُمْ وَتَنَـٰزَعْتُمْ فِى ٱلْأَمْرِ وَعَصَيْتُم مِّنۢ بَعْدِ مَآ أَرَىٰكُم مَّا تُحِبُّونَ مِنكُم مَّن يُرِيدُ ٱلدُّنْيَا وَمِنكُم مَّن يُرِيدُ ٱلْءَاخِرَةَ ثُمَّ صَرَفَكُمْ عَنْهُمْ لِيَبْتَلِيَكُمْ وَلَقَدْ عَفَا عَنكُمْ وَٱللَّهُ ذُو فَضْلٍ عَلَى ٱلْمُؤْمِنِينَ ۝١٥٢ ۞ إِذْ تُصْعِدُونَ وَلَا تَلْوُۥنَ عَلَىٰٓ أَحَدٍ وَٱلرَّسُولُ يَدْعُوكُمْ فِىٓ أُخْرَىٰكُمْ فَأَثَـٰبَكُمْ غَمًّۢا بِغَمٍّ لِّكَيْلَا تَحْزَنُوا۟ عَلَىٰ مَا فَاتَكُمْ وَلَا مَآ أَصَـٰبَكُمْ وَٱللَّهُ خَبِيرٌۢ بِمَا تَعْمَلُونَ ۝١٥٣

مَوْلَىٰكُم ناصِرُكُم

ٱلرُّعْبَ الخوْفُ والفَزَع

سُلْطَـٰنًا حُجَّةً وبُرهانًا

مَثْوَى ٱلظَّـٰلِمِينَ مأواهم ومَقامُهُم

تَحُسُّونَهُم تستأصِلونهم قتلًا

فَشِلْتُمْ جبُنتُم عن قتال عدُوّكُم

لِيَبْتَلِيَكُمْ ليمتحِن ثباتَكم على الإيمان

ربع

تُصْعِدُونَ تذهبُونَ في الوادي هربًا

لَا تَلْوُۥنَ لا تُعرِّجُون

فَأَثَـٰبَكُمْ فجازاكُم

غَمًّۢا بِغَمٍّ حزنًا متَّصِلًا بحزنٍ

● مَدّ مُشبَع ٦ حركات	● مَدّ حركتين
● مَدّ ٢ أو ٤ أو ٦ جوازًا	● إخفاء، ومواقع الغُنَّة (حركتين)
● تفخيم	● إدغام، وما لا يُلفظ
● قلقلة	

آل
عِمْرَان

ثُمَّ أَنزَلَ عَلَيْكُم مِّنۢ بَعْدِ ٱلْغَمِّ أَمَنَةً نُّعَاسًا يَغْشَىٰ طَآئِفَةً

مِّنكُمْ ۖ وَطَآئِفَةٌ قَدْ أَهَمَّتْهُمْ أَنفُسُهُمْ يَظُنُّونَ بِٱللَّهِ غَيْرَ

ٱلْحَقِّ ظَنَّ ٱلْجَٰهِلِيَّةِ ۖ يَقُولُونَ هَل لَّنَا مِنَ ٱلْأَمْرِ مِن شَىْءٍ ۗ قُلْ إِنَّ

ٱلْأَمْرَ كُلَّهُۥ لِلَّهِ ۗ يُخْفُونَ فِىٓ أَنفُسِهِم مَّا لَا يُبْدُونَ لَكَ ۖ يَقُولُونَ

لَوْ كَانَ لَنَا مِنَ ٱلْأَمْرِ شَىْءٌ مَّا قُتِلْنَا هَٰهُنَا ۗ قُل لَّوْ كُنتُمْ فِى

بُيُوتِكُمْ لَبَرَزَ ٱلَّذِينَ كُتِبَ عَلَيْهِمُ ٱلْقَتْلُ إِلَىٰ مَضَاجِعِهِمْ ۖ

وَلِيَبْتَلِىَ ٱللَّهُ مَا فِى صُدُورِكُمْ وَلِيُمَحِّصَ مَا فِى قُلُوبِكُمْ ۗ

وَٱللَّهُ عَلِيمٌۢ بِذَاتِ ٱلصُّدُورِ ﴿١٥٤﴾ إِنَّ ٱلَّذِينَ تَوَلَّوْاْ مِنكُمْ يَوْمَ

ٱلْتَقَى ٱلْجَمْعَانِ إِنَّمَا ٱسْتَزَلَّهُمُ ٱلشَّيْطَٰنُ بِبَعْضِ مَا كَسَبُواْ ۖ

وَلَقَدْ عَفَا ٱللَّهُ عَنْهُمْ ۗ إِنَّ ٱللَّهَ غَفُورٌ حَلِيمٌ ﴿١٥٥﴾ يَٰٓأَيُّهَا ٱلَّذِينَ

ءَامَنُواْ لَا تَكُونُواْ كَٱلَّذِينَ كَفَرُواْ وَقَالُواْ لِإِخْوَٰنِهِمْ إِذَا

ضَرَبُواْ فِى ٱلْأَرْضِ أَوْ كَانُواْ غُزًّى لَّوْ كَانُواْ عِندَنَا مَا مَاتُواْ وَمَا

قُتِلُواْ لِيَجْعَلَ ٱللَّهُ ذَٰلِكَ حَسْرَةً فِى قُلُوبِهِمْ ۗ وَٱللَّهُ يُحْىِۦ وَيُمِيتُ ۗ

وَٱللَّهُ بِمَا تَعْمَلُونَ بَصِيرٌ ﴿١٥٦﴾ وَلَئِن قُتِلْتُمْ فِى سَبِيلِ ٱللَّهِ

أَوْ مُتُّمْ لَمَغْفِرَةٌ مِّنَ ٱللَّهِ وَرَحْمَةٌ خَيْرٌ مِّمَّا يَجْمَعُونَ ﴿١٥٧﴾

• أَمَنَةً
أَمْنًا

• نُّعَاسًا
سُكُونًا
وهدوءًا أو
مقاربةً للنوم

• يَغْشَىٰ
يلبس
كالغشاء

• لَبَرَزَ
لخرج

• مَضَاجِعِهِمْ
مصارعهم
المقدَّرة لهم

• لِيَبْتَلِىَ
ليختبر

• لِيُمَحِّصَ
ليخلّص
ويزيل

• ٱسْتَزَلَّهُمُ
ٱلشَّيْطَٰنُ
أزلّهم
أو حملهم
على الزلل

• ضَرَبُواْ
سَارُوا لتجارة
أو غيرها

• غُزًّى
غُزَاةً
مجاهدين

| مدّ مشبع 6 حركات | إخفاء، ومواقع الغنّة (حركتين) | تفخيم |
| مدّ 2 أو 4 أو 6 جوازًا | مدّ حركتين | إدغام، وما لا يُلفظ | قلقلة |

وَلَئِن مُّتُّمْ أَوْ قُتِلْتُمْ لَإِلَى ٱللَّهِ تُحْشَرُونَ ۝ فَبِمَا رَحْمَةٍ مِّنَ ٱللَّهِ لِنتَ لَهُمْ وَلَوْ كُنتَ فَظًّا غَلِيظَ ٱلْقَلْبِ لَٱنفَضُّوا۟ مِنْ حَوْلِكَ فَٱعْفُ عَنْهُمْ وَٱسْتَغْفِرْ لَهُمْ وَشَاوِرْهُمْ فِى ٱلْأَمْرِ فَإِذَا عَزَمْتَ فَتَوَكَّلْ عَلَى ٱللَّهِ إِنَّ ٱللَّهَ يُحِبُّ ٱلْمُتَوَكِّلِينَ ۝ إِن يَنصُرْكُمُ ٱللَّهُ فَلَا غَالِبَ لَكُمْ وَإِن يَخْذُلْكُمْ فَمَن ذَا ٱلَّذِى يَنصُرُكُم مِّنۢ بَعْدِهِۦ وَعَلَى ٱللَّهِ فَلْيَتَوَكَّلِ ٱلْمُؤْمِنُونَ ۝ وَمَا كَانَ لِنَبِىٍّ أَن يَغُلَّ وَمَن يَغْلُلْ يَأْتِ بِمَا غَلَّ يَوْمَ ٱلْقِيَٰمَةِ ثُمَّ تُوَفَّىٰ كُلُّ نَفْسٍ مَّا كَسَبَتْ وَهُمْ لَا يُظْلَمُونَ ۝ أَفَمَنِ ٱتَّبَعَ رِضْوَٰنَ ٱللَّهِ كَمَنۢ بَآءَ بِسَخَطٍ مِّنَ ٱللَّهِ وَمَأْوَىٰهُ جَهَنَّمُ وَبِئْسَ ٱلْمَصِيرُ ۝ هُمْ دَرَجَٰتٌ عِندَ ٱللَّهِ وَٱللَّهُ بَصِيرٌۢ بِمَا يَعْمَلُونَ ۝ لَقَدْ مَنَّ ٱللَّهُ عَلَى ٱلْمُؤْمِنِينَ إِذْ بَعَثَ فِيهِمْ رَسُولًا مِّنْ أَنفُسِهِمْ يَتْلُوا۟ عَلَيْهِمْ ءَايَٰتِهِۦ وَيُزَكِّيهِمْ وَيُعَلِّمُهُمُ ٱلْكِتَٰبَ وَٱلْحِكْمَةَ وَإِن كَانُوا۟ مِن قَبْلُ لَفِى ضَلَٰلٍ مُّبِينٍ ۝ أَوَلَمَّآ أَصَٰبَتْكُم مُّصِيبَةٌ قَدْ أَصَبْتُم مِّثْلَيْهَا قُلْتُمْ أَنَّىٰ هَٰذَا قُلْ هُوَ مِنْ عِندِ أَنفُسِكُمْ إِنَّ ٱللَّهَ عَلَىٰ كُلِّ شَىْءٍ قَدِيرٌ ۝

ثُمُنْ

● لِنتَ لَهُمْ
سَهُلَتْ لهم أخلاقك

● فَظًّا
جافيًا في المعاشرة

● لَٱنفَضُّوا۟
لتفرّقوا

● فَلَا غَالِبَ لَكُمْ
فلا قاهر ولا خاذلَ لكم

● يَغُلَّ
يخان

● بَآءَ بِسَخَطٍ
رجع بغضبٍ عظيم

● يُزَكِّيهِمْ
يطهّرهم من أدناس الجاهلية

● أَنَّىٰ هَٰذَا
من أين لنا هذا الخذلان

● مدّ مشبع 6 حركات   ● مدّ حركتين   ● إخفاء، ومواقع الغُنَّة (حركتين)   ● تفخيم

● مدّ 2 أو 4 أو 6 جوازاً   ● إدغام، وما لا يُلفظ   ● قلقلة

وَمَآ أَصَابَكُمْ يَوْمَ ٱلْتَقَى ٱلْجَمْعَانِ فَبِإِذْنِ ٱللَّهِ وَلِيَعْلَمَ ٱلْمُؤْمِنِينَ ۝ وَلِيَعْلَمَ ٱلَّذِينَ نَافَقُوا۟ وَقِيلَ لَهُمْ تَعَالَوْا۟ قَٰتِلُوا۟ فِى سَبِيلِ ٱللَّهِ أَوِ ٱدْفَعُوا۟ قَالُوا۟ لَوْ نَعْلَمُ قِتَالًا لَّٱتَّبَعْنَٰكُمْ هُمْ لِلْكُفْرِ يَوْمَئِذٍ أَقْرَبُ مِنْهُمْ لِلْإِيمَٰنِ يَقُولُونَ بِأَفْوَٰهِهِم مَّا لَيْسَ فِى قُلُوبِهِمْ وَٱللَّهُ أَعْلَمُ بِمَا يَكْتُمُونَ ۝ ٱلَّذِينَ قَالُوا۟

• فَٱدْرَءُوا۟
فَٱدْفَعُوا

لِإِخْوَٰنِهِمْ وَقَعَدُوا۟ لَوْ أَطَاعُونَا مَا قُتِلُوا۟ قُلْ فَٱدْرَءُوا۟ عَنْ أَنفُسِكُمُ ٱلْمَوْتَ إِن كُنتُمْ صَٰدِقِينَ ۝ وَلَا تَحْسَبَنَّ ٱلَّذِينَ قُتِلُوا۟ فِى سَبِيلِ ٱللَّهِ أَمْوَٰتًۢا بَلْ أَحْيَآءٌ عِندَ رَبِّهِمْ يُرْزَقُونَ ۝ فَرِحِينَ بِمَآ ءَاتَىٰهُمُ ٱللَّهُ مِن فَضْلِهِۦ وَيَسْتَبْشِرُونَ بِٱلَّذِينَ لَمْ يَلْحَقُوا۟ بِهِم مِّنْ خَلْفِهِمْ أَلَّا خَوْفٌ عَلَيْهِمْ وَلَا هُمْ يَحْزَنُونَ ۝

۞ يَسْتَبْشِرُونَ بِنِعْمَةٍ مِّنَ ٱللَّهِ وَفَضْلٍ وَأَنَّ ٱللَّهَ لَا يُضِيعُ أَجْرَ ٱلْمُؤْمِنِينَ ۝ ٱلَّذِينَ ٱسْتَجَابُوا۟ لِلَّهِ وَٱلرَّسُولِ مِنۢ بَعْدِ مَآ

• ٱلْقَرْحُ
ٱلْجِرَاحُ

أَصَابَهُمُ ٱلْقَرْحُ لِلَّذِينَ أَحْسَنُوا۟ مِنْهُمْ وَٱتَّقَوْا۟ أَجْرٌ عَظِيمٌ ۝ ٱلَّذِينَ قَالَ لَهُمُ ٱلنَّاسُ إِنَّ ٱلنَّاسَ قَدْ جَمَعُوا۟ لَكُمْ فَٱخْشَوْهُمْ فَزَادَهُمْ إِيمَٰنًا وَقَالُوا۟ حَسْبُنَا ٱللَّهُ وَنِعْمَ ٱلْوَكِيلُ ۝

مدّ مشبع ٦ حركات	مدّ حركتين	إخفاء، ومواقع الغُنّة (حركتين)	تفخيم
مدّ ٢ أو ٤ أو ٦ جوازاً		إدغام، وما لا يُلفظ	قلقلة

فَانقَلَبُواْ بِنِعْمَةٍ مِّنَ ٱللَّهِ وَفَضْلٍ لَّمْ يَمْسَسْهُمْ سُوٓءٌ وَٱتَّبَعُواْ رِضْوَٰنَ ٱللَّهِ وَٱللَّهُ ذُو فَضْلٍ عَظِيمٍ ۝١٧٤ إِنَّمَا ذَٰلِكُمُ ٱلشَّيْطَٰنُ يُخَوِّفُ أَوْلِيَآءَهُۥ فَلَا تَخَافُوهُمْ وَخَافُونِ إِن كُنتُم مُّؤْمِنِينَ ۝١٧٥ وَلَا يَحْزُنكَ ٱلَّذِينَ يُسَٰرِعُونَ فِي ٱلْكُفْرِ إِنَّهُمْ لَن يَضُرُّواْ ٱللَّهَ شَيْئًا يُرِيدُ ٱللَّهُ أَلَّا يَجْعَلَ لَهُمْ حَظًّا فِي ٱلْءَاخِرَةِ وَلَهُمْ عَذَابٌ عَظِيمٌ ۝١٧٦ إِنَّ ٱلَّذِينَ ٱشْتَرَوُاْ ٱلْكُفْرَ بِٱلْإِيمَٰنِ لَن يَضُرُّواْ ٱللَّهَ شَيْئًا وَلَهُمْ عَذَابٌ أَلِيمٌ ۝١٧٧ وَلَا يَحْسَبَنَّ ٱلَّذِينَ كَفَرُوٓاْ أَنَّمَا نُمْلِي لَهُمْ خَيْرٌ لِّأَنفُسِهِمْ إِنَّمَا نُمْلِي لَهُمْ لِيَزْدَادُوٓاْ إِثْمًا وَلَهُمْ عَذَابٌ مُّهِينٌ ۝١٧٨ مَّا كَانَ ٱللَّهُ لِيَذَرَ ٱلْمُؤْمِنِينَ عَلَىٰ مَآ أَنتُمْ عَلَيْهِ حَتَّىٰ يَمِيزَ ٱلْخَبِيثَ مِنَ ٱلطَّيِّبِ وَمَا كَانَ ٱللَّهُ لِيُطْلِعَكُمْ عَلَى ٱلْغَيْبِ وَلَٰكِنَّ ٱللَّهَ يَجْتَبِي مِن رُّسُلِهِۦ مَن يَشَآءُ فَـَٔامِنُواْ بِٱللَّهِ وَرُسُلِهِۦ وَإِن تُؤْمِنُواْ وَتَتَّقُواْ فَلَكُمْ أَجْرٌ عَظِيمٌ ۝١٧٩ وَلَا يَحْسَبَنَّ ٱلَّذِينَ يَبْخَلُونَ بِمَآ ءَاتَىٰهُمُ ٱللَّهُ مِن فَضْلِهِۦ هُوَ خَيْرًا لَّهُم بَلْ هُوَ شَرٌّ لَّهُمْ سَيُطَوَّقُونَ مَا بَخِلُواْ بِهِۦ يَوْمَ ٱلْقِيَٰمَةِ وَلِلَّهِ مِيرَٰثُ ٱلسَّمَٰوَٰتِ وَٱلْأَرْضِ وَٱللَّهُ بِمَا تَعْمَلُونَ خَبِيرٌ ۝١٨٠

- نُمْلِي لَهُمْ
مُهْلُهُمْ مَع
كُفْرِهِمْ

- يَجْتَبِي
يَصْطَفِي
وَيَخْتَارُ

- سَيُطَوَّقُونَ
سَيُجْعَلُ طَوْقًا
فِي أَعْنَاقِهِمْ

| ● مدّ مشبع ٦ حركات | إخفاء، ومواقع الغُنَّة (حركتين) | ● تفخيم |
| ● مدّ ٢ أو ٤ أو ٦ جوازاً | ● مدّ حركتين | إدغام، وما لا يُلفظ | ● قلقلة |

٧٣

۞ لَّقَدْ سَمِعَ اَ۬للَّهُ قَوْلَ اَ۬لذِينَ قَالُوٓاْ إِنَّ اَ۬للَّهَ فَقِيرٞ وَنَحْنُ أَغْنِيَآءُۖ
سَنَكْتُبُ مَا قَالُواْ وَقَتْلَهُمُ اُ۬لَانۢبِيٓـَٔاءَ بِغَيْرِ حَقّٖ وَنَقُولُ
ذُوقُواْ عَذَابَ اَ۬لْحَرِيقِۖ (181) ذَٰلِكَ بِمَا قَدَّمَتَ اَيْدِيكُمْ
وَأَنَّ اَ۬للَّهَ لَيْسَ بِظَلَّٰمٖ لِّلْعَبِيدِۖ (182) اِ۬لذِينَ قَالُوٓاْ إِنَّ اَ۬للَّهَ
عَهِدَ إِلَيْنَآ أَلَّا نُومِنَ لِرَسُولٍ حَتَّيٰ يَاتِيَنَا بِقُرْبَانٖ تَاكُلُهُ
اُ۬لنَّارُۖ قُلْ قَدْ جَآءَكُمْ رُسُلٞ مِّن قَبْلِے بِالْبَيِّنَٰتِ وَبِالذِے
قُلْتُمْ فَلِمَ قَتَلْتُمُوهُمُۥٓ إِن كُنتُمْ صَٰدِقِينَۖ (183) فَإِن
كَذَّبُوكَ فَقَدْ كُذِّبَ رُسُلٞ مِّن قَبْلِكَ جَآءُو بِالْبَيِّنَٰتِ
وَالزُّبُرِ وَالْكِتَٰبِ اِ۬لْمُنِيرِۖ (184) كُلُّ نَفْسٖ ذَآئِقَةُ اُ۬لْمَوْتِۖ
وَإِنَّمَا تُوَفَّوْنَ أُجُورَكُمْ يَوْمَ اَ۬لْقِيَٰمَةِۖ فَمَن زُحْزِحَ
عَنِ اِ۬لنَّارِ وَأُدْخِلَ اَ۬لْجَنَّةَ فَقَدْ فَازَۖ وَمَا اَ۬لْحَيَوٰةُ اُ۬لدُّنْيَآ
إِلَّا مَتَٰعُ اُ۬لْغُرُورِۖ (185) ۞ لَتُبْلَوُنَّ فِےٓ أَمْوَٰلِكُمْ
وَأَنفُسِكُمْ وَلَتَسْمَعُنَّ مِنَ اَ۬لذِينَ أُوتُواْ اُ۬لْكِتَٰبَ
مِن قَبْلِكُمْ وَمِنَ اَ۬لذِينَ أَشْرَكُوٓاْ أَذيٗ كَثِيراٗۖ
وَإِن تَصْبِرُواْ وَتَتَّقُواْ فَإِنَّ ذَٰلِكَ مِنْ عَزْمِ اِ۬لُامُورِۖ (186)

رُبُع

- بِقُرْبَانٍ: ما يُتقرّبُ به من البرِّ إليه تعالى
- الزُّبُرِ: المواعظِ والزواجرِ
- زُحْزِحَ: بُعِّدَ ونُحِّيَ
- اَلْغُرُورِ: الخداعِ
- لَتُبْلَوُنَّ: لتُمتحَنُنَّ وتُختبَرُنَّ بالمحَنِ

مدّ مشبع 6 حركات	مدّ حركتين	إخفاء، ومواقع الغُنَّة (حركتين)	تفخيم
مدّ 2 أو 4 أو 6 جوازاً		إدغام، وما لا يُلفَظ	قلقلة

وَإِذَ اَخَذَ اَللَّهُ مِيثَٰقَ اَلذِينَ أُوتُواْ اُ۬لۡكِتَٰبَ لَتُبَيِّنُنَّهُۥ لِلنَّاسِ
وَلَا تَكۡتُمُونَهُۥ فَنَبَذُوهُ وَرَآءَ ظُهُورِهِمۡ وَاشۡتَرَوۡاْ بِهِۦ ثَمَناٗ
قَلِيلاٗ فَبِيسَ مَا يَشۡتَرُونَ (187) لَا يَحۡسِبَنَّ اَلذِينَ يَفۡرَحُونَ
بِمَآ أَتَواْ وَّيُحِبُّونَ أَن يُّحۡمَدُواْ بِمَا لَمۡ يَفۡعَلُواْ فَلَا تَحۡسِبَنَّهُم
بِمَفَازَةٖ مِّنَ اَلۡعَذَابِ وَلَهُمۡ عَذَابٌ اَلِيمٞ (188) وَلِلَّهِ مُلۡكُ
اُ۬لسَّمَٰوَٰتِ وَالَارۡضِ وَاللَّهُ عَلَيٰ كُلِّ شَيۡءٖ قَدِيرٌ (189) اِنَّ فِے
خَلۡقِ اِ۬لسَّمَٰوَٰتِ وَالَارۡضِ وَاخۡتِلَٰفِ اِ۬ليۡلِ وَالنَّهَارِ لَأٓيَٰتٖ
لِّأُوْلِے اِ۬لَالۡبَٰبِ (190) اِ۬لذِينَ يَذۡكُرُونَ اَللَّهَ قِيَٰماٗ وَقُعُوداٗ
وَعَلَيٰ جُنُوبِهِمۡ وَيَتَفَكَّرُونَ فِے خَلۡقِ اِ۬لسَّمَٰوَٰتِ وَالَارۡضِ
رَبَّنَا مَا خَلَقۡتَ هَٰذَا بَٰطِلاٗ سُبۡحَٰنَكَ فَقِنَا عَذَابَ اَلنَّارِ (191)
رَبَّنَآ إِنَّكَ مَن تُدۡخِلِ اِ۬لنَّارَ فَقَدَ اَخۡزَيۡتَهُۥ وَمَا لِلظَّٰلِمِينَ مِنَ
اَنصَارٖ (192) رَّبَّنَآ إِنَّنَا سَمِعۡنَا مُنَادِياٗ يُنَادِے لِلِايمَٰنِ أَنَ
اٰمِنُواْ بِرَبِّكُمۡ فَـَٔامَنَّا رَبَّنَا فَاغۡفِرۡ لَنَا ذُنُوبَنَا وَكَفِّرۡ عَنَّا
سَيِّـَٔاتِنَا وَتَوَفَّنَا مَعَ اَلَابۡرَارِ (193) رَبَّنَا وَءَاتِنَا مَا وَعَدتَّنَا
عَلَيٰ رُسُلِكَ وَلَا تُخۡزِنَا يَوۡمَ اَلۡقِيَٰمَةِ إِنَّكَ لَا تُخۡلِفُ اُ۬لۡمِيعَادَ (194)

- فَنَبَذُوهُ: طرحوه
- بِمَفَازَةٍ: بفوزٍ ومنجاةٍ
- فَقِنَا عَذَابَ اَلنَّارِ: فاحفظنا من عذابها
- اَخۡزَيۡتَهُ: فضحته أو أهنته
- كَفِّرۡ عَنَّا: أذهبْ وأزِلْ عنّا

مدّ مشبع 6 حركات	مدّ حركتين	إخفاء، ومواقع الغُنّة (حركتين)	تفخيم
مدّ 2 أو 4 أو 6 جوازاً		إدغام، وما لا يُلفظ	قلقلة

فَٱسْتَجَابَ لَهُمْ رَبُّهُمْ أَنِّي لَآ أُضِيعُ عَمَلَ عَامِلٍ مِّنكُم

مِّن ذَكَرٍ أَوْ أُنثَىٰ بَعْضُكُم مِّنۢ بَعْضٍ فَٱلَّذِينَ هَاجَرُواْ

وَأُخْرِجُواْ مِن دِيَٰرِهِمْ وَأُوذُواْ فِي سَبِيلِي وَقَٰتَلُواْ

وَقُتِلُواْ لَأُكَفِّرَنَّ عَنْهُمْ سَيِّـَٔاتِهِمْ وَلَأُدْخِلَنَّهُمْ جَنَّٰتٍ

تَجْرِي مِن تَحْتِهَا ٱلْأَنْهَٰرُ ثَوَابًا مِّنْ عِندِ ٱللَّهِ وَٱللَّهُ

عِندَهُۥ حُسْنُ ٱلثَّوَابِ ۞ ﴿١٩٥﴾ لَا يَغُرَّنَّكَ تَقَلُّبُ ٱلَّذِينَ

كَفَرُواْ فِي ٱلْبِلَٰدِ ﴿١٩٦﴾ مَتَٰعٌ قَلِيلٌ ثُمَّ مَأْوَىٰهُمْ جَهَنَّمُ

وَبِئْسَ ٱلْمِهَادُ ﴿١٩٧﴾ لَٰكِنِ ٱلَّذِينَ ٱتَّقَوْاْ رَبَّهُمْ لَهُمْ

جَنَّٰتٌ تَجْرِي مِن تَحْتِهَا ٱلْأَنْهَٰرُ خَٰلِدِينَ فِيهَا نُزُلًا

مِّنْ عِندِ ٱللَّهِ وَمَا عِندَ ٱللَّهِ خَيْرٌ لِّلْأَبْرَارِ ﴿١٩٨﴾ وَإِنَّ مِنْ

أَهْلِ ٱلْكِتَٰبِ لَمَن يُؤْمِنُ بِٱللَّهِ وَمَآ أُنزِلَ إِلَيْكُمْ

وَمَآ أُنزِلَ إِلَيْهِمْ خَٰشِعِينَ لِلَّهِ لَا يَشْتَرُونَ بِـَٔايَٰتِ ٱللَّهِ

ثَمَنًا قَلِيلًا أُوْلَٰٓئِكَ لَهُمْ أَجْرُهُمْ عِندَ رَبِّهِمْ إِنَّ ٱللَّهَ

سَرِيعُ ٱلْحِسَابِ ﴿١٩٩﴾ يَٰٓأَيُّهَا ٱلَّذِينَ ءَامَنُواْ ٱصْبِرُواْ

وَصَابِرُواْ وَرَابِطُواْ وَٱتَّقُواْ ٱللَّهَ لَعَلَّكُمْ تُفْلِحُونَ ﴿٢٠٠﴾

ثُمُنْ

● لَا يَغُرَّنَّكَ
لا يخدعنك
عن الحقيقة

● تَقَلُّبُ
تصرّف

● ٱلْمِهَادُ
الفراش
أي المستقرّ

● نُزُلًا
ضيافةً
وتكرمةً

● صَابِرُواْ
غالبُوا الأعداء
في الصبر

● رَابِطُواْ
أقيمُوا
بالحدود
مُتأهبينَ
للجهاد

| ● مدّ مشبع 6 حركات | ● إخفاء، ومواقع الغنّة (حركتين) | ● تفخيم |
| ● مدّ حركتين | ● مدّ 2 أو 4 أو 6 جوازاً | ● إدغام، وما لا يُلفَظ | ● قلقلة |

بِسْمِ اللَّهِ الرَّحْمَٰنِ الرَّحِيمِ

يَا أَيُّهَا ٱلنَّاسُ ٱتَّقُوا۟ رَبَّكُمُ ٱلَّذِى خَلَقَكُم مِّن نَّفْسٍ وَٰحِدَةٍ وَخَلَقَ مِنْهَا زَوْجَهَا وَبَثَّ مِنْهُمَا رِجَالًا كَثِيرًا وَنِسَآءً ۚ وَٱتَّقُوا۟ ٱللَّهَ ٱلَّذِى تَسَآءَلُونَ بِهِۦ وَٱلْأَرْحَامَ ۚ إِنَّ ٱللَّهَ كَانَ عَلَيْكُمْ رَقِيبًا ۝ وَءَاتُوا۟ ٱلْيَتَٰمَىٰٓ أَمْوَٰلَهُمْ ۖ وَلَا تَتَبَدَّلُوا۟ ٱلْخَبِيثَ بِٱلطَّيِّبِ ۖ وَلَا تَأْكُلُوٓا۟ أَمْوَٰلَهُمْ إِلَىٰٓ أَمْوَٰلِكُمْ ۚ إِنَّهُۥ كَانَ حُوبًا كَبِيرًا ۝ وَإِنْ خِفْتُمْ أَلَّا تُقْسِطُوا۟ فِى ٱلْيَتَٰمَىٰ فَٱنكِحُوا۟ مَا طَابَ لَكُم مِّنَ ٱلنِّسَآءِ مَثْنَىٰ وَثُلَٰثَ وَرُبَٰعَ ۖ فَإِنْ خِفْتُمْ أَلَّا تَعْدِلُوا۟ فَوَٰحِدَةً أَوْ مَا مَلَكَتْ أَيْمَٰنُكُمْ ۚ ذَٰلِكَ أَدْنَىٰٓ أَلَّا تَعُولُوا۟ ۝ وَءَاتُوا۟ ٱلنِّسَآءَ صَدُقَٰتِهِنَّ نِحْلَةً ۚ فَإِن طِبْنَ لَكُمْ عَن شَىْءٍ مِّنْهُ نَفْسًا فَكُلُوهُ هَنِيٓـًٔا مَّرِيٓـًٔا ۝ وَلَا تُؤْتُوا۟ ٱلسُّفَهَآءَ أَمْوَٰلَكُمُ ٱلَّتِى جَعَلَ ٱللَّهُ لَكُمْ قِيَٰمًا وَٱرْزُقُوهُمْ فِيهَا وَٱكْسُوهُمْ وَقُولُوا۟ لَهُمْ قَوْلًا مَّعْرُوفًا ۝

۞ وَٱبْتَلُوا۟ ٱلْيَتَٰمَىٰ حَتَّىٰٓ إِذَا بَلَغُوا۟ ٱلنِّكَاحَ فَإِنْ ءَانَسْتُم مِّنْهُمْ رُشْدًا فَٱدْفَعُوٓا۟ إِلَيْهِمْ أَمْوَٰلَهُمْ ۖ وَلَا تَأْكُلُوهَآ إِسْرَافًا وَبِدَارًا أَن يَكْبَرُوا۟ ۚ وَمَن كَانَ غَنِيًّا فَلْيَسْتَعْفِفْ ۖ وَمَن كَانَ فَقِيرًا فَلْيَأْكُلْ بِٱلْمَعْرُوفِ ۚ فَإِذَا دَفَعْتُمْ إِلَيْهِمْ أَمْوَٰلَهُمْ فَأَشْهِدُوا۟ عَلَيْهِمْ ۚ وَكَفَىٰ بِٱللَّهِ حَسِيبًا ۝

النِّسَاء

لِّلرِّجَالِ نَصِيبٌ مِّمَّا تَرَكَ ٱلْوَالِدَانِ وَٱلْأَقْرَبُونَ وَلِلنِّسَاءِ نَصِيبٌ مِّمَّا تَرَكَ ٱلْوَالِدَانِ وَٱلْأَقْرَبُونَ مِمَّا قَلَّ مِنْهُ أَوْ كَثُرَ نَصِيبًا مَّفْرُوضًا ۝ وَإِذَا حَضَرَ ٱلْقِسْمَةَ أُوْلُواْ ٱلْقُرْبَىٰ وَٱلْيَتَٰمَىٰ وَٱلْمَسَٰكِينُ فَٱرْزُقُوهُم مِّنْهُ وَقُولُواْ لَهُمْ قَوْلًا مَّعْرُوفًا ۝ وَلْيَخْشَ ٱلَّذِينَ لَوْ تَرَكُواْ مِنْ خَلْفِهِمْ ذُرِّيَّةً ضِعَٰفًا خَافُواْ عَلَيْهِمْ فَلْيَتَّقُواْ ٱللَّهَ وَلْيَقُولُواْ قَوْلًا سَدِيدًا ۝ إِنَّ ٱلَّذِينَ يَأْكُلُونَ أَمْوَٰلَ ٱلْيَتَٰمَىٰ ظُلْمًا إِنَّمَا يَأْكُلُونَ فِي بُطُونِهِمْ نَارًا وَسَيَصْلَوْنَ سَعِيرًا ۝ ۞ يُوصِيكُمُ ٱللَّهُ فِي أَوْلَٰدِكُمْ لِلذَّكَرِ مِثْلُ حَظِّ ٱلْأُنثَيَيْنِ فَإِن كُنَّ نِسَاءً فَوْقَ ٱثْنَتَيْنِ فَلَهُنَّ ثُلُثَا مَا تَرَكَ وَإِن كَانَتْ وَٰحِدَةً فَلَهَا ٱلنِّصْفُ وَلِأَبَوَيْهِ لِكُلِّ وَٰحِدٍ مِّنْهُمَا ٱلسُّدُسُ مِمَّا تَرَكَ إِن كَانَ لَهُ وَلَدٌ فَإِن لَّمْ يَكُن لَّهُ وَلَدٌ وَوَرِثَهُ أَبَوَاهُ فَلِأُمِّهِ ٱلثُّلُثُ فَإِن كَانَ لَهُ إِخْوَةٌ فَلِأُمِّهِ ٱلسُّدُسُ مِنۢ بَعْدِ وَصِيَّةٍ يُوصِي بِهَا أَوْ دَيْنٍ ءَابَاؤُكُمْ وَأَبْنَاؤُكُمْ لَا تَدْرُونَ أَيُّهُمْ أَقْرَبُ لَكُمْ نَفْعًا فَرِيضَةً مِّنَ ٱللَّهِ إِنَّ ٱللَّهَ كَانَ عَلِيمًا حَكِيمًا ۝

• مَّفْرُوضاً
واجباً

• سَدِيداً
جميلاً أو
صواباً

• سَيَصْلَوْنَ
سيدخُلون

ثُمُنْ

• فَرِيضَةً
مفروضةً

وَلَكُمْ نِصْفُ مَا تَرَكَ أَزْوَٰجُكُمْ إِن لَّمْ يَكُن
لَّهُنَّ وَلَدٌ فَإِن كَانَ لَهُنَّ وَلَدٌ فَلَكُمُ ٱلرُّبُعُ
مِمَّا تَرَكْنَ مِنۢ بَعْدِ وَصِيَّةٍ يُوصِينَ بِهَآ أَوْ
دَيْنٍ وَلَهُنَّ ٱلرُّبُعُ مِمَّا تَرَكْتُمْ إِن لَّمْ يَكُن
لَّكُمْ وَلَدٌ فَإِن كَانَ لَكُمْ وَلَدٌ فَلَهُنَّ ٱلثُّمُنُ مِمَّا
تَرَكْتُم مِّنۢ بَعْدِ وَصِيَّةٍ تُوصُونَ بِهَآ أَوْ دَيْنٍ
وَإِن كَانَ رَجُلٌ يُورَثُ كَلَٰلَةً اَوِ اِمْرَأَةٌ وَلَهُۥ أَخٌ
اَوُ اخْتٌ فَلِكُلِّ وَٰحِدٍ مِّنْهُمَا ٱلسُّدُسُ فَإِن كَانُوٓا۟
أَكْثَرَ مِن ذَٰلِكَ فَهُمْ شُرَكَآءُ فِے اِ۬لثُّلُثِ مِنۢ بَعْدِ
وَصِيَّةٍ يُوصِے بِهَآ أَوْ دَيْنٍ غَيْرَ مُضَآرٍّ وَصِيَّةً مِّنَ ٱللَّهِ وَاللَّهُ
عَلِيمٌ حَلِيمٌ ﴿12﴾ ۞ تِلْكَ حُدُودُ ٱللَّهِ وَمَنْ يُّطِعِ اِ۬للَّهَ
وَرَسُولَهُۥ نُدْخِلْهُ جَنَّٰتٍ تَجْرِے مِن تَحْتِهَا
اَ۬لَانْهَٰرُ خَٰلِدِينَ فِيهَا وَذَٰلِكَ ٱلْفَوْزُ ٱلْعَظِيمُ ﴿13﴾
وَمَنْ يَّعْصِ اِ۬للَّهَ وَرَسُولَهُۥ وَيَتَعَدَّ حُدُودَهُۥ نُدْخِلْهُ
نَاراً خَٰلِداً فِيهَا وَلَهُۥ عَذَابٌ مُّهِينٌ ﴿14﴾

▪ كَلَٰلَةً: ميراث القرابة المحيطة بالميت الذي لا ولدَ لهُ ولا والد

رُبُع

▪ حُدُودُ اللَّهِ: شرائعهُ وأحكامُهُ

● مدّ مشبع 6 حركات ● مدّ 2 أو 4 أو 6 جوازاً ● مدّ حركتين ● إخفاء، ومواقع الغُنّة (حركتين) ● إدغام، وما لا يُلفَظ ● تفخيم ● قلقلة

وَالَّتِي يَأْتِينَ ٱلْفَاحِشَةَ مِن نِّسَآئِكُمْ فَٱسْتَشْهِدُواْ

عَلَيْهِنَّ أَرْبَعَةً مِّنكُمْ فَإِن شَهِدُواْ فَأَمْسِكُوهُنَّ فِي ٱلْبُيُوتِ

حَتَّىٰ يَتَوَفَّاهُنَّ ٱلْمَوْتُ أَوْ يَجْعَلَ ٱللَّهُ لَهُنَّ سَبِيلًا ۝

وَٱلَّذَانِ يَأْتِيَانِهَا مِنكُمْ فَـَٔاذُوهُمَا فَإِن تَابَا وَأَصْلَحَا

فَأَعْرِضُواْ عَنْهُمَآ إِنَّ ٱللَّهَ كَانَ تَوَّابًا رَّحِيمًا ۝

إِنَّمَا ٱلتَّوْبَةُ عَلَى ٱللَّهِ لِلَّذِينَ يَعْمَلُونَ ٱلسُّوٓءَ بِجَهَٰلَةٍ ثُمَّ

يَتُوبُونَ مِن قَرِيبٍ فَأُوْلَٰٓئِكَ يَتُوبُ ٱللَّهُ عَلَيْهِمْ وَكَانَ

ٱللَّهُ عَلِيمًا حَكِيمًا ۝ وَلَيْسَتِ ٱلتَّوْبَةُ لِلَّذِينَ

يَعْمَلُونَ ٱلسَّيِّـَٔاتِ حَتَّىٰٓ إِذَا حَضَرَ أَحَدَهُمُ ٱلْمَوْتُ

قَالَ إِنِّي تُبْتُ ٱلْـَٰٔنَ وَلَا ٱلَّذِينَ يَمُوتُونَ وَهُمْ كُفَّارٌ

أُوْلَٰٓئِكَ أَعْتَدْنَا لَهُمْ عَذَابًا أَلِيمًا ۝ يَٰٓأَيُّهَا ٱلَّذِينَ

ءَامَنُواْ لَا يَحِلُّ لَكُمْ أَن تَرِثُواْ ٱلنِّسَآءَ كَرْهًا وَلَا تَعْضُلُوهُنَّ

لِتَذْهَبُواْ بِبَعْضِ مَآ ءَاتَيْتُمُوهُنَّ إِلَّآ أَن يَأْتِينَ بِفَٰحِشَةٍ

مُّبَيِّنَةٍ ۞ وَعَاشِرُوهُنَّ بِٱلْمَعْرُوفِ فَإِن كَرِهْتُمُوهُنَّ فَعَسَىٰٓ

أَن تَكْرَهُواْ شَيْـًٔا وَيَجْعَلَ ٱللَّهُ فِيهِ خَيْرًا كَثِيرًا ۝

كَرْهًا •
مكرهين لهن

لَا
تَعْضُلُوهُنَّ
لا تمسكوهن
مُضَارَّةً لهن

ثُمُنْ

● مدّ مشبع ٦ حركات ● مدّ حركتين ● إخفاء، ومواقع الغُنَّة (حركتين) ● تفخيم
● مدّ ٢ أو ٤ أو ٦ جوازاً ● إدغام، وما لا يُلفَظ ● قلقلة

وَإِنْ أَرَدتُّمُ ٱسْتِبْدَالَ زَوْجٍ مَّكَانَ زَوْجٍ وَءَاتَيْتُمْ إِحْدَىٰهُنَّ قِنطَارًا فَلَا تَأْخُذُوا مِنْهُ شَيْئًا أَتَأْخُذُونَهُۥ بُهْتَٰنًا وَإِثْمًا مُّبِينًا ۞٢٠ وَكَيْفَ تَأْخُذُونَهُۥ وَقَدْ أَفْضَىٰ بَعْضُكُمْ إِلَىٰ بَعْضٍ وَأَخَذْنَ مِنكُم مِّيثَٰقًا غَلِيظًا ۞٢١ وَلَا تَنكِحُوا مَا نَكَحَ ءَابَآؤُكُم مِّنَ ٱلنِّسَآءِ إِلَّا مَا قَدْ سَلَفَ إِنَّهُۥ كَانَ فَٰحِشَةً وَمَقْتًا وَسَآءَ سَبِيلًا ۞٢٢ حُرِّمَتْ عَلَيْكُمْ أُمَّهَٰتُكُمْ وَبَنَاتُكُمْ وَأَخَوَٰتُكُمْ وَعَمَّٰتُكُمْ وَخَٰلَٰتُكُمْ وَبَنَاتُ ٱلْأَخِ وَبَنَاتُ ٱلْأُخْتِ وَأُمَّهَٰتُكُمُ ٱلَّٰتِىٓ أَرْضَعْنَكُمْ وَأَخَوَٰتُكُم مِّنَ ٱلرَّضَٰعَةِ وَأُمَّهَٰتُ نِسَآئِكُمْ وَرَبَٰٓئِبُكُمُ ٱلَّٰتِى فِى حُجُورِكُم مِّن نِّسَآئِكُمُ ٱلَّٰتِى دَخَلْتُم بِهِنَّ فَإِن لَّمْ تَكُونُوا دَخَلْتُم بِهِنَّ فَلَا جُنَاحَ عَلَيْكُمْ وَحَلَٰٓئِلُ أَبْنَآئِكُمُ ٱلَّذِينَ مِنْ أَصْلَٰبِكُمْ وَأَن تَجْمَعُوا بَيْنَ ٱلْأُخْتَيْنِ إِلَّا مَا قَدْ سَلَفَ إِنَّ ٱللَّهَ كَانَ غَفُورًا رَّحِيمًا ۞٢٣

- بُهْتَٰنًا
باطلًا وظلمًا

- أَفْضَىٰ بَعْضُكُمْ
وصل

- مِّيثَٰقًا غَلِيظًا
عهدًا وثيقًا

- مَقْتًا
مبغوضًا مستحقرًا جدًّا

- رَبَٰٓئِبُكُمُ
بنات زوجاتكم من غيركم

- فَلَا جُنَاحَ
فلا إثم

- حَلَٰٓئِلُ أَبْنَآئِكُمْ
زوجاتُهم

- مَدّ مشبع 6 حركات   • تفخيم
- مَدّ 2 أو 4 أو 6 جوازًا   • قلقلة
- إخفاء، ومواقع الغُنّة (حركتين)
- إدغام، وما لا يُلفظ
- مَدّ حركتين

۞ وَالْمُحْصَنَٰتُ مِنَ اَ۬لنِّسَآءِ إِلَّا مَا مَلَكَتَ اَيْمَٰنُكُمْۖ
كِتَٰبَ اَ۬للَّهِ عَلَيْكُمْۖ وَأُحِلَّ لَكُم مَّا وَرَآءَ ذَٰلِكُمُۥٓ أَن
تَبْتَغُواْ بِأَمْوَٰلِكُم مُّحْصِنِينَ غَيْرَ مُسَٰفِحِينَۖ فَمَا اَ۪سْتَمْتَعْتُم
بِهِۦ مِنْهُنَّ فَـَٔاتُوهُنَّ أُجُورَهُنَّ فَرِيضَةٗۖ وَلَا جُنَاحَ عَلَيْكُمْ
فِيمَا تَرَٰضَيْتُم بِهِۦ مِنۢ بَعْدِ اِ۬لْفَرِيضَةِۖ إِنَّ اَ۬للَّهَ كَانَ عَلِيماً
حَكِيماٗ (24) وَمَن لَّمْ يَسْتَطِعْ مِنكُمْ طَوْلًا اَنْ يَّنكِحَ
اَ۬لْمُحْصَنَٰتِ اِ۬لْمُومِنَٰتِ فَمِن مَّا مَلَكَتَ اَيْمَٰنُكُم مِّن
فَتَيَٰتِكُمُ اُ۬لْمُومِنَٰتِۖ وَاللَّهُ أَعْلَمُ بِإِيمَٰنِكُمۖ بَعْضُكُم مِّنۢ
بَعْضٖۖ فَانكِحُوهُنَّ بِإِذْنِ أَهْلِهِنَّ وَءَاتُوهُنَّ أُجُورَهُنَّ
بِالْمَعْرُوفِ مُحْصَنَٰتٍ غَيْرَ مُسَٰفِحَٰتٖ وَلَا مُتَّخِذَٰتِ
أَخْدَانٖۖ فَإِذَآ أُحْصِنَّ فَإِنَ اَتَيْنَ بِفَٰحِشَةٖ فَعَلَيْهِنَّ نِصْفُ مَا
عَلَى اَ۬لْمُحْصَنَٰتِ مِنَ اَ۬لْعَذَابِۖ ذَٰلِكَ لِمَنْ خَشِيَ اَ۬لْعَنَتَ
مِنكُمْۖ وَأَن تَصْبِرُواْ خَيْرٞ لَّكُمْۖ وَاللَّهُ غَفُورٞ رَّحِيمٞۖ (25)
يُرِيدُ اُ۬للَّهُ لِيُبَيِّنَ لَكُمْ وَيَهْدِيَكُمْ سُنَنَ اَ۬لذِينَ مِن
قَبْلِكُمْ وَيَتُوبَ عَلَيْكُمْۖ وَاللَّهُ عَلِيمٌ حَكِيمٞۖ (26)

حِزْبُ النِّسَآء

- الْمُحْصَنَٰتُ: ذواتُ الأزواجِ
- مُّحْصِنِينَ: عفيفينَ عن المعاصي
- غَيْرَ مُسَٰفِحِينَ: غيرَ زانينَ
- أُجُورَهُنَّ: مهورَهُنَّ
- طَوْلًا: غِنًى وسعةً
- اَلْمُحْصَنَٰتِ: الحرائرَ
- فَتَيَٰتِكُمُ: إمائكم
- مُحْصَنَٰتٍ: عفائف
- غَيْرَ مُسَٰفِحَٰتٍ: غيرَ مجاهراتٍ بالزّنى
- مُتَّخِذَٰتِ أَخْدَانٍ: مُصاحباتِ أصدقاءَ للزّنى سرًّا
- اَلْعَنَتَ: الضرر أو الإثمَ به
- سُنَنَ: طرائقَ ومناهجَ

وَٱللَّهُ يُرِيدُ أَن يَتُوبَ عَلَيْكُمْ وَيُرِيدُ ٱلَّذِينَ يَتَّبِعُونَ ٱلشَّهَوَاتِ أَن تَمِيلُوا۟ مَيْلًا عَظِيمًا ۝٢٧ يُرِيدُ ٱللَّهُ أَن يُخَفِّفَ عَنكُمْ ۚ وَخُلِقَ ٱلْإِنسَٰنُ ضَعِيفًا ۝٢٨ يَٰٓأَيُّهَا ٱلَّذِينَ ءَامَنُوا۟ لَا تَأْكُلُوٓا۟ أَمْوَٰلَكُم بَيْنَكُم بِٱلْبَٰطِلِ إِلَّآ أَن تَكُونَ تِجَٰرَةً عَن تَرَاضٍ مِّنكُمْ ۚ وَلَا تَقْتُلُوٓا۟ أَنفُسَكُمْ ۚ إِنَّ ٱللَّهَ كَانَ بِكُمْ رَحِيمًا ۝٢٩ وَمَن يَفْعَلْ ذَٰلِكَ عُدْوَٰنًا وَظُلْمًا فَسَوْفَ نُصْلِيهِ نَارًا ۚ وَكَانَ ذَٰلِكَ عَلَى ٱللَّهِ يَسِيرًا ۝٣٠ إِن تَجْتَنِبُوا۟ كَبَآئِرَ مَا تُنْهَوْنَ عَنْهُ نُكَفِّرْ عَنكُمْ سَيِّـَٔاتِكُمْ وَنُدْخِلْكُم مُّدْخَلًا كَرِيمًا ۝٣١ وَلَا تَتَمَنَّوْا۟ مَا فَضَّلَ ٱللَّهُ بِهِۦ بَعْضَكُمْ عَلَىٰ بَعْضٍ ۚ لِّلرِّجَالِ نَصِيبٌ مِّمَّا ٱكْتَسَبُوا۟ ۖ وَلِلنِّسَآءِ نَصِيبٌ مِّمَّا ٱكْتَسَبْنَ ۚ وَسْـَٔلُوا۟ ٱللَّهَ مِن فَضْلِهِۦٓ ۗ إِنَّ ٱللَّهَ كَانَ بِكُلِّ شَىْءٍ عَلِيمًا ۝٣٢ وَلِكُلٍّ جَعَلْنَا مَوَٰلِىَ مِمَّا تَرَكَ ٱلْوَٰلِدَانِ وَٱلْأَقْرَبُونَ ۚ وَٱلَّذِينَ عَقَدَتْ أَيْمَٰنُكُمْ فَـَٔاتُوهُمْ نَصِيبَهُمْ ۚ إِنَّ ٱللَّهَ كَانَ عَلَىٰ كُلِّ شَىْءٍ شَهِيدًا ۝٣٣

ثُمُنْ

- **بِٱلْبَٰطِلِ** بما يُخالف حكم الله تعالى
- **نُصْلِيهِ** نُدخِلُهُ
- **مُّدْخَلًا كَرِيمًا** مكانًا حسنًا شريفًا وهو الجنَّةُ
- **مَوَٰلِىَ** ورثةٌ عصبةٌ
- **عَقَدَتْ أَيْمَٰنُكُمْ** حالفتموهم وعاهدتموهم

- مدّ مشبع 6 حركات ● إخفاء، ومواقع الغُنَّة (حركتين) ● تفخيم
- مدّ 2 أو 4 أو 6 جوازًا ● مدّ حركتين ● إدغام، وما لا يُلفظ ● قلقلة

83

اَلرِّجَالُ قَوَّامُونَ عَلَى ٱلنِّسَاءِ بِمَا فَضَّلَ ٱللَّهُ بَعْضَهُمْ عَلَىٰ بَعْضٍ وَبِمَآ أَنفَقُوا۟ مِنْ أَمْوَٰلِهِمْ فَٱلصَّٰلِحَٰتُ قَٰنِتَٰتٌ حَٰفِظَٰتٌ لِّلْغَيْبِ بِمَا حَفِظَ ٱللَّهُ وَٱلَّٰتِى تَخَافُونَ نُشُوزَهُنَّ فَعِظُوهُنَّ وَٱهْجُرُوهُنَّ فِى ٱلْمَضَاجِعِ وَٱضْرِبُوهُنَّ فَإِنْ أَطَعْنَكُمْ فَلَا تَبْغُوا۟ عَلَيْهِنَّ سَبِيلًا إِنَّ ٱللَّهَ كَانَ عَلِيًّا كَبِيرًا ۝ وَإِنْ خِفْتُمْ شِقَاقَ بَيْنِهِمَا فَٱبْعَثُوا۟ حَكَمًا مِّنْ أَهْلِهِ وَحَكَمًا مِّنْ أَهْلِهَآ إِن يُرِيدَآ إِصْلَٰحًا يُوَفِّقِ ٱللَّهُ بَيْنَهُمَآ إِنَّ ٱللَّهَ كَانَ عَلِيمًا خَبِيرًا ۝ ۞ وَٱعْبُدُوا۟ ٱللَّهَ وَلَا تُشْرِكُوا۟ بِهِۦ شَيْـًٔا وَبِٱلْوَٰلِدَيْنِ إِحْسَٰنًا وَبِذِى ٱلْقُرْبَىٰ وَٱلْيَتَٰمَىٰ وَٱلْمَسَٰكِينِ وَٱلْجَارِ ذِى ٱلْقُرْبَىٰ وَٱلْجَارِ ٱلْجُنُبِ وَٱلصَّاحِبِ بِٱلْجَنۢبِ وَٱبْنِ ٱلسَّبِيلِ وَمَا مَلَكَتْ أَيْمَٰنُكُمْ إِنَّ ٱللَّهَ لَا يُحِبُّ مَن كَانَ مُخْتَالًا فَخُورًا ۝ ٱلَّذِينَ يَبْخَلُونَ وَيَأْمُرُونَ ٱلنَّاسَ بِٱلْبُخْلِ وَيَكْتُمُونَ مَآ ءَاتَىٰهُمُ ٱللَّهُ مِن فَضْلِهِۦ وَأَعْتَدْنَا لِلْكَٰفِرِينَ عَذَابًا مُّهِينًا ۝

وَالَّذِينَ يُنفِقُونَ أَمْوَٰلَهُمْ رِئَآءَ ٱلنَّاسِ وَلَا يُؤْمِنُونَ بِٱللَّهِ وَلَا بِٱلْيَوْمِ الْآخِرِ وَمَن يَكُنِ ٱلشَّيْطَٰنُ لَهُۥ قَرِينًا فَسَآءَ قَرِينًا ۝ وَمَاذَا عَلَيْهِمْ لَوْ ءَامَنُوا۟ بِٱللَّهِ وَٱلْيَوْمِ ٱلْآخِرِ وَأَنفَقُوا۟ مِمَّا رَزَقَهُمُ ٱللَّهُ وَكَانَ ٱللَّهُ بِهِمْ عَلِيمًا ۝ إِنَّ ٱللَّهَ لَا يَظْلِمُ مِثْقَالَ ذَرَّةٍ وَإِن تَكُ حَسَنَةً يُضَٰعِفْهَا وَيُؤْتِ مِن لَّدُنْهُ أَجْرًا عَظِيمًا ۝ فَكَيْفَ إِذَا جِئْنَا مِن كُلِّ أُمَّةٍ بِشَهِيدٍ وَجِئْنَا بِكَ عَلَىٰ هَٰٓؤُلَآءِ شَهِيدًا ۝ يَوْمَئِذٍ يَوَدُّ ٱلَّذِينَ كَفَرُوا۟ وَعَصَوُا۟ ٱلرَّسُولَ لَوْ تُسَوَّىٰ بِهِمُ ٱلْأَرْضُ وَلَا يَكْتُمُونَ ٱللَّهَ حَدِيثًا ۝ يَٰٓأَيُّهَا ٱلَّذِينَ ءَامَنُوا۟ لَا تَقْرَبُوا۟ ٱلصَّلَوٰةَ وَأَنتُمْ سُكَٰرَىٰ حَتَّىٰ تَعْلَمُوا۟ مَا تَقُولُونَ وَلَا جُنُبًا إِلَّا عَابِرِى سَبِيلٍ حَتَّىٰ تَغْتَسِلُوا۟ وَإِن كُنتُم مَّرْضَىٰٓ أَوْ عَلَىٰ سَفَرٍ أَوْ جَآءَ أَحَدٌ مِّنكُم مِّنَ ٱلْغَآئِطِ أَوْ لَٰمَسْتُمُ ٱلنِّسَآءَ فَلَمْ تَجِدُوا۟ مَآءً فَتَيَمَّمُوا۟ صَعِيدًا طَيِّبًا فَٱمْسَحُوا۟ بِوُجُوهِكُمْ وَأَيْدِيكُمْ إِنَّ ٱللَّهَ كَانَ عَفُوًّا غَفُورًا ۝ أَلَمْ تَرَ إِلَى ٱلَّذِينَ أُوتُوا۟ نَصِيبًا مِّنَ ٱلْكِتَٰبِ يَشْتَرُونَ ٱلضَّلَٰلَةَ وَيُرِيدُونَ أَن تَضِلُّوا۟ ٱلسَّبِيلَ وَٱللَّهُ أَعْلَمُ بِأَعْدَآئِكُمْ وَكَفَىٰ بِٱللَّهِ وَلِيًّا وَكَفَىٰ بِٱللَّهِ نَصِيرًا ۝

۞ رِئَآءَ ٱلنَّاسِ
مُرَاءَاةً لَهُمْ

۞ مِثْقَالَ
وَزْن

۞ تُسَوَّىٰ بِهِمُ ٱلْأَرْضُ
يَصِيرُونَ تُرَابًا وَيَكُونُونَ سَوَاءً هُمْ وَالْأَرْض

۞ عَابِرِى سَبِيلٍ
مُسَافِرِينَ أَوْ مُجْتَازِي الْمَسْجِد

۞ ٱلْغَآئِطِ
مَكَان قَضَاءِ الْحَاجَة

۞ صَعِيدًا
تُرَابًا أَوْ وَجْهَ الْأَرْض

۞ طَيِّبًا
طَاهِرًا

۞ مِّنَ ٱلَّذِينَ هَادُواْ يُحَرِّفُونَ ٱلْكَلِمَ عَن مَّوَاضِعِهِ وَيَقُولُونَ سَمِعْنَا وَعَصَيْنَا وَٱسْمَعْ غَيْرَ مُسْمَعٍ وَرَٰعِنَا لَيًّۢا بِأَلْسِنَتِهِمْ وَطَعْنًا فِي ٱلدِّينِ وَلَوْ أَنَّهُمْ قَالُواْ سَمِعْنَا وَأَطَعْنَا وَٱسْمَعْ وَٱنظُرْنَا لَكَانَ خَيْرًا لَّهُمْ وَأَقْوَمَ وَلَٰكِن لَّعَنَهُمُ ٱللَّهُ بِكُفْرِهِمْ فَلَا يُؤْمِنُونَ إِلَّا قَلِيلًا ﴿٤٥﴾ يَٰٓأَيُّهَا ٱلَّذِينَ أُوتُواْ ٱلْكِتَٰبَ ءَامِنُواْ بِمَا نَزَّلْنَا مُصَدِّقًا لِّمَا مَعَكُم مِّن قَبْلِ أَن نَّطْمِسَ وُجُوهًا فَنَرُدَّهَا عَلَىٰٓ أَدْبَارِهَآ أَوْ نَلْعَنَهُمْ كَمَا لَعَنَّآ أَصْحَٰبَ ٱلسَّبْتِ وَكَانَ أَمْرُ ٱللَّهِ مَفْعُولًا ﴿٤٦﴾ إِنَّ ٱللَّهَ لَا يَغْفِرُ أَن يُشْرَكَ بِهِۦ وَيَغْفِرُ مَا دُونَ ذَٰلِكَ لِمَن يَشَآءُ وَمَن يُشْرِكْ بِٱللَّهِ فَقَدِ ٱفْتَرَىٰٓ إِثْمًا عَظِيمًا ﴿٤٧﴾ أَلَمْ تَرَ إِلَى ٱلَّذِينَ يُزَكُّونَ أَنفُسَهُم بَلِ ٱللَّهُ يُزَكِّي مَن يَشَآءُ وَلَا يُظْلَمُونَ فَتِيلًا ﴿٤٨﴾ ٱنظُرْ كَيْفَ يَفْتَرُونَ عَلَى ٱللَّهِ ٱلْكَذِبَ وَكَفَىٰ بِهِۦٓ إِثْمًا مُّبِينًا ﴿٤٩﴾ أَلَمْ تَرَ إِلَى ٱلَّذِينَ أُوتُواْ نَصِيبًا مِّنَ ٱلْكِتَٰبِ يُؤْمِنُونَ بِٱلْجِبْتِ وَٱلطَّٰغُوتِ وَيَقُولُونَ لِلَّذِينَ كَفَرُواْ هَٰٓؤُلَآءِ أَهْدَىٰ مِنَ ٱلَّذِينَ ءَامَنُواْ سَبِيلًا ﴿٥٠﴾

يُحَرِّفُونَ ٱلْكَلِمَ
يُغَيِّرُونَهُ
أَوْ يَتَأَوَّلُونَهُ

ٱسْمَعْ غَيْرَ مُسْمَعٍ
دُعَاءٌ من
اليهود عليه
صلى الله
عليه وسلم

رَاعِنَا
سَبٌّ من
اليهود له
صلى الله
عليه وسلم

لَيًّا
انحِرَافًا إلى
جانب السوء

أَقْوَمَ
أَعْدَلَ في
نفسه

نَطْمِسَ
وُجُوهًا
نمحوها

يُزَكُّونَ
يمدحون

فَتِيلًا
قدر الخيط
الرقيق في
وسط النواة

بِالْجِبْتِ
وَالطَّاغُوتِ
كل معبود أو
مطاع غيره
تعالى

● مدّ مشبع ٦ حركات	● إخفاء، ومواقع الغُنَّة (حركتين)
● مدّ ٢ أو ٤ أو ٦ جوازاً	● إدغام، وما لا يُلفظ
● تفخيم	● مدّ حركتين
● قلقلة	

أُوْلَٰٓئِكَ ٱلَّذِينَ لَعَنَهُمُ ٱللَّهُ وَمَن يَلْعَنِ ٱللَّهُ فَلَن تَجِدَ لَهُۥ نَصِيرًا ﴿٥١﴾

أَمْ لَهُمْ نَصِيبٌ مِّنَ ٱلْمُلْكِ فَإِذًا لَّا يُؤْتُونَ ٱلنَّاسَ نَقِيرًا ﴿٥٢﴾ أَمْ

يَحْسُدُونَ ٱلنَّاسَ عَلَىٰ مَآ ءَاتَىٰهُمُ ٱللَّهُ مِن فَضْلِهِۦ فَقَدْ ءَاتَيْنَآ ءَالَ

إِبْرَٰهِيمَ ٱلْكِتَٰبَ وَٱلْحِكْمَةَ وَءَاتَيْنَٰهُم مُّلْكًا عَظِيمًا ﴿٥٣﴾ فَمِنْهُم

مَّنْ ءَامَنَ بِهِۦ وَمِنْهُم مَّن صَدَّ عَنْهُ وَكَفَىٰ بِجَهَنَّمَ سَعِيرًا ﴿٥٤﴾

إِنَّ ٱلَّذِينَ كَفَرُواْ بِـَٔايَٰتِنَا سَوْفَ نُصْلِيهِمْ نَارًا كُلَّمَا نَضِجَتْ

جُلُودُهُم بَدَّلْنَٰهُمْ جُلُودًا غَيْرَهَا لِيَذُوقُواْ ٱلْعَذَابَ إِنَّ ٱللَّهَ كَانَ

عَزِيزًا حَكِيمًا ﴿٥٥﴾ وَٱلَّذِينَ ءَامَنُواْ وَعَمِلُواْ ٱلصَّٰلِحَٰتِ

سَنُدْخِلُهُمْ جَنَّٰتٍ تَجْرِى مِن تَحْتِهَا ٱلْأَنْهَٰرُ خَٰلِدِينَ فِيهَآ أَبَدًا لَّهُمْ

فِيهَآ أَزْوَٰجٌ مُّطَهَّرَةٌ وَنُدْخِلُهُمْ ظِلًّا ظَلِيلًا ﴿٥٦﴾ ۞ إِنَّ ٱللَّهَ يَأْمُرُكُمْ

أَن تُؤَدُّواْ ٱلْأَمَٰنَٰتِ إِلَىٰٓ أَهْلِهَا وَإِذَا حَكَمْتُم بَيْنَ ٱلنَّاسِ أَن

تَحْكُمُواْ بِٱلْعَدْلِ إِنَّ ٱللَّهَ نِعِمَّا يَعِظُكُم بِهِۦٓ إِنَّ ٱللَّهَ كَانَ سَمِيعًۢا

بَصِيرًا ﴿٥٧﴾ يَٰٓأَيُّهَا ٱلَّذِينَ ءَامَنُوٓاْ أَطِيعُواْ ٱللَّهَ وَأَطِيعُواْ ٱلرَّسُولَ وَأُوْلِى

ٱلْأَمْرِ مِنكُمْ فَإِن تَنَٰزَعْتُمْ فِى شَىْءٍ فَرُدُّوهُ إِلَى ٱللَّهِ وَٱلرَّسُولِ إِن كُنتُمْ

تُؤْمِنُونَ بِٱللَّهِ وَٱلْيَوْمِ ٱلْءَاخِرِ ذَٰلِكَ خَيْرٌ وَأَحْسَنُ تَأْوِيلًا ﴿٥٨﴾

النِّسَاء

أَلَمْ تَرَ إِلَى ٱلَّذِينَ يَزْعُمُونَ أَنَّهُمْ ءَامَنُواْ بِمَآ أُنزِلَ إِلَيْكَ وَمَآ أُنزِلَ مِن قَبْلِكَ يُرِيدُونَ أَن يَتَحَاكَمُوٓاْ إِلَى ٱلطَّٰغُوتِ وَقَدْ أُمِرُوٓاْ أَن يَكْفُرُواْ بِهِۦ وَيُرِيدُ ٱلشَّيْطَٰنُ أَن يُضِلَّهُمْ ضَلَٰلًۢا بَعِيدًا ۝٥٩ وَإِذَا قِيلَ لَهُمْ تَعَالَوْاْ إِلَىٰ مَآ أَنزَلَ ٱللَّهُ وَإِلَى ٱلرَّسُولِ رَأَيْتَ ٱلْمُنَٰفِقِينَ يَصُدُّونَ عَنكَ صُدُودًا ۝٦٠ فَكَيْفَ إِذَآ أَصَٰبَتْهُم مُّصِيبَةٌۢ بِمَا قَدَّمَتْ أَيْدِيهِمْ ثُمَّ جَآءُوكَ يَحْلِفُونَ بِٱللَّهِ إِنْ أَرَدْنَآ إِلَّآ إِحْسَٰنًا وَتَوْفِيقًا ۝٦١ أُوْلَٰٓئِكَ ٱلَّذِينَ يَعْلَمُ ٱللَّهُ مَا فِى قُلُوبِهِمْ فَأَعْرِضْ عَنْهُمْ وَعِظْهُمْ وَقُل لَّهُمْ فِىٓ أَنفُسِهِمْ قَوْلًۢا بَلِيغًا ۝٦٢ وَمَآ أَرْسَلْنَا مِن رَّسُولٍ إِلَّا لِيُطَاعَ بِإِذْنِ ٱللَّهِ وَلَوْ أَنَّهُمْ إِذ ظَّلَمُوٓاْ أَنفُسَهُمْ جَآءُوكَ فَٱسْتَغْفَرُواْ ٱللَّهَ وَٱسْتَغْفَرَ لَهُمُ ٱلرَّسُولُ لَوَجَدُواْ ٱللَّهَ تَوَّابًا رَّحِيمًا ۝٦٣ فَلَا وَرَبِّكَ لَا يُؤْمِنُونَ حَتَّىٰ يُحَكِّمُوكَ فِيمَا شَجَرَ بَيْنَهُمْ ثُمَّ لَا يَجِدُواْ فِىٓ أَنفُسِهِمْ حَرَجًا مِّمَّا قَضَيْتَ وَيُسَلِّمُواْ تَسْلِيمًا ۝٦٤

• ٱلطَّٰغُوتِ
الدَّليل كعب بن الأشرف اليهودي

• يَصُدُّونَ
يُعْرِضُونَ

• شَجَرَ بَيْنَهُمْ
أشكل والتبس عليهم من الأمور

• حَرَجًا
ضيقًا

ثُمُنْ

• مَدّ مشبع 6 حركات   • إخفاء، ومواقع الغُنَّة (حركتين)   • تفخيم
• مَدّ حركتين   • مَدّ 2 أو 4 أو 6 جوازًا   • إدغام، وما لا يُلفظ   • قلقلة

88

وَلَوۡ أَنَّا كَتَبۡنَا عَلَيۡهِمۡ أَنِ ٱقۡتُلُوٓاْ أَنفُسَكُمۡ أَوِ ٱخۡرُجُواْ مِن

دِيَٰرِكُم مَّا فَعَلُوهُ إِلَّا قَلِيلٌ مِّنۡهُمۡ وَلَوۡ أَنَّهُمۡ فَعَلُواْ مَا يُوعَظُونَ

بِهِۦ لَكَانَ خَيۡرًا لَّهُمۡ وَأَشَدَّ تَثۡبِيتًا ۝٦٥ وَإِذًا لَّآتَيۡنَٰهُم مِّن

لَّدُنَّآ أَجۡرًا عَظِيمًا ۝٦٦ وَلَهَدَيۡنَٰهُمۡ صِرَٰطًا مُّسۡتَقِيمًا ۝٦٧

وَمَن يُطِعِ ٱللَّهَ وَٱلرَّسُولَ فَأُوْلَٰٓئِكَ مَعَ ٱلَّذِينَ أَنۡعَمَ ٱللَّهُ عَلَيۡهِم

مِّنَ ٱلنَّبِيِّـۧنَ وَٱلصِّدِّيقِينَ وَٱلشُّهَدَآءِ وَٱلصَّٰلِحِينَ وَحَسُنَ

أُوْلَٰٓئِكَ رَفِيقًا ۝٦٨ ذَٰلِكَ ٱلۡفَضۡلُ مِنَ ٱللَّهِ وَكَفَىٰ بِٱللَّهِ

عَلِيمًا ۝٦٩ يَٰٓأَيُّهَا ٱلَّذِينَ ءَامَنُواْ خُذُواْ حِذۡرَكُمۡ فَٱنفِرُواْ

ثُبَاتٍ أَوِ ٱنفِرُواْ جَمِيعًا ۝٧٠ وَإِنَّ مِنكُمۡ لَمَن لَّيُبَطِّئَنَّ فَإِنۡ

أَصَٰبَتۡكُم مُّصِيبَةٌ قَالَ قَدۡ أَنۡعَمَ ٱللَّهُ عَلَيَّ إِذۡ لَمۡ أَكُن مَّعَهُمۡ

شَهِيدًا ۝٧١ وَلَئِنۡ أَصَٰبَكُمۡ فَضۡلٌ مِّنَ ٱللَّهِ لَيَقُولَنَّ كَأَن

لَّمۡ يَكُنۢ بَيۡنَكُمۡ وَبَيۡنَهُۥ مَوَدَّةٌ يَٰلَيۡتَنِي كُنتُ مَعَهُمۡ

فَأَفُوزَ فَوۡزًا عَظِيمًا ۝٧٢ ۞ فَلۡيُقَٰتِلۡ فِي سَبِيلِ ٱللَّهِ ٱلَّذِينَ

يَشۡرُونَ ٱلۡحَيَوٰةَ ٱلدُّنۡيَا بِٱلۡأٓخِرَةِ وَمَن يُقَٰتِلۡ فِي سَبِيلِ

ٱللَّهِ فَيُقۡتَلۡ أَوۡ يَغۡلِبۡ فَسَوۡفَ نُؤۡتِيهِ أَجۡرًا عَظِيمًا ۝٧٣

● حِذۡرَكُمۡ
عُدَّتَكُم مِن
السلاح
● فَٱنفِرُوا
اخرجوا
للجهاد
● ثُبَاتٍ
جَمَاعَةٌ إثْر
جَمَاعَةٍ

رُبۡعُ

● لَّيُبَطِّئَنَّ
ليتثاقلنَّ عن
الجهاد
● يَشۡرُونَ
يبيعُونَ

● مدّ مشبع ٦ حركات   ● مدّ حركتين   ● إخفاء، ومواقع الغُنّة (حركتين)   ● تفخيم
● مدّ ٢ أو ٤ أو ٦ جوازاً   ● إدغام، وما لا يُلفظ   ● قلقلة

٨٩

النِّسَاء

وَمَا لَكُمْ لَا تُقَـٰتِلُونَ فِى سَبِيلِ ٱللَّهِ وَٱلْمُسْتَضْعَفِينَ مِنَ ٱلرِّجَالِ وَٱلنِّسَآءِ وَٱلْوِلْدَٰنِ ٱلَّذِينَ يَقُولُونَ رَبَّنَآ أَخْرِجْنَا مِنْ هَٰذِهِ ٱلْقَرْيَةِ ٱلظَّالِمِ أَهْلُهَا وَٱجْعَل لَّنَا مِن لَّدُنكَ وَلِيًّا وَٱجْعَل لَّنَا مِن لَّدُنكَ نَصِيرًا ۝ ٱلَّذِينَ ءَامَنُوا۟ يُقَـٰتِلُونَ فِى سَبِيلِ ٱللَّهِ وَٱلَّذِينَ كَفَرُوا۟ يُقَـٰتِلُونَ فِى سَبِيلِ ٱلطَّـٰغُوتِ فَقَـٰتِلُوٓا۟ أَوْلِيَآءَ ٱلشَّيْطَـٰنِ إِنَّ كَيْدَ ٱلشَّيْطَـٰنِ كَانَ ضَعِيفًا ۝ أَلَمْ تَرَ إِلَى ٱلَّذِينَ قِيلَ لَهُمْ كُفُّوٓا۟ أَيْدِيَكُمْ وَأَقِيمُوا۟ ٱلصَّلَوٰةَ وَءَاتُوا۟ ٱلزَّكَوٰةَ فَلَمَّا كُتِبَ عَلَيْهِمُ ٱلْقِتَالُ إِذَا فَرِيقٌ مِّنْهُمْ يَخْشَوْنَ ٱلنَّاسَ كَخَشْيَةِ ٱللَّهِ أَوْ أَشَدَّ خَشْيَةً وَقَالُوا۟ رَبَّنَا لِمَ كَتَبْتَ عَلَيْنَا ٱلْقِتَالَ لَوْلَآ أَخَّرْتَنَآ إِلَىٰٓ أَجَلٍ قَرِيبٍ قُلْ مَتَـٰعُ ٱلدُّنْيَا قَلِيلٌ وَٱلْـَٔاخِرَةُ خَيْرٌ لِّمَنِ ٱتَّقَىٰ وَلَا تُظْلَمُونَ فَتِيلًا ۝ أَيْنَمَا تَكُونُوا۟ يُدْرِككُّمُ ٱلْمَوْتُ وَلَوْ كُنتُمْ فِى بُرُوجٍ مُّشَيَّدَةٍ وَإِن تُصِبْهُمْ حَسَنَةٌ يَقُولُوا۟ هَٰذِهِۦ مِنْ عِندِ ٱللَّهِ وَإِن تُصِبْهُمْ سَيِّئَةٌ يَقُولُوا۟ هَٰذِهِۦ مِنْ عِندِكَ قُلْ كُلٌّ مِّنْ عِندِ ٱللَّهِ فَمَالِ هَـٰٓؤُلَآءِ ٱلْقَوْمِ لَا يَكَادُونَ يَفْقَهُونَ حَدِيثًا ۝ مَّآ أَصَابَكَ مِنْ حَسَنَةٍ فَمِنَ ٱللَّهِ وَمَآ أَصَابَكَ مِن سَيِّئَةٍ فَمِن نَّفْسِكَ وَأَرْسَلْنَـٰكَ لِلنَّاسِ رَسُولًا وَكَفَىٰ بِٱللَّهِ شَهِيدًا ۝

• ٱلطَّـٰغُوتِ
الشيطان

• فَتِيلًا
هو الخيط
الرقيق في
وسط النواة

• بُرُوجٍ
حصون وقلاع

• مُّشَيَّدَةٍ
مُطوّلة رفيعة

ثُمُنْ

مَن يُطِعِ ٱلرَّسُولَ فَقَدْ أَطَاعَ ٱللَّهَ وَمَن تَوَلَّىٰ فَمَا أَرْسَلْنَٰكَ عَلَيْهِمْ حَفِيظًا ۝ وَيَقُولُونَ طَاعَةٌ فَإِذَا بَرَزُوا۟ مِنْ عِندِكَ بَيَّتَ طَآئِفَةٌ مِّنْهُمْ غَيْرَ ٱلَّذِى تَقُولُ وَٱللَّهُ يَكْتُبُ مَا يُبَيِّتُونَ فَأَعْرِضْ عَنْهُمْ وَتَوَكَّلْ عَلَى ٱللَّهِ وَكَفَىٰ بِٱللَّهِ وَكِيلًا ۝ أَفَلَا يَتَدَبَّرُونَ ٱلْقُرْءَانَ وَلَوْ كَانَ مِنْ عِندِ غَيْرِ ٱللَّهِ لَوَجَدُوا۟ فِيهِ ٱخْتِلَٰفًا كَثِيرًا ۝ وَإِذَا جَآءَهُمْ أَمْرٌ مِّنَ ٱلْأَمْنِ أَوِ ٱلْخَوْفِ أَذَاعُوا۟ بِهِۦ وَلَوْ رَدُّوهُ إِلَى ٱلرَّسُولِ وَإِلَىٰٓ أُو۟لِى ٱلْأَمْرِ مِنْهُمْ لَعَلِمَهُ ٱلَّذِينَ يَسْتَنۢبِطُونَهُۥ مِنْهُمْ وَلَوْلَا فَضْلُ ٱللَّهِ عَلَيْكُمْ وَرَحْمَتُهُۥ لَٱتَّبَعْتُمُ ٱلشَّيْطَٰنَ إِلَّا قَلِيلًا ۝ فَقَٰتِلْ فِى سَبِيلِ ٱللَّهِ لَا تُكَلَّفُ إِلَّا نَفْسَكَ وَحَرِّضِ ٱلْمُؤْمِنِينَ عَسَى ٱللَّهُ أَن يَكُفَّ بَأْسَ ٱلَّذِينَ كَفَرُوا۟ وَٱللَّهُ أَشَدُّ بَأْسًا وَأَشَدُّ تَنكِيلًا ۝ مَّن يَشْفَعْ شَفَٰعَةً حَسَنَةً يَكُن لَّهُۥ نَصِيبٌ مِّنْهَا وَمَن يَشْفَعْ شَفَٰعَةً سَيِّئَةً يَكُن لَّهُۥ كِفْلٌ مِّنْهَا وَكَانَ ٱللَّهُ عَلَىٰ كُلِّ شَىْءٍ مُّقِيتًا ۝ وَإِذَا حُيِّيتُم بِتَحِيَّةٍ فَحَيُّوا۟ بِأَحْسَنَ مِنْهَآ أَوْ رُدُّوهَآ إِنَّ ٱللَّهَ كَانَ عَلَىٰ كُلِّ شَىْءٍ حَسِيبًا ۝

- حَفِيظًا
حافظًا ورقيبًا

- بَرَزُوا۟
خرجوا

- بَيَّتَ
دبّر

- أَذَاعُوا۟ بِهِ
أفشوه وأشاعوه

- يَسْتَنۢبِطُونَهُ
يستخرجون علمه

- بَأْسَ
نكاية (قتلهم وجرحهم)

- بَأْسًا
قوةً وشدةً

- تَنكِيلًا
تعذيبًا وعقابًا

- كِفْلٌ
نصيبٌ وحظٌّ

- مُّقِيتًا
مُقْتَدِرًا أو حفيظًا

مدّ مشبع 6 حركات   إخفاء، ومواقع الغنّة (حركتين)   مدّ حركتين   تفخيم

مدّ 2 أو 4 أو 6 جوازًا   إدغام، وما لا يُلفظ   قلقلة

۞ ٱللَّهُ لَا إِلَٰهَ إِلَّا هُوَ لَيَجْمَعَنَّكُمْ إِلَىٰ يَوْمِ ٱلْقِيَٰمَةِ لَا رَيْبَ فِيهِ ۗ وَمَنْ أَصْدَقُ مِنَ ٱللَّهِ حَدِيثًا ﴿٨٦﴾ فَمَا لَكُمْ فِي ٱلْمُنَٰفِقِينَ فِئَتَيْنِ وَٱللَّهُ أَرْكَسَهُم بِمَا كَسَبُوٓا ۚ أَتُرِيدُونَ أَن تَهْدُوا۟ مَنْ أَضَلَّ ٱللَّهُ ۖ وَمَن يُضْلِلِ ٱللَّهُ فَلَن تَجِدَ لَهُۥ سَبِيلًا ﴿٨٧﴾ وَدُّوا۟ لَوْ تَكْفُرُونَ كَمَا كَفَرُوا۟ فَتَكُونُونَ سَوَآءً ۚ فَلَا تَتَّخِذُوا۟ مِنْهُمْ أَوْلِيَآءَ حَتَّىٰ يُهَاجِرُوا۟ فِي سَبِيلِ ٱللَّهِ ۚ فَإِن تَوَلَّوْا۟ فَخُذُوهُمْ وَٱقْتُلُوهُمْ حَيْثُ وَجَدتُّمُوهُمْ ۖ وَلَا تَتَّخِذُوا۟ مِنْهُمْ وَلِيًّا وَلَا نَصِيرًا ﴿٨٨﴾ إِلَّا ٱلَّذِينَ يَصِلُونَ إِلَىٰ قَوْمٍ بَيْنَكُمْ وَبَيْنَهُم مِّيثَٰقٌ أَوْ جَآءُوكُمْ حَصِرَتْ صُدُورُهُمْ أَن يُقَٰتِلُوكُمْ أَوْ يُقَٰتِلُوا۟ قَوْمَهُمْ ۚ وَلَوْ شَآءَ ٱللَّهُ لَسَلَّطَهُمْ عَلَيْكُمْ فَلَقَٰتَلُوكُمْ ۚ فَإِنِ ٱعْتَزَلُوكُمْ فَلَمْ يُقَٰتِلُوكُمْ وَأَلْقَوْا۟ إِلَيْكُمُ ٱلسَّلَمَ فَمَا جَعَلَ ٱللَّهُ لَكُمْ عَلَيْهِمْ سَبِيلًا ﴿٨٩﴾ سَتَجِدُونَ ءَاخَرِينَ يُرِيدُونَ أَن يَأْمَنُوكُمْ وَيَأْمَنُوا۟ قَوْمَهُمْ كُلَّ مَا رُدُّوٓا۟ إِلَى ٱلْفِتْنَةِ أُرْكِسُوا۟ فِيهَا ۚ فَإِن لَّمْ يَعْتَزِلُوكُمْ وَيُلْقُوٓا۟ إِلَيْكُمُ ٱلسَّلَمَ وَيَكُفُّوٓا۟ أَيْدِيَهُمْ فَخُذُوهُمْ وَٱقْتُلُوهُمْ حَيْثُ ثَقِفْتُمُوهُمْ ۚ وَأُو۟لَٰٓئِكُمْ جَعَلْنَا لَكُمْ عَلَيْهِمْ سُلْطَٰنًا مُّبِينًا ﴿٩٠﴾

• أَرْكَسَهُم
رَدَّهُم إِلَى الكُفرِ

• حَصِرَتْ
ضَاقَتْ

• ٱلسَّلَمَ
الاستسلام والانقياد للصُّلح

• أُرْكِسُوا۟
قُلِبُوا في الفتنة أشنع قلب

• ثَقِفْتُمُوهُمْ
وجدتُموهم وأصبتُموهم

• تفخيم
• قلقلة
• إخفاء، ومواقع الغُنَّة (حركتين)
• إدغام، وما لا يُلفظ
• مدّ مشبع 6 حركات
• مدّ حركتين
• مدّ 2 أو 4 أو 6 جوازاً
• مدّ حركتين

92

وَمَا كَانَ لِمُؤْمِنٍ أَن يَقْتُلَ مُؤْمِنًا إِلَّا خَطَأً وَمَن

قَتَلَ مُؤْمِنًا خَطَأً فَتَحْرِيرُ رَقَبَةٍ مُّؤْمِنَةٍ وَدِيَةٌ مُّسَلَّمَةٌ

إِلَى أَهْلِهِ إِلَّا أَن يَصَّدَّقُوا۟ فَإِن كَانَ مِن قَوْمٍ عَدُوٍّ

لَّكُمْ وَهُوَ مُؤْمِنٌ فَتَحْرِيرُ رَقَبَةٍ مُّؤْمِنَةٍ وَإِن كَانَ

مِن قَوْمٍ بَيْنَكُمْ وَبَيْنَهُم مِّيثَاقٌ فَدِيَةٌ مُّسَلَّمَةٌ

إِلَى أَهْلِهِ وَتَحْرِيرُ رَقَبَةٍ مُّؤْمِنَةٍ ۞ فَمَن لَّمْ يَجِدْ

فَصِيَامُ شَهْرَيْنِ مُتَتَابِعَيْنِ تَوْبَةً مِّنَ ٱللَّهِ وَكَانَ

ٱللَّهُ عَلِيمًا حَكِيمًا ۝٩١ وَمَن يَقْتُلْ مُؤْمِنًا مُّتَعَمِّدًا

فَجَزَآؤُهُۥ جَهَنَّمُ خَٰلِدًا فِيهَا وَغَضِبَ ٱللَّهُ عَلَيْهِ

وَلَعَنَهُۥ وَأَعَدَّ لَهُۥ عَذَابًا عَظِيمًا ۝٩٢ يَٰٓأَيُّهَا ٱلَّذِينَ ءَامَنُوٓا۟

إِذَا ضَرَبْتُمْ فِى سَبِيلِ ٱللَّهِ فَتَبَيَّنُوا۟ وَلَا تَقُولُوا۟ لِمَنْ

أَلْقَىٰٓ إِلَيْكُمُ ٱلسَّلَٰمَ لَسْتَ مُؤْمِنًا تَبْتَغُونَ

عَرَضَ ٱلْحَيَوٰةِ ٱلدُّنْيَا فَعِندَ ٱللَّهِ مَغَانِمُ كَثِيرَةٌ

كَذَٰلِكَ كُنتُم مِّن قَبْلُ فَمَنَّ ٱللَّهُ عَلَيْكُمْ

فَتَبَيَّنُوٓا۟ إِنَّ ٱللَّهَ كَانَ بِمَا تَعْمَلُونَ خَبِيرًا ۝٩٣

ثُمُنْ

• ضَرَبْتُمْ
سِرْتُم وذهبتُم

• ٱلسَّلَمَ
الاستسلام
والطاعة
أو الإسلام

• عَرَضَ
ٱلْحَيَوٰةِ
المال الزائل

النِّسَاء

لَّا يَسْتَوِي الْقَاعِدُونَ مِنَ الْمُؤْمِنِينَ غَيْرُ أُوْلِي الضَّرَرِ وَالْمُجَاهِدُونَ فِي سَبِيلِ اللَّهِ بِأَمْوَالِهِمْ وَأَنفُسِهِمْ فَضَّلَ اللَّهُ الْمُجَاهِدِينَ بِأَمْوَالِهِمْ وَأَنفُسِهِمْ عَلَى الْقَاعِدِينَ دَرَجَةً وَكُلًّا وَعَدَ اللَّهُ الْحُسْنَى وَفَضَّلَ اللَّهُ الْمُجَاهِدِينَ عَلَى الْقَاعِدِينَ أَجْرًا عَظِيمًا ۝ دَرَجَاتٍ مِّنْهُ وَمَغْفِرَةً وَرَحْمَةً وَكَانَ اللَّهُ غَفُورًا رَّحِيمًا ۝ إِنَّ الَّذِينَ تَوَفَّاهُمُ الْمَلَائِكَةُ ظَالِمِي أَنفُسِهِمْ قَالُوا فِيمَ كُنتُمْ قَالُوا كُنَّا مُسْتَضْعَفِينَ فِي الْأَرْضِ قَالُوا أَلَمْ تَكُنْ أَرْضُ اللَّهِ وَاسِعَةً فَتُهَاجِرُوا فِيهَا فَأُوْلَٰئِكَ مَأْوَاهُمْ جَهَنَّمُ وَسَاءَتْ مَصِيرًا ۝ إِلَّا الْمُسْتَضْعَفِينَ مِنَ الرِّجَالِ وَالنِّسَاءِ وَالْوِلْدَانِ لَا يَسْتَطِيعُونَ حِيلَةً وَلَا يَهْتَدُونَ سَبِيلًا ۝ فَأُوْلَٰئِكَ عَسَى اللَّهُ أَن يَعْفُوَ عَنْهُمْ وَكَانَ اللَّهُ عَفُوًّا غَفُورًا ۝ ۞ وَمَن يُهَاجِرْ فِي سَبِيلِ اللَّهِ يَجِدْ فِي الْأَرْضِ مُرَاغَمًا كَثِيرًا وَسَعَةً وَمَن يَخْرُجْ مِن بَيْتِهِ مُهَاجِرًا إِلَى اللَّهِ وَرَسُولِهِ ثُمَّ يُدْرِكْهُ الْمَوْتُ فَقَدْ وَقَعَ أَجْرُهُ عَلَى اللَّهِ وَكَانَ اللَّهُ غَفُورًا رَّحِيمًا ۝ وَإِذَا ضَرَبْتُمْ فِي الْأَرْضِ فَلَيْسَ عَلَيْكُمْ جُنَاحٌ أَن تَقْصُرُوا مِنَ الصَّلَاةِ إِنْ خِفْتُمْ أَن يَفْتِنَكُمُ الَّذِينَ كَفَرُوا إِنَّ الْكَافِرِينَ كَانُوا لَكُمْ عَدُوًّا مُّبِينًا ۝

● الضَّرَرِ
العذر المانع
من الجهاد

● مُرَاغَمًا
مُهَاجَرًا
ومتحوَّلًا

● يَفْتِنَكُمْ
ينالكم مكروه

رُبُع

● مدّ مشبع ٦ حركات	● إخفاء، ومواقع الغُنّة (حركتين)	● تفخيم
● مدّ ٢ أو ٤ أو ٦ جوازاً	● مدّ حركتين	● قلقلة
● مدّ حركتين	● إدغام، وما لا يُلفظ	

وَإِذَا كُنتَ فِيهِمْ فَأَقَمْتَ لَهُمُ الصَّلَوٰةَ فَلْتَقُمْ طَآئِفَةٌ
مِّنْهُم مَّعَكَ وَلْيَاخُذُوٓاْ أَسْلِحَتَهُمْ فَإِذَا سَجَدُواْ فَلْيَكُونُواْ
مِن وَرَآئِكُمْ وَلْتَاتِ طَآئِفَةٌ اُخْرَىٰ لَمْ يُصَلُّواْ
فَلْيُصَلُّواْ مَعَكَ وَلْيَاخُذُواْ حِذْرَهُمْ وَأَسْلِحَتَهُمْ وَدَّ الذِينَ
كَفَرُواْ لَوْ تَغْفُلُونَ عَنَ اَسْلِحَتِكُمْ وَأَمْتِعَتِكُمْ فَيَمِيلُونَ
عَلَيْكُم مَّيْلَةً وَاحِدَةً وَلَا جُنَاحَ عَلَيْكُمُۥٓ إِن كَانَ بِكُمُۥٓ
أَذًى مِّن مَّطَرٍ اَوْ كُنتُم مَّرْضَىٰٓ أَن تَضَعُوٓاْ أَسْلِحَتَكُمْ
وَخُذُواْ حِذْرَكُمُۥٓ إِنَّ اللَّهَ أَعَدَّ لِلْكَٰفِرِينَ عَذَاباً مُّهِيناً (101)
فَإِذَا قَضَيْتُمُ الصَّلَوٰةَ فَاذْكُرُواْ اللَّهَ قِيَٰماً وَقُعُوداً وَعَلَىٰ
جُنُوبِكُمْ فَإِذَا اَطْمَأْنَنتُمْ فَأَقِيمُواْ الصَّلَوٰةَ إِنَّ الصَّلَوٰةَ كَانَتْ
عَلَى الْمُومِنِينَ كِتَٰباً مَّوْقُوتاً (102) وَلَا تَهِنُواْ فِي اِبْتِغَآءِ
الْقَوْمِ إِن تَكُونُواْ تَالَمُونَ فَإِنَّهُمْ يَالَمُونَ كَمَا تَالَمُونَ
وَتَرْجُونَ مِنَ اللَّهِ مَا لَا يَرْجُونَ وَكَانَ اللَّهُ عَلِيماً حَكِيماً (103)
۞ إِنَّآ أَنزَلْنَآ إِلَيْكَ الْكِتَٰبَ بِالْحَقِّ لِتَحْكُمَ بَيْنَ
النَّاسِ بِمَآ أَرَيٰكَ اللَّهُ وَلَا تَكُن لِّلْخَآئِنِينَ خَصِيماً (104)

- حِذْرَهُمْ: احترازَهم من عدوِّهم
- تَغْفُلُونَ: تسْهُونَ
- مَّوْقُوتاً: محدودَ الأوقاتِ مقدّرًا
- لَا تَهِنُواْ: لا تضْعُفوا ولا تتوانَوا
- خَصِيماً: مخاصِمًا مُدافِعًا عنهم

ثُمُنٌ

مدّ مشبع 6 حركات	مدّ حركتين	إخفاء، ومواقع الغُنّة (حركتين)	تفخيم
مدّ 2 أو 4 أو 6 جوازاً		إدغام، وما لا يُلفَظ	قلقلة

وَاسْتَغْفِرِ اِ۬للَّهَۖ إِنَّ اَ۬للَّهَ كَانَ غَفُوراٗ رَّحِيماٗۖ (105) وَلَا تُجَٰدِلْ
عَنِ اِ۬لذِينَ يَخْتَانُونَ أَنفُسَهُمُۥٓۖ إِنَّ اَ۬للَّهَ لَا يُحِبُّ مَن كَانَ
خَوَّاناً اَثِيماٗۖ (106) يَسْتَخْفُونَ مِنَ اَ۬لنَّاسِ وَلَا يَسْتَخْفُونَ مِنَ
اَ۬للَّهِ وَهُوَ مَعَهُمُۥٓ إِذْ يُبَيِّتُونَ مَا لَا يَرْضَيٰ مِنَ اَ۬لْقَوْلِۖ وَكَانَ اَ۬للَّهُ
بِمَا يَعْمَلُونَ مُحِيطاًۖ (107) هَٰآنتُمْ هَٰٓؤُلَآءِ جَٰدَلْتُمْ عَنْهُمْ
فِے اِ۬لْحَيَوٰةِ اِ۬لدُّنْي۪ا فَمَنْ يُّجَٰدِلُ اُ۬للَّهَ عَنْهُمْ يَوْمَ اَ۬لْقِيَٰمَةِ أَم
مَّنْ يَّكُونُ عَلَيْهِمْ وَكِيلاًۖ (108) وَمَنْ يَّعْمَلْ سُوٓءاً اَوْ
يَظْلِمْ نَفْسَهُۥ ثُمَّ يَسْتَغْفِرِ اِ۬للَّهَ يَجِدِ اِ۬للَّهَ غَفُوراٗ رَّحِيماٗۖ (109)
وَمَنْ يَّكْسِبِ اِثْماً فَإِنَّمَا يَكْسِبُهُۥ عَلَيٰ نَفْسِهِۦۖ وَكَانَ اَ۬للَّهُ
عَلِيماً حَكِيماٗۖ (110) وَمَنْ يَّكْسِبْ خَطِيٓئَةً اَوِ اِثْماٗ ثُمَّ
يَرْمِ بِهِۦ بَرِيٓئاٗ فَقَدِ اِحْتَمَلَ بُهْتَٰناٗ وَإِثْماٗ مُّبِيناٗۖ (111) وَلَوْلَا
فَضْلُ اُ۬للَّهِ عَلَيْكَ وَرَحْمَتُهُۥ لَهَمَّت طَّآئِفَةٌ مِّنْهُمُۥٓ أَنْ
يُّضِلُّوكَۖ وَمَا يُضِلُّونَ إِلَّآ أَنفُسَهُمْ وَمَا يَضُرُّونَكَ مِن
شَےْءٖۖ وَأَنزَلَ اَ۬للَّهُ عَلَيْكَ اَ۬لْكِتَٰبَ وَالْحِكْمَةَ وَعَلَّمَكَ مَا
لَمْ تَكُن تَعْلَمُۖ وَكَانَ فَضْلُ اُ۬للَّهِ عَلَيْكَ عَظِيماٗۖ (112)

- يَخْتَانُونَ: يخونون
- يُبَيِّتُونَ: يُدبّرون
- وَكِيلاً: حافظًا ومُحاميًا عنهم
- بُهْتَٰناً: كذبًا فظيعًا

مدّ مشبع 6 حركات	مدّ حركتين	إخفاء، ومواقع الغُنّة (حركتين)	تفخيم
مدّ 2 أو 4 أو 6 جوازاً		إدغام، وما لا يُلفَظ	قلقلة

بِسْمِ ۞ لَّا خَيْرَ فِى كَثِيرٍ مِّن نَّجْوَىٰهُمْ إِلَّا مَنْ أَمَرَ بِصَدَقَةٍ

أَوْ مَعْرُوفٍ أَوْ إِصْلَـٰحٍ بَيْنَ ٱلنَّاسِ وَمَن يَفْعَلْ ذَٰلِكَ

ٱبْتِغَآءَ مَرْضَاتِ ٱللَّهِ فَسَوْفَ نُؤْتِيهِ أَجْرًا عَظِيمًا ۝١١٣ وَمَن

يُشَاقِقِ ٱلرَّسُولَ مِنۢ بَعْدِ مَا تَبَيَّنَ لَهُ ٱلْهُدَىٰ وَيَتَّبِعْ غَيْرَ

سَبِيلِ ٱلْمُؤْمِنِينَ نُوَلِّهِۦ مَا تَوَلَّىٰ وَنُصْلِهِۦ جَهَنَّمَ وَسَآءَتْ

مَصِيرًا ۝١١٤ إِنَّ ٱللَّهَ لَا يَغْفِرُ أَن يُشْرَكَ بِهِۦ وَيَغْفِرُ مَا

دُونَ ذَٰلِكَ لِمَن يَشَآءُ وَمَن يُشْرِكْ بِٱللَّهِ فَقَدْ ضَلَّ ضَلَـٰلًا

بَعِيدًا ۝١١٥ إِن يَدْعُونَ مِن دُونِهِۦٓ إِلَّآ إِنَـٰثًا وَإِن يَدْعُونَ

إِلَّا شَيْطَـٰنًا مَّرِيدًا ۝١١٦ لَّعَنَهُ ٱللَّهُ وَقَالَ لَأَتَّخِذَنَّ

مِنْ عِبَادِكَ نَصِيبًا مَّفْرُوضًا ۝١١٧ وَلَأُضِلَّنَّهُمْ وَلَأُمَنِّيَنَّهُمْ

وَلَـَٔامُرَنَّهُمْ فَلَيُبَتِّكُنَّ ءَاذَانَ ٱلْأَنْعَـٰمِ وَلَـَٔامُرَنَّهُمْ

فَلَيُغَيِّرُنَّ خَلْقَ ٱللَّهِ وَمَن يَتَّخِذِ ٱلشَّيْطَـٰنَ وَلِيًّا

مِّن دُونِ ٱللَّهِ فَقَدْ خَسِرَ خُسْرَانًا مُّبِينًا ۝١١٨

يَعِدُهُمْ وَيُمَنِّيهِمْ وَمَا يَعِدُهُمُ ٱلشَّيْطَـٰنُ إِلَّا غُرُورًا ۝١١٩

أُو۟لَـٰٓئِكَ مَأْوَىٰهُمْ جَهَنَّمُ وَلَا يَجِدُونَ عَنْهَا مَحِيصًا ۝١٢٠

• مَدّ مشبع 6 حركات	• مَدّ حركتين	• إخفاء، ومواقع الغُنّة (حركتين) • تفخيم
• مَدّ 2 أو 4 أو 6 جوازًا		• إدغام، وما لا يُلفظ • قلقلة

النِّسَاء

وَالَّذِينَ ءَامَنُوا وَعَمِلُوا الصَّلِحَتِ سَنُدْخِلُهُمْ جَنَّتٍ تَجْرِى مِن تَحْتِهَا الْأَنْهَرُ خَلِدِينَ فِيهَآ أَبَدًا وَعْدَ اللَّهِ حَقًّا وَمَنْ أَصْدَقُ مِنَ اللَّهِ قِيلًا ۝ لَّيْسَ بِأَمَانِيِّكُمْ وَلَآ أَمَانِيِّ أَهْلِ الْكِتَبِ مَن يَعْمَلْ سُوٓءًا يُجْزَ بِهِ وَلَا يَجِدْ لَهُ مِن دُونِ اللَّهِ وَلِيًّا وَلَا نَصِيرًا ۝ وَمَن يَعْمَلْ مِنَ الصَّلِحَتِ مِن ذَكَرٍ أَوْ أُنثَى وَهُوَ مُؤْمِنٌ فَأُوْلَٓئِكَ يَدْخُلُونَ الْجَنَّةَ وَلَا يُظْلَمُونَ نَقِيرًا ۝ وَمَنْ أَحْسَنُ دِينًا مِّمَّنْ أَسْلَمَ وَجْهَهُ لِلَّهِ وَهُوَ مُحْسِنٌ وَاتَّبَعَ مِلَّةَ إِبْرَهِيمَ حَنِيفًا وَاتَّخَذَ اللَّهُ إِبْرَهِيمَ خَلِيلًا ۝ وَلِلَّهِ مَا فِى السَّمَوَتِ وَمَا فِى الْأَرْضِ وَكَانَ اللَّهُ بِكُلِّ شَىْءٍ مُّحِيطًا ۝ وَيَسْتَفْتُونَكَ فِى النِّسَآءِ قُلِ اللَّهُ يُفْتِيكُمْ فِيهِنَّ وَمَا يُتْلَى عَلَيْكُمْ فِى الْكِتَبِ فِى يَتَمَى النِّسَآءِ الَّتِى لَا تُؤْتُونَهُنَّ مَا كُتِبَ لَهُنَّ وَتَرْغَبُونَ أَن تَنكِحُوهُنَّ وَالْمُسْتَضْعَفِينَ مِنَ الْوِلْدَانِ وَأَن تَقُومُوا لِلْيَتَمَى بِالْقِسْطِ وَمَا تَفْعَلُوا مِنْ خَيْرٍ فَإِنَّ اللَّهَ كَانَ بِهِ عَلِيمًا ۝

الهامش الجانبي:

• قِيلًا
قَوْلًا

• نَقِيرًا
قَدْرَ النُّقْرَةِ فِي ظَهْرِ النَّوَاةِ

• أَسْلَمَ
وَجْهَهُ لِلَّهِ
أَخْلَصَ نَفْسَهُ أَوْ تَوَجُّهَهُ لِلَّهِ

• حَنِيفًا
مَائِلًا عَنِ الْبَاطِلِ إِلَى الدِّينِ الْحَقِّ

• بِالْقِسْطِ
بِالْعَدْلِ

• مدّ مشبع 6 حركات   • إخفاء، ومواقع الغُنَّة (حركتين)   • مدّ حركتين   • تفخيم
• مدّ 2 أو 4 أو 6 جوازًا   • إدغام، وما لا يُلفظ   • قلقلة

98

وَإِنِ امْرَأَةٌ خَافَتْ مِنْ بَعْلِهَا نُشُوزًا أَوْ إِعْرَاضًا فَلَا جُنَاحَ عَلَيْهِمَا أَن يُصْلِحَا بَيْنَهُمَا صُلْحًا وَالصُّلْحُ خَيْرٌ وَأُحْضِرَتِ الْأَنفُسُ الشُّحَّ وَإِن تُحْسِنُوا وَتَتَّقُوا فَإِنَّ اللَّهَ كَانَ بِمَا تَعْمَلُونَ خَبِيرًا ۝١٢٧ وَلَن تَسْتَطِيعُوا أَن تَعْدِلُوا بَيْنَ النِّسَاءِ وَلَوْ حَرَصْتُمْ فَلَا تَمِيلُوا كُلَّ الْمَيْلِ فَتَذَرُوهَا كَالْمُعَلَّقَةِ وَإِن تُصْلِحُوا وَتَتَّقُوا فَإِنَّ اللَّهَ كَانَ غَفُورًا رَّحِيمًا ۝١٢٨ وَإِن يَتَفَرَّقَا يُغْنِ اللَّهُ كُلًّا مِّن سَعَتِهِ وَكَانَ اللَّهُ وَاسِعًا حَكِيمًا ۝١٢٩ وَلِلَّهِ مَا فِي السَّمَاوَاتِ وَمَا فِي الْأَرْضِ وَلَقَدْ وَصَّيْنَا الَّذِينَ أُوتُوا الْكِتَابَ مِن قَبْلِكُمْ وَإِيَّاكُمْ أَنِ اتَّقُوا اللَّهَ وَإِن تَكْفُرُوا فَإِنَّ لِلَّهِ مَا فِي السَّمَاوَاتِ وَمَا فِي الْأَرْضِ وَكَانَ اللَّهُ غَنِيًّا حَمِيدًا ۝١٣٠ وَلِلَّهِ مَا فِي السَّمَاوَاتِ وَمَا فِي الْأَرْضِ وَكَفَىٰ بِاللَّهِ وَكِيلًا ۝١٣١ إِن يَشَأْ يُذْهِبْكُمْ أَيُّهَا النَّاسُ وَيَأْتِ بِآخَرِينَ وَكَانَ اللَّهُ عَلَىٰ ذَٰلِكَ قَدِيرًا ۝١٣٢ مَّن كَانَ يُرِيدُ ثَوَابَ الدُّنْيَا فَعِندَ اللَّهِ ثَوَابُ الدُّنْيَا وَالْآخِرَةِ وَكَانَ اللَّهُ سَمِيعًا بَصِيرًا ۝١٣٣

• بَعْلِهَا
زوجها

• نُشُوزًا
تجافيًا عنها ظلمًا

• الشُّحَّ
البخل مع الحرص

• سَعَتِهِ
فضله وغناه

• مدّ مشبع 6 حركات   • مدّ حركتين   • إخفاء، ومواقع الغُنّة (حركتين)   • تفخيم
• مدّ 2 أو 4 أو 6 جوازًا   • إدغام، وما لا يُلفظ   • قلقلة

النِّسَاء

يَـٰٓأَيُّهَا ٱلَّذِينَ ءَامَنُوا۟ كُونُوا۟ قَوَّٰمِينَ بِٱلْقِسْطِ شُهَدَآءَ لِلَّهِ وَلَوْ عَلَىٰٓ أَنفُسِكُمْ أَوِ ٱلْوَٰلِدَيْنِ وَٱلْأَقْرَبِينَ إِن يَكُنْ غَنِيًّا أَوْ فَقِيرًا فَٱللَّهُ أَوْلَىٰ بِهِمَا فَلَا تَتَّبِعُوا۟ ٱلْهَوَىٰٓ أَن تَعْدِلُوا۟ وَإِن تَلْوُۥٓا۟ أَوْ تُعْرِضُوا۟ فَإِنَّ ٱللَّهَ كَانَ بِمَا تَعْمَلُونَ خَبِيرًا ۝١٣٤ يَـٰٓأَيُّهَا ٱلَّذِينَ ءَامَنُوٓا۟ ءَامِنُوا۟ بِٱللَّهِ وَرَسُولِهِۦ وَٱلْكِتَٰبِ ٱلَّذِى نَزَّلَ عَلَىٰ رَسُولِهِۦ وَٱلْكِتَٰبِ ٱلَّذِىٓ أَنزَلَ مِن قَبْلُ وَمَن يَكْفُرْ بِٱللَّهِ وَمَلَـٰٓئِكَتِهِۦ وَكُتُبِهِۦ وَرُسُلِهِۦ وَٱلْيَوْمِ ٱلْءَاخِرِ فَقَدْ ضَلَّ ضَلَـٰلًۢا بَعِيدًا ۝١٣٥ إِنَّ ٱلَّذِينَ ءَامَنُوا۟ ثُمَّ كَفَرُوا۟ ثُمَّ ءَامَنُوا۟ ثُمَّ كَفَرُوا۟ ثُمَّ ٱزْدَادُوا۟ كُفْرًا لَّمْ يَكُنِ ٱللَّهُ لِيَغْفِرَ لَهُمْ وَلَا لِيَهْدِيَهُمْ سَبِيلًۢا ۝١٣٦ بَشِّرِ ٱلْمُنَٰفِقِينَ بِأَنَّ لَهُمْ عَذَابًا أَلِيمًا ۝١٣٧ ٱلَّذِينَ يَتَّخِذُونَ ٱلْكَٰفِرِينَ أَوْلِيَآءَ مِن دُونِ ٱلْمُؤْمِنِينَ أَيَبْتَغُونَ عِندَهُمُ ٱلْعِزَّةَ فَإِنَّ ٱلْعِزَّةَ لِلَّهِ جَمِيعًا ۝١٣٨ وَقَدْ نَزَّلَ عَلَيْكُمْ فِى ٱلْكِتَٰبِ أَنْ إِذَا سَمِعْتُمْ ءَايَٰتِ ٱللَّهِ يُكْفَرُ بِهَا وَيُسْتَهْزَأُ بِهَا فَلَا تَقْعُدُوا۟ مَعَهُمْ حَتَّىٰ يَخُوضُوا۟ فِى حَدِيثٍ غَيْرِهِۦٓ إِنَّكُمْ إِذًا مِّثْلُهُمْ إِنَّ ٱللَّهَ جَامِعُ ٱلْمُنَٰفِقِينَ وَٱلْكَٰفِرِينَ فِى جَهَنَّمَ جَمِيعًا ۝١٣٩

تَلُوٓا۟
تُحَرِّفُوا الشَّهَادَة

ٱلْعِزَّةَ
المَنَعَة والقوَّة

ثُمُنْ

100

الَّذِينَ يَتَرَبَّصُونَ بِكُمْ فَإِن كَانَ لَكُمْ فَتْحٌ مِّنَ اللَّهِ قَالُوٓاْ

أَلَمْ نَكُن مَّعَكُمْ وَإِن كَانَ لِلْكَفِرِينَ نَصِيبٌ قَالُوٓاْ أَلَمْ

نَسْتَحْوِذْ عَلَيْكُمْ وَنَمْنَعْكُم مِّنَ ٱلْمُؤْمِنِينَ فَٱللَّهُ يَحْكُمُ بَيْنَكُمْ

يَوْمَ ٱلْقِيَامَةِ وَلَن يَجْعَلَ ٱللَّهُ لِلْكَفِرِينَ عَلَى ٱلْمُؤْمِنِينَ سَبِيلًا ۝

إِنَّ ٱلْمُنَفِقِينَ يُخَدِعُونَ ٱللَّهَ وَهُوَ خَدِعُهُمْ وَإِذَا قَامُوٓاْ إِلَى

ٱلصَّلَوٰةِ قَامُواْ كُسَالَى يُرَآءُونَ ٱلنَّاسَ وَلَا يَذْكُرُونَ ٱللَّهَ

إِلَّا قَلِيلًا ۝ مُّذَبْذَبِينَ بَيْنَ ذَلِكَ لَآ إِلَى هَٰٓؤُلَآءِ وَلَآ إِلَى هَٰٓؤُلَآءِ

وَمَن يُضْلِلِ ٱللَّهُ فَلَن تَجِدَ لَهُۥ سَبِيلًا ۝ يَٰٓأَيُّهَا ٱلَّذِينَ ءَامَنُواْ

لَا تَتَّخِذُواْ ٱلْكَفِرِينَ أَوْلِيَآءَ مِن دُونِ ٱلْمُؤْمِنِينَ أَتُرِيدُونَ

أَن تَجْعَلُواْ لِلَّهِ عَلَيْكُمْ سُلْطَنًا مُّبِينًا ۝ إِنَّ ٱلْمُنَفِقِينَ

فِي ٱلدَّرْكِ ٱلْأَسْفَلِ مِنَ ٱلنَّارِ وَلَن تَجِدَ لَهُمْ نَصِيرًا ۝

إِلَّا ٱلَّذِينَ تَابُواْ وَأَصْلَحُواْ وَٱعْتَصَمُواْ بِٱللَّهِ وَأَخْلَصُواْ

دِينَهُمْ لِلَّهِ فَأُوْلَٰٓئِكَ مَعَ ٱلْمُؤْمِنِينَ وَسَوْفَ يُؤْتِ ٱللَّهُ

ٱلْمُؤْمِنِينَ أَجْرًا عَظِيمًا ۝ مَّا يَفْعَلُ ٱللَّهُ بِعَذَابِكُمْ

إِن شَكَرْتُمْ وَءَامَنتُمْ وَكَانَ ٱللَّهُ شَاكِرًا عَلِيمًا ۝

| يَتَرَبَّصُونَ بِكُمْ |
| ينتظرون بكم الدوائر |

| فَتْحٌ |
| نصرٌ وظفرٌ |

| نَسْتَحْوِذْ عَلَيْكُمْ |
| نغلبكم ونستول عليكم |

| مُذَبْذَبِينَ |
| مترددين بين الكفر والإيمان |

| ٱلدَّرْكِ ٱلْأَسْفَلِ |
| الطبقة السفلى |

| مدّ مشبع ٦ حركات | • إخفاء، ومواقع الغنّة (حركتين) | • تفخيم |
| مدّ ٢ أو ٤ أو ٦ جوازاً | • مدّ حركتين | • إدغام، وما لا يُلفظ | • قلقلة |

۞ لَّا يُحِبُّ ٱللَّهُ ٱلْجَهْرَ بِٱلسُّوٓءِ مِنَ ٱلْقَوْلِ إِلَّا مَن ظُلِمَ ۚ وَكَانَ ٱللَّهُ سَمِيعًا عَلِيمًا ۝١٤٧ إِن تُبْدُواْ خَيْرًا أَوْ تُخْفُوهُ أَوْ تَعْفُواْ عَن سُوٓءٍ فَإِنَّ ٱللَّهَ كَانَ عَفُوًّا قَدِيرًا ۝١٤٨ إِنَّ ٱلَّذِينَ يَكْفُرُونَ بِٱللَّهِ وَرُسُلِهِ وَيُرِيدُونَ أَن يُفَرِّقُواْ بَيْنَ ٱللَّهِ وَرُسُلِهِ وَيَقُولُونَ نُؤْمِنُ بِبَعْضٍ وَنَكْفُرُ بِبَعْضٍ وَيُرِيدُونَ أَن يَتَّخِذُواْ بَيْنَ ذَٰلِكَ سَبِيلًا ۝١٤٩ أُوْلَٰٓئِكَ هُمُ ٱلْكَٰفِرُونَ حَقًّا ۚ وَأَعْتَدْنَا لِلْكَٰفِرِينَ عَذَابًا مُّهِينًا ۝١٥٠ وَٱلَّذِينَ ءَامَنُواْ بِٱللَّهِ وَرُسُلِهِ وَلَمْ يُفَرِّقُواْ بَيْنَ أَحَدٍ مِّنْهُمْ أُوْلَٰٓئِكَ سَوْفَ نُؤْتِيهِمْ أُجُورَهُمْ ۗ وَكَانَ ٱللَّهُ غَفُورًا رَّحِيمًا ۝١٥١ يَسْـَٔلُكَ أَهْلُ ٱلْكِتَٰبِ أَن تُنَزِّلَ عَلَيْهِمْ كِتَٰبًا مِّنَ ٱلسَّمَآءِ ۚ فَقَدْ سَأَلُواْ مُوسَىٰٓ أَكْبَرَ مِن ذَٰلِكَ فَقَالُوٓاْ أَرِنَا ٱللَّهَ جَهْرَةً فَأَخَذَتْهُمُ ٱلصَّٰعِقَةُ بِظُلْمِهِمْ ۚ ثُمَّ ٱتَّخَذُواْ ٱلْعِجْلَ مِنۢ بَعْدِ مَا جَآءَتْهُمُ ٱلْبَيِّنَٰتُ فَعَفَوْنَا عَن ذَٰلِكَ ۚ وَءَاتَيْنَا مُوسَىٰ سُلْطَٰنًا مُّبِينًا ۝١٥٢ وَرَفَعْنَا فَوْقَهُمُ ٱلطُّورَ بِمِيثَٰقِهِمْ وَقُلْنَا لَهُمُ ٱدْخُلُواْ ٱلْبَابَ سُجَّدًا وَقُلْنَا لَهُمْ لَا تَعْدُواْ فِي ٱلسَّبْتِ وَأَخَذْنَا مِنْهُم مِّيثَٰقًا غَلِيظًا ۝١٥٣

• جَهْرَةً
عِيَانًا

• لَا تَعْدُواْ
لا تعتدوا
بالصيد

فَبِمَا نَقْضِهِم مِّيثَقَهُمْ وَكُفْرِهِم بِـَٔايَتِ ٱللَّهِ وَقَتْلِهِمُ ٱلْأَنۢبِيَآءَ

بِغَيْرِ حَقٍّ وَقَوْلِهِمْ قُلُوبُنَا غُلْفٌ بَلْ طَبَعَ ٱللَّهُ عَلَيْهَا بِكُفْرِهِمْ فَلَا

يُؤْمِنُونَ إِلَّا قَلِيلًا ۝١٥٤ وَبِكُفْرِهِمْ وَقَوْلِهِمْ عَلَىٰ مَرْيَمَ بُهْتَـٰنًا

عَظِيمًا ۝١٥٥ وَقَوْلِهِمْ إِنَّا قَتَلْنَا ٱلْمَسِيحَ عِيسَى ٱبْنَ مَرْيَمَ رَسُولَ

ٱللَّهِ ۞ وَمَا قَتَلُوهُ وَمَا صَلَبُوهُ وَلَـٰكِن شُبِّهَ لَهُمْ وَإِنَّ ٱلَّذِينَ ٱخْتَلَفُوا۟

فِيهِ لَفِى شَكٍّ مِّنْهُ مَا لَهُم بِهِۦ مِنْ عِلْمٍ إِلَّا ٱتِّبَاعَ ٱلظَّنِّ وَمَا قَتَلُوهُ

يَقِينًۢا ۝١٥٦ بَل رَّفَعَهُ ٱللَّهُ إِلَيْهِ وَكَانَ ٱللَّهُ عَزِيزًا حَكِيمًا ۝١٥٧

وَإِن مِّنْ أَهْلِ ٱلْكِتَـٰبِ إِلَّا لَيُؤْمِنَنَّ بِهِۦ قَبْلَ مَوْتِهِۦ وَيَوْمَ ٱلْقِيَـٰمَةِ

يَكُونُ عَلَيْهِمْ شَهِيدًا ۝١٥٨ فَبِظُلْمٍ مِّنَ ٱلَّذِينَ هَادُوا۟ حَرَّمْنَا عَلَيْهِمْ

طَيِّبَـٰتٍ أُحِلَّتْ لَهُمْ وَبِصَدِّهِمْ عَن سَبِيلِ ٱللَّهِ كَثِيرًا ۝١٥٩

وَأَخْذِهِمُ ٱلرِّبَوٰا۟ وَقَدْ نُهُوا۟ عَنْهُ وَأَكْلِهِمْ أَمْوَٰلَ ٱلنَّاسِ بِٱلْبَـٰطِلِ

وَأَعْتَدْنَا لِلْكَـٰفِرِينَ مِنْهُمْ عَذَابًا أَلِيمًا ۝١٦٠ لَّـٰكِنِ ٱلرَّٰسِخُونَ

فِى ٱلْعِلْمِ مِنْهُمْ وَٱلْمُؤْمِنُونَ يُؤْمِنُونَ بِمَآ أُنزِلَ إِلَيْكَ وَمَآ أُنزِلَ

مِن قَبْلِكَ وَٱلْمُقِيمِينَ ٱلصَّلَوٰةَ وَٱلْمُؤْتُونَ ٱلزَّكَوٰةَ وَٱلْمُؤْمِنُونَ

بِٱللَّهِ وَٱلْيَوْمِ ٱلْـَٔاخِرِ أُو۟لَـٰٓئِكَ سَنُؤْتِيهِمْ أَجْرًا عَظِيمًا ۝١٦١

- غُلْفٌ
مِغْشَاةٌ
بِأَغْطِيَةٍ
خِلْقِيَّةٍ

ثُمُنٌ

- طَبَعَ
خَتَمَ

- بُهْتَـٰنًا
كَذِبًا وَٱفْتِرَاءً

- مَدّ مشبع ٦ حركات   ● إخفاء، ومواقع الغُنَّة (حركتين)   ● مَدّ حركتين   ● تفخيم
- مَدّ ٢ أو ٤ أو ٦ جوازاً   ● إدغام، وما لا يُلفظ   ● قلقلة

103

النِّسَاء

إِنَّآ أَوْحَيْنَآ إِلَيْكَ كَمَآ أَوْحَيْنَآ إِلَىٰ نُوحٍ وَالنَّبِيِّـۧنَ مِنۢ بَعْدِهِۦ وَأَوْحَيْنَآ إِلَىٰٓ إِبْرَٰهِيمَ وَإِسْمَٰعِيلَ وَإِسْحَٰقَ وَيَعْقُوبَ وَالْأَسْبَاطِ وَعِيسَىٰ وَأَيُّوبَ وَيُونُسَ وَهَٰرُونَ وَسُلَيْمَٰنَ وَءَاتَيْنَا دَاوُۥدَ زَبُورًا ۝١٦٢ وَرُسُلًا قَدْ قَصَصْنَٰهُمْ عَلَيْكَ مِن قَبْلُ وَرُسُلًا لَّمْ نَقْصُصْهُمْ عَلَيْكَ وَكَلَّمَ ٱللَّهُ مُوسَىٰ تَكْلِيمًا ۝١٦٣ رُّسُلًا مُّبَشِّرِينَ وَمُنذِرِينَ لِئَلَّا يَكُونَ لِلنَّاسِ عَلَى ٱللَّهِ حُجَّةٌۢ بَعْدَ ٱلرُّسُلِ وَكَانَ ٱللَّهُ عَزِيزًا حَكِيمًا ۝١٦٤ لَّٰكِنِ ٱللَّهُ يَشْهَدُ بِمَآ أَنزَلَ إِلَيْكَ أَنزَلَهُۥ بِعِلْمِهِۦ وَٱلْمَلَٰٓئِكَةُ يَشْهَدُونَ وَكَفَىٰ بِٱللَّهِ شَهِيدًا ۝١٦٥ إِنَّ ٱلَّذِينَ كَفَرُوا۟ وَصَدُّوا۟ عَن سَبِيلِ ٱللَّهِ قَدْ ضَلُّوا۟ ضَلَٰلًۢا بَعِيدًا ۝١٦٦ إِنَّ ٱلَّذِينَ كَفَرُوا۟ وَظَلَمُوا۟ لَمْ يَكُنِ ٱللَّهُ لِيَغْفِرَ لَهُمْ وَلَا لِيَهْدِيَهُمْ طَرِيقًا ۝١٦٧ إِلَّا طَرِيقَ جَهَنَّمَ خَٰلِدِينَ فِيهَآ أَبَدًا وَكَانَ ذَٰلِكَ عَلَى ٱللَّهِ يَسِيرًا ۝١٦٨ يَٰٓأَيُّهَا ٱلنَّاسُ قَدْ جَآءَكُمُ ٱلرَّسُولُ بِٱلْحَقِّ مِن رَّبِّكُمْ فَـَٔامِنُوا۟ خَيْرًا لَّكُمْ وَإِن تَكْفُرُوا۟ فَإِنَّ لِلَّهِ مَا فِى ٱلسَّمَٰوَٰتِ وَٱلْأَرْضِ وَكَانَ ٱللَّهُ عَلِيمًا حَكِيمًا ۝١٦٩

• الْأَسْبَاطِ
ذُرِّيّة يعقوب

• زَبُوراً
كتاباً فيه مواعظ وحِكَمٌ

رُبُع

• مدّ مشبع 6 حركات   • مدّ حركتين   • إخفاء، ومواقع الغُنَّة (حركتين)   • تفخيم
• مدّ 2 أو 4 أو 6 جوازاً   • إدغام، وما لا يُلفَظ   • قلقلة

104

يَـٰٓأَهْلَ ٱلْكِتَـٰبِ لَا تَغْلُوا۟ فِى دِينِكُمْ وَلَا تَقُولُوا۟

عَلَى ٱللَّهِ إِلَّا ٱلْحَقَّ إِنَّمَا ٱلْمَسِيحُ عِيسَى ٱبْنُ مَرْيَمَ رَسُولُ

ٱللَّهِ وَكَلِمَتُهُۥٓ أَلْقَىٰهَآ إِلَىٰ مَرْيَمَ وَرُوحٌ مِّنْهُ فَـَٔامِنُوا۟ بِٱللَّهِ

وَرُسُلِهِۦ وَلَا تَقُولُوا۟ ثَلَـٰثَةٌ ٱنتَهُوا۟ خَيْرًا لَّكُمْ إِنَّمَا ٱللَّهُ إِلَـٰهٌ

وَٰحِدٌ سُبْحَـٰنَهُۥٓ أَن يَكُونَ لَهُۥ وَلَدٌ لَّهُۥ مَا فِى ٱلسَّمَـٰوَٰتِ

وَمَا فِى ٱلْأَرْضِ وَكَفَىٰ بِٱللَّهِ وَكِيلًا ﴿١٧٠﴾ لَّن يَسْتَنكِفَ

ٱلْمَسِيحُ أَن يَكُونَ عَبْدًا لِّلَّهِ وَلَا ٱلْمَلَـٰٓئِكَةُ ٱلْمُقَرَّبُونَ وَمَن

يَسْتَنكِفْ عَنْ عِبَادَتِهِۦ وَيَسْتَكْبِرْ فَسَيَحْشُرُهُمْ إِلَيْهِ

جَمِيعًا ﴿١٧١﴾ فَأَمَّا ٱلَّذِينَ ءَامَنُوا۟ وَعَمِلُوا۟ ٱلصَّـٰلِحَـٰتِ فَيُوَفِّيهِمْ

أُجُورَهُمْ وَيَزِيدُهُم مِّن فَضْلِهِۦ وَأَمَّا ٱلَّذِينَ ٱسْتَنكَفُوا۟

وَٱسْتَكْبَرُوا۟ فَيُعَذِّبُهُمْ عَذَابًا أَلِيمًا وَلَا يَجِدُونَ لَهُم

مِّن دُونِ ٱللَّهِ وَلِيًّا وَلَا نَصِيرًا ﴿١٧٢﴾ ۞ يَـٰٓأَيُّهَا ٱلنَّاسُ قَدْ

جَآءَكُم بُرْهَـٰنٌ مِّن رَّبِّكُمْ وَأَنزَلْنَآ إِلَيْكُمْ نُورًا مُّبِينًا ﴿١٧٣﴾

فَأَمَّا ٱلَّذِينَ ءَامَنُوا۟ بِٱللَّهِ وَٱعْتَصَمُوا۟ بِهِۦ فَسَيُدْخِلُهُمْ فِى

رَحْمَةٍ مِّنْهُ وَفَضْلٍ وَيَهْدِيهِمْ إِلَيْهِ صِرَٰطًا مُّسْتَقِيمًا ﴿١٧٤﴾

● لَا تَغْلُوا۟
لا تُجَاوِزُوا
الحدَّ ولا
تُفرِّطوا

● يَسْتَنكِف
يأنف ويترفّع

ثُمُن

● مدّ مشبع ٦ حركات   ● إخفاء، ومواقع الغُنّة (حركتين)   ● تفخيم
● مدّ ٢ أو ٤ أو ٦ جوازًا   ● مدّ حركتين   ● إدغام، وما لا يُلفظ   ● قلقلة

105

يَسْتَفْتُونَكَ قُلِ اللَّهُ يُفْتِيكُمْ فِي الْكَلَالَةِ إِنِ امْرُؤٌ هَلَكَ لَيْسَ لَهُ وَلَدٌ وَلَهُ أُخْتٌ فَلَهَا نِصْفُ مَا تَرَكَ وَهُوَ يَرِثُهَا إِن لَّمْ يَكُن لَّهَا وَلَدٌ فَإِن كَانَتَا اثْنَتَيْنِ فَلَهُمَا الثُّلُثَانِ مِمَّا تَرَكَ وَإِن كَانُوا إِخْوَةً رِّجَالًا وَنِسَاءً فَلِلذَّكَرِ مِثْلُ حَظِّ الْأُنثَيَيْنِ يُبَيِّنُ اللَّهُ لَكُمْ أَن تَضِلُّوا وَاللَّهُ بِكُلِّ شَيْءٍ عَلِيمٌ ﴿١٧٥﴾

سُورَةُ المَائِدَة

ترتيبها 5 · آياتها 122

بِسْمِ اللَّهِ الرَّحْمَٰنِ الرَّحِيمِ

يَا أَيُّهَا الَّذِينَ آمَنُوا أَوْفُوا بِالْعُقُودِ ﴿١﴾ أُحِلَّتْ لَكُم بَهِيمَةُ الْأَنْعَامِ إِلَّا مَا يُتْلَىٰ عَلَيْكُمْ غَيْرَ مُحِلِّي الصَّيْدِ وَأَنتُمْ حُرُمٌ إِنَّ اللَّهَ يَحْكُمُ مَا يُرِيدُ ﴿٢﴾ يَا أَيُّهَا الَّذِينَ آمَنُوا لَا تُحِلُّوا شَعَائِرَ اللَّهِ وَلَا الشَّهْرَ الْحَرَامَ وَلَا الْهَدْيَ وَلَا الْقَلَائِدَ وَلَا آمِّينَ الْبَيْتَ الْحَرَامَ يَبْتَغُونَ فَضْلًا مِّن رَّبِّهِمْ وَرِضْوَانًا وَإِذَا حَلَلْتُمْ فَاصْطَادُوا وَلَا يَجْرِمَنَّكُمْ شَنَآنُ قَوْمٍ أَن صَدُّوكُمْ عَنِ الْمَسْجِدِ الْحَرَامِ أَن تَعْتَدُوا وَتَعَاوَنُوا عَلَى الْبِرِّ وَالتَّقْوَىٰ وَلَا تَعَاوَنُوا عَلَى الْإِثْمِ وَالْعُدْوَانِ وَاتَّقُوا اللَّهَ إِنَّ اللَّهَ شَدِيدُ الْعِقَابِ ﴿٣﴾

الحاشية الجانبية:

• **الْكَلَالَةِ** ميراث القرابة المحيطة بالميت الذي لا ولد له ولا والد

• **بِالْعُقُودِ** بالعهود المؤكَّدة

• **الْأَنْعَام** الإبل والبقر والغنم

• **مُحِلِّي الصَّيْدِ** مُستحليه

• **حُرُمٌ** مُحرمون

• **شَعَائِرَ اللَّهِ** مناسك الحج أو معالم دينه

• **الْهَدْى** ما يُهدى من الأنعام إلى الكعبة

• **الْقَلَائِدَ** ما يقلَّد به الهدي علامة له

• **آمِّينَ** قاصدين

• **لَا يَجْرِمَنَّكُمْ** لا يحملنّكم

• **شَنَآنُ قَوْمٍ** بغضكم لهم

الرموز التجويدية:

مدّ مشبع 6 حركات	مدّ 2 أو 4 أو 6 جوازًا
إخفاء، ومواقع الغُنّة (حركتين)	مدّ حركتين
إدغام، وما لا يُلفظ	تفخيم · قلقلة

حُرِّمَتْ عَلَيْكُمُ ٱلْمَيْتَةُ وَٱلدَّمُ وَلَحْمُ ٱلْخِنزِيرِ وَمَآ أُهِلَّ لِغَيْرِ ٱللَّهِ بِهِۦ وَٱلْمُنْخَنِقَةُ وَٱلْمَوْقُوذَةُ وَٱلْمُتَرَدِّيَةُ وَٱلنَّطِيحَةُ وَمَآ أَكَلَ ٱلسَّبُعُ إِلَّا مَا ذَكَّيْتُمْ وَمَا ذُبِحَ عَلَى ٱلنُّصُبِ وَأَن تَسْتَقْسِمُوا۟ بِٱلْأَزْلَٰمِ ذَٰلِكُمْ فِسْقٌ ٱلْيَوْمَ يَئِسَ ٱلَّذِينَ كَفَرُوا۟ مِن دِينِكُمْ فَلَا تَخْشَوْهُمْ وَٱخْشَوْنِ ٱلْيَوْمَ أَكْمَلْتُ لَكُمْ دِينَكُمْ وَأَتْمَمْتُ عَلَيْكُمْ نِعْمَتِى وَرَضِيتُ لَكُمُ ٱلْإِسْلَٰمَ دِينًا فَمَنِ ٱضْطُرَّ فِى مَخْمَصَةٍ غَيْرَ مُتَجَانِفٍ لِّإِثْمٍ فَإِنَّ ٱللَّهَ غَفُورٌ رَّحِيمٌ ۝ يَسْـَٔلُونَكَ مَاذَآ أُحِلَّ لَهُمْ قُلْ أُحِلَّ لَكُمُ ٱلطَّيِّبَٰتُ وَمَا عَلَّمْتُم مِّنَ ٱلْجَوَارِحِ مُكَلِّبِينَ تُعَلِّمُونَهُنَّ مِمَّا عَلَّمَكُمُ ٱللَّهُ فَكُلُوا۟ مِمَّآ أَمْسَكْنَ عَلَيْكُمْ وَٱذْكُرُوا۟ ٱسْمَ ٱللَّهِ عَلَيْهِ وَٱتَّقُوا۟ ٱللَّهَ إِنَّ ٱللَّهَ سَرِيعُ ٱلْحِسَابِ ۝ ٱلْيَوْمَ أُحِلَّ لَكُمُ ٱلطَّيِّبَٰتُ وَطَعَامُ ٱلَّذِينَ أُوتُوا۟ ٱلْكِتَٰبَ حِلٌّ لَّكُمْ وَطَعَامُكُمْ حِلٌّ لَّهُمْ وَٱلْمُحْصَنَٰتُ مِنَ ٱلْمُؤْمِنَٰتِ وَٱلْمُحْصَنَٰتُ مِنَ ٱلَّذِينَ أُوتُوا۟ ٱلْكِتَٰبَ مِن قَبْلِكُمْ إِذَآ ءَاتَيْتُمُوهُنَّ أُجُورَهُنَّ مُحْصِنِينَ غَيْرَ مُسَٰفِحِينَ وَلَا مُتَّخِذِىٓ أَخْدَانٍ وَمَن يَكْفُرْ بِٱلْإِيمَٰنِ فَقَدْ حَبِطَ عَمَلُهُۥ وَهُوَ فِى ٱلْءَاخِرَةِ مِنَ ٱلْخَٰسِرِينَ ۝

● مَدّ مشبع 6 حركات | ● إخفاء، ومواقع الغُنّة (حركتين) | ● تفخيم
● مَدّ 2 أو 4 أو 6 جوازاً | ● مَدّ حركتين | ● قلقلة
| | ● إدغام، وما لا يُلفظ |

۞ يَٰٓأَيُّهَا ٱلَّذِينَ ءَامَنُوٓاْ إِذَا قُمۡتُمۡ إِلَى ٱلصَّلَوٰةِ فَٱغۡسِلُواْ وُجُوهَكُمۡ وَأَيۡدِيَكُمۡ إِلَى ٱلۡمَرَافِقِ وَٱمۡسَحُواْ بِرُءُوسِكُمۡ وَأَرۡجُلَكُمۡ إِلَى ٱلۡكَعۡبَيۡنِ وَإِن كُنتُمۡ جُنُبٗا فَٱطَّهَّرُواْ وَإِن كُنتُم مَّرۡضَىٰٓ أَوۡ عَلَىٰ سَفَرٍ أَوۡ جَآءَ أَحَدٞ مِّنكُم مِّنَ ٱلۡغَآئِطِ أَوۡ لَٰمَسۡتُمُ ٱلنِّسَآءَ فَلَمۡ تَجِدُواْ مَآءٗ فَتَيَمَّمُواْ صَعِيدٗا طَيِّبٗا فَٱمۡسَحُواْ بِوُجُوهِكُمۡ وَأَيۡدِيكُم مِّنۡهُۚ مَا يُرِيدُ ٱللَّهُ لِيَجۡعَلَ عَلَيۡكُم مِّنۡ حَرَجٖ وَلَٰكِن يُرِيدُ لِيُطَهِّرَكُمۡ وَلِيُتِمَّ نِعۡمَتَهُۥ عَلَيۡكُمۡ لَعَلَّكُمۡ تَشۡكُرُونَ ۝

وَٱذۡكُرُواْ نِعۡمَةَ ٱللَّهِ عَلَيۡكُمۡ وَمِيثَٰقَهُ ٱلَّذِي وَاثَقَكُم بِهِۦٓ إِذۡ قُلۡتُمۡ سَمِعۡنَا وَأَطَعۡنَاۖ وَٱتَّقُواْ ٱللَّهَۚ إِنَّ ٱللَّهَ عَلِيمُۢ بِذَاتِ ٱلصُّدُورِ ۝ يَٰٓأَيُّهَا ٱلَّذِينَ ءَامَنُواْ كُونُواْ قَوَّٰمِينَ لِلَّهِ شُهَدَآءَ بِٱلۡقِسۡطِۖ وَلَا يَجۡرِمَنَّكُمۡ شَنَـَٔانُ قَوۡمٍ عَلَىٰٓ أَلَّا تَعۡدِلُواْۚ ٱعۡدِلُواْ هُوَ أَقۡرَبُ لِلتَّقۡوَىٰۖ وَٱتَّقُواْ ٱللَّهَۚ إِنَّ ٱللَّهَ خَبِيرُۢ بِمَا تَعۡمَلُونَ ۝ وَعَدَ ٱللَّهُ ٱلَّذِينَ ءَامَنُواْ وَعَمِلُواْ ٱلصَّٰلِحَٰتِ لَهُم مَّغۡفِرَةٞ وَأَجۡرٌ عَظِيمٞ ۝

• ٱلۡغَآئِطِ
موضع قضاء الحاجة
• صَعِيدٗا طَيِّبٗا
تُرَابًا أو وجه الأرض طاهرًا
• حَرَجٖ
ضيق
• مِيثَٰقَهُ
عهدَهُ
• شُهَدَآءَ بِٱلۡقِسۡطِ
شاهدين بالعدل
• وَلَا يَجۡرِمَنَّكُمۡ
لا يَحۡمِلنكم

وَالَّذِينَ كَفَرُوا وَكَذَّبُوا بِـَٔايَـٰتِنَآ أُو۟لَـٰٓئِكَ أَصْحَـٰبُ
ٱلْجَحِيمِ ۝ يَـٰٓأَيُّهَا ٱلَّذِينَ ءَامَنُوا ٱذْكُرُوا نِعْمَتَ
ٱللَّهِ عَلَيْكُمْ إِذْ هَمَّ قَوْمٌ أَن يَبْسُطُوٓا إِلَيْكُمْ
أَيْدِيَهُمْ فَكَفَّ أَيْدِيَهُمْ عَنكُمْ وَٱتَّقُوا ٱللَّهَ وَعَلَى ٱللَّهِ
فَلْيَتَوَكَّلِ ٱلْمُؤْمِنُونَ ۝ وَلَقَدْ أَخَذَ ٱللَّهُ مِيثَـٰقَ
بَنِىٓ إِسْرَٰٓءِيلَ وَبَعَثْنَا مِنْهُمُ ٱثْنَىْ عَشَرَ نَقِيبًا وَقَالَ ٱللَّهُ
إِنِّى مَعَكُمْ لَئِنْ أَقَمْتُمُ ٱلصَّلَوٰةَ وَءَاتَيْتُمُ ٱلزَّكَوٰةَ
وَءَامَنتُم بِرُسُلِى وَعَزَّرْتُمُوهُمْ وَأَقْرَضْتُمُ ٱللَّهَ قَرْضًا
حَسَنًا لَّأُكَفِّرَنَّ عَنكُمْ سَيِّـَٔاتِكُمْ وَلَأُدْخِلَنَّكُمْ
جَنَّـٰتٍ تَجْرِى مِن تَحْتِهَا ٱلْأَنْهَـٰرُ فَمَن كَفَرَ بَعْدَ
ذَٰلِكَ مِنكُمْ فَقَدْ ضَلَّ سَوَآءَ ٱلسَّبِيلِ ۝ فَبِمَا
نَقْضِهِم مِّيثَـٰقَهُمْ لَعَنَّـٰهُمْ وَجَعَلْنَا قُلُوبَهُمْ قَـٰسِيَةً
يُحَرِّفُونَ ٱلْكَلِمَ عَن مَّوَاضِعِهِۦ وَنَسُوا حَظًّا مِّمَّا
ذُكِّرُوا بِهِۦ وَلَا تَزَالُ تَطَّلِعُ عَلَىٰ خَآئِنَةٍ مِّنْهُمْ إِلَّا قَلِيلًا مِّنْهُمْ
فَٱعْفُ عَنْهُمْ وَٱصْفَحْ إِنَّ ٱللَّهَ يُحِبُّ ٱلْمُحْسِنِينَ ۝

رُبُعٌ

- يَبْسُطُوٓا
إِلَيْكُمْ
يبطشوا
بكم بالقتل
والإهلاك

- نَقِيبًا
كفيلًا

- عَزَّرْتُمُوهُمْ
نصرتموهم أو
عظمتموهم

- يُحَرِّفُونَ
يُغَيِّرُون
أو يُؤَوِّلُون

- حَظًّا
نصيبًا وافرًا

- خَآئِنَةٍ
خيانةٍ وغدرٍ

● مدّ مشبع 6 حركات	● إخفاء، ومواقع الغُنّة (حركتين)	● تفخيم
● مدّ 2 أو 4 أو 6 جوازاً	● مدّ حركتين	● قلقلة
	● إدغام، وما لا يُلفظ	

109

الْمَائِدَة

وَمِنَ ٱلَّذِينَ قَالُوٓاْ إِنَّا نَصَٰرَىٰٓ أَخَذْنَا مِيثَٰقَهُمْ فَنَسُواْ حَظًّا مِّمَّا ذُكِّرُواْ بِهِۦ فَأَغْرَيْنَا بَيْنَهُمُ ٱلْعَدَاوَةَ

فَأَغْرَيْنَا
هَيَّجْنَا أَوْ أَلْصَقْنَا

وَٱلْبَغْضَآءَ إِلَىٰ يَوْمِ ٱلْقِيَٰمَةِ وَسَوْفَ يُنَبِّئُهُمُ ٱللَّهُ بِمَا كَانُواْ يَصْنَعُونَ ﴿١٥﴾ يَٰٓأَهْلَ ٱلْكِتَٰبِ قَدْ جَآءَكُمْ رَسُولُنَا يُبَيِّنُ لَكُمْ كَثِيرًا مِّمَّا كُنتُمْ تُخْفُونَ مِنَ ٱلْكِتَٰبِ وَيَعْفُواْ عَن كَثِيرٍ ﴿١٦﴾ قَدْ جَآءَكُم مِّنَ ٱللَّهِ نُورٌ وَكِتَٰبٌ مُّبِينٌ ﴿١٧﴾ يَهْدِي بِهِ ٱللَّهُ مَنِ ٱتَّبَعَ رِضْوَٰنَهُۥ سُبُلَ ٱلسَّلَٰمِ وَيُخْرِجُهُم مِّنَ ٱلظُّلُمَٰتِ إِلَى ٱلنُّورِ بِإِذْنِهِۦ وَيَهْدِيهِمْ إِلَىٰ صِرَٰطٍ مُّسْتَقِيمٍ ﴿١٨﴾

ثُمُنٌ

لَّقَدْ كَفَرَ ٱلَّذِينَ قَالُوٓاْ إِنَّ ٱللَّهَ هُوَ ٱلْمَسِيحُ ٱبْنُ مَرْيَمَ قُلْ فَمَن يَمْلِكُ مِنَ ٱللَّهِ شَيْـًٔا إِنْ أَرَادَ أَن يُهْلِكَ ٱلْمَسِيحَ ٱبْنَ مَرْيَمَ وَأُمَّهُۥ وَمَن فِي ٱلْأَرْضِ جَمِيعًا وَلِلَّهِ مُلْكُ ٱلسَّمَٰوَٰتِ وَٱلْأَرْضِ وَمَا بَيْنَهُمَا يَخْلُقُ مَا يَشَآءُ وَٱللَّهُ عَلَىٰ كُلِّ شَيْءٍ قَدِيرٌ ﴿١٩﴾

وَقَالَتِ اِ۬لْيَهُودُ وَالنَّصَٰرَىٰ نَحْنُ أَبْنَٰٓؤُاْ اُ۬للَّهِ وَأَحِبَّٰٓؤُهُۥۖ قُلْ فَلِمَ
يُعَذِّبُكُم بِذُنُوبِكُمۖ بَلَ اَنتُم بَشَرٞ مِّمَّنْ خَلَقَۖ يَغْفِرُ لِمَنْ يَّشَآءُ
وَيُعَذِّبُ مَنْ يَّشَآءُۖ وَلِلَّهِ مُلْكُ اُ۬لسَّمَٰوَٰتِ وَالَارْضِ وَمَا بَيْنَهُمَاۖ
وَإِلَيْهِ اِ۬لْمَصِيرُۖ (20) يَٰٓأَهْلَ اَ۬لْكِتَٰبِ قَدْ جَآءَكُمْ رَسُولُنَا
يُبَيِّنُ لَكُمْ عَلَيٰ فَتْرَةٖ مِّنَ اَ۬لرُّسُلِ أَن تَقُولُواْ مَا جَآءَنَا مِنۢ
بَشِيرٖ وَلَا نَذِيرٖ فَقَدْ جَآءَكُم بَشِيرٞ وَنَذِيرٞۖ وَاللَّهُ عَلَيٰ كُلِّ شَےْءٖ
قَدِيرٞۖ (21) وَإِذْ قَالَ مُوسَيٰ لِقَوْمِهِۦ يَٰقَوْمِ اِ۟ذْكُرُواْ نِعْمَةَ
اَ۬للَّهِ عَلَيْكُمُۥٓ إِذْ جَعَلَ فِيكُمُۥٓ أَنۢبِيٓـَٔاءَ وَجَعَلَكُم مُّلُوكاٗ
وَءَاتَيٰكُم مَّا لَمْ يُوتِ أَحَداٗ مِّنَ اَ۬لْعَٰلَمِينَۖ (22) يَٰقَوْمِ اِ۟دْخُلُواْ
اُ۬لَارْضَ اَ۬لْمُقَدَّسَةَ اَ۬لتِے كَتَبَ اَ۬للَّهُ لَكُمْۖ وَلَا تَرْتَدُّواْ عَلَيٰٓ
أَدْبَٰرِكُمْ فَتَنقَلِبُواْ خَٰسِرِينَۖ (23) قَالُواْ يَٰمُوسَيٰٓ إِنَّ فِيهَا قَوْماٗ
جَبَّارِينَۖ وَإِنَّا لَن نَّدْخُلَهَا حَتَّيٰ يَخْرُجُواْ مِنْهَاۖ فَإِنْ يَّخْرُجُواْ
مِنْهَا فَإِنَّا دَٰخِلُونَۖ (24) ۞ قَالَ رَجُلَٰنِ مِنَ اَ۬لذِينَ يَخَافُونَ أَنْعَمَ
اَ۬للَّهُ عَلَيْهِمَا اَ۟دْخُلُواْ عَلَيْهِمُ اُ۬لْبَابَۖ فَإِذَا دَخَلْتُمُوهُ فَإِنَّكُمْ
غَٰلِبُونَۖ وَعَلَي اَ۬للَّهِ فَتَوَكَّلُوٓاْ إِن كُنتُم مُّومِنِينَۖ (25)

▪ فَتْرَةٖ: فتورٍ وانقطاعٍ

حِزْبٌ

مدّ مشبع 6 حركات	مدّ حركتين	إخفاء، ومواقع الغُنّة (حركتين)	تفخيم
مدّ 2 أو 4 أو 6 جوازاً		إدغام، وما لا يُلفظ	قلقلة

الْمَائِدَة

قَالُواْ يَٰمُوسَىٰٓ إِنَّا لَن نَّدْخُلَهَآ أَبَدًا مَّا دَامُواْ فِيهَا فَٱذْهَبْ أَنتَ وَرَبُّكَ فَقَٰتِلَآ إِنَّا هَٰهُنَا قَٰعِدُونَ ﴿٢٦﴾ قَالَ رَبِّ إِنِّى لَآ أَمْلِكُ إِلَّا نَفْسِى وَأَخِى فَٱفْرُقْ بَيْنَنَا وَبَيْنَ ٱلْقَوْمِ ٱلْفَٰسِقِينَ ﴿٢٧﴾ قَالَ فَإِنَّهَا مُحَرَّمَةٌ عَلَيْهِمْ أَرْبَعِينَ سَنَةً يَتِيهُونَ فِى ٱلْأَرْضِ فَلَا تَأْسَ عَلَى ٱلْقَوْمِ ٱلْفَٰسِقِينَ ﴿٢٨﴾ وَٱتْلُ عَلَيْهِمْ نَبَأَ ٱبْنَىْ ءَادَمَ بِٱلْحَقِّ إِذْ قَرَّبَا قُرْبَانًا فَتُقُبِّلَ مِنْ أَحَدِهِمَا وَلَمْ يُتَقَبَّلْ مِنَ ٱلْآخَرِ قَالَ لَأَقْتُلَنَّكَ قَالَ إِنَّمَا يَتَقَبَّلُ ٱللَّهُ مِنَ ٱلْمُتَّقِينَ ﴿٢٩﴾ لَئِنۢ بَسَطتَ إِلَىَّ يَدَكَ لِتَقْتُلَنِى مَآ أَنَا۠ بِبَاسِطٍ يَدِىَ إِلَيْكَ لِأَقْتُلَكَ إِنِّىٓ أَخَافُ ٱللَّهَ رَبَّ ٱلْعَٰلَمِينَ ﴿٣٠﴾ إِنِّىٓ أُرِيدُ أَن تَبُوٓأَ بِإِثْمِى وَإِثْمِكَ فَتَكُونَ مِنْ أَصْحَٰبِ ٱلنَّارِ وَذَٰلِكَ جَزَٰٓؤُاْ ٱلظَّٰلِمِينَ ﴿٣١﴾ فَطَوَّعَتْ لَهُۥ نَفْسُهُۥ قَتْلَ أَخِيهِ فَقَتَلَهُۥ فَأَصْبَحَ مِنَ ٱلْخَٰسِرِينَ ﴿٣٢﴾ فَبَعَثَ ٱللَّهُ غُرَابًا يَبْحَثُ فِى ٱلْأَرْضِ لِيُرِيَهُۥ كَيْفَ يُوَٰرِى سَوْءَةَ أَخِيهِ قَالَ يَٰوَيْلَتَىٰٓ أَعَجَزْتُ أَنْ أَكُونَ مِثْلَ هَٰذَا ٱلْغُرَابِ فَأُوَٰرِىَ سَوْءَةَ أَخِى فَأَصْبَحَ مِنَ ٱلنَّٰدِمِينَ ﴿٣٣﴾

• يَتِيهُونَ
يسيرون متحيرين

• فَلَا تَأْسَ
فلا تحزن

• قُرْبَانًا
ما يُتَقَرَّبُ به من البرِّ إليه تعالى

• تَبُوٓأَ
ترجع

• فَطَوَّعَتْ
سهَّلت وزيَّنت

• سَوْءَةَ
أَخِيهِ
جيفتَه أو عورتَه

• مدّ مشبع 6 حركات   • مدّ حركتين   • إخفاء، ومواقع الغُنَّة (حركتين)   • تفخيم
• مدّ 2 أو 4 أو 6 جوازاً   • إدغام، وما لا يُلفظ   • قلقلة

مِنْ أَجْلِ ذَٰلِكَ كَتَبْنَا عَلَىٰ بَنِىٓ إِسْرَٰٓءِيلَ أَنَّهُۥ مَن قَتَلَ نَفْسًۢا بِغَيْرِ نَفْسٍ أَوْ فَسَادٍ فِى ٱلْأَرْضِ فَكَأَنَّمَا قَتَلَ ٱلنَّاسَ جَمِيعًا وَمَنْ أَحْيَاهَا فَكَأَنَّمَآ أَحْيَا ٱلنَّاسَ جَمِيعًا ۚ وَلَقَدْ جَآءَتْهُمْ رُسُلُنَا بِٱلْبَيِّنَٰتِ ثُمَّ إِنَّ كَثِيرًا مِّنْهُم بَعْدَ ذَٰلِكَ فِى ٱلْأَرْضِ لَمُسْرِفُونَ ۝٣٤

إِنَّمَا جَزَٰٓؤُا۟ ٱلَّذِينَ يُحَارِبُونَ ٱللَّهَ وَرَسُولَهُۥ وَيَسْعَوْنَ فِى ٱلْأَرْضِ فَسَادًا أَن يُقَتَّلُوٓا۟ أَوْ يُصَلَّبُوٓا۟ أَوْ تُقَطَّعَ أَيْدِيهِمْ وَأَرْجُلُهُم مِّنْ خِلَٰفٍ أَوْ يُنفَوْا۟ مِنَ ٱلْأَرْضِ ۚ ذَٰلِكَ لَهُمْ خِزْىٌ فِى ٱلدُّنْيَا ۖ وَلَهُمْ فِى ٱلْءَاخِرَةِ عَذَابٌ عَظِيمٌ ۝٣٥ إِلَّا ٱلَّذِينَ تَابُوا۟ مِن قَبْلِ أَن تَقْدِرُوا۟ عَلَيْهِمْ ۖ فَٱعْلَمُوٓا۟ أَنَّ ٱللَّهَ غَفُورٌ رَّحِيمٌ ۝٣٦ يَٰٓأَيُّهَا ٱلَّذِينَ ءَامَنُوا۟ ٱتَّقُوا۟ ٱللَّهَ وَٱبْتَغُوٓا۟ إِلَيْهِ ٱلْوَسِيلَةَ وَجَٰهِدُوا۟ فِى سَبِيلِهِۦ لَعَلَّكُمْ تُفْلِحُونَ ۝٣٧ إِنَّ ٱلَّذِينَ كَفَرُوا۟ لَوْ أَنَّ لَهُم مَّا فِى ٱلْأَرْضِ جَمِيعًا وَمِثْلَهُۥ مَعَهُۥ لِيَفْتَدُوا۟ بِهِۦ مِنْ عَذَابِ يَوْمِ ٱلْقِيَٰمَةِ مَا تُقُبِّلَ مِنْهُمْ ۖ وَلَهُمْ عَذَابٌ أَلِيمٌ ۝٣٨

• يُنفَوْا۟
يُبعَدوا أو يُسجَنوا
• خِزْىٌ
عقوبةٌ وذُلٌّ
• ٱلْوَسِيلَةَ
الزُّلفى بفعلِ الطَّاعاتِ وتركِ المعاصي

يُرِيدُونَ أَن يَخْرُجُوا مِنَ ٱلنَّارِ وَمَا هُم بِخَٰرِجِينَ مِنْهَا ۖ

وَلَهُمْ عَذَابٌ مُّقِيمٌ ۝ وَٱلسَّارِقُ وَٱلسَّارِقَةُ فَٱقْطَعُوٓا

أَيْدِيَهُمَا جَزَآءَۢ بِمَا كَسَبَا نَكَٰلًا مِّنَ ٱللَّهِ ۗ وَٱللَّهُ عَزِيزٌ

حَكِيمٌ ۝ فَمَن تَابَ مِنۢ بَعْدِ ظُلْمِهِۦ وَأَصْلَحَ فَإِنَّ

ٱللَّهَ يَتُوبُ عَلَيْهِ ۚ إِنَّ ٱللَّهَ غَفُورٌ رَّحِيمٌ ۝ أَلَمْ تَعْلَمْ أَنَّ

ٱللَّهَ لَهُۥ مُلْكُ ٱلسَّمَٰوَٰتِ وَٱلْأَرْضِ يُعَذِّبُ مَن يَشَآءُ وَيَغْفِرُ

لِمَن يَشَآءُ ۗ وَٱللَّهُ عَلَىٰ كُلِّ شَىْءٍ قَدِيرٌ ۝ ۞ يَٰٓأَيُّهَا

ٱلرَّسُولُ لَا يَحْزُنكَ ٱلَّذِينَ يُسَٰرِعُونَ فِى ٱلْكُفْرِ مِنَ

ٱلَّذِينَ قَالُوٓا ءَامَنَّا بِأَفْوَٰهِهِمْ وَلَمْ تُؤْمِن قُلُوبُهُمْ ۛ وَمِنَ

ٱلَّذِينَ هَادُوا ۛ سَمَّٰعُونَ لِلْكَذِبِ سَمَّٰعُونَ لِقَوْمٍ

ءَاخَرِينَ لَمْ يَأْتُوكَ ۖ يُحَرِّفُونَ ٱلْكَلِمَ مِنۢ بَعْدِ مَوَاضِعِهِۦ ۖ

يَقُولُونَ إِنْ أُوتِيتُمْ هَٰذَا فَخُذُوهُ وَإِن لَّمْ تُؤْتَوْهُ فَٱحْذَرُوا ۚ

وَمَن يُرِدِ ٱللَّهُ فِتْنَتَهُۥ فَلَن تَمْلِكَ لَهُۥ مِنَ ٱللَّهِ شَيْـًٔا ۚ

أُو۟لَٰٓئِكَ ٱلَّذِينَ لَمْ يُرِدِ ٱللَّهُ أَن يُطَهِّرَ قُلُوبَهُمْ ۚ لَهُمْ فِى

ٱلدُّنْيَا خِزْىٌ ۖ وَلَهُمْ فِى ٱلْءَاخِرَةِ عَذَابٌ عَظِيمٌ ۝

ٱلْمَآئِدَة

• نَكَٰلًا
عُقُوبَةٌ أَو
مَنْعًا مِنَ
الْعَوْدِ

رُبْع

• فِتْنَتَهُ
ضَلَالَتَهُ

• خِزْىٌ
افْتِضَاحٌ وَذُلٌّ

● مَدّ مشبع 6 حركات   ● مَدّ حركتين   ● تفخيم   ● قلقلة   ● إخفاء، ومواقع الغُنّة (حركتين)   ● إدغام، وما لا يُلفظ   ● مَدّ 2 أو 4 أو 6 جوازاً

114

سَمَّٰعُونَ لِلْكَذِبِ أَكَّٰلُونَ لِلسُّحْتِ فَإِن جَآءُوكَ
فَاحْكُم بَيْنَهُمُۥٓ أَوَ اَعْرِضْ عَنْهُمْ وَإِن تُعْرِضْ عَنْهُمْ فَلَن
يَّضُرُّوكَ شَيْـًٔا وَإِنْ حَكَمْتَ فَاحْكُم بَيْنَهُم بِالْقِسْطِ إِنَّ
اَ۬للَّهَ يُحِبُّ اُ۬لْمُقْسِطِينَ (44) وَكَيْفَ يُحَكِّمُونَكَ وَعِندَهُمُ
اُ۬لتَّوْرَىٰةُ فِيهَا حُكْمُ اُ۬للَّهِ ثُمَّ يَتَوَلَّوْنَ مِنۢ بَعْدِ ذَٰلِكَ وَمَآ
أُوْلَٰٓئِكَ بِالْمُومِنِينَ (45) إِنَّآ أَنزَلْنَا اَ۬لتَّوْرَىٰةَ فِيهَا هُدىً وَنُورٌ
يَحْكُمُ بِهَا اُ۬لنَّبِيٓـُٔونَ اَ۬لذِينَ أَسْلَمُواْ لِلذِينَ هَادُواْ وَالرَّبَّٰنِيُّونَ
وَالَاحْبَارُ بِمَا اَسْتُحْفِظُواْ مِن كِتَٰبِ اِ۬للَّهِ وَكَانُواْ
عَلَيْهِ شُهَدَآءَ فَلَا تَخْشَوُاْ اُ۬لنَّاسَ وَاخْشَوْنِ وَلَا
تَشْتَرُواْ بِـَٔايَٰتِے ثَمَناً قَلِيلاً وَمَن لَّمْ يَحْكُم بِمَآ أَنزَلَ
اَ۬للَّهُ فَأُوْلَٰٓئِكَ هُمُ اُ۬لْكَٰفِرُونَ (46) ۞ وَكَتَبْنَا عَلَيْهِمْ
فِيهَآ أَنَّ اَ۬لنَّفْسَ بِالنَّفْسِ وَالْعَيْنَ بِالْعَيْنِ وَالَانفَ
بِالَانفِ وَالُاذْنَ بِالُاذْنِ وَالسِّنَّ بِالسِّنِّ وَالْجُرُوحَ
قِصَاصٌ فَمَن تَصَدَّقَ بِهِۦ فَهُوَ كَفَّارَةٌ لَّهُۥ وَمَن لَّمْ
يَحْكُم بِمَآ أَنزَلَ اَ۬للَّهُ فَأُوْلَٰٓئِكَ هُمُ اُ۬لظَّٰلِمُونَ (47)

- لِلسُّحْتِ: للمالِ الحَرَامِ
- بِالْقِسْطِ: بالعدلِ
- اُ۬لْمُقْسِطِينَ: العادلينَ فيما وُلُوا
- يَتَوَلَّوْنَ: يُعرضُونَ عن حُكمِك
- أَسْلَمُواْ: انقادُوا لحكمِ ربِّهم
- الرَّبَّٰنِيُّونَ: عُبَّادُ اليهودِ
- الَاحْبَارُ: عُلماءُ اليهودِ

ثُمُنٌ

وَقَفَّيْنَا عَلَىٰٓ ءَاثَٰرِهِم بِعِيسَى ٱبْنِ مَرْيَمَ مُصَدِّقاً لِّمَا بَيْنَ يَدَيْهِ
مِنَ ٱلتَّوْرِيٰةِ وَءَاتَيْنَٰهُ ٱلِانجِيلَ فِيهِ هُدىً وَنُورٌ وَمُصَدِّقاً لِّمَا بَيْنَ
يَدَيْهِ مِنَ ٱلتَّوْرِيٰةِ وَهُدىً وَمَوْعِظَةً لِّلْمُتَّقِينَ ﴿48﴾ وَلْيَحْكُمَ
أَهْلُ ٱلِانجِيلِ بِمَآ أَنزَلَ ٱللَّهُ فِيهِ وَمَن لَّمْ يَحْكُم بِمَآ أَنزَلَ
ٱللَّهُ فَأُوْلَٰٓئِكَ هُمُ ٱلْفَٰسِقُونَ ﴿49﴾ وَأَنزَلْنَآ إِلَيْكَ ٱلْكِتَٰبَ
بِٱلْحَقِّ مُصَدِّقاً لِّمَا بَيْنَ يَدَيْهِ مِنَ ٱلْكِتَٰبِ وَمُهَيْمِناً عَلَيْهِ
فَٱحْكُم بَيْنَهُم بِمَآ أَنزَلَ ٱللَّهُ وَلَا تَتَّبِعَ اَهْوَآءَهُمْ عَمَّا جَآءَكَ
مِنَ ٱلْحَقِّ لِكُلٍّ جَعَلْنَا مِنكُمْ شِرْعَةً وَمِنْهَاجاً وَلَوْ شَآءَ ٱللَّهُ
لَجَعَلَكُمُۥٓ أُمَّةً وَٰحِدَةً وَلَٰكِن لِّيَبْلُوَكُمْ فِى مَآ ءَاتَيٰكُمْ
فَٱسْتَبِقُواْ ٱلْخَيْرَٰتِ إِلَى ٱللَّهِ مَرْجِعُكُمْ جَمِيعاً فَيُنَبِّئُكُم بِمَا
كُنتُمْ فِيهِ تَخْتَلِفُونَ ﴿50﴾ ۞ وَأَنُ ٱحْكُم بَيْنَهُم بِمَآ أَنزَلَ
ٱللَّهُ وَلَا تَتَّبِعَ اَهْوَآءَهُمْ وَٱحْذَرْهُمُۥٓ أَنْ يَّفْتِنُوكَ عَنۢ بَعْضِ
مَآ أَنزَلَ ٱللَّهُ إِلَيْكَ فَإِن تَوَلَّوْاْ فَٱعْلَمَ اَنَّمَا يُرِيدُ ٱللَّهُ أَنْ يُّصِيبَهُم
بِبَعْضِ ذُنُوبِهِمْ وَإِنَّ كَثِيراً مِّنَ ٱلنَّاسِ لَفَٰسِقُونَ ﴿51﴾ أَفَحُكْمَ
ٱلْجَٰهِلِيَّةِ يَبْغُونَ وَمَنَ اَحْسَنُ مِنَ ٱللَّهِ حُكْماً لِّقَوْمٍ يُوقِنُونَ ﴿52﴾

المَآيِدَة

- قَفَّيْنَا عَلَىٰٓ ءَاثَٰرِهِم: أتبعناهم على آثارهم
- يَفْتِنُوكَ: يصرفوك

مدّ مشبع 6 حركات	إخفاء، ومواقع الغُنّة (حركتين)	تفخيم
مدّ 2 أو 4 أو 6 جوازاً	إدغام، وما لا يُلفظ	قلقلة
مدّ حركتين		

يَٰٓأَيُّهَا اَ۬لذِينَ ءَامَنُواْ لَا تَتَّخِذُواْ اُ۬لْيَهُودَ وَالنَّصَٰرَىٰٓ أَوْلِيَآءَۖ بَعْضُهُمْ
أَوْلِيَآءُ بَعْضٖۖ وَمَنْ يَتَوَلَّهُم مِّنكُمْ فَإِنَّهُۥ مِنْهُمُۥٓۖ إِنَّ اَ۬للَّهَ لَا يَهْدِے اِ۬لْقَوْمَ
اَ۬لظَّٰلِمِينَۖ (53) فَتَرَى اَ۬لذِينَ فِے قُلُوبِهِم مَّرَضٞ يُسَٰرِعُونَ فِيهِمْ يَقُولُونَ
نَخْشَىٰٓ أَن تُصِيبَنَا دَآئِرَةٞۖ فَعَسَى اَ۬للَّهُ أَنْ يَّاتِيَ بِالْفَتْحِ أَوَ اَمْرٖ مِّنْ عِندِهِۦ
فَيُصْبِحُواْ عَلَىٰ مَآ أَسَرُّواْ فِےٓ أَنفُسِهِمْ نَٰدِمِينَۖ (54) يَقُولُ اُ۬لذِينَ ءَامَنُوٓاْ
أَهَٰٓؤُلَآءِ اِ۬لذِينَ أَقْسَمُواْ بِاللَّهِ جَهْدَ أَيْمَٰنِهِمُۥٓ إِنَّهُمْ لَمَعَكُمْ حَبِطَتَ
اَعْمَٰلُهُمْ فَأَصْبَحُواْ خَٰسِرِينَۖ (55) يَٰٓأَيُّهَا اَ۬لذِينَ ءَامَنُواْ مَنْ يَّرْتَدِدْ
مِنكُمْ عَن دِينِهِۦ فَسَوْفَ يَاتِے اِ۬للَّهُ بِقَوْمٖ يُحِبُّهُمْ وَيُحِبُّونَهُۥٓ أَذِلَّةٍ عَلَى
اَ۬لْمُومِنِينَ أَعِزَّةٍ عَلَى اَ۬لْكٰفِرِينَ يُجَٰهِدُونَ فِے سَبِيلِ اِ۬للَّهِ وَلَا يَخَافُونَ
لَوْمَةَ لَآئِمٖۖ ذَٰلِكَ فَضْلُ اُ۬للَّهِ يُوتِيهِ مَنْ يَّشَآءُۖ وَاللَّهُ وَٰسِعٌ عَلِيمٌۖ (56)
إِنَّمَا وَلِيُّكُمُ اُ۬للَّهُ وَرَسُولُهُۥ وَالذِينَ ءَامَنُواْ اُ۬لذِينَ يُقِيمُونَ اَ۬لصَّلَوٰةَ
وَيُوتُونَ اَ۬لزَّكَوٰةَ وَهُمْ رَٰكِعُونَۖ (57) وَمَنْ يَّتَوَلَّ اَ۬للَّهَ وَرَسُولَهُۥ
وَالذِينَ ءَامَنُواْ فَإِنَّ حِزْبَ اَ۬للَّهِ هُمُ اُ۬لْغَٰلِبُونَۖ (58) يَٰٓأَيُّهَا اَ۬لذِينَ ءَامَنُواْ لَا
تَتَّخِذُواْ اُ۬لذِينَ اَ۪تَّخَذُواْ دِينَكُمْ هُزُؤاٗ وَلَعِباٗ مِّنَ اَ۬لذِينَ أُوتُواْ اُ۬لْكِتَٰبَ
مِن قَبْلِكُمْ وَالْكُفَّارَ أَوْلِيَآءَۖ وَاتَّقُواْ اُ۬للَّهَ إِن كُنتُم مُّومِنِينَۖ (59)

- **دَآئِرَةٞ**: نائبةٌ من نوائبِ الدّهرِ
- **بِالْفَتْحِ**: بالنّصرِ
- **جَهْدَ أَيْمَٰنِهِمْ**: أغلظَها وأوكدَها
- **حَبِطَتَ**: بَطَلَتْ
- **أَذِلَّةٍ**: عاطفينَ متذلّلينَ
- **أَعِزَّةٍ**: أشدّاءَ متغلّبينَ
- **لَوْمَةَ لَآئِمٖ**: اعتراضَ معترضٍ
- **هُزُؤاٗ**: سخريّةً

مدّ مشبع 6 حركات	مدّ حركتين	إخفاء، ومواقع الغُنّة (حركتين)	تفخيم
مدّ 2 أو 4 أو 6 جوازاً		إدغام، وما لا يُلفظ	قلقلة

117

﴿ وَإِذَا نَادَيْتُمْ إِلَى ٱلصَّلَوٰةِ ٱتَّخَذُوهَا هُزُوًا وَلَعِبًا ذَٰلِكَ بِأَنَّهُمْ قَوْمٌ لَّا يَعْقِلُونَ ۝ قُلْ يَٰأَهْلَ ٱلْكِتَٰبِ هَلْ تَنقِمُونَ مِنَّا إِلَّا أَنْ ءَامَنَّا بِٱللَّهِ وَمَا أُنزِلَ إِلَيْنَا وَمَا أُنزِلَ مِن قَبْلُ وَأَنَّ أَكْثَرَكُمْ فَٰسِقُونَ ۝ قُلْ هَلْ أُنَبِّئُكُم بِشَرٍّ مِّن ذَٰلِكَ مَثُوبَةً عِندَ ٱللَّهِ مَن لَّعَنَهُ ٱللَّهُ وَغَضِبَ عَلَيْهِ وَجَعَلَ مِنْهُمُ ٱلْقِرَدَةَ وَٱلْخَنَازِيرَ وَعَبَدَ ٱلطَّٰغُوتَ أُوْلَٰٓئِكَ شَرٌّ مَّكَانًا وَأَضَلُّ عَن سَوَآءِ ٱلسَّبِيلِ ۝ وَإِذَا جَآءُوكُمْ قَالُوٓا۟ ءَامَنَّا وَقَد دَّخَلُوا۟ بِٱلْكُفْرِ وَهُمْ قَدْ خَرَجُوا۟ بِهِۦ وَٱللَّهُ أَعْلَمُ بِمَا كَانُوا۟ يَكْتُمُونَ ۝ وَتَرَىٰ كَثِيرًا مِّنْهُمْ يُسَٰرِعُونَ فِي ٱلْإِثْمِ وَٱلْعُدْوَٰنِ وَأَكْلِهِمُ ٱلسُّحْتَ لَبِئْسَ مَا كَانُوا۟ يَعْمَلُونَ ۝ لَوْلَا يَنْهَاهُمُ ٱلرَّبَّٰنِيُّونَ وَٱلْأَحْبَارُ عَن قَوْلِهِمُ ٱلْإِثْمَ وَأَكْلِهِمُ ٱلسُّحْتَ لَبِئْسَ مَا كَانُوا۟ يَصْنَعُونَ ۝ وَقَالَتِ ٱلْيَهُودُ يَدُ ٱللَّهِ مَغْلُولَةٌ غُلَّتْ أَيْدِيهِمْ وَلُعِنُوا۟ بِمَا قَالُوا۟ بَلْ يَدَاهُ مَبْسُوطَتَانِ يُنفِقُ كَيْفَ يَشَآءُ وَلَيَزِيدَنَّ كَثِيرًا مِّنْهُم مَّآ أُنزِلَ إِلَيْكَ مِن رَّبِّكَ طُغْيَٰنًا وَكُفْرًا وَأَلْقَيْنَا بَيْنَهُمُ ٱلْعَدَٰوَةَ وَٱلْبَغْضَآءَ إِلَىٰ يَوْمِ ٱلْقِيَٰمَةِ كُلَّمَآ أَوْقَدُوا۟ نَارًا لِّلْحَرْبِ أَطْفَأَهَا ٱللَّهُ وَيَسْعَوْنَ فِي ٱلْأَرْضِ فَسَادًا وَٱللَّهُ لَا يُحِبُّ ٱلْمُفْسِدِينَ ۝

● تَنقِمُونَ
تكرهون أو تعيبون

● مَثُوبَةٌ
جزاء وعقوبة

● ٱلطَّٰغُوتَ
كل مطاع في معصية الله

● سَوَآءِ ٱلسَّبِيلِ
وسط الطريق المعتدل، وهو الإسلام

● ٱلسُّحْتَ
المال الحرام

● ٱلرَّبَّٰنِيُّونَ
عُبّاد اليهود

● ٱلْأَحْبَارُ
علماء اليهود

● مَغْلُولَةٌ
مقبوضة عن العطاء بُخْلًا منه

● مدّ مشبع 6 حركات	● إخفاء، ومواقع الغُنّة (حركتين)	● تفخيم
● مدّ 2 أو 4 أو 6 جوازاً	● مدّ حركتين	● قلقلة
	● إدغام، وما لا يُلفظ	

وَلَوْ أَنَّ أَهْلَ الْكِتَبِ ءَامَنُواْ وَاتَّقَوْاْ لَكَفَّرْنَا عَنْهُمْ سَيِّئَاتِهِمْ وَلَأَدْخَلْنَهُمْ جَنَّتِ النَّعِيمِ ۝ وَلَوْ أَنَّهُمْ أَقَامُواْ التَّوْرَةَ وَالْإِنجِيلَ وَمَا أُنزِلَ إِلَيْهِم مِّن رَّبِّهِمْ لَأَكَلُواْ مِن فَوْقِهِمْ وَمِن تَحْتِ أَرْجُلِهِم مِّنْهُمْ أُمَّةٌ مُّقْتَصِدَةٌ وَكَثِيرٌ مِّنْهُمْ سَآءَ مَا يَعْمَلُونَ ۝ يَأَيُّهَا الرَّسُولُ بَلِّغْ مَا أُنزِلَ إِلَيْكَ مِن رَّبِّكَ وَإِن لَّمْ تَفْعَلْ فَمَا بَلَّغْتَ رِسَالَتَهُ وَاللَّهُ يَعْصِمُكَ مِنَ النَّاسِ إِنَّ اللَّهَ لَا يَهْدِي الْقَوْمَ الْكَفِرِينَ ۝ قُلْ يَأَهْلَ الْكِتَبِ لَسْتُمْ عَلَى شَيْءٍ حَتَّى تُقِيمُواْ التَّوْرَةَ وَالْإِنجِيلَ وَمَا أُنزِلَ إِلَيْكُم مِّن رَّبِّكُمْ وَلَيَزِيدَنَّ كَثِيرًا مِّنْهُم مَّا أُنزِلَ إِلَيْكَ مِن رَّبِّكَ طُغْيَنًا وَكُفْرًا فَلَا تَأْسَ عَلَى الْقَوْمِ الْكَفِرِينَ ۝ إِنَّ الَّذِينَ ءَامَنُواْ وَالَّذِينَ هَادُواْ وَالصَّبِئُونَ وَالنَّصَرَى مَنْ ءَامَنَ بِاللَّهِ وَالْيَوْمِ الْءَاخِرِ وَعَمِلَ صَلِحًا فَلَا خَوْفٌ عَلَيْهِمْ وَلَا هُمْ يَحْزَنُونَ ۝ لَقَدْ أَخَذْنَا مِيثَقَ بَنِي إِسْرَآءِيلَ وَأَرْسَلْنَا إِلَيْهِمْ رُسُلًا كُلَّمَا جَآءَهُمْ رَسُولٌ بِمَا لَا تَهْوَى أَنفُسُهُمْ فَرِيقًا كَذَّبُواْ وَفَرِيقًا يَقْتُلُونَ ۝

• مُقْتَصِدَةٌ
مُعْتَدِلَةٌ وهم من آمَنَ منهم

• فَلَا تَأْسَ
فلا تحزن

• الصَّبِئُونَ
عَبَدَةُ الكواكب أو الملائكة

• مَدّ مشبع ٦ حركات   • مَدّ حركتين   • إخفاء، ومواقع الغُنّة (حركتين)   • تفخيم
• مَدّ ٢ أو ٤ أو ٦ جوازًا   • إدغام، وما لا يُلفظ   • قلقلة

وَحَسِبُوٓا۟ أَلَّا تَكُونَ فِتْنَةٌ فَعَمُوا۟ وَصَمُّوا۟ ثُمَّ تَابَ ٱللَّهُ

عَلَيْهِمْ ثُمَّ عَمُوا۟ وَصَمُّوا۟ كَثِيرٌ مِّنْهُمْ وَٱللَّهُ بَصِيرٌۢ بِمَا

يَعْمَلُونَ ۝ لَقَدْ كَفَرَ ٱلَّذِينَ قَالُوٓا۟ إِنَّ ٱللَّهَ هُوَ

ٱلْمَسِيحُ ٱبْنُ مَرْيَمَ وَقَالَ ٱلْمَسِيحُ يَٰبَنِىٓ إِسْرَٰٓءِيلَ ٱعْبُدُوا۟ ٱللَّهَ

رَبِّى وَرَبَّكُمْ إِنَّهُۥ مَن يُشْرِكْ بِٱللَّهِ فَقَدْ حَرَّمَ ٱللَّهُ عَلَيْهِ

ٱلْجَنَّةَ وَمَأْوَىٰهُ ٱلنَّارُ وَمَا لِلظَّٰلِمِينَ مِنْ أَنصَارٍ ۝

۞ لَّقَدْ كَفَرَ ٱلَّذِينَ قَالُوٓا۟ إِنَّ ٱللَّهَ ثَالِثُ ثَلَٰثَةٍ وَمَا

مِنْ إِلَٰهٍ إِلَّآ إِلَٰهٌ وَٰحِدٌ وَإِن لَّمْ يَنتَهُوا۟ عَمَّا يَقُولُونَ

لَيَمَسَّنَّ ٱلَّذِينَ كَفَرُوا۟ مِنْهُمْ عَذَابٌ أَلِيمٌ ۝ أَفَلَا

يَتُوبُونَ إِلَى ٱللَّهِ وَيَسْتَغْفِرُونَهُۥ وَٱللَّهُ غَفُورٌ رَّحِيمٌ ۝

مَّا ٱلْمَسِيحُ ٱبْنُ مَرْيَمَ إِلَّا رَسُولٌ قَدْ خَلَتْ مِن

قَبْلِهِ ٱلرُّسُلُ وَأُمُّهُۥ صِدِّيقَةٌ كَانَا يَأْكُلَانِ ٱلطَّعَامَ

ٱنظُرْ كَيْفَ نُبَيِّنُ لَهُمُ ٱلْءَايَٰتِ ثُمَّ ٱنظُرْ أَنَّىٰ

يُؤْفَكُونَ ۝ قُلْ أَتَعْبُدُونَ مِن دُونِ ٱللَّهِ مَا لَا

يَمْلِكُ لَكُمْ ضَرًّا وَلَا نَفْعًا وَٱللَّهُ هُوَ ٱلسَّمِيعُ ٱلْعَلِيمُ ۝

الْمَائِدَة

• فِتْنَةٌ
بَلَاءٌ وَعَذَابٌ

• خَلَتْ
مَضَتْ

• أَنَّى
يُؤْفَكُونَ
كَيْفَ يُصْرَفُونَ
عَنِ الدَّلَائِلِ
الْبَيِّنَةِ

ثُمُنْ

• مَدّ مشبع 6 حركات
• مَدّ 2 أو 4 أو 6 جوازاً
• إخفاء، ومواقع الغُنّة (حركتين)
• مَدّ حركتين
• إدغام، وما لا يُلفَظ
• تفخيم
• قلقلة

قُلْ يَـٰٓأَهْلَ ٱلْكِتَـٰبِ لَا تَغْلُوا۟ فِى دِينِكُمْ غَيْرَ ٱلْحَقِّ وَلَا تَتَّبِعُوٓا۟ أَهْوَآءَ قَوْمٍ قَدْ ضَلُّوا۟ مِن قَبْلُ وَأَضَلُّوا۟ كَثِيرًا وَضَلُّوا۟ عَن سَوَآءِ ٱلسَّبِيلِ ۝ لُعِنَ ٱلَّذِينَ كَفَرُوا۟ مِنۢ بَنِىٓ إِسْرَٰٓءِيلَ عَلَىٰ لِسَانِ دَاوُۥدَ وَعِيسَى ٱبْنِ مَرْيَمَ ذَٰلِكَ بِمَا عَصَوا۟ وَّكَانُوا۟ يَعْتَدُونَ ۝ كَانُوا۟ لَا يَتَنَاهَوْنَ عَن مُّنكَرٍ فَعَلُوهُ لَبِئْسَ مَا كَانُوا۟ يَفْعَلُونَ ۝ تَرَىٰ كَثِيرًا مِّنْهُمْ يَتَوَلَّوْنَ ٱلَّذِينَ كَفَرُوا۟ لَبِئْسَ مَا قَدَّمَتْ لَهُمْ أَنفُسُهُمْ أَن سَخِطَ ٱللَّهُ عَلَيْهِمْ وَفِى ٱلْعَذَابِ هُمْ خَـٰلِدُونَ ۝ وَلَوْ كَانُوا۟ يُؤْمِنُونَ بِٱللَّهِ وَٱلنَّبِىِّ وَمَآ أُنزِلَ إِلَيْهِ مَا ٱتَّخَذُوهُمْ أَوْلِيَآءَ وَلَـٰكِنَّ كَثِيرًا مِّنْهُمْ فَـٰسِقُونَ ۝ لَتَجِدَنَّ أَشَدَّ ٱلنَّاسِ عَدَٰوَةً لِّلَّذِينَ ءَامَنُوا۟ ٱلْيَهُودَ وَٱلَّذِينَ أَشْرَكُوا۟ وَلَتَجِدَنَّ أَقْرَبَهُم مَّوَدَّةً لِّلَّذِينَ ءَامَنُوا۟ ٱلَّذِينَ قَالُوٓا۟ إِنَّا نَصَـٰرَىٰ ذَٰلِكَ بِأَنَّ مِنْهُمْ قِسِّيسِينَ وَرُهْبَانًا وَأَنَّهُمْ لَا يَسْتَكْبِرُونَ ۝ وَإِذَا سَمِعُوا۟ مَآ أُنزِلَ إِلَى ٱلرَّسُولِ تَرَىٰٓ أَعْيُنَهُمْ تَفِيضُ مِنَ ٱلدَّمْعِ مِمَّا عَرَفُوا۟ مِنَ ٱلْحَقِّ يَقُولُونَ رَبَّنَآ ءَامَنَّا فَٱكْتُبْنَا مَعَ ٱلشَّـٰهِدِينَ ۝

• لَا تَغْلُوا۟
لَا تُجَاوِزُوا
الحَدَّ

• سَخِطَ
غَضِبَ

حِزْبُ

● مَدّ مُشبع 6 حركات — إخفاء، ومواقع الغُنّة (حركتين) — تفخيم
● مَدّ 2 أو 4 أو 6 جوازًا — مَدّ حركتين — إدغام، وما لا يُلفظ — قلقلة

121

وَمَا لَنَا لَا نُؤْمِنُ بِاللَّهِ وَمَا جَاءَنَا مِنَ الْحَقِّ وَنَطْمَعُ أَن

يُدْخِلَنَا رَبُّنَا مَعَ الْقَوْمِ الصَّالِحِينَ ۝ فَأَثَابَهُمُ اللَّهُ بِمَا قَالُوا

جَنَّاتٍ تَجْرِي مِن تَحْتِهَا الْأَنْهَارُ خَالِدِينَ فِيهَا ۚ وَذَٰلِكَ جَزَاءُ

الْمُحْسِنِينَ ۝ وَالَّذِينَ كَفَرُوا وَكَذَّبُوا بِـَٔايَاتِنَا أُولَٰئِكَ

أَصْحَابُ الْجَحِيمِ ۝ يَا أَيُّهَا الَّذِينَ آمَنُوا لَا تُحَرِّمُوا طَيِّبَاتِ مَا

أَحَلَّ اللَّهُ لَكُمْ وَلَا تَعْتَدُوا ۚ إِنَّ اللَّهَ لَا يُحِبُّ الْمُعْتَدِينَ ۝

وَكُلُوا مِمَّا رَزَقَكُمُ اللَّهُ حَلَالًا طَيِّبًا ۚ وَاتَّقُوا اللَّهَ الَّذِي أَنتُم بِهِ

مُؤْمِنُونَ ۝ لَا يُؤَاخِذُكُمُ اللَّهُ بِاللَّغْوِ فِي أَيْمَانِكُمْ وَلَٰكِن

يُؤَاخِذُكُم بِمَا عَقَّدتُّمُ الْأَيْمَانَ ۖ فَكَفَّارَتُهُ إِطْعَامُ عَشَرَةِ

مَسَاكِينَ مِنْ أَوْسَطِ مَا تُطْعِمُونَ أَهْلِيكُمْ أَوْ كِسْوَتُهُمْ

أَوْ تَحْرِيرُ رَقَبَةٍ ۖ فَمَن لَّمْ يَجِدْ فَصِيَامُ ثَلَاثَةِ أَيَّامٍ ۚ ذَٰلِكَ

كَفَّارَةُ أَيْمَانِكُمْ إِذَا حَلَفْتُمْ ۚ وَاحْفَظُوا أَيْمَانَكُمْ ۚ كَذَٰلِكَ

يُبَيِّنُ اللَّهُ لَكُمْ آيَاتِهِ لَعَلَّكُمْ تَشْكُرُونَ ۝ يَا أَيُّهَا

الَّذِينَ آمَنُوا إِنَّمَا الْخَمْرُ وَالْمَيْسِرُ وَالْأَنصَابُ وَالْأَزْلَامُ

رِجْسٌ مِّنْ عَمَلِ الشَّيْطَانِ فَاجْتَنِبُوهُ لَعَلَّكُمْ تُفْلِحُونَ ۝

ثُمُن

إِنَّمَا يُرِيدُ ٱلشَّيْطَٰنُ أَن يُوقِعَ بَيْنَكُمُ ٱلْعَدَٰوَةَ وَٱلْبَغْضَآءَ فِي ٱلْخَمْرِ وَٱلْمَيْسِرِ وَيَصُدَّكُمْ عَن ذِكْرِ ٱللَّهِ وَعَنِ ٱلصَّلَوٰةِ فَهَلْ أَنتُم مُّنتَهُونَ ﴿٩٣﴾ وَأَطِيعُوا۟ ٱللَّهَ وَأَطِيعُوا۟ ٱلرَّسُولَ وَٱحْذَرُوا۟ فَإِن تَوَلَّيْتُمْ فَٱعْلَمُوٓا۟ أَنَّمَا عَلَىٰ رَسُولِنَا ٱلْبَلَٰغُ ٱلْمُبِينُ ﴿٩٤﴾ لَيْسَ عَلَى ٱلَّذِينَ ءَامَنُوا۟ وَعَمِلُوا۟ ٱلصَّٰلِحَٰتِ جُنَاحٌ فِيمَا طَعِمُوٓا۟ إِذَا مَا ٱتَّقَوا۟ وَّءَامَنُوا۟ وَعَمِلُوا۟ ٱلصَّٰلِحَٰتِ ثُمَّ ٱتَّقَوا۟ وَّءَامَنُوا۟ ثُمَّ ٱتَّقَوا۟ وَّأَحْسَنُوا۟ وَٱللَّهُ يُحِبُّ ٱلْمُحْسِنِينَ ﴿٩٥﴾ يَٰٓأَيُّهَا ٱلَّذِينَ ءَامَنُوا۟ لَيَبْلُوَنَّكُمُ ٱللَّهُ بِشَىْءٍ مِّنَ ٱلصَّيْدِ تَنَالُهُۥٓ أَيْدِيكُمْ وَرِمَاحُكُمْ لِيَعْلَمَ ٱللَّهُ مَن يَخَافُهُۥ بِٱلْغَيْبِ فَمَنِ ٱعْتَدَىٰ بَعْدَ ذَٰلِكَ فَلَهُۥ عَذَابٌ أَلِيمٌ ﴿٩٦﴾ يَٰٓأَيُّهَا ٱلَّذِينَ ءَامَنُوا۟ لَا تَقْتُلُوا۟ ٱلصَّيْدَ وَأَنتُمْ حُرُمٌ وَمَن قَتَلَهُۥ مِنكُم مُّتَعَمِّدًا فَجَزَآءٌ مِّثْلُ مَا قَتَلَ مِنَ ٱلنَّعَمِ يَحْكُمُ بِهِۦ ذَوَا عَدْلٍ مِّنكُمْ هَدْيًۢا بَٰلِغَ ٱلْكَعْبَةِ أَوْ كَفَّٰرَةٌ طَعَامُ مَسَٰكِينَ أَوْ عَدْلُ ذَٰلِكَ صِيَامًا لِّيَذُوقَ وَبَالَ أَمْرِهِۦ عَفَا ٱللَّهُ عَمَّا سَلَفَ وَمَنْ عَادَ فَيَنتَقِمُ ٱللَّهُ مِنْهُ وَٱللَّهُ عَزِيزٌ ذُو ٱنتِقَامٍ ﴿٩٧﴾

- **جُنَاحٌ**
  إِثْمٌ

- **لَيَبْلُوَنَّكُمْ**
  ليختبرنكم ويمتحننكم

- **حُرُمٌ**
  مُحرِمون

- **بَٰلِغَ ٱلْكَعْبَةِ**
  واصل الحرم

- **عَدْلُ ذَٰلِكَ**
  مثلُهُ

- **وَبَالَ أَمْرِهِ**
  عاقبة ذنبه

| ● مدّ مشبع 6 حركات | ● إخفاء، ومواقع الغُنّة (حركتين) | ● تفخيم |
| ● مدّ 2 أو 4 أو 6 جوازاً | ● مدّ حركتين | ● إدغام، وما لا يُلفظ | ● قلقلة |

أُحِلَّ لَكُمْ صَيْدُ ٱلْبَحْرِ وَطَعَامُهُ مَتَاعًا لَّكُمْ وَلِلسَّيَّارَةِ وَحُرِّمَ عَلَيْكُمْ صَيْدُ ٱلْبَرِّ مَا دُمْتُمْ حُرُمًا وَٱتَّقُوا۟ ٱللَّهَ ٱلَّذِىٓ إِلَيْهِ تُحْشَرُونَ ۝ ٩٨ ۝ جَعَلَ ٱللَّهُ ٱلْكَعْبَةَ ٱلْبَيْتَ ٱلْحَرَامَ قِيَٰمًا لِّلنَّاسِ وَٱلشَّهْرَ ٱلْحَرَامَ وَٱلْهَدْىَ وَٱلْقَلَٰٓئِدَ ذَٰلِكَ لِتَعْلَمُوٓا۟ أَنَّ ٱللَّهَ يَعْلَمُ مَا فِى ٱلسَّمَٰوَٰتِ وَمَا فِى ٱلْأَرْضِ وَأَنَّ ٱللَّهَ بِكُلِّ شَىْءٍ عَلِيمٌ ۝ ٩٩ ۝ إِعْلَمُوٓا۟ أَنَّ ٱللَّهَ شَدِيدُ ٱلْعِقَابِ وَأَنَّ ٱللَّهَ غَفُورٌ رَّحِيمٌ ۝ ١٠٠ ۝ مَّا عَلَى ٱلرَّسُولِ إِلَّا ٱلْبَلَٰغُ وَٱللَّهُ يَعْلَمُ مَا تُبْدُونَ وَمَا تَكْتُمُونَ ۝ ١٠١ ۝ قُل لَّا يَسْتَوِى ٱلْخَبِيثُ وَٱلطَّيِّبُ وَلَوْ أَعْجَبَكَ كَثْرَةُ ٱلْخَبِيثِ فَٱتَّقُوا۟ ٱللَّهَ يَٰٓأُو۟لِى ٱلْأَلْبَٰبِ لَعَلَّكُمْ تُفْلِحُونَ ۝ ١٠٢ ۝ يَٰٓأَيُّهَا ٱلَّذِينَ ءَامَنُوا۟ لَا تَسْـَٔلُوا۟ عَنْ أَشْيَآءَ إِن تُبْدَ لَكُمْ تَسُؤْكُمْ وَإِن تَسْـَٔلُوا۟ عَنْهَا حِينَ يُنَزَّلُ ٱلْقُرْءَانُ تُبْدَ لَكُمْ عَفَا ٱللَّهُ عَنْهَا وَٱللَّهُ غَفُورٌ حَلِيمٌ ۝ ١٠٣ ۝ قَدْ سَأَلَهَا قَوْمٌ مِّن قَبْلِكُمْ ثُمَّ أَصْبَحُوا۟ بِهَا كَٰفِرِينَ ۝ ١٠٤ ۝ مَا جَعَلَ ٱللَّهُ مِنۢ بَحِيرَةٍ وَلَا سَآئِبَةٍ وَلَا وَصِيلَةٍ وَلَا حَامٍ وَلَٰكِنَّ ٱلَّذِينَ كَفَرُوا۟ يَفْتَرُونَ عَلَى ٱللَّهِ ٱلْكَذِبَ وَأَكْثَرُهُمْ لَا يَعْقِلُونَ ۝ ١٠٥ ۝

وَإِذَا قِيلَ لَهُمْ تَعَالَوْا إِلَىٰ مَا أَنزَلَ ٱللَّهُ وَإِلَى ٱلرَّسُولِ قَالُوا حَسْبُنَا مَا وَجَدْنَا عَلَيْهِ ءَابَآءَنَآ أَوَلَوْ كَانَ ءَابَآؤُهُمْ لَا يَعْلَمُونَ شَيْئًا وَلَا يَهْتَدُونَ ۝١٠٦ يَٰٓأَيُّهَا ٱلَّذِينَ ءَامَنُوا عَلَيْكُمْ أَنفُسَكُمْ لَا يَضُرُّكُم مَّن ضَلَّ إِذَا ٱهْتَدَيْتُمْ إِلَى ٱللَّهِ مَرْجِعُكُمْ جَمِيعًا فَيُنَبِّئُكُم بِمَا كُنتُمْ تَعْمَلُونَ ۝١٠٧ يَٰٓأَيُّهَا ٱلَّذِينَ ءَامَنُوا شَهَٰدَةُ بَيْنِكُمْ إِذَا حَضَرَ أَحَدَكُمُ ٱلْمَوْتُ حِينَ ٱلْوَصِيَّةِ ٱثْنَانِ ذَوَا عَدْلٍ مِّنكُمْ أَوْ ءَاخَرَانِ مِنْ غَيْرِكُمْ إِنْ أَنتُمْ ضَرَبْتُمْ فِي ٱلْأَرْضِ فَأَصَٰبَتْكُم مُّصِيبَةُ ٱلْمَوْتِ تَحْبِسُونَهُمَا مِنۢ بَعْدِ ٱلصَّلَوٰةِ فَيُقْسِمَانِ بِٱللَّهِ إِنِ ٱرْتَبْتُمْ لَا نَشْتَرِي بِهِۦ ثَمَنًا وَلَوْ كَانَ ذَا قُرْبَىٰ وَلَا نَكْتُمُ شَهَٰدَةَ ٱللَّهِ إِنَّآ إِذًا لَّمِنَ ٱلْءَاثِمِينَ ۝١٠٨ فَإِنْ عُثِرَ عَلَىٰٓ أَنَّهُمَا ٱسْتَحَقَّآ إِثْمًا فَـَٔاخَرَانِ يَقُومَانِ مَقَامَهُمَا مِنَ ٱلَّذِينَ ٱسْتَحَقَّ عَلَيْهِمُ ٱلْأَوْلَيَٰنِ فَيُقْسِمَانِ بِٱللَّهِ لَشَهَٰدَتُنَآ أَحَقُّ مِن شَهَٰدَتِهِمَا وَمَا ٱعْتَدَيْنَآ إِنَّآ إِذًا لَّمِنَ ٱلظَّٰلِمِينَ ۝١٠٩ ذَٰلِكَ أَدْنَىٰٓ أَن يَأْتُوا بِٱلشَّهَٰدَةِ عَلَىٰ وَجْهِهَآ أَوْ يَخَافُوٓا أَن تُرَدَّ أَيْمَٰنٌۢ بَعْدَ أَيْمَٰنِهِمْ وَٱتَّقُوا ٱللَّهَ وَٱسْمَعُوا وَٱللَّهُ لَا يَهْدِي ٱلْقَوْمَ ٱلْفَٰسِقِينَ ۝١١٠

الْمَائِدَة

يَوْمَ يَجْمَعُ ٱللَّهُ ٱلرُّسُلَ فَيَقُولُ مَاذَآ أُجِبْتُمْ قَالُوا لَا عِلْمَ لَنَآ إِنَّكَ أَنتَ عَلَّامُ ٱلْغُيُوبِ ۝ إِذْ قَالَ ٱللَّهُ يَعِيسَى ٱبْنَ مَرْيَمَ ٱذْكُرْ نِعْمَتِي عَلَيْكَ وَعَلَىٰ وَٰلِدَتِكَ إِذْ أَيَّدتُّكَ بِرُوحِ ٱلْقُدُسِ تُكَلِّمُ ٱلنَّاسَ فِي ٱلْمَهْدِ وَكَهْلًا وَإِذْ عَلَّمْتُكَ ٱلْكِتَٰبَ وَٱلْحِكْمَةَ وَٱلتَّوْرَىٰةَ وَٱلْإِنجِيلَ وَإِذْ تَخْلُقُ مِنَ ٱلطِّينِ كَهَيْئَةِ ٱلطَّيْرِ بِإِذْنِي فَتَنفُخُ فِيهَا فَتَكُونُ طَيْرًا بِإِذْنِي وَتُبْرِئُ ٱلْأَكْمَهَ وَٱلْأَبْرَصَ بِإِذْنِي وَإِذْ تُخْرِجُ ٱلْمَوْتَىٰ بِإِذْنِي وَإِذْ كَفَفْتُ بَنِي إِسْرَآءِيلَ عَنكَ إِذْ جِئْتَهُم بِٱلْبَيِّنَٰتِ فَقَالَ ٱلَّذِينَ كَفَرُوا مِنْهُمْ إِنْ هَٰذَآ إِلَّا سِحْرٌ مُّبِينٌ ۝ ❈ وَإِذْ أَوْحَيْتُ إِلَى ٱلْحَوَارِيِّينَ أَنْ ءَامِنُوا بِي وَبِرَسُولِي قَالُوٓا ءَامَنَّا وَٱشْهَدْ بِأَنَّنَا مُسْلِمُونَ ۝ إِذْ قَالَ ٱلْحَوَارِيُّونَ يَعِيسَى ٱبْنَ مَرْيَمَ هَلْ يَسْتَطِيعُ رَبُّكَ أَن يُنَزِّلَ عَلَيْنَا مَآئِدَةً مِّنَ ٱلسَّمَآءِ قَالَ ٱتَّقُوا ٱللَّهَ إِن كُنتُم مُّؤْمِنِينَ ۝ قَالُوا نُرِيدُ أَن نَّأْكُلَ مِنْهَا وَتَطْمَئِنَّ قُلُوبُنَا وَنَعْلَمَ أَن قَدْ صَدَقْتَنَا وَنَكُونَ عَلَيْهَا مِنَ ٱلشَّٰهِدِينَ ۝

• بِرُوحِ ٱلْقُدُسِ
جبريل عليه السلام

• فِي ٱلْمَهْدِ
زمن الطفولة قبل أوان الكلام

• كَهْلًا
حال اكتمال القوة

• تَخْلُقُ
تصور وتقدر

• نصف

• ٱلْأَكْمَهَ
الأعمى خِلقة

• ٱلْحَوَارِيِّينَ
أنصار عيسى عليه السلام

• مَآئِدَةً
خوانًا عليه طعام

● مدّ مشبع 6 حركات   ● إخفاء، ومواقع الغُنّة (حركتين)   ● تفخيم
● مدّ حركتين   ● مدّ 2 أو 4 أو 6 جوازًا   ● إدغام، وما لا يُلفظ   ● قلقلة

126

قَالَ عِيسَى ابْنُ مَرْيَمَ اللَّهُمَّ رَبَّنَا أَنزِلْ عَلَيْنَا مَآئِدَةً مِّنَ السَّمَاءِ تَكُونُ لَنَا عِيداً لِّأَوَّلِنَا وَءَاخِرِنَا وَءَايَةً مِّنكَ وَارْزُقْنَا وَأَنتَ خَيْرُ الرَّازِقِينَ ﴿١١٦﴾ قَالَ اللَّهُ إِنِّي مُنَزِّلُهَا عَلَيْكُمْ فَمَن يَكْفُرْ بَعْدُ مِنكُمْ فَإِنِّي أُعَذِّبُهُ عَذَاباً لَّا أُعَذِّبُهُ أَحَداً مِّنَ الْعَالَمِينَ ﴿١١٧﴾ وَإِذْ قَالَ اللَّهُ يَا عِيسَى ابْنَ مَرْيَمَ ءَأَنتَ قُلْتَ لِلنَّاسِ اتَّخِذُونِي وَأُمِّيَ إِلَهَيْنِ مِن دُونِ اللَّهِ قَالَ سُبْحَانَكَ مَا يَكُونُ لِي أَنْ أَقُولَ مَا لَيْسَ لِي بِحَقٍّ إِن كُنتُ قُلْتُهُ فَقَدْ عَلِمْتَهُ تَعْلَمُ مَا فِي نَفْسِي وَلَا أَعْلَمُ مَا فِي نَفْسِكَ إِنَّكَ أَنتَ عَلَّامُ الْغُيُوبِ ﴿١١٨﴾ مَا قُلْتُ لَهُمْ إِلَّا مَا أَمَرْتَنِي بِهِ أَنِ اعْبُدُوا اللَّهَ رَبِّي وَرَبَّكُمْ وَكُنتُ عَلَيْهِمْ شَهِيداً مَّا دُمْتُ فِيهِمْ فَلَمَّا تَوَفَّيْتَنِي كُنتَ أَنتَ الرَّقِيبَ عَلَيْهِمْ وَأَنتَ عَلَى كُلِّ شَيْءٍ شَهِيدٌ ﴿١١٩﴾ إِن تُعَذِّبْهُمْ فَإِنَّهُمْ عِبَادُكَ وَإِن تَغْفِرْ لَهُمْ فَإِنَّكَ أَنتَ الْعَزِيزُ الْحَكِيمُ ﴿١٢٠﴾ قَالَ اللَّهُ هَذَا يَوْمُ يَنفَعُ الصَّادِقِينَ صِدْقُهُمْ لَهُمْ جَنَّاتٌ تَجْرِي مِن تَحْتِهَا الْأَنْهَارُ خَالِدِينَ فِيهَا أَبَداً رَّضِيَ اللَّهُ عَنْهُمْ وَرَضُوا عَنْهُ ذَلِكَ الْفَوْزُ الْعَظِيمُ ﴿١٢١﴾ لِلَّهِ مُلْكُ السَّمَوَاتِ وَالْأَرْضِ وَمَا فِيهِنَّ وَهُوَ عَلَى كُلِّ شَيْءٍ قَدِيرٌ ﴿١٢٢﴾

• تَوَفَّيْتَنِي
أَخَذْتَنِي إِلَيْكَ
وَافِياً بِرَفْعِي
إِلَى السَّمَاءِ

| ● مدّ مشبع 6 حركات | ● إخفاء، ومواقع الغُنّة (حركتين) | ● تفخيم |
| ● مدّ 2 أو 4 أو 6 جوازاً | ● مدّ حركتين | ● إدغام، وما لا يُلفظ | ● قلقلة |

127

سُورَةُ الَانْعَامِ

بِسْمِ اِ۬للَّهِ اِ۬لرَّحْمَٰنِ اِ۬لرَّحِيمِ

۞ اَلْحَمْدُ لِلهِ اِ۬لذِے خَلَقَ اَ۬لسَّمَٰوَٰتِ وَالَارْضَ وَجَعَلَ اَ۬لظُّلُمَٰتِ
وَالنُّورَ (1) ثُمَّ اَ۬لذِينَ كَفَرُواْ بِرَبِّهِمْ يَعْدِلُونَۖ (2) هُوَ اَ۬لذِے
خَلَقَكُم مِّن طِينٍ ثُمَّ قَضَيٰٓ أَجَلاٗۖ وَأَجَلٞ مُّسَمًّي عِندَهُۥۖ ثُمَّ أَنتُمْ
تَمْتَرُونَۖ (3) وَهُوَ اَ۬للَّهُ فِے اِ۬لسَّمَٰوَٰتِ وَفِے اِ۬لَارْضِ يَعْلَمُ سِرَّكُمْ
وَجَهْرَكُمْ وَيَعْلَمُ مَا تَكْسِبُونَۖ (4) وَمَا تَاتِيهِم مِّنَ ـايَةٖ مِّنَ
ـايَٰتِ رَبِّهِمُۥٓ إِلَّا كَانُواْ عَنْهَا مُعْرِضِينَۖ (5) فَقَدْ كَذَّبُواْ بِالْحَقِّ
لَمَّا جَآءَهُمْۖ فَسَوْفَ يَاتِيهِمُۥٓ أَنۢبَـٰٓؤُاْ مَا كَانُواْ بِهِۦ يَسْتَهْزِءُونَۖ (6) أَلَمْ
يَرَوْاْ كَمَ اَهْلَكْنَا مِن قَبْلِهِم مِّن قَرْنٖ مَّكَّنَّٰهُمْ فِے اِ۬لَارْضِ مَا لَمْ
نُمَكِّن لَّكُمْۖ وَأَرْسَلْنَا اَ۬لسَّمَآءَ عَلَيْهِم مِّدْرَاراٗۖ وَجَعَلْنَا اَ۬لَانْهَٰرَ
تَجْرِے مِن تَحْتِهِمْ فَأَهْلَكْنَٰهُم بِذُنُوبِهِمْۖ وَأَنشَأْنَا مِنۢ بَعْدِهِمْ قَرْناً
ـاخَرِينَۖ (7) وَلَوْ نَزَّلْنَا عَلَيْكَ كِتَٰباٗ فِے قِرْطَاسٖ فَلَمَسُوهُ بِأَيْدِيهِمْ
لَقَالَ اَ۬لذِينَ كَفَرُوٓاْ إِنْ هَٰذَآ إِلَّا سِحْرٞ مُّبِينٞۖ (8) وَقَالُواْ لَوْلَآ
أُنزِلَ عَلَيْهِ مَلَكٞۖ وَلَوَ اَنزَلْنَا مَلَكاٗ لَّقُضِيَ اَ۬لَامْرُ ثُمَّ لَا يُنظَرُونَۖ (9)

ثُمُنٌ

- جَعَلَ: أنشأَ وأبدعَ
- بِرَبِّهِمْ يَعْدِلُونَ: يسوّونَ بهِ غيرَهِ في العبادةِ
- قَضَيٰٓ أَجَلاٗ: كتبَ وقدّرَ
- تَمْتَرُونَ: تشكّونَ في البعثِ أو تجحدونَهُ
- أَنۢبَـٰٓؤُاْ: أخبارُ ما ينالُهم منَ العقوباتِ
- قَرْنٖ: أمّةٍ
- مَّكَّنَّٰهُمْ: قوّيناهم
- مِّدْرَاراٗ: غزيرًا كثيرَ الصّبِّ
- قِرْطَاسٖ: ما يكتبُ فيهِ كالكاغدِ (الورقةُ التي يكتبُ عليها) والرّقّ (الجلدُ الرقيقُ الذي يكتبُ عليه)

مدّ مشبع 6 حركات	مدّ حركتين	إخفاء، ومواقع الغُنّة (حركتين)	تفخيم
مدّ 2 أو 4 أو 6 جوازاً		إدغام، وما لا يُلفَظ	قلقلة

وَلَوۡ جَعَلۡنَٰهُ مَلَكٗا لَّجَعَلۡنَٰهُ رَجُلٗا وَلَلَبَسۡنَا عَلَيۡهِم مَّا
يَلۡبِسُونَ (10) وَلَقَدِ ٱسۡتُهۡزِئَ بِرُسُلٖ مِّن قَبۡلِكَ فَحَاقَ
بِٱلَّذِينَ سَخِرُواْ مِنۡهُم مَّا كَانُواْ بِهِۦ يَسۡتَهۡزِءُونَ (11)
قُلۡ سِيرُواْ فِي ٱلۡأَرۡضِ ثُمَّ ٱنظُرُواْ كَيۡفَ كَانَ عَٰقِبَةُ
ٱلۡمُكَذِّبِينَ (12) قُل لِّمَن مَّا فِي ٱلسَّمَٰوَٰتِ وَٱلۡأَرۡضِۖ قُل لِّلَّهِۚ
كَتَبَ عَلَىٰ نَفۡسِهِ ٱلرَّحۡمَةَۚ لَيَجۡمَعَنَّكُمۡ إِلَىٰ يَوۡمِ ٱلۡقِيَٰمَةِ
لَا رَيۡبَ فِيهِۚ ٱلَّذِينَ خَسِرُوٓاْ أَنفُسَهُمۡ فَهُمۡ لَا يُؤۡمِنُونَ (13)
۞ وَلَهُۥ مَا سَكَنَ فِي ٱلَّيۡلِ وَٱلنَّهَارِۚ وَهُوَ ٱلسَّمِيعُ ٱلۡعَلِيمُ (14)
قُلۡ أَغَيۡرَ ٱللَّهِ أَتَّخِذُ وَلِيّٗا فَاطِرِ ٱلسَّمَٰوَٰتِ وَٱلۡأَرۡضِ وَهُوَ يُطۡعِمُ
وَلَا يُطۡعَمُۗ قُلۡ إِنِّيٓ أُمِرۡتُ أَنۡ أَكُونَ أَوَّلَ مَنۡ أَسۡلَمَۖ وَلَا
تَكُونَنَّ مِنَ ٱلۡمُشۡرِكِينَ (15) قُلۡ إِنِّيٓ أَخَافُ إِنۡ عَصَيۡتُ
رَبِّي عَذَابَ يَوۡمٍ عَظِيمٖ (16) مَّن يُصۡرَفۡ عَنۡهُ يَوۡمَئِذٖ فَقَدۡ
رَحِمَهُۥۚ وَذَٰلِكَ ٱلۡفَوۡزُ ٱلۡمُبِينُ (17) وَإِن يَمۡسَسۡكَ ٱللَّهُ بِضُرّٖ
فَلَا كَاشِفَ لَهُۥٓ إِلَّا هُوَۖ وَإِن يَمۡسَسۡكَ بِخَيۡرٖ فَهُوَ عَلَىٰ كُلِّ شَيۡءٖ
قَدِيرٞ (18) وَهُوَ ٱلۡقَاهِرُ فَوۡقَ عِبَادِهِۦۚ وَهُوَ ٱلۡحَكِيمُ ٱلۡخَبِيرُ (19)

- لَلَبَسۡنَا عَلَيۡهِم: لخلطْنا وأشكلْنا عليهم
- مَّا يَلۡبِسُونَ: ما يخلِطونَ على أنفسِهم
- فَحَاقَ: أحاطَ أو نزلَ
- كَتَبَ: قضى وأوجبَ تفضّلًا

رُبُعٌ

- فَاطِرِ: مُبدعِ
- يُطۡعِمُ: يرزقُ
- أَسۡلَمَ: انقادَ للهِ تعالى من هذهِ الأمّةِ

مدّ مشبع 6 حركات	مدّ حركتين	إخفاء، ومواقع الغُنّة (حركتين)	تفخيـ
مدّ 2 أو 4 أو 6 جوازاً		إدغام، وما لا يُلفَظ	قلقـ

الأنعام

قُلْ أَىُّ شَىْءٍ أَكْبَرُ شَهَـٰدَةً قُلِ ٱللَّهُ شَهِيدٌۢ بَيْنِى وَبَيْنَكُمْ وَأُوحِىَ إِلَىَّ هَـٰذَا ٱلْقُرْءَانُ لِأُنذِرَكُم بِهِۦ وَمَنۢ بَلَغَ أَئِنَّكُمْ لَتَشْهَدُونَ أَنَّ مَعَ ٱللَّهِ ءَالِهَةً أُخْرَىٰ قُل لَّآ أَشْهَدُ قُلْ إِنَّمَا هُوَ إِلَـٰهٌ وَٰحِدٌ وَإِنَّنِى بَرِىٓءٌ مِّمَّا تُشْرِكُونَ ۝ ٱلَّذِينَ ءَاتَيْنَـٰهُمُ ٱلْكِتَـٰبَ يَعْرِفُونَهُۥ كَمَا يَعْرِفُونَ أَبْنَآءَهُمُ ٱلَّذِينَ خَسِرُوٓا۟ أَنفُسَهُمْ فَهُمْ لَا يُؤْمِنُونَ ۝ وَمَنْ أَظْلَمُ مِمَّنِ ٱفْتَرَىٰ عَلَى ٱللَّهِ كَذِبًا أَوْ كَذَّبَ بِـَٔايَـٰتِهِۦٓ إِنَّهُۥ لَا يُفْلِحُ ٱلظَّـٰلِمُونَ ۝ وَيَوْمَ نَحْشُرُهُمْ جَمِيعًا ثُمَّ نَقُولُ لِلَّذِينَ أَشْرَكُوٓا۟ أَيْنَ شُرَكَآؤُكُمُ ٱلَّذِينَ كُنتُمْ تَزْعُمُونَ ۝ ثُمَّ لَمْ تَكُن فِتْنَتُهُمْ إِلَّآ أَن قَالُوا۟ وَٱللَّهِ رَبِّنَا مَا كُنَّا مُشْرِكِينَ ۝ ٱنظُرْ كَيْفَ كَذَبُوا۟ عَلَىٰٓ أَنفُسِهِمْ وَضَلَّ عَنْهُم مَّا كَانُوا۟ يَفْتَرُونَ ۝ وَمِنْهُم مَّن يَسْتَمِعُ إِلَيْكَ وَجَعَلْنَا عَلَىٰ قُلُوبِهِمْ أَكِنَّةً أَن يَفْقَهُوهُ وَفِىٓ ءَاذَانِهِمْ وَقْرًا وَإِن يَرَوْا۟ كُلَّ ءَايَةٍ لَّا يُؤْمِنُوا۟ بِهَا حَتَّىٰٓ إِذَا جَآءُوكَ يُجَـٰدِلُونَكَ يَقُولُ ٱلَّذِينَ كَفَرُوٓا۟ إِنْ هَـٰذَآ إِلَّآ أَسَـٰطِيرُ ٱلْأَوَّلِينَ ۝ وَهُمْ يَنْهَوْنَ عَنْهُ وَيَنْـَٔوْنَ عَنْهُ وَإِن يُهْلِكُونَ إِلَّآ أَنفُسَهُمْ وَمَا يَشْعُرُونَ ۝ وَلَوْ تَرَىٰٓ إِذْ وُقِفُوا۟ عَلَى ٱلنَّارِ فَقَالُوا۟ يَـٰلَيْتَنَا نُرَدُّ وَلَا نُكَذِّبَ بِـَٔايَـٰتِ رَبِّنَا وَنَكُونَ مِنَ ٱلْمُؤْمِنِينَ ۝

فَتَنَتَهُمْ
معذرتُهم أو
ضلالتُهم

ضَلَّ
غابَ

يَفْتَرُونَ
يكذبون

أَكِنَّةً
أغطيةً كثيرة

وَقْرًا
صمماً وثِقَلاً
في السمع

أَسَاطِيرُ
ٱلْأَوَّلِينَ
أكاذيبُهم
المسطرة في
كتبهم

ثُمُنْ

وَيَنْـَٔوْنَ عَنْهُ
يبتعدون
عن القرآن
بأنفسهم

وُقِفُوا۟ عَلَى
ٱلنَّارِ
حُبِسوا عليها
أو عُرِضُوها

مدّ مشبع 6 حركات	مدّ حركتين	
مدّ 2 أو 4 أو 6 جوازاً		
إخفاء، ومواقع الغُنَّة (حركتين)	تفخيم	
إدغام، وما لا يُلفظ	قلقلة	

بَلْ بَدَا لَهُم مَّا كَانُواْ يُخْفُونَ مِن قَبْلُ وَلَوْ رُدُّواْ لَعَادُواْ لِمَا نُهُواْ عَنْهُ وَإِنَّهُمْ لَكَذِبُونَ ﴿٢٩﴾ وَقَالُواْ إِنْ هِيَ إِلَّا حَيَاتُنَا ٱلدُّنْيَا وَمَا نَحْنُ بِمَبْعُوثِينَ ﴿٣٠﴾ وَلَوْ تَرَىٰ إِذْ وُقِفُواْ عَلَىٰ رَبِّهِمْ قَالَ أَلَيْسَ هَـٰذَا بِٱلْحَقِّ قَالُواْ بَلَىٰ وَرَبِّنَا قَالَ فَذُوقُواْ ٱلْعَذَابَ بِمَا كُنتُمْ تَكْفُرُونَ ﴿٣١﴾ قَدْ خَسِرَ ٱلَّذِينَ كَذَّبُواْ بِلِقَاءِ ٱللَّهِ حَتَّىٰ إِذَا جَاءَتْهُمُ ٱلسَّاعَةُ بَغْتَةً قَالُواْ يَا حَسْرَتَنَا عَلَىٰ مَا فَرَّطْنَا فِيهَا وَهُمْ يَحْمِلُونَ أَوْزَارَهُمْ عَلَىٰ ظُهُورِهِمْ أَلَا سَاءَ مَا يَزِرُونَ ﴿٣٢﴾ وَمَا ٱلْحَيَوٰةُ ٱلدُّنْيَا إِلَّا لَعِبٌ وَلَهْوٌ وَلَلدَّارُ ٱلْآخِرَةُ خَيْرٌ لِّلَّذِينَ يَتَّقُونَ أَفَلَا تَعْقِلُونَ ﴿٣٣﴾ قَدْ نَعْلَمُ إِنَّهُ لَيَحْزُنُكَ ٱلَّذِي يَقُولُونَ فَإِنَّهُمْ لَا يُكَذِّبُونَكَ وَلَـٰكِنَّ ٱلظَّالِمِينَ بِآيَاتِ ٱللَّهِ يَجْحَدُونَ ﴿٣٤﴾ وَلَقَدْ كُذِّبَتْ رُسُلٌ مِّن قَبْلِكَ فَصَبَرُواْ عَلَىٰ مَا كُذِّبُواْ وَأُوذُواْ حَتَّىٰ أَتَاهُمْ نَصْرُنَا وَلَا مُبَدِّلَ لِكَلِمَاتِ ٱللَّهِ وَلَقَدْ جَاءَكَ مِن نَّبَإِ ٱلْمُرْسَلِينَ ﴿٣٥﴾ وَإِن كَانَ كَبُرَ عَلَيْكَ إِعْرَاضُهُمْ فَإِنِ ٱسْتَطَعْتَ أَن تَبْتَغِيَ نَفَقًا فِي ٱلْأَرْضِ أَوْ سُلَّمًا فِي ٱلسَّمَاءِ فَتَأْتِيَهُم بِآيَةٍ وَلَوْ شَاءَ ٱللَّهُ لَجَمَعَهُمْ عَلَى ٱلْهُدَىٰ فَلَا تَكُونَنَّ مِنَ ٱلْجَاهِلِينَ ﴿٣٦﴾

• وَقِفُوا عَلَى
رَبِّهِم
حُبِسُوا على
حُكمِه تعالى

• بَغْتَةً
فجأة

• أَوْزَارَهُم
ذنوبهم
وخطاياهم

• كَبُرَ
شَقَّ وعظُم

• نَفَقاً
سرباً ومنفذاً

| • مدّ مشبع 6 حركات | • مدّ حركتين | • إخفاء، ومواقع الغُنّة (حركتين) | • تفخيم |
| • مدّ 2 أو 4 أو 6 جوازاً | • إدغام، وما لا يُلفظ | | • قلقلة |

۞ إِنَّمَا يَسْتَجِيبُ ٱلَّذِينَ يَسْمَعُونَ وَٱلْمَوْتَىٰ يَبْعَثُهُمُ ٱللَّهُ ثُمَّ إِلَيْهِ يُرْجَعُونَ ۝ وَقَالُوا۟ لَوْلَا نُزِّلَ عَلَيْهِ ءَايَةٌ مِّن رَّبِّهِ قُلْ إِنَّ ٱللَّهَ قَادِرٌ عَلَىٰ أَن يُنَزِّلَ ءَايَةً وَلَٰكِنَّ أَكْثَرَهُمْ لَا يَعْلَمُونَ ۝ وَمَا مِن دَآبَّةٍ فِي ٱلْأَرْضِ وَلَا طَٰئِرٍ يَطِيرُ بِجَنَاحَيْهِ إِلَّا أُمَمٌ أَمْثَالُكُم مَّا فَرَّطْنَا فِي ٱلْكِتَٰبِ مِن شَىْءٍ ثُمَّ إِلَىٰ رَبِّهِمْ يُحْشَرُونَ ۝ وَٱلَّذِينَ كَذَّبُوا۟ بِـَٔايَٰتِنَا صُمٌّ وَبُكْمٌ فِي ٱلظُّلُمَٰتِ مَن يَشَإِ ٱللَّهُ يُضْلِلْهُ وَمَن يَشَأْ يَجْعَلْهُ عَلَىٰ صِرَٰطٍ مُّسْتَقِيمٍ ۝ قُلْ أَرَءَيْتَكُمْ إِنْ أَتَىٰكُمْ عَذَابُ ٱللَّهِ أَوْ أَتَتْكُمُ ٱلسَّاعَةُ أَغَيْرَ ٱللَّهِ تَدْعُونَ إِن كُنتُمْ صَٰدِقِينَ ۝ بَلْ إِيَّاهُ تَدْعُونَ فَيَكْشِفُ مَا تَدْعُونَ إِلَيْهِ إِن شَآءَ وَتَنسَوْنَ مَا تُشْرِكُونَ ۝ وَلَقَدْ أَرْسَلْنَآ إِلَىٰ أُمَمٍ مِّن قَبْلِكَ فَأَخَذْنَٰهُم بِٱلْبَأْسَآءِ وَٱلضَّرَّآءِ لَعَلَّهُمْ يَتَضَرَّعُونَ ۝ فَلَوْلَآ إِذْ جَآءَهُم بَأْسُنَا تَضَرَّعُوا۟ وَلَٰكِن قَسَتْ قُلُوبُهُمْ وَزَيَّنَ لَهُمُ ٱلشَّيْطَٰنُ مَا كَانُوا۟ يَعْمَلُونَ ۝ فَلَمَّا نَسُوا۟ مَا ذُكِّرُوا۟ بِهِ فَتَحْنَا عَلَيْهِمْ أَبْوَٰبَ كُلِّ شَىْءٍ حَتَّىٰ إِذَا فَرِحُوا۟ بِمَآ أُوتُوٓا۟ أَخَذْنَٰهُم بَغْتَةً فَإِذَا هُم مُّبْلِسُونَ ۝

• مَّا فَرَّطْنَا	ما أغفلنا وما تركناها
• أَرَءَيْتَكُمْ	أخبروني
• بِٱلْبَأْسَآءِ	الفقر ونحوه
• ٱلضَّرَّآءِ	السقم ونحوه
• يَتَضَرَّعُونَ	يتذللون ويتخشعون
• بَأْسَنَا	عذابنا
• بَغْتَةً	فجأة
• مُّبْلِسُونَ	آيسون أو مكتئبون

● مدّ مشبع 6 حركات	● إخفاء، ومواقع الغُنَّة (حركتين)	● تفخيم
● مدّ حركتين		
● مدّ 2 أو 4 أو 6 جوازاً	● إدغام، وما لا يُلفظ	● قلقلة

فَقُطِعَ دَابِرُ الْقَوْمِ الَّذِينَ ظَلَمُوا ۚ وَالْحَمْدُ لِلَّهِ رَبِّ الْعَالَمِينَ ۝

قُلْ أَرَأَيْتُمْ إِنْ أَخَذَ اللَّهُ سَمْعَكُمْ وَأَبْصَارَكُمْ وَخَتَمَ عَلَىٰ

قُلُوبِكُم مَّنْ إِلَٰهٌ غَيْرُ اللَّهِ يَأْتِيكُم بِهِ ۗ انظُرْ كَيْفَ نُصَرِّفُ

الْآيَاتِ ثُمَّ هُمْ يَصْدِفُونَ ۝ قُلْ أَرَأَيْتَكُمْ إِنْ أَتَاكُمْ عَذَابُ

اللَّهِ بَغْتَةً أَوْ جَهْرَةً هَلْ يُهْلَكُ إِلَّا الْقَوْمُ الظَّالِمُونَ ۝ ۞ وَمَا

نُرْسِلُ الْمُرْسَلِينَ إِلَّا مُبَشِّرِينَ وَمُنذِرِينَ ۖ فَمَنْ آمَنَ وَأَصْلَحَ

فَلَا خَوْفٌ عَلَيْهِمْ وَلَا هُمْ يَحْزَنُونَ ۝ وَالَّذِينَ كَذَّبُوا بِآيَاتِنَا

يَمَسُّهُمُ الْعَذَابُ بِمَا كَانُوا يَفْسُقُونَ ۝ قُل لَّا أَقُولُ لَكُمْ

عِندِي خَزَائِنُ اللَّهِ وَلَا أَعْلَمُ الْغَيْبَ وَلَا أَقُولُ لَكُمْ إِنِّي مَلَكٌ ۖ

إِنْ أَتَّبِعُ إِلَّا مَا يُوحَىٰ إِلَيَّ ۚ قُلْ هَلْ يَسْتَوِي الْأَعْمَىٰ وَالْبَصِيرُ ۚ أَفَلَا

تَتَفَكَّرُونَ ۝ وَأَنذِرْ بِهِ الَّذِينَ يَخَافُونَ أَن يُحْشَرُوا إِلَىٰ

رَبِّهِمْ ۙ لَيْسَ لَهُم مِّن دُونِهِ وَلِيٌّ وَلَا شَفِيعٌ لَّعَلَّهُمْ يَتَّقُونَ ۝

وَلَا تَطْرُدِ الَّذِينَ يَدْعُونَ رَبَّهُم بِالْغَدَاةِ وَالْعَشِيِّ يُرِيدُونَ

وَجْهَهُ ۖ مَا عَلَيْكَ مِنْ حِسَابِهِم مِّن شَيْءٍ وَمَا مِنْ حِسَابِكَ

عَلَيْهِم مِّن شَيْءٍ فَتَطْرُدَهُمْ فَتَكُونَ مِنَ الظَّالِمِينَ ۝

وَكَذَٰلِكَ فَتَنَّا بَعْضَهُم بِبَعْضٍ لِّيَقُولُوٓا۟ أَهَـٰٓؤُلَآءِ مَنَّ عَلَى اللَّهُ عَلَيْهِم مِّنۢ بَيْنِنَآ أَلَيْسَ اللَّهُ بِأَعْلَمَ بِالشَّـٰكِرِينَ ﴿٥٤﴾ وَإِذَا جَآءَكَ ٱلَّذِينَ يُؤْمِنُونَ بِـَٔايَـٰتِنَا فَقُلْ سَلَـٰمٌ عَلَيْكُمْ كَتَبَ رَبُّكُمْ عَلَىٰ نَفْسِهِ ٱلرَّحْمَةَ أَنَّهُۥ مَنْ عَمِلَ مِنكُمْ سُوٓءًۢا بِجَهَـٰلَةٍ ثُمَّ تَابَ مِنۢ بَعْدِهِۦ وَأَصْلَحَ فَأَنَّهُۥ غَفُورٌ رَّحِيمٌ ﴿٥٥﴾ وَكَذَٰلِكَ نُفَصِّلُ ٱلْآيَـٰتِ وَلِتَسْتَبِينَ سَبِيلَ ٱلْمُجْرِمِينَ ﴿٥٦﴾ قُلْ إِنِّى نُهِيتُ أَنْ أَعْبُدَ ٱلَّذِينَ تَدْعُونَ مِن دُونِ ٱللَّهِ قُل لَّآ أَتَّبِعُ أَهْوَآءَكُمْ قَدْ ضَلَلْتُ إِذًا وَمَآ أَنَا۠ مِنَ ٱلْمُهْتَدِينَ ﴿٥٧﴾ قُلْ إِنِّى عَلَىٰ بَيِّنَةٍ مِّن رَّبِّى وَكَذَّبْتُم بِهِۦ مَا عِندِى مَا تَسْتَعْجِلُونَ بِهِۦٓ إِنِ ٱلْحُكْمُ إِلَّا لِلَّهِ يَقُصُّ ٱلْحَقَّ وَهُوَ خَيْرُ ٱلْفَـٰصِلِينَ ﴿٥٨﴾ قُل لَّوْ أَنَّ عِندِى مَا تَسْتَعْجِلُونَ بِهِۦ لَقُضِىَ ٱلْأَمْرُ بَيْنِى وَبَيْنَكُمْ وَٱللَّهُ أَعْلَمُ بِٱلظَّـٰلِمِينَ ﴿٥٩﴾ ۞ وَعِندَهُۥ مَفَاتِحُ ٱلْغَيْبِ لَا يَعْلَمُهَآ إِلَّا هُوَ وَيَعْلَمُ مَا فِى ٱلْبَرِّ وَٱلْبَحْرِ وَمَا تَسْقُطُ مِن وَرَقَةٍ إِلَّا يَعْلَمُهَا وَلَا حَبَّةٍ فِى ظُلُمَـٰتِ ٱلْأَرْضِ وَلَا رَطْبٍ وَلَا يَابِسٍ إِلَّا فِى كِتَـٰبٍ مُّبِينٍ ﴿٦٠﴾

• فَتَنَّا
ابتلينا وامتحنّا

الأنعَام

• يَقُصُّ ٱلْحَقَّ
يقولُهُ فيما
يحكمُ به

• ٱلْفَـٰصِلِينَ
الحاكمينَ

رُبُع

| • مدّ مشبع 6 حركات | • إخفاء، ومواقع الغُنَّة (حركتين) | • مدّ حركتين | • تفخيم |
| • مدّ 2 أو 4 أو 6 جوازًا | • إدغام، وما لا يُلفَظ | | • قلقلة |

134

وَهُوَ ٱلَّذِي يَتَوَفَّىٰكُم بِٱلَّيۡلِ وَيَعۡلَمُ مَا جَرَحۡتُم بِٱلنَّهَارِ ثُمَّ يَبۡعَثُكُمۡ
فِيهِ لِيُقۡضَىٰٓ أَجَلٞ مُّسَمّٗىۖ ثُمَّ إِلَيۡهِ مَرۡجِعُكُمۡ ثُمَّ يُنَبِّئُكُم بِمَا كُنتُمۡ
تَعۡمَلُونَ ﴿61﴾ وَهُوَ ٱلۡقَاهِرُ فَوۡقَ عِبَادِهِۦۖ وَيُرۡسِلُ عَلَيۡكُمۡ حَفَظَةً
حَتَّىٰٓ إِذَا جَآءَ أَحَدَكُمُ ٱلۡمَوۡتُ تَوَفَّتۡهُ رُسُلُنَا وَهُمۡ لَا يُفَرِّطُونَ ﴿62﴾
ثُمَّ رُدُّوٓاْ إِلَى ٱللَّهِ مَوۡلَىٰهُمُ ٱلۡحَقِّۚ أَلَا لَهُ ٱلۡحُكۡمُ وَهُوَ أَسۡرَعُ
ٱلۡحَٰسِبِينَ ﴿63﴾ قُلۡ مَن يُنَجِّيكُم مِّن ظُلُمَٰتِ ٱلۡبَرِّ وَٱلۡبَحۡرِ تَدۡعُونَهُۥ
تَضَرُّعٗا وَخُفۡيَةٗ لَّئِنۡ أَنجَىٰنَا مِنۡ هَٰذِهِۦ لَنَكُونَنَّ مِنَ ٱلشَّٰكِرِينَ ﴿64﴾
قُلِ ٱللَّهُ يُنَجِّيكُم مِّنۡهَا وَمِن كُلِّ كَرۡبٖ ثُمَّ أَنتُمۡ تُشۡرِكُونَ ﴿65﴾
قُلۡ هُوَ ٱلۡقَادِرُ عَلَىٰٓ أَن يَبۡعَثَ عَلَيۡكُمۡ عَذَابٗا مِّن فَوۡقِكُمۡ أَوۡ
مِن تَحۡتِ أَرۡجُلِكُمۡ أَوۡ يَلۡبِسَكُمۡ شِيَعٗا وَيُذِيقَ بَعۡضَكُم
بَأۡسَ بَعۡضٍۗ ٱنظُرۡ كَيۡفَ نُصَرِّفُ ٱلۡأٓيَٰتِ لَعَلَّهُمۡ يَفۡقَهُونَ ﴿66﴾
وَكَذَّبَ بِهِۦ قَوۡمُكَ وَهُوَ ٱلۡحَقُّۚ قُل لَّسۡتُ عَلَيۡكُم بِوَكِيلٖ ۝ لِّكُلِّ
نَبَإٖ مُّسۡتَقَرّٞۚ وَسَوۡفَ تَعۡلَمُونَ ﴿67﴾ وَإِذَا رَأَيۡتَ ٱلَّذِينَ يَخُوضُونَ فِيٓ
ءَايَٰتِنَا فَأَعۡرِضۡ عَنۡهُمۡ حَتَّىٰ يَخُوضُواْ فِي حَدِيثٍ غَيۡرِهِۦۚ وَإِمَّا يُنسِيَنَّكَ
ٱلشَّيۡطَٰنُ فَلَا تَقۡعُدۡ بَعۡدَ ٱلذِّكۡرَىٰ مَعَ ٱلۡقَوۡمِ ٱلظَّٰلِمِينَ ﴿68﴾

- **جَرَحْتُم**: كسبْتُم
- **لا يُفَرِّطُونَ**: لا يتوانَونَ أو لا يُقصِّرُونَ
- **تَضَرُّعاً**: مُعلنينَ الضَّراعةَ والتذلّلَ له
- **خُفْيَةً**: مسرّينَ بالدّعاء
- **يَلْبِسَكُمْ**: يَخلطكم في القتالِ
- **شِيَعاً**: فِرقًا مُختلفةَ الأهواءِ
- **بَأْسَ بَعْضٍ**: شدّةَ بعضٍ في القتالِ
- **نُصَرِّفُ**: نكرّرُ بأساليبَ مختلفةٍ

مدّ مشبع 6 حركات	مدّ حركتين	إخفاء، ومواقع الغُنّة (حركتين)	تفخيم
مدّ 2 أو 4 أو 6 جوازاً		إدغام، وما لا يُلفَظ	قلقلة

وَمَا عَلَى ٱلَّذِينَ يَتَّقُونَ مِنْ حِسَابِهِم مِّن شَيْءٍ وَلَٰكِن

ذِكْرَىٰ لَعَلَّهُمْ يَتَّقُونَ ۞ ﴿٦٩﴾ وَذَرِ ٱلَّذِينَ ٱتَّخَذُوا۟ دِينَهُمْ

لَعِبًا وَلَهْوًا وَغَرَّتْهُمُ ٱلْحَيَوٰةُ ٱلدُّنْيَا وَذَكِّرْ بِهِۦ أَن تُبْسَلَ

نَفْسٌۢ بِمَا كَسَبَتْ لَيْسَ لَهَا مِن دُونِ ٱللَّهِ وَلِيٌّ وَلَا شَفِيعٌ

وَإِن تَعْدِلْ كُلَّ عَدْلٍ لَّا يُؤْخَذْ مِنْهَآ ۗ أُو۟لَٰٓئِكَ ٱلَّذِينَ

أُبْسِلُوا۟ بِمَا كَسَبُوا۟ ۖ لَهُمْ شَرَابٌ مِّنْ حَمِيمٍ وَعَذَابٌ

أَلِيمٌۢ بِمَا كَانُوا۟ يَكْفُرُونَ ﴿٧٠﴾ قُلْ أَنَدْعُوا۟ مِن دُونِ

ٱللَّهِ مَا لَا يَنفَعُنَا وَلَا يَضُرُّنَا وَنُرَدُّ عَلَىٰٓ أَعْقَابِنَا بَعْدَ إِذْ هَدَىٰنَا

ٱللَّهُ كَٱلَّذِى ٱسْتَهْوَتْهُ ٱلشَّيَٰطِينُ فِى ٱلْأَرْضِ حَيْرَانَ لَهُۥ

أَصْحَٰبٌ يَدْعُونَهُۥٓ إِلَى ٱلْهُدَى ٱئْتِنَا ۗ قُلْ إِنَّ هُدَى ٱللَّهِ هُوَ

ٱلْهُدَىٰ ۖ وَأُمِرْنَا لِنُسْلِمَ لِرَبِّ ٱلْعَٰلَمِينَ ﴿٧١﴾ وَأَنْ أَقِيمُوا۟

ٱلصَّلَوٰةَ وَٱتَّقُوهُ ۚ وَهُوَ ٱلَّذِىٓ إِلَيْهِ تُحْشَرُونَ ﴿٧٢﴾ وَهُوَ ٱلَّذِى

خَلَقَ ٱلسَّمَٰوَٰتِ وَٱلْأَرْضَ بِٱلْحَقِّ ۖ وَيَوْمَ يَقُولُ كُن

فَيَكُونُ ﴿٧٣﴾ قَوْلُهُ ٱلْحَقُّ ۚ وَلَهُ ٱلْمُلْكُ يَوْمَ يُنفَخُ فِى ٱلصُّورِ ۚ

عَٰلِمُ ٱلْغَيْبِ وَٱلشَّهَٰدَةِ ۚ وَهُوَ ٱلْحَكِيمُ ٱلْخَبِيرُ ﴿٧٤﴾

الهامش:

• غَرَّتْهُمُ
خدعتهم
وأطمعتهم
بالباطل

• تُبْسَلَ
تحبس في
جهنم

• تَعْدِلْ
كُلَّ عَدْلٍ
تفتد بكلّ
فداء

• أُبْسِلُوا۟
حُبِسوا في
النار

• حَمِيمٍ
ماء بالغ نهاية
الحرارة

• إِسْتَهْوَتْهُ
أضلّته

• ٱلصُّورِ
القرن

وَإِذْ قَالَ إِبْرَٰهِيمُ لِأَبِيهِ ءَازَرَ أَتَتَّخِذُ أَصْنَامًا ـ ءَالِهَةً إِنِّيٓ أَرَىٰكَ وَقَوْمَكَ فِي ضَلَٰلٍ مُّبِينٍ ۝ وَكَذَٰلِكَ نُرِيٓ إِبْرَٰهِيمَ مَلَكُوتَ ٱلسَّمَٰوَٰتِ وَٱلْأَرْضِ وَلِيَكُونَ مِنَ ٱلْمُوقِنِينَ ۝ فَلَمَّا جَنَّ عَلَيْهِ ٱلَّيْلُ رَءَا كَوْكَبًا قَالَ هَٰذَا رَبِّي فَلَمَّآ أَفَلَ قَالَ لَآ أُحِبُّ ٱلْءَافِلِينَ ۝ فَلَمَّا رَءَا ٱلْقَمَرَ بَازِغًا قَالَ هَٰذَا رَبِّي فَلَمَّآ أَفَلَ قَالَ لَئِن لَّمْ يَهْدِنِي رَبِّي لَأَكُونَنَّ مِنَ ٱلْقَوْمِ ٱلضَّآلِّينَ ۝ فَلَمَّا رَءَا ٱلشَّمْسَ بَازِغَةً قَالَ هَٰذَا رَبِّي هَٰذَآ أَكْبَرُ فَلَمَّآ أَفَلَتْ قَالَ يَٰقَوْمِ إِنِّي بَرِيٓءٌ مِّمَّا تُشْرِكُونَ ۝ إِنِّي وَجَّهْتُ وَجْهِيَ لِلَّذِي فَطَرَ ٱلسَّمَٰوَٰتِ وَٱلْأَرْضَ حَنِيفًا وَمَآ أَنَا۠ مِنَ ٱلْمُشْرِكِينَ ۝ وَحَآجَّهُۥ قَوْمُهُۥ قَالَ أَتُحَٰٓجُّوٓنِّي فِي ٱللَّهِ وَقَدْ هَدَىٰنِ وَلَآ أَخَافُ مَا تُشْرِكُونَ بِهِۦٓ إِلَّآ أَن يَشَآءَ رَبِّي شَيْئًا وَسِعَ رَبِّي كُلَّ شَيْءٍ عِلْمًا أَفَلَا تَتَذَكَّرُونَ ۝ وَكَيْفَ أَخَافُ مَآ أَشْرَكْتُمْ وَلَا تَخَافُونَ أَنَّكُمْ أَشْرَكْتُم بِٱللَّهِ مَا لَمْ يُنَزِّلْ بِهِۦ عَلَيْكُمْ سُلْطَٰنًا فَأَيُّ ٱلْفَرِيقَيْنِ أَحَقُّ بِٱلْأَمْنِ إِن كُنتُمْ تَعْلَمُونَ ۝

الشرح الجانبي:

● **ءَازَرَ**
لقب والد إبراهيم

● **مَلَكُوتَ**
عجائب

● **جَنَّ عَلَيْهِ ٱلَّيْلُ**
سترهُ بظلامه

● **أَفَلَ**
غاب وغرب تحت الأفق

● **بَازِغًا**
طالعًا من الأفق

● **فَطَرَ**
أوجد وأنشأ

نِصْفٌ

● **حَنِيفًا**
مائلًا عن الباطل إلى الدين الحق

● **حَآجَّهُ**
خاصمهُ

● **سُلْطَٰنًا**
حجةً وبرهانًا

ٱلَّذِينَ ءَامَنُوا۟ وَلَمْ يَلْبِسُوٓا۟ إِيمَٰنَهُم بِظُلْمٍ أُو۟لَٰٓئِكَ لَهُمُ ٱلْأَمْنُ

وَهُم مُّهْتَدُونَ ۝٨٣ وَتِلْكَ حُجَّتُنَآ ءَاتَيْنَٰهَآ إِبْرَٰهِيمَ عَلَىٰ

قَوْمِهِۦ نَرْفَعُ دَرَجَٰتٍ مَّن نَّشَآءُ إِنَّ رَبَّكَ حَكِيمٌ عَلِيمٌ ۝٨٤

وَوَهَبْنَا لَهُۥٓ إِسْحَٰقَ وَيَعْقُوبَ كُلًّا هَدَيْنَا وَنُوحًا هَدَيْنَا

مِن قَبْلُ وَمِن ذُرِّيَّتِهِۦ دَاوُۥدَ وَسُلَيْمَٰنَ وَأَيُّوبَ وَيُوسُفَ

وَمُوسَىٰ وَهَٰرُونَ وَكَذَٰلِكَ نَجْزِى ٱلْمُحْسِنِينَ ۝٨٥ وَزَكَرِيَّا

وَيَحْيَىٰ وَعِيسَىٰ وَإِلْيَاسَ كُلٌّ مِّنَ ٱلصَّٰلِحِينَ ۝٨٦ وَإِسْمَٰعِيلَ

وَٱلْيَسَعَ وَيُونُسَ وَلُوطًا وَكُلًّا فَضَّلْنَا عَلَى ٱلْعَٰلَمِينَ ۝٨٧

وَمِنْ ءَابَآئِهِمْ وَذُرِّيَّٰتِهِمْ وَإِخْوَٰنِهِمْ وَٱجْتَبَيْنَٰهُمْ وَهَدَيْنَٰهُمْ إِلَىٰ

صِرَٰطٍ مُّسْتَقِيمٍ ۝٨٨ ذَٰلِكَ هُدَى ٱللَّهِ يَهْدِى بِهِۦ مَن يَشَآءُ مِنْ

عِبَادِهِۦ وَلَوْ أَشْرَكُوا۟ لَحَبِطَ عَنْهُم مَّا كَانُوا۟ يَعْمَلُونَ ۝٨٩

أُو۟لَٰٓئِكَ ٱلَّذِينَ ءَاتَيْنَٰهُمُ ٱلْكِتَٰبَ وَٱلْحُكْمَ وَٱلنُّبُوَّةَ فَإِن

يَكْفُرْ بِهَا هَٰٓؤُلَآءِ فَقَدْ وَكَّلْنَا بِهَا قَوْمًا لَّيْسُوا۟ بِهَا بِكَٰفِرِينَ ۝٩٠

أُو۟لَٰٓئِكَ ٱلَّذِينَ هَدَى ٱللَّهُ فَبِهُدَىٰهُمُ ٱقْتَدِهْ قُل لَّآ أَسْـَٔلُكُمْ

عَلَيْهِ أَجْرًا إِنْ هُوَ إِلَّا ذِكْرَىٰ لِلْعَٰلَمِينَ ۝٩١

الأنعام

• لَمْ يَلْبِسُوا۟
لم يخلطوا

• بِظُلْمٍ
بشرك

• ٱجْتَبَيْنَٰهُمْ
اصطفيناهم

• لَحَبِطَ
لبطل وسقط

• ٱلْحُكْمَ
الفصل بين
الناس بالحق

• مدّ مشبع 6 حركات   • إخفاء، ومواقع الغنّة (حركتين)   • تفخيم

• مدّ 2 أو 4 أو 6 جوازًا   • مدّ حركتين   • إدغام، وما لا يُلفظ   • قلقلة

ثُمُن

۞ وَمَا قَدَرُواْ ٱللَّهَ حَقَّ قَدْرِهِۦٓ إِذْ قَالُواْ مَآ أَنزَلَ ٱللَّهُ عَلَىٰ بَشَرٖ مِّن شَيْءٖۗ
قُلْ مَنْ أَنزَلَ ٱلْكِتَٰبَ ٱلَّذِي جَآءَ بِهِۦ مُوسَىٰ نُورٗا وَهُدٗى لِّلنَّاسِۖ
تَجْعَلُونَهُۥ قَرَاطِيسَ تُبْدُونَهَا وَتُخْفُونَ كَثِيرٗاۖ وَعُلِّمْتُم مَّا لَمْ تَعْلَمُوٓاْ
أَنتُمْ وَلَآ ءَابَآؤُكُمْۖ قُلِ ٱللَّهُۖ ثُمَّ ذَرْهُمْ فِي خَوْضِهِمْ يَلْعَبُونَ ﴿92﴾
وَهَٰذَا كِتَٰبٌ أَنزَلْنَٰهُ مُبَارَكٞ مُّصَدِّقُ ٱلَّذِي بَيْنَ يَدَيْهِ وَلِتُنذِرَ
أُمَّ ٱلْقُرَىٰ وَمَنْ حَوْلَهَاۚ وَٱلَّذِينَ يُؤْمِنُونَ بِٱلْأٓخِرَةِ يُؤْمِنُونَ بِهِۦۖ وَهُمْ
عَلَىٰ صَلَاتِهِمْ يُحَافِظُونَ ﴿93﴾ وَمَنْ أَظْلَمُ مِمَّنِ ٱفْتَرَىٰ عَلَى ٱللَّهِ
كَذِبًا أَوْ قَالَ أُوحِيَ إِلَيَّ وَلَمْ يُوحَ إِلَيْهِ شَيْءٞ وَمَن قَالَ سَأُنزِلُ
مِثْلَ مَآ أَنزَلَ ٱللَّهُۗ وَلَوْ تَرَىٰٓ إِذِ ٱلظَّٰلِمُونَ فِي غَمَرَٰتِ ٱلْمَوْتِ
وَٱلْمَلَٰٓئِكَةُ بَاسِطُوٓاْ أَيْدِيهِمْ أَخْرِجُوٓاْ أَنفُسَكُمُۖ ٱلْيَوْمَ تُجْزَوْنَ
عَذَابَ ٱلْهُونِ بِمَا كُنتُمْ تَقُولُونَ عَلَى ٱللَّهِ غَيْرَ ٱلْحَقِّ
وَكُنتُمْ عَنْ ءَايَٰتِهِۦ تَسْتَكْبِرُونَ ﴿94﴾ وَلَقَدْ جِئْتُمُونَا فُرَٰدَىٰ
كَمَا خَلَقْنَٰكُمْ أَوَّلَ مَرَّةٖ وَتَرَكْتُم مَّا خَوَّلْنَٰكُمْ وَرَآءَ ظُهُورِكُمْۖ
وَمَا نَرَىٰ مَعَكُمْ شُفَعَآءَكُمُ ٱلَّذِينَ زَعَمْتُمْ أَنَّهُمْ فِيكُمْ شُرَكَٰٓؤُاْۚ
لَقَد تَّقَطَّعَ بَيْنَكُمْ وَضَلَّ عَنكُم مَّا كُنتُمْ تَزْعُمُونَ ﴿95﴾

- مَا قَدَرُواْ ٱللَّهَ: ما عرفوا اللهَ أو ما عظّموه
- قَرَاطِيسَ: أوراقًا مكتوبةً مفرّقةً
- خَوْضِهِمْ: باطلِهم
- مُبَارَكٞ: كثيرُ المنافعِ والفوائدِ
- غَمَرَٰتِ ٱلْمَوْتِ: سكراتِه وشدائدِه
- ٱلْهُونِ: الهوانِ والذلّ
- مَّا خَوَّلْنَٰكُمْ: ما أعطيْناكُم من متاعِ الدُّنيا
- تَّقَطَّعَ بَيْنَكُمْ: تفرّقَ الاتصالُ بينَكم

مدّ مشبع 6 حركات	مدّ حركتين	إخفاء، ومواقع الغُنّة (حركتين)	تفخيم
مدّ 2 أو 4 أو 6 جوازاً		إدغام، وما لا يُلفَظ	قلقلة

ربع

الأنعام

﴿ إِنَّ ٱللَّهَ فَالِقُ ٱلْحَبِّ وَٱلنَّوَىٰ يُخْرِجُ ٱلْحَيَّ مِنَ ٱلْمَيِّتِ وَمُخْرِجُ ٱلْمَيِّتِ مِنَ ٱلْحَيِّ ذَٰلِكُمُ ٱللَّهُ فَأَنَّىٰ تُؤْفَكُونَ ۝ فَالِقُ ٱلْإِصْبَاحِ وَجَعَلَ ٱلَّيْلَ سَكَنًا وَٱلشَّمْسَ وَٱلْقَمَرَ حُسْبَانًا ذَٰلِكَ تَقْدِيرُ ٱلْعَزِيزِ ٱلْعَلِيمِ ۝ وَهُوَ ٱلَّذِى جَعَلَ لَكُمُ ٱلنُّجُومَ لِتَهْتَدُوا۟ بِهَا فِى ظُلُمَٰتِ ٱلْبَرِّ وَٱلْبَحْرِ قَدْ فَصَّلْنَا ٱلْءَايَٰتِ لِقَوْمٍ يَعْلَمُونَ ۝ وَهُوَ ٱلَّذِىٓ أَنشَأَكُم مِّن نَّفْسٍ وَٰحِدَةٍ فَمُسْتَقَرٌّ وَمُسْتَوْدَعٌ قَدْ فَصَّلْنَا ٱلْءَايَٰتِ لِقَوْمٍ يَفْقَهُونَ ۝ وَهُوَ ٱلَّذِىٓ أَنزَلَ مِنَ ٱلسَّمَآءِ مَآءً فَأَخْرَجْنَا بِهِۦ نَبَاتَ كُلِّ شَىْءٍ فَأَخْرَجْنَا مِنْهُ خَضِرًا نُّخْرِجُ مِنْهُ حَبًّا مُّتَرَاكِبًا وَمِنَ ٱلنَّخْلِ مِن طَلْعِهَا قِنْوَانٌ دَانِيَةٌ وَجَنَّٰتٍ مِّنْ أَعْنَابٍ وَٱلزَّيْتُونَ وَٱلرُّمَّانَ مُشْتَبِهًا وَغَيْرَ مُتَشَٰبِهٍ ٱنظُرُوٓا۟ إِلَىٰ ثَمَرِهِۦٓ إِذَآ أَثْمَرَ وَيَنْعِهِۦٓ إِنَّ فِى ذَٰلِكُمْ لَءَايَٰتٍ لِّقَوْمٍ يُؤْمِنُونَ ۝ وَجَعَلُوا۟ لِلَّهِ شُرَكَآءَ ٱلْجِنَّ وَخَلَقَهُمْ وَخَرَقُوا۟ لَهُۥ بَنِينَ وَبَنَٰتٍۭ بِغَيْرِ عِلْمٍ سُبْحَٰنَهُۥ وَتَعَٰلَىٰ عَمَّا يَصِفُونَ ۝ بَدِيعُ ٱلسَّمَٰوَٰتِ وَٱلْأَرْضِ أَنَّىٰ يَكُونُ لَهُۥ وَلَدٌ وَلَمْ تَكُن لَّهُۥ صَٰحِبَةٌ وَخَلَقَ كُلَّ شَىْءٍ وَهُوَ بِكُلِّ شَىْءٍ عَلِيمٌ ۝

• فَالِقُ ٱلْحَبِّ
شَاقُّ عَنِ النَّبَاتِ

• فَأَنَّىٰ تُؤْفَكُونَ
فَكَيْفَ تُصْرَفُونَ
عَنْ عِبَادَتِهِ

• فَالِقُ ٱلْإِصْبَاحِ
شَاقُّ ظُلْمَتَهُ
عَنْ بَيَاضِ
النَّهَارِ وَخَالِقُهُ

• حُسْبَانًا
عَلَامَتِي حِسَابٍ
لِلْأَوْقَاتِ

• مُتَرَاكِبًا
مُتَرَاكِمًا كَسَنَابِلِ
الْحِنْطَةِ وَنَحْوِهَا

• طَلْعِهَا
هُوَ أَوَّلُ مَا يَخْرُجُ
مِنْ ثَمَرِ النَّخْلِ فِي
الْكِيزَانِ

• قِنْوَانٌ
عَرَاجِينُ
كَالْعَنَاقِيدِ

• دَانِيَةٌ
قَرِيبَةٌ مِنَ
الْمُتَنَاوِلِ

• يَنْعِهِ
نُضْجُهُ وَإِدْرَاكُهُ

• ٱلْجِنَّ
الشَّيَاطِينَ حَيْثُ
أَطَاعُوهُمْ

| ● مَدٌّ مُشْبَعٌ 6 حَرَكَاتٍ | ● مَدٌّ حَرَكَتَيْنِ | ● إِخْفَاء، وَمَوَاقِعُ الْغُنَّةِ (حَرَكَتَيْنِ) | ● تَفْخِيم |
| ● مَدٌّ 2 أَوْ 4 أَوْ 6 جَوَازًا | | ● إِدْغَام، وَمَا لَا يُلْفَظُ | ● قَلْقَلَة |

ذَٰلِكُمُ ٱللَّهُ رَبُّكُمْ لَآ إِلَٰهَ إِلَّا هُوَ خَٰلِقُ كُلِّ شَىْءٍ فَٱعْبُدُوهُ وَهُوَ عَلَىٰ كُلِّ شَىْءٍ وَكِيلٌ ۝ لَّا تُدْرِكُهُ ١٠٣

ٱلْأَبْصَٰرُ وَهُوَ يُدْرِكُ ٱلْأَبْصَٰرَ وَهُوَ ٱللَّطِيفُ ٱلْخَبِيرُ ۝ قَدْ ١٠٤ جَآءَكُم بَصَآئِرُ مِن رَّبِّكُمْ فَمَنْ أَبْصَرَ فَلِنَفْسِهِۦ وَمَنْ عَمِىَ فَعَلَيْهَا وَمَآ أَنَا۠ عَلَيْكُم بِحَفِيظٍ ۝ وَكَذَٰلِكَ نُصَرِّفُ ١٠٥ ٱلْءَايَٰتِ وَلِيَقُولُوا۟ دَرَسْتَ وَلِنُبَيِّنَهُۥ لِقَوْمٍ يَعْلَمُونَ ۝ ١٠٦ ٱتَّبِعْ مَآ أُوحِىَ إِلَيْكَ مِن رَّبِّكَ لَآ إِلَٰهَ إِلَّا هُوَ وَأَعْرِضْ عَنِ ٱلْمُشْرِكِينَ ۝ وَلَوْ شَآءَ ٱللَّهُ مَآ أَشْرَكُوا۟ وَمَا جَعَلْنَٰكَ ١٠٧ عَلَيْهِمْ حَفِيظًا وَمَآ أَنتَ عَلَيْهِم بِوَكِيلٍ ۝ وَلَا تَسُبُّوا۟ ٱلَّذِينَ ١٠٨ يَدْعُونَ مِن دُونِ ٱللَّهِ فَيَسُبُّوا۟ ٱللَّهَ عَدْوًۢا بِغَيْرِ عِلْمٍ كَذَٰلِكَ زَيَّنَّا لِكُلِّ أُمَّةٍ عَمَلَهُمْ ثُمَّ إِلَىٰ رَبِّهِم مَّرْجِعُهُمْ فَيُنَبِّئُهُم بِمَا كَانُوا۟ يَعْمَلُونَ ۝ وَأَقْسَمُوا۟ بِٱللَّهِ جَهْدَ أَيْمَٰنِهِمْ لَئِن جَآءَتْهُمْ ءَايَةٌ ١٠٩ لَّيُؤْمِنُنَّ بِهَا قُلْ إِنَّمَا ٱلْءَايَٰتُ عِندَ ٱللَّهِ وَمَا يُشْعِرُكُمْ أَنَّهَآ إِذَا جَآءَتْ لَا يُؤْمِنُونَ ۝ وَنُقَلِّبُ أَفْـِٔدَتَهُمْ وَأَبْصَٰرَهُمْ كَمَا لَمْ ١١٠ يُؤْمِنُوا۟ بِهِۦٓ أَوَّلَ مَرَّةٍ وَنَذَرُهُمْ فِى طُغْيَٰنِهِمْ يَعْمَهُونَ ۝ ١١١

الأنعام

۞ وَلَوْ أَنَّنَا نَزَّلْنَا إِلَيْهِمُ ٱلْمَلَٰٓئِكَةَ وَكَلَّمَهُمُ ٱلْمَوْتَىٰ وَحَشَرْنَا عَلَيْهِمْ كُلَّ شَىْءٍ قُبُلًا مَّا كَانُواْ لِيُؤْمِنُوٓاْ إِلَّآ أَن يَشَآءَ ٱللَّهُ وَلَٰكِنَّ أَكْثَرَهُمْ يَجْهَلُونَ ۝ وَكَذَٰلِكَ جَعَلْنَا لِكُلِّ نَبِىٍّ عَدُوًّا شَيَٰطِينَ ٱلْإِنسِ وَٱلْجِنِّ يُوحِى بَعْضُهُمْ إِلَىٰ بَعْضٍ زُخْرُفَ ٱلْقَوْلِ غُرُورًا وَلَوْ شَآءَ رَبُّكَ مَا فَعَلُوهُ فَذَرْهُمْ وَمَا يَفْتَرُونَ ۝ وَلِتَصْغَىٰٓ إِلَيْهِ أَفْـِٔدَةُ ٱلَّذِينَ لَا يُؤْمِنُونَ بِٱلْءَاخِرَةِ وَلِيَرْضَوْهُ وَلِيَقْتَرِفُواْ مَا هُم مُّقْتَرِفُونَ ۝ أَفَغَيْرَ ٱللَّهِ أَبْتَغِى حَكَمًا وَهُوَ ٱلَّذِىٓ أَنزَلَ إِلَيْكُمُ ٱلْكِتَٰبَ مُفَصَّلًا وَٱلَّذِينَ ءَاتَيْنَٰهُمُ ٱلْكِتَٰبَ يَعْلَمُونَ أَنَّهُ مُنَزَّلٌ مِّن رَّبِّكَ بِٱلْحَقِّ فَلَا تَكُونَنَّ مِنَ ٱلْمُمْتَرِينَ ۝ وَتَمَّتْ كَلِمَتُ رَبِّكَ صِدْقًا وَعَدْلًا لَّا مُبَدِّلَ لِكَلِمَٰتِهِۦ وَهُوَ ٱلسَّمِيعُ ٱلْعَلِيمُ ۝ وَإِن تُطِعْ أَكْثَرَ مَن فِى ٱلْأَرْضِ يُضِلُّوكَ عَن سَبِيلِ ٱللَّهِ إِن يَتَّبِعُونَ إِلَّا ٱلظَّنَّ وَإِنْ هُمْ إِلَّا يَخْرُصُونَ ۝ إِنَّ رَبَّكَ هُوَ أَعْلَمُ مَن يَضِلُّ عَن سَبِيلِهِۦ وَهُوَ أَعْلَمُ بِٱلْمُهْتَدِينَ ۝ فَكُلُواْ مِمَّا ذُكِرَ ٱسْمُ ٱللَّهِ عَلَيْهِ إِن كُنتُم بِـَٔايَٰتِهِۦ مُؤْمِنِينَ ۝

الحواشي:

• حَشَرْنَا
جمعنا

• قُبُلًا
مقابلة ومواجهة أو جماعة

• زُخْرُفَ ٱلْقَوْلِ
باطله المُمَوَّه

• غُرُورًا
خداعًا

• لِتَصْغَىٰ
لتميل

• لِيَقْتَرِفُوا
ليكسبوا

• ٱلْمُمْتَرِينَ
الشاكّين المتردّدين

• يَخْرُصُونَ
يكذبون

● مدّ مشبع ٦ حركات   ● إخفاء، ومواقع الغُنّة (حركتين)   ● تفخيم
● مدّ ٢ أو ٤ أو ٦ جوازًا   ● مدّ حركتين   ● إدغام، وما لا يُلفَظ   ● قلقلة

وَمَا لَكُمْ أَلَّا تَأْكُلُواْ مِمَّا ذُكِرَ ٱسْمُ ٱللَّهِ عَلَيْهِ وَقَدْ فَصَّلَ لَكُم مَّا حَرَّمَ عَلَيْكُمْ إِلَّا مَا ٱضْطُرِرْتُمْ إِلَيْهِ وَإِنَّ كَثِيرًا لَّيُضِلُّونَ بِأَهْوَآئِهِم بِغَيْرِ عِلْمٍ إِنَّ رَبَّكَ هُوَ أَعْلَمُ بِٱلْمُعْتَدِينَ ﴿١٢٠﴾ وَذَرُواْ ظَٰهِرَ ٱلْإِثْمِ وَبَاطِنَهُ إِنَّ ٱلَّذِينَ يَكْسِبُونَ ٱلْإِثْمَ سَيُجْزَوْنَ بِمَا كَانُواْ يَقْتَرِفُونَ ﴿١٢١﴾ وَلَا تَأْكُلُواْ مِمَّا لَمْ يُذْكَرِ ٱسْمُ ٱللَّهِ عَلَيْهِ وَإِنَّهُۥ لَفِسْقٌ وَإِنَّ ٱلشَّيَٰطِينَ لَيُوحُونَ إِلَىٰٓ أَوْلِيَآئِهِمْ لِيُجَٰدِلُوكُمْ وَإِنْ أَطَعْتُمُوهُمْ إِنَّكُمْ لَمُشْرِكُونَ ﴿١٢٢﴾ أَوَمَن كَانَ مَيْتًا فَأَحْيَيْنَٰهُ وَجَعَلْنَا لَهُۥ نُورًا يَمْشِي بِهِۦ فِي ٱلنَّاسِ كَمَن مَّثَلُهُۥ فِي ٱلظُّلُمَٰتِ لَيْسَ بِخَارِجٍ مِّنْهَا كَذَٰلِكَ زُيِّنَ لِلْكَٰفِرِينَ مَا كَانُواْ يَعْمَلُونَ ﴿١٢٣﴾ وَكَذَٰلِكَ جَعَلْنَا فِي كُلِّ قَرْيَةٍ أَكَٰبِرَ مُجْرِمِيهَا لِيَمْكُرُواْ فِيهَا وَمَا يَمْكُرُونَ إِلَّا بِأَنفُسِهِمْ وَمَا يَشْعُرُونَ ﴿١٢٤﴾ وَإِذَا جَآءَتْهُمْ ءَايَةٌ قَالُواْ لَن نُّؤْمِنَ حَتَّىٰ نُؤْتَىٰ مِثْلَ مَآ أُوتِيَ رُسُلُ ٱللَّهِ ٱللَّهُ أَعْلَمُ حَيْثُ يَجْعَلُ رِسَالَتَهُۥ سَيُصِيبُ ٱلَّذِينَ أَجْرَمُواْ صَغَارٌ عِندَ ٱللَّهِ وَعَذَابٌ شَدِيدٌۢ بِمَا كَانُواْ يَمْكُرُونَ ﴿١٢٥﴾

ثُمُنْ

• ذَرُواْ
اتركوا

• يَقْتَرِفُونَ
يكتسبون

• لَفِسْقٌ
خروج عن الطاعة

• صَغَارٌ
ذلٌّ وهوانٌ

• مدّ مشبع 6 حركات   • إخفاء، ومواقع الغُنّة (حركتين)   • تفخيم
• مدّ 2 أو 4 أو 6 جوازًا   • مدّ حركتين   • إدغام، وما لا يُلفظ   • قلقلة

الآنْعَم

فَمَن يُرِدِ اللَّهُ أَن يَهْدِيَهُ يَشْرَحْ صَدْرَهُ لِلْإِسْلَٰمِ وَمَن يُرِدْ أَن يُضِلَّهُ يَجْعَلْ صَدْرَهُ ضَيِّقًا حَرَجًا كَأَنَّمَا يَصَّعَّدُ فِي السَّمَآءِ كَذَٰلِكَ يَجْعَلُ اللَّهُ الرِّجْسَ عَلَى الَّذِينَ لَا يُؤْمِنُونَ ۝١٢٦ وَهَٰذَا صِرَٰطُ رَبِّكَ مُسْتَقِيمًا قَدْ فَصَّلْنَا الْآيَٰتِ لِقَوْمٍ يَذَّكَّرُونَ ۝١٢٧ ۞ لَهُمْ دَارُ السَّلَٰمِ عِندَ رَبِّهِمْ وَهُوَ وَلِيُّهُم بِمَا كَانُوا۟ يَعْمَلُونَ ۝١٢٨ وَيَوْمَ نَحْشُرُهُمْ جَمِيعًا يَٰمَعْشَرَ الْجِنِّ قَدِ اسْتَكْثَرْتُم مِّنَ الْإِنسِ وَقَالَ أَوْلِيَآؤُهُم مِّنَ الْإِنسِ رَبَّنَا اسْتَمْتَعَ بَعْضُنَا بِبَعْضٍ وَبَلَغْنَا أَجَلَنَا الَّذِىٓ أَجَّلْتَ لَنَا قَالَ النَّارُ مَثْوَىٰكُمْ خَٰلِدِينَ فِيهَآ إِلَّا مَا شَآءَ اللَّهُ إِنَّ رَبَّكَ حَكِيمٌ عَلِيمٌ ۝١٢٩ وَكَذَٰلِكَ نُوَلِّى بَعْضَ الظَّٰلِمِينَ بَعْضًۢا بِمَا كَانُوا۟ يَكْسِبُونَ ۝١٣٠ يَٰمَعْشَرَ الْجِنِّ وَالْإِنسِ أَلَمْ يَأْتِكُمْ رُسُلٌ مِّنكُمْ يَقُصُّونَ عَلَيْكُمْ ءَايَٰتِى وَيُنذِرُونَكُمْ لِقَآءَ يَوْمِكُمْ هَٰذَا قَالُوا۟ شَهِدْنَا عَلَىٰٓ أَنفُسِنَا وَغَرَّتْهُمُ الْحَيَوٰةُ الدُّنْيَا وَشَهِدُوا۟ عَلَىٰٓ أَنفُسِهِمْ أَنَّهُمْ كَانُوا۟ كَٰفِرِينَ ۝١٣١ ذَٰلِكَ أَن لَّمْ يَكُن رَّبُّكَ مُهْلِكَ الْقُرَىٰ بِظُلْمٍ وَأَهْلُهَا غَٰفِلُونَ ۝١٣٢

رُبُعٌ

• حَرَجًا
متزايد الضيق

• يَصَّعَّدُ فِي السَّمَآءِ
يتكلّف صعودها فلا يستطيعُه

• الرِّجْسَ
العذاب أو الخذلان

• مَثْوَىٰكُمْ
مأواكم ومستقرّكم

• غَرَّتْهُمْ
خدعتهم

وَلِكُلٍّ دَرَجَٰتٌ مِّمَّا عَمِلُواْ ۚ وَمَا رَبُّكَ بِغَٰفِلٍ عَمَّا يَعْمَلُونَ ۝١٣٣ وَرَبُّكَ ٱلْغَنِيُّ ذُو ٱلرَّحْمَةِ ۚ إِن يَشَأْ يُذْهِبْكُمْ وَيَسْتَخْلِفْ مِنۢ بَعْدِكُم مَّا يَشَآءُ كَمَآ أَنشَأَكُم مِّن ذُرِّيَّةِ قَوْمٍ ءَاخَرِينَ ۝١٣٤ إِنَّ مَا تُوعَدُونَ لَءَاتٍ ۖ وَمَآ أَنتُم بِمُعْجِزِينَ ۝١٣٥ قُلْ يَٰقَوْمِ ٱعْمَلُواْ عَلَىٰ مَكَانَتِكُمْ إِنِّي عَامِلٌ ۖ فَسَوْفَ تَعْلَمُونَ مَن تَكُونُ لَهُۥ عَٰقِبَةُ ٱلدَّارِ ۗ إِنَّهُۥ لَا يُفْلِحُ ٱلظَّٰلِمُونَ ۝١٣٦ وَجَعَلُواْ لِلَّهِ مِمَّا ذَرَأَ مِنَ ٱلْحَرْثِ وَٱلْأَنْعَٰمِ نَصِيبًا فَقَالُواْ هَٰذَا لِلَّهِ بِزَعْمِهِمْ وَهَٰذَا لِشُرَكَآئِنَا ۖ فَمَا كَانَ لِشُرَكَآئِهِمْ فَلَا يَصِلُ إِلَى ٱللَّهِ ۖ وَمَا كَانَ لِلَّهِ فَهُوَ يَصِلُ إِلَىٰ شُرَكَآئِهِمْ ۗ سَآءَ مَا يَحْكُمُونَ ۝١٣٧ وَكَذَٰلِكَ زَيَّنَ لِكَثِيرٍ مِّنَ ٱلْمُشْرِكِينَ قَتْلَ أَوْلَٰدِهِمْ شُرَكَآؤُهُمْ لِيُرْدُوهُمْ وَلِيَلْبِسُواْ عَلَيْهِمْ دِينَهُمْ ۖ وَلَوْ شَآءَ ٱللَّهُ مَا فَعَلُوهُ ۖ فَذَرْهُمْ وَمَا يَفْتَرُونَ ۝١٣٨

ثُمُنْ

- **بِمُعْجِزِينَ** بِفَائِتِينَ مِن عَذَابِ اللهِ بِالهَرَب
- **مَكَانَتِكُمْ** غَايَةِ تَمَكُّنِكُم وَاسْتِطَاعَتِكُم
- **ذَرَأَ** خَلَقَ عَلَى وَجْهِ الاخْتِرَاع
- **الْحَرْثِ** الزَّرع
- **الأَنْعَٰمِ** الإِبِل والبَقَر وَالغَنَم
- **لِيُرْدُوهُمْ** لِيُهْلِكُوهُم بِالإِغْوَاء
- **لِيَلْبِسُواْ** لِيَخْلِطُوا
- **يَفْتَرُونَ** يَخْتَلِقُونَهُ مِن الكَذِب

● مدّ مشبع ٦ حركات	● إخفاء، ومواقع الغُنّة (حركتين) ● تفخيم
● مدّ ٢ أو ٤ أو ٦ جوازًا	● إدغام، وما لا يُلفظ ● قلقلة
● مدّ حركتين	

وَقَالُواْ هَٰذِهِۦ أَنْعَٰمٌ وَحَرْثٌ حِجْرٌ لَّا يَطْعَمُهَآ إِلَّا مَن نَّشَآءُ بِزَعْمِهِمْ وَأَنْعَٰمٌ حُرِّمَتْ ظُهُورُهَا وَأَنْعَٰمٌ لَّا يَذْكُرُونَ ٱسْمَ ٱللَّهِ عَلَيْهَا ٱفْتِرَآءً عَلَيْهِ سَيَجْزِيهِم بِمَا كَانُواْ يَفْتَرُونَ ۝ وَقَالُواْ مَا فِى بُطُونِ هَٰذِهِ ٱلْأَنْعَٰمِ خَالِصَةٌ لِّذُكُورِنَا وَمُحَرَّمٌ عَلَىٰٓ أَزْوَٰجِنَا وَإِن يَكُن مَّيْتَةً فَهُمْ فِيهِ شُرَكَآءُ سَيَجْزِيهِمْ وَصْفَهُمْ إِنَّهُۥ حَكِيمٌ عَلِيمٌ ۝ قَدْ خَسِرَ ٱلَّذِينَ قَتَلُوٓاْ أَوْلَٰدَهُمْ سَفَهًۢا بِغَيْرِ عِلْمٍ وَحَرَّمُواْ مَا رَزَقَهُمُ ٱللَّهُ ٱفْتِرَآءً عَلَى ٱللَّهِ قَدْ ضَلُّواْ وَمَا كَانُواْ مُهْتَدِينَ ۝ وَهُوَ ٱلَّذِىٓ أَنشَأَ جَنَّٰتٍ مَّعْرُوشَٰتٍ وَغَيْرَ مَعْرُوشَٰتٍ وَٱلنَّخْلَ وَٱلزَّرْعَ مُخْتَلِفًا أُكُلُهُۥ وَٱلزَّيْتُونَ وَٱلرُّمَّانَ مُتَشَٰبِهًا وَغَيْرَ مُتَشَٰبِهٍ كُلُواْ مِن ثَمَرِهِۦٓ إِذَآ أَثْمَرَ وَءَاتُواْ حَقَّهُۥ يَوْمَ حَصَادِهِۦ وَلَا تُسْرِفُوٓاْ إِنَّهُۥ لَا يُحِبُّ ٱلْمُسْرِفِينَ ۝ وَمِنَ ٱلْأَنْعَٰمِ حَمُولَةً وَفَرْشًا كُلُواْ مِمَّا رَزَقَكُمُ ٱللَّهُ وَلَا تَتَّبِعُواْ خُطُوَٰتِ ٱلشَّيْطَٰنِ إِنَّهُۥ لَكُمْ عَدُوٌّ مُّبِينٌ ۝

Side margin glossary (right):

- حَرْثٌ — زرع
- حِجْرٌ — محجورةٌ مُحَرَّمَةٌ
- مَعْرُوشَٰتٍ — مُحتاجةٌ للتعريش كالكرم ونحوه
- غَيْرَ مَعْرُوشَٰتٍ — مُستغنيةٌ عنه باستوائها كالنخل
- أُكُلُهُ — ثمرُهُ الذي يُؤكَل منه
- حَمُولَةً — كبارًا صالحةً للحمل
- فَرْشًا — صغارًا كالغنم
- خُطُوَٰتِ ٱلشَّيْطَٰنِ — طرقه وآثاره

Left margin box: الأنعام

Center left: نِصْف

Bottom legend:
- مدّ مشبع 6 حركات
- مدّ 2 أو 4 أو 6 جوازًا
- مدّ حركتين
- إخفاء، ومواقع الغُنّة (حركتين)
- إدغام، وما لا يُلفظ
- تفخيم
- قلقلة

ثَمَنِيَةَ أَزْوَجٍ مِّنَ ٱلضَّأْنِ ٱثْنَيْنِ وَمِنَ ٱلْمَعْزِ ٱثْنَيْنِ قُلْ ءَآلذَّكَرَيْنِ حَرَّمَ أَمِ ٱلْأُنثَيَيْنِ أَمَّا ٱشْتَمَلَتْ عَلَيْهِ أَرْحَامُ ٱلْأُنثَيَيْنِ نَبِّـُٔونِى بِعِلْمٍ إِن كُنتُمْ صَـٰدِقِينَ ۝١٤٤ وَمِنَ ٱلْإِبِلِ ٱثْنَيْنِ وَمِنَ ٱلْبَقَرِ ٱثْنَيْنِ قُلْ ءَآلذَّكَرَيْنِ حَرَّمَ أَمِ ٱلْأُنثَيَيْنِ أَمَّا ٱشْتَمَلَتْ عَلَيْهِ أَرْحَامُ ٱلْأُنثَيَيْنِ أَمْ كُنتُمْ شُهَدَآءَ إِذْ وَصَّىٰكُمُ ٱللَّهُ بِهَـٰذَا فَمَنْ أَظْلَمُ مِمَّنِ ٱفْتَرَىٰ عَلَى ٱللَّهِ كَذِبًا لِّيُضِلَّ ٱلنَّاسَ بِغَيْرِ عِلْمٍ إِنَّ ٱللَّهَ لَا يَهْدِى ٱلْقَوْمَ ٱلظَّـٰلِمِينَ ۝١٤٥ قُل لَّآ أَجِدُ فِى مَآ أُوحِىَ إِلَىَّ مُحَرَّمًا عَلَىٰ طَاعِمٍ يَطْعَمُهُۥٓ إِلَّآ أَن يَكُونَ مَيْتَةً أَوْ دَمًا مَّسْفُوحًا أَوْ لَحْمَ خِنزِيرٍ فَإِنَّهُۥ رِجْسٌ أَوْ فِسْقًا أُهِلَّ لِغَيْرِ ٱللَّهِ بِهِۦ فَمَنِ ٱضْطُرَّ غَيْرَ بَاغٍ وَلَا عَادٍ فَإِنَّ رَبَّكَ غَفُورٌ رَّحِيمٌ ۝١٤٦ وَعَلَى ٱلَّذِينَ هَادُوا۟ حَرَّمْنَا كُلَّ ذِى ظُفُرٍ وَمِنَ ٱلْبَقَرِ وَٱلْغَنَمِ حَرَّمْنَا عَلَيْهِمْ شُحُومَهُمَآ إِلَّا مَا حَمَلَتْ ظُهُورُهُمَآ أَوِ ٱلْحَوَايَآ أَوْ مَا ٱخْتَلَطَ بِعَظْمٍ ذَٰلِكَ جَزَيْنَـٰهُم بِبَغْيِهِمْ وَإِنَّا لَصَـٰدِقُونَ ۝١٤٧

• طَاعِمٍ
آكِلٍ

• مَّسْفُوحًا
مُهْرَاقًا

• رِجْسٌ
نَجِسٌ أو
حَرَامٌ

• أُهِلَّ لِغَيْرِ
ٱللَّهِ بِهِ
ذُكِرَ عِندَ
ذَبْحِهِ غَيْرُ
اسمِ اللَّهِ

ثُمُنْ

• غَيْرَ بَاغٍ
غَيْرَ طالِبٍ
للمُحَرَّمِ للذَّةٍ
أو استِئثارٍ

• وَلَا عَادٍ
و لا مُتَجاوِزٍ
ما يَسُدُّ الرَّمَقَ

• ذِى ظُفُرٍ
ما له إصبَعٌ
مِن دابَّةٍ أو
طيرٍ

• ٱلْحَوَايَآ
المَباعِرُ أو
المَصارِنُ
والأمعاءُ

● مدّ مشبع 6 حركات   ● إخفاء، ومواقع الغنّة (حركتين)   ● تفخيم
● مدّ حركتين   ● مدّ 2 أو 4 أو 6 جوازاً   ● إدغام، وما لا يُلفظ   ● قلقلة

147

فَإِن كَذَّبُوكَ فَقُل رَّبُّكُمْ ذُو رَحْمَةٖ وَٰسِعَةٖ وَلَا
يُرَدُّ بَأْسُهُۥ عَنِ ٱلْقَوْمِ ٱلْمُجْرِمِينَ ﴿148﴾ سَيَقُولُ ٱلَّذِينَ
أَشْرَكُواْ لَوْ شَآءَ ٱللَّهُ مَآ أَشْرَكْنَا وَلَآ ءَابَآؤُنَا وَلَا حَرَّمْنَا
مِن شَيْءٖ كَذَٰلِكَ كَذَّبَ ٱلَّذِينَ مِن قَبْلِهِمْ حَتَّىٰ
ذَاقُواْ بَأْسَنَا قُلْ هَلْ عِندَكُم مِّنْ عِلْمٖ فَتُخْرِجُوهُ لَنَآ إِن
تَتَّبِعُونَ إِلَّا ٱلظَّنَّ وَإِنْ أَنتُمْ إِلَّا تَخْرُصُونَ ﴿149﴾ قُلْ فَلِلَّهِ
ٱلْحُجَّةُ ٱلْبَٰلِغَةُ فَلَوْ شَآءَ لَهَدَىٰكُمْ أَجْمَعِينَ ﴿150﴾ قُلْ هَلُمَّ
شُهَدَآءَكُمُ ٱلَّذِينَ يَشْهَدُونَ أَنَّ ٱللَّهَ حَرَّمَ هَٰذَا فَإِن شَهِدُواْ
فَلَا تَشْهَدْ مَعَهُمْ وَلَا تَتَّبِعْ أَهْوَآءَ ٱلَّذِينَ كَذَّبُواْ بِـَٔايَٰتِنَا
وَٱلَّذِينَ لَا يُؤْمِنُونَ بِٱلْءَاخِرَةِ وَهُم بِرَبِّهِمْ يَعْدِلُونَ ﴿151﴾
۞ قُلْ تَعَالَوْاْ أَتْلُ مَا حَرَّمَ رَبُّكُمْ عَلَيْكُمْ أَلَّا تُشْرِكُواْ
بِهِۦ شَيْـًٔا وَبِٱلْوَٰلِدَيْنِ إِحْسَٰنًا وَلَا تَقْتُلُوٓاْ أَوْلَٰدَكُم مِّنْ
إِمْلَٰقٍ نَّحْنُ نَرْزُقُكُمْ وَإِيَّاهُمْ وَلَا تَقْرَبُواْ ٱلْفَوَٰحِشَ مَا
ظَهَرَ مِنْهَا وَمَا بَطَنَ وَلَا تَقْتُلُواْ ٱلنَّفْسَ ٱلَّتِي حَرَّمَ
ٱللَّهُ إِلَّا بِٱلْحَقِّ ذَٰلِكُمْ وَصَّىٰكُم بِهِۦ لَعَلَّكُمْ تَعْقِلُونَ ﴿152﴾

- بَأْسُهُ: عذابُه
- تَخْرُصُونَ: تكذبونَ على اللهِ تعالى
- هَلُمَّ: أحضرُوا أو هاتُوا
- بِرَبِّهِمْ يَعْدِلُونَ: يسوُّون به الأصنامَ
- أَتْلُ: أقرأْ
- إِمْلَٰقٍ: فقرٍ
- ٱلْفَوَٰحِشَ: كبائرَ المعاصي

رُبُع

مدّ مشبع 6 حركات / مدّ 2 أو 4 أو 6 جوازاً / مدّ حركتين	إخفاء، ومواقع الغُنَّة (حركتين) / إدغام، وما لا يُلفَظ	تفخيم / قلقلة

148

وَلاَ تَقْرَبُوا مَالَ ٱلْيَتِيمِ إِلاَّ بِٱلَّتِي هِيَ أَحْسَنُ حَتَّىٰ يَبْلُغَ أَشُدَّهُ وَأَوْفُوا ٱلْكَيْلَ وَٱلْمِيزَانَ بِٱلْقِسْطِ لاَ نُكَلِّفُ نَفْساً إِلاَّ وُسْعَهَا وَإِذَا قُلْتُمْ فَٱعْدِلُوا وَلَوْ كَانَ ذَا قُرْبَىٰ وَبِعَهْدِ ٱللَّهِ أَوْفُوا ذَٰلِكُمْ وَصَّىٰكُم بِهِ لَعَلَّكُمْ تَذَكَّرُونَ ۝ وَأَنَّ هَٰذَا صِرَٰطِي مُسْتَقِيماً فَٱتَّبِعُوهُ وَلاَ تَتَّبِعُوا ٱلسُّبُلَ فَتَفَرَّقَ بِكُمْ عَن سَبِيلِهِ ذَٰلِكُمْ وَصَّىٰكُم بِهِ لَعَلَّكُمْ تَتَّقُونَ ۝ ثُمَّ ءَاتَيْنَا مُوسَى ٱلْكِتَٰبَ تَمَاماً عَلَى ٱلَّذِي أَحْسَنَ وَتَفْصِيلاً لِّكُلِّ شَيْءٍ وَهُدًى وَرَحْمَةً لَّعَلَّهُم بِلِقَآءِ رَبِّهِمْ يُؤْمِنُونَ ۝ وَهَٰذَا كِتَٰبٌ أَنزَلْنَٰهُ مُبَارَكٌ فَٱتَّبِعُوهُ وَٱتَّقُوا لَعَلَّكُمْ تُرْحَمُونَ ۝ أَن تَقُولُوا إِنَّمَا أُنزِلَ ٱلْكِتَٰبُ عَلَىٰ طَآئِفَتَيْنِ مِن قَبْلِنَا وَإِن كُنَّا عَن دِرَاسَتِهِمْ لَغَٰفِلِينَ ۝ أَوْ تَقُولُوا لَوْ أَنَّآ أُنزِلَ عَلَيْنَا ٱلْكِتَٰبُ لَكُنَّا أَهْدَىٰ مِنْهُمْ فَقَدْ جَآءَكُم بَيِّنَةٌ مِّن رَّبِّكُمْ وَهُدًى وَرَحْمَةٌ فَمَنْ أَظْلَمُ مِمَّن كَذَّبَ بِـَٔايَٰتِ ٱللَّهِ وَصَدَفَ عَنْهَا سَنَجْزِي ٱلَّذِينَ يَصْدِفُونَ عَنْ ءَايَٰتِنَا سُوٓءَ ٱلْعَذَابِ بِمَا كَانُوا يَصْدِفُونَ ۝

الحاشية اليمنى:

● أَشُدَّهُ
استحكام قُوَّتِهِ بِأَن يَحتَلِمَ

● بِٱلْقِسْطِ
بِالعَدلِ

● وُسْعَهَا
طَاقَتَهَا

● صَدَفَ عَنْهَا
أَعرَضَ عَنها

۞ هَلْ يَنظُرُونَ إِلَّا أَن تَأْتِيَهُمُ ٱلْمَلَـٰٓئِكَةُ أَوْ يَأْتِىَ رَبُّكَ أَوْ يَأْتِىَ بَعْضُ ءَايَـٰتِ رَبِّكَ يَوْمَ يَأْتِى بَعْضُ ءَايَـٰتِ رَبِّكَ لَا يَنفَعُ نَفْسًا إِيمَـٰنُهَا لَمْ تَكُنْ ءَامَنَتْ مِن قَبْلُ أَوْ كَسَبَتْ فِىٓ إِيمَـٰنِهَا خَيْرًا قُلِ ٱنتَظِرُوٓاْ إِنَّا مُنتَظِرُونَ ۝ إِنَّ ٱلَّذِينَ فَرَّقُواْ دِينَهُمْ وَكَانُواْ شِيَعًا لَّسْتَ مِنْهُمْ فِى شَىْءٍ إِنَّمَآ أَمْرُهُمْ إِلَى ٱللَّهِ ثُمَّ يُنَبِّئُهُم بِمَا كَانُواْ يَفْعَلُونَ ۝ مَن جَآءَ بِٱلْحَسَنَةِ فَلَهُۥ عَشْرُ أَمْثَالِهَا وَمَن جَآءَ بِٱلسَّيِّئَةِ فَلَا يُجْزَىٰٓ إِلَّا مِثْلَهَا وَهُمْ لَا يُظْلَمُونَ ۝ قُلْ إِنَّنِى هَدَىٰنِى رَبِّىٓ إِلَىٰ صِرَٰطٍ مُّسْتَقِيمٍ ۝ دِينًا قِيَمًا مِّلَّةَ إِبْرَٰهِيمَ حَنِيفًا وَمَا كَانَ مِنَ ٱلْمُشْرِكِينَ ۝ قُلْ إِنَّ صَلَاتِى وَنُسُكِى وَمَحْيَاىَ وَمَمَاتِى لِلَّهِ رَبِّ ٱلْعَـٰلَمِينَ ۝ لَا شَرِيكَ لَهُۥ وَبِذَٰلِكَ أُمِرْتُ وَأَنَا۠ أَوَّلُ ٱلْمُسْلِمِينَ ۝ قُلْ أَغَيْرَ ٱللَّهِ أَبْغِى رَبًّا وَهُوَ رَبُّ كُلِّ شَىْءٍ وَلَا تَكْسِبُ كُلُّ نَفْسٍ إِلَّا عَلَيْهَا وَلَا تَزِرُ وَازِرَةٌ وِزْرَ أُخْرَىٰ ثُمَّ إِلَىٰ رَبِّكُم مَّرْجِعُكُمْ فَيُنَبِّئُكُم بِمَا كُنتُمْ فِيهِ تَخْتَلِفُونَ ۝ وَهُوَ ٱلَّذِى جَعَلَكُمْ خَلَـٰٓئِفَ ٱلْأَرْضِ وَرَفَعَ بَعْضَكُمْ فَوْقَ بَعْضٍ دَرَجَـٰتٍ لِّيَبْلُوَكُمْ فِى مَآ ءَاتَىٰكُمْ إِنَّ رَبَّكَ سَرِيعُ ٱلْعِقَابِ وَإِنَّهُۥ لَغَفُورٌ رَّحِيمٌ ۝

- شِيَعًا
فِرَقًا وَأَحْزَابًا
فِى الضَّلَالَةِ

- قِيَمًا
مُسْتَقِيمًا
لَاعِوَجَ فِيهِ

- حَنِيفًا
مَائِلًا عَنِ
البَاطِلِ إِلَى
الدِّينِ الحَقِّ

- نُسُكِى
عِبَادَتِي

- تَزِرُ
تَحْمِلُ

- خَلَـٰئِفَ
الأَرْضِ
يَخْلُفُ
بَعْضُكُم بَعْضًا
فِيهَا

- لِيَبْلُوَكُمْ
لِيَخْتَبِرَكُمْ

● مَدٌّ مُشبَع ٦ حَركات   ● إخفاء، ومواقع الغُنَّة (حركتين)   ● تفخيم
● مَدّ ٢ أو ٤ أو ٦ جوازًا   ● مَدّ حركتين   ● إدغام، وما لا يُلفظ   ● قلقلة

150

ترتيبها 7 — سُورَةُ الْأَعْرَافِ — آياتها 206

بِسْمِ اِللَّهِ اِلرَّحْمَٰنِ اِلرَّحِيمِ

الٓمٓصٓ كِتَٰبٌ اُنزِلَ إِلَيْكَ فَلَا يَكُن فِے صَدْرِكَ حَرَجٞ مِّنْهُ
لِتُنذِرَ بِهِۦ وَذِكْرَىٰ لِلْمُومِنِينَ ﴿1﴾ اِتَّبِعُواْ مَآ أُنزِلَ إِلَيْكُم مِّن
رَّبِّكُمْ وَلَا تَتَّبِعُواْ مِن دُونِهِۦٓ أَوْلِيَآءَ قَلِيلاٗ مَّا تَذَّكَّرُونَ ﴿2﴾ وَكَم
مِّن قَرْيَةٍ اَهْلَكْنَٰهَا فَجَآءَهَا بَأْسُنَا بَيَٰتاً اَوْ هُمْ قَآئِلُونَ ﴿3﴾
۞ فَمَا كَانَ دَعْوَىٰهُمُۥٓ إِذْ جَآءَهُم بَأْسُنَآ إِلَّآ أَن قَالُوٓاْ إِنَّا
كُنَّا ظَٰلِمِينَ ﴿4﴾ فَلَنَسْـَٔلَنَّ اَلذِينَ أُرْسِلَ إِلَيْهِمْ وَلَنَسْـَٔلَنَّ
اَلْمُرْسَلِينَ ﴿5﴾ فَلَنَقُصَّنَّ عَلَيْهِم بِعِلْمٍ وَمَا كُنَّا غَآئِبِينَ ﴿6﴾
وَالْوَزْنُ يَوْمَئِذٍ اِلْحَقُّ فَمَن ثَقُلَتْ مَوَٰزِينُهُۥ فَأُوْلَٰٓئِكَ هُمُ
اُلْمُفْلِحُونَ ﴿7﴾ وَمَنْ خَفَّتْ مَوَٰزِينُهُۥ فَأُوْلَٰٓئِكَ اَلذِينَ خَسِرُوٓاْ
أَنفُسَهُم بِمَا كَانُواْ بِـَٔايَٰتِنَا يَظْلِمُونَ ﴿8﴾ وَلَقَدْ مَكَّنَّٰكُمْ
فِے اِلْأَرْضِ وَجَعَلْنَا لَكُمْ فِيهَا مَعَٰيِشَ قَلِيلاٗ مَّا تَشْكُرُونَ ﴿9﴾
وَلَقَدْ خَلَقْنَٰكُمْ ثُمَّ صَوَّرْنَٰكُمْ ثُمَّ قُلْنَا لِلْمَلَٰٓئِكَةِ اِسْجُدُواْ
لِأدَمَ فَسَجَدُوٓاْ إِلَّآ إِبْلِيسَ لَمْ يَكُن مِّنَ اَلسَّٰجِدِينَ ﴿10﴾

- حَرَجٌ مِّنْهُ: ضيقٌ من تبليغِهِ
- كَم: كثيرًا
- حِزْبٌ
- بَأْسُنَا: عذابُنا
- بَيَٰتاً: ليلًا وهم نائمُونَ
- قَآئِلُونَ: مستريحُونَ نصفَ النّهارِ
- مَكَّنَّٰكُمْ: جعلْنا لكم مكانًا وقرارًا
- مَعَٰيِشَ: ما تعيشُونَ بِهِ وتحيَونَ

مدّ مشبع 6 حركات	مدّ حركتين	إخفاء، ومواقع الغُنَّة (حركتين)	تفخيم
مدّ 2 أو 4 أو 6 جوازًا		إدغام، وما لا يُلفظ	قلقلة

151

قَالَ مَا مَنَعَكَ أَلَّا تَسْجُدَ إِذْ أَمَرْتُكَ قَالَ أَنَا خَيْرٌ مِّنْهُ خَلَقْتَنِي مِن نَّارٍ وَخَلَقْتَهُ
مِن طِينٍ ﴿11﴾ قَالَ فَاهْبِطْ مِنْهَا فَمَا يَكُونُ لَكَ أَن تَتَكَبَّرَ فِيهَا
فَاخْرُجِ انَّكَ مِنَ الصَّاغِرِينَ ﴿12﴾ قَالَ أَنظِرْنِي إِلَىٰ يَوْمِ يُبْعَثُونَ ﴿13﴾
قَالَ إِنَّكَ مِنَ الْمُنظَرِينَ ﴿14﴾ قَالَ فَبِمَا أَغْوَيْتَنِي لَأَقْعُدَنَّ لَهُمْ
صِرَاطَكَ الْمُسْتَقِيمَ ﴿15﴾ ثُمَّ لَآتِيَنَّهُم مِّنۢ بَيْنِ أَيْدِيهِمْ وَمِنْ خَلْفِهِمْ
وَعَنْ أَيْمَانِهِمْ وَعَن شَمَائِلِهِمْ وَلَا تَجِدُ أَكْثَرَهُمْ شَاكِرِينَ ﴿16﴾ قَالَ
اخْرُجْ مِنْهَا مَذْءُومًا مَّدْحُورًا لَّمَن تَبِعَكَ مِنْهُمْ لَأَمْلَأَنَّ جَهَنَّمَ مِنكُمْ
أَجْمَعِينَ ﴿17﴾ وَيَا آدَمُ اسْكُنْ أَنتَ وَزَوْجُكَ الْجَنَّةَ فَكُلَا مِنْ حَيْثُ
شِئْتُمَا وَلَا تَقْرَبَا هَٰذِهِ الشَّجَرَةَ فَتَكُونَا مِنَ الظَّالِمِينَ ﴿18﴾ فَوَسْوَسَ
لَهُمَا الشَّيْطَانُ لِيُبْدِيَ لَهُمَا مَا وُورِيَ عَنْهُمَا مِن سَوْآتِهِمَا وَقَالَ مَا
نَهَاكُمَا رَبُّكُمَا عَنْ هَٰذِهِ الشَّجَرَةِ إِلَّا أَن تَكُونَا مَلَكَيْنِ أَوْ تَكُونَا
مِنَ الْخَالِدِينَ ﴿19﴾ ۞ وَقَاسَمَهُمَا إِنِّي لَكُمَا لَمِنَ النَّاصِحِينَ ﴿20﴾
فَدَلَّاهُمَا بِغُرُورٍ فَلَمَّا ذَاقَا الشَّجَرَةَ بَدَتْ لَهُمَا سَوْآتُهُمَا وَطَفِقَا
يَخْصِفَانِ عَلَيْهِمَا مِن وَرَقِ الْجَنَّةِ وَنَادَاهُمَا رَبُّهُمَا أَلَمْ أَنْهَكُمَا عَن
تِلْكُمَا الشَّجَرَةِ وَأَقُل لَّكُمَا إِنَّ الشَّيْطَانَ لَكُمَا عَدُوٌّ مُّبِينٌ ﴿21﴾

- مَا مَنَعَكَ: ما اضطرَّك أو ما دعاك
- الصَّاغِرِينَ: الأذلّاءِ المهانينَ

الأعراف

- أَنظِرْنِي: أخّرني وأمهلني
- أَغْوَيْتَنِي: أضللتني
- لَأَقْعُدَنَّ لَهُمْ: لأ ترصدنَّهم
- مَذْءُومًا: معيبًا محقرًا
- مَّدْحُورًا: مطرودًا مبعدًا
- وُورِيَ: سُترَ وأُخفيَ
- سَوْآتِهِمَا: عوراتهما
- قَاسَمَهُمَا: حلفَ لهما

ثُمُنٌ

- فَدَلَّاهُمَا: فأنزلَهُما عن رتبةِ الطّاعةِ
- يَخْصِفَانِ: يلصقانِ
- بِغُرُورٍ: بخداعٍ
- طَفِقَا: شرعَا وأخذَا

مدّ مشبع 6 حركات	مدّ حركتين	إخفاء، ومواقع الغُنّة (حركتين)	تفخيم
مدّ 2 أو 4 أو 6 جوازاً		إدغام، وما لا يُلفظ	قلقلة

قَالَا رَبَّنَا ظَلَمۡنَآ أَنفُسَنَا وَإِن لَّمۡ تَغۡفِرۡ لَنَا وَتَرۡحَمۡنَا لَنَكُونَنَّ مِنَ
الۡخَٰسِرِينَ (22) قَالَ اهۡبِطُواْ بَعۡضُكُمۡ لِبَعۡضٍ عَدُوّٞۖ وَلَكُمۡ فِي
الۡأَرۡضِ مُسۡتَقَرّٞ وَمَتَٰعٌ إِلَىٰ حِينٖ (23) قَالَ فِيهَا تَحۡيَوۡنَ وَفِيهَا
تَمُوتُونَ وَمِنۡهَا تُخۡرَجُونَ (24) يَٰبَنِيٓ ءَادَمَ قَدۡ أَنزَلۡنَا عَلَيۡكُمۡ
لِبَاسٗا يُوَٰرِي سَوۡءَٰتِكُمۡ وَرِيشٗاۖ وَلِبَاسُ التَّقۡوَىٰ ذَٰلِكَ خَيۡرٞۚ
ذَٰلِكَ مِنۡ ءَايَٰتِ اللَّهِ لَعَلَّهُمۡ يَذَّكَّرُونَ (25) يَٰبَنِيٓ ءَادَمَ لَا
يَفۡتِنَنَّكُمُ الشَّيۡطَٰنُ كَمَآ أَخۡرَجَ أَبَوَيۡكُم مِّنَ الۡجَنَّةِ يَنزِعُ
عَنۡهُمَا لِبَاسَهُمَا لِيُرِيَهُمَا سَوۡءَٰتِهِمَآۚ إِنَّهُۥ يَرَىٰكُمۡ هُوَ وَقَبِيلُهُۥ
مِنۡ حَيۡثُ لَا تَرَوۡنَهُمۡۗ إِنَّا جَعَلۡنَا الشَّيَٰطِينَ أَوۡلِيَآءَ لِلَّذِينَ لَا
يُؤۡمِنُونَ (26) وَإِذَا فَعَلُواْ فَٰحِشَةٗ قَالُواْ وَجَدۡنَا عَلَيۡهَآ ءَابَآءَنَا
وَاللَّهُ أَمَرَنَا بِهَاۗ قُلۡ إِنَّ اللَّهَ لَا يَأۡمُرُ بِالۡفَحۡشَآءِۖ أَتَقُولُونَ عَلَى اللَّهِ
مَا لَا تَعۡلَمُونَ (27) قُلۡ أَمَرَ رَبِّي بِالۡقِسۡطِۖ وَأَقِيمُواْ وُجُوهَكُمۡ
عِندَ كُلِّ مَسۡجِدٖ وَادۡعُوهُ مُخۡلِصِينَ لَهُ الدِّينَۚ كَمَا بَدَأَكُمۡ
تَعُودُونَ فَرِيقًا هَدَىٰ وَفَرِيقًا حَقَّ عَلَيۡهِمُ الضَّلَٰلَةُۚ إِنَّهُمُ اتَّخَذُواْ
الشَّيَٰطِينَ أَوۡلِيَآءَ مِن دُونِ اللَّهِ وَيَحۡسَبُونَ أَنَّهُم مُّهۡتَدُونَ (28)

- أَنزَلۡنَا عَلَيۡكُمۡ: أعطيناكم
- رِيشٗا: لباسًا للزينةِ أو مالًا
- لَا يَفۡتِنَنَّكُمُ: لا يضلِّلنّكم ولا يخدعَنّكم
- يَنزِعُ عَنۡهُمَا: يزيلُ عنهما استلابًا
- قَبِيلُهُۥ: جنودُهُ أو ذرّيّتُهُ
- فَٰحِشَةٗ: فعلةً متناهية في القبحِ
- بِالۡقِسۡطِ: بالعدلِ
- أَقِيمُواْ وُجُوهَكُمۡ: توجّهُوا إلى عبادته مستقيمينَ
- مَسۡجِدٖ: وقتِ السّجودِ أو مكانِهِ

مدّ مشبع 6 حركات	مدّ حركتين	إخفاء، ومواقع الغُنّة (حركتين)	تفخيم
مدّ 2 أو 4 أو 6 جوازاً		إدغام، وما لا يُلفظ	قلقلة

ربع

الأعراف

• زِينَتَكُمْ
ثيابكم

• ٱلْفَوَٰحِشَ
كبائر المعاصي

• ٱلْبَغْىَ
الظلم
والاستطالة
على الناس

• سُلْطَٰنًا
حجة وبرهانا

يَٰبَنِىٓ ءَادَمَ خُذُواْ زِينَتَكُمْ عِندَ كُلِّ مَسْجِدٍ وَكُلُواْ وَٱشْرَبُواْ وَلَا تُسْرِفُوٓاْ إِنَّهُۥ لَا يُحِبُّ ٱلْمُسْرِفِينَ ۝ ٢٩ قُلْ مَنْ حَرَّمَ زِينَةَ ٱللَّهِ ٱلَّتِىٓ أَخْرَجَ لِعِبَادِهِۦ وَٱلطَّيِّبَٰتِ مِنَ ٱلرِّزْقِ قُلْ هِىَ لِلَّذِينَ ءَامَنُواْ فِى ٱلْحَيَوٰةِ ٱلدُّنْيَا خَالِصَةً يَوْمَ ٱلْقِيَٰمَةِ كَذَٰلِكَ نُفَصِّلُ ٱلْءَايَٰتِ لِقَوْمٍ يَعْلَمُونَ ٣٠ قُلْ إِنَّمَا حَرَّمَ رَبِّىَ ٱلْفَوَٰحِشَ مَا ظَهَرَ مِنْهَا وَمَا بَطَنَ وَٱلْإِثْمَ وَٱلْبَغْىَ بِغَيْرِ ٱلْحَقِّ وَأَن تُشْرِكُواْ بِٱللَّهِ مَا لَمْ يُنَزِّلْ بِهِۦ سُلْطَٰنًا وَأَن تَقُولُواْ عَلَى ٱللَّهِ مَا لَا تَعْلَمُونَ ٣١ وَلِكُلِّ أُمَّةٍ أَجَلٌ فَإِذَا جَآءَ أَجَلُهُمْ لَا يَسْتَأْخِرُونَ سَاعَةً وَلَا يَسْتَقْدِمُونَ ٣٢ يَٰبَنِىٓ ءَادَمَ إِمَّا يَأْتِيَنَّكُمْ رُسُلٌ مِّنكُمْ يَقُصُّونَ عَلَيْكُمْ ءَايَٰتِى فَمَنِ ٱتَّقَىٰ وَأَصْلَحَ فَلَا خَوْفٌ عَلَيْهِمْ وَلَا هُمْ يَحْزَنُونَ ٣٣ وَٱلَّذِينَ كَذَّبُواْ بِـَٔايَٰتِنَا وَٱسْتَكْبَرُواْ عَنْهَآ أُوْلَٰٓئِكَ أَصْحَٰبُ ٱلنَّارِ هُمْ فِيهَا خَٰلِدُونَ ٣٤ فَمَنْ أَظْلَمُ مِمَّنِ ٱفْتَرَىٰ عَلَى ٱللَّهِ كَذِبًا أَوْ كَذَّبَ بِـَٔايَٰتِهِۦٓ أُوْلَٰٓئِكَ يَنَالُهُمْ نَصِيبُهُم مِّنَ ٱلْكِتَٰبِ حَتَّىٰٓ إِذَا جَآءَتْهُمْ رُسُلُنَا يَتَوَفَّوْنَهُمْ قَالُوٓاْ أَيْنَ مَا كُنتُمْ تَدْعُونَ مِن دُونِ ٱللَّهِ قَالُواْ ضَلُّواْ عَنَّا وَشَهِدُواْ عَلَىٰٓ أَنفُسِهِمْ أَنَّهُمْ كَانُواْ كَٰفِرِينَ ٣٥

• مدّ مشبع 6 حركات
• مدّ 2 أو 4 أو 6 جوازاً
• إخفاء، ومواقع الغُنَّة (حركتين)
• إدغام، وما لا يُلفظ
• مدّ حركتين
• تفخيم
• قلقلة

154

قَالَ ٱدْخُلُوا۟ فِىٓ أُمَمٍ قَدْ خَلَتْ مِن قَبْلِكُم مِّنَ ٱلْجِنِّ وَٱلْإِنسِ فِى
ٱلنَّارِ ۖ كُلَّمَا دَخَلَتْ أُمَّةٌ لَّعَنَتْ أُخْتَهَا ۖ حَتَّىٰٓ إِذَا ٱدَّارَكُوا۟ فِيهَا
جَمِيعًا قَالَتْ أُخْرَىٰهُمْ لِأُولَىٰهُمْ رَبَّنَا هَٰٓؤُلَآءِ أَضَلُّونَا فَـَٔاتِهِمْ
عَذَابًا ضِعْفًا مِّنَ ٱلنَّارِ ۖ ﴿36﴾ قَالَ لِكُلٍّ ضِعْفٌ ۖ وَلَٰكِن لَّا تَعْلَمُونَ ۖ ﴿37﴾
۞ وَقَالَتْ أُولَىٰهُمْ لِأُخْرَىٰهُمْ فَمَا كَانَ لَكُمْ عَلَيْنَا مِن فَضْلٍ
فَذُوقُوا۟ ٱلْعَذَابَ بِمَا كُنتُمْ تَكْسِبُونَ ۖ ﴿38﴾ إِنَّ ٱلَّذِينَ كَذَّبُوا۟
بِـَٔايَٰتِنَا وَٱسْتَكْبَرُوا۟ عَنْهَا لَا تُفَتَّحُ لَهُمُۥٓ أَبْوَٰبُ ٱلسَّمَآءِ وَلَا
يَدْخُلُونَ ٱلْجَنَّةَ حَتَّىٰ يَلِجَ ٱلْجَمَلُ فِى سَمِّ ٱلْخِيَاطِ ۖ وَكَذَٰلِكَ
نَجْزِى ٱلْمُجْرِمِينَ ۖ ﴿39﴾ لَهُم مِّن جَهَنَّمَ مِهَادٌ وَمِن فَوْقِهِمْ غَوَاشٍ ۖ
وَكَذَٰلِكَ نَجْزِى ٱلظَّٰلِمِينَ ۖ ﴿40﴾ وَٱلَّذِينَ ءَامَنُوا۟ وَعَمِلُوا۟
ٱلصَّٰلِحَٰتِ لَا نُكَلِّفُ نَفْسًا إِلَّا وُسْعَهَآ ۖ أُو۟لَٰٓئِكَ أَصْحَٰبُ
ٱلْجَنَّةِ هُمْ فِيهَا خَٰلِدُونَ ۖ ﴿41﴾ وَنَزَعْنَا مَا فِى صُدُورِهِم مِّنْ غِلٍّ
تَجْرِى مِن تَحْتِهِمُ ٱلْأَنْهَٰرُ ۖ وَقَالُوا۟ ٱلْحَمْدُ لِلَّهِ ٱلَّذِى هَدَىٰنَا لِهَٰذَا ۖ وَمَا
كُنَّا لِنَهْتَدِىَ لَوْلَآ أَنْ هَدَىٰنَا ٱللَّهُ ۖ لَقَدْ جَآءَتْ رُسُلُ رَبِّنَا بِٱلْحَقِّ ۖ
وَنُودُوٓا۟ أَن تِلْكُمُ ٱلْجَنَّةُ أُورِثْتُمُوهَا بِمَا كُنتُمْ تَعْمَلُونَ ۖ ﴿42﴾

- ٱدَّارَكُوا۟ فِيهَا: تلاحقوا في النّارِ

ثُمُنٌ

- ضِعْفًا: مضاعفًا
- يَلِجَ: يدخلَ
- مِهَادٌ: فراشٌ أي مستقرٌّ
- سَمِّ ٱلْخِيَاطِ: ثقب الإبرةِ
- غَوَاشٍ: أغطيةٌ كاللُّحُفِ
- وُسْعَهَآ: طاقَتَها
- غِلٍّ: حقدٍ وضغنٍ

مدّ مشبع 6 حركات	مدّ حركتين	إخفاء، ومواقع الغُنّة (حركتين)	تفخيم
مدّ 2 أو 4 أو 6 جوازاً		إدغام، وما لا يُلفَظ	قلقلة

155

وَنَادَىٰٓ أَصْحَٰبُ ٱلْجَنَّةِ أَصْحَٰبَ ٱلنَّارِ أَن قَدْ وَجَدْنَا مَا وَعَدَنَا رَبُّنَا
حَقًّا فَهَلْ وَجَدتُّم مَّا وَعَدَ رَبُّكُمْ حَقًّا ۖ قَالُوا۟ نَعَمْ ۚ فَأَذَّنَ مُؤَذِّنٌۢ بَيْنَهُمْ
أَن لَّعْنَةُ ٱللَّهِ عَلَى ٱلظَّٰلِمِينَ ﴿43﴾ ٱلَّذِينَ يَصُدُّونَ عَن سَبِيلِ ٱللَّهِ
وَيَبْغُونَهَا عِوَجًا وَهُم بِالْءَاخِرَةِ كَٰفِرُونَ ﴿44﴾ وَبَيْنَهُمَا حِجَابٌ ۚ وَعَلَى
ٱلْأَعْرَافِ رِجَالٌ يَعْرِفُونَ كُلًّۢا بِسِيمَىٰهُمْ ۚ وَنَادَوْا۟ أَصْحَٰبَ ٱلْجَنَّةِ أَن سَلَٰمٌ
عَلَيْكُمْ ۚ لَمْ يَدْخُلُوهَا وَهُمْ يَطْمَعُونَ ﴿45﴾ ۞ وَإِذَا صُرِفَتْ أَبْصَٰرُهُمْ
تِلْقَآءَ أَصْحَٰبِ ٱلنَّارِ قَالُوا۟ رَبَّنَا لَا تَجْعَلْنَا مَعَ ٱلْقَوْمِ ٱلظَّٰلِمِينَ ﴿46﴾
وَنَادَىٰٓ أَصْحَٰبُ ٱلْأَعْرَافِ رِجَالًا يَعْرِفُونَهُم بِسِيمَىٰهُمْ قَالُوا۟ مَآ
أَغْنَىٰ عَنكُمْ جَمْعُكُمْ وَمَا كُنتُمْ تَسْتَكْبِرُونَ ﴿47﴾ أَهَٰٓؤُلَآءِ
ٱلَّذِينَ أَقْسَمْتُمْ لَا يَنَالُهُمُ ٱللَّهُ بِرَحْمَةٍ ۚ ٱدْخُلُوا۟ ٱلْجَنَّةَ لَا خَوْفٌ
عَلَيْكُمْ وَلَآ أَنتُمْ تَحْزَنُونَ ﴿48﴾ وَنَادَىٰٓ أَصْحَٰبُ ٱلنَّارِ أَصْحَٰبَ
ٱلْجَنَّةِ أَنْ أَفِيضُوا۟ عَلَيْنَا مِنَ ٱلْمَآءِ أَوْ مِمَّا رَزَقَكُمُ ٱللَّهُ ۚ قَالُوٓا۟
إِنَّ ٱللَّهَ حَرَّمَهُمَا عَلَى ٱلْكَٰفِرِينَ ﴿49﴾ ٱلَّذِينَ ٱتَّخَذُوا۟ دِينَهُمْ
لَهْوًا وَلَعِبًا وَغَرَّتْهُمُ ٱلْحَيَوٰةُ ٱلدُّنْيَا ۚ فَٱلْيَوْمَ نَنسَىٰهُمْ كَمَا
نَسُوا۟ لِقَآءَ يَوْمِهِمْ هَٰذَا وَمَا كَانُوا۟ بِـَٔايَٰتِنَا يَجْحَدُونَ ﴿50﴾

- فَأَذَّنَ مُؤَذِّنٌ: فأَعْلَمَ مُعْلِمٌ

الأعراف

نِصْفٌ

- عِوَجاً: معوجّةً
- حِجَابٌ: حاجزٌ وهو السّورُ
- ٱلأَعْرَافِ: أعالي السُّورِ
- بِسِيمَىٰهُمْ: بعلاماتِهم
- أَفِيضُوا۟: صُبّوا أو ألقُوا
- غَرَّتْهُمُ: خدعَتْهم
- نَنسَىٰهُمْ: نتركُهم في العذابِ كالمنسيّينَ

تفخيم — قلقلة — إخفاء، ومواقع الغُنَّة (حركتين) — إدغام، وما لا يُلفظ — مدّ حركتين — مدّ مشبع 6 حركات — مدّ 2 أو 4 أو 6 جوازاً

وَلَقَدْ جِئْنَٰهُم بِكِتَٰبٖ فَصَّلْنَٰهُ عَلَيٰ عِلْمٍ هُدٗى وَرَحْمَةٗ لِّقَوْمٖ
يُومِنُونَۖ (51) هَلْ يَنظُرُونَ إِلَّا تَاوِيلَهُۥۖ يَوْمَ يَاتِے تَاوِيلُهُۥ يَقُولُ
اُ۬لذِينَ نَسُوهُ مِن قَبْلُ قَدْ جَآءَتْ رُسُلُ رَبِّنَا بِالْحَقِّ فَهَل لَّنَا مِن
شُفَعَآءَ فَيَشْفَعُواْ لَنَآ أَوْ نُرَدُّ فَنَعْمَلَ غَيْرَ اَ۬لذِے كُنَّا نَعْمَلُۖ
قَدْ خَسِرُوٓاْ أَنفُسَهُمْ وَضَلَّ عَنْهُم مَّا كَانُواْ يَفْتَرُونَۖ (52)
إِنَّ رَبَّكُمُ اُ۬للَّهُ اُ۬لذِے خَلَقَ اَ۬لسَّمَٰوَٰتِ وَالَارْضَ فِے سِتَّةِ
أَيَّامٖ ثُمَّ اَ۪سْتَوَيٰ عَلَي اَ۬لْعَرْشِۖ يُغْشِے اِ۬ليْلَ اَ۬لنَّهَارَ يَطْلُبُهُۥ
حَثِيثاٗ وَالشَّمْسَ وَالْقَمَرَ وَالنُّجُومَ مُسَخَّرَٰتِۭ بِأَمْرِهِۦٓۖ أَلَا لَهُ
اُ۬لْخَلْقُ وَالَامْرُۖ تَبَٰرَكَ اَ۬للَّهُ رَبُّ اُ۬لْعَٰلَمِينَۖ (53) اُ۟دْعُواْ رَبَّكُمْ
تَضَرُّعاٗ وَخُفْيَةًۖ اِنَّهُۥ لَا يُحِبُّ اُ۬لْمُعْتَدِينَۖ (54) وَلَا تُفْسِدُواْ
فِے اِ۬لَارْضِ بَعْدَ إِصْلَٰحِهَاۖ وَادْعُوهُ خَوْفاٗ وَطَمَعاًۖ اِنَّ رَحْمَتَ
اَ۬للَّهِ قَرِيبٞ مِّنَ اَ۬لْمُحْسِنِينَۖ (55) ۞ وَهُوَ اَ۬لذِے يُرْسِلُ
اُ۬لرِّيَٰحَ نُشُراَۢ بَيْنَ يَدَےْ رَحْمَتِهِۦۖ حَتَّيٰٓ إِذَآ أَقَلَّتْ سَحَاباٗ ثِقَالاٗ
سُقْنَٰهُ لِبَلَدٖ مَّيِّتٖ فَأَنزَلْنَا بِهِ اِ۬لْمَآءَ فَأَخْرَجْنَا بِهِۦ مِن كُلِّ
اِ۬لثَّمَرَٰتِۖ كَذَٰلِكَ نُخْرِجُ اُ۬لْمَوْتَيٰ لَعَلَّكُمْ تَذَّكَّرُونَۖ (56)

- **تَاوِيلَهُ**: عاقبتَهُ ومآلَ أمرِهِ
- **يَفْتَرُونَ**: يكذبون
- **يُغْشِے اِ۬ليْلَ اَ۬لنَّهَارَ**: يُغطّي النّهارَ بالليلِ
- **حَثِيثاً**: سريعًا
- **اَ۬لْخَلْقُ**: إيجادُ الأشياءِ من العدمِ
- **الَامْرُ**: التّدبيرُ والتّصرفُ
- **تَبَٰرَكَ**: تنزّهَ أو كثُرَ خيرُهُ وإحسانُهُ
- **تَضَرُّعاً**: مُظهرينَ الضّراعةَ والذّلّةَ

ثُمُنٌ

- **خُفْيَةً**: سرًّا في قلوبِكم
- **نُشُراً**: متفرّقة قدّام المطر
- **أَقَلَّتْ**: حملَتْ
- **ثِقَالاً**: مثقلةً بالماءِ

- مدّ مشبع 6 حركات
- مدّ 2 أو 4 أو 6 جوازاً
- مدّ حركتين
- إخفاء، ومواقع الغُنّة (حركتين)
- إدغام، وما لا يُلفظ
- تفخيم
- قلقلة

وَالْبَلَدُ اُ۬لطَّيِّبُ يَخْرُجُ نَبَاتُهُۥ بِإِذْنِ رَبِّهِۦۖ وَالذِے خَبُثَ لَا يَخْرُجُ
إِلَّا نَكِداًۖ كَذَٰلِكَ نُصَرِّفُ اُ۬لْاَيَٰتِ لِقَوْمٖ يَشْكُرُونَۖ (57)
لَقَدَ اَرْسَلْنَا نُوحاً اِلَيٰ قَوْمِهِۦ فَقَالَ يَٰقَوْمِ اِ۪عْبُدُواْ اُ۬للَّهَ مَا لَكُم
مِّنِ اِلَٰهٍ غَيْرُهُۥٓۖ إِنِّيَ أَخَافُ عَلَيْكُمْ عَذَابَ يَوْمٍ عَظِيمٖۖ (58)
قَالَ اَ۬لْمَلَأُ مِن قَوْمِهِۦٓ إِنَّا لَنَرَيٰكَ فِے ضَلَٰلٖ مُّبِينٖۖ (59) قَالَ
يَٰقَوْمِ لَيْسَ بِے ضَلَٰلَةٞ وَلَٰكِنِّے رَسُولٞ مِّن رَّبِّ اِ۬لْعَٰلَمِينَۖ (60)
أُبَلِّغُكُمْ رِسَٰلَٰتِ رَبِّے وَأَنصَحُ لَكُمْ وَأَعْلَمُ مِنَ اَ۬للَّهِ مَا لَا
تَعْلَمُونَۖ (61) أَوَعَجِبْتُمُۥٓ أَن جَآءَكُمْ ذِكْرٞ مِّن رَّبِّكُمْ عَلَيٰ
رَجُلٖ مِّنكُمْ لِيُنذِرَكُمْ وَلِتَتَّقُواْ وَلَعَلَّكُمْ تُرْحَمُونَۖ (62)
فَكَذَّبُوهُ فَأَنجَيْنَٰهُ وَالذِينَ مَعَهُۥ فِے اِ۬لْفُلْكِۖ وَأَغْرَقْنَا اَ۬لذِينَ
كَذَّبُواْ بِـَٔايَٰتِنَآۖ إِنَّهُمْ كَانُواْ قَوْماً عَمِينَۖ (63) وَإِلَيٰ عَادٍ
اَخَاهُمْ هُوداًۖ قَالَ يَٰقَوْمِ اِ۪عْبُدُواْ اُ۬للَّهَ مَا لَكُم مِّنِ اِلَٰهٍ غَيْرُهُۥٓۖ أَفَلَا
تَتَّقُونَۖ (64) قَالَ اَ۬لْمَلَأُ اُ۬لذِينَ كَفَرُواْ مِن قَوْمِهِۦٓ إِنَّا لَنَرَيٰكَ
فِے سَفَاهَةٖ وَإِنَّا لَنَظُنُّكَ مِنَ اَ۬لْكَٰذِبِينَۖ (65) قَالَ يَٰقَوْمِ
لَيْسَ بِے سَفَاهَةٞ وَلَٰكِنِّے رَسُولٞ مِّن رَّبِّ اِ۬لْعَٰلَمِينَۖ (66)

الاعْرَاف

- نَكِداً: قليلًا لا خيرَ فيهِ
- اَلْمَلَأُ: سادةُ القومِ
- عَمِينَ: عُميَ القلوبِ
- سَفَاهَةٍ: خفّةِ عقلٍ

مدّ مشبع 6 حركات — مدّ 2 أو 4 أو 6 جوازاً — مدّ حركتين — إخفاء، ومواقع الغُنّة (حركتين) — إدغام، وما لا يُلفظ — تفخيم — قلقلة

أُبَلِّغُكُمْ رِسَٰلَٰتِ رَبِّيَ وَأَنَا لَكُمْ نَاصِحٌ اَمِينٌ ﴿67﴾
۞ اَوَعَجِبْتُمُۥٓ أَن جَآءَكُمْ ذِكْرٞ مِّن رَّبِّكُمْ عَلَيٰ رَجُلٖ
مِّنكُمْ لِيُنذِرَكُمْۖ وَاذْكُرُوٓاْ إِذْ جَعَلَكُمْ خُلَفَآءَ
مِنۢ بَعْدِ قَوْمِ نُوحٖ وَزَادَكُمْ فِي اِ۬لْخَلْقِ بَصْطَةٗۖ فَاذْكُرُوٓاْ
ءَالَآءَ اَ۬للَّهِ لَعَلَّكُمْ تُفْلِحُونَۖ ﴿68﴾ قَالُوٓاْ أَجِئْتَنَا لِنَعْبُدَ اَ۬للَّهَ
وَحْدَهُۥ وَنَذَرَ مَا كَانَ يَعْبُدُ ءَابَآؤُنَا فَاتِنَا بِمَا تَعِدُنَآ
إِن كُنتَ مِنَ اَ۬لصَّٰدِقِينَۖ ﴿69﴾ قَالَ قَدْ وَقَعَ عَلَيْكُم مِّن
رَّبِّكُمْ رِجْسٞ وَغَضَبٌۖ اَتُجَٰدِلُونَنِي فِيٓ أَسْمَآءٖ سَمَّيْتُمُوهَآ
أَنتُمْ وَءَابَآؤُكُم مَّا نَزَّلَ اَ۬للَّهُ بِهَا مِن سُلْطَٰنٍۖ فَانتَظِرُوٓاْ
إِنِّيَ مَعَكُم مِّنَ اَ۬لْمُنتَظِرِينَۖ ﴿70﴾ فَأَنجَيْنَٰهُ وَالذِينَ مَعَهُۥ
بِرَحْمَةٖ مِّنَّا وَقَطَعْنَا دَابِرَ اَ۬لذِينَ كَذَّبُواْ بِـَٔايَٰتِنَا وَمَا كَانُواْ
مُومِنِينَۖ ﴿71﴾ وَإِلَيٰ ثَمُودَ أَخَاهُمْ صَٰلِحاٗۖ قَالَ يَٰقَوْمِ اِ۪عْبُدُواْ
اُ۬للَّهَ مَا لَكُم مِّنِ اِلَٰهٍ غَيْرُهُۥٓۖ قَدْ جَآءَتْكُم بَيِّنَةٞ مِّن
رَّبِّكُمْۖ هَٰذِهِۦ نَاقَةُ اُ۬للَّهِ لَكُمُۥ ءَايَةٗۖ فَذَرُوهَا تَاكُلْ
فِيٓ أَرْضِ اِ۬للَّهِۖ وَلَا تَمَسُّوهَا بِسُوٓءٖ فَيَاخُذَكُمْ عَذَابٌ اَلِيمٞۖ ﴿72﴾

رُبُعٌ

- بَصْطَةً: قوّةً وعِظَمَ أجسامٍ
- ءَالَآءَ اَ۬للَّهِ: نعمَهُ
- رِجْسٌ: عذابٌ
- دَابِرَ: آخرَ
- ءَايَةً: معجزةً دالّةً على صدقي

- مدّ مشبع 6 حركات
- مدّ 2 أو 4 أو 6 جوازاً
- مدّ حركتين
- إخفاء، ومواقع الغُنّة (حركتين)
- إدغام، وما لا يُلفظ
- تفخيم
- قلقلة

وَاذْكُرُوٓاْ إِذْ جَعَلَكُمْ خُلَفَآءَ مِنۢ بَعْدِ عَادٍ وَبَوَّأَكُمْ
فِي اِ۬لَارْضِ تَتَّخِذُونَ مِن سُهُولِهَا قُصُوراً وَتَنْحِتُونَ
اَ۬لْجِبَالَ بُيُوتاًۖ فَاذْكُرُوٓاْ ءَالَآءَ اَ۬للَّهِۖ وَلَا تَعْثَوْاْ فِي اِ۬لَارْضِ
مُفْسِدِينَۖ (73) قَالَ اَ۬لْمَلَأُ اُ۬لذِينَ اَ۪سْتَكْبَرُواْ مِن
قَوْمِهِۦ لِلذِينَ اَ۟سْتُضْعِفُواْ لِمَنَ اٰمَنَ مِنْهُمُۥٓ أَتَعْلَمُونَ
أَنَّ صَٰلِحاً مُّرْسَلٌ مِّن رَّبِّهِۦۖ قَالُوٓاْ إِنَّا بِمَآ أُرْسِلَ
بِهِۦ مُومِنُونَۖ (74) قَالَ اَ۬لذِينَ اَ۪سْتَكْبَرُوٓاْ إِنَّا بِالذِيٓ
ءَامَنتُم بِهِۦ كَٰفِرُونَۖ (75) ۞ فَعَقَرُواْ اُ۬لنَّاقَةَ وَعَتَوْاْ
عَنَ اَمْرِ رَبِّهِمْۖ وَقَالُواْ يَٰصَٰلِحُ اُ۪يتِنَا بِمَا تَعِدُنَآ إِن كُنتَ
مِنَ اَ۬لْمُرْسَلِينَۖ (76) فَأَخَذَتْهُمُ اُ۬لرَّجْفَةُ فَأَصْبَحُواْ فِي دَارِهِمْ
جَٰثِمِينَۖ (77) فَتَوَلّ۪يٰ عَنْهُمْ وَقَالَ يَٰقَوْمِ لَقَدَ اَبْلَغْتُكُمْ
رِسَالَةَ رَبِّے وَنَصَحْتُ لَكُمْ وَلَٰكِن لَّا تُحِبُّونَ اَ۬لنَّٰصِحِينَۖ (78)
وَلُوطاً اِذْ قَالَ لِقَوْمِهِۦٓ أَتَاتُونَ اَ۬لْفَٰحِشَةَ مَا سَبَقَكُم بِهَا
مِنَ اَحَدٍ مِّنَ اَ۬لْعَٰلَمِينَۖ (79) إِنَّكُمْ لَتَاتُونَ اَ۬لرِّجَالَ
شَهْوَةً مِّن دُونِ اِ۬لنِّسَآءِۖ بَلَ اَنتُمْ قَوْمٌ مُّسْرِفُونَۖ (80)

- بَوَّأَكُمْ: أسكنَكم وأنزلَكم
- الأعراف
- وَلَا تَعْثَوْاْ: لا تفسدُوا إفسادًا شديدًا
- ثُمُنٌ
- عَتَوْاْ: استكبرُوا
- اَ۬لرَّجْفَةُ: الزّلزلةُ الشّديدةُ أو الصّيحةُ
- جَٰثِمِينَ: موتى قعودًا

مدّ مشبع 6 حركات	إخفاء، ومواقع الغُنّة (حركتين)	تفخيم
مدّ 2 أو 4 أو 6 جوازاً	إدغام، وما لا يُلفظ	قلقلة
مدّ حركتين		

وَمَا كَانَ جَوَابَ قَوۡمِهِۦٓ إِلَّآ أَن قَالُوٓاْ أَخۡرِجُوهُم مِّن
قَرۡيَتِكُمۡۖ إِنَّهُمۡ أُنَاسٞ يَتَطَهَّرُونَ ﴿81﴾ فَأَنجَيۡنَٰهُ وَأَهۡلَهُۥٓ
إِلَّا ٱمۡرَأَتَهُۥ كَانَتۡ مِنَ ٱلۡغَٰبِرِينَ ﴿82﴾ وَأَمۡطَرۡنَا عَلَيۡهِم
مَّطَرٗاۖ فَٱنظُرۡ كَيۡفَ كَانَ عَٰقِبَةُ ٱلۡمُجۡرِمِينَ ﴿83﴾
وَإِلَىٰ مَدۡيَنَ أَخَاهُمۡ شُعَيۡبٗاۗ قَالَ يَٰقَوۡمِ ٱعۡبُدُواْ ٱللَّهَ
مَا لَكُم مِّنۡ إِلَٰهٍ غَيۡرُهُۥۖ قَدۡ جَآءَتۡكُم بَيِّنَةٞ مِّن
رَّبِّكُمۡۖ فَأَوۡفُواْ ٱلۡكَيۡلَ وَٱلۡمِيزَانَ وَلَا تَبۡخَسُواْ ٱلنَّاسَ
أَشۡيَآءَهُمۡ وَلَا تُفۡسِدُواْ فِي ٱلۡأَرۡضِ بَعۡدَ إِصۡلَٰحِهَاۚ
ذَٰلِكُمۡ خَيۡرٞ لَّكُمۡ إِن كُنتُم مُّؤۡمِنِينَ ﴿84﴾
وَلَا تَقۡعُدُواْ بِكُلِّ صِرَٰطٖ تُوعِدُونَ وَتَصُدُّونَ
عَن سَبِيلِ ٱللَّهِ مَنۡ ءَامَنَ بِهِۦ وَتَبۡغُونَهَا عِوَجٗاۚ
وَٱذۡكُرُوٓاْ إِذۡ كُنتُمۡ قَلِيلٗا فَكَثَّرَكُمۡۖ وَٱنظُرُواْ كَيۡفَ
كَانَ عَٰقِبَةُ ٱلۡمُفۡسِدِينَ ﴿85﴾ وَإِن كَانَ طَآئِفَةٞ
مِّنكُمۡ ءَامَنُواْ بِٱلَّذِيٓ أُرۡسِلۡتُ بِهِۦ وَطَآئِفَةٞ لَّمۡ يُؤۡمِنُواْ
فَٱصۡبِرُواْ حَتَّىٰ يَحۡكُمَ ٱللَّهُ بَيۡنَنَاۚ وَهُوَ خَيۡرُ ٱلۡحَٰكِمِينَ ﴿86﴾

- ٱلۡغَٰبِرِينَ: الباقينَ في العذابِ
- لَا تَبۡخَسُواْ: لا تنقصُوا
- صِرَٰطٖ: طريقٍ
- عِوَجٗا: معوجّةً

مدّ مشبع 6 حركات	مدّ حركتين	إخفاء، ومواقع الغُنَّة (حركتين)	تفخيم
مدّ 2 أو 4 أو 6 جوازاً		إدغام، وما لا يُلفظ	قلقلة

161

۞ قَالَ ٱلْمَلَأُ ٱلَّذِينَ ٱسْتَكْبَرُوا۟ مِن قَوْمِهِۦ لَنُخْرِجَنَّكَ يَٰشُعَيْبُ
وَٱلَّذِينَ ءَامَنُوا۟ مَعَكَ مِن قَرْيَتِنَآ أَوْ لَتَعُودُنَّ فِى مِلَّتِنَا ۚ قَالَ أَوَلَوْ
كُنَّا كَٰرِهِينَ ﴿87﴾ قَدِ ٱفْتَرَيْنَا عَلَى ٱللَّهِ كَذِبًا إِنْ عُدْنَا فِى
مِلَّتِكُم بَعْدَ إِذْ نَجَّىٰنَا ٱللَّهُ مِنْهَا ۚ وَمَا يَكُونُ لَنَآ أَن نَّعُودَ فِيهَآ إِلَّآ
أَن يَشَآءَ ٱللَّهُ رَبُّنَا ۚ وَسِعَ رَبُّنَا كُلَّ شَىْءٍ عِلْمًا ۚ عَلَى ٱللَّهِ تَوَكَّلْنَا ۚ
رَبَّنَا ٱفْتَحْ بَيْنَنَا وَبَيْنَ قَوْمِنَا بِٱلْحَقِّ وَأَنتَ خَيْرُ ٱلْفَٰتِحِينَ ﴿88﴾
وَقَالَ ٱلْمَلَأُ ٱلَّذِينَ كَفَرُوا۟ مِن قَوْمِهِۦ لَئِنِ ٱتَّبَعْتُمْ شُعَيْبًا إِنَّكُمْ
إِذًا لَّخَٰسِرُونَ ﴿89﴾ فَأَخَذَتْهُمُ ٱلرَّجْفَةُ فَأَصْبَحُوا۟ فِى دَارِهِمْ
جَٰثِمِينَ ﴿90﴾ ٱلَّذِينَ كَذَّبُوا۟ شُعَيْبًا كَأَن لَّمْ يَغْنَوْا۟ فِيهَا ۚ ٱلَّذِينَ
كَذَّبُوا۟ شُعَيْبًا كَانُوا۟ هُمُ ٱلْخَٰسِرِينَ ﴿91﴾ فَتَوَلَّىٰ عَنْهُمْ وَقَالَ
يَٰقَوْمِ لَقَدْ أَبْلَغْتُكُمْ رِسَٰلَٰتِ رَبِّى وَنَصَحْتُ لَكُمْ ۖ فَكَيْفَ
ءَاسَىٰ عَلَىٰ قَوْمٍ كَٰفِرِينَ ﴿92﴾ وَمَآ أَرْسَلْنَا فِى قَرْيَةٍ مِّن نَّبِيٓءٍ
إِلَّآ أَخَذْنَآ أَهْلَهَا بِٱلْبَأْسَآءِ وَٱلضَّرَّآءِ لَعَلَّهُمْ يَضَّرَّعُونَ ﴿93﴾
ثُمَّ بَدَّلْنَا مَكَانَ ٱلسَّيِّئَةِ ٱلْحَسَنَةَ حَتَّىٰ عَفَوا۟ وَّقَالُوا۟ قَدْ مَسَّ
ءَابَآءَنَا ٱلضَّرَّآءُ وَٱلسَّرَّآءُ فَأَخَذْنَٰهُم بَغْتَةً وَهُمْ لَا يَشْعُرُونَ ﴿94﴾

- ٱفْتَحْ: احكمْ واقضِ
- ٱلرَّجْفَةُ: الزَّلزلةُ الشَّديدةُ أو الصَّيحةُ
- جَٰثِمِينَ: موتى قعودًا
- لَّمْ يَغْنَوْا۟: لم يقيمُوا ناعمينَ
- ءَاسَىٰ: أحزنُ
- بِٱلْبَأْسَآءِ وَٱلضَّرَّآءِ: بالفقرِ والسّقمِ ونحوِهما
- يَضَّرَّعُونَ: يتذلّلونَ ويخضعُونَ
- عَفَوا۟: كثُروا عددًا وعُددًا
- بَغْتَةً: فجأةً

مدّ مشبع 6 حركات | مدّ 2 أو 4 أو 6 جوازًا | مدّ حركتين | إخفاء، ومواقع الغُنّة (حركتين) | إدغام، وما لا يُلفَظ | تفخيم | قلقلة

وَلَوْ أَنَّ أَهْلَ ٱلْقُرَىٰ ءَامَنُواْ وَٱتَّقَوْاْ لَفَتَحْنَا عَلَيْهِم بَرَكَٰتٍ مِّنَ ٱلسَّمَاءِ وَٱلْأَرْضِ وَلَٰكِن كَذَّبُواْ فَأَخَذْنَٰهُم بِمَا كَانُواْ يَكْسِبُونَ ﴿٩٥﴾ أَفَأَمِنَ أَهْلُ ٱلْقُرَىٰ أَن يَأْتِيَهُم بَأْسُنَا بَيَٰتًا وَهُمْ نَائِمُونَ ﴿٩٦﴾ أَوَأَمِنَ أَهْلُ ٱلْقُرَىٰ أَن يَأْتِيَهُم بَأْسُنَا ضُحًى وَهُمْ يَلْعَبُونَ ﴿٩٧﴾ أَفَأَمِنُواْ مَكْرَ ٱللَّهِ فَلَا يَأْمَنُ مَكْرَ ٱللَّهِ إِلَّا ٱلْقَوْمُ ٱلْخَٰسِرُونَ ﴿٩٨﴾ ۞ أَوَلَمْ يَهْدِ لِلَّذِينَ يَرِثُونَ ٱلْأَرْضَ مِنۢ بَعْدِ أَهْلِهَآ أَن لَّوْ نَشَاءُ أَصَبْنَٰهُم بِذُنُوبِهِمْ وَنَطْبَعُ عَلَىٰ قُلُوبِهِمْ فَهُمْ لَا يَسْمَعُونَ ﴿٩٩﴾ تِلْكَ ٱلْقُرَىٰ نَقُصُّ عَلَيْكَ مِنْ أَنۢبَائِهَا وَلَقَدْ جَاءَتْهُمْ رُسُلُهُم بِٱلْبَيِّنَٰتِ فَمَا كَانُواْ لِيُؤْمِنُواْ بِمَا كَذَّبُواْ مِن قَبْلُ كَذَٰلِكَ يَطْبَعُ ٱللَّهُ عَلَىٰ قُلُوبِ ٱلْكَٰفِرِينَ ﴿١٠٠﴾ وَمَا وَجَدْنَا لِأَكْثَرِهِم مِّنْ عَهْدٍ وَإِن وَجَدْنَآ أَكْثَرَهُمْ لَفَٰسِقِينَ ﴿١٠١﴾ ثُمَّ بَعَثْنَا مِنۢ بَعْدِهِم مُّوسَىٰ بِـَٔايَٰتِنَآ إِلَىٰ فِرْعَوْنَ وَمَلَإِيْهِ فَظَلَمُواْ بِهَا فَٱنظُرْ كَيْفَ كَانَ عَٰقِبَةُ ٱلْمُفْسِدِينَ ﴿١٠٢﴾ وَقَالَ مُوسَىٰ يَٰفِرْعَوْنُ إِنِّي رَسُولٌ مِّن رَّبِّ ٱلْعَٰلَمِينَ ﴿١٠٣﴾

ثُمُن

- بَأْسُنَا
عذابُنا
- بَيَٰتًا
ليلًا
- مَكْرَ
ٱللَّهِ
عقوبتَهُ أو
استدراجَهُ
- أَوَلَمْ يَهْدِ
أوَلَم يبيّن
- نَطْبَعُ
نختِم
- فَظَلَمُواْ
بِهَا
كفروا بها

• مدّ مشبع 6 حركات	• إخفاء، ومواقع الغُنّة (حركتين)	• تفخيم
• مدّ 2 أو 4 أو 6 جوازًا	• مدّ حركتين	• قلقلة
	• إدغام، وما لا يُلفظ	

163

حَقِيقٌ عَلَىٰٓ أَن لَّآ أَقُولَ عَلَى ٱللَّهِ إِلَّا ٱلْحَقَّ قَدْ جِئْتُكُم
بِبَيِّنَةٍ مِّن رَّبِّكُمْ فَأَرْسِلْ مَعِىَ بَنِىٓ إِسْرَٰٓءِيلَ ﴿104﴾ قَالَ إِن كُنتَ
جِئْتَ بِـَٔايَةٍ فَأْتِ بِهَآ إِن كُنتَ مِنَ ٱلصَّٰدِقِينَ ﴿105﴾ فَأَلْقَىٰ
عَصَاهُ فَإِذَا هِىَ ثُعْبَانٌ مُّبِينٌ ﴿106﴾ وَنَزَعَ يَدَهُۥ فَإِذَا هِىَ بَيْضَآءُ
لِلنَّٰظِرِينَ ﴿107﴾ قَالَ ٱلْمَلَأُ مِن قَوْمِ فِرْعَوْنَ إِنَّ هَٰذَا لَسَٰحِرٌ
عَلِيمٌ ﴿108﴾ يُرِيدُ أَن يُخْرِجَكُم مِّنْ أَرْضِكُمْ فَمَاذَا تَأْمُرُونَ ﴿109﴾
قَالُوٓا۟ أَرْجِهْ وَأَخَاهُ وَأَرْسِلْ فِى ٱلْمَدَآئِنِ حَٰشِرِينَ ﴿110﴾ يَأْتُوكَ
بِكُلِّ سَٰحِرٍ عَلِيمٍ ﴿111﴾ وَجَآءَ ٱلسَّحَرَةُ فِرْعَوْنَ قَالُوٓا۟ إِنَّ لَنَا
لَأَجْرًا إِن كُنَّا نَحْنُ ٱلْغَٰلِبِينَ ﴿112﴾ قَالَ نَعَمْ وَإِنَّكُمْ لَمِنَ
ٱلْمُقَرَّبِينَ ﴿113﴾ قَالُوا۟ يَٰمُوسَىٰٓ إِمَّآ أَن تُلْقِىَ وَإِمَّآ أَن نَّكُونَ
نَحْنُ ٱلْمُلْقِينَ ﴿114﴾ قَالَ أَلْقُوا۟ فَلَمَّآ أَلْقَوْا۟ سَحَرُوٓا۟ أَعْيُنَ ٱلنَّاسِ
وَٱسْتَرْهَبُوهُمْ وَجَآءُو بِسِحْرٍ عَظِيمٍ ﴿115﴾ ۞ وَأَوْحَيْنَآ إِلَىٰ
مُوسَىٰٓ أَنْ أَلْقِ عَصَاكَ فَإِذَا هِىَ تَلْقَفُ مَا يَأْفِكُونَ ﴿116﴾
فَوَقَعَ ٱلْحَقُّ وَبَطَلَ مَا كَانُوا۟ يَعْمَلُونَ ﴿117﴾ فَغُلِبُوا۟ هُنَالِكَ
وَٱنقَلَبُوا۟ صَٰغِرِينَ ﴿118﴾ وَأُلْقِىَ ٱلسَّحَرَةُ سَٰجِدِينَ ﴿119﴾

- حَقِيقٌ: جديرٌ وخليقٌ

الأعراف

- مُّبِينٌ: ظاهرٌ لا يشكُّ فيهِ
- أَرْجِهْ وَأَخَاهُ: أخِّرْ أمرَ عقوبتهما
- حَٰشِرِينَ: جامعينَ للسّحرةِ
- اسْتَرْهَبُوهُمْ: خوّفوهم تخويفًا شديدًا

رُبُع

- تَلْقَفُ: تبتلعُ بسرعةٍ
- يَأْفِكُونَ: يكذبُونَ ويُموّهُونَ

مدّ مشبع 6 حركات — مدّ 2 أو 4 أو 6 جوازًا — مدّ حركتين — إخفاء، ومواقع الغُنّة (حركتين) — إدغام، وما لا يُلفظ — تفخيم — قلقلة

قَالُوٓاْ ءَامَنَّا بِرَبِّ اِ۬لْعَٰلَمِينَ ﴿120﴾ رَبِّ مُوسَيٰ وَهَٰرُونَ ﴿121﴾ قَالَ
فِرْعَوْنُ ءَآمَنتُم بِهِۦ قَبْلَ أَنَ اذَنَ لَكُمُۥٓ إِنَّ هَٰذَا لَمَكْرٞ
مَّكَرْتُمُوهُ فِے اِ۬لْمَدِينَةِ لِتُخْرِجُواْ مِنْهَآ أَهْلَهَاۖ فَسَوْفَ تَعْلَمُونَ ﴿122﴾
لَأُقَطِّعَنَّ أَيْدِيَكُمْ وَأَرْجُلَكُم مِّنْ خِلَٰفٖ ثُمَّ لَأُصَلِّبَنَّكُمُۥٓ
أَجْمَعِينَ ﴿123﴾ قَالُوٓاْ إِنَّآ إِلَيٰ رَبِّنَا مُنقَلِبُونَ ﴿124﴾ وَمَا تَنقِمُ مِنَّآ
إِلَّآ أَنَ ـ امَنَّا بِـَٔايَٰتِ رَبِّنَا لَمَّا جَآءَتْنَاۖ رَبَّنَآ أَفْرِغْ عَلَيْنَا صَبْراٗ
وَتَوَفَّنَا مُسْلِمِينَ ﴿125﴾ وَقَالَ اَ۬لْمَلَأُ مِن قَوْمِ فِرْعَوْنَ أَتَذَرُ مُوسَيٰ
وَقَوْمَهُۥ لِيُفْسِدُواْ فِے اِ۬لَارْضِ وَيَذَرَكَ وَءَالِهَتَكَۖ قَالَ سَنَقْتُلُ
أَبْنَآءَهُمْ وَنَسْتَحْيِۦ نِسَآءَهُمْ وَإِنَّا فَوْقَهُمْ قَٰهِرُونَ ﴿126﴾
قَالَ مُوسَيٰ لِقَوْمِهِ إِسْتَعِينُواْ بِاللَّهِ وَاصْبِرُوٓاْۖ إِنَّ اَ۬لَارْضَ لِلَّهِ
يُورِثُهَا مَنْ يَّشَآءُ مِنْ عِبَادِهِۦۖ وَالْعَٰقِبَةُ لِلْمُتَّقِينَ ﴿127﴾ قَالُوٓاْ
أُوذِينَا مِن قَبْلِ أَن تَاتِيَنَا وَمِنۢ بَعْدِ مَا جِئْتَنَاۖ قَالَ عَسَيٰ
رَبُّكُمُۥٓ أَنْ يُّهْلِكَ عَدُوَّكُمْ وَيَسْتَخْلِفَكُمْ فِے اِ۬لَارْضِ
فَيَنظُرَ كَيْفَ تَعْمَلُونَ ﴿128﴾ وَلَقَدَ اَخَذْنَآ ءَالَ فِرْعَوْنَ
بِالسِّنِينَ وَنَقْصٖ مِّنَ اَ۬لثَّمَرَٰتِ لَعَلَّهُمْ يَذَّكَّرُونَ ﴿129﴾

- وَمَا تَنقِمُ: ما تكرهُ وما تعيبُ
- بِالسِّنِينَ: بالجدوبِ والقحوطِ

مدّ مشبع 6 حركات	مدّ حركتين	إخفاء، ومواقع الغُنَّة (حركتين)	تفخيـ
مدّ 2 أو 4 أو 6 جوازاً		إدغام، وما لا يُلفظ	قلقـ

فَإِذَا جَآءَتۡهُمُ ٱلۡحَسَنَةُ قَالُواْ لَنَا هَٰذِهِۦۖ وَإِن تُصِبۡهُمۡ سَيِّئَةٞ
يَطَّيَّرُواْ بِمُوسَىٰ وَمَن مَّعَهُۥٓۗ أَلَآ إِنَّمَا طَٰٓئِرُهُمۡ عِندَ ٱللَّهِ وَلَٰكِنَّ
أَكۡثَرَهُمۡ لَا يَعۡلَمُونَ ﴿130﴾ ۞ وَقَالُواْ مَهۡمَا تَأۡتِنَا بِهِۦ مِنۡ
ءَايَةٖ لِّتَسۡحَرَنَا بِهَا فَمَا نَحۡنُ لَكَ بِمُؤۡمِنِينَ ﴿131﴾ فَأَرۡسَلۡنَا عَلَيۡهِمُ
ٱلطُّوفَانَ وَٱلۡجَرَادَ وَٱلۡقُمَّلَ وَٱلضَّفَادِعَ وَٱلدَّمَ ءَايَٰتٖ مُّفَصَّلَٰتٖ
فَٱسۡتَكۡبَرُواْ وَكَانُواْ قَوۡمٗا مُّجۡرِمِينَ ﴿132﴾ وَلَمَّا وَقَعَ عَلَيۡهِمُ
ٱلرِّجۡزُ قَالُواْ يَٰمُوسَى ٱدۡعُ لَنَا رَبَّكَ بِمَا عَهِدَ عِندَكَۖ لَئِن
كَشَفۡتَ عَنَّا ٱلرِّجۡزَ لَنُؤۡمِنَنَّ لَكَ وَلَنُرۡسِلَنَّ مَعَكَ
بَنِيٓ إِسۡرَٰٓءِيلَ ﴿133﴾ فَلَمَّا كَشَفۡنَا عَنۡهُمُ ٱلرِّجۡزَ إِلَىٰٓ أَجَلٍ
هُم بَٰلِغُوهُ إِذَا هُمۡ يَنكُثُونَ ﴿134﴾ فَٱنتَقَمۡنَا مِنۡهُمۡ فَأَغۡرَقۡنَٰهُمۡ
فِي ٱلۡيَمِّ بِأَنَّهُمۡ كَذَّبُواْ بِـَٔايَٰتِنَا وَكَانُواْ عَنۡهَا غَٰفِلِينَ ﴿135﴾
وَأَوۡرَثۡنَا ٱلۡقَوۡمَ ٱلَّذِينَ كَانُواْ يُسۡتَضۡعَفُونَ مَشَٰرِقَ
ٱلۡأَرۡضِ وَمَغَٰرِبَهَا ٱلَّتِي بَٰرَكۡنَا فِيهَاۖ وَتَمَّتۡ كَلِمَتُ رَبِّكَ
ٱلۡحُسۡنَىٰ عَلَىٰ بَنِيٓ إِسۡرَٰٓءِيلَ ﴿136﴾ بِمَا صَبَرُواْۖ وَدَمَّرۡنَا مَا كَانَ
يَصۡنَعُ فِرۡعَوۡنُ وَقَوۡمُهُۥ وَمَا كَانُواْ يَعۡرِشُونَ ﴿137﴾

ثُمُن الأعراف

- يَطَّيَّرُواْ: يتشاءَموا
- طَٰٓئِرُهُمۡ: شؤمهم
- ٱلطُّوفَانَ: الماءَ الكثيرَ أو الموتَ الجارفَ
- ٱلۡقُمَّلَ: القرادَ أو القملَ المعروفَ
- ٱلرِّجۡزُ: العذابُ بما ذُكِرَ من الآياتِ
- يَنكُثُونَ: ينقضُونَ عهدَهم
- دَمَّرۡنَا: أهلكْنا وخرّبْنا
- يَعۡرِشُونَ: يرفعُونَ من الأبنيةِ

مدّ مشبع 6 حركات	مدّ حركتين	إخفاء، ومواقع الغُنَّة (حركتين)	تفخيم
مدّ 2 أو 4 أو 6 جوازاً		إدغام، وما لا يُلفَظ	قلقلة

وَجَٰوَزْنَا بِبَنِيٓ إِسْرَٰٓءِيلَ ٱلْبَحْرَ فَأَتَوْاْ عَلَىٰ قَوْمٖ يَعْكُفُونَ عَلَىٰٓ
أَصْنَامٖ لَّهُمْۚ قَالُواْ يَٰمُوسَى ٱجْعَل لَّنَآ إِلَٰهٗا كَمَا لَهُمْ ءَالِهَةٞۚ قَالَ
إِنَّكُمْ قَوْمٞ تَجْهَلُونَ (138) إِنَّ هَٰٓؤُلَآءِ مُتَبَّرٞ مَّا هُمْ فِيهِ وَبَٰطِلٞ
مَّا كَانُواْ يَعْمَلُونَ (139) قَالَ أَغَيْرَ ٱللَّهِ أَبْغِيكُمْ إِلَٰهٗا
وَهُوَ فَضَّلَكُمْ عَلَى ٱلْعَٰلَمِينَ (140) وَإِذْ أَنجَيْنَٰكُم
مِّنْ ءَالِ فِرْعَوْنَ يَسُومُونَكُمْ سُوٓءَ ٱلْعَذَابِ يُقَتِّلُونَ
أَبْنَآءَكُمْ وَيَسْتَحْيُونَ نِسَآءَكُمْۚ وَفِي ذَٰلِكُم بَلَآءٞ
مِّن رَّبِّكُمْ عَظِيمٞ (141) ۞ وَوَٰعَدْنَا مُوسَىٰ ثَلَٰثِينَ لَيْلَةٗ
وَأَتْمَمْنَٰهَا بِعَشْرٖ فَتَمَّ مِيقَٰتُ رَبِّهِۦٓ أَرْبَعِينَ لَيْلَةٗۚ وَقَالَ
مُوسَىٰ لِأَخِيهِ هَٰرُونَ ٱخْلُفْنِي فِي قَوْمِي وَأَصْلِحْ وَلَا تَتَّبِعْ
سَبِيلَ ٱلْمُفْسِدِينَ (142) وَلَمَّا جَآءَ مُوسَىٰ لِمِيقَٰتِنَا وَكَلَّمَهُۥ
رَبُّهُۥ قَالَ رَبِّ أَرِنِيٓ أَنظُرْ إِلَيْكَۚ قَالَ لَن تَرَىٰنِي وَلَٰكِنِ
ٱنظُرْ إِلَى ٱلْجَبَلِ فَإِنِ ٱسْتَقَرَّ مَكَانَهُۥ فَسَوْفَ تَرَىٰنِيۚ فَلَمَّا
تَجَلَّىٰ رَبُّهُۥ لِلْجَبَلِ جَعَلَهُۥ دَكّٗا وَخَرَّ مُوسَىٰ صَعِقٗاۚ فَلَمَّآ
أَفَاقَ قَالَ سُبْحَٰنَكَ تُبْتُ إِلَيْكَ وَأَنَا۠ أَوَّلُ ٱلْمُؤْمِنِينَ (143)

- مُتَبَّرٌ: مُهلكٌ مُدمّرٌ
- أَبْغِيكُمْ: أطلبُ لكم
- يَسُومُونَكُمْ: يذيقُونكم أو يكلّفُونكم

نِصْفٌ

- يَسْتَحْيُونَ: يستبقُونَ للخدمةِ
- بَلَآءٌ: ابتلاءٌ وامتحانٌ
- تَجَلَّىٰ رَبُّهُۥ لِلْجَبَلِ: بدا لهُ شيءٌ من نورِ عرشِهِ
- دَكًّا: مدكوكًا متفتتًا
- صَعِقًا: مغشيًّا عليهِ
- سُبْحَٰنَكَ: تنزيهًا لكَ من مشابهةِ خلقِكَ

مدّ مشبع 6 حركات	مدّ حركتين	إخفاء، ومواقع الغُنَّة (حركتين)	تفخيم
مدّ 2 أو 4 أو 6 جوازاً		إدغام، وما لا يُلفَظ	قلقلة

الأعراف

قَالَ يَٰمُوسَىٰٓ إِنِّى ٱصْطَفَيْتُكَ عَلَى ٱلنَّاسِ بِرِسَٰلَٰتِى وَبِكَلَٰمِى فَخُذْ مَآ ءَاتَيْتُكَ وَكُن مِّنَ ٱلشَّٰكِرِينَ ﴿١٤٤﴾ وَكَتَبْنَا لَهُۥ فِى ٱلْأَلْوَاحِ مِن كُلِّ شَىْءٍ مَّوْعِظَةً وَتَفْصِيلًا لِّكُلِّ شَىْءٍ فَخُذْهَا بِقُوَّةٍ وَأْمُرْ قَوْمَكَ يَأْخُذُوا۟ بِأَحْسَنِهَا سَأُو۟رِيكُمْ دَارَ ٱلْفَٰسِقِينَ ﴿١٤٥﴾ سَأَصْرِفُ عَنْ ءَايَٰتِىَ ٱلَّذِينَ يَتَكَبَّرُونَ فِى ٱلْأَرْضِ بِغَيْرِ ٱلْحَقِّ وَإِن يَرَوْا۟ كُلَّ ءَايَةٍ لَّا يُؤْمِنُوا۟ بِهَا وَإِن يَرَوْا۟ سَبِيلَ ٱلرُّشْدِ لَا يَتَّخِذُوهُ سَبِيلًا وَإِن يَرَوْا۟ سَبِيلَ ٱلْغَىِّ يَتَّخِذُوهُ سَبِيلًا ذَٰلِكَ بِأَنَّهُمْ كَذَّبُوا۟ بِـَٔايَٰتِنَا وَكَانُوا۟ عَنْهَا غَٰفِلِينَ ﴿١٤٦﴾ وَٱلَّذِينَ كَذَّبُوا۟ بِـَٔايَٰتِنَا وَلِقَآءِ ٱلْأَخِرَةِ حَبِطَتْ أَعْمَٰلُهُمْ هَلْ يُجْزَوْنَ إِلَّا مَا كَانُوا۟ يَعْمَلُونَ ﴿١٤٧﴾ وَٱتَّخَذَ قَوْمُ مُوسَىٰ مِنۢ بَعْدِهِۦ مِنْ حُلِيِّهِمْ عِجْلًا جَسَدًا لَّهُۥ خُوَارٌ أَلَمْ يَرَوْا۟ أَنَّهُۥ لَا يُكَلِّمُهُمْ وَلَا يَهْدِيهِمْ سَبِيلًا ٱتَّخَذُوهُ وَكَانُوا۟ ظَٰلِمِينَ ﴿١٤٨﴾ وَلَمَّا سُقِطَ فِىٓ أَيْدِيهِمْ وَرَأَوْا۟ أَنَّهُمْ قَدْ ضَلُّوا۟ قَالُوا۟ لَئِن لَّمْ يَرْحَمْنَا رَبُّنَا وَيَغْفِرْ لَنَا لَنَكُونَنَّ مِنَ ٱلْخَٰسِرِينَ ﴿١٤٩﴾

• سَبِيلَ ٱلرُّشْدِ
طَرِيقَ ٱلْهُدَىٰ
• سَبِيلَ ٱلْغَىِّ
طَرِيقَ ٱلضَّلَالِ
• حَبِطَتْ
بَطَلَتْ
• جَسَدًا
مُجَسَّدًا

ثُمُنْ

• خُوَارٌ
صَوْتٌ كَصَوْتِ ٱلْبَقَرَةِ
• سُقِطَ فِىٓ أَيْدِيهِمْ
نَدِمُوا۟ أَشَدَّ ٱلنَّدَمِ

● مدّ مشبع ٦ حركات	● مدّ حركتين
● مدّ ٢ أو ٤ أو ٦ جوازاً	
● إخفاء، ومواقع الغنّة (حركتين)	● تفخيم
● إدغام، وما لا يُلفظ	● قلقلة

وَلَمَّا رَجَعَ مُوسَىٰٓ إِلَىٰ قَوْمِهِۦ غَضْبَٰنَ أَسِفًا قَالَ بِئْسَمَا

خَلَفْتُمُونِى مِنۢ بَعْدِىٓ أَعَجِلْتُمْ أَمْرَ رَبِّكُمْ وَأَلْقَى ٱلْأَلْوَاحَ

وَأَخَذَ بِرَأْسِ أَخِيهِ يَجُرُّهُۥٓ إِلَيْهِ قَالَ ٱبْنَ أُمَّ إِنَّ ٱلْقَوْمَ ٱسْتَضْعَفُونِى

وَكَادُوا۟ يَقْتُلُونَنِى فَلَا تُشْمِتْ بِىَ ٱلْأَعْدَآءَ وَلَا تَجْعَلْنِى مَعَ

ٱلْقَوْمِ ٱلظَّٰلِمِينَ ﴿١٥٠﴾ قَالَ رَبِّ ٱغْفِرْ لِى وَلِأَخِى وَأَدْخِلْنَا فِى

رَحْمَتِكَ وَأَنتَ أَرْحَمُ ٱلرَّٰحِمِينَ ﴿١٥١﴾ إِنَّ ٱلَّذِينَ ٱتَّخَذُوا۟ ٱلْعِجْلَ

سَيَنَالُهُمْ غَضَبٌ مِّن رَّبِّهِمْ وَذِلَّةٌ فِى ٱلْحَيَوٰةِ ٱلدُّنْيَا وَكَذَٰلِكَ

نَجْزِى ٱلْمُفْتَرِينَ ﴿١٥٢﴾ وَٱلَّذِينَ عَمِلُوا۟ ٱلسَّيِّـَٔاتِ ثُمَّ تَابُوا۟ مِنۢ

بَعْدِهَا وَءَامَنُوٓا۟ إِنَّ رَبَّكَ مِنۢ بَعْدِهَا لَغَفُورٌ رَّحِيمٌ

﴿١٥٣﴾ وَلَمَّا سَكَتَ عَن مُّوسَى ٱلْغَضَبُ أَخَذَ ٱلْأَلْوَاحَ وَفِى نُسْخَتِهَا

هُدًى وَرَحْمَةٌ لِّلَّذِينَ هُمْ لِرَبِّهِمْ يَرْهَبُونَ ﴿١٥٤﴾ وَٱخْتَارَ مُوسَىٰ

قَوْمَهُۥ سَبْعِينَ رَجُلًا لِّمِيقَٰتِنَا فَلَمَّآ أَخَذَتْهُمُ ٱلرَّجْفَةُ قَالَ

رَبِّ لَوْ شِئْتَ أَهْلَكْتَهُم مِّن قَبْلُ وَإِيَّٰىَ أَتُهْلِكُنَا بِمَا فَعَلَ

ٱلسُّفَهَآءُ مِنَّآ إِنْ هِىَ إِلَّا فِتْنَتُكَ تُضِلُّ بِهَا مَن تَشَآءُ وَتَهْدِى مَن

تَشَآءُ أَنتَ وَلِيُّنَا فَٱغْفِرْ لَنَا وَٱرْحَمْنَا وَأَنتَ خَيْرُ ٱلْغَٰفِرِينَ ﴿١٥٥﴾

• أَسِفًا
شَدِيدُ الغَضَب

• أَعَجِلْتُمْ
أَسقَطتُم
بعبادة العجل

• فَلَا
تُشْمِتْ
فلا تَسُر

• ٱلرَّجْفَةُ
الزلزلة
الشديدة أو
الصاعقة

• فِتْنَتُكَ
محنَتُك
وابتلاؤُك

۞ وَاكْتُبْ لَنَا فِے هَٰذِهِ اِ۬لدُّنْيَا حَسَنَةٗ وَفِے اِ۬لْأٓخِرَةِۖ إِنَّا
هُدْنَآ إِلَيْكَۖ قَالَ عَذَابِيَ أُصِيبُ بِهِۦ مَنَ اَشَآءُۖ وَرَحْمَتِے
وَسِعَتْ كُلَّ شَےْءٖۖ فَسَأَكْتُبُهَا لِلذِينَ يَتَّقُونَ وَيُوتُونَ
اَ۬لزَّكَوٰةَ وَالذِينَ هُم بِـَٔايَٰتِنَا يُومِنُونَ ﴿156﴾ اَ۬لذِينَ يَتَّبِعُونَ
اَ۬لرَّسُولَ اَ۬لنَّبِےٓءَ اَ۬لْأُمِّيَّ اَ۬لذِے يَجِدُونَهُۥ مَكْتُوباً عِندَهُمْ
فِے اِ۬لتَّوْرَيٰةِ وَالْإِنجِيلِ يَامُرُهُم بِالْمَعْرُوفِ وَيَنْهَيٰهُمْ
عَنِ اِ۬لْمُنكَرِ وَيُحِلُّ لَهُمُ اُ۬لطَّيِّبَٰتِ وَيُحَرِّمُ عَلَيْهِمُ
اُ۬لْخَبَٰٓئِثَ وَيَضَعُ عَنْهُمُۥ إِصْرَهُمْ وَالْأَغْلَٰلَ اَ۬لتِے كَانَتْ
عَلَيْهِمْۖ فَالذِينَ ءَامَنُواْ بِهِۦ وَعَزَّرُوهُ وَنَصَرُوهُ وَاتَّبَعُواْ
اُ۬لنُّورَ اَ۬لذِےٓ أُنزِلَ مَعَهُۥٓ أُوْلَٰٓئِكَ هُمُ اُ۬لْمُفْلِحُونَۖ ﴿157﴾ قُلْ
يَٰٓأَيُّهَا اَ۬لنَّاسُ إِنِّے رَسُولُ اُ۬للَّهِ إِلَيْكُمْ جَمِيعاً اِ۬لذِے
لَهُۥ مُلْكُ اُ۬لسَّمَٰوَٰتِ وَالْأَرْضِۖ لَآ إِلَٰهَ إِلَّا هُوَۖ يُحْيِۦ وَيُمِيتُۖ
فَـَٔامِنُواْ بِاللَّهِ وَرَسُولِهِ اِ۬لنَّبِےٓءِ اِ۬لْأُمِّيِّ اِ۬لذِے يُومِنُ بِاللَّهِ
وَكَلِمَٰتِهِۦۖ وَاتَّبِعُوهُ لَعَلَّكُمْ تَهْتَدُونَۖ ﴿158﴾ وَمِن
قَوْمِ مُوسَيٰٓ أُمَّةٞ يَهْدُونَ بِالْحَقِّ وَبِهِۦ يَعْدِلُونَۖ ﴿159﴾

- هُدْنَآ إِلَيْكَ: تبْنا ورجعْنا إليكَ
- إِصْرَهُمْ: عهدَهُم بالقيامِ بأعمالٍ ثقالٍ
- وَالْأَغْلَٰلَ: التّكاليف الشّاقّة في التّوراةِ
- عَزَّرُوهُ: وقّرُوهُ وعظّمُوهُ
- بِهِۦ يَعْدِلُونَ: بالحقّ يحكمونَ فيما بينهم

مدّ مشبع 6 حركات	مدّ حركتين	إخفاء، ومواقع الغُنّة (حركتين)	تفخيم
مدّ 2 أو 4 أو 6 جوازاً		إدغام، وما لا يُلفَظ	قلقلة

وَقَطَّعْنَاهُمُ اثْنَتَيْ عَشْرَةَ أَسْبَاطاً أُمَماً وَأَوْحَيْنَا إِلَىٰ مُوسَىٰ

إِذِ اسْتَسْقَاهُ قَوْمُهُ أَنِ اضْرِب بِّعَصَاكَ الْحَجَرَ

فَانبَجَسَتْ مِنْهُ اثْنَتَا عَشْرَةَ عَيْناً قَدْ عَلِمَ كُلُّ أُنَاسٍ

مَّشْرَبَهُمْ وَظَلَّلْنَا عَلَيْهِمُ الْغَمَامَ وَأَنزَلْنَا عَلَيْهِمُ الْمَنَّ

وَالسَّلْوَىٰ كُلُوا مِن طَيِّبَاتِ مَا رَزَقْنَاكُمْ وَمَا

ظَلَمُونَا وَلَٰكِن كَانُوا أَنفُسَهُمْ يَظْلِمُونَ ﴿١٦٠﴾

وَإِذْ قِيلَ لَهُمُ اسْكُنُوا هَٰذِهِ الْقَرْيَةَ وَكُلُوا مِنْهَا

حَيْثُ شِئْتُمْ وَقُولُوا حِطَّةٌ وَادْخُلُوا الْبَابَ سُجَّداً

تُغْفَرْ لَكُمْ خَطِيئَاتُكُمْ سَنَزِيدُ الْمُحْسِنِينَ ﴿١٦١﴾

فَبَدَّلَ الَّذِينَ ظَلَمُوا مِنْهُمْ قَوْلاً غَيْرَ الَّذِي قِيلَ لَهُمْ

فَأَرْسَلْنَا عَلَيْهِمْ رِجْزاً مِّنَ السَّمَاءِ بِمَا كَانُوا

يَظْلِمُونَ ﴿١٦٢﴾ وَاسْأَلْهُمْ عَنِ الْقَرْيَةِ الَّتِي كَانَتْ

حَاضِرَةَ الْبَحْرِ إِذْ يَعْدُونَ فِي السَّبْتِ إِذْ تَأْتِيهِمْ

حِيتَانُهُمْ يَوْمَ سَبْتِهِمْ شُرَّعاً وَيَوْمَ لَا يَسْبِتُونَ لَا

تَأْتِيهِمْ كَذَٰلِكَ نَبْلُوهُم بِمَا كَانُوا يَفْسُقُونَ ﴿١٦٣﴾

قَطَّعْنَاهُمْ
فَرَّقْنَاهُمْ أَوْ صَيَّرْنَاهُمْ

أَسْبَاطاً
جَمَاعَاتٍ كَالْقَبَائِلِ فِي الْعَرَبِ

فَانبَجَسَتْ
انفَجَرَتْ

مَّشْرَبَهُمْ
عَيْنَهُمُ الْخَاصَّةَ بِهِمْ

الْغَمَامَ
السَّحَابُ الأَبْيَضُ الرَّقِيقُ

الْمَنَّ
مَادَّةٌ صَمْغِيَّةٌ حُلْوَةٌ كَالْعَسَلِ

السَّلْوَىٰ
الطَّائِرُ الْمَعْرُوفُ بِالسُّمَانَىٰ

حِطَّةٌ
مَسْأَلَتُنَا حَطُّ ذُنُوبِنَا عَنَّا

ثُمُنٌ

رِجْزاً
عَذَاباً

حَاضِرَةَ الْبَحْرِ
قَرِيبَةً مِنْهُ

يَعْدُونَ
يَعْتَدُونَ بِالصَّيْدِ الْمُحَرَّمِ

شُرَّعاً
ظَاهِرَةً عَلَى وَجْهِ الْمَاءِ

● تفخيم	● إخفاء، ومواقع الغُنَّة (حركتين)	● مدّ مشبع 6 حركات
● قلقلة	● إدغام، وما لا يُلفظ	● مدّ حركتين
		● مدّ 2 أو 4 أو 6 جوازاً

وَإِذْ قَالَتُ اُمَّةٌ مِّنْهُمْ لِمَ تَعِظُونَ قَوْماً اَللَّهُ مُهْلِكُهُمْ أَوْ
مُعَذِّبُهُمْ عَذَاباً شَدِيداً قَالُواْ مَعْذِرَةٌ اِلَىٰ رَبِّكُمْ وَلَعَلَّهُمْ
يَتَّقُونَ (164) فَلَمَّا نَسُواْ مَا ذُكِّرُواْ بِهِۦ أَنجَيْنَا اَلذِينَ يَنْهَوْنَ
عَنِ اِلسُّوٓءِ وَأَخَذْنَا اَلذِينَ ظَلَمُواْ بِعَذَابِۢ بِيسٍۢ بِمَا كَانُواْ
يَفْسُقُونَ (165) فَلَمَّا عَتَوْاْ عَن مَّا نُهُواْ عَنْهُ قُلْنَا لَهُمْ كُونُواْ
قِرَدَةً خَٰسِـِٔينَ (166) وَإِذْ تَأَذَّنَ رَبُّكَ لَيَبْعَثَنَّ عَلَيْهِمُۥ إِلَىٰ
يَوْمِ اِلْقِيَٰمَةِ مَنْ يَّسُومُهُمْ سُوٓءَ اَلْعَذَابِ إِنَّ رَبَّكَ لَسَرِيعُ
اُ۬لْعِقَابِ وَإِنَّهُۥ لَغَفُورٌ رَّحِيمٌ (167) وَقَطَّعْنَٰهُمْ فِے اِ۬لَارْضِ أُمَماً
مِّنْهُمُ اُ۬لصَّٰلِحُونَ وَمِنْهُمْ دُونَ ذَٰلِكَ وَبَلَوْنَٰهُم بِالْحَسَنَٰتِ
وَالسَّيِّـَٔاتِ لَعَلَّهُمْ يَرْجِعُونَ (168) فَخَلَفَ مِنۢ بَعْدِهِمْ خَلْفٌ
وَرِثُواْ اُ۬لْكِتَٰبَ يَاخُذُونَ عَرَضَ هَٰذَا اَلَادْنيٰ وَيَقُولُونَ سَيُغْفَرُ
لَنَا وَإِنْ يَّاتِهِمْ عَرَضٌ مِّثْلُهُۥ يَاخُذُوهُ أَلَمْ يُوخَذْ عَلَيْهِم مِّيثَٰقُ
اُ۬لْكِتَٰبِ أَن لَّا يَقُولُواْ عَلَى اَ۬للَّهِ إِلَّا اَ۬لْحَقَّ وَدَرَسُواْ مَا فِيهِ وَالدَّارُ
اُ۬لَاخِرَةُ خَيْرٌ لِّلذِينَ يَتَّقُونَ أَفَلَا تَعْقِلُونَ (169) وَالذِينَ يُمَسِّكُونَ
بِالْكِتَٰبِ وَأَقَامُواْ اُ۬لصَّلَوٰةَ إِنَّا لَا نُضِيعُ أَجْرَ اَلْمُصْلِحِينَ (170)

الأعراف

- مَعْذِرَةٌ: للاعتذارِ والتنصُّلِ من الذّنبِ
- بِيسٍ: شديدٍ وَجيعٍ
- عَتَوْاْ: استكبرُوا واستعصَوا
- خَٰسِـِٔينَ: أذلاّء مُبعدينَ
- تَأَذَّنَ: أعلمَ أو عزمَ وقضى
- يَسُومُهُمْ: يُذيقُهم
- بَلَوْنَٰهُم: امتحنّاهم واختبرْناهم
- خَلْفٌ: بَدَلُ سَوءٍ
- عَرَضَ هَٰذَا اَلَادْنيٰ: حُطامُ هذهِ الدّنيا
- دَرَسُواْ: قرؤُوا

مدّ مشبع 6 حركات | مدّ 2 أو 4 أو 6 جوازاً | مدّ حركتين | إخفاء، ومواقع الغُنَّة (حركتين) | إدغام، وما لا يُلفظ | تفخيم | قلقلة

۞ وَإِذْ نَتَقْنَا ٱلْجَبَلَ فَوْقَهُمْ كَأَنَّهُ ظُلَّةٌ وَظَنُّوٓاْ أَنَّهُ وَاقِعٌ بِهِمْ خُذُواْ مَآ ءَاتَيْنَٰكُم بِقُوَّةٍ وَٱذْكُرُواْ مَا فِيهِ لَعَلَّكُمْ تَتَّقُونَ ۝

وَإِذْ أَخَذَ رَبُّكَ مِنۢ بَنِىٓ ءَادَمَ مِن ظُهُورِهِمْ ذُرِّيَّتَهُمْ وَأَشْهَدَهُمْ عَلَىٰٓ أَنفُسِهِمْ أَلَسْتُ بِرَبِّكُمْ قَالُواْ بَلَىٰ شَهِدْنَآ أَن تَقُولُواْ يَوْمَ ٱلْقِيَٰمَةِ إِنَّا كُنَّا عَنْ هَٰذَا غَٰفِلِينَ ۝ أَوْ تَقُولُوٓاْ إِنَّمَآ أَشْرَكَ ءَابَآؤُنَا مِن قَبْلُ وَكُنَّا ذُرِّيَّةً مِّنۢ بَعْدِهِمْ أَفَتُهْلِكُنَا بِمَا فَعَلَ ٱلْمُبْطِلُونَ ۝ وَكَذَٰلِكَ نُفَصِّلُ ٱلْءَايَٰتِ وَلَعَلَّهُمْ يَرْجِعُونَ ۝ وَٱتْلُ عَلَيْهِمْ نَبَأَ ٱلَّذِىٓ ءَاتَيْنَٰهُ ءَايَٰتِنَا فَٱنسَلَخَ مِنْهَا فَأَتْبَعَهُ ٱلشَّيْطَٰنُ فَكَانَ مِنَ ٱلْغَاوِينَ ۝ وَلَوْ شِئْنَا لَرَفَعْنَٰهُ بِهَا وَلَٰكِنَّهُۥٓ أَخْلَدَ إِلَى ٱلْأَرْضِ وَٱتَّبَعَ هَوَىٰهُ فَمَثَلُهُ كَمَثَلِ ٱلْكَلْبِ إِن تَحْمِلْ عَلَيْهِ يَلْهَثْ أَوْ تَتْرُكْهُ يَلْهَث ذَّٰلِكَ مَثَلُ ٱلْقَوْمِ ٱلَّذِينَ كَذَّبُواْ بِـَٔايَٰتِنَا فَٱقْصُصِ ٱلْقَصَصَ لَعَلَّهُمْ يَتَفَكَّرُونَ ۝ سَآءَ مَثَلًا ٱلْقَوْمُ ٱلَّذِينَ كَذَّبُواْ بِـَٔايَٰتِنَا وَأَنفُسَهُمْ كَانُواْ يَظْلِمُونَ ۝ مَن يَهْدِ ٱللَّهُ فَهُوَ ٱلْمُهْتَدِى وَمَن يُضْلِلْ فَأُوْلَٰٓئِكَ هُمُ ٱلْخَٰسِرُونَ ۝

۞ وَلَقَدْ ذَرَأْنَا لِجَهَنَّمَ كَثِيرًا مِّنَ الْجِنِّ وَالْإِنسِ لَهُمْ قُلُوبٌ لَّا يَفْقَهُونَ بِهَا وَلَهُمْ أَعْيُنٌ لَّا يُبْصِرُونَ بِهَا وَلَهُمْ ءَاذَانٌ لَّا يَسْمَعُونَ بِهَآ أُوْلَٰئِكَ كَالْأَنْعَٰمِ بَلْ هُمْ أَضَلُّ أُوْلَٰئِكَ هُمُ الْغَٰفِلُونَ ۝

وَلِلَّهِ الْأَسْمَآءُ الْحُسْنَىٰ فَادْعُوهُ بِهَا وَذَرُوا الَّذِينَ يُلْحِدُونَ فِىٓ أَسْمَٰئِهِۦ سَيُجْزَوْنَ مَا كَانُوا يَعْمَلُونَ ۝ وَمِمَّنْ خَلَقْنَآ أُمَّةٌ يَهْدُونَ بِالْحَقِّ وَبِهِۦ يَعْدِلُونَ ۝ وَالَّذِينَ كَذَّبُوا بِـَٔايَٰتِنَا سَنَسْتَدْرِجُهُم مِّنْ حَيْثُ لَا يَعْلَمُونَ ۝ وَأُمْلِى لَهُمْ إِنَّ كَيْدِى مَتِينٌ ۝ أَوَلَمْ يَتَفَكَّرُوا مَا بِصَاحِبِهِم مِّن جِنَّةٍ إِنْ هُوَ إِلَّا نَذِيرٌ مُّبِينٌ ۝ أَوَلَمْ يَنظُرُوا فِى مَلَكُوتِ السَّمَٰوَٰتِ وَالْأَرْضِ وَمَا خَلَقَ اللَّهُ مِن شَىْءٍ وَأَنْ عَسَىٰٓ أَن يَكُونَ قَدِ اقْتَرَبَ أَجَلُهُمْ فَبِأَيِّ حَدِيثٍ بَعْدَهُۥ يُؤْمِنُونَ ۝ مَن يُضْلِلِ اللَّهُ فَلَا هَادِىَ لَهُۥ وَيَذَرُهُمْ فِى طُغْيَٰنِهِمْ يَعْمَهُونَ ۝ يَسْـَٔلُونَكَ عَنِ السَّاعَةِ أَيَّانَ مُرْسَىٰهَا قُلْ إِنَّمَا عِلْمُهَا عِندَ رَبِّى لَا يُجَلِّيهَا لِوَقْتِهَآ إِلَّا هُوَ ثَقُلَتْ فِى السَّمَٰوَٰتِ وَالْأَرْضِ لَا تَأْتِيكُمْ إِلَّا بَغْتَةً يَسْـَٔلُونَكَ كَأَنَّكَ حَفِىٌّ عَنْهَا قُلْ إِنَّمَا عِلْمُهَا عِندَ اللَّهِ وَلَٰكِنَّ أَكْثَرَ النَّاسِ لَا يَعْلَمُونَ ۝

۞ قُل لَّآ أَمْلِكُ لِنَفْسِى نَفْعًا وَلَا ضَرًّا إِلَّا مَا شَآءَ ٱللَّهُ وَلَوْ كُنتُ أَعْلَمُ ٱلْغَيْبَ لَٱسْتَكْثَرْتُ مِنَ ٱلْخَيْرِ وَمَا مَسَّنِىَ ٱلسُّوٓءُ إِنْ أَنَا۠ إِلَّا نَذِيرٌ وَبَشِيرٌ لِّقَوْمٍ يُؤْمِنُونَ ۝١٨٨ هُوَ ٱلَّذِى خَلَقَكُم مِّن نَّفْسٍ وَٰحِدَةٍ وَجَعَلَ مِنْهَا زَوْجَهَا لِيَسْكُنَ إِلَيْهَا فَلَمَّا تَغَشَّىٰهَا حَمَلَتْ حَمْلًا خَفِيفًا فَمَرَّتْ بِهِۦ فَلَمَّآ أَثْقَلَت دَّعَوَا ٱللَّهَ رَبَّهُمَا لَئِنْ ءَاتَيْتَنَا صَٰلِحًا لَّنَكُونَنَّ مِنَ ٱلشَّٰكِرِينَ ۝١٨٩ فَلَمَّآ ءَاتَىٰهُمَا صَٰلِحًا جَعَلَا لَهُۥ شُرَكَآءَ فِيمَآ ءَاتَىٰهُمَا فَتَعَٰلَى ٱللَّهُ عَمَّا يُشْرِكُونَ ۝١٩٠ أَيُشْرِكُونَ مَا لَا يَخْلُقُ شَيْـًٔا وَهُمْ يُخْلَقُونَ ۝١٩١ وَلَا يَسْتَطِيعُونَ لَهُمْ نَصْرًا وَلَآ أَنفُسَهُمْ يَنصُرُونَ ۝١٩٢ وَإِن تَدْعُوهُمْ إِلَى ٱلْهُدَىٰ لَا يَتَّبِعُوكُمْ سَوَآءٌ عَلَيْكُمْ أَدَعَوْتُمُوهُمْ أَمْ أَنتُمْ صَٰمِتُونَ ۝١٩٣ إِنَّ ٱلَّذِينَ تَدْعُونَ مِن دُونِ ٱللَّهِ عِبَادٌ أَمْثَالُكُمْ فَٱدْعُوهُمْ فَلْيَسْتَجِيبُوا۟ لَكُمْ إِن كُنتُمْ صَٰدِقِينَ ۝١٩٤ أَلَهُمْ أَرْجُلٌ يَمْشُونَ بِهَآ أَمْ لَهُمْ أَيْدٍ يَبْطِشُونَ بِهَآ أَمْ لَهُمْ أَعْيُنٌ يُبْصِرُونَ بِهَآ أَمْ لَهُمْ ءَاذَانٌ يَسْمَعُونَ بِهَا قُلِ ٱدْعُوا۟ شُرَكَآءَكُمْ ثُمَّ كِيدُونِ فَلَا تُنظِرُونِ ۝١٩٥

• تَغَشَّىٰهَا
واقعها

• فَمَرَّتْ بِهِ
فاستمرَّتْ به
بغير مشقّةٍ

• أَثْقَلَت
صارت ذات
ثِقلٍ

• صَٰلِحًا
بشرًا سويًّا

• فَلَا
تُنظِرُونِ
فلا تُمهلون

• مدٌّ مشبع ٦ حركات • إخفاء، ومواقع الغُنَّة (حركتين) • مدّ حركتين • تفخيم
• مدّ ٢ أو ٤ أو ٦ جوازًا • إدغام، وما لا يُلفظ • قلقلة

175

إِنَّ وَلِـِّۧيَ ٱللَّهُ ٱلَّذِے نَزَّلَ ٱلْكِتَٰبَ ۖ وَهُوَ يَتَوَلَّى ٱلصَّٰلِحِينَ ﴿196﴾
وَٱلَّذِينَ تَدْعُونَ مِن دُونِهِۦ لَا يَسْتَطِيعُونَ نَصْرَكُمْ وَلَآ
أَنفُسَهُمْ يَنصُرُونَ ﴿197﴾ وَإِن تَدْعُوهُمْ إِلَى ٱلْهُدَىٰ لَا يَسْمَعُواْ ۖ
وَتَرَىٰهُمْ يَنظُرُونَ إِلَيْكَ وَهُمْ لَا يُبْصِرُونَ ﴿198﴾ خُذِ ٱلْعَفْوَ
وَأْمُرْ بِٱلْعُرْفِ وَأَعْرِضْ عَنِ ٱلْجَٰهِلِينَ ﴿199﴾ ۞ وَإِمَّا يَنزَغَنَّكَ
مِنَ ٱلشَّيْطَٰنِ نَزْغٌ فَٱسْتَعِذْ بِٱللَّهِ ۚ إِنَّهُۥ سَمِيعٌ عَلِيمٌ ﴿200﴾ إِنَّ
ٱلَّذِينَ ٱتَّقَوْاْ إِذَا مَسَّهُمْ طَٰٓئِفٌ مِّنَ ٱلشَّيْطَٰنِ تَذَكَّرُواْ
فَإِذَا هُم مُّبْصِرُونَ ﴿201﴾ وَإِخْوَٰنُهُمْ يَمُدُّونَهُمْ فِے ٱلْغَيِّ ثُمَّ لَا
يُقْصِرُونَ ﴿202﴾ وَإِذَا لَمْ تَأْتِهِم بِـَٔايَةٍ قَالُواْ لَوْلَا ٱجْتَبَيْتَهَا ۚ
قُلْ إِنَّمَآ أَتَّبِعُ مَا يُوحَىٰٓ إِلَيَّ مِن رَّبِّے ۚ هَٰذَا بَصَآئِرُ مِن رَّبِّكُمْ
وَهُدًى وَرَحْمَةٌ لِّقَوْمٍ يُؤْمِنُونَ ﴿203﴾ وَإِذَا قُرِئَ ٱلْقُرْءَانُ
فَٱسْتَمِعُواْ لَهُۥ وَأَنصِتُواْ لَعَلَّكُمْ تُرْحَمُونَ ﴿204﴾ وَٱذْكُر رَّبَّكَ
فِے نَفْسِكَ تَضَرُّعًا وَخِيفَةً وَدُونَ ٱلْجَهْرِ مِنَ ٱلْقَوْلِ بِٱلْغُدُوِّ
وَٱلْـَٔاصَالِ وَلَا تَكُن مِّنَ ٱلْغَٰفِلِينَ ﴿205﴾ إِنَّ ٱلَّذِينَ عِندَ رَبِّكَ لَا
يَسْتَكْبِرُونَ عَنْ عِبَادَتِهِۦ وَيُسَبِّحُونَهُۥ وَلَهُۥ يَسْجُدُونَ ۩ ﴿206﴾

الأعراف

ثُمُنٌ

سَجْدَةٌ

- لَا يُبْصِرُونَ: ببصائرِ قلوبِهم
- خُذِ الْعَفْوَ: ما تيسّرَ من أخلاقِ النّاسِ
- وَأْمُرْ بِالْعُرْفِ: بالمعروفِ حُسنُهُ في الشّرعِ
- يَنزَغَنَّكَ: يُصيبَنّك أو يصرفَنّك
- نَزْغٌ: صارفٌ
- طَٰٓئِفٌ: وسوسةٌ
- يَمُدُّونَهُمْ: تزيدهم الشّياطينُ بالإغواءِ
- اجْتَبَيْتَهَا: اخترعْتَها من عندِكَ
- تَضَرُّعًا: مُظهرًا الضّراعةَ والذّلّةَ

مدّ مشبع 6 حركات	مدّ حركتين	إخفاء، ومواقع الغُنّة (حركتين)	تفخيم
مدّ 2 أو 4 أو 6 جوازاً		إدغام، وما لا يُلفظ	قلقلة

سُورَةُ ٱلْأَنْفَالِ

بِسْمِ ٱللَّهِ ٱلرَّحْمَٰنِ ٱلرَّحِيمِ

يَسْـَٔلُونَكَ عَنِ ٱلْأَنفَالِ ۖ قُلِ ٱلْأَنفَالُ لِلَّهِ وَٱلرَّسُولِ ۖ فَٱتَّقُوا۟ ٱللَّهَ وَأَصْلِحُوا۟ ذَاتَ بَيْنِكُمْ ۖ وَأَطِيعُوا۟ ٱللَّهَ وَرَسُولَهُ إِن كُنتُم مُّؤْمِنِينَ ﴿١﴾ إِنَّمَا ٱلْمُؤْمِنُونَ ٱلَّذِينَ إِذَا ذُكِرَ ٱللَّهُ وَجِلَتْ قُلُوبُهُمْ وَإِذَا تُلِيَتْ عَلَيْهِمْ ءَايَٰتُهُ زَادَتْهُمْ إِيمَٰنًا وَعَلَىٰ رَبِّهِمْ يَتَوَكَّلُونَ ﴿٢﴾ ٱلَّذِينَ يُقِيمُونَ ٱلصَّلَوٰةَ وَمِمَّا رَزَقْنَٰهُمْ يُنفِقُونَ ﴿٣﴾ أُو۟لَٰٓئِكَ هُمُ ٱلْمُؤْمِنُونَ حَقًّا ۚ لَّهُمْ دَرَجَٰتٌ عِندَ رَبِّهِمْ وَمَغْفِرَةٌ وَرِزْقٌ كَرِيمٌ ﴿٤﴾ ۞ كَمَآ أَخْرَجَكَ رَبُّكَ مِنۢ بَيْتِكَ بِٱلْحَقِّ وَإِنَّ فَرِيقًا مِّنَ ٱلْمُؤْمِنِينَ لَكَٰرِهُونَ ﴿٥﴾ يُجَٰدِلُونَكَ فِى ٱلْحَقِّ بَعْدَمَا تَبَيَّنَ كَأَنَّمَا يُسَاقُونَ إِلَى ٱلْمَوْتِ وَهُمْ يَنظُرُونَ ﴿٦﴾ وَإِذْ يَعِدُكُمُ ٱللَّهُ إِحْدَى ٱلطَّآئِفَتَيْنِ أَنَّهَا لَكُمْ وَتَوَدُّونَ أَنَّ غَيْرَ ذَاتِ ٱلشَّوْكَةِ تَكُونُ لَكُمْ وَيُرِيدُ ٱللَّهُ أَن يُحِقَّ ٱلْحَقَّ بِكَلِمَٰتِهِ وَيَقْطَعَ دَابِرَ ٱلْكَٰفِرِينَ ﴿٧﴾ لِيُحِقَّ ٱلْحَقَّ وَيُبْطِلَ ٱلْبَٰطِلَ وَلَوْ كَرِهَ ٱلْمُجْرِمُونَ ﴿٨﴾

ٱلْأَنفَالِ
الغنائم

وَجِلَتْ
خافَتْ
وفزعَتْ

يَتَوَكَّلُونَ
يعتمدون

نصف

ذَاتِ
ٱلشَّوْكَةِ
ذات السلاح
والقوة وهي
النفير

دَابِرَ
ٱلْكَٰفِرِينَ
آخِرَهم

إِذْ تَسْتَغِيثُونَ رَبَّكُمْ فَٱسْتَجَابَ لَكُمْ أَنِّى مُمِدُّكُم بِأَلْفٍ مِّنَ ٱلْمَلَـٰٓئِكَةِ مُرْدِفِينَ ۝ وَمَا جَعَلَهُ ٱللَّهُ إِلَّا بُشْرَىٰ وَلِتَطْمَئِنَّ بِهِۦ قُلُوبُكُمْ وَمَا ٱلنَّصْرُ إِلَّا مِنْ عِندِ ٱللَّهِ إِنَّ ٱللَّهَ عَزِيزٌ حَكِيمٌ ۝ إِذْ يُغَشِّيكُمُ ٱلنُّعَاسَ أَمَنَةً مِّنْهُ وَيُنَزِّلُ عَلَيْكُم مِّنَ ٱلسَّمَآءِ مَآءً لِّيُطَهِّرَكُم بِهِۦ وَيُذْهِبَ عَنكُمْ رِجْزَ ٱلشَّيْطَـٰنِ وَلِيَرْبِطَ عَلَىٰ قُلُوبِكُمْ وَيُثَبِّتَ بِهِ ٱلْأَقْدَامَ ۝ إِذْ يُوحِى رَبُّكَ إِلَى ٱلْمَلَـٰٓئِكَةِ أَنِّى مَعَكُمْ فَثَبِّتُوا۟ ٱلَّذِينَ ءَامَنُوا۟ سَأُلْقِى فِى قُلُوبِ ٱلَّذِينَ كَفَرُوا۟ ٱلرُّعْبَ فَٱضْرِبُوا۟ فَوْقَ ٱلْأَعْنَاقِ وَٱضْرِبُوا۟ مِنْهُمْ كُلَّ بَنَانٍ ۝ ذَٰلِكَ بِأَنَّهُمْ شَآقُّوا۟ ٱللَّهَ وَرَسُولَهُۥ وَمَن يُشَاقِقِ ٱللَّهَ وَرَسُولَهُۥ فَإِنَّ ٱللَّهَ شَدِيدُ ٱلْعِقَابِ ۝ ذَٰلِكُمْ فَذُوقُوهُ وَأَنَّ لِلْكَـٰفِرِينَ عَذَابَ ٱلنَّارِ ۝ يَـٰٓأَيُّهَا ٱلَّذِينَ ءَامَنُوٓا۟ إِذَا لَقِيتُمُ ٱلَّذِينَ كَفَرُوا۟ زَحْفًا فَلَا تُوَلُّوهُمُ ٱلْأَدْبَارَ ۝ وَمَن يُوَلِّهِمْ يَوْمَئِذٍ دُبُرَهُۥٓ إِلَّا مُتَحَرِّفًا لِّقِتَالٍ أَوْ مُتَحَيِّزًا إِلَىٰ فِئَةٍ فَقَدْ بَآءَ بِغَضَبٍ مِّنَ ٱللَّهِ وَمَأْوَىٰهُ جَهَنَّمُ وَبِئْسَ ٱلْمَصِيرُ ۝

178

فَلَمْ تَقْتُلُوهُمْ وَلَٰكِنَّ اَ۬للَّهَ قَتَلَهُمْ وَمَا رَمَيْتَ إِذْ رَمَيْتَ
وَلَٰكِنَّ اَ۬للَّهَ رَمَىٰ وَلِيُبْلِيَ اَ۬لْمُومِنِينَ مِنْهُ بَلَآءً حَسَناً
اِنَّ اَ۬للَّهَ سَمِيعٌ عَلِيمٌ (17) ذَٰلِكُمْ وَأَنَّ اَ۬للَّهَ مُوَهِّنُ كَيْدِ
اِ۬لْكٰفِرِينَ (18) إِن تَسْتَفْتِحُواْ فَقَدْ جَآءَكُمُ اُ۬لْفَتْحُ
وَإِن تَنتَهُواْ فَهُوَ خَيْرٌ لَّكُمْ وَإِن تَعُودُواْ نَعُدْ وَلَن تُغْنِيَ عَنكُمْ
فِئَتُكُمْ شَيْـًٔا وَلَوْ كَثُرَتْ وَأَنَّ اَ۬للَّهَ مَعَ اَ۬لْمُومِنِينَ (19) يَٰٓأَيُّهَا
اَ۬لذِينَ ءَامَنُوٓاْ أَطِيعُواْ اُ۬للَّهَ وَرَسُولَهُۥ وَلَا تَوَلَّوْاْ عَنْهُ وَأَنتُمْ
تَسْمَعُونَ (20) وَلَا تَكُونُواْ كَالذِينَ قَالُواْ سَمِعْنَا وَهُمْ
لَا يَسْمَعُونَ (21) ۞ إِنَّ شَرَّ اَ۬لدَّوَآبِّ عِندَ اَ۬للَّهِ اِ۬لصُّمُّ اُ۬لْبُكْمُ
اُ۬لذِينَ لَا يَعْقِلُونَ (22) وَلَوْ عَلِمَ اَ۬للَّهُ فِيهِمْ خَيْراً لَّأَسْمَعَهُمْ
وَلَوَ اَسْمَعَهُمْ لَتَوَلَّواْ وَّهُم مُّعْرِضُونَ (23) يَٰٓأَيُّهَا اَ۬لذِينَ
ءَامَنُواْ اُ۪سْتَجِيبُواْ لِلَّهِ وَلِلرَّسُولِ إِذَا دَعَاكُمْ لِمَا يُحْيِيكُمْ
وَاعْلَمُوٓاْ أَنَّ اَ۬للَّهَ يَحُولُ بَيْنَ اَ۬لْمَرْءِ وَقَلْبِهِۦ وَأَنَّهُۥٓ إِلَيْهِ
تُحْشَرُونَ (24) وَاتَّقُواْ فِتْنَةً لَّا تُصِيبَنَّ اَ۬لذِينَ ظَلَمُواْ
مِنكُمْ خَآصَّةً وَاعْلَمُوٓاْ أَنَّ اَ۬للَّهَ شَدِيدُ اُ۬لْعِقَابِ (25)

- لِيُبْلِيَ اَ۬لْمُومِنِينَ: لِيُنعمَ عليهم
- مُوَهِّنُ: مُضعفُ
- تَسْتَفْتِحُواْ: تطلبُوا النّصرَ لأهدَى الفئتينِ

رُبُعٌ

مدّ مشبع 6 حركات	مدّ حركتين	إخفاء، ومواقع الغُنّة (حركتين)
مدّ 2 أو 4 أو 6 جوازاً		إدغام، وما لا يُلفظ

تفخيم
قلقلة

179

وَاذْكُرُواْ إِذْ أَنتُمْ قَلِيلٌ مُّسْتَضْعَفُونَ فِي ٱلْأَرْضِ تَخَافُونَ أَن

يَتَخَطَّفَكُمُ ٱلنَّاسُ فَـَٔاوَىٰكُمْ وَأَيَّدَكُم بِنَصْرِهِۦ وَرَزَقَكُم

مِّنَ ٱلطَّيِّبَٰتِ لَعَلَّكُمْ تَشْكُرُونَ ۝٢٦ يَٰٓأَيُّهَا ٱلَّذِينَ ءَامَنُواْ لَا

تَخُونُواْ ٱللَّهَ وَٱلرَّسُولَ وَتَخُونُوٓاْ أَمَٰنَٰتِكُمْ وَأَنتُمْ تَعْلَمُونَ ۝٢٧

وَٱعْلَمُوٓاْ أَنَّمَآ أَمْوَٰلُكُمْ وَأَوْلَٰدُكُمْ فِتْنَةٌ وَأَنَّ ٱللَّهَ عِندَهُۥٓ

أَجْرٌ عَظِيمٌ ۝٢٨ يَٰٓأَيُّهَا ٱلَّذِينَ ءَامَنُوٓاْ إِن تَتَّقُواْ ٱللَّهَ يَجْعَل

لَّكُمْ فُرْقَانًا وَيُكَفِّرْ عَنكُمْ سَيِّـَٔاتِكُمْ وَيَغْفِرْ لَكُمْ وَٱللَّهُ

ذُو ٱلْفَضْلِ ٱلْعَظِيمِ ۝٢٩ وَإِذْ يَمْكُرُ بِكَ ٱلَّذِينَ كَفَرُواْ

لِيُثْبِتُوكَ أَوْ يَقْتُلُوكَ أَوْ يُخْرِجُوكَ وَيَمْكُرُونَ وَيَمْكُرُ

ٱللَّهُ وَٱللَّهُ خَيْرُ ٱلْمَٰكِرِينَ ۝٣٠ وَإِذَا تُتْلَىٰ عَلَيْهِمْ ءَايَٰتُنَا

قَالُواْ قَدْ سَمِعْنَا لَوْ نَشَآءُ لَقُلْنَا مِثْلَ هَٰذَآ إِنْ هَٰذَآ إِلَّآ

أَسَٰطِيرُ ٱلْأَوَّلِينَ ۝٣١ وَإِذْ قَالُواْ ٱللَّهُمَّ إِن كَانَ هَٰذَا هُوَ

ٱلْحَقَّ مِنْ عِندِكَ فَأَمْطِرْ عَلَيْنَا حِجَارَةً مِّنَ ٱلسَّمَآءِ

أَوِ ٱئْتِنَا بِعَذَابٍ أَلِيمٍ ۝٣٢ وَمَا كَانَ ٱللَّهُ لِيُعَذِّبَهُمْ

وَأَنتَ فِيهِمْ وَمَا كَانَ ٱللَّهُ مُعَذِّبَهُمْ وَهُمْ يَسْتَغْفِرُونَ ۝٣٣

وَمَا لَهُمْ أَلَّا يُعَذِّبَهُمُ ٱللَّهُ وَهُمْ يَصُدُّونَ عَنِ ٱلْمَسْجِدِ ٱلْحَرَامِ وَمَا كَانُوٓاْ أَوْلِيَآءَهُۥٓ إِنْ أَوْلِيَآؤُهُۥٓ إِلَّا ٱلْمُتَّقُونَ وَلَٰكِنَّ أَكْثَرَهُمْ لَا يَعْلَمُونَ ۝٣٤ وَمَا كَانَ صَلَاتُهُمْ عِندَ ٱلْبَيْتِ إِلَّا مُكَآءً وَتَصْدِيَةً فَذُوقُواْ ٱلْعَذَابَ بِمَا كُنتُمْ تَكْفُرُونَ ۝٣٥ إِنَّ ٱلَّذِينَ كَفَرُواْ يُنفِقُونَ أَمْوَٰلَهُمْ لِيَصُدُّواْ عَن سَبِيلِ ٱللَّهِ فَسَيُنفِقُونَهَا ثُمَّ تَكُونُ عَلَيْهِمْ حَسْرَةً ثُمَّ يُغْلَبُونَ وَٱلَّذِينَ كَفَرُوٓاْ إِلَىٰ جَهَنَّمَ يُحْشَرُونَ ۝٣٦ لِيَمِيزَ ٱللَّهُ ٱلْخَبِيثَ مِنَ ٱلطَّيِّبِ وَيَجْعَلَ ٱلْخَبِيثَ بَعْضَهُۥ عَلَىٰ بَعْضٍ فَيَرْكُمَهُۥ جَمِيعًا فَيَجْعَلَهُۥ فِى جَهَنَّمَ أُوْلَٰٓئِكَ هُمُ ٱلْخَٰسِرُونَ ۝٣٧ قُل لِّلَّذِينَ كَفَرُوٓاْ إِن يَنتَهُواْ يُغْفَرْ لَهُم مَّا قَدْ سَلَفَ وَإِن يَعُودُواْ فَقَدْ مَضَتْ سُنَّتُ ٱلْأَوَّلِينَ ۝٣٨ وَقَٰتِلُوهُمْ حَتَّىٰ لَا تَكُونَ فِتْنَةٌ وَيَكُونَ ٱلدِّينُ كُلُّهُۥ لِلَّهِ فَإِنِ ٱنتَهَوْاْ فَإِنَّ ٱللَّهَ بِمَا يَعْمَلُونَ بَصِيرٌ ۝٣٩ وَإِن تَوَلَّوْاْ فَٱعْلَمُوٓاْ أَنَّ ٱللَّهَ مَوْلَىٰكُمْ نِعْمَ ٱلْمَوْلَىٰ وَنِعْمَ ٱلنَّصِيرُ ۝٤٠

مُكَآءً وَتَصْدِيَةً صفيرًا وتصفيقًا

حَسْرَةً ندمًا وتأسّفًا

فَيَرْكُمَهُۥ فيضمّ بعضه على بعض

۞ وَٱعْلَمُوٓاْ أَنَّمَا غَنِمْتُم مِّن شَيْءٍ فَأَنَّ لِلَّهِ خُمُسَهُۥ وَلِلرَّسُولِ

وَلِذِي ٱلْقُرْبَىٰ وَٱلْيَتَىٰمَىٰ وَٱلْمَسَـٰكِينِ وَٱبْنِ ٱلسَّبِيلِ إِن

كُنتُمْ ءَامَنتُم بِٱللَّهِ وَمَآ أَنزَلْنَا عَلَىٰ عَبْدِنَا يَوْمَ ٱلْفُرْقَانِ

يَوْمَ ٱلْتَقَى ٱلْجَمْعَانِ وَٱللَّهُ عَلَىٰ كُلِّ شَيْءٍ قَدِيرٌ ۞ إِذْ

• يَوْمَ
ٱلْفُرْقَانِ
يوم بدر

• بِٱلْعُدْوَةِ
بحافة الوادي
وضفته

• لَفَشِلْتُمْ
جبنتم عن القتال

أَنتُم بِٱلْعُدْوَةِ ٱلدُّنْيَا وَهُم بِٱلْعُدْوَةِ ٱلْقُصْوَىٰ وَٱلرَّكْبُ

أَسْفَلَ مِنكُمْ وَلَوْ تَوَاعَدتُّمْ لَٱخْتَلَفْتُمْ فِي ٱلْمِيعَـٰدِ

وَلَـٰكِن لِّيَقْضِيَ ٱللَّهُ أَمْرًا كَانَ مَفْعُولًا ۞ لِّيَهْلِكَ

مَنْ هَلَكَ عَنۢ بَيِّنَةٍ وَيَحْيَىٰ مَنْ حَيَّ عَنۢ بَيِّنَةٍ وَإِنَّ ٱللَّهَ

لَسَمِيعٌ عَلِيمٌ ۞ إِذْ يُرِيكَهُمُ ٱللَّهُ فِي مَنَامِكَ قَلِيلًا

وَلَوْ أَرَىٰكَهُمْ كَثِيرًا لَّفَشِلْتُمْ وَلَتَنَـٰزَعْتُمْ فِي ٱلْأَمْرِ

وَلَـٰكِنَّ ٱللَّهَ سَلَّمَ إِنَّهُۥ عَلِيمٌۢ بِذَاتِ ٱلصُّدُورِ ۞ وَإِذْ

يُرِيكُمُوهُمْ إِذِ ٱلْتَقَيْتُمْ فِيٓ أَعْيُنِكُمْ قَلِيلًا وَيُقَلِّلُكُمْ

فِيٓ أَعْيُنِهِمْ لِيَقْضِيَ ٱللَّهُ أَمْرًا كَانَ مَفْعُولًا وَإِلَى ٱللَّهِ

تُرْجَعُ ٱلْأُمُورُ ۞ يَـٰٓأَيُّهَا ٱلَّذِينَ ءَامَنُوٓاْ إِذَا لَقِيتُمْ فِئَةً

فَٱثْبُتُواْ وَٱذْكُرُواْ ٱللَّهَ كَثِيرًا لَّعَلَّكُمْ تُفْلِحُونَ ۞

وَأَطِيعُوا۟ ٱللَّهَ وَرَسُولَهُۥ وَلَا تَنَٰزَعُوا۟ فَتَفْشَلُوا۟ وَتَذْهَبَ رِيحُكُمْ وَٱصْبِرُوٓا۟ إِنَّ ٱللَّهَ مَعَ ٱلصَّٰبِرِينَ ۝٤٧ وَلَا تَكُونُوا۟ كَٱلَّذِينَ خَرَجُوا۟ مِن دِيَٰرِهِم بَطَرًا وَرِئَآءَ ٱلنَّاسِ وَيَصُدُّونَ عَن سَبِيلِ ٱللَّهِ وَٱللَّهُ بِمَا يَعْمَلُونَ مُحِيطٌ ۝٤٨ وَإِذْ زَيَّنَ لَهُمُ ٱلشَّيْطَٰنُ أَعْمَٰلَهُمْ وَقَالَ لَا غَالِبَ لَكُمُ ٱلْيَوْمَ مِنَ ٱلنَّاسِ وَإِنِّي جَارٌ لَّكُمْ فَلَمَّا تَرَآءَتِ ٱلْفِئَتَانِ نَكَصَ عَلَىٰ عَقِبَيْهِ وَقَالَ إِنِّي بَرِيٓءٌ مِّنكُمْ إِنِّيٓ أَرَىٰ مَا لَا تَرَوْنَ إِنِّيٓ أَخَافُ ٱللَّهَ وَٱللَّهُ شَدِيدُ ٱلْعِقَابِ ۝٤٩ إِذْ يَقُولُ ٱلْمُنَٰفِقُونَ وَٱلَّذِينَ فِي قُلُوبِهِم مَّرَضٌ غَرَّ هَٰٓؤُلَآءِ دِينُهُمْ وَمَن يَتَوَكَّلْ عَلَى ٱللَّهِ فَإِنَّ ٱللَّهَ عَزِيزٌ حَكِيمٌ ۝٥٠ وَلَوْ تَرَىٰٓ إِذْ يَتَوَفَّى ٱلَّذِينَ كَفَرُوا۟ ٱلْمَلَٰٓئِكَةُ يَضْرِبُونَ وُجُوهَهُمْ وَأَدْبَٰرَهُمْ وَذُوقُوا۟ عَذَابَ ٱلْحَرِيقِ ۝٥١ ذَٰلِكَ بِمَا قَدَّمَتْ أَيْدِيكُمْ وَأَنَّ ٱللَّهَ لَيْسَ بِظَلَّٰمٍ لِّلْعَبِيدِ ۝٥٢ كَدَأْبِ ءَالِ فِرْعَوْنَ وَٱلَّذِينَ مِن قَبْلِهِمْ كَفَرُوا۟ بِـَٔايَٰتِ ٱللَّهِ فَأَخَذَهُمُ ٱللَّهُ بِذُنُوبِهِمْ إِنَّ ٱللَّهَ قَوِيٌّ شَدِيدُ ٱلْعِقَابِ ۝٥٣

● تَذْهَبْ رِيحُكُمْ
تتلاشى قوّتكم ودولتكم

● بَطَرًا
طغيانًا أو فخرًا

● جَارٌ لَّكُمْ
مُجير ومُعين لكم

● نَكَصَ عَلَى عَقِبَيْهِ
ولّى مُدبِرًا

● مدّ مشبع 6 حركات   ● إخفاء، ومواقع الغُنّة (حركتين)   ● تفخيم
● مدّ 2 أو 4 أو 6 جوازًا   ● مدّ حركتين   ● إدغام، وما لا يُلفظ   ● قلقلة

ذَٰلِكَ بِأَنَّ اللَّهَ لَمْ يَكُ مُغَيِّرًا نِّعْمَةً أَنْعَمَهَا عَلَىٰ قَوْمٍ حَتَّىٰ

يُغَيِّرُوا۟ مَا بِأَنفُسِهِمْ وَأَنَّ اللَّهَ سَمِيعٌ عَلِيمٌ ﴿٥٤﴾ كَدَأْبِ ءَالِ

فِرْعَوْنَ وَٱلَّذِينَ مِن قَبْلِهِمْ كَذَّبُوا۟ بِـَٔايَـٰتِ رَبِّهِمْ فَأَهْلَكْنَـٰهُم

بِذُنُوبِهِمْ وَأَغْرَقْنَآ ءَالَ فِرْعَوْنَ وَكُلٌّ كَانُوا۟ ظَـٰلِمِينَ ﴿٥٥﴾ إِنَّ

شَرَّ ٱلدَّوَآبِّ عِندَ ٱللَّهِ ٱلَّذِينَ كَفَرُوا۟ فَهُمْ لَا يُؤْمِنُونَ ﴿٥٦﴾

ٱلَّذِينَ عَـٰهَدتَّ مِنْهُمْ ثُمَّ يَنقُضُونَ عَهْدَهُمْ فِى كُلِّ مَرَّةٍ

وَهُمْ لَا يَتَّقُونَ ﴿٥٧﴾ فَإِمَّا تَثْقَفَنَّهُمْ فِى ٱلْحَرْبِ فَشَرِّدْ بِهِم

مَّنْ خَلْفَهُمْ لَعَلَّهُمْ يَذَّكَّرُونَ ﴿٥٨﴾ وَإِمَّا تَخَافَنَّ مِن قَوْمٍ

خِيَانَةً فَٱنبِذْ إِلَيْهِمْ عَلَىٰ سَوَآءٍ إِنَّ ٱللَّهَ لَا يُحِبُّ ٱلْخَآئِنِينَ ﴿٥٩﴾

وَلَا تَحْسَبَنَّ ٱلَّذِينَ كَفَرُوا۟ سَبَقُوٓا۟ إِنَّهُمْ لَا يُعْجِزُونَ ﴿٦٠﴾

وَأَعِدُّوا۟ لَهُم مَّا ٱسْتَطَعْتُم مِّن قُوَّةٍ وَمِن رِّبَاطِ ٱلْخَيْلِ

تُرْهِبُونَ بِهِۦ عَدُوَّ ٱللَّهِ وَعَدُوَّكُمْ وَءَاخَرِينَ مِن دُونِهِمْ

لَا تَعْلَمُونَهُمُ ٱللَّهُ يَعْلَمُهُمْ وَمَا تُنفِقُوا۟ مِن شَىْءٍ فِى سَبِيلِ ٱللَّهِ

يُوَفَّ إِلَيْكُمْ وَأَنتُمْ لَا تُظْلَمُونَ ﴿٦١﴾ وَإِن جَنَحُوا۟ لِلسَّلْمِ

فَٱجْنَحْ لَهَا وَتَوَكَّلْ عَلَى ٱللَّهِ إِنَّهُۥ هُوَ ٱلسَّمِيعُ ٱلْعَلِيمُ ﴿٦٢﴾

الأنفال

● تَثْقَفَنَّهُمْ
تظفرنّ بهم

● فَشَرِّدْ بِهِم
ففرّق وخوّف
بهم

● فَٱنبِذْ
إِلَيْهِمْ
فاطرح إليهم
عهدهم

● عَلَىٰ سَوَآءٍ
على استواء في
العلم بنبذه

● سَبَقُوٓا۟
خلصوا ونجوا
من العذاب

● رِّبَاطِ
ٱلْخَيْلِ
حبسها في
سبيل الله

● جَنَحُوا۟
لِلسَّلْمِ
مالوا
للمسالمة
والمصالحة

● مدّ مشبع 6 حركات	● إخفاء، ومواقع الغُنّة (حركتين)	● تفخيم
● مدّ حركتين	● إدغام، وما لا يلفظ	● قلقلة
● مدّ 2 أو 4 أو 6 جوازًا		

184

وَإِن يُّرِيدُوٓاْ أَن يَّخْدَعُوكَ فَإِنَّ حَسْبَكَ اَ۬للَّهُۖ هُوَ اَ۬لذِےٓ أَيَّدَكَ
بِنَصْرِهِۦ وَبِالْمُومِنِينَ ﴿63﴾ وَأَلَّفَ بَيْنَ قُلُوبِهِمْۖ لَوَ اَنفَقْتَ مَا فِے
اِ۬لَارْضِ جَمِيعاٗ مَّآ أَلَّفْتَ بَيْنَ قُلُوبِهِمْۖ وَلَٰكِنَّ اَ۬للَّهَ أَلَّفَ
بَيْنَهُمُۖ إِنَّهُۥ عَزِيزٌ حَكِيمٞ ﴿64﴾ يَٰٓأَيُّهَا اَ۬لنَّبِےٓءُ حَسْبُكَ اَ۬للَّهُ وَمَنِ
اِ۪تَّبَعَكَ مِنَ اَ۬لْمُومِنِينَۖ ﴿65﴾ يَٰٓأَيُّهَا اَ۬لنَّبِےٓءُ حَرِّضِ اِ۬لْمُومِنِينَ عَلَى
اَ۬لْقِتَالِۖ إِن يَّكُن مِّنكُمْ عِشْرُونَ صَٰبِرُونَ يَغْلِبُواْ مِاْئَتَيْنِۖ
وَإِن تَكُن مِّنكُم مِّاْئَةٞ يَغْلِبُوٓاْ أَلْفاٗ مِّنَ اَ۬لذِينَ كَفَرُواْ
بِأَنَّهُمْ قَوْمٞ لَّا يَفْقَهُونَۖ ﴿66﴾ اَ۬لَٰنَ خَفَّفَ اَ۬للَّهُ عَنكُمْ وَعَلِمَ
أَنَّ فِيكُمْ ضُعْفاٗۖ فَإِن تَكُن مِّنكُم مِّاْئَةٞ صَابِرَةٞ يَغْلِبُواْ
مِاْئَتَيْنِۖ وَإِن يَّكُن مِّنكُمُۥ أَلْفٞ يَغْلِبُوٓاْ أَلْفَيْنِ بِإِذْنِ
اِ۬للَّهِۖ وَاللَّهُ مَعَ اَ۬لصَّٰبِرِينَۖ ﴿67﴾ مَا كَانَ لِنَبِےٓءٍ اَن يَّكُونَ
لَهُۥٓ أَسْرَىٰ حَتَّىٰ يُثْخِنَ فِے اِ۬لَارْضِۖ تُرِيدُونَ عَرَضَ اَ۬لدُّنْي۪ا
وَاللَّهُ يُرِيدُ اُ۬لَاخِرَةَۖ وَاللَّهُ عَزِيزٌ حَكِيمٞ ﴿68﴾ لَّوْلَا كِتَٰبٞ مِّنَ
اَ۬للَّهِ سَبَقَ لَمَسَّكُمْ فِيمَآ أَخَذتُّمْ عَذَابٌ عَظِيمٞۖ ﴿69﴾ فَكُلُواْ
مِمَّا غَنِمْتُمْ حَلَٰلاٗ طَيِّباٗۖ وَاتَّقُواْ اُ۬للَّهَۖ إِنَّ اَ۬للَّهَ غَفُورٞ رَّحِيمٞ ﴿70﴾

- حَسْبَكَ أَللَّهُ: كافيكَ في جميعِ أمورِكِ
- حَرِّضِ اِ۬لْمُومِنِينَ: بالغ في حثِّهم
- يُثْخِنَ: يُبالغ في القتلِ
- عَرَضَ اَ۬لدُّنْيا: حطامَها بأخذكم الفديةَ

مدّ مشبع 6 حركات	مدّ حركتين	إخفاء، ومواقع الغُنّة (حركتين)	تفخيم
مدّ 2 أو 4 أو 6 جوازاً		إدغام، وما لا يُلفظ	قلقلة

ثُمُنٌ

الانفال

يَٰٓأَيُّهَا اَ۬لنَّبِےٓءُ قُل لِّمَن فِےٓ أَيْدِيكُم مِّنَ اَ۬لَاسْرِيٰٓ إِنْ يَّعْلَمِ اِ۬للَّهُ
فِے قُلُوبِكُمْ خَيْراً يُوتِكُمْ خَيْراً مِّمَّآ أُخِذَ مِنكُمْ وَيَغْفِرْ لَكُمْۖ
وَاللَّهُ غَفُورٌ رَّحِيمٌۖ (71) ۞ وَإِنْ يُّرِيدُواْ خِيَانَتَكَ فَقَدْ خَانُواْ
اُ۬للَّهَ مِن قَبْلُ فَأَمْكَنَ مِنْهُمْۖ وَاللَّهُ عَلِيمٌ حَكِيمٌۖ (72) إِنَّ اَ۬لذِينَ
ءَامَنُواْ وَهَاجَرُواْ وَجَٰهَدُواْ بِأَمْوَٰلِهِمْ وَأَنفُسِهِمْ فِے سَبِيلِ اِ۬للَّهِ
وَالذِينَ ءَاوَواْ وَّنَصَرُوٓاْ أُوْلَٰٓئِكَ بَعْضُهُمُۥٓ أَوْلِيَآءُ بَعْضٍۖ وَالذِينَ
ءَامَنُواْ وَلَمْ يُهَاجِرُواْ مَا لَكُم مِّن وَّلَٰيَتِهِم مِّن شَےْءٍ حَتَّيٰ
يُهَاجِرُواْۖ وَإِنِ اِ۪سْتَنصَرُوكُمْ فِے اِ۬لدِّينِ فَعَلَيْكُمُ اُ۬لنَّصْرُ إِلَّا
عَلَيٰ قَوْمِۢ بَيْنَكُمْ وَبَيْنَهُم مِّيثَٰقٌۖ وَاللَّهُ بِمَا تَعْمَلُونَ بَصِيرٌۖ (73)
وَالذِينَ كَفَرُواْ بَعْضُهُمُۥٓ أَوْلِيَآءُ بَعْضٍۖ اِلَّا تَفْعَلُوهُ تَكُن
فِتْنَةٌ فِے اِ۬لَارْضِ وَفَسَادٌ كَبِيرٌۖ (74) وَالذِينَ ءَامَنُواْ وَهَاجَرُواْ
وَجَٰهَدُواْ فِے سَبِيلِ اِ۬للَّهِ وَالذِينَ ءَاوَواْ وَّنَصَرُوٓاْ أُوْلَٰٓئِكَ هُمُ
اُ۬لْمُومِنُونَ حَقّاًۖ لَّهُم مَّغْفِرَةٌ وَرِزْقٌ كَرِيمٌۖ (75) وَالذِينَ ءَامَنُواْ مِنۢ
بَعْدُ وَهَاجَرُواْ وَجَٰهَدُواْ مَعَكُمْ فَأُوْلَٰٓئِكَ مِنكُمْۖ وَأُوْلُواْ اُ۬لَارْحَامِ
بَعْضُهُمُۥٓ أَوْلَيٰ بِبَعْضٍ فِے كِتَٰبِ اِ۬للَّهِۖ إِنَّ اَ۬للَّهَ بِكُلِّ شَےْءٍ عَلِيمٌۖ (76)

■ أَلَارْحَامِ: القرابات

مدّ مشبع 6 حركات	مدّ حركتين	إخفاء، ومواقع الغُنّة (حركتين)	تفخيم
مدّ 2 أو 4 أو 6 جوازاً		إدغام، وما لا يُلفظ	قلقلة

سُورَةُ التَّوْبَةِ

ترتيبها 9   آياتها 130

بَرَآءَةٌ مِّنَ ٱللَّهِ وَرَسُولِهِۦٓ إِلَى ٱلَّذِينَ عَٰهَدتُّم مِّنَ ٱلْمُشْرِكِينَ ۝

فَسِيحُوا۟ فِى ٱلْأَرْضِ أَرْبَعَةَ أَشْهُرٍ وَٱعْلَمُوٓا۟ أَنَّكُمْ غَيْرُ مُعْجِزِى

ٱللَّهِ وَأَنَّ ٱللَّهَ مُخْزِى ٱلْكَٰفِرِينَ ۝ وَأَذَٰنٌ مِّنَ ٱللَّهِ وَرَسُولِهِۦٓ

إِلَى ٱلنَّاسِ يَوْمَ ٱلْحَجِّ ٱلْأَكْبَرِ أَنَّ ٱللَّهَ بَرِىٓءٌ مِّنَ ٱلْمُشْرِكِينَ

وَرَسُولُهُۥ فَإِن تُبْتُمْ فَهُوَ خَيْرٌ لَّكُمْ وَإِن تَوَلَّيْتُمْ فَٱعْلَمُوٓا۟

أَنَّكُمْ غَيْرُ مُعْجِزِى ٱللَّهِ وَبَشِّرِ ٱلَّذِينَ كَفَرُوا۟ بِعَذَابٍ أَلِيمٍ ۝

إِلَّا ٱلَّذِينَ عَٰهَدتُّم مِّنَ ٱلْمُشْرِكِينَ ثُمَّ لَمْ يَنقُصُوكُمْ

شَيْـًٔا وَلَمْ يُظَٰهِرُوا۟ عَلَيْكُمْ أَحَدًا فَأَتِمُّوٓا۟ إِلَيْهِمْ عَهْدَهُمْ إِلَىٰ

مُدَّتِهِمْ إِنَّ ٱللَّهَ يُحِبُّ ٱلْمُتَّقِينَ ۝ فَإِذَا ٱنسَلَخَ ٱلْأَشْهُرُ ٱلْحُرُمُ

فَٱقْتُلُوا۟ ٱلْمُشْرِكِينَ حَيْثُ وَجَدتُّمُوهُمْ وَخُذُوهُمْ وَٱحْصُرُوهُمْ

وَٱقْعُدُوا۟ لَهُمْ كُلَّ مَرْصَدٍ فَإِن تَابُوا۟ وَأَقَامُوا۟ ٱلصَّلَوٰةَ

وَءَاتَوُا۟ ٱلزَّكَوٰةَ فَخَلُّوا۟ سَبِيلَهُمْ إِنَّ ٱللَّهَ غَفُورٌ رَّحِيمٌ ۝

وَإِنْ أَحَدٌ مِّنَ ٱلْمُشْرِكِينَ ٱسْتَجَارَكَ فَأَجِرْهُ حَتَّىٰ يَسْمَعَ

كَلَٰمَ ٱللَّهِ ثُمَّ أَبْلِغْهُ مَأْمَنَهُۥ ذَٰلِكَ بِأَنَّهُمْ قَوْمٌ لَّا يَعْلَمُونَ ۝

نِصْفْ

- **بَرَآءَةٌ** تبرُّؤٌ وتباعدٌ

- **غَيْرُ مُعْجِزِى ٱللَّهِ** غير فائتَيْن من عذابه بالهرب

- **أَذَٰنٌ** إعلامٌ وإيذانٌ

- **لَمْ يُظَٰهِرُوا۟** لم يُعاوِنوا

- **ٱنسَلَخَ ٱلْأَشْهُرُ** انقضَتْ ومضَتْ

- **ٱحْصُرُوهُمْ** ضيّقوا عليهم

- **مَرْصَدٍ** طريقٍ وممرٍّ

كَيْفَ يَكُونُ لِلْمُشْرِكِينَ عَهْدٌ عِندَ ٱللَّهِ وَعِندَ رَسُولِهِۦٓ إِلَّا ٱلَّذِينَ عَٰهَدتُّمْ عِندَ ٱلْمَسْجِدِ ٱلْحَرَامِ فَمَا ٱسْتَقَٰمُوا۟ لَكُمْ فَٱسْتَقِيمُوا۟ لَهُمْ إِنَّ ٱللَّهَ يُحِبُّ ٱلْمُتَّقِينَ ۝ كَيْفَ وَإِن يَظْهَرُوا۟ عَلَيْكُمْ لَا يَرْقُبُوا۟ فِيكُمْ إِلًّا وَلَا ذِمَّةً يُرْضُونَكُم بِأَفْوَٰهِهِمْ وَتَأْبَىٰ قُلُوبُهُمْ وَأَكْثَرُهُمْ فَٰسِقُونَ ۝ ٱشْتَرَوْا۟ بِـَٔايَٰتِ ٱللَّهِ ثَمَنًا قَلِيلًا فَصَدُّوا۟ عَن سَبِيلِهِۦٓ إِنَّهُمْ سَآءَ مَا كَانُوا۟ يَعْمَلُونَ ۝ لَا يَرْقُبُونَ فِى مُؤْمِنٍ إِلًّا وَلَا ذِمَّةً وَأُو۟لَٰٓئِكَ هُمُ ٱلْمُعْتَدُونَ ۝ فَإِن تَابُوا۟ وَأَقَامُوا۟ ٱلصَّلَوٰةَ وَءَاتَوُا۟ ٱلزَّكَوٰةَ فَإِخْوَٰنُكُمْ فِى ٱلدِّينِ وَنُفَصِّلُ ٱلْـَٔايَٰتِ لِقَوْمٍ يَعْلَمُونَ ۝ ۞ وَإِن نَّكَثُوٓا۟ أَيْمَٰنَهُم مِّنۢ بَعْدِ عَهْدِهِمْ وَطَعَنُوا۟ فِى دِينِكُمْ فَقَٰتِلُوٓا۟ أَئِمَّةَ ٱلْكُفْرِ إِنَّهُمْ لَآ أَيْمَٰنَ لَهُمْ لَعَلَّهُمْ يَنتَهُونَ ۝ أَلَا تُقَٰتِلُونَ قَوْمًا نَّكَثُوٓا۟ أَيْمَٰنَهُمْ وَهَمُّوا۟ بِإِخْرَاجِ ٱلرَّسُولِ وَهُم بَدَءُوكُمْ أَوَّلَ مَرَّةٍ أَتَخْشَوْنَهُمْ فَٱللَّهُ أَحَقُّ أَن تَخْشَوْهُ إِن كُنتُم مُّؤْمِنِينَ ۝

التَّوْبَة

● فَمَا ٱسْتَقَٰمُوا۟
فما أقاموا على العهد

● يَظْهَرُوا۟ عَلَيْكُمْ
يظفروا بكم

● إِلًّا
قرابةً أو حلفًا

ثُمُنُ

● ذِمَّةً
عهدًا أو أمانًا

● نَّكَثُوٓا۟
نقضوا

قَٰتِلُوهُمْ يُعَذِّبْهُمُ ٱللَّهُ بِأَيْدِيكُمْ وَيُخْزِهِمْ وَيَنصُرْكُمْ

عَلَيْهِمْ وَيَشْفِ صُدُورَ قَوْمٍ مُّؤْمِنِينَ ﴿١٤﴾ وَيُذْهِبْ غَيْظَ

قُلُوبِهِمْ وَيَتُوبُ ٱللَّهُ عَلَىٰ مَن يَشَآءُ وَٱللَّهُ عَلِيمٌ حَكِيمٌ ﴿١٥﴾ أَمْ

حَسِبْتُمْ أَن تُتْرَكُوا۟ وَلَمَّا يَعْلَمِ ٱللَّهُ ٱلَّذِينَ جَٰهَدُوا۟ مِنكُمْ

وَلَمْ يَتَّخِذُوا۟ مِن دُونِ ٱللَّهِ وَلَا رَسُولِهِ وَلَا ٱلْمُؤْمِنِينَ وَلِيجَةً

وَٱللَّهُ خَبِيرٌۢ بِمَا تَعْمَلُونَ ﴿١٦﴾ مَا كَانَ لِلْمُشْرِكِينَ أَن

يَعْمُرُوا۟ مَسَٰجِدَ ٱللَّهِ شَٰهِدِينَ عَلَىٰٓ أَنفُسِهِم بِٱلْكُفْرِ أُو۟لَٰٓئِكَ

حَبِطَتْ أَعْمَٰلُهُمْ وَفِى ٱلنَّارِ هُمْ خَٰلِدُونَ ﴿١٧﴾ إِنَّمَا يَعْمُرُ

مَسَٰجِدَ ٱللَّهِ مَنْ ءَامَنَ بِٱللَّهِ وَٱلْيَوْمِ ٱلْءَاخِرِ وَأَقَامَ ٱلصَّلَوٰةَ

وَءَاتَى ٱلزَّكَوٰةَ وَلَمْ يَخْشَ إِلَّا ٱللَّهَ فَعَسَىٰٓ أُو۟لَٰٓئِكَ أَن يَكُونُوا۟

مِنَ ٱلْمُهْتَدِينَ ﴿١٨﴾ ۞ أَجَعَلْتُمْ سِقَايَةَ ٱلْحَآجِّ وَعِمَارَةَ ٱلْمَسْجِدِ

ٱلْحَرَامِ كَمَنْ ءَامَنَ بِٱللَّهِ وَٱلْيَوْمِ ٱلْءَاخِرِ وَجَٰهَدَ فِى سَبِيلِ

ٱللَّهِ لَا يَسْتَوُۥنَ عِندَ ٱللَّهِ وَٱللَّهُ لَا يَهْدِى ٱلْقَوْمَ ٱلظَّٰلِمِينَ ﴿١٩﴾

ٱلَّذِينَ ءَامَنُوا۟ وَهَاجَرُوا۟ وَجَٰهَدُوا۟ فِى سَبِيلِ ٱللَّهِ بِأَمْوَٰلِهِمْ

وَأَنفُسِهِمْ أَعْظَمُ دَرَجَةً عِندَ ٱللَّهِ وَأُو۟لَٰٓئِكَ هُمُ ٱلْفَآئِزُونَ ﴿٢٠﴾

• غَيْظَ
قُلُوبِهِمْ
غَضَبَهَا
الشديد

• وَلِيجَةً
بِطَانَةً
وأصحاب سرّ

• حَبِطَتْ
بَطَلَتْ

رُبْع

• سِقَايَةَ
ٱلْحَآجِّ
سَقْيَ الحجيج
الماء

| ● مَدّ مشبع ٦ حركات | إخفاء، ومواقع الغُنّة (حركتين) | ● تفخيم |
| ● مَدّ حركتين | ● مَدّ ٢ أو ٤ أو ٦ جوازاً | إدغام، وما لا يُلفظ | ● قلقلة |

يُبَشِّرُهُمْ رَبُّهُم بِرَحْمَةٖ مِّنْهُ وَرِضْوَٰنٖ وَجَنَّٰتٖ لَّهُمْ فِيهَا
نَعِيمٞ مُّقِيمٌ ﴿21﴾ خَٰلِدِينَ فِيهَآ أَبَدًاۖ اِنَّ اَللَّهَ عِندَهُۥٓ أَجْرٌ
عَظِيمٞۖ ﴿22﴾ يَٰٓأَيُّهَا اَلذِينَ ءَامَنُواْ لَا تَتَّخِذُوٓاْ ءَابَآءَكُمْ
وَإِخْوَٰنَكُمُۥٓ أَوْلِيَآءَ اِنِ اِسْتَحَبُّواْ اُلْكُفْرَ عَلَى اَلِايمَٰنِۖ
وَمَنْ يَّتَوَلَّهُم مِّنكُمْ فَأُوْلَٰٓئِكَ هُمُ اُلظَّٰلِمُونَۖ ﴿23﴾ قُلِ
اِن كَانَ ءَابَآؤُكُمْ وَأَبْنَآؤُكُمْ وَإِخْوَٰنُكُمْ وَأَزْوَٰجُكُمْ
وَعَشِيرَتُكُمْ وَأَمْوَٰلُ اُقْتَرَفْتُمُوهَا وَتِجَٰرَةٞ تَخْشَوْنَ كَسَادَهَا
وَمَسَٰكِنُ تَرْضَوْنَهَآ أَحَبَّ إِلَيْكُم مِّنَ اَللَّهِ وَرَسُولِهِۦ
وَجِهَادٖ فِے سَبِيلِهِۦ فَتَرَبَّصُواْ حَتَّىٰ يَاتِيَ اَللَّهُ بِأَمْرِهِۦۖ وَاللَّهُ لَا
يَهْدِے اِلْقَوْمَ اَلْفَٰسِقِينَۖ ﴿24﴾ لَقَدْ نَصَرَكُمُ اُللَّهُ فِے مَوَاطِنَ
كَثِيرَةٖ وَيَوْمَ حُنَيْنٍ اِذَ اَعْجَبَتْكُمْ كَثْرَتُكُمْ فَلَمْ
تُغْنِ عَنكُمْ شَيْـٔاٗ وَضَاقَتْ عَلَيْكُمُ اُلَارْضُ
بِمَا رَحُبَتْ ثُمَّ وَلَّيْتُم مُّدْبِرِينَۖ ﴿25﴾ ثُمَّ أَنزَلَ اَللَّهُ سَكِينَتَهُۥ
عَلَىٰ رَسُولِهِۦ وَعَلَى اَلْمُومِنِينَ وَأَنزَلَ جُنُوداٗ لَّمْ تَرَوْهَا
وَعَذَّبَ اَلذِينَ كَفَرُواْۖ وَذَٰلِكَ جَزَآءُ اُلْكَٰفِرِينَۖ ﴿26﴾

التَّوْبَة

- إِسْتَحَبُّواْ: اختارُوا
- إِقْتَرَفْتُمُوهَا: اكتسبْتُمُوها
- كَسَادَهَا: بوارَها
- فَتَرَبَّصُواْ: فانتظرُوا
- بِمَا رَحُبَتْ: مع سَعَتِها

مدّ مشبع 6 حركات	مدّ حركتين	إخفاء، ومواقع الغُنّة (حركتين)	تفخيم
مدّ 2 أو 4 أو 6 جوازاً		إدغام، وما لا يُلفظ	قلقلة

ثُمَّ يَتُوبُ ٱللَّهُ مِنۢ بَعْدِ ذَٰلِكَ عَلَىٰ مَن يَشَآءُ وَٱللَّهُ غَفُورٌ رَّحِيمٌ ۝ يَٰٓأَيُّهَا ٱلَّذِينَ ءَامَنُوٓا۟ إِنَّمَا ٱلْمُشْرِكُونَ نَجَسٌ فَلَا يَقْرَبُوا۟ ٱلْمَسْجِدَ ٱلْحَرَامَ بَعْدَ عَامِهِمْ هَٰذَا وَإِنْ خِفْتُمْ عَيْلَةً فَسَوْفَ يُغْنِيكُمُ ٱللَّهُ مِن فَضْلِهِ إِن شَآءَ إِنَّ ٱللَّهَ عَلِيمٌ حَكِيمٌ ۝ قَٰتِلُوا۟ ٱلَّذِينَ لَا يُؤْمِنُونَ بِٱللَّهِ وَلَا بِٱلْيَوْمِ ٱلْءَاخِرِ وَلَا يُحَرِّمُونَ مَا حَرَّمَ ٱللَّهُ وَرَسُولُهُ وَلَا يَدِينُونَ دِينَ ٱلْحَقِّ مِنَ ٱلَّذِينَ أُوتُوا۟ ٱلْكِتَٰبَ حَتَّىٰ يُعْطُوا۟ ٱلْجِزْيَةَ عَن يَدٍ وَهُمْ صَٰغِرُونَ ۝ وَقَالَتِ ٱلْيَهُودُ عُزَيْرٌ ٱبْنُ ٱللَّهِ وَقَالَتِ ٱلنَّصَٰرَى ٱلْمَسِيحُ ٱبْنُ ٱللَّهِ ذَٰلِكَ قَوْلُهُم بِأَفْوَٰهِهِمْ يُضَٰهِـُٔونَ قَوْلَ ٱلَّذِينَ كَفَرُوا۟ مِن قَبْلُ قَٰتَلَهُمُ ٱللَّهُ أَنَّىٰ يُؤْفَكُونَ ۝ ٱتَّخَذُوٓا۟ أَحْبَارَهُمْ وَرُهْبَٰنَهُمْ أَرْبَابًا مِّن دُونِ ٱللَّهِ وَٱلْمَسِيحَ ٱبْنَ مَرْيَمَ وَمَآ أُمِرُوٓا۟ إِلَّا لِيَعْبُدُوٓا۟ إِلَٰهًا وَٰحِدًا لَّآ إِلَٰهَ إِلَّا هُوَ سُبْحَٰنَهُ عَمَّا يُشْرِكُونَ ۝

ثُمُنٌ

- **نَجَسٌ** شَيْءٌ قَذِرٌ أَوْ خَبِيثٌ
- **عَيْلَةً** فَقْرًا
- **ٱلْجِزْيَةَ** الخَرَاجُ المُقَدَّرُ عَلَى رُؤُوسِهِمْ
- **صَٰغِرُونَ** مُنْقَادُونَ
- **يُضَٰهِـُٔونَ** يُشَابِهُونَ
- **أَنَّىٰ يُؤْفَكُونَ** كَيْفَ يُصْرَفُونَ عَنِ الحَقِّ
- **أَحْبَارَهُمْ** عُلَمَاءُ اليَهُودِ
- **رُهْبَٰنَهُمْ** مُتَنَسِّكِي النَّصَارَى

● مدّ مشبع ٦ حركات	● إخفاء، ومواقع الغُنّة (حركتين)	● تفخيم
● مدّ حركتين	● مدّ ٢ أو ٤ أو ٦ جوازاً	● قلقلة
	● إدغام، وما لا يُلفظ	

يُرِيدُونَ أَن يُطْفِؤُوا نُورَ ٱللَّهِ بِأَفْوَٰهِهِمْ وَيَأْبَى ٱللَّهُ إِلَّا أَن يُتِمَّ نُورَهُ وَلَوْ كَرِهَ ٱلْكَٰفِرُونَ ۞ هُوَ ٱلَّذِىٓ أَرْسَلَ رَسُولَهُ بِٱلْهُدَىٰ وَدِينِ ٱلْحَقِّ لِيُظْهِرَهُ عَلَى ٱلدِّينِ كُلِّهِ وَلَوْ كَرِهَ ٱلْمُشْرِكُونَ ۞ يَٰٓأَيُّهَا ٱلَّذِينَ ءَامَنُوٓا إِنَّ كَثِيرًا مِّنَ ٱلْأَحْبَارِ وَٱلرُّهْبَانِ لَيَأْكُلُونَ أَمْوَٰلَ ٱلنَّاسِ بِٱلْبَٰطِلِ وَيَصُدُّونَ عَن سَبِيلِ ٱللَّهِ وَٱلَّذِينَ يَكْنِزُونَ ٱلذَّهَبَ وَٱلْفِضَّةَ وَلَا يُنفِقُونَهَا فِى سَبِيلِ ٱللَّهِ فَبَشِّرْهُم بِعَذَابٍ أَلِيمٍ ۞ يَوْمَ يُحْمَىٰ عَلَيْهَا فِى نَارِ جَهَنَّمَ فَتُكْوَىٰ بِهَا جِبَاهُهُمْ وَجُنُوبُهُمْ وَظُهُورُهُمْ هَٰذَا مَا كَنَزْتُمْ لِأَنفُسِكُمْ فَذُوقُوا مَا كُنتُمْ تَكْنِزُونَ ۞ إِنَّ عِدَّةَ ٱلشُّهُورِ عِندَ ٱللَّهِ ٱثْنَا عَشَرَ شَهْرًا فِى كِتَٰبِ ٱللَّهِ يَوْمَ خَلَقَ ٱلسَّمَٰوَٰتِ وَٱلْأَرْضَ مِنْهَآ أَرْبَعَةٌ حُرُمٌ ذَٰلِكَ ٱلدِّينُ ٱلْقَيِّمُ فَلَا تَظْلِمُوا فِيهِنَّ أَنفُسَكُمْ وَقَٰتِلُوا ٱلْمُشْرِكِينَ كَآفَّةً كَمَا يُقَٰتِلُونَكُمْ كَآفَّةً وَٱعْلَمُوٓا أَنَّ ٱللَّهَ مَعَ ٱلْمُتَّقِينَ ۞

• لِيُظْهِرَهُ
لِيَعْلِيَهُ

• ٱلْقَيِّمُ
الْمُسْتَقِيمُ

حِزْبُ التَّوْبَة

• مدّ مشبع 6 حركات   • إخفاء، ومواقع الغُنّة (حركتين)   • تفخيم
• مدّ 2 أو 4 أو 6 جوازاً   • إدغام، وما لا يُلفظ   • قلقلة
• مدّ حركتين

192

إِنَّمَا ٱلنَّسِيٓءُ زِيَادَةٌ فِي ٱلْكُفْرِ يُضَلُّ بِهِ ٱلَّذِينَ كَفَرُوا۟ يُحِلُّونَهُۥ عَامًا وَيُحَرِّمُونَهُۥ عَامًا لِّيُوَاطِـُٔوا۟ عِدَّةَ مَا حَرَّمَ ٱللَّهُ فَيُحِلُّوا۟ مَا حَرَّمَ ٱللَّهُ زُيِّنَ لَهُمْ سُوٓءُ أَعْمَٰلِهِمْ وَٱللَّهُ لَا يَهْدِى ٱلْقَوْمَ ٱلْكَٰفِرِينَ ۝ ٣٧ يَٰٓأَيُّهَا ٱلَّذِينَ ءَامَنُوا۟ مَا لَكُمْ إِذَا قِيلَ لَكُمُ ٱنفِرُوا۟ فِى سَبِيلِ ٱللَّهِ ٱثَّاقَلْتُمْ إِلَى ٱلْأَرْضِ أَرَضِيتُم بِٱلْحَيَوٰةِ ٱلدُّنْيَا مِنَ ٱلْءَاخِرَةِ فَمَا مَتَٰعُ ٱلْحَيَوٰةِ ٱلدُّنْيَا فِى ٱلْءَاخِرَةِ إِلَّا قَلِيلٌ ۝ ٣٨ إِلَّا تَنفِرُوا۟ يُعَذِّبْكُمْ عَذَابًا أَلِيمًا وَيَسْتَبْدِلْ قَوْمًا غَيْرَكُمْ وَلَا تَضُرُّوهُ شَيْـًٔا وَٱللَّهُ عَلَىٰ كُلِّ شَىْءٍ قَدِيرٌ ۝ ٣٩ إِلَّا تَنصُرُوهُ فَقَدْ نَصَرَهُ ٱللَّهُ إِذْ أَخْرَجَهُ ٱلَّذِينَ كَفَرُوا۟ ثَانِىَ ٱثْنَيْنِ إِذْ هُمَا فِى ٱلْغَارِ إِذْ يَقُولُ لِصَٰحِبِهِۦ لَا تَحْزَنْ إِنَّ ٱللَّهَ مَعَنَا فَأَنزَلَ ٱللَّهُ سَكِينَتَهُۥ عَلَيْهِ وَأَيَّدَهُۥ بِجُنُودٍ لَّمْ تَرَوْهَا وَجَعَلَ كَلِمَةَ ٱلَّذِينَ كَفَرُوا۟ ٱلسُّفْلَىٰ وَكَلِمَةُ ٱللَّهِ هِىَ ٱلْعُلْيَا وَٱللَّهُ عَزِيزٌ حَكِيمٌ ۝ ٤٠

- **ٱلنَّسِيٓءُ**
  تأخير حرمة
  شهر إلى آخر
- **لِّيُوَاطِـُٔوا۟**
  ليوافقوا
- **ٱنفِرُوا۟**
  اخرجُوا
- **ٱثَّاقَلْتُمْ**
  تباطأتُم

| | مدّ مشبع 6 حركات | إخفاء، ومواقع الغنّة (حركتين) | تفخيم |
| مدّ حركتين | مدّ 2 أو 4 أو 6 جوازاً | إدغام، وما لا يُلفظ | قلقلة |

193

انفِرُواْ خِفَافاً وَثِقَالاً وَجَٰهِدُواْ بِأَمۡوَٰلِكُمۡ وَأَنفُسِكُمۡ فِى سَبِيلِ ٱللَّهِ ذَٰلِكُمۡ خَيۡرٌ لَّكُمۡ إِن كُنتُمۡ تَعۡلَمُونَ ۝٤١ لَوۡ كَانَ عَرَضاً قَرِيباً وَسَفَراً قَاصِداً لَّٱتَّبَعُوكَ وَلَٰكِنۢ بَعُدَتۡ عَلَيۡهِمُ ٱلشُّقَّةُ وَسَيَحۡلِفُونَ بِٱللَّهِ لَوِ ٱسۡتَطَعۡنَا لَخَرَجۡنَا مَعَكُمۡ يُهۡلِكُونَ أَنفُسَهُمۡ وَٱللَّهُ يَعۡلَمُ إِنَّهُمۡ لَكَٰذِبُونَ ۝٤٢ عَفَا ٱللَّهُ عَنكَ لِمَ أَذِنتَ لَهُمۡ حَتَّىٰ يَتَبَيَّنَ لَكَ ٱلَّذِينَ صَدَقُواْ وَتَعۡلَمَ ٱلۡكَٰذِبِينَ ۝٤٣ لَا يَسۡتَـٔۡذِنُكَ ٱلَّذِينَ يُؤۡمِنُونَ بِٱللَّهِ وَٱلۡيَوۡمِ ٱلۡأَخِرِ أَن يُجَٰهِدُواْ بِأَمۡوَٰلِهِمۡ وَأَنفُسِهِمۡ وَٱللَّهُ عَلِيمٌۢ بِٱلۡمُتَّقِينَ ۝٤٤ إِنَّمَا يَسۡتَـٔۡذِنُكَ ٱلَّذِينَ لَا يُؤۡمِنُونَ بِٱللَّهِ وَٱلۡيَوۡمِ ٱلۡأَخِرِ وَٱرۡتَابَتۡ قُلُوبُهُمۡ فَهُمۡ فِى رَيۡبِهِمۡ يَتَرَدَّدُونَ ۝٤٥ ۞ وَلَوۡ أَرَادُواْ ٱلۡخُرُوجَ لَأَعَدُّواْ لَهُۥ عُدَّةً وَلَٰكِن كَرِهَ ٱللَّهُ ٱنۢبِعَاثَهُمۡ فَثَبَّطَهُمۡ وَقِيلَ ٱقۡعُدُواْ مَعَ ٱلۡقَٰعِدِينَ ۝٤٦ لَوۡ خَرَجُواْ فِيكُم مَّا زَادُوكُمۡ إِلَّا خَبَالاً وَلَأَوۡضَعُواْ خِلَٰلَكُمۡ يَبۡغُونَكُمُ ٱلۡفِتۡنَةَ وَفِيكُمۡ سَمَّٰعُونَ لَهُمۡ وَٱللَّهُ عَلِيمٌۢ بِٱلظَّٰلِمِينَ ۝٤٧

لَقَدِ ٱبْتَغَوُا۟ ٱلْفِتْنَةَ مِن قَبْلُ وَقَلَّبُوا۟ لَكَ ٱلْأُمُورَ حَتَّىٰ جَآءَ ٱلْحَقُّ وَظَهَرَ أَمْرُ ٱللَّهِ وَهُمْ كَـٰرِهُونَ ۝٤٨

وَمِنْهُم مَّن يَقُولُ ٱئْذَن لِّى وَلَا تَفْتِنِّىٓ أَلَا فِى ٱلْفِتْنَةِ سَقَطُوا۟ وَإِنَّ جَهَنَّمَ لَمُحِيطَةٌۢ بِٱلْكَـٰفِرِينَ ۝٤٩

إِن تُصِبْكَ حَسَنَةٌ تَسُؤْهُمْ وَإِن تُصِبْكَ مُصِيبَةٌ يَقُولُوا۟ قَدْ أَخَذْنَآ أَمْرَنَا مِن قَبْلُ وَيَتَوَلَّوا۟ وَّهُمْ فَرِحُونَ ۝٥٠ قُل لَّن يُصِيبَنَآ إِلَّا مَا كَتَبَ ٱللَّهُ لَنَا هُوَ مَوْلَىٰنَا وَعَلَى ٱللَّهِ فَلْيَتَوَكَّلِ ٱلْمُؤْمِنُونَ ۝٥١ قُلْ هَلْ تَرَبَّصُونَ بِنَآ إِلَّآ إِحْدَى ٱلْحُسْنَيَيْنِ وَنَحْنُ نَتَرَبَّصُ بِكُمْ أَن يُصِيبَكُمُ ٱللَّهُ بِعَذَابٍ مِّنْ عِندِهِ أَوْ بِأَيْدِينَا فَتَرَبَّصُوٓا۟ إِنَّا مَعَكُم مُّتَرَبِّصُونَ ۝٥٢ قُلْ أَنفِقُوا۟ طَوْعًا أَوْ كَرْهًا لَّن يُتَقَبَّلَ مِنكُمْ إِنَّكُمْ كُنتُمْ قَوْمًا فَـٰسِقِينَ ۝٥٣ وَمَا مَنَعَهُمْ أَن تُقْبَلَ مِنْهُمْ نَفَقَـٰتُهُمْ إِلَّآ أَنَّهُمْ كَفَرُوا۟ بِٱللَّهِ وَبِرَسُولِهِۦ وَلَا يَأْتُونَ ٱلصَّلَوٰةَ إِلَّا وَهُمْ كُسَالَىٰ وَلَا يُنفِقُونَ إِلَّا وَهُمْ كَـٰرِهُونَ ۝٥٤

● قَلَّبُوا۟
لَكَ ٱلْأُمُورَ
دَبَّرُوا لَكَ
الحِيَلَ
والمَكائِدَ

● تَرَبَّصُونَ
تَنتَظِرُونَ

● مدّ مشبع ٦ حركات   إخفاء، ومواقع الغُنّة (حركتين)   ● تفخيم
● مدّ ٢ أو ٤ أو ٦ جوازًا   ● مدّ حركتين   ● إدغام، وما لا يُلفظ   ● قلقلة

195

۞ فَلَا تُعْجِبْكَ أَمْوَٰلُهُمْ وَلَآ أَوْلَٰدُهُمْ إِنَّمَا يُرِيدُ ٱللَّهُ لِيُعَذِّبَهُم
بِهَا فِى ٱلْحَيَوٰةِ ٱلدُّنْيَا وَتَزْهَقَ أَنفُسُهُمْ وَهُمْ كَٰفِرُونَ ﴿55﴾
وَيَحْلِفُونَ بِٱللَّهِ إِنَّهُمْ لَمِنكُمْ وَمَا هُم مِّنكُمْ وَلَٰكِنَّهُمْ
قَوْمٌ يَفْرَقُونَ ﴿56﴾ لَوْ يَجِدُونَ مَلْجَـًٔا أَوْ مَغَٰرَٰتٍ أَوْ
مُدَّخَلًا لَّوَلَّوْا۟ إِلَيْهِ وَهُمْ يَجْمَحُونَ ﴿57﴾ وَمِنْهُم مَّن يَلْمِزُكَ
فِى ٱلصَّدَقَٰتِ فَإِنْ أُعْطُوا۟ مِنْهَا رَضُوا۟ وَإِن لَّمْ يُعْطَوْا۟ مِنْهَآ
إِذَا هُمْ يَسْخَطُونَ ﴿58﴾ وَلَوْ أَنَّهُمْ رَضُوا۟ مَآ ءَاتَىٰهُمُ ٱللَّهُ
وَرَسُولُهُۥ وَقَالُوا۟ حَسْبُنَا ٱللَّهُ سَيُؤْتِينَا ٱللَّهُ مِن فَضْلِهِۦ
وَرَسُولُهُۥٓ إِنَّآ إِلَى ٱللَّهِ رَٰغِبُونَ ﴿59﴾ ۞ إِنَّمَا ٱلصَّدَقَٰتُ
لِلْفُقَرَآءِ وَٱلْمَسَٰكِينِ وَٱلْعَٰمِلِينَ عَلَيْهَا وَٱلْمُؤَلَّفَةِ قُلُوبُهُمْ
وَفِى ٱلرِّقَابِ وَٱلْغَٰرِمِينَ وَفِى سَبِيلِ ٱللَّهِ وَٱبْنِ ٱلسَّبِيلِ
فَرِيضَةً مِّنَ ٱللَّهِ وَٱللَّهُ عَلِيمٌ حَكِيمٌ ﴿60﴾ ۞ وَمِنْهُمُ
ٱلَّذِينَ يُؤْذُونَ ٱلنَّبِىَّ وَيَقُولُونَ هُوَ أُذُنٌ قُلْ أُذُنُ خَيْرٍ
لَّكُمْ يُؤْمِنُ بِٱللَّهِ وَيُؤْمِنُ لِلْمُؤْمِنِينَ وَرَحْمَةٌ لِّلَّذِينَ
ءَامَنُوا۟ مِنكُمْ وَٱلَّذِينَ يُؤْذُونَ رَسُولَ ٱللَّهِ لَهُمْ عَذَابٌ أَلِيمٌ ﴿61﴾

- تَزْهَقَ أَنفُسُهُمْ: تخرجَ أرواحهم
- يَفْرَقُونَ: يخافُونَ منكم فينافقُونَ
- مُدَّخَلًا: نَفَقًا في الأرضِ
- الْعَٰمِلِينَ عَلَيْهَا: كالجُباةِ والكُتّابِ
- فِى ٱلرِّقَابِ: فكاكِ الأرقّاءِ أو الأسرى
- الْغَٰرِمِينَ: المدينينَ الذينَ لا يجدُونَ قضاءً
- ابْنِ ٱلسَّبِيلِ: المسافرِ المنقطعِ عن مالِهِ

مدّ مشبع 6 حركات	مدّ حركتين	إخفاء، ومواقع الغُنّة (حركتين)	تفخيم
مدّ 2 أو 4 أو 6 جوازاً		إدغام، وما لا يُلفظ	قلقلة

يَحْلِفُونَ بِٱللَّهِ لَكُمْ لِيُرْضُوكُمْ وَٱللَّهُ وَرَسُولُهُۥٓ أَحَقُّ أَن يُرْضُوهُ إِن كَانُواْ مُؤْمِنِينَ ۝ أَلَمْ يَعْلَمُوٓاْ أَنَّهُۥ مَن يُحَادِدِ ٱللَّهَ وَرَسُولَهُۥ فَأَنَّ لَهُۥ نَارَ جَهَنَّمَ خَٰلِدًا فِيهَا ذَٰلِكَ ٱلْخِزْىُ ٱلْعَظِيمُ ۝ يَحْذَرُ ٱلْمُنَٰفِقُونَ أَن تُنَزَّلَ عَلَيْهِمْ سُورَةٌ تُنَبِّئُهُم بِمَا فِى قُلُوبِهِمْۚ قُلِ ٱسْتَهْزِءُوٓاْ إِنَّ ٱللَّهَ مُخْرِجٌ مَّا تَحْذَرُونَ ۝ وَلَئِن سَأَلْتَهُمْ لَيَقُولُنَّ إِنَّمَا كُنَّا نَخُوضُ وَنَلْعَبُۚ قُلْ أَبِٱللَّهِ وَءَايَٰتِهِۦ وَرَسُولِهِۦ كُنتُمْ تَسْتَهْزِءُونَ ۝ لَا تَعْتَذِرُواْ قَدْ كَفَرْتُم بَعْدَ إِيمَٰنِكُمْۚ إِن نَّعْفُ عَن طَآئِفَةٍ مِّنكُمْ نُعَذِّبْ طَآئِفَةَۢ بِأَنَّهُمْ كَانُواْ مُجْرِمِينَ ۝ ٱلْمُنَٰفِقُونَ وَٱلْمُنَٰفِقَٰتُ بَعْضُهُم مِّنۢ بَعْضٍۚ يَأْمُرُونَ بِٱلْمُنكَرِ وَيَنْهَوْنَ عَنِ ٱلْمَعْرُوفِ وَيَقْبِضُونَ أَيْدِيَهُمْۚ نَسُواْ ٱللَّهَ فَنَسِيَهُمْۗ إِنَّ ٱلْمُنَٰفِقِينَ هُمُ ٱلْفَٰسِقُونَ ۝ وَعَدَ ٱللَّهُ ٱلْمُنَٰفِقِينَ وَٱلْمُنَٰفِقَٰتِ وَٱلْكُفَّارَ نَارَ جَهَنَّمَ خَٰلِدِينَ فِيهَاۚ هِىَ حَسْبُهُمْۚ وَلَعَنَهُمُ ٱللَّهُۖ وَلَهُمْ عَذَابٌ مُّقِيمٌ ۝

يُحَادِدِ
يُخَالِفُ وِيعَادِ

نَخُوضُ
نَتَحَدَّثُ أَحَادِيثَ المُسَافِرِينَ

يَقْبِضُونَ أَيْدِيَهُمْ
يَبْخَلُونَ فِى الخَيْرِ وَالطَّاعَةِ

هِىَ حَسْبُهُمْ
كَافِيَتُهُمْ عِقَابًا

● مَدّ مشبع 6 حركات   ● إخفاء، ومواقع الغُنَّة (حركتين)   ● تفخيم
● مَدّ 2 أو 4 أو 6 جوازًا   ● مَدّ حركتين   ● إدغام، وما لا يُلفظ   ● قلقلة

197

كَالذِينَ مِن قَبْلِكُمْ كَانُوٓاْ أَشَدَّ مِنكُمْ قُوَّةً وَأَكْثَرَ
أَمْوَٰلاً وَأَوْلَٰداً فَاسْتَمْتَعُواْ بِخَلَٰقِهِمْ فَاسْتَمْتَعْتُم بِخَلَٰقِكُمْ
كَمَا اَسْتَمْتَعَ اَ۬لذِينَ مِن قَبْلِكُم بِخَلَٰقِهِمْ وَخُضْتُمْ
كَالذِے خَاضُوٓاْۖ أُوْلَٰٓئِكَ حَبِطَتَ اَعْمَٰلُهُمْ فِے اِ۬لدُّنْي۪ا
وَالَاخِرَةِۖ وَأُوْلَٰٓئِكَ هُمُ اُ۬لْخَٰسِرُونَۖ ﴿69﴾ ۞ أَلَمْ يَاتِهِمْ
نَبَأُ اُ۬لذِينَ مِن قَبْلِهِمْ قَوْمِ نُوحٖ وَعَادٖ وَثَمُودَ ﴿70﴾ وَقَوْمِ
إِبْرَٰهِيمَ وَأَصْحَٰبِ مَدْيَنَ وَالْمُوتَفِكَٰتِۖ أَتَتْهُمْ
رُسُلُهُم بِالْبَيِّنَٰتِۖ فَمَا كَانَ اَ۬للَّهُ لِيَظْلِمَهُمْۖ وَلَٰكِن كَانُوٓاْ
أَنفُسَهُمْ يَظْلِمُونَۖ ﴿71﴾ وَالْمُومِنُونَ وَالْمُومِنَٰتُ بَعْضُهُمُۥٓ
أَوْلِيَآءُ بَعْضٖۖ يَامُرُونَ بِالْمَعْرُوفِ وَيَنْهَوْنَ عَنِ اِ۬لْمُنكَرِ
وَيُقِيمُونَ اَ۬لصَّلَوٰةَ وَيُوتُونَ اَ۬لزَّكَوٰةَ وَيُطِيعُونَ اَ۬للَّهَ
وَرَسُولَهُۥٓۖ أُوْلَٰٓئِكَ سَيَرْحَمُهُمُ اُ۬للَّهُۖ إِنَّ اَ۬للَّهَ عَزِيزٌ حَكِيمٞۖ ﴿72﴾
وَعَدَ اَ۬للَّهُ اُ۬لْمُومِنِينَ وَالْمُومِنَٰتِ جَنَّٰتٖ تَجْرِے مِن تَحْتِهَا
اَ۬لَانْهَٰرُ خَٰلِدِينَ فِيهَا وَمَسَٰكِنَ طَيِّبَةٗ فِے جَنَّٰتِ عَدْنٖۖ
وَرِضْوَٰنٞ مِّنَ اَ۬للَّهِ أَكْبَرُۖ ذَٰلِكَ هُوَ اَ۬لْفَوْزُ اُ۬لْعَظِيمُۖ ﴿73﴾

- بِخَلَٰقِهِمْ: بنصيبهم من ملاذِّ الدُّنيا
- التَّوْبَة — ثُمُن
- خُضْتُمْ: دخلتُم في الباطلِ
- حَبِطَتَ: بطلَتْ
- اَلْمُوتَفِكَٰتِ: المنقلباتِ (قرى قومِ لوطٍ)

تفخيم — قلقلة — إخفاء، ومواقع الغُنَّة (حركتين) — إدغام، وما لا يُلفظ — مدّ حركتين — مدّ مشبع 6 حركات — مدّ 2 أو 4 أو 6 جوازاً

يَٰٓأَيُّهَا اَ۬لنَّبِےٓءُ جَٰهِدِ اِ۬لْكُفَّارَ وَالْمُنَٰفِقِينَ وَاغْلُظْ عَلَيْهِمْۖ
وَمَأْو۪يٰهُمْ جَهَنَّمُۖ وَبِيسَ اَ۬لْمَصِيرُۖ (74) يَحْلِفُونَ بِاللَّهِ مَا
قَالُواْۖ وَلَقَدْ قَالُواْ كَلِمَةَ اَ۬لْكُفْرِ وَكَفَرُواْ بَعْدَ إِسْلَٰمِهِمْ
وَهَمُّواْ بِمَا لَمْ يَنَالُواْۖ وَمَا نَقَمُوٓاْ إِلَّآ أَنَ اَغْنَيٰهُمُ اُ۬للَّهُ وَرَسُولُهُۥ
مِن فَضْلِهِۦۖ فَإِنْ يَّتُوبُواْ يَكُ خَيْراٗ لَّهُمْۖ وَإِنْ يَّتَوَلَّوْاْ يُعَذِّبْهُمُ
اُ۬للَّهُ عَذَاباً اَلِيماٗ فِے اِ۬لدُّنْي۪ا وَالَاخِرَةِۖ وَمَا لَهُمْ فِے اِ۬لَارْضِ مِن
وَّلِيّٖ وَلَا نَصِيرٖۖ (75) ۞ وَمِنْهُم مَّنْ عَٰهَدَ اَ۬للَّهَ لَئِنَ اٰت۪ي۪نَا
مِن فَضْلِهِۦ لَنَصَّدَّقَنَّ وَلَنَكُونَنَّ مِنَ اَ۬لصَّٰلِحِينَۖ (76) فَلَمَّآ
ءَاتَيٰهُم مِّن فَضْلِهِۦ بَخِلُواْ بِهِۦ وَتَوَلَّواْ وَّهُم مُّعْرِضُونَۖ (77)
فَأَعْقَبَهُمْ نِفَاقاٗ فِے قُلُوبِهِمُۥٓ إِلَيٰ يَوْمِ يَلْقَوْنَهُۥ بِمَآ أَخْلَفُواْ
اُ۬للَّهَ مَا وَعَدُوهُ وَبِمَا كَانُواْ يَكْذِبُونَۖ (78) أَلَمْ يَعْلَمُوٓاْ
أَنَّ اَ۬للَّهَ يَعْلَمُ سِرَّهُمْ وَنَجْو۪يٰهُمْ وَأَنَّ اَ۬للَّهَ عَلَّٰمُ
اُ۬لْغُيُوبِۖ (79) اِ۬لذِينَ يَلْمِزُونَ اَ۬لْمُطَّوِّعِينَ مِنَ
اَ۬لْمُومِنِينَ فِے اِ۬لصَّدَقَٰتِ وَالذِينَ لَا يَجِدُونَ إِلَّا جُهْدَهُمْ
فَيَسْخَرُونَ مِنْهُمْۖ سَخِرَ اَ۬للَّهُ مِنْهُمْۖ وَلَهُمْ عَذَابٌ اَلِيمٌ (80)

- اغْلُظْ عَلَيْهِمْ: شدّدْ عليهِم
- مَا نَقَمُوٓاْ: ما كرهُوا وما عابُوا

رُبُعٌ

- نَجْو۪يٰهُمْ: ما يتناجَونَ بهِ فيما بينَهم
- يَلْمِزُونَ: يعيبُونَ
- جُهْدَهُمْ: طاقتهُم ووسعَهُم

مدّ مشبع 6 حركات — مدّ حركتين — إخفاء، ومواقع الغُنّة (حركتين) — تفخيم
مدّ 2 أو 4 أو 6 جوازاً — إدغام، وما لا يُلفظ — قلقلة

ٱسْتَغْفِرْ لَهُمْ أَوْ لَا تَسْتَغْفِرْ لَهُمْ إِن تَسْتَغْفِرْ لَهُمْ سَبْعِينَ مَرَّةً
فَلَن يَغْفِرَ ٱللَّهُ لَهُمْ ذَٰلِكَ بِأَنَّهُمْ كَفَرُوا۟ بِٱللَّهِ وَرَسُولِهِۦ وَٱللَّهُ
لَا يَهْدِى ٱلْقَوْمَ ٱلْفَٰسِقِينَ (81) فَرِحَ ٱلْمُخَلَّفُونَ بِمَقْعَدِهِمْ
خِلَٰفَ رَسُولِ ٱللَّهِ وَكَرِهُوٓا۟ أَن يُجَٰهِدُوا۟ بِأَمْوَٰلِهِمْ وَأَنفُسِهِمْ
فِى سَبِيلِ ٱللَّهِ وَقَالُوا۟ لَا تَنفِرُوا۟ فِى ٱلْحَرِّ قُلْ نَارُ جَهَنَّمَ أَشَدُّ حَرًّا
لَّوْ كَانُوا۟ يَفْقَهُونَ (82) فَلْيَضْحَكُوا۟ قَلِيلًا وَلْيَبْكُوا۟ كَثِيرًا
جَزَآءًۢ بِمَا كَانُوا۟ يَكْسِبُونَ (83) فَإِن رَّجَعَكَ ٱللَّهُ إِلَىٰ طَآئِفَةٍ
مِّنْهُمْ فَٱسْتَـْٔذَنُوكَ لِلْخُرُوجِ فَقُل لَّن تَخْرُجُوا۟ مَعِىَ أَبَدًا وَلَن
تُقَٰتِلُوا۟ مَعِىَ عَدُوًّا إِنَّكُمْ رَضِيتُم بِٱلْقُعُودِ أَوَّلَ مَرَّةٍ فَٱقْعُدُوا۟
مَعَ ٱلْخَٰلِفِينَ (84) وَلَا تُصَلِّ عَلَىٰٓ أَحَدٍ مِّنْهُم مَّاتَ أَبَدًا وَلَا تَقُمْ
عَلَىٰ قَبْرِهِۦٓ إِنَّهُمْ كَفَرُوا۟ بِٱللَّهِ وَرَسُولِهِۦ وَمَاتُوا۟ وَهُمْ فَٰسِقُونَ (85)
۞ وَلَا تُعْجِبْكَ أَمْوَٰلُهُمْ وَأَوْلَٰدُهُمْ إِنَّمَا يُرِيدُ ٱللَّهُ أَن يُعَذِّبَهُم
بِهَا فِى ٱلدُّنْيَا وَتَزْهَقَ أَنفُسُهُمْ وَهُمْ كَٰفِرُونَ (86) وَإِذَآ
أُنزِلَتْ سُورَةٌ أَنْ ءَامِنُوا۟ بِٱللَّهِ وَجَٰهِدُوا۟ مَعَ رَسُولِهِ ٱسْتَـْٔذَنَكَ
أُو۟لُوا۟ ٱلطَّوْلِ مِنْهُمْ وَقَالُوا۟ ذَرْنَا نَكُن مَّعَ ٱلْقَٰعِدِينَ (87)

التَّوْبَة

- لَا تَنفِرُوا۟: لا تخرجوا للجهادِ
- ٱلْخَٰلِفِينَ: المتخلّفينَ عن الجهادِ كالنّساءِ
- تَزْهَقَ أَنفُسُهُمْ: تخرجَ أرواحُهُم
- ثُمُن
- ٱلطَّوْلِ: الغنى والسّعةِ

مدّ مشبع 6 حركات	مدّ حركتين	إخفاء، ومواقع الغُنَّة (حركتين)	تفخيم
مدّ 2 أو 4 أو 6 جوازاً		إدغام، وما لا يُلفَظ	قلقلة

رَضُواْ بِأَن يَكُونُواْ مَعَ ٱلۡخَوَالِفِ وَطُبِعَ عَلَىٰ قُلُوبِهِمۡ فَهُمۡ
لَا يَفۡقَهُونَ ﴿88﴾ لَٰكِنِ ٱلرَّسُولُ وَٱلَّذِينَ ءَامَنُواْ مَعَهُۥ جَٰهَدُواْ
بِأَمۡوَٰلِهِمۡ وَأَنفُسِهِمۡۚ وَأُوْلَٰٓئِكَ لَهُمُ ٱلۡخَيۡرَٰتُۖ وَأُوْلَٰٓئِكَ
هُمُ ٱلۡمُفۡلِحُونَ ﴿89﴾ أَعَدَّ ٱللَّهُ لَهُمۡ جَنَّٰتٖ تَجۡرِي مِن
تَحۡتِهَا ٱلۡأَنۡهَٰرُ خَٰلِدِينَ فِيهَاۚ ذَٰلِكَ ٱلۡفَوۡزُ ٱلۡعَظِيمُ ﴿90﴾ وَجَآءَ
ٱلۡمُعَذِّرُونَ مِنَ ٱلۡأَعۡرَابِ لِيُؤۡذَنَ لَهُمۡ وَقَعَدَ ٱلَّذِينَ كَذَبُواْ ٱللَّهَ
وَرَسُولَهُۥۚ سَيُصِيبُ ٱلَّذِينَ كَفَرُواْ مِنۡهُمۡ عَذَابٌ أَلِيمٞ ﴿91﴾
لَّيۡسَ عَلَى ٱلضُّعَفَآءِ وَلَا عَلَى ٱلۡمَرۡضَىٰ وَلَا عَلَى ٱلَّذِينَ لَا
يَجِدُونَ مَا يُنفِقُونَ حَرَجٌ إِذَا نَصَحُواْ لِلَّهِ وَرَسُولِهِۦۚ مَا
عَلَى ٱلۡمُحۡسِنِينَ مِن سَبِيلٖۚ وَٱللَّهُ غَفُورٞ رَّحِيمٞ ﴿92﴾ وَلَا
عَلَى ٱلَّذِينَ إِذَا مَآ أَتَوۡكَ لِتَحۡمِلَهُمۡ قُلۡتَ لَآ أَجِدُ مَآ
أَحۡمِلُكُمۡ عَلَيۡهِ تَوَلَّواْ وَّأَعۡيُنُهُمۡ تَفِيضُ مِنَ ٱلدَّمۡعِ
حَزَنًا أَلَّا يَجِدُواْ مَا يُنفِقُونَ ﴿93﴾ ۞ إِنَّمَا ٱلسَّبِيلُ عَلَى
ٱلَّذِينَ يَسۡتَـٔۡذِنُونَكَ وَهُمۡ أَغۡنِيَآءُۚ رَضُواْ بِأَن يَكُونُواْ مَعَ
ٱلۡخَوَالِفِ وَطَبَعَ ٱللَّهُ عَلَىٰ قُلُوبِهِمۡ فَهُمۡ لَا يَعۡلَمُونَ ﴿94﴾

- **ٱلۡخَوَالِفِ**: النّساءِ المتخلّفاتِ عن الجهادِ
- **ٱلۡمُعَذِّرُونَ**: المعتذرونَ بالأعذارِ الكاذبةِ
- **حَرَجٌ**: إثمٌ أو ذنبٌ
- **تَفِيضُ**: تمتلئُ به فتصُبُّهُ

حِزۡبٌ

مدّ مشبع 6 حركات | مدّ 2 أو 4 أو 6 جوازاً | مدّ حركتين | إخفاء، ومواقع الغُنّة (حركتين) | إدغام، وما لا يُلفَظ | تفخيم | قلقلة

يَعْتَذِرُونَ إِلَيْكُمُۥٓ إِذَا رَجَعْتُمُۥٓ إِلَيْهِمْۖ قُل لَّا تَعْتَذِرُواْ
لَن نُّومِنَ لَكُمْۖ قَدْ نَبَّأَنَا اَللَّهُ مِنَ اَخْبَارِكُمْۖ وَسَيَرَى
اَللَّهُ عَمَلَكُمْ وَرَسُولُهُۥۖ ثُمَّ تُرَدُّونَ إِلَىٰ عَٰلِمِ اِ۬لْغَيْبِ
وَالشَّهَٰدَةِ فَيُنَبِّئُكُم بِمَا كُنتُمْ تَعْمَلُونَۖ ﴿95﴾ سَيَحْلِفُونَ
بِاللَّهِ لَكُمُۥٓ إِذَا اَنقَلَبْتُمُۥٓ إِلَيْهِمْ لِتُعْرِضُواْ عَنْهُمْۖ فَأَعْرِضُواْ
عَنْهُمُۥٓۖ إِنَّهُمْ رِجْسٌۖ وَمَأْوِيٰهُمْ جَهَنَّمُۖ جَزَآءَۢ بِمَا كَانُواْ
يَكْسِبُونَۖ ﴿96﴾ يَحْلِفُونَ لَكُمْ لِتَرْضَوْاْ عَنْهُمْ فَإِن
تَرْضَوْاْ عَنْهُمْ فَإِنَّ اَللَّهَ لَا يَرْضَيٰ عَنِ اِ۬لْقَوْمِ اِ۬لْفَٰسِقِينَۖ ﴿97﴾
اَ۬لَاعْرَابُ أَشَدُّ كُفْراٗ وَنِفَاقاٗ وَأَجْدَرُ أَلَّا يَعْلَمُواْ حُدُودَ
مَا أَنزَلَ اَللَّهُ عَلَيٰ رَسُولِهِۦۖ وَاللَّهُ عَلِيمٌ حَكِيمٞۖ ﴿98﴾ وَمِنَ
اَ۬لَاعْرَابِ مَنْ يَّتَّخِذُ مَا يُنفِقُ مَغْرَماٗ وَيَتَرَبَّصُ بِكُمُ
اُ۬لدَّوَآئِرَۖ عَلَيْهِمْ دَآئِرَةُ اُ۬لسَّوْءِۖ وَاللَّهُ سَمِيعٌ عَلِيمٞۖ ﴿99﴾ وَمِنَ
اَ۬لَاعْرَابِ مَنْ يُّومِنُ بِاللَّهِ وَالْيَوْمِ اِ۬لَاخِرِ وَيَتَّخِذُ مَا
يُنفِقُ قُرُبَٰتٍ عِندَ اَللَّهِ وَصَلَوَٰتِ اِ۬لرَّسُولِۖ أَلَآ إِنَّهَا قُرُبَةٞ
لَّهُمْۖ سَيُدْخِلُهُمُ اُ۬للَّهُ فِے رَحْمَتِهِۦۖ إِنَّ اَللَّهَ غَفُورٞ رَّحِيمٞۖ ﴿100﴾

التَّوبَة

- رِجْسٌ: قذرٌ
- مَغْرَماً: غرامةً وخسرانًا
- يَتَرَبَّصُ: ينتظرُ
- اُ۬لدَّوَآئِرَ: نوبَ الدّهرِ ومصائبَهُ
- دَآئِرَةُ اُ۬لسَّوْءِ: الضّررِ والشرِّ

مدّ مشبع 6 حركات	مدّ حركتين	إخفاء، ومواقع الغُنَّة (حركتين)	تفخيم
مدّ 2 أو 4 أو 6 جوازاً		إدغام، وما لا يُلفَظ	قلقلة

وَالسَّٰبِقُونَ ٱلْأَوَّلُونَ مِنَ ٱلْمُهَٰجِرِينَ وَٱلْأَنصَارِ وَٱلَّذِينَ ٱتَّبَعُوهُم بِإِحْسَٰنٍ رَّضِىَ ٱللَّهُ عَنْهُمْ وَرَضُوا۟ عَنْهُ وَأَعَدَّ لَهُمْ جَنَّٰتٍ تَجْرِى تَحْتَهَا ٱلْأَنْهَٰرُ خَٰلِدِينَ فِيهَآ أَبَدًا ذَٰلِكَ ٱلْفَوْزُ ٱلْعَظِيمُ ۝ ١٠١ وَمِمَّنْ حَوْلَكُم مِّنَ ٱلْأَعْرَابِ مُنَٰفِقُونَ وَمِنْ أَهْلِ ٱلْمَدِينَةِ مَرَدُوا۟ عَلَى ٱلنِّفَاقِ لَا تَعْلَمُهُمْ نَحْنُ نَعْلَمُهُمْ سَنُعَذِّبُهُم مَّرَّتَيْنِ ثُمَّ يُرَدُّونَ إِلَىٰ عَذَابٍ عَظِيمٍ ١٠٢ وَءَاخَرُونَ ٱعْتَرَفُوا۟ بِذُنُوبِهِمْ خَلَطُوا۟ عَمَلًا صَٰلِحًا وَءَاخَرَ سَيِّئًا عَسَى ٱللَّهُ أَن يَتُوبَ عَلَيْهِمْ إِنَّ ٱللَّهَ غَفُورٌ رَّحِيمٌ ١٠٣ خُذْ مِنْ أَمْوَٰلِهِمْ صَدَقَةً تُطَهِّرُهُمْ وَتُزَكِّيهِم بِهَا وَصَلِّ عَلَيْهِمْ إِنَّ صَلَوَٰتِكَ سَكَنٌ لَّهُمْ وَٱللَّهُ سَمِيعٌ عَلِيمٌ ١٠٤ أَلَمْ يَعْلَمُوٓا۟ أَنَّ ٱللَّهَ هُوَ يَقْبَلُ ٱلتَّوْبَةَ عَنْ عِبَادِهِۦ وَيَأْخُذُ ٱلصَّدَقَٰتِ وَأَنَّ ٱللَّهَ هُوَ ٱلتَّوَّابُ ٱلرَّحِيمُ ١٠٥ وَقُلِ ٱعْمَلُوا۟ فَسَيَرَى ٱللَّهُ عَمَلَكُمْ وَرَسُولُهُۥ وَٱلْمُؤْمِنُونَ وَسَتُرَدُّونَ إِلَىٰ عَٰلِمِ ٱلْغَيْبِ وَٱلشَّهَٰدَةِ فَيُنَبِّئُكُم بِمَا كُنتُمْ تَعْمَلُونَ ١٠٦ وَءَاخَرُونَ مُرْجَوْنَ لِأَمْرِ ٱللَّهِ إِمَّا يُعَذِّبُهُمْ وَإِمَّا يَتُوبُ عَلَيْهِمْ وَٱللَّهُ عَلِيمٌ حَكِيمٌ ١٠٧

● مدّ مشبع 6 حركات   ● مدّ حركتين   ● إخفاء، ومواقع الغنّة (حركتين)   ● تفخيم
● مدّ 2 أو 4 أو 6 جوازاً   ● إدغام، وما لا يُلفظ   ● قلقلة

203

ٱلَّذِينَ ٱتَّخَذُوا مَسْجِداً ضِرَاراً وَكُفْراً وَتَفْر

وَإِرْصَاداً لِّمَنْ حَارَبَ ٱللَّهَ وَرَسُولَهُ مِن

أَرَدْنَآ إِلَّا ٱلْحُسْنَىٰ وَٱللَّهُ يَشْهَدُ إِنَّهُمْ لَكَ

فِيهِ أَبَداً لَّمَسْجِدٌ أُسِّسَ عَلَى ٱلتَّقْوَىٰ مِنْ أَوَّلِ يَوْمٍ

أَن تَقُومَ فِيهِ فِيهِ رِجَالٌ يُحِبُّونَ أَن يَتَطَهَّرُوا وَٱللَّهُ

يُحِبُّ ٱلْمُطَّهِّرِينَ ۝ ١٠٩ أَفَمَنْ أَسَّسَ بُنْيَٰنَهُ عَلَىٰ تَقْوَىٰ

مِنَ ٱللَّهِ وَرِضْوَانٍ خَيْرٌ أَم مَّنْ أَسَّسَ بُنْيَٰنَهُ عَلَىٰ شَفَا

جُرُفٍ هَارٍ فَٱنْهَارَ بِهِ فِي نَارِ جَهَنَّمَ وَٱللَّهُ لَا يَهْدِي ٱلْقَوْمَ

ٱلظَّالِمِينَ ۝ ١١٠ لَا يَزَالُ بُنْيَٰنُهُمُ ٱلَّذِي بَنَوْا رِيبَةً فِي

قُلُوبِهِمْ إِلَّا أَن تُقَطَّعَ قُلُوبُهُمْ وَٱللَّهُ عَلِيمٌ حَكِيمٌ ۝ ١١١

۞ إِنَّ ٱللَّهَ ٱشْتَرَىٰ مِنَ ٱلْمُؤْمِنِينَ أَنفُسَهُمْ وَأَمْوَالَهُم

بِأَنَّ لَهُمُ ٱلْجَنَّةَ يُقَاتِلُونَ فِي سَبِيلِ ٱللَّهِ فَيَقْتُلُونَ

وَيُقْتَلُونَ وَعْداً عَلَيْهِ حَقّاً فِي ٱلتَّوْرَىٰةِ وَٱلْإِنجِيلِ

وَٱلْقُرْءَانِ وَمَنْ أَوْفَىٰ بِعَهْدِهِ مِنَ ٱللَّهِ فَٱسْتَبْشِرُوا

بِبَيْعِكُمُ ٱلَّذِي بَايَعْتُم بِهِ وَذَٰلِكَ هُوَ ٱلْفَوْزُ ٱلْعَظِيمُ ۝ ١١٢

• عَلَىٰ شَفَا
على طرفِ أو
حرفٍ
• جُرُفٍ
هوّة وبئرٍ لم
تُبْنَ بالحجارة

• هارٍ
متصدّع أشفى
على التهدّم
• فَٱنْهَارَ بِهِ
فسقطَ
البنيان بالباني
• تُقَطَّعَ
قُلُوبُهُمْ
تتقطّع أجزاءً
بالموتِ

• مَدّ مُشبع ٦ حركات	• إخفاء، ومواقع الغُنّة (حركتين)	• مَدّ حركتين	• تفخيم
• مَدّ ٢ أو ٤ أو ٦ جوازاً	• إدغام، وما لا يُلفَظ		• قلقلة

التَّآئِبُونَ الْعَابِدُونَ الْحَامِدُونَ السَّائِحُونَ الرَّاكِعُونَ السَّاجِدُونَ الْآمِرُونَ بِالْمَعْرُوفِ وَالنَّاهُونَ عَنِ الْمُنكَرِ وَالْحَافِظُونَ لِحُدُودِ اللَّهِ وَبَشِّرِ الْمُؤْمِنِينَ ۝ مَا كَانَ لِلنَّبِيِّ وَالَّذِينَ ءَامَنُوٓا۟ أَن يَسْتَغْفِرُوا۟ لِلْمُشْرِكِينَ وَلَوْ كَانُوٓا۟ أُو۟لِى قُرْبَىٰ مِنۢ بَعْدِ مَا تَبَيَّنَ لَهُمْ أَنَّهُمْ أَصْحَٰبُ الْجَحِيمِ ۝ وَمَا كَانَ ٱسْتِغْفَارُ إِبْرَٰهِيمَ لِأَبِيهِ إِلَّا عَن مَّوْعِدَةٍ وَعَدَهَآ إِيَّاهُ فَلَمَّا تَبَيَّنَ لَهُۥٓ أَنَّهُۥ عَدُوٌّ لِّلَّهِ تَبَرَّأَ مِنْهُ إِنَّ إِبْرَٰهِيمَ لَأَوَّٰهٌ حَلِيمٌ ۝ وَمَا كَانَ ٱللَّهُ لِيُضِلَّ قَوْمًۢا بَعْدَ إِذْ هَدَىٰهُمْ حَتَّىٰ يُبَيِّنَ لَهُم مَّا يَتَّقُونَ إِنَّ اللَّهَ بِكُلِّ شَىْءٍ عَلِيمٌ ۝ إِنَّ اللَّهَ لَهُۥ مُلْكُ السَّمَٰوَٰتِ وَالْأَرْضِ يُحْىِۦ وَيُمِيتُ وَمَا لَكُم مِّن دُونِ اللَّهِ مِن وَلِىٍّ وَلَا نَصِيرٍ ۝ ۞ لَّقَد تَّابَ اللَّهُ عَلَى النَّبِيِّ وَالْمُهَٰجِرِينَ وَالْأَنصَارِ الَّذِينَ ٱتَّبَعُوهُ فِى سَاعَةِ الْعُسْرَةِ مِنۢ بَعْدِ مَا كَادَ يَزِيغُ قُلُوبُ فَرِيقٍ مِّنْهُمْ ثُمَّ تَابَ عَلَيْهِمْ إِنَّهُۥ بِهِمْ رَءُوفٌ رَّحِيمٌ ۝

• لَأَوَّاهٌ
لَكَثِيرُ التَّأَوُّهِ
خَوْفًا مِن رَبِّهِ

• الْعُسْرَةِ
الشِّدَّةِ
وَالضِّيقِ

• تَزِيغُ
تَمِيلُ إِلَى
التَّخَلُّفِ عَنِ
الْجِهَادِ

ثُمُنٌ

إخفاء، ومواقع الغُنَّة (حركتين)	مدّ مشبع 6 حركات	تفخيم
إدغام، وما لا يُلفظ	مدّ حركتين	قلقلة
	مدّ 2 أو 4 أو 6 جوازاً	

وَعَلَى ٱلثَّلَٰثَةِ ٱلَّذِينَ خُلِّفُوا۟ حَتَّىٰٓ إِذَا ضَاقَتْ عَلَيْهِمُ ٱلْأَرْضُ

بِمَا رَحُبَتْ وَضَاقَتْ عَلَيْهِمْ أَنفُسُهُمْ وَظَنُّوٓا۟ أَن لَّا مَلْجَأَ

مِنَ ٱللَّهِ إِلَّآ إِلَيْهِ ثُمَّ تَابَ عَلَيْهِمْ لِيَتُوبُوٓا۟ إِنَّ ٱللَّهَ هُوَ ٱلتَّوَّابُ

ٱلرَّحِيمُ ﴿١١٩﴾ يَٰٓأَيُّهَا ٱلَّذِينَ ءَامَنُوا۟ ٱتَّقُوا۟ ٱللَّهَ وَكُونُوا۟ مَعَ

ٱلصَّٰدِقِينَ ﴿١٢٠﴾ مَا كَانَ لِأَهْلِ ٱلْمَدِينَةِ وَمَنْ حَوْلَهُم مِّنَ

ٱلْأَعْرَابِ أَن يَتَخَلَّفُوا۟ عَن رَّسُولِ ٱللَّهِ وَلَا يَرْغَبُوا۟ بِأَنفُسِهِمْ

عَن نَّفْسِهِۦ ذَٰلِكَ بِأَنَّهُمْ لَا يُصِيبُهُمْ ظَمَأٌ وَلَا نَصَبٌ

وَلَا مَخْمَصَةٌ فِي سَبِيلِ ٱللَّهِ وَلَا يَطَُٔونَ مَوْطِئًا يَغِيظُ

ٱلْكُفَّارَ وَلَا يَنَالُونَ مِنْ عَدُوٍّ نَّيْلًا إِلَّا كُتِبَ لَهُم

بِهِۦ عَمَلٌ صَٰلِحٌ إِنَّ ٱللَّهَ لَا يُضِيعُ أَجْرَ ٱلْمُحْسِنِينَ ﴿١٢١﴾

وَلَا يُنفِقُونَ نَفَقَةً صَغِيرَةً وَلَا كَبِيرَةً وَلَا يَقْطَعُونَ

وَادِيًا إِلَّا كُتِبَ لَهُمْ لِيَجْزِيَهُمُ ٱللَّهُ أَحْسَنَ مَا كَانُوا۟

يَعْمَلُونَ ﴿١٢٢﴾ وَمَا كَانَ ٱلْمُؤْمِنُونَ لِيَنفِرُوا۟ كَآفَّةً

فَلَوْلَا نَفَرَ مِن كُلِّ فِرْقَةٍ مِّنْهُمْ طَآئِفَةٌ لِّيَتَفَقَّهُوا۟ فِي ٱلدِّينِ

وَلِيُنذِرُوا۟ قَوْمَهُمْ إِذَا رَجَعُوٓا۟ إِلَيْهِمْ لَعَلَّهُمْ يَحْذَرُونَ ﴿١٢٣﴾

الجانب الأيسر (هامش):

• بِمَا رَحُبَتْ
مع سعتها

التَّوْبَة

• لَا يَرْغَبُوا۟
بِأَنفُسِهِمْ
لا يترفّعوا بها

• نَصَبٌ
تعبٌ

• مَخْمَصَةٌ
مجاعة

• يَغِيظُ
ٱلْكُفَّارَ
يغضبهم

• نَّيْلًا
شيئًا ينالُ
ويؤخذُ

• لِيَنفِرُوا۟
ليخرجوا إلى
الجهاد

الشريط السفلي:

● مدّ مشبع 6 حركات   ● مدّ حركتين   ● إخفاء، ومواقع الغُنّة (حركتين)   ● تفخيم

● مدّ 2 أو 4 أو 6 جوازاً   ● إدغام، وما لا يُلفظ   ● قلقلة

۞ يَـٰٓأَيُّهَا ٱلَّذِينَ ءَامَنُواْ قَـٰتِلُواْ ٱلَّذِينَ يَلُونَكُم مِّنَ ٱلۡكُفَّارِ وَلۡيَجِدُواْ فِيكُمۡ غِلۡظَةً وَٱعۡلَمُوٓاْ أَنَّ ٱللَّهَ مَعَ ٱلۡمُتَّقِينَ ۝١٢٤ وَإِذَا مَآ أُنزِلَتۡ سُورَةٌ فَمِنۡهُم مَّن يَقُولُ أَيُّكُمۡ زَادَتۡهُ هَـٰذِهِۦٓ إِيمَـٰنًا فَأَمَّا ٱلَّذِينَ ءَامَنُواْ فَزَادَتۡهُمۡ إِيمَـٰنًا وَهُمۡ يَسۡتَبۡشِرُونَ ۝١٢٥ وَأَمَّا ٱلَّذِينَ فِى قُلُوبِهِم مَّرَضٌ فَزَادَتۡهُمۡ رِجۡسًا إِلَىٰ رِجۡسِهِمۡ وَمَاتُواْ وَهُمۡ كَـٰفِرُونَ ۝١٢٦ أَوَلَا يَرَوۡنَ أَنَّهُمۡ يُفۡتَنُونَ فِى كُلِّ عَامٍ مَّرَّةً أَوۡ مَرَّتَيۡنِ ثُمَّ لَا يَتُوبُونَ وَلَا هُمۡ يَذَّكَّرُونَ ۝١٢٧ وَإِذَا مَآ أُنزِلَتۡ سُورَةٌ نَّظَرَ بَعۡضُهُمۡ إِلَىٰ بَعۡضٍ هَلۡ يَرَىٰكُم مِّنۡ أَحَدٍ ثُمَّ ٱنصَرَفُواْ صَرَفَ ٱللَّهُ قُلُوبَهُم بِأَنَّهُمۡ قَوۡمٌ لَّا يَفۡقَهُونَ ۝١٢٨ لَقَدۡ جَآءَكُمۡ رَسُولٌ مِّنۡ أَنفُسِكُمۡ عَزِيزٌ عَلَيۡهِ مَا عَنِتُّمۡ حَرِيصٌ عَلَيۡكُم بِٱلۡمُؤۡمِنِينَ رَءُوفٌ رَّحِيمٌ ۝١٢٩ فَإِن تَوَلَّوۡاْ فَقُلۡ حَسۡبِىَ ٱللَّهُ لَآ إِلَـٰهَ إِلَّا هُوَ عَلَيۡهِ تَوَكَّلۡتُ وَهُوَ رَبُّ ٱلۡعَرۡشِ ٱلۡعَظِيمِ ۝١٣٠

- **غِلۡظَةً**
شدّةً وخشونةً

- **رِجۡسِهِمۡ**
نفاقهم

- **يُفۡتَنُونَ**
يُمتحنون بالشدائد والبلايا

- **عَزِيزٌ**
صعبٌ وشاقٌّ

- **مَا عَنِتُّمۡ**
عنتكم ومشقتكم

- مدّ مشبع ٦ حركات
- مدّ ٢ أو ٤ أو ٦ جوازاً
- إخفاء، ومواقع الغُنّة (حركتين)
- إدغام، وما لا يُلفظ
- مدّ حركتين
- تفخيم
- قلقلة

بِسْمِ اللَّهِ الرَّحْمَٰنِ الرَّحِيمِ

الٓرۚ تِلْكَ ءَايَٰتُ ٱلْكِتَٰبِ ٱلْحَكِيمِ ۝ أَكَانَ لِلنَّاسِ عَجَبًا

أَنْ أَوْحَيْنَآ إِلَىٰ رَجُلٍ مِّنْهُمْ أَنْ أَنذِرِ ٱلنَّاسَ وَبَشِّرِ ٱلَّذِينَ ءَامَنُوٓا۟

أَنَّ لَهُمْ قَدَمَ صِدْقٍ عِندَ رَبِّهِمْ قَالَ ٱلْكَٰفِرُونَ إِنَّ هَٰذَا لَسَٰحِرٌ

مُّبِينٌ ۝ إِنَّ رَبَّكُمُ ٱللَّهُ ٱلَّذِى خَلَقَ ٱلسَّمَٰوَٰتِ وَٱلْأَرْضَ فِى

سِتَّةِ أَيَّامٍ ثُمَّ ٱسْتَوَىٰ عَلَى ٱلْعَرْشِ يُدَبِّرُ ٱلْأَمْرَ مَا مِن شَفِيعٍ إِلَّا مِنۢ

بَعْدِ إِذْنِهِ ذَٰلِكُمُ ٱللَّهُ رَبُّكُمْ فَٱعْبُدُوهُ أَفَلَا تَذَكَّرُونَ ۝

إِلَيْهِ مَرْجِعُكُمْ جَمِيعًا وَعْدَ ٱللَّهِ حَقًّا إِنَّهُ يَبْدَؤُا۟ ٱلْخَلْقَ ثُمَّ يُعِيدُهُۥ

لِيَجْزِىَ ٱلَّذِينَ ءَامَنُوا۟ وَعَمِلُوا۟ ٱلصَّٰلِحَٰتِ بِٱلْقِسْطِ وَٱلَّذِينَ كَفَرُوا۟

لَهُمْ شَرَابٌ مِّنْ حَمِيمٍ وَعَذَابٌ أَلِيمٌ بِمَا كَانُوا۟ يَكْفُرُونَ ۝

هُوَ ٱلَّذِى جَعَلَ ٱلشَّمْسَ ضِيَآءً وَٱلْقَمَرَ نُورًا وَقَدَّرَهُۥ مَنَازِلَ

لِتَعْلَمُوا۟ عَدَدَ ٱلسِّنِينَ وَٱلْحِسَابَ مَا خَلَقَ ٱللَّهُ ذَٰلِكَ إِلَّا بِٱلْحَقِّ

نُفَصِّلُ ٱلْءَايَٰتِ لِقَوْمٍ يَعْلَمُونَ ۝ إِنَّ فِى ٱخْتِلَٰفِ ٱلَّيْلِ وَٱلنَّهَارِ

وَمَا خَلَقَ ٱللَّهُ فِى ٱلسَّمَٰوَٰتِ وَٱلْأَرْضِ لَءَايَٰتٍ لِّقَوْمٍ يَتَّقُونَ ۝

يونس

ثُمُنٌ

● قَدَمَ صِدْقٍ
سابقةً فضل
ومنزلةً رفيعةً
● بِٱلْقِسْطِ
بالعدل
● حَمِيمٍ
ماءٌ بالغٌ غاية
الحرارة

إِنَّ ٱلَّذِينَ لَا يَرْجُونَ لِقَاءَنَا وَرَضُوا بِٱلْحَيَوٰةِ ٱلدُّنْيَا وَٱطْمَأَنُّوا بِهَا وَٱلَّذِينَ هُمْ عَنْ ءَايَٰتِنَا غَٰفِلُونَ ۝ أُولَٰئِكَ مَأْوَىٰهُمُ ٱلنَّارُ بِمَا كَانُوا يَكْسِبُونَ ۝ إِنَّ ٱلَّذِينَ ءَامَنُوا وَعَمِلُوا ٱلصَّٰلِحَٰتِ يَهْدِيهِمْ رَبُّهُم بِإِيمَٰنِهِمْ تَجْرِي مِن تَحْتِهِمُ ٱلْأَنْهَٰرُ فِي جَنَّٰتِ ٱلنَّعِيمِ ۝ دَعْوَىٰهُمْ فِيهَا سُبْحَٰنَكَ ٱللَّهُمَّ وَتَحِيَّتُهُمْ فِيهَا سَلَٰمٌ وَءَاخِرُ دَعْوَىٰهُمْ أَنِ ٱلْحَمْدُ لِلَّهِ رَبِّ ٱلْعَٰلَمِينَ ۝ ۞ وَلَوْ يُعَجِّلُ ٱللَّهُ لِلنَّاسِ ٱلشَّرَّ ٱسْتِعْجَالَهُم بِٱلْخَيْرِ لَقُضِيَ إِلَيْهِمْ أَجَلُهُمْ فَنَذَرُ ٱلَّذِينَ لَا يَرْجُونَ لِقَاءَنَا فِي طُغْيَٰنِهِمْ يَعْمَهُونَ ۝ وَإِذَا مَسَّ ٱلْإِنسَٰنَ ٱلضُّرُّ دَعَانَا لِجَنبِهِ أَوْ قَاعِدًا أَوْ قَائِمًا فَلَمَّا كَشَفْنَا عَنْهُ ضُرَّهُ مَرَّ كَأَن لَّمْ يَدْعُنَا إِلَىٰ ضُرٍّ مَّسَّهُ كَذَٰلِكَ زُيِّنَ لِلْمُسْرِفِينَ مَا كَانُوا يَعْمَلُونَ ۝ وَلَقَدْ أَهْلَكْنَا ٱلْقُرُونَ مِن قَبْلِكُمْ لَمَّا ظَلَمُوا وَجَاءَتْهُمْ رُسُلُهُم بِٱلْبَيِّنَٰتِ وَمَا كَانُوا لِيُؤْمِنُوا كَذَٰلِكَ نَجْزِي ٱلْقَوْمَ ٱلْمُجْرِمِينَ ۝ ثُمَّ جَعَلْنَٰكُمْ خَلَٰئِفَ فِي ٱلْأَرْضِ مِنۢ بَعْدِهِمْ لِنَنظُرَ كَيْفَ تَعْمَلُونَ ۝

- لَقُضِيَ إِلَيْهِمْ
أَجَلُهُمْ
لَأَهْلَكُوا
وَأُبِيدُوا

۞ رُبُع

- طُغْيَٰنِهِمْ
تَجَاوُزِهِمُ
الحَدَّ في الكفر
- يَعْمَهُونَ
يَعْمَوْنَ عن
الرُّشْدِ أو
يَتَحَيَّرُونَ
- ٱلضُّرُّ
الجَهْدُ والبلاءُ
- دَعَانَا
لِجَنبِهِ
مُلقى لِجَنبِهِ
- مَرَّ
استمرَّ على
حالَتِه الأولى
- ٱلْقُرُونَ
الأُمَمُ
- خَلَٰئِفَ
خُلَفاءَ

● مَدّ مشبع 6 حركات   ● إخفاء، ومواقع الغُنَّة (حركتين)   ● تفخيم
● مَدّ 2 أو 4 أو 6 جوازًا   ● مَدّ حركتين   ● إدغام، وما لا يُلفظ   ● قلقلة

وَإِذَا تُتۡلَىٰ عَلَيۡهِمۡ ءَايَاتُنَا بَيِّنَٰتٍ قَالَ ٱلَّذِينَ لَا يَرۡجُونَ

لِقَآءَنَا ٱئۡتِ بِقُرۡءَانٍ غَيۡرِ هَٰذَآ أَوۡ بَدِّلۡهُ قُلۡ مَا يَكُونُ لِيٓ

أَنۡ أُبَدِّلَهُۥ مِن تِلۡقَآيِٕ نَفۡسِيٓ إِنۡ أَتَّبِعُ إِلَّا مَا يُوحَىٰٓ إِلَيَّ إِنِّيٓ

أَخَافُ إِنۡ عَصَيۡتُ رَبِّي عَذَابَ يَوۡمٍ عَظِيمٍ ١٥ قُل لَّوۡ شَآءَ

ٱللَّهُ مَا تَلَوۡتُهُۥ عَلَيۡكُمۡ وَلَآ أَدۡرَىٰكُم بِهِۦ فَقَدۡ لَبِثۡتُ

فِيكُمۡ عُمُرًا مِّن قَبۡلِهِۦٓ أَفَلَا تَعۡقِلُونَ ١٦ فَمَنۡ أَظۡلَمُ

مِمَّنِ ٱفۡتَرَىٰ عَلَى ٱللَّهِ كَذِبًا أَوۡ كَذَّبَ بِـَٔايَٰتِهِۦٓ إِنَّهُۥ

لَا يُفۡلِحُ ٱلۡمُجۡرِمُونَ ١٧ وَيَعۡبُدُونَ مِن دُونِ ٱللَّهِ

مَا لَا يَضُرُّهُمۡ وَلَا يَنفَعُهُمۡ وَيَقُولُونَ هَٰٓؤُلَآءِ شُفَعَٰٓؤُنَا

عِندَ ٱللَّهِ قُلۡ أَتُنَبِّـُٔونَ ٱللَّهَ بِمَا لَا يَعۡلَمُ فِي ٱلسَّمَٰوَٰتِ وَلَا فِي

ٱلۡأَرۡضِ سُبۡحَٰنَهُۥ وَتَعَٰلَىٰ عَمَّا يُشۡرِكُونَ ١٨ وَمَا كَانَ

ٱلنَّاسُ إِلَّآ أُمَّةً وَٰحِدَةً فَٱخۡتَلَفُواْ وَلَوۡلَا كَلِمَةٌ سَبَقَتۡ

مِن رَّبِّكَ لَقُضِيَ بَيۡنَهُمۡ فِيمَا فِيهِ يَخۡتَلِفُونَ ١٩

وَيَقُولُونَ لَوۡلَآ أُنزِلَ عَلَيۡهِ ءَايَةٌ مِّن رَّبِّهِۦ فَقُلۡ إِنَّمَا

ٱلۡغَيۡبُ لِلَّهِ فَٱنتَظِرُوٓاْ إِنِّي مَعَكُم مِّنَ ٱلۡمُنتَظِرِينَ ٢٠

يُونُس

• لَآ أَدۡرَىٰكُم
بِهِۦ
لا أعلمكم به

• لَا يُفۡلِحُ
لا يفوز

وَإِذَآ أَذَقْنَا ٱلنَّاسَ رَحْمَةً مِّنۢ بَعْدِ ضَرَّآءَ مَسَّتْهُمْ إِذَا لَهُم مَّكْرٌ

فِىٓ ءَايَاتِنَا قُلِ ٱللَّهُ أَسْرَعُ مَكْرًا إِنَّ رُسُلَنَا يَكْتُبُونَ مَا تَمْكُرُونَ ۝

هُوَ ٱلَّذِى يُسَيِّرُكُمْ فِى ٱلْبَرِّ وَٱلْبَحْرِ حَتَّىٰٓ إِذَا كُنتُمْ فِى ٱلْفُلْكِ

وَجَرَيْنَ بِهِم بِرِيحٍ طَيِّبَةٍ وَفَرِحُوا۟ بِهَا جَآءَتْهَا رِيحٌ عَاصِفٌ

وَجَآءَهُمُ ٱلْمَوْجُ مِن كُلِّ مَكَانٍ وَظَنُّوٓا۟ أَنَّهُمْ أُحِيطَ بِهِمْ

دَعَوُا۟ ٱللَّهَ مُخْلِصِينَ لَهُ ٱلدِّينَ لَئِنْ أَنجَيْتَنَا مِنْ هَٰذِهِ لَنَكُونَنَّ

مِنَ ٱلشَّاكِرِينَ ۝ فَلَمَّآ أَنجَىٰهُمْ إِذَا هُمْ يَبْغُونَ فِى ٱلْأَرْضِ

بِغَيْرِ ٱلْحَقِّ يَٰٓأَيُّهَا ٱلنَّاسُ إِنَّمَا بَغْيُكُمْ عَلَىٰٓ أَنفُسِكُم مَّتَٰعَ ٱلْحَيَوٰةِ

ٱلدُّنْيَا ثُمَّ إِلَيْنَا مَرْجِعُكُمْ فَنُنَبِّئُكُم بِمَا كُنتُمْ تَعْمَلُونَ ۝

إِنَّمَا مَثَلُ ٱلْحَيَوٰةِ ٱلدُّنْيَا كَمَآءٍ أَنزَلْنَٰهُ مِنَ ٱلسَّمَآءِ فَٱخْتَلَطَ

بِهِۦ نَبَاتُ ٱلْأَرْضِ مِمَّا يَأْكُلُ ٱلنَّاسُ وَٱلْأَنْعَٰمُ حَتَّىٰٓ إِذَآ أَخَذَتِ

ٱلْأَرْضُ زُخْرُفَهَا وَٱزَّيَّنَتْ وَظَنَّ أَهْلُهَآ أَنَّهُمْ قَٰدِرُونَ عَلَيْهَآ

أَتَىٰهَآ أَمْرُنَا لَيْلًا أَوْ نَهَارًا فَجَعَلْنَٰهَا حَصِيدًا كَأَن لَّمْ تَغْنَ

بِٱلْأَمْسِ كَذَٰلِكَ نُفَصِّلُ ٱلْءَايَٰتِ لِقَوْمٍ يَتَفَكَّرُونَ ۝ وَٱللَّهُ

يَدْعُوٓا۟ إِلَىٰ دَارِ ٱلسَّلَٰمِ وَيَهْدِى مَن يَشَآءُ إِلَىٰ صِرَٰطٍ مُّسْتَقِيمٍ ۝

● ضَرَّآءَ
نائبةٌ وبليّة

● مَّكْرٌ
دفعٌ وطعنٌ

● عَاصِفٌ
شديدةُ الهبوب

● أُحِيطَ بِهِمْ
أهلكوا

● يَبْغُونَ
يفسدون

● زُخْرُفَهَا
نضارتُها بألوان النبات

● حَصِيدًا
كالمحصود بالمناجل

● لَّمْ تَغْنَ
لم تمكثْ زروعُها ولم تقم

بِسْمِ اللَّهِ ۞ لِّلَّذِينَ أَحْسَنُوا الْحُسْنَىٰ وَزِيَادَةٌ وَلَا يَرْهَقُ وُجُوهَهُمْ قَتَرٌ وَلَا ذِلَّةٌ أُولَٰئِكَ أَصْحَابُ الْجَنَّةِ هُمْ فِيهَا خَالِدُونَ ۞ وَالَّذِينَ كَسَبُوا السَّيِّئَاتِ جَزَاءُ سَيِّئَةٍ بِمِثْلِهَا وَتَرْهَقُهُمْ ذِلَّةٌ مَّا لَهُم مِّنَ اللَّهِ مِنْ عَاصِمٍ كَأَنَّمَا أُغْشِيَتْ وُجُوهُهُمْ قِطَعًا مِّنَ الَّيْلِ مُظْلِمًا أُولَٰئِكَ أَصْحَابُ النَّارِ هُمْ فِيهَا خَالِدُونَ ۞ وَيَوْمَ نَحْشُرُهُمْ جَمِيعًا ثُمَّ نَقُولُ لِلَّذِينَ أَشْرَكُوا مَكَانَكُمْ أَنتُمْ وَشُرَكَاؤُكُمْ فَزَيَّلْنَا بَيْنَهُمْ وَقَالَ شُرَكَاؤُهُم مَّا كُنتُمْ إِيَّانَا تَعْبُدُونَ ۞ فَكَفَىٰ بِاللَّهِ شَهِيدًا بَيْنَنَا وَبَيْنَكُمْ إِن كُنَّا عَنْ عِبَادَتِكُمْ لَغَافِلِينَ ۞ هُنَالِكَ تَبْلُو كُلُّ نَفْسٍ مَّا أَسْلَفَتْ وَرُدُّوا إِلَى اللَّهِ مَوْلَاهُمُ الْحَقِّ وَضَلَّ عَنْهُم مَّا كَانُوا يَفْتَرُونَ ۞ قُلْ مَن يَرْزُقُكُم مِّنَ السَّمَاءِ وَالْأَرْضِ أَمَّن يَمْلِكُ السَّمْعَ وَالْأَبْصَارَ وَمَن يُخْرِجُ الْحَيَّ مِنَ الْمَيِّتِ وَيُخْرِجُ الْمَيِّتَ مِنَ الْحَيِّ وَمَن يُدَبِّرُ الْأَمْرَ فَسَيَقُولُونَ اللَّهُ فَقُلْ أَفَلَا تَتَّقُونَ ۞ فَذَٰلِكُمُ اللَّهُ رَبُّكُمُ الْحَقُّ فَمَاذَا بَعْدَ الْحَقِّ إِلَّا الضَّلَالُ فَأَنَّىٰ تُصْرَفُونَ ۞ كَذَٰلِكَ حَقَّتْ كَلِمَتُ رَبِّكَ عَلَى الَّذِينَ فَسَقُوا أَنَّهُمْ لَا يُؤْمِنُونَ ۞

• لَا يَرْهَقُ
لا يغشى
• قَتَرٌ
دخان معه سوادٌ
• ذِلَّةٌ
أثرُ هوانٍ
• عَاصِمٍ
مانع من عذابه
• أُغْشِيَتْ
كُسيتْ وأُلبستْ
• مَكَانَكُمْ
الزموا مكانكُم
• فَزَيَّلْنَا بَيْنَهُمْ
فرَّقنا وميَّزنا بينهم
• تَبْلُو
تخبُرُ وتعلم
• فَأَنَّىٰ تُصْرَفُونَ
فكيف يُعدَل بكم عن الحق
• حَقَّتْ
ثبتتْ

● مدّ مشبع ٦ حركات
● مدّ ٢ أو ٤ أو ٦ جوازاً
● مدّ حركتين
● إخفاء، ومواقع الغُنَّة (حركتين)
● إدغام، وما لا يُلفظ
● تفخيم
● قلقلة

٢١٢

قُلْ هَلْ مِن شُرَكَآئِكُم مَّن يَبْدَؤُا۟ ٱلْخَلْقَ ثُمَّ يُعِيدُهُۥ قُلِ ٱللَّهُ يَبْدَؤُا۟ ٱلْخَلْقَ ثُمَّ يُعِيدُهُۥ فَأَنَّىٰ تُؤْفَكُونَ ۝ قُلْ هَلْ مِن شُرَكَآئِكُم مَّن يَهْدِىٓ إِلَى ٱلْحَقِّ قُلِ ٱللَّهُ يَهْدِى لِلْحَقِّ أَفَمَن يَهْدِىٓ إِلَى ٱلْحَقِّ أَحَقُّ أَن يُتَّبَعَ أَمَّن لَّا يَهِدِّىٓ إِلَّآ أَن يُهْدَىٰ فَمَا لَكُمْ كَيْفَ تَحْكُمُونَ ۝ وَمَا يَتَّبِعُ أَكْثَرُهُمْ إِلَّا ظَنًّا إِنَّ ٱلظَّنَّ لَا يُغْنِى مِنَ ٱلْحَقِّ شَيْـًٔا إِنَّ ٱللَّهَ عَلِيمٌۢ بِمَا يَفْعَلُونَ ۝ وَمَا كَانَ هَـٰذَا ٱلْقُرْءَانُ أَن يُفْتَرَىٰ مِن دُونِ ٱللَّهِ وَلَـٰكِن تَصْدِيقَ ٱلَّذِى بَيْنَ يَدَيْهِ وَتَفْصِيلَ ٱلْكِتَـٰبِ لَا رَيْبَ فِيهِ مِن رَّبِّ ٱلْعَـٰلَمِينَ ۝ أَمْ يَقُولُونَ ٱفْتَرَىٰهُ قُلْ فَأْتُوا۟ بِسُورَةٍ مِّثْلِهِۦ وَٱدْعُوا۟ مَنِ ٱسْتَطَعْتُم مِّن دُونِ ٱللَّهِ إِن كُنتُمْ صَـٰدِقِينَ ۝ بَلْ كَذَّبُوا۟ بِمَا لَمْ يُحِيطُوا۟ بِعِلْمِهِۦ وَلَمَّا يَأْتِهِمْ تَأْوِيلُهُۥ كَذَٰلِكَ كَذَّبَ ٱلَّذِينَ مِن قَبْلِهِمْ فَٱنظُرْ كَيْفَ كَانَ عَـٰقِبَةُ ٱلظَّـٰلِمِينَ ۝ وَمِنْهُم مَّن يُؤْمِنُ بِهِۦ وَمِنْهُم مَّن لَّا يُؤْمِنُ بِهِۦ وَرَبُّكَ أَعْلَمُ بِٱلْمُفْسِدِينَ ۝ وَإِن كَذَّبُوكَ فَقُل لِّى عَمَلِى وَلَكُمْ عَمَلُكُمْ أَنتُم بَرِيٓـُٔونَ مِمَّآ أَعْمَلُ وَأَنَا۠ بَرِىٓءٌ مِّمَّا تَعْمَلُونَ ۝ وَمِنْهُم مَّن يَسْتَمِعُونَ إِلَيْكَ أَفَأَنتَ تُسْمِعُ ٱلصُّمَّ وَلَوْ كَانُوا۟ لَا يَعْقِلُونَ ۝

• فَأَنَّىٰ تُؤْفَكُونَ
فكيف تُصرفون عن قصد السبيل

نُمُّنْ

• لَا يَهِدِّى
لا يهتدي

• تَأْوِيلُهُ
تفسيرُهُ أو عاقبتُهُ ومآلُهُ

وَمِنْهُم مَّن يَنظُرُ إِلَيْكَ ۚ أَفَأَنتَ تَهْدِى ٱلْعُمْىَ وَلَوْ كَانُوا۟ لَا
يُبْصِرُونَ ﴿43﴾ إِنَّ ٱللَّهَ لَا يَظْلِمُ ٱلنَّاسَ شَيْـًٔا وَلَٰكِنَّ ٱلنَّاسَ
أَنفُسَهُمْ يَظْلِمُونَ ﴿44﴾ وَيَوْمَ يَحْشُرُهُمْ كَأَن لَّمْ يَلْبَثُوٓا۟ إِلَّا سَاعَةً
مِّنَ ٱلنَّهَارِ يَتَعَارَفُونَ بَيْنَهُمْ ۚ قَدْ خَسِرَ ٱلَّذِينَ كَذَّبُوا۟ بِلِقَآءِ ٱللَّهِ وَمَا
كَانُوا۟ مُهْتَدِينَ ﴿45﴾ وَإِمَّا نُرِيَنَّكَ بَعْضَ ٱلَّذِى نَعِدُهُمْ أَوْ نَتَوَفَّيَنَّكَ
فَإِلَيْنَا مَرْجِعُهُمْ ثُمَّ ٱللَّهُ شَهِيدٌ عَلَىٰ مَا يَفْعَلُونَ ﴿46﴾ وَلِكُلِّ
أُمَّةٍ رَّسُولٌ ۖ فَإِذَا جَآءَ رَسُولُهُمْ قُضِىَ بَيْنَهُم بِٱلْقِسْطِ وَهُمْ لَا
يُظْلَمُونَ ﴿47﴾ وَيَقُولُونَ مَتَىٰ هَٰذَا ٱلْوَعْدُ إِن كُنتُمْ صَٰدِقِينَ ﴿48﴾
۞ قُل لَّآ أَمْلِكُ لِنَفْسِى ضَرًّا وَلَا نَفْعًا إِلَّا مَا شَآءَ ٱللَّهُ ۗ لِكُلِّ أُمَّةٍ
أَجَلٌ ۚ إِذَا جَآءَ أَجَلُهُمْ فَلَا يَسْتَـْٔخِرُونَ سَاعَةً ۖ وَلَا يَسْتَقْدِمُونَ ﴿49﴾
قُلْ أَرَءَيْتُمْ إِنْ أَتَىٰكُمْ عَذَابُهُۥ بَيَٰتًا أَوْ نَهَارًا مَّاذَا يَسْتَعْجِلُ
مِنْهُ ٱلْمُجْرِمُونَ ﴿50﴾ أَثُمَّ إِذَا مَا وَقَعَ ءَامَنتُم بِهِۦٓ ۚ ءَآلْـَٰٔنَ وَقَدْ
كُنتُم بِهِۦ تَسْتَعْجِلُونَ ﴿51﴾ ثُمَّ قِيلَ لِلَّذِينَ ظَلَمُوا۟ ذُوقُوا۟ عَذَابَ
ٱلْخُلْدِ هَلْ تُجْزَوْنَ إِلَّا بِمَا كُنتُمْ تَكْسِبُونَ ﴿52﴾ وَيَسْتَنۢبِـُٔونَكَ
أَحَقٌّ هُوَ ۖ قُلْ إِى وَرَبِّىٓ إِنَّهُۥ لَحَقٌّ ۖ وَمَآ أَنتُم بِمُعْجِزِينَ ﴿53﴾

يُونُس

- يَنظُرُ إِلَيْكَ: يُعاينُ دلائلَ نبوّتِكَ
- بِالْقِسْطِ: بالعدلِ
- أَرَءَيْتُمْ: أخبروني
- بَيَٰتًا: ليلًا
- ءَآلْـَٰٔنَ: آلآنَ تُؤمنُونَ بوقوعِهِ
- يَسْتَنۢبِـُٔونَكَ: يستخبرونَكَ
- إِى: نعم
- بِمُعْجِزِينَ: فائتينَ اللّهَ بالهربِ

رُبُع

مدّ مشبع 6 حركات	مدّ حركتين	إخفاء، ومواقع الغُنَّة (حركتين)	تفخيم
مدّ 2 أو 4 أو 6 جوازاً		إدغام، وما لا يُلفَظ	قلقلة

وَلَوْ أَنَّ لِكُلِّ نَفْسٍ ظَلَمَتْ مَا فِي الْأَرْضِ لَافْتَدَتْ بِهِ وَأَسَرُّوا النَّدَامَةَ لَمَّا رَأَوُا الْعَذَابَ وَقُضِيَ بَيْنَهُم بِالْقِسْطِ وَهُمْ لَا يُظْلَمُونَ ﴿٥٤﴾ أَلَا إِنَّ لِلَّهِ مَا فِي السَّمَوَاتِ وَالْأَرْضِ أَلَا إِنَّ وَعْدَ اللَّهِ حَقٌّ وَلَكِنَّ أَكْثَرَهُمْ لَا يَعْلَمُونَ ﴿٥٥﴾ هُوَ يُحْيِي وَيُمِيتُ وَإِلَيْهِ تُرْجَعُونَ ﴿٥٦﴾ يَا أَيُّهَا النَّاسُ قَدْ جَاءَتْكُم مَّوْعِظَةٌ مِّن رَّبِّكُمْ وَشِفَاءٌ لِّمَا فِي الصُّدُورِ وَهُدًى وَرَحْمَةٌ لِّلْمُؤْمِنِينَ ﴿٥٧﴾ قُلْ بِفَضْلِ اللَّهِ وَبِرَحْمَتِهِ فَبِذَلِكَ فَلْيَفْرَحُوا هُوَ خَيْرٌ مِّمَّا يَجْمَعُونَ ﴿٥٨﴾ قُلْ أَرَأَيْتُم مَّا أَنزَلَ اللَّهُ لَكُم مِّن رِّزْقٍ فَجَعَلْتُم مِّنْهُ حَرَامًا وَحَلَالًا قُلْ آللَّهُ أَذِنَ لَكُمْ أَمْ عَلَى اللَّهِ تَفْتَرُونَ ﴿٥٩﴾ وَمَا ظَنُّ الَّذِينَ يَفْتَرُونَ عَلَى اللَّهِ الْكَذِبَ يَوْمَ الْقِيَامَةِ إِنَّ اللَّهَ لَذُو فَضْلٍ عَلَى النَّاسِ وَلَكِنَّ أَكْثَرَهُمْ لَا يَشْكُرُونَ ﴿٦٠﴾ ۞ وَمَا تَكُونُ فِي شَأْنٍ وَمَا تَتْلُو مِنْهُ مِن قُرْآنٍ وَلَا تَعْمَلُونَ مِنْ عَمَلٍ إِلَّا كُنَّا عَلَيْكُمْ شُهُودًا إِذْ تُفِيضُونَ فِيهِ وَمَا يَعْزُبُ عَن رَّبِّكَ مِن مِّثْقَالِ ذَرَّةٍ فِي الْأَرْضِ وَلَا فِي السَّمَاءِ وَلَا أَصْغَرَ مِن ذَلِكَ وَلَا أَكْبَرَ إِلَّا فِي كِتَابٍ مُّبِينٍ ﴿٦١﴾

يُوْنُس

ألَا إِنَّ أَوْلِيَاءَ اللَّهِ لَا خَوْفٌ عَلَيْهِمْ وَلَا هُمْ يَحْزَنُونَ ﴿٦٢﴾ الَّذِينَ ءَامَنُوا وَكَانُوا يَتَّقُونَ ﴿٦٣﴾ لَهُمُ الْبُشْرَىٰ فِي الْحَيَوٰةِ الدُّنْيَا وَفِي الْءَاخِرَةِ لَا تَبْدِيلَ لِكَلِمَٰتِ اللَّهِ ذَٰلِكَ هُوَ الْفَوْزُ الْعَظِيمُ ﴿٦٤﴾ وَلَا يَحْزُنكَ قَوْلُهُمْ إِنَّ الْعِزَّةَ لِلَّهِ جَمِيعًا هُوَ السَّمِيعُ الْعَلِيمُ ﴿٦٥﴾ أَلَا إِنَّ لِلَّهِ مَن فِي السَّمَٰوَٰتِ وَمَن فِي الْأَرْضِ وَمَا يَتَّبِعُ الَّذِينَ يَدْعُونَ مِن دُونِ اللَّهِ شُرَكَاءَ إِن يَتَّبِعُونَ إِلَّا الظَّنَّ وَإِنْ هُمْ إِلَّا يَخْرُصُونَ ﴿٦٦﴾ هُوَ الَّذِي جَعَلَ لَكُمُ الَّيْلَ لِتَسْكُنُوا فِيهِ وَالنَّهَارَ مُبْصِرًا إِنَّ فِي ذَٰلِكَ لَءَايَٰتٍ لِّقَوْمٍ يَسْمَعُونَ ﴿٦٧﴾ قَالُوا اتَّخَذَ اللَّهُ وَلَدًا سُبْحَٰنَهُ هُوَ الْغَنِيُّ لَهُ مَا فِي السَّمَٰوَٰتِ وَمَا فِي الْأَرْضِ إِنْ عِندَكُم مِّن سُلْطَٰنٍ بِهَٰذَا أَتَقُولُونَ عَلَى اللَّهِ مَا لَا تَعْلَمُونَ ﴿٦٨﴾ قُلْ إِنَّ الَّذِينَ يَفْتَرُونَ عَلَى اللَّهِ الْكَذِبَ لَا يُفْلِحُونَ ﴿٦٩﴾ مَتَٰعٌ فِي الدُّنْيَا ثُمَّ إِلَيْنَا مَرْجِعُهُمْ ثُمَّ نُذِيقُهُمُ الْعَذَابَ الشَّدِيدَ بِمَا كَانُوا يَكْفُرُونَ ﴿٧٠﴾

• الْعِزَّةَ
الغَلَبَةُ والقُدْرَةُ
• يَخْرُصُونَ
يكذِبُونَ فيما يَنسُبُونَهُ إليه تعالى
• سُلْطَٰنٍ
حجَّةٍ وبرهانٍ

| ● مدّ مشبع 6 حركات | ● إخفاء، ومواقع الغُنَّة (حركتين) | ● تفخيم |
| ● مدّ 2 أو 4 أو 6 جوازاً | ● مدّ حركتين | ● إدغام، وما لا يُلفظ | ● قلقلة |

۞ وَٱتْلُ عَلَيْهِمْ نَبَأَ نُوحٍ إِذْ قَالَ لِقَوْمِهِۦ يَٰقَوْمِ إِن كَانَ كَبُرَ عَلَيْكُم مَّقَامِي وَتَذْكِيرِي بِـَٔايَٰتِ ٱللَّهِ فَعَلَى ٱللَّهِ تَوَكَّلْتُ فَأَجْمِعُوٓاْ أَمْرَكُمْ وَشُرَكَآءَكُمْ ثُمَّ لَا يَكُنْ أَمْرُكُمْ عَلَيْكُمْ غُمَّةً ثُمَّ ٱقْضُوٓاْ إِلَيَّ وَلَا تُنظِرُونِ ٧١ فَإِن تَوَلَّيْتُمْ فَمَا سَأَلْتُكُم مِّنْ أَجْرٍ إِنْ أَجْرِيَ إِلَّا عَلَى ٱللَّهِ وَأُمِرْتُ أَنْ أَكُونَ مِنَ ٱلْمُسْلِمِينَ ٧٢ فَكَذَّبُوهُ فَنَجَّيْنَٰهُ وَمَن مَّعَهُۥ فِي ٱلْفُلْكِ وَجَعَلْنَٰهُمْ خَلَٰٓئِفَ وَأَغْرَقْنَا ٱلَّذِينَ كَذَّبُواْ بِـَٔايَٰتِنَا فَٱنظُرْ كَيْفَ كَانَ عَٰقِبَةُ ٱلْمُنذَرِينَ ٧٣ ثُمَّ بَعَثْنَا مِنۢ بَعْدِهِۦ رُسُلًا إِلَىٰ قَوْمِهِمْ فَجَآءُوهُم بِٱلْبَيِّنَٰتِ فَمَا كَانُواْ لِيُؤْمِنُواْ بِمَا كَذَّبُواْ بِهِۦ مِن قَبْلُ كَذَٰلِكَ نَطْبَعُ عَلَىٰ قُلُوبِ ٱلْمُعْتَدِينَ ٧٤ ثُمَّ بَعَثْنَا مِنۢ بَعْدِهِم مُّوسَىٰ وَهَٰرُونَ إِلَىٰ فِرْعَوْنَ وَمَلَإِيْهِۦ بِـَٔايَٰتِنَا فَٱسْتَكْبَرُواْ وَكَانُواْ قَوْمًا مُّجْرِمِينَ ٧٥ فَلَمَّا جَآءَهُمُ ٱلْحَقُّ مِنْ عِندِنَا قَالُوٓاْ إِنَّ هَٰذَا لَسِحْرٌ مُّبِينٌ ٧٦ قَالَ مُوسَىٰٓ أَتَقُولُونَ لِلْحَقِّ لَمَّا جَآءَكُمْ أَسِحْرٌ هَٰذَا وَلَا يُفْلِحُ ٱلسَّٰحِرُونَ ٧٧ قَالُوٓاْ أَجِئْتَنَا لِتَلْفِتَنَا عَمَّا وَجَدْنَا عَلَيْهِ ءَابَآءَنَا وَتَكُونَ لَكُمَا ٱلْكِبْرِيَآءُ فِي ٱلْأَرْضِ وَمَا نَحْنُ لَكُمَا بِمُؤْمِنِينَ ٧٨

وَقَالَ فِرْعَوْنُ ٱئْتُونِي بِكُلِّ سَٰحِرٍ عَلِيمٍ ۝٧٩ فَلَمَّا جَآءَ ٱلسَّحَرَةُ

قَالَ لَهُم مُّوسَىٰٓ أَلْقُوا۟ مَآ أَنتُم مُّلْقُونَ ۝٨٠ فَلَمَّآ أَلْقَوْا۟ قَالَ

مُوسَىٰ مَا جِئْتُم بِهِ ٱلسِّحْرُ إِنَّ ٱللَّهَ سَيُبْطِلُهُۥ إِنَّ ٱللَّهَ لَا يُصْلِحُ

عَمَلَ ٱلْمُفْسِدِينَ ۝٨١ وَيُحِقُّ ٱللَّهُ ٱلْحَقَّ بِكَلِمَٰتِهِۦ وَلَوْ كَرِهَ

ٱلْمُجْرِمُونَ ۝٨٢ ۞ فَمَآ ءَامَنَ لِمُوسَىٰٓ إِلَّا ذُرِّيَّةٌ مِّن قَوْمِهِۦ عَلَىٰ

خَوْفٍ مِّن فِرْعَوْنَ وَمَلَإِيْهِمْ أَن يَفْتِنَهُمْ وَإِنَّ فِرْعَوْنَ لَعَالٍ فِى

ٱلْأَرْضِ وَإِنَّهُۥ لَمِنَ ٱلْمُسْرِفِينَ ۝٨٣ وَقَالَ مُوسَىٰ يَٰقَوْمِ إِن كُنتُمْ

ءَامَنتُم بِٱللَّهِ فَعَلَيْهِ تَوَكَّلُوٓا۟ إِن كُنتُم مُّسْلِمِينَ ۝٨٤ فَقَالُوا۟

عَلَى ٱللَّهِ تَوَكَّلْنَا رَبَّنَا لَا تَجْعَلْنَا فِتْنَةً لِّلْقَوْمِ ٱلظَّٰلِمِينَ ۝٨٥

وَنَجِّنَا بِرَحْمَتِكَ مِنَ ٱلْقَوْمِ ٱلْكَٰفِرِينَ ۝٨٦ وَأَوْحَيْنَآ إِلَىٰ مُوسَىٰ

وَأَخِيهِ أَن تَبَوَّءَا لِقَوْمِكُمَا بِمِصْرَ بُيُوتًا وَٱجْعَلُوا۟ بُيُوتَكُمْ

قِبْلَةً وَأَقِيمُوا۟ ٱلصَّلَوٰةَ وَبَشِّرِ ٱلْمُؤْمِنِينَ ۝٨٧ وَقَالَ مُوسَىٰ

رَبَّنَآ إِنَّكَ ءَاتَيْتَ فِرْعَوْنَ وَمَلَأَهُۥ زِينَةً وَأَمْوَٰلًا فِى ٱلْحَيَوٰةِ

ٱلدُّنْيَا رَبَّنَا لِيُضِلُّوا۟ عَن سَبِيلِكَ رَبَّنَا ٱطْمِسْ عَلَىٰٓ أَمْوَٰلِهِمْ

وَٱشْدُدْ عَلَىٰ قُلُوبِهِمْ فَلَا يُؤْمِنُوا۟ حَتَّىٰ يَرَوُا۟ ٱلْعَذَابَ ٱلْأَلِيمَ ۝٨٨

الهوامش:

• يَفْتِنَهُمْ: أن يبتليهم ويعذّبهم

• فِتْنَةً: موضع عذاب لهم

• تَبَوَّءَا لِقَوْمِكُمَا: اتخذا واجعلا لهم

• قِبْلَةً: مُصلّى

• ٱطْمِسْ عَلَىٰٓ أَمْوَٰلِهِمْ: أهلكها وأذهبها

• ٱشْدُدْ عَلَىٰ قُلُوبِهِمْ: اطبع عليها

| • مدّ مشبع 6 حركات | • إخفاء، ومواقع الغُنّة (حركتين) | • تفخيم |
| • مدّ 2 أو 4 أو 6 جوازاً | • مدّ حركتين | • إدغام، وما لا يُلفظ | • قلقلة |

218

قَالَ قَدْ أُجِيبَت دَّعْوَتُكُمَا فَاسْتَقِيمَا وَلَا تَتَّبِعَآنِّ سَبِيلَ الَّذِينَ لَا يَعْلَمُونَ ۝ وَجَٰوَزْنَا بِبَنِيٓ إِسْرَٰٓءِيلَ ٱلْبَحْرَ فَأَتْبَعَهُمْ فِرْعَوْنُ وَجُنُودُهُۥ بَغْيًا وَعَدْوًا حَتَّىٰٓ إِذَآ أَدْرَكَهُ ٱلْغَرَقُ قَالَ ءَامَنتُ أَنَّهُۥ لَآ إِلَٰهَ إِلَّا ٱلَّذِيٓ ءَامَنَتْ بِهِۦ بَنُوٓاْ إِسْرَٰٓءِيلَ وَأَنَا۠ مِنَ ٱلْمُسْلِمِينَ ۝ ءَآلْـَٰٔنَ وَقَدْ عَصَيْتَ قَبْلُ وَكُنتَ مِنَ ٱلْمُفْسِدِينَ ۝ فَٱلْيَوْمَ نُنَجِّيكَ بِبَدَنِكَ لِتَكُونَ لِمَنْ خَلْفَكَ ءَايَةً وَإِنَّ كَثِيرًا مِّنَ ٱلنَّاسِ عَنْ ءَايَٰتِنَا لَغَٰفِلُونَ ۝ ۞ وَلَقَدْ بَوَّأْنَا بَنِيٓ إِسْرَٰٓءِيلَ مُبَوَّأَ صِدْقٍ وَرَزَقْنَٰهُم مِّنَ ٱلطَّيِّبَٰتِ فَمَا ٱخْتَلَفُواْ حَتَّىٰ جَآءَهُمُ ٱلْعِلْمُ إِنَّ رَبَّكَ يَقْضِى بَيْنَهُمْ يَوْمَ ٱلْقِيَٰمَةِ فِيمَا كَانُواْ فِيهِ يَخْتَلِفُونَ ۝ فَإِن كُنتَ فِى شَكٍّ مِّمَّآ أَنزَلْنَآ إِلَيْكَ فَسْـَٔلِ ٱلَّذِينَ يَقْرَءُونَ ٱلْكِتَٰبَ مِن قَبْلِكَ لَقَدْ جَآءَكَ ٱلْحَقُّ مِن رَّبِّكَ فَلَا تَكُونَنَّ مِنَ ٱلْمُمْتَرِينَ ۝ وَلَا تَكُونَنَّ مِنَ ٱلَّذِينَ كَذَّبُواْ بِـَٔايَٰتِ ٱللَّهِ فَتَكُونَ مِنَ ٱلْخَٰسِرِينَ ۝ إِنَّ ٱلَّذِينَ حَقَّتْ عَلَيْهِمْ كَلِمَتُ رَبِّكَ لَا يُؤْمِنُونَ ۝ وَلَوْ جَآءَتْهُمْ كُلُّ ءَايَةٍ حَتَّىٰ يَرَوُاْ ٱلْعَذَابَ ٱلْأَلِيمَ ۝

● بَغْيًا وَعَدْوًا
ظُلْمًا واعتداءً

● ءَآلْـَٰٔنَ
آلآنَ تُؤْمِنُ

● ءَايَةً
عِبرَةً وعِظَةً

رُبْعٌ

● بَوَّأْنَا
أسْكَنَّا

● مُبَوَّأَ
صِدْقٍ
مَنزِلًا صالِحًا
مَرضِيًّا

● ٱلْمُمْتَرِينَ
الشَّاكِّينَ
المُتَزَلزِلينَ

● مَدّ مُشبَع 6 حركات   ● إخفاء، ومواقع الغُنَّة (حركتين)   ● تفخيم
● مَدّ 2 أو 4 أو 6 جوازًا   ● مَدّ حركتين   ● إدغام، وما لا يُلفَظ   ● قلقلة

فَلَوْلَا كَانَتْ قَرْيَةٌ ءَامَنَتْ فَنَفَعَهَآ إِيمَٰنُهَآ إِلَّا قَوْمَ يُونُسَ لَمَّآ ءَامَنُواْ كَشَفْنَا عَنْهُمْ عَذَابَ ٱلْخِزْىِ فِى ٱلْحَيَوٰةِ ٱلدُّنْيَا وَمَتَّعْنَٰهُمْ إِلَىٰ حِينٍ ۝٩٨ وَلَوْ شَآءَ رَبُّكَ لَءَامَنَ مَن فِى ٱلْأَرْضِ كُلُّهُمْ جَمِيعًا ۚ أَفَأَنتَ تُكْرِهُ ٱلنَّاسَ حَتَّىٰ يَكُونُواْ مُؤْمِنِينَ ۝٩٩ وَمَا كَانَ لِنَفْسٍ أَن تُؤْمِنَ إِلَّا بِإِذْنِ ٱللَّهِ ۚ وَيَجْعَلُ ٱلرِّجْسَ عَلَى ٱلَّذِينَ لَا يَعْقِلُونَ ۝١٠٠ قُلِ ٱنظُرُواْ مَاذَا فِى ٱلسَّمَٰوَٰتِ وَٱلْأَرْضِ ۚ وَمَا تُغْنِى ٱلْءَايَٰتُ وَٱلنُّذُرُ عَن قَوْمٍ لَّا يُؤْمِنُونَ ۝١٠١ فَهَلْ يَنتَظِرُونَ إِلَّا مِثْلَ أَيَّامِ ٱلَّذِينَ خَلَوْاْ مِن قَبْلِهِمْ ۚ قُلْ فَٱنتَظِرُوٓاْ إِنِّى مَعَكُم مِّنَ ٱلْمُنتَظِرِينَ ۝١٠٢ ثُمَّ نُنَجِّى رُسُلَنَا وَٱلَّذِينَ ءَامَنُواْ ۚ كَذَٰلِكَ حَقًّا عَلَيْنَا نُنجِ ٱلْمُؤْمِنِينَ ۝١٠٣ ۞ قُلْ يَٰٓأَيُّهَا ٱلنَّاسُ إِن كُنتُمْ فِى شَكٍّ مِّن دِينِى فَلَآ أَعْبُدُ ٱلَّذِينَ تَعْبُدُونَ مِن دُونِ ٱللَّهِ وَلَٰكِنْ أَعْبُدُ ٱللَّهَ ٱلَّذِى يَتَوَفَّىٰكُمْ ۖ وَأُمِرْتُ أَنْ أَكُونَ مِنَ ٱلْمُؤْمِنِينَ ۝١٠٤ وَأَنْ أَقِمْ وَجْهَكَ لِلدِّينِ حَنِيفًا وَلَا تَكُونَنَّ مِنَ ٱلْمُشْرِكِينَ ۝١٠٥ وَلَا تَدْعُ مِن دُونِ ٱللَّهِ مَا لَا يَنفَعُكَ وَلَا يَضُرُّكَ ۖ فَإِن فَعَلْتَ فَإِنَّكَ إِذًا مِّنَ ٱلظَّٰلِمِينَ ۝١٠٦

يُونُس

• ٱلرِّجْسَ
العذاب أو
السخط

• حَنِيفًا
مائلًا عن
الباطل إلى
الدِّين الحقِّ

ثُمُنْ

• مدّ مشبع ٦ حركات   • إخفاء، ومواقع الغُنَّة (حركتين)   • تفخيم
• مدّ ٢ أو ٤ أو ٦ جوازاً   • مدّ حركتين   • إدغام، وما لا يُلفَظ   • قلقلة

220

وَإِن يَمْسَسْكَ ٱللَّهُ بِضُرٍّ فَلَا كَاشِفَ لَهُۥٓ إِلَّا هُوَۖ وَإِن يُرِدْكَ بِخَيْرٍ فَلَا رَآدَّ لِفَضْلِهِۦۚ يُصِيبُ بِهِۦ مَن يَشَآءُ مِنْ عِبَادِهِۦۚ وَهُوَ ٱلْغَفُورُ ٱلرَّحِيمُ ۝ قُلْ يَٰٓأَيُّهَا ٱلنَّاسُ قَدْ جَآءَكُمُ ٱلْحَقُّ مِن رَّبِّكُمْۖ فَمَنِ ٱهْتَدَىٰ فَإِنَّمَا يَهْتَدِى لِنَفْسِهِۦۖ وَمَن ضَلَّ فَإِنَّمَا يَضِلُّ عَلَيْهَاۖ وَمَآ أَنَا۠ عَلَيْكُم بِوَكِيلٍ ۝ وَٱتَّبِعْ مَا يُوحَىٰٓ إِلَيْكَ وَٱصْبِرْ حَتَّىٰ يَحْكُمَ ٱللَّهُۚ وَهُوَ خَيْرُ ٱلْحَٰكِمِينَ ۝

سُورَةُ هُودٍ

بِسْمِ ٱللَّهِ ٱلرَّحْمَٰنِ ٱلرَّحِيمِ

الٓرۚ كِتَٰبٌ أُحْكِمَتْ ءَايَٰتُهُۥ ثُمَّ فُصِّلَتْ مِن لَّدُنْ حَكِيمٍ خَبِيرٍ ۝ أَلَّا تَعْبُدُوٓاْ إِلَّا ٱللَّهَۚ إِنَّنِى لَكُم مِّنْهُ نَذِيرٌ وَبَشِيرٌ ۝ وَأَنِ ٱسْتَغْفِرُواْ رَبَّكُمْ ثُمَّ تُوبُوٓاْ إِلَيْهِ يُمَتِّعْكُم مَّتَٰعًا حَسَنًا إِلَىٰٓ أَجَلٍ مُّسَمًّى وَيُؤْتِ كُلَّ ذِى فَضْلٍ فَضْلَهُۥۖ وَإِن تَوَلَّوْاْ فَإِنِّىٓ أَخَافُ عَلَيْكُمْ عَذَابَ يَوْمٍ كَبِيرٍ ۝ إِلَى ٱللَّهِ مَرْجِعُكُمْۖ وَهُوَ عَلَىٰ كُلِّ شَىْءٍ قَدِيرٌ ۝ أَلَآ إِنَّهُمْ يَثْنُونَ صُدُورَهُمْ لِيَسْتَخْفُواْ مِنْهُۚ أَلَا حِينَ يَسْتَغْشُونَ ثِيَابَهُمْ يَعْلَمُ مَا يُسِرُّونَ وَمَا يُعْلِنُونَۚ إِنَّهُۥ عَلِيمٌۢ بِذَاتِ ٱلصُّدُورِ ۝

۞وَمَا مِن دَآبَّةٍ فِے اِ۬لَارْضِ إِلَّا عَلَى اَ۬للَّهِ رِزْقُهَا وَيَعْلَمُ مُسْتَقَرَّهَا
وَمُسْتَوْدَعَهَا كُلٌّ فِے كِتَٰبٍ مُّبِينٍ (6) وَهُوَ اَ۬لذِے خَلَقَ
اَ۬لسَّمَٰوَٰتِ وَالَارْضَ فِے سِتَّةِ أَيَّامٍ وَكَانَ عَرْشُهُۥ
عَلَى اَ۬لْمَآءِ لِيَبْلُوَكُمُۥٓ أَيُّكُمُۥٓ أَحْسَنُ عَمَلًا وَلَئِن قُلْتَ
إِنَّكُم مَّبْعُوثُونَ مِنۢ بَعْدِ اِ۬لْمَوْتِ لَيَقُولَنَّ اَ۬لذِينَ كَفَرُوٓاْ
إِنْ هَٰذَآ إِلَّا سِحْرٌ مُّبِينٌ (7) وَلَئِنَ اَخَّرْنَا عَنْهُمُ اُ۬لْعَذَابَ
إِلَىٰٓ أُمَّةٍ مَّعْدُودَةٍ لَّيَقُولُنَّ مَا يَحْبِسُهُۥٓ أَلَا يَوْمَ يَاتِيهِمْ لَيْسَ
مَصْرُوفًا عَنْهُمْ وَحَاقَ بِهِم مَّا كَانُواْ بِهِۦ يَسْتَهْزِءُونَ (8)
وَلَئِنَ اَذَقْنَا اَ۬لِانسَٰنَ مِنَّا رَحْمَةً ثُمَّ نَزَعْنَٰهَا مِنْهُ إِنَّهُۥ
لَيَـُٔوسٌ كَفُورٌ (9) وَلَئِنَ اَذَقْنَٰهُ نَعْمَآءَ بَعْدَ ضَرَّآءَ
مَسَّتْهُ لَيَقُولَنَّ ذَهَبَ اَ۬لسَّيِّـَٔاتُ عَنِّيَ إِنَّهُۥ لَفَرِحٌ فَخُورٌ (10)
إِلَّا اَ۬لذِينَ صَبَرُواْ وَعَمِلُواْ اُ۬لصَّٰلِحَٰتِ أُوْلَٰٓئِكَ لَهُم مَّغْفِرَةٌ
وَأَجْرٌ كَبِيرٌ (11) فَلَعَلَّكَ تَارِكُۢ بَعْضَ مَا يُوحَىٰٓ إِلَيْكَ
وَضَآئِقُۢ بِهِۦ صَدْرُكَ أَن يَّقُولُواْ لَوْلَآ أُنزِلَ عَلَيْهِ كَنزٌ اَوْ جَآءَ
مَعَهُۥ مَلَكٌ إِنَّمَآ أَنتَ نَذِيرٌ وَاللَّهُ عَلَىٰ كُلِّ شَےْءٍ وَكِيلٌ (12)

- **لِيَبْلُوَكُمُ**: ليختبرَكُم
- **أُمَّةٍ**: مدةٍ من الزمنِ
- **حَاقَ**: نزلَ أو أحاطَ
- **لَيَـُٔوسٌ**: شديدُ اليأسِ والقنوطِ
- **ضَرَّآءَ**: نائبةٌ ونكبةٌ
- **لَفَرِحٌ**: بَطِرٌ بالنّعمةِ مغترٌّ بها

مدّ مشبع 6 حركات	مدّ حركتين	إخفاء، ومواقع الغُنَّة (حركتين)	تفخيم
مدّ 2 أو 4 أو 6 جوازاً		إدغام، وما لا يُلفظ	قلقلة

أَمْ يَقُولُونَ اَ۪فْتَرَيٰهُۖ قُلْ فَاتُواْ بِعَشْرِ سُوَرٖ مِّثْلِهِۦ مُفْتَرَيَٰتٖ
وَادْعُواْ مَنِ اِ۪سْتَطَعْتُم مِّن دُونِ اِ۬للَّهِ إِن كُنتُمْ صَٰدِقِينَۖ (13)
فَإِلَّمْ يَسْتَجِيبُواْ لَكُمْ فَاعْلَمُوٓاْ أَنَّمَآ أُنزِلَ بِعِلْمِ اِ۬للَّهِ وَأَن
لَّآ إِلَٰهَ إِلَّا هُوَۖ فَهَلْ اَنتُم مُّسْلِمُونَۖ (14) ۞ مَن كَانَ يُرِيدُ
اُ۬لْحَيَوٰةَ اَ۬لدُّنْيا وَزِينَتَهَا نُوَفِّ إِلَيْهِمُۥٓ أَعْمَٰلَهُمْ فِيهَا وَهُمْ فِيهَا
لَا يُبْخَسُونَۖ (15) أُوْلَٰٓئِكَ اَ۬لذِينَ لَيْسَ لَهُمْ فِي اِ۬لَاخِرَةِ إِلَّا اَ۬لنَّارُۖ
وَحَبِطَ مَا صَنَعُواْ فِيهَاۖ وَبَٰطِلٞ مَّا كَانُواْ يَعْمَلُونَۖ (16)
أَفَمَن كَانَ عَلَيٰ بَيِّنَةٖ مِّن رَّبِّهِۦ وَيَتْلُوهُ شَاهِدٞ مِّنْهُۖ وَمِن
قَبْلِهِۦ كِتَٰبُ مُوس۪يٰٓ إِمَاماٗ وَرَحْمَةًۖ اُوْلَٰٓئِكَ يُومِنُونَ بِهِۦۖ وَمَن
يَّكْفُرْ بِهِۦ مِنَ اَ۬لَاحْزَابِ فَالنَّارُ مَوْعِدُهُۥۖ فَلَا تَكُ فِي مِرْيَةٖ مِّنْهُۖ
إِنَّهُ اُ۬لْحَقُّ مِن رَّبِّكَۖ وَلَٰكِنَّ أَكْثَرَ اَ۬لنَّاسِ لَا يُومِنُونَۖ (17)
وَمَنَ اَظْلَمُ مِمَّنِ اِ۪فْتَر۪يٰ عَلَى اَ۬للَّهِ كَذِباًۖ اُوْلَٰٓئِكَ يُعْرَضُونَ
عَلَيٰ رَبِّهِمْ وَيَقُولُ اُ۬لَاشْهَٰدُ هَٰٓؤُلَآءِ اِ۬لذِينَ كَذَبُواْ عَلَيٰ
رَبِّهِمُۥٓۖ أَلَا لَعْنَةُ اُ۬للَّهِ عَلَى اَ۬لظَّٰلِمِينَ (18) اَ۬لذِينَ يَصُدُّونَ عَن
سَبِيلِ اِ۬للَّهِ وَيَبْغُونَهَا عِوَجاٗ وَهُم بِالَاخِرَةِ هُمْ كَٰفِرُونَۖ (19)

ثُمُنٌ

- لَا يُبْخَسُونَ: لا يُنقصُونَ شيئًا من أُجورهم
- حَبِطَ: بَطلَ
- مِرْيَةٖ: شكٍّ
- عِوَجاٗ: معوجّةً

مدّ مشبع 6 حركات	مدّ حركتين	إخفاء، ومواقع الغُنَّة (حركتين)	تفخيم
مدّ 2 أو 4 أو 6 جوازاً		إدغام، وما لا يُلفَظ	قلقلة

223

أُوْلَـٰٓئِكَ لَمْ يَكُونُواْ مُعْجِزِينَ فِي ٱلْأَرْضِ وَمَا كَانَ لَهُم مِّن دُونِ ٱللَّهِ مِنْ أَوْلِيَآءَ يُضَـٰعَفُ لَهُمُ ٱلْعَذَابُ مَا كَانُواْ يَسْتَطِيعُونَ ٱلسَّمْعَ وَمَا كَانُواْ يُبْصِرُونَ ۝ أُوْلَـٰٓئِكَ ٱلَّذِينَ خَسِرُوٓاْ أَنفُسَهُمْ وَضَلَّ عَنْهُم مَّا كَانُواْ يَفْتَرُونَ ۝ لَا جَرَمَ أَنَّهُمْ فِي ٱلْءَاخِرَةِ هُمُ ٱلْأَخْسَرُونَ ۝ إِنَّ ٱلَّذِينَ ءَامَنُواْ وَعَمِلُواْ ٱلصَّـٰلِحَـٰتِ وَأَخْبَتُوٓاْ إِلَىٰ رَبِّهِمْ أُوْلَـٰٓئِكَ أَصْحَـٰبُ ٱلْجَنَّةِ هُمْ فِيهَا خَـٰلِدُونَ ۝ ۞ مَثَلُ ٱلْفَرِيقَيْنِ كَٱلْأَعْمَىٰ وَٱلْأَصَمِّ وَٱلْبَصِيرِ وَٱلسَّمِيعِ هَلْ يَسْتَوِيَانِ مَثَلًا أَفَلَا تَذَكَّرُونَ ۝ وَلَقَدْ أَرْسَلْنَا نُوحًا إِلَىٰ قَوْمِهِۦٓ إِنِّي لَكُمْ نَذِيرٌ مُّبِينٌ ۝ أَن لَّا تَعْبُدُوٓاْ إِلَّا ٱللَّهَ إِنِّيٓ أَخَافُ عَلَيْكُمْ عَذَابَ يَوْمٍ أَلِيمٍ ۝ فَقَالَ ٱلْمَلَأُ ٱلَّذِينَ كَفَرُواْ مِن قَوْمِهِۦ مَا نَرَىٰكَ إِلَّا بَشَرًا مِّثْلَنَا وَمَا نَرَىٰكَ ٱتَّبَعَكَ إِلَّا ٱلَّذِينَ هُمْ أَرَاذِلُنَا بَادِيَ ٱلرَّأْيِ وَمَا نَرَىٰ لَكُمْ عَلَيْنَا مِن فَضْلٍ بَلْ نَظُنُّكُمْ كَـٰذِبِينَ ۝ قَالَ يَـٰقَوْمِ أَرَءَيْتُمْ إِن كُنتُ عَلَىٰ بَيِّنَةٍ مِّن رَّبِّي وَءَاتَىٰنِي رَحْمَةً مِّنْ عِندِهِۦ فَعُمِّيَتْ عَلَيْكُمْ أَنُلْزِمُكُمُوهَا وَأَنتُمْ لَهَا كَـٰرِهُونَ ۝

Margin notes (right side):

● مُعْجِزِينَ
فَائِتِينَ مِن
عَذَابِهِ لَوْ
أَرَادَهُ

● لَا جَرَمَ
حَقٌّ وَثَبَتَ
أَوْ لَا مَحَالَةَ

هُودٌ

رُبُعٌ

● أَخْبَتُوٓاْ
اطْمَأَنُّوا
وَخَشَعُوا

● بَادِيَ ٱلرَّأْيِ
أَوَّلَهُ دُونَ
تَفَكُّرٍ وَتَثَبُّتٍ

● أَرَءَيْتُمْ
أَخْبِرُونِي

● فَعُمِّيَتْ
خَفِيَتْ

● مَدّ مشبع 6 حركات   ● مَدّ حركتين   ● إخفاء، ومواقع الغُنَّة (حركتين)   ● تفخيم

● مَدّ 2 أو 4 أو 6 جوازاً   ● إدغام، وما لا يُلفظ   ● قلقلة

وَيَٰقَوْمِ لَآ أَسْـَٔلُكُمْ عَلَيْهِ مَالًا إِنْ أَجْرِيَ إِلَّا عَلَى ٱللَّهِ وَمَآ أَنَا۠ بِطَارِدِ ٱلَّذِينَ ءَامَنُوٓا۟ إِنَّهُم مُّلَٰقُوا۟ رَبِّهِمْ وَلَٰكِنِّىٓ أَرَىٰكُمْ قَوْمًا تَجْهَلُونَ ﴿٢٩﴾ وَيَٰقَوْمِ مَن يَنصُرُنِى مِنَ ٱللَّهِ إِن طَرَدتُّهُمْ أَفَلَا تَذَكَّرُونَ ﴿٣٠﴾ وَلَآ أَقُولُ لَكُمْ عِندِى خَزَآئِنُ ٱللَّهِ وَلَآ أَعْلَمُ ٱلْغَيْبَ وَلَآ أَقُولُ إِنِّى مَلَكٌ وَلَآ أَقُولُ لِلَّذِينَ تَزْدَرِىٓ أَعْيُنُكُمْ لَن يُؤْتِيَهُمُ ٱللَّهُ خَيْرًا ٱللَّهُ أَعْلَمُ بِمَا فِىٓ أَنفُسِهِمْ إِنِّىٓ إِذًا لَّمِنَ ٱلظَّٰلِمِينَ ﴿٣١﴾ قَالُوا۟ يَٰنُوحُ قَدْ جَٰدَلْتَنَا فَأَكْثَرْتَ جِدَٰلَنَا فَأْتِنَا بِمَا تَعِدُنَآ إِن كُنتَ مِنَ ٱلصَّٰدِقِينَ ﴿٣٢﴾ قَالَ إِنَّمَا يَأْتِيكُم بِهِ ٱللَّهُ إِن شَآءَ وَمَآ أَنتُم بِمُعْجِزِينَ ﴿٣٣﴾ وَلَا يَنفَعُكُمْ نُصْحِىٓ إِنْ أَرَدتُّ أَنْ أَنصَحَ لَكُمْ إِن كَانَ ٱللَّهُ يُرِيدُ أَن يُغْوِيَكُمْ هُوَ رَبُّكُمْ وَإِلَيْهِ تُرْجَعُونَ ﴿٣٤﴾ أَمْ يَقُولُونَ ٱفْتَرَىٰهُ قُلْ إِنِ ٱفْتَرَيْتُهُۥ فَعَلَىَّ إِجْرَامِى وَأَنَا۠ بَرِىٓءٌ مِّمَّا تُجْرِمُونَ ﴿٣٥﴾ وَأُوحِىَ إِلَىٰ نُوحٍ أَنَّهُۥ لَن يُؤْمِنَ مِن قَوْمِكَ إِلَّا مَن قَدْ ءَامَنَ فَلَا تَبْتَئِسْ بِمَا كَانُوا۟ يَفْعَلُونَ ﴿٣٦﴾ وَٱصْنَعِ ٱلْفُلْكَ بِأَعْيُنِنَا وَوَحْيِنَا وَلَا تُخَٰطِبْنِى فِى ٱلَّذِينَ ظَلَمُوٓا۟ إِنَّهُم مُّغْرَقُونَ ﴿٣٧﴾

● مدّ مشبع ٦ حركات ● مدّ حركتين ● إخفاء، ومواقع الغُنّة (حركتين) ● تفخيم
● مدّ ٢ أو ٤ أو ٦ جوازًا ● إدغام، وما لا يُلفظ ● قلقلة

225

وَيَصْنَعُ ٱلْفُلْكَ وَكُلَّمَا مَرَّ عَلَيْهِ مَلَأٌ مِّن قَوْمِهِ سَخِرُواْ مِنْهُ قَالَ إِن تَسْخَرُواْ مِنَّا فَإِنَّا نَسْخَرُ مِنكُمْ كَمَا تَسْخَرُونَ ﴿38﴾

فَسَوْفَ تَعْلَمُونَ مَن يَأْتِيهِ عَذَابٌ يُخْزِيهِ وَيَحِلُّ عَلَيْهِ عَذَابٌ مُّقِيمٌ ﴿39﴾ حَتَّىٰ إِذَا جَاءَ أَمْرُنَا وَفَارَ ٱلتَّنُّورُ قُلْنَا ٱحْمِلْ فِيهَا مِن كُلٍّ زَوْجَيْنِ ٱثْنَيْنِ وَأَهْلَكَ إِلَّا مَن سَبَقَ عَلَيْهِ ٱلْقَوْلُ وَمَنْ ءَامَنَ وَمَا ءَامَنَ مَعَهُ إِلَّا قَلِيلٌ ﴿40﴾ ۞ وَقَالَ ٱرْكَبُواْ فِيهَا بِسْمِ ٱللَّهِ مَجْرَىٰهَا وَمُرْسَىٰهَا إِنَّ رَبِّي لَغَفُورٌ رَّحِيمٌ ﴿41﴾ وَهِيَ تَجْرِي بِهِمْ فِي مَوْجٍ كَٱلْجِبَالِ وَنَادَىٰ نُوحٌ ٱبْنَهُ وَكَانَ فِي مَعْزِلٍ يَٰبُنَيَّ ٱرْكَب مَّعَنَا وَلَا تَكُن مَّعَ ٱلْكَٰفِرِينَ ﴿42﴾

قَالَ سَـَٔاوِي إِلَىٰ جَبَلٍ يَعْصِمُنِي مِنَ ٱلْمَاءِ قَالَ لَا عَاصِمَ ٱلْيَوْمَ مِنْ أَمْرِ ٱللَّهِ إِلَّا مَن رَّحِمَ وَحَالَ بَيْنَهُمَا ٱلْمَوْجُ فَكَانَ مِنَ ٱلْمُغْرَقِينَ ﴿43﴾ وَقِيلَ يَٰأَرْضُ ٱبْلَعِي مَاءَكِ وَيَٰسَمَاءُ أَقْلِعِي وَغِيضَ ٱلْمَاءُ وَقُضِيَ ٱلْأَمْرُ وَٱسْتَوَتْ عَلَى ٱلْجُودِيِّ وَقِيلَ بُعْداً لِّلْقَوْمِ ٱلظَّٰلِمِينَ ﴿44﴾ وَنَادَىٰ نُوحٌ رَّبَّهُ فَقَالَ رَبِّ إِنَّ ٱبْنِي مِنْ أَهْلِي وَإِنَّ وَعْدَكَ ٱلْحَقُّ وَأَنتَ أَحْكَمُ ٱلْحَٰكِمِينَ ﴿45﴾

الجانب الأيسر (شرح الكلمات):

• يَحِلُّ
يجب

• ٱلتَّنُّورُ
تنُّور الخبز المعروف

هُودٌ
نصف

• مَجْرَىٰهَا
وقت إجرائها

• مُرْسَىٰهَا
وقت إرسائها

• سَـَٔاوِي
سألتجئ

• أَقْلِعِي
أمسكي عن إنزال المطر

• غِيضَ ٱلْمَاءُ
نقَصَ وذهب في الأرض

• ٱلْجُودِيِّ
جبل بالموصل

• بُعْداً
هلاكاً

قَالَ يَٰنُوحُ إِنَّهُ لَيْسَ مِنْ أَهْلِكَ إِنَّهُ عَمَلٌ غَيْرُ صَٰلِحٍ فَلَا تَسْـَٔلْنِ مَا لَيْسَ لَكَ بِهِۦ عِلْمٌ إِنِّىٓ أَعِظُكَ أَن تَكُونَ مِنَ ٱلْجَٰهِلِينَ ۝ قَالَ رَبِّ إِنِّىٓ أَعُوذُ بِكَ أَنْ أَسْـَٔلَكَ مَا لَيْسَ لِى بِهِۦ عِلْمٌ وَإِلَّا تَغْفِرْ لِى وَتَرْحَمْنِىٓ أَكُن مِّنَ ٱلْخَٰسِرِينَ ۝ قِيلَ يَٰنُوحُ ٱهْبِطْ بِسَلَٰمٍ مِّنَّا وَبَرَكَٰتٍ عَلَيْكَ وَعَلَىٰٓ أُمَمٍ مِّمَّن مَّعَكَ وَأُمَمٌ سَنُمَتِّعُهُمْ ثُمَّ يَمَسُّهُم مِّنَّا عَذَابٌ أَلِيمٌ ۝ تِلْكَ مِنْ أَنۢبَآءِ ٱلْغَيْبِ نُوحِيهَآ إِلَيْكَ مَا كُنتَ تَعْلَمُهَآ أَنتَ وَلَا قَوْمُكَ مِن قَبْلِ هَٰذَا فَٱصْبِرْ إِنَّ ٱلْعَٰقِبَةَ لِلْمُتَّقِينَ ۝ وَإِلَىٰ عَادٍ أَخَاهُمْ هُودًا قَالَ يَٰقَوْمِ ٱعْبُدُواْ ٱللَّهَ مَا لَكُم مِّنْ إِلَٰهٍ غَيْرُهُۥٓ إِنْ أَنتُمْ إِلَّا مُفْتَرُونَ ۝ يَٰقَوْمِ لَآ أَسْـَٔلُكُمْ عَلَيْهِ أَجْرًا إِنْ أَجْرِىَ إِلَّا عَلَى ٱلَّذِى فَطَرَنِىٓ أَفَلَا تَعْقِلُونَ ۝ وَيَٰقَوْمِ ٱسْتَغْفِرُواْ رَبَّكُمْ ثُمَّ تُوبُوٓاْ إِلَيْهِ يُرْسِلِ ٱلسَّمَآءَ عَلَيْكُم مِّدْرَارًا وَيَزِدْكُمْ قُوَّةً إِلَىٰ قُوَّتِكُمْ وَلَا تَتَوَلَّوْاْ مُجْرِمِينَ ۝ قَالُواْ يَٰهُودُ مَا جِئْتَنَا بِبَيِّنَةٍ وَمَا نَحْنُ بِتَارِكِىٓ ءَالِهَتِنَا عَن قَوْلِكَ وَمَا نَحْنُ لَكَ بِمُؤْمِنِينَ ۝

● بَرَكَٰتٍ
خَيْرَاتٍ نَامِيَاتٍ

● فَطَرَنِى
خَلَقَنِى وَأَبْدَعَنِى

● مِّدْرَارًا
غَزِيرًا مُتَتَابِعًا

ثُمُنْ

● مَدٌّ مُشْبَعٌ ‎6 حَرَكَاتٍ ● مَدٌّ ‎2 أَوْ ‎4 أَوْ ‎6 جَوَازًا   ● مَدٌّ حَرَكَتَيْنِ ● إِخْفَاءٌ، وَمَوَاقِعُ ٱلْغُنَّةِ (حَرَكَتَيْنِ) ● إِدْغَامٌ، وَمَا لَا يُلْفَظُ   ● تَفْخِيمٌ ● قَلْقَلَةٌ

227

إِن نَّقُولُ إِلَّا ٱعْتَرَىٰكَ بَعْضُ ءَالِهَتِنَا بِسُوٓءٍ ۗ قَالَ إِنِّىٓ أُشْهِدُ ٱللَّهَ

وَٱشْهَدُوٓا۟ أَنِّى بَرِىٓءٌ مِّمَّا تُشْرِكُونَ مِن دُونِهِۦ ۖ فَكِيدُونِى جَمِيعًا

ثُمَّ لَا تُنظِرُونِ ﴿٥٤﴾ إِنِّى تَوَكَّلْتُ عَلَى ٱللَّهِ رَبِّى وَرَبِّكُم ۚ مَّا مِن

دَآبَّةٍ إِلَّا هُوَ ءَاخِذٌۢ بِنَاصِيَتِهَآ ۚ إِنَّ رَبِّى عَلَىٰ صِرَٰطٍ مُّسْتَقِيمٍ ﴿٥٥﴾ فَإِن

تَوَلَّوْا۟ فَقَدْ أَبْلَغْتُكُم مَّآ أُرْسِلْتُ بِهِۦٓ إِلَيْكُمْ ۚ وَيَسْتَخْلِفُ رَبِّى قَوْمًا

غَيْرَكُمْ وَلَا تَضُرُّونَهُۥ شَيْـًٔا ۚ إِنَّ رَبِّى عَلَىٰ كُلِّ شَىْءٍ حَفِيظٌ ﴿٥٦﴾ وَلَمَّا

جَآءَ أَمْرُنَا نَجَّيْنَا هُودًا وَٱلَّذِينَ ءَامَنُوا۟ مَعَهُۥ بِرَحْمَةٍ مِّنَّا وَنَجَّيْنَٰهُم

مِّنْ عَذَابٍ غَلِيظٍ ﴿٥٧﴾ وَتِلْكَ عَادٌ ۖ جَحَدُوا۟ بِـَٔايَٰتِ رَبِّهِمْ وَعَصَوْا۟

رُسُلَهُۥ وَٱتَّبَعُوٓا۟ أَمْرَ كُلِّ جَبَّارٍ عَنِيدٍ ﴿٥٨﴾ وَأُتْبِعُوا۟ فِى هَٰذِهِ ٱلدُّنْيَا

لَعْنَةً وَيَوْمَ ٱلْقِيَٰمَةِ ۗ أَلَآ إِنَّ عَادًا كَفَرُوا۟ رَبَّهُمْ ۗ أَلَا بُعْدًا لِّعَادٍ قَوْمِ

هُودٍ ﴿٥٩﴾ ۞ وَإِلَىٰ ثَمُودَ أَخَاهُمْ صَٰلِحًا ۚ قَالَ يَٰقَوْمِ ٱعْبُدُوا۟ ٱللَّهَ

مَا لَكُم مِّنْ إِلَٰهٍ غَيْرُهُۥ ۖ هُوَ أَنشَأَكُم مِّنَ ٱلْأَرْضِ وَٱسْتَعْمَرَكُمْ

فِيهَا فَٱسْتَغْفِرُوهُ ثُمَّ تُوبُوٓا۟ إِلَيْهِ ۚ إِنَّ رَبِّى قَرِيبٌ مُّجِيبٌ ﴿٦٠﴾

۞ قَالُوا۟ يَٰصَٰلِحُ قَدْ كُنتَ فِينَا مَرْجُوًّا قَبْلَ هَٰذَآ ۖ أَتَنْهَىٰنَآ أَن نَّعْبُدَ

مَا يَعْبُدُ ءَابَآؤُنَا وَإِنَّنَا لَفِى شَكٍّ مِّمَّا تَدْعُونَآ إِلَيْهِ مُرِيبٍ ﴿٦١﴾

الحاشية اليمنى:

● ٱعْتَرَىٰكَ
أَصَابَكَ

● لَا تَنظِرُونِ
لَا تُمْهِلُونِى

● ءَاخِذٌ
بِنَاصِيَتِهَا
مَالِكُهَا وَقَادِرٌ
عَلَيْهَا

● غَلِيظٍ
شَدِيدٍ
مُضَاعَفٍ

● جَبَّارٍ
مُتَعَاظِمٍ
مُتَكَبِّرٍ

● عَنِيدٍ
مُعَانِدٍ لِلْحَقِّ
مُجَانِبٍ لَهُ

● بُعْدًا
هَلَاكًا

● مُرِيبٍ
مُوقِعٍ فِى
الرِّيبَةِ وَالْقَلَقِ

● مَدٌّ مُشَبَّعٌ ٦ حَرَكَاتٍ
● مَدٌّ ٢ أَوْ ٤ أَوْ ٦ جَوَازًا
● مَدٌّ حَرَكَتَيْنِ
● إِخْفَاء، وَمَوَاقِعُ الْغُنَّةِ (حَرَكَتَيْنِ)
● إِدْغَام، وَمَا لَا يُلْفَظ
● تَفْخِيم
● قَلْقَلَة

قَالَ يَقَوْمِ أَرَءَيْتُمْ إِن كُنتُ عَلَىٰ بَيِّنَةٍ مِّن رَّبِّي وَءَاتَنِي

مِنْهُ رَحْمَةً فَمَن يَنصُرُنِي مِنَ ٱللَّهِ إِنْ عَصَيْتُهُ فَمَا تَزِيدُونَنِي

غَيْرَ تَخْسِيرٍ ۝ وَيَٰقَوْمِ هَٰذِهِۦ نَاقَةُ ٱللَّهِ لَكُمْ ءَايَةً

فَذَرُوهَا تَأْكُلْ فِىٓ أَرْضِ ٱللَّهِ وَلَا تَمَسُّوهَا بِسُوٓءٍ فَيَأْخُذَكُمْ

عَذَابٌ قَرِيبٌ ۝ فَعَقَرُوهَا فَقَالَ تَمَتَّعُواْ فِى دَارِكُمْ

ثَلَٰثَةَ أَيَّامٍ ذَٰلِكَ وَعْدٌ غَيْرُ مَكْذُوبٍ ۝ فَلَمَّا جَآءَ

أَمْرُنَا نَجَّيْنَا صَٰلِحًا وَٱلَّذِينَ ءَامَنُواْ مَعَهُۥ بِرَحْمَةٍ مِّنَّا وَمِنْ

خِزْيِ يَوْمِئِذٍ إِنَّ رَبَّكَ هُوَ ٱلْقَوِيُّ ٱلْعَزِيزُ ۝ وَأَخَذَ ٱلَّذِينَ

ظَلَمُواْ ٱلصَّيْحَةُ فَأَصْبَحُواْ فِى دِيَٰرِهِمْ جَٰثِمِينَ ۝ كَأَن لَّمْ

يَغْنَوْاْ فِيهَآ أَلَآ إِنَّ ثَمُودَا۟ كَفَرُواْ رَبَّهُمْ أَلَا بُعْدًا لِّثَمُودَ ۝

وَلَقَدْ جَآءَتْ رُسُلُنَآ إِبْرَٰهِيمَ بِٱلْبُشْرَىٰ قَالُواْ سَلَٰمًا قَالَ سَلَٰمٌ

فَمَا لَبِثَ أَن جَآءَ بِعِجْلٍ حَنِيذٍ ۝ فَلَمَّا رَءَآ أَيْدِيَهُمْ لَا

تَصِلُ إِلَيْهِ نَكِرَهُمْ وَأَوْجَسَ مِنْهُمْ خِيفَةً قَالُواْ لَا تَخَفْ

إِنَّآ أُرْسِلْنَآ إِلَىٰ قَوْمِ لُوطٍ ۝ وَٱمْرَأَتُهُۥ قَآئِمَةٌ فَضَحِكَتْ

فَبَشَّرْنَٰهَا بِإِسْحَٰقَ وَمِن وَرَآءِ إِسْحَٰقَ يَعْقُوبَ ۝

- أَرَءَيْتُمْ
أخبروني
- تَخْسِيرٍ
خسران إن عصيتُه
- ءَايَةً
معجزة دالّة على نبوّتي
- ٱلصَّيْحَةُ
صوت من السماء مُهلك
- جَٰثِمِينَ
ميّتين قعودًا
- لَمْ يَغْنَوْاْ
لم يقيموا طويلًا في رغد
- بِعِجْلٍ حَنِيذٍ
مشوي على الحجارة المحمّاة في حُفرة
- نَكِرَهُمْ
أنكرهم ونفر منهم
- أَوْجَسَ مِنْهُمْ
أحسّ في قلبه منهم
- خِيفَةً
خوفًا

| ● مدّ مشبع 6 حركات | ● إخفاء، ومواقع الغنّة (حركتين) | ● مدّ حركتين | ● تفخيم |
| ● مدّ 2 أو 4 أو 6 جوازًا | ● إدغام، وما لا يُلفظ | | ● قلقلة |

قَالَتْ يَٰوَيْلَتَىٰٓ ءَأَلِدُ وَأَنَا۠ عَجُوزٌ وَهَٰذَا بَعْلِى شَيْخًا إِنَّ هَٰذَا لَشَىْءٌ عَجِيبٌ ۝ قَالُوٓا۟ أَتَعْجَبِينَ مِنْ أَمْرِ ٱللَّهِ رَحْمَتُ ٱللَّهِ وَبَرَكَٰتُهُۥ عَلَيْكُمْ أَهْلَ ٱلْبَيْتِ إِنَّهُۥ حَمِيدٌ مَّجِيدٌ ۝ فَلَمَّا ذَهَبَ عَنْ إِبْرَٰهِيمَ ٱلرَّوْعُ وَجَآءَتْهُ ٱلْبُشْرَىٰ يُجَٰدِلُنَا فِى قَوْمِ لُوطٍ ۝ إِنَّ إِبْرَٰهِيمَ لَحَلِيمٌ أَوَّٰهٌ مُّنِيبٌ ۝ يَٰٓإِبْرَٰهِيمُ أَعْرِضْ عَنْ هَٰذَآ إِنَّهُۥ قَدْ جَآءَ أَمْرُ رَبِّكَ وَإِنَّهُمْ ءَاتِيهِمْ عَذَابٌ غَيْرُ مَرْدُودٍ ۝ وَلَمَّا جَآءَتْ رُسُلُنَا لُوطًا سِىٓءَ بِهِمْ وَضَاقَ بِهِمْ ذَرْعًا وَقَالَ هَٰذَا يَوْمٌ عَصِيبٌ ۝ وَجَآءَهُۥ قَوْمُهُۥ يُهْرَعُونَ إِلَيْهِ وَمِن قَبْلُ كَانُوا۟ يَعْمَلُونَ ٱلسَّيِّـَٔاتِ قَالَ يَٰقَوْمِ هَٰٓؤُلَآءِ بَنَاتِى هُنَّ أَطْهَرُ لَكُمْ فَٱتَّقُوا۟ ٱللَّهَ وَلَا تُخْزُونِ فِى ضَيْفِىٓ أَلَيْسَ مِنكُمْ رَجُلٌ رَّشِيدٌ ۝ قَالُوا۟ لَقَدْ عَلِمْتَ مَا لَنَا فِى بَنَاتِكَ مِنْ حَقٍّ وَإِنَّكَ لَتَعْلَمُ مَا نُرِيدُ ۝ قَالَ لَوْ أَنَّ لِى بِكُمْ قُوَّةً أَوْ ءَاوِىٓ إِلَىٰ رُكْنٍ شَدِيدٍ ۝ قَالُوا۟ يَٰلُوطُ إِنَّا رُسُلُ رَبِّكَ لَن يَصِلُوٓا۟ إِلَيْكَ فَأَسْرِ بِأَهْلِكَ بِقِطْعٍ مِّنَ ٱلَّيْلِ وَلَا يَلْتَفِتْ مِنكُمْ أَحَدٌ إِلَّا ٱمْرَأَتَكَ إِنَّهُۥ مُصِيبُهَا مَآ أَصَابَهُمْ إِنَّ مَوْعِدَهُمُ ٱلصُّبْحُ أَلَيْسَ ٱلصُّبْحُ بِقَرِيبٍ ۝

فَلَمَّا جَاءَ أَمْرُنَا جَعَلْنَا عَالِيَهَا سَافِلَهَا وَأَمْطَرْنَا عَلَيْهَا

حِجَارَةً مِّن سِجِّيلٍ ۝ مَّنضُودٍ مُّسَوَّمَةً عِندَ رَبِّكَ وَمَا

هِيَ مِنَ ٱلظَّٰلِمِينَ بِبَعِيدٍ ۝ ۞ وَإِلَىٰ مَدْيَنَ أَخَاهُمْ شُعَيْباً

قَالَ يَٰقَوْمِ ٱعْبُدُوا۟ ٱللَّهَ مَا لَكُم مِّنْ إِلَٰهٍ غَيْرُهُۥ وَلَا تَنقُصُوا۟

ٱلْمِكْيَالَ وَٱلْمِيزَانَ إِنِّيٓ أَرَىٰكُم بِخَيْرٍ وَإِنِّيٓ أَخَافُ

عَلَيْكُمْ عَذَابَ يَوْمٍ مُّحِيطٍ ۝ وَيَٰقَوْمِ أَوْفُوا۟ ٱلْمِكْيَالَ

وَٱلْمِيزَانَ بِٱلْقِسْطِ وَلَا تَبْخَسُوا۟ ٱلنَّاسَ أَشْيَآءَهُمْ وَلَا

تَعْثَوْا۟ فِي ٱلْأَرْضِ مُفْسِدِينَ ۝ بَقِيَّتُ ٱللَّهِ خَيْرٌ لَّكُمْ إِن

كُنتُم مُّؤْمِنِينَ ۝ وَمَآ أَنَا۠ عَلَيْكُم بِحَفِيظٍ ۝ قَالُوا۟

يَٰشُعَيْبُ أَصَلَوَٰتُكَ تَأْمُرُكَ أَن نَّتْرُكَ مَا يَعْبُدُ ءَابَآؤُنَآ

أَوْ أَن نَّفْعَلَ فِيٓ أَمْوَٰلِنَا مَا نَشَٰٓؤُا۟ إِنَّكَ لَأَنتَ ٱلْحَلِيمُ

ٱلرَّشِيدُ ۝ قَالَ يَٰقَوْمِ أَرَءَيْتُمْ إِن كُنتُ عَلَىٰ بَيِّنَةٍ مِّن

رَّبِّي وَرَزَقَنِي مِنْهُ رِزْقاً حَسَناً وَمَآ أُرِيدُ أَنْ أُخَالِفَكُمْ إِلَىٰ

مَآ أَنْهَىٰكُمْ عَنْهُ إِنْ أُرِيدُ إِلَّا ٱلْإِصْلَٰحَ مَا ٱسْتَطَعْتُ

وَمَا تَوْفِيقِيٓ إِلَّا بِٱللَّهِ عَلَيْهِ تَوَكَّلْتُ وَإِلَيْهِ أُنِيبُ ۝

حِزْب

• **سِجِّيلٍ**
طِينٌ طُبِخَ بِالنَّارِ

• **مَّنضُودٍ**
مُتَتَابِعٌ فِي الإرسال

• **مُسَوَّمَةً**
مُعَلَّمَةً بِالعذاب

• **يَوْمٍ مُّحِيطٍ**
مُهْلِكٍ

• **لَا تَبْخَسُوا۟**
لا تنقصوا

• **لَا تَعْثَوْا۟**
لا تُفسِدوا
أشدّ الإفساد

• **بَقِيَّتُ ٱللَّهِ**
ما أبقاه لكُم
من الحلال

• **أَرَءَيْتُمْ**
أخبروني

• مَدّ مُشبع ٦ حركات   • إخفاء، ومواقع الغُنّة (حركتين)   • تفخيم

• مَدّ ٢ أو ٤ أو ٦ جوازاً   • مَدّ حركتين   • إدغام، وما لا يُلفظ   • قلقلة

وَيَـٰقَوْمِ لَا يَجْرِمَنَّكُمْ شِقَاقِىٓ أَن يُصِيبَكُم مِّثْلُ مَآ أَصَابَ قَوْمَ نُوحٍ أَوْ قَوْمَ هُودٍ أَوْ قَوْمَ صَـٰلِحٍۚ وَمَا قَوْمُ لُوطٍ مِّنكُم بِبَعِيدٍ ۝ وَٱسْتَغْفِرُوا۟ رَبَّكُمْ ثُمَّ تُوبُوٓا۟ إِلَيْهِۚ إِنَّ رَبِّى رَحِيمٌ وَدُودٌ ۝ قَالُوا۟ يَـٰشُعَيْبُ مَا نَفْقَهُ كَثِيرًا مِّمَّا تَقُولُ وَإِنَّا لَنَرَىٰكَ فِينَا ضَعِيفًاۖ وَلَوْلَا رَهْطُكَ لَرَجَمْنَـٰكَۖ وَمَآ أَنتَ عَلَيْنَا بِعَزِيزٍ ۝ قَالَ يَـٰقَوْمِ أَرَهْطِىٓ أَعَزُّ عَلَيْكُم مِّنَ ٱللَّهِ وَٱتَّخَذْتُمُوهُ وَرَآءَكُمْ ظِهْرِيًّاۖ إِنَّ رَبِّى بِمَا تَعْمَلُونَ مُحِيطٌ ۝ وَيَـٰقَوْمِ ٱعْمَلُوا۟ عَلَىٰ مَكَانَتِكُمْ إِنِّى عَـٰمِلٌۖ سَوْفَ تَعْلَمُونَ مَن يَأْتِيهِ عَذَابٌ يُخْزِيهِ وَمَنْ هُوَ كَـٰذِبٌۖ وَٱرْتَقِبُوٓا۟ إِنِّى مَعَكُمْ رَقِيبٌ ۝ وَلَمَّا جَآءَ أَمْرُنَا نَجَّيْنَا شُعَيْبًا وَٱلَّذِينَ ءَامَنُوا۟ مَعَهُۥ بِرَحْمَةٍ مِّنَّا وَأَخَذَتِ ٱلَّذِينَ ظَلَمُوا۟ ٱلصَّيْحَةُ فَأَصْبَحُوا۟ فِى دِيَـٰرِهِمْ جَـٰثِمِينَ ۝ كَأَن لَّمْ يَغْنَوْا۟ فِيهَآۗ أَلَا بُعْدًا لِّمَدْيَنَ كَمَا بَعِدَتْ ثَمُودُ ۝ وَلَقَدْ أَرْسَلْنَا مُوسَىٰ بِـَٔايَـٰتِنَا وَسُلْطَـٰنٍ مُّبِينٍ ۝ إِلَىٰ فِرْعَوْنَ وَمَلَإِي۟هِۦ فَٱتَّبَعُوٓا۟ أَمْرَ فِرْعَوْنَۖ وَمَآ أَمْرُ فِرْعَوْنَ بِرَشِيدٍ ۝

● لَا يَجْرِمَنَّكُمْ
لا يحملنّكم

● رَهْطُكَ
جماعتك
وعشيرتك

● وَرَآءَكُمْ ظِهْرِيًّا
منبوذًا وراء
ظهوركم

● مَكَانَتِكُمْ
غاية تمكّنكم
من أمركم

● ٱرْتَقِبُوٓا۟
انتظروا

● ٱلصَّيْحَةُ
صوت من
السماء مُهلك

● جَـٰثِمِينَ
ميّتين قعودًا

● لَّمْ يَغْنَوْا۟
لم يقيموا
طويلًا في رغدٍ

● بُعْدًا
هلاكًا

يَقْدُمُ قَوْمَهُ يَوْمَ ٱلْقِيَمَةِ فَأَوْرَدَهُمُ ٱلنَّارَ وَبِئْسَ ٱلْوِرْدُ ٱلْمَوْرُودُ ۝ وَأُتْبِعُوا۟ فِى هَٰذِهِۦ لَعْنَةً وَيَوْمَ ٱلْقِيَمَةِ بِئْسَ ٱلرِّفْدُ ٱلْمَرْفُودُ ۝ ذَٰلِكَ مِنْ أَنۢبَآءِ ٱلْقُرَىٰ نَقُصُّهُ عَلَيْكَ مِنْهَا قَآئِمٌ وَحَصِيدٌ ۝ وَمَا ظَلَمْنَٰهُمْ وَلَٰكِن ظَلَمُوٓا۟ أَنفُسَهُمْ فَمَآ أَغْنَتْ عَنْهُمْ ءَالِهَتُهُمُ ٱلَّتِى يَدْعُونَ مِن دُونِ ٱللَّهِ مِن شَىْءٍ لَّمَّا جَآءَ أَمْرُ رَبِّكَ وَمَا زَادُوهُمْ غَيْرَ تَتْبِيبٍ ۝ وَكَذَٰلِكَ أَخْذُ رَبِّكَ إِذَآ أَخَذَ ٱلْقُرَىٰ وَهِىَ ظَالِمَةٌ إِنَّ أَخْذَهُۥٓ أَلِيمٌ شَدِيدٌ ۝ إِنَّ فِى ذَٰلِكَ لَءَايَةً لِّمَنْ خَافَ عَذَابَ ٱلْءَاخِرَةِ ذَٰلِكَ يَوْمٌ مَّجْمُوعٌ لَّهُ ٱلنَّاسُ وَذَٰلِكَ يَوْمٌ مَّشْهُودٌ ۝ وَمَا نُؤَخِّرُهُۥٓ إِلَّا لِأَجَلٍ مَّعْدُودٍ ۝ يَوْمَ يَأْتِ لَا تَكَلَّمُ نَفْسٌ إِلَّا بِإِذْنِهِۦ فَمِنْهُمْ شَقِىٌّ وَسَعِيدٌ ۝ فَأَمَّا ٱلَّذِينَ شَقُوا۟ فَفِى ٱلنَّارِ لَهُمْ فِيهَا زَفِيرٌ وَشَهِيقٌ ۝ خَٰلِدِينَ فِيهَا مَا دَامَتِ ٱلسَّمَٰوَٰتُ وَٱلْأَرْضُ إِلَّا مَا شَآءَ رَبُّكَ إِنَّ رَبَّكَ فَعَّالٌ لِّمَا يُرِيدُ ۝ وَأَمَّا ٱلَّذِينَ سُعِدُوا۟ فَفِى ٱلْجَنَّةِ خَٰلِدِينَ فِيهَا مَا دَامَتِ ٱلسَّمَٰوَٰتُ وَٱلْأَرْضُ إِلَّا مَا شَآءَ رَبُّكَ عَطَآءً غَيْرَ مَجْذُوذٍ ۝

٢٣٣

فَلَا تَكُ فِي مِرْيَةٍ مِّمَّا يَعْبُدُ هَٰؤُلَاءِ مَا يَعْبُدُونَ إِلَّا كَمَا يَعْبُدُ

أَبَاؤُهُم مِّن قَبْلُ وَإِنَّا لَمُوَفُّوهُمْ نَصِيبَهُمْ غَيْرَ مَنقُوصٍ ﴿109﴾

وَلَقَدْ ءَاتَيْنَا مُوسَى ٱلْكِتَٰبَ فَٱخْتُلِفَ فِيهِ وَلَوْلَا كَلِمَةٌ

سَبَقَتْ مِن رَّبِّكَ لَقُضِيَ بَيْنَهُمْ وَإِنَّهُمْ لَفِي شَكٍّ مِّنْهُ مُرِيبٍ ﴿110﴾

وَإِنَّ كُلًّا لَّمَّا لَيُوَفِّيَنَّهُمْ رَبُّكَ أَعْمَٰلَهُمْ إِنَّهُ بِمَا يَعْمَلُونَ

خَبِيرٌ ﴿111﴾ فَٱسْتَقِمْ كَمَا أُمِرْتَ وَمَن تَابَ مَعَكَ وَلَا تَطْغَوْا

إِنَّهُ بِمَا تَعْمَلُونَ بَصِيرٌ ﴿112﴾ وَلَا تَرْكَنُوٓا إِلَى ٱلَّذِينَ ظَلَمُوا

فَتَمَسَّكُمُ ٱلنَّارُ وَمَا لَكُم مِّن دُونِ ٱللَّهِ مِنْ أَوْلِيَاءَ ثُمَّ لَا

تُنصَرُونَ ﴿113﴾ وَأَقِمِ ٱلصَّلَوٰةَ طَرَفَيِ ٱلنَّهَارِ وَزُلَفًا مِّنَ ٱلَّيْلِ

إِنَّ ٱلْحَسَنَٰتِ يُذْهِبْنَ ٱلسَّيِّئَاتِ ذَٰلِكَ ذِكْرَىٰ لِلذَّٰكِرِينَ ﴿114﴾

وَٱصْبِرْ فَإِنَّ ٱللَّهَ لَا يُضِيعُ أَجْرَ ٱلْمُحْسِنِينَ ﴿115﴾ فَلَوْلَا كَانَ

مِنَ ٱلْقُرُونِ مِن قَبْلِكُمْ أُولُوا بَقِيَّةٍ يَنْهَوْنَ عَنِ ٱلْفَسَادِ

فِي ٱلْأَرْضِ إِلَّا قَلِيلًا مِّمَّنْ أَنجَيْنَا مِنْهُمْ وَٱتَّبَعَ ٱلَّذِينَ ظَلَمُوا

مَا أُتْرِفُوا فِيهِ وَكَانُوا مُجْرِمِينَ ﴿116﴾ وَمَا كَانَ

رَبُّكَ لِيُهْلِكَ ٱلْقُرَىٰ بِظُلْمٍ وَأَهْلُهَا مُصْلِحُونَ ﴿117﴾

هُود

• لَا تَطْغَوْا
لا تُجاوِزوا
ما حدَّهُ اللهُ
لكُم

• لَا تَرْكَنُوا
لا تَميلُوا

• زُلَفًا
ساعات

• ٱلْقُرُونِ
الأمم

• أُولُوا بَقِيَّةٍ
أصحاب فضلٍ
وخيرٍ

• أُتْرِفُوا
أنعموا

ثُمُنْ

• مَدّ مشبع 6 حركات	• إخفاء، ومواقع الغُنّة (حركتين)	• تفخيم
• مَدّ 2 أو 4 أو 6 جوازاً	• إدغام، وما لا يُلفَظ	• قلقلة
• مَدّ حركتين		

وَلَوْ شَآءَ رَبُّكَ لَجَعَلَ ٱلنَّاسَ أُمَّةً وَٰحِدَةً وَلَا يَزَالُونَ مُخْتَلِفِينَ

إِلَّا مَن رَّحِمَ رَبُّكَ وَلِذَٰلِكَ خَلَقَهُمْ وَتَمَّتْ كَلِمَةُ رَبِّكَ

لَأَمْلَأَنَّ جَهَنَّمَ مِنَ ٱلْجِنَّةِ وَٱلنَّاسِ أَجْمَعِينَ ۝١١٨ وَكُلًّا نَّقُصُّ

عَلَيْكَ مِنْ أَنۢبَآءِ ٱلرُّسُلِ مَا نُثَبِّتُ بِهِ فُؤَادَكَ وَجَآءَكَ فِي

هَٰذِهِ ٱلْحَقُّ وَمَوْعِظَةٌ وَذِكْرَىٰ لِلْمُؤْمِنِينَ ۝١١٩ وَقُل لِّلَّذِينَ لَا

يُؤْمِنُونَ ٱعْمَلُوا۟ عَلَىٰ مَكَانَتِكُمْ إِنَّا عَٰمِلُونَ وَٱنتَظِرُوٓا۟ إِنَّا

مُنتَظِرُونَ ۝١٢٠ وَلِلَّهِ غَيْبُ ٱلسَّمَٰوَٰتِ وَٱلْأَرْضِ وَإِلَيْهِ يُرْجَعُ ٱلْأَمْرُ

كُلُّهُۥ فَٱعْبُدْهُ وَتَوَكَّلْ عَلَيْهِ وَمَا رَبُّكَ بِغَٰفِلٍ عَمَّا تَعْمَلُونَ ۝١٢١

■ مَكَانَتِكُمْ
غَايَةُ تَمَكُّنِكُمْ
مِنْ أَمْرِكُمْ

سُورَةُ يُوسُفَ

ترتيبها 12 — آياتها 111

بِسْمِ ٱللَّهِ ٱلرَّحْمَٰنِ ٱلرَّحِيمِ

الٓر ۚ تِلْكَ ءَايَٰتُ ٱلْكِتَٰبِ ٱلْمُبِينِ ۝١ إِنَّآ أَنزَلْنَٰهُ قُرْءَٰنًا عَرَبِيًّا

لَّعَلَّكُمْ تَعْقِلُونَ ۝٢ نَحْنُ نَقُصُّ عَلَيْكَ أَحْسَنَ ٱلْقَصَصِ

بِمَآ أَوْحَيْنَآ إِلَيْكَ هَٰذَا ٱلْقُرْءَانَ وَإِن كُنتَ مِن قَبْلِهِۦ

لَمِنَ ٱلْغَٰفِلِينَ ۝٣ إِذْ قَالَ يُوسُفُ لِأَبِيهِ يَٰٓأَبَتِ إِنِّي رَأَيْتُ أَحَدَ

عَشَرَ كَوْكَبًا وَٱلشَّمْسَ وَٱلْقَمَرَ رَأَيْتُهُمْ لِي سَٰجِدِينَ ۝٤

■ نَقُصُّ عَلَيْكَ
نُحَدِّثُكَ أَوْ
نُبَيِّنُ لَكَ

| ● مدّ مشبع 6 حركات | ● مدّ حركتين | ● إخفاء، ومواقع الغُنّة (حركتين) | ● تفخيم |
| مدّ 2 أو 4 أو 6 جوازاً | | ● إدغام، وما لا يُلفظ | ● قلقلة |

قَالَ يَٰبُنَيَّ لَا تَقْصُصْ رُءْيَاكَ عَلَىٰ إِخْوَتِكَ فَيَكِيدُواْ لَكَ

كَيْدًا إِنَّ ٱلشَّيْطَٰنَ لِلْإِنسَٰنِ عَدُوٌّ مُّبِينٌ ۝ وَكَذَٰلِكَ

يَجْتَبِيكَ رَبُّكَ وَيُعَلِّمُكَ مِن تَأْوِيلِ ٱلْأَحَادِيثِ وَيُتِمُّ نِعْمَتَهُۥ

عَلَيْكَ وَعَلَىٰٓ ءَالِ يَعْقُوبَ كَمَآ أَتَمَّهَا عَلَىٰٓ أَبَوَيْكَ مِن قَبْلُ

إِبْرَٰهِيمَ وَإِسْحَٰقَ إِنَّ رَبَّكَ عَلِيمٌ حَكِيمٌ ۝ لَّقَدْ كَانَ

فِى يُوسُفَ وَإِخْوَتِهِۦٓ ءَايَٰتٌ لِّلسَّآئِلِينَ ۝ إِذْ قَالُواْ لَيُوسُفُ

وَأَخُوهُ أَحَبُّ إِلَىٰٓ أَبِينَا مِنَّا وَنَحْنُ عُصْبَةٌ إِنَّ أَبَانَا لَفِى ضَلَٰلٍ

مُّبِينٍ ۝ ٱقْتُلُواْ يُوسُفَ أَوِ ٱطْرَحُوهُ أَرْضًا يَخْلُ لَكُمْ وَجْهُ

أَبِيكُمْ وَتَكُونُواْ مِنۢ بَعْدِهِۦ قَوْمًا صَٰلِحِينَ ۝ قَالَ قَآئِلٌ

مِّنْهُمْ لَا تَقْتُلُواْ يُوسُفَ وَأَلْقُوهُ فِى غَيَٰبَتِ ٱلْجُبِّ يَلْتَقِطْهُ بَعْضُ

ٱلسَّيَّارَةِ إِن كُنتُمْ فَٰعِلِينَ ۝ قَالُواْ يَٰٓأَبَانَا مَا لَكَ لَا تَأْمَ۬نَّا

عَلَىٰ يُوسُفَ وَإِنَّا لَهُۥ لَنَٰصِحُونَ ۝ أَرْسِلْهُ مَعَنَا غَدًا يَرْتَعْ

وَيَلْعَبْ وَإِنَّا لَهُۥ لَحَٰفِظُونَ ۝ قَالَ إِنِّى لَيَحْزُنُنِىٓ أَن تَذْهَبُواْ

بِهِۦ وَأَخَافُ أَن يَأْكُلَهُ ٱلذِّئْبُ وَأَنتُمْ عَنْهُ غَٰفِلُونَ ۝ قَالُواْ

لَئِنْ أَكَلَهُ ٱلذِّئْبُ وَنَحْنُ عُصْبَةٌ إِنَّآ إِذًا لَّخَٰسِرُونَ ۝

فَلَمَّا ذَهَبُوا بِهِ وَأَجْمَعُوا أَن يَجْعَلُوهُ فِي غَيَـٰبَتِ ٱلْجُبِّ وَأَوْحَيْنَآ

إِلَيْهِ لَتُنَبِّئَنَّهُم بِأَمْرِهِمْ هَـٰذَا وَهُمْ لَا يَشْعُرُونَ ﴿١٥﴾ وَجَآءُو

أَبَاهُمْ عِشَآءً يَبْكُونَ ﴿١٦﴾ قَالُوا يَـٰٓأَبَانَآ إِنَّا ذَهَبْنَا نَسْتَبِقُ

وَتَرَكْنَا يُوسُفَ عِندَ مَتَـٰعِنَا فَأَكَلَهُ ٱلذِّئْبُ وَمَآ أَنتَ

بِمُؤْمِنٍ لَّنَا وَلَوْ كُنَّا صَـٰدِقِينَ ﴿١٧﴾ وَجَآءُو عَلَىٰ قَمِيصِهِۦ

بِدَمٍ كَذِبٍ قَالَ بَلْ سَوَّلَتْ لَكُمْ أَنفُسُكُمْ أَمْرًا فَصَبْرٌ

جَمِيلٌ وَٱللَّهُ ٱلْمُسْتَعَانُ عَلَىٰ مَا تَصِفُونَ ﴿١٨﴾ وَجَآءَتْ سَيَّارَةٌ

فَأَرْسَلُوا وَارِدَهُمْ فَأَدْلَىٰ دَلْوَهُۥ قَالَ يَـٰبُشْرَىٰ هَـٰذَا غُلَـٰمٌ وَأَسَرُّوهُ

بِضَـٰعَةً وَٱللَّهُ عَلِيمٌۢ بِمَا يَعْمَلُونَ ﴿١٩﴾ وَشَرَوْهُ بِثَمَنٍۭ

بَخْسٍ دَرَٰهِمَ مَعْدُودَةٍ وَكَانُوا فِيهِ مِنَ ٱلزَّٰهِدِينَ ﴿٢٠﴾ وَقَالَ

ٱلَّذِي ٱشْتَرَىٰهُ مِن مِّصْرَ لِٱمْرَأَتِهِۦٓ أَكْرِمِي مَثْوَىٰهُ عَسَىٰٓ

أَن يَنفَعَنَآ أَوْ نَتَّخِذَهُۥ وَلَدًا وَكَذَٰلِكَ مَكَّنَّا لِيُوسُفَ فِي

ٱلْأَرْضِ وَلِنُعَلِّمَهُۥ مِن تَأْوِيلِ ٱلْأَحَادِيثِ وَٱللَّهُ غَالِبٌ عَلَىٰٓ

أَمْرِهِۦ وَلَـٰكِنَّ أَكْثَرَ ٱلنَّاسِ لَا يَعْلَمُونَ ﴿٢١﴾ وَلَمَّا بَلَغَ أَشُدَّهُۥٓ

ءَاتَيْنَـٰهُ حُكْمًا وَعِلْمًا وَكَذَٰلِكَ نَجْزِي ٱلْمُحْسِنِينَ ﴿٢٢﴾

• أَجْمَعُوا
عَزَمُوا وَصَمَّمُوا

• نَسْتَبِقُ
نَتَسَابَقُ في الرَّمْي بالسِّهام

• سَوَّلَتْ
زَيَّنَتْ وَسَهَّلَتْ

• وَارِدَهُمْ
من يتقدَّمُهم لِيَسْتَقي لهم

• فَأَدْلَىٰ دَلْوَهُ
أرسلها في الجُبِّ لِيملأها

• أَسَرُّوهُ
أخفوه عن بقيّة الرِّفقة

• بِضَـٰعَةً
متاعًا للتجارة

• شَرَوْهُ
باعوه

• بَخْسٍ
منقوص نُقصانًا ظاهرًا

• أَكْرِمِي مَثْوَىٰهُ
اجعلي محلَّ إقامته كريمًا

• غَالِبٌ عَلَىٰ أَمْرِهِ
لا يقهرُهُ شيءٌ ولا يدفعُهُ عنه أحدٌ

• أَشُدَّهُ
مُنتهى شدّته وقوّته

ثُمَّ

۞ وَرَٰوَدَتْهُ ٱلَّتِي هُوَ فِي بَيْتِهَا عَن نَّفْسِهِ وَغَلَّقَتِ ٱلْأَبْوَٰبَ

وَقَالَتْ هَيْتَ لَكَ قَالَ مَعَاذَ ٱللَّهِ إِنَّهُۥ رَبِّي أَحْسَنَ مَثْوَايَ إِنَّهُۥ

لَا يُفْلِحُ ٱلظَّٰلِمُونَ ۝ وَلَقَدْ هَمَّتْ بِهِ وَهَمَّ بِهَا لَوْلَآ أَن

رَّءَا بُرْهَٰنَ رَبِّهِ كَذَٰلِكَ لِنَصْرِفَ عَنْهُ ٱلسُّوٓءَ وَٱلْفَحْشَآءَ

إِنَّهُۥ مِنْ عِبَادِنَا ٱلْمُخْلَصِينَ ۝ وَٱسْتَبَقَا ٱلْبَابَ وَقَدَّتْ

قَمِيصَهُۥ مِن دُبُرٍ وَأَلْفَيَا سَيِّدَهَا لَدَا ٱلْبَابِ قَالَتْ مَا جَزَآءُ مَنْ

أَرَادَ بِأَهْلِكَ سُوٓءًا إِلَّآ أَن يُسْجَنَ أَوْ عَذَابٌ أَلِيمٌ ۝ قَالَ

هِيَ رَٰوَدَتْنِي عَن نَّفْسِي وَشَهِدَ شَاهِدٌ مِّنْ أَهْلِهَآ إِن كَانَ

قَمِيصُهُۥ قُدَّ مِن قُبُلٍ فَصَدَقَتْ وَهُوَ مِنَ ٱلْكَٰذِبِينَ ۝

وَإِن كَانَ قَمِيصُهُۥ قُدَّ مِن دُبُرٍ فَكَذَبَتْ وَهُوَ مِنَ

ٱلصَّٰدِقِينَ ۝ فَلَمَّا رَءَا قَمِيصَهُۥ قُدَّ مِن دُبُرٍ قَالَ إِنَّهُۥ مِن

كَيْدِكُنَّ إِنَّ كَيْدَكُنَّ عَظِيمٌ ۝ يُوسُفُ أَعْرِضْ عَنْ

هَٰذَا وَٱسْتَغْفِرِي لِذَنۢبِكِ إِنَّكِ كُنتِ مِنَ ٱلْخَاطِـِٔينَ ۝

۞ وَقَالَ نِسْوَةٌ فِي ٱلْمَدِينَةِ ٱمْرَأَتُ ٱلْعَزِيزِ تُرَٰوِدُ فَتَىٰهَا

عَن نَّفْسِهِ قَدْ شَغَفَهَا حُبًّا إِنَّا لَنَرَىٰهَا فِي ضَلَٰلٍ مُّبِينٍ ۝

● رَٰوَدَتْهُ
خَادَعَتْهُ
لِمُوَاقَعَتِهِ إِيَّاهَا

● هَيْتَ لَكَ
أَسْرِعْ وَأَقْبِلْ

يوسف

● ٱلْمُخْلَصِينَ
ٱلْمُخْتَارِينَ
لِطَاعَتِنَا

● قَدَّتْ
قَمِيصَهُ
قَطَعَتْهُ
وَشَقَّتْهُ

● أَلْفَيَا
وَجَدَا

● شَغَفَهَا
حُبًّا
خَرَقَ حُبُّهُ
سُوَيْدَاءَ قَلْبِهَا

● مدّ مشبع 6 حركات   ● إخفاء، ومواقع الغُنَّة (حركتين)   ● مدّ حركتين   تفخيم

مدّ 2 أو 4 أو 6 جوازاً   ● إدغام، وما لا يُلفظ   قلقلة

فَلَمَّا سَمِعَتْ بِمَكْرِهِنَّ أَرْسَلَتْ إِلَيْهِنَّ وَأَعْتَدَتْ لَهُنَّ مُتَّكَـًٔا

وَءَاتَتْ كُلَّ وَٰحِدَةٍ مِّنْهُنَّ سِكِّينًا وَقَالَتِ ٱخْرُجْ عَلَيْهِنَّ فَلَمَّا رَأَيْنَهُۥ

أَكْبَرْنَهُۥ وَقَطَّعْنَ أَيْدِيَهُنَّ وَقُلْنَ حَٰشَ لِلَّهِ مَا هَٰذَا بَشَرًا إِنْ هَٰذَآ

إِلَّا مَلَكٌ كَرِيمٌ ۞ ٣١ قَالَتْ فَذَٰلِكُنَّ ٱلَّذِى لُمْتُنَّنِى فِيهِ وَلَقَدْ

رَٰوَدتُّهُۥ عَن نَّفْسِهِۦ فَٱسْتَعْصَمَ وَلَئِن لَّمْ يَفْعَلْ مَآ ءَامُرُهُۥ لَيُسْجَنَنَّ

وَلَيَكُونًا مِّنَ ٱلصَّٰغِرِينَ ۞ ٣٢ قَالَ رَبِّ ٱلسِّجْنُ أَحَبُّ إِلَىَّ مِمَّا

يَدْعُونَنِىٓ إِلَيْهِ وَإِلَّا تَصْرِفْ عَنِّى كَيْدَهُنَّ أَصْبُ إِلَيْهِنَّ وَأَكُن

مِّنَ ٱلْجَٰهِلِينَ ۞ ٣٣ فَٱسْتَجَابَ لَهُۥ رَبُّهُۥ فَصَرَفَ عَنْهُ كَيْدَهُنَّ إِنَّهُۥ

هُوَ ٱلسَّمِيعُ ٱلْعَلِيمُ ۞ ٣٤ ثُمَّ بَدَا لَهُم مِّنۢ بَعْدِ مَا رَأَوُا۟ ٱلْءَايَٰتِ

لَيَسْجُنُنَّهُۥ حَتَّىٰ حِينٍ ۞ ٣٥ وَدَخَلَ مَعَهُ ٱلسِّجْنَ فَتَيَانِ قَالَ

أَحَدُهُمَآ إِنِّىٓ أَرَىٰنِىٓ أَعْصِرُ خَمْرًا وَقَالَ ٱلْءَاخَرُ إِنِّىٓ أَرَىٰنِىٓ أَحْمِلُ

فَوْقَ رَأْسِى خُبْزًا تَأْكُلُ ٱلطَّيْرُ مِنْهُ نَبِّئْنَا بِتَأْوِيلِهِۦٓ إِنَّا نَرَىٰكَ مِنَ

ٱلْمُحْسِنِينَ ۞ ٣٦ قَالَ لَا يَأْتِيكُمَا طَعَامٌ تُرْزَقَانِهِۦٓ إِلَّا نَبَّأْتُكُمَا

بِتَأْوِيلِهِۦ قَبْلَ أَن يَأْتِيَكُمَا ذَٰلِكُمَا مِمَّا عَلَّمَنِى رَبِّىٓ إِنِّى تَرَكْتُ

مِلَّةَ قَوْمٍ لَّا يُؤْمِنُونَ بِٱللَّهِ وَهُم بِٱلْءَاخِرَةِ هُمْ كَٰفِرُونَ ۞ ٣٧

- **مُتَّكَـًٔا**
وسائد يتّكئن عليها

- **أَكْبَرْنَهُ**
دهشن برؤية جماله الفائق

- **قَطَّعْنَ أَيْدِيَهُنَّ**
خدشنها

۞ **رُبْع**

- **حَٰشَ لِلَّهِ**
تنزيهًا لله

- **فَٱسْتَعْصَمَ**
فامتنع امتناعًا شديدًا

- **أَصْبُ إِلَيْهِنَّ**
أمل إلى إجابتهنّ

- **خَمْرًا**
عنبًا يؤول إلى خمر

- مدّ مشبع ٦ حركات
- مدّ ٢ أو ٤ أو ٦ جوازاً
- إخفاء، ومواقع الغُنّة (حركتين)
- إدغام، وما لا يُلفظ
- مدّ حركتين
- تفخيم
- قلقلة

٢٣٩

وَٱتَّبَعْتُ مِلَّةَ ءَابَآءِىٓ إِبْرَٰهِيمَ وَإِسْحَٰقَ وَيَعْقُوبَ مَا كَانَ لَنَآ أَن نُّشْرِكَ بِٱللَّهِ مِن شَىْءٍ ذَٰلِكَ مِن فَضْلِ ٱللَّهِ عَلَيْنَا وَعَلَى ٱلنَّاسِ وَلَٰكِنَّ أَكْثَرَ ٱلنَّاسِ لَا يَشْكُرُونَ ۝ يَٰصَٰحِبَىِ ٱلسِّجْنِ ءَأَرْبَابٌ مُّتَفَرِّقُونَ خَيْرٌ أَمِ ٱللَّهُ ٱلْوَٰحِدُ ٱلْقَهَّارُ ۝ مَا تَعْبُدُونَ مِن دُونِهِۦٓ إِلَّآ أَسْمَآءً سَمَّيْتُمُوهَآ أَنتُمْ وَءَابَآؤُكُم مَّآ أَنزَلَ ٱللَّهُ بِهَا مِن سُلْطَٰنٍ إِنِ ٱلْحُكْمُ إِلَّا لِلَّهِ أَمَرَ أَلَّا تَعْبُدُوٓا۟ إِلَّآ إِيَّاهُ ذَٰلِكَ ٱلدِّينُ ٱلْقَيِّمُ وَلَٰكِنَّ أَكْثَرَ ٱلنَّاسِ لَا يَعْلَمُونَ ۝ يَٰصَٰحِبَىِ ٱلسِّجْنِ أَمَّآ أَحَدُكُمَا فَيَسْقِى رَبَّهُۥ خَمْرًا وَأَمَّا ٱلْءَاخَرُ فَيُصْلَبُ فَتَأْكُلُ ٱلطَّيْرُ مِن رَّأْسِهِۦ قُضِىَ ٱلْأَمْرُ ٱلَّذِى فِيهِ تَسْتَفْتِيَانِ ۝ وَقَالَ لِلَّذِى ظَنَّ أَنَّهُۥ نَاجٍ مِّنْهُمَا ٱذْكُرْنِى عِندَ رَبِّكَ فَأَنسَىٰهُ ٱلشَّيْطَٰنُ ذِكْرَ رَبِّهِۦ فَلَبِثَ فِى ٱلسِّجْنِ بِضْعَ سِنِينَ ۝ وَقَالَ ٱلْمَلِكُ إِنِّىٓ أَرَىٰ سَبْعَ بَقَرَٰتٍ سِمَانٍ يَأْكُلُهُنَّ سَبْعٌ عِجَافٌ وَسَبْعَ سُنۢبُلَٰتٍ خُضْرٍ وَأُخَرَ يَابِسَٰتٍ يَٰٓأَيُّهَا ٱلْمَلَأُ أَفْتُونِى فِى رُءْيَٰىَ إِن كُنتُمْ لِلرُّءْيَا تَعْبُرُونَ ۝

يُوسُف

• ٱلْقَيِّمُ
ٱلْمُسْتَقِيمُ
أو الثابت
بالبراهين

ثُمُن

• عِجَافٌ
مهازيلُ جدًّا
• تَعْبُرُونَ
تعلمُونَ
تأويلَها

| ● مَدّ مشبع 6 حركات | ● مَدّ حركتين | ● إخفاء، ومواقع الغُنّة (حركتين) | ● تفخيم |
| ● مَدّ 2 أو 4 أو 6 جوازًا | | ● إدغام، وما لا يُلفظ | ● قلقلة |

240

قَالُوٓاْ أَضْغَٰثُ أَحْلَٰمٖۖ وَمَا نَحْنُ بِتَأْوِيلِ ٱلۡأَحْلَٰمِ بِعَٰلِمِينَ ۝ وَقَالَ

ٱلَّذِي نَجَا مِنْهُمَا وَٱدَّكَرَ بَعْدَ أُمَّةٍ أَنَا۠ أُنَبِّئُكُم بِتَأْوِيلِهِۦ

فَأَرْسِلُونِ ۝ يُوسُفُ أَيُّهَا ٱلصِّدِّيقُ أَفْتِنَا فِي سَبْعِ بَقَرَٰتٖ

سِمَانٖ يَأْكُلُهُنَّ سَبْعٌ عِجَافٌ وَسَبْعِ سُنۢبُلَٰتٍ خُضْرٖ وَأُخَرَ

يَابِسَٰتٖ لَّعَلِّيٓ أَرْجِعُ إِلَى ٱلنَّاسِ لَعَلَّهُمْ يَعْلَمُونَ ۝ قَالَ

تَزْرَعُونَ سَبْعَ سِنِينَ دَأَبٗا فَمَا حَصَدتُّمْ فَذَرُوهُ فِي سُنۢبُلِهِۦٓ إِلَّا

قَلِيلٗا مِّمَّا تَأْكُلُونَ ۝ ثُمَّ يَأْتِي مِنۢ بَعْدِ ذَٰلِكَ سَبْعٌ شِدَادٞ

يَأْكُلْنَ مَا قَدَّمْتُمْ لَهُنَّ إِلَّا قَلِيلٗا مِّمَّا تُحْصِنُونَ ۝ ثُمَّ يَأْتِي مِنۢ بَعْدِ

ذَٰلِكَ عَامٞ فِيهِ يُغَاثُ ٱلنَّاسُ وَفِيهِ يَعْصِرُونَ ۝ وَقَالَ ٱلْمَلِكُ

ٱئْتُونِي بِهِۦۖ فَلَمَّا جَآءَهُ ٱلرَّسُولُ قَالَ ٱرْجِعْ إِلَىٰ رَبِّكَ فَسْـَٔلْهُ مَا

بَالُ ٱلنِّسْوَةِ ٱلَّٰتِي قَطَّعْنَ أَيْدِيَهُنَّۚ إِنَّ رَبِّي بِكَيْدِهِنَّ عَلِيمٞ ۝

قَالَ مَا خَطْبُكُنَّ إِذْ رَٰوَدتُّنَّ يُوسُفَ عَن نَّفْسِهِۦۚ قُلْنَ حَٰشَ لِلَّهِ مَا

عَلِمْنَا عَلَيْهِ مِن سُوٓءٖۚ قَالَتِ ٱمْرَأَتُ ٱلْعَزِيزِ ٱلْـَٰٔنَ حَصْحَصَ ٱلْحَقُّ

أَنَا۠ رَٰوَدتُّهُۥ عَن نَّفْسِهِۦ وَإِنَّهُۥ لَمِنَ ٱلصَّٰدِقِينَ ۝ ذَٰلِكَ لِيَعْلَمَ

أَنِّي لَمْ أَخُنْهُ بِٱلْغَيْبِ وَأَنَّ ٱللَّهَ لَا يَهْدِي كَيْدَ ٱلْخَآئِنِينَ ۝

۞ وَمَآ أُبَرِّئُ نَفْسِىٓ إِنَّ ٱلنَّفْسَ لَأَمَّارَةٌۢ بِٱلسُّوٓءِ إِلَّا مَا رَحِمَ رَبِّىٓ إِنَّ رَبِّى غَفُورٌ رَّحِيمٌ ۝ وَقَالَ ٱلْمَلِكُ ٱئْتُونِى بِهِۦٓ أَسْتَخْلِصْهُ لِنَفْسِى فَلَمَّا كَلَّمَهُۥ قَالَ إِنَّكَ ٱلْيَوْمَ لَدَيْنَا مَكِينٌ أَمِينٌ ۝ قَالَ ٱجْعَلْنِى عَلَىٰ خَزَآئِنِ ٱلْأَرْضِ إِنِّى حَفِيظٌ عَلِيمٌ ۝ وَكَذَٰلِكَ مَكَّنَّا لِيُوسُفَ فِى ٱلْأَرْضِ يَتَبَوَّأُ مِنْهَا حَيْثُ يَشَآءُ نُصِيبُ بِرَحْمَتِنَا مَن نَّشَآءُ وَلَا نُضِيعُ أَجْرَ ٱلْمُحْسِنِينَ ۝ وَلَأَجْرُ ٱلْأَخِرَةِ خَيْرٌ لِّلَّذِينَ ءَامَنُوا۟ وَكَانُوا۟ يَتَّقُونَ ۝ وَجَآءَ إِخْوَةُ يُوسُفَ فَدَخَلُوا۟ عَلَيْهِ فَعَرَفَهُمْ وَهُمْ لَهُۥ مُنكِرُونَ ۝ وَلَمَّا جَهَّزَهُم بِجَهَازِهِمْ قَالَ ٱئْتُونِى بِأَخٍ لَّكُم مِّنْ أَبِيكُمْ أَلَا تَرَوْنَ أَنِّىٓ أُوفِى ٱلْكَيْلَ وَأَنَا۠ خَيْرُ ٱلْمُنزِلِينَ ۝ فَإِن لَّمْ تَأْتُونِى بِهِۦ فَلَا كَيْلَ لَكُمْ عِندِى وَلَا تَقْرَبُونِ ۝ قَالُوا۟ سَنُرَٰوِدُ عَنْهُ أَبَاهُ وَإِنَّا لَفَاعِلُونَ ۝ وَقَالَ لِفِتْيَٰنِهِ ٱجْعَلُوا۟ بِضَٰعَتَهُمْ فِى رِحَالِهِمْ لَعَلَّهُمْ يَعْرِفُونَهَآ إِذَا ٱنقَلَبُوٓا۟ إِلَىٰٓ أَهْلِهِمْ لَعَلَّهُمْ يَرْجِعُونَ ۝ فَلَمَّا رَجَعُوٓا۟ إِلَىٰٓ أَبِيهِمْ قَالُوا۟ يَٰٓأَبَانَا مُنِعَ مِنَّا ٱلْكَيْلُ فَأَرْسِلْ مَعَنَآ أَخَانَا نَكْتَلْ وَإِنَّا لَهُۥ لَحَٰفِظُونَ ۝

سورة يوسف

- **مَكِينٌ**
  ذو مكانة رفيعة
- **يَتَبَوَّأُ مِنْهَا**
  يتخذ منها منزلًا
- **جَهَّزَهُم بِجَهَازِهِمْ**
  أعطاهم ما قدموا لأجله
- **بِضَٰعَتَهُمْ**
  ثمن ما اشتروه من الطعام
- **رِحَالِهِمْ**
  أوعيتهم التي فيها الطعام

● مدّ مشبع 6 حركات   ● إخفاء، ومواقع الغُنَّة (حركتين)   ● تفخيم
● مدّ 2 أو 4 أو 6 جوازاً   ● مدّ حركتين   ● إدغام، وما لا يُلفظ   ● قلقلة

242

قَالَ هَلْ ءَامَنُكُمْ عَلَيْهِ إِلَّا كَمَا أَمِنتُكُمْ عَلَىٰ أَخِيهِ مِن

قَبْلُ فَاللَّهُ خَيْرٌ حَفِظًا وَهُوَ أَرْحَمُ الرَّٰحِمِينَ ۝ وَلَمَّا فَتَحُوا

مَتَٰعَهُمْ وَجَدُوا بِضَٰعَتَهُمْ رُدَّتْ إِلَيْهِمْ قَالُوا يَٰأَبَانَا مَا

نَبْغِ هَٰذِهِ بِضَٰعَتُنَا رُدَّتْ إِلَيْنَا وَنَمِيرُ أَهْلَنَا وَنَحْفَظُ أَخَانَا

وَنَزْدَادُ كَيْلَ بَعِيرٍ ذَٰلِكَ كَيْلٌ يَسِيرٌ ۝ قَالَ لَنْ أُرْسِلَهُۥ

مَعَكُمْ حَتَّىٰ تُؤْتُونِ مَوْثِقًا مِّنَ اللَّهِ لَتَأْتُنَّنِي بِهِۦٓ إِلَّا أَن يُحَاطَ

بِكُمْ فَلَمَّا ءَاتَوْهُ مَوْثِقَهُمْ قَالَ اللَّهُ عَلَىٰ مَا نَقُولُ وَكِيلٌ ۝

وَقَالَ يَٰبَنِيَّ لَا تَدْخُلُوا مِنۢ بَابٍ وَٰحِدٍ وَادْخُلُوا مِنْ أَبْوَٰبٍ

مُّتَفَرِّقَةٍ وَمَآ أُغْنِي عَنكُم مِّنَ اللَّهِ مِن شَيْءٍ إِنِ الْحُكْمُ

إِلَّا لِلَّهِ عَلَيْهِ تَوَكَّلْتُ وَعَلَيْهِ فَلْيَتَوَكَّلِ الْمُتَوَكِّلُونَ ۝

وَلَمَّا دَخَلُوا مِنْ حَيْثُ أَمَرَهُمْ أَبُوهُم مَّا كَانَ يُغْنِي

عَنْهُم مِّنَ اللَّهِ مِن شَيْءٍ إِلَّا حَاجَةً فِي نَفْسِ يَعْقُوبَ قَضَىٰهَا

وَإِنَّهُۥ لَذُو عِلْمٍ لِّمَا عَلَّمْنَٰهُ وَلَٰكِنَّ أَكْثَرَ النَّاسِ لَا

يَعْلَمُونَ ۝ وَلَمَّا دَخَلُوا عَلَىٰ يُوسُفَ ءَاوَىٰٓ إِلَيْهِ أَخَاهُ

قَالَ إِنِّيٓ أَنَا أَخُوكَ فَلَا تَبْتَئِسْ بِمَا كَانُوا يَعْمَلُونَ ۝

• مَتَٰعَهُمْ
طَعَامَهُم أو
رِحَالَهُم

ثُمَّ

• مَا نَبْغِ
ما نَطلُب من
الإحسانِ بعد
ذلك

• نَمِيرُ أَهْلَنَا
نجلِبُ لهُم
الطعامَ من
مِصر

• مَوْثِقًا
عهدًا مُؤكَّدًا
باليمينِ

• يُحَاطَ بِكُمْ
تهلِكوا جميعًا

• وَكِيلٌ
مُطلِع رقيب

• ءَاوَىٰ
إِلَيْهِ أَخَاهُ
ضَمَّ إليه أخاه

• فَلَا تَبْتَئِسْ
فلا تحزن

● مدّ مشبع 6 حركات   ● إخفاء، ومواقع الغنّة (حركتين)   ● تفخيم
● مدّ 2 أو 4 أو 6 جوازاً   ● مدّ حركتين   ● إدغام، وما لا يُلفَظ   ● قلقلة

243

فَلَمَّا جَهَّزَهُم بِجَهَازِهِمْ جَعَلَ ٱلسِّقَايَةَ فِى رَحْلِ أَخِيهِ ثُمَّ أَذَّنَ مُؤَذِّنٌ أَيَّتُهَا ٱلْعِيرُ إِنَّكُمْ لَسَٰرِقُونَ ﴿٧٠﴾ قَالُوا وَأَقْبَلُوا عَلَيْهِم مَّاذَا تَفْقِدُونَ ﴿٧١﴾ قَالُوا نَفْقِدُ صُوَاعَ ٱلْمَلِكِ وَلِمَن جَآءَ بِهِۦ حِمْلُ بَعِيرٍ وَأَنَا بِهِۦ زَعِيمٌ ﴿٧٢﴾ قَالُوا تَٱللَّهِ لَقَدْ عَلِمْتُم مَّا جِئْنَا لِنُفْسِدَ فِى ٱلْأَرْضِ وَمَا كُنَّا سَٰرِقِينَ ﴿٧٣﴾ قَالُوا فَمَا جَزَٰٓؤُهُۥ إِن كُنتُمْ كَٰذِبِينَ ﴿٧٤﴾ قَالُوا جَزَٰٓؤُهُۥ مَن وُجِدَ فِى رَحْلِهِۦ فَهُوَ جَزَٰٓؤُهُۥ كَذَٰلِكَ نَجْزِى ٱلظَّٰلِمِينَ ﴿٧٥﴾ فَبَدَأَ بِأَوْعِيَتِهِمْ قَبْلَ وِعَآءِ أَخِيهِ ثُمَّ ٱسْتَخْرَجَهَا مِن وِعَآءِ أَخِيهِ كَذَٰلِكَ كِدْنَا لِيُوسُفَ مَا كَانَ لِيَأْخُذَ أَخَاهُ فِى دِينِ ٱلْمَلِكِ إِلَّآ أَن يَشَآءَ ٱللَّهُ نَرْفَعُ دَرَجَٰتٍ مَّن نَّشَآءُ وَفَوْقَ كُلِّ ذِى عِلْمٍ عَلِيمٌ ﴿٧٦﴾ ۞ قَالُوٓا إِن يَسْرِقْ فَقَدْ سَرَقَ أَخٌ لَّهُۥ مِن قَبْلُ فَأَسَرَّهَا يُوسُفُ فِى نَفْسِهِۦ وَلَمْ يُبْدِهَا لَهُمْ قَالَ أَنتُمْ شَرٌّ مَّكَانًا وَٱللَّهُ أَعْلَمُ بِمَا تَصِفُونَ ﴿٧٧﴾ قَالُوا يَٰٓأَيُّهَا ٱلْعَزِيزُ إِنَّ لَهُۥٓ أَبًا شَيْخًا كَبِيرًا فَخُذْ أَحَدَنَا مَكَانَهُۥٓ إِنَّا نَرَىٰكَ مِنَ ٱلْمُحْسِنِينَ ﴿٧٨﴾

السِّقَايَةُ
إناءٌ للشرب اتُّخِذَ للكيل

أَذَّنَ مُؤَذِّنٌ
نادى مُنادٍ

العِيرُ
القافلة

يُوسُف

صُوَاعَ ٱلْمَلِكِ
صاعهُ وهو السقاية

زَعِيمٌ
كفيل

كِدْنَا لِيُوسُفَ
دبَّرنا لتحصيل غرضِه

رُبُع

قَالَ مَعَاذَ اللَّهِ أَن نَّأْخُذَ إِلَّا مَن وَجَدْنَا مَتَاعَنَا عِندَهُ إِنَّا إِذًا لَّظَالِمُونَ ۝ فَلَمَّا اسْتَيْأَسُوا مِنْهُ خَلَصُوا نَجِيًّا قَالَ كَبِيرُهُمْ أَلَمْ تَعْلَمُوا أَنَّ أَبَاكُمْ قَدْ أَخَذَ عَلَيْكُم مَّوْثِقًا مِّنَ اللَّهِ وَمِن قَبْلُ مَا فَرَّطتُمْ فِي يُوسُفَ فَلَنْ أَبْرَحَ الْأَرْضَ حَتَّىٰ يَأْذَنَ لِي أَبِي أَوْ يَحْكُمَ اللَّهُ لِي وَهُوَ خَيْرُ الْحَاكِمِينَ ۝

ارْجِعُوا إِلَىٰ أَبِيكُمْ فَقُولُوا يَا أَبَانَا إِنَّ ابْنَكَ سَرَقَ وَمَا شَهِدْنَا إِلَّا بِمَا عَلِمْنَا وَمَا كُنَّا لِلْغَيْبِ حَافِظِينَ ۝ وَاسْأَلِ الْقَرْيَةَ الَّتِي كُنَّا فِيهَا وَالْعِيرَ الَّتِي أَقْبَلْنَا فِيهَا وَإِنَّا لَصَادِقُونَ ۝ قَالَ بَلْ سَوَّلَتْ لَكُمْ أَنفُسُكُمْ أَمْرًا فَصَبْرٌ جَمِيلٌ عَسَى اللَّهُ أَن يَأْتِيَنِي بِهِمْ جَمِيعًا إِنَّهُ هُوَ الْعَلِيمُ الْحَكِيمُ ۝ وَتَوَلَّىٰ عَنْهُمْ وَقَالَ يَا أَسَفَىٰ عَلَىٰ يُوسُفَ وَابْيَضَّتْ عَيْنَاهُ مِنَ الْحُزْنِ فَهُوَ كَظِيمٌ ۝ قَالُوا تَاللَّهِ تَفْتَأُ تَذْكُرُ يُوسُفَ حَتَّىٰ تَكُونَ حَرَضًا أَوْ تَكُونَ مِنَ الْهَالِكِينَ ۝ قَالَ إِنَّمَا أَشْكُو بَثِّي وَحُزْنِي إِلَى اللَّهِ وَأَعْلَمُ مِنَ اللَّهِ مَا لَا تَعْلَمُونَ ۝

يَٰبَنِىَّ ٱذْهَبُواْ فَتَحَسَّسُواْ مِن يُوسُفَ وَأَخِيهِ وَلَا تَا۟يْـَٔسُواْ

مِن رَّوْحِ ٱللَّهِ إِنَّهُۥ لَا يَا۟يْـَٔسُ مِن رَّوْحِ ٱللَّهِ إِلَّا ٱلْقَوْمُ

ٱلْكَٰفِرُونَ ۞ ٨٧ فَلَمَّا دَخَلُواْ عَلَيْهِ قَالُواْ يَٰٓأَيُّهَا ٱلْعَزِيزُ مَسَّنَا

وَأَهْلَنَا ٱلضُّرُّ وَجِئْنَا بِبِضَٰعَةٍ مُّزْجَىٰةٍ فَأَوْفِ لَنَا ٱلْكَيْلَ

وَتَصَدَّقْ عَلَيْنَآ إِنَّ ٱللَّهَ يَجْزِى ٱلْمُتَصَدِّقِينَ ٨٨ قَالَ هَلْ

عَلِمْتُم مَّا فَعَلْتُم بِيُوسُفَ وَأَخِيهِ إِذْ أَنتُمْ جَٰهِلُونَ ٨٩

قَالُوٓاْ أَءِنَّكَ لَأَنتَ يُوسُفُ قَالَ أَنَا۠ يُوسُفُ وَهَٰذَآ أَخِى قَدْ

مَنَّ ٱللَّهُ عَلَيْنَآ إِنَّهُۥ مَن يَتَّقِ وَيَصْبِرْ فَإِنَّ ٱللَّهَ لَا يُضِيعُ

أَجْرَ ٱلْمُحْسِنِينَ ٩٠ قَالُواْ تَٱللَّهِ لَقَدْ ءَاثَرَكَ ٱللَّهُ

عَلَيْنَا وَإِن كُنَّا لَخَٰطِـِٔينَ ٩١ قَالَ لَا تَثْرِيبَ

عَلَيْكُمُ ٱلْيَوْمَ يَغْفِرُ ٱللَّهُ لَكُمْ وَهُوَ أَرْحَمُ ٱلرَّٰحِمِينَ ٩٢

ٱذْهَبُواْ بِقَمِيصِى هَٰذَا فَأَلْقُوهُ عَلَىٰ وَجْهِ أَبِى يَأْتِ بَصِيرًا

وَأْتُونِى بِأَهْلِكُمْ أَجْمَعِينَ ٩٣ وَلَمَّا فَصَلَتِ

ٱلْعِيرُ قَالَ أَبُوهُمْ إِنِّى لَأَجِدُ رِيحَ يُوسُفَ لَوْلَآ أَن

تُفَنِّدُونِ ٩٤ قَالُواْ تَٱللَّهِ إِنَّكَ لَفِى ضَلَٰلِكَ ٱلْقَدِيمِ ٩٥

• فَتَحَسَّسُواْ
تعرّفوا

• رَوْحِ ٱللَّهِ
فرجه
وتنفيسه

يُوسُف

• ٱلضُّرُّ
الهزال من
شدّة الجوع

• بِبِضَٰعَة
بأثمان

• مُّزْجَىٰة
رديئة أو
زائفة

• ءَاثَرَكَ
اختارك
وفضّلك

• لَا تَثْرِيبَ
لا تأنيب ولا
لوم

• فَصَلَتِ
ٱلْعِيرُ
فارقت عريش
مصر

• تُفَنِّدُونِ
تسفّهوني

• ضَلَٰلِكَ
ذهابك عن
الصواب

● مدّ مشبع 6 حركات ● إخفاء، ومواقع الغُنّة (حركتين) ● تفخيم
● مدّ 2 أو 4 أو 6 جوازاً ● مدّ حركتين ● إدغام، وما لا يُلفظ ● قلقلة

فَلَمَّآ أَن جَآءَ أَلْبَشِيرُ أَلْقِيٰهُ عَلَىٰ وَجْهِهِۦ فَارْتَدَّ بَصِيراٗۖ قَالَ
أَلَمَ اَقُل لَّكُمُۥٓ إِنِّيَ أَعْلَمُ مِنَ أَللَّهِ مَا لَا تَعْلَمُونَۖ (96) قَالُواْ
يَٰٓأَبَانَا اَسْتَغْفِرْ لَنَا ذُنُوبَنَآ إِنَّا كُنَّا خَٰطِـِٔينَۖ (97) قَالَ سَوْفَ
أَسْتَغْفِرُ لَكُمْ رَبِّيَۖ إِنَّهُۥ هُوَ أَلْغَفُورُ أَلرَّحِيمُۖ (98) فَلَمَّا
دَخَلُواْ عَلَىٰ يُوسُفَ ءَاوَىٰٓ إِلَيْهِ أَبَوَيْهِ وَقَالَ اَدْخُلُواْ مِصْرَ إِن
شَآءَ أَللَّهُ ءَامِنِينَۖ (99) وَرَفَعَ أَبَوَيْهِ عَلَى أَلْعَرْشِ وَخَرُّواْ لَهُۥ
سُجَّداٗۖ وَقَالَ يَٰٓأَبَتِ هَٰذَا تَاوِيلُ رُءْيَٰيَ مِن قَبْلُ قَدْ جَعَلَهَا رَبِّے
حَقّاٗۖ وَقَدَ اَحْسَنَ بِيَ إِذَ اَخْرَجَنِے مِنَ أَلسِّجْنِ وَجَآءَ بِكُم مِّنَ
أَلْبَدْوِ مِنۢ بَعْدِ أَن نَّزَغَ أَلشَّيْطَٰنُ بَيْنِے وَبَيْنَ إِخْوَتِيَۖ إِنَّ رَبِّے
لَطِيفٞ لِّمَا يَشَآءُۖ إِنَّهُۥ هُوَ أَلْعَلِيمُ أَلْحَكِيمُۖ (100) ۞ رَبِّ قَدَ اٰتَيْتَنِے
مِنَ أَلْمُلْكِ وَعَلَّمْتَنِے مِن تَاوِيلِ اِ۬لَاحَادِيثِۖ فَاطِرَ أَلسَّمَٰوَٰتِ
وَالَارْضِ أَنتَ وَلِيِّۦ فِے اِ۬لدُّنْي۪ا وَالَاخِرَةِۖ تَوَفَّنِے مُسْلِماٗ وَأَلْحِقْنِے
بِالصَّٰلِحِينَۖ (101) ذَٰلِكَ مِنَ اَنۢبَآءِ اِ۬لْغَيْبِ نُوحِيهِ إِلَيْكَۖ
وَمَا كُنتَ لَدَيْهِمُۥٓ إِذَ اَجْمَعُوٓاْ أَمْرَهُمْ وَهُمْ يَمْكُرُونَۖ (102)
وَمَآ أَكْثَرُ أَلنَّاسِ وَلَوْ حَرَصْتَ بِمُومِنِينَۖ (103)

- ءَاوَىٰٓ إِلَيْهِ: ضمَّ إليه
- أَلْبَدْوِ: البادية
- نَّزَغَ أَلشَّيْطَٰنُ: أفسدَ وحرَّش

نِصْفٌ

- فَاطِرَ: مُبدعَ
- اَجْمَعُوٓاْ أَمْرَهُمْ: عزمُوا عليه

مدّ مشبع 6 حركات	مدّ حركتين	إخفاء، ومواقع الغُنّة (حركتين)	تفخيم
مدّ 2 أو 4 أو 6 جوازاً		إدغام، وما لا يُلفظ	قلقلة

247

وَمَا تَسْـَٔلُهُمْ عَلَيْهِ مِنَ اَجْرٍ اِنْ هُوَ إِلَّا ذِكْرٞ لِّلْعَٰلَمِينَ ﴿104﴾
وَكَأَيِّن مِّنَ ـايَةٖ فِے اِ۬لسَّمَٰوَٰتِ وَالَارْضِ يَمُرُّونَ عَلَيْهَا
وَهُمْ عَنْهَا مُعْرِضُونَ ﴿105﴾ وَمَا يُومِنُ أَكْثَرُهُم بِاللَّهِ إِلَّا وَهُم
مُّشْرِكُونَ ﴿106﴾ أَفَأَمِنُوٓاْ أَن تَاتِيَهُمْ غَٰشِيَةٞ مِّنْ عَذَابِ اِ۬للَّهِ
أَوْ تَاتِيَهُمُ اُ۬لسَّاعَةُ بَغْتَةٗ وَهُمْ لَا يَشْعُرُونَ ﴿107﴾ قُلْ هَٰذِهِۦ
سَبِيلِيَ أَدْعُوٓاْ إِلَى اَ۬للَّهِ عَلَىٰ بَصِيرَةٍ اَنَا وَمَنِ اِتَّبَعَنِے وَسُبْحَٰنَ اَ۬للَّهِ
وَمَآ أَنَا مِنَ اَ۬لْمُشْرِكِينَ ﴿108﴾ وَمَآ أَرْسَلْنَا مِن قَبْلِكَ
إِلَّا رِجَالٗا يُوحَىٰٓ إِلَيْهِم مِّنَ اَهْلِ اِ۬لْقُرَىٰٓ أَفَلَمْ يَسِيرُواْ فِے
اِ۬لَارْضِ فَيَنظُرُواْ كَيْفَ كَانَ عَٰقِبَةُ اُ۬لذِينَ مِن قَبْلِهِمْ
وَلَدَارُ اُ۬لَاخِرَةِ خَيْرٞ لِّلذِينَ اَتَّقَوْاْ اَفَلَا تَعْقِلُونَ ﴿109﴾ حَتَّىٰٓ إِذَا
اَسْتَيْـَٔسَ اَ۬لرُّسُلُ وَظَنُّوٓاْ أَنَّهُمْ قَدْ كُذِّبُواْ جَآءَهُمْ نَصْرُنَا
فَنُنجِے مَن نَّشَآءُ وَلَا يُرَدُّ بَأْسُنَا عَنِ اِ۬لْقَوْمِ اِ۬لْمُجْرِمِينَ ﴿110﴾
۞ لَقَدْ كَانَ فِے قَصَصِهِمْ عِبْرَةٞ لِّأُوْلِے اِ۬لَالْبَٰبِ مَا كَانَ
حَدِيثٗا يُفْتَرَىٰ ۱ وَلَٰكِن تَصْدِيقَ اَ۬لذِے بَيْنَ يَدَيْهِ
وَتَفْصِيلَ كُلِّ شَےْءٖ وَهُدٗى وَرَحْمَةٗ لِّقَوْمٖ يُومِنُونَ ﴿111﴾

- كَأَيِّن: كثيرٌ
- غَٰشِيَةٌ: عقوبةٌ تغشاهم وتُجلّلهم
- بَغْتَةً: فجأةً

يُوسُف

- اَسْتَيْـَٔسَ: يئسَ
- بَأْسُنَا: عذابُنَا
- عِبْرَةٌ: عظةٌ
- يُفْتَرَىٰ ۱: يُختلق

ثُمُن

مدّ مشبع 6 حركات / مدّ 2 أو 4 أو 6 جوازاً	مدّ حركتين	إخفاء، ومواقع الغُنَّة (حركتين) / إدغام، وما لا يُلفَظ	تفخيم / قلقلة

ترتيبها 13

سُورَةُ الرَّعْدِ

آياتها 44

بِسْمِ ٱللَّهِ ٱلرَّحْمَٰنِ ٱلرَّحِيمِ

أَلَٓمٓرۚ تِلْكَ ءَايَٰتُ ٱلْكِتَٰبِۗ وَٱلَّذِيٓ أُنزِلَ إِلَيْكَ مِن رَّبِّكَ ٱلْحَقُّ
وَلَٰكِنَّ أَكْثَرَ ٱلنَّاسِ لَا يُومِنُونَۖ (1) ٱللَّهُ ٱلَّذِي رَفَعَ ٱلسَّمَٰوَٰتِ
بِغَيْرِ عَمَدٖ تَرَوْنَهَاۖ ثُمَّ ٱسْتَوَىٰ عَلَى ٱلْعَرْشِۖ وَسَخَّرَ ٱلشَّمْسَ وَٱلْقَمَرَۖ
كُلّٞ يَجْرِي لِأَجَلٖ مُّسَمّٗىۖ يُدَبِّرُ ٱلْأَمْرَ يُفَصِّلُ ٱلْأيَٰتِ لَعَلَّكُم
بِلِقَآءِ رَبِّكُمْ تُوقِنُونَۖ (2) وَهُوَ ٱلَّذِي مَدَّ ٱلْأَرْضَ وَجَعَلَ فِيهَا
رَوَٰسِيَ وَأَنْهَٰرٗاۖ وَمِن كُلِّ ٱلثَّمَرَٰتِ جَعَلَ فِيهَا زَوْجَيْنِ ٱثْنَيْنِ
يُغْشِي ٱلَّيْلَ ٱلنَّهَارَۖ إِنَّ فِي ذَٰلِكَ لَأٓيَٰتٖ لِّقَوْمٖ يَتَفَكَّرُونَۖ (3)
وَفِي ٱلْأَرْضِ قِطَعٞ مُّتَجَٰوِرَٰتٞ وَجَنَّٰتٞ مِّنَ اَعْنَٰبٖ وَزَرْعٞ وَنَخِيلٞ
صِنْوَانٞ وَغَيْرُ صِنْوَانٖ تُسْقَىٰ بِمَآءٖ وَٰحِدٖۖ وَنُفَضِّلُ بَعْضَهَا عَلَىٰ
بَعْضٖ فِي ٱلْأُكْلِۖ إِنَّ فِي ذَٰلِكَ لَأٓيَٰتٖ لِّقَوْمٖ يَعْقِلُونَۖ (4)
۞ وَإِن تَعْجَبْ فَعَجَبٌ قَوْلُهُمُۥٓ أَ۟ذَا كُنَّا تُرَٰبًا اِنَّا لَفِي خَلْقٖ
جَدِيدٍۖ (5) اُو۟لَٰٓئِكَ ٱلَّذِينَ كَفَرُواْ بِرَبِّهِمْۖ وَأُو۟لَٰٓئِكَ ٱلْأَغْلَٰلُ
فِيٓ أَعْنَٰقِهِمْۖ وَأُو۟لَٰٓئِكَ أَصْحَٰبُ ٱلنَّارِۖ هُمْ فِيهَا خَٰلِدُونَۖ (6)

- عَمَدٍ: دعائمَ وأساطينَ
- رَوَاسِيَ: جبالًا ثوابتَ
- يُغْشِي اِلَّيْلَ اَلنَّهَارَ: يجعلُ الليلَ لباسًا للنّهارِ
- صِنْوَانٌ: نخلاتٌ يجمعُها أصلٌ واحدٌ
- اِلْأُكُلِ: الثّمرِ والحبِ

رُبُعٌ

- اَلْأَغْلَٰلُ: الأطواقُ من الحديدِ

مدّ مشبع 6 حركات	مدّ حركتين	إخفاء، ومواقع الغُنّة (حركتين)	تفخيم
مدّ 2 أو 4 أو 6 جوازاً		إدغام، وما لا يُلفظ	قلقلة

وَيَسْتَعْجِلُونَكَ بِالسَّيِّئَةِ قَبْلَ الْحَسَنَةِ وَقَدْ خَلَتْ مِن قَبْلِهِمُ
الْمَثُلَٰتُ وَإِنَّ رَبَّكَ لَذُو مَغْفِرَةٍ لِّلنَّاسِ عَلَىٰ ظُلْمِهِمْ وَإِنَّ
رَبَّكَ لَشَدِيدُ الْعِقَابِ ﴿7﴾ وَيَقُولُ الَّذِينَ كَفَرُوا لَوْلَا أُنزِلَ
عَلَيْهِ ءَايَةٌ مِّن رَّبِّهِ إِنَّمَا أَنتَ مُنذِرٌ وَلِكُلِّ قَوْمٍ هَادٍ ﴿8﴾
اللَّهُ يَعْلَمُ مَا تَحْمِلُ كُلُّ أُنثَىٰ وَمَا تَغِيضُ الْأَرْحَامُ وَمَا
تَزْدَادُ وَكُلُّ شَيْءٍ عِندَهُ بِمِقْدَارٍ ﴿9﴾ عَٰلِمُ الْغَيْبِ وَالشَّهَٰدَةِ
الْكَبِيرُ الْمُتَعَالِ ﴿10﴾ سَوَآءٌ مِّنكُم مَّنْ أَسَرَّ الْقَوْلَ وَمَن
جَهَرَ بِهِ وَمَنْ هُوَ مُسْتَخْفٍ بِالَّيْلِ وَسَارِبٌ بِالنَّهَارِ ﴿11﴾
لَهُ مُعَقِّبَٰتٌ مِّنۢ بَيْنِ يَدَيْهِ وَمِنْ خَلْفِهِ يَحْفَظُونَهُ مِنْ أَمْرِ
اللَّهِ إِنَّ اللَّهَ لَا يُغَيِّرُ مَا بِقَوْمٍ حَتَّىٰ يُغَيِّرُوا مَا بِأَنفُسِهِمْ وَإِذَا
أَرَادَ اللَّهُ بِقَوْمٍ سُوٓءًا فَلَا مَرَدَّ لَهُ وَمَا لَهُم مِّن دُونِهِ مِن
وَالٍ ﴿12﴾ هُوَ الَّذِي يُرِيكُمُ الْبَرْقَ خَوْفًا وَطَمَعًا وَيُنشِئُ
السَّحَابَ الثِّقَالَ ﴿13﴾ وَيُسَبِّحُ الرَّعْدُ بِحَمْدِهِ وَالْمَلَٰٓئِكَةُ
مِنْ خِيفَتِهِ وَيُرْسِلُ الصَّوَٰعِقَ فَيُصِيبُ بِهَا مَن
يَشَآءُ وَهُمْ يُجَٰدِلُونَ فِي اللَّهِ وَهُوَ شَدِيدُ الْمِحَالِ ﴿14﴾

الرَّعْد

- مَا تَغِيضُ الْأَرْحَامُ ما تَنْقُصُه أو تُسقطُه
- مُعَقِّبَٰتٌ ملائكةٌ تعتقبُ في حِفظِهِ
- الثِّقَالَ الموقرةَ بالماءِ
- الْمِحَالِ المكايدةِ أو القوّةِ أو العقابِ

مدّ مشبع 6 حركات	مدّ حركتين	إخفاء، ومواقع الغُنَّة (حركتين)	تفخيم
مدّ 2 أو 4 أو 6 جوازاً		إدغام، وما لا يُلفَظ	قلقلة

ثُمُنٌ

۞ لَهُۥ دَعْوَةُ اُ۬لْحَقِّۖ وَالذِينَ يَدْعُونَ مِن دُونِهِۦ لَا يَسْتَجِيبُونَ لَهُم
بِشَےْءٍ اِلَّا كَبَٰسِطِ كَفَّيْهِ إِلَى اَ۬لْمَآءِ لِيَبْلُغَ فَاهُ وَمَا هُوَ بِبَٰلِغِهِۦۖ وَمَا
دُعَآءُ اُ۬لْكٰ۪فِرِينَ إِلَّا فِے ضَلَٰلٖۖ (15) وَلِلهِ يَسْجُدُ مَن فِے اِ۬لسَّمَٰوَٰتِ
وَالَارْضِ طَوْعاٗ وَكَرْهاٗ وَظِلَٰلُهُم بِالْغُدُوِّ وَالَاصَالِۖ ۩ (16) قُلْ
مَن رَّبُّ اُ۬لسَّمَٰوَٰتِ وَالَارْضِ قُلِ اِ۬للَّهُۖ قُلَ اَفَاتَّخَذتُّم مِّن دُونِهِۦٓ أَوْلِيَآءَ لَا
يَمْلِكُونَ لِأَنفُسِهِمْ نَفْعاٗ وَلَا ضَرّاٗۖ قُلْ هَلْ يَسْتَوِے اِ۬لَاعْمَيٰ وَالْبَصِيرُۖ
أَمْ هَلْ تَسْتَوِے اِ۬لظُّلُمَٰتُ وَالنُّورُۖ (17) أَمْ جَعَلُواْ لِلهِ شُرَكَآءَ خَلَقُواْ
كَخَلْقِهِۦ فَتَشَٰبَهَ اَ۬لْخَلْقُ عَلَيْهِمْۖ قُلِ اِ۬للَّهُ خَٰلِقُ كُلِّ شَےْءٖۖ وَهُوَ اَ۬لْوَٰحِدُ
اُ۬لْقَهَّٰرُۖ (18) أَنزَلَ مِنَ اَ۬لسَّمَآءِ مَآءٗ فَسَالَتَ اَوْدِيَةُۢ بِقَدَرِهَا فَاحْتَمَلَ
اَ۬لسَّيْلُ زَبَداٗ رَّابِياٗۖ وَمِمَّا تُوقِدُونَ عَلَيْهِ فِے اِ۬لنّ۪ارِ اِ۪بْتِغَآءَ حِلْيَةٍ اَوْ مَتَٰعٖ
زَبَدٞ مِّثْلُهُۥۖ كَذَٰلِكَ يَضْرِبُ اُ۬للَّهُ اُ۬لْحَقَّ وَالْبَٰطِلَۖ فَأَمَّا اَ۬لزَّبَدُ فَيَذْهَبُ
جُفَآءٗۖ وَأَمَّا مَا يَنفَعُ اُ۬لنَّاسَ فَيَمْكُثُ فِے اِ۬لَارْضِۖ كَذَٰلِكَ يَضْرِبُ اُ۬للَّهُ
اُ۬لَامْثَالَۖ (19) لِلذِينَ اَ۪سْتَجَابُواْ لِرَبِّهِمُ اُ۬لْحُسْنَيٰۖ وَالذِينَ لَمْ يَسْتَجِيبُواْ
لَهُۥ لَوَ اَنَّ لَهُم مَّا فِے اِ۬لَارْضِ جَمِيعاٗ وَمِثْلَهُۥ مَعَهُۥ لَافْتَدَوْاْ بِهِۦٓۖ
أُوْلَٰٓئِكَ لَهُمْ سُوٓءُ اُ۬لْحِسَابِۖ وَمَأْو۪يٰهُمْ جَهَنَّمُۖ وَبِيسَ اَ۬لْمِهَادُۖ (20)

سَجْدَةٌ

- بِالْغُدُوِّ وَالَاصَالِ: أوائلِ النّهارِ وأواخرِه
- بِقَدَرِهَا: بمقدارِها
- زَبَداً: الرّغوةَ تعلو وجهَ الماءِ
- رَّابِياً: مرتفعًا منتفخًا على وجهِ السّيلِ
- زَبَدٌ: الخبثُ الطافي فوقَ المعادنِ الذائبةِ
- جُفَآءً: مرميًا مطروحًا
- اَلْمِهَادُ: الفراشُ

مدّ مشبع 6 حركات | مدّ حركتين | إخفاء، ومواقع الغُنّة (حركتين) | تفخيم
مدّ 2 أو 4 أو 6 جوازاً | إدغام، وما لا يُلفظ | قلقلة

۞أَفَمَن يَعْلَمُ أَنَّمَآ أُنزِلَ إِلَيْكَ مِن رَّبِّكَ ٱلْحَقُّ كَمَنْ هُوَ أَعْمَىٰٓ إِنَّمَا
يَتَذَكَّرُ أُوْلُواْ ٱلْأَلْبَٰبِ ﴿21﴾ ٱلَّذِينَ يُوفُونَ بِعَهْدِ ٱللَّهِ وَلَا يَنقُضُونَ
ٱلْمِيثَٰقَ ﴿22﴾ وَٱلَّذِينَ يَصِلُونَ مَآ أَمَرَ ٱللَّهُ بِهِۦٓ أَن يُوصَلَ وَيَخْشَوْنَ
رَبَّهُمْ وَيَخَافُونَ سُوٓءَ ٱلْحِسَابِ ﴿23﴾ وَٱلَّذِينَ صَبَرُواْ ٱبْتِغَآءَ
وَجْهِ رَبِّهِمْ وَأَقَامُواْ ٱلصَّلَوٰةَ وَأَنفَقُواْ مِمَّا رَزَقْنَٰهُمْ سِرًّا وَعَلَانِيَةً
وَيَدْرَءُونَ بِٱلْحَسَنَةِ ٱلسَّيِّئَةَ أُوْلَٰٓئِكَ لَهُمْ عُقْبَى ٱلدَّارِ ﴿24﴾ جَنَّٰتُ
عَدْنٍ يَدْخُلُونَهَا وَمَن صَلَحَ مِنْ ءَابَآئِهِمْ وَأَزْوَٰجِهِمْ وَذُرِّيَّٰتِهِمْ
وَٱلْمَلَٰٓئِكَةُ يَدْخُلُونَ عَلَيْهِم مِّن كُلِّ بَابٍ سَلَٰمٌ عَلَيْكُم بِمَا صَبَرْتُمْ
فَنِعْمَ عُقْبَى ٱلدَّارِ ﴿25﴾ وَٱلَّذِينَ يَنقُضُونَ عَهْدَ ٱللَّهِ مِنۢ بَعْدِ مِيثَٰقِهِۦ
وَيَقْطَعُونَ مَآ أَمَرَ ٱللَّهُ بِهِۦٓ أَن يُوصَلَ وَيُفْسِدُونَ فِى ٱلْأَرْضِ أُوْلَٰٓئِكَ
لَهُمُ ٱللَّعْنَةُ وَلَهُمْ سُوٓءُ ٱلدَّارِ ﴿26﴾ ٱللَّهُ يَبْسُطُ ٱلرِّزْقَ لِمَن يَشَآءُ وَيَقْدِرُ
وَفَرِحُواْ بِٱلْحَيَوٰةِ ٱلدُّنْيَا وَمَا ٱلْحَيَوٰةُ ٱلدُّنْيَا فِى ٱلْءَاخِرَةِ إِلَّا مَتَٰعٌ ﴿27﴾
وَيَقُولُ ٱلَّذِينَ كَفَرُواْ لَوْلَآ أُنزِلَ عَلَيْهِ ءَايَةٌ مِّن رَّبِّهِۦ قُلْ إِنَّ
ٱللَّهَ يُضِلُّ مَن يَشَآءُ وَيَهْدِىٓ إِلَيْهِ مَنْ أَنَابَ ﴿28﴾ ٱلَّذِينَ ءَامَنُواْ
وَتَطْمَئِنُّ قُلُوبُهُم بِذِكْرِ ٱللَّهِ أَلَا بِذِكْرِ ٱللَّهِ تَطْمَئِنُّ ٱلْقُلُوبُ ﴿29﴾

الرَّعْد

- وَيَدْرَءُونَ: يدفعُونَ
- عُقْبَى ٱلدَّارِ: عاقبتُها المحمودةُ وهي الجنّاتُ
- يَقْدِرُ: يُضيّقُهُ على منْ يشاءُ
- أَنَابَ: رجعَ إليه بقلبِهِ

مدّ مشبع 6 حركات / مدّ 2 أو 4 أو 6 جوازاً	مدّ حركتين	إخفاء، ومواقع الغُنّة (حركتين) / إدغام، وما لا يُلفَظ	تفخيم / قلقلة

ٱلذِينَ ءَامَنُواْ وَعَمِلُواْ ٱلصَّٰلِحَٰتِ طُوبَىٰ لَهُمْ وَحُسْنُ مَـَٔابٍ (30)
۞ كَذَٰلِكَ أَرْسَلْنَٰكَ فِے أُمَّةٍ قَدْ خَلَتْ مِن قَبْلِهَآ أُمَمٌ
لِّتَتْلُوَاْ عَلَيْهِمُ ٱلذِے أَوْحَيْنَآ إِلَيْكَ وَهُمْ يَكْفُرُونَ بِالرَّحْمَٰنِ
قُلْ هُوَ رَبِّے لَآ إِلَٰهَ إِلَّا هُوَ عَلَيْهِ تَوَكَّلْتُ وَإِلَيْهِ مَتَابِ (31)
وَلَوَ اَنَّ قُرْءَاناً سُيِّرَتْ بِهِ ٱلْجِبَالُ أَوْ قُطِّعَتْ بِهِ ٱلَارْضُ أَوْ
كُلِّمَ بِهِ ٱلْمَوْتَىٰ بَل لِّلَّهِ ٱلَامْرُ جَمِيعاً اَفَلَمْ يَاْيْـَٔسِ ٱلذِينَ ءَامَنُوٓاْ
أَن لَّوْ يَشَآءُ ٱللَّهُ لَهَدَى ٱلنَّاسَ جَمِيعاً وَلَا يَزَالُ ٱلذِينَ كَفَرُواْ
تُصِيبُهُم بِمَا صَنَعُواْ قَارِعَةٌ اَوْ تَحُلُّ قَرِيباً مِّن دَارِهِمْ حَتَّىٰ يَاتِيَ
وَعْدُ ٱللَّهِ إِنَّ ٱللَّهَ لَا يُخْلِفُ ٱلْمِيعَادَ (32) وَلَقَدُ ٱسْتُهْزِئَ بِرُسُلٍ
مِّن قَبْلِكَ فَأَمْلَيْتُ لِلذِينَ كَفَرُواْ ثُمَّ أَخَذتُّهُمْ فَكَيْفَ كَانَ
عِقَابِ (33) أَفَمَنْ هُوَ قَآئِمٌ عَلَىٰ كُلِّ نَفْسِۢ بِمَا كَسَبَتْ وَجَعَلُواْ
لِلَّهِ شُرَكَآءَ قُلْ سَمُّوهُمُۥٓ أَمْ تُنَبِّـُٔونَهُۥ بِمَا لَا يَعْلَمُ فِے ٱلَارْضِ أَم
بِظَٰهِرٍ مِّنَ ٱلْقَوْلِ بَلْ زُيِّنَ لِلذِينَ كَفَرُواْ مَكْرُهُمْ وَصَدُّواْ عَنِ
ٱلسَّبِيلِ وَمَنْ يُّضْلِلِ ٱللَّهُ فَمَا لَهُۥ مِنْ هَادٍ (34) لَّهُمْ عَذَابٌ فِے ٱلْحَيَوٰةِ
ٱلدُّنْيَا وَلَعَذَابُ ٱلَاخِرَةِ أَشَقُّ وَمَا لَهُم مِّنَ ٱللَّهِ مِن وَاقٍ (35)

ثُمُنٌ

- طُوبَىٰ لَهُمْ: عيشٌ طيّبٌ لهم في الآخرةِ
- حُسْنُ مَـَٔابٍ: مرجعٍ
- مَتَابِ: توبتي ورجوعي
- يَاْيْـَٔسِ: يعلم
- قَارِعَةٌ: داهيةٌ تقرعهم بالبلايا
- فَأَمْلَيْتُ: أمهلتُ
- وَاقٍ: حافظٍ من عذابِهِ

مدّ مشبع 6 حركات — مدّ 2 أو 4 أو 6 جوازاً — مدّ حركتين — إخفاء، ومواقع الغُنّة (حركتين) — إدغام، وما لا يُلفظ — تفخيـ — قلقـ

ربع

۞ مَّثَلُ ٱلْجَنَّةِ ٱلَّتِے وُعِدَ ٱلْمُتَّقُونَ تَجْرِے مِن تَحْتِهَا ٱلْاَنْهَٰرُ أُكْلُهَا
دَآئِمٌ وَظِلُّهَا تِلْكَ عُقْبَى ٱلذِينَ إتَّقَوا وَّعُقْبَى ٱلْكٰفِرِينَ ٱلنَّارُ ﴿36﴾
وَالذِينَ ءَاتَيْنَٰهُمُ ٱلْكِتَٰبَ يَفْرَحُونَ بِمَآ أُنزِلَ إِلَيْكَ وَمِنَ
ٱلَاحْزَابِ مَنْ يُّنكِرُ بَعْضَهُۥ قُلِ اِنَّمَآ أُمِرْتُ أَنَ اَعْبُدَ ٱللَّهَ وَلَآ
أُشْرِكَ بِهِۦٓ إِلَيْهِ أَدْعُواْ وَإِلَيْهِ مَـَٔابِ ﴿37﴾ وَكَذَٰلِكَ أَنزَلْنَٰهُ
حُكْماً عَرَبِيّاً وَلَئِنِ إتَّبَعْتَ أَهْوَآءَهُم بَعْدَ مَا جَآءَكَ مِنَ ٱلْعِلْمِ
مَا لَكَ مِنَ ٱللَّهِ مِن وَّلِيٍّ وَلَا وَاقٍ ﴿38﴾ وَلَقَدَ اَرْسَلْنَا رُسُلاً مِّن
قَبْلِكَ وَجَعَلْنَا لَهُمُۥٓ أَزْوَٰجاً وَذُرِّيَّةً وَمَا كَانَ لِرَسُولٍ اَنْ يَّاتِيَ
بِـَٔايَةٍ اِلَّا بِإِذْنِ ٱللَّهِ لِكُلِّ أَجَلٍ كِتَابٌ ﴿39﴾ يَمْحُواْ ٱللَّهُ مَا
يَشَآءُ وَيُثَبِّتُ وَعِندَهُۥٓ أُمُّ ٱلْكِتَٰبِ ﴿40﴾ وَإِن مَّا نُرِيَنَّكَ
بَعْضَ ٱلذِے نَعِدُهُمُۥٓ أَوْ نَتَوَفَّيَنَّكَ فَإِنَّمَا عَلَيْكَ ٱلْبَلَٰغُ وَعَلَيْنَا
ٱلْحِسَابُ ﴿41﴾ أَوَلَمْ يَرَوْاْ اَنَّا نَاتِے ٱلَارْضَ نَنقُصُهَا مِنَ اَطْرَافِهَا
وَاللَّهُ يَحْكُمُ لَا مُعَقِّبَ لِحُكْمِهِۦ وَهُوَ سَرِيعُ ٱلْحِسَابِ ﴿42﴾
وَقَدْ مَكَرَ ٱلذِينَ مِن قَبْلِهِمْ فَلِلهِ ٱلْمَكْرُ جَمِيعاً يَعْلَمُ مَا
تَكْسِبُ كُلُّ نَفْسٍ وَسَيَعْلَمُ ٱلْكَٰفِرُ لِمَنْ عُقْبَى ٱلدَّارِ ﴿43﴾

أُكْلُهَا: ثمرها الذي يؤكل
مَـَٔابِ: مرجعي للجزاء
أُمُّ ٱلْكِتَٰبِ: اللوح المحفوظ أو العلم الإلهي
لَا مُعَقِّبَ: لا رادّ ولا مُبطل

الرَّعْد

مدّ مشبع 6 حركات — مدّ 2 أو 4 أو 6 جوازاً — مدّ حركتين — إخفاء، ومواقع الغُنّة (حركتين) — إدغام، وما لا يُلفظ — تفخيم — قلقلة

وَيَقُولُ ٱلَّذِينَ كَفَرُوا۟ لَسْتَ مُرْسَلًا ۚ قُلْ كَفَىٰ بِٱللَّهِ
شَهِيدًۢا بَيْنِى وَبَيْنَكُمْ وَمَنْ عِندَهُۥ عِلْمُ ٱلْكِتَٰبِ 44

سُورَةُ إِبْرَاهِيمَ

ترتيبها 14 — آياتها 54

بِسْمِ ٱللَّهِ ٱلرَّحْمَٰنِ ٱلرَّحِيمِ

۞ الٓر ۚ كِتَٰبٌ أَنزَلْنَٰهُ إِلَيْكَ لِتُخْرِجَ ٱلنَّاسَ مِنَ ٱلظُّلُمَٰتِ إِلَى
ٱلنُّورِ 1 بِإِذْنِ رَبِّهِمْ إِلَىٰ صِرَٰطِ ٱلْعَزِيزِ ٱلْحَمِيدِ 2
ٱللَّهِ ٱلَّذِى لَهُۥ مَا فِى ٱلسَّمَٰوَٰتِ وَمَا فِى ٱلْأَرْضِ ۗ وَوَيْلٌ
لِّلْكَٰفِرِينَ مِنْ عَذَابٍ شَدِيدٍ 3 ٱلَّذِينَ يَسْتَحِبُّونَ
ٱلْحَيَوٰةَ ٱلدُّنْيَا عَلَى ٱلْءَاخِرَةِ وَيَصُدُّونَ عَن سَبِيلِ ٱللَّهِ
وَيَبْغُونَهَا عِوَجًا ۚ أُو۟لَٰٓئِكَ فِى ضَلَٰلٍۭ بَعِيدٍ 4 وَمَآ أَرْسَلْنَا
مِن رَّسُولٍ إِلَّا بِلِسَانِ قَوْمِهِۦ لِيُبَيِّنَ لَهُمْ ۖ فَيُضِلُّ ٱللَّهُ مَن
يَشَآءُ وَيَهْدِى مَن يَشَآءُ ۚ وَهُوَ ٱلْعَزِيزُ ٱلْحَكِيمُ 5
وَلَقَدْ أَرْسَلْنَا مُوسَىٰ بِـَٔايَٰتِنَآ أَنْ أَخْرِجْ قَوْمَكَ
مِنَ ٱلظُّلُمَٰتِ إِلَى ٱلنُّورِ 6 وَذَكِّرْهُم بِأَيَّىٰمِ
ٱللَّهِ ۚ إِنَّ فِى ذَٰلِكَ لَءَايَٰتٍ لِّكُلِّ صَبَّارٍ شَكُورٍ 7

ثُمُنٌ

- بِإِذْنِ رَبِّهِمْ بتيسيرِهِ وتوفيقِهِ
- ٱلْعَزِيزِ الغالبِ أو الذي لا مثيلَ لهُ
- ٱلْحَمِيدِ المحمودِ المُثنى عليهِ
- وَيْلٌ هلاكٌ أو حسرةٌ أو وادٍ في جهنّمَ
- يَسْتَحِبُّونَ يختارُونَ ويؤثرُونَ
- يَبْغُونَهَا عِوَجًا يطلبُونَها مُعوجّةً

مدّ مشبع 6 حركات — مدّ 2 أو 4 أو 6 جوازاً — مدّ حركتين — إخفاء، ومواقع الغُنّة (حركتين) — إدغام، وما لا يُلفظ — تفخيم — قلقلة

وَإِذْ قَالَ مُوسَىٰ لِقَوْمِهِ اذْكُرُواْ نِعْمَةَ اللَّهِ عَلَيْكُمُۥٓ
إِذَ اَنجِيٰكُم مِّنَ اٰلِ فِرْعَوْنَ يَسُومُونَكُمْ سُوٓءَ الْعَذَابِ
وَيُذَبِّحُونَ أَبْنَآءَكُمْ وَيَسْتَحْيُونَ نِسَآءَكُمْ وَفِے ذَٰلِكُم
بَلَآءٌ مِّن رَّبِّكُمْ عَظِيمٌ ﴿8﴾ وَإِذْ تَأَذَّنَ رَبُّكُمْ
لَئِن شَكَرْتُمْ لَأَزِيدَنَّكُمْ وَلَئِن كَفَرْتُمُۥٓ إِنَّ عَذَابِے
لَشَدِيدٌ ﴿9﴾ وَقَالَ مُوسَىٰٓ إِن تَكْفُرُوٓاْ أَنتُمْ وَمَن فِے الْاَرْضِ
جَمِيعاً فَإِنَّ اللَّهَ لَغَنِيٌّ حَمِيدٌ ﴿10﴾ اَلَمْ يَاتِكُمْ نَبَؤُاْ الذِينَ
مِن قَبْلِكُمْ قَوْمِ نُوحٍ وَعَادٍ وَثَمُودَ ﴿11﴾ وَالذِينَ مِنۢ
بَعْدِهِمْ لَا يَعْلَمُهُمُۥٓ إِلَّا اللَّهُ جَآءَتْهُمْ رُسُلُهُم بِالْبَيِّنَٰتِ فَرَدُّوٓاْ
أَيْدِيَهُمْ فِےٓ أَفْوَٰهِهِمْ وَقَالُوٓاْ إِنَّا كَفَرْنَا بِمَآ أُرْسِلْتُم بِهِۦ
وَإِنَّا لَفِے شَكٍّ مِّمَّا تَدْعُونَنَآ إِلَيْهِ مُرِيبٍ ﴿12﴾ ۞ قَالَتْ
رُسُلُهُمُۥٓ أَفِے اللَّهِ شَكٌّ فَاطِرِ السَّمَٰوَٰتِ وَالْاَرْضِ يَدْعُوكُمْ
لِيَغْفِرَ لَكُم مِّن ذُنُوبِكُمْ وَيُؤَخِّرَكُمُۥٓ إِلَىٰٓ أَجَلٍ
مُّسَمًّى قَالُوٓاْ إِنَ اَنتُمُۥٓ إِلَّا بَشَرٌ مِّثْلُنَا تُرِيدُونَ أَن تَصُدُّونَا
عَمَّا كَانَ يَعْبُدُ ءَابَآؤُنَا فَاتُونَا بِسُلْطَٰنٍ مُّبِينٍ ﴿13﴾

- يَسُومُونَكُمْ: يذيقونكم أو يكلفونكم
- يَسْتَحْيُونَ: يستبقون للخدمةِ
- بَلَآءٌ: ابتلاءٌ بالنّعمِ والنّقمِ

إبراهيم

- تَأَذَّنَ رَبُّكُمْ: أعلَمَ إعلامًا لا شُبهةَ فيه

نِصْفٌ

- مُرِيبٍ: مُوقعٍ في الرّيبةِ والقلقِ
- فَاطِرِ: مُبدعِ
- بِسُلْطَٰنٍ: حجّةٍ وبرهانٍ

مدّ مشبع 6 حركات — مدّ 2 أو 4 أو 6 جوازاً — مدّ حركتين — إخفاء، ومواقع الغُنّة (حركتين) — إدغام، وما لا يُلفَظ — تفخيم — قلقلة

قَالَتْ لَهُمْ رُسُلُهُمُۥٓ إِن نَّحْنُ إِلَّا بَشَرٞ مِّثْلُكُمْ وَلَٰكِنَّ
اَ۬للَّهَ يَمُنُّ عَلَيٰ مَن يَّشَآءُ مِنْ عِبَادِهِۦۖ وَمَا كَانَ لَنَآ أَن نَّاتِيَكُم
بِسُلْطَٰنٍ اِلَّا بِإِذْنِ اِ۬للَّهِۖ وَعَلَى اَ۬للَّهِ فَلْيَتَوَكَّلِ اِ۬لْمُومِنُونَۖ ﴿14﴾
وَمَا لَنَآ أَلَّا نَتَوَكَّلَ عَلَى اَ۬للَّهِ وَقَدْ هَدَيٰنَا سُبُلَنَاۖ وَلَنَصْبِرَنَّ
عَلَيٰ مَآ ءَاذَيْتُمُونَاۖ وَعَلَى اَ۬للَّهِ فَلْيَتَوَكَّلِ اِ۬لْمُتَوَكِّلُونَۖ ﴿15﴾
وَقَالَ اَ۬لذِينَ كَفَرُواْ لِرُسُلِهِمْ لَنُخْرِجَنَّكُم مِّنَ اَرْضِنَآ
أَوْ لَتَعُودُنَّ فِے مِلَّتِنَاۖ فَأَوْحَيٰٓ إِلَيْهِمْ رَبُّهُمْ لَنُهْلِكَنَّ
اَ۬لظَّٰلِمِينَ ﴿16﴾ وَلَنُسْكِنَنَّكُمُ اُ۬لَارْضَ مِنۢ بَعْدِهِمْۖ ذَٰلِكَ
لِمَنْ خَافَ مَقَامِے وَخَافَ وَعِيدِۦۖ ﴿17﴾ وَاسْتَفْتَحُواْۖ وَخَابَ
كُلُّ جَبَّارٍ عَنِيدٖ ﴿18﴾ مِّن وَّرَآئِهِۦ جَهَنَّمُ وَيُسْقَيٰ مِن
مَّآءٖ صَدِيدٖ ﴿19﴾ يَتَجَرَّعُهُۥ وَلَا يَكَادُ يُسِيغُهُۥ وَيَاتِيهِ
اِ۬لْمَوْتُ مِن كُلِّ مَكَانٖ وَمَا هُوَ بِمَيِّتٖ وَمِن وَّرَآئِهِۦ
عَذَابٌ غَلِيظٞۖ ﴿20﴾ مَّثَلُ اُ۬لذِينَ كَفَرُواْ بِرَبِّهِمُۥٓۖ أَعْمَٰلُهُمْ
كَرَمَادٍ اِشْتَدَّتْ بِهِ اِ۬لرِّيَٰحُ فِے يَوْمٍ عَاصِفٖۖ لَّا يَقْدِرُونَ
مِمَّا كَسَبُواْ عَلَيٰ شَےْءٖۖ ذَٰلِكَ هُوَ اَ۬لضَّلَٰلُ اُ۬لْبَعِيدُۖ ﴿21﴾

- خَافَ مَقَامِے: موقفَهُ بينَ يديَّ للحسابِ
- اسْتَفْتَحُواْ: استنصرُوا باللهِ على الظالمينَ
- خَابَ: خسرَ وهلكَ
- جَبَّارٍ: مُتعاظمٍ متكبّرٍ
- عَنِيدٍ: معاندٍ للحقِّ مُجانبٍ لهُ
- صَدِيدٍ: ما يسيلُ من أجسادِ أهلِ النّارِ
- يَتَجَرَّعُهُ: يتكلّفُ بلعَهُ
- يُسِيغُهُ: يبتلعُهُ
- عَاصِفٍ: شديدِ هبوبِ الرّيحِ

مدّ مشبع 6 حركات — مدّ 2 أو 4 أو 6 جوازاً — مدّ حركتين — إخفاء، ومواقع الغُنّة (حركتين) — إدغام، وما لا يُلفظ — تفخـ — قلقـ

۞ أَلَمْ تَرَ أَنَّ اَ۬للَّهَ خَلَقَ اَ۬لسَّمَٰوَٰتِ وَالَارْضَ بِالْحَقِّۖ إِنْ يَّشَأْ
يُذْهِبْكُمْ وَيَاتِ بِخَلْقٖ جَدِيدٖۖ وَمَا ذَٰلِكَ عَلَى اَ۬للَّهِ بِعَزِيزٖۖ (22)
وَبَرَزُواْ لِلَّهِ جَمِيعاٗ فَقَالَ اَ۬لضُّعَفَٰٓؤُاْ لِلذِينَ اَ۪سْتَكْبَرُوٓاْ
إِنَّا كُنَّا لَكُمْ تَبَعاٗ فَهَلَ اَنتُم مُّغْنُونَ عَنَّا مِنْ عَذَابِ
اِ۬للَّهِ مِن شَےْءٖۖ قَالُواْ لَوْ هَدَيٰنَا اَ۬للَّهُ لَهَدَيْنَٰكُمْۖ سَوَآءٌ عَلَيْنَآ
أَجَزِعْنَآ أَمْ صَبَرْنَا مَا لَنَا مِن مَّحِيصٖۖ (23) وَقَالَ اَ۬لشَّيْطَٰنُ
لَمَّا قُضِيَ اَ۬لَامْرُ إِنَّ اَ۬للَّهَ وَعَدَكُمْ وَعْدَ اَ۬لْحَقِّ وَوَعَدتُّكُمْ
فَأَخْلَفْتُكُمْ وَمَا كَانَ لِيَ عَلَيْكُم مِّن سُلْطَٰنٍ اِلَّآ أَن
دَعَوْتُكُمْ فَاسْتَجَبْتُمْ لِے فَلَا تَلُومُونِے وَلُومُوٓاْ أَنفُسَكُم مَّآ
أَنَا بِمُصْرِخِكُمْ وَمَآ أَنتُم بِمُصْرِخِيَّ إِنِّے كَفَرْتُ بِمَآ
أَشْرَكْتُمُونِ مِن قَبْلُۖ إِنَّ اَ۬لظَّٰلِمِينَ لَهُمْ عَذَابٌ اَلِيمٞۖ (24)
وَأُدْخِلَ اَ۬لذِينَ ءَامَنُواْ وَعَمِلُواْ اُ۬لصَّٰلِحَٰتِ جَنَّٰتٖ تَجْرِے
مِن تَحْتِهَا اَ۬لَانْهَٰرُ خَٰلِدِينَ فِيهَا بِإِذْنِ رَبِّهِمْۖ تَحِيَّتُهُمْ فِيهَا
سَلَٰمٌۖ (25) اَلَمْ تَرَ كَيْفَ ضَرَبَ اَ۬للَّهُ مَثَلاٗ كَلِمَةٗ طَيِّبَةٗ
كَشَجَرَةٖ طَيِّبَةٍ اَصْلُهَا ثَابِتٞ وَفَرْعُهَا فِے اِ۬لسَّمَآءِ (26)

- بَرَزُواْ: خرجُوا من القبورِ للحسابِ
- مَّحِيصٍ: منجى ومهربٍ
- سُلْطَٰنٍ: تسلّطٍ أو حجّةٍ

إِبْرَٰهِيم

- بِمُصْرِخِكُمْ: بمُغيثِكُم من العذابِ
- بِمُصْرِخِيَّ: بمغيثِيّ من العذابِ

مدّ مشبع 6 حركات	مدّ حركتين	إخفاء، ومواقع الغُنّة (حركتين)	تفخيم
مدّ 2 أو 4 أو 6 جوازاً		إدغام، وما لا يُلفَظ	قلقلة

تُوتِے أُكُلَهَا كُلَّ حِينِۢ بِإِذْنِ رَبِّهَاۖ وَيَضْرِبُ اُ۬للَّهُ اُ۬لَامْثَالَ
لِلنَّاسِ لَعَلَّهُمْ يَتَذَكَّرُونَۖ (27) وَمَثَلُ كَلِمَةٍ خَبِيثَةٍ
كَشَجَرَةٍ خَبِيثَةٍ اِ۪جْتُثَّتْ مِن فَوْقِ اِ۬لَارْضِ مَا لَهَا مِن
قَرَارٍۖ (28) يُثَبِّتُ اُ۬للَّهُ اُ۬لذِينَ ءَامَنُواْ بِالْقَوْلِ اِ۬لثَّابِتِ فِے
اِ۬لْحَيَوٰةِ اِ۬لدُّنْيا وَفِے اِ۬لَاخِرَةِۖ وَيُضِلُّ اُ۬للَّهُ اُ۬لظَّٰلِمِينَۖ وَيَفْعَلُ اُ۬للَّهُ
مَا يَشَآءُۖ (29) ۞ أَلَمْ تَرَ إِلَى اَ۬لذِينَ بَدَّلُواْ نِعْمَتَ اَ۬للَّهِ كُفْراً
وَأَحَلُّواْ قَوْمَهُمْ دَارَ اَ۬لْبَوَارِ (30) جَهَنَّمَ يَصْلَوْنَهَاۖ وَبِيسَ
اَ۬لْقَرَارُۖ (31) وَجَعَلُواْ لِلهِ أَندَاداً لِّيُضِلُّواْ عَن سَبِيلِهِۦۖ قُلْ
تَمَتَّعُواْ فَإِنَّ مَصِيرَكُمُۥ إِلَى اَ۬لنّ۪ارِۖ (32) قُل لِّعِبَادِيَ اَ۬لذِينَ
ءَامَنُواْ يُقِيمُواْ اُ۬لصَّلَوٰةَ وَيُنفِقُواْ مِمَّا رَزَقْنَٰهُمْ سِرّاً وَعَلَٰنِيَةً
مِّن قَبْلِ أَنْ يَّاتِيَ يَوْمٞ لَّا بَيْعٞ فِيهِ وَلَا خِلَٰلٌۖ (33) اُ۬للَّهُ اُ۬لذِے
خَلَقَ اَ۬لسَّمَٰوَٰتِ وَالَارْضَ وَأَنزَلَ مِنَ اَ۬لسَّمَآءِ مَآءٗ فَأَخْرَجَ
بِهِۦ مِنَ اَ۬لثَّمَرَٰتِ رِزْقاً لَّكُمْۖ وَسَخَّرَ لَكُمُ اُ۬لْفُلْكَ لِتَجْرِيَ
فِے اِ۬لْبَحْرِ بِأَمْرِهِۦۖ وَسَخَّرَ لَكُمُ اُ۬لَانْهَٰرَۖ (34) وَسَخَّرَ لَكُمُ
اُ۬لشَّمْسَ وَالْقَمَرَ دَآئِبَيْنِۖ وَسَخَّرَ لَكُمُ اُ۬ليْلَ وَالنَّهَارَۖ (35)

- أُكُلَهَا: ثمرَها الذي يُؤكَل
- اِ۪جْتُثَّتْ: اقتُلِعَتْ جثّتُها من أصلِها
- اَ۬لْبَوَارِ: الهلاكِ
- يَصْلَوْنَهَا: يدخلُونَها
- أَندَاداً: أمثالًا من الأصنامِ يعبدُونَها
- لَا خِلَٰلٌ: لا مُخالَّةٌ ولا مُوادَّةٌ
- دَآئِبَيْنِ: دائمَينِ في سيرِهما في الدّنيا

رُبُع

- مدّ مشبع 6 حركات
- مدّ 2 أو 4 أو 6 جوازاً
- مدّ حركتين
- إخفاء، ومواقع الغُنّة (حركتين)
- إدغام، وما لا يُلفَظ
- تفخيـ
- قلقـ

وَءَاتِيٰكُم مِّن كُلِّ مَا سَأَلْتُمُوهُ وَإِن تَعُدُّواْ نِعْمَتَ أَللَّهِ
لَا تُحْصُوهَآ إِنَّ أَلْإِنسَٰنَ لَظَلُومٌ كَفَّارٌ (36) وَإِذْ قَالَ
إِبْرَٰهِيمُ رَبِّ إِجْعَلْ هَٰذَا أَلْبَلَدَ ءَامِناً وَاجْنُبْنِي وَبَنِيَّ أَن
نَّعْبُدَ أَلْأَصْنَامَ (37) رَبِّ إِنَّهُنَّ أَضْلَلْنَ كَثِيراً مِّنَ أَلنَّاسِ فَمَن
تَبِعَنِي فَإِنَّهُۥ مِنِّي وَمَنْ عَصَانِي فَإِنَّكَ غَفُورٌ رَّحِيمٌ (38) رَّبَّنَا
إِنِّيَ أَسْكَنتُ مِن ذُرِّيَّتِي بِوَادٍ غَيْرِ ذِي زَرْعٍ عِندَ بَيْتِكَ
أَلْمُحَرَّمِ رَبَّنَا لِيُقِيمُواْ أَلصَّلَوٰةَ فَاجْعَلَ اَفْئِدَةً مِّنَ أَلنَّاسِ
تَهْوِيَ إِلَيْهِمْ وَارْزُقْهُم مِّنَ أَلثَّمَرَٰتِ لَعَلَّهُمْ يَشْكُرُونَ (39)
رَبَّنَآ إِنَّكَ تَعْلَمُ مَا نُخْفِي وَمَا نُعْلِنُ وَمَا يَخْفَىٰ عَلَى أَللَّهِ مِن
شَيْءٍ فِي أَلْأَرْضِ وَلَا فِي أَلسَّمَآءِ (40) ۞ أَلْحَمْدُ لِلَّهِ أَلَّذِي
وَهَبَ لِي عَلَى أَلْكِبَرِ إِسْمَٰعِيلَ وَإِسْحَٰقَ إِنَّ رَبِّي لَسَمِيعُ
أَلدُّعَآءِ (41) رَبِّ إِجْعَلْنِي مُقِيمَ أَلصَّلَوٰةِ وَمِن ذُرِّيَّتِي رَبَّنَا
وَتَقَبَّلْ دُعَآءِ (42) رَبَّنَا اَغْفِرْ لِي وَلِوَٰلِدَيَّ وَلِلْمُومِنِينَ يَوْمَ
يَقُومُ أَلْحِسَابُ (43) وَلَا تَحْسِبَنَّ أَللَّهَ غَٰفِلاً عَمَّا يَعْمَلُ
أَلظَّٰلِمُونَ إِنَّمَا يُؤَخِّرُهُمْ لِيَوْمٍ تَشْخَصُ فِيهِ أَلْأَبْصَٰرُ (44)

- لَا تُحْصُوهَآ: لا تطيقوا عدَّها لكثرتها
- اجْنُبْنِي: أبعِدْني
- تَهْوِيَ إِلَيْهِمْ: تسرعُ إليهم شوقًا وودادًا
- تَشْخَصُ: ترتفعُ دونَ أن تطرفَ

إِبْرَاهِيم

ثُمُنٌ

مدّ مشبع 6 حركات	مدّ حركتين	إخفاء، ومواقع الغُنَّة (حركتين)	تفخيم
مدّ 2 أو 4 أو 6 جوازاً		إدغام، وما لا يُلفَظ	قلقلة

مُهْطِعِينَ مُقْنِعِي رُءُوسِهِمْ لَا يَرْتَدُّ إِلَيْهِمْ طَرْفُهُمْ وَأَفْئِدَتُهُمْ هَوَاءٌ ۝٤٥ وَأَنذِرِ ٱلنَّاسَ يَوْمَ يَأْتِيهِمُ ٱلْعَذَابُ فَيَقُولُ ٱلَّذِينَ ظَلَمُوا رَبَّنَا أَخِّرْنَا إِلَىٰ أَجَلٍ قَرِيبٍ نُّجِبْ دَعْوَتَكَ وَنَتَّبِعِ ٱلرُّسُلَ أَوَلَمْ تَكُونُوا أَقْسَمْتُم مِّن قَبْلُ مَا لَكُم مِّن زَوَالٍ ۝٤٦ وَسَكَنتُمْ فِي مَسَٰكِنِ ٱلَّذِينَ ظَلَمُوا أَنفُسَهُمْ وَتَبَيَّنَ لَكُمْ كَيْفَ فَعَلْنَا بِهِمْ وَضَرَبْنَا لَكُمُ ٱلْأَمْثَالَ ۝٤٧ وَقَدْ مَكَرُوا مَكْرَهُمْ وَعِندَ ٱللَّهِ مَكْرُهُمْ وَإِن كَانَ مَكْرُهُمْ لِتَزُولَ مِنْهُ ٱلْجِبَالُ ۝٤٨ فَلَا تَحْسَبَنَّ ٱللَّهَ مُخْلِفَ وَعْدِهِ رُسُلَهُ إِنَّ ٱللَّهَ عَزِيزٌ ذُو ٱنتِقَامٍ ۝٤٩ يَوْمَ تُبَدَّلُ ٱلْأَرْضُ غَيْرَ ٱلْأَرْضِ وَٱلسَّمَٰوَٰتُ وَبَرَزُوا لِلَّهِ ٱلْوَٰحِدِ ٱلْقَهَّارِ ۝٥٠ وَتَرَى ٱلْمُجْرِمِينَ يَوْمَئِذٍ مُّقَرَّنِينَ فِي ٱلْأَصْفَادِ ۝٥١ سَرَابِيلُهُم مِّن قَطِرَانٍ وَتَغْشَىٰ وُجُوهَهُمُ ٱلنَّارُ ۝٥٢ لِيَجْزِيَ ٱللَّهُ كُلَّ نَفْسٍ مَّا كَسَبَتْ إِنَّ ٱللَّهَ سَرِيعُ ٱلْحِسَابِ ۝٥٣ هَٰذَا بَلَٰغٌ لِّلنَّاسِ وَلِيُنذَرُوا بِهِ وَلِيَعْلَمُوا أَنَّمَا هُوَ إِلَٰهٌ وَٰحِدٌ وَلِيَذَّكَّرَ أُولُوا ٱلْأَلْبَٰبِ ۝٥٤

• مُهْطِعِينَ
مسرعين إلى الداعي بذلّة

• مُقْنِعِي رُءُوسِهِمْ
رافعيها مديمي النظر للأمام

• أَفْئِدَتُهُمْ هَوَاءٌ
خالية من الفهم لفرط الحيرة

• بَرَزُوا لِلَّهِ
خرجوا من القبور للحساب

• مُّقَرَّنِينَ
مقرونًا بعضهم مع بعض

• ٱلْأَصْفَادِ
القيود أو الأغلال

• سَرَابِيلُهُم
قمصانهم أو ثيابهم

• تَغْشَىٰ وُجُوهَهُمْ
تغطّيها وتجلّلها

• مدّ مشبع ٦ حركات   • إخفاء، ومواقع الغُنّة (حركتين)   • مدّ حركتين   • تفخيم
• مدّ ٢ أو ٤ أو ٦ جوازاً   • إدغام، وما لا يُلفظ   • قلقلة

سُورَةُ الحِجْرِ

ترتيبها 15 — آياتها 99

بِسْمِ اِللَّهِ اِلرَّحْمَٰنِ اِلرَّحِيمِ

أَلَرٰ تِلْكَ ءَايَٰتُ ٱلْكِتَٰبِ وَقُرْءَانٖ مُّبِينٖ (1) رُّبَمَا يَوَدُّ ٱلذِينَ
كَفَرُواْ لَوْ كَانُواْ مُسْلِمِينَ (2) ذَرْهُمْ يَاكُلُواْ وَيَتَمَتَّعُواْ
وَيُلْهِهِمُ ٱلْأَمَلُ فَسَوْفَ يَعْلَمُونَ (3) وَمَآ أَهْلَكْنَا مِن قَرْيَةٍ اِلَّا
وَلَهَا كِتَابٞ مَّعْلُومٞ (4) مَّا تَسْبِقُ مِنُ اُمَّةٍ اَجَلَهَا وَمَا
يَسْتَٰخِرُونَ (5) وَقَالُواْ يَٰٓأَيُّهَا ٱلذِے نُزِّلَ عَلَيْهِ ٱلذِّكْرُ إِنَّكَ
لَمَجْنُونٞ (6) لَّوْ مَا تَاتِينَا بِالْمَلَٰٓئِكَةِ إِن كُنتَ مِنَ
ٱلصَّٰدِقِينَ (7) مَا تَنَزَّلُ ٱلْمَلَٰٓئِكَةُ إِلَّا بِالْحَقِّ وَمَا كَانُوٓاْ إِذاٗ
مُّنظَرِينَ (8) إِنَّا نَحْنُ نَزَّلْنَا ٱلذِّكْرَ وَإِنَّا لَهُۥ لَحَٰفِظُونَ (9)
وَلَقَدَ اَرْسَلْنَا مِن قَبْلِكَ فِے شِيَعِ ٱلْأَوَّلِينَ (10) وَمَا يَاتِيهِم مِّن
رَّسُولٍ اِلَّا كَانُواْ بِهِۦ يَسْتَهْزِءُونَ (11) كَذَٰلِكَ نَسْلُكُهُۥ فِے
قُلُوبِ ٱلْمُجْرِمِينَ (12) لَا يُومِنُونَ بِهِۦ وَقَدْ خَلَتْ سُنَّةُ ٱلْأَوَّلِينَ (13)
وَلَوْ فَتَحْنَا عَلَيْهِم بَاباٗ مِّنَ ٱلسَّمَآءِ فَظَلُّواْ فِيهِ يَعْرُجُونَ (14)
لَقَالُوٓاْ إِنَّمَا سُكِّرَتَ اَبْصَٰرُنَا بَلْ نَحْنُ قَوْمٞ مَّسْحُورُونَ (15)

حِزْبٌ

- ذَرْهُمْ: دعْهم واترُكْهم
- لَهَا كِتَابٌ: أجلٌ مكتوبٌ
- بِالْحَقِّ: بالوجهِ الذي تقتضيهِ الحكمةُ
- مُّنظَرِينَ: مؤخَّرينَ في العذابِ
- ٱلذِّكْرَ: القرآنَ
- شِيَعِ ٱلْأَوَّلِينَ: فرقِهم
- نَسْلُكُهُ: نُدخِلُهُ
- خَلَتْ: مضَتْ
- سُنَّةُ ٱلْأَوَّلِينَ: عادةُ اللهِ فيهِم
- يَعْرُجُونَ: يصعدُونَ
- سُكِّرَتَ اَبْصَٰرُنَا: سُدَّتْ ومُنعَتْ من الإبصارِ

مدّ مشبع 6 حركات	مدّ حركتين	إخفاء، ومواقع الغُنّة (حركتين)	تفخيم
مدّ 2 أو 4 أو 6 جوازاً		إدغام، وما لا يُلفَظ	قلقلة

وَلَقَدْ جَعَلْنَا فِي ٱلسَّمَآءِ بُرُوجًا وَزَيَّنَّٰهَا لِلنَّٰظِرِينَ (16)
وَحَفِظْنَٰهَا مِن كُلِّ شَيْطَٰنٍ رَّجِيمٍ (17) إِلَّا مَنِ ٱسْتَرَقَ ٱلسَّمْعَ
فَأَتْبَعَهُۥ شِهَابٌ مُّبِينٌ (18) وَٱلْأَرْضَ مَدَدْنَٰهَا وَأَلْقَيْنَا فِيهَا
رَوَٰسِيَ وَأَنۢبَتْنَا فِيهَا مِن كُلِّ شَيْءٍ مَّوْزُونٍ (19) وَجَعَلْنَا لَكُمْ
فِيهَا مَعَٰيِشَ وَمَن لَّسْتُمْ لَهُۥ بِرَٰزِقِينَ (20) وَإِن مِّن شَيْءٍ إِلَّا عِندَنَا
خَزَآئِنُهُۥ وَمَا نُنَزِّلُهُۥٓ إِلَّا بِقَدَرٍ مَّعْلُومٍ (21) ۞ وَأَرْسَلْنَا ٱلرِّيَٰحَ
لَوَٰقِحَ فَأَنزَلْنَا مِنَ ٱلسَّمَآءِ مَآءً فَأَسْقَيْنَٰكُمُوهُ وَمَآ أَنتُمْ لَهُۥ
بِخَٰزِنِينَ (22) وَإِنَّا لَنَحْنُ نُحْيِۦ وَنُمِيتُ وَنَحْنُ ٱلْوَٰرِثُونَ (23)
وَلَقَدْ عَلِمْنَا ٱلْمُسْتَقْدِمِينَ مِنكُمْ وَلَقَدْ عَلِمْنَا ٱلْمُسْتَـْٔخِرِينَ (24)
وَإِنَّ رَبَّكَ هُوَ يَحْشُرُهُمْ إِنَّهُۥ حَكِيمٌ عَلِيمٌ (25) وَلَقَدْ خَلَقْنَا
ٱلْإِنسَٰنَ مِن صَلْصَٰلٍ مِّنْ حَمَإٍ مَّسْنُونٍ (26) وَٱلْجَآنَّ خَلَقْنَٰهُ مِن
قَبْلُ مِن نَّارِ ٱلسَّمُومِ (27) وَإِذْ قَالَ رَبُّكَ لِلْمَلَٰٓئِكَةِ إِنِّي خَٰلِقٌۢ
بَشَرًا مِّن صَلْصَٰلٍ مِّنْ حَمَإٍ مَّسْنُونٍ (28) فَإِذَا سَوَّيْتُهُۥ وَنَفَخْتُ فِيهِ
مِن رُّوحِي فَقَعُوا۟ لَهُۥ سَٰجِدِينَ (29) فَسَجَدَ ٱلْمَلَٰٓئِكَةُ كُلُّهُمْ
أَجْمَعُونَ (30) إِلَّآ إِبْلِيسَ أَبَىٰٓ أَن يَكُونَ مَعَ ٱلسَّٰجِدِينَ (31)

- **بُرُوجاً** منازلَ للكواكبِ
- **رَّجِيمٍ** مطرودٍ من الرّحمةِ
- **شِهَابٌ** شُعلةُ نارٍ منقضّةٌ من السّماءِ
- **مُّبِينٌ** ظاهرٌ للمبصرينَ

ثُمُنٌ

- **مَدَدْنَٰهَا** بسطْناها ووسّعْناها
- **رَوَٰسِيَ** جبالاً ثوابتَ
- **مَّوْزُونٍ** مقدّرٍ بميزانِ الحكمةِ
- **مَعَٰيِشَ** أرزاقًا يُعاشُ بِها
- **لَوَٰقِحَ** تلقحُ للسّحابِ أو للأشجارِ
- **صَلْصَٰلٍ** طينٍ يابسٍ كالفخّارِ
- **حَمَإٍ** طينٍ أسودَ متغيّرٍ
- **مَّسْنُونٍ** مصوّرٍ صورةَ إنسانٍ أجوفَ
- **ٱلسَّمُومِ** الرّيحِ الحارّةِ القاتلةِ

مدّ مشبع 6 حركات	مدّ حركتين	إخفاء، ومواقع الغُنّة (حركتين)	تفخيم
مدّ 2 أو 4 أو 6 جوازاً		إدغام، وما لا يُلفظ	قلقلة

قَالَ يَٰٓإِبْلِيسُ مَا لَكَ أَلَّا تَكُونَ مَعَ ٱلسَّٰجِدِينَ ٣٢ قَالَ لَمْ

أَكُن لِّأَسْجُدَ لِبَشَرٍ خَلَقْتَهُۥ مِن صَلْصَٰلٍ مِّنْ حَمَإٍ مَّسْنُونٍ ٣٣

قَالَ فَٱخْرُجْ مِنْهَا فَإِنَّكَ رَجِيمٌ ٣٤ وَإِنَّ عَلَيْكَ ٱللَّعْنَةَ إِلَىٰ

يَوْمِ ٱلدِّينِ ٣٥ قَالَ رَبِّ فَأَنظِرْنِىٓ إِلَىٰ يَوْمِ يُبْعَثُونَ ٣٦ قَالَ

فَإِنَّكَ مِنَ ٱلْمُنظَرِينَ ٣٧ إِلَىٰ يَوْمِ ٱلْوَقْتِ ٱلْمَعْلُومِ ٣٨ قَالَ رَبِّ

بِمَآ أَغْوَيْتَنِى لَأُزَيِّنَنَّ لَهُمْ فِى ٱلْأَرْضِ وَلَأُغْوِيَنَّهُمْ أَجْمَعِينَ ٣٩

إِلَّا عِبَادَكَ مِنْهُمُ ٱلْمُخْلَصِينَ ٤٠ قَالَ هَٰذَا صِرَٰطٌ عَلَىَّ

مُسْتَقِيمٌ ٤١ إِنَّ عِبَادِى لَيْسَ لَكَ عَلَيْهِمْ سُلْطَٰنٌ إِلَّا مَنِ

ٱتَّبَعَكَ مِنَ ٱلْغَاوِينَ ٤٢ وَإِنَّ جَهَنَّمَ لَمَوْعِدُهُمْ أَجْمَعِينَ ٤٣

لَهَا سَبْعَةُ أَبْوَٰبٍ لِّكُلِّ بَابٍ مِّنْهُمْ جُزْءٌ مَّقْسُومٌ ٤٤ إِنَّ

ٱلْمُتَّقِينَ فِى جَنَّٰتٍ وَعُيُونٍ ٤٥ ٱدْخُلُوهَا بِسَلَٰمٍ ءَامِنِينَ ٤٦

وَنَزَعْنَا مَا فِى صُدُورِهِم مِّنْ غِلٍّ إِخْوَٰنًا عَلَىٰ سُرُرٍ مُّتَقَٰبِلِينَ ٤٧

لَا يَمَسُّهُمْ فِيهَا نَصَبٌ وَمَا هُم مِّنْهَا بِمُخْرَجِينَ ٤٨

۞ نَبِّئْ عِبَادِىٓ أَنِّىٓ أَنَا ٱلْغَفُورُ ٱلرَّحِيمُ ٤٩ وَأَنَّ عَذَابِى

هُوَ ٱلْعَذَابُ ٱلْأَلِيمُ ٥٠ وَنَبِّئْهُمْ عَن ضَيْفِ إِبْرَٰهِيمَ ٥١

الحجر

- رَجِيمٌ
مطرودٌ من الرحمة
- ٱللَّعْنَةُ
الإبعاد على سبيل السخط
- فَأَنظِرْنِى
أمهلني ولا تُمتني
- لَأُغْوِيَنَّهُم
لأحملنّهم على الضلال
- ٱلْمُخْلَصِينَ
المختارين لطاعتك
- صِرَٰطٌ عَلَىَّ
حقٌّ عليّ مراعاته
- سُلْطَٰنٌ
تسلّط وقدرة
- جُزْءٌ
مَّقْسُومٌ
فريق معيّن
- غِلٍّ
حقد وضغينة
- نَصَبٌ
تعبٌ وعناءٌ
- ضَيْفِ
إِبْرَٰهِيمَ
أضيافه من الملائكة

- مدّ مشبع ٦ حركات
- مدّ ٢ أو ٤ أو ٦ جوازاً
- إخفاء، ومواقع الغنّة (حركتين)
- إدغام، وما لا يُلفظ
- مدّ حركتين
- تفخيم
- قلقلة

إِذْ دَخَلُوا۟ عَلَيْهِ فَقَالُوا۟ سَلَـٰمًا قَالَ إِنَّا مِنكُمْ وَجِلُونَ ﴿٥٢﴾ قَالُوا۟ لَا تَوْجَلْ إِنَّا نُبَشِّرُكَ بِغُلَـٰمٍ عَلِيمٍ ﴿٥٣﴾ قَالَ أَبَشَّرْتُمُونِى عَلَىٰٓ أَن مَّسَّنِىَ ٱلْكِبَرُ فَبِمَ تُبَشِّرُونَ ﴿٥٤﴾ قَالُوا۟ بَشَّرْنَـٰكَ بِٱلْحَقِّ فَلَا تَكُن مِّنَ ٱلْقَـٰنِطِينَ ﴿٥٥﴾ قَالَ وَمَن يَقْنَطُ مِن رَّحْمَةِ رَبِّهِۦٓ إِلَّا ٱلضَّآلُّونَ ﴿٥٦﴾ قَالَ فَمَا خَطْبُكُمْ أَيُّهَا ٱلْمُرْسَلُونَ ﴿٥٧﴾ قَالُوٓا۟ إِنَّآ أُرْسِلْنَآ إِلَىٰ قَوْمٍ مُّجْرِمِينَ ﴿٥٨﴾ إِلَّآ ءَالَ لُوطٍ إِنَّا لَمُنَجُّوهُمْ أَجْمَعِينَ ﴿٥٩﴾ إِلَّا ٱمْرَأَتَهُۥ قَدَّرْنَآ إِنَّهَا لَمِنَ ٱلْغَـٰبِرِينَ ﴿٦٠﴾ فَلَمَّا جَآءَ ءَالَ لُوطٍ ٱلْمُرْسَلُونَ ﴿٦١﴾ قَالَ إِنَّكُمْ قَوْمٌ مُّنكَرُونَ ﴿٦٢﴾ قَالُوا۟ بَلْ جِئْنَـٰكَ بِمَا كَانُوا۟ فِيهِ يَمْتَرُونَ ﴿٦٣﴾ وَأَتَيْنَـٰكَ بِٱلْحَقِّ وَإِنَّا لَصَـٰدِقُونَ ﴿٦٤﴾ فَأَسْرِ بِأَهْلِكَ بِقِطْعٍ مِّنَ ٱلَّيْلِ وَٱتَّبِعْ أَدْبَـٰرَهُمْ وَلَا يَلْتَفِتْ مِنكُمْ أَحَدٌ وَٱمْضُوا۟ حَيْثُ تُؤْمَرُونَ ﴿٦٥﴾ وَقَضَيْنَآ إِلَيْهِ ذَٰلِكَ ٱلْأَمْرَ أَنَّ دَابِرَ هَـٰٓؤُلَآءِ مَقْطُوعٌ مُّصْبِحِينَ ﴿٦٦﴾ وَجَآءَ أَهْلُ ٱلْمَدِينَةِ يَسْتَبْشِرُونَ ﴿٦٧﴾ قَالَ إِنَّ هَـٰٓؤُلَآءِ ضَيْفِى فَلَا تَفْضَحُونِ ﴿٦٨﴾ وَٱتَّقُوا۟ ٱللَّهَ وَلَا تُخْزُونِ ﴿٦٩﴾ قَالُوٓا۟ أَوَلَمْ نَنْهَكَ عَنِ ٱلْعَـٰلَمِينَ ﴿٧٠﴾

قَالَ هَٰٓؤُلَآءِ بَنَاتِيَ إِن كُنتُمْ فَٰعِلِينَ ﴿71﴾ لَعَمْرُكَ إِنَّهُمْ لَفِي
سَكْرَتِهِمْ يَعْمَهُونَ ﴿72﴾ فَأَخَذَتْهُمُ الصَّيْحَةُ مُشْرِقِينَ ﴿73﴾
فَجَعَلْنَا عَٰلِيَهَا سَافِلَهَا وَأَمْطَرْنَا عَلَيْهِمْ حِجَارَةً مِّن سِجِّيلٍ ﴿74﴾
إِنَّ فِي ذَٰلِكَ لَءَايَٰتٍ لِّلْمُتَوَسِّمِينَ ﴿75﴾ وَإِنَّهَا لَبِسَبِيلٍ مُّقِيمٍ ﴿76﴾
إِنَّ فِي ذَٰلِكَ لَءَايَةً لِّلْمُومِنِينَ ﴿77﴾ ۞ وَإِن كَانَ أَصْحَٰبُ
الْأَيْكَةِ لَظَٰلِمِينَ ﴿78﴾ فَانتَقَمْنَا مِنْهُمْ وَإِنَّهُمَا لَبِإِمَامٍ مُّبِينٍ ﴿79﴾
وَلَقَدْ كَذَّبَ أَصْحَٰبُ الْحِجْرِ الْمُرْسَلِينَ ﴿80﴾ وَءَاتَيْنَٰهُمْ ءَايَٰتِنَا
فَكَانُواْ عَنْهَا مُعْرِضِينَ ﴿81﴾ وَكَانُواْ يَنْحِتُونَ مِنَ الْجِبَالِ بُيُوتًا
ءَامِنِينَ ﴿82﴾ فَأَخَذَتْهُمُ الصَّيْحَةُ مُصْبِحِينَ ﴿83﴾ فَمَآ أَغْنَيٰ عَنْهُم مَّا
كَانُواْ يَكْسِبُونَ ﴿84﴾ وَمَا خَلَقْنَا السَّمَٰوَٰتِ وَالْأَرْضَ وَمَا بَيْنَهُمَآ
إِلَّا بِالْحَقِّ وَإِنَّ السَّاعَةَ لَءَاتِيَةٌ فَاصْفَحِ الصَّفْحَ الْجَمِيلَ ﴿85﴾ إِنَّ
رَبَّكَ هُوَ الْخَلَّٰقُ الْعَلِيمُ ﴿86﴾ وَلَقَدْ ءَاتَيْنَٰكَ سَبْعًا مِّنَ الْمَثَانِي
وَالْقُرْءَانَ الْعَظِيمَ ﴿87﴾ لَا تَمُدَّنَّ عَيْنَيْكَ إِلَيٰ مَا مَتَّعْنَا بِهِۦٓ أَزْوَٰجًا
مِّنْهُمْ وَلَا تَحْزَنْ عَلَيْهِمْ وَاخْفِضْ جَنَاحَكَ لِلْمُومِنِينَ ﴿88﴾ وَقُلِ
إِنِّيَ أَنَا النَّذِيرُ الْمُبِينُ ﴿89﴾ كَمَآ أَنزَلْنَا عَلَى الْمُقْتَسِمِينَ ﴿90﴾

ثُمُن

- لَعَمْرُكَ: قسمٌ من اللهِ بحياةِ محمدٍ ﷺ
- سَكْرَتِهِمْ: غوايتهم وضلالتهم
- يَعْمَهُونَ: يعمونَ عن الرّشدِ أو يتحيّرونَ
- الصَّيْحَةُ: صوتٌ مُهلكٌ من السّماءِ
- مُشْرِقِينَ: داخلينَ في وقتِ الشُّروقِ
- الحِجْر
- سِجِّيلٍ: طينٍ مُتحجّرٍ طُبِخَ بالنّارِ
- لِلْمُتَوَسِّمِينَ: للمتفرّسينَ المُتأمّلينَ
- لَبِسَبِيلٍ مُّقِيمٍ: طريقٍ ثابتٍ لم يندرسْ
- الْأَيْكَةِ: بُقعةٍ كثيفةِ الأشجارِ
- لَبِإِمَامٍ مُّبِينٍ: طريقٍ واضحٍ
- الْحِجْرِ: ديارِ ثمودَ
- مُصْبِحِينَ: داخلينَ في الصّباحِ
- سَبْعًا: هي سورةُ الفاتحةِ
- الْمَثَانِي: التي تثنّى قراءتها في الصّلاةِ

مدّ مشبع 6 حركات	مدّ حركتين	إخفاء، ومواقع الغُنّة (حركتين)	تفخيم
مدّ 2 أو 4 أو 6 جوازاً		إدغام، وما لا يُلفظ	قلقلة

ٱلَّذِينَ جَعَلُوا ٱلْقُرْءَانَ عِضِينَ ۝٩١ فَوَرَبِّكَ لَنَسْـَٔلَنَّهُمْ أَجْمَعِينَ ۝٩٢ عَمَّا كَانُوا يَعْمَلُونَ ۝٩٣ فَٱصْدَعْ بِمَا تُؤْمَرُ وَأَعْرِضْ عَنِ ٱلْمُشْرِكِينَ ۝٩٤ إِنَّا كَفَيْنَاكَ ٱلْمُسْتَهْزِءِينَ ۝٩٥ ٱلَّذِينَ يَجْعَلُونَ مَعَ ٱللَّهِ إِلَٰهًا ءَاخَرَ فَسَوْفَ يَعْلَمُونَ ۝٩٦ وَلَقَدْ نَعْلَمُ أَنَّكَ يَضِيقُ صَدْرُكَ بِمَا يَقُولُونَ ۝٩٧ فَسَبِّحْ بِحَمْدِ رَبِّكَ وَكُن مِّنَ ٱلسَّاجِدِينَ ۝٩٨ وَٱعْبُدْ رَبَّكَ حَتَّىٰ يَأْتِيَكَ ٱلْيَقِينُ ۝٩٩

سُورَةُ النَّحْلِ
ترتيبها ١٦   آياتها ١٢٨

بِسْمِ ٱللَّهِ ٱلرَّحْمَٰنِ ٱلرَّحِيمِ

أَتَىٰ أَمْرُ ٱللَّهِ فَلَا تَسْتَعْجِلُوهُ سُبْحَانَهُ وَتَعَالَىٰ عَمَّا يُشْرِكُونَ ۝١ يُنَزِّلُ ٱلْمَلَٰئِكَةَ بِٱلرُّوحِ مِنْ أَمْرِهِ عَلَىٰ مَن يَشَاءُ مِنْ عِبَادِهِ أَنْ أَنذِرُوا أَنَّهُ لَا إِلَٰهَ إِلَّا أَنَا فَٱتَّقُونِ ۝٢ خَلَقَ ٱلسَّمَٰوَٰتِ وَٱلْأَرْضَ بِٱلْحَقِّ تَعَالَىٰ عَمَّا يُشْرِكُونَ ۝٣ خَلَقَ ٱلْإِنسَٰنَ مِن نُّطْفَةٍ فَإِذَا هُوَ خَصِيمٌ مُّبِينٌ ۝٤ وَٱلْأَنْعَٰمَ خَلَقَهَا لَكُمْ فِيهَا دِفْءٌ وَمَنَٰفِعُ وَمِنْهَا تَأْكُلُونَ ۝٥ وَلَكُمْ فِيهَا جَمَالٌ حِينَ تُرِيحُونَ وَحِينَ تَسْرَحُونَ ۝٦

وَتَحْمِلُ أَثْقَالَكُمْ إِلَىٰ بَلَدٍ لَّمْ تَكُونُوا۟ بَٰلِغِيهِ إِلَّا بِشِقِّ

ٱلْأَنفُسِ إِنَّ رَبَّكُمْ لَرَءُوفٌ رَّحِيمٌ ۝ وَٱلْخَيْلَ وَٱلْبِغَالَ

وَٱلْحَمِيرَ لِتَرْكَبُوهَا وَزِينَةً وَيَخْلُقُ مَا لَا تَعْلَمُونَ ۝

وَعَلَى ٱللَّهِ قَصْدُ ٱلسَّبِيلِ وَمِنْهَا جَآئِرٌ وَلَوْ شَآءَ لَهَدَىٰكُمْ

أَجْمَعِينَ ۝ هُوَ ٱلَّذِىٓ أَنزَلَ مِنَ ٱلسَّمَآءِ مَآءً لَّكُم مِّنْهُ

شَرَابٌ وَمِنْهُ شَجَرٌ فِيهِ تُسِيمُونَ ۝ يُنۢبِتُ لَكُم

بِهِ ٱلزَّرْعَ وَٱلزَّيْتُونَ وَٱلنَّخِيلَ وَٱلْأَعْنَٰبَ وَمِن كُلِّ

ٱلثَّمَرَٰتِ إِنَّ فِى ذَٰلِكَ لَءَايَةً لِّقَوْمٍ يَتَفَكَّرُونَ ۝

وَسَخَّرَ لَكُمُ ٱلَّيْلَ وَٱلنَّهَارَ وَٱلشَّمْسَ وَٱلْقَمَرَ وَٱلنُّجُومُ

مُسَخَّرَٰتٌ بِأَمْرِهِۦٓ إِنَّ فِى ذَٰلِكَ لَءَايَٰتٍ لِّقَوْمٍ يَعْقِلُونَ ۝

وَمَا ذَرَأَ لَكُمْ فِى ٱلْأَرْضِ مُخْتَلِفًا أَلْوَٰنُهُۥٓ إِنَّ فِى

ذَٰلِكَ لَءَايَةً لِّقَوْمٍ يَذَّكَّرُونَ ۝ وَهُوَ ٱلَّذِى سَخَّرَ

ٱلْبَحْرَ لِتَأْكُلُوا۟ مِنْهُ لَحْمًا طَرِيًّا وَتَسْتَخْرِجُوا۟ مِنْهُ

حِلْيَةً تَلْبَسُونَهَا وَتَرَى ٱلْفُلْكَ مَوَاخِرَ فِيهِ

وَلِتَبْتَغُوا۟ مِن فَضْلِهِۦ وَلَعَلَّكُمْ تَشْكُرُونَ ۝

الجانب الأيمن (شرح):

- أَثْقَالَكُمْ
أمتعتكم الثقيلة

- بِشِقِّ ٱلْأَنفُسِ
مشقتها وتعبها

- قَصْدُ ٱلسَّبِيلِ
بيان الطريق المستقيم

- جَآئِرٌ
مائلٌ عن الاستقامة

النَّحْل

- تُسِيمُونَ
ترعون دوابكم

- ذَرَأَ
خلق وأبدع

- مَوَاخِرَ فِيهِ
جواري فيه تشق الماء

● مدّ مشبع 6 حركات   ● إخفاء، ومواقع الغُنَّة (حركتين)   ● تفخيم
● مدّ حركتين   ● مدّ 2 أو 4 أو 6 جوازاً   ● إدغام، وما لا يُلفَظ   ● قلقلة

ثُمُنْ

* رَوَاسِىَ
جِبَالًا ثَوَابِتَ

* أَن تَمِيدَ
لِئَلَّا تَتَحَرَّكَ وتضطرب

* لَا تُحْصُوهَا
لا تطيقوا حصرها

* لَا جَرَمَ
حق وثبت أو لا محالة

* أَسَاطِيرُ الْأَوَّلِينَ
أباطيلهم المسطّرة في كتبهم

* أَوْزَارَهُمْ
آثامهم وذنوبهم

* الْقَوَاعِدِ
الدعائم والعمد

۞ وَأَلْقَىٰ فِى ٱلْأَرْضِ رَوَٰسِىَ أَن تَمِيدَ بِكُمْ وَأَنْهَٰرًا وَسُبُلًا لَّعَلَّكُمْ تَهْتَدُونَ ﴿١٥﴾ وَعَلَٰمَٰتٍ وَبِٱلنَّجْمِ هُمْ يَهْتَدُونَ ﴿١٦﴾ أَفَمَن يَخْلُقُ كَمَن لَّا يَخْلُقُ أَفَلَا تَذَكَّرُونَ ﴿١٧﴾ وَإِن تَعُدُّوا۟ نِعْمَةَ ٱللَّهِ لَا تُحْصُوهَآ إِنَّ ٱللَّهَ لَغَفُورٌ رَّحِيمٌ ﴿١٨﴾ وَٱللَّهُ يَعْلَمُ مَا تُسِرُّونَ وَمَا تُعْلِنُونَ ﴿١٩﴾ وَٱلَّذِينَ يَدْعُونَ مِن دُونِ ٱللَّهِ لَا يَخْلُقُونَ شَيْـًٔا وَهُمْ يُخْلَقُونَ ﴿٢٠﴾ أَمْوَٰتٌ غَيْرُ أَحْيَآءٍ وَمَا يَشْعُرُونَ أَيَّانَ يُبْعَثُونَ ﴿٢١﴾ إِلَٰهُكُمْ إِلَٰهٌ وَٰحِدٌ فَٱلَّذِينَ لَا يُؤْمِنُونَ بِٱلْءَاخِرَةِ قُلُوبُهُم مُّنكِرَةٌ وَهُم مُّسْتَكْبِرُونَ ﴿٢٢﴾ لَا جَرَمَ أَنَّ ٱللَّهَ يَعْلَمُ مَا يُسِرُّونَ وَمَا يُعْلِنُونَ إِنَّهُۥ لَا يُحِبُّ ٱلْمُسْتَكْبِرِينَ ﴿٢٣﴾ وَإِذَا قِيلَ لَهُم مَّاذَآ أَنزَلَ رَبُّكُمْ قَالُوٓا۟ أَسَٰطِيرُ ٱلْأَوَّلِينَ ﴿٢٤﴾ لِيَحْمِلُوٓا۟ أَوْزَارَهُمْ كَامِلَةً يَوْمَ ٱلْقِيَٰمَةِ وَمِنْ أَوْزَارِ ٱلَّذِينَ يُضِلُّونَهُم بِغَيْرِ عِلْمٍ أَلَا سَآءَ مَا يَزِرُونَ ﴿٢٥﴾ قَدْ مَكَرَ ٱلَّذِينَ مِن قَبْلِهِمْ فَأَتَى ٱللَّهُ بُنْيَٰنَهُم مِّنَ ٱلْقَوَاعِدِ فَخَرَّ عَلَيْهِمُ ٱلسَّقْفُ مِن فَوْقِهِمْ وَأَتَىٰهُمُ ٱلْعَذَابُ مِنْ حَيْثُ لَا يَشْعُرُونَ ﴿٢٦﴾

| مَدّ مشبع ٦ حركات | إخفاء، ومواقع الغنّة (حركتين) | مَدّ حركتين | تفخيم |
| مَدّ ٢ أو ٤ أو ٦ جوازًا | إدغام، وما لا يلفظ | | قلقلة |

ثُمَّ يَوْمَ ٱلْقِيَٰمَةِ يُخْزِيهِمْ وَيَقُولُ أَيْنَ شُرَكَآءِىَ ٱلَّذِينَ كُنتُمْ تُشَٰٓقُّونَ فِيهِمْ قَالَ ٱلَّذِينَ أُوتُوا۟ ٱلْعِلْمَ إِنَّ ٱلْخِزْىَ ٱلْيَوْمَ وَٱلسُّوٓءَ عَلَى ٱلْكَٰفِرِينَ ۝ ٱلَّذِينَ تَتَوَفَّىٰهُمُ ٱلْمَلَٰٓئِكَةُ ظَالِمِىٓ أَنفُسِهِمْ ۖ فَأَلْقَوُا۟ ٱلسَّلَمَ مَا كُنَّا نَعْمَلُ مِن سُوٓءٍ ۚ بَلَىٰٓ إِنَّ ٱللَّهَ عَلِيمٌۢ بِمَا كُنتُمْ تَعْمَلُونَ ۝ فَٱدْخُلُوٓا۟ أَبْوَٰبَ جَهَنَّمَ خَٰلِدِينَ فِيهَا ۖ فَلَبِئْسَ مَثْوَى ٱلْمُتَكَبِّرِينَ ۝ ۞ وَقِيلَ لِلَّذِينَ ٱتَّقَوْا۟ مَاذَآ أَنزَلَ رَبُّكُمْ ۚ قَالُوا۟ خَيْرًا ۗ لِّلَّذِينَ أَحْسَنُوا۟ فِى هَٰذِهِ ٱلدُّنْيَا حَسَنَةٌ ۚ وَلَدَارُ ٱلْءَاخِرَةِ خَيْرٌ ۚ وَلَنِعْمَ دَارُ ٱلْمُتَّقِينَ ۝ جَنَّٰتُ عَدْنٍ يَدْخُلُونَهَا تَجْرِى مِن تَحْتِهَا ٱلْأَنْهَٰرُ ۖ لَهُمْ فِيهَا مَا يَشَآءُونَ ۚ كَذَٰلِكَ يَجْزِى ٱللَّهُ ٱلْمُتَّقِينَ ۝ ٱلَّذِينَ تَتَوَفَّىٰهُمُ ٱلْمَلَٰٓئِكَةُ طَيِّبِينَ ۙ يَقُولُونَ سَلَٰمٌ عَلَيْكُمُ ٱدْخُلُوا۟ ٱلْجَنَّةَ بِمَا كُنتُمْ تَعْمَلُونَ ۝ هَلْ يَنظُرُونَ إِلَّآ أَن تَأْتِيَهُمُ ٱلْمَلَٰٓئِكَةُ أَوْ يَأْتِىَ أَمْرُ رَبِّكَ ۚ كَذَٰلِكَ فَعَلَ ٱلَّذِينَ مِن قَبْلِهِمْ ۚ وَمَا ظَلَمَهُمُ ٱللَّهُ وَلَٰكِن كَانُوٓا۟ أَنفُسَهُمْ يَظْلِمُونَ ۝ فَأَصَابَهُمْ سَيِّـَٔاتُ مَا عَمِلُوا۟ وَحَاقَ بِهِم مَّا كَانُوا۟ بِهِۦ يَسْتَهْزِءُونَ ۝

270

وَقَالَ ٱلَّذِينَ أَشْرَكُوا لَوْ شَاءَ ٱللَّهُ مَا عَبَدْنَا مِن دُونِهِ مِن شَيْءٍ نَّحْنُ وَلَا ءَابَاؤُنَا وَلَا حَرَّمْنَا مِن دُونِهِ مِن شَيْءٍ كَذَٰلِكَ فَعَلَ ٱلَّذِينَ مِن قَبْلِهِمْ فَهَلْ عَلَى ٱلرُّسُلِ إِلَّا ٱلْبَلَٰغُ ٱلْمُبِينُ ۝35 وَلَقَدْ بَعَثْنَا فِي كُلِّ أُمَّةٍ رَّسُولًا أَنِ ٱعْبُدُوا ٱللَّهَ وَٱجْتَنِبُوا ٱلطَّٰغُوتَ فَمِنْهُم مَّنْ هَدَى ٱللَّهُ وَمِنْهُم مَّنْ حَقَّتْ عَلَيْهِ ٱلضَّلَٰلَةُ فَسِيرُوا فِي ٱلْأَرْضِ فَٱنظُرُوا كَيْفَ كَانَ عَٰقِبَةُ ٱلْمُكَذِّبِينَ ۝36 إِن تَحْرِصْ عَلَىٰ هُدَىٰهُمْ فَإِنَّ ٱللَّهَ لَا يَهْدِي مَن يُضِلُّ وَمَا لَهُم مِّن نَّٰصِرِينَ ۝37 وَأَقْسَمُوا بِٱللَّهِ جَهْدَ أَيْمَٰنِهِمْ لَا يَبْعَثُ ٱللَّهُ مَن يَمُوتُ بَلَىٰ وَعْدًا عَلَيْهِ حَقًّا وَلَٰكِنَّ أَكْثَرَ ٱلنَّاسِ لَا يَعْلَمُونَ ۝38 لِيُبَيِّنَ لَهُمُ ٱلَّذِي يَخْتَلِفُونَ فِيهِ وَلِيَعْلَمَ ٱلَّذِينَ كَفَرُوا أَنَّهُمْ كَانُوا كَٰذِبِينَ ۝39 إِنَّمَا قَوْلُنَا لِشَيْءٍ إِذَا أَرَدْنَٰهُ أَن نَّقُولَ لَهُ كُن فَيَكُونُ ۝40 وَٱلَّذِينَ هَاجَرُوا فِي ٱللَّهِ مِن بَعْدِ مَا ظُلِمُوا لَنُبَوِّئَنَّهُمْ فِي ٱلدُّنْيَا حَسَنَةً وَلَأَجْرُ ٱلْآخِرَةِ أَكْبَرُ لَوْ كَانُوا يَعْلَمُونَ ۝41 ٱلَّذِينَ صَبَرُوا وَعَلَىٰ رَبِّهِمْ يَتَوَكَّلُونَ ۝42

• اجْتَنِبُوا الطَّاغُوتَ
كل معبود أو مطاع غيرهُ تعالى

• جَهْدَ أَيْمَٰنِهِمْ
أغلظها وأوكدها
• لَنُبَوِّئَنَّهُمْ
لننزلنّهم

ثُمّ

• مدّ مشبع 6 حركات   • مدّ حركتين   • إخفاء، ومواقع الغُنَّة (حركتين)   • تفخيم
• مدّ 2 أو 4 أو 6 جوازاً   • إدغام، وما لا يُلفظ   • قلقلة

271

وَمَآ أَرْسَلْنَا مِن قَبْلِكَ إِلَّا رِجَالاً يُوحِيٓ إِلَيْهِمْ فَسْـَٔلُوٓاْ
أَهْلَ اَ۬لذِّكْرِ إِن كُنتُمْ لَا تَعْلَمُونَ (43) بِالْبَيِّنَٰتِ وَالزُّبُرِۖ
وَأَنزَلْنَآ إِلَيْكَ اَ۬لذِّكْرَ لِتُبَيِّنَ لِلنَّاسِ مَا نُزِّلَ إِلَيْهِمْ وَلَعَلَّهُمْ
يَتَفَكَّرُونَۖ (44) أَفَأَمِنَ اَ۬لذِينَ مَكَرُواْ اُ۬لسَّيِّـَٔاتِ أَن يَّخْسِفَ اَ۬للَّهُ
بِهِمُ اُ۬لَارْضَ أَوْ يَاتِيَهُمُ اُ۬لْعَذَابُ مِنْ حَيْثُ لَا يَشْعُرُونَ (45)
أَوْ يَاخُذَهُمْ فِے تَقَلُّبِهِمْ فَمَا هُم بِمُعْجِزِينَ (46) أَوْ يَاخُذَهُمْ عَلَيٰ
تَخَوُّفٖۖ فَإِنَّ رَبَّكُمْ لَرَءُوفٞ رَّحِيمٌۖ (47) أَوَلَمْ يَرَوْاْ إِلَيٰ مَا خَلَقَ
اَ۬للَّهُ مِن شَےْءٖ يَتَفَيَّؤُاْ ظِلَٰلُهُۥ عَنِ اِ۬لْيَمِينِ وَالشَّمَآئِلِ سُجَّداً لِّلَّهِ وَهُمْ
دَٰخِرُونَۖ (48) وَلِلَّهِ يَسْجُدُ مَا فِے اِ۬لسَّمَٰوَٰتِ وَمَا فِے اِ۬لَارْضِ مِن
دَآبَّةٖ وَالْمَلَٰٓئِكَةُ وَهُمْ لَا يَسْتَكْبِرُونَ (49) يَخَافُونَ رَبَّهُم مِّن
فَوْقِهِمْ وَيَفْعَلُونَ مَا يُومَرُونَۖ ۩ (50) ۞ وَقَالَ اَ۬للَّهُ لَا تَتَّخِذُوٓاْ إِلَٰهَيْنِ
اِ۪ثْنَيْنِۖ إِنَّمَا هُوَ إِلَٰهٞ وَٰحِدٞ فَإِيَّٰيَ فَارْهَبُونِۖ (51) وَلَهُۥ مَا فِے اِ۬لسَّمَٰوَٰتِ
وَالَارْضِ وَلَهُ اُ۬لدِّينُ وَاصِباًۖ اَفَغَيْرَ اَ۬للَّهِ تَتَّقُونَۖ (52) وَمَا بِكُم مِّن
نِّعْمَةٖ فَمِنَ اَ۬للَّهِۖ ثُمَّ إِذَا مَسَّكُمُ اُ۬لضُّرُّ فَإِلَيْهِ تَجْـَٔرُونَۖ (53) ثُمَّ إِذَا
كَشَفَ اَ۬لضُّرَّ عَنكُمْ إِذَا فَرِيقٞ مِّنكُم بِرَبِّهِمْ يُشْرِكُونَ (54)

- الزُّبُرِ: كتبِ الشرائعِ والتكاليفِ
- يَخْسِفَ: يُغيّبَ
- تَقَلُّبِهِمْ: مسايرِهم ومتاجرِهم
- بِمُعْجِزِينَ: فائتينَ اللّهَ بالهربِ
- تَخَوُّفٖ: مخافةٍ من العذابِ أو تنقُّصٍ
- دَٰخِرُونَ: صاغرونَ منقادونَ
- اُ۬لدِّينُ: الطّاعةُ والانقيادُ
- وَاصِباً: دائمًا أو واجبًا ثابتًا
- تَجْـَٔرُونَ: تصيحونَ بالاستغاثةِ والتّضرّعِ

النَّحل

سَجْدَةٌ حِزْبٌ

مدّ مشبع 6 حركات	مدّ حركتين	إخفاء، ومواقع الغُنَّة (حركتين)
مدّ 2 أو 4 أو 6 جوازاً		إدغام، وما لا يُلفَظ
تفخيم	قلقلة	

لِيَكْفُرُوا بِمَا آتَيْنَاهُمْ فَتَمَتَّعُوا فَسَوْفَ تَعْلَمُونَ ﴿٥٥﴾ وَيَجْعَلُونَ

لِمَا لَا يَعْلَمُونَ نَصِيبًا مِّمَّا رَزَقْنَاهُمْ تَاللَّهِ لَتُسْأَلُنَّ عَمَّا

كُنتُمْ تَفْتَرُونَ ﴿٥٦﴾ وَيَجْعَلُونَ لِلَّهِ الْبَنَاتِ سُبْحَانَهُ وَلَهُم مَّا

يَشْتَهُونَ ﴿٥٧﴾ وَإِذَا بُشِّرَ أَحَدُهُم بِالْأُنثَى ظَلَّ وَجْهُهُ مُسْوَدًّا

وَهُوَ كَظِيمٌ ﴿٥٨﴾ يَتَوَارَىٰ مِنَ الْقَوْمِ مِن سُوءِ مَا بُشِّرَ بِهِ أَيُمْسِكُهُ

عَلَىٰ هُونٍ أَمْ يَدُسُّهُ فِي التُّرَابِ أَلَا سَاءَ مَا يَحْكُمُونَ ﴿٥٩﴾ لِلَّذِينَ

لَا يُؤْمِنُونَ بِالْآخِرَةِ مَثَلُ السَّوْءِ وَلِلَّهِ الْمَثَلُ الْأَعْلَىٰ وَهُوَ الْعَزِيزُ

الْحَكِيمُ ﴿٦٠﴾ وَلَوْ يُؤَاخِذُ اللَّهُ النَّاسَ بِظُلْمِهِم مَّا تَرَكَ عَلَيْهَا مِن

دَابَّةٍ وَلَٰكِن يُؤَخِّرُهُمْ إِلَىٰ أَجَلٍ مُّسَمًّى فَإِذَا جَاءَ أَجَلُهُمْ لَا

يَسْتَأْخِرُونَ سَاعَةً وَلَا يَسْتَقْدِمُونَ ﴿٦١﴾ وَيَجْعَلُونَ لِلَّهِ مَا

يَكْرَهُونَ وَتَصِفُ أَلْسِنَتُهُمُ الْكَذِبَ أَنَّ لَهُمُ الْحُسْنَىٰ لَا جَرَمَ

أَنَّ لَهُمُ النَّارَ وَأَنَّهُم مُّفْرَطُونَ ﴿٦٢﴾ تَاللَّهِ لَقَدْ أَرْسَلْنَا إِلَىٰ

أُمَمٍ مِّن قَبْلِكَ فَزَيَّنَ لَهُمُ الشَّيْطَانُ أَعْمَالَهُمْ فَهُوَ وَلِيُّهُمُ الْيَوْمَ

وَلَهُمْ عَذَابٌ أَلِيمٌ ﴿٦٣﴾ وَمَا أَنزَلْنَا عَلَيْكَ الْكِتَابَ إِلَّا لِتُبَيِّنَ

لَهُمُ الَّذِي اخْتَلَفُوا فِيهِ وَهُدًى وَرَحْمَةً لِّقَوْمٍ يُؤْمِنُونَ ﴿٦٤﴾

• **تَفْتَرُونَ**	تكذبون
• **كَظِيمٌ**	ممتلئ غمًّا وغيظًا
• **يَتَوَارَىٰ**	يستخفي
• **هُونٍ**	هوان وذل
• **يَدُسُّهُ**	يُخفيه بالوأد
• **مَثَلُ السَّوْءِ**	صفتُه القبيحة
• **لَا جَرَمَ**	حق وثبت أو لا محالة

ثُمُنْ

• **مُفْرَطُونَ**	مسرفون في الذنوب والمعاصي

مدّ مشبع ٦ حركات	إخفاء، ومواقع الغُنّة (حركتين)	تفخ
مدّ ٢ أو ٤ أو ٦ جوازًا	مدّ حركتين	مدّ حركتين	إدغام، وما لا يُلفظ	قلق

273

وَاللَّهُ أَنزَلَ مِنَ اَ۬لسَّمَآءِ مَآءٗ فَأَحْيَا بِهِ اِ۬لَارْضَ بَعْدَ مَوْتِهَآ إِنَّ فِے ذَٰلِكَ
لَءَايَةٗ لِّقَوْمٖ يَسْمَعُونَ ﴿65﴾ وَإِنَّ لَكُمْ فِے اِ۬لَانْعَٰمِ لَعِبْرَةٗ نَّسْقِيكُم مِّمَّا
فِے بُطُونِهِۦ مِنۢ بَيْنِ فَرْثٖ وَدَمٖ لَّبَنًا خَالِصٗا سَآئِغٗا لِّلشَّٰرِبِينَ ﴿66﴾
وَمِن ثَمَرَٰتِ اِ۬لنَّخِيلِ وَالَاعْنَٰبِ تَتَّخِذُونَ مِنْهُ سَكَرٗا وَرِزْقًا
حَسَنًا اِنَّ فِے ذَٰلِكَ لَءَايَةٗ لِّقَوْمٖ يَعْقِلُونَ ﴿67﴾ وَأَوْحَيٰ رَبُّكَ إِلَي
اَ۬لنَّحْلِ أَنِ اِتَّخِذِے مِنَ اَ۬لْجِبَالِ بُيُوتٗا وَمِنَ اَ۬لشَّجَرِ وَمِمَّا يَعْرِشُونَ ﴿68﴾
ثُمَّ كُلِے مِن كُلِّ اِ۬لثَّمَرَٰتِ فَاسْلُكِے سُبُلَ رَبِّكِ ذُلُلٗا يَخْرُجُ
مِنۢ بُطُونِهَا شَرَابٞ مُّخْتَلِفٌ اَلْوَٰنُهُۥ فِيهِ شِفَآءٞ لِّلنَّاسِ إِنَّ فِے ذَٰلِكَ
لَءَايَةٗ لِّقَوْمٖ يَتَفَكَّرُونَ ﴿69﴾ وَاللَّهُ خَلَقَكُمْ ثُمَّ يَتَوَفّ۪يٰكُمْ وَمِنكُم
مَّنْ يُّرَدُّ إِلَيٰٓ أَرْذَلِ اِ۬لْعُمُرِ لِكَےْ لَا يَعْلَمَ بَعْدَ عِلْمٖ شَيْـًٔا اِنَّ اَ۬للَّهَ عَلِيمٌ
قَدِيرٞ ﴿70﴾ ۞ وَاللَّهُ فَضَّلَ بَعْضَكُمْ عَلَيٰ بَعْضٖ فِے اِ۬لرِّزْقِ فَمَا اَ۬لذِينَ
فُضِّلُواْ بِرَآدِّے رِزْقِهِمْ عَلَيٰ مَا مَلَكَتَ اَيْمَٰنُهُمْ فَهُمْ فِيهِ سَوَآءٌ
اَفَبِنِعْمَةِ اِ۬للَّهِ يَجْحَدُونَ ﴿71﴾ وَاللَّهُ جَعَلَ لَكُم مِّنَ اَنفُسِكُمْ
أَزْوَٰجٗا وَجَعَلَ لَكُم مِّنَ اَزْوَٰجِكُم بَنِينَ وَحَفَدَةٗ وَرَزَقَكُم
مِّنَ اَ۬لطَّيِّبَٰتِ أَفَبِالْبَٰطِلِ يُومِنُونَ وَبِنِعْمَتِ اِ۬للَّهِ هُمْ يَكْفُرُونَ ﴿72﴾

- لَعِبْرَةً: لعظةً بليغةً
- فَرْثٍ: ما في الكَرِشِ من الثُّفْلِ
- سَكَراً: خمرًا ثمّ حُرِّمَتْ بالمدينةِ
- يَعْرِشُونَ: يبنونَ من الخلايا

النَّحل

- ذُلُلاً: مذلّلةً مُسهّلةً لكَ

رُبُع

- أَرْذَلِ الْعُمُرِ: أردئِه وأخسِّه وهو الهرَم
- سَوَآءٌ: شركاءُ
- حَفَدَةً: أعوانًا أو أولادَ أولادٍ

مدّ مشبع 6 حركات | مدّ 2 أو 4 أو 6 جوازاً | مدّ حركتين | إخفاء، ومواقع الغُنّة (حركتين) | إدغام، وما لا يُلفظ | تفخيم | قلقلة

وَيَعْبُدُونَ مِن دُونِ اللَّهِ مَا لَا يَمْلِكُ لَهُمْ رِزْقًا مِّنَ السَّمَوَٰتِ وَالْأَرْضِ شَيْئًا وَلَا يَسْتَطِيعُونَ ﴿٧٣﴾ فَلَا تَضْرِبُوا لِلَّهِ الْأَمْثَالَ إِنَّ اللَّهَ يَعْلَمُ وَأَنتُمْ لَا تَعْلَمُونَ ﴿٧٤﴾ ضَرَبَ اللَّهُ مَثَلًا عَبْدًا مَّمْلُوكًا لَّا يَقْدِرُ عَلَىٰ شَيْءٍ وَمَن رَّزَقْنَٰهُ مِنَّا رِزْقًا حَسَنًا فَهُوَ يُنفِقُ مِنْهُ سِرًّا وَجَهْرًا هَلْ يَسْتَوُونَ الْحَمْدُ لِلَّهِ بَلْ أَكْثَرُهُمْ لَا يَعْلَمُونَ ﴿٧٥﴾ وَضَرَبَ اللَّهُ مَثَلًا رَّجُلَيْنِ أَحَدُهُمَا أَبْكَمُ لَا يَقْدِرُ عَلَىٰ شَيْءٍ وَهُوَ كَلٌّ عَلَىٰ مَوْلَىٰهُ أَيْنَمَا يُوَجِّههُّ لَا يَأْتِ بِخَيْرٍ هَلْ يَسْتَوِي هُوَ وَمَن يَأْمُرُ بِالْعَدْلِ وَهُوَ عَلَىٰ صِرَٰطٍ مُّسْتَقِيمٍ ﴿٧٦﴾ وَلِلَّهِ غَيْبُ السَّمَوَٰتِ وَالْأَرْضِ وَمَا أَمْرُ السَّاعَةِ إِلَّا كَلَمْحِ الْبَصَرِ أَوْ هُوَ أَقْرَبُ إِنَّ اللَّهَ عَلَىٰ كُلِّ شَيْءٍ قَدِيرٌ ﴿٧٧﴾ وَاللَّهُ أَخْرَجَكُم مِّن بُطُونِ أُمَّهَٰتِكُمْ لَا تَعْلَمُونَ شَيْئًا وَجَعَلَ لَكُمُ السَّمْعَ وَالْأَبْصَٰرَ وَالْأَفْئِدَةَ لَعَلَّكُمْ تَشْكُرُونَ ﴿٧٨﴾ ۞ أَلَمْ يَرَوْا إِلَى الطَّيْرِ مُسَخَّرَٰتٍ فِي جَوِّ السَّمَآءِ مَا يُمْسِكُهُنَّ إِلَّا اللَّهُ إِنَّ فِي ذَٰلِكَ لَآيَٰتٍ لِّقَوْمٍ يُؤْمِنُونَ ﴿٧٩﴾

- أَبْكَمُ
أخرس خِلقةً
- كَلٌّ
عبءٌ وعيالٌ
- كَلَمْحِ الْبَصَرِ
كانطباق جفن العين وفتحه

ثُمُن

● مدّ مشبع ٦ حركات   ● مدّ حركتين   ● إخفاء، ومواقع الغنّة (حركتين)   ● تفخ
● مدّ ٢ أو ٤ أو ٦ جوازاً   ● إدغام، وما لا يُلفظ   ● قلق

وَاللَّهُ جَعَلَ لَكُم مِّن بُيُوتِكُمْ سَكَنًا وَجَعَلَ لَكُم مِّن جُلُودِ ٱلْأَنْعَمِ بُيُوتًا تَسْتَخِفُّونَهَا يَوْمَ ظَعْنِكُمْ وَيَوْمَ إِقَامَتِكُمْ وَمِنْ أَصْوَافِهَا وَأَوْبَارِهَا وَأَشْعَارِهَا أَثَـٰثًا وَمَتَـٰعًا إِلَىٰ حِينٍ ﴿٨٠﴾ وَاللَّهُ جَعَلَ لَكُم مِّمَّا خَلَقَ ظِلَـٰلًا وَجَعَلَ لَكُم مِّنَ ٱلْجِبَالِ أَكْنَـٰنًا وَجَعَلَ لَكُمْ سَرَٰبِيلَ تَقِيكُمُ ٱلْحَرَّ وَسَرَٰبِيلَ تَقِيكُم بَأْسَكُمْ كَذَٰلِكَ يُتِمُّ نِعْمَتَهُ عَلَيْكُمْ لَعَلَّكُمْ تُسْلِمُونَ ﴿٨١﴾ فَإِن تَوَلَّوْا۟ فَإِنَّمَا عَلَيْكَ ٱلْبَلَـٰغُ ٱلْمُبِينُ ﴿٨٢﴾ يَعْرِفُونَ نِعْمَتَ ٱللَّهِ ثُمَّ يُنكِرُونَهَا وَأَكْثَرُهُمُ ٱلْكَـٰفِرُونَ ﴿٨٣﴾ وَيَوْمَ نَبْعَثُ مِن كُلِّ أُمَّةٍ شَهِيدًا ثُمَّ لَا يُؤْذَنُ لِلَّذِينَ كَفَرُوا۟ وَلَا هُمْ يُسْتَعْتَبُونَ ﴿٨٤﴾ وَإِذَا رَءَا ٱلَّذِينَ ظَلَمُوا۟ ٱلْعَذَابَ فَلَا يُخَفَّفُ عَنْهُمْ وَلَا هُمْ يُنظَرُونَ ﴿٨٥﴾ وَإِذَا رَءَا ٱلَّذِينَ أَشْرَكُوا۟ شُرَكَآءَهُمْ قَالُوا۟ رَبَّنَا هَـٰٓؤُلَآءِ شُرَكَآؤُنَا ٱلَّذِينَ كُنَّا نَدْعُوا۟ مِن دُونِكَ فَأَلْقَوْا۟ إِلَيْهِمُ ٱلْقَوْلَ إِنَّكُمْ لَكَـٰذِبُونَ ﴿٨٦﴾ وَأَلْقَوْا۟ إِلَى ٱللَّهِ يَوْمَئِذٍ ٱلسَّلَمَ وَضَلَّ عَنْهُم مَّا كَانُوا۟ يَفْتَرُونَ ﴿٨٧﴾

ٱلَّذِينَ كَفَرُواْ وَصَدُّواْ عَن سَبِيلِ ٱللَّهِ زِدْنَٰهُمْ عَذَابًا فَوْقَ ٱلْعَذَابِ بِمَا كَانُواْ يُفْسِدُونَ ۝٨٨ وَيَوْمَ نَبْعَثُ فِى كُلِّ أُمَّةٍ شَهِيدًا عَلَيْهِم مِّنْ أَنفُسِهِمْ وَجِئْنَا بِكَ شَهِيدًا عَلَىٰ هَٰٓؤُلَآءِ وَنَزَّلْنَا عَلَيْكَ ٱلْكِتَٰبَ تِبْيَٰنًا لِّكُلِّ شَىْءٍ وَهُدًى وَرَحْمَةً وَبُشْرَىٰ لِلْمُسْلِمِينَ ۝٨٩ ۞ إِنَّ ٱللَّهَ يَأْمُرُ بِٱلْعَدْلِ وَٱلْإِحْسَٰنِ وَإِيتَآئِ ذِى ٱلْقُرْبَىٰ وَيَنْهَىٰ عَنِ ٱلْفَحْشَآءِ وَٱلْمُنكَرِ وَٱلْبَغْىِ يَعِظُكُمْ لَعَلَّكُمْ تَذَكَّرُونَ ۝٩٠ وَأَوْفُواْ بِعَهْدِ ٱللَّهِ إِذَا عَٰهَدتُّمْ وَلَا تَنقُضُواْ ٱلْأَيْمَٰنَ بَعْدَ تَوْكِيدِهَا وَقَدْ جَعَلْتُمُ ٱللَّهَ عَلَيْكُمْ كَفِيلًا إِنَّ ٱللَّهَ يَعْلَمُ مَا تَفْعَلُونَ ۝٩١ وَلَا تَكُونُواْ كَٱلَّتِى نَقَضَتْ غَزْلَهَا مِنۢ بَعْدِ قُوَّةٍ أَنكَٰثًا تَتَّخِذُونَ أَيْمَٰنَكُمْ دَخَلًا بَيْنَكُمْ أَن تَكُونَ أُمَّةٌ هِىَ أَرْبَىٰ مِنْ أُمَّةٍ إِنَّمَا يَبْلُوكُمُ ٱللَّهُ بِهِۦ وَلَيُبَيِّنَنَّ لَكُمْ يَوْمَ ٱلْقِيَٰمَةِ مَا كُنتُمْ فِيهِ تَخْتَلِفُونَ ۝٩٢ وَلَوْ شَآءَ ٱللَّهُ لَجَعَلَكُمْ أُمَّةً وَٰحِدَةً وَلَٰكِن يُضِلُّ مَن يَشَآءُ وَيَهْدِى مَن يَشَآءُ وَلَتُسْـَٔلُنَّ عَمَّا كُنتُمْ تَعْمَلُونَ ۝٩٣

وَلَا تَتَّخِذُوٓا أَيْمَٰنَكُمْ دَخَلَۢا بَيْنَكُمْ فَتَزِلَّ قَدَمُۢ بَعْدَ ثُبُوتِهَا

وَتَذُوقُوا۟ ٱلسُّوٓءَ بِمَا صَدَدتُّمْ عَن سَبِيلِ ٱللَّهِ وَلَكُمْ عَذَابٌ

عَظِيمٌ ۩ وَلَا تَشْتَرُوا۟ بِعَهْدِ ٱللَّهِ ثَمَنًا قَلِيلًا إِنَّمَا عِندَ ٱللَّهِ هُوَ

خَيْرٌ لَّكُمْ إِن كُنتُمْ تَعْلَمُونَ ۩ مَا عِندَكُمْ يَنفَدُ

وَمَا عِندَ ٱللَّهِ بَاقٍ وَلَيَجْزِيَنَّ ٱلَّذِينَ صَبَرُوٓا۟ أَجْرَهُم بِأَحْسَنِ مَا

كَانُوا۟ يَعْمَلُونَ ۩ مَنْ عَمِلَ صَٰلِحًا مِّن ذَكَرٍ أَوْ أُنثَىٰ

وَهُوَ مُؤْمِنٌ فَلَنُحْيِيَنَّهُۥ حَيَوٰةً طَيِّبَةً وَلَنَجْزِيَنَّهُمْ أَجْرَهُم

بِأَحْسَنِ مَا كَانُوا۟ يَعْمَلُونَ ۩ ۞ فَإِذَا قَرَأْتَ ٱلْقُرْءَانَ

فَٱسْتَعِذْ بِٱللَّهِ مِنَ ٱلشَّيْطَٰنِ ٱلرَّجِيمِ ۩ إِنَّهُۥ لَيْسَ لَهُۥ سُلْطَٰنٌ

عَلَى ٱلَّذِينَ ءَامَنُوا۟ وَعَلَىٰ رَبِّهِمْ يَتَوَكَّلُونَ ۩ إِنَّمَا

سُلْطَٰنُهُۥ عَلَى ٱلَّذِينَ يَتَوَلَّوْنَهُۥ وَٱلَّذِينَ هُم بِهِۦ مُشْرِكُونَ ۩

وَإِذَا بَدَّلْنَآ ءَايَةً مَّكَانَ ءَايَةٍ وَٱللَّهُ أَعْلَمُ بِمَا يُنَزِّلُ

قَالُوٓا۟ إِنَّمَآ أَنتَ مُفْتَرٍۭ بَلْ أَكْثَرُهُمْ لَا يَعْلَمُونَ ۩

قُلْ نَزَّلَهُۥ رُوحُ ٱلْقُدُسِ مِن رَّبِّكَ بِٱلْحَقِّ لِيُثَبِّتَ

ٱلَّذِينَ ءَامَنُوا۟ وَهُدًى وَبُشْرَىٰ لِلْمُسْلِمِينَ ۩

- يَنفَدُ
ينقضي ويفنى

ثُمَّ النَّحْل

- فَٱسْتَعِذْ
بِٱللَّهِ
فاعتصم به

- سُلْطَٰنٌ
تسلط وولاية

- رُوحُ
ٱلْقُدُسِ
جبريل عليه
السلام

● مدّ مشبع ٦ حركات	● إخفاء، ومواقع الغُنّة (حركتين)	● تفخيم
● مدّ ٢ أو ٤ أو ٦ جوازاً	● مدّ حركتين	● قلقلة
	● إدغام، وما لا يُلفظ	

وَلَقَدْ نَعْلَمُ أَنَّهُمْ يَقُولُونَ إِنَّمَا يُعَلِّمُهُ بَشَرٌ لِسَانُ ٱلَّذِي يُلْحِدُونَ إِلَيْهِ أَعْجَمِيٌّ وَهَٰذَا لِسَانٌ عَرَبِيٌّ مُّبِينٌ ۝١٠٣ إِنَّ ٱلَّذِينَ لَا يُؤْمِنُونَ بِـَٔايَٰتِ ٱللَّهِ لَا يَهْدِيهِمُ ٱللَّهُ وَلَهُمْ عَذَابٌ أَلِيمٌ ۝١٠٤ إِنَّمَا يَفْتَرِي ٱلْكَذِبَ ٱلَّذِينَ لَا يُؤْمِنُونَ بِـَٔايَٰتِ ٱللَّهِ وَأُوْلَٰٓئِكَ هُمُ ٱلْكَٰذِبُونَ ۝١٠٥ مَن كَفَرَ بِٱللَّهِ مِنۢ بَعْدِ إِيمَٰنِهِ إِلَّا مَنْ أُكْرِهَ وَقَلْبُهُۥ مُطْمَئِنٌّۢ بِٱلْإِيمَٰنِ وَلَٰكِن مَّن شَرَحَ بِٱلْكُفْرِ صَدْرًا فَعَلَيْهِمْ غَضَبٌ مِّنَ ٱللَّهِ وَلَهُمْ عَذَابٌ عَظِيمٌ ۝١٠٦ ذَٰلِكَ بِأَنَّهُمُ ٱسْتَحَبُّوا۟ ٱلْحَيَوٰةَ ٱلدُّنْيَا عَلَى ٱلْـَٔاخِرَةِ وَأَنَّ ٱللَّهَ لَا يَهْدِي ٱلْقَوْمَ ٱلْكَٰفِرِينَ ۝١٠٧ أُوْلَٰٓئِكَ ٱلَّذِينَ طَبَعَ ٱللَّهُ عَلَىٰ قُلُوبِهِمْ وَسَمْعِهِمْ وَأَبْصَٰرِهِمْ وَأُوْلَٰٓئِكَ هُمُ ٱلْغَٰفِلُونَ ۝١٠٨ لَا جَرَمَ أَنَّهُمْ فِي ٱلْـَٔاخِرَةِ هُمُ ٱلْخَٰسِرُونَ ۝١٠٩ ثُمَّ إِنَّ رَبَّكَ لِلَّذِينَ هَاجَرُوا۟ مِنۢ بَعْدِ مَا فُتِنُوا۟ ثُمَّ جَٰهَدُوا۟ وَصَبَرُوٓا۟ إِنَّ رَبَّكَ مِنۢ بَعْدِهَا لَغَفُورٌ رَّحِيمٌ ۝١١٠

- **يُلْحِدُونَ إِلَيْهِ**
  يَنسُبُونَ إليه أَنَّهُ يُعَلِّمُهُ
- **ٱسْتَحَبُّوا۟**
  اختاروا وآثروا
- **لَا جَرَمَ**
  حَقَّ وثبت أو لا مَحَالَةَ
- **فُتِنُوا۟**
  ابتُلوا وعُذِّبوا

- مدّ مشبع ٦ حركات   ● إخفاء، ومواقع الغُنَّة (حركتين)   ● تفخيم
- مدّ ٢ أو ٤ أو ٦ جوازاً   ● مدّ حركتين   ● إدغام، وما لا يُلفظ   ● قلقلة

279

۞ يَوْمَ تَأْتِي كُلُّ نَفْسٍ تُجَادِلُ عَن نَّفْسِهَا وَتُوَفَّىٰ كُلُّ نَفْسٍ مَّا عَمِلَتْ وَهُمْ لَا يُظْلَمُونَ ۝ وَضَرَبَ ٱللَّهُ مَثَلًا قَرْيَةً كَانَتْ ءَامِنَةً مُّطْمَئِنَّةً يَأْتِيهَا رِزْقُهَا رَغَدًا مِّن كُلِّ مَكَانٍ فَكَفَرَتْ بِأَنْعُمِ ٱللَّهِ فَأَذَاقَهَا ٱللَّهُ لِبَاسَ ٱلْجُوعِ وَٱلْخَوْفِ بِمَا كَانُوا۟ يَصْنَعُونَ ۝ وَلَقَدْ جَآءَهُمْ رَسُولٌ مِّنْهُمْ فَكَذَّبُوهُ فَأَخَذَهُمُ ٱلْعَذَابُ وَهُمْ ظَٰلِمُونَ ۝ فَكُلُوا۟ مِمَّا رَزَقَكُمُ ٱللَّهُ حَلَٰلًا طَيِّبًا وَٱشْكُرُوا۟ نِعْمَتَ ٱللَّهِ إِن كُنتُمْ إِيَّاهُ تَعْبُدُونَ ۝ إِنَّمَا حَرَّمَ عَلَيْكُمُ ٱلْمَيْتَةَ وَٱلدَّمَ وَلَحْمَ ٱلْخِنزِيرِ وَمَآ أُهِلَّ لِغَيْرِ ٱللَّهِ بِهِ ۖ فَمَنِ ٱضْطُرَّ غَيْرَ بَاغٍ وَلَا عَادٍ فَإِنَّ ٱللَّهَ غَفُورٌ رَّحِيمٌ ۝ وَلَا تَقُولُوا۟ لِمَا تَصِفُ أَلْسِنَتُكُمُ ٱلْكَذِبَ هَٰذَا حَلَٰلٌ وَهَٰذَا حَرَامٌ لِّتَفْتَرُوا۟ عَلَى ٱللَّهِ ٱلْكَذِبَ ۚ إِنَّ ٱلَّذِينَ يَفْتَرُونَ عَلَى ٱللَّهِ ٱلْكَذِبَ لَا يُفْلِحُونَ ۝ مَتَٰعٌ قَلِيلٌ وَلَهُمْ عَذَابٌ أَلِيمٌ ۝ وَعَلَى ٱلَّذِينَ هَادُوا۟ حَرَّمْنَا مَا قَصَصْنَا عَلَيْكَ مِن قَبْلُ ۖ وَمَا ظَلَمْنَٰهُمْ وَلَٰكِن كَانُوا۟ أَنفُسَهُمْ يَظْلِمُونَ ۝

• رَغَدًا
طَيِّبًا واسعًا

• أُهِلَّ لِغَيْرِ
ٱللَّهِ بِهِ
ذُكِرَ عِندَ
ذبحِه غيرُ
اسمِه تعالى

• غَيْرَ بَاغٍ
غَيرَ طالبٍ
للمُحَرَّمِ لِلّذةِ
أو استئثار

النَّحْل

• لَا عَادٍ
ولا مُجاوزٍ ما
يسُدُّ الرَّمَقَ

• مدّ مشبع ٦ حركات   • مدّ حركتين   • إخفاء، ومواقع الغُنّة (حركتين)   • تفخيم
• مدّ ٢ أو ٤ أو ٦ جوازًا   • إدغام، وما لا يُلفظ   • قلقلة

٢٨٠

ثُمَّ إِنَّ رَبَّكَ لِلَّذِينَ عَمِلُوا۟ ٱلسُّوٓءَ بِجَهَٰلَةٍ ثُمَّ تَابُوا۟ مِنۢ بَعْدِ ذَٰلِكَ وَأَصْلَحُوٓا۟ إِنَّ رَبَّكَ مِنۢ بَعْدِهَا لَغَفُورٌ رَّحِيمٌ ﴿١١٩﴾ ۞ إِنَّ إِبْرَٰهِيمَ كَانَ أُمَّةً قَانِتًا لِّلَّهِ حَنِيفًا وَلَمْ يَكُ مِنَ ٱلْمُشْرِكِينَ ﴿١٢٠﴾ شَاكِرًا لِّأَنْعُمِهِ ٱجْتَبَىٰهُ وَهَدَىٰهُ إِلَىٰ صِرَٰطٍ مُّسْتَقِيمٍ ﴿١٢١﴾ وَءَاتَيْنَٰهُ فِى ٱلدُّنْيَا حَسَنَةً وَإِنَّهُۥ فِى ٱلْءَاخِرَةِ لَمِنَ ٱلصَّٰلِحِينَ ﴿١٢٢﴾ ثُمَّ أَوْحَيْنَآ إِلَيْكَ أَنِ ٱتَّبِعْ مِلَّةَ إِبْرَٰهِيمَ حَنِيفًا وَمَا كَانَ مِنَ ٱلْمُشْرِكِينَ ﴿١٢٣﴾ إِنَّمَا جُعِلَ ٱلسَّبْتُ عَلَى ٱلَّذِينَ ٱخْتَلَفُوا۟ فِيهِ وَإِنَّ رَبَّكَ لَيَحْكُمُ بَيْنَهُمْ يَوْمَ ٱلْقِيَٰمَةِ فِيمَا كَانُوا۟ فِيهِ يَخْتَلِفُونَ ﴿١٢٤﴾ ٱدْعُ إِلَىٰ سَبِيلِ رَبِّكَ بِٱلْحِكْمَةِ وَٱلْمَوْعِظَةِ ٱلْحَسَنَةِ وَجَٰدِلْهُم بِٱلَّتِى هِىَ أَحْسَنُ إِنَّ رَبَّكَ هُوَ أَعْلَمُ بِمَن ضَلَّ عَن سَبِيلِهِۦ وَهُوَ أَعْلَمُ بِٱلْمُهْتَدِينَ ﴿١٢٥﴾ وَإِنْ عَاقَبْتُمْ فَعَاقِبُوا۟ بِمِثْلِ مَا عُوقِبْتُم بِهِۦ وَلَئِن صَبَرْتُمْ لَهُوَ خَيْرٌ لِّلصَّٰبِرِينَ ﴿١٢٦﴾ وَٱصْبِرْ وَمَا صَبْرُكَ إِلَّا بِٱللَّهِ وَلَا تَحْزَنْ عَلَيْهِمْ وَلَا تَكُ فِى ضَيْقٍ مِّمَّا يَمْكُرُونَ ﴿١٢٧﴾ إِنَّ ٱللَّهَ مَعَ ٱلَّذِينَ ٱتَّقَوا۟ وَّٱلَّذِينَ هُم مُّحْسِنُونَ ﴿١٢٨﴾

ثُمُنْ

• بِجَهَٰلَةٍ
بتعدّي الطور
وركوب الرأس

• كَانَ أُمَّةً
كأمّةٍ واحدةٍ
في عصره

• قَانِتًا لِّلَّهِ
مطيعًا خاضعًا
له تعالى

• حَنِيفًا
مائلًا عن
الباطل إلى
الدّين الحقّ

• ٱجْتَبَىٰهُ
اصطفاه
واختاره

• مِلَّةَ إِبْرَٰهِيمَ
شريعتَه وهي
التوحيد

• جُعِلَ
ٱلسَّبْتُ
فُرِضَ تعظيمُه

• ضَيْقٍ
ضيق صدر
وحرج

| • مدّ مشبع ٦ حركات | • مدّ حركتين | • إخفاء، ومواقع الغُنَّة (حركتين) | • تفخيم |
| • مدّ ٢ أو ٤ أو ٦ جوازًا | | • إدغام، وما لا يُلفظ | • قلقلة |

281

بِسۡمِ ٱللَّهِ ٱلرَّحۡمَٰنِ ٱلرَّحِيمِ

﷽ سُبۡحَٰنَ ٱلَّذِىٓ أَسۡرَىٰ بِعَبۡدِهِۦ لَيۡلٗا مِّنَ ٱلۡمَسۡجِدِ ٱلۡحَرَامِ إِلَى ٱلۡمَسۡجِدِ ٱلۡأَقۡصَا ٱلَّذِى بَٰرَكۡنَا حَوۡلَهُۥ لِنُرِيَهُۥ مِنۡ ءَايَٰتِنَآ إِنَّهُۥ هُوَ ٱلسَّمِيعُ ٱلۡبَصِيرُ ۝١ وَءَاتَيۡنَا مُوسَى ٱلۡكِتَٰبَ وَجَعَلۡنَٰهُ هُدٗى لِّبَنِىٓ إِسۡرَٰٓءِيلَ أَلَّا تَتَّخِذُوا۟ مِن دُونِى وَكِيلٗا ۝٢ ذُرِّيَّةَ مَنۡ حَمَلۡنَا مَعَ نُوحٍ إِنَّهُۥ كَانَ عَبۡدٗا شَكُورٗا ۝٣ وَقَضَيۡنَآ إِلَىٰ بَنِىٓ إِسۡرَٰٓءِيلَ فِى ٱلۡكِتَٰبِ لَتُفۡسِدُنَّ فِى ٱلۡأَرۡضِ مَرَّتَيۡنِ وَلَتَعۡلُنَّ عُلُوّٗا كَبِيرٗا ۝٤ فَإِذَا جَآءَ وَعۡدُ أُولَىٰهُمَا بَعَثۡنَا عَلَيۡكُمۡ عِبَادٗا لَّنَآ أُو۟لِى بَأۡسٖ شَدِيدٖ فَجَاسُوا۟ خِلَٰلَ ٱلدِّيَارِ وَكَانَ وَعۡدٗا مَّفۡعُولٗا ۝٥ ثُمَّ رَدَدۡنَا لَكُمُ ٱلۡكَرَّةَ عَلَيۡهِمۡ وَأَمۡدَدۡنَٰكُم بِأَمۡوَٰلٖ وَبَنِينَ وَجَعَلۡنَٰكُمۡ أَكۡثَرَ نَفِيرًا ۝٦ إِنۡ أَحۡسَنتُمۡ أَحۡسَنتُمۡ لِأَنفُسِكُمۡ وَإِنۡ أَسَأۡتُمۡ فَلَهَا فَإِذَا جَآءَ وَعۡدُ ٱلۡأَخِرَةِ لِيَسُۥٓـُٔوا۟ وُجُوهَكُمۡ وَلِيَدۡخُلُوا۟ ٱلۡمَسۡجِدَ كَمَا دَخَلُوهُ أَوَّلَ مَرَّةٖ وَلِيُتَبِّرُوا۟ مَا عَلَوۡا۟ تَتۡبِيرًا ۝٧

عَسَىٰ رَبُّكُمْ أَن يَرْحَمَكُمْ ۚ وَإِنْ عُدتُّمْ عُدْنَا ۘ وَجَعَلْنَا جَهَنَّمَ لِلْكَافِرِينَ حَصِيرًا ۝ إِنَّ هَٰذَا الْقُرْءَانَ يَهْدِى لِلَّتِى هِىَ أَقْوَمُ وَيُبَشِّرُ الْمُؤْمِنِينَ الَّذِينَ يَعْمَلُونَ الصَّٰلِحَٰتِ أَنَّ لَهُمْ أَجْرًا كَبِيرًا ۝ وَأَنَّ الَّذِينَ لَا يُؤْمِنُونَ بِالْءَاخِرَةِ أَعْتَدْنَا لَهُمْ عَذَابًا أَلِيمًا ۝ ۞ وَيَدْعُ الْإِنسَٰنُ بِالشَّرِّ دُعَآءَهُ بِالْخَيْرِ ۖ وَكَانَ الْإِنسَٰنُ عَجُولًا ۝ وَجَعَلْنَا الَّيْلَ وَالنَّهَارَ ءَايَتَيْنِ ۖ فَمَحَوْنَا ءَايَةَ الَّيْلِ وَجَعَلْنَا ءَايَةَ النَّهَارِ مُبْصِرَةً لِّتَبْتَغُوا فَضْلًا مِّن رَّبِّكُمْ وَلِتَعْلَمُوا عَدَدَ السِّنِينَ وَالْحِسَابَ ۚ وَكُلَّ شَىْءٍ فَصَّلْنَٰهُ تَفْصِيلًا ۝ وَكُلَّ إِنسَٰنٍ أَلْزَمْنَٰهُ طَٰٓئِرَهُ فِى عُنُقِهِ ۖ وَنُخْرِجُ لَهُ يَوْمَ الْقِيَٰمَةِ كِتَٰبًا يَلْقَىٰهُ مَنشُورًا ۝ اقْرَأْ كِتَٰبَكَ كَفَىٰ بِنَفْسِكَ الْيَوْمَ عَلَيْكَ حَسِيبًا ۝ مَّنِ اهْتَدَىٰ فَإِنَّمَا يَهْتَدِى لِنَفْسِهِ ۖ وَمَن ضَلَّ فَإِنَّمَا يَضِلُّ عَلَيْهَا ۚ وَلَا تَزِرُ وَازِرَةٌ وِزْرَ أُخْرَىٰ ۗ وَمَا كُنَّا مُعَذِّبِينَ حَتَّىٰ نَبْعَثَ رَسُولًا ۝ وَإِذَا أَرَدْنَا أَن نُّهْلِكَ قَرْيَةً أَمَرْنَا مُتْرَفِيهَا فَفَسَقُوا فِيهَا فَحَقَّ عَلَيْهَا الْقَوْلُ فَدَمَّرْنَٰهَا تَدْمِيرًا ۝ وَكَمْ أَهْلَكْنَا مِنَ الْقُرُونِ مِنۢ بَعْدِ نُوحٍ ۗ وَكَفَىٰ بِرَبِّكَ بِذُنُوبِ عِبَادِهِ خَبِيرًۢا بَصِيرًا ۝

- حَصِيرًا
سِجْنًا أَوْ
مِهَادًا

ثُمُنٌ

- فَمَحَوْنَآ
طَمَسْنَا

- مُبْصِرَةً
مُضِيئَةً

- طَآئِرَهُ
عَمَلَهُ الْمُقَدَّرَ
عَلَيْهِ

- حَسِيبًا
حَاسِبًا وَعَادًّا
أَوْ مُحَاسِبًا

- لَا تَزِرُ
وَازِرَةٌ
لَا تَحْمِلُ
نَفْسٌ آثِمَةٌ

- مُتْرَفِيهَا
مُتَنَعِّمِيهَا
وَجَبَّارِيهَا

- فَفَسَقُوا
فَتَمَرَّدُوا
وَعَصَوْا

- فَدَمَّرْنَٰهَا
اسْتَأْصَلْنَاهَا
وَمَحَوْنَا آثَارَهَا

- الْقُرُونِ
الأُمَم

| ● مَدّ مشبع ٦ حركات | ● إخفاء، ومواقع الغنّة (حركتين) | ● مَدّ حركتين | ● تفخيم |
| ● مَدّ ٢ أو ٤ أو ٦ جوازاً | ● إدغام، وما لا يُلفظ | | ● قلقلة |

283

مَّن كَانَ يُرِيدُ ٱلْعَاجِلَةَ عَجَّلْنَا لَهُ فِيهَا مَا نَشَاءُ لِمَن نُّرِيدُ

ثُمَّ جَعَلْنَا لَهُ جَهَنَّمَ يَصْلَىٰهَا مَذْمُومًا مَّدْحُورًا ۝١٨ وَمَنْ

أَرَادَ ٱلْءَاخِرَةَ وَسَعَىٰ لَهَا سَعْيَهَا وَهُوَ مُؤْمِنٌ فَأُوْلَٰٓئِكَ كَانَ

سَعْيُهُم مَّشْكُورًا ۝١٩ كُلًّا نُّمِدُّ هَٰٓؤُلَاءِ وَهَٰٓؤُلَاءِ مِنْ عَطَآءِ

رَبِّكَ وَمَا كَانَ عَطَآءُ رَبِّكَ مَحْظُورًا ۝٢٠ ٱنظُرْ كَيْفَ

فَضَّلْنَا بَعْضَهُمْ عَلَىٰ بَعْضٍ وَلَلْءَاخِرَةُ أَكْبَرُ دَرَجَٰتٍ وَأَكْبَرُ

تَفْضِيلًا ۝٢١ لَّا تَجْعَلْ مَعَ ٱللَّهِ إِلَٰهًا ءَاخَرَ فَتَقْعُدَ مَذْمُومًا

مَّخْذُولًا ۝٢٢ ۞ وَقَضَىٰ رَبُّكَ أَلَّا تَعْبُدُوٓا۟ إِلَّآ إِيَّاهُ وَبِٱلْوَٰلِدَيْنِ

إِحْسَٰنًا إِمَّا يَبْلُغَنَّ عِندَكَ ٱلْكِبَرَ أَحَدُهُمَا أَوْ كِلَاهُمَا

فَلَا تَقُل لَّهُمَآ أُفٍّ وَلَا تَنْهَرْهُمَا وَقُل لَّهُمَا قَوْلًا كَرِيمًا ۝٢٣

وَٱخْفِضْ لَهُمَا جَنَاحَ ٱلذُّلِّ مِنَ ٱلرَّحْمَةِ وَقُل رَّبِّ ٱرْحَمْهُمَا كَمَا

رَبَّيَانِي صَغِيرًا ۝٢٤ رَّبُّكُمْ أَعْلَمُ بِمَا فِي نُفُوسِكُمْ إِن تَكُونُوا۟

صَٰلِحِينَ فَإِنَّهُ كَانَ لِلْأَوَّٰبِينَ غَفُورًا ۝٢٥ وَءَاتِ ذَا ٱلْقُرْبَىٰ حَقَّهُ

وَٱلْمِسْكِينَ وَٱبْنَ ٱلسَّبِيلِ وَلَا تُبَذِّرْ تَبْذِيرًا ۝٢٦ إِنَّ ٱلْمُبَذِّرِينَ

كَانُوٓا۟ إِخْوَٰنَ ٱلشَّيَٰطِينِ وَكَانَ ٱلشَّيْطَٰنُ لِرَبِّهِ كَفُورًا ۝٢٧

• يَصْلَىٰهَا
يَدْخُلُهَا أو
يُقَاسِي حَرَّهَا

• مَدْحُورًا
مطرودًا من
رحمة الله

• كُلًّا نُّمِدُّ
نزيد العطاء
مرة بعد أخرى

• مَحْظُورًا
ممنوعًا من
عباده

رُبُع

الإسْرَاء

• مَخْذُولًا
غير منصور
ولا مُعان

• وَقَضَىٰ
رَبُّكَ
أمرَ وألزمَ

• أُفٍّ
كلمة تضجر
وكراهية

• لَا تَنْهَرْهُمَا
لا تزجرهما
عمّا لا يعجبُك

• لِلْأَوَّٰبِينَ
للتوّابين عما
فرط منهم

• مدّ مشبع ٦ حركات   • إخفاء، ومواقع الغُنّة (حركتين)   • تفخيم
• مدّ ٢ أو ٤ أو ٦ جوازًا   • مدّ حركتين   • إدغام، وما لا يُلفظ   • قلقلة

284

وَإِمَّا تُعْرِضَنَّ عَنْهُمُ ابْتِغَاءَ رَحْمَةٍ مِّن رَّبِّكَ تَرْجُوهَا فَقُل لَّهُمْ قَوْلًا مَّيْسُورًا ۝ وَلَا تَجْعَلْ يَدَكَ مَغْلُولَةً إِلَىٰ عُنُقِكَ وَلَا تَبْسُطْهَا كُلَّ الْبَسْطِ فَتَقْعُدَ مَلُومًا مَّحْسُورًا ۝ إِنَّ رَبَّكَ يَبْسُطُ الرِّزْقَ لِمَن يَشَاءُ وَيَقْدِرُ إِنَّهُ كَانَ بِعِبَادِهِ خَبِيرًا بَصِيرًا ۝ وَلَا تَقْتُلُوا أَوْلَادَكُمْ خَشْيَةَ إِمْلَاقٍ نَّحْنُ نَرْزُقُهُمْ وَإِيَّاكُمْ إِنَّ قَتْلَهُمْ كَانَ خِطْأً كَبِيرًا ۝ وَلَا تَقْرَبُوا الزِّنَىٰ إِنَّهُ كَانَ فَاحِشَةً وَسَاءَ سَبِيلًا ۝ وَلَا تَقْتُلُوا النَّفْسَ الَّتِي حَرَّمَ اللَّهُ إِلَّا بِالْحَقِّ وَمَن قُتِلَ مَظْلُومًا فَقَدْ جَعَلْنَا لِوَلِيِّهِ سُلْطَانًا فَلَا يُسْرِف فِّي الْقَتْلِ إِنَّهُ كَانَ مَنصُورًا ۝ وَلَا تَقْرَبُوا مَالَ الْيَتِيمِ إِلَّا بِالَّتِي هِيَ أَحْسَنُ حَتَّىٰ يَبْلُغَ أَشُدَّهُ وَأَوْفُوا بِالْعَهْدِ إِنَّ الْعَهْدَ كَانَ مَسْئُولًا ۝ وَأَوْفُوا الْكَيْلَ إِذَا كِلْتُمْ وَزِنُوا بِالْقِسْطَاسِ الْمُسْتَقِيمِ ذَٰلِكَ خَيْرٌ وَأَحْسَنُ تَأْوِيلًا ۝ وَلَا تَقْفُ مَا لَيْسَ لَكَ بِهِ عِلْمٌ إِنَّ السَّمْعَ وَالْبَصَرَ وَالْفُؤَادَ كُلُّ أُوْلَـٰئِكَ كَانَ عَنْهُ مَسْئُولًا ۝ وَلَا تَمْشِ فِي الْأَرْضِ مَرَحًا إِنَّكَ لَن تَخْرِقَ الْأَرْضَ وَلَن تَبْلُغَ الْجِبَالَ طُولًا ۝ كُلُّ ذَٰلِكَ كَانَ سَيِّئُهُ عِندَ رَبِّكَ مَكْرُوهًا ۝

ذَٰلِكَ مِمَّآ أَوْحَىٰٓ إِلَيْكَ رَبُّكَ مِنَ ٱلْحِكْمَةِ وَلَا تَجْعَلْ مَعَ ٱللَّهِ إِلَٰهًا

ءَاخَرَ فَتُلْقَىٰ فِى جَهَنَّمَ مَلُومًا مَّدْحُورًا ۝٣٩ أَفَأَصْفَىٰكُمْ رَبُّكُم

بِٱلْبَنِينَ وَٱتَّخَذَ مِنَ ٱلْمَلَٰٓئِكَةِ إِنَٰثًا إِنَّكُمْ لَتَقُولُونَ قَوْلًا عَظِيمًا ۝٤٠

وَلَقَدْ صَرَّفْنَا فِى هَٰذَا ٱلْقُرْءَانِ لِيَذَّكَّرُوا۟ وَمَا يَزِيدُهُمْ إِلَّا نُفُورًا ۝٤١

قُل لَّوْ كَانَ مَعَهُۥٓ ءَالِهَةٌ كَمَا يَقُولُونَ إِذًا لَّٱبْتَغَوْا۟ إِلَىٰ ذِى ٱلْعَرْشِ

سَبِيلًا ۝٤٢ سُبْحَٰنَهُۥ وَتَعَٰلَىٰ عَمَّا يَقُولُونَ عُلُوًّا كَبِيرًا ۝٤٣ يُسَبِّحُ

لَهُ ٱلسَّمَٰوَٰتُ ٱلسَّبْعُ وَٱلْأَرْضُ وَمَن فِيهِنَّ وَإِن مِّن شَىْءٍ إِلَّا يُسَبِّحُ

بِحَمْدِهِۦ وَلَٰكِن لَّا تَفْقَهُونَ تَسْبِيحَهُمْ إِنَّهُۥ كَانَ حَلِيمًا غَفُورًا ۝٤٤

وَإِذَا قَرَأْتَ ٱلْقُرْءَانَ جَعَلْنَا بَيْنَكَ وَبَيْنَ ٱلَّذِينَ لَا يُؤْمِنُونَ بِٱلْءَاخِرَةِ

حِجَابًا مَّسْتُورًا ۝٤٥ وَجَعَلْنَا عَلَىٰ قُلُوبِهِمْ أَكِنَّةً أَن يَفْقَهُوهُ وَفِىٓ

ءَاذَانِهِمْ وَقْرًا وَإِذَا ذَكَرْتَ رَبَّكَ فِى ٱلْقُرْءَانِ وَحْدَهُۥ وَلَّوْا۟ عَلَىٰٓ أَدْبَٰرِهِمْ

نُفُورًا ۝٤٦ نَّحْنُ أَعْلَمُ بِمَا يَسْتَمِعُونَ بِهِۦٓ إِذْ يَسْتَمِعُونَ إِلَيْكَ وَإِذْ هُمْ

نَجْوَىٰٓ إِذْ يَقُولُ ٱلظَّٰلِمُونَ إِن تَتَّبِعُونَ إِلَّا رَجُلًا مَّسْحُورًا ۝٤٧ ٱنظُرْ

كَيْفَ ضَرَبُوا۟ لَكَ ٱلْأَمْثَٰلَ فَضَلُّوا۟ فَلَا يَسْتَطِيعُونَ سَبِيلًا ۝٤٨

وَقَالُوٓا۟ أَءِذَا كُنَّا عِظَٰمًا وَرُفَٰتًا أَءِنَّا لَمَبْعُوثُونَ خَلْقًا جَدِيدًا ۝٤٩

Side margin notes (right):

- مَّدْحُورًا
  مُبْعَدًا من رحمة اللّٰه

- أَفَأَصْفَىٰكُمْ رَبُّكُم
  أفضلكم ربكم

- صَرَّفْنَا
  كرّرنا بأساليب مختلفة

- نُفُورًا
  تباعُدًا عن الحق

- لَّٱبْتَغَوْا۟
  لطلبوا

الإسراء

- مَّسْتُورًا
  ساترًا لك عنهم

- أَكِنَّةً
  أغطية كثيرة

- وَقْرًا
  صممًا وثقلًا عظيمًا

- هُمْ نَجْوَىٰ
  يتناجون ويتسارّون فيما بينهم

- مَّسْحُورًا
  مغلوبًا على عقله بالسحر

- رُفَٰتًا
  أجزاءً مُفتَّتَةً أو ترابًا

Bottom legend:

● مدّ مشبع 6 حركات	● إخفاء، ومواقع الغُنَّة (حركتين)	● تفخيم
● مدّ 2 أو 4 أو 6 جوازًا	● مدّ حركتين	
	● إدغام، وما لا يُلفظ	● قلقلة

نصف

۞ قُل كُونُوا۟ حِجَارَةً أَوْ حَدِيدًا ﴿٥٠﴾ أَوْ خَلْقًا مِّمَّا يَكْبُرُ فِى صُدُورِكُمْ فَسَيَقُولُونَ مَن يُعِيدُنَا قُلِ ٱلَّذِى فَطَرَكُمْ أَوَّلَ مَرَّةٍ فَسَيُنْغِضُونَ إِلَيْكَ رُءُوسَهُمْ وَيَقُولُونَ مَتَىٰ هُوَ قُلْ عَسَىٰٓ أَن يَكُونَ قَرِيبًا ﴿٥١﴾ يَوْمَ يَدْعُوكُمْ فَتَسْتَجِيبُونَ بِحَمْدِهِۦ وَتَظُنُّونَ إِن لَّبِثْتُمْ إِلَّا قَلِيلًا ﴿٥٢﴾ وَقُل لِّعِبَادِى يَقُولُوا۟ ٱلَّتِى هِىَ أَحْسَنُ إِنَّ ٱلشَّيْطَٰنَ يَنزَغُ بَيْنَهُمْ إِنَّ ٱلشَّيْطَٰنَ كَانَ لِلْإِنسَٰنِ عَدُوًّا مُّبِينًا ﴿٥٣﴾ رَّبُّكُمْ أَعْلَمُ بِكُمْ إِن يَشَأْ يَرْحَمْكُمْ أَوْ إِن يَشَأْ يُعَذِّبْكُمْ وَمَآ أَرْسَلْنَٰكَ عَلَيْهِمْ وَكِيلًا ﴿٥٤﴾ وَرَبُّكَ أَعْلَمُ بِمَن فِى ٱلسَّمَٰوَٰتِ وَٱلْأَرْضِ وَلَقَدْ فَضَّلْنَا بَعْضَ ٱلنَّبِيِّـۧنَ عَلَىٰ بَعْضٍ وَءَاتَيْنَا دَاوُۥدَ زَبُورًا ﴿٥٥﴾ قُلِ ٱدْعُوا۟ ٱلَّذِينَ زَعَمْتُم مِّن دُونِهِۦ فَلَا يَمْلِكُونَ كَشْفَ ٱلضُّرِّ عَنكُمْ وَلَا تَحْوِيلًا ﴿٥٦﴾ أُو۟لَٰٓئِكَ ٱلَّذِينَ يَدْعُونَ يَبْتَغُونَ إِلَىٰ رَبِّهِمُ ٱلْوَسِيلَةَ أَيُّهُمْ أَقْرَبُ وَيَرْجُونَ رَحْمَتَهُۥ وَيَخَافُونَ عَذَابَهُۥٓ إِنَّ عَذَابَ رَبِّكَ كَانَ مَحْذُورًا ﴿٥٧﴾ وَإِن مِّن قَرْيَةٍ إِلَّا نَحْنُ مُهْلِكُوهَا قَبْلَ يَوْمِ ٱلْقِيَٰمَةِ أَوْ مُعَذِّبُوهَا عَذَابًا شَدِيدًا كَانَ ذَٰلِكَ فِى ٱلْكِتَٰبِ مَسْطُورًا ﴿٥٨﴾

- يَكْبُرُ
يعظم عن قبول الحياة

- فَطَرَكُمْ
أبدعكم

- فَسَيُنْغِضُونَ
فسيحرّكون استهزاءً

- يَنْزَغُ بَيْنَهُمْ
يُفسد ويهيّج الشرّ بينهم

- زَبُورًا
كتابًا فيه مواعظ وبشارة بك

- تَحْوِيلًا
نقله إلى غيركم

- ٱلْوَسِيلَةَ
القربة بالطاعة والعبادة

● مدّ مشبع ٦ حركات   ● إخفاء، ومواقع الغنّة (حركتين)   ● تفخ
● مدّ ٢ أو ٤ أو ٦ جوازًا   ● مدّ حركتين   ● إدغام، وما لا يُلفظ   ● قلق

287

وَمَا مَنَعَنَا أَن نُّرْسِلَ بِالَايَٰتِ إِلَّآ أَن كَذَّبَ بِهَا اَلَاوَّلُونَ
وَءَاتَيْنَا ثَمُودَ اَلنَّاقَةَ مُبْصِرَةً فَظَلَمُواْ بِهَا وَمَا نُرْسِلُ بِالَايَٰتِ إِلَّا
تَخْوِيفاً ﴿59﴾ وَإِذْ قُلْنَا لَكَ إِنَّ رَبَّكَ أَحَاطَ بِالنَّاسِ وَمَا جَعَلْنَا
اَلرُّءْيَا اَلتِےٓ أَرَيْنَٰكَ إِلَّا فِتْنَةً لِّلنَّاسِ وَالشَّجَرَةَ اَلْمَلْعُونَةَ
فِے اِلْقُرْءَانِ وَنُخَوِّفُهُمْ فَمَا يَزِيدُهُمُۥٓ إِلَّا طُغْيَٰناً كَبِيراً ﴿60﴾
۞ وَإِذْ قُلْنَا لِلْمَلَٰٓئِكَةِ اِسْجُدُواْ لِأٓدَمَ فَسَجَدُوٓاْ إِلَّآ إِبْلِيسَ
قَالَ ءَاسْجُدُ لِمَنْ خَلَقْتَ طِيناً ﴿61﴾ قَالَ أَرَآيْتَكَ هَٰذَا اَلذِے
كَرَّمْتَ عَلَيَّ لَئِنَ اَخَّرْتَنِۦٓ إِلَىٰ يَوْمِ اِلْقِيَٰمَةِ لَأَحْتَنِكَنَّ ذُرِّيَّتَهُۥٓ
إِلَّا قَلِيلاً ﴿62﴾ قَالَ اَذْهَبْ فَمَن تَبِعَكَ مِنْهُمْ فَإِنَّ جَهَنَّمَ
جَزَآؤُكُمْ جَزَآءً مَّوْفُوراً ﴿63﴾ وَاسْتَفْزِزْ مَنِ اِسْتَطَعْتَ مِنْهُم
بِصَوْتِكَ وَأَجْلِبْ عَلَيْهِم بِخَيْلِكَ وَرَجْلِكَ وَشَارِكْهُمْ
فِے اِلَامْوَٰلِ وَالَاوْلَٰدِ وَعِدْهُمْ وَمَا يَعِدُهُمُ اُلشَّيْطَٰنُ إِلَّا
غُرُوراً ﴿64﴾ اِنَّ عِبَادِے لَيْسَ لَكَ عَلَيْهِمْ سُلْطَٰنٌ وَكَفَيٰ
بِرَبِّكَ وَكِيلاً ﴿65﴾ رَّبُّكُمُ اُلذِے يُزْجِے لَكُمُ اُلْفُلْكَ
فِے اِلْبَحْرِ لِتَبْتَغُواْ مِن فَضْلِهِۦٓ إِنَّهُۥ كَانَ بِكُمْ رَحِيماً ﴿66﴾

مدّ مشبع 6 حركات	مدّ حركتين	إخفاء، ومواقع الغُنّة (حركتين)	تفخيم
مدّ 2 أو 4 أو 6 جوازاً		إدغام، وما لا يُلفظ	قلقلة

- فَظَلَمُواْ بِهَا: فكفروا بها ظالمينَ
- أَحَاطَ بِالنَّاسِ: احتوتْهم قدرتُهُ
- الشَّجَرَةَ الْمَلْعُونَةَ: شجرةَ الزقّومِ

ثُمُنٌ

- طُغْيَٰناً: تجاوزًا للحدِّ في كفرِهم
- أَرَآيْتَكَ: أخبرني

الإسراء

- لَأَحْتَنِكَنَّ ذُرِّيَّتَهُۥ: لأستأصلنّهم بالإغواءِ
- اسْتَفْزِزْ: استخِفَّ وأزعِجْ
- وَأَجْلِبْ عَلَيْهِم: صِحْ عليهم وسُقْهم
- بِخَيْلِكَ وَرَجْلِكَ: بركبانِ جندِكَ ومشاتِهم
- غُرُوراً: باطلًا وخِداعًا
- سُلْطَٰنٌ: تسلّطٌ وقدرةٌ على إغوائِهم
- يُزْجِے: يُجري ويسيّرُ ويسوقُ برفقٍ

288

وَإِذَا مَسَّكُمُ الضُّرُّ فِي الْبَحْرِ ضَلَّ مَن تَدْعُونَ إِلَّا إِيَّاهُ فَلَمَّا
نَجَّيكُمْ إِلَى الْبَرِّ أَعْرَضْتُمْ وَكَانَ الْإِنسَٰنُ كَفُورًا ﴿67﴾ أَفَأَمِنتُمْ
أَن يَخْسِفَ بِكُمْ جَانِبَ الْبَرِّ أَوْ يُرْسِلَ عَلَيْكُمْ حَاصِبًا ثُمَّ لَا
تَجِدُوا لَكُمْ وَكِيلًا ﴿68﴾ أَمْ أَمِنتُمْ أَن يُعِيدَكُمْ فِيهِ تَارَةً
أُخْرَىٰ فَيُرْسِلَ عَلَيْكُمْ قَاصِفًا مِّنَ الرِّيحِ فَيُغْرِقَكُم بِمَا كَفَرْتُمْ
ثُمَّ لَا تَجِدُوا لَكُمْ عَلَيْنَا بِهِ تَبِيعًا ﴿69﴾ ۞ وَلَقَدْ كَرَّمْنَا بَنِي
ءَادَمَ وَحَمَلْنَٰهُمْ فِي الْبَرِّ وَالْبَحْرِ وَرَزَقْنَٰهُم مِّنَ الطَّيِّبَٰتِ
وَفَضَّلْنَٰهُمْ عَلَىٰ كَثِيرٍ مِّمَّنْ خَلَقْنَا تَفْضِيلًا ﴿70﴾ يَوْمَ نَدْعُوا
كُلَّ أُنَاسٍ بِإِمَٰمِهِمْ فَمَنْ أُوتِيَ كِتَٰبَهُ بِيَمِينِهِ فَأُولَٰٓئِكَ
يَقْرَءُونَ كِتَٰبَهُمْ وَلَا يُظْلَمُونَ فَتِيلًا ﴿71﴾ وَمَن كَانَ
فِي هَٰذِهِ أَعْمَىٰ فَهُوَ فِي الْآخِرَةِ أَعْمَىٰ وَأَضَلُّ سَبِيلًا ﴿72﴾ وَإِن
كَادُوا لَيَفْتِنُونَكَ عَنِ الَّذِي أَوْحَيْنَا إِلَيْكَ لِتَفْتَرِيَ عَلَيْنَا
غَيْرَهُ وَإِذًا لَّاتَّخَذُوكَ خَلِيلًا ﴿73﴾ وَلَوْلَا أَن ثَبَّتْنَٰكَ لَقَدْ
كِدتَّ تَرْكَنُ إِلَيْهِمْ شَيْـًٔا قَلِيلًا ﴿74﴾ إِذًا لَّأَذَقْنَٰكَ ضِعْفَ
الْحَيَوٰةِ وَضِعْفَ الْمَمَاتِ ثُمَّ لَا تَجِدُ لَكَ عَلَيْنَا نَصِيرًا ﴿75﴾

- يَخْسِفَ: يغوّرَ ويُغيّبَ
- حَاصِبًا: ريحًا ترميكم بالحصباءِ

رُبُع

- قَاصِفًا: شديدًا أو مُهلكًا
- تَبِيعًا: نصيرًا أو مُطالبًا بالثأرِ منّا
- فَتِيلًا: قدْرَ الخيطِ في شِقِّ النّواةِ
- لَيَفْتِنُونَكَ: ليصرفُونَكَ
- لِتَفْتَرِيَ: لتختلقَ وتتقوّلَ
- تَرْكَنُ: تميلُ
- ضِعْفَ الْحَيَوٰةِ: عذابًا مُضاعفًا فيها

مدّ مشبع 6 حركات / مدّ 2 أو 4 أو 6 جوازًا	مدّ حركتين	إخفاء، ومواقع الغُنّة (حركتين) / إدغام، وما لا يُلفظ	تفخ… / قلق…

وَإِن كَادُواْ لَيَسْتَفِزُّونَكَ مِنَ اَ۬لَارْضِ لِيُخْرِجُوكَ مِنْهَا وَإِذاٗ
لَّا يَلْبَثُونَ خَلْفَكَ إِلَّا قَلِيلاٗ (76) سُنَّةَ مَن قَدَ اَرْسَلْنَا
قَبْلَكَ مِن رُّسُلِنَا وَلَا تَجِدُ لِسُنَّتِنَا تَحْوِيلاً (77) اَقِمِ اِ۬لصَّلَوٰةَ
لِدُلُوكِ اِ۬لشَّمْسِ إِلَىٰ غَسَقِ اِ۬ليْلِ وَقُرْءَانَ اَ۬لْفَجْرِ إِنَّ قُرْءَانَ اَ۬لْفَجْرِ
كَانَ مَشْهُوداٗ (78) وَمِنَ اَ۬ليْلِ فَتَهَجَّدْ بِهِۦ نَافِلَةٗ لَّكَ عَسَىٰٓ
أَن يَّبْعَثَكَ رَبُّكَ مَقَاماٗ مَّحْمُوداٗ (79) وَقُل رَّبِّ أَدْخِلْنِے
مُدْخَلَ صِدْقٖ وَأَخْرِجْنِے مُخْرَجَ صِدْقٖ وَاجْعَل لِّے مِن لَّدُنكَ
سُلْطَٰناٗ نَّصِيراٗ (80) وَقُلْ جَآءَ اَ۬لْحَقُّ وَزَهَقَ اَ۬لْبَٰطِلُ إِنَّ اَ۬لْبَٰطِلَ
كَانَ زَهُوقاٗ (81) وَنُنَزِّلُ مِنَ اَ۬لْقُرْءَانِ مَا هُوَ شِفَآءٞ وَرَحْمَةٞ
لِّلْمُومِنِينَ وَلَا يَزِيدُ اُ۬لظَّٰلِمِينَ إِلَّا خَسَاراٗ (82) وَإِذَآ أَنْعَمْنَا عَلَى
اَ۬لِانسَٰنِ أَعْرَضَ وَنَٰٓا بِجَانِبِهِۦ وَإِذَا مَسَّهُ اُ۬لشَّرُّ كَانَ يَٰٓـُٔوساٗ (83)
قُلْ كُلّٞ يَعْمَلُ عَلَىٰ شَاكِلَتِهِۦ فَرَبُّكُمُۥ أَعْلَمُ بِمَنْ هُوَ أَهْدَىٰ
سَبِيلاٗ (84) ۞ وَيَسْـَٔلُونَكَ عَنِ اِ۬لرُّوحِ قُلِ اِ۬لرُّوحُ مِنَ اَمْرِ رَبِّے
وَمَآ أُوتِيتُم مِّنَ اَ۬لْعِلْمِ إِلَّا قَلِيلاٗ (85) وَلَئِن شِئْنَا لَنَذْهَبَنَّ
بِالذِے أَوْحَيْنَآ إِلَيْكَ ثُمَّ لَا تَجِدُ لَكَ بِهِۦ عَلَيْنَا وَكِيلاً (86)

- لَيَسْتَفِزُّونَكَ: ليستخفّونك ويُزعِجونَك
- تَحْوِيلاً: تغييرًا وتبديلًا
- لِدُلُوكِ اِ۬لشَّمْسِ: بعدَ زوالِها
- غَسَقِ اِ۬ليْلِ: ظُلمتِهِ أو شِدّتِه
- قُرْءَانَ اَ۬لْفَجْرِ: صلاةَ الصّبحِ
- فَتَهَجَّدْ بِهِ: فصلِّ فيه
- نَافِلَةٗ لَّكَ: فريضةً زائدةً خاصّةً بكَ

الإِسْرَاء

- مَقَاماٗ مَّحْمُوداٗ: مقامَ الشّفاعةِ العُظمى
- مُدْخَلَ صِدْقٖ: إدْخالًا مرضيًّا جيّدًا

ثُمُنٌ

- نَٰٓا بِجَانِبِهِ: لوى عِطفَهُ تكبّرًا
- يَٰٓـُٔوساٗ: شديدَ اليأسِ من رحمتِنا
- شَاكِلَتِهِ: مذهبِهِ الذي يُشاكِلُ حالَه

مدّ مشبع 6 حركات	مدّ حركتين	إخفاء، ومواقع الغُنّة (حركتين)	تفخيم
مدّ 2 أو 4 أو 6 جوازاً		إدغام، وما لا يُلفَظ	قلقلة

إِلاَّ رَحْمَةً مِّن رَّبِّكَ إِنَّ فَضْلَهُ كَانَ عَلَيْكَ كَبِيراً ۝ قُل

لَّئِنِ اجْتَمَعَتِ الإِنسُ وَالْجِنُّ عَلَى أَن يَأْتُواْ بِمِثْلِ هَذَا الْقُرْءانِ

لاَ يَأْتُونَ بِمِثْلِهِ وَلَوْ كَانَ بَعْضُهُمْ لِبَعْضٍ ظَهِيراً ۝ وَلَقَدْ

صَرَّفْنَا لِلنَّاسِ فِي هَذَا الْقُرْءانِ مِن كُلِّ مَثَلٍ فَأَبَى أَكْثَرُ

النَّاسِ إِلاَّ كُفُوراً ۝ وَقَالُواْ لَن نُّؤْمِنَ لَكَ حَتَّى تَفْجُرَ لَنَا مِنَ

الأَرْضِ يَنبُوعاً ۝ أَوْ تَكُونَ لَكَ جَنَّةٌ مِّن نَّخِيلٍ وَعِنَبٍ

فَتُفَجِّرَ الأَنْهَارَ خِلاَلَهَا تَفْجِيراً ۝ أَوْ تُسْقِطَ السَّمَاءَ كَمَا

زَعَمْتَ عَلَيْنَا كِسَفاً أَوْ تَأْتِيَ بِاللَّهِ وَالْمَلاَئِكَةِ قَبِيلاً ۝

أَوْ يَكُونَ لَكَ بَيْتٌ مِّن زُخْرُفٍ أَوْ تَرْقَى فِي السَّمَاءِ وَلَن

نُّؤْمِنَ لِرُقِيِّكَ حَتَّى تُنَزِّلَ عَلَيْنَا كِتَاباً نَّقْرَؤُهُ قُلْ سُبْحَانَ رَبِّي

هَلْ كُنتُ إِلاَّ بَشَراً رَّسُولاً ۝ وَمَا مَنَعَ النَّاسَ أَن يُؤْمِنُواْ

إِذْ جَاءَهُمُ الْهُدَى إِلاَّ أَن قَالُواْ أَبَعَثَ اللَّهُ بَشَراً رَّسُولاً ۝

قُل لَّوْ كَانَ فِي الأَرْضِ مَلاَئِكَةٌ يَمْشُونَ مُطْمَئِنِّينَ لَنَزَّلْنَا

عَلَيْهِم مِّنَ السَّمَاءِ مَلَكاً رَّسُولاً ۝ قُلْ كَفَى بِاللَّهِ

شَهِيداً بَيْنِي وَبَيْنَكُمْ إِنَّهُ كَانَ بِعِبَادِهِ خَبِيراً بَصِيراً ۝

- ظَهِيراً
  مُعِيناً
- صَرَّفْنَا
  رَدَّدْنَا
  بِأَسَالِيبَ
  مُخْتَلِفَةٍ
- فَأَبَى
  فَلَمْ يَرْضَ
- كُفُوراً
  جُحُوداً بِالحقِّ
- يَنبُوعاً
  عيْناً لا يَنْضُبُ
  ماؤُها
- كِسَفاً
  قِطَعاً
- قَبِيلاً
  مُقَابلةً وعياناً
  أو جماعةً
- زُخْرُفٍ
  ذهبٍ

● مدّ مشبع ٦ حركات   إخفاء، ومواقع الغُنَّة (حركتين)   ● تفخيم
● مدّ ٢ أو ٤ أو ٦ جوازاً   ● مدّ حركتين   ● إدغام، وما لا يُلفظ   ● قلقلة

291

وَمَن يَهْدِ ٱللَّهُ فَهُوَ ٱلْمُهْتَدِ وَمَن يُضْلِلْ فَلَن تَجِدَ لَهُمْ أَوْلِيَآءَ مِن دُونِهِۦ وَنَحْشُرُهُمْ يَوْمَ ٱلْقِيَٰمَةِ عَلَىٰ وُجُوهِهِمْ عُمْيًا وَبُكْمًا وَصُمًّا مَّأْوَىٰهُمْ جَهَنَّمُ كُلَّمَا خَبَتْ زِدْنَٰهُمْ سَعِيرًا ۞ ٩٧ ۞ ذَٰلِكَ جَزَآؤُهُم بِأَنَّهُمْ كَفَرُوا بِـَٔايَٰتِنَا وَقَالُوٓا أَءِذَا كُنَّا عِظَٰمًا وَرُفَٰتًا أَءِنَّا لَمَبْعُوثُونَ خَلْقًا جَدِيدًا ۞ ٩٨ ۞ أَوَلَمْ يَرَوْا أَنَّ ٱللَّهَ ٱلَّذِي خَلَقَ ٱلسَّمَٰوَٰتِ وَٱلْأَرْضَ قَادِرٌ عَلَىٰٓ أَن يَخْلُقَ مِثْلَهُمْ وَجَعَلَ لَهُمْ أَجَلًا لَّا رَيْبَ فِيهِ فَأَبَى ٱلظَّٰلِمُونَ إِلَّا كُفُورًا ۞ ٩٩ ۞ قُل لَّوْ أَنتُمْ تَمْلِكُونَ خَزَآئِنَ رَحْمَةِ رَبِّيٓ إِذًا لَّأَمْسَكْتُمْ خَشْيَةَ ٱلْإِنفَاقِ وَكَانَ ٱلْإِنسَٰنُ قَتُورًا ۞ ١٠٠ ۞ وَلَقَدْ ءَاتَيْنَا مُوسَىٰ تِسْعَ ءَايَٰتٍ بَيِّنَٰتٍ فَسْـَٔلْ بَنِيٓ إِسْرَٰٓءِيلَ إِذْ جَآءَهُمْ فَقَالَ لَهُۥ فِرْعَوْنُ إِنِّي لَأَظُنُّكَ يَٰمُوسَىٰ مَسْحُورًا ۞ ١٠١ ۞ قَالَ لَقَدْ عَلِمْتَ مَآ أَنزَلَ هَٰٓؤُلَآءِ إِلَّا رَبُّ ٱلسَّمَٰوَٰتِ وَٱلْأَرْضِ بَصَآئِرَ وَإِنِّي لَأَظُنُّكَ يَٰفِرْعَوْنُ مَثْبُورًا ۞ ١٠٢ ۞ فَأَرَادَ أَن يَسْتَفِزَّهُم مِّنَ ٱلْأَرْضِ فَأَغْرَقْنَٰهُ وَمَن مَّعَهُۥ جَمِيعًا ۞ ١٠٣ ۞ وَقُلْنَا مِنۢ بَعْدِهِۦ لِبَنِيٓ إِسْرَٰٓءِيلَ ٱسْكُنُوا ٱلْأَرْضَ فَإِذَا جَآءَ وَعْدُ ٱلْءَاخِرَةِ جِئْنَا بِكُمْ لَفِيفًا ۞ ١٠٤ ۞

• خَبَتْ
سَكَنَ لَهَبُها

حِزْبٌ

• سَعِيرًا
لَهَبًا وَتوقُّدًا

• رُفَاتًا
أَجزاءً مُفَتَّةً أو تُرابًا

الإِسْراء

• قَتُورًا
مُبالِغًا في البُخْل

• مَسْحُورًا
مَغلوبًا على عَقلِكَ بالسِّحر

• مَثْبُورًا
هالِكًا أو مَصروفًا عن الخير

• يَسْتَفِزَّهُم
يَستخفُّهُم ويُزعِجهم للخروج

• لَفِيفًا
جميعًا مُختلطينَ

• مَدّ مُشبع 6 حركات   • إخفاء، ومواقع الغُنَّة (حركتين)   • تفخيم
• مَدّ 2 أو 4 أو 6 جوازًا   • إدغام، وما لا يُلفَظ   • مَدّ حركتين   • قلقلة

وَبِالْحَقِّ أَنزَلْنَٰهُ وَبِالْحَقِّ نَزَلَ وَمَا أَرْسَلْنَٰكَ إِلَّا مُبَشِّراً وَنَذِيراً (105)
وَقُرْءَاناً فَرَقْنَٰهُ لِتَقْرَأَهُۥ عَلَى النَّاسِ عَلَىٰ مُكْثٍ وَنَزَّلْنَٰهُ تَنزِيلاً (106) قُلْ
ءَامِنُواْ بِهِۦ أَوْ لَا تُومِنُوٓاْ إِنَّ الَّذِينَ أُوتُواْ الْعِلْمَ مِن قَبْلِهِۦ إِذَا يُتْلَىٰ عَلَيْهِمْ
يَخِرُّونَ لِلْأَذْقَانِ سُجَّداً وَيَقُولُونَ سُبْحَٰنَ رَبِّنَا إِن كَانَ وَعْدُ رَبِّنَا
لَمَفْعُولاً (107) وَيَخِرُّونَ لِلْأَذْقَانِ يَبْكُونَ وَيَزِيدُهُمْ خُشُوعاً ۩ (108)
قُلُ ادْعُواْ اللَّهَ أَوُ ادْعُواْ الرَّحْمَٰنَ أَيّاً مَّا تَدْعُواْ فَلَهُ الْأَسْمَآءُ الْحُسْنَىٰ
وَلَا تَجْهَرْ بِصَلَاتِكَ وَلَا تُخَافِتْ بِهَا وَابْتَغِ بَيْنَ ذَٰلِكَ سَبِيلاً (109)
وَقُلِ الْحَمْدُ لِلَّهِ الَّذِي لَمْ يَتَّخِذْ وَلَداً وَلَمْ يَكُن لَّهُۥ شَرِيكٌ
فِي الْمُلْكِ وَلَمْ يَكُن لَّهُۥ وَلِيٌّ مِّنَ الذُّلِّ وَكَبِّرْهُ تَكْبِيراً (110)

سُورَةُ الْكَهْفِ

ترتيبها 18 — آياتها 105

بِسْمِ اللَّهِ الرَّحْمَٰنِ الرَّحِيمِ

۞ الْحَمْدُ لِلَّهِ الَّذِي أَنزَلَ عَلَىٰ عَبْدِهِ الْكِتَٰبَ وَلَمْ يَجْعَل لَّهُۥ
عِوَجاً (1) قَيِّماً لِّيُنذِرَ بَأْساً شَدِيداً مِّن لَّدُنْهُ وَيُبَشِّرَ
الْمُومِنِينَ الَّذِينَ يَعْمَلُونَ الصَّٰلِحَٰتِ أَنَّ لَهُمُۥ أَجْراً حَسَناً (2)
مَّٰكِثِينَ فِيهِ أَبَداً (3) وَيُنذِرَ الَّذِينَ قَالُواْ اتَّخَذَ اللَّهُ وَلَداً (4)

- فَرَقْنَٰهُ: بيّنّاه أو أحكمْناه وفصّلْناه
- سَجْدَةٌ
- عَلَىٰ مُكْثٍ: على تُؤَدَةٍ وتأنٍّ
- لَا تُخَافِتْ: لا تسرّ
- ثُمُنٌ
- عِوَجاً: اختلالًا أو اختلافًا
- قَيِّماً: مُستقيمًا معتدلًا
- بَأْساً: عذابًا

مدّ مشبع 6 حركات	مدّ حركتين	إخفاء، ومواقع الغُنَّة (حركتين)	تفخيـ
مدّ 2 أو 4 أو 6 جوازاً		إدغام، وما لا يُلفظ	قلقلـ

مَّا لَهُم بِهِۦ مِنْ عِلْمٍ وَلَا لِأٓبَآئِهِمْۚ كَبُرَتْ كَلِمَةً تَخْرُجُ مِنْ
أَفْوَٰهِهِمْۚ إِن يَقُولُونَ إِلَّا كَذِبًا ﴿5﴾ فَلَعَلَّكَ بَٰخِعٌ نَّفْسَكَ
عَلَىٰٓ ءَاثَٰرِهِمْ إِن لَّمْ يُؤْمِنُوا۟ بِهَٰذَا ٱلْحَدِيثِ أَسَفًا ﴿6﴾
إِنَّا جَعَلْنَا مَا عَلَى ٱلْأَرْضِ زِينَةً لَّهَا لِنَبْلُوَهُمْ أَيُّهُمْ أَحْسَنُ
عَمَلًا ﴿7﴾ وَإِنَّا لَجَٰعِلُونَ مَا عَلَيْهَا صَعِيدًا جُرُزًا ﴿8﴾ أَمْ
حَسِبْتَ أَنَّ أَصْحَٰبَ ٱلْكَهْفِ وَٱلرَّقِيمِ كَانُوا۟ مِنْ ءَايَٰتِنَا
عَجَبًا ﴿9﴾ إِذْ أَوَى ٱلْفِتْيَةُ إِلَى ٱلْكَهْفِ فَقَالُوا۟ رَبَّنَآ ءَاتِنَا مِن
لَّدُنكَ رَحْمَةً وَهَيِّئْ لَنَا مِنْ أَمْرِنَا رَشَدًا ﴿10﴾ فَضَرَبْنَا عَلَىٰٓ
ءَاذَانِهِمْ فِى ٱلْكَهْفِ سِنِينَ عَدَدًا ﴿11﴾ ثُمَّ بَعَثْنَٰهُمْ لِنَعْلَمَ
أَىُّ ٱلْحِزْبَيْنِ أَحْصَىٰ لِمَا لَبِثُوٓا۟ أَمَدًا ﴿12﴾ نَّحْنُ نَقُصُّ عَلَيْكَ
نَبَأَهُم بِٱلْحَقِّۚ إِنَّهُمْ فِتْيَةٌ ءَامَنُوا۟ بِرَبِّهِمْ وَزِدْنَٰهُمْ هُدًى ﴿13﴾
وَرَبَطْنَا عَلَىٰ قُلُوبِهِمْ إِذْ قَامُوا۟ فَقَالُوا۟ رَبُّنَا رَبُّ ٱلسَّمَٰوَٰتِ
وَٱلْأَرْضِ لَن نَّدْعُوَا۟ مِن دُونِهِۦٓ إِلَٰهًاۖ لَّقَدْ قُلْنَآ إِذًا شَطَطًا ﴿14﴾
هَٰٓؤُلَآءِ قَوْمُنَا ٱتَّخَذُوا۟ مِن دُونِهِۦٓ ءَالِهَةًۖ لَّوْلَا يَأْتُونَ عَلَيْهِم
بِسُلْطَٰنٍۭ بَيِّنٍۖ فَمَنْ أَظْلَمُ مِمَّنِ ٱفْتَرَىٰ عَلَى ٱللَّهِ كَذِبًا ﴿15﴾

- كَبُرَتْ كَلِمَةً: عظمَتْ في القُبح
- بَٰخِعٌ نَّفْسَكَ: قاتِلها ومُهلِكُها
- أَسَفًا: غضبًا وحُزنًا
- لِنَبْلُوَهُمْ: لِنختبرَهم
- صَعِيدًا جُرُزًا: تُرابًا لا نباتَ فيه
- ٱلْكَهْفِ: الغارِ المُتَّسعِ في الجبلِ

الكهف

- ٱلرَّقِيمِ: اللوح المكتوبِ فيه قصّتُهم
- أَوَى ٱلْفِتْيَةُ: التجؤُوا
- رَشَدًا: اهتداءً إلى طريقِ الحقّ
- أَمَدًا: مدّةً
- رَبَطْنَا: شدَدْنا وقوّيْنا
- شَطَطًا: قولًا بعيدًا عنِ الحقّ

مدّ مشبع 6 حركات	مدّ حركتين	إخفاء، ومواقع الغُنّة (حركتين)	تفخيم
مدّ 2 أو 4 أو 6 جوازاً		إدغام، وما لا يُلفظ	قلقلة

وَإِذِ ٱعْتَزَلْتُمُوهُمْ وَمَا يَعْبُدُونَ إِلَّا ٱللَّهَ فَأْوُۥٓا۟ إِلَى ٱلْكَهْفِ

يَنشُرْ لَكُمْ رَبُّكُم مِّن رَّحْمَتِهِۦ وَيُهَيِّئْ لَكُم مِّنْ أَمْرِكُم

مِّرْفَقًا ۞ ١٦ وَتَرَى ٱلشَّمْسَ إِذَا طَلَعَت تَّزَٰوَرُ عَن كَهْفِهِمْ

ذَاتَ ٱلْيَمِينِ وَإِذَا غَرَبَت تَّقْرِضُهُمْ ذَاتَ ٱلشِّمَالِ وَهُمْ فِي

فَجْوَةٍ مِّنْهُ ذَٰلِكَ مِنْ ءَايَٰتِ ٱللَّهِ مَن يَهْدِ ٱللَّهُ فَهُوَ ٱلْمُهْتَدِ

وَمَن يُضْلِلْ فَلَن تَجِدَ لَهُۥ وَلِيًّا مُّرْشِدًا ١٧ وَتَحْسَبُهُمْ أَيْقَاظًا

وَهُمْ رُقُودٌ وَنُقَلِّبُهُمْ ذَاتَ ٱلْيَمِينِ وَذَاتَ ٱلشِّمَالِ وَكَلْبُهُم

بَٰسِطٌ ذِرَاعَيْهِ بِٱلْوَصِيدِ لَوِ ٱطَّلَعْتَ عَلَيْهِمْ لَوَلَّيْتَ مِنْهُمْ

فِرَارًا وَلَمُلِئْتَ مِنْهُمْ رُعْبًا ١٨ وَكَذَٰلِكَ بَعَثْنَٰهُمْ

لِيَتَسَآءَلُوا۟ بَيْنَهُمْ قَالَ قَآئِلٌ مِّنْهُمْ كَمْ لَبِثْتُمْ قَالُوا۟ لَبِثْنَا

يَوْمًا أَوْ بَعْضَ يَوْمٍ قَالُوا۟ رَبُّكُمْ أَعْلَمُ بِمَا لَبِثْتُمْ فَٱبْعَثُوٓا۟

أَحَدَكُم بِوَرِقِكُمْ هَٰذِهِۦٓ إِلَى ٱلْمَدِينَةِ فَلْيَنظُرْ أَيُّهَآ أَزْكَىٰ

طَعَامًا فَلْيَأْتِكُم بِرِزْقٍ مِّنْهُ وَلْيَتَلَطَّفْ وَلَا يُشْعِرَنَّ

بِكُمْ أَحَدًا ١٩ إِنَّهُمْ إِن يَظْهَرُوا۟ عَلَيْكُمْ يَرْجُمُوكُمْ

أَوْ يُعِيدُوكُمْ فِي مِلَّتِهِمْ وَلَن تُفْلِحُوٓا۟ إِذًا أَبَدًا ٢٠

ربع

• مِّرْفَقًا
ما تنتفعون
به في عيشكم

• تَّزَٰوَرُ
تميل وتعدل

• تَّقْرِضُهُمْ
تعدل عنهم
وتبتعد

• فَجْوَةٍ مِّنْهُ
مُتسع من
الكهف

• بِٱلْوَصِيدِ
فناء الكهف

• رُعْبًا
خوفًا وفزعًا

• بِوَرِقِكُمْ
بدراهمكم
المضروبة

• أَزْكَىٰ
طَعَامًا
أحلّ أو أجودُ

• يَظْهَرُوا۟
عَلَيْكُمْ
يطلعوا
عليكم

● مدّ مشبع ٦ حركات   ● إخفاء، ومواقع الغُنَّة (حركتين)   ● تفخيم
● مدّ ٢ أو ٤ أو ٦ جوازًا   ● مدّ حركتين   ● إدغام، وما لا يُلفظ   ● قلقلة

٢٩٥

وَكَذَٰلِكَ أَعْثَرْنَا عَلَيْهِمْ لِيَعْلَمُوٓا۟ أَنَّ وَعْدَ ٱللَّهِ حَقٌّ وَأَنَّ ٱلسَّاعَةَ لَا رَيْبَ فِيهَآ إِذْ يَتَنَٰزَعُونَ بَيْنَهُمْ أَمْرَهُمْ فَقَالُوا۟ ٱبْنُوا۟ عَلَيْهِم بُنْيَٰنًا رَّبُّهُمْ أَعْلَمُ بِهِمْ قَالَ ٱلَّذِينَ غَلَبُوا۟ عَلَىٰٓ أَمْرِهِمْ لَنَتَّخِذَنَّ عَلَيْهِم مَّسْجِدًا ۝ سَيَقُولُونَ ثَلَٰثَةٌ رَّابِعُهُمْ كَلْبُهُمْ وَيَقُولُونَ خَمْسَةٌ سَادِسُهُمْ كَلْبُهُمْ رَجْمًۢا بِٱلْغَيْبِ وَيَقُولُونَ سَبْعَةٌ وَثَامِنُهُمْ كَلْبُهُمْ قُل رَّبِّىٓ أَعْلَمُ بِعِدَّتِهِم مَّا يَعْلَمُهُمْ إِلَّا قَلِيلٌ ۞ فَلَا تُمَارِ فِيهِمْ إِلَّا مِرَآءً ظَٰهِرًا وَلَا تَسْتَفْتِ فِيهِم مِّنْهُمْ أَحَدًا ۝ وَلَا تَقُولَنَّ لِشَا۟ىْءٍ إِنِّى فَاعِلٌ ذَٰلِكَ غَدًا ۝ إِلَّآ أَن يَشَآءَ ٱللَّهُ وَٱذْكُر رَّبَّكَ إِذَا نَسِيتَ وَقُلْ عَسَىٰٓ أَن يَهْدِيَنِ رَبِّى لِأَقْرَبَ مِنْ هَٰذَا رَشَدًا ۝ وَلَبِثُوا۟ فِى كَهْفِهِمْ ثَلَٰثَ مِا۟ئَةٍ سِنِينَ وَٱزْدَادُوا۟ تِسْعًا ۝ قُلِ ٱللَّهُ أَعْلَمُ بِمَا لَبِثُوا۟ لَهُۥ غَيْبُ ٱلسَّمَٰوَٰتِ وَٱلْأَرْضِ أَبْصِرْ بِهِۦ وَأَسْمِعْ مَا لَهُم مِّن دُونِهِۦ مِن وَلِىٍّ وَلَا يُشْرِكُ فِى حُكْمِهِۦٓ أَحَدًا ۝ وَٱتْلُ مَآ أُوحِىَ إِلَيْكَ مِن كِتَابِ رَبِّكَ لَا مُبَدِّلَ لِكَلِمَٰتِهِۦ وَلَن تَجِدَ مِن دُونِهِۦ مُلْتَحَدًا ۝

● أَعْثَرْنَا عَلَيْهِمْ
أَطْلَعْنَا النَّاسَ عَلَيْهِم

● رَجْمًا بِٱلْغَيْبِ
ظَنًّا مِنْ غَيْرِ دَلِيلٍ

● فَلَا تُمَارِ
فَلَا تُجَادِلْ

الكهف

● رَشَدًا
هِدَايَةً وَإِرْشَادًا للنَّاسِ

● مُلْتَحَدًا
مَلْجَأً تَعْدِلُ إِلَيْهِ

● مَدّ مُشبع ٦ حركات
● مَدّ ٢ أو ٤ أو ٦ جوازاً
● إخفاء، ومواقع الغُنّة (حركتين)
● إدغام، وما لا يُلفظ
● مَدّ حركتين
● تفخيم
● قلقلة

وَاصْبِرْ نَفْسَكَ مَعَ الَّذِينَ يَدْعُونَ رَبَّهُم بِالْغَدَوٰةِ وَالْعَشِيِّ يُرِيدُونَ وَجْهَهُۥ وَلَا تَعْدُ عَيْنَاكَ عَنْهُمْ تُرِيدُ زِينَةَ الْحَيَوٰةِ الدُّنْيَا وَلَا تُطِعْ مَنْ أَغْفَلْنَا قَلْبَهُۥ عَن ذِكْرِنَا وَاتَّبَعَ هَوَىٰهُ وَكَانَ أَمْرُهُۥ فُرُطًا ۝ وَقُلِ الْحَقُّ مِن رَّبِّكُمْ فَمَن شَاءَ فَلْيُؤْمِن وَمَن شَاءَ فَلْيَكْفُرْ إِنَّا أَعْتَدْنَا لِلظَّٰلِمِينَ نَارًا أَحَاطَ بِهِمْ سُرَادِقُهَا وَإِن يَسْتَغِيثُوا يُغَاثُوا بِمَاءٍ كَالْمُهْلِ يَشْوِى الْوُجُوهَ بِئْسَ الشَّرَابُ وَسَاءَتْ مُرْتَفَقًا ۝ إِنَّ الَّذِينَ ءَامَنُوا وَعَمِلُوا الصَّٰلِحَٰتِ إِنَّا لَا نُضِيعُ أَجْرَ مَنْ أَحْسَنَ عَمَلًا ۝ أُوْلَٰئِكَ لَهُمْ جَنَّٰتُ عَدْنٍ تَجْرِى مِن تَحْتِهِمُ الْأَنْهَٰرُ يُحَلَّوْنَ فِيهَا مِنْ أَسَاوِرَ مِن ذَهَبٍ وَيَلْبَسُونَ ثِيَابًا خُضْرًا مِّن سُندُسٍ وَإِسْتَبْرَقٍ مُّتَّكِئِينَ فِيهَا عَلَى الْأَرَائِكِ نِعْمَ الثَّوَابُ وَحَسُنَتْ مُرْتَفَقًا ۝ وَاضْرِبْ لَهُم مَّثَلًا رَّجُلَيْنِ جَعَلْنَا لِأَحَدِهِمَا جَنَّتَيْنِ مِنْ أَعْنَٰبٍ وَحَفَفْنَٰهُمَا بِنَخْلٍ وَجَعَلْنَا بَيْنَهُمَا زَرْعًا ۝ كِلْتَا الْجَنَّتَيْنِ ءَاتَتْ أُكُلَهَا وَلَمْ تَظْلِم مِّنْهُ شَيْئًا وَفَجَّرْنَا خِلَٰلَهُمَا نَهَرًا ۝ وَكَانَ لَهُۥ ثَمَرٌ فَقَالَ لِصَٰحِبِهِۦ وَهُوَ يُحَاوِرُهُۥ أَنَا۠ أَكْثَرُ مِنكَ مَالًا وَأَعَزُّ نَفَرًا ۝

وَدَخَلَ جَنَّتَهُ وَهُوَ ظَالِمٌ لِّنَفْسِهِ قَالَ مَا أَظُنُّ أَن تَبِيدَ هَذِهِ

أَبَداً وَمَا أَظُنُّ ٱلسَّاعَةَ قَآئِمَةً وَلَئِن رُّدِدتُّ إِلَى رَبِّي لَأَجِدَنَّ

خَيْراً مِّنْهَا مُنقَلَباً ۞ قَالَ لَهُۥ صَاحِبُهُۥ وَهُوَ يُحَاوِرُهُۥ أَكَفَرْتَ

بِٱلَّذِي خَلَقَكَ مِن تُرَابٍ ثُمَّ مِن نُّطْفَةٍ ثُمَّ سَوَّىٰكَ رَجُلاً ۞

لَّكِنَّا۠ هُوَ ٱللَّهُ رَبِّي وَلَا أُشْرِكُ بِرَبِّي أَحَداً ۞ وَلَوْلَا إِذْ دَخَلْتَ

جَنَّتَكَ قُلْتَ مَا شَاءَ ٱللَّهُ لَا قُوَّةَ إِلَّا بِٱللَّهِ إِن تَرَنِ أَنَا۠ أَقَلَّ مِنكَ

مَالاً وَوَلَداً ۞ فَعَسَىٰ رَبِّي أَن يُؤْتِيَنِ خَيْراً مِّن جَنَّتِكَ وَيُرْسِلَ

عَلَيْهَا حُسْبَاناً مِّنَ ٱلسَّمَاءِ فَتُصْبِحَ صَعِيداً زَلَقاً ۞ أَوْ يُصْبِحَ

مَاؤُهَا غَوْراً فَلَن تَسْتَطِيعَ لَهُۥ طَلَباً ۞ ۞ وَأُحِيطَ بِثَمَرِهِ

فَأَصْبَحَ يُقَلِّبُ كَفَّيْهِ عَلَىٰ مَا أَنفَقَ فِيهَا وَهِيَ خَاوِيَةٌ عَلَىٰ عُرُوشِهَا

وَيَقُولُ يَٰلَيْتَنِي لَمْ أُشْرِكْ بِرَبِّي أَحَداً ۞ وَلَمْ تَكُن لَّهُۥ فِئَةٌ

يَنصُرُونَهُۥ مِن دُونِ ٱللَّهِ وَمَا كَانَ مُنتَصِراً ۞ هُنَالِكَ ٱلْوَلَٰيَةُ لِلَّهِ

ٱلْحَقِّ هُوَ خَيْرٌ ثَوَاباً وَخَيْرٌ عُقْباً ۞ وَٱضْرِبْ لَهُم مَّثَلَ ٱلْحَيَوٰةِ ٱلدُّنْيَا

كَمَاءٍ أَنزَلْنَٰهُ مِنَ ٱلسَّمَاءِ فَٱخْتَلَطَ بِهِۦ نَبَاتُ ٱلْأَرْضِ فَأَصْبَحَ

هَشِيماً تَذْرُوهُ ٱلرِّيَٰحُ وَكَانَ ٱللَّهُ عَلَىٰ كُلِّ شَيْءٍ مُّقْتَدِراً ۞

● مدّ مشبع 6 حركات	● تفخيم
● مدّ 2 أو 4 أو 6 جوازاً	● قلقلة
● إخفاء، ومواقع الغنّة (حركتين)	● مدّ حركتين
● إدغام، وما لا يُلفظ	

ٱلْمَالُ وَٱلْبَنُونَ زِينَةُ ٱلْحَيَوٰةِ ٱلدُّنْيَا وَٱلْبَٰقِيَٰتُ ٱلصَّٰلِحَٰتُ خَيْرٌ عِندَ رَبِّكَ ثَوَابًا وَخَيْرٌ أَمَلًا ۝٤٥ وَيَوْمَ نُسَيِّرُ ٱلْجِبَالَ وَتَرَى ٱلْأَرْضَ بَارِزَةً وَحَشَرْنَٰهُمْ فَلَمْ نُغَادِرْ مِنْهُمْ أَحَدًا ۝٤٦ وَعُرِضُوا۟ عَلَىٰ رَبِّكَ صَفًّا لَّقَدْ جِئْتُمُونَا كَمَا خَلَقْنَٰكُمْ أَوَّلَ مَرَّةٍ بَلْ زَعَمْتُمْ أَلَّن نَّجْعَلَ لَكُم مَّوْعِدًا ۝٤٧ وَوُضِعَ ٱلْكِتَٰبُ فَتَرَى ٱلْمُجْرِمِينَ مُشْفِقِينَ مِمَّا فِيهِ وَيَقُولُونَ يَٰوَيْلَتَنَا مَالِ هَٰذَا ٱلْكِتَٰبِ لَا يُغَادِرُ صَغِيرَةً وَلَا كَبِيرَةً إِلَّا أَحْصَىٰهَا وَوَجَدُوا۟ مَا عَمِلُوا۟ حَاضِرًا وَلَا يَظْلِمُ رَبُّكَ أَحَدًا ۝٤٨ ۞ وَإِذْ قُلْنَا لِلْمَلَٰٓئِكَةِ ٱسْجُدُوا۟ لِءَادَمَ فَسَجَدُوٓا۟ إِلَّآ إِبْلِيسَ كَانَ مِنَ ٱلْجِنِّ فَفَسَقَ عَنْ أَمْرِ رَبِّهِ أَفَتَتَّخِذُونَهُ وَذُرِّيَّتَهُ أَوْلِيَآءَ مِن دُونِي وَهُمْ لَكُمْ عَدُوٌّ بِئْسَ لِلظَّٰلِمِينَ بَدَلًا ۝٤٩ مَّآ أَشْهَدتُّهُمْ خَلْقَ ٱلسَّمَٰوَٰتِ وَٱلْأَرْضِ وَلَا خَلْقَ أَنفُسِهِمْ وَمَا كُنتُ مُتَّخِذَ ٱلْمُضِلِّينَ عَضُدًا ۝٥٠ وَيَوْمَ يَقُولُ نَادُوا۟ شُرَكَآءِىَ ٱلَّذِينَ زَعَمْتُمْ فَدَعَوْهُمْ فَلَمْ يَسْتَجِيبُوا۟ لَهُمْ وَجَعَلْنَا بَيْنَهُم مَّوْبِقًا ۝٥١ وَرَءَا ٱلْمُجْرِمُونَ ٱلنَّارَ فَظَنُّوٓا۟ أَنَّهُم مُّوَاقِعُوهَا وَلَمْ يَجِدُوا۟ عَنْهَا مَصْرِفًا ۝٥٢

● **بَارِزَةً**
ظَاهِرَةً لَا يَسْتُرُهَا شَيْءٌ

● **مَّوْعِدًا**
وَقْتًا لِإِنْجَازِنَا الوَعْدَ بالبَعْثِ

● **مُشْفِقِينَ**
خَائِفِينَ

● **يَٰوَيْلَتَنَا**
يا هَلاكَنا

● **لَا يُغَادِرُ**
لا يَتْرُكُ

● **أَحْصَىٰهَا**
عَدَّها وضَبَطها

● **عَضُدًا**
أعوانًا وأنصارًا

● **مَّوْبِقًا**
مَهْلِكًا يشتركون فيه

● **مُّوَاقِعُوهَا**
واقِعونَ فيها

● **مَصْرِفًا**
مكانًا ينصرفون إليه

● مدّ مشبع ٦ حركات ● إخفاء، ومواقع الغُنَّة (حركتين) ● تفخيم
● مدّ ٢ أو ٤ أو ٦ جوازًا ● مدّ حركتين ● مدّ حركتين ● إدغام، وما لا يُلفظ ● قلقلة

299

وَلَقَدْ صَرَّفْنَا فِي هَذَا ٱلْقُرْءَانِ لِلنَّاسِ مِن كُلِّ مَثَلٍ وَكَانَ ٱلْإِنسَـٰنُ أَكْثَرَ شَىْءٍ جَدَلًا ۝ وَمَا مَنَعَ ٱلنَّاسَ أَن يُؤْمِنُوٓا۟ إِذْ جَآءَهُمُ ٱلْهُدَىٰ وَيَسْتَغْفِرُوا۟ رَبَّهُمْ إِلَّآ أَن تَأْتِيَهُمْ سُنَّةُ ٱلْأَوَّلِينَ أَوْ يَأْتِيَهُمُ ٱلْعَذَابُ قُبُلًا ۝ وَمَا نُرْسِلُ ٱلْمُرْسَلِينَ إِلَّا مُبَشِّرِينَ وَمُنذِرِينَ وَيُجَـٰدِلُ ٱلَّذِينَ كَفَرُوا۟ بِٱلْبَـٰطِلِ لِيُدْحِضُوا۟ بِهِ ٱلْحَقَّ وَٱتَّخَذُوٓا۟ ءَايَـٰتِى وَمَآ أُنذِرُوا۟ هُزُوًا ۝ وَمَنْ أَظْلَمُ مِمَّن ذُكِّرَ بِـَٔايَـٰتِ رَبِّهِۦ فَأَعْرَضَ عَنْهَا وَنَسِىَ مَا قَدَّمَتْ يَدَاهُ إِنَّا جَعَلْنَا عَلَىٰ قُلُوبِهِمْ أَكِنَّةً أَن يَفْقَهُوهُ وَفِىٓ ءَاذَانِهِمْ وَقْرًا وَإِن تَدْعُهُمْ إِلَى ٱلْهُدَىٰ فَلَن يَهْتَدُوٓا۟ إِذًا أَبَدًا ۝ وَرَبُّكَ ٱلْغَفُورُ ذُو ٱلرَّحْمَةِ لَوْ يُؤَاخِذُهُم بِمَا كَسَبُوا۟ لَعَجَّلَ لَهُمُ ٱلْعَذَابَ بَل لَّهُم مَّوْعِدٌ لَّن يَجِدُوا۟ مِن دُونِهِۦ مَوْئِلًا ۝ وَتِلْكَ ٱلْقُرَىٰٓ أَهْلَكْنَـٰهُمْ لَمَّا ظَلَمُوا۟ وَجَعَلْنَا لِمَهْلِكِهِم مَّوْعِدًا ۝ وَإِذْ قَالَ مُوسَىٰ لِفَتَىٰهُ لَآ أَبْرَحُ حَتَّىٰٓ أَبْلُغَ مَجْمَعَ ٱلْبَحْرَيْنِ أَوْ أَمْضِىَ حُقُبًا ۝ فَلَمَّا بَلَغَا مَجْمَعَ بَيْنِهِمَا نَسِيَا حُوتَهُمَا فَٱتَّخَذَ سَبِيلَهُۥ فِى ٱلْبَحْرِ سَرَبًا ۝

● صَرَّفْنَا
كَرَّرْنَا بِأَسَالِيبَ مُخْتَلِفَةٍ

● قُبُلًا
عِيَانًا

● لِيُدْحِضُوا۟
لِيُبْطِلُوا وَيُزِيلُوا

● هُزُوًا
سُخْرِيَةً

● أَكِنَّةً
أَغْطِيَةً كَثِيرَةً

● وَقْرًا
صَمَمًا وَثِقَلًا فِي السَّمْعِ

الكَهْف

● مَوْئِلًا
مَنْجًى وَمَلْجَأً

ثُمُن

● لِمَهْلِكِهِم
لِإِهْلَاكِهِم

● مَجْمَعَ
الْبَحْرَيْنِ
مُلْتَقَى

● حُقُبًا
زَمَانًا طَوِيلًا

● سَرَبًا
مَسْلَكًا وَمَنْفَذًا

● مَدّ مُشْبَع 6 حَرَكَات
● مَدّ 2 أَوْ 4 أَوْ 6 جَوَازًا
● مَدّ حَرَكَتَيْن
● إِخْفَاء، وَمَوَاقِع الْغُنَّة (حَرَكَتَيْن)
● مَدّ حَرَكَتَيْن
● إِدْغَام، وَمَا لَا يُلْفَظ
● تَفْخِيم
● قَلْقَلَة

فَلَمَّا جَاوَزَا قَالَ لِفَتَىٰهُ ءَاتِنَا غَدَآءَنَا لَقَدْ لَقِينَا مِن سَفَرِنَا هَٰذَا

نَصَبًا ۞ قَالَ أَرَءَيْتَ إِذْ أَوَيْنَآ إِلَى ٱلصَّخْرَةِ فَإِنِّى نَسِيتُ ٱلْحُوتَ

وَمَآ أَنسَىٰنِيهُ إِلَّا ٱلشَّيْطَٰنُ أَنْ أَذْكُرَهُۥ وَٱتَّخَذَ سَبِيلَهُۥ فِى ٱلْبَحْرِ

عَجَبًا ۞ قَالَ ذَٰلِكَ مَا كُنَّا نَبْغِ فَٱرْتَدَّا عَلَىٰٓ ءَاثَارِهِمَا

قَصَصًا ۞ فَوَجَدَا عَبْدًا مِّنْ عِبَادِنَآ ءَاتَيْنَٰهُ رَحْمَةً مِّنْ عِندِنَا

وَعَلَّمْنَٰهُ مِن لَّدُنَّا عِلْمًا ۞ قَالَ لَهُۥ مُوسَىٰ هَلْ أَتَّبِعُكَ عَلَىٰٓ

أَن تُعَلِّمَنِ مِمَّا عُلِّمْتَ رُشْدًا ۞ قَالَ إِنَّكَ لَن تَسْتَطِيعَ مَعِىَ

صَبْرًا ۞ وَكَيْفَ تَصْبِرُ عَلَىٰ مَا لَمْ تُحِطْ بِهِۦ خُبْرًا ۞ قَالَ

سَتَجِدُنِىٓ إِن شَآءَ ٱللَّهُ صَابِرًا وَلَآ أَعْصِى لَكَ أَمْرًا ۞ قَالَ فَإِنِ

ٱتَّبَعْتَنِى فَلَا تَسْـَٔلْنِى عَن شَىْءٍ حَتَّىٰٓ أُحْدِثَ لَكَ مِنْهُ ذِكْرًا ۞

فَٱنطَلَقَا حَتَّىٰٓ إِذَا رَكِبَا فِى ٱلسَّفِينَةِ خَرَقَهَا قَالَ أَخَرَقْتَهَا لِتُغْرِقَ

أَهْلَهَا لَقَدْ جِئْتَ شَيْـًٔا إِمْرًا ۞ قَالَ أَلَمْ أَقُلْ إِنَّكَ لَن تَسْتَطِيعَ

مَعِىَ صَبْرًا ۞ قَالَ لَا تُؤَاخِذْنِى بِمَا نَسِيتُ وَلَا تُرْهِقْنِى مِنْ

أَمْرِى عُسْرًا ۞ فَٱنطَلَقَا حَتَّىٰٓ إِذَا لَقِيَا غُلَٰمًا فَقَتَلَهُۥ قَالَ

أَقَتَلْتَ نَفْسًا زَكِيَّةً بِغَيْرِ نَفْسٍ لَّقَدْ جِئْتَ شَيْـًٔا نُّكْرًا ۞

الكلمة	المعنى
نَصَبًا	تعبًا وشدّة
أَرَءَيْتَ	أخبرني أو تنبّه وتذكّر
أَوَيْنَآ	التجأنا
عَجَبًا	اتّخاذًا يُتعجّب منه
نَبْغِ	نطلبه
فَٱرْتَدَّا	رجعا
ءَاثَارِهِمَا	طريقهما الذي جاءا منه
قَصَصًا	يقصّانه أو يتّبعانه
رُشْدًا	صوابًا أو إصابة خير
خُبْرًا	علمًا ومعرفة
إِمْرًا	عظيمًا مُنكرًا
لَا تُرْهِقْنِى	لا تُغْشِنِى
عُسْرًا	صعوبة ومشقّة
نُّكْرًا	مُنكرًا فظيعًا

● مدّ مشبع ٦ حركات   ● مدّ حركتين   ● إخفاء، ومواقع الغُنّة (حركتين)   ● تفخيم
● مدّ ٢ أو ٤ أو ٦ جوازًا   ● إدغام، وما لا يُلفظ   ● قلقلة

٣٠١

حِزْبٌ

۞ قَالَ أَلَمَ اَقُل لَّكَ إِنَّكَ لَن تَسْتَطِيعَ مَعِيَ صَبْراٗ (74) قَالَ
إِن سَأَلْتُكَ عَن شَےْءِۢ بَعْدَهَا فَلَا تُصَٰحِبْنِے قَدْ بَلَغْتَ مِن لَّدُنِّے
عُذْراٗ (75) فَانطَلَقَا حَتَّيٰٓ إِذَآ أَتَيَآ أَهْلَ قَرْيَةٍ اِ۪سْتَطْعَمَآ أَهْلَهَا
فَأَبَوْاْ أَن يُّضَيِّفُوهُمَا فَوَجَدَا فِيهَا جِدَاراٗ يُرِيدُ أَن يَّنقَضَّ
فَأَقَامَهُۥ قَالَ لَوْ شِئْتَ لَتَّخَذتَّ عَلَيْهِ أَجْراٗ (76) قَالَ هَٰذَا فِرَاقُ
بَيْنِے وَبَيْنِكَ سَأُنَبِّئُكَ بِتَاوِيلِ مَا لَمْ تَسْتَطِع عَّلَيْهِ صَبْراً (77)
اَمَّا اَ۬لسَّفِينَةُ فَكَانَتْ لِمَسَٰكِينَ يَعْمَلُونَ فِے اِ۬لْبَحْرِ فَأَرَدتُّ أَنَ
اَعِيبَهَا وَكَانَ وَرَآءَهُم مَّلِكٞ يَاخُذُ كُلَّ سَفِينَةٍ غَصْباٗ (78)
وَأَمَّا اَ۬لْغُلَٰمُ فَكَانَ أَبَوَاهُ مُومِنَيْنِ فَخَشِينَآ أَن يُّرْهِقَهُمَا طُغْيَٰناٗ
وَكُفْراٗ (79) فَأَرَدْنَآ أَن يُّبَدِّلَهُمَا رَبُّهُمَا خَيْراٗ مِّنْهُ زَكَوٰةٗ
وَأَقْرَبَ رُحْماٗ (80) وَأَمَّا اَ۬لْجِدَارُ فَكَانَ لِغُلَٰمَيْنِ يَتِيمَيْنِ فِے
اِ۬لْمَدِينَةِ وَكَانَ تَحْتَهُۥ كَنزٞ لَّهُمَا وَكَانَ أَبُوهُمَا صَٰلِحاٗ فَأَرَادَ
رَبُّكَ أَن يَّبْلُغَآ أَشُدَّهُمَا وَيَسْتَخْرِجَا كَنزَهُمَا رَحْمَةٗ مِّن رَّبِّكَ
وَمَا فَعَلْتُهُۥ عَنَ اَمْرِے ذَٰلِكَ تَاوِيلُ مَا لَمْ تَسْطِع عَّلَيْهِ صَبْراٗ (81)
وَيَسْـَٔلُونَكَ عَن ذِے اِ۬لْقَرْنَيْنِ قُلْ سَأَتْلُواْ عَلَيْكُم مِّنْهُ ذِكْراً (82)

- فَأَبَوْاْ: فامتنعوا
- يَّنقَضَّ: يسقط
- وَرَآءَهُم: أمامهم
- غَصْباٗ: استلابًا بغيرِ حقٍّ
- يُّرْهِقَهُمَا: يُعنتَهما

الكهف

- زَكَوٰةٗ: طهارةً من السّوءِ
- رُحْماٗ: رحمةً وبرًّا بهما
- يَبْلُغَآ أَشُدَّهُمَا: قوّتهما وكمالَ عقلِهما

مدّ مشبع 6 حركات — مدّ 2 أو 4 أو 6 جوازاً — مدّ حركتين — إخفاء، ومواقع الغُنّة (حركتين) — إدغام، وما لا يُلفظ — تفخيم — قلقلة

إِنَّا مَكَّنَّا لَهُ فِي ٱلْأَرْضِ وَءَاتَيْنَٰهُ مِن كُلِّ شَىْءٍ سَبَبًا ۝ فَأَتْبَعَ

سَبَبًا ۝ حَتَّىٰٓ إِذَا بَلَغَ مَغْرِبَ ٱلشَّمْسِ وَجَدَهَا تَغْرُبُ فِى عَيْنٍ حَمِئَةٍ

وَوَجَدَ عِندَهَا قَوْمًا ۗ قُلْنَا يَٰذَا ٱلْقَرْنَيْنِ إِمَّآ أَن تُعَذِّبَ وَإِمَّآ أَن تَتَّخِذَ

فِيهِمْ حُسْنًا ۝ قَالَ أَمَّا مَن ظَلَمَ فَسَوْفَ نُعَذِّبُهُۥ ثُمَّ يُرَدُّ

إِلَىٰ رَبِّهِۦ فَيُعَذِّبُهُۥ عَذَابًا نُّكْرًا ۝ وَأَمَّا مَنْ ءَامَنَ وَعَمِلَ صَٰلِحًا

فَلَهُۥ جَزَآءً ٱلْحُسْنَىٰ ۖ وَسَنَقُولُ لَهُۥ مِنْ أَمْرِنَا يُسْرًا ۝ ثُمَّ أَتْبَعَ سَبَبًا

حَتَّىٰٓ إِذَا بَلَغَ مَطْلِعَ ٱلشَّمْسِ وَجَدَهَا تَطْلُعُ عَلَىٰ قَوْمٍ لَّمْ نَجْعَل لَّهُم

مِّن دُونِهَا سِتْرًا ۝ كَذَٰلِكَ ۖ وَقَدْ أَحَطْنَا بِمَا لَدَيْهِ خُبْرًا ۝

ثُمَّ أَتْبَعَ سَبَبًا ۝ حَتَّىٰٓ إِذَا بَلَغَ بَيْنَ ٱلسَّدَّيْنِ وَجَدَ مِن دُونِهِمَا قَوْمًا لَّا

يَكَادُونَ يَفْقَهُونَ قَوْلًا ۝ قَالُوا يَٰذَا ٱلْقَرْنَيْنِ إِنَّ يَأْجُوجَ وَمَأْجُوجَ

مُفْسِدُونَ فِى ٱلْأَرْضِ فَهَلْ نَجْعَلُ لَكَ خَرْجًا عَلَىٰٓ أَن تَجْعَلَ بَيْنَنَا

وَبَيْنَهُمْ سَدًّا ۝ قَالَ مَا مَكَّنِّى فِيهِ رَبِّى خَيْرٌ فَأَعِينُونِى بِقُوَّةٍ أَجْعَلْ

بَيْنَكُمْ وَبَيْنَهُمْ رَدْمًا ۝ ءَاتُونِى زُبَرَ ٱلْحَدِيدِ ۖ حَتَّىٰٓ إِذَا سَاوَىٰ بَيْنَ

ٱلصَّدَفَيْنِ قَالَ ٱنفُخُوا ۖ حَتَّىٰٓ إِذَا جَعَلَهُۥ نَارًا قَالَ ءَاتُونِىٓ أُفْرِغْ عَلَيْهِ

قِطْرًا ۝ فَمَا ٱسْطَٰعُوٓا أَن يَظْهَرُوهُ وَمَا ٱسْتَطَٰعُوا لَهُۥ نَقْبًا ۝

الحاشية الجانبية:

• سَبَبًا
علمًا يُوصِلُه إليه

• فَأَتْبَعَ سَبَبًا
سلك طريقًا

• عَيْنٍ
نبع ماء

۞ ثُمُنْ

• حَمِئَةٍ
حارّة ذات طين أسود

• حُسْنًا
إحسانًا إليهم بدعوتهم إلى الحق

• نُّكْرًا
منكرًا فظيعًا

• سِتْرًا
ساترًا من اللباس والبناء

• ٱلسَّدَّيْنِ
جبلين مُنيفين

• يَأْجُوجَ وَمَأْجُوجَ
قبيلتين من ذرية يافث بن نوح

• خَرْجًا
جُعلًا من المال

• رَدْمًا
حاجزًا حصينًا متينًا

• زُبَرَ ٱلْحَدِيدِ
قطعه العظيمة

• ٱلصَّدَفَيْنِ
جانبي الجبلين

• قِطْرًا
نحاسًا مذابًا

● مدّ مشبع ٦ حركات	● إخفاء، ومواقع الغُنّة (حركتين)	● تفخيم
● مدّ ٢ أو ٤ أو ٦ جوازًا	● إدغام، وما لا يُلفَظ	● قلقلة
	● مدّ حركتين	

قَالَ هَٰذَا رَحْمَةٌ مِّن رَّبِّيۖ فَإِذَا جَآءَ وَعْدُ رَبِّي جَعَلَهُۥ دَكّاً وَكَانَ وَعْدُ رَبِّي
حَقّاً ﴿94﴾ وَتَرَكْنَا بَعْضَهُمْ يَوْمَئِذٍ يَمُوجُ فِي بَعْضٍۖ وَنُفِخَ فِي الصُّورِ
فَجَمَعْنَٰهُمْ جَمْعاً ﴿95﴾ وَعَرَضْنَا جَهَنَّمَ يَوْمَئِذٍ لِّلْكَٰفِرِينَ عَرْضاً ﴿96﴾ الَّذِينَ
كَانَتْ أَعْيُنُهُمْ فِي غِطَآءٍ عَن ذِكْرِي وَكَانُواْ لَا يَسْتَطِيعُونَ سَمْعاً ﴿97﴾
۞ أَفَحَسِبَ الَّذِينَ كَفَرُوٓاْ أَن يَتَّخِذُواْ عِبَادِي مِن دُونِيَ أَوْلِيَآءَۖ إِنَّآ أَعْتَدْنَا
جَهَنَّمَ لِلْكَٰفِرِينَ نُزُلاً ﴿98﴾ قُلْ هَلْ نُنَبِّئُكُم بِالْأَخْسَرِينَ أَعْمَٰلاً الَّذِينَ
ضَلَّ سَعْيُهُمْ فِي الْحَيَوٰةِ الدُّنْيَا وَهُمْ يَحْسِبُونَ أَنَّهُمْ يُحْسِنُونَ صُنْعاً ﴿99﴾
أُوْلَٰٓئِكَ الَّذِينَ كَفَرُواْ بِـَٔايَٰتِ رَبِّهِمْ وَلِقَآئِهِۦ فَحَبِطَتْ أَعْمَٰلُهُمْ فَلَا
نُقِيمُ لَهُمْ يَوْمَ الْقِيَٰمَةِ وَزْناً ﴿100﴾ ذَٰلِكَ جَزَآؤُهُمْ جَهَنَّمُ بِمَا كَفَرُواْ
وَاتَّخَذُوٓاْ ءَايَٰتِي وَرُسُلِي هُزُؤاً ﴿101﴾ إِنَّ الَّذِينَ ءَامَنُواْ وَعَمِلُواْ الصَّٰلِحَٰتِ
كَانَتْ لَهُمْ جَنَّٰتُ الْفِرْدَوْسِ نُزُلاً ﴿102﴾ خَٰلِدِينَ فِيهَا لَا يَبْغُونَ عَنْهَا
حِوَلاً ﴿103﴾ قُل لَّوْ كَانَ الْبَحْرُ مِدَاداً لِّكَلِمَٰتِ رَبِّي لَنَفِدَ الْبَحْرُ
قَبْلَ أَن تَنفَدَ كَلِمَٰتُ رَبِّي وَلَوْ جِئْنَا بِمِثْلِهِۦ مَدَداً ﴿104﴾ قُلْ إِنَّمَا
أَنَا بَشَرٌ مِّثْلُكُمْ يُوحَىٰٓ إِلَيَّ أَنَّمَآ إِلَٰهُكُمْ إِلَٰهٌ وَٰحِدٌۖ فَمَن كَانَ يَرْجُواْ
لِقَآءَ رَبِّهِۦ فَلْيَعْمَلْ عَمَلاً صَٰلِحاً وَلَا يُشْرِكْ بِعِبَادَةِ رَبِّهِۦٓ أَحَداً ﴿105﴾

- دَكّاً: أرضًا مُستويةً
- يَمُوجُ: يختلطُ
- غِطَآءٍ: غشاءٍ غليظٍ وسترٍ كثيفٍ

رُبُعٌ

- نُزُلاً: منزلًا أو شيئًا يتمتّعُونَ به
- وَزْناً: مِقْدارًا واعتبارًا
- حِوَلاً: تحوّلًا وانتقالًا

الْكَهْف

- مِدَاداً: هو ما يكتبُ به
- لَنَفِدَ الْبَحْرُ: فنيَ وفرغَ
- مَدَداً: عونًا وزيادةً

مدّ مشبع 6 حركات	مدّ حركتين	إخفاء، ومواقع الغُنَّة (حركتين)	تفخيم
مدّ 2 أو 4 أو 6 جوازاً		إدغام، وما لا يُلفَظ	قلقلة

بِسْمِ اللَّهِ الرَّحْمَٰنِ الرَّحِيمِ

كهيعص ۝١ ذِكْرُ رَحْمَتِ رَبِّكَ عَبْدَهُ زَكَرِيَّا ۝ إِذْ نَادَىٰ رَبَّهُ نِدَاءً خَفِيًّا ۝٢ قَالَ رَبِّ إِنِّي وَهَنَ ٱلْعَظْمُ مِنِّي وَٱشْتَعَلَ ٱلرَّأْسُ شَيْبًا وَلَمْ أَكُن بِدُعَآئِكَ رَبِّ شَقِيًّا ۝٣ وَإِنِّي خِفْتُ ٱلْمَوَٰلِيَ مِن وَرَآءِي وَكَانَتِ ٱمْرَأَتِي عَاقِرًا فَهَبْ لِي مِن لَّدُنكَ وَلِيًّا ۝٤ يَرِثُنِي وَيَرِثُ مِنْ ءَالِ يَعْقُوبَ وَٱجْعَلْهُ رَبِّ رَضِيًّا ۝٥ يَٰزَكَرِيَّآ إِنَّا نُبَشِّرُكَ بِغُلَٰمٍ ٱسْمُهُ يَحْيَىٰ لَمْ نَجْعَل لَّهُۥ مِن قَبْلُ سَمِيًّا ۝٦ قَالَ رَبِّ أَنَّىٰ يَكُونُ لِي غُلَٰمٌ وَكَانَتِ ٱمْرَأَتِي عَاقِرًا وَقَدْ بَلَغْتُ مِنَ ٱلْكِبَرِ عِتِيًّا ۝٧ قَالَ كَذَٰلِكَ قَالَ رَبُّكَ هُوَ عَلَيَّ هَيِّنٌ وَقَدْ خَلَقْتُكَ مِن قَبْلُ وَلَمْ تَكُ شَيْـًٔا ۝٨ قَالَ رَبِّ ٱجْعَل لِّيٓ ءَايَةً قَالَ ءَايَتُكَ أَلَّا تُكَلِّمَ ٱلنَّاسَ ثَلَٰثَ لَيَالٍ سَوِيًّا ۝٩ فَخَرَجَ عَلَىٰ قَوْمِهِۦ مِنَ ٱلْمِحْرَابِ فَأَوْحَىٰٓ إِلَيْهِمْ أَن سَبِّحُوا بُكْرَةً وَعَشِيًّا ۝١٠

يَـٰيَحْيَىٰ خُذِ ٱلْكِتَـٰبَ بِقُوَّةٍ ۖ وَءَاتَيْنَـٰهُ ٱلْحُكْمَ صَبِيًّا ﴿١١﴾ وَحَنَانًا مِّن لَّدُنَّا وَزَكَوٰةً ۖ وَكَانَ تَقِيًّا ﴿١٢﴾ وَبَرًّۢا بِوَٰلِدَيْهِ وَلَمْ يَكُن جَبَّارًا عَصِيًّا ﴿١٣﴾ وَسَلَـٰمٌ عَلَيْهِ يَوْمَ وُلِدَ وَيَوْمَ يَمُوتُ وَيَوْمَ يُبْعَثُ حَيًّا ﴿١٤﴾ وَٱذْكُرْ فِى ٱلْكِتَـٰبِ مَرْيَمَ إِذِ ٱنتَبَذَتْ مِنْ أَهْلِهَا مَكَانًا شَرْقِيًّا ﴿١٥﴾ فَٱتَّخَذَتْ مِن دُونِهِمْ حِجَابًا فَأَرْسَلْنَآ إِلَيْهَا رُوحَنَا فَتَمَثَّلَ لَهَا بَشَرًا سَوِيًّا ﴿١٦﴾ قَالَتْ إِنِّىٓ أَعُوذُ بِٱلرَّحْمَـٰنِ مِنكَ إِن كُنتَ تَقِيًّا ﴿١٧﴾ قَالَ إِنَّمَآ أَنَا۠ رَسُولُ رَبِّكِ لِأَهَبَ لَكِ غُلَـٰمًا زَكِيًّا ﴿١٨﴾ قَالَتْ أَنَّىٰ يَكُونُ لِى غُلَـٰمٌ وَلَمْ يَمْسَسْنِى بَشَرٌ وَلَمْ أَكُ بَغِيًّا ﴿١٩﴾ قَالَ كَذَٰلِكِ قَالَ رَبُّكِ هُوَ عَلَىَّ هَيِّنٌ ۖ وَلِنَجْعَلَهُۥٓ ءَايَةً لِّلنَّاسِ وَرَحْمَةً مِّنَّا ۚ وَكَانَ أَمْرًا مَّقْضِيًّا ﴿٢٠﴾ ۞ فَحَمَلَتْهُ فَٱنتَبَذَتْ بِهِۦ مَكَانًا قَصِيًّا ﴿٢١﴾ فَأَجَآءَهَا ٱلْمَخَاضُ إِلَىٰ جِذْعِ ٱلنَّخْلَةِ قَالَتْ يَـٰلَيْتَنِى مِتُّ قَبْلَ هَـٰذَا وَكُنتُ نَسْيًا مَّنسِيًّا ﴿٢٢﴾ فَنَادَىٰهَا مِن تَحْتِهَآ أَلَّا تَحْزَنِى قَدْ جَعَلَ رَبُّكِ تَحْتَكِ سَرِيًّا ﴿٢٣﴾ وَهُزِّىٓ إِلَيْكِ بِجِذْعِ ٱلنَّخْلَةِ تُسَـٰقِطْ عَلَيْكِ رُطَبًا جَنِيًّا ﴿٢٤﴾

فَكُلِي وَٱشْرَبِي وَقَرِّي عَيْنًا فَإِمَّا تَرَيِنَّ مِنَ ٱلْبَشَرِ أَحَدًا فَقُولِي

إِنِّي نَذَرْتُ لِلرَّحْمَٰنِ صَوْمًا فَلَنْ أُكَلِّمَ ٱلْيَوْمَ إِنسِيًّا ﴿٢٥﴾ فَأَتَتْ

بِهِۦ قَوْمَهَا تَحْمِلُهُۥ قَالُوا يَٰمَرْيَمُ لَقَدْ جِئْتِ شَيْئًا فَرِيًّا ﴿٢٦﴾

يَٰٓأُخْتَ هَٰرُونَ مَا كَانَ أَبُوكِ ٱمْرَأَ سَوْءٍ وَمَا كَانَتْ أُمُّكِ

بَغِيًّا ﴿٢٧﴾ فَأَشَارَتْ إِلَيْهِ قَالُوا كَيْفَ نُكَلِّمُ مَن كَانَ فِي

ٱلْمَهْدِ صَبِيًّا ﴿٢٨﴾ قَالَ إِنِّي عَبْدُ ٱللَّهِ ءَاتَىٰنِيَ ٱلْكِتَٰبَ وَجَعَلَنِي

نَبِيًّا ﴿٢٩﴾ وَجَعَلَنِي مُبَارَكًا أَيْنَ مَا كُنتُ وَأَوْصَٰنِي بِٱلصَّلَوٰةِ

وَٱلزَّكَوٰةِ مَا دُمْتُ حَيًّا ﴿٣٠﴾ وَبَرًّۢا بِوَٰلِدَتِي وَلَمْ يَجْعَلْنِي

جَبَّارًا شَقِيًّا ﴿٣١﴾ وَٱلسَّلَٰمُ عَلَيَّ يَوْمَ وُلِدتُّ وَيَوْمَ أَمُوتُ وَيَوْمَ

أُبْعَثُ حَيًّا ﴿٣٢﴾ ذَٰلِكَ عِيسَى ٱبْنُ مَرْيَمَ قَوْلَ ٱلْحَقِّ ٱلَّذِي فِيهِ

يَمْتَرُونَ ﴿٣٣﴾ مَا كَانَ لِلَّهِ أَن يَتَّخِذَ مِن وَلَدٍ سُبْحَٰنَهُۥ إِذَا قَضَىٰٓ

أَمْرًا فَإِنَّمَا يَقُولُ لَهُۥ كُن فَيَكُونُ ﴿٣٤﴾ وَإِنَّ ٱللَّهَ رَبِّي وَرَبُّكُمْ

فَٱعْبُدُوهُ هَٰذَا صِرَٰطٌ مُّسْتَقِيمٌ ﴿٣٥﴾ فَٱخْتَلَفَ ٱلْأَحْزَابُ مِنۢ بَيْنِهِمْ

فَوَيْلٌ لِّلَّذِينَ كَفَرُوا مِن مَّشْهَدِ يَوْمٍ عَظِيمٍ ﴿٣٦﴾ أَسْمِعْ بِهِمْ

وَأَبْصِرْ يَوْمَ يَأْتُونَنَا لَٰكِنِ ٱلظَّٰلِمُونَ ٱلْيَوْمَ فِي ضَلَٰلٍ مُّبِينٍ ﴿٣٧﴾

وَأَنذِرْهُمْ يَوْمَ ٱلْحَسْرَةِ إِذْ قُضِىَ ٱلْأَمْرُ وَهُمْ فِى غَفْلَةٍ وَهُمْ لَا
يُؤْمِنُونَ ﴿38﴾ إِنَّا نَحْنُ نَرِثُ ٱلْأَرْضَ وَمَنْ عَلَيْهَا وَإِلَيْنَا يُرْجَعُونَ ﴿39﴾
۞ وَٱذْكُرْ فِى ٱلْكِتَٰبِ إِبْرَٰهِيمَ ﴿40﴾ إِنَّهُۥ كَانَ صِدِّيقًا نَّبِيًّا ﴿41﴾
إِذْ قَالَ لِأَبِيهِ يَٰٓأَبَتِ لِمَ تَعْبُدُ مَا لَا يَسْمَعُ وَلَا يُبْصِرُ وَلَا يُغْنِى عَنكَ
شَيْـًٔا ﴿42﴾ يَٰٓأَبَتِ إِنِّى قَدْ جَآءَنِى مِنَ ٱلْعِلْمِ مَا لَمْ يَأْتِكَ فَٱتَّبِعْنِىٓ
أَهْدِكَ صِرَٰطًا سَوِيًّا ﴿43﴾ يَٰٓأَبَتِ لَا تَعْبُدِ ٱلشَّيْطَٰنَ إِنَّ ٱلشَّيْطَٰنَ
كَانَ لِلرَّحْمَٰنِ عَصِيًّا ﴿44﴾ يَٰٓأَبَتِ إِنِّىٓ أَخَافُ أَن يَمَسَّكَ عَذَابٌ
مِّنَ ٱلرَّحْمَٰنِ فَتَكُونَ لِلشَّيْطَٰنِ وَلِيًّا ﴿45﴾ قَالَ أَرَاغِبٌ أَنتَ عَنْ
ءَالِهَتِى يَٰٓإِبْرَٰهِيمُ لَئِن لَّمْ تَنتَهِ لَأَرْجُمَنَّكَ وَٱهْجُرْنِى مَلِيًّا ﴿46﴾
قَالَ سَلَٰمٌ عَلَيْكَ سَأَسْتَغْفِرُ لَكَ رَبِّىٓ إِنَّهُۥ كَانَ بِى حَفِيًّا ﴿47﴾
وَأَعْتَزِلُكُمْ وَمَا تَدْعُونَ مِن دُونِ ٱللَّهِ وَأَدْعُوا۟ رَبِّى عَسَىٰٓ أَلَّآ
أَكُونَ بِدُعَآءِ رَبِّى شَقِيًّا ﴿48﴾ فَلَمَّا ٱعْتَزَلَهُمْ وَمَا يَعْبُدُونَ مِن دُونِ
ٱللَّهِ وَهَبْنَا لَهُۥٓ إِسْحَٰقَ وَيَعْقُوبَ وَكُلًّا جَعَلْنَا نَبِيًّا ﴿49﴾ وَوَهَبْنَا
لَهُم مِّن رَّحْمَتِنَا وَجَعَلْنَا لَهُمْ لِسَانَ صِدْقٍ عَلِيًّا ﴿50﴾ وَٱذْكُرْ فِى
ٱلْكِتَٰبِ مُوسَىٰٓ إِنَّهُۥ كَانَ مُخْلَصًا وَكَانَ رَسُولًا نَّبِيًّا ﴿51﴾

ثُمُن

- يَوْمَ ٱلْحَسْرَةِ: النّدامةِ الشّديدةِ
- سَوِيًّا: مُستقيمًا
- عَصِيًّا: كثيرَ العصيانِ
- وَلِيًّا: قرينًا في العذابِ
- ٱهْجُرْنِى مَلِيًّا: فارِقني دهرًا طويلًا

مَرْيَم

- حَفِيًّا: برًّا لطيفًا
- كَانَ مُخْلَصًا: يخلص عبادته لله

مدّ مشبع 6 حركات	مدّ حركتين	إخفاء، ومواقع الغُنّة (حركتين)	تفخيم
مدّ 2 أو 4 أو 6 جوازاً		إدغام، وما لا يُلفَظ	قلقلة

وَنَدَيْنَهُ مِن جَانِبِ ٱلطُّورِ ٱلْأَيْمَنِ وَقَرَّبْنَهُ نَجِيًّا ۝٥٢ وَوَهَبْنَا لَهُۥ مِن رَّحْمَتِنَا أَخَاهُ هَرُونَ نَبِيًّا ۝٥٣ وَٱذْكُرْ فِي ٱلْكِتَبِ إِسْمَعِيلَ إِنَّهُۥ كَانَ صَادِقَ ٱلْوَعْدِ وَكَانَ رَسُولًا نَّبِيًّا ۝٥٤ وَكَانَ يَأْمُرُ أَهْلَهُۥ بِٱلصَّلَوةِ وَٱلزَّكَوةِ وَكَانَ عِندَ رَبِّهِۦ مَرْضِيًّا ۝٥٥ وَٱذْكُرْ فِي ٱلْكِتَبِ إِدْرِيسَ إِنَّهُۥ كَانَ صِدِّيقًا نَّبِيًّا ۝٥٦ وَرَفَعْنَهُ مَكَانًا عَلِيًّا ۝٥٧ أُوْلَئِكَ ٱلَّذِينَ أَنْعَمَ ٱللَّهُ عَلَيْهِم مِّنَ ٱلنَّبِيِّنَ مِن ذُرِّيَّةِ ءَادَمَ وَمِمَّنْ حَمَلْنَا مَعَ نُوحٍ وَمِن ذُرِّيَّةِ إِبْرَهِيمَ وَإِسْرَٰئِيلَ وَمِمَّنْ هَدَيْنَا وَٱجْتَبَيْنَا إِذَا تُتْلَىٰ عَلَيْهِمْ ءَايَتُ ٱلرَّحْمَنِ خَرُّوا۟ سُجَّدًا وَبُكِيًّا ۩ ۝٥٨ ۞ فَخَلَفَ مِنۢ بَعْدِهِمْ خَلْفٌ أَضَاعُوا۟ ٱلصَّلَوةَ وَٱتَّبَعُوا۟ ٱلشَّهَوَٰتِ فَسَوْفَ يَلْقَوْنَ غَيًّا ۝٥٩ إِلَّا مَن تَابَ وَءَامَنَ وَعَمِلَ صَلِحًا فَأُو۟لَئِكَ يَدْخُلُونَ ٱلْجَنَّةَ وَلَا يُظْلَمُونَ شَيْـًٔا ۝٦٠ جَنَّتِ عَدْنٍ ٱلَّتِي وَعَدَ ٱلرَّحْمَنُ عِبَادَهُۥ بِٱلْغَيْبِ إِنَّهُۥ كَانَ وَعْدُهُۥ مَأْتِيًّا ۝٦١ لَّا يَسْمَعُونَ فِيهَا لَغْوًا إِلَّا سَلَمًا وَلَهُمْ رِزْقُهُمْ فِيهَا بُكْرَةً وَعَشِيًّا ۝٦٢ تِلْكَ ٱلْجَنَّةُ ٱلَّتِي نُورِثُ مِنْ عِبَادِنَا مَن كَانَ تَقِيًّا ۝٦٣ وَمَا نَتَنَزَّلُ إِلَّا بِأَمْرِ رَبِّكَ لَهُۥ مَا بَيْنَ أَيْدِينَا وَمَا خَلْفَنَا وَمَا بَيْنَ ذَلِكَ وَمَا كَانَ رَبُّكَ نَسِيًّا ۝٦٤

• مدّ مشبع 6 حركات   • إخفاء، ومواقع الغُنّة (حركتين)   • مدّ حركتين   • تفخيم
• مدّ 2 أو 4 أو 6 جوازًا   • إدغام، وما لا يُلفظ   • قلقلة

309

رَبُّ ٱلسَّمَوَاتِ وَٱلْأَرْضِ وَمَا بَيْنَهُمَا فَٱعْبُدْهُ وَٱصْطَبِرْ لِعِبَادَتِهِ هَلْ تَعْلَمُ لَهُ سَمِيًّا ۞ وَيَقُولُ ٱلْإِنسَنُ أَءِذَا مَا مِتُّ لَسَوْفَ أُخْرَجُ حَيًّا ۞ أَوَلَا يَذْكُرُ ٱلْإِنسَنُ أَنَّا خَلَقْنَهُ مِن قَبْلُ وَلَمْ يَكُ شَيْئًا ۞ فَوَرَبِّكَ لَنَحْشُرَنَّهُمْ وَٱلشَّيَطِينَ ثُمَّ لَنُحْضِرَنَّهُمْ حَوْلَ جَهَنَّمَ جِثِيًّا ۞ ثُمَّ لَنَنزِعَنَّ مِن كُلِّ شِيعَةٍ أَيُّهُمْ أَشَدُّ عَلَى ٱلرَّحْمَنِ عِتِيًّا ۞ ثُمَّ لَنَحْنُ أَعْلَمُ بِٱلَّذِينَ هُمْ أَوْلَى بِهَا صِلِيًّا ۞ وَإِن مِّنكُمْ إِلَّا وَارِدُهَا كَانَ عَلَى رَبِّكَ حَتْمًا مَّقْضِيًّا ۞ ثُمَّ نُنَجِّي ٱلَّذِينَ ٱتَّقَوا وَّنَذَرُ ٱلظَّلِمِينَ فِيهَا جِثِيًّا ۞ وَإِذَا تُتْلَى عَلَيْهِمْ ءَايَتُنَا بَيِّنَتٍ قَالَ ٱلَّذِينَ كَفَرُوا لِلَّذِينَ ءَامَنُوا أَيُّ ٱلْفَرِيقَيْنِ خَيْرٌ مَّقَامًا وَأَحْسَنُ نَدِيًّا ۞ وَكَمْ أَهْلَكْنَا قَبْلَهُم مِّن قَرْنٍ هُمْ أَحْسَنُ أَثَثًا وَرِءْيًا ۞ ۞ قُلْ مَن كَانَ فِي ٱلضَّلَلَةِ فَلْيَمْدُدْ لَهُ ٱلرَّحْمَنُ مَدًّا حَتَّى إِذَا رَأَوْا مَا يُوعَدُونَ إِمَّا ٱلْعَذَابَ وَإِمَّا ٱلسَّاعَةَ فَسَيَعْلَمُونَ مَنْ هُوَ شَرٌّ مَّكَانًا وَأَضْعَفُ جُندًا ۞ وَيَزِيدُ ٱللَّهُ ٱلَّذِينَ ٱهْتَدَوْا هُدًى وَٱلْبَقِيَتُ ٱلصَّلِحَتُ خَيْرٌ عِندَ رَبِّكَ ثَوَابًا وَخَيْرٌ مَّرَدًّا ۞

أَفَرَءَيْتَ ٱلَّذِى كَفَرَ بِـَٔايَـٰتِنَا وَقَالَ لَأُوتَيَنَّ مَالًا وَوَلَدًا ۝

أَطَّلَعَ ٱلْغَيْبَ أَمِ ٱتَّخَذَ عِندَ ٱلرَّحْمَـٰنِ عَهْدًا ۝ كَلَّا

سَنَكْتُبُ مَا يَقُولُ وَنَمُدُّ لَهُۥ مِنَ ٱلْعَذَابِ مَدًّا ۝

وَنَرِثُهُۥ مَا يَقُولُ وَيَأْتِينَا فَرْدًا ۝ وَٱتَّخَذُوا۟ مِن دُونِ ٱللَّهِ

ءَالِهَةً لِّيَكُونُوا۟ لَهُمْ عِزًّا ۝ كَلَّا سَيَكْفُرُونَ بِعِبَادَتِهِمْ

وَيَكُونُونَ عَلَيْهِمْ ضِدًّا ۝ أَلَمْ تَرَ أَنَّا أَرْسَلْنَا ٱلشَّيَـٰطِينَ عَلَى

ٱلْكَـٰفِرِينَ تَؤُزُّهُمْ أَزًّا ۝ فَلَا تَعْجَلْ عَلَيْهِمْ إِنَّمَا نَعُدُّ لَهُمْ

عَدًّا ۝ يَوْمَ نَحْشُرُ ٱلْمُتَّقِينَ إِلَى ٱلرَّحْمَـٰنِ وَفْدًا ۝ وَنَسُوقُ

ٱلْمُجْرِمِينَ إِلَىٰ جَهَنَّمَ وِرْدًا ۝ لَّا يَمْلِكُونَ ٱلشَّفَـٰعَةَ إِلَّا مَنِ

ٱتَّخَذَ عِندَ ٱلرَّحْمَـٰنِ عَهْدًا ۝ وَقَالُوا۟ ٱتَّخَذَ ٱلرَّحْمَـٰنُ وَلَدًا ۝

لَّقَدْ جِئْتُمْ شَيْـًٔا إِدًّا ۝ تَكَادُ ٱلسَّمَـٰوَٰتُ يَتَفَطَّرْنَ مِنْهُ

وَتَنشَقُّ ٱلْأَرْضُ وَتَخِرُّ ٱلْجِبَالُ هَدًّا ۝ أَن دَعَوْا۟ لِلرَّحْمَـٰنِ

وَلَدًا ۝ وَمَا يَنۢبَغِى لِلرَّحْمَـٰنِ أَن يَتَّخِذَ وَلَدًا ۝ إِن كُلُّ مَن

فِى ٱلسَّمَـٰوَٰتِ وَٱلْأَرْضِ إِلَّا ءَاتِى ٱلرَّحْمَـٰنِ عَبْدًا ۝ لَّقَدْ أَحْصَىٰهُمْ

وَعَدَّهُمْ عَدًّا ۝ وَكُلُّهُمْ ءَاتِيهِ يَوْمَ ٱلْقِيَـٰمَةِ فَرْدًا ۝

الهامش (التفسير)
• أَفَرَءَيْتَ أخبرني
• نَمُدُّ لَهُ نُطوّل له أو نزيدُهُ
• عِزًّا شفعاء وأنصارًا
• ضِدًّا ذلًا وهوانًا لا عزًّا
• تَؤُزُّهُمْ أَزًّا تُغريهم بالمعاصي إغراءً
• وَفْدًا ركبانًا أو وافدينَ للعطايا
• وِرْدًا عطاشًا أو كالدوابّ التي تَرِدُ الماء
• إِدًّا منكرًا فظيعًا
• يَتَفَطَّرْنَ مِنْهُ يتشقّقنَ ويتفتّتنَ من شناعته
• تَخِرُّ ٱلْجِبَالُ هَدًّا تسقط مهدودةً عليهم

• مدّ مشبع ٦ حركات	• إخفاء، ومواقع الغُنّة (حركتين)	• تفخيم
• مدّ ٢ أو ٤ أو ٦ جوازًا	• مدّ حركتين	• قلقلة
	• إدغام، وما لا يلفظ	

٣١١

إِنَّ ٱلَّذِينَ ءَامَنُوا۟ وَعَمِلُوا۟ ٱلصَّٰلِحَٰتِ سَيَجْعَلُ لَهُمُ ٱلرَّحْمَٰنُ وُدًّا ﴿٩٧﴾ فَإِنَّمَا يَسَّرْنَٰهُ بِلِسَانِكَ لِتُبَشِّرَ بِهِ ٱلْمُتَّقِينَ وَتُنذِرَ بِهِۦ قَوْمًا لُّدًّا ﴿٩٨﴾ وَكَمْ أَهْلَكْنَا قَبْلَهُم مِّن قَرْنٍ هَلْ تُحِسُّ مِنْهُم مِّنْ أَحَدٍ أَوْ تَسْمَعُ لَهُمْ رِكْزًا ﴿٩٩﴾

سُورَةُ طه

ترتيبها 20 · آياتها 134

بِسْمِ ٱللَّهِ ٱلرَّحْمَٰنِ ٱلرَّحِيمِ

طه ﴿١﴾ مَآ أَنزَلْنَا عَلَيْكَ ٱلْقُرْءَانَ لِتَشْقَىٰٓ ﴿١﴾ إِلَّا تَذْكِرَةً لِّمَن يَخْشَىٰ ﴿٢﴾ تَنزِيلًا مِّمَّنْ خَلَقَ ٱلْأَرْضَ وَٱلسَّمَٰوَٰتِ ٱلْعُلَى ﴿٣﴾ ٱلرَّحْمَٰنُ عَلَى ٱلْعَرْشِ ٱسْتَوَىٰ ﴿٤﴾ لَهُۥ مَا فِى ٱلسَّمَٰوَٰتِ وَمَا فِى ٱلْأَرْضِ وَمَا بَيْنَهُمَا وَمَا تَحْتَ ٱلثَّرَىٰ ﴿٥﴾ وَإِن تَجْهَرْ بِٱلْقَوْلِ فَإِنَّهُۥ يَعْلَمُ ٱلسِّرَّ وَأَخْفَى ﴿٦﴾ ٱللَّهُ لَآ إِلَٰهَ إِلَّا هُوَ لَهُ ٱلْأَسْمَآءُ ٱلْحُسْنَىٰ ﴿٧﴾ وَهَلْ أَتَىٰكَ حَدِيثُ مُوسَىٰٓ ﴿٨﴾ إِذْ رَءَا نَارًا فَقَالَ لِأَهْلِهِ ٱمْكُثُوٓا۟ إِنِّىٓ ءَانَسْتُ نَارًا لَّعَلِّىٓ ءَاتِيكُم مِّنْهَا بِقَبَسٍ أَوْ أَجِدُ عَلَى ٱلنَّارِ هُدًى ﴿٩﴾ فَلَمَّآ أَتَىٰهَا نُودِىَ يَٰمُوسَىٰٓ ﴿١٠﴾ إِنِّىٓ أَنَا۠ رَبُّكَ فَٱخْلَعْ نَعْلَيْكَ إِنَّكَ بِٱلْوَادِ ٱلْمُقَدَّسِ طُوًى ﴿١١﴾

Margin notes (right column):

- وُدًّا ▪ مَودَّةٌ ومحبَّةٌ في القلوب

- قَوْمًا لُّدًّا ▪ شديدي الخصومة بالباطل

- قَرْنٍ ▪ أمَّةٍ

- رِكْزًا ▪ صوتًا خفيًّا

- حِزْبٌ

- لِتَشْقَىٰ ▪ لتتعبَ بالإفراط في المكابدة

- ٱلثَّرَىٰ ▪ التُّرابِ النديِّ

- طه

- أَخْفَى ▪ حديثُ النفس وخواطرها

- ءَانَسْتُ نَارًا ▪ أبصرتُها بوضوح

- بِقَبَسٍ ▪ بشعلةٍ على رأس عودٍ ونحوِهِ

- هُدًى ▪ هاديًا يهديني إلى الطريق

- ٱلْمُقَدَّسِ ▪ المُطهَّر أو المبارك

- طُوًى ▪ اسمٌ للوادي

Bottom legend:

- مدّ مشبع 6 حركات
- مدّ 2 أو 4 أو 6 جوازًا
- إخفاء، ومواقع الغُنَّة (حركتين)
- إدغام، وما لا يُلفظ
- مدّ حركتين
- تفخيم
- قلقلة

وَأَنَا ٱخْتَرْتُكَ فَٱسْتَمِعْ لِمَا يُوحَىٰ ۝ إِنَّنِى أَنَا ٱللَّهُ لَا إِلَٰهَ إِلَّا أَنَا۠ فَٱعْبُدْنِى وَأَقِمِ ٱلصَّلَوٰةَ لِذِكْرِى ۝ إِنَّ ٱلسَّاعَةَ ءَاتِيَةٌ أَكَادُ أُخْفِيهَا لِتُجْزَىٰ كُلُّ نَفْسٍ بِمَا تَسْعَىٰ ۝ فَلَا يَصُدَّنَّكَ عَنْهَا مَن لَّا يُؤْمِنُ بِهَا وَٱتَّبَعَ هَوَىٰهُ فَتَرْدَىٰ ۝ وَمَا تِلْكَ بِيَمِينِكَ يَٰمُوسَىٰ ۝ قَالَ هِىَ عَصَاىَ أَتَوَكَّؤُا۟ عَلَيْهَا وَأَهُشُّ بِهَا عَلَىٰ غَنَمِى وَلِىَ فِيهَا مَـَٔارِبُ أُخْرَىٰ ۝ قَالَ أَلْقِهَا يَٰمُوسَىٰ ۝ فَأَلْقَىٰهَا فَإِذَا هِىَ حَيَّةٌ تَسْعَىٰ ۝ قَالَ خُذْهَا وَلَا تَخَفْ سَنُعِيدُهَا سِيرَتَهَا ٱلْأُولَىٰ ۝ وَٱضْمُمْ يَدَكَ إِلَىٰ جَنَاحِكَ تَخْرُجْ بَيْضَآءَ مِنْ غَيْرِ سُوٓءٍ ءَايَةً أُخْرَىٰ ۝ لِنُرِيَكَ مِنْ ءَايَٰتِنَا ٱلْكُبْرَى ۝ ٱذْهَبْ إِلَىٰ فِرْعَوْنَ إِنَّهُۥ طَغَىٰ ۝ قَالَ رَبِّ ٱشْرَحْ لِى صَدْرِى ۝ وَيَسِّرْ لِىٓ أَمْرِى ۝ وَٱحْلُلْ عُقْدَةً مِّن لِّسَانِى ۝ يَفْقَهُوا۟ قَوْلِى ۝ وَٱجْعَل لِّى وَزِيرًا مِّنْ أَهْلِى ۝ هَٰرُونَ أَخِى ۝ ٱشْدُدْ بِهِۦٓ أَزْرِى ۝ وَأَشْرِكْهُ فِىٓ أَمْرِى ۝ كَىْ نُسَبِّحَكَ كَثِيرًا ۝ وَنَذْكُرَكَ كَثِيرًا ۝ إِنَّكَ كُنتَ بِنَا بَصِيرًا ۝ ۞ قَالَ قَدْ أُوتِيتَ سُؤْلَكَ يَٰمُوسَىٰ ۝ وَلَقَدْ مَنَنَّا عَلَيْكَ مَرَّةً أُخْرَىٰٓ ۝

إِذْ أَوْحَيْنَا إِلَىٰٓ أُمِّكَ مَا يُوحَىٰٓ ۝ أَنِ ٱقْذِفِيهِ فِي ٱلتَّابُوتِ فَٱقْذِفِيهِ فِي ٱلْيَمِّ فَلْيُلْقِهِ ٱلْيَمُّ بِٱلسَّاحِلِ يَأْخُذْهُ عَدُوٌّ لِّى وَعَدُوٌّ لَّهُۥ وَأَلْقَيْتُ عَلَيْكَ مَحَبَّةً مِّنِّى وَلِتُصْنَعَ عَلَىٰ عَيْنِىٓ ۝ إِذْ تَمْشِىٓ أُخْتُكَ فَتَقُولُ هَلْ أَدُلُّكُمْ عَلَىٰ مَن يَكْفُلُهُۥ فَرَجَعْنَـٰكَ إِلَىٰٓ أُمِّكَ كَىْ تَقَرَّ عَيْنُهَا وَلَا تَحْزَنَ وَقَتَلْتَ نَفْسًا فَنَجَّيْنَـٰكَ مِنَ ٱلْغَمِّ وَفَتَنَّـٰكَ فُتُونًا فَلَبِثْتَ سِنِينَ فِىٓ أَهْلِ مَدْيَنَ ثُمَّ جِئْتَ عَلَىٰ قَدَرٍ يَـٰمُوسَىٰ ۝ وَٱصْطَنَعْتُكَ لِنَفْسِى إِذْهَبْ أَنتَ وَأَخُوكَ بِـَٔايَـٰتِى وَلَا تَنِيَا فِى ذِكْرِى ۝ ٱذْهَبَآ إِلَىٰ فِرْعَوْنَ إِنَّهُۥ طَغَىٰ ۝ فَقُولَا لَهُۥ قَوْلًا لَّيِّنًا لَّعَلَّهُۥ يَتَذَكَّرُ أَوْ يَخْشَىٰ ۝ قَالَا رَبَّنَآ إِنَّنَا نَخَافُ أَن يَفْرُطَ عَلَيْنَآ أَوْ أَن يَطْغَىٰ ۝ قَالَ لَا تَخَافَآ إِنَّنِى مَعَكُمَآ أَسْمَعُ وَأَرَىٰ ۝ فَأْتِيَاهُ فَقُولَآ إِنَّا رَسُولَا رَبِّكَ فَأَرْسِلْ مَعَنَا بَنِىٓ إِسْرَٰٓءِيلَ وَلَا تُعَذِّبْهُمْ قَدْ جِئْنَـٰكَ بِـَٔايَةٍ مِّن رَّبِّكَ وَٱلسَّلَـٰمُ عَلَىٰ مَنِ ٱتَّبَعَ ٱلْهُدَىٰٓ ۝ إِنَّا قَدْ أُوحِىَ إِلَيْنَآ أَنَّ ٱلْعَذَابَ عَلَىٰ مَن كَذَّبَ وَتَوَلَّىٰ ۝ قَالَ فَمَن رَّبُّكُمَا يَـٰمُوسَىٰ ۝ قَالَ رَبُّنَا ٱلَّذِىٓ أَعْطَىٰ كُلَّ شَىْءٍ خَلْقَهُۥ ثُمَّ هَدَىٰ ۝ قَالَ فَمَا بَالُ ٱلْقُرُونِ ٱلْأُولَىٰ ۝

الهامش:

• إقْذِفِيهِ: ألقِهِ واطرحيهِ

• لِتُصْنَعَ عَلَى عَيْنِي: لِتُرَبَّى بِمُراقبتي ورعايتي

• يَكْفُلُهُ: يضُمُّه ويُربِّيه

• فَتَنَّاكَ: خلصناك مِن المِحَن مِرارًا

• ٱصْطَنَعْتُكَ: لِنَفْسِي: اصطفيتك لِرسالتي

• لَا تَنِيَا: لا تفتُرا ولا تقصُرا

• يَفْرُطَ عَلَيْنَا: يعجِّلَ علينا بالعقوبة

• يَطْغَى: يزدادُ طُغيانًا وعُتوًّا

• خَلْقَهُ: صُورتَه اللائقة بمنفعته

• ٱلْقُرُونِ: الأُمم

طه

قَالَ عِلْمُهَا عِندَ رَبِّى فِى كِتَٰبٍ لَّا يَضِلُّ رَبِّى وَلَا يَنسَى ۝٥١ ٱلَّذِى جَعَلَ لَكُمُ ٱلْأَرْضَ مَهْدًا وَسَلَكَ لَكُمْ فِيهَا سُبُلًا وَأَنزَلَ مِنَ ٱلسَّمَآءِ مَآءً فَأَخْرَجْنَا بِهِۦٓ أَزْوَٰجًا مِّن نَّبَاتٍ شَتَّىٰ ۝٥٢ كُلُوا۟ وَٱرْعَوْا۟ أَنْعَٰمَكُمْ إِنَّ فِى ذَٰلِكَ لَءَايَٰتٍ لِّأُو۟لِى ٱلنُّهَىٰ ۝٥٣ مِنْهَا خَلَقْنَٰكُمْ وَفِيهَا نُعِيدُكُمْ وَمِنْهَا نُخْرِجُكُمْ تَارَةً أُخْرَىٰ ۝٥٤ وَلَقَدْ أَرَيْنَٰهُ ءَايَٰتِنَا كُلَّهَا فَكَذَّبَ وَأَبَىٰ ۝٥٥ قَالَ أَجِئْتَنَا لِتُخْرِجَنَا مِنْ أَرْضِنَا بِسِحْرِكَ يَٰمُوسَىٰ ۝٥٦ فَلَنَأْتِيَنَّكَ بِسِحْرٍ مِّثْلِهِۦ فَٱجْعَلْ بَيْنَنَا وَبَيْنَكَ مَوْعِدًا لَّا نُخْلِفُهُۥ نَحْنُ وَلَآ أَنتَ مَكَانًا سُوًى ۝٥٧ قَالَ مَوْعِدُكُمْ يَوْمُ ٱلزِّينَةِ وَأَن يُحْشَرَ ٱلنَّاسُ ضُحًى ۝٥٨ فَتَوَلَّىٰ فِرْعَوْنُ فَجَمَعَ كَيْدَهُۥ ثُمَّ أَتَىٰ ۝٥٩ قَالَ لَهُم مُّوسَىٰ وَيْلَكُمْ لَا تَفْتَرُوا۟ عَلَى ٱللَّهِ كَذِبًا فَيُسْحِتَكُم بِعَذَابٍ وَقَدْ خَابَ مَنِ ٱفْتَرَىٰ ۝٦٠ فَتَنَٰزَعُوٓا۟ أَمْرَهُم بَيْنَهُمْ وَأَسَرُّوا۟ ٱلنَّجْوَىٰ ۝٦١ قَالُوٓا۟ إِنْ هَٰذَٰنِ لَسَٰحِرَٰنِ يُرِيدَانِ أَن يُخْرِجَاكُم مِّنْ أَرْضِكُم بِسِحْرِهِمَا وَيَذْهَبَا بِطَرِيقَتِكُمُ ٱلْمُثْلَىٰ ۝٦٢ فَأَجْمِعُوا۟ كَيْدَكُمْ ثُمَّ ٱئْتُوا۟ صَفًّا وَقَدْ أَفْلَحَ ٱلْيَوْمَ مَنِ ٱسْتَعْلَىٰ ۝٦٣

مدّ مشبع ٦ حركات	• إخفاء، ومواقع الغُنّة (حركتين)
مدّ ٢ أو ٤ أو ٦ جوازاً	• إدغام، وما لا يُلفَظ
• مدّ حركتين	تفخيم
	قلقلة

قَالُوا يَٰمُوسَىٰٓ إِمَّآ أَن تُلْقِىَ وَإِمَّآ أَن نَّكُونَ أَوَّلَ مَنْ أَلْقَىٰ ﴿٦٤﴾

قَالَ بَلْ أَلْقُوا فَإِذَا حِبَالُهُمْ وَعِصِيُّهُمْ يُخَيَّلُ إِلَيْهِ مِن سِحْرِهِمْ أَنَّهَا

تَسْعَىٰ ﴿٦٥﴾ فَأَوْجَسَ فِى نَفْسِهِ خِيفَةً مُّوسَىٰ ﴿٦٦﴾ قُلْنَا لَا تَخَفْ إِنَّكَ

أَنتَ ٱلْأَعْلَىٰ ﴿٦٧﴾ وَأَلْقِ مَا فِى يَمِينِكَ تَلْقَفْ مَا صَنَعُوٓا إِنَّمَا صَنَعُوا

كَيْدُ سَٰحِرٍ وَلَا يُفْلِحُ ٱلسَّاحِرُ حَيْثُ أَتَىٰ ﴿٦٨﴾ فَأُلْقِىَ ٱلسَّحَرَةُ سُجَّدًا

قَالُوٓا ءَامَنَّا بِرَبِّ هَٰرُونَ وَمُوسَىٰ ﴿٦٩﴾ قَالَ ءَامَنتُمْ لَهُ قَبْلَ أَنْ ءَاذَنَ

لَكُمْ إِنَّهُ لَكَبِيرُكُمُ ٱلَّذِى عَلَّمَكُمُ ٱلسِّحْرَ فَلَأُقَطِّعَنَّ أَيْدِيَكُمْ

وَأَرْجُلَكُم مِّنْ خِلَٰفٍ وَلَأُصَلِّبَنَّكُمْ فِى جُذُوعِ ٱلنَّخْلِ وَلَتَعْلَمُنَّ

أَيُّنَآ أَشَدُّ عَذَابًا وَأَبْقَىٰ ﴿٧٠﴾ ۞ قَالُوا لَن نُّؤْثِرَكَ عَلَىٰ مَا جَآءَنَا مِنَ

ٱلْبَيِّنَٰتِ وَٱلَّذِى فَطَرَنَا فَٱقْضِ مَآ أَنتَ قَاضٍ إِنَّمَا تَقْضِى هَٰذِهِ ٱلْحَيَوٰةَ

ٱلدُّنْيَآ ﴿٧١﴾ إِنَّآ ءَامَنَّا بِرَبِّنَا لِيَغْفِرَ لَنَا خَطَٰيَانَا وَمَآ أَكْرَهْتَنَا عَلَيْهِ

مِنَ ٱلسِّحْرِ وَٱللَّهُ خَيْرٌ وَأَبْقَىٰٓ ﴿٧٢﴾ إِنَّهُ مَن يَأْتِ رَبَّهُ مُجْرِمًا فَإِنَّ

لَهُ جَهَنَّمَ لَا يَمُوتُ فِيهَا وَلَا يَحْيَىٰ ﴿٧٣﴾ وَمَن يَأْتِهِ مُؤْمِنًا قَدْ عَمِلَ

ٱلصَّٰلِحَٰتِ فَأُو۟لَٰٓئِكَ لَهُمُ ٱلدَّرَجَٰتُ ٱلْعُلَىٰ ﴿٧٤﴾ جَنَّٰتُ عَدْنٍ

تَجْرِى مِن تَحْتِهَا ٱلْأَنْهَٰرُ خَٰلِدِينَ فِيهَا وَذَٰلِكَ جَزَآءُ مَن تَزَكَّىٰ ﴿٧٥﴾

ثُمُنْ

طٰه

• فَأَوْجَسَ
أضمَرَ أو وَجَدَ

• تَلَقَّفْ
تبتلِع وتلتقِم

• فَطَرَنَا
أبدعَنا
وأوجدَنا

• مدّ مشبع 6 حركات   • إخفاء، ومواقع الغُنّة (حركتين)   • تفخيم
• مدّ 2 أو 4 أو 6 جوازاً   • مدّ حركتين   • قلقلة
• إدغام، وما لا يُلفظ

316

وَلَقَدْ أَوْحَيْنَآ إِلَىٰ مُوسَىٰٓ أَنْ أَسْرِ بِعِبَادِى فَٱضْرِبْ لَهُمْ طَرِيقًا

فِى ٱلْبَحْرِ يَبَسًا لَّا تَخَٰفُ دَرَكًا وَلَا تَخْشَىٰ ﴿٧٦﴾ فَأَتْبَعَهُمْ فِرْعَوْنُ

بِجُنُودِهِ فَغَشِيَهُم مِّنَ ٱلْيَمِّ مَا غَشِيَهُمْ وَأَضَلَّ فِرْعَوْنُ قَوْمَهُۥ وَمَا

هَدَىٰ ﴿٧٧﴾ يَٰبَنِىٓ إِسْرَٰٓءِيلَ قَدْ أَنجَيْنَٰكُم مِّنْ عَدُوِّكُمْ وَوَٰعَدْنَٰكُمْ

جَانِبَ ٱلطُّورِ ٱلْأَيْمَنَ وَنَزَّلْنَا عَلَيْكُمُ ٱلْمَنَّ وَٱلسَّلْوَىٰ ﴿٧٨﴾

كُلُوا۟ مِن طَيِّبَٰتِ مَا رَزَقْنَٰكُمْ وَلَا تَطْغَوْا۟ فِيهِ فَيَحِلَّ عَلَيْكُمْ

غَضَبِى وَمَن يَحْلِلْ عَلَيْهِ غَضَبِى فَقَدْ هَوَىٰ ﴿٧٩﴾ وَإِنِّى لَغَفَّارٌ لِّمَن

تَابَ وَءَامَنَ وَعَمِلَ صَٰلِحًا ثُمَّ ٱهْتَدَىٰ ﴿٨٠﴾ ۞ وَمَآ أَعْجَلَكَ عَن

قَوْمِكَ يَٰمُوسَىٰ ﴿٨١﴾ قَالَ هُمْ أُو۟لَآءِ عَلَىٰٓ أَثَرِى وَعَجِلْتُ إِلَيْكَ

رَبِّ لِتَرْضَىٰ ﴿٨٢﴾ قَالَ فَإِنَّا قَدْ فَتَنَّا قَوْمَكَ مِنۢ بَعْدِكَ وَأَضَلَّهُمُ

ٱلسَّامِرِىُّ ﴿٨٣﴾ فَرَجَعَ مُوسَىٰٓ إِلَىٰ قَوْمِهِۦ غَضْبَٰنَ أَسِفًا قَالَ يَٰقَوْمِ

أَلَمْ يَعِدْكُمْ رَبُّكُمْ وَعْدًا حَسَنًا أَفَطَالَ عَلَيْكُمُ ٱلْعَهْدُ

أَمْ أَرَدتُّمْ أَن يَحِلَّ عَلَيْكُمْ غَضَبٌ مِّن رَّبِّكُمْ فَأَخْلَفْتُم

مَّوْعِدِى ﴿٨٥﴾ قَالُوا۟ مَآ أَخْلَفْنَا مَوْعِدَكَ بِمَلْكِنَا وَلَٰكِنَّا حُمِّلْنَآ

أَوْزَارًا مِّن زِينَةِ ٱلْقَوْمِ فَقَذَفْنَٰهَا فَكَذَٰلِكَ أَلْقَى ٱلسَّامِرِىُّ

فَأَخْرَجَ لَهُمْ عِجْلًا جَسَدًا لَّهُۥ خُوَارٌ فَقَالُوا۟ هَٰذَآ إِلَٰهُكُمْ وَإِلَٰهُ مُوسَىٰ فَنَسِىَ ۝ أَفَلَا يَرَوْنَ أَلَّا يَرْجِعُ إِلَيْهِمْ قَوْلًا ۝ وَلَا يَمْلِكُ لَهُمْ ضَرًّا وَلَا نَفْعًا ۝ وَلَقَدْ قَالَ لَهُمْ هَٰرُونُ مِن قَبْلُ يَٰقَوْمِ إِنَّمَا فُتِنتُم بِهِۦ ۖ وَإِنَّ رَبَّكُمُ ٱلرَّحْمَٰنُ فَٱتَّبِعُونِى وَأَطِيعُوٓا۟ أَمْرِى ۝ قَالُوا۟ لَن نَّبْرَحَ عَلَيْهِ عَٰكِفِينَ حَتَّىٰ يَرْجِعَ إِلَيْنَا مُوسَىٰ ۝ قَالَ يَٰهَٰرُونُ مَا مَنَعَكَ إِذْ رَأَيْتَهُمْ ضَلُّوٓا۟ ۝ أَلَّا تَتَّبِعَنِ ۖ أَفَعَصَيْتَ أَمْرِى ۝ قَالَ يَبْنَؤُمَّ لَا تَأْخُذْ بِلِحْيَتِى وَلَا بِرَأْسِىٓ ۖ إِنِّى خَشِيتُ أَن تَقُولَ فَرَّقْتَ بَيْنَ بَنِىٓ إِسْرَٰٓءِيلَ وَلَمْ تَرْقُبْ قَوْلِى ۝ قَالَ فَمَا خَطْبُكَ يَٰسَٰمِرِىُّ ۝ قَالَ بَصُرْتُ بِمَا لَمْ يَبْصُرُوا۟ بِهِۦ فَقَبَضْتُ قَبْضَةً مِّنْ أَثَرِ ٱلرَّسُولِ فَنَبَذْتُهَا وَكَذَٰلِكَ سَوَّلَتْ لِى نَفْسِى ۝ قَالَ فَٱذْهَبْ فَإِنَّ لَكَ فِى ٱلْحَيَوٰةِ أَن تَقُولَ لَا مِسَاسَ ۖ وَإِنَّ لَكَ مَوْعِدًا لَّن تُخْلَفَهُۥ ۖ وَٱنظُرْ إِلَىٰٓ إِلَٰهِكَ ٱلَّذِى ظَلْتَ عَلَيْهِ عَاكِفًا ۖ لَّنُحَرِّقَنَّهُۥ ثُمَّ لَنَنسِفَنَّهُۥ فِى ٱلْيَمِّ نَسْفًا ۝ إِنَّمَآ إِلَٰهُكُمُ ٱللَّهُ ٱلَّذِى لَآ إِلَٰهَ إِلَّا هُوَ ۚ وَسِعَ كُلَّ شَىْءٍ عِلْمًا ۝

الحاشية اليمنى:

• جَسَدًا: مُجَسَّدًا

• لَّهُۥ خُوَارٌ: صوتٌ كصوتِ البقر

• فَمَا خَطْبُكَ: فما شأنُكَ الخطيرُ

• بَصُرْتُ: علمتُ بالبصيرة

• فَنَبَذْتُهَا: ألقيتُها في الحلِيِّ المذاب

• سَوَّلَتْ: زيَّنتْ وحسَّنتْ

• لَا مِسَاسَ: لا تمسُّني ولا أمسُّكَ

• لَنَنسِفَنَّهُۥ: لنذرِينَّهُ، أو لننثُرنَّ رمادَه

أسفل الصفحة:

• مدّ مشبع ٦ حركات   • مدّ حركتين   • إخفاء، ومواقع الغُنَّة (حركتين)   • تفخيم

• مدّ ٢ أو ٤ أو ٦ جوازًا   • إدغام، وما لا يُلفظ   • قلقلة

كَذَٰلِكَ نَقُصُّ عَلَيْكَ مِنْ أَنۢبَآءِ مَا قَدْ سَبَقَ ۚ وَقَدْ ءَاتَيْنَٰكَ مِن لَّدُنَّا ذِكْرًا ۝ مَّنْ أَعْرَضَ عَنْهُ فَإِنَّهُۥ يَحْمِلُ يَوْمَ ٱلْقِيَٰمَةِ وِزْرًا ۝ خَٰلِدِينَ فِيهِ ۖ وَسَآءَ لَهُمْ يَوْمَ ٱلْقِيَٰمَةِ حِمْلًا ۝ يَوْمَ يُنفَخُ فِي ٱلصُّورِ ۚ وَنَحْشُرُ ٱلْمُجْرِمِينَ يَوْمَئِذٍ زُرْقًا ۝ يَتَخَٰفَتُونَ بَيْنَهُمْ إِن لَّبِثْتُمْ إِلَّا عَشْرًا ۝ نَّحْنُ أَعْلَمُ بِمَا يَقُولُونَ إِذْ يَقُولُ أَمْثَلُهُمْ طَرِيقَةً إِن لَّبِثْتُمْ إِلَّا يَوْمًا ۝ وَيَسْـَٔلُونَكَ عَنِ ٱلْجِبَالِ فَقُلْ يَنسِفُهَا رَبِّي نَسْفًا ۝ فَيَذَرُهَا قَاعًا صَفْصَفًا ۝ لَّا تَرَىٰ فِيهَا عِوَجًا وَلَآ أَمْتًا ۝ يَوْمَئِذٍ يَتَّبِعُونَ ٱلدَّاعِيَ لَا عِوَجَ لَهُۥ ۖ وَخَشَعَتِ ٱلْأَصْوَاتُ لِلرَّحْمَٰنِ فَلَا تَسْمَعُ إِلَّا هَمْسًا ۝ يَوْمَئِذٍ لَّا تَنفَعُ ٱلشَّفَٰعَةُ إِلَّا مَنْ أَذِنَ لَهُ ٱلرَّحْمَٰنُ وَرَضِيَ لَهُۥ قَوْلًا ۝ يَعْلَمُ مَا بَيْنَ أَيْدِيهِمْ وَمَا خَلْفَهُمْ وَلَا يُحِيطُونَ بِهِۦ عِلْمًا ۝ ۞ وَعَنَتِ ٱلْوُجُوهُ لِلْحَيِّ ٱلْقَيُّومِ ۖ وَقَدْ خَابَ مَنْ حَمَلَ ظُلْمًا ۝ وَمَن يَعْمَلْ مِنَ ٱلصَّٰلِحَٰتِ وَهُوَ مُؤْمِنٌ فَلَا يَخَافُ ظُلْمًا وَلَا هَضْمًا ۝ وَكَذَٰلِكَ أَنزَلْنَٰهُ قُرْءَانًا عَرَبِيًّا وَصَرَّفْنَا فِيهِ مِنَ ٱلْوَعِيدِ لَعَلَّهُمْ يَتَّقُونَ أَوْ يُحْدِثُ لَهُمْ ذِكْرًا ۝

الهامش (التفسير):

- **وِزْرًا** عقوبةٌ ثقيلةٌ على إعراضه
- **يَتَخَٰفَتُونَ** يتسارّون ويتهامسون
- **أَمْثَلُهُمْ** طريقةً أعدلُهم وأفضلُهم رأيًا
- **يَنسِفُهَا** يقتلعُها أو يُفتّتُها ويفرّقُها بالرياح
- **قَاعًا** أرضًا واسعةً لا شيءَ فيها
- **صَفْصَفًا** أرضًا مستويةً ملساء
- **عِوَجًا** مكانًا منخفضًا أو انخفاضًا
- **أَمْتًا** مكانًا مرتفعًا أو ارتفاعًا
- **هَمْسًا** صوتًا خفيًّا خافتًا
- **عَنَتِ ٱلْوُجُوهُ** ذلّ النّاس وخضعوا
- **هَضْمًا** نقصًا من ثوابِه
- **صَرَّفْنَا فِيهِ** كرّرنا فيه بأساليب شتّى

رُبُع

أحكام التجويد:

- مدّ مشبع 6 حركات
- مدّ 2 أو 4 أو 6 جوازًا
- مدّ حركتين
- إدغام، وما لا يُلفظ
- إخفاء، ومواقع الغُنّة (حركتين)
- تفخيم
- قلقلة

فَتَعَالَى ٱللَّهُ ٱلْمَلِكُ ٱلْحَقُّ وَلَا تَعْجَلْ بِٱلْقُرْءَانِ مِن قَبْلِ أَن يُقْضَىٰٓ إِلَيْكَ وَحْيُهُۥ وَقُل رَّبِّ زِدْنِي عِلْمًا ۝١١١ وَلَقَدْ عَهِدْنَآ إِلَىٰٓ ءَادَمَ مِن قَبْلُ فَنَسِيَ وَلَمْ نَجِدْ لَهُۥ عَزْمًا ۝١١٢ وَإِذْ قُلْنَا لِلْمَلَٰٓئِكَةِ ٱسْجُدُوا۟ لِءَادَمَ فَسَجَدُوٓا۟ إِلَّآ إِبْلِيسَ أَبَىٰ ۝١١٣ فَقُلْنَا يَٰٓـَٔادَمُ إِنَّ هَٰذَا عَدُوٌّ لَّكَ وَلِزَوْجِكَ فَلَا يُخْرِجَنَّكُمَا مِنَ ٱلْجَنَّةِ فَتَشْقَىٰٓ ۝١١٤ إِنَّ لَكَ أَلَّا تَجُوعَ فِيهَا وَلَا تَعْرَىٰ ۝١١٥ وَأَنَّكَ لَا تَظْمَؤُا۟ فِيهَا وَلَا تَضْحَىٰ ۝١١٦ فَوَسْوَسَ إِلَيْهِ ٱلشَّيْطَٰنُ قَالَ يَٰٓـَٔادَمُ هَلْ أَدُلُّكَ عَلَىٰ شَجَرَةِ ٱلْخُلْدِ وَمُلْكٍ لَّا يَبْلَىٰ ۝١١٧ فَأَكَلَا مِنْهَا فَبَدَتْ لَهُمَا سَوْءَٰتُهُمَا وَطَفِقَا يَخْصِفَانِ عَلَيْهِمَا مِن وَرَقِ ٱلْجَنَّةِ وَعَصَىٰٓ ءَادَمُ رَبَّهُۥ فَغَوَىٰ ۝١١٨ ثُمَّ ٱجْتَبَٰهُ رَبُّهُۥ فَتَابَ عَلَيْهِ وَهَدَىٰ ۝١١٩ قَالَ ٱهْبِطَا مِنْهَا جَمِيعًۢا بَعْضُكُمْ لِبَعْضٍ عَدُوٌّ فَإِمَّا يَأْتِيَنَّكُم مِّنِّي هُدًى ۝١٢٠ فَمَنِ ٱتَّبَعَ هُدَايَ فَلَا يَضِلُّ وَلَا يَشْقَىٰ ۝١٢١ وَمَنْ أَعْرَضَ عَن ذِكْرِى فَإِنَّ لَهُۥ مَعِيشَةً ضَنكًا وَنَحْشُرُهُۥ يَوْمَ ٱلْقِيَٰمَةِ أَعْمَىٰ ۝١٢٢ قَالَ رَبِّ لِمَ حَشَرْتَنِىٓ أَعْمَىٰ وَقَدْ كُنتُ بَصِيرًا ۝١٢٣

الهامش (تفسير):

- يُقْضَىٰ: يُفْرَغ ويُتَمّ
- أَبَىٰ: امتنَع عن السجود
- لَا تَعْرَىٰ: لا يُصِيبك عُرْيٌ
- لَا تَضْحَىٰ: لا تُصِيبك شمسُ الضحى
- لَّا يَبْلَىٰ: لا يزول ولا يفنى
- سَوْءَٰتُهُمَا: عوراتُهُما
- طٰهٰ
- طَفِقَا يَخْصِفَانِ: أخذا يُلصِقان
- فَغَوَىٰ: ضَلّ عن مطلوبِه أو عن النهي
- ٱجْتَبَٰهُ: اصطفاه
- مَعِيشَةً ضَنكًا: ضيِّقةً شديدةً (في قبره)

قَالَ كَذَٰلِكَ أَتَتْكَ ءَايَٰتُنَا فَنَسِيتَهَا وَكَذَٰلِكَ ٱلْيَوْمَ تُنسَىٰ ۝

وَكَذَٰلِكَ نَجْزِى مَنْ أَسْرَفَ وَلَمْ يُؤْمِنۢ بِـَٔايَٰتِ رَبِّهِۦ وَلَعَذَابُ ٱلْءَاخِرَةِ أَشَدُّ وَأَبْقَىٰٓ ۝

أَفَلَمْ يَهْدِ لَهُمْ كَمْ أَهْلَكْنَا قَبْلَهُم مِّنَ ٱلْقُرُونِ يَمْشُونَ فِى مَسَٰكِنِهِمْ إِنَّ فِى ذَٰلِكَ لَءَايَٰتٍ لِّأُوْلِى ٱلنُّهَىٰ ۝

وَلَوْلَا كَلِمَةٌ سَبَقَتْ مِن رَّبِّكَ لَكَانَ لِزَامًا وَأَجَلٌ مُّسَمًّى ۝

فَٱصْبِرْ عَلَىٰ مَا يَقُولُونَ وَسَبِّحْ بِحَمْدِ رَبِّكَ قَبْلَ طُلُوعِ ٱلشَّمْسِ وَقَبْلَ غُرُوبِهَا وَمِنْ ءَانَآئِ ٱلَّيْلِ فَسَبِّحْ وَأَطْرَافَ ٱلنَّهَارِ لَعَلَّكَ تَرْضَىٰ ۝

وَلَا تَمُدَّنَّ عَيْنَيْكَ إِلَىٰ مَا مَتَّعْنَا بِهِۦٓ أَزْوَٰجًا مِّنْهُمْ زَهْرَةَ ٱلْحَيَوٰةِ ٱلدُّنْيَا لِنَفْتِنَهُمْ فِيهِ وَرِزْقُ رَبِّكَ خَيْرٌ وَأَبْقَىٰ ۝

وَأْمُرْ أَهْلَكَ بِٱلصَّلَوٰةِ وَٱصْطَبِرْ عَلَيْهَا لَا نَسْـَٔلُكَ رِزْقًا نَّحْنُ نَرْزُقُكَ وَٱلْعَٰقِبَةُ لِلتَّقْوَىٰ ۝

وَقَالُواْ لَوْلَا يَأْتِينَا بِـَٔايَةٍ مِّن رَّبِّهِۦٓ أَوَلَمْ تَأْتِهِم بَيِّنَةُ مَا فِى ٱلصُّحُفِ ٱلْأُولَىٰ ۝

وَلَوْ أَنَّآ أَهْلَكْنَٰهُم بِعَذَابٍ مِّن قَبْلِهِۦ لَقَالُواْ رَبَّنَا لَوْلَآ أَرْسَلْتَ إِلَيْنَا رَسُولًا فَنَتَّبِعَ ءَايَٰتِكَ مِن قَبْلِ أَن نَّذِلَّ وَنَخْزَىٰ ۝

قُلْ كُلٌّ مُّتَرَبِّصٌ فَتَرَبَّصُواْ فَسَتَعْلَمُونَ مَنْ أَصْحَٰبُ ٱلصِّرَٰطِ ٱلسَّوِىِّ وَمَنِ ٱهْتَدَىٰ ۝

- **يَهْدِ لَهُمْ** يُبَيِّنُ ٱللَّهُ لهم مآلهم
- **لِأُولِى ٱلنُّهَى** لذوي العقول
- **لِزَامًا** لازمًا
- **سَبِّحْ** صَلِّ
- **ءَانَآئِ ٱلَّيْلِ** ساعاته
- **أَزْوَاجًا** أصنافًا من الكفار
- **زَهْرَةَ ٱلْحَيَوٰةِ** زينتها وبهجتها
- **لِنَفْتِنَهُمْ فِيهِ** لنجعله فتنةً لهم
- **نُخْزَى** نَفْتَضِحُ
- **مُّتَرَبِّصٌ** مُنتظرٌ مآله
- **ٱلصِّرَاطِ ٱلسَّوِىِّ** الطريق المستقيم

● مدّ مشبع 6 حركات   ● إخفاء، ومواقع الغُنّة (حركتين)   ● مدّ حركتين   ● تفخيم

● مدّ 2 أو 4 أو 6 جوازًا   ● إدغام، وما لا يُلفظ   ● مدّ حركتين   ● قلقلة

سُورَةُ الْأَنْبِيَاءِ

ترتيبها 21   آياتها 111

بِسْمِ اللَّهِ الرَّحْمَٰنِ الرَّحِيمِ

اقْتَرَبَ لِلنَّاسِ حِسَابُهُمْ وَهُمْ فِي غَفْلَةٍ مُّعْرِضُونَ ۝ مَا يَأْتِيهِم مِّن ذِكْرٍ مِّن رَّبِّهِم مُّحْدَثٍ إِلَّا اسْتَمَعُوهُ وَهُمْ يَلْعَبُونَ ۝ لَاهِيَةً قُلُوبُهُمْ وَأَسَرُّوا النَّجْوَى الَّذِينَ ظَلَمُوا هَلْ هَٰذَا إِلَّا بَشَرٌ مِّثْلُكُمْ أَفَتَأْتُونَ السِّحْرَ وَأَنتُمْ تُبْصِرُونَ ۝ قُلْ رَبِّي يَعْلَمُ الْقَوْلَ فِي السَّمَاءِ وَالْأَرْضِ وَهُوَ السَّمِيعُ الْعَلِيمُ ۝ بَلْ قَالُوا أَضْغَاثُ أَحْلَامٍ بَلِ افْتَرَاهُ بَلْ هُوَ شَاعِرٌ فَلْيَأْتِنَا بِآيَةٍ كَمَا أُرْسِلَ الْأَوَّلُونَ ۝ مَا آمَنَتْ قَبْلَهُم مِّن قَرْيَةٍ أَهْلَكْنَاهَا أَفَهُمْ يُؤْمِنُونَ ۝ وَمَا أَرْسَلْنَا قَبْلَكَ إِلَّا رِجَالًا نُّوحِي إِلَيْهِمْ فَاسْأَلُوا أَهْلَ الذِّكْرِ إِن كُنتُمْ لَا تَعْلَمُونَ ۝ وَمَا جَعَلْنَاهُمْ جَسَدًا لَّا يَأْكُلُونَ الطَّعَامَ وَمَا كَانُوا خَالِدِينَ ۝ ثُمَّ صَدَقْنَاهُمُ الْوَعْدَ فَأَنجَيْنَاهُمْ وَمَن نَّشَاءُ وَأَهْلَكْنَا الْمُسْرِفِينَ ۝ لَقَدْ أَنزَلْنَا إِلَيْكُمْ كِتَابًا فِيهِ ذِكْرُكُمْ أَفَلَا تَعْقِلُونَ ۝

حِزْبٌ

● اقْتَرَبَ
قَرُبَ وَدَنَا

● أَسَرُّوا
النَّجْوَى
بالَغُوا في
إخفاء
تناجيهم

● أَضْغَاثُ
أَحْلَامٍ
أخلاط رؤيا
كاذبة

● جَسَدًا
أجسادًا

الأنبياء

● فِيهِ
ذِكْرُكُمْ
شرفكم
وصيتكم

● مدّ مشبع 6 حركات   ● إخفاء، ومواقع الغُنّة (حركتين)   ● مدّ حركتين   ● تفخيم
● مدّ 2 أو 4 أو 6 جوازًا   ● إدغام، وما لا يُلفظ   ● قلقلة

• كَمْ قَصَمْنَا
كَثِيرًا أَهْلَكْنَا

• بَأْسَنَا
عَذَابَنَا الشَّدِيدَ

• يَرْكُضُونَ
يَهْرُبُونَ
مُسْرِعِينَ

• مَآ أُتْرِفْتُمْ
نَعَّمْتُمْ فِيهِ
فَبَطَرْتُمْ

• حَصِيدًا
كَالنَّبَاتِ
المَحْصُودِ
بِالمَنَاجِلِ

• خَامِدِينَ
كَالنَّارِ الَّتِي
سَكَنَ لَهَبُهَا

• فَيَدْمَغُهُ
مَحَقَّهُ وَيُهْلِكُهُ

• زَاهِقٌ
ذَاهِبٌ
مُضْمَحِلٌّ

• أَلْوَيْلُ
الهَلَاكُ أَوِ الخِزْيُ
أَوِ العَذَابُ

• لَا
يَسْتَحْسِرُونَ
لَا يَكِلُّونَ وَلَا
يَتْعَبُونَ

• لَا يَفْتُرُونَ
لَا يَسْكُنُونَ
عَنْ نَشَاطِهِمْ
فِي العِبَادَةِ

• يُنْشِرُونَ
يُحْيُونَ المَوْتَى

وَكَمْ قَصَمْنَا مِن قَرْيَةٍ كَانَتْ ظَالِمَةً وَأَنشَأْنَا بَعْدَهَا قَوْمًا ءَاخَرِينَ ۝ فَلَمَّآ أَحَسُّوا بَأْسَنَآ إِذَا هُم مِّنْهَا يَرْكُضُونَ ۝ لَا تَرْكُضُوا وَارْجِعُوٓا إِلَىٰ مَآ أُتْرِفْتُمْ فِيهِ وَمَسَاكِنِكُمْ لَعَلَّكُمْ تُسْأَلُونَ ۝ قَالُوا يَٰوَيْلَنَآ إِنَّا كُنَّا ظَالِمِينَ ۝ فَمَا زَالَت تِّلْكَ دَعْوَىٰهُمْ حَتَّىٰ جَعَلْنَٰهُمْ حَصِيدًا خَٰمِدِينَ ۝ وَمَا خَلَقْنَا ٱلسَّمَآءَ وَٱلْأَرْضَ وَمَا بَيْنَهُمَا لَٰعِبِينَ ۝ لَوْ أَرَدْنَآ أَن نَّتَّخِذَ لَهْوًا لَّٱتَّخَذْنَٰهُ مِن لَّدُنَّآ إِن كُنَّا فَٰعِلِينَ ۝ بَلْ نَقْذِفُ بِٱلْحَقِّ عَلَى ٱلْبَٰطِلِ فَيَدْمَغُهُ فَإِذَا هُوَ زَاهِقٌ وَلَكُمُ ٱلْوَيْلُ مِمَّا تَصِفُونَ ۝ وَلَهُ مَن فِى ٱلسَّمَٰوَٰتِ وَٱلْأَرْضِ وَمَنْ عِندَهُ لَا يَسْتَكْبِرُونَ عَنْ عِبَادَتِهِ وَلَا يَسْتَحْسِرُونَ ۝ يُسَبِّحُونَ ٱلَّيْلَ وَٱلنَّهَارَ لَا يَفْتُرُونَ ۝ أَمِ ٱتَّخَذُوٓا ءَالِهَةً مِّنَ ٱلْأَرْضِ هُمْ يُنشِرُونَ ۝ لَوْ كَانَ فِيهِمَآ ءَالِهَةٌ إِلَّا ٱللَّهُ لَفَسَدَتَا فَسُبْحَٰنَ ٱللَّهِ رَبِّ ٱلْعَرْشِ عَمَّا يَصِفُونَ ۝ لَا يُسْأَلُ عَمَّا يَفْعَلُ وَهُمْ يُسْأَلُونَ ۝ أَمِ ٱتَّخَذُوا مِن دُونِهِ ءَالِهَةً قُلْ هَاتُوا بُرْهَٰنَكُمْ هَٰذَا ذِكْرُ مَن مَّعِيَ وَذِكْرُ مَن قَبْلِي بَلْ أَكْثَرُهُمْ لَا يَعْلَمُونَ ٱلْحَقَّ فَهُم مُّعْرِضُونَ ۝

• مَدّ مُشْبَع ٦ حَرَكَات   • إخْفَاء، وَمَوَاقِع الغُنَّة (حَرَكَتَيْن)   • تَفْخِيم
• مَدّ حَرَكَتَيْن   • إدْغَام، وَمَا لَا يُلْفَظ   • قَلْقَلَة
• مَدّ ٢ أَوْ ٤ أَوْ ٦ جَوَازًا

323

وَمَآ أَرْسَلْنَا مِن قَبْلِكَ مِن رَّسُولٍ إِلَّا نُوحِىٓ إِلَيْهِ أَنَّهُۥ لَآ

إِلَٰهَ إِلَّآ أَنَا۠ فَٱعْبُدُونِ ۞ وَقَالُوا۟ ٱتَّخَذَ ٱلرَّحْمَٰنُ وَلَدًا سُبْحَٰنَهُۥ

بَلْ عِبَادٌ مُّكْرَمُونَ ۞ لَا يَسْبِقُونَهُۥ بِٱلْقَوْلِ وَهُم بِأَمْرِهِۦ

يَعْمَلُونَ ۞ يَعْلَمُ مَا بَيْنَ أَيْدِيهِمْ وَمَا خَلْفَهُمْ وَلَا يَشْفَعُونَ

إِلَّا لِمَنِ ٱرْتَضَىٰ وَهُم مِّنْ خَشْيَتِهِۦ مُشْفِقُونَ ۞ وَمَن يَقُلْ

مِنْهُمْ إِنِّىٓ إِلَٰهٌ مِّن دُونِهِۦ فَذَٰلِكَ نَجْزِيهِ جَهَنَّمَ كَذَٰلِكَ

نَجْزِى ٱلظَّٰلِمِينَ ۞ أَوَلَمْ يَرَ ٱلَّذِينَ كَفَرُوٓا۟ أَنَّ ٱلسَّمَٰوَٰتِ

وَٱلْأَرْضَ كَانَتَا رَتْقًا فَفَتَقْنَٰهُمَا وَجَعَلْنَا مِنَ ٱلْمَآءِ كُلَّ شَىْءٍ

حَىٍّ أَفَلَا يُؤْمِنُونَ ۞ وَجَعَلْنَا فِى ٱلْأَرْضِ رَوَٰسِىَ أَن تَمِيدَ بِهِمْ

وَجَعَلْنَا فِيهَا فِجَاجًا سُبُلًا لَّعَلَّهُمْ يَهْتَدُونَ ۞ وَجَعَلْنَا

ٱلسَّمَآءَ سَقْفًا مَّحْفُوظًا وَهُمْ عَنْ ءَايَٰتِهَا مُعْرِضُونَ ۞

وَهُوَ ٱلَّذِى خَلَقَ ٱلَّيْلَ وَٱلنَّهَارَ وَٱلشَّمْسَ وَٱلْقَمَرَ كُلٌّ

فِى فَلَكٍ يَسْبَحُونَ ۞ وَمَا جَعَلْنَا لِبَشَرٍ مِّن قَبْلِكَ

ٱلْخُلْدَ أَفَإِي۟ن مِّتَّ فَهُمُ ٱلْخَٰلِدُونَ ۞ كُلُّ نَفْسٍ ذَآئِقَةُ

ٱلْمَوْتِ وَنَبْلُوكُم بِٱلشَّرِّ وَٱلْخَيْرِ فِتْنَةً وَإِلَيْنَا تُرْجَعُونَ ۞

• مُشْفِقُونَ
خَائِفُونَ

• رَتْقًا
مُلْتَصِقَتَيْنِ بِلا
فَصْلٍ

• فَفَتَقْنَٰهُمَا
فَفَصَلْنَا بَيْنَهُمَا

• رَوَٰسِىَ
جِبَالًا ثَوَابِتَ

• أَن تَمِيدَ
لِئَلَّا تَضْطَرِبَ
فَلا تَثْبُتَ

الأنبياء

• فِجَاجًا
• سُبُلًا
طُرُقًا وَاسِعَةً

• مَّحْفُوظًا
مَصُونًا مِنَ
ٱلْوُقُوعِ أَوِ
ٱلتَّغَيُّرِ

• يَسْبَحُونَ
يَدُورُونَ

• نَبْلُوكُم
نَخْتَبِرُكُم

وَإِذَا رَءَاكَ ٱلَّذِينَ كَفَرُوٓا۟ إِن يَتَّخِذُونَكَ إِلَّا هُزُوًا

أَهَٰذَا ٱلَّذِي يَذْكُرُ ءَالِهَتَكُمْ وَهُم بِذِكْرِ ٱلرَّحْمَٰنِ

هُمْ كَٰفِرُونَ ۝٣٦ خُلِقَ ٱلْإِنسَٰنُ مِنْ عَجَلٍ سَأُو۟رِيكُمْ

ءَايَٰتِى فَلَا تَسْتَعْجِلُونِ ۝٣٧ وَيَقُولُونَ مَتَىٰ هَٰذَا ٱلْوَعْدُ

إِن كُنتُمْ صَٰدِقِينَ ۝٣٨ لَوْ يَعْلَمُ ٱلَّذِينَ كَفَرُوا۟ حِينَ

لَا يَكُفُّونَ عَن وُجُوهِهِمُ ٱلنَّارَ وَلَا عَن ظُهُورِهِمْ

وَلَا هُمْ يُنصَرُونَ ۝٣٩ بَلْ تَأْتِيهِم بَغْتَةً فَتَبْهَتُهُمْ فَلَا

يَسْتَطِيعُونَ رَدَّهَا وَلَا هُمْ يُنظَرُونَ ۝٤٠ وَلَقَدِ ٱسْتُهْزِئَ

بِرُسُلٍ مِّن قَبْلِكَ فَحَاقَ بِٱلَّذِينَ سَخِرُوا۟ مِنْهُم مَّا كَانُوا۟ بِهِۦ

يَسْتَهْزِءُونَ ۝٤١ ۞ قُلْ مَن يَكْلَؤُكُم بِٱلَّيْلِ وَٱلنَّهَارِ

مِنَ ٱلرَّحْمَٰنِ بَلْ هُمْ عَن ذِكْرِ رَبِّهِم مُّعْرِضُونَ ۝٤٢

أَمْ لَهُمْ ءَالِهَةٌ تَمْنَعُهُم مِّن دُونِنَا لَا يَسْتَطِيعُونَ نَصْرَ

أَنفُسِهِمْ وَلَا هُم مِّنَّا يُصْحَبُونَ ۝٤٣ بَلْ مَتَّعْنَا هَٰٓؤُلَآءِ

وَءَابَآءَهُمْ حَتَّىٰ طَالَ عَلَيْهِمُ ٱلْعُمُرُ أَفَلَا يَرَوْنَ أَنَّا نَأْتِى

ٱلْأَرْضَ نَنقُصُهَا مِنْ أَطْرَافِهَآ أَفَهُمُ ٱلْغَٰلِبُونَ ۝٤٤

- **لَا يَكُفُّونَ**
  لا يمنعون
  ولا يدفعون

- **بَغْتَةً**
  فجأةً

- **فَتَبْهَتُهُمْ**
  تحيّرهم
  وتدهشهم

نِصْفٌ

- **يُنظَرُونَ**
  يُمهَلون للتوبة

- **فَحَاقَ**
  أحاط أو نزل

- **يَكْلَؤُكُم**
  يحفظكم

- **يُصْحَبُونَ**
  يُجارون
  ويُمنعون

قُلْ إِنَّمَآ أُنذِرُكُم بِٱلْوَحْىِ وَلَا يَسْمَعُ ٱلصُّمُّ ٱلدُّعَآءَ إِذَا مَا

يُنذَرُونَ ۝ وَلَئِن مَّسَّتْهُمْ نَفْحَةٌ مِّنْ عَذَابِ رَبِّكَ لَيَقُولُنَّ

يَـٰوَيْلَنَآ إِنَّا كُنَّا ظَـٰلِمِينَ ۝ وَنَضَعُ ٱلْمَوَٰزِينَ ٱلْقِسْطَ لِيَوْمِ

ٱلْقِيَـٰمَةِ فَلَا تُظْلَمُ نَفْسٌ شَيْـًٔا وَإِن كَانَ مِثْقَالَ حَبَّةٍ مِّنْ

خَرْدَلٍ أَتَيْنَا بِهَا وَكَفَىٰ بِنَا حَـٰسِبِينَ ۝ وَلَقَدْ ءَاتَيْنَا

مُوسَىٰ وَهَـٰرُونَ ٱلْفُرْقَانَ وَضِيَآءً وَذِكْرًا لِّلْمُتَّقِينَ ۝ ٱلَّذِينَ

يَخْشَوْنَ رَبَّهُم بِٱلْغَيْبِ وَهُم مِّنَ ٱلسَّاعَةِ مُشْفِقُونَ ۝ وَهَـٰذَا

ذِكْرٌ مُّبَارَكٌ أَنزَلْنَـٰهُ أَفَأَنتُمْ لَهُۥ مُنكِرُونَ ۝ ۞ وَلَقَدْ

ءَاتَيْنَآ إِبْرَٰهِيمَ رُشْدَهُۥ مِن قَبْلُ وَكُنَّا بِهِۦ عَـٰلِمِينَ ۝ إِذْ قَالَ

لِأَبِيهِ وَقَوْمِهِۦ مَا هَـٰذِهِ ٱلتَّمَاثِيلُ ٱلَّتِىٓ أَنتُمْ لَهَا عَـٰكِفُونَ ۝

قَالُوا۟ وَجَدْنَآ ءَابَآءَنَا لَهَا عَـٰبِدِينَ ۝ قَالَ لَقَدْ كُنتُمْ

أَنتُمْ وَءَابَآؤُكُمْ فِى ضَلَـٰلٍ مُّبِينٍ ۝ قَالُوٓا۟ أَجِئْتَنَا بِٱلْحَقِّ

أَمْ أَنتَ مِنَ ٱللَّـٰعِبِينَ ۝ قَالَ بَل رَّبُّكُمْ رَبُّ ٱلسَّمَـٰوَٰتِ

وَٱلْأَرْضِ ٱلَّذِى فَطَرَهُنَّ وَأَنَا۠ عَلَىٰ ذَٰلِكُم مِّنَ ٱلشَّـٰهِدِينَ ۝

وَتَٱللَّهِ لَأَكِيدَنَّ أَصْنَـٰمَكُم بَعْدَ أَن تُوَلُّوا۟ مُدْبِرِينَ ۝

• نَفْحَةٌ
دَفْعَةٌ يَسِيرَةٌ

• ٱلْقِسْطَ
العدل
أو ذوات
العدل

• مِثْقَالُ
حَبَّةٍ
وزن أقل شيء

• مُشْفِقُونَ
خائفون

• ٱلتَّمَاثِيلُ
الأصنام
المصنوعة
بأيديكم

الأنبياء

• فَطَرَهُنَّ
أبدعهنَّ

فَجَعَلَهُمْ جُذَٰذاً اِلَّا كَبِيراً لَّهُمْ لَعَلَّهُمُۥٓ إِلَيْهِ يَرْجِعُونَ (58)
قَالُواْ مَن فَعَلَ هَٰذَا بِـَٔالِهَتِنَآ إِنَّهُۥ لَمِنَ اَ۬لظَّٰلِمِينَ (59) قَالُواْ
سَمِعْنَا فَتىٗ يَذْكُرُهُمْ يُقَالُ لَهُۥٓ إِبْرَٰهِيمُ (60) قَالُواْ فَاتُواْ بِهِۦ
عَلَىٰٓ أَعْيُنِ اِ۬لنَّاسِ لَعَلَّهُمْ يَشْهَدُونَ (61) قَالُوٓاْ ءَآنتَ فَعَلْتَ
هَٰذَا بِـَٔالِهَتِنَا يَٰٓإِبْرَٰهِيمُ (62) قَالَ بَلْ فَعَلَهُۥ كَبِيرُهُمْ
هَٰذَا فَسْـَٔلُوهُمُۥٓ إِن كَانُواْ يَنطِقُونَ (63) فَرَجَعُوٓاْ إِلَىٰٓ
أَنفُسِهِمْ فَقَالُوٓاْ إِنَّكُمُۥٓ أَنتُمُ اُ۬لظَّٰلِمُونَ (64) ثُمَّ نُكِسُواْ عَلَىٰ
رُءُوسِهِمْ لَقَدْ عَلِمْتَ مَا هَٰٓؤُلَآءِ يَنطِقُونَ (65) قَالَ أَفَتَعْبُدُونَ
مِن دُونِ اِ۬للَّهِ مَا لَا يَنفَعُكُمْ شَيْـٔاً وَلَا يَضُرُّكُمُۥٓ أُفِّ
لَّكُمْ وَلِمَا تَعْبُدُونَ مِن دُونِ اِ۬للَّهِ أَفَلَا تَعْقِلُونَ (66) قَالُواْ
حَرِّقُوهُ وَانصُرُوٓاْ ءَالِهَتَكُمُۥٓ إِن كُنتُمْ فَٰعِلِينَ (67)
قُلْنَا يَٰنَارُ كُونِے بَرْداً وَسَلَٰماً عَلَىٰٓ إِبْرَٰهِيمَ (68) وَأَرَادُواْ
بِهِۦ كَيْداً فَجَعَلْنَٰهُمُ اُ۬لَاخْسَرِينَ (69) وَنَجَّيْنَٰهُ وَلُوطاً
اِلَى اَ۬لَارْضِ اِ۬لتِے بَٰرَكْنَا فِيهَا لِلْعَٰلَمِينَ (70) وَوَهَبْنَا لَهُۥٓ
إِسْحَٰقَ وَيَعْقُوبَ نَافِلَةً وَكُلّاً جَعَلْنَا صَٰلِحِينَ (71)

- **جُذَٰذاً**: قِطعًا وكِسرًا
- **نُكِسُواْ**: انقلبوا إلى الباطلِ
- **أُفِّ**: كلمة تضجّرٍ وكراهيةٍ
- **نَافِلَةً**: زيادة عمّا سأل

۞ وَجَعَلْنَهُمْ أَئِمَّةً يَهْدُونَ بِأَمْرِنَا وَأَوْحَيْنَآ إِلَيْهِمْ فِعْلَ الْخَيْرَتِ وَإِقَامَ الصَّلَوٰةِ وَإِيتَآءَ الزَّكَوٰةِ وَكَانُوا لَنَا عَبِدِينَ ۝ وَلُوطًا ءَاتَيْنَهُ حُكْمًا وَعِلْمًا وَنَجَّيْنَهُ مِنَ الْقَرْيَةِ الَّتِي كَانَت تَّعْمَلُ الْخَبَئِثَ إِنَّهُمْ كَانُوا قَوْمَ سَوْءٍ فَسِقِينَ ۝ وَأَدْخَلْنَهُ فِي رَحْمَتِنَآ إِنَّهُ مِنَ الصَّلِحِينَ ۝ وَنُوحًا إِذْ نَادَىٰ مِن قَبْلُ فَاسْتَجَبْنَا لَهُ فَنَجَّيْنَهُ وَأَهْلَهُ مِنَ الْكَرْبِ الْعَظِيمِ ۝ وَنَصَرْنَهُ مِنَ الْقَوْمِ الَّذِينَ كَذَّبُوا بِـَٔايَتِنَا إِنَّهُمْ كَانُوا قَوْمَ سَوْءٍ فَأَغْرَقْنَهُمْ أَجْمَعِينَ ۝ وَدَاوُدَ وَسُلَيْمَنَ إِذْ يَحْكُمَانِ فِي الْحَرْثِ إِذْ نَفَشَتْ فِيهِ غَنَمُ الْقَوْمِ وَكُنَّا لِحُكْمِهِمْ شَهِدِينَ ۝ فَفَهَّمْنَهَا سُلَيْمَنَ وَكُلًّا ءَاتَيْنَا حُكْمًا وَعِلْمًا وَسَخَّرْنَا مَعَ دَاوُدَ الْجِبَالَ يُسَبِّحْنَ وَالطَّيْرَ وَكُنَّا فَعِلِينَ ۝ وَعَلَّمْنَهُ صَنْعَةَ لَبُوسٍ لَّكُمْ لِيُحْصِنَكُم مِّنۢ بَأْسِكُمْ فَهَلْ أَنتُمْ شَكِرُونَ ۝ وَلِسُلَيْمَنَ الرِّيحَ عَاصِفَةً تَجْرِي بِأَمْرِهِ إِلَى الْأَرْضِ الَّتِي بَرَكْنَا فِيهَا وَكُنَّا بِكُلِّ شَيْءٍ عَلِمِينَ ۝

وَمِنَ ٱلشَّيَاطِينِ مَن يَغُوصُونَ لَهُ وَيَعْمَلُونَ عَمَلاً
دُونَ ذَٰلِكَ وَكُنَّا لَهُمْ حَافِظِينَ ۝ وَأَيُّوبَ إِذْ
نَادَىٰ رَبَّهُ أَنِّي مَسَّنِيَ ٱلضُّرُّ وَأَنتَ أَرْحَمُ ٱلرَّاحِمِينَ ۝
فَٱسْتَجَبْنَا لَهُ فَكَشَفْنَا مَا بِهِ مِن ضُرٍّ وَءَاتَيْنَٰهُ أَهْلَهُ
وَمِثْلَهُم مَّعَهُمْ رَحْمَةً مِّنْ عِندِنَا وَذِكْرَىٰ لِلْعَٰبِدِينَ ۝
وَإِسْمَٰعِيلَ وَإِدْرِيسَ وَذَا ٱلْكِفْلِ كُلٌّ مِّنَ ٱلصَّٰبِرِينَ ۝
وَأَدْخَلْنَٰهُمْ فِي رَحْمَتِنَا إِنَّهُم مِّنَ ٱلصَّٰلِحِينَ ۝ ۞ وَذَا
ٱلنُّونِ إِذ ذَّهَبَ مُغَٰضِباً فَظَنَّ أَن لَّن نَّقْدِرَ عَلَيْهِ
فَنَادَىٰ فِي ٱلظُّلُمَٰتِ أَن لَّا إِلَٰهَ إِلَّا أَنتَ سُبْحَٰنَكَ إِنِّي
كُنتُ مِنَ ٱلظَّٰلِمِينَ ۝ فَٱسْتَجَبْنَا لَهُ وَنَجَّيْنَٰهُ
مِنَ ٱلْغَمِّ وَكَذَٰلِكَ نُنجِى ٱلْمُؤْمِنِينَ ۝ وَزَكَرِيَّا
إِذْ نَادَىٰ رَبَّهُ رَبِّ لَا تَذَرْنِي فَرْداً وَأَنتَ خَيْرُ
ٱلْوَٰرِثِينَ ۝ فَٱسْتَجَبْنَا لَهُ وَوَهَبْنَا لَهُ يَحْيَىٰ وَأَصْلَحْنَا
لَهُ زَوْجَهُ إِنَّهُمْ كَانُوا يُسَٰرِعُونَ فِي ٱلْخَيْرَٰتِ
وَيَدْعُونَنَا رَغَباً وَرَهَباً وَكَانُوا لَنَا خَٰشِعِينَ ۝

• مدّ مشبع 6 حركات   • إخفاء، ومواقع الغنّة (حركتين)   • تفخيم
• مدّ 2 أو 4 أو 6 جوازاً   • مدّ حركتين   • إدغام، وما لا يُلفظ   • قلقلة

329

وَالَّتِى أَحْصَنَتْ فَرْجَهَا فَنَفَخْنَا فِيهَا مِن رُّوحِنَا
وَجَعَلْنَهَا وَابْنَهَآ ءَايَةً لِّلْعَلَمِينَ ۝ إِنَّ هَذِهِ
أُمَّتُكُمْ أُمَّةً وَحِدَةً وَأَنَا۠ رَبُّكُمْ فَاعْبُدُونِ ۝
وَتَقَطَّعُوٓاْ أَمْرَهُم بَيْنَهُمْ كُلٌّ إِلَيْنَا رَجِعُونَ ۝ فَمَن
يَعْمَلْ مِنَ ٱلصَّلِحَتِ وَهُوَ مُؤْمِنٌ فَلَا كُفْرَانَ
لِسَعْيِهِۦ وَإِنَّا لَهُۥ كَتِبُونَ ۝ وَحَرَمٌ عَلَى قَرْيَةٍ
أَهْلَكْنَهَآ أَنَّهُمْ لَا يَرْجِعُونَ ۝ حَتَّىٰٓ إِذَا فُتِحَتْ
يَأْجُوجُ وَمَأْجُوجُ وَهُم مِّن كُلِّ حَدَبٍ يَنسِلُونَ ۝
وَٱقْتَرَبَ ٱلْوَعْدُ ٱلْحَقُّ فَإِذَا هِىَ شَخِصَةٌ أَبْصَرُ ٱلَّذِينَ
كَفَرُواْ يَوَيْلَنَا قَدْ كُنَّا فِى غَفْلَةٍ مِّنْ هَذَا بَلْ كُنَّا
ظَلِمِينَ ۝ إِنَّكُمْ وَمَا تَعْبُدُونَ مِن دُونِ
ٱللَّهِ حَصَبُ جَهَنَّمَ أَنتُمْ لَهَا وَارِدُونَ ۝ لَوْ كَانَ
هَٰٓؤُلَآءِ ءَالِهَةً مَّا وَرَدُوهَا وَكُلٌّ فِيهَا خَلِدُونَ ۝
لَهُمْ فِيهَا زَفِيرٌ وَهُمْ فِيهَا لَا يَسْمَعُونَ ۝ إِنَّ ٱلَّذِينَ
سَبَقَتْ لَهُم مِّنَّا ٱلْحُسْنَىٰٓ أُوْلَٰٓئِكَ عَنْهَا مُبْعَدُونَ ۝

الأنبياء

ثُمُنْ

الحاشية اليمنى:

• أَحْصَنَتْ
حفظَتْ
وصانَتْ

• أُمَّتُكُمْ
مِلَّتُكُمْ

• وَتَقَطَّعُوٓاْ
أَمْرَهُم
تفرَّقوا

• حَدَبٍ
مرتفع من
الأرض

• يَنسِلُونَ
يُسرعونَ
النزول

• شَخِصَةٌ
أَبْصَرُ
مرتفعةٌ لا
تكاد تطرِف

• حَصَبُ
جَهَنَّمَ
وقودُها

• زَفِيرٌ
تنفُّسٌ شديدٌ

• مَدّ مشبع 6 حركات   • إخفاء، ومواقع الغُنّة (حركتين)   • مَدّ حركتين   • تفخيم
• مَدّ 2 أو 4 أو 6 جوازاً   • إدغام، وما لا يُلفظ   • قلقلة

لَا يَسْمَعُونَ حَسِيسَهَا وَهُمْ فِي مَا اشْتَهَتْ أَنفُسُهُمْ خَالِدُونَ ۝ لَا يَحْزُنُهُمُ الْفَزَعُ الْأَكْبَرُ وَتَتَلَقَّاهُمُ الْمَلَائِكَةُ هَذَا يَوْمُكُمُ الَّذِي كُنتُمْ تُوعَدُونَ ۝ يَوْمَ نَطْوِي السَّمَاءَ كَطَيِّ السِّجِلِّ لِلْكُتُبِ كَمَا بَدَأْنَا أَوَّلَ خَلْقٍ نُّعِيدُهُ وَعْدًا عَلَيْنَا إِنَّا كُنَّا فَاعِلِينَ ۝ وَلَقَدْ كَتَبْنَا فِي الزَّبُورِ مِن بَعْدِ الذِّكْرِ أَنَّ الْأَرْضَ يَرِثُهَا عِبَادِيَ الصَّالِحُونَ ۝ إِنَّ فِي هَذَا لَبَلَاغًا لِّقَوْمٍ عَابِدِينَ ۝ وَمَا أَرْسَلْنَاكَ إِلَّا رَحْمَةً لِّلْعَالَمِينَ ۝ قُلْ إِنَّمَا يُوحَى إِلَيَّ أَنَّمَا إِلَهُكُمْ إِلَهٌ وَاحِدٌ فَهَلْ أَنتُم مُّسْلِمُونَ ۝ فَإِن تَوَلَّوْا فَقُلْ آذَنتُكُمْ عَلَى سَوَاءٍ وَإِنْ أَدْرِي أَقَرِيبٌ أَم بَعِيدٌ مَّا تُوعَدُونَ ۝ إِنَّهُ يَعْلَمُ الْجَهْرَ مِنَ الْقَوْلِ وَيَعْلَمُ مَا تَكْتُمُونَ ۝ وَإِنْ أَدْرِي لَعَلَّهُ فِتْنَةٌ لَّكُمْ وَمَتَاعٌ إِلَى حِينٍ ۝ قُلْ رَبِّ احْكُم بِالْحَقِّ وَرَبُّنَا الرَّحْمَنُ الْمُسْتَعَانُ عَلَى مَا تَصِفُونَ ۝

331

سُورَةُ الْحَجِّ

ترتيبها 22

آياتها 76

بِسْمِ اللَّهِ الرَّحْمَٰنِ الرَّحِيمِ

۞ يَٰٓأَيُّهَا ٱلنَّاسُ ٱتَّقُوا۟ رَبَّكُمْ إِنَّ زَلْزَلَةَ ٱلسَّاعَةِ شَىْءٌ عَظِيمٌ ۝

يَوْمَ تَرَوْنَهَا تَذْهَلُ كُلُّ مُرْضِعَةٍ عَمَّآ أَرْضَعَتْ وَتَضَعُ

كُلُّ ذَاتِ حَمْلٍ حَمْلَهَا وَتَرَى ٱلنَّاسَ سُكَٰرَىٰ وَمَا هُم

بِسُكَٰرَىٰ وَلَٰكِنَّ عَذَابَ ٱللَّهِ شَدِيدٌ ۝ وَمِنَ ٱلنَّاسِ مَن

يُجَٰدِلُ فِى ٱللَّهِ بِغَيْرِ عِلْمٍ وَيَتَّبِعُ كُلَّ شَيْطَٰنٍ مَّرِيدٍ ۝

كُتِبَ عَلَيْهِ أَنَّهُۥ مَن تَوَلَّاهُ فَأَنَّهُۥ يُضِلُّهُۥ وَيَهْدِيهِ إِلَىٰ عَذَابِ

ٱلسَّعِيرِ ۝ يَٰٓأَيُّهَا ٱلنَّاسُ إِن كُنتُمْ فِى رَيْبٍ مِّنَ ٱلْبَعْثِ فَإِنَّا

خَلَقْنَٰكُم مِّن تُرَابٍ ثُمَّ مِن نُّطْفَةٍ ثُمَّ مِنْ عَلَقَةٍ ثُمَّ مِن مُّضْغَةٍ

مُّخَلَّقَةٍ وَغَيْرِ مُخَلَّقَةٍ لِّنُبَيِّنَ لَكُمْ وَنُقِرُّ فِى ٱلْأَرْحَامِ مَا نَشَآءُ

إِلَىٰٓ أَجَلٍ مُّسَمًّى ثُمَّ نُخْرِجُكُمْ طِفْلًا ثُمَّ لِتَبْلُغُوٓا۟ أَشُدَّكُمْ

وَمِنكُم مَّن يُتَوَفَّىٰ وَمِنكُم مَّن يُرَدُّ إِلَىٰٓ أَرْذَلِ ٱلْعُمُرِ لِكَيْلَا يَعْلَمَ

مِنۢ بَعْدِ عِلْمٍ شَيْـًٔا وَتَرَى ٱلْأَرْضَ هَامِدَةً فَإِذَآ أَنزَلْنَا عَلَيْهَا

ٱلْمَآءَ ٱهْتَزَّتْ وَرَبَتْ وَأَنۢبَتَتْ مِن كُلِّ زَوْجٍۭ بَهِيجٍ ۝

زَلْزَلَةَ ٱلسَّاعَةِ
أهوال القيامة
وشدائدها

حِزْبٌ

• تَذْهَلُ
تغفل وتشغل

• مَّرِيدٍ
عاتٍ متجرد
للفساد

• نُطْفَةٍ
منيّ

• عَلَقَةٍ
قطعة دم
جامد

• مُضْغَةٍ
قطعة لحم
قدر ما يمضغ

• مُخَلَّقَةٍ
مستبينة
الخلق مصوّرة

الحج

• لِتَبْلُغُوٓا۟
أَشُدَّكُمْ
كمال قوّتكم
وعقلكم

• أَرْذَلِ ٱلْعُمُرِ
الهرم والخرف

• رَبَتْ
ازدادت
وانتفخت

• زَوْجٍ بَهِيجٍ
صنف حسن
نضير

• مَدّ مشبع 6 حركات • مدّ 2 أو 4 أو 6 جوازاً

• مدّ حركتين • إخفاء، ومواقع الغُنّة (حركتين)

• إدغام، وما لا يُلفظ

• تفخيم

• قلقلة

ذَٰلِكَ بِأَنَّ اَ۬للَّهَ هُوَ اَ۬لْحَقُّ وَأَنَّهُۥ يُحْيِ اِ۬لْمَوْتَيٰ وَأَنَّهُۥ عَلَيٰ كُلِّ شَےْءٖ
قَدِيرٞ ﴿6﴾ وَأَنَّ اَ۬لسَّاعَةَ ءَاتِيَةٞ لَّا رَيْبَ فِيهَا وَأَنَّ اَ۬للَّهَ يَبْعَثُ
مَن فِے اِ۬لْقُبُورِۖ ﴿7﴾ وَمِنَ اَ۬لنَّاسِ مَنْ يُّجَٰدِلُ فِے اِ۬للَّهِ بِغَيْرِ عِلْمٖ
وَلَا هُدٗى وَلَا كِتَٰبٖ مُّنِيرٖ ﴿8﴾ ثَانِيَ عِطْفِهِۦ لِيُضِلَّ عَن سَبِيلِ
اِ۬للَّهِۖ لَهُۥ فِے اِ۬لدُّنْيا خِزْيٞۖ وَنُذِيقُهُۥ يَوْمَ اَ۬لْقِيَٰمَةِ عَذَابَ اَ۬لْحَرِيقِۖ ﴿9﴾
ذَٰلِكَ بِمَا قَدَّمَتْ يَدَاكَ وَأَنَّ اَ۬للَّهَ لَيْسَ بِظَلَّٰمٖ لِّلْعَبِيدِۖ ﴿10﴾
۞ وَمِنَ اَ۬لنَّاسِ مَنْ يَّعْبُدُ اُ۬للَّهَ عَلَيٰ حَرْفٖ فَإِنَ اَصَابَهُۥ خَيْرٌ اِ۟طْمَأَنَّ
بِهِۦ وَإِنَ اَصَابَتْهُ فِتْنَةٌ اِ۟نقَلَبَ عَلَيٰ وَجْهِهِۦ خَسِرَ اَ۬لدُّنْيا وَالَاخِرَةَۖ
ذَٰلِكَ هُوَ اَ۬لْخُسْرَانُ اُ۬لْمُبِينُۖ ﴿11﴾ يَدْعُواْ مِن دُونِ اِ۬للَّهِ مَا لَا
يَضُرُّهُۥ وَمَا لَا يَنفَعُهُۥۖ ذَٰلِكَ هُوَ اَ۬لضَّلَٰلُ اُ۬لْبَعِيدُ ﴿12﴾ يَدْعُواْ
لَمَن ضَرُّهُۥ أَقْرَبُ مِن نَّفْعِهِۦۖ لَبِيسَ اَ۬لْمَوْلَيٰ وَلَبِيسَ اَ۬لْعَشِيرُۖ ﴿13﴾
إِنَّ اَ۬للَّهَ يُدْخِلُ اُ۬لذِينَ ءَامَنُواْ وَعَمِلُواْ اُ۬لصَّٰلِحَٰتِ جَنَّٰتٖ تَجْرِے
مِن تَحْتِهَا اَ۬لَانْهَٰرُۖ إِنَّ اَ۬للَّهَ يَفْعَلُ مَا يُرِيدُۖ ﴿14﴾ مَن كَانَ يَظُنُّ
أَن لَّن يَّنصُرَهُ اُ۬للَّهُ فِے اِ۬لدُّنْيا وَالَاخِرَةِ فَلْيَمْدُدْ بِسَبَبٍ اِلَي
اَ۬لسَّمَآءِ ثُمَّ لِيَقْطَعْ فَلْيَنظُرْ هَلْ يُذْهِبَنَّ كَيْدُهُۥ مَا يَغِيظُۖ ﴿15﴾

- ثَانِيَ عِطْفِهِ: لاويًا لجانبه تكبرًا وإباءً
- خِزْيٌ: ذلٌّ وهوانٌ

ثُمُنٌ

- عَلَىٰ حَرْفٍ: قلق وتزلزلٍ في الدِّينِ
- اَلْمَوْلَىٰ: الناصر
- اَلْعَشِيرُ: المصاحبُ
- بِسَبَبٍ: بحبلٍ
- ثُمَّ لِيَقْطَعْ: ثمّ ليختنقْ بِهِ

مدّ مشبع 6 حركات — مدّ 2 أو 4 أو 6 جوازاً — مدّ حركتين — إخفاء، ومواقع الغُنّة (حركتين) — إدغام، وما لا يُلفظ — تفخيم — قلقلة

وَكَذَٰلِكَ أَنزَلْنَٰهُ ءَايَٰتٍۭ بَيِّنَٰتٍ وَأَنَّ ٱللَّهَ يَهْدِى مَن يُرِيدُ ۝ إِنَّ ٱلَّذِينَ ءَامَنُوا۟ وَٱلَّذِينَ هَادُوا۟ وَٱلصَّٰبِـِٔينَ وَٱلنَّصَٰرَىٰ وَٱلْمَجُوسَ وَٱلَّذِينَ أَشْرَكُوٓا۟ إِنَّ ٱللَّهَ يَفْصِلُ بَيْنَهُمْ يَوْمَ ٱلْقِيَٰمَةِ إِنَّ ٱللَّهَ عَلَىٰ كُلِّ شَىْءٍ شَهِيدٌ ۝ أَلَمْ تَرَ أَنَّ ٱللَّهَ يَسْجُدُ لَهُۥ مَن فِى ٱلسَّمَٰوَٰتِ وَمَن فِى ٱلْأَرْضِ وَٱلشَّمْسُ وَٱلْقَمَرُ وَٱلنُّجُومُ وَٱلْجِبَالُ وَٱلشَّجَرُ وَٱلدَّوَآبُّ وَكَثِيرٌ مِّنَ ٱلنَّاسِ وَكَثِيرٌ حَقَّ عَلَيْهِ ٱلْعَذَابُ وَمَن يُهِنِ ٱللَّهُ فَمَا لَهُۥ مِن مُّكْرِمٍ إِنَّ ٱللَّهَ يَفْعَلُ مَا يَشَآءُ ۩ ۝ ۞ هَٰذَانِ خَصْمَانِ ٱخْتَصَمُوا۟ فِى رَبِّهِمْ فَٱلَّذِينَ كَفَرُوا۟ قُطِّعَتْ لَهُمْ ثِيَابٌ مِّن نَّارٍ يُصَبُّ مِن فَوْقِ رُءُوسِهِمُ ٱلْحَمِيمُ يُصْهَرُ بِهِۦ مَا فِى بُطُونِهِمْ وَٱلْجُلُودُ وَلَهُم مَّقَٰمِعُ مِنْ حَدِيدٍ ۝ كُلَّمَآ أَرَادُوٓا۟ أَن يَخْرُجُوا۟ مِنْهَا مِنْ غَمٍّ أُعِيدُوا۟ فِيهَا وَذُوقُوا۟ عَذَابَ ٱلْحَرِيقِ ۝ إِنَّ ٱللَّهَ يُدْخِلُ ٱلَّذِينَ ءَامَنُوا۟ وَعَمِلُوا۟ ٱلصَّٰلِحَٰتِ جَنَّٰتٍ تَجْرِى مِن تَحْتِهَا ٱلْأَنْهَٰرُ يُحَلَّوْنَ فِيهَا مِنْ أَسَاوِرَ مِن ذَهَبٍ وَلُؤْلُؤًا وَلِبَاسُهُمْ فِيهَا حَرِيرٌ ۝

هوامش:

● ٱلصَّٰبِـِٔينَ
عبدة الملائكة

● حَقَّ عَلَيْهِ
ثبت ووجب

سَجْدَةٌ
رُبْع

الحج

● ٱلْحَمِيمُ
الماءُ البالغُ
نهاية الحرارة

● يُصْهَرُ بِهِ
يذابُ به

● مَقَٰمِعُ
مطارقُ
أو سياطٌ

وَهُدُوٓا۟ إِلَى ٱلطَّيِّبِ مِنَ ٱلْقَوْلِ وَهُدُوٓا۟ إِلَىٰ صِرَٰطِ ٱلْحَمِيدِ ۝٢٢ إِنَّ ٱلَّذِينَ كَفَرُوا۟ وَيَصُدُّونَ عَن سَبِيلِ ٱللَّهِ وَٱلْمَسْجِدِ ٱلْحَرَامِ ٱلَّذِى جَعَلْنَٰهُ لِلنَّاسِ سَوَآءً ٱلْعَٰكِفُ فِيهِ وَٱلْبَادِ وَمَن يُرِدْ فِيهِ بِإِلْحَادٍۭ بِظُلْمٍ نُّذِقْهُ مِنْ عَذَابٍ أَلِيمٍ ۝٢٣ وَإِذْ بَوَّأْنَا لِإِبْرَٰهِيمَ مَكَانَ ٱلْبَيْتِ أَن لَّا تُشْرِكْ بِى شَيْـًٔا وَطَهِّرْ بَيْتِىَ لِلطَّآئِفِينَ وَٱلْقَآئِمِينَ وَٱلرُّكَّعِ ٱلسُّجُودِ ۝٢٤ وَأَذِّن فِى ٱلنَّاسِ بِٱلْحَجِّ يَأْتُوكَ رِجَالًا وَعَلَىٰ كُلِّ ضَامِرٍ يَأْتِينَ مِن كُلِّ فَجٍّ عَمِيقٍ ۝٢٥ لِّيَشْهَدُوا۟ مَنَٰفِعَ لَهُمْ وَيَذْكُرُوا۟ ٱسْمَ ٱللَّهِ فِىٓ أَيَّامٍ مَّعْلُومَٰتٍ عَلَىٰ مَا رَزَقَهُم مِّنۢ بَهِيمَةِ ٱلْأَنْعَٰمِ فَكُلُوا۟ مِنْهَا وَأَطْعِمُوا۟ ٱلْبَآئِسَ ٱلْفَقِيرَ ۝٢٦ ثُمَّ لْيَقْضُوا۟ تَفَثَهُمْ وَلْيُوفُوا۟ نُذُورَهُمْ وَلْيَطَّوَّفُوا۟ بِٱلْبَيْتِ ٱلْعَتِيقِ ۝٢٧ ۞ ذَٰلِكَ وَمَن يُعَظِّمْ حُرُمَٰتِ ٱللَّهِ فَهُوَ خَيْرٌ لَّهُۥ عِندَ رَبِّهِۦ وَأُحِلَّتْ لَكُمُ ٱلْأَنْعَٰمُ إِلَّا مَا يُتْلَىٰ عَلَيْكُمْ فَٱجْتَنِبُوا۟ ٱلرِّجْسَ مِنَ ٱلْأَوْثَٰنِ وَٱجْتَنِبُوا۟ قَوْلَ ٱلزُّورِ ۝٢٨

حُنَفَآءَ لِلَّهِ غَيْرَ مُشْرِكِينَ بِهِ ۚ وَمَن يُشْرِكْ بِاللَّهِ فَكَأَنَّمَا خَرَّ

مِنَ ٱلسَّمَآءِ فَتَخْطَفُهُ ٱلطَّيْرُ أَوْ تَهْوِى بِهِ ٱلرِّيحُ فِى مَكَانٍ

سَحِيقٍ ۝٢٩ ذَٰلِكَ ۖ وَمَن يُعَظِّمْ شَعَٰٓئِرَ ٱللَّهِ فَإِنَّهَا مِن تَقْوَى

ٱلْقُلُوبِ ۝٣٠ لَكُمْ فِيهَا مَنَٰفِعُ إِلَىٰٓ أَجَلٍ مُّسَمًّى ثُمَّ مَحِلُّهَآ إِلَى

ٱلْبَيْتِ ٱلْعَتِيقِ ۝٣١ وَلِكُلِّ أُمَّةٍ جَعَلْنَا مَنسَكًا لِّيَذْكُرُوا۟

ٱسْمَ ٱللَّهِ عَلَىٰ مَا رَزَقَهُم مِّنۢ بَهِيمَةِ ٱلْأَنْعَٰمِ ۗ فَإِلَٰهُكُمْ إِلَٰهٌ وَٰحِدٌ

فَلَهُ أَسْلِمُوا۟ ۗ وَبَشِّرِ ٱلْمُخْبِتِينَ ۝٣٢ ٱلَّذِينَ إِذَا ذُكِرَ ٱللَّهُ وَجِلَتْ

قُلُوبُهُمْ وَٱلصَّٰبِرِينَ عَلَىٰ مَآ أَصَابَهُمْ وَٱلْمُقِيمِى ٱلصَّلَوٰةِ وَمِمَّا

رَزَقْنَٰهُمْ يُنفِقُونَ ۝٣٣ وَٱلْبُدْنَ جَعَلْنَٰهَا لَكُم مِّن شَعَٰٓئِرِ ٱللَّهِ

لَكُمْ فِيهَا خَيْرٌ ۖ فَٱذْكُرُوا۟ ٱسْمَ ٱللَّهِ عَلَيْهَا صَوَآفَّ ۖ فَإِذَا وَجَبَتْ

جُنُوبُهَا فَكُلُوا۟ مِنْهَا وَأَطْعِمُوا۟ ٱلْقَانِعَ وَٱلْمُعْتَرَّ ۚ كَذَٰلِكَ

سَخَّرْنَٰهَا لَكُمْ لَعَلَّكُمْ تَشْكُرُونَ ۝٣٤ لَن يَنَالَ ٱللَّهَ لُحُومُهَا

وَلَا دِمَآؤُهَا وَلَٰكِن يَنَالُهُ ٱلتَّقْوَىٰ مِنكُمْ ۚ كَذَٰلِكَ سَخَّرَهَا لَكُمْ

لِتُكَبِّرُوا۟ ٱللَّهَ عَلَىٰ مَا هَدَىٰكُمْ ۗ وَبَشِّرِ ٱلْمُحْسِنِينَ ۝٣٥ ۞ إِنَّ ٱللَّهَ

يُدَٰفِعُ عَنِ ٱلَّذِينَ ءَامَنُوٓا۟ ۗ إِنَّ ٱللَّهَ لَا يُحِبُّ كُلَّ خَوَّانٍ كَفُورٍ ۝٣٦

اذِنَ لِلَّذِينَ يُقَـٰتَلُونَ بِأَنَّهُمْ ظُلِمُوا ۚ وَإِنَّ ٱللَّهَ عَلَىٰ نَصْرِهِمْ لَقَدِيرٌ ۝ ٱلَّذِينَ أُخْرِجُوا مِن دِيَـٰرِهِم بِغَيْرِ حَقٍّ إِلَّا أَن يَقُولُوا رَبُّنَا ٱللَّهُ ۗ وَلَوْلَا دَفْعُ ٱللَّهِ ٱلنَّاسَ بَعْضَهُم بِبَعْضٍ لَّهُدِّمَتْ صَوَٰمِعُ وَبِيَعٌ وَصَلَوَٰتٌ وَمَسَـٰجِدُ يُذْكَرُ فِيهَا ٱسْمُ ٱللَّهِ كَثِيرًا ۗ وَلَيَنصُرَنَّ ٱللَّهُ مَن يَنصُرُهُۥٓ ۗ إِنَّ ٱللَّهَ لَقَوِيٌّ عَزِيزٌ ۝ ٱلَّذِينَ إِن مَّكَّنَّـٰهُمْ فِى ٱلْأَرْضِ أَقَامُوا ٱلصَّلَوٰةَ وَءَاتَوُا ٱلزَّكَوٰةَ وَأَمَرُوا بِٱلْمَعْرُوفِ وَنَهَوْا عَنِ ٱلْمُنكَرِ ۗ وَلِلَّهِ عَـٰقِبَةُ ٱلْأُمُورِ ۝ وَإِن يُكَذِّبُوكَ فَقَدْ كَذَّبَتْ قَبْلَهُمْ قَوْمُ نُوحٍ وَعَادٌ وَثَمُودُ ۝ وَقَوْمُ إِبْرَٰهِيمَ وَقَوْمُ لُوطٍ ۝ وَأَصْحَـٰبُ مَدْيَنَ ۖ وَكُذِّبَ مُوسَىٰ فَأَمْلَيْتُ لِلْكَـٰفِرِينَ ثُمَّ أَخَذْتُهُمْ ۖ فَكَيْفَ كَانَ نَكِيرِ ۝ فَكَأَيِّن مِّن قَرْيَةٍ أَهْلَكْنَـٰهَا وَهِىَ ظَالِمَةٌ فَهِىَ خَاوِيَةٌ عَلَىٰ عُرُوشِهَا وَبِئْرٍ مُّعَطَّلَةٍ وَقَصْرٍ مَّشِيدٍ ۝ أَفَلَمْ يَسِيرُوا فِى ٱلْأَرْضِ فَتَكُونَ لَهُمْ قُلُوبٌ يَعْقِلُونَ بِهَآ أَوْ ءَاذَانٌ يَسْمَعُونَ بِهَا ۖ فَإِنَّهَا لَا تَعْمَى ٱلْأَبْصَـٰرُ وَلَـٰكِن تَعْمَى ٱلْقُلُوبُ ٱلَّتِى فِى ٱلصُّدُورِ ۝

• صَوَٰمِعُ
معابد رُهبان النصارى

• بِيَعٌ
كنائس النصارى

• صَلَوَٰتٌ
كنائس اليهود

• أَصْحَـٰبُ مَدْيَنَ
قوم شعيب عليه السلام

• فَأَمْلَيْتُ لِلْكَـٰفِرِينَ
أمهلتُهم وأخّرتُ عقوبتَهُم

• كَانَ نَكِيرِ
إنكاري عليهم بالعقوبات

• فَكَأَيِّن
فكثير

• خَاوِيَةٌ عَلَىٰ عُرُوشِهَا
خربة متهدمة أو خالية من أهلها

• قَصْرٍ مَّشِيدٍ
مرفوع البنيان

وَيَسْتَعْجِلُونَكَ بِالْعَذَابِ وَلَن يُخْلِفَ اللَّهُ وَعْدَهُ وَإِنَّ يَوْماً عِندَ رَبِّكَ كَأَلْفِ سَنَةٍ مِّمَّا تَعُدُّونَ ۝ وَكَأَيِّن مِّن قَرْيَةٍ أَمْلَيْتُ لَهَا وَهِيَ ظَالِمَةٌ ثُمَّ أَخَذْتُهَا وَإِلَيَّ الْمَصِيرُ ۝ قُلْ يَا أَيُّهَا النَّاسُ إِنَّمَا أَنَا لَكُمْ نَذِيرٌ مُّبِينٌ ۝ فَالَّذِينَ ءَامَنُواْ وَعَمِلُواْ الصَّالِحَاتِ لَهُم مَّغْفِرَةٌ وَرِزْقٌ كَرِيمٌ ۝ وَالَّذِينَ سَعَوْاْ فِي ءَايَاتِنَا مُعَاجِزِينَ أُوْلَئِكَ أَصْحَابُ الْجَحِيمِ ۝ وَمَا أَرْسَلْنَا مِن قَبْلِكَ مِن رَّسُولٍ وَلاَ نَبِيٍّ إِلاَّ إِذَا تَمَنَّى أَلْقَى الشَّيْطَانُ فِي أُمْنِيَّتِهِ فَيَنسَخُ اللَّهُ مَا يُلْقِي الشَّيْطَانُ ثُمَّ يُحْكِمُ اللَّهُ ءَايَاتِهِ وَاللَّهُ عَلِيمٌ حَكِيمٌ ۝ لِّيَجْعَلَ مَا يُلْقِي الشَّيْطَانُ فِتْنَةً لِّلَّذِينَ فِي قُلُوبِهِم مَّرَضٌ وَالْقَاسِيَةِ قُلُوبُهُمْ وَإِنَّ الظَّالِمِينَ لَفِي شِقَاقٍ بَعِيدٍ ۝ وَلِيَعْلَمَ الَّذِينَ أُوتُواْ الْعِلْمَ أَنَّهُ الْحَقُّ مِن رَّبِّكَ فَيُؤْمِنُواْ بِهِ فَتُخْبِتَ لَهُ قُلُوبُهُمْ وَإِنَّ اللَّهَ لَهَادِ الَّذِينَ ءَامَنُواْ إِلَى صِرَاطٍ مُّسْتَقِيمٍ ۝ وَلاَ يَزَالُ الَّذِينَ كَفَرُواْ فِي مِرْيَةٍ مِّنْهُ حَتَّى تَأْتِيَهُمُ السَّاعَةُ بَغْتَةً أَوْ يَأْتِيَهُمْ عَذَابُ يَوْمٍ عَقِيمٍ ۝

ثُمُنْ

• مُعَاجِزِينَ
ظَانِّينَ أَنَّهُم
يَفِرُّونَ مِن
عَذَابِنَا

الحج

• فَتُخْبِتَ
فَتَطْمَئِنُّ
وَتَسْكُنُ

• مِرْيَةٍ
شَكٍّ وَقَلِقٍ

● مَدّ مشبع 6 حركات   ● تفخيم
● مَدّ 2 أو 4 أو 6 جوازاً   ● قلقلة
● إخفاء، ومواقع الغُنّة (حركتين)
● إدغام، وما لا يُلفظ
● مَدّ حركتين

ٱلْمُلْكُ يَوْمَئِذٍ لِّلَّهِ يَحْكُمُ بَيْنَهُمْ فَالَّذِينَ ءَامَنُواْ وَعَمِلُواْ ٱلصَّـٰلِحَـٰتِ فِي جَنَّـٰتِ ٱلنَّعِيمِ ﴿٥٤﴾ وَٱلَّذِينَ كَفَرُواْ وَكَذَّبُواْ بِـَٔايَـٰتِنَا فَأُوْلَـٰٓئِكَ لَهُمْ عَذَابٌ مُّهِينٌ ﴿٥٥﴾ وَٱلَّذِينَ هَاجَرُواْ فِي سَبِيلِ ٱللَّهِ ثُمَّ قُتِلُوٓاْ أَوْ مَاتُواْ لَيَرْزُقَنَّهُمُ ٱللَّهُ رِزْقًا حَسَنًا وَإِنَّ ٱللَّهَ لَهُوَ خَيْرُ ٱلرَّٰزِقِينَ ﴿٥٦﴾ لَيُدْخِلَنَّهُم مَّدْخَلًا يَرْضَوْنَهُۥ وَإِنَّ ٱللَّهَ لَعَلِيمٌ حَلِيمٌ ﴿٥٧﴾ ۞ ذَٰلِكَ وَمَنْ عَاقَبَ بِمِثْلِ مَا عُوقِبَ بِهِۦ ثُمَّ بُغِيَ عَلَيْهِ لَيَنصُرَنَّهُ ٱللَّهُ إِنَّ ٱللَّهَ لَعَفُوٌّ غَفُورٌ ﴿٥٨﴾ ذَٰلِكَ بِأَنَّ ٱللَّهَ يُولِجُ ٱلَّيْلَ فِي ٱلنَّهَارِ وَيُولِجُ ٱلنَّهَارَ فِي ٱلَّيْلِ وَأَنَّ ٱللَّهَ سَمِيعٌ بَصِيرٌ ﴿٥٩﴾ ذَٰلِكَ بِأَنَّ ٱللَّهَ هُوَ ٱلْحَقُّ وَأَنَّ مَا تَدْعُونَ مِن دُونِهِۦ هُوَ ٱلْبَـٰطِلُ وَأَنَّ ٱللَّهَ هُوَ ٱلْعَلِيُّ ٱلْكَبِيرُ ﴿٦٠﴾ أَلَمْ تَرَ أَنَّ ٱللَّهَ أَنزَلَ مِنَ ٱلسَّمَآءِ مَآءً فَتُصْبِحُ ٱلْأَرْضُ مُخْضَرَّةً إِنَّ ٱللَّهَ لَطِيفٌ خَبِيرٌ ﴿٦١﴾ لَّهُۥ مَا فِي ٱلسَّمَـٰوَٰتِ وَمَا فِي ٱلْأَرْضِ وَإِنَّ ٱللَّهَ لَهُوَ ٱلْغَنِيُّ ٱلْحَمِيدُ ﴿٦٢﴾

رُبْع

• مَّدْخَلًا يَرْضَوْنَهُۥ الْجَنَّة أو درجات رفيعة فيها

• ثُمَّ بُغِيَ عَلَيْهِ ظُلِم بمعاودة العقاب

• يُولِجُ يُدخِل

| مدّ مشبع 6 حركات | إخفاء، ومواقع الغُنَّة (حركتين) | تفخيم |
| مدّ 2 أو 4 أو 6 جوازاً | مدّ حركتين | إدغام، وما لا يُلفَظ | قلقلة |

339

أَلَمْ تَرَ أَنَّ ٱللَّهَ سَخَّرَ لَكُم مَّا فِى ٱلْأَرْضِ وَٱلْفُلْكَ تَجْرِى فِى ٱلْبَحْرِ بِأَمْرِهِۦ وَيُمْسِكُ ٱلسَّمَآءَ أَن تَقَعَ عَلَى ٱلْأَرْضِ إِلَّا بِإِذْنِهِۦٓ إِنَّ ٱللَّهَ بِٱلنَّاسِ لَرَءُوفٌ رَّحِيمٌ ۝٦٣ وَهُوَ ٱلَّذِىٓ أَحْيَاكُمْ ثُمَّ يُمِيتُكُمْ ثُمَّ يُحْيِيكُمْ إِنَّ ٱلْإِنسَٰنَ لَكَفُورٌ ۝٦٤ لِّكُلِّ أُمَّةٍ جَعَلْنَا مَنسَكًا هُمْ نَاسِكُوهُ فَلَا يُنَٰزِعُنَّكَ فِى ٱلْأَمْرِ وَٱدْعُ إِلَىٰ رَبِّكَ إِنَّكَ لَعَلَىٰ هُدًى مُّسْتَقِيمٍ ۝٦٥ وَإِن جَٰدَلُوكَ فَقُلِ ٱللَّهُ أَعْلَمُ بِمَا تَعْمَلُونَ ۝٦٦ ٱللَّهُ يَحْكُمُ بَيْنَكُمْ يَوْمَ ٱلْقِيَٰمَةِ فِيمَا كُنتُمْ فِيهِ تَخْتَلِفُونَ ۝٦٧ أَلَمْ تَعْلَمْ أَنَّ ٱللَّهَ يَعْلَمُ مَا فِى ٱلسَّمَآءِ وَٱلْأَرْضِ إِنَّ ذَٰلِكَ فِى كِتَٰبٍ إِنَّ ذَٰلِكَ عَلَى ٱللَّهِ يَسِيرٌ ۝٦٨ وَيَعْبُدُونَ مِن دُونِ ٱللَّهِ مَا لَمْ يُنَزِّلْ بِهِۦ سُلْطَٰنًا وَمَا لَيْسَ لَهُم بِهِۦ عِلْمٌ وَمَا لِلظَّٰلِمِينَ مِن نَّصِيرٍ ۝٦٩ ۞ وَإِذَا تُتْلَىٰ عَلَيْهِمْ ءَايَٰتُنَا بَيِّنَٰتٍ تَعْرِفُ فِى وُجُوهِ ٱلَّذِينَ كَفَرُوا ٱلْمُنكَرَ يَكَادُونَ يَسْطُونَ بِٱلَّذِينَ يَتْلُونَ عَلَيْهِمْ ءَايَٰتِنَا قُلْ أَفَأُنَبِّئُكُم بِشَرٍّ مِّن ذَٰلِكُمُ ٱلنَّارُ وَعَدَهَا ٱللَّهُ ٱلَّذِينَ كَفَرُوا وَبِئْسَ ٱلْمَصِيرُ ۝٧٠

منسكًا: شريعةً خاصَّةً

سلطانًا: حجَّةً وبرهانًا

يَسْطُونَ: يَثِبون ويبطشون غيظًا

يَـٰٓأَيُّهَا ٱلنَّاسُ ضُرِبَ مَثَلٌ فَٱسْتَمِعُوا۟ لَهُۥٓ إِنَّ ٱلَّذِينَ

تَدْعُونَ مِن دُونِ ٱللَّهِ لَن يَخْلُقُوا۟ ذُبَابًا وَلَوِ ٱجْتَمَعُوا۟ لَهُۥ ۖ

وَإِن يَسْلُبْهُمُ ٱلذُّبَابُ شَيْـًٔا لَّا يَسْتَنقِذُوهُ مِنْهُ ۚ ضَعُفَ

ٱلطَّالِبُ وَٱلْمَطْلُوبُ ﴿٧١﴾ مَا قَدَرُوا۟ ٱللَّهَ حَقَّ قَدْرِهِۦٓ ۗ إِنَّ

ٱللَّهَ لَقَوِىٌّ عَزِيزٌ ﴿٧٢﴾ ٱللَّهُ يَصْطَفِى مِنَ ٱلْمَلَـٰٓئِكَةِ

رُسُلًا وَمِنَ ٱلنَّاسِ ۚ إِنَّ ٱللَّهَ سَمِيعٌۢ بَصِيرٌ ﴿٧٣﴾ يَعْلَمُ مَا

بَيْنَ أَيْدِيهِمْ وَمَا خَلْفَهُمْ ۗ وَإِلَى ٱللَّهِ تُرْجَعُ ٱلْأُمُورُ ﴿٧٤﴾

يَـٰٓأَيُّهَا ٱلَّذِينَ ءَامَنُوا۟ ٱرْكَعُوا۟ وَٱسْجُدُوا۟ وَٱعْبُدُوا۟

رَبَّكُمْ وَٱفْعَلُوا۟ ٱلْخَيْرَ لَعَلَّكُمْ تُفْلِحُونَ ۩ ﴿٧٥﴾

وَجَـٰهِدُوا۟ فِى ٱللَّهِ حَقَّ جِهَادِهِۦ ۚ هُوَ ٱجْتَبَىٰكُمْ وَمَا

جَعَلَ عَلَيْكُمْ فِى ٱلدِّينِ مِنْ حَرَجٍ ۚ مِّلَّةَ أَبِيكُمْ

إِبْرَٰهِيمَ ۚ هُوَ سَمَّىٰكُمُ ٱلْمُسْلِمِينَ مِن قَبْلُ وَفِى هَـٰذَا

لِيَكُونَ ٱلرَّسُولُ شَهِيدًا عَلَيْكُمْ وَتَكُونُوا۟ شُهَدَآءَ

عَلَى ٱلنَّاسِ ۚ فَأَقِيمُوا۟ ٱلصَّلَوٰةَ وَءَاتُوا۟ ٱلزَّكَوٰةَ وَٱعْتَصِمُوا۟

بِٱللَّهِ هُوَ مَوْلَىٰكُمْ ۖ فَنِعْمَ ٱلْمَوْلَىٰ وَنِعْمَ ٱلنَّصِيرُ ﴿٧٦﴾

- مَا قَدَرُوا۟ ٱللَّهَ ما عظموه

- ٱجْتَبَىٰكُمْ اختاركم لدينه وعبادته

- حَرَجٍ ضيق بتكليف يشق

● مَدّ مشبع 6 حركات   ● إخفاء، ومواقع الغُنَّة (حركتين)   ● تفخيم

● مَدّ 2 أو 4 أو 6 جوازاً   ● مَدّ حركتين   ● إدغام، وما لا يُلفظ   ● قلقلة

سُورَةُ المُومِنُون 23

سُورَةُ المُومِنُونَ

ترتيبها 23 — آياتها 119

بِسْمِ اِ۬للَّهِ اِ۬لرَّحْمَٰنِ اِ۬لرَّحِيمِ

قَدَ اَفْلَحَ اَلْمُومِنُونَ (1) اَلذِينَ هُمْ فِے صَلَاتِهِمْ خَٰشِعُونَ (2) وَالذِينَ
هُمْ عَنِ اِ۬للَّغْوِ مُعْرِضُونَ (3) وَالذِينَ هُمْ لِلزَّكَوٰةِ فَٰعِلُونَ (4)
وَالذِينَ هُمْ لِفُرُوجِهِمْ حَٰفِظُونَ (5) إِلَّا عَلَىٰٓ أَزْوَٰجِهِمُۥٓ أَوْ مَا
مَلَكَتَ اَيْمَٰنُهُمْ فَإِنَّهُمْ غَيْرُ مَلُومِينَ (6) فَمَنِ اِ۪بْتَغ۪يٰ وَرَآءَ ذَٰلِكَ
فَأُوْلَٰٓئِكَ هُمُ اُ۬لْعَادُونَ (7) وَالذِينَ هُمْ لِأَمَٰنَٰتِهِمْ وَعَهْدِهِمْ
رَٰعُونَ (8) وَالذِينَ هُمْ عَلَىٰ صَلَوَٰتِهِمْ يُحَافِظُونَ (9) أُوْلَٰٓئِكَ هُمُ
اُ۬لْوَٰرِثُونَ (10) اَلذِينَ يَرِثُونَ اَلْفِرْدَوْسَ هُمْ فِيهَا خَٰلِدُونَ (11)
وَلَقَدْ خَلَقْنَا اَلِانسَٰنَ مِن سُلَٰلَةٍ مِّن طِينٍ (12) ثُمَّ جَعَلْنَٰهُ نُطْفَةً فِے
قَرَارٍ مَّكِينٍ (13) ثُمَّ خَلَقْنَا اَلنُّطْفَةَ عَلَقَةً فَخَلَقْنَا اَلْعَلَقَةَ مُضْغَةً
فَخَلَقْنَا اَلْمُضْغَةَ عِظَٰماً فَكَسَوْنَا اَلْعِظَٰمَ لَحْماً ثُمَّ أَنشَأْنَٰهُ
خَلْقاً ـاخَرَ فَتَبَٰرَكَ اَللَّهُ أَحْسَنُ اُ۬لْخَٰلِقِينَ (14) ثُمَّ إِنَّكُم بَعْدَ
ذَٰلِكَ لَمَيِّتُونَ (15) ثُمَّ إِنَّكُمْ يَوْمَ اَلْقِيَٰمَةِ تُبْعَثُونَ (16) وَلَقَدْ
خَلَقْنَا فَوْقَكُمْ سَبْعَ طَرَآئِقَ وَمَا كُنَّا عَنِ اِ۬لْخَلْقِ غَٰفِلِينَ (17)

- خَٰشِعُونَ: مُتذلّلونَ خائفونَ
- حِزْبٌ
- اَللَّغْوِ: ما لا يُعتَدُّ بهِ
- اَلْعَادُونَ: المعتدونَ
- اَلْفِرْدَوْسَ: أعلى الجنانِ
- سُلَٰلَةٍ: خُلاصة
- قَرَارٍ مَّكِينٍ: مُستَقَرٍّ مُتمكّنٍ وهو الرحِمُ
- عَلَقَةً: دمًا متجمّدًا
- مُضْغَةً: قطعةَ لحمٍ قدْرَ ما يُمضَغُ
- المومنون
- فَتَبَٰرَكَ اَللَّهُ: فتعالى أو تكاثرَ خيرُهُ وإحسانُهُ
- أَحْسَنُ اُ۬لْخَٰلِقِينَ: أتقنُ الصانعينَ أو المصوّرينَ
- طَرَآئِقَ: سَمَوات

مدّ مشبع 6 حركات — مدّ 2 أو 4 أو 6 جوازاً — مدّ حركتين — إخفاء، ومواقع الغُنّة (حركتين) — إدغام، وما لا يُلفَظ — تفخيم — قلقلة

342

وَأَنزَلْنَا مِنَ ٱلسَّمَآءِ مَآءَ بِقَدَرٍ فَأَسْكَنَّٰهُ فِى ٱلْأَرْضِ وَإِنَّا عَلَىٰ ذَهَابٍ بِهِۦ لَقَٰدِرُونَ ۝ فَأَنشَأْنَا لَكُم بِهِۦ جَنَّٰتٍ مِّن نَّخِيلٍ وَأَعْنَٰبٍ لَّكُمْ فِيهَا فَوَٰكِهُ كَثِيرَةٌ وَمِنْهَا تَأْكُلُونَ ۝ وَشَجَرَةً تَخْرُجُ مِن طُورِ سَيْنَآءَ تَنۢبُتُ بِٱلدُّهْنِ وَصِبْغٍ لِّلْءَاكِلِينَ ۝ وَإِنَّ لَكُمْ فِى ٱلْأَنْعَٰمِ لَعِبْرَةً نُّسْقِيكُم مِّمَّا فِى بُطُونِهَا وَلَكُمْ فِيهَا مَنَٰفِعُ كَثِيرَةٌ وَمِنْهَا تَأْكُلُونَ ۝ وَعَلَيْهَا وَعَلَى ٱلْفُلْكِ تُحْمَلُونَ ۝ وَلَقَدْ أَرْسَلْنَا نُوحًا إِلَىٰ قَوْمِهِۦ فَقَالَ يَٰقَوْمِ ٱعْبُدُوا۟ ٱللَّهَ مَا لَكُم مِّنْ إِلَٰهٍ غَيْرُهُۥٓ أَفَلَا تَتَّقُونَ ۝ فَقَالَ ٱلْمَلَؤُا۟ ٱلَّذِينَ كَفَرُوا۟ مِن قَوْمِهِۦ مَا هَٰذَآ إِلَّا بَشَرٌ مِّثْلُكُمْ يُرِيدُ أَن يَتَفَضَّلَ عَلَيْكُمْ وَلَوْ شَآءَ ٱللَّهُ لَأَنزَلَ مَلَٰٓئِكَةً مَّا سَمِعْنَا بِهَٰذَا فِىٓ ءَابَآئِنَا ٱلْأَوَّلِينَ ۝ إِنْ هُوَ إِلَّا رَجُلٌۢ بِهِۦ جِنَّةٌ فَتَرَبَّصُوا۟ بِهِۦ حَتَّىٰ حِينٍ ۝ قَالَ رَبِّ ٱنصُرْنِى بِمَا كَذَّبُونِ ۝ فَأَوْحَيْنَآ إِلَيْهِ أَنِ ٱصْنَعِ ٱلْفُلْكَ بِأَعْيُنِنَا وَوَحْيِنَا فَإِذَا جَآءَ أَمْرُنَا وَفَارَ ٱلتَّنُّورُ فَٱسْلُكْ فِيهَا مِن كُلٍّ زَوْجَيْنِ ٱثْنَيْنِ وَأَهْلَكَ إِلَّا مَن سَبَقَ عَلَيْهِ ٱلْقَوْلُ مِنْهُمْ وَلَا تُخَٰطِبْنِى فِى ٱلَّذِينَ ظَلَمُوٓا۟ إِنَّهُم مُّغْرَقُونَ ۝

٣٤٣

فَإِذَا اَسْتَوَيْتَ أَنتَ وَمَن مَّعَكَ عَلَى اَلْفُلْكِ فَقُلِ اِلْحَمْدُ لِلهِ اِلذِے نَجّ۪يٰنَا
مِنَ اَلْقَوْمِ اِلظَّٰلِمِينَ (28) وَقُل رَّبِّ أَنزِلْنِے مُنزَلاً مُّبَٰرَكاً وَأَنتَ
خَيْرُ اُلْمُنزِلِينَ (29) إِنَّ فِے ذَٰلِكَ لَأٓيَٰتٖ وَإِن كُنَّا لَمُبْتَلِينَ (30)
ثُمَّ أَنشَأْنَا مِنۢ بَعْدِهِمْ قَرْناً ـاخَرِينَ (31) فَأَرْسَلْنَا فِيهِمْ رَسُولاً مِّنْهُمُۥٓ
أَنُ اُعْبُدُواْ اُللَّهَ مَا لَكُم مِّنِ اِلَٰهٍ غَيْرُهُۥٓ أَفَلَا تَتَّقُونَ (32) وَقَالَ اَلْمَلَأُ
مِن قَوْمِهِ اِلذِينَ كَفَرُواْ وَكَذَّبُواْ بِلِقَآءِ اِلَاخِرَةِ وَأَتْرَفْنَٰهُمْ فِے
اِلْحَيَوٰةِ اِلدُّنْيَا مَا هَٰذَآ إِلَّا بَشَرٞ مِّثْلُكُمْ يَاكُلُ مِمَّا تَاكُلُونَ مِنْهُ
وَيَشْرَبُ مِمَّا تَشْرَبُونَ (33) وَلَئِنَ اَطَعْتُم بَشَراً مِّثْلَكُمُۥٓ إِنَّكُمُۥٓ
إِذاً لَّخَٰسِرُونَ (34) أَيَعِدُكُمُۥٓ أَنَّكُمُۥٓ إِذَا مِتُّمْ وَكُنتُمْ تُرَاباً
وَعِظَٰماً اَنَّكُم مُّخْرَجُونَ (35) هَيْهَاتَ هَيْهَاتَ لِمَا تُوعَدُونَ (36)
إِنْ هِيَ إِلَّا حَيَاتُنَا اَلدُّنْيَا نَمُوتُ وَنَحْيَا وَمَا نَحْنُ بِمَبْعُوثِينَ (37)
إِنْ هُوَ إِلَّا رَجُلٌ اِفْتَرَىٰ عَلَى اَللَّهِ كَذِباً وَمَا نَحْنُ لَهُۥ بِمُومِنِينَ (38)
۞ قَالَ رَبِّ اِنصُرْنِے بِمَا كَذَّبُونِ (39) قَالَ عَمَّا قَلِيلٖ لَّيُصْبِحُنَّ
نَٰدِمِينَ (40) فَأَخَذَتْهُمُ اُلصَّيْحَةُ بِالْحَقِّ فَجَعَلْنَٰهُمْ غُثَآءً فَبُعْداً
لِّلْقَوْمِ اِلظَّٰلِمِينَ (41) ثُمَّ أَنشَأْنَا مِنۢ بَعْدِهِمْ قُرُوناً ـاخَرِينَ (42)

- مُنزَلًا: مكانًا أو إنزالًا
- لَمُبْتَلِينَ: لَمُختبرِينَ عبادَنا بهذهِ الآياتِ
- قَرْناً ـاخَرِينَ: هم عادٌ الأولى
- اَلْمَلَأُ: وجوهُ القومِ وسادتُهم
- وَأَتْرَفْنَٰهُمْ: نعَّمْناهُم ووَسَّعْنا عليهم
- هَيْهَاتَ: بَعُدَ
- غُثَآءً: هالكينَ كغثاءِ السيلِ (حَميله)

المومنون

رُبُعٌ

- فَبُعْداً: هلاكًا
- قُرُوناً ـاخَرِينَ: أمَمًا أخرى

مَا تَسْبِقُ مِنُ اُمَّةٍ اَجَلَهَا وَمَا يَسْتَـْٔخِرُونَ ﴿43﴾ ثُمَّ أَرْسَلْنَا رُسُلَنَا تَتْرًا
كُلَّ مَا جَآءَ اُمَّةً رَّسُولُهَا كَذَّبُوهُ فَأَتْبَعْنَا بَعْضَهُم بَعْضًا وَجَعَلْنَٰهُمُۥ
أَحَادِيثَ فَبُعْدًا لِّقَوْمٍ لَّا يُومِنُونَ ﴿44﴾ ثُمَّ أَرْسَلْنَا مُوسَىٰ وَأَخَاهُ
هَٰرُونَ ﴿45﴾ بِـَٔايَٰتِنَا وَسُلْطَٰنٍ مُّبِينٍ ﴿46﴾ اِلَىٰ فِرْعَوْنَ وَمَلَإِيْهِۦ
فَاسْتَكْبَرُواْ وَكَانُواْ قَوْمًا عَالِينَ ﴿47﴾ فَقَالُوٓاْ أَنُومِنُ لِبَشَرَيْنِ مِثْلِنَا
وَقَوْمُهُمَا لَنَا عَٰبِدُونَ ﴿48﴾ فَكَذَّبُوهُمَا فَكَانُواْ مِنَ اَلْمُهْلَكِينَ ﴿49﴾
وَلَقَدَ ـاتَيْنَا مُوسَى اَلْكِتَٰبَ لَعَلَّهُمْ يَهْتَدُونَ ﴿50﴾ وَجَعَلْنَا اَبْنَ
مَرْيَمَ وَأُمَّهُۥ ءَايَةً وَءَاوَيْنَٰهُمَآ إِلَىٰ رُبْوَةٍ ذَاتِ قَرَارٍ وَمَعِينٍ ﴿51﴾
يَٰٓأَيُّهَا اَلرُّسُلُ كُلُواْ مِنَ اَلطَّيِّبَٰتِ وَاعْمَلُواْ صَٰلِحًا اِنِّي بِمَا تَعْمَلُونَ
عَلِيمٌ ﴿52﴾ وَأَنَّ هَٰذِهِۦ أُمَّتُكُمُۥ أُمَّةً وَٰحِدَةً وَأَنَا رَبُّكُمْ فَاتَّقُونِ ﴿53﴾
فَتَقَطَّعُوٓاْ أَمْرَهُم بَيْنَهُمْ زُبُرًا كُلُّ حِزْبِۢ بِمَا لَدَيْهِمْ فَرِحُونَ ﴿54﴾
فَذَرْهُمْ فِي غَمْرَتِهِمْ حَتَّىٰ حِينٍ ﴿55﴾ اَيَحْسِبُونَ أَنَّمَا نُمِدُّهُم بِهِۦ
مِن مَّالٍ وَبَنِينَ ﴿56﴾ نُسَارِعُ لَهُمْ فِي اِلْخَيْرَٰتِ بَل لَّا يَشْعُرُونَ ﴿57﴾
۞ إِنَّ اَلذِينَ هُم مِّنْ خَشْيَةِ رَبِّهِم مُّشْفِقُونَ ﴿58﴾ وَالذِينَ هُم
بِـَٔايَٰتِ رَبِّهِمْ يُومِنُونَ ﴿59﴾ وَالذِينَ هُم بِرَبِّهِمْ لَا يُشْرِكُونَ ﴿60﴾

- تَتْرًا: متتابعين على فترات
- وَجَعَلْنَٰهُمُۥ أَحَادِيثَ: مجرّدَ أخبارٍ للتعجّبِ والتلهّي
- سُلْطَٰنٍ: برهانٍ
- قَوْمًا عَالِينَ: متكبرينَ أو متطاولينَ بالظلم
- ءَاوَيْنَٰهُمَآ: أوْصلناهما
- رُبْوَةٍ: مكانٍ مرتفعٍ
- مَعِينٍ: ماءٍ جَارٍ ظاهرٍ للعيون
- أُمَّتُكُمُۥ: مِلّتُكُم
- فَتَقَطَّعُوٓاْ أَمْرَهُم: تفرّقُوا في أمْرِ دينهم
- زُبُرًا: قطعًا وفرقًا وأحزابًا

ثُمُنٌ

- غَمْرَتِهِمْ: جهالتِهم وضلالتِهم
- أَنَّمَا نُمِدُّهُم بِهِۦ: نجعلُه مددًا لهم

| يُؤْتُونَ مَاۤ |
| ءَاتَواْ |
| يُعطون ما |
| أعطَوْا |

وَجِلَةٌ
خائفةٌ ألا
تُقبَل أعمالُهم

عَمْرَةٍ
جهالةٍ وغفلةٍ

يَجْـَرُونَ
يصرخون
مستغيثين
بربهم

تَنكِصُونَ
ترجعون
معرضين

مُسْتَكْبِرِينَ
بِهِ
مستعظمين
بالبيت الحرام

سَامِراً
سُمَّارًا حوله
بالليل

تُهْجِرُونَ
تهذون
بالطعن في
الآيات

بِهِ جِنَّةٌ
به جنون

خَرْجاً
جُعْلًا وأجرًا
من المال

لَنَاكِبُونَ
لمنحرفون عن
الحق زائغون

وَٱلَّذِينَ يُؤْتُونَ مَاۤ ءَاتَواْ وَّقُلُوبُهُمْ وَجِلَةٌ أَنَّهُمْ إِلَىٰ رَبِّهِمْ رَاجِعُونَ ۝ أُوْلَـٰۤئِكَ يُسَـٰرِعُونَ فِى ٱلْخَيْرَٰتِ وَهُمْ لَهَا سَـٰبِقُونَ ۝ وَلَا نُكَلِّفُ نَفْساً إِلَّا وُسْعَهَا وَلَدَيْنَا كِتَـٰبٌ يَنطِقُ بِٱلْحَقِّ وَهُمْ لَا يُظْلَمُونَ ۝ بَلْ قُلُوبُهُمْ فِى غَمْرَةٍ مِّنْ هَـٰذَا وَهَمْ أَعْمَـٰلٌ مِّن دُونِ ذَٰلِكَ هُمْ لَهَا عَـٰمِلُونَ ۝ حَتَّىٰ إِذَاۤ أَخَذْنَا مُتْرَفِيهِم بِٱلْعَذَابِ إِذَا هُمْ يَجْـَرُونَ ۝ لَا تَجْـَرُواْ ٱلْيَوْمَ إِنَّكُم مِّنَّا لَا تُنصَرُونَ ۝ قَدْ كَانَتْ ءَايَـٰتِى تُتْلَىٰ عَلَيْكُمْ فَكُنتُمْ عَلَىٰۤ أَعْقَـٰبِكُمْ تَنكِصُونَ ۝ مُسْتَكْبِرِينَ بِهِۦ سَـٰمِراً تَهْجُرُونَ ۝ أَفَلَمْ يَدَّبَّرُواْ ٱلْقَوْلَ أَمْ جَاۤءَهُم مَّا لَمْ يَأْتِ ءَابَاۤءَهُمُ ٱلْأَوَّلِينَ ۝ أَمْ لَمْ يَعْرِفُواْ رَسُولَهُمْ فَهُمْ لَهُۥ مُنكِرُونَ ۝ أَمْ يَقُولُونَ بِهِۦ جِنَّةٌ بَلْ جَاۤءَهُم بِٱلْحَقِّ وَأَكْثَرُهُمْ لِلْحَقِّ كَـٰرِهُونَ ۝ وَلَوِ ٱتَّبَعَ ٱلْحَقُّ أَهْوَاۤءَهُمْ لَفَسَدَتِ ٱلسَّمَـٰوَٰتُ وَٱلْأَرْضُ وَمَن فِيهِنَّ بَلْ أَتَيْنَـٰهُم بِذِكْرِهِمْ فَهُمْ عَن ذِكْرِهِم مُّعْرِضُونَ ۝ أَمْ تَسْـَلُهُمْ خَرْجاً فَخَرَاجُ رَبِّكَ خَيْرٌ وَهُوَ خَيْرُ ٱلرَّٰزِقِينَ ۝ وَإِنَّكَ لَتَدْعُوهُمْ إِلَىٰ صِرَٰطٍ مُّسْتَقِيمٍ ۝ وَإِنَّ ٱلَّذِينَ لَا يُؤْمِنُونَ بِٱلْأَخِرَةِ عَنِ ٱلصِّرَٰطِ لَنَاكِبُونَ ۝

مُؤْمِنُونَ

● مدّ مشبع ٦ حركات	● إخفاء، ومواقع الغُنَّة (حركتين)	● مدّ حركتين
● مدّ ٢ أو ٤ أو ٦ جوازاً	● إدغام، وما لا يُلفظ	
● تفخيم		
● قلقلة		

۞ وَلَوْ رَحِمْنَاهُمْ وَكَشَفْنَا مَا بِهِم مِّن ضُرٍّ لَّلَجُّوا فِي طُغْيَانِهِمْ يَعْمَهُونَ ۝ وَلَقَدْ أَخَذْنَاهُم بِالْعَذَابِ فَمَا اسْتَكَانُوا لِرَبِّهِمْ وَمَا يَتَضَرَّعُونَ ۝ حَتَّىٰ إِذَا فَتَحْنَا عَلَيْهِم بَاباً ذَا عَذَابٍ شَدِيدٍ إِذَا هُمْ فِيهِ مُبْلِسُونَ ۝ وَهُوَ الَّذِي أَنشَأَ لَكُمُ السَّمْعَ وَالْأَبْصَارَ وَالْأَفْئِدَةَ قَلِيلاً مَّا تَشْكُرُونَ ۝ وَهُوَ الَّذِي ذَرَأَكُمْ فِي الْأَرْضِ وَإِلَيْهِ تُحْشَرُونَ ۝ وَهُوَ الَّذِي يُحْيِي وَيُمِيتُ وَلَهُ اخْتِلَافُ اللَّيْلِ وَالنَّهَارِ أَفَلَا تَعْقِلُونَ ۝ بَلْ قَالُوا مِثْلَ مَا قَالَ الْأَوَّلُونَ ۝ قَالُوا أَإِذَا مِتْنَا وَكُنَّا تُرَاباً وَعِظَاماً إِنَّا لَمَبْعُوثُونَ ۝ لَقَدْ وُعِدْنَا نَحْنُ وَآبَاؤُنَا هَذَا مِن قَبْلُ إِنْ هَذَا إِلَّا أَسَاطِيرُ الْأَوَّلِينَ ۝ قُل لِّمَنِ الْأَرْضُ وَمَن فِيهَا إِن كُنتُمْ تَعْلَمُونَ ۝ سَيَقُولُونَ لِلَّهِ قُلْ أَفَلَا تَذَكَّرُونَ ۝ قُلْ مَن رَّبُّ السَّمَاوَاتِ السَّبْعِ وَرَبُّ الْعَرْشِ الْعَظِيمِ ۝ سَيَقُولُونَ لِلَّهِ قُلْ أَفَلَا تَتَّقُونَ ۝ قُلْ مَن بِيَدِهِ مَلَكُوتُ كُلِّ شَيْءٍ وَهُوَ يُجِيرُ وَلَا يُجَارُ عَلَيْهِ إِن كُنتُمْ تَعْلَمُونَ ۝ سَيَقُولُونَ لِلَّهِ قُلْ فَأَنَّىٰ تُسْحَرُونَ ۝

بَلْ أَتَيْنَاهُم بِالْحَقِّ وَإِنَّهُمْ لَكَاذِبُونَ ۝ مَا اتَّخَذَ اللَّهُ مِن

وَلَدٍ وَمَا كَانَ مَعَهُ مِنْ إِلَهٍ إِذًا لَّذَهَبَ كُلُّ إِلَهٍ بِمَا خَلَقَ

وَلَعَلَا بَعْضُهُمْ عَلَى بَعْضٍ سُبْحَانَ اللَّهِ عَمَّا يَصِفُونَ ۝ عَالِمِ

الْغَيْبِ وَالشَّهَادَةِ فَتَعَالَى عَمَّا يُشْرِكُونَ ۝ قُل رَّبِّ

إِمَّا تُرِيَنِّي مَا يُوعَدُونَ ۝ رَبِّ فَلَا تَجْعَلْنِي فِي الْقَوْمِ

الظَّالِمِينَ ۝ وَإِنَّا عَلَى أَن نُّرِيَكَ مَا نَعِدُهُمْ لَقَادِرُونَ ۝

ادْفَعْ بِالَّتِي هِيَ أَحْسَنُ السَّيِّئَةَ نَحْنُ أَعْلَمُ بِمَا يَصِفُونَ ۝ وَقُل

رَّبِّ أَعُوذُ بِكَ مِنْ هَمَزَاتِ الشَّيَاطِينِ ۝ وَأَعُوذُ بِكَ رَبِّ

أَن يَحْضُرُونِ ۝ حَتَّى إِذَا جَاءَ أَحَدَهُمُ الْمَوْتُ قَالَ رَبِّ

ارْجِعُونِ ۝ لَعَلِّي أَعْمَلُ صَالِحًا فِيمَا تَرَكْتُ كَلَّا إِنَّهَا كَلِمَةٌ

هُوَ قَائِلُهَا وَمِن وَرَائِهِم بَرْزَخٌ إِلَى يَوْمِ يُبْعَثُونَ ۝ فَإِذَا

نُفِخَ فِي الصُّورِ فَلَا أَنسَابَ بَيْنَهُمْ يَوْمَئِذٍ وَلَا يَتَسَاءَلُونَ ۝

فَمَن ثَقُلَتْ مَوَازِينُهُ فَأُولَئِكَ هُمُ الْمُفْلِحُونَ ۝ وَمَنْ

خَفَّتْ مَوَازِينُهُ فَأُولَئِكَ الَّذِينَ خَسِرُوا أَنفُسَهُمْ فِي جَهَنَّمَ

خَالِدُونَ ۝ تَلْفَحُ وُجُوهَهُمُ النَّارُ وَهُمْ فِيهَا كَالِحُونَ ۝

| • مدّ مشبع 6 حركات | • مدّ حركتين | • إخفاء، ومواقع الغُنّة (حركتين) | • تفخيم |
| • مدّ 2 أو 4 أو 6 جوازاً | | • إدغام، وما لا يُلفظ | • قلقلة |

348

أَلَمْ تَكُنْ ءَايَـٰتِي تُتْلَىٰ عَلَيْكُمْ فَكُنتُم بِهَا تُكَذِّبُونَ (106)
قَالُوا رَبَّنَا غَلَبَتْ عَلَيْنَا شِقْوَتُنَا وَكُنَّا قَوْماً ضَآلِّينَ (107)
رَبَّنَآ أَخْرِجْنَا مِنْهَا فَإِنْ عُدْنَا فَإِنَّا ظَـٰلِمُونَ (108) قَالَ
اَخْسَـُٔوا فِيهَا وَلَا تُكَلِّمُونِ (109) إِنَّهُ كَانَ فَرِيقٌ مِّنْ
عِبَادِي يَقُولُونَ رَبَّنَآ ءَامَنَّا فَاغْفِرْ لَنَا وَارْحَمْنَا وَأَنتَ خَيْرُ
اُ۬لرَّٰحِمِينَ (110) فَاتَّخَذتُّمُوهُمْ سُخْرِيّاً حَتَّىٰٓ أَنسَوْكُمْ ذِكْرِي
وَكُنتُم مِّنْهُمْ تَضْحَكُونَ (111) إِنِّي جَزَيْتُهُمُ اُ۬لْيَوْمَ بِمَا
صَبَرُوٓاْ أَنَّهُمْ هُمُ اُ۬لْفَآئِزُونَ (112) قَالَ كَمْ لَبِثْتُمْ فِي
اِ۬لَارْضِ عَدَدَ سِنِينَ (113) قَالُوا لَبِثْنَا يَوْماً اَوْ بَعْضَ يَوْمٍ فَسْـَٔلِ
اِ۬لْعَآدِّينَ (114) قَالَ إِن لَّبِثْتُمُۥ إِلَّا قَلِيلاً لَّوَ اَنَّكُمْ كُنتُمْ
تَعْلَمُونَ (115) ۞ أَفَحَسِبْتُمُۥ أَنَّمَا خَلَقْنَـٰكُمْ عَبَثاً وَأَنَّكُمُۥ إِلَيْنَا
لَا تُرْجَعُونَ (116) فَتَعَـٰلَى اَ۬للَّهُ اُ۬لْمَلِكُ اُ۬لْحَقُّ لَآ إِلَـٰهَ إِلَّا هُوَ رَبُّ
اُ۬لْعَرْشِ اِ۬لْكَرِيمِ (117) وَمَن يَدْعُ مَعَ اَ۬للَّهِ إِلَـٰهاً ـاخَرَ لَا بُرْهَـٰنَ
لَهُۥ بِهِۦ فَإِنَّمَا حِسَابُهُۥ عِندَ رَبِّهِۦٓ إِنَّهُۥ لَا يُفْلِحُ اُ۬لْكَـٰفِرُونَ (118)
وَقُل رَّبِّ اِغْفِرْ وَارْحَمْ وَأَنتَ خَيْرُ اُ۬لرَّٰحِمِينَ (119)

▪ غَلَبَتْ عَلَيْنَا: استولَتْ علينا
▪ شِقْوَتُنَا: شقاوَتنا أو سوءُ عاقبتنا
▪ اِخْسَـُٔوا: انزجِروا وابعُدوا
▪ سُخْرِيّاً: مهزُوءًا بهم
▪ فَتَعَـٰلَى اَ۬للَّهُ: ارتفعَ وتنزّهَ عن العَبَثِ

رُبُع

مدّ مشبع 6 حركات	مدّ حركتين	إخفاء، ومواقع الغُنّة (حركتين)	تفخيم
مدّ 2 أو 4 أو 6 جوازاً		إدغام، وما لا يُلفظ	قلقلة

بِسۡمِ ٱللَّهِ ٱلرَّحۡمَٰنِ ٱلرَّحِيمِ

سُورَةٌ أَنزَلۡنَٰهَا وَفَرَضۡنَٰهَا وَأَنزَلۡنَا فِيهَآ ءَايَٰتٍۭ بَيِّنَٰتٍ لَّعَلَّكُمۡ تَذَكَّرُونَ ۝١ ٱلزَّانِيَةُ وَٱلزَّانِي فَٱجۡلِدُوا۟ كُلَّ وَٰحِدٍ مِّنۡهُمَا مِا۟ئَةَ جَلۡدَةٍ وَلَا تَأۡخُذۡكُم بِهِمَا رَأۡفَةٌ فِي دِينِ ٱللَّهِ إِن كُنتُمۡ تُؤۡمِنُونَ بِٱللَّهِ وَٱلۡيَوۡمِ ٱلۡأٓخِرِ وَلۡيَشۡهَدۡ عَذَابَهُمَا طَآئِفَةٌ مِّنَ ٱلۡمُؤۡمِنِينَ ۝٢ ٱلزَّانِي لَا يَنكِحُ إِلَّا زَانِيَةً أَوۡ مُشۡرِكَةً وَٱلزَّانِيَةُ لَا يَنكِحُهَآ إِلَّا زَانٍ أَوۡ مُشۡرِكٌ وَحُرِّمَ ذَٰلِكَ عَلَى ٱلۡمُؤۡمِنِينَ ۝٣ وَٱلَّذِينَ يَرۡمُونَ ٱلۡمُحۡصَنَٰتِ ثُمَّ لَمۡ يَأۡتُوا۟ بِأَرۡبَعَةِ شُهَدَآءَ فَٱجۡلِدُوهُمۡ ثَمَٰنِينَ جَلۡدَةً وَلَا تَقۡبَلُوا۟ لَهُمۡ شَهَٰدَةً أَبَدًا وَأُو۟لَٰٓئِكَ هُمُ ٱلۡفَٰسِقُونَ ۝٤ إِلَّا ٱلَّذِينَ تَابُوا۟ مِنۢ بَعۡدِ ذَٰلِكَ وَأَصۡلَحُوا۟ فَإِنَّ ٱللَّهَ غَفُورٌ رَّحِيمٌ ۝٥ وَٱلَّذِينَ يَرۡمُونَ أَزۡوَٰجَهُمۡ وَلَمۡ يَكُن لَّهُمۡ شُهَدَآءُ إِلَّآ أَنفُسُهُمۡ فَشَهَٰدَةُ أَحَدِهِمۡ أَرۡبَعُ شَهَٰدَٰتٍۭ بِٱللَّهِ إِنَّهُۥ لَمِنَ ٱلصَّٰدِقِينَ ۝٦ وَٱلۡخَٰمِسَةُ أَنَّ لَعۡنَتَ ٱللَّهِ عَلَيۡهِ إِن كَانَ مِنَ ٱلۡكَٰذِبِينَ ۝٧ وَيَدۡرَؤُا۟ عَنۡهَا ٱلۡعَذَابَ أَن تَشۡهَدَ أَرۡبَعَ شَهَٰدَٰتٍۭ بِٱللَّهِ إِنَّهُۥ لَمِنَ ٱلۡكَٰذِبِينَ ۝٨ وَٱلۡخَٰمِسَةَ أَنَّ غَضَبَ ٱللَّهِ عَلَيۡهَآ إِن كَانَ مِنَ ٱلصَّٰدِقِينَ ۝٩ وَلَوۡلَا فَضۡلُ ٱللَّهِ عَلَيۡكُمۡ وَرَحۡمَتُهُۥ وَأَنَّ ٱللَّهَ تَوَّابٌ حَكِيمٌ ۝١٠

الهامش:

● فَرَضۡنَٰهَا
أوجبنا أحكامها

● يَرۡمُونَ ٱلۡمُحۡصَنَٰتِ
يقذفون العفيفات بالزِّنى

● وَيَدۡرَؤُا۟ عَنۡهَا
يدفعُ عنها

● النُّور

التجويد:

● مدّ مشبع 6 حركات   ● مدّ حركتين
● مدّ 2 أو 4 أو 6 جوازًا
● إخفاء، ومواقع الغُنّة (حركتين)
● إدغام، وما لا يُلفظ
● تفخيم
● قلقلة

۞ إِنَّ ٱلَّذِينَ جَآءُو بِٱلْإِفْكِ عُصْبَةٌ مِّنكُمْ لَا تَحْسَبُوهُ شَرًّا لَّكُم بَلْ هُوَ خَيْرٌ لَّكُمْ لِكُلِّ ٱمْرِئٍ مِّنْهُم مَّا ٱكْتَسَبَ مِنَ ٱلْإِثْمِ وَٱلَّذِي تَوَلَّىٰ كِبْرَهُۥ مِنْهُمْ لَهُۥ عَذَابٌ عَظِيمٌ ﴿١١﴾ لَّوْلَآ إِذْ سَمِعْتُمُوهُ ظَنَّ ٱلْمُؤْمِنُونَ وَٱلْمُؤْمِنَٰتُ بِأَنفُسِهِمْ خَيْرًا وَقَالُوا۟ هَٰذَآ إِفْكٌ مُّبِينٌ ﴿١٢﴾ لَّوْلَا جَآءُو عَلَيْهِ بِأَرْبَعَةِ شُهَدَآءَ فَإِذْ لَمْ يَأْتُوا۟ بِٱلشُّهَدَآءِ فَأُو۟لَٰٓئِكَ عِندَ ٱللَّهِ هُمُ ٱلْكَٰذِبُونَ ﴿١٣﴾ وَلَوْلَا فَضْلُ ٱللَّهِ عَلَيْكُمْ وَرَحْمَتُهُۥ فِى ٱلدُّنْيَا وَٱلْءَاخِرَةِ لَمَسَّكُمْ فِى مَآ أَفَضْتُمْ فِيهِ عَذَابٌ عَظِيمٌ ﴿١٤﴾ إِذْ تَلَقَّوْنَهُۥ بِأَلْسِنَتِكُمْ وَتَقُولُونَ بِأَفْوَاهِكُم مَّا لَيْسَ لَكُم بِهِۦ عِلْمٌ وَتَحْسَبُونَهُۥ هَيِّنًا وَهُوَ عِندَ ٱللَّهِ عَظِيمٌ ﴿١٥﴾ وَلَوْلَآ إِذْ سَمِعْتُمُوهُ قُلْتُم مَّا يَكُونُ لَنَآ أَن نَّتَكَلَّمَ بِهَٰذَا سُبْحَٰنَكَ هَٰذَا بُهْتَٰنٌ عَظِيمٌ ﴿١٦﴾ يَعِظُكُمُ ٱللَّهُ أَن تَعُودُوا۟ لِمِثْلِهِۦٓ أَبَدًا إِن كُنتُم مُّؤْمِنِينَ ﴿١٧﴾ وَيُبَيِّنُ ٱللَّهُ لَكُمُ ٱلْءَايَٰتِ وَٱللَّهُ عَلِيمٌ حَكِيمٌ ﴿١٨﴾ إِنَّ ٱلَّذِينَ يُحِبُّونَ أَن تَشِيعَ ٱلْفَٰحِشَةُ فِى ٱلَّذِينَ ءَامَنُوا۟ لَهُمْ عَذَابٌ أَلِيمٌ فِى ٱلدُّنْيَا وَٱلْءَاخِرَةِ وَٱللَّهُ يَعْلَمُ وَأَنتُمْ لَا تَعْلَمُونَ ﴿١٩﴾ وَلَوْلَا فَضْلُ ٱللَّهِ عَلَيْكُمْ وَرَحْمَتُهُۥ وَأَنَّ ٱللَّهَ رَءُوفٌ رَّحِيمٌ ﴿٢٠﴾

• بِٱلْإِفْكِ
أقبح الكذب وأفحشه

• عُصْبَةٌ مِّنكُمْ
جماعة منكم

• تَوَلَّىٰ كِبْرَهُۥ
تحمّل معظمه

• أَفَضْتُمْ فِيهِ
خضم واندفعتم فيه

• هَيِّنًا
سهلًا لا تَبِعة له

• بُهْتَٰنٌ
كذب يُحيِّر سامعه لفظاعته

● مدّ مشبع ٦ حركات   ● إخفاء، ومواقع الغُنّة (حركتين)   ● تفخيم
● مدّ ٢ أو ٤ أو ٦ جوازًا   ● مدّ حركتين   ● إدغام، وما لا يُلفظ   ● قلقلة

۞ يَـٰٓأَيُّهَا ٱلَّذِينَ ءَامَنُوا۟ لَا تَتَّبِعُوا۟ خُطُوَٰتِ ٱلشَّيْطَـٰنِ وَمَن يَتَّبِعْ خُطُوَٰتِ ٱلشَّيْطَـٰنِ فَإِنَّهُۥ يَأْمُرُ بِٱلْفَحْشَآءِ وَٱلْمُنكَرِ وَلَوْلَا فَضْلُ ٱللَّهِ عَلَيْكُمْ وَرَحْمَتُهُۥ مَا زَكَىٰ مِنكُم مِّنْ أَحَدٍ أَبَدًا وَلَـٰكِنَّ ٱللَّهَ يُزَكِّى مَن يَشَآءُ وَٱللَّهُ سَمِيعٌ عَلِيمٌ ۝ وَلَا يَأْتَلِ أُو۟لُوا۟ ٱلْفَضْلِ مِنكُمْ وَٱلسَّعَةِ أَن يُؤْتُوٓا۟ أُو۟لِى ٱلْقُرْبَىٰ وَٱلْمَسَـٰكِينَ وَٱلْمُهَـٰجِرِينَ فِى سَبِيلِ ٱللَّهِ وَلْيَعْفُوا۟ وَلْيَصْفَحُوٓا۟ أَلَا تُحِبُّونَ أَن يَغْفِرَ ٱللَّهُ لَكُمْ وَٱللَّهُ غَفُورٌ رَّحِيمٌ ۝ إِنَّ ٱلَّذِينَ يَرْمُونَ ٱلْمُحْصَنَـٰتِ ٱلْغَـٰفِلَـٰتِ ٱلْمُؤْمِنَـٰتِ لُعِنُوا۟ فِى ٱلدُّنْيَا وَٱلْـَٔاخِرَةِ وَلَهُمْ عَذَابٌ عَظِيمٌ ۝ يَوْمَ تَشْهَدُ عَلَيْهِمْ أَلْسِنَتُهُمْ وَأَيْدِيهِمْ وَأَرْجُلُهُم بِمَا كَانُوا۟ يَعْمَلُونَ ۝ يَوْمَئِذٍ يُوَفِّيهِمُ ٱللَّهُ دِينَهُمُ ٱلْحَقَّ وَيَعْلَمُونَ أَنَّ ٱللَّهَ هُوَ ٱلْحَقُّ ٱلْمُبِينُ ۝ ٱلْخَبِيثَـٰتُ لِلْخَبِيثِينَ وَٱلْخَبِيثُونَ لِلْخَبِيثَـٰتِ وَٱلطَّيِّبَـٰتُ لِلطَّيِّبِينَ وَٱلطَّيِّبُونَ لِلطَّيِّبَـٰتِ أُو۟لَـٰٓئِكَ مُبَرَّءُونَ مِمَّا يَقُولُونَ لَهُم مَّغْفِرَةٌ وَرِزْقٌ كَرِيمٌ ۝ يَـٰٓأَيُّهَا ٱلَّذِينَ ءَامَنُوا۟ لَا تَدْخُلُوا۟ بُيُوتًا غَيْرَ بُيُوتِكُمْ حَتَّىٰ تَسْتَأْنِسُوا۟ وَتُسَلِّمُوا۟ عَلَىٰٓ أَهْلِهَا ذَٰلِكُمْ خَيْرٌ لَّكُمْ لَعَلَّكُمْ تَذَكَّرُونَ ۝

الهامش الأيمن:

▪ خُطُوَٰتِ ٱلشَّيْطَـٰنِ
طُرُقه وآثاره

▪ مَا زَكَىٰ
ما طَهُرَ من
دنس الذنوب

▪ وَلَا يَأْتَلِ
لا يحلف
أو لا يُقصّر

▪ أُو۟لُوا۟
ٱلْفَضْلِ
الزيادة في
الدِّين

▪ ٱلسَّعَةِ
الغنى

▪ دِينَهُمُ
ٱلْحَقَّ
جزاءهم
المقطوع به
لهم

▪ تَسْتَأْنِسُوا۟
تستأذنوا

الهامش السفلي:

● مدّ مشبع 6 حركات   ● إخفاء، ومواقع الغُنّة (حركتين)   ● مدّ حركتين   ● تفخيم

● مدّ 2 أو 4 أو 6 جوازًا   ● إدغام، وما لا يُلفظ   ● قلقلة

فَإِن لَّمْ تَجِدُوا فِيهَآ أَحَدًا فَلَا تَدْخُلُوهَا حَتَّىٰ يُؤْذَنَ لَكُمْ وَإِن قِيلَ لَكُمُ ٱرْجِعُوا فَٱرْجِعُوا هُوَ أَزْكَىٰ لَكُمْ وَٱللَّهُ بِمَا تَعْمَلُونَ عَلِيمٌ ﴿٢٨﴾ لَّيْسَ عَلَيْكُمْ جُنَاحٌ أَن تَدْخُلُوا بُيُوتًا غَيْرَ مَسْكُونَةٍ فِيهَا مَتَٰعٌ لَّكُمْ وَٱللَّهُ يَعْلَمُ مَا تُبْدُونَ وَمَا تَكْتُمُونَ ﴿٢٩﴾ قُل لِّلْمُؤْمِنِينَ يَغُضُّوا مِنْ أَبْصَٰرِهِمْ وَيَحْفَظُوا فُرُوجَهُمْ ذَٰلِكَ أَزْكَىٰ لَهُمْ إِنَّ ٱللَّهَ خَبِيرٌۢ بِمَا يَصْنَعُونَ ﴿٣٠﴾ وَقُل لِّلْمُؤْمِنَٰتِ يَغْضُضْنَ مِنْ أَبْصَٰرِهِنَّ وَيَحْفَظْنَ فُرُوجَهُنَّ وَلَا يُبْدِينَ زِينَتَهُنَّ إِلَّا مَا ظَهَرَ مِنْهَا وَلْيَضْرِبْنَ بِخُمُرِهِنَّ عَلَىٰ جُيُوبِهِنَّ وَلَا يُبْدِينَ زِينَتَهُنَّ إِلَّا لِبُعُولَتِهِنَّ أَوْ ءَابَآئِهِنَّ أَوْ ءَابَآءِ بُعُولَتِهِنَّ أَوْ أَبْنَآئِهِنَّ أَوْ أَبْنَآءِ بُعُولَتِهِنَّ أَوْ إِخْوَٰنِهِنَّ أَوْ بَنِىٓ إِخْوَٰنِهِنَّ أَوْ بَنِىٓ أَخَوَٰتِهِنَّ أَوْ نِسَآئِهِنَّ أَوْ مَا مَلَكَتْ أَيْمَٰنُهُنَّ أَوِ ٱلتَّٰبِعِينَ غَيْرِ أُو۟لِى ٱلْإِرْبَةِ مِنَ ٱلرِّجَالِ أَوِ ٱلطِّفْلِ ٱلَّذِينَ لَمْ يَظْهَرُوا عَلَىٰ عَوْرَٰتِ ٱلنِّسَآءِ وَلَا يَضْرِبْنَ بِأَرْجُلِهِنَّ لِيُعْلَمَ مَا يُخْفِينَ مِن زِينَتِهِنَّ وَتُوبُوٓا إِلَى ٱللَّهِ جَمِيعًا أَيُّهَ ٱلْمُؤْمِنُونَ لَعَلَّكُمْ تُفْلِحُونَ ﴿٣١﴾

الحاشية التفسيرية (الجانب الأيمن):

• أَزْكَىٰ لَكُمْ: أطيب وأطهر لكم

ثُمُن

• جُنَاحٌ: إثم

• مَتَٰعٌ لَّكُمْ: منفعةٌ ومصلحةٌ لكُم

• يَغُضُّوا: يخفضوا وينقصوا

• وَلْيَضْرِبْنَ: وليلقين ويسدلن

• بِخُمُرِهِنَّ: أغطية رؤوسهن

• عَلَىٰ جُيُوبِهِنَّ: على مواضعها (صدورهن وما حوالها)

• لِبُعُولَتِهِنَّ: لأزواجهن

• أُو۟لِى ٱلْإِرْبَةِ: أصحاب الحاجة إلى النساء

• لَوْ يَظْهَرُوا: لم يطلعوا

قواعد التجويد (أسفل الصفحة):

● مدّ مشبع ٦ حركات   ● إخفاء، ومواقع الغُنَّة (حركتين)   ● مدّ حركتين   ● تفخيم

● مدّ ٢ أو ٤ أو ٦ جوازًا   ● إدغام، وما لا يُلفظ   ● قلقلة

وَأَنكِحُوا الْأَيَامَىٰ مِنكُمْ وَالصَّالِحِينَ مِنْ عِبَادِكُمْ وَإِمَائِكُمْ إِن يَكُونُوا فُقَرَآءَ يُغْنِهِمُ اللَّهُ مِن فَضْلِهِ وَاللَّهُ وَٰسِعٌ عَلِيمٌ ۝

وَلْيَسْتَعْفِفِ الَّذِينَ لَا يَجِدُونَ نِكَاحًا حَتَّىٰ يُغْنِيَهُمُ اللَّهُ مِن فَضْلِهِ وَالَّذِينَ يَبْتَغُونَ الْكِتَٰبَ مِمَّا مَلَكَتْ أَيْمَٰنُكُمْ فَكَاتِبُوهُمْ إِنْ عَلِمْتُمْ فِيهِمْ خَيْرًا وَءَاتُوهُم مِّن مَّالِ اللَّهِ الَّذِىٓ ءَاتَىٰكُمْ وَلَا تُكْرِهُوا فَتَيَٰتِكُمْ عَلَى الْبِغَآءِ إِنْ أَرَدْنَ تَحَصُّنًا لِّتَبْتَغُوا عَرَضَ الْحَيَوٰةِ الدُّنْيَا وَمَن يُكْرِههُّنَّ فَإِنَّ اللَّهَ مِنۢ بَعْدِ إِكْرَٰهِهِنَّ غَفُورٌ رَّحِيمٌ ۝ وَلَقَدْ أَنزَلْنَآ إِلَيْكُمْ ءَايَٰتٍ مُّبَيِّنَٰتٍ وَمَثَلًا مِّنَ الَّذِينَ خَلَوْا مِن قَبْلِكُمْ وَمَوْعِظَةً لِّلْمُتَّقِينَ ۝ ۞ اللَّهُ نُورُ السَّمَٰوَٰتِ وَالْأَرْضِ مَثَلُ نُورِهِ كَمِشْكَوٰةٍ فِيهَا مِصْبَاحٌ الْمِصْبَاحُ فِى زُجَاجَةٍ الزُّجَاجَةُ كَأَنَّهَا كَوْكَبٌ دُرِّىٌّ يُوقَدُ مِن شَجَرَةٍ مُّبَٰرَكَةٍ زَيْتُونَةٍ لَّا شَرْقِيَّةٍ وَلَا غَرْبِيَّةٍ يَكَادُ زَيْتُهَا يُضِىٓءُ وَلَوْ لَمْ تَمْسَسْهُ نَارٌ نُّورٌ عَلَىٰ نُورٍ يَهْدِى اللَّهُ لِنُورِهِ مَن يَشَآءُ وَيَضْرِبُ اللَّهُ الْأَمْثَٰلَ لِلنَّاسِ وَاللَّهُ بِكُلِّ شَىْءٍ عَلِيمٌ ۝ فِى بُيُوتٍ أَذِنَ اللَّهُ أَن تُرْفَعَ وَيُذْكَرَ فِيهَا اسْمُهُ يُسَبِّحُ لَهُۥ فِيهَا بِالْغُدُوِّ وَالْءَاصَالِ

رِجَالٌ لَّا تُلْهِيهِمْ تِجَٰرَةٌ وَلَا بَيْعٌ عَن ذِكْرِ ٱللَّهِ وَإِقَامِ ٱلصَّلَوٰةِ وَإِيتَآءِ ٱلزَّكَوٰةِ يَخَافُونَ يَوْمًا تَتَقَلَّبُ فِيهِ ٱلْقُلُوبُ وَٱلْأَبْصَٰرُ ﴿٣٦﴾ لِيَجْزِيَهُمُ ٱللَّهُ أَحْسَنَ مَا عَمِلُوا۟ وَيَزِيدَهُم مِّن فَضْلِهِۦ وَٱللَّهُ يَرْزُقُ مَن يَشَآءُ بِغَيْرِ حِسَابٍ ﴿٣٧﴾ وَٱلَّذِينَ كَفَرُوٓا۟ أَعْمَٰلُهُمْ كَسَرَابٍۭ بِقِيعَةٍ يَحْسَبُهُ ٱلظَّمْـَٔانُ مَآءً حَتَّىٰٓ إِذَا جَآءَهُۥ لَمْ يَجِدْهُ شَيْـًٔا وَوَجَدَ ٱللَّهَ عِندَهُۥ فَوَفَّىٰهُ حِسَابَهُۥ وَٱللَّهُ سَرِيعُ ٱلْحِسَابِ ﴿٣٨﴾ أَوْ كَظُلُمَٰتٍ فِى بَحْرٍ لُّجِّىٍّ يَغْشَىٰهُ مَوْجٌ مِّن فَوْقِهِۦ مَوْجٌ مِّن فَوْقِهِۦ سَحَابٌ ظُلُمَٰتٌۢ بَعْضُهَا فَوْقَ بَعْضٍ إِذَآ أَخْرَجَ يَدَهُۥ لَمْ يَكَدْ يَرَىٰهَا وَمَن لَّمْ يَجْعَلِ ٱللَّهُ لَهُۥ نُورًا فَمَا لَهُۥ مِن نُّورٍ ﴿٣٩﴾ أَلَمْ تَرَ أَنَّ ٱللَّهَ يُسَبِّحُ لَهُۥ مَن فِى ٱلسَّمَٰوَٰتِ وَٱلْأَرْضِ وَٱلطَّيْرُ صَٰٓفَّٰتٍ كُلٌّ قَدْ عَلِمَ صَلَاتَهُۥ وَتَسْبِيحَهُۥ وَٱللَّهُ عَلِيمٌۢ بِمَا يَفْعَلُونَ ﴿٤٠﴾ وَلِلَّهِ مُلْكُ ٱلسَّمَٰوَٰتِ وَٱلْأَرْضِ وَإِلَى ٱللَّهِ ٱلْمَصِيرُ ﴿٤١﴾ ۞ أَلَمْ تَرَ أَنَّ ٱللَّهَ يُزْجِى سَحَابًا ثُمَّ يُؤَلِّفُ بَيْنَهُۥ ثُمَّ يَجْعَلُهُۥ رُكَامًا فَتَرَى ٱلْوَدْقَ يَخْرُجُ مِنْ خِلَٰلِهِۦ وَيُنَزِّلُ مِنَ ٱلسَّمَآءِ مِن جِبَالٍ فِيهَا مِنۢ بَرَدٍ فَيُصِيبُ بِهِۦ مَن يَشَآءُ وَيَصْرِفُهُۥ عَن مَّن يَشَآءُ يَكَادُ سَنَا بَرْقِهِۦ يَذْهَبُ بِٱلْأَبْصَٰرِ

ثُمُنْ

● كَسَرَابٍ
كالماء السارب

● بِقِيعَةٍ
في منبسطة من الأرض

● بَحْرٍ لُّجِّىٍّ
عميق كثير الماء

● يَغْشَىٰهُ
يعلوه ويغطّيه

● صَٰٓفَّٰتٍ
باسطات أجنحتهنّ في الهواء

● يُزْجِى
سَحَابًا
يسوقه برفق

● رُكَامًا
مجتمعًا بعضه فوق بعض

● ٱلْوَدْقَ
المطر

● خِلَٰلِهِ
فتوقه ومخارجه

● سَنَا
ضوء ولمعان

● مدّ مشبع ٦ حركات ● إخفاء، ومواقع الغُنّة (حركتين) ● مدّ حركتين ● تفخيم
● مدّ ٢ أو ٤ أو ٦ جوازًا ● إدغام، وما لا يلفظ ● قلقلة

355

يُقَلِّبُ ٱللَّهُ ٱلَّيۡلَ وَٱلنَّهَارَ إِنَّ فِى ذَٰلِكَ لَعِبۡرَةً لِّأُوْلِى ٱلۡأَبۡصَٰرِ ﴿٤٢﴾ وَٱللَّهُ خَلَقَ كُلَّ دَآبَّةٍ مِّن مَّآءٍ فَمِنۡهُم مَّن يَمۡشِى عَلَىٰ بَطۡنِهِۦ وَمِنۡهُم مَّن يَمۡشِى عَلَىٰ رِجۡلَيۡنِ وَمِنۡهُم مَّن يَمۡشِى عَلَىٰٓ أَرۡبَعٍ يَخۡلُقُ ٱللَّهُ مَا يَشَآءُ إِنَّ ٱللَّهَ عَلَىٰ كُلِّ شَىۡءٍ قَدِيرٌ ﴿٤٣﴾ لَّقَدۡ أَنزَلۡنَآ ءَايَٰتٍ مُّبَيِّنَٰتٍ وَٱللَّهُ يَهۡدِى مَن يَشَآءُ إِلَىٰ صِرَٰطٍ مُّسۡتَقِيمٍ ﴿٤٤﴾ وَيَقُولُونَ ءَامَنَّا بِٱللَّهِ وَبِٱلرَّسُولِ وَأَطَعۡنَا ثُمَّ يَتَوَلَّىٰ فَرِيقٌ مِّنۡهُم مِّنۢ بَعۡدِ ذَٰلِكَ وَمَآ أُوْلَٰٓئِكَ بِٱلۡمُؤۡمِنِينَ ﴿٤٥﴾ وَإِذَا دُعُوٓاْ إِلَى ٱللَّهِ وَرَسُولِهِۦ لِيَحۡكُمَ بَيۡنَهُمۡ إِذَا فَرِيقٌ مِّنۡهُم مُّعۡرِضُونَ ﴿٤٦﴾ وَإِن يَكُن لَّهُمُ ٱلۡحَقُّ يَأۡتُوٓاْ إِلَيۡهِ مُذۡعِنِينَ ﴿٤٧﴾ أَفِى قُلُوبِهِم مَّرَضٌ أَمِ ٱرۡتَابُوٓاْ أَمۡ يَخَافُونَ أَن يَحِيفَ ٱللَّهُ عَلَيۡهِمۡ وَرَسُولُهُۥ بَلۡ أُوْلَٰٓئِكَ هُمُ ٱلظَّٰلِمُونَ ﴿٤٨﴾ إِنَّمَا كَانَ قَوۡلَ ٱلۡمُؤۡمِنِينَ إِذَا دُعُوٓاْ إِلَى ٱللَّهِ وَرَسُولِهِۦ لِيَحۡكُمَ بَيۡنَهُمۡ أَن يَقُولُواْ سَمِعۡنَا وَأَطَعۡنَا وَأُوْلَٰٓئِكَ هُمُ ٱلۡمُفۡلِحُونَ ﴿٤٩﴾ وَمَن يُطِعِ ٱللَّهَ وَرَسُولَهُۥ وَيَخۡشَ ٱللَّهَ وَيَتَّقۡهِ فَأُوْلَٰٓئِكَ هُمُ ٱلۡفَآئِزُونَ ﴿٥٠﴾ ۞ وَأَقۡسَمُواْ بِٱللَّهِ جَهۡدَ أَيۡمَٰنِهِمۡ لَئِنۡ أَمَرۡتَهُمۡ لَيَخۡرُجُنَّ قُل لَّا تُقۡسِمُواْ طَاعَةٌ مَّعۡرُوفَةٌ إِنَّ ٱللَّهَ خَبِيرٌۢ بِمَا تَعۡمَلُونَ ﴿٥١﴾

• مُذۡعِنِينَ
مُنقَادِينَ
مُطِيعِينَ

• يَحِيفَ
يَجُورَ

• جَهۡدَ
أَيۡمَٰنِهِمۡ
أَغۡلَظَهَا
وَأَوۡكَدَهَا

النُّور

نِصۡفُ

• مدّ مشبع 6 حركات
• قلقلة
• مدّ 2 أو 4 أو 6 جوازاً
• إخفاء، ومواقع الغُنَّة (حركتين)
• إدغام، وما لا يُلفظ
• مدّ حركتين
• تفخيم

قُلْ أَطِيعُوا۟ ٱللَّهَ وَأَطِيعُوا۟ ٱلرَّسُولَ ۖ فَإِن تَوَلَّوْا۟ فَإِنَّمَا عَلَيْهِ مَا حُمِّلَ وَعَلَيْكُم مَّا حُمِّلْتُمْ ۖ وَإِن تُطِيعُوهُ تَهْتَدُوا۟ ۚ وَمَا عَلَى ٱلرَّسُولِ إِلَّا ٱلْبَلَٰغُ ٱلْمُبِينُ ﴿٥٢﴾ وَعَدَ ٱللَّهُ ٱلَّذِينَ ءَامَنُوا۟ مِنكُمْ وَعَمِلُوا۟ ٱلصَّٰلِحَٰتِ لَيَسْتَخْلِفَنَّهُمْ فِى ٱلْأَرْضِ كَمَا ٱسْتَخْلَفَ ٱلَّذِينَ مِن قَبْلِهِمْ وَلَيُمَكِّنَنَّ لَهُمْ دِينَهُمُ ٱلَّذِى ٱرْتَضَىٰ لَهُمْ وَلَيُبَدِّلَنَّهُم مِّنۢ بَعْدِ خَوْفِهِمْ أَمْنًا ۚ يَعْبُدُونَنِى لَا يُشْرِكُونَ بِى شَيْـًٔا ۚ وَمَن كَفَرَ بَعْدَ ذَٰلِكَ فَأُو۟لَٰٓئِكَ هُمُ ٱلْفَٰسِقُونَ ﴿٥٣﴾ وَأَقِيمُوا۟ ٱلصَّلَوٰةَ وَءَاتُوا۟ ٱلزَّكَوٰةَ وَأَطِيعُوا۟ ٱلرَّسُولَ لَعَلَّكُمْ تُرْحَمُونَ ﴿٥٤﴾ لَا تَحْسَبَنَّ ٱلَّذِينَ كَفَرُوا۟ مُعْجِزِينَ فِى ٱلْأَرْضِ ۚ وَمَأْوَىٰهُمُ ٱلنَّارُ ۖ وَلَبِئْسَ ٱلْمَصِيرُ ﴿٥٥﴾ يَٰٓأَيُّهَا ٱلَّذِينَ ءَامَنُوا۟ لِيَسْتَـْٔذِنكُمُ ٱلَّذِينَ مَلَكَتْ أَيْمَٰنُكُمْ وَٱلَّذِينَ لَمْ يَبْلُغُوا۟ ٱلْحُلُمَ مِنكُمْ ثَلَٰثَ مَرَّٰتٍ ۚ مِّن قَبْلِ صَلَوٰةِ ٱلْفَجْرِ وَحِينَ تَضَعُونَ ثِيَابَكُم مِّنَ ٱلظَّهِيرَةِ وَمِنۢ بَعْدِ صَلَوٰةِ ٱلْعِشَآءِ ۚ ثَلَٰثُ عَوْرَٰتٍ لَّكُمْ ۚ لَيْسَ عَلَيْكُمْ وَلَا عَلَيْهِمْ جُنَاحٌۢ بَعْدَهُنَّ ۚ طَوَّٰفُونَ عَلَيْكُم بَعْضُكُمْ عَلَىٰ بَعْضٍ ۚ كَذَٰلِكَ يُبَيِّنُ ٱللَّهُ لَكُمُ ٱلْءَايَٰتِ ۗ وَٱللَّهُ عَلِيمٌ حَكِيمٌ ﴿٥٦﴾

- مُعْجِزِينَ
  فَائِتِينَ مِنْ عَذَابِنَا

- جُنَاحٌ
  إِثْمٌ أَوْ حَرَجٌ

● مدّ مشبع ٦ حركات 　 ● إخفاء، ومواقع الغُنَّة (حركتين) 　 ● مدّ حركتين 　 ● تفخيم
● مدّ ٢ أو ٤ أو ٦ جوازاً 　 ● إدغام، وما لا يُلفظ 　 ● قلقلة

357

وَإِذَا بَلَغَ ٱلْأَطْفَٰلُ مِنكُمُ ٱلْحُلُمَ فَلْيَسْتَـْٔذِنُواْ كَمَا ٱسْتَـْٔذَنَ ٱلَّذِينَ مِن قَبْلِهِمْ كَذَٰلِكَ يُبَيِّنُ ٱللَّهُ لَكُمْ ءَايَٰتِهِۦ وَٱللَّهُ عَلِيمٌ حَكِيمٌ ۝ وَٱلْقَوَٰعِدُ مِنَ ٱلنِّسَآءِ ٱلَّٰتِى لَا يَرْجُونَ نِكَاحًا فَلَيْسَ عَلَيْهِنَّ جُنَاحٌ أَن يَضَعْنَ ثِيَابَهُنَّ غَيْرَ مُتَبَرِّجَٰتٍ بِزِينَةٍ وَأَن يَسْتَعْفِفْنَ خَيْرٌ لَّهُنَّ وَٱللَّهُ سَمِيعٌ عَلِيمٌ ۝ لَّيْسَ عَلَى ٱلْأَعْمَىٰ حَرَجٌ وَلَا عَلَى ٱلْأَعْرَجِ حَرَجٌ وَلَا عَلَى ٱلْمَرِيضِ حَرَجٌ وَلَا عَلَىٰٓ أَنفُسِكُمْ أَن تَأْكُلُواْ مِنۢ بُيُوتِكُمْ أَوْ بُيُوتِ ءَابَآئِكُمْ أَوْ بُيُوتِ أُمَّهَٰتِكُمْ أَوْ بُيُوتِ إِخْوَٰنِكُمْ أَوْ بُيُوتِ أَخَوَٰتِكُمْ أَوْ بُيُوتِ أَعْمَٰمِكُمْ أَوْ بُيُوتِ عَمَّٰتِكُمْ أَوْ بُيُوتِ أَخْوَٰلِكُمْ أَوْ بُيُوتِ خَٰلَٰتِكُمْ أَوْ مَا مَلَكْتُم مَّفَاتِحَهُۥٓ أَوْ صَدِيقِكُمْ لَيْسَ عَلَيْكُمْ جُنَاحٌ أَن تَأْكُلُواْ جَمِيعًا أَوْ أَشْتَاتًا فَإِذَا دَخَلْتُم بُيُوتًا فَسَلِّمُواْ عَلَىٰٓ أَنفُسِكُمْ تَحِيَّةً مِّنْ عِندِ ٱللَّهِ مُبَٰرَكَةً طَيِّبَةً كَذَٰلِكَ يُبَيِّنُ ٱللَّهُ لَكُمُ ٱلْءَايَٰتِ لَعَلَّكُمْ تَعْقِلُونَ ۝

● مدّ مشبع ٦ حركات
● مدّ ٢ أو ٤ أو ٦ جوازًا
● إخفاء، ومواقع الغُنّة (حركتين)
● مدّ حركتين
● إدغام، وما لا يُلفظ
● تفخيم
● قلقلة

٣٥٨

إِنَّمَا ٱلْمُؤْمِنُونَ ٱلَّذِينَ ءَامَنُواْ بِٱللَّهِ وَرَسُولِهِ وَإِذَا كَانُواْ مَعَهُۥ عَلَىٰٓ أَمْرٍ جَامِعٍ لَّمْ يَذْهَبُواْ حَتَّىٰ يَسْتَـٔذِنُوهُ إِنَّ ٱلَّذِينَ يَسْتَـٔذِنُونَكَ أُوْلَـٰٓئِكَ ٱلَّذِينَ يُؤْمِنُونَ بِٱللَّهِ وَرَسُولِهِۦ فَإِذَا ٱسْتَـٔذَنُوكَ لِبَعْضِ شَأْنِهِمْ فَأْذَن لِّمَن شِئْتَ مِنْهُمْ وَٱسْتَغْفِرْ لَهُمُ ٱللَّهَ إِنَّ ٱللَّهَ غَفُورٌ رَّحِيمٌ ۝ ﴿٦٠﴾ لَّا تَجْعَلُواْ دُعَآءَ ٱلرَّسُولِ بَيْنَكُمْ كَدُعَآءِ بَعْضِكُم بَعْضًا قَدْ يَعْلَمُ ٱللَّهُ ٱلَّذِينَ يَتَسَلَّلُونَ مِنكُمْ لِوَاذًا فَلْيَحْذَرِ ٱلَّذِينَ يُخَالِفُونَ عَنْ أَمْرِهِۦٓ أَن تُصِيبَهُمْ فِتْنَةٌ أَوْ يُصِيبَهُمْ عَذَابٌ أَلِيمٌ ﴿٦١﴾ أَلَآ إِنَّ لِلَّهِ مَا فِى ٱلسَّمَـٰوَٰتِ وَٱلْأَرْضِ قَدْ يَعْلَمُ مَآ أَنتُمْ عَلَيْهِ وَيَوْمَ يُرْجَعُونَ إِلَيْهِ فَيُنَبِّئُهُم بِمَا عَمِلُواْ وَٱللَّهُ بِكُلِّ شَىْءٍ عَلِيمٌ ﴿٦٢﴾

سُورَةُ ٱلْفُرْقَانِ
ترتيبها 25   آياتها 77

بِسْمِ ٱللَّهِ ٱلرَّحْمَـٰنِ ٱلرَّحِيمِ

تَبَارَكَ ٱلَّذِى نَزَّلَ ٱلْفُرْقَانَ عَلَىٰ عَبْدِهِۦ لِيَكُونَ لِلْعَـٰلَمِينَ نَذِيرًا ﴿١﴾ ٱلَّذِى لَهُۥ مُلْكُ ٱلسَّمَـٰوَٰتِ وَٱلْأَرْضِ وَلَمْ يَتَّخِذْ وَلَدًا وَلَمْ يَكُن لَّهُۥ شَرِيكٌ فِى ٱلْمُلْكِ وَخَلَقَ كُلَّ شَىْءٍ فَقَدَّرَهُۥ تَقْدِيرًا ﴿٢﴾

وَاتَّخَذُوا مِن دُونِهِ ءَالِهَةً لاَّ يَخْلُقُونَ شَيْئاً وَهُمْ يُخْلَقُونَ

وَلاَ يَمْلِكُونَ لأَنفُسِهِمْ ضَرّاً وَلاَ نَفْعاً وَلاَ يَمْلِكُونَ مَوْتاً

وَلاَ حَيَوٰةً وَلاَ نُشُوراً ۝ وَقَالَ ٱلَّذِينَ كَفَرُوٓا إِنْ هَـٰذَآ إِلاَّ

إِفْكٌ ٱفْتَرَٮٰهُ وَأَعَانَهُ عَلَيْهِ قَوْمٌ ـاخَرُونَ فَقَدْ جَآءُو ظُلْماً

وَزُوراً ۝ وَقَالُوٓا أَسَٰطِيرُ ٱلأَوَّلِينَ ٱكْتَتَبَهَا فَهِىَ تُمْلَىٰ

عَلَيْهِ بُكْرَةً وَأَصِيلاً ۝ قُلْ أَنزَلَهُ ٱلَّذِى يَعْلَمُ ٱلسِّرَّ

فِى ٱلسَّمَٰوَٰتِ وَٱلأَرْضِ إِنَّهُ كَانَ غَفُوراً رَّحِيماً ۝ وَقَالُوا

مَالِ هَـٰذَا ٱلرَّسُولِ يَأْكُلُ ٱلطَّعَامَ وَيَمْشِى فِى ٱلأَسْوَاقِ

لَوْلَآ أُنزِلَ إِلَيْهِ مَلَكٌ فَيَكُونَ مَعَهُ نَذِيراً ۝ أَوْ يُلْقَىٰ

إِلَيْهِ كَنزٌ أَوْ تَكُونُ لَهُ جَنَّةٌ يَأْكُلُ مِنْهَا وَقَالَ

ٱلظَّٰلِمُونَ إِن تَتَّبِعُونَ إِلاَّ رَجُلاً مَّسْحُوراً ۝ ٱنظُرْ كَيْفَ

ضَرَبُوا لَكَ ٱلأَمْثَٰلَ فَضَلُّوا فَلاَ يَسْتَطِيعُونَ سَبِيلاً ۝

۞ تَبَارَكَ ٱلَّذِىٓ إِن شَآءَ جَعَلَ لَكَ خَيْراً مِّن ذَٰلِكَ

جَنَّٰتٍ تَجْرِى مِن تَحْتِهَا ٱلأَنْهَٰرُ وَيَجْعَل لَّكَ قُصُوراً ۝ بَلْ

كَذَّبُوا بِٱلسَّاعَةِ وَأَعْتَدْنَا لِمَن كَذَّبَ بِٱلسَّاعَةِ سَعِيراً ۝

• نُشُوراً إحياء بعد الموت	
• إِفْكٌ كذب	
• أَسَٰطِيرُ ٱلأَوَّلِينَ أكاذيبُهم المسطورة في كتبهم	
• بُكْرَةً وَأَصِيلاً أوّل النهار وآخره	
• جَنَّةٌ بستان مثمر	
• رَجُلاً مَّسْحُوراً غلب السحر على عقله	

نْـ الفرقان

• مدّ مشبع 6 حركات	• إخفاء، ومواقع الغُنَّة (حركتين)	• مدّ حركتين	• تفخيم
• مدّ 2 أو 4 أو 6 جوازاً	• إدغام، وما لا يُلفظ		• قلقلة

إِذَا رَأَتْهُم مِّن مَّكَانٍ بَعِيدٍ سَمِعُوا لَهَا تَغَيُّظًا وَزَفِيرًا ۝

وَإِذَآ أُلْقُوا مِنْهَا مَكَانًا ضَيِّقًا مُّقَرَّنِينَ دَعَوْا هُنَالِكَ ثُبُورًا ۝ لَّا تَدْعُوا ٱلْيَوْمَ ثُبُورًا وَٰحِدًا وَٱدْعُوا ثُبُورًا كَثِيرًا ۝ قُلْ أَذَٰلِكَ خَيْرٌ أَمْ جَنَّةُ ٱلْخُلْدِ ٱلَّتِي وُعِدَ ٱلْمُتَّقُونَ كَانَتْ لَهُمْ جَزَآءً وَمَصِيرًا ۝ لَّهُمْ فِيهَا مَا يَشَآءُونَ خَٰلِدِينَ كَانَ عَلَىٰ رَبِّكَ وَعْدًا مَّسْـُٔولًا ۝ وَيَوْمَ نَحْشُرُهُمْ وَمَا يَعْبُدُونَ مِن دُونِ ٱللَّهِ فَيَقُولُ ءَأَنتُمْ أَضْلَلْتُمْ عِبَادِي هَٰٓؤُلَآءِ أَمْ هُمْ ضَلُّوا ٱلسَّبِيلَ ۝ قَالُوا سُبْحَٰنَكَ مَا كَانَ يَنۢبَغِي لَنَآ أَن نَّتَّخِذَ مِن دُونِكَ مِنْ أَوْلِيَآءَ وَلَٰكِن مَّتَّعْتَهُمْ وَءَابَآءَهُمْ حَتَّىٰ نَسُوا ٱلذِّكْرَ وَكَانُوا قَوْمًۢا بُورًا ۝ فَقَدْ كَذَّبُوكُم بِمَا تَقُولُونَ فَمَا يَسْتَطِيعُونَ صَرْفًا وَلَا نَصْرًا وَمَن يَظْلِم مِّنكُمْ نُذِقْهُ عَذَابًا كَبِيرًا ۝ وَمَآ أَرْسَلْنَا قَبْلَكَ مِنَ ٱلْمُرْسَلِينَ إِلَّآ إِنَّهُمْ لَيَأْكُلُونَ ٱلطَّعَامَ وَيَمْشُونَ فِي ٱلْأَسْوَاقِ وَجَعَلْنَا بَعْضَكُمْ لِبَعْضٍ فِتْنَةً أَتَصْبِرُونَ وَكَانَ رَبُّكَ بَصِيرًا ۝

بِسْمِ ۞ وَقَالَ ٱلَّذِينَ لَا يَرْجُونَ لِقَآءَنَا لَوْلَآ أُنزِلَ عَلَيْنَا ٱلْمَلَٰٓئِكَةُ أَوْ نَرَىٰ رَبَّنَا لَقَدِ ٱسْتَكْبَرُوا۟ فِىٓ أَنفُسِهِمْ وَعَتَوْ عُتُوًّا كَبِيرًا ﴿٢١﴾ يَوْمَ يَرَوْنَ ٱلْمَلَٰٓئِكَةَ لَا بُشْرَىٰ يَوْمَئِذٍ لِّلْمُجْرِمِينَ وَيَقُولُونَ حِجْرًا مَّحْجُورًا ﴿٢٢﴾ وَقَدِمْنَآ إِلَىٰ مَا عَمِلُوا۟ مِنْ عَمَلٍ فَجَعَلْنَٰهُ هَبَآءً مَّنثُورًا ﴿٢٣﴾ أَصْحَٰبُ ٱلْجَنَّةِ يَوْمَئِذٍ خَيْرٌ مُّسْتَقَرًّا وَأَحْسَنُ مَقِيلًا ﴿٢٤﴾ وَيَوْمَ تَشَقَّقُ ٱلسَّمَآءُ بِٱلْغَمَٰمِ وَنُزِّلَ ٱلْمَلَٰٓئِكَةُ تَنزِيلًا ﴿٢٥﴾ ٱلْمُلْكُ يَوْمَئِذٍ ٱلْحَقُّ لِلرَّحْمَٰنِ وَكَانَ يَوْمًا عَلَى ٱلْكَٰفِرِينَ عَسِيرًا ﴿٢٦﴾ وَيَوْمَ يَعَضُّ ٱلظَّالِمُ عَلَىٰ يَدَيْهِ يَقُولُ يَٰلَيْتَنِى ٱتَّخَذْتُ مَعَ ٱلرَّسُولِ سَبِيلًا ﴿٢٧﴾ يَٰوَيْلَتَىٰ لَيْتَنِى لَمْ أَتَّخِذْ فُلَانًا خَلِيلًا ﴿٢٨﴾ لَّقَدْ أَضَلَّنِى عَنِ ٱلذِّكْرِ بَعْدَ إِذْ جَآءَنِى وَكَانَ ٱلشَّيْطَٰنُ لِلْإِنسَٰنِ خَذُولًا ﴿٢٩﴾ وَقَالَ ٱلرَّسُولُ يَٰرَبِّ إِنَّ قَوْمِى ٱتَّخَذُوا۟ هَٰذَا ٱلْقُرْءَانَ مَهْجُورًا ﴿٣٠﴾ وَكَذَٰلِكَ جَعَلْنَا لِكُلِّ نَبِىٍّ عَدُوًّا مِّنَ ٱلْمُجْرِمِينَ وَكَفَىٰ بِرَبِّكَ هَادِيًا وَنَصِيرًا ﴿٣١﴾ وَقَالَ ٱلَّذِينَ كَفَرُوا۟ لَوْلَا نُزِّلَ عَلَيْهِ ٱلْقُرْءَانُ جُمْلَةً وَٰحِدَةً كَذَٰلِكَ لِنُثَبِّتَ بِهِ فُؤَادَكَ وَرَتَّلْنَٰهُ تَرْتِيلًا ﴿٣٢﴾

حزب

• وَعَتَوْ
تجاوزوا الحد في الطغيان

• حِجْرًا مَّحْجُورًا
حرامًا محرمًا عليكم البشرى

• هَبَآءً
كالهباء (ما يُرى في ضوء الشمس كالغبار)

• مَّنثُورًا
مفرقًا

• أَحْسَنُ مَقِيلًا
مكان استرواح

• بِٱلْغَمَٰمِ
السحاب الأبيض الرقيق

• سَبِيلًا
طريقًا إلى الجنة

الفرقان

• خَذُولًا
كثير الخذلان لمن يواليه

• مَهْجُورًا
متروكًا مهملًا

• رَتَّلْنَٰهُ
فرّقناه آية بعد آية

● مدّ مشبع 6 حركات
● مدّ 2 أو 4 أو 6 جوازًا
● إخفاء، ومواقع الغُنّة (حركتين)
● إدغام، وما لا يُلفظ
● مدّ حركتين
● تفخيم
● قلقلة

ثمن

وَلَا يَأْتُونَكَ بِمَثَلٍ إِلَّا جِئْنَاكَ بِالْحَقِّ وَأَحْسَنَ تَفْسِيرًا ﴿٣٣﴾ الَّذِينَ يُحْشَرُونَ عَلَىٰ وُجُوهِهِمْ إِلَىٰ جَهَنَّمَ أُو۟لَـٰٓئِكَ شَرٌّ مَّكَانًا وَأَضَلُّ سَبِيلًا ﴿٣٤﴾ وَلَقَدْ ءَاتَيْنَا مُوسَى الْكِتَـٰبَ وَجَعَلْنَا مَعَهُۥٓ أَخَاهُ هَـٰرُونَ وَزِيرًا ﴿٣٥﴾ فَقُلْنَا اذْهَبَآ إِلَى الْقَوْمِ الَّذِينَ كَذَّبُوا۟ بِـَٔايَـٰتِنَا فَدَمَّرْنَـٰهُمْ تَدْمِيرًا ﴿٣٦﴾ وَقَوْمَ نُوحٍ لَّمَّا كَذَّبُوا۟ الرُّسُلَ أَغْرَقْنَـٰهُمْ وَجَعَلْنَـٰهُمْ لِلنَّاسِ ءَايَةً وَأَعْتَدْنَا لِلظَّـٰلِمِينَ عَذَابًا أَلِيمًا ﴿٣٧﴾ وَعَادًا وَثَمُودَا۟ وَأَصْحَـٰبَ الرَّسِّ وَقُرُونًا بَيْنَ ذَٰلِكَ كَثِيرًا ﴿٣٨﴾ وَكُلًّا ضَرَبْنَا لَهُ الْأَمْثَـٰلَ وَكُلًّا تَبَّرْنَا تَتْبِيرًا ﴿٣٩﴾ وَلَقَدْ أَتَوْا۟ عَلَى الْقَرْيَةِ الَّتِىٓ أُمْطِرَتْ مَطَرَ السَّوْءِ أَفَلَمْ يَكُونُوا۟ يَرَوْنَهَا بَلْ كَانُوا۟ لَا يَرْجُونَ نُشُورًا ﴿٤٠﴾ وَإِذَا رَأَوْكَ إِن يَتَّخِذُونَكَ إِلَّا هُزُوًا أَهَـٰذَا الَّذِى بَعَثَ اللَّهُ رَسُولًا ﴿٤١﴾ إِن كَادَ لَيُضِلُّنَا عَنْ ءَالِهَتِنَا لَوْلَآ أَن صَبَرْنَا عَلَيْهَا وَسَوْفَ يَعْلَمُونَ حِينَ يَرَوْنَ الْعَذَابَ مَنْ أَضَلُّ سَبِيلًا ﴿٤٢﴾ أَرَءَيْتَ مَنِ اتَّخَذَ إِلَـٰهَهُۥ هَوَىٰهُ أَفَأَنتَ تَكُونُ عَلَيْهِ وَكِيلًا ﴿٤٣﴾

363

أَمْ تَحْسَبُ أَنَّ أَكْثَرَهُمْ يَسْمَعُونَ أَوْ يَعْقِلُونَ إِنْ هُمْ إِلَّا كَالْأَنْعَامِ بَلْ هُمْ أَضَلُّ سَبِيلًا ۝ أَلَمْ تَرَ إِلَى رَبِّكَ كَيْفَ مَدَّ الظِّلَّ وَلَوْ شَاءَ لَجَعَلَهُ سَاكِنًا ثُمَّ جَعَلْنَا الشَّمْسَ عَلَيْهِ دَلِيلًا ۝ ثُمَّ قَبَضْنَاهُ إِلَيْنَا قَبْضًا يَسِيرًا ۝ وَهُوَ الَّذِي جَعَلَ لَكُمُ الَّيْلَ لِبَاسًا وَالنَّوْمَ سُبَاتًا وَجَعَلَ النَّهَارَ نُشُورًا ۝ وَهُوَ الَّذِي أَرْسَلَ الرِّيَاحَ نُشْرًا بَيْنَ يَدَيْ رَحْمَتِهِ وَأَنزَلْنَا مِنَ السَّمَاءِ مَاءً طَهُورًا ۝ لِنُحْيِيَ بِهِ بَلْدَةً مَّيْتًا وَنُسْقِيَهُ مِمَّا خَلَقْنَا أَنْعَامًا وَأَنَاسِيَّ كَثِيرًا ۝ وَلَقَدْ صَرَّفْنَاهُ بَيْنَهُمْ لِيَذَّكَّرُوا فَأَبَى أَكْثَرُ النَّاسِ إِلَّا كُفُورًا ۝ وَلَوْ شِئْنَا لَبَعَثْنَا فِي كُلِّ قَرْيَةٍ نَذِيرًا ۝ فَلَا تُطِعِ الْكَافِرِينَ وَجَاهِدْهُم بِهِ جِهَادًا كَبِيرًا ۝ وَهُوَ الَّذِي مَرَجَ الْبَحْرَيْنِ هَذَا عَذْبٌ فُرَاتٌ وَهَذَا مِلْحٌ أُجَاجٌ وَجَعَلَ بَيْنَهُمَا بَرْزَخًا وَحِجْرًا مَّحْجُورًا ۝ وَهُوَ الَّذِي خَلَقَ مِنَ الْمَاءِ بَشَرًا فَجَعَلَهُ نَسَبًا وَصِهْرًا وَكَانَ رَبُّكَ قَدِيرًا ۝ وَيَعْبُدُونَ مِن دُونِ اللَّهِ مَا لَا يَنفَعُهُمْ وَلَا يَضُرُّهُمْ وَكَانَ الْكَافِرُ عَلَى رَبِّهِ ظَهِيرًا ۝

الحاشية الجانبية:

رُبُعْ

• مَدَّ الظِّلَّ
بسطه بين الفجر وطلوع الشمس

• الَّيْلَ لِبَاسًا
ساترًا لكم بظلامه كاللباس

• النَّوْمَ سُبَاتًا
راحة لأبدانكم وقطعًا لأعمالكم

• النَّهَارَ نُشُورًا
انبعاثًا من النوم للعمل

• الرِّيَاحَ نُشْرًا
متفرقة قدام المطر

• صَرَّفْنَاهُ
أنزلنا المطر على أنحاء مختلفة

• كُفُورًا
جحودًا وكفرانًا بالنعمة

• مَرَجَ الْبَحْرَيْنِ
أرسلهما في مجاريهما

• فُرَاتٌ
شديد العذوبة

• أُجَاجٌ
شديد الملوحة والمرارة الْفُرْقَان

• بَرْزَخًا
حاجزًا يمنع اختلاطهما

• حِجْرًا مَّحْجُورًا
تنافرًا مفرطًا بينهما في الصفات

• وَصِهْرًا
إناثًا يُصاهَر بهنّ

شريط التجويد السفلي:

• مَدّ مشبع 6 حركات	• إخفاء، ومواقع الغُنّة (حركتين)	• تفخيم
• مَدّ حركتين	• مَدّ 2 أو 4 أو 6 جوازًا	• قلقلة
• مَدّ 2 أو 4 أو 6 حركات	• إدغام، وما لا يُلفظ	

ية

وَمَا أَرْسَلْنَاكَ إِلَّا مُبَشِّرًا وَنَذِيرًا ۝ قُلْ مَا أَسْأَلُكُمْ عَلَيْهِ
مِنْ أَجْرٍ إِلَّا مَن شَاءَ أَن يَتَّخِذَ إِلَىٰ رَبِّهِ سَبِيلًا ۝ وَتَوَكَّلْ
عَلَى الْحَيِّ الَّذِي لَا يَمُوتُ وَسَبِّحْ بِحَمْدِهِ ۚ وَكَفَىٰ بِهِ
بِذُنُوبِ عِبَادِهِ خَبِيرًا ۝ الَّذِي خَلَقَ السَّمَاوَاتِ وَالْأَرْضَ وَمَا
بَيْنَهُمَا فِي سِتَّةِ أَيَّامٍ ثُمَّ اسْتَوَىٰ عَلَى الْعَرْشِ ۚ الرَّحْمَٰنُ فَاسْأَلْ
بِهِ خَبِيرًا ۝ وَإِذَا قِيلَ لَهُمُ اسْجُدُوا لِلرَّحْمَٰنِ قَالُوا وَمَا
الرَّحْمَٰنُ أَنَسْجُدُ لِمَا تَأْمُرُنَا وَزَادَهُمْ نُفُورًا ۝۩
تَبَارَكَ الَّذِي جَعَلَ فِي السَّمَاءِ بُرُوجًا وَجَعَلَ فِيهَا سِرَاجًا وَقَمَرًا
مُّنِيرًا ۝ وَهُوَ الَّذِي جَعَلَ اللَّيْلَ وَالنَّهَارَ خِلْفَةً لِّمَنْ أَرَادَ أَن
يَذَّكَّرَ أَوْ أَرَادَ شُكُورًا ۝ وَعِبَادُ الرَّحْمَٰنِ الَّذِينَ يَمْشُونَ
عَلَى الْأَرْضِ هَوْنًا وَإِذَا خَاطَبَهُمُ الْجَاهِلُونَ قَالُوا سَلَامًا ۝
وَالَّذِينَ يَبِيتُونَ لِرَبِّهِمْ سُجَّدًا وَقِيَامًا ۝ وَالَّذِينَ يَقُولُونَ
رَبَّنَا اصْرِفْ عَنَّا عَذَابَ جَهَنَّمَ ۖ إِنَّ عَذَابَهَا كَانَ غَرَامًا ۝
إِنَّهَا سَاءَتْ مُسْتَقَرًّا وَمُقَامًا ۝ وَالَّذِينَ إِذَا أَنفَقُوا لَمْ
يُسْرِفُوا وَلَمْ يَقْتُرُوا وَكَانَ بَيْنَ ذَٰلِكَ قَوَامًا ۝

وَالَّذِينَ لَا يَدْعُونَ مَعَ اللَّهِ إِلَٰهاً ءَاخَرَ وَلَا يَقْتُلُونَ النَّفْسَ الَّتِي حَرَّمَ اللَّهُ إِلَّا بِالْحَقِّ وَلَا يَزْنُونَ وَمَن يَفْعَلْ ذَٰلِكَ يَلْقَ أَثَاماً ﴿٦٨﴾ يُضَاعَفْ لَهُ الْعَذَابُ يَوْمَ الْقِيَامَةِ وَيَخْلُدْ فِيهِ مُهَاناً ﴿٦٩﴾ إِلَّا مَن تَابَ وَءَامَنَ وَعَمِلَ عَمَلاً صَالِحاً فَأُولَٰئِكَ يُبَدِّلُ اللَّهُ سَيِّئَاتِهِمْ حَسَنَاتٍ وَكَانَ اللَّهُ غَفُوراً رَّحِيماً ﴿٧٠﴾ وَمَن تَابَ وَعَمِلَ صَالِحاً فَإِنَّهُ يَتُوبُ إِلَى اللَّهِ مَتَاباً ﴿٧١﴾ وَالَّذِينَ لَا يَشْهَدُونَ الزُّورَ وَإِذَا مَرُّوا بِاللَّغْوِ مَرُّوا كِرَاماً ﴿٧٢﴾ وَالَّذِينَ إِذَا ذُكِّرُوا بِآيَاتِ رَبِّهِمْ لَمْ يَخِرُّوا عَلَيْهَا صُمّاً وَعُمْيَاناً ﴿٧٣﴾ وَالَّذِينَ يَقُولُونَ رَبَّنَا هَبْ لَنَا مِنْ أَزْوَاجِنَا وَذُرِّيَّاتِنَا قُرَّةَ أَعْيُنٍ وَاجْعَلْنَا لِلْمُتَّقِينَ إِمَاماً ﴿٧٤﴾ أُولَٰئِكَ يُجْزَوْنَ الْغُرْفَةَ بِمَا صَبَرُوا وَيُلَقَّوْنَ فِيهَا تَحِيَّةً وَسَلَاماً ﴿٧٥﴾ خَالِدِينَ فِيهَا حَسُنَتْ مُسْتَقَرّاً وَمُقَاماً ﴿٧٦﴾ قُلْ مَا يَعْبَؤُا بِكُمْ رَبِّي لَوْلَا دُعَاؤُكُمْ فَقَدْ كَذَّبْتُمْ فَسَوْفَ يَكُونُ لِزَاماً ﴿٧٧﴾

- يَلْقَ أَثَاماً
عِقَاباً وجزاءً

- مَرُّوا بِاللَّغْوِ
بما ينبغي أن يُلغى ويُطرح

- مَرُّوا كِرَاماً
مُعرضين عنه

- قُرَّةَ أَعْيُنٍ
مَسرّة وفرحاً

- يُجْزَوْنَ الْغُرْفَةَ
المنزل الرفيع في الجنة

- مَا يَعْبَؤُا بِكُمْ
ما يكترث وما يعتدّ بكم

- دُعَاؤُكُمْ
عبادتُكم له تعالى

- لِزَاماً
مُلازِماً لكم

الفُرقان

سُورَةُ الشُّعَرَآءِ

ترتيبها 26 — آياتها 226

بِسْمِ اللَّهِ الرَّحْمَٰنِ الرَّحِيمِ

نصف

طسٓمٓ ۝ تِلْكَ ءَايَٰتُ الْكِتَٰبِ الْمُبِينِ ﴿1﴾ لَعَلَّكَ بَٰخِعٌ نَّفْسَكَ أَلَّا
يَكُونُوا مُؤْمِنِينَ ﴿2﴾ إِن نَّشَأْ نُنَزِّلْ عَلَيْهِم مِّنَ السَّمَآءِ ءَايَةً فَظَلَّتْ
أَعْنَٰقُهُمْ لَهَا خَٰضِعِينَ ﴿3﴾ وَمَا يَأْتِيهِم مِّن ذِكْرٍ مِّنَ الرَّحْمَٰنِ مُحْدَثٍ إِلَّا كَانُوا
عَنْهُ مُعْرِضِينَ ﴿4﴾ فَقَدْ كَذَّبُوا فَسَيَأْتِيهِمْ أَنۢبَٰٓؤُا مَا كَانُوا بِهِۦ يَسْتَهْزِءُونَ ﴿5﴾
أَوَلَمْ يَرَوْا إِلَى الْأَرْضِ كَمْ أَنۢبَتْنَا فِيهَا مِن كُلِّ زَوْجٍ كَرِيمٍ ﴿6﴾ إِنَّ فِي ذَٰلِكَ
لَءَايَةً وَمَا كَانَ أَكْثَرُهُم مُّؤْمِنِينَ ﴿7﴾ وَإِنَّ رَبَّكَ لَهُوَ الْعَزِيزُ الرَّحِيمُ ﴿8﴾
وَإِذْ نَادَىٰ رَبُّكَ مُوسَىٰٓ أَنِ ائْتِ الْقَوْمَ الظَّٰلِمِينَ ﴿9﴾ قَوْمَ فِرْعَوْنَ
أَلَا يَتَّقُونَ ﴿10﴾ قَالَ رَبِّ إِنِّيٓ أَخَافُ أَن يُكَذِّبُونِ ﴿11﴾ وَيَضِيقُ صَدْرِي
وَلَا يَنطَلِقُ لِسَانِي فَأَرْسِلْ إِلَىٰ هَٰرُونَ ﴿12﴾ وَلَهُمْ عَلَيَّ ذَنۢبٌ فَأَخَافُ
أَن يَقْتُلُونِ ﴿13﴾ قَالَ كَلَّا فَاذْهَبَا بِـَٔايَٰتِنَآ إِنَّا مَعَكُم مُّسْتَمِعُونَ ﴿14﴾
فَأْتِيَا فِرْعَوْنَ فَقُولَآ إِنَّا رَسُولُ رَبِّ الْعَٰلَمِينَ ﴿15﴾ أَنْ أَرْسِلْ مَعَنَا
بَنِيٓ إِسْرَٰٓءِيلَ ﴿16﴾ قَالَ أَلَمْ نُرَبِّكَ فِينَا وَلِيدًا وَلَبِثْتَ فِينَا مِنْ عُمُرِكَ
سِنِينَ ﴿17﴾ وَفَعَلْتَ فَعْلَتَكَ الَّتِي فَعَلْتَ وَأَنتَ مِنَ الْكَٰفِرِينَ ﴿18﴾

- بَٰخِعٌ نَّفْسَكَ: مُهلكُها حسرةً وحُزنًا
- زَوْجٍ كَرِيمٍ: صِنفٍ كثيرِ النّفعِ

قَالَ فَعَلْتُهَآ إِذًا وَأَنَا۠ مِنَ ٱلضَّآلِّينَ ۝ فَفَرَرْتُ مِنكُمْ لَمَّا خِفْتُكُمْ فَوَهَبَ لِى رَبِّى حُكْمًا وَجَعَلَنِى مِنَ ٱلْمُرْسَلِينَ ۝ وَتِلْكَ نِعْمَةٌ تَمُنُّهَا عَلَىَّ أَنْ عَبَّدتَّ بَنِىٓ إِسْرَٰٓءِيلَ ۝ قَالَ فِرْعَوْنُ وَمَا رَبُّ ٱلْعَٰلَمِينَ ۝ قَالَ رَبُّ ٱلسَّمَٰوَٰتِ وَٱلْأَرْضِ وَمَا بَيْنَهُمَآ إِن كُنتُم مُّوقِنِينَ ۝ قَالَ لِمَنْ حَوْلَهُۥٓ أَلَا تَسْتَمِعُونَ ۝ قَالَ رَبُّكُمْ وَرَبُّ ءَابَآئِكُمُ ٱلْأَوَّلِينَ ۝ قَالَ إِنَّ رَسُولَكُمُ ٱلَّذِىٓ أُرْسِلَ إِلَيْكُمْ لَمَجْنُونٌ ۝ قَالَ رَبُّ ٱلْمَشْرِقِ وَٱلْمَغْرِبِ وَمَا بَيْنَهُمَآ إِن كُنتُمْ تَعْقِلُونَ ۝ قَالَ لَئِنِ ٱتَّخَذْتَ إِلَٰهًا غَيْرِى لَأَجْعَلَنَّكَ مِنَ ٱلْمَسْجُونِينَ ۝ قَالَ أَوَلَوْ جِئْتُكَ بِشَىْءٍ مُّبِينٍ ۝ قَالَ فَأْتِ بِهِۦٓ إِن كُنتَ مِنَ ٱلصَّٰدِقِينَ ۝ فَأَلْقَىٰ عَصَاهُ فَإِذَا هِىَ ثُعْبَانٌ مُّبِينٌ ۝ وَنَزَعَ يَدَهُۥ فَإِذَا هِىَ بَيْضَآءُ لِلنَّٰظِرِينَ ۝ قَالَ لِلْمَلَإِ حَوْلَهُۥٓ إِنَّ هَٰذَا لَسَٰحِرٌ عَلِيمٌ ۝ يُرِيدُ أَن يُخْرِجَكُم مِّنْ أَرْضِكُم بِسِحْرِهِۦ فَمَاذَا تَأْمُرُونَ ۝ قَالُوٓا۟ أَرْجِهْ وَأَخَاهُ وَٱبْعَثْ فِى ٱلْمَدَآئِنِ حَٰشِرِينَ ۝ يَأْتُوكَ بِكُلِّ سَحَّارٍ عَلِيمٍ ۝ فَجُمِعَ ٱلسَّحَرَةُ لِمِيقَٰتِ يَوْمٍ مَّعْلُومٍ ۝ وَقِيلَ لِلنَّاسِ هَلْ أَنتُم مُّجْتَمِعُونَ ۝

● مدّ مشبع 6 حركات   ● مدّ حركتين   ● إخفاء، ومواقع الغُنّة (حركتين)   ● تفخيم
مدّ 2 أو 4 أو 6 جوازاً   ● مدّ حركتين   ● إدغام، وما لا يُلفظ   ● قلقلة

368

لَعَلَّنَا نَتَّبِعُ ٱلسَّحَرَةَ إِن كَانُوا هُمُ ٱلْغَٰلِبِينَ ﴿٣٩﴾ فَلَمَّا جَآءَ ٱلسَّحَرَةُ قَالُوا

لِفِرْعَوْنَ أَئِنَّ لَنَا لَأَجْرًا إِن كُنَّا نَحْنُ ٱلْغَٰلِبِينَ ﴿٤٠﴾ قَالَ نَعَمْ وَإِنَّكُمْ

إِذًا لَّمِنَ ٱلْمُقَرَّبِينَ ﴿٤١﴾ قَالَ لَهُم مُّوسَىٰٓ أَلْقُوا مَآ أَنتُم مُّلْقُونَ ﴿٤٢﴾

فَأَلْقَوْا حِبَالَهُمْ وَعِصِيَّهُمْ وَقَالُوا بِعِزَّةِ فِرْعَوْنَ إِنَّا لَنَحْنُ ٱلْغَٰلِبُونَ ﴿٤٣﴾

فَأَلْقَىٰ مُوسَىٰ عَصَاهُ فَإِذَا هِىَ تَلْقَفُ مَا يَأْفِكُونَ ﴿٤٤﴾ فَأُلْقِىَ ٱلسَّحَرَةُ

سَٰجِدِينَ ﴿٤٥﴾ قَالُوٓا ءَامَنَّا بِرَبِّ ٱلْعَٰلَمِينَ ﴿٤٦﴾ رَبِّ مُوسَىٰ وَهَٰرُونَ ﴿٤٧﴾

قَالَ ءَامَنتُمْ لَهُۥ قَبْلَ أَنْ ءَاذَنَ لَكُمْ إِنَّهُۥ لَكَبِيرُكُمُ ٱلَّذِى عَلَّمَكُمُ

ٱلسِّحْرَ فَلَسَوْفَ تَعْلَمُونَ ﴿٤٨﴾ لَأُقَطِّعَنَّ أَيْدِيَكُمْ وَأَرْجُلَكُم مِّنْ

خِلَٰفٍ وَلَأُصَلِّبَنَّكُمْ أَجْمَعِينَ ﴿٤٩﴾ ۞ قَالُوا لَا ضَيْرَ إِنَّا إِلَىٰ رَبِّنَا

مُنقَلِبُونَ ﴿٥٠﴾ إِنَّا نَطْمَعُ أَن يَغْفِرَ لَنَا رَبُّنَا خَطَٰيَٰنَا أَن كُنَّا أَوَّلَ

ٱلْمُؤْمِنِينَ ﴿٥١﴾ وَأَوْحَيْنَآ إِلَىٰ مُوسَىٰٓ أَنْ أَسْرِ بِعِبَادِىٓ إِنَّكُم مُّتَّبَعُونَ ﴿٥٢﴾

فَأَرْسَلَ فِرْعَوْنُ فِى ٱلْمَدَآئِنِ حَٰشِرِينَ ﴿٥٣﴾ إِنَّ هَٰٓؤُلَآءِ لَشِرْذِمَةٌ

قَلِيلُونَ ﴿٥٤﴾ وَإِنَّهُمْ لَنَا لَغَآئِظُونَ ﴿٥٥﴾ وَإِنَّا لَجَمِيعٌ حَٰذِرُونَ ﴿٥٦﴾

فَأَخْرَجْنَٰهُم مِّن جَنَّٰتٍ وَعُيُونٍ ﴿٥٧﴾ وَكُنُوزٍ وَمَقَامٍ كَرِيمٍ ﴿٥٨﴾

كَذَٰلِكَ وَأَوْرَثْنَٰهَا بَنِىٓ إِسْرَٰٓءِيلَ ﴿٥٩﴾ فَأَتْبَعُوهُم مُّشْرِقِينَ ﴿٦٠﴾

- بِعِزَّةِ فِرْعَوْنَ
  بقوّته وعظمته
- تَلْقَفُ
  تبتلع
- مَا يَأْفِكُونَ
  ما يقلّبونه
  عن وجهه
  بالتمويه
- لَا ضَيْرَ
  لا ضرر علينا

- إِنَّكُم مُّتَّبَعُونَ
  يتبعكم
  فرعون
  وجنوده
- حَٰشِرِينَ
  جامعين
  الجيش
- لَشِرْذِمَةٌ
  لطائفة قليلة
- حَٰذِرُونَ
  مُحترزون
  أو مُتأهّبون
  بالسلاح
- مُّشْرِقِينَ
  داخلين في
  وقت الشروق

● مدّ مشبع ٦ حركات   ● إخفاء، ومواقع الغُنّة (حركتين)   ● تفخيم
● مدّ ٢ أو ٤ أو ٦ جوازًا   ● مدّ حركتين   ● إدغام، وما لا يُلفظ   ● قلقلة

٣٦٩

فَلَمَّا تَرَاءَا الْجَمْعَانِ قَالَ أَصْحَابُ مُوسَىٰ إِنَّا لَمُدْرَكُونَ ۝٦١ قَالَ

كَلَّا إِنَّ مَعِيَ رَبِّي سَيَهْدِينِ ۝٦٢ فَأَوْحَيْنَا إِلَىٰ مُوسَىٰ أَنِ اضْرِب

بِّعَصَاكَ الْبَحْرَ فَانفَلَقَ فَكَانَ كُلُّ فِرْقٍ كَالطَّوْدِ الْعَظِيمِ ۝٦٣

وَأَزْلَفْنَا ثَمَّ الْآخَرِينَ ۝٦٤ وَأَنجَيْنَا مُوسَىٰ وَمَن مَّعَهُ أَجْمَعِينَ ۝٦٥

ثُمَّ أَغْرَقْنَا الْآخَرِينَ ۝٦٦ إِنَّ فِي ذَٰلِكَ لَآيَةً وَمَا كَانَ أَكْثَرُهُم

مُّؤْمِنِينَ ۝٦٧ وَإِنَّ رَبَّكَ لَهُوَ الْعَزِيزُ الرَّحِيمُ ۝٦٨ وَاتْلُ عَلَيْهِمْ

نَبَأَ إِبْرَاهِيمَ ۝٦٩ إِذْ قَالَ لِأَبِيهِ وَقَوْمِهِ مَا تَعْبُدُونَ ۝٧٠ قَالُوا

نَعْبُدُ أَصْنَامًا فَنَظَلُّ لَهَا عَاكِفِينَ ۝٧١ قَالَ هَلْ يَسْمَعُونَكُمْ إِذْ

تَدْعُونَ ۝٧٢ أَوْ يَنفَعُونَكُمْ أَوْ يَضُرُّونَ ۝٧٣ قَالُوا بَلْ وَجَدْنَا

ءَابَاءَنَا كَذَٰلِكَ يَفْعَلُونَ ۝٧٤ قَالَ أَفَرَأَيْتُم مَّا كُنتُمْ تَعْبُدُونَ ۝٧٥

أَنتُمْ وَءَابَاؤُكُمُ الْأَقْدَمُونَ ۝٧٦ فَإِنَّهُمْ عَدُوٌّ لِّي إِلَّا رَبَّ

الْعَالَمِينَ ۝٧٧ الَّذِي خَلَقَنِي فَهُوَ يَهْدِينِ ۝٧٨ وَالَّذِي هُوَ يُطْعِمُنِي

وَيَسْقِينِ ۝٧٩ وَإِذَا مَرِضْتُ فَهُوَ يَشْفِينِ ۝٨٠ وَالَّذِي يُمِيتُنِي

ثُمَّ يُحْيِينِ ۝٨١ ۞ وَالَّذِي أَطْمَعُ أَن يَغْفِرَ لِي خَطِيئَتِي يَوْمَ

الدِّينِ ۝٨٢ رَبِّ هَبْ لِي حُكْمًا وَأَلْحِقْنِي بِالصَّالِحِينَ ۝٨٣

وَاجْعَل لِّى لِسَانَ صِدْقٍ فِى ٱلْءَاخِرِينَ ۝٨٤ وَٱجْعَلْنِى مِن وَرَثَةِ جَنَّةِ ٱلنَّعِيمِ ۝٨٥ وَٱغْفِرْ لِأَبِىٓ إِنَّهُۥ كَانَ مِنَ ٱلضَّآلِّينَ ۝٨٦ وَلَا تُخْزِنِى يَوْمَ يُبْعَثُونَ ۝٨٧ يَوْمَ لَا يَنفَعُ مَالٌ وَلَا بَنُونَ ۝٨٨ إِلَّا مَنْ أَتَى ٱللَّهَ بِقَلْبٍ سَلِيمٍ ۝٨٩ وَأُزْلِفَتِ ٱلْجَنَّةُ لِلْمُتَّقِينَ ۝٩٠ وَبُرِّزَتِ ٱلْجَحِيمُ لِلْغَاوِينَ ۝٩١ وَقِيلَ لَهُمْ أَيْنَ مَا كُنتُمْ تَعْبُدُونَ ۝٩٢ مِن دُونِ ٱللَّهِ هَلْ يَنصُرُونَكُمْ أَوْ يَنتَصِرُونَ ۝٩٣ فَكُبْكِبُوا فِيهَا هُمْ وَٱلْغَاوُۥنَ ۝٩٤ وَجُنُودُ إِبْلِيسَ أَجْمَعُونَ ۝٩٥ قَالُوا وَهُمْ فِيهَا يَخْتَصِمُونَ ۝٩٦ تَٱللَّهِ إِن كُنَّا لَفِى ضَلَٰلٍ مُّبِينٍ ۝٩٧ إِذْ نُسَوِّيكُم بِرَبِّ ٱلْعَٰلَمِينَ ۝٩٨ وَمَآ أَضَلَّنَآ إِلَّا ٱلْمُجْرِمُونَ ۝٩٩ فَمَا لَنَا مِن شَٰفِعِينَ ۝١٠٠ وَلَا صَدِيقٍ حَمِيمٍ ۝١٠١ فَلَوْ أَنَّ لَنَا كَرَّةً فَنَكُونَ مِنَ ٱلْمُؤْمِنِينَ ۝١٠٢ إِنَّ فِى ذَٰلِكَ لَءَايَةً وَمَا كَانَ أَكْثَرُهُم مُّؤْمِنِينَ ۝١٠٣ وَإِنَّ رَبَّكَ لَهُوَ ٱلْعَزِيزُ ٱلرَّحِيمُ ۝١٠٤ كَذَّبَتْ قَوْمُ نُوحٍ ٱلْمُرْسَلِينَ ۝١٠٥ إِذْ قَالَ لَهُمْ أَخُوهُمْ نُوحٌ أَلَا تَتَّقُونَ ۝١٠٦ إِنِّى لَكُمْ رَسُولٌ أَمِينٌ ۝١٠٧ فَٱتَّقُوا ٱللَّهَ وَأَطِيعُونِ ۝١٠٨ وَمَآ أَسْـَٔلُكُمْ عَلَيْهِ مِنْ أَجْرٍ إِنْ أَجْرِىَ إِلَّا عَلَىٰ رَبِّ ٱلْعَٰلَمِينَ ۝١٠٩ فَٱتَّقُوا ٱللَّهَ وَأَطِيعُونِ ۝١١٠ قَالُوٓا أَنُؤْمِنُ لَكَ وَٱتَّبَعَكَ ٱلْأَرْذَلُونَ ۝١١١

- لِسَانَ صِدْقٍ
  ثناءً حسنًا
- لَا تُخْزِنِى
  لا تفضحني
  ولا تذلني
- وَأُزْلِفَتِ ٱلْجَنَّةُ
  قُرّبت وأدنيت
- وَبُرِّزَتِ ٱلْجَحِيمُ
  أظهرت
- لِلْغَاوِينَ
  الضالين عن
  طريق الحق
- فَكُبْكِبُوا
  فألقى الأصنام
  على وجوههم
  مرارًا
- نُسَوِّيكُم
  بِرَبِّ ٱلْعَٰلَمِينَ
  نجعلكم
  وإياه سواءً في
  العبادة
- حَمِيمٍ
  شفيق يهتم
  بأمرنا
- كَرَّةً
  رجعة إلى
  الدنيا

حزب

- ٱتَّبَعَكَ
  ٱلْأَرْذَلُونَ
  السفلة الأدنياء
  من الناس

قَالَ وَمَا عِلْمِي بِمَا كَانُوا۟ يَعْمَلُونَ ۝١١٢ إِنْ حِسَابُهُمْ إِلَّا عَلَىٰ رَبِّي لَوْ

تَشْعُرُونَ ۝١١٣ وَمَآ أَنَا۠ بِطَارِدِ ٱلْمُؤْمِنِينَ ۝١١٤ إِنْ أَنَا۠ إِلَّا نَذِيرٌ مُّبِينٌ ۝١١٥

قَالُوا۟ لَئِن لَّمْ تَنتَهِ يَٰنُوحُ لَتَكُونَنَّ مِنَ ٱلْمَرْجُومِينَ ۝١١٦ قَالَ رَبِّ

إِنَّ قَوْمِي كَذَّبُونِ ۝١١٧ فَٱفْتَحْ بَيْنِي وَبَيْنَهُمْ فَتْحًا وَنَجِّنِي وَمَن مَّعِي

مِنَ ٱلْمُؤْمِنِينَ ۝١١٨ فَأَنجَيْنَٰهُ وَمَن مَّعَهُۥ فِى ٱلْفُلْكِ ٱلْمَشْحُونِ ۝١١٩

ثُمَّ أَغْرَقْنَا بَعْدُ ٱلْبَاقِينَ ۝١٢٠ إِنَّ فِي ذَٰلِكَ لَءَايَةً وَمَا كَانَ أَكْثَرُهُم

مُّؤْمِنِينَ ۝١٢١ وَإِنَّ رَبَّكَ لَهُوَ ٱلْعَزِيزُ ٱلرَّحِيمُ ۝١٢٢ كَذَّبَتْ عَادٌ

ٱلْمُرْسَلِينَ ۝١٢٣ إِذْ قَالَ لَهُمْ أَخُوهُمْ هُودٌ أَلَا تَتَّقُونَ ۝١٢٤ إِنِّي لَكُمْ

رَسُولٌ أَمِينٌ ۝١٢٥ فَٱتَّقُوا۟ ٱللَّهَ وَأَطِيعُونِ ۝١٢٦ وَمَآ أَسْـَٔلُكُمْ عَلَيْهِ

مِنْ أَجْرٍ إِنْ أَجْرِيَ إِلَّا عَلَىٰ رَبِّ ٱلْعَٰلَمِينَ ۝١٢٧ أَتَبْنُونَ بِكُلِّ رِيعٍ

ءَايَةً تَعْبَثُونَ ۝١٢٨ وَتَتَّخِذُونَ مَصَانِعَ لَعَلَّكُمْ تَخْلُدُونَ ۝١٢٩

وَإِذَا بَطَشْتُم بَطَشْتُمْ جَبَّارِينَ ۝١٣٠ فَٱتَّقُوا۟ ٱللَّهَ وَأَطِيعُونِ ۝١٣١

وَٱتَّقُوا۟ ٱلَّذِىٓ أَمَدَّكُم بِمَا تَعْلَمُونَ ۝١٣٢ أَمَدَّكُم بِأَنْعَٰمٍ وَبَنِينَ ۝١٣٣

وَجَنَّٰتٍ وَعُيُونٍ ۝١٣٤ إِنِّىٓ أَخَافُ عَلَيْكُمْ عَذَابَ يَوْمٍ عَظِيمٍ ۝١٣٥

قَالُوا۟ سَوَآءٌ عَلَيْنَآ أَوَعَظْتَ أَمْ لَمْ تَكُن مِّنَ ٱلْوَٰعِظِينَ ۝١٣٦

الهوامش:

• فَٱفْتَحْ
فاحكم

• ٱلْمَشْحُونِ
المملوء

• رِيعٍ
طريق
أو مكان
مرتفع

• ءَايَةً
بناءً شامخًا
كالعلم في
الارتفاع

• تَعْبَثُونَ
ببنائها أو بمن
يمرُّ بكم

• تَتَّخِذُونَ
مَصَانِعَ
أحواضًا للماء

• أَمَدَّكُم
أنعم عليكم

• مدّ مشبع 6 حركات	• إخفاء، ومواقع الغُنَّة (حركتين)	• مدّ حركتين	• تفخيم
• مدّ 2 أو 4 أو 6 جوازًا	• إدغام، وما لا يُلفَظ		• قلقلة

إِنْ هَٰذَآ إِلَّا خُلُقُ ٱلْأَوَّلِينَ ۝١٣٧ وَمَا نَحْنُ بِمُعَذَّبِينَ ۝١٣٨ فَكَذَّبُوهُ

فَأَهْلَكْنَٰهُمْ إِنَّ فِي ذَٰلِكَ لَءَايَةً وَمَا كَانَ أَكْثَرُهُم مُّؤْمِنِينَ ۝١٣٩

وَإِنَّ رَبَّكَ لَهُوَ ٱلْعَزِيزُ ٱلرَّحِيمُ ۝١٤٠ كَذَّبَتْ ثَمُودُ ٱلْمُرْسَلِينَ ۝١٤١

إِذْ قَالَ لَهُمْ أَخُوهُمْ صَٰلِحٌ أَلَا تَتَّقُونَ ۝١٤٢ إِنِّي لَكُمْ رَسُولٌ

أَمِينٌ ۝١٤٣ فَٱتَّقُوا۟ ٱللَّهَ وَأَطِيعُونِ ۝١٤٤ وَمَا أَسْـَٔلُكُمْ عَلَيْهِ مِنْ أَجْرٍ

إِنْ أَجْرِيَ إِلَّا عَلَىٰ رَبِّ ٱلْعَٰلَمِينَ ۝١٤٥ ۞ أَتُتْرَكُونَ فِي مَا هَٰهُنَآ

ءَامِنِينَ ۝١٤٦ فِي جَنَّٰتٍ وَعُيُونٍ ۝١٤٧ وَزُرُوعٍ وَنَخْلٍ طَلْعُهَا

هَضِيمٌ ۝١٤٨ وَتَنْحِتُونَ مِنَ ٱلْجِبَالِ بُيُوتًا فَٰرِهِينَ ۝١٤٩ فَٱتَّقُوا۟ ٱللَّهَ

وَأَطِيعُونِ ۝١٥٠ وَلَا تُطِيعُوٓا۟ أَمْرَ ٱلْمُسْرِفِينَ ۝١٥١ ٱلَّذِينَ يُفْسِدُونَ

فِي ٱلْأَرْضِ وَلَا يُصْلِحُونَ ۝١٥٢ قَالُوٓا۟ إِنَّمَآ أَنتَ مِنَ ٱلْمُسَحَّرِينَ ۝١٥٣

مَآ أَنتَ إِلَّا بَشَرٌ مِّثْلُنَا فَأْتِ بِـَٔايَةٍ إِن كُنتَ مِنَ ٱلصَّٰدِقِينَ ۝١٥٤

قَالَ هَٰذِهِۦ نَاقَةٌ لَّهَا شِرْبٌ وَلَكُمْ شِرْبُ يَوْمٍ مَّعْلُومٍ ۝١٥٥ وَلَا

تَمَسُّوهَا بِسُوٓءٍ فَيَأْخُذَكُمْ عَذَابُ يَوْمٍ عَظِيمٍ ۝١٥٦ فَعَقَرُوهَا

فَأَصْبَحُوا۟ نَٰدِمِينَ ۝١٥٧ فَأَخَذَهُمُ ٱلْعَذَابُ إِنَّ فِي ذَٰلِكَ لَءَايَةً وَمَا

كَانَ أَكْثَرُهُم مُّؤْمِنِينَ ۝١٥٨ وَإِنَّ رَبَّكَ لَهُوَ ٱلْعَزِيزُ ٱلرَّحِيمُ ۝١٥٩

• **خُلُقُ ٱلْأَوَّلِينَ**
عَادَتُهم يلْفِقُونَه
ويدعون إليه

• **طَلْعُهَا**
ثمرها أوّل ما
يطلع

• **ثَمَنُ**

• **هَضِيمٌ**
لطيف
أو نضيج
أو رطب
مُذنَّب

• **فَٰرِهِينَ**
حاذقين

• **ٱلْمُسَحَّرِينَ**
المغلوب على
عقولهم بكثرة
السحر

• **لَّهَا شِرْبٌ**
نصيبٌ
مشروبٌ من
الماء

كَذَّبَتْ قَوْمُ لُوطٍ ٱلْمُرْسَلِينَ ۝ إِذْ قَالَ لَهُمْ أَخُوهُمْ لُوطٌ أَلَا

تَتَّقُونَ ۝ إِنِّي لَكُمْ رَسُولٌ أَمِينٌ ۝ فَٱتَّقُوا ٱللَّهَ وَأَطِيعُونِ ۝

وَمَا أَسْـَٔلُكُمْ عَلَيْهِ مِنْ أَجْرٍ إِنْ أَجْرِيَ إِلَّا عَلَىٰ رَبِّ ٱلْعَٰلَمِينَ ۝

أَتَأْتُونَ ٱلذُّكْرَانَ مِنَ ٱلْعَٰلَمِينَ ۝ وَتَذَرُونَ مَا خَلَقَ لَكُمْ رَبُّكُم

مِّنْ أَزْوَٰجِكُمْ بَلْ أَنتُمْ قَوْمٌ عَادُونَ ۝ قَالُوا لَئِن لَّمْ تَنتَهِ يَٰلُوطُ

لَتَكُونَنَّ مِنَ ٱلْمُخْرَجِينَ ۝ قَالَ إِنِّي لِعَمَلِكُم مِّنَ ٱلْقَالِينَ ۝

رَبِّ نَجِّنِي وَأَهْلِي مِمَّا يَعْمَلُونَ ۝ فَنَجَّيْنَٰهُ وَأَهْلَهُ أَجْمَعِينَ ۝

إِلَّا عَجُوزًا فِي ٱلْغَٰبِرِينَ ۝ ثُمَّ دَمَّرْنَا ٱلْأَخَرِينَ ۝ وَأَمْطَرْنَا عَلَيْهِم

مَّطَرًا فَسَآءَ مَطَرُ ٱلْمُنذَرِينَ ۝ إِنَّ فِي ذَٰلِكَ لَءَايَةً وَمَا كَانَ أَكْثَرُهُم

مُّؤْمِنِينَ ۝ وَإِنَّ رَبَّكَ لَهُوَ ٱلْعَزِيزُ ٱلرَّحِيمُ ۝ كَذَّبَ أَصْحَٰبُ

لْـَٔيْكَةِ ٱلْمُرْسَلِينَ ۝ إِذْ قَالَ لَهُمْ شُعَيْبٌ أَلَا تَتَّقُونَ ۝ إِنِّي لَكُمْ

رَسُولٌ أَمِينٌ ۝ فَٱتَّقُوا ٱللَّهَ وَأَطِيعُونِ ۝ وَمَا أَسْـَٔلُكُمْ عَلَيْهِ

مِنْ أَجْرٍ إِنْ أَجْرِيَ إِلَّا عَلَىٰ رَبِّ ٱلْعَٰلَمِينَ ۝ أَوْفُوا ٱلْكَيْلَ وَلَا

تَكُونُوا مِنَ ٱلْمُخْسِرِينَ ۝ وَزِنُوا بِٱلْقِسْطَاسِ ٱلْمُسْتَقِيمِ ۝

وَلَا تَبْخَسُوا ٱلنَّاسَ أَشْيَآءَهُمْ وَلَا تَعْثَوْا فِي ٱلْأَرْضِ مُفْسِدِينَ ۝

ٱلشُّعَرَاء ۞ رُبُعْ

وَٱتَّقُوا۟ ٱلَّذِى خَلَقَكُمْ وَٱلْجِبِلَّةَ ٱلْأَوَّلِينَ ۝١٨٤ قَالُوٓا۟ إِنَّمَآ أَنتَ مِنَ ٱلْمُسَحَّرِينَ ۝١٨٥ وَمَآ أَنتَ إِلَّا بَشَرٌ مِّثْلُنَا وَإِن نَّظُنُّكَ لَمِنَ ٱلْكَٰذِبِينَ ۝١٨٦ فَأَسْقِطْ عَلَيْنَا كِسَفًا مِّنَ ٱلسَّمَآءِ إِن كُنتَ مِنَ ٱلصَّٰدِقِينَ ۝١٨٧ قَالَ رَبِّىٓ أَعْلَمُ بِمَا تَعْمَلُونَ ۝١٨٨ فَكَذَّبُوهُ فَأَخَذَهُمْ عَذَابُ يَوْمِ ٱلظُّلَّةِ إِنَّهُۥ كَانَ عَذَابَ يَوْمٍ عَظِيمٍ ۝١٨٩ إِنَّ فِى ذَٰلِكَ لَءَايَةً وَمَا كَانَ أَكْثَرُهُم مُّؤْمِنِينَ ۝١٩٠ وَإِنَّ رَبَّكَ لَهُوَ ٱلْعَزِيزُ ٱلرَّحِيمُ ۝١٩١ وَإِنَّهُۥ لَتَنزِيلُ رَبِّ ٱلْعَٰلَمِينَ ۝١٩٢ نَزَلَ بِهِ ٱلرُّوحُ ٱلْأَمِينُ ۝١٩٣ عَلَىٰ قَلْبِكَ لِتَكُونَ مِنَ ٱلْمُنذِرِينَ ۝١٩٤ بِلِسَانٍ عَرَبِىٍّ مُّبِينٍ ۝١٩٥ وَإِنَّهُۥ لَفِى زُبُرِ ٱلْأَوَّلِينَ ۝١٩٦ أَوَلَمْ يَكُن لَّهُمْ ءَايَةً أَن يَعْلَمَهُۥ عُلَمَٰٓؤُا۟ بَنِىٓ إِسْرَٰٓءِيلَ ۝١٩٧ وَلَوْ نَزَّلْنَٰهُ عَلَىٰ بَعْضِ ٱلْأَعْجَمِينَ ۝١٩٨ فَقَرَأَهُۥ عَلَيْهِم مَّا كَانُوا۟ بِهِۦ مُؤْمِنِينَ ۝١٩٩ كَذَٰلِكَ سَلَكْنَٰهُ فِى قُلُوبِ ٱلْمُجْرِمِينَ ۝٢٠٠ لَا يُؤْمِنُونَ بِهِۦ حَتَّىٰ يَرَوُا۟ ٱلْعَذَابَ ٱلْأَلِيمَ ۝٢٠١ فَيَأْتِيَهُم بَغْتَةً وَهُمْ لَا يَشْعُرُونَ ۝٢٠٢ فَيَقُولُوا۟ هَلْ نَحْنُ مُنظَرُونَ ۝٢٠٣ أَفَبِعَذَابِنَا يَسْتَعْجِلُونَ ۝٢٠٤ أَفَرَءَيْتَ إِن مَّتَّعْنَٰهُمْ سِنِينَ ۝٢٠٥ ثُمَّ جَآءَهُم مَّا كَانُوا۟ يُوعَدُونَ ۝٢٠٦

مَآ أَغْنىٰ عَنْهُم مَّا كَانُواْ يُمَتَّعُونَ ﴿207﴾ وَمَآ أَهْلَكْنَا مِن
قَرْيَةٍ اِلَّا لَهَا مُنذِرُونَ ﴿208﴾ ذِكْرِيٰ وَمَا كُنَّا ظَٰلِمِينَ ﴿209﴾
۞ وَمَا تَنَزَّلَتْ بِهِ اِ۬لشَّيَٰطِينُ وَمَا يَنۢبَغِے لَهُمْ وَمَا يَسْتَطِيعُونَ ﴿210﴾
إِنَّهُمْ عَنِ اِ۬لسَّمْعِ لَمَعْزُولُونَ ﴿211﴾ فَلَا تَدْعُ مَعَ اَ۬للَّهِ إِلَٰهاً ـ اخَرَ
فَتَكُونَ مِنَ اَ۬لْمُعَذَّبِينَ ﴿212﴾ وَأَنذِرْ عَشِيرَتَكَ اَ۬لَاقْرَبِينَ ﴿213﴾
وَاخْفِضْ جَنَاحَكَ لِمَنِ اِ۪تَّبَعَكَ مِنَ اَ۬لْمُومِنِينَ ﴿214﴾ فَإِنْ
عَصَوْكَ فَقُلِ اِنِّے بَرِےٓءٞ مِّمَّا تَعْمَلُونَ ﴿215﴾ فَتَوَكَّلْ عَلَى
اَ۬لْعَزِيزِ اِ۬لرَّحِيمِ ﴿216﴾ اِ۬لذِے يَرَيٰكَ حِينَ تَقُومُ ﴿217﴾ وَتَقَلُّبَكَ
فِے اِ۬لسَّٰجِدِينَ ﴿218﴾ إِنَّهُۥ هُوَ اَ۬لسَّمِيعُ اُ۬لْعَلِيمُ ﴿219﴾ هَلُ انَبِّئُكُمْ
عَلَيٰ مَن تَنَزَّلُ اُ۬لشَّيَٰطِينُ ﴿220﴾ تَنَزَّلُ عَلَيٰ كُلِّ أَفَّاكٍ اَثِيمٖ ﴿221﴾
يُلْقُونَ اَ۬لسَّمْعَ وَأَكْثَرُهُمْ كَٰذِبُونَ ﴿222﴾ وَالشُّعَرَآءُ يَتْبَعُهُمُ
اُ۬لْغَاوُۥنَ ﴿223﴾ أَلَمْ تَرَ أَنَّهُمْ فِے كُلِّ وَادٖ يَهِيمُونَ ﴿224﴾
وَأَنَّهُمْ يَقُولُونَ مَا لَا يَفْعَلُونَ ﴿225﴾ إِلَّا اَ۬لذِينَ ءَامَنُواْ وَعَمِلُواْ
اُ۬لصَّٰلِحَٰتِ وَذَكَرُواْ اُ۬للَّهَ كَثِيراً وَانتَصَرُواْ مِنۢ بَعْدِ
مَا ظُلِمُواْ وَسَيَعْلَمُ اُ۬لذِينَ ظَلَمُوٓاْ أَيَّ مُنقَلَبٖ يَنقَلِبُونَ ﴿226﴾

ثُمُنٌ

▪ تَقَلُّبَكَ: تنقّلك
▪ أَفَّاكٍ: كثيرِ الكذبِ
▪ يَهِيمُونَ: يخوضونَ ويذهبونَ

مدّ مشبع 6 حركات — مدّ 2 أو 4 أو 6 جوازاً — مدّ حركتين — إخفاء، ومواقع الغُنَّة (حركتين) — إدغام، وما لا يُلفظ — تفخيم — قلقلة

سُورَةُ النَّمْلِ

ترتيبها 27 — آياتها 95

بِسْمِ اللَّهِ الرَّحْمَٰنِ الرَّحِيمِ

طسٓ تِلْكَ ءَايَٰتُ الْقُرْءَانِ وَكِتَابٖ مُّبِينٍ (1) هُدٗى وَبُشْرِيٰ
لِلْمُومِنِينَ (2) الذِينَ يُقِيمُونَ الصَّلَوٰةَ وَيُوتُونَ الزَّكَوٰةَ وَهُم بِالَاخِرَةِ
هُمْ يُوقِنُونَ (3) إِنَّ الذِينَ لَا يُومِنُونَ بِالَاخِرَةِ زَيَّنَّا لَهُمُۥٓ أَعْمَٰلَهُمْ فَهُمْ
يَعْمَهُونَ (4) أُوْلَٰٓئِكَ الذِينَ لَهُمْ سُوٓءُ الْعَذَابِ وَهُمْ فِي الَاخِرَةِ هُمُ
الَاخْسَرُونَ (5) ۞ وَإِنَّكَ لَتُلَقَّى الْقُرْءَانَ مِن لَّدُنْ حَكِيمٍ عَلِيمٍ (6) اِذْ قَالَ
مُوسِيٰ لِأَهْلِهِۦٓ إِنِّيَ ءَانَسْتُ نَارًا سَـَٔاتِيكُم مِّنْهَا بِخَبَرٍ اَوْ ـَاتِيكُم بِشِهَابٖ قَبَسٖ
لَّعَلَّكُمْ تَصْطَلُونَ (7) فَلَمَّا جَآءَهَا نُودِيَ أَنۢ بُورِكَ مَن فِي النَّارِ وَمَنْ حَوْلَهَا
وَسُبْحَٰنَ اللَّهِ رَبِّ الْعَٰلَمِينَ (8) يَٰمُوسِيٰٓ إِنَّهُۥٓ أَنَا اللَّهُ الْعَزِيزُ الْحَكِيمُ (9)
وَأَلْقِ عَصَاكَ فَلَمَّا رَءِاهَا تَهْتَزُّ كَأَنَّهَا جَآنّٞ وَلِّيٰ مُدْبِرٗا وَلَمْ يُعَقِّبْ
يَٰمُوسِيٰ لَا تَخَفِ اِنِّے لَا يَخَافُ لَدَيَّ الْمُرْسَلُونَ (10) إِلَّا مَن ظَلَمَ ثُمَّ بَدَّلَ
حُسْنًا بَعْدَ سُوٓءٖ فَإِنِّے غَفُورٞ رَّحِيمٞ (11) وَأَدْخِلْ يَدَكَ فِي جَيْبِكَ تَخْرُجْ
بَيْضَآءَ مِنْ غَيْرِ سُوٓءٖ فِي تِسْعِ ءَايَٰتٍ اِلَىٰ فِرْعَوْنَ وَقَوْمِهِۦٓ إِنَّهُمْ كَانُواْ قَوْمٗا
فَٰسِقِينَ (12) فَلَمَّا جَآءَتْهُمُۥٓ ءَايَٰتُنَا مُبْصِرَةٗ قَالُواْ هَٰذَا سِحْرٞ مُّبِينٞ (13)

- يَعْمَهُونَ: يعمون عن الرّشدِ أو يتحيّرون
- ءَانَسْتُ نَاراً: أبصرتُها إبصارًا بيّنًا
- بِشِهَابٍ قَبَسٍ: بشُعلةِ نارٍ مقبوسةٍ من أصلِها

نِصْفُ

- تَصْطَلُونَ: تستدفئونَ بها من البردِ
- بُورِكَ: طُهّرَ وزيدَ خيرًا
- تَهْتَزُّ: تتحركُ بشدةٍ واضطرابٍ
- جَآنٌّ: حيّة سريعة حركتها
- وَلَمْ يُعَقِّبْ: لم يرجعْ على عقبِه أو لم يلتفتْ
- جَيْبِكَ: فتحةِ الجبّةِ حيثُ يخرجُ الرّأسُ
- سُوٓءٍ: برصٍ
- مُبْصِرَةً: واضحةً بيّنةً

مدّ مشبع 6 حركات	مدّ حركتين	إخفاء، ومواقع الغُنّة (حركتين)	تفخيم
مدّ 2 أو 4 أو 6 جوازاً		إدغام، وما لا يُلفظ	قلقلة

وَجَحَدُواْ بِهَا وَاسْتَيْقَنَتْهَا أَنفُسُهُمْ ظُلْماً وَعُلُوّاً فَانظُرْ كَيْفَ
كَانَ عَاقِبَةُ الْمُفْسِدِينَ (14) وَلَقَدْ ءَاتَيْنَا دَاوُودَ وَسُلَيْمَانَ عِلْماً
وَقَالَا الْحَمْدُ لِلَّهِ الَّذِي فَضَّلَنَا عَلَىٰ كَثِيرٍ مِّنْ عِبَادِهِ الْمُؤْمِنِينَ (15)
وَوَرِثَ سُلَيْمَانُ دَاوُودَ وَقَالَ يَا أَيُّهَا النَّاسُ عُلِّمْنَا مَنطِقَ الطَّيْرِ
وَأُوتِينَا مِن كُلِّ شَيْءٍ إِنَّ هَٰذَا لَهُوَ الْفَضْلُ الْمُبِينُ (16) ۞ وَحُشِرَ
لِسُلَيْمَانَ جُنُودُهُ مِنَ الْجِنِّ وَالْإِنسِ وَالطَّيْرِ فَهُمْ يُوزَعُونَ (17)
حَتَّىٰ إِذَا أَتَوْاْ عَلَىٰ وَادِ النَّمْلِ قَالَتْ نَمْلَةٌ يَا أَيُّهَا النَّمْلُ ادْخُلُواْ
مَسَاكِنَكُمْ لَا يَحْطِمَنَّكُمْ سُلَيْمَانُ وَجُنُودُهُ وَهُمْ لَا
يَشْعُرُونَ (18) فَتَبَسَّمَ ضَاحِكاً مِّن قَوْلِهَا وَقَالَ رَبِّ أَوْزِعْنِي
أَنْ أَشْكُرَ نِعْمَتَكَ الَّتِي أَنْعَمْتَ عَلَيَّ وَعَلَىٰ وَالِدَيَّ وَأَنْ أَعْمَلَ
صَالِحاً تَرْضَاهُ وَأَدْخِلْنِي بِرَحْمَتِكَ فِي عِبَادِكَ الصَّالِحِينَ (19)
وَتَفَقَّدَ الطَّيْرَ فَقَالَ مَا لِيَ لَا أَرَى الْهُدْهُدَ أَمْ كَانَ مِنَ
الْغَائِبِينَ (20) لَأُعَذِّبَنَّهُ عَذَاباً شَدِيداً أَوْ لَأَاْذْبَحَنَّهُ أَوْ
لَيَأْتِيَنِّي بِسُلْطَانٍ مُّبِينٍ (21) فَمَكَثَ غَيْرَ بَعِيدٍ فَقَالَ
أَحَطتُ بِمَا لَمْ تُحِطْ بِهِ وَجِئْتُكَ مِن سَبَإٍ بِنَبَإٍ يَقِينٍ (22)

▪ وَعُلُوّاً: استكباراً عن الإيمانِ بها
▪ مَنطِقَ الطَّيْرِ: فهمَ أصواته
ثُمُنٌ
▪ فَهُمْ يُوزَعُونَ: يُوقَفُ أوائلُهم لتلحقهم أواخرُهم
▪ لَا يَحْطِمَنَّكُمْ: لا يكسرنّكم ويُهلكنّكم
▪ أَوْزِعْنِي: ألهمْني

مدّ مشبع 6 حركات	مدّ حركتين	إخفاء، ومواقع الغُنَّة (حركتين)	تفخيم
مدّ 2 أو 4 أو 6 جوازاً		إدغام، وما لا يُلفظ	قلقلة

اِنِّى وَجَدتُّ اِمرَأَةً تَملِكُهُم وَأُوتِيَت مِن كُلِّ شَىءٍ وَلَها

عَرشٌ عَظِيمٌ ۝ وَجَدتُّها وَقَومَها يَسجُدُونَ لِلشَّمسِ مِن دُونِ

اللَّهِ وَزَيَّنَ لَهُمُ الشَّيطَانُ أَعمَالَهُم فَصَدَّهُم عَنِ السَّبِيلِ فَهُم

لَا يَهتَدُونَ ۝ أَلَّا يَسجُدُوا لِلَّهِ الَّذِى يُخرِجُ الخَبءَ فِى

السَّمَوَاتِ وَالأَرضِ وَيَعلَمُ مَا يُخفُونَ وَمَا يُعلِنُونَ ۝ اللَّهُ لَا إِلَهَ

إِلَّا هُوَ رَبُّ العَرشِ العَظِيمِ ۩ ۝ قَالَ سَنَنظُرُ أَصَدَقتَ أَم

كُنتَ مِنَ الكَاذِبِينَ ۝ اذهَب بِّكِتَابِى هَذا فَأَلقِه إِلَيهِم

ثُمَّ تَوَلَّ عَنهُم فَانظُر مَاذا يَرجِعُونَ ۝ قَالَت يَاأَيُّهَا المَلَأُ إِنِّى

أُلقِىَ إِلَىَّ كِتَابٌ كَرِيمٌ ۝ إِنَّهُ مِن سُلَيمَنَ وَإِنَّهُ بِسمِ

اللَّهِ الرَّحمَنِ الرَّحِيمِ ۝ أَلَّا تَعلُوا عَلَىَّ وَأتُونِى مُسلِمِينَ ۝

قَالَت يَاأَيُّهَا المَلَأُ أَفتُونِى فِى أَمرِى مَا كُنتُ قَاطِعَةً أَمرًا حَتَّى

تَشهَدُونِ ۝ قَالُوا نَحنُ أُولُوا قُوَّةٍ وَأُولُوا بَأسٍ شَدِيدٍ ۝ وَالأَمرُ

إِلَيكِ فَانظُرِى مَاذا تَأمُرِينَ ۝ قَالَت إِنَّ المُلُوكَ إِذَا دَخَلُوا

قَريَةً أَفسَدُوهَا وَجَعَلُوا أَعِزَّةَ أَهلِهَا أَذِلَّةً وَكَذَلِكَ يَفعَلُونَ ۝

وَإِنِّى مُرسِلَةٌ إِلَيهِم بِهَدِيَّةٍ فَنَاظِرَةٌ بِمَ يَرجِعُ المُرسَلُونَ ۝

سَجدَة رُبع

• يُخرِجُ
الخَبءَ
الشَّيءُ المخبوء
المستور
يُخرِجُ الخَبءَ

• تَوَلَّ عَنهُم
تنحَّ عنهم

• أَلَّا تَعلُوا
عَلَى
لا تتكبّروا

• مُسلِمِينَ
مؤمنين
أو مُنقادين

• تَشهَدُونِ
تحضروني
أو تشيروا علىّ

• أُولُوا
بَأسٍ
نجدة وبلاء
في الحرب

• مدّ مشبع ٦ حركات | • مدّ حركتين | • إخفاء، ومواقع الغنّة (حركتين) | • تفخيم
• مدّ ٢ أو ٤ أو ٦ جوازًا | | • إدغام، وما لا يلفظ | • قلقلة

فَلَمَّا جَآءَ سُلَيْمَنَ قَالَ أَتُمِدُّونَنِ بِمَالٍ فَمَآ ءَاتَىنِۦَ ٱللَّهُ خَيْرٌ مِّمَّآ

ءَاتَىٰكُم بَلْ أَنتُم بِهَدِيَّتِكُمْ تَفْرَحُونَ ۝ ٣٧ ٱرْجِعْ إِلَيْهِمْ فَلَنَأْتِيَنَّهُم

بِجُنُودٍ لَّا قِبَلَ لَهُم بِهَا وَلَنُخْرِجَنَّهُم مِّنْهَآ أَذِلَّةً وَهُمْ صَٰغِرُونَ ۝ ٣٨ قَالَ

يَٰٓأَيُّهَا ٱلْمَلَؤُاْ أَيُّكُمْ يَأْتِينِي بِعَرْشِهَا قَبْلَ أَن يَأْتُونِي مُسْلِمِينَ ۝ ٣٩ قَالَ

عِفْرِيتٌ مِّنَ ٱلْجِنِّ أَنَا۠ ءَاتِيكَ بِهِۦ قَبْلَ أَن تَقُومَ مِن مَّقَامِكَ وَإِنِّي عَلَيْهِ

لَقَوِيٌّ أَمِينٌ ۝ ٤٠ قَالَ ٱلَّذِي عِندَهُۥ عِلْمٌ مِّنَ ٱلْكِتَٰبِ أَنَا۠ ءَاتِيكَ

بِهِۦ قَبْلَ أَن يَرْتَدَّ إِلَيْكَ طَرْفُكَ فَلَمَّا رَءَاهُ مُسْتَقِرًّا عِندَهُۥ قَالَ هَٰذَا

مِن فَضْلِ رَبِّي لِيَبْلُوَنِيٓ ءَأَشْكُرُ أَمْ أَكْفُرُ وَمَن شَكَرَ فَإِنَّمَا يَشْكُرُ

لِنَفْسِهِۦ وَمَن كَفَرَ فَإِنَّ رَبِّي غَنِيٌّ كَرِيمٌ ۝ ٤١ ۞ قَالَ نَكِّرُواْ لَهَا

عَرْشَهَا نَنظُرْ أَتَهْتَدِيٓ أَمْ تَكُونُ مِنَ ٱلَّذِينَ لَا يَهْتَدُونَ ۝ ٤٢ فَلَمَّا

جَآءَتْ قِيلَ أَهَٰكَذَا عَرْشُكِ قَالَتْ كَأَنَّهُۥ هُوَ وَأُوتِينَا ٱلْعِلْمَ مِن قَبْلِهَا

وَكُنَّا مُسْلِمِينَ ۝ ٤٣ وَصَدَّهَا مَا كَانَت تَّعْبُدُ مِن دُونِ ٱللَّهِ إِنَّهَا كَانَتْ

مِن قَوْمٍ كَٰفِرِينَ ۝ ٤٤ قِيلَ لَهَا ٱدْخُلِي ٱلصَّرْحَ فَلَمَّا رَأَتْهُ حَسِبَتْهُ لُجَّةً

وَكَشَفَتْ عَن سَاقَيْهَا قَالَ إِنَّهُۥ صَرْحٌ مُّمَرَّدٌ مِّن قَوَارِيرَ ۝ ٤٥ قَالَتْ

رَبِّ إِنِّي ظَلَمْتُ نَفْسِي وَأَسْلَمْتُ مَعَ سُلَيْمَٰنَ لِلَّهِ رَبِّ ٱلْعَٰلَمِينَ ۝ ٤٦

الهامش الجانبي:

• صَٰغِرُونَ: ذَلِيلُونَ بِالأَسْرِ وَالاسْتِعْبَادِ

• طَرْفُكَ: نَظَرُكَ

• لِيَبْلُوَنِي: لِيَخْتَبِرَنِي وَيَمْتَحِنَنِي

• نَكِّرُواْ: غَيِّرُوا

ثُمُنٌ

• ٱدْخُلِي ٱلصَّرْحَ: القَصْر أو ساحَته

• حَسِبَتْهُ لُجَّةً: ظَنَّتْهُ ماءً غَزِيرًا

• صَرْحٌ مُّمَرَّدٌ: مُمَلَّس مُسَوًّى

• قَوَارِيرَ: زُجَاج

النَّمْل

| | مدّ مشبع 6 حركات | إخفاء، ومواقع الغنّة (حركتين) | تفخيم |
| مدّ حركتين | مدّ 2 أو 4 أو 6 جوازاً | إدغام، وما لا يُلفظ | قلقلة |

380

وَلَقَدْ أَرْسَلْنَآ إِلَىٰ ثَمُودَ أَخَاهُمْ صَٰلِحًا أَنِ ٱعْبُدُواْ ٱللَّهَ فَإِذَا هُمْ فَرِيقَانِ يَخْتَصِمُونَ ۝٤٧ قَالَ يَٰقَوْمِ لِمَ تَسْتَعْجِلُونَ بِٱلسَّيِّئَةِ قَبْلَ ٱلْحَسَنَةِ لَوْلَا تَسْتَغْفِرُونَ ٱللَّهَ لَعَلَّكُمْ تُرْحَمُونَ ۝٤٨ قَالُواْ ٱطَّيَّرْنَا بِكَ وَبِمَن مَّعَكَ قَالَ طَٰٓئِرُكُمْ عِندَ ٱللَّهِ بَلْ أَنتُمْ قَوْمٌ تُفْتَنُونَ ۝٤٩ وَكَانَ فِي ٱلْمَدِينَةِ تِسْعَةُ رَهْطٍ يُفْسِدُونَ فِي ٱلْأَرْضِ وَلَا يُصْلِحُونَ ۝٥٠ قَالُواْ تَقَاسَمُواْ بِٱللَّهِ لَنُبَيِّتَنَّهُۥ وَأَهْلَهُۥ ثُمَّ لَنَقُولَنَّ لِوَلِيِّهِۦ مَا شَهِدْنَا مَهْلِكَ أَهْلِهِۦ وَإِنَّا لَصَٰدِقُونَ ۝٥١ وَمَكَرُواْ مَكْرًا وَمَكَرْنَا مَكْرًا وَهُمْ لَا يَشْعُرُونَ ۝٥٢ فَٱنظُرْ كَيْفَ كَانَ عَٰقِبَةُ مَكْرِهِمْ أَنَّا دَمَّرْنَٰهُمْ وَقَوْمَهُمْ أَجْمَعِينَ ۝٥٣ فَتِلْكَ بُيُوتُهُمْ خَاوِيَةَ بِمَا ظَلَمُوٓاْ إِنَّ فِي ذَٰلِكَ لَأَيَةً لِّقَوْمٍ يَعْلَمُونَ ۝٥٤ وَأَنجَيْنَا ٱلَّذِينَ ءَامَنُواْ وَكَانُواْ يَتَّقُونَ ۝٥٥ وَلُوطًا إِذْ قَالَ لِقَوْمِهِۦٓ أَتَأْتُونَ ٱلْفَٰحِشَةَ وَأَنتُمْ تُبْصِرُونَ ۝٥٦ أَئِنَّكُمْ لَتَأْتُونَ ٱلرِّجَالَ شَهْوَةً مِّن دُونِ ٱلنِّسَآءِ بَلْ أَنتُمْ قَوْمٌ تَجْهَلُونَ ۝٥٧

- ٱطَّيَّرْنَا بِكَ
  تشاءمنا بك

- طَٰٓئِرُكُمْ
  شُؤْمُكُم
  أو عملكُم
  السَّيئُ

- تُفْتَنُونَ
  يفتنكُم
  الشَّيطانُ
  بوَسوسته

- تِسْعَةُ رَهْطٍ
  أشخاص من
  الرُّؤساء

- تَقَاسَمُواْ
  بِٱللَّهِ
  تحالفوا بالله

- لَنُبَيِّتَنَّهُۥ
  وَأَهْلَهُۥ
  لنقتلنهم ليلًا

- مَهْلِكَ
  أَهْلِهِ
  هلاكهم

- دَمَّرْنَٰهُمْ
  أهلكناهم

- خَاوِيَةً
  خالية
  أو ساقطة
  متهدمة

| مدّ مشبع ٦ حركات | ● | إخفاء، ومواقع الغُنَّة (حركتين) | ● | مدّ حركتين | ● | تفخيم | ● |
| مدّ ٢ أو ٤ أو ٦ جوازاً | ● | إدغام، وما لا يُلفظ | ● | مدّ حركتين | ● | قلقلة | ● |

۞ فَمَا كَانَ جَوَابَ قَوْمِهِ إِلَّا أَن قَالُوٓا۟ أَخْرِجُوٓا۟ ءَالَ لُوطٍ مِّن قَرْيَتِكُمْ إِنَّهُمْ أُنَاسٌ يَتَطَهَّرُونَ ﴿٥٨﴾ فَأَنجَيْنَٰهُ وَأَهْلَهُۥٓ إِلَّا ٱمْرَأَتَهُۥ قَدَّرْنَٰهَا مِنَ ٱلْغَٰبِرِينَ ﴿٥٩﴾ وَأَمْطَرْنَا عَلَيْهِم مَّطَرًا فَسَآءَ مَطَرُ ٱلْمُنذَرِينَ ﴿٦٠﴾ قُلِ ٱلْحَمْدُ لِلَّهِ وَسَلَٰمٌ عَلَىٰ عِبَادِهِ ٱلَّذِينَ ٱصْطَفَىٰٓ ءَآللَّهُ خَيْرٌ أَمَّا يُشْرِكُونَ ﴿٦١﴾ أَمَّنْ خَلَقَ ٱلسَّمَٰوَٰتِ وَٱلْأَرْضَ وَأَنزَلَ لَكُم مِّنَ ٱلسَّمَآءِ مَآءً فَأَنۢبَتْنَا بِهِۦ حَدَآئِقَ ذَاتَ بَهْجَةٍ مَّا كَانَ لَكُمْ أَن تُنۢبِتُوا۟ شَجَرَهَآ أَءِلَٰهٌ مَّعَ ٱللَّهِ بَلْ هُمْ قَوْمٌ يَعْدِلُونَ ﴿٦٢﴾ أَمَّن جَعَلَ ٱلْأَرْضَ قَرَارًا وَجَعَلَ خِلَٰلَهَآ أَنْهَٰرًا وَجَعَلَ لَهَا رَوَٰسِيَ وَجَعَلَ بَيْنَ ٱلْبَحْرَيْنِ حَاجِزًا أَءِلَٰهٌ مَّعَ ٱللَّهِ بَلْ أَكْثَرُهُمْ لَا يَعْلَمُونَ ﴿٦٣﴾ أَمَّن يُجِيبُ ٱلْمُضْطَرَّ إِذَا دَعَاهُ وَيَكْشِفُ ٱلسُّوٓءَ وَيَجْعَلُكُمْ خُلَفَآءَ ٱلْأَرْضِ أَءِلَٰهٌ مَّعَ ٱللَّهِ قَلِيلًا مَّا تَذَكَّرُونَ ﴿٦٤﴾ أَمَّن يَهْدِيكُمْ فِى ظُلُمَٰتِ ٱلْبَرِّ وَٱلْبَحْرِ وَمَن يُرْسِلُ ٱلرِّيَٰحَ بُشْرًۢا بَيْنَ يَدَىْ رَحْمَتِهِۦٓ أَءِلَٰهٌ مَّعَ ٱللَّهِ تَعَٰلَى ٱللَّهُ عَمَّا يُشْرِكُونَ ﴿٦٥﴾

الهامش:

• يَتَطَهَّرُونَ
يزعمون التنزّه
عمّا نفعل

• قَدَّرْنَٰهَا
حكمنا عليها

• مِنَ ٱلْغَٰبِرِينَ
بجعلها من
الباقين في
العذاب

• حَدَآئِقَ
ذَاتَ بَهْجَةٍ
بساتين ذات
حُسْن ورونق

• قَوْمٌ يَعْدِلُونَ
ينحرفون
عن الحق في
أمورهم

• قَرَارًا
مستقرًا
بالدَّحْو
والتسوية

• رَوَٰسِيَ
جبالًا ثوابت

• حَاجِزًا
فاصلًا يمنع
اختلاطهما

| • مدّ مشبع 6 حركات | • إخفاء، ومواقع الغُنَّة (حركتين) | • مدّ حركتين | • تفخيم |
| مدّ 2 أو 4 أو 6 جوازًا | • إدغام، وما لا يُلفظ | • مدّ حركتين | • قلقلة |

أَمَّنْ يَبْدَؤُا۟ ٱلْخَلْقَ ثُمَّ يُعِيدُهُۥ وَمَن يَرْزُقُكُم مِّنَ ٱلسَّمَآءِ وَٱلْأَرْضِ ۗ أَءِلَٰهٌ مَّعَ ٱللَّهِ ۚ قُلْ هَاتُوا۟ بُرْهَٰنَكُمْ إِن كُنتُمْ صَٰدِقِينَ ۝٦٦ قُل لَّا يَعْلَمُ مَن فِى ٱلسَّمَٰوَٰتِ وَٱلْأَرْضِ ٱلْغَيْبَ إِلَّا ٱللَّهُ ۚ وَمَا يَشْعُرُونَ أَيَّانَ يُبْعَثُونَ ۝٦٧ بَلِ ٱدَّٰرَكَ عِلْمُهُمْ فِى ٱلْءَاخِرَةِ ۚ بَلْ هُمْ فِى شَكٍّ مِّنْهَا ۖ بَلْ هُم مِّنْهَا عَمُونَ ۝٦٨ وَقَالَ ٱلَّذِينَ كَفَرُوٓا۟ أَءِذَا كُنَّا تُرَٰبًا وَءَابَآؤُنَآ أَئِنَّا لَمُخْرَجُونَ ۝٦٩ لَقَدْ وُعِدْنَا هَٰذَا نَحْنُ وَءَابَآؤُنَا مِن قَبْلُ إِنْ هَٰذَآ إِلَّآ أَسَٰطِيرُ ٱلْأَوَّلِينَ ۝٧٠ قُلْ سِيرُوا۟ فِى ٱلْأَرْضِ فَٱنظُرُوا۟ كَيْفَ كَانَ عَٰقِبَةُ ٱلْمُجْرِمِينَ ۝٧١ وَلَا تَحْزَنْ عَلَيْهِمْ وَلَا تَكُن فِى ضَيْقٍ مِّمَّا يَمْكُرُونَ ۝٧٢ وَيَقُولُونَ مَتَىٰ هَٰذَا ٱلْوَعْدُ إِن كُنتُمْ صَٰدِقِينَ ۝٧٣ قُلْ عَسَىٰٓ أَن يَكُونَ رَدِفَ لَكُم بَعْضُ ٱلَّذِى تَسْتَعْجِلُونَ ۝٧٤ وَإِنَّ رَبَّكَ لَذُو فَضْلٍ عَلَى ٱلنَّاسِ وَلَٰكِنَّ أَكْثَرَهُمْ لَا يَشْكُرُونَ ۝٧٥ وَإِنَّ رَبَّكَ لَيَعْلَمُ مَا تُكِنُّ صُدُورُهُمْ وَمَا يُعْلِنُونَ ۝٧٦ وَمَا مِنْ غَآئِبَةٍ فِى ٱلسَّمَآءِ وَٱلْأَرْضِ إِلَّا فِى كِتَٰبٍ مُّبِينٍ ۝٧٧ إِنَّ هَٰذَا ٱلْقُرْءَانَ يَقُصُّ عَلَىٰ بَنِىٓ إِسْرَٰٓءِيلَ أَكْثَرَ ٱلَّذِى هُمْ فِيهِ يَخْتَلِفُونَ ۝٧٨

ثُمُن

● إِدَّٰرَكَ عِلْمُهُمْ
تتابع حتى
اضمحل وفني

● عَمُونَ
عُمْيٌ عن
دلائلها

● أَسَٰطِيرُ
ٱلْأَوَّلِينَ
أكاذيبهم
المسطرة في
كتبهم

● ضَيْقٍ
حرج وضيق
الصدر

● رَدِفَ
لَكُم
لحقكم
ووصل إليكم

● مَا تُكِنُّ
ما تُخفي
وتستُر

● مَدّ مشبع 6 حركات   ● مَدّ حركتين   ● إخفاء، ومواقع الغُنّة (حركتين)   ● تفخيم
● مَدّ 2 أو 4 أو 6 جوازًا   ● إدغام، وما لا يُلفظ   ● قلقلة

وَإِنَّهُ لَهُدًى وَرَحْمَةٌ لِّلْمُؤْمِنِينَ ۝ إِنَّ رَبَّكَ يَقْضِي بَيْنَهُم بِحُكْمِهِ وَهُوَ ٱلْعَزِيزُ ٱلْعَلِيمُ ۝ فَتَوَكَّلْ عَلَى ٱللَّهِ إِنَّكَ عَلَى ٱلْحَقِّ ٱلْمُبِينِ ۝ إِنَّكَ لَا تُسْمِعُ ٱلْمَوْتَىٰ وَلَا تُسْمِعُ ٱلصُّمَّ ٱلدُّعَاءَ إِذَا وَلَّوْا مُدْبِرِينَ ۝ وَمَآ أَنتَ بِهَٰدِي ٱلْعُمْيِ عَن ضَلَٰلَتِهِمْ إِن تُسْمِعُ إِلَّا مَن يُؤْمِنُ بِـَٔايَٰتِنَا فَهُم مُّسْلِمُونَ ۝ ۞ وَإِذَا وَقَعَ ٱلْقَوْلُ عَلَيْهِمْ أَخْرَجْنَا لَهُمْ دَآبَّةً مِّنَ ٱلْأَرْضِ تُكَلِّمُهُمْ أَنَّ ٱلنَّاسَ كَانُوا بِـَٔايَٰتِنَا لَا يُوقِنُونَ ۝ وَيَوْمَ نَحْشُرُ مِن كُلِّ أُمَّةٍ فَوْجًا مِّمَّن يُكَذِّبُ بِـَٔايَٰتِنَا فَهُمْ يُوزَعُونَ ۝ حَتَّىٰ إِذَا جَآءُو قَالَ أَكَذَّبْتُم بِـَٔايَٰتِي وَلَمْ تُحِيطُوا بِهَا عِلْمًا أَمَّاذَا كُنتُمْ تَعْمَلُونَ ۝ وَوَقَعَ ٱلْقَوْلُ عَلَيْهِم بِمَا ظَلَمُوا فَهُمْ لَا يَنطِقُونَ ۝ أَلَمْ يَرَوْا أَنَّا جَعَلْنَا ٱلَّيْلَ لِيَسْكُنُوا فِيهِ وَٱلنَّهَارَ مُبْصِرًا إِنَّ فِي ذَٰلِكَ لَءَايَٰتٍ لِّقَوْمٍ يُؤْمِنُونَ ۝ وَيَوْمَ يُنفَخُ فِي ٱلصُّورِ فَفَزِعَ مَن فِي ٱلسَّمَٰوَٰتِ وَمَن فِي ٱلْأَرْضِ إِلَّا مَن شَآءَ ٱللَّهُ وَكُلٌّ أَتَوْهُ دَٰخِرِينَ ۝ وَتَرَى ٱلْجِبَالَ تَحْسَبُهَا جَامِدَةً وَهِيَ تَمُرُّ مَرَّ ٱلسَّحَابِ صُنْعَ ٱللَّهِ ٱلَّذِي أَتْقَنَ كُلَّ شَيْءٍ إِنَّهُ خَبِيرٌۢ بِمَا تَفْعَلُونَ ۝

رُبُعٌ

• وَقَعَ ٱلْقَوْلُ
دَنَتِ ٱلسَّاعَة
وأهوالها
• فَوْجاً
جماعةٌ
• فَهُم
يُوزَعُونَ
يُوقَفُ
أوائلهم
لتلحقهم
أواخرُهم
• فَفَزِعَ
خاف خوفاً
يستبِعُ الموت
• دَاخِرينَ
صاغرينَ أذلاء

النَّمْل

مَن جَآءَ بِٱلْحَسَنَةِ فَلَهُۥ خَيْرٌ مِّنْهَا وَهُم مِّن فَزَعٍ يَوْمَئِذٍ ءَامِنُونَ ۝

وَمَن جَآءَ بِٱلسَّيِّئَةِ فَكُبَّتْ وُجُوهُهُمْ فِى ٱلنَّارِ هَلْ تُجْزَوْنَ

إِلَّا مَا كُنتُمْ تَعْمَلُونَ ۝ إِنَّمَآ أُمِرْتُ أَنْ أَعْبُدَ رَبَّ هَـٰذِهِ

ٱلْبَلْدَةِ ٱلَّذِى حَرَّمَهَا وَلَهُۥ كُلُّ شَىْءٍ وَأُمِرْتُ أَنْ أَكُونَ مِنَ

ٱلْمُسْلِمِينَ ۝ وَأَنْ أَتْلُوَاْ ٱلْقُرْءَانَ فَمَنِ ٱهْتَدَىٰ فَإِنَّمَا يَهْتَدِى

لِنَفْسِهِۦ وَمَن ضَلَّ فَقُلْ إِنَّمَآ أَنَا۠ مِنَ ٱلْمُنذِرِينَ ۝ وَقُلِ ٱلْحَمْدُ لِلَّهِ

سَيُرِيكُمْ ءَايَـٰتِهِۦ فَتَعْرِفُونَهَا وَمَا رَبُّكَ بِغَـٰفِلٍ عَمَّا تَعْمَلُونَ ۝

سُورَةُ ٱلْقَصَصِ
ترتيبها ٢٨   آياتها ٨٨

بِسْمِ ٱللَّهِ ٱلرَّحْمَـٰنِ ٱلرَّحِيمِ

طسٓمٓ ۝ تِلْكَ ءَايَـٰتُ ٱلْكِتَـٰبِ ٱلْمُبِينِ ۝ نَتْلُواْ عَلَيْكَ

مِن نَّبَإِ مُوسَىٰ وَفِرْعَوْنَ بِٱلْحَقِّ لِقَوْمٍ يُؤْمِنُونَ ۝ إِنَّ

فِرْعَوْنَ عَلَا فِى ٱلْأَرْضِ وَجَعَلَ أَهْلَهَا شِيَعًا يَسْتَضْعِفُ

طَآئِفَةً مِّنْهُمْ يُذَبِّحُ أَبْنَآءَهُمْ وَيَسْتَحْىِۦ نِسَآءَهُمْ إِنَّهُۥ كَانَ

مِنَ ٱلْمُفْسِدِينَ ۝ وَنُرِيدُ أَن نَّمُنَّ عَلَى ٱلَّذِينَ ٱسْتُضْعِفُواْ

فِى ٱلْأَرْضِ وَنَجْعَلَهُمْ أَئِمَّةً وَنَجْعَلَهُمُ ٱلْوَٰرِثِينَ ۝

| مدّ مشبع ٦ حركات | مدّ حركتين | إخفاء، ومواقع الغنّة (حركتين) | تفخيم |
| مدّ ٢ أو ٤ أو ٦ جوازًا | | إدغام، وما لا يُلفظ | قلقلة |

385

وَنُمَكِّنَ لَهُمْ فِي ٱلْأَرْضِ وَنُرِيَ فِرْعَوْنَ وَهَٰمَٰنَ وَجُنُودَهُمَا

مِنْهُم مَّا كَانُوا۟ يَحْذَرُونَ ۝ وَأَوْحَيْنَآ إِلَىٰٓ أُمِّ مُوسَىٰٓ

أَنْ أَرْضِعِيهِ فَإِذَا خِفْتِ عَلَيْهِ فَأَلْقِيهِ فِي ٱلْيَمِّ وَلَا تَخَافِي

وَلَا تَحْزَنِىٓ إِنَّا رَآدُّوهُ إِلَيْكِ وَجَاعِلُوهُ مِنَ ٱلْمُرْسَلِينَ ۝

فَٱلْتَقَطَهُۥٓ ءَالُ فِرْعَوْنَ لِيَكُونَ لَهُمْ عَدُوًّا وَحَزَنًا ۗ إِنَّ

فِرْعَوْنَ وَهَٰمَٰنَ وَجُنُودَهُمَا كَانُوا۟ خَٰطِـِٔينَ ۝

وَقَالَتِ ٱمْرَأَتُ فِرْعَوْنَ قُرَّتُ عَيْنٍ لِّى وَلَكَ لَا تَقْتُلُوهُ عَسَىٰٓ

أَن يَنفَعَنَآ أَوْ نَتَّخِذَهُۥ وَلَدًا وَهُمْ لَا يَشْعُرُونَ ۝ وَأَصْبَحَ

فُؤَادُ أُمِّ مُوسَىٰ فَٰرِغًا ۖ إِن كَادَتْ لَتُبْدِى بِهِۦ لَوْلَآ أَن

رَّبَطْنَا عَلَىٰ قَلْبِهَا لِتَكُونَ مِنَ ٱلْمُؤْمِنِينَ ۝ وَقَالَتْ

لِأُخْتِهِۦ قُصِّيهِ ۖ فَبَصُرَتْ بِهِۦ عَن جُنُبٍ وَهُمْ لَا يَشْعُرُونَ ۝

۞ وَحَرَّمْنَا عَلَيْهِ ٱلْمَرَاضِعَ مِن قَبْلُ فَقَالَتْ هَلْ أَدُلُّكُمْ

عَلَىٰٓ أَهْلِ بَيْتٍ يَكْفُلُونَهُۥ لَكُمْ وَهُمْ لَهُۥ نَٰصِحُونَ ۝

فَرَدَدْنَٰهُ إِلَىٰٓ أُمِّهِۦ كَىْ تَقَرَّ عَيْنُهَا وَلَا تَحْزَنَ وَلِتَعْلَمَ

أَنَّ وَعْدَ ٱللَّهِ حَقٌّ وَلَٰكِنَّ أَكْثَرَهُمْ لَا يَعْلَمُونَ ۝

الحاشية الجانبية:

• يَحْذَرُونَ
يخافون

• كَانُوا۟ خَٰطِـِٔينَ
مذنبين آثمين

• قُرَّتُ عَيْنٍ
هو مسرّة وفرح

• فَٰرِغًا
خاليًا من كل ما سواه

• لَتُبْدِى بِهِ
لتصرّح بأنّه ابنها

• قُصِّيهِ
اتبعي أثره

• فَبَصُرَتْ بِهِ
أبصرته

• عَن جُنُبٍ
من مكان بعيد

• يَكْفُلُونَهُۥ لَكُمْ
يقومون بتربيته لأجلكم

• القصص

• تَقَرَّ عَيْنُهَا
تُسَرّ وتفرح

شريط أحكام التجويد:

• مدّ مشبع 6 حركات
• مدّ حركتين
• إخفاء، ومواقع الغنّة (حركتين)
• مدّ مشبع 6 حركات ⬛ تفخيم
• مدّ 2 أو 4 أو 6 جوازًا
• إدغام، وما لا يُلفظ
• قلقلة

وَلَمَّا بَلَغَ أَشُدَّهُ وَاسْتَوَىٰ ءَاتَيْنَٰهُ حُكْمًا وَعِلْمًا وَكَذَٰلِكَ نَجْزِى الْمُحْسِنِينَ ۝ وَدَخَلَ الْمَدِينَةَ عَلَىٰ حِينِ غَفْلَةٍ مِّنْ أَهْلِهَا فَوَجَدَ فِيهَا رَجُلَيْنِ يَقْتَتِلَانِ هَٰذَا مِن شِيعَتِهِ وَهَٰذَا مِنْ عَدُوِّهِ فَاسْتَغَٰثَهُ الَّذِى مِن شِيعَتِهِ عَلَى الَّذِى مِنْ عَدُوِّهِ فَوَكَزَهُۥ مُوسَىٰ فَقَضَىٰ عَلَيْهِ قَالَ هَٰذَا مِنْ عَمَلِ الشَّيْطَٰنِ إِنَّهُ عَدُوٌّ مُّضِلٌّ مُّبِينٌ ۝ قَالَ رَبِّ إِنِّى ظَلَمْتُ نَفْسِى فَاغْفِرْ لِى فَغَفَرَ لَهُۥ إِنَّهُ هُوَ الْغَفُورُ الرَّحِيمُ ۝ قَالَ رَبِّ بِمَا أَنْعَمْتَ عَلَىَّ فَلَنْ أَكُونَ ظَهِيرًا لِّلْمُجْرِمِينَ ۝ فَأَصْبَحَ فِى الْمَدِينَةِ خَائِفًا يَتَرَقَّبُ فَإِذَا الَّذِى اسْتَنصَرَهُ بِالْأَمْسِ يَسْتَصْرِخُهُ قَالَ لَهُۥ مُوسَىٰ إِنَّكَ لَغَوِىٌّ مُّبِينٌ ۝ فَلَمَّا أَنْ أَرَادَ أَن يَبْطِشَ بِالَّذِى هُوَ عَدُوٌّ لَّهُمَا قَالَ يَٰمُوسَىٰ أَتُرِيدُ أَن تَقْتُلَنِى كَمَا قَتَلْتَ نَفْسًا بِالْأَمْسِ إِن تُرِيدُ إِلَّا أَن تَكُونَ جَبَّارًا فِى الْأَرْضِ وَمَا تُرِيدُ أَن تَكُونَ مِنَ الْمُصْلِحِينَ ۝ وَجَاءَ رَجُلٌ مِّنْ أَقْصَا الْمَدِينَةِ يَسْعَىٰ قَالَ يَٰمُوسَىٰ إِنَّ الْمَلَأَ يَأْتَمِرُونَ بِكَ لِيَقْتُلُوكَ فَاخْرُجْ إِنِّى لَكَ مِنَ النَّٰصِحِينَ ۝ فَخَرَجَ مِنْهَا خَائِفًا يَتَرَقَّبُ قَالَ رَبِّ نَجِّنِى مِنَ الْقَوْمِ الظَّٰلِمِينَ ۝

• بَلَغَ أَشُدَّهُ	قُوَّةُ بَدَنِهِ ونهايةُ نموِّهِ
• اسْتَوَىٰ	اعتدلَ عقلُهُ وكمُلَ
• فَوَكَزَهُ مُوسَى	ضربَهُ بيدِهِ مجموعةُ الأصابعِ
• ظَهِيرًا لِّلْمُجْرِمِينَ	مُعِينًا لهُم
• يَتَرَقَّبُ	يتوقَّعُ المكروهَ من فرعونَ
• يَسْتَصْرِخُهُ	يستغيثُ بهِ
• لَغَوِىٌّ	ضالٌّ عنِ الرشدِ
• يَبْطِشَ	يأخذُ بقوَّةٍ وعُنفٍ
• يَسْعَى	يُسرِعُ في المشيِ
• الْمَلَأَ	وُجوهُ القومِ وكُبراؤُهم
• يَأْتَمِرُونَ بِكَ	يتشاورونَ في شأنِك

۞ وَلَمَّا تَوَجَّهَ تِلۡقَآءَ مَدۡيَنَ قَالَ عَسَىٰ رَبِّىٓ أَن يَهۡدِيَنِى سَوَآءَ ٱلسَّبِيلِ ۝ وَلَمَّا وَرَدَ مَآءَ مَدۡيَنَ وَجَدَ عَلَيۡهِ أُمَّةً مِّنَ ٱلنَّاسِ يَسۡقُونَ ۝ وَوَجَدَ مِن دُونِهِمُ ٱمۡرَأَتَيۡنِ تَذُودَانِ قَالَ مَا خَطۡبُكُمَا قَالَتَا لَا نَسۡقِى حَتَّىٰ يُصۡدِرَ ٱلرِّعَآءُ وَأَبُونَا شَيۡخٌ كَبِيرٌ ۝ فَسَقَىٰ لَهُمَا ثُمَّ تَوَلَّىٰٓ إِلَى ٱلظِّلِّ فَقَالَ رَبِّ إِنِّى لِمَآ أَنزَلۡتَ إِلَىَّ مِنۡ خَيۡرٍ فَقِيرٌ ۝ فَجَآءَتۡهُ إِحۡدَىٰهُمَا تَمۡشِى عَلَى ٱسۡتِحۡيَآءٍ قَالَتۡ إِنَّ أَبِى يَدۡعُوكَ لِيَجۡزِيَكَ أَجۡرَ مَا سَقَيۡتَ لَنَا فَلَمَّا جَآءَهُ وَقَصَّ عَلَيۡهِ ٱلۡقَصَصَ قَالَ لَا تَخَفۡ نَجَوۡتَ مِنَ ٱلۡقَوۡمِ ٱلظَّٰلِمِينَ ۝ قَالَتۡ إِحۡدَىٰهُمَا يَٰٓأَبَتِ ٱسۡتَـٔۡجِرۡهُ إِنَّ خَيۡرَ مَنِ ٱسۡتَـٔۡجَرۡتَ ٱلۡقَوِىُّ ٱلۡأَمِينُ ۝ قَالَ إِنِّىٓ أُرِيدُ أَنۡ أُنكِحَكَ إِحۡدَى ٱبۡنَتَىَّ هَٰتَيۡنِ عَلَىٰٓ أَن تَأۡجُرَنِى ثَمَٰنِىَ حِجَجٍ فَإِنۡ أَتۡمَمۡتَ عَشۡرًا فَمِنۡ عِندِكَ وَمَآ أُرِيدُ أَنۡ أَشُقَّ عَلَيۡكَ سَتَجِدُنِىٓ إِن شَآءَ ٱللَّهُ مِنَ ٱلصَّٰلِحِينَ ۝ قَالَ ذَٰلِكَ بَيۡنِى وَبَيۡنَكَ أَيَّمَا ٱلۡأَجَلَيۡنِ قَضَيۡتُ فَلَا عُدۡوَٰنَ عَلَىَّ وَٱللَّهُ عَلَىٰ مَا نَقُولُ وَكِيلٌ ۝

الشرح (الهامش):

• تِلۡقَآءَ مَدۡيَنَ جهتها

• أُمَّةً جماعة كثيرة

• تَذُودَانِ تمنعان أغنامهما عن الماء

• مَا خَطۡبُكُمَا ما شأنكما

• يُصۡدِرَ ٱلرِّعَآءُ يصرف الرعاة مواشيهم عن الماء

• تَأۡجُرَنِى تكون لي أجيرًا في رعي الغنم

• حِجَجٍ سنين

القصص

• مدّ مشبع 6 حركات
• مدّ 2 أو 4 أو 6 جوازًا
• إخفاء، ومواقع الغنّة (حركتين)
• إدغام، وما لا يُلفظ
• مدّ حركتين
• تفخيم
• قلقلة

※ فَلَمَّا قَضَىٰ مُوسَى ٱلْأَجَلَ وَسَارَ بِأَهْلِهِ ءَانَسَ مِن جَانِبِ ٱلطُّورِ نَارًا قَالَ لِأَهْلِهِ ٱمْكُثُوٓا۟ إِنِّىٓ ءَانَسْتُ نَارًا لَّعَلِّىٓ ءَاتِيكُم مِّنْهَا بِخَبَرٍ أَوْ جَذْوَةٍ مِّنَ ٱلنَّارِ لَعَلَّكُمْ تَصْطَلُونَ ٢٩ فَلَمَّآ أَتَىٰهَا نُودِىَ مِن شَٰطِئِ ٱلْوَادِ ٱلْأَيْمَنِ فِى ٱلْبُقْعَةِ ٱلْمُبَٰرَكَةِ مِنَ ٱلشَّجَرَةِ أَن يَٰمُوسَىٰٓ إِنِّىٓ أَنَا ٱللَّهُ رَبُّ ٱلْعَٰلَمِينَ ٣٠ وَأَنْ أَلْقِ عَصَاكَ فَلَمَّا رَءَاهَا تَهْتَزُّ كَأَنَّهَا جَآنٌّ وَلَّىٰ مُدْبِرًا وَلَمْ يُعَقِّبْ يَٰمُوسَىٰٓ أَقْبِلْ وَلَا تَخَفْ إِنَّكَ مِنَ ٱلْءَامِنِينَ ٣١ ٱسْلُكْ يَدَكَ فِى جَيْبِكَ تَخْرُجْ بَيْضَآءَ مِنْ غَيْرِ سُوٓءٍ وَٱضْمُمْ إِلَيْكَ جَنَاحَكَ مِنَ ٱلرَّهْبِ فَذَٰنِكَ بُرْهَٰنَانِ مِن رَّبِّكَ إِلَىٰ فِرْعَوْنَ وَمَلَإِي۟هِۦٓ إِنَّهُمْ كَانُوا۟ قَوْمًا فَٰسِقِينَ ٣٢ قَالَ رَبِّ إِنِّى قَتَلْتُ مِنْهُمْ نَفْسًا فَأَخَافُ أَن يَقْتُلُونِ ٣٣ وَأَخِى هَٰرُونُ هُوَ أَفْصَحُ مِنِّى لِسَانًا فَأَرْسِلْهُ مَعِىَ رِدْءًا يُصَدِّقُنِىٓ إِنِّىٓ أَخَافُ أَن يُكَذِّبُونِ ٣٤ قَالَ سَنَشُدُّ عَضُدَكَ بِأَخِيكَ وَنَجْعَلُ لَكُمَا سُلْطَٰنًا فَلَا يَصِلُونَ إِلَيْكُمَا بِـَٔايَٰتِنَآ أَنتُمَا وَمَنِ ٱتَّبَعَكُمَا ٱلْغَٰلِبُونَ ٣٥

● مَدّ مشبع ٦ حركات
● مَدّ ٢ أو ٤ أو ٦ جوازًا
● مَدّ حركتين
● إخفاء، ومواقع الغُنّة (حركتين)
● إدغام، وما لا يُلفظ
● تفخيم
● قلقلة

فَلَمَّا جَاءَهُم مُّوسَىٰ بِـَٔايَٰتِنَا بَيِّنَٰتٍ قَالُوا۟ مَا هَٰذَآ إِلَّا سِحْرٌ مُّفْتَرًى وَمَا سَمِعْنَا بِهَٰذَا فِىٓ ءَابَآئِنَا ٱلْأَوَّلِينَ ﴿٣٦﴾ وَقَالَ مُوسَىٰ رَبِّىٓ أَعْلَمُ بِمَن جَآءَ بِٱلْهُدَىٰ مِنْ عِندِهِۦ وَمَن تَكُونُ لَهُۥ عَٰقِبَةُ ٱلدَّارِ إِنَّهُۥ لَا يُفْلِحُ ٱلظَّٰلِمُونَ ﴿٣٧﴾ وَقَالَ فِرْعَوْنُ يَٰٓأَيُّهَا ٱلْمَلَأُ مَا عَلِمْتُ لَكُم مِّنْ إِلَٰهٍ غَيْرِى فَأَوْقِدْ لِى يَٰهَٰمَٰنُ عَلَى ٱلطِّينِ فَٱجْعَل لِّى صَرْحًا لَّعَلِّىٓ أَطَّلِعُ إِلَىٰٓ إِلَٰهِ مُوسَىٰ وَإِنِّى لَأَظُنُّهُۥ مِنَ ٱلْكَٰذِبِينَ ﴿٣٨﴾ وَٱسْتَكْبَرَ هُوَ وَجُنُودُهُۥ فِى ٱلْأَرْضِ بِغَيْرِ ٱلْحَقِّ وَظَنُّوٓا۟ أَنَّهُمْ إِلَيْنَا لَا يُرْجَعُونَ ﴿٣٩﴾ فَأَخَذْنَٰهُ وَجُنُودَهُۥ فَنَبَذْنَٰهُمْ فِى ٱلْيَمِّ فَٱنظُرْ كَيْفَ كَانَ عَٰقِبَةُ ٱلظَّٰلِمِينَ ﴿٤٠﴾ وَجَعَلْنَٰهُمْ أَئِمَّةً يَدْعُونَ إِلَى ٱلنَّارِ وَيَوْمَ ٱلْقِيَٰمَةِ لَا يُنصَرُونَ ﴿٤١﴾ وَأَتْبَعْنَٰهُمْ فِى هَٰذِهِ ٱلدُّنْيَا لَعْنَةً وَيَوْمَ ٱلْقِيَٰمَةِ هُم مِّنَ ٱلْمَقْبُوحِينَ ﴿٤٢﴾ وَلَقَدْ ءَاتَيْنَا مُوسَى ٱلْكِتَٰبَ مِنۢ بَعْدِ مَآ أَهْلَكْنَا ٱلْقُرُونَ ٱلْأُولَىٰ بَصَآئِرَ لِلنَّاسِ وَهُدًى وَرَحْمَةً لَّعَلَّهُمْ يَتَذَكَّرُونَ ﴿٤٣﴾

ثُمُنٌ

• صَرْحاً
قصراً أو بناءً
عالياً مكشوفاً

• فَنَبَذْنَٰهُمْ
ألقيناهم
وأغرقناهم

• لَعْنَةً
طرداً وإبعاداً
عن الرحمة

• ٱلْمَقْبُوحِينَ
المبعدين
أو المهلكين

• ٱلْقُرُونَ
الأولى
الأمم الماضية

الْقَصَص

• مدّ مشبع 6 حركات   • مدّ حركتين   • إخفاء، ومواقع الغنّة (حركتين)   • تفخيم
• مدّ 2 أو 4 أو 6 جوازاً   • مدّ حركتين   • إدغام، وما لا يُلفظ   • قلقلة

390

وَمَا كُنتَ بِجَانِبِ الْغَرْبِيِّ إِذْ قَضَيْنَآ إِلَىٰ مُوسَى الْأَمْرَ وَمَا كُنتَ مِنَ الشَّٰهِدِينَ ۝ وَلَٰكِنَّآ أَنشَأْنَا قُرُونًا فَتَطَاوَلَ عَلَيْهِمُ الْعُمُرُ وَمَا كُنتَ ثَاوِيًا فِىٓ أَهْلِ مَدْيَنَ تَتْلُوا۟ عَلَيْهِمْ ءَايَٰتِنَا وَلَٰكِنَّا كُنَّا مُرْسِلِينَ ۝ وَمَا كُنتَ بِجَانِبِ الطُّورِ إِذْ نَادَيْنَا وَلَٰكِن رَّحْمَةً مِّن رَّبِّكَ لِتُنذِرَ قَوْمًا مَّآ أَتَىٰهُم مِّن نَّذِيرٍ مِّن قَبْلِكَ لَعَلَّهُمْ يَتَذَكَّرُونَ ۝ وَلَوْلَآ أَن تُصِيبَهُم مُّصِيبَةٌۢ بِمَا قَدَّمَتْ أَيْدِيهِمْ فَيَقُولُوا۟ رَبَّنَا لَوْلَآ أَرْسَلْتَ إِلَيْنَا رَسُولًا فَنَتَّبِعَ ءَايَٰتِكَ وَنَكُونَ مِنَ الْمُؤْمِنِينَ ۝ فَلَمَّا جَآءَهُمُ الْحَقُّ مِنْ عِندِنَا قَالُوا۟ لَوْلَآ أُوتِىَ مِثْلَ مَآ أُوتِىَ مُوسَىٰٓ أَوَلَمْ يَكْفُرُوا۟ بِمَآ أُوتِىَ مُوسَىٰ مِن قَبْلُ قَالُوا۟ سِحْرَانِ تَظَٰهَرَا وَقَالُوٓا۟ إِنَّا بِكُلٍّ كَٰفِرُونَ ۝ قُلْ فَأْتُوا۟ بِكِتَٰبٍ مِّنْ عِندِ اللَّهِ هُوَ أَهْدَىٰ مِنْهُمَآ أَتَّبِعْهُ إِن كُنتُمْ صَٰدِقِينَ ۝ فَإِن لَّمْ يَسْتَجِيبُوا۟ لَكَ فَاعْلَمْ أَنَّمَا يَتَّبِعُونَ أَهْوَآءَهُمْ وَمَنْ أَضَلُّ مِمَّنِ اتَّبَعَ هَوَىٰهُ بِغَيْرِ هُدًى مِّنَ اللَّهِ إِنَّ اللَّهَ لَا يَهْدِى الْقَوْمَ الظَّٰلِمِينَ ۝

٣٩١

۞ وَلَقَدْ وَصَّلْنَا لَهُمُ ٱلْقَوْلَ لَعَلَّهُمْ يَتَذَكَّرُونَ (51) ٱلَّذِينَ ءَاتَيْنَٰهُمُ
ٱلْكِتَٰبَ مِن قَبْلِهِۦ هُم بِهِۦ يُؤْمِنُونَ (52) وَإِذَا يُتْلَىٰ عَلَيْهِمْ قَالُوٓاْ
ءَامَنَّا بِهِۦٓ إِنَّهُ ٱلْحَقُّ مِن رَّبِّنَآ إِنَّا كُنَّا مِن قَبْلِهِۦ مُسْلِمِينَ (53)
أُوْلَٰٓئِكَ يُؤْتَوْنَ أَجْرَهُم مَّرَّتَيْنِ بِمَا صَبَرُواْ وَيَدْرَءُونَ بِٱلْحَسَنَةِ
ٱلسَّيِّئَةَ وَمِمَّا رَزَقْنَٰهُمْ يُنفِقُونَ (54) وَإِذَا سَمِعُواْ ٱللَّغْوَ
أَعْرَضُواْ عَنْهُ وَقَالُواْ لَنَآ أَعْمَٰلُنَا وَلَكُمْ أَعْمَٰلُكُمْ سَلَٰمٌ
عَلَيْكُمْ لَا نَبْتَغِي ٱلْجَٰهِلِينَ (55) إِنَّكَ لَا تَهْدِي مَنْ أَحْبَبْتَ
وَلَٰكِنَّ ٱللَّهَ يَهْدِي مَن يَشَآءُ وَهُوَ أَعْلَمُ بِٱلْمُهْتَدِينَ (56)
وَقَالُوٓاْ إِن نَّتَّبِعِ ٱلْهُدَىٰ مَعَكَ نُتَخَطَّفْ مِنْ أَرْضِنَآ أَوَلَمْ
نُمَكِّن لَّهُمْ حَرَمًا ءَامِنًا يُجْبَىٰٓ إِلَيْهِ ثَمَرَٰتُ كُلِّ شَيْءٍ رِّزْقًا مِّن
لَّدُنَّا وَلَٰكِنَّ أَكْثَرَهُمْ لَا يَعْلَمُونَ (57) وَكَمْ أَهْلَكْنَا
مِن قَرْيَةٍۭ بَطِرَتْ مَعِيشَتَهَا فَتِلْكَ مَسَٰكِنُهُمْ لَمْ تُسْكَن
مِّنۢ بَعْدِهِمْ إِلَّا قَلِيلًا وَكُنَّا نَحْنُ ٱلْوَٰرِثِينَ (58) وَمَا كَانَ
رَبُّكَ مُهْلِكَ ٱلْقُرَىٰ حَتَّىٰ يَبْعَثَ فِيٓ أُمِّهَا رَسُولًا يَتْلُواْ عَلَيْهِمْ
ءَايَٰتِنَا وَمَا كُنَّا مُهْلِكِي ٱلْقُرَىٰٓ إِلَّا وَأَهْلُهَا ظَٰلِمُونَ (59)

- وَصَّلْنَا لَهُمُ ٱلْقَوْلَ: أنزلْناه متتابعًا مُتواصلًا
- يَدْرَءُونَ: يدفعونَ
- سَلَٰمٌ عَلَيْكُمْ: سَلِمتُم مِنّا لا نُعارِضُكم بالشّتمِ
- نُتَخَطَّفْ: نُنتَزعْ بسرعةٍ
- يُجْبَىٰٓ إِلَيْهِ: تُجلَبُ وتُحملُ إليه
- بَطِرَتْ مَعِيشَتَهَا: طغتْ وتمرّدَتْ في حياتِها

مدّ مشبع 6 حركات	مدّ حركتين	إخفاء، ومواقع الغُنّة (حركتين)	تفخيم
مدّ 2 أو 4 أو 6 جوازاً		إدغام، وما لا يُلفَظ	قلقلة

وَمَآ أُوتِيتُم مِّن شَىْءٍ فَمَتَعُ الْحَيَوةِ الدُّنْيَا وَزِينَتُهَا وَمَا عِندَ ٱللَّهِ

خَيْرٌ وَأَبْقَىٰٓ أَفَلَا تَعْقِلُونَ ۝ أَفَمَن وَعَدْنَاهُ وَعْدًا حَسَنًا فَهُوَ

لَاقِيهِ كَمَن مَّتَّعْنَاهُ مَتَاعَ الْحَيَوةِ الدُّنْيَا ثُمَّ هُوَ يَوْمَ الْقِيَامَةِ مِنَ

الْمُحْضَرِينَ ۝ وَيَوْمَ يُنَادِيهِمْ فَيَقُولُ أَيْنَ شُرَكَآءِىَ الَّذِينَ

كُنتُمْ تَزْعُمُونَ ۝ ۞ قَالَ الَّذِينَ حَقَّ عَلَيْهِمُ الْقَوْلُ رَبَّنَا

هَـٰٓؤُلَآءِ الَّذِينَ أَغْوَيْنَا أَغْوَيْنَاهُمْ كَمَا غَوَيْنَا تَبَرَّأْنَآ إِلَيْكَ مَا

كَانُوٓا إِيَّانَا يَعْبُدُونَ ۝ وَقِيلَ ادْعُوا شُرَكَآءَكُمْ فَدَعَوْهُمْ

فَلَمْ يَسْتَجِيبُوا لَهُمْ وَرَأَوُا الْعَذَابَ لَوْ أَنَّهُمْ كَانُوا يَهْتَدُونَ ۝

وَيَوْمَ يُنَادِيهِمْ فَيَقُولُ مَاذَآ أَجَبْتُمُ الْمُرْسَلِينَ ۝ فَعَمِيَتْ

عَلَيْهِمُ الْأَنۢبَآءُ يَوْمَئِذٍ فَهُمْ لَا يَتَسَآءَلُونَ ۝ فَأَمَّا مَن تَابَ

وَءَامَنَ وَعَمِلَ صَالِحًا فَعَسَىٰٓ أَن يَكُونَ مِنَ الْمُفْلِحِينَ ۝

وَرَبُّكَ يَخْلُقُ مَا يَشَآءُ وَيَخْتَارُ مَا كَانَ لَهُمُ الْخِيَرَةُ سُبْحَـٰنَ

ٱللَّهِ وَتَعَـٰلَىٰ عَمَّا يُشْرِكُونَ ۝ وَرَبُّكَ يَعْلَمُ مَا تُكِنُّ

صُدُورُهُمْ وَمَا يُعْلِنُونَ ۝ وَهُوَ ٱللَّهُ لَآ إِلَـٰهَ إِلَّا هُوَ لَهُ الْحَمْدُ

فِى الْأُولَىٰ وَالْءَاخِرَةِ وَلَهُ الْحُكْمُ وَإِلَيْهِ تُرْجَعُونَ ۝

ثُمُنْ

▪ مِنَ
الْمُحْضَرِينَ
مِمَّنْ أُحْضِرُوا
للنار

▪ أَغْوَيْنَا
أضللنا

▪ فَعَمِيَتْ
عَلَيْهِمُ
خَفِيَتْ
واشتبهت
عليهم

▪ الْخِيَرَةُ
الاختيار

▪ مَا تُكِنُّ
ما تخفي
وتضمر

● مدّ مشبع ٦ حركات ● إخفاء، ومواقع الغنّة (حركتين) ● تفخيم
● مدّ ٢ أو ٤ أو ٦ جوازاً ● إدغام، وما لا يُلفظ ● مدّ حركتين ● قلقلة

قُلَ اَرَآيْتُمُۥٓ إِن جَعَلَ اَللَّهُ عَلَيْكُمُ اُ۬ليْلَ سَرْمَداً اِلَيٰ يَوْمِ
اِ۬لْقِيَٰمَةِ مَنِ اِلَٰهٌ غَيْرُ اُ۬للَّهِ يَاتِيكُم بِضِيَآءٍ اَفَلَا تَسْمَعُونَ (71)
قُلَ اَرَآيْتُمُۥٓ إِن جَعَلَ اَللَّهُ عَلَيْكُمُ اُ۬لنَّهَارَ سَرْمَداً اِلَيٰ
يَوْمِ اِ۬لْقِيَٰمَةِ مَنِ اِلَٰهٌ غَيْرُ اُ۬للَّهِ يَاتِيكُم بِلَيْلٍ تَسْكُنُونَ
فِيهِ أَفَلَا تُبْصِرُونَ (72) وَمِن رَّحْمَتِهِۦ جَعَلَ لَكُمُ اُ۬ليْلَ
وَالنَّهَارَ لِتَسْكُنُواْ فِيهِ وَلِتَبْتَغُواْ مِن فَضْلِهِۦ وَلَعَلَّكُمْ
تَشْكُرُونَ (73) وَيَوْمَ يُنَادِيهِمْ فَيَقُولُ أَيْنَ شُرَكَآءِيَ اَ۬لذِينَ
كُنتُمْ تَزْعُمُونَ (74) وَنَزَعْنَا مِن كُلِّ اُمَّةٍ شَهِيداً
فَقُلْنَا هَاتُواْ بُرْهَٰنَكُمْ فَعَلِمُوٓاْ أَنَّ اَلْحَقَّ لِلهِ وَضَلَّ عَنْهُم
مَّا كَانُواْ يَفْتَرُونَ (75) ۞ إِنَّ قَٰرُونَ كَانَ مِن قَوْمِ مُوس۪يٰ
فَبَغ۪يٰ عَلَيْهِمْ وَءَاتَيْنَٰهُ مِنَ اَلْكُنُوزِ مَآ إِنَّ مَفَاتِحَهُۥ لَتَنُوٓأُ
بِالْعُصْبَةِ أُوْلِے اِ۬لْقُوَّةِ إِذْ قَالَ لَهُۥ قَوْمُهُۥ لَا تَفْرَحِ اِنَّ اَللَّهَ لَا
يُحِبُّ اُ۬لْفَرِحِينَ (76) وَابْتَغِ فِيمَآ ءَات۪يٰكَ اَللَّهُ اُ۬لدَّارَ اَ۬لَاخِرَةَ وَلَا
تَنسَ نَصِيبَكَ مِنَ اَلدُّنْي۪اۖ وَأَحْسِن كَمَآ أَحْسَنَ اَللَّهُ إِلَيْكَ
وَلَا تَبْغِ اِ۬لْفَسَادَ فِے اِ۬لَارْضِ إِنَّ اَللَّهَ لَا يُحِبُّ اُ۬لْمُفْسِدِينَ (77)

- يَفْتَرُونَ: يختلقونه من الباطل

رُبُعٌ

مدّ مشبع 6 حركات / مدّ 2 أو 4 أو 6 جوازاً / مدّ حركتين	إخفاء، ومواقع الغُنّة (حركتين) / إدغام، وما لا يُلفظ	تفخيم / قلقلة

قَالَ إِنَّمَآ أُوتِيتُهُۥ عَلَىٰ عِلْمٍ عِندِيَۖ أَوَلَمْ يَعْلَمَ اَنَّ أَللَّهَ قَدَ اَهْلَكَ
مِن قَبْلِهِۦ مِنَ أَلْقُرُونِ مَنْ هُوَ أَشَدُّ مِنْهُ قُوَّةً وَأَكْثَرُ جَمْعاًۖ
وَلَا يُسْـَٔلُ عَن ذُنُوبِهِمُ أَلْمُجْرِمُونَۖ (78) فَخَرَجَ عَلَىٰ قَوْمِهِۦ فِے
زِينَتِهِۦۖ قَالَ أَلذِينَ يُرِيدُونَ أَلْحَيَوٰةَ أَلدُّنْيا يَٰلَيْتَ لَنَا مِثْلَ مَآ
أُوتِيَ قَٰرُونُ إِنَّهُۥ لَذُو حَظٍّ عَظِيمٍۖ (79) وَقَالَ أَلذِينَ أُوتُواْ
أَلْعِلْمَ وَيْلَكُمْ ثَوَابُ أَللَّهِ خَيْرٌ لِّمَنَ ـ اٰمَنَ وَعَمِلَ صَٰلِحاًۖ
وَلَا يُلَقّ۪يٰهَآ إِلَّا أَلصَّٰبِرُونَۖ (80) فَخَسَفْنَا بِهِۦ وَبِدَارِهِ أِلَارْضَ
فَمَا كَانَ لَهُۥ مِن فِئَةٍ يَنصُرُونَهُۥ مِن دُونِ أِللَّهِۖ وَمَا كَانَ
مِنَ أَلْمُنتَصِرِينَۖ (81) وَأَصْبَحَ أَلذِينَ تَمَنَّوْاْ مَكَانَهُۥ بِالَامْسِ
يَقُولُونَ وَيْكَأَنَّ أَللَّهَ يَبْسُطُ أَلرِّزْقَ لِمَن يَّشَآءُ مِنْ عِبَادِهِۦ
وَيَقْدِرُۖ لَوْلَآ أَن مَّنَّ أَللَّهُ عَلَيْنَا لَخُسِفَ بِنَاۖ وَيْكَأَنَّهُۥ لَا يُفْلِحُ
أَلْكَٰفِرُونَۖ (82) ۞ تِلْكَ أَلدَّارُ أَلَاخِرَةُ نَجْعَلُهَا لِلذِينَ لَا
يُرِيدُونَ عُلُوّاً فِے أِلَارْضِ وَلَا فَسَاداًۖ وَالْعَٰقِبَةُ لِلْمُتَّقِينَۖ (83)
مَن جَآءَ بِالْحَسَنَةِ فَلَهُۥ خَيْرٌ مِّنْهَاۖ وَمَن جَآءَ بِالسَّيِّئَةِ فَلَا
يُجْزَى أَلذِينَ عَمِلُواْ أَلسَّيِّـَٔاتِ إِلَّا مَا كَانُواْ يَعْمَلُونَۖ (84)

- أَلْقُرُونِ: الأممِ
- زِينَتِهِ: في مظاهرِ غِناه وترفه
- وَيْلَكُمْ: زجْرٌ لهم عن هذا التمنّي
- لَا يُلَقّ۪يٰهَآ: لا يُوفَّق للعملِ للمَثوبةِ
- وَيْكَأَنَّ أَللَّهَ: نَعجَبُ لأنَّ اللَّهَ
- وَيَقْدِرُ: يُضيِّقُه على من يشاءُ

ثُمُنٌ

مدّ مشبع 6 حركات / مدّ 2 أو 4 أو 6 جوازاً	مدّ حركتين	إخفاء، ومواقع الغُنّة (حركتين) / إدغام، وما لا يُلفَظ	تفخيم / قلقلة

إِنَّ ٱلَّذِى فَرَضَ عَلَيْكَ ٱلْقُرْءَانَ لَرَآدُّكَ إِلَىٰ مَعَادٍ قُل رَّبِّى أَعْلَمُ مَن جَآءَ بِٱلْهُدَىٰ وَمَنْ هُوَ فِى ضَلَـٰلٍ مُّبِينٍ ۝ وَمَا كُنتَ تَرْجُوٓا۟ أَن يُلْقَىٰٓ إِلَيْكَ ٱلْكِتَـٰبُ إِلَّا رَحْمَةً مِّن رَّبِّكَ فَلَا تَكُونَنَّ ظَهِيرًا لِّلْكَـٰفِرِينَ ۝ وَلَا يَصُدُّنَّكَ عَنْ ءَايَـٰتِ ٱللَّهِ بَعْدَ إِذْ أُنزِلَتْ إِلَيْكَ وَٱدْعُ إِلَىٰ رَبِّكَ وَلَا تَكُونَنَّ مِنَ ٱلْمُشْرِكِينَ ۝ وَلَا تَدْعُ مَعَ ٱللَّهِ إِلَـٰهًا ءَاخَرَ لَآ إِلَـٰهَ إِلَّا هُوَ كُلُّ شَىْءٍ هَالِكٌ إِلَّا وَجْهَهُۥ لَهُ ٱلْحُكْمُ وَإِلَيْهِ تُرْجَعُونَ ۝

• ظَهِيرًا لِّلْكَـٰفِرِينَ مُعِينًا لهم

• • • • • • • • • • • • • • • • •

سُورَةُ الْعَنكَبُوت   ترتيبها ٢٩   آياتها ٦٩

بِسْمِ ٱللَّهِ ٱلرَّحْمَـٰنِ ٱلرَّحِيمِ

الٓمٓ ۝ أَحَسِبَ ٱلنَّاسُ أَن يُتْرَكُوٓا۟ أَن يَقُولُوٓا۟ ءَامَنَّا وَهُمْ لَا يُفْتَنُونَ ۝ وَلَقَدْ فَتَنَّا ٱلَّذِينَ مِن قَبْلِهِمْ فَلَيَعْلَمَنَّ ٱللَّهُ ٱلَّذِينَ صَدَقُوا۟ وَلَيَعْلَمَنَّ ٱلْكَـٰذِبِينَ ۝ أَمْ حَسِبَ ٱلَّذِينَ يَعْمَلُونَ ٱلسَّيِّـَٔاتِ أَن يَسْبِقُونَا سَآءَ مَا يَحْكُمُونَ ۝ مَن كَانَ يَرْجُوا۟ لِقَآءَ ٱللَّهِ فَإِنَّ أَجَلَ ٱللَّهِ لَءَاتٍ وَهُوَ ٱلسَّمِيعُ ٱلْعَلِيمُ ۝ وَمَن جَـٰهَدَ فَإِنَّمَا يُجَـٰهِدُ لِنَفْسِهِۦٓ إِنَّ ٱللَّهَ لَغَنِىٌّ عَنِ ٱلْعَـٰلَمِينَ ۝

• لَا يُفْتَنُونَ لَا يُمْتَحَنُونَ بِالمشاقِّ والتكاليف

• يَسْبِقُونَا يُعجِزونا أو يفوتونا

• أَجَلَ ٱللَّهِ الوقت المعيّن للجزاء

الْعَنكَبُوت

• مَدّ مشبع ٦ حركات   • إخفاء، ومواقع الغُنَّة (حركتين)   • تفخيم
• مَدّ ٢ أو ٤ أو ٦ جوازًا   • مَدّ حركتين   • إدغام، وما لا يُلفظ   • قلقلة

وَٱلَّذِينَ ءَامَنُواْ وَعَمِلُواْ ٱلصَّٰلِحَٰتِ لَنُكَفِّرَنَّ عَنْهُمْ سَيِّـَٔاتِهِمْ وَلَنَجْزِيَنَّهُمْ أَحْسَنَ ٱلَّذِى كَانُواْ يَعْمَلُونَ ۞ ۞ وَوَصَّيْنَا ٱلْإِنسَٰنَ بِوَٰلِدَيْهِ حُسْنًا وَإِن جَٰهَدَاكَ لِتُشْرِكَ بِى مَا لَيْسَ لَكَ بِهِۦ عِلْمٌ فَلَا تُطِعْهُمَآ إِلَىَّ مَرْجِعُكُمْ فَأُنَبِّئُكُم بِمَا كُنتُمْ تَعْمَلُونَ ۝ وَٱلَّذِينَ ءَامَنُواْ وَعَمِلُواْ ٱلصَّٰلِحَٰتِ لَنُدْخِلَنَّهُمْ فِى ٱلصَّٰلِحِينَ ۝ وَمِنَ ٱلنَّاسِ مَن يَقُولُ ءَامَنَّا بِٱللَّهِ فَإِذَآ أُوذِىَ فِى ٱللَّهِ جَعَلَ فِتْنَةَ ٱلنَّاسِ كَعَذَابِ ٱللَّهِ وَلَئِن جَآءَ نَصْرٌ مِّن رَّبِّكَ لَيَقُولُنَّ إِنَّا كُنَّا مَعَكُمْ أَوَلَيْسَ ٱللَّهُ بِأَعْلَمَ بِمَا فِى صُدُورِ ٱلْعَٰلَمِينَ ۝ وَلَيَعْلَمَنَّ ٱللَّهُ ٱلَّذِينَ ءَامَنُواْ وَلَيَعْلَمَنَّ ٱلْمُنَٰفِقِينَ ۝ وَقَالَ ٱلَّذِينَ كَفَرُواْ لِلَّذِينَ ءَامَنُواْ ٱتَّبِعُواْ سَبِيلَنَا وَلْنَحْمِلْ خَطَٰيَٰكُمْ وَمَا هُم بِحَٰمِلِينَ مِنْ خَطَٰيَٰهُم مِّن شَىْءٍ إِنَّهُمْ لَكَٰذِبُونَ ۝ وَلَيَحْمِلُنَّ أَثْقَالَهُمْ وَأَثْقَالًا مَّعَ أَثْقَالِهِمْ وَلَيُسْـَٔلُنَّ يَوْمَ ٱلْقِيَٰمَةِ عَمَّا كَانُواْ يَفْتَرُونَ ۝ وَلَقَدْ أَرْسَلْنَا نُوحًا إِلَىٰ قَوْمِهِۦ فَلَبِثَ فِيهِمْ أَلْفَ سَنَةٍ إِلَّا خَمْسِينَ عَامًا فَأَخَذَهُمُ ٱلطُّوفَانُ وَهُمْ ظَٰلِمُونَ ۝

نِصْف

• وَوَصَّيْنَا ٱلْإِنسَٰنَ
أَمَرْنَاهُ

• حُسْنًا
بِرًّا بِهِمَا
وَعَطْفًا عَلَيْهِمَا

• فِتْنَةَ ٱلنَّاسِ
أَذَاهُم
وَعَذَابَهِم

• خَطَٰيَٰهُم
أَوْزَارَهُم

• أَثْقَالَهُم
خَطَايَاهُم
الفادحة

• يَفْتَرُونَ
يختلقونه من
الأباطيلِ

• مدّ مشبع 6 حركات	• إخفاء، ومواقع الغُنّة (حركتين)
• مدّ 2 أو 4 أو 6 جوازاً	• مدّ حركتين
	• إدغام، وما لا يُلفَظ

• تفخيم
• قلقلة

397

فَأَنجَيْنَٰهُ وَأَصْحَٰبَ ٱلسَّفِينَةِ وَجَعَلْنَٰهَآ ءَايَةً لِّلْعَٰلَمِينَ ﴿14﴾
وَإِبْرَٰهِيمَ إِذْ قَالَ لِقَوْمِهِ ٱعْبُدُواْ ٱللَّهَ وَٱتَّقُوهُ ذَٰلِكُمْ خَيْرٌ
لَّكُمْ إِن كُنتُمْ تَعْلَمُونَ ﴿15﴾ ۞ إِنَّمَا تَعْبُدُونَ مِن
دُونِ ٱللَّهِ أَوْثَٰنًا وَتَخْلُقُونَ إِفْكًا إِنَّ ٱلَّذِينَ تَعْبُدُونَ مِن
دُونِ ٱللَّهِ لَا يَمْلِكُونَ لَكُمْ رِزْقًا فَٱبْتَغُواْ عِندَ ٱللَّهِ ٱلرِّزْقَ
وَٱعْبُدُوهُ وَٱشْكُرُواْ لَهُۥٓ إِلَيْهِ تُرْجَعُونَ ﴿16﴾ وَإِن تُكَذِّبُواْ
فَقَدْ كَذَّبَ أُمَمٌ مِّن قَبْلِكُمْ وَمَا عَلَى ٱلرَّسُولِ إِلَّا ٱلْبَلَٰغُ
ٱلْمُبِينُ ﴿17﴾ أَوَلَمْ يَرَوْاْ كَيْفَ يُبْدِئُ ٱللَّهُ ٱلْخَلْقَ ثُمَّ
يُعِيدُهُۥٓ إِنَّ ذَٰلِكَ عَلَى ٱللَّهِ يَسِيرٌ ﴿18﴾ قُلْ سِيرُواْ فِى ٱلْأَرْضِ
فَٱنظُرُواْ كَيْفَ بَدَأَ ٱلْخَلْقَ ثُمَّ ٱللَّهُ يُنشِئُ ٱلنَّشْأَةَ ٱلْـَٔاخِرَةَ
إِنَّ ٱللَّهَ عَلَىٰ كُلِّ شَىْءٍ قَدِيرٌ ﴿19﴾ يُعَذِّبُ مَن يَشَآءُ وَيَرْحَمُ
مَن يَشَآءُ وَإِلَيْهِ تُقْلَبُونَ ﴿20﴾ وَمَآ أَنتُم بِمُعْجِزِينَ
فِى ٱلْأَرْضِ وَلَا فِى ٱلسَّمَآءِ وَمَا لَكُم مِّن دُونِ ٱللَّهِ مِن
وَلِىٍّ وَلَا نَصِيرٍ ﴿21﴾ وَٱلَّذِينَ كَفَرُواْ بِـَٔايَٰتِ ٱللَّهِ وَلِقَآئِهِۦٓ
أُوْلَٰٓئِكَ يَئِسُواْ مِن رَّحْمَتِى وَأُوْلَٰٓئِكَ لَهُمْ عَذَابٌ أَلِيمٌ ﴿22﴾

ثُمُنٌ

- تَخْلُقُونَ إِفْكًا: تكذبون كذبًا أو تنحتونَها للكذبِ
- إِلَيْهِ تُقْلَبُونَ: تُرَدّونَ وترجعونَ
- بِمُعْجِزِينَ: فائتين من عذابِه بالهربِ

مدّ مشبع 6 حركات	مدّ حركتين	إخفاء، ومواقع الغُنّة (حركتين)
مدّ 2 أو 4 أو 6 جوازاً		إدغام، وما لا يُلفظ
تفخيم		
قلقلة		

فَمَا كَانَ جَوَابَ قَوْمِهِۦٓ إِلَّآ أَن قَالُواْ اُ۪قْتُلُوهُ أَوْ حَرِّقُوهُ
فَأَنجِيٰهُ اُ۬للَّهُ مِنَ اَ۬لنّ۪ارِۖ إِنَّ فِے ذَٰلِكَ لَءَايَٰتٖ لِّقَوْمٖ يُومِنُونَۖ (23)
وَقَالَ إِنَّمَا اَ۪تَّخَذتُّم مِّن دُونِ اِ۬للَّهِ أَوْثَٰناٗ مَّوَدَّةٗ بَيْنَكُمْ
فِے اِ۬لْحَيَوٰةِ اِ۬لدُّنْي۪اۖ ثُمَّ يَوْمَ اَ۬لْقِيَٰمَةِ يَكْفُرُ بَعْضُكُم
بِبَعْضٖ وَيَلْعَنُ بَعْضُكُم بَعْضاٗۖ وَمَأْو۪يٰكُمُ اُ۬لنّ۪ارُ
وَمَا لَكُم مِّن نَّٰصِرِينَۖ (24) ۞ فَـَٔامَنَ لَهُۥ لُوطٞۖ وَقَالَ إِنِّےٓ
مُهَاجِرٌ اِلَيٰ رَبِّيَۖ إِنَّهُۥ هُوَ اَ۬لْعَزِيزُ اُ۬لْحَكِيمُۖ (25) وَوَهَبْنَا لَهُۥٓ
إِسْحَٰقَ وَيَعْقُوبَۖ وَجَعَلْنَا فِے ذُرِّيَّتِهِ اِ۬لنُّبُوٓءَةَ وَالْكِتَٰبَۖ
وَءَاتَيْنَٰهُ أَجْرَهُۥ فِے اِ۬لدُّنْي۪اۖ وَإِنَّهُۥ فِے اِ۬لَاخِرَةِ لَمِنَ اَ۬لصَّٰلِحِينَۖ (26)
وَلُوطاً اِذْ قَالَ لِقَوْمِهِۦٓ إِنَّكُمْ لَتَاتُونَ اَ۬لْفَٰحِشَةَ مَا
سَبَقَكُم بِهَا مِنَ اَحَدٖ مِّنَ اَ۬لْعَٰلَمِينَۖ (27) أَيِنَّكُمْ
لَتَاتُونَ اَ۬لرِّجَالَ وَتَقْطَعُونَ اَ۬لسَّبِيلَۖ (28) وَتَاتُونَ فِے
نَادِيكُمُ اُ۬لْمُنكَرَۖ فَمَا كَانَ جَوَابَ قَوْمِهِۦٓ إِلَّآ أَن
قَالُواْ اُ۪يتِنَا بِعَذَابِ اِ۬للَّهِ إِن كُنتَ مِنَ اَ۬لصَّٰدِقِينَۖ (29)
قَالَ رَبِّ اِ۬نصُرْنِے عَلَي اَ۬لْقَوْمِ اِ۬لْمُفْسِدِينَۖ (30)

- مَّوَدَّةٗ بَيْنَكُمْ: سببَ التوادِّ والتحابِّ بينكم

رُبُع

- وَمَأْو۪يٰكُمُ: منزلكُم جميعًا النّارُ
- نَادِيكُمُ: مجلسُكم الذي تجتمعونَ فيه

مدّ مشبع 6 حركات — مدّ 2 أو 4 أو 6 جوازاً — مدّ حركتين — إخفاء، ومواقع الغُنّة (حركتين) — إدغام، وما لا يُلفظ — تفخيم — قلقلة

399

وَلَمَّا جَآءَتْ رُسُلُنَآ إِبْرَٰهِيمَ بِالْبُشْرَىٰ قَالُوٓاْ إِنَّا مُهْلِكُوٓاْ
أَهْلِ هَٰذِهِ الْقَرْيَةِ إِنَّ أَهْلَهَا كَانُواْ ظَٰلِمِينَ (31)
قَالَ إِنَّ فِيهَا لُوطاً قَالُواْ نَحْنُ أَعْلَمُ بِمَن فِيهَا لَنُنَجِّيَنَّهُ
وَأَهْلَهُ إِلَّا امْرَأَتَهُ كَانَتْ مِنَ الْغَٰبِرِينَ (32) وَلَمَّآ
أَن جَآءَتْ رُسُلُنَا لُوطاً سِيٓءَ بِهِمْ وَضَاقَ بِهِمْ
ذَرْعاً وَقَالُواْ لَا تَخَفْ وَلَا تَحْزَنْ إِنَّا مُنَجُّوكَ وَأَهْلَكَ إِلَّا
امْرَأَتَكَ كَانَتْ مِنَ الْغَٰبِرِينَ (33) إِنَّا مُنزِلُونَ
عَلَىٰٓ أَهْلِ هَٰذِهِ الْقَرْيَةِ رِجْزاً مِّنَ السَّمَآءِ بِمَا كَانُواْ
يَفْسُقُونَ (34) وَلَقَد تَّرَكْنَا مِنْهَآ ءَايَةَۢ بَيِّنَةً لِّقَوْمٍ
يَعْقِلُونَ (35) ۞ وَإِلَىٰ مَدْيَنَ أَخَاهُمْ شُعَيْباً فَقَالَ يَٰقَوْمِ
اعْبُدُواْ اللَّهَ وَارْجُواْ الْيَوْمَ الْآخِرَ وَلَا تَعْثَوْاْ فِي الْأَرْضِ
مُفْسِدِينَ (36) فَكَذَّبُوهُ فَأَخَذَتْهُمُ الرَّجْفَةُ فَأَصْبَحُواْ فِي
دَارِهِمْ جَٰثِمِينَ (37) وَعَاداً وَثَمُوداْ وَقَد تَّبَيَّنَ
لَكُم مِّن مَّسَٰكِنِهِمْ وَزَيَّنَ لَهُمُ الشَّيْطَٰنُ
أَعْمَٰلَهُمْ فَصَدَّهُمْ عَنِ السَّبِيلِ وَكَانُواْ مُسْتَبْصِرِينَ (38)

- الْغَٰبِرِينَ: الباقينَ في العذابِ
- سِيٓءَ بِهِمْ: اعتراهُ الغمُّ بمجيئِهم
- ذَرْعاً: طاقةً وقوةً
- لَا تَعْثَوْاْ: لا تُفسِدوا أشدّ الإفسَادِ

ثُمُنٌ

- فَأَخَذَتْهُمُ الرَّجْفَةُ: الزلزلةُ الشديدةُ
- جَٰثِمِينَ: ميّتينَ قعودًا
- كَانُواْ مُسْتَبْصِرِينَ: عقلاءَ متمكّنينَ من التدبّرِ

العَنكبُوت

مدّ مشبع 6 حركات — مدّ 2 أو 4 أو 6 جوازاً — مدّ حركتين — إخفاء، ومواقع الغُنّة (حركتين) — إدغام، وما لا يُلفَظ — تفخيم — قلقلة

وَقَارُونَ وَفِرْعَوْنَ وَهَامَنَ ۖ وَلَقَدْ جَآءَهُم مُّوسَىٰ
بِالْبَيِّنَٰتِ فَاسْتَكْبَرُواْ فِي الْأَرْضِ وَمَا كَانُواْ سَٰبِقِينَ ۖ ﴿39﴾
فَكُلًّا أَخَذْنَا بِذَنۢبِهِۦ ۖ فَمِنْهُم مَّنَ اَرْسَلْنَا عَلَيْهِ حَاصِباً
وَمِنْهُم مَّنَ اَخَذَتْهُ الصَّيْحَةُ وَمِنْهُم مَّنْ خَسَفْنَا
بِهِ الْأَرْضَ ۖ وَمِنْهُم مَّنَ اَغْرَقْنَا ۖ وَمَا كَانَ اللَّهُ لِيَظْلِمَهُمْ
وَلَٰكِن كَانُوٓاْ أَنفُسَهُمْ يَظْلِمُونَ ۖ ﴿40﴾ مَثَلُ الَّذِينَ
اَتَّخَذُواْ مِن دُونِ اللَّهِ أَوْلِيَآءَ كَمَثَلِ الْعَنكَبُوتِ
اِتَّخَذَتْ بَيْتاً ۖ وَإِنَّ أَوْهَنَ الْبُيُوتِ لَبَيْتُ الْعَنكَبُوتِ
لَوْ كَانُواْ يَعْلَمُونَ ۖ ﴿41﴾ إِنَّ اللَّهَ يَعْلَمُ مَا تَدْعُونَ مِن
دُونِهِۦ مِن شَيْءٍ ۖ وَهُوَ الْعَزِيزُ الْحَكِيمُ ﴿42﴾ وَتِلْكَ الْأَمْثَٰلُ
نَضْرِبُهَا لِلنَّاسِ ۖ وَمَا يَعْقِلُهَآ إِلَّا الْعَٰلِمُونَ ۖ ﴿43﴾ خَلَقَ
اللَّهُ السَّمَٰوَٰتِ وَالْأَرْضَ بِالْحَقِّ ۖ إِنَّ فِي ذَٰلِكَ لَأيَةً
لِّلْمُومِنِينَ ۖ ﴿44﴾ اَتْلُ مَآ أُوحِيَ إِلَيْكَ مِنَ الْكِتَٰبِ
وَأَقِمِ الصَّلَوٰةَ ۖ إِنَّ الصَّلَوٰةَ تَنْهَىٰ عَنِ الْفَحْشَآءِ
وَالْمُنكَرِ ۖ وَلَذِكْرُ اللَّهِ أَكْبَرُ ۖ وَاللَّهُ يَعْلَمُ مَا تَصْنَعُونَ ۖ ﴿45﴾

- سَٰبِقِينَ: فائتين من عذابه تعالى
- حَاصِباً: ريحًا ترميهم بالحصباءِ
- اَخَذَتْهُ الصَّيْحَةُ: صوتٌ من السّماءِ مُهلكٌ
- الْعَنكَبُوتِ: حشرةٍ معروفةٍ

- مدّ مشبع 6 حركات
- مدّ 2 أو 4 أو 6 جوازاً
- مدّ حركتين
- إخفاء، ومواقع الغُنَّة (حركتين)
- إدغام، وما لا يُلفظ
- تفخيم
- قلقلة

۞ وَلَا تُجَٰدِلُوٓا۟ أَهْلَ ٱلْكِتَٰبِ إِلَّا بِٱلَّتِى هِىَ أَحْسَنُ إِلَّا ٱلَّذِينَ ظَلَمُوا۟ مِنْهُمْ وَقُولُوٓا۟ ءَامَنَّا بِٱلَّذِىٓ أُنزِلَ إِلَيْنَا وَأُنزِلَ إِلَيْكُمْ وَإِلَٰهُنَا وَإِلَٰهُكُمْ وَٰحِدٌ وَنَحْنُ لَهُۥ مُسْلِمُونَ ﴿٤٦﴾ وَكَذَٰلِكَ أَنزَلْنَآ إِلَيْكَ ٱلْكِتَٰبَ فَٱلَّذِينَ ءَاتَيْنَٰهُمُ ٱلْكِتَٰبَ يُؤْمِنُونَ بِهِۦ وَمِنْ هَٰٓؤُلَآءِ مَن يُؤْمِنُ بِهِۦ وَمَا يَجْحَدُ بِـَٔايَٰتِنَآ إِلَّا ٱلْكَٰفِرُونَ ﴿٤٧﴾ وَمَا كُنتَ تَتْلُوا۟ مِن قَبْلِهِۦ مِن كِتَٰبٍ وَلَا تَخُطُّهُۥ بِيَمِينِكَ إِذًا لَّٱرْتَابَ ٱلْمُبْطِلُونَ ﴿٤٨﴾ بَلْ هُوَ ءَايَٰتٌۢ بَيِّنَٰتٌ فِى صُدُورِ ٱلَّذِينَ أُوتُوا۟ ٱلْعِلْمَ وَمَا يَجْحَدُ بِـَٔايَٰتِنَآ إِلَّا ٱلظَّٰلِمُونَ ﴿٤٩﴾ وَقَالُوا۟ لَوْلَآ أُنزِلَ عَلَيْهِ ءَايَٰتٌ مِّن رَّبِّهِۦ قُلْ إِنَّمَا ٱلْءَايَٰتُ عِندَ ٱللَّهِ وَإِنَّمَآ أَنَا۠ نَذِيرٌ مُّبِينٌ ﴿٥٠﴾ أَوَلَمْ يَكْفِهِمْ أَنَّآ أَنزَلْنَا عَلَيْكَ ٱلْكِتَٰبَ يُتْلَىٰ عَلَيْهِمْ إِنَّ فِى ذَٰلِكَ لَرَحْمَةً وَذِكْرَىٰ لِقَوْمٍ يُؤْمِنُونَ ﴿٥١﴾ قُلْ كَفَىٰ بِٱللَّهِ بَيْنِى وَبَيْنَكُمْ شَهِيدًا يَعْلَمُ مَا فِى ٱلسَّمَٰوَٰتِ وَٱلْأَرْضِ وَٱلَّذِينَ ءَامَنُوا۟ بِٱلْبَٰطِلِ وَكَفَرُوا۟ بِٱللَّهِ أُو۟لَٰٓئِكَ هُمُ ٱلْخَٰسِرُونَ ﴿٥٢﴾

العنكبوت

• مَدّ مشبع 6 حركات	• إخفاء، ومواقع الغُنّة (حركتين)	• تفخيم
• مَدّ 2 أو 4 أو 6 جوازاً	• مَدّ حركتين	• إدغام، وما لا يُلفظ	• قلقلة

وَيَسْتَعْجِلُونَكَ بِالْعَذَابِ وَلَوْلَآ أَجَلٌ مُّسَمًّى لَّجَآءَهُمُ الْعَذَابُ
وَلَيَأْتِيَنَّهُم بَغْتَةً وَهُمْ لَا يَشْعُرُونَ ﴿53﴾ يَسْتَعْجِلُونَكَ بِالْعَذَابِ
وَإِنَّ جَهَنَّمَ لَمُحِيطَةٌۢ بِالْكَٰفِرِينَ ﴿54﴾ يَوْمَ يَغْشَىٰهُمُ الْعَذَابُ
مِن فَوْقِهِمْ وَمِن تَحْتِ أَرْجُلِهِمْ وَيَقُولُ ذُوقُوا۟ مَا كُنتُمْ
تَعْمَلُونَ ﴿55﴾ يَٰعِبَادِىَ الَّذِينَ ءَامَنُوٓا۟ إِنَّ أَرْضِى وَٰسِعَةٌ فَإِيَّٰىَ
فَاعْبُدُونِ ﴿56﴾ كُلُّ نَفْسٍ ذَآئِقَةُ الْمَوْتِ ثُمَّ إِلَيْنَا تُرْجَعُونَ ﴿57﴾
وَالَّذِينَ ءَامَنُوا۟ وَعَمِلُوا۟ الصَّٰلِحَٰتِ لَنُبَوِّئَنَّهُم مِّنَ الْجَنَّةِ غُرَفًا
تَجْرِى مِن تَحْتِهَا الْأَنْهَٰرُ خَٰلِدِينَ فِيهَا نِعْمَ أَجْرُ الْعَٰمِلِينَ ﴿58﴾
الَّذِينَ صَبَرُوا۟ وَعَلَىٰ رَبِّهِمْ يَتَوَكَّلُونَ ﴿59﴾ ۞ وَكَأَيِّن مِّن دَآبَّةٍ
لَّا تَحْمِلُ رِزْقَهَا اللَّهُ يَرْزُقُهَا وَإِيَّاكُمْ وَهُوَ السَّمِيعُ الْعَلِيمُ ﴿60﴾
وَلَئِن سَأَلْتَهُم مَّنْ خَلَقَ السَّمَٰوَٰتِ وَالْأَرْضَ وَسَخَّرَ الشَّمْسَ
وَالْقَمَرَ لَيَقُولُنَّ اللَّهُ فَأَنَّىٰ يُؤْفَكُونَ ﴿61﴾ اللَّهُ يَبْسُطُ الرِّزْقَ لِمَن
يَشَآءُ مِنْ عِبَادِهِۦ وَيَقْدِرُ لَهُۥٓ إِنَّ اللَّهَ بِكُلِّ شَىْءٍ عَلِيمٌ ﴿62﴾ وَلَئِن
سَأَلْتَهُم مَّن نَّزَّلَ مِنَ السَّمَآءِ مَآءً فَأَحْيَا بِهِ الْأَرْضَ مِنۢ بَعْدِ
مَوْتِهَا لَيَقُولُنَّ اللَّهُ قُلِ الْحَمْدُ لِلَّهِ بَلْ أَكْثَرُهُمْ لَا يَعْقِلُونَ ﴿63﴾

- بَغْتَةً: فجأةً
- يَغْشَىٰهُمُ الْعَذَابُ: يُجلّلهم ويُحيطُ بهم
- لَنُبَوِّئَنَّهُم: لنُنزلنّهم
- غُرَفًا: منازلَ رفيعةً

ثُمُنٌ

- كَأَيِّن: كثيرٌ
- فَأَنَّىٰ يُؤْفَكُونَ: فكيفَ يُصرفونَ عن عبادتِهِ
- يَقْدِرُ لَهُۥ: يُضيّقُه على من يشاءُ

مدّ مشبع 6 حركات | مدّ 2 أو 4 أو 6 جوازاً | مدّ حركتين | إخفاء، ومواقع الغُنّة (حركتين) | إدغام، وما لا يُلفظ | تفخيم | قلقلة

وَمَا هَٰذِهِ اِ۬لْحَيَوٰةُ اُ۬لدُّنْيَآ إِلَّا لَهْوٞ وَلَعِبٞ وَإِنَّ اَ۬لدَّارَ اَ۬لَاخِرَةَ
لَهِيَ اَ۬لْحَيَوَانُ لَوْ كَانُواْ يَعْلَمُونَ (64) فَإِذَا رَكِبُواْ فِے
اِ۬لْفُلْكِ دَعَوُاْ اُ۬للَّهَ مُخْلِصِينَ لَهُ اُ۬لدِّينَ فَلَمَّا نَجّيٰهُمُۥٓ إِلَى اَ۬لْبَرِّ إِذَا
هُمْ يُشْرِكُونَ (65) لِيَكْفُرُواْ بِمَآ ءَاتَيْنَٰهُمْ وَلِيَتَمَتَّعُواْ فَسَوْفَ
يَعْلَمُونَ (66) أَوَلَمْ يَرَوَاْ اَنَّا جَعَلْنَا حَرَماً اٰمِناً وَيُتَخَطَّفُ اُ۬لنَّاسُ
مِنْ حَوْلِهِمُۥٓ أَفَبِالْبَٰطِلِ يُومِنُونَ وَبِنِعْمَةِ اِ۬للَّهِ يَكْفُرُونَ (67)
وَمَنَ اَظْلَمُ مِمَّنِ اِفْتَرَىٰ عَلَى اَ۬للَّهِ كَذِباً اَوْ كَذَّبَ بِالْحَقِّ
لَمَّا جَآءَهُۥٓ أَلَيْسَ فِے جَهَنَّمَ مَثْوىٗ لِّلْكٰفِرِينَ (68) وَالذِينَ
جَٰهَدُواْ فِينَا لَنَهْدِيَنَّهُمْ سُبُلَنَا وَإِنَّ اَ۬للَّهَ لَمَعَ اَ۬لْمُحْسِنِينَ (69)

سُورَةُ الرُّومِ

ترتيبها 30 — آياتها 59

بِسْمِ اِ۬للَّهِ اِ۬لرَّحْمَٰنِ اِ۬لرَّحِيمِ

أَلَٓمِّٓ غُلِبَتِ اِ۬لرُّومُ فِےٓ أَدْنَى اَ۬لَارْضِ وَهُم مِّنۢ بَعْدِ غَلَبِهِمْ
سَيَغْلِبُونَ (1) فِے بِضْعِ سِنِينَ (2) لِلهِ اِ۬لَامْرُ مِن
قَبْلُ وَمِنۢ بَعْدُ وَيَوْمَئِذٖ يَفْرَحُ اُ۬لْمُومِنُونَ (3)
بِنَصْرِ اِ۬للَّهِ يَنصُرُ مَن يَّشَآءُ وَهُوَ اَ۬لْعَزِيزُ اُ۬لرَّحِيمُ (4)

- **لَهْوٞ وَلَعِبٞ**: لذائذُ مُتصرّمةٌ (زائلة) وعبثٌ باطلٌ
- **لَهِيَ اَ۬لْحَيَوَانُ**: لَهِيَ الحياةُ الدّائمةُ الخالدةُ
- **اَ۬لدِّينَ**: المِلّةَ أو الطّاعةَ
- **يُتَخَطَّفُ اُ۬لنَّاسُ**: يُسلَبون قتلًا وأسرًا
- **مَثْوىٗ لِّلْكٰفِرِينَ**: مكانُ إقامةٍ لهم
- **غُلِبَتِ اِ۬لرُّومُ**: قَهرتْ فارسُ الرّومَ
- **أَدْنَى اَ۬لَارْضِ**: أقربها إلى فارس
- **غَلَبِهِمْ**: كونهم مغلوبينَ

الرُّوم

مدّ مشبع 6 حركات — مدّ 2 أو 4 أو 6 جوازاً — مدّ حركتين — إخفاء، ومواقع الغُنّة (حركتين) — إدغام، وما لا يُلفَظ — تفخيم — قلقلة

وَعْدَ ٱللَّهِ لَا يُخْلِفُ ٱللَّهُ وَعْدَهُۥ وَلَٰكِنَّ أَكْثَرَ ٱلنَّاسِ لَا
يَعْلَمُونَ ﴿5﴾ يَعْلَمُونَ ظَٰهِرًا مِّنَ ٱلْحَيَوٰةِ ٱلدُّنْيَا وَهُمْ عَنِ ٱلْءَاخِرَةِ
هُمْ غَٰفِلُونَ ﴿6﴾ أَوَلَمْ يَتَفَكَّرُواْ فِيٓ أَنفُسِهِم مَّا خَلَقَ ٱللَّهُ ٱلسَّمَٰوَٰتِ
وَٱلْأَرْضَ وَمَا بَيْنَهُمَآ إِلَّا بِٱلْحَقِّ وَأَجَلٍ مُّسَمًّى وَإِنَّ كَثِيرًا
مِّنَ ٱلنَّاسِ بِلِقَآءِ رَبِّهِمْ لَكَٰفِرُونَ ﴿7﴾ ۞ أَوَلَمْ يَسِيرُواْ فِي
ٱلْأَرْضِ فَيَنظُرُواْ كَيْفَ كَانَ عَٰقِبَةُ ٱلَّذِينَ مِن قَبْلِهِمْ كَانُوٓاْ
أَشَدَّ مِنْهُمْ قُوَّةً وَأَثَارُواْ ٱلْأَرْضَ وَعَمَرُوهَآ أَكْثَرَ مِمَّا عَمَرُوهَا
وَجَآءَتْهُمْ رُسُلُهُم بِٱلْبَيِّنَٰتِ فَمَا كَانَ ٱللَّهُ لِيَظْلِمَهُمْ وَلَٰكِن
كَانُوٓاْ أَنفُسَهُمْ يَظْلِمُونَ ﴿8﴾ ثُمَّ كَانَ عَٰقِبَةَ ٱلَّذِينَ أَسَٰٓـُٔواْ
ٱلسُّوٓأَىٰٓ أَن كَذَّبُواْ بِـَٔايَٰتِ ٱللَّهِ وَكَانُواْ بِهَا يَسْتَهْزِءُونَ ﴿9﴾
ٱللَّهُ يَبْدَؤُاْ ٱلْخَلْقَ ثُمَّ يُعِيدُهُۥ ثُمَّ إِلَيْهِ تُرْجَعُونَ ﴿10﴾ وَيَوْمَ
تَقُومُ ٱلسَّاعَةُ يُبْلِسُ ٱلْمُجْرِمُونَ ﴿11﴾ وَلَمْ يَكُن لَّهُم مِّن
شُرَكَآئِهِمْ شُفَعَٰٓؤُاْ وَكَانُواْ بِشُرَكَآئِهِمْ كَٰفِرِينَ ﴿12﴾
وَيَوْمَ تَقُومُ ٱلسَّاعَةُ يَوْمَئِذٍ يَتَفَرَّقُونَ ﴿13﴾ فَأَمَّا ٱلَّذِينَ
ءَامَنُواْ وَعَمِلُواْ ٱلصَّٰلِحَٰتِ فَهُمْ فِي رَوْضَةٍ يُحْبَرُونَ ﴿14﴾

رُبُعٌ

- أَثَارُواْ ٱلْأَرْضَ: حرثوها وقلبوها للزراعة
- ٱلسُّوٓأَىٰٓ: العقوبة المتناهية في السوء
- يُبْلِسُ ٱلْمُجْرِمُونَ: تنقطع حجتهم أو ييئسون
- يُحْبَرُونَ: يُسرُّون أو يُكرَمون

مدّ مشبع 6 حركات | مدّ 2 أو 4 أو 6 جوازاً | مدّ حركتين | إخفاء، ومواقع الغُنّة (حركتين) | إدغام، وما لا يُلفظ | تفخيم | قلقلة

وَأَمَّا ٱلَّذِينَ كَفَرُواْ وَكَذَّبُواْ بِـَٔايَٰتِنَا وَلِقَآيِٕ ٱلْأٓخِرَةِ
فَأُوْلَٰٓئِكَ فِي ٱلْعَذَابِ مُحْضَرُونَ ﴿15﴾ فَسُبْحَٰنَ ٱللَّهِ حِينَ
تُمْسُونَ وَحِينَ تُصْبِحُونَ ﴿16﴾ وَلَهُ ٱلْحَمْدُ فِي ٱلسَّمَٰوَٰتِ
وَٱلْأَرْضِ وَعَشِيّٗا وَحِينَ تُظْهِرُونَ ﴿17﴾ يُخْرِجُ ٱلْحَيَّ مِنَ ٱلْمَيِّتِ
وَيُخْرِجُ ٱلْمَيِّتَ مِنَ ٱلْحَيِّ وَيُحْيِ ٱلْأَرْضَ بَعْدَ مَوْتِهَاۚ وَكَذَٰلِكَ
تُخْرَجُونَ ﴿18﴾ وَمِنْ ءَايَٰتِهِۦٓ أَنْ خَلَقَكُم مِّن تُرَابٖ ثُمَّ إِذَآ
أَنتُم بَشَرٞ تَنتَشِرُونَ ﴿19﴾ وَمِنْ ءَايَٰتِهِۦٓ أَنْ خَلَقَ لَكُم مِّنْ
أَنفُسِكُمْ أَزْوَٰجٗا لِّتَسْكُنُوٓاْ إِلَيْهَا وَجَعَلَ بَيْنَكُم
مَّوَدَّةٗ وَرَحْمَةًۚ إِنَّ فِي ذَٰلِكَ لَأٓيَٰتٖ لِّقَوْمٖ يَتَفَكَّرُونَ ﴿20﴾
۞ وَمِنْ ءَايَٰتِهِۦ خَلْقُ ٱلسَّمَٰوَٰتِ وَٱلْأَرْضِ وَٱخْتِلَٰفُ أَلْسِنَتِكُمْ
وَأَلْوَٰنِكُمْۚ إِنَّ فِي ذَٰلِكَ لَأٓيَٰتٖ لِّلْعَٰلِمِينَ ﴿21﴾ وَمِنْ ءَايَٰتِهِۦ
مَنَامُكُم بِٱلَّيْلِ وَٱلنَّهَارِ وَٱبْتِغَآؤُكُم مِّن فَضْلِهِۦٓۚ إِنَّ فِي
ذَٰلِكَ لَأٓيَٰتٖ لِّقَوْمٖ يَسْمَعُونَ ﴿22﴾ وَمِنْ ءَايَٰتِهِۦ يُرِيكُمُ
ٱلْبَرْقَ خَوْفٗا وَطَمَعٗا وَيُنَزِّلُ مِنَ ٱلسَّمَآءِ مَآءٗ فَيُحْيِۦ بِهِ ٱلْأَرْضَ
بَعْدَ مَوْتِهَآۚ إِنَّ فِي ذَٰلِكَ لَأٓيَٰتٖ لِّقَوْمٖ يَعْقِلُونَ ﴿23﴾

- مُحْضَرُونَ لا يغيبونَ عنه أبدًا
- حِينَ تُظْهِرُونَ تدخلونَ في وقتِ الظَّهيرةِ
- تَنتَشِرُونَ تتصرَّفونَ في أغراضِكم وأسفارِكم
- لِّتَسْكُنُوٓاْ إِلَيْهَا لِتميلُوا إليها

ثُمُنٌ

مدّ مشبع 6 حركات	مدّ حركتين	إخفاء، ومواقع الغُنَّة (حركتين)	تفخيم
مدّ 2 أو 4 أو 6 جوازاً		إدغام، وما لا يُلفَظ	قلقلة

406

وَمِنْ ءَايَٰتِهِۦٓ أَن تَقُومَ ٱلسَّمَآءُ وَٱلْأَرْضُ بِأَمْرِهِۦ ۚ ثُمَّ إِذَا دَعَاكُمْ
دَعْوَةً مِّنَ ٱلْأَرْضِ إِذَآ أَنتُمْ تَخْرُجُونَ ﴿24﴾ وَلَهُۥ مَن فِي ٱلسَّمَٰوَٰتِ
وَٱلْأَرْضِ ۖ كُلٌّ لَّهُۥ قَٰنِتُونَ ﴿25﴾ وَهُوَ ٱلَّذِي يَبْدَؤُاْ ٱلْخَلْقَ
ثُمَّ يُعِيدُهُۥ وَهُوَ أَهْوَنُ عَلَيْهِ ۚ وَلَهُ ٱلْمَثَلُ ٱلْأَعْلَىٰ فِي ٱلسَّمَٰوَٰتِ
وَٱلْأَرْضِ ۚ وَهُوَ ٱلْعَزِيزُ ٱلْحَكِيمُ ﴿26﴾ ضَرَبَ لَكُم مَّثَلًا مِّنْ
أَنفُسِكُمْ ۖ هَل لَّكُم مِّن مَّا مَلَكَتْ أَيْمَٰنُكُم مِّن شُرَكَآءَ فِي
مَا رَزَقْنَٰكُمْ فَأَنتُمْ فِيهِ سَوَآءٌ تَخَافُونَهُمْ كَخِيفَتِكُمْ
أَنفُسَكُمْ ۚ كَذَٰلِكَ نُفَصِّلُ ٱلْءَايَٰتِ لِقَوْمٍ يَعْقِلُونَ ﴿27﴾
بَلِ ٱتَّبَعَ ٱلَّذِينَ ظَلَمُوٓاْ أَهْوَآءَهُم بِغَيْرِ عِلْمٍ ۖ فَمَن يَهْدِي مَنْ
أَضَلَّ ٱللَّهُ ۖ وَمَا لَهُم مِّن نَّٰصِرِينَ ﴿28﴾ ۞ فَأَقِمْ وَجْهَكَ
لِلدِّينِ حَنِيفًا ۚ فِطْرَتَ ٱللَّهِ ٱلَّتِي فَطَرَ ٱلنَّاسَ عَلَيْهَا ۚ لَا تَبْدِيلَ
لِخَلْقِ ٱللَّهِ ۚ ذَٰلِكَ ٱلدِّينُ ٱلْقَيِّمُ وَلَٰكِنَّ أَكْثَرَ ٱلنَّاسِ
لَا يَعْلَمُونَ ﴿29﴾ مُنِيبِينَ إِلَيْهِ وَٱتَّقُوهُ وَأَقِيمُواْ ٱلصَّلَوٰةَ
وَلَا تَكُونُواْ مِنَ ٱلْمُشْرِكِينَ ﴿30﴾ مِنَ ٱلَّذِينَ فَرَّقُواْ
دِينَهُمْ وَكَانُواْ شِيَعًا ۖ كُلُّ حِزْبِۭ بِمَا لَدَيْهِمْ فَرِحُونَ ﴿31﴾

- قَٰنِتُونَ: مُطيعونَ مُنقادونَ لإرادتِهِ
- ٱلْمَثَلُ ٱلْأَعْلَىٰ: الوصفُ الأعلى في الكمالِ
- لِلدِّينِ: دينِ التَّوحيدِ والإسلامِ
- حَنِيفًا: مائلًا عن الباطلِ إلى الحقّ

نِصْفٌ

- فِطْرَتَ ٱللَّهِ: الزمُوا دينَه المجاوبَ للعقولِ
- ٱلدِّينُ ٱلْقَيِّمُ: المُستقيمُ في العقلِ السَّليمِ
- مُنِيبِينَ إِلَيْهِ: راجعينَ إليه بالتَّوبةِ
- كَانُواْ شِيَعًا: فِرقًا مُختلفةَ الأهواءِ

مدّ مشبع 6 حركات	مدّ حركتين	إخفاء، ومواقع الغُنَّة (حركتين)	تفخيم
مدّ 2 أو 4 أو 6 جوازاً		إدغام، وما لا يُلفظ	قلقلة

407

وَإِذَا مَسَّ ٱلنَّاسَ ضُرٌّ دَعَوْا۟ رَبَّهُم مُّنِيبِينَ إِلَيْهِ ثُمَّ إِذَآ أَذَاقَهُم
مِّنْهُ رَحْمَةً إِذَا فَرِيقٌ مِّنْهُم بِرَبِّهِمْ يُشْرِكُونَ (32) لِيَكْفُرُوا۟ بِمَآ
ءَاتَيْنَٰهُمْ فَتَمَتَّعُوا۟ فَسَوْفَ تَعْلَمُونَ (33) أَمْ أَنزَلْنَا عَلَيْهِمْ سُلْطَٰنًا
فَهُوَ يَتَكَلَّمُ بِمَا كَانُوا۟ بِهِۦ يُشْرِكُونَ (34) وَإِذَآ أَذَقْنَا ٱلنَّاسَ
رَحْمَةً فَرِحُوا۟ بِهَا وَإِن تُصِبْهُمْ سَيِّئَةٌۢ بِمَا قَدَّمَتْ أَيْدِيهِمْ إِذَا
هُمْ يَقْنَطُونَ (35) أَوَلَمْ يَرَوْا۟ أَنَّ ٱللَّهَ يَبْسُطُ ٱلرِّزْقَ لِمَن يَشَآءُ
وَيَقْدِرُ إِنَّ فِى ذَٰلِكَ لَءَايَٰتٍ لِّقَوْمٍ يُؤْمِنُونَ (36) فَـَٔاتِ ذَا ٱلْقُرْبَىٰ
حَقَّهُۥ وَٱلْمِسْكِينَ وَٱبْنَ ٱلسَّبِيلِ ذَٰلِكَ خَيْرٌ لِّلَّذِينَ يُرِيدُونَ
وَجْهَ ٱللَّهِ وَأُو۟لَٰٓئِكَ هُمُ ٱلْمُفْلِحُونَ (37) وَمَآ ءَاتَيْتُم مِّن رِّبًا
لِّيَرْبُوَا۟ فِىٓ أَمْوَٰلِ ٱلنَّاسِ فَلَا يَرْبُوا۟ عِندَ ٱللَّهِ وَمَآ ءَاتَيْتُم مِّن زَكَوٰةٍ
تُرِيدُونَ وَجْهَ ٱللَّهِ فَأُو۟لَٰٓئِكَ هُمُ ٱلْمُضْعِفُونَ (38) ٱللَّهُ ٱلَّذِى
خَلَقَكُمْ ثُمَّ رَزَقَكُمْ ثُمَّ يُمِيتُكُمْ ثُمَّ يُحْيِيكُمْ هَلْ مِن
شُرَكَآئِكُم مَّن يَفْعَلُ مِن ذَٰلِكُم مِّن شَىْءٍ سُبْحَٰنَهُۥ وَتَعَٰلَىٰ عَمَّا
يُشْرِكُونَ (39) ۞ ظَهَرَ ٱلْفَسَادُ فِى ٱلْبَرِّ وَٱلْبَحْرِ بِمَا كَسَبَتْ
أَيْدِى ٱلنَّاسِ لِيُذِيقَهُم بَعْضَ ٱلَّذِى عَمِلُوا۟ لَعَلَّهُمْ يَرْجِعُونَ (40)

- **سُلْطَٰنًا** كتابًا أو حُجّةً
- **فَرِحُوا۟ بِهَا** بَطِرُوا وأشِرُوا
- **يَقْنَطُونَ** ييْئَسُونَ من رحمةِ اللهِ تعالى
- **يَقْدِرُ** يُضيّقُه على من يشاءُ
- **رِّبًا** هو الرّبا المُحرّمُ المعروفُ
- **لِّيَرْبُوَا۟** لِتزيدوا ذلكَ الرّبا
- **ٱلْمُضْعِفُونَ** ذوو الأضعافِ من الحسناتِ

ثُمُنٌ

الرُّوم

مدّ مشبع 6 حركات / مدّ 2 أو 4 أو 6 جوازاً / مدّ حركتين	إخفاء، ومواقع الغُنّة (حركتين) / إدغام، وما لا يُلفَظ	تفخيم / قلقلة

قُلْ سِيرُواْ فِے اِ۬لَارْضِ فَانظُرُواْ كَيْفَ كَانَ عَٰقِبَةُ اُ۬لذِينَ مِن قَبْلُ
كَانَ أَكْثَرُهُم مُّشْرِكِينَ (41) فَأَقِمْ وَجْهَكَ لِلدِّينِ اِ۬لْقَيِّمِ مِن قَبْلِ
أَنْ يَّاتِيَ يَوْمٞ لَّا مَرَدَّ لَهُۥ مِنَ اَ۬للَّهِ يَوْمَئِذٖ يَصَّدَّعُونَ (42) مَن كَفَرَ فَعَلَيْهِ
كُفْرُهُۥ وَمَنْ عَمِلَ صَٰلِحاً فَلِأَنفُسِهِمْ يَمْهَدُونَ (43) لِيَجْزِيَ اَ۬لذِينَ
ءَامَنُواْ وَعَمِلُواْ اُ۬لصَّٰلِحَٰتِ مِن فَضْلِهِۦٓ إِنَّهُۥ لَا يُحِبُّ اُ۬لْكَٰفِرِينَ (44) وَمِنَ
ءَايَٰتِهِۦٓ أَنْ يُّرْسِلَ اَ۬لرِّيَاحَ مُبَشِّرَٰتٖ وَلِيُذِيقَكُم مِّن رَّحْمَتِهِۦ وَلِتَجْرِيَ
اَ۬لْفُلْكُ بِأَمْرِهِۦ وَلِتَبْتَغُواْ مِن فَضْلِهِۦ وَلَعَلَّكُمْ تَشْكُرُونَ (45)
وَلَقَدَ اَرْسَلْنَا مِن قَبْلِكَ رُسُلاً اِلَيٰ قَوْمِهِمْ فَجَآءُوهُم بِالْبَيِّنَٰتِ
فَانتَقَمْنَا مِنَ اَ۬لذِينَ أَجْرَمُواْ وَكَانَ حَقّاً عَلَيْنَا نَصْرُ اُ۬لْمُومِنِينَ (46)
اَ۬للَّهُ اُ۬لذِے يُرْسِلُ اُ۬لرِّيَٰحَ فَتُثِيرُ سَحَاباً فَيَبْسُطُهُۥ فِے اِ۬لسَّمَآءِ
كَيْفَ يَشَآءُ وَيَجْعَلُهُۥ كِسَفاً فَتَرَى اَ۬لْوَدْقَ يَخْرُجُ مِنْ خِلَٰلِهِۦ
فَإِذَآ أَصَابَ بِهِۦ مَنْ يَّشَآءُ مِنْ عِبَادِهِۦٓ إِذَا هُمْ يَسْتَبْشِرُونَ (47)
وَإِن كَانُواْ مِن قَبْلِ أَنْ يُّنَزَّلَ عَلَيْهِم مِّن قَبْلِهِۦ لَمُبْلِسِينَ (48)
فَانظُرِ اِلَيٰٓ أَثَرِ رَحْمَتِ اِ۬للَّهِ كَيْفَ يُحْيِ اِ۬لَارْضَ بَعْدَ
مَوْتِهَآ إِنَّ ذَٰلِكَ لَمُحْيِ اِ۬لْمَوْتَيٰ وَهُوَ عَلَيٰ كُلِّ شَےْءٖ قَدِيرٞ (49)

- لِلدِّينِ اِ۬لْقَيِّمِ: المستقيمِ (دينِ الفطرةِ)
- لَّا مَرَدَّ لَهُۥ: لا ردَّ له
- يَصَّدَّعُونَ: يتفرّقونَ
- يَمْهَدُونَ: يُوطِّئونَ مواطنَ النّعيمِ
- فَتُثِيرُ سَحَاباً: تحرّكُهُ وتنشرُهُ
- كِسَفاً: قِطعًا
- اَ۬لْوَدْقَ: المطرَ
- خِلَٰلِهِۦ: فُرَجِهِ ووسطِهِ
- لَمُبْلِسِينَ: آيسينَ

مدّ مشبع 6 حركات | مدّ 2 أو 4 أو 6 جوازاً | مدّ حركتين | إخفاء، ومواقع الغُنَّة (حركتين) | إدغام، وما لا يُلفظ | تفخيـ | قلقـ

وَلَئِنْ أَرْسَلْنَا رِيحًا فَرَأَوْهُ مُصْفَرًّا لَّظَلُّوا۟ مِنۢ بَعْدِهِۦ
يَكْفُرُونَ ﴿50﴾ فَإِنَّكَ لَا تُسْمِعُ ٱلْمَوْتَىٰ وَلَا تُسْمِعُ ٱلصُّمَّ ٱلدُّعَآءَ
إِذَا وَلَّوْا۟ مُدْبِرِينَ ﴿51﴾ وَمَآ أَنتَ بِهَٰدِ ٱلْعُمْىِ عَن ضَلَٰلَتِهِمْ ۖ إِن
تُسْمِعُ إِلَّا مَن يُؤْمِنُ بِـَٔايَٰتِنَا فَهُم مُّسْلِمُونَ ﴿52﴾ ۞ ٱللَّهُ ٱلَّذِى
خَلَقَكُم مِّن ضَعْفٍ ثُمَّ جَعَلَ مِنۢ بَعْدِ ضَعْفٍ قُوَّةً ثُمَّ جَعَلَ مِنۢ
بَعْدِ قُوَّةٍ ضَعْفًا وَشَيْبَةً ۚ يَخْلُقُ مَا يَشَآءُ ۖ وَهُوَ ٱلْعَلِيمُ ٱلْقَدِيرُ ﴿53﴾
وَيَوْمَ تَقُومُ ٱلسَّاعَةُ يُقْسِمُ ٱلْمُجْرِمُونَ مَا لَبِثُوا۟ غَيْرَ سَاعَةٍ ۚ
كَذَٰلِكَ كَانُوا۟ يُؤْفَكُونَ ﴿54﴾ وَقَالَ ٱلَّذِينَ أُوتُوا۟ ٱلْعِلْمَ
وَٱلْإِيمَٰنَ لَقَدْ لَبِثْتُمْ فِى كِتَٰبِ ٱللَّهِ إِلَىٰ يَوْمِ ٱلْبَعْثِ ۖ فَهَٰذَا يَوْمُ
ٱلْبَعْثِ وَلَٰكِنَّكُمْ كُنتُمْ لَا تَعْلَمُونَ ﴿55﴾ فَيَوْمَئِذٍ لَّا يَنفَعُ
ٱلَّذِينَ ظَلَمُوا۟ مَعْذِرَتُهُمْ وَلَا هُمْ يُسْتَعْتَبُونَ ﴿56﴾ وَلَقَدْ
ضَرَبْنَا لِلنَّاسِ فِى هَٰذَا ٱلْقُرْءَانِ مِن كُلِّ مَثَلٍ ۚ وَلَئِن جِئْتَهُم
بِـَٔايَةٍ لَّيَقُولَنَّ ٱلَّذِينَ كَفَرُوٓا۟ إِنْ أَنتُمْ إِلَّا مُبْطِلُونَ ﴿57﴾
كَذَٰلِكَ يَطْبَعُ ٱللَّهُ عَلَىٰ قُلُوبِ ٱلَّذِينَ لَا يَعْلَمُونَ ﴿58﴾ فَٱصْبِرْ
إِنَّ وَعْدَ ٱللَّهِ حَقٌّ ۖ وَلَا يَسْتَخِفَّنَّكَ ٱلَّذِينَ لَا يُوقِنُونَ ﴿59﴾

- فَرَأَوْهُ مُصْفَرًّا: فرأَوُا النّباتَ مُصفرًّا بعدَ الخُضرةِ
- رُبُع
- وَشَيْبَةً: حالَ الشّيخوخةِ والهرمِ
- يُؤْفَكُونَ: يُصرَفونَ عن الحقِّ والصّدقِ
- يُسْتَعْتَبُونَ: يُطلبُ منهم إرضاؤُه تعالى
- وَلَا يَسْتَخِفَّنَّكَ: لا يحْمِلنَّك على الخفّةِ والقَلقِ

مدّ مشبع 6 حركات	مدّ حركتين	إخفاء، ومواقع الغُنّة (حركتين)	تفخيم
مدّ 2 أو 4 أو 6 جوازاً		إدغام، وما لا يُلفظ	قلقلة

سُورَةُ لُقۡمَانَ

ترتيبها 31 — آياتها 33

بِسۡمِ ٱللَّهِ ٱلرَّحۡمَٰنِ ٱلرَّحِيمِ

الٓمٓ تِلۡكَ ءَايَٰتُ ٱلۡكِتَٰبِ ٱلۡحَكِيمِ (1) هُدٗى وَرَحۡمَةٗ
لِّلۡمُحۡسِنِينَ (2) ٱلَّذِينَ يُقِيمُونَ ٱلصَّلَوٰةَ وَيُؤۡتُونَ ٱلزَّكَوٰةَ وَهُم
بِٱلۡأٓخِرَةِ هُمۡ يُوقِنُونَ (3) أُوْلَٰٓئِكَ عَلَىٰ هُدٗى مِّن رَّبِّهِمۡۖ وَأُوْلَٰٓئِكَ
هُمُ ٱلۡمُفۡلِحُونَ (4) وَمِنَ ٱلنَّاسِ مَن يَشۡتَرِي لَهۡوَ ٱلۡحَدِيثِ
لِيُضِلَّ عَن سَبِيلِ ٱللَّهِ بِغَيۡرِ عِلۡمٖ وَيَتَّخِذَهَا هُزُوًاۚ أُوْلَٰٓئِكَ لَهُمۡ
عَذَابٞ مُّهِينٞ (5) وَإِذَا تُتۡلَىٰ عَلَيۡهِ ءَايَٰتُنَا وَلَّىٰ مُسۡتَكۡبِرٗا
كَأَن لَّمۡ يَسۡمَعۡهَا كَأَنَّ فِيٓ أُذُنَيۡهِ وَقۡرٗاۖ فَبَشِّرۡهُ بِعَذَابٍ أَلِيمٍ (6)
إِنَّ ٱلَّذِينَ ءَامَنُواْ وَعَمِلُواْ ٱلصَّٰلِحَٰتِ لَهُمۡ جَنَّٰتُ ٱلنَّعِيمِ (7)
خَٰلِدِينَ فِيهَاۖ وَعۡدَ ٱللَّهِ حَقّٗاۚ وَهُوَ ٱلۡعَزِيزُ ٱلۡحَكِيمُ (8) خَلَقَ
ٱلسَّمَٰوَٰتِ بِغَيۡرِ عَمَدٖ تَرَوۡنَهَاۖ وَأَلۡقَىٰ فِي ٱلۡأَرۡضِ رَوَٰسِيَ أَن تَمِيدَ
بِكُمۡ وَبَثَّ فِيهَا مِن كُلِّ دَآبَّةٖۚ وَأَنزَلۡنَا مِنَ ٱلسَّمَآءِ مَآءٗ فَأَنۢبَتۡنَا فِيهَا
مِن كُلِّ زَوۡجٖ كَرِيمٍ (9) ۞ هَٰذَا خَلۡقُ ٱللَّهِ فَأَرُونِي مَاذَا
خَلَقَ ٱلَّذِينَ مِن دُونِهِۦۚ بَلِ ٱلظَّٰلِمُونَ فِي ضَلَٰلٖ مُّبِينٖ (10)

- لَهۡوَ ٱلۡحَدِيثِ: الباطلَ المُلهيَ عن الخيرِ
- هُزُوًا: سُخريّةً
- وَلَّىٰ مُسۡتَكۡبِرٗا: أعرضَ مُتكبرًا عن تدبّرِها
- وَقۡرٗا: صممًا مانعًا من السّماعِ
- بِغَيۡرِ عَمَدٖ: بغيرِ دعائمَ
- رَوَٰسِيَ: جبالًا ثوابتَ
- أَن تَمِيدَ بِكُمۡ: لئلّا تضطربَ بكُم
- بَثَّ فِيهَا: نشَرَ وفرَّقَ وأظهَرَ فيها
- زَوۡجٖ كَرِيمٍ: صِنفٍ حسنٍ كثيرِ المنفعةِ

ثُمُنٌ

مدّ مشبع 6 حركات — مدّ 2 أو 4 أو 6 جوازاً — مدّ حركتين — إخفاء، ومواقع الغُنّة (حركتين) — إدغام، وما لا يُلفظ — تفخيم — قلقلة

وَلَقَدَ ـاتَيْنَا لُقْمَٰنَ أَلْحِكْمَةَ أَنُ اِ۟شْكُرْ لِلَّهِۖ وَمَنْ يَّشْكُرْ فَإِنَّمَا
يَشْكُرُ لِنَفْسِهِۦۖ وَمَن كَفَرَ فَإِنَّ أَللَّهَ غَنِيٌّ حَمِيدٞ (11) وَإِذْ قَالَ
لُقْمَٰنُ لِابْنِهِۦ وَهُوَ يَعِظُهُۥ يَٰبُنَيِّ لَا تُشْرِكْ بِاللَّهِۖ إِنَّ أَلشِّرْكَ لَظُلْمٌ
عَظِيمٞ (12) وَوَصَّيْنَا أَلِانسَٰنَ بِوَٰلِدَيْهِۖ حَمَلَتْهُ أُمُّهُۥ وَهْناً
عَلَىٰ وَهْنٖ وَفِصَٰلُهُۥ فِے عَامَيْنِ أَنُ اِ۟شْكُرْ لِے وَلِوَٰلِدَيْكَۖ إِلَيَّ
أَلْمَصِيرُۖ (13) وَإِن جَٰهَدَاكَ عَلَيٰٓ أَن تُشْرِكَ بِے مَا لَيْسَ لَكَ
بِهِۦ عِلْمٞ فَلَا تُطِعْهُمَاۖ وَصَاحِبْهُمَا فِے أَلدُّنْيَا مَعْرُوفاٗۖ وَاتَّبِعْ
سَبِيلَ مَنَ اَنَابَ إِلَيَّۖ ثُمَّ إِلَيَّ مَرْجِعُكُمْ فَأُنَبِّئُكُم بِمَا كُنتُمْ
تَعْمَلُونَۖ (14) يَٰبُنَيِّ إِنَّهَآ إِن تَكُ مِثْقَالُ حَبَّةٖ مِّنْ خَرْدَلٖ
فَتَكُن فِے صَخْرَةٍ اَوْ فِے أَلسَّمَٰوَٰتِ أَوْ فِے أَلَارْضِ يَاتِ بِهَا أَللَّهُۖ
إِنَّ أَللَّهَ لَطِيفٌ خَبِيرٞ (15) يَٰبُنَيِّ أَقِمِ أَلصَّلَوٰةَ وَامُرْ بِالْمَعْرُوفِ
وَانْهَ عَنِ أَلْمُنكَرِ وَاصْبِرْ عَلَيٰ مَا أَصَابَكَۖ إِنَّ ذَٰلِكَ مِنْ عَزْمِ
أَلُامُورِۖ (16) وَلَا تُصَعِّرْ خَدَّكَ لِلنَّاسِ وَلَا تَمْشِ فِے أَلَارْضِ
مَرَحاًۖ إِنَّ أَللَّهَ لَا يُحِبُّ كُلَّ مُخْتَالٖ فَخُورٖۖ (17) وَاقْصِدْ فِے مَشْيِكَۖ
وَاغْضُضْ مِن صَوْتِكَۖ إِنَّ أَنكَرَ أَلَاصْوَٰتِ لَصَوْتُ أَلْحَمِيرِۖ (18)

- وَوَصَّيْنَا أَلِانسَٰنَ: أمرناه
- وَهْناً: ضعفًا
- فِصَٰلُهُۥ: فِطامُهُ
- أَنَابَ إِلَيَّ: رَجَعَ إليَّ بالطّاعةِ
- مِثْقَالُ حَبَّةٖ: مقدارُ أصغرِ شيءٍ
- لَا تُصَعِّرْ خَدَّكَ: لا تُمِلْ خَدَّكَ كِبْرًا وتعاظُمًا
- مَرَحاً: فَرَحًا وبَطَرًا وخُيلاءَ
- مُخْتَالٖ فَخُورٖ: مُتكبّرٍ مُباهٍ بمناقبِه
- اقْصِدْ فِے مَشْيِكَ: توسّطْ واعتدلْ فيهِ
- اغْضُضْ: اخفضْ وانقصْ

مدّ مشبع 6 حركات	مدّ حركتين	إخفاء، ومواقع الغُنَّة (حركتين)	تفخيم
مدّ 2 أو 4 أو 6 جوازاً		إدغام، وما لا يُلفَظ	قلقلة

أَلَمْ تَرَوْاْ أَنَّ ٱللَّهَ سَخَّرَ لَكُم مَّا فِي ٱلسَّمَٰوَٰتِ وَمَا فِي ٱلْأَرْضِ
وَأَسْبَغَ عَلَيْكُمْ نِعَمَهُۥ ظَٰهِرَةً وَبَاطِنَةً ۗ وَمِنَ ٱلنَّاسِ مَن يُجَٰدِلُ فِي
ٱللَّهِ بِغَيْرِ عِلْمٍ وَلَا هُدًى وَلَا كِتَٰبٍ مُّنِيرٍ ﴿19﴾ وَإِذَا قِيلَ لَهُمُ
ٱتَّبِعُواْ مَا أَنزَلَ ٱللَّهُ قَالُواْ بَلْ نَتَّبِعُ مَا وَجَدْنَا عَلَيْهِ ءَابَآءَنَآ أَوَلَوْ
كَانَ ٱلشَّيْطَٰنُ يَدْعُوهُمُۥ إِلَىٰ عَذَابِ ٱلسَّعِيرِ ﴿20﴾ ۞ وَمَن
يُّسْلِمْ وَجْهَهُۥ إِلَى ٱللَّهِ وَهُوَ مُحْسِنٌ فَقَدِ ٱسْتَمْسَكَ بِٱلْعُرْوَةِ
ٱلْوُثْقَىٰ ۗ وَإِلَى ٱللَّهِ عَٰقِبَةُ ٱلْأُمُورِ ﴿21﴾ وَمَن كَفَرَ فَلَا يُحْزِنكَ
كُفْرُهُۥ ۚ إِلَيْنَا مَرْجِعُهُمْ فَنُنَبِّئُهُم بِمَا عَمِلُوٓاْ ۚ إِنَّ ٱللَّهَ عَلِيمُۢ
بِذَاتِ ٱلصُّدُورِ ﴿22﴾ نُمَتِّعُهُمْ قَلِيلًا ثُمَّ نَضْطَرُّهُمُۥ إِلَىٰ عَذَابٍ
غَلِيظٍ ﴿23﴾ وَلَئِن سَأَلْتَهُم مَّنْ خَلَقَ ٱلسَّمَٰوَٰتِ وَٱلْأَرْضَ لَيَقُولُنَّ
ٱللَّهُ ۚ قُلِ ٱلْحَمْدُ لِلَّهِ ۚ بَلْ أَكْثَرُهُمْ لَا يَعْلَمُونَ ﴿24﴾ لِلَّهِ مَا فِي
ٱلسَّمَٰوَٰتِ وَٱلْأَرْضِ ۚ إِنَّ ٱللَّهَ هُوَ ٱلْغَنِيُّ ٱلْحَمِيدُ ﴿25﴾ وَلَوْ أَنَّمَا فِي
ٱلْأَرْضِ مِن شَجَرَةٍ أَقْلَٰمٌ وَٱلْبَحْرُ يَمُدُّهُۥ مِنۢ بَعْدِهِۦ سَبْعَةُ أَبْحُرٍ
مَّا نَفِدَتْ كَلِمَٰتُ ٱللَّهِ ۗ إِنَّ ٱللَّهَ عَزِيزٌ حَكِيمٌ ﴿26﴾ مَّا خَلْقُكُمْ
وَلَا بَعْثُكُمْ إِلَّا كَنَفْسٍ وَٰحِدَةٍ ۗ إِنَّ ٱللَّهَ سَمِيعٌ بَصِيرٌ ﴿27﴾

- أَسْبَغَ: أتمَّ وأوسعَ

حِزْبٌ

- يُسْلِمْ وَجْهَهُ: يُفوِّضْ أمرَهُ كلَّهُ
- ٱسْتَمْسَكَ: تمسَّكَ وتعلَّقَ
- بِٱلْعُرْوَةِ ٱلْوُثْقَىٰ: بالعهدِ الأوثقِ
- عَذَابٍ غَلِيظٍ: شديدٍ ثقيلٍ
- يَمُدُّهُ: يَزيدُهُ
- مَّا نَفِدَتْ: ما فرغَتْ وما فَنِيتْ
- كَلِمَٰتُ ٱللَّهِ: مقدوراتُه وعجائبُهُ

مدّ مشبع 6 حركات — مدّ 2 أو 4 أو 6 جوازاً — مدّ حركتين — إخفاء، ومواقع الغُنّة (حركتين) — إدغام، وما لا يُلفَظ — تفخ… — قلق…

أَلَمْ تَرَ أَنَّ اَ۬للَّهَ يُولِجُ اُ۬ليْلَ فِے اِ۬لنَّهارِ وَيُولِجُ اُ۬لنَّهارَ فِے
اِ۬ليْلِ وَسَخَّرَ اَ۬لشَّمْسَ وَالْقَمَرَ كُلٌّ يَجْرِے إِلَيٰٓ أَجَلٍ مُّسَمّيٗ
وَأَنَّ اَ۬للَّهَ بِمَا تَعْمَلُونَ خَبِيرٞ ﴿28﴾ ذَٰلِكَ بِأَنَّ اَ۬للَّهَ هُوَ
اَ۬لْحَقُّ وَأَنَّ مَا تَدْعُونَ مِن دُونِهِ اِ۬لْبَٰطِلُ وَأَنَّ اَ۬للَّهَ
هُوَ اَ۬لْعَلِيُّ اُ۬لْكَبِيرُ ﴿29﴾ أَلَمْ تَرَ أَنَّ اَ۬لْفُلْكَ تَجْرِے فِے
اِ۬لْبَحْرِ بِنِعْمَتِ اِ۬للَّهِ لِيُرِيَكُم مِّنَ ءَايَٰتِهِۦٓ إِنَّ فِے ذَٰلِكَ لَأٓيَٰتٖ
لِّكُلِّ صَبَّارٖ شَكُورٖ ﴿30﴾ وَإِذَا غَشِيَهُم مَّوْجٞ كَالظُّلَلِ
دَعَوُاْ اُ۬للَّهَ مُخْلِصِينَ لَهُ اُ۬لدِّينَ فَلَمَّا نَجِّيٰهُمُۥٓ إِلَي اَ۬لْبَرِّ فَمِنْهُم
مُّقْتَصِدٞ وَمَا يَجْحَدُ بِـَٔايَٰتِنَآ إِلَّا كُلُّ خَتَّارٖ كَفُورٖ ﴿31﴾
۞ يَٰٓأَيُّهَا اَ۬لنَّاسُ اُ۪تَّقُواْ رَبَّكُمْ وَاخْشَوْاْ يَوْماٗ لَّا يَجْزِے وَالِدٌ
عَن وَّلَدِهِۦ وَلَا مَوْلُودٌ هُوَ جَازٍ عَن وَّالِدِهِۦ شَيْـًٔاۖ إِنَّ وَعْدَ
اَ۬للَّهِ حَقّٞ فَلَا تَغُرَّنَّكُمُ اُ۬لْحَيَوٰةُ اُ۬لدُّنْيا وَلَا يَغُرَّنَّكُم بِاللَّهِ
اِ۬لْغَرُورُ ﴿32﴾ إِنَّ اَ۬للَّهَ عِندَهُۥ عِلْمُ اُ۬لسَّاعَةِ وَيُنَزِّلُ اُ۬لْغَيْثَ
وَيَعْلَمُ مَا فِے اِ۬لْأَرْحَامِ وَمَا تَدْرِے نَفْسٞ مَّاذَا تَكْسِبُ غَداٗ
وَمَا تَدْرِے نَفْسُۢ بِأَيِّ أَرْضٖ تَمُوتُ إِنَّ اَ۬للَّهَ عَلِيمٌ خَبِيرُۢ ﴿33﴾

- يُولِجُ: يُدْخِلُ
- غَشِيَهُم مَّوْجٌ: علاهُم وغطّاهُم
- كَالظُّلَلِ: كالسّحابِ أو الجبالِ
- فَمِنْهُم مُّقْتَصِدٌ: موفٍ بعهدِهِ شاكرٌ للّهِ
- خَتَّارٍ كَفُورٍ: غدّارٍ جَحودٍ

ثُمُن

- لَا يَجْزِے: لا يقضي فيه
- فَلَا تَغُرَّنَّكُمُ: فلا تخدعَنّكم وتُلهيَنّكم
- اِ۬لْغَرُورُ: ما يخدعُ من شيطانٍ وغيرِهِ

مدّ مشبع 6 حركات • مدّ 2 أو 4 أو 6 جوازاً • مدّ حركتين • إخفاء، ومواقع الغُنّة (حركتين) • إدغام، وما لا يُلفظ • تفخيم • قلقلة

سُورَةُ السَّجْدَةِ

ترتيبها 32 — آياتها 30

بِسْمِ ٱللَّهِ ٱلرَّحْمَٰنِ ٱلرَّحِيمِ

الٓمٓ تَنزِيلُ ٱلْكِتَٰبِ لَا رَيْبَ فِيهِ مِن رَّبِّ ٱلْعَٰلَمِينَ (1) أَمْ
يَقُولُونَ ٱفْتَرَىٰهُ بَلْ هُوَ ٱلْحَقُّ مِن رَّبِّكَ لِتُنذِرَ قَوْمًا مَّآ أَتَىٰهُم مِّن
نَّذِيرٍ مِّن قَبْلِكَ لَعَلَّهُمْ يَهْتَدُونَ (2) ٱللَّهُ ٱلَّذِى خَلَقَ ٱلسَّمَٰوَٰتِ
وَٱلْأَرْضَ وَمَا بَيْنَهُمَا فِى سِتَّةِ أَيَّامٍ ثُمَّ ٱسْتَوَىٰ عَلَى ٱلْعَرْشِ مَا
لَكُم مِّن دُونِهِۦ مِن وَلِىٍّ وَلَا شَفِيعٍ أَفَلَا تَتَذَكَّرُونَ (3) يُدَبِّرُ
ٱلْأَمْرَ مِنَ ٱلسَّمَآءِ إِلَى ٱلْأَرْضِ ثُمَّ يَعْرُجُ إِلَيْهِ فِى يَوْمٍ كَانَ مِقْدَارُهُۥٓ
أَلْفَ سَنَةٍ مِّمَّا تَعُدُّونَ (4) ذَٰلِكَ عَٰلِمُ ٱلْغَيْبِ وَٱلشَّهَٰدَةِ ٱلْعَزِيزُ
ٱلرَّحِيمُ (5) ٱلَّذِىٓ أَحْسَنَ كُلَّ شَىْءٍ خَلَقَهُۥ وَبَدَأَ خَلْقَ ٱلْإِنسَٰنِ مِن
طِينٍ (6) ثُمَّ جَعَلَ نَسْلَهُۥ مِن سُلَٰلَةٍ مِّن مَّآءٍ مَّهِينٍ (7) ثُمَّ سَوَّىٰهُ
وَنَفَخَ فِيهِ مِن رُّوحِهِۦ وَجَعَلَ لَكُمُ ٱلسَّمْعَ وَٱلْأَبْصَٰرَ وَٱلْأَفْـِٔدَةَ
قَلِيلًا مَّا تَشْكُرُونَ (8) وَقَالُوٓا۟ أَءِذَا ضَلَلْنَا فِى ٱلْأَرْضِ أَءِنَّا لَفِى
خَلْقٍ جَدِيدٍۭ (9) بَلْ هُم بِلِقَآءِ رَبِّهِمْ كَٰفِرُونَ (10) ۞ قُلْ يَتَوَفَّىٰكُم
مَّلَكُ ٱلْمَوْتِ ٱلَّذِى وُكِّلَ بِكُمْ ثُمَّ إِلَىٰ رَبِّكُمْ تُرْجَعُونَ (11)

- ٱفْتَرَىٰهُ: اختلقَهُ من تلقاءِ نفسِه
- يَعْرُجُ إِلَيْهِ: يصعدُ ويرتفعُ إليه
- أَحْسَنَ كُلَّ شَىْءٍ: أحكمَهُ وأتقنَهُ
- سُلَٰلَةٍ: خُلاصةٍ
- مَّآءٍ مَّهِينٍ: منيٍّ ضعيفٍ حقيرٍ
- سَوَّىٰهُ: قوّمهُ بتصويرِ أعضائه وتكميلِها

رُبُع

- ضَلَلْنَا فِى ٱلْأَرْضِ: غِبنَا فيها وصِرْنا ترابًا

مدّ مشبع 6 حركات / مدّ 2 أو 4 أو 6 جوازاً	مدّ حركتين	إخفاء، ومواقع الغُنّة (حركتين) / إدغام، وما لا يُلفظ	تفخ… / قلق…

وَلَوْ تَرَىٰٓ إِذِ اِ۬لْمُجْرِمُونَ نَاكِسُواْ رُءُوسِهِمْ عِندَ رَبِّهِمْ رَبَّنَآ
أَبْصَرْنَا وَسَمِعْنَا فَارْجِعْنَا نَعْمَلْ صَٰلِحاً اِنَّا مُوقِنُونَ ﴿12﴾
وَلَوْ شِئْنَا ءَلَاتَيْنَا كُلَّ نَفْسٍ هُدَيٰهَا وَلَٰكِنْ حَقَّ اَ۬لْقَوْلُ مِنِّيَ
لَأَمْلَأَنَّ جَهَنَّمَ مِنَ اَ۬لْجِنَّةِ وَالنَّاسِ أَجْمَعِينَ ﴿13﴾ فَذُوقُواْ بِمَا
نَسِيتُمْ لِقَآءَ يَوْمِكُمْ هَٰذَآ إِنَّا نَسِينَٰكُمْ وَذُوقُواْ عَذَابَ
اَ۬لْخُلْدِ بِمَا كُنتُمْ تَعْمَلُونَ ﴿14﴾ إِنَّمَا يُومِنُ بِـَٔايَٰتِنَا اَ۬لذِينَ إِذَا
ذُكِّرُواْ بِهَا خَرُّواْ سُجَّداً وَسَبَّحُواْ بِحَمْدِ رَبِّهِمْ وَهُمْ لَا
يَسْتَكْبِرُونَ ۩ ﴿15﴾ تَتَجَافَىٰ جُنُوبُهُمْ عَنِ اِ۬لْمَضَاجِعِ يَدْعُونَ
رَبَّهُمْ خَوْفاً وَطَمَعاً وَمِمَّا رَزَقْنَٰهُمْ يُنفِقُونَ ﴿16﴾ فَلَا تَعْلَمُ
نَفْسٌ مَّآ أُخْفِيَ لَهُم مِّن قُرَّةِ أَعْيُنٍ جَزَآءَۢ بِمَا كَانُواْ يَعْمَلُونَ ﴿17﴾
أَفَمَن كَانَ مُومِناً كَمَن كَانَ فَاسِقاً لَّا يَسْتَوُۥنَ ﴿18﴾
أَمَّا اَ۬لذِينَ ءَامَنُواْ وَعَمِلُواْ اُ۬لصَّٰلِحَٰتِ فَلَهُمْ جَنَّٰتُ اُ۬لْمَأْوَىٰ
نُزُلَاۢ بِمَا كَانُواْ يَعْمَلُونَ ﴿19﴾ وَأَمَّا اَ۬لذِينَ فَسَقُواْ فَمَأْوَيٰهُمُ
اُ۬لنَّارُ كُلَّمَآ أَرَادُوٓاْ أَنْ يَخْرُجُواْ مِنْهَآ أُعِيدُواْ فِيهَا وَقِيلَ لَهُمْ
ذُوقُواْ عَذَابَ اَ۬لنَّارِ اِ۬لذِے كُنتُم بِهِۦ تُكَذِّبُونَ ﴿20﴾

سَجْدَةٌ

- نَاكِسُواْ رُءُوسِهِمْ: مُطْرِقُوها خزيًا وحياءً وندمًا
- حَقَّ اَ۬لْقَوْلُ: ثبتَ وتحقّقَ
- اَ۬لْجِنَّةِ: الجِنِّ
- تَتَجَافَىٰ: ترتفعُ وتتنحّى للعبادةِ
- عَنِ اِ۬لْمَضَاجِعِ: الفُرُشِ التي يُضطجعُ عليها
- مِّن قُرَّةِ أَعْيُنٍ: من موجباتِ المسرّةِ والفرحِ
- نُزُلًا: ضِيافةً وعطاءً

مدّ مشبع 6 حركات	مدّ حركتين	إخفاء، ومواقع الغُنّة (حركتين)	تفخيم
مدّ 2 أو 4 أو 6 جوازاً		إدغام، وما لا يُلفَظ	قلقلة

416
السَّجْدَة

۞ وَلَنُذِيقَنَّهُم مِّنَ اَ۬لْعَذَابِ اِ۬لَادْنَيٰ دُونَ اَ۬لْعَذَابِ اِ۬لَاكْبَرِ
لَعَلَّهُمْ يَرْجِعُونَ ﴿21﴾ وَمَنَ اَظْلَمُ مِمَّن ذُكِّرَ بِـَٔايَٰتِ
رَبِّهِۦ ثُمَّ أَعْرَضَ عَنْهَآ إِنَّا مِنَ اَ۬لْمُجْرِمِينَ مُنتَقِمُونَ ﴿22﴾
وَلَقَدَ اٰتَيْنَا مُوسَى اَ۬لْكِتَٰبَ فَلَا تَكُن فِے مِرْيَةٖ مِّن
لِّقَآئِهِۦ وَجَعَلْنَٰهُ هُدىٗ لِّبَنِےٓ إِسْرَآءِيلَ ﴿23﴾ وَجَعَلْنَا مِنْهُمُۥٓ
أَيِمَّةٗ يَهْدُونَ بِأَمْرِنَا لَمَّا صَبَرُواْ وَكَانُواْ بِـَٔايَٰتِنَا
يُوقِنُونَ ﴿24﴾ إِنَّ رَبَّكَ هُوَ يَفْصِلُ بَيْنَهُمْ يَوْمَ
اَ۬لْقِيَٰمَةِ فِيمَا كَانُواْ فِيهِ يَخْتَلِفُونَ ﴿25﴾ أَوَلَمْ يَهْدِ لَهُمْ
كَمَ اَهْلَكْنَا مِن قَبْلِهِم مِّنَ اَ۬لْقُرُونِ يَمْشُونَ
فِے مَسَٰكِنِهِمُۥٓ إِنَّ فِے ذَٰلِكَ لَأٓيَٰتٍ اَفَلَا يَسْمَعُونَ ﴿26﴾
أَوَلَمْ يَرَوَاْ اَنَّا نَسُوقُ اُ۬لْمَآءَ إِلَى اَ۬لَارْضِ اِ۬لْجُرُزِ فَنُخْرِجُ
بِهِۦ زَرْعاٗ تَاكُلُ مِنْهُ أَنْعَٰمُهُمْ وَأَنفُسُهُمُۥٓ أَفَلَا يُبْصِرُونَ ﴿27﴾
وَيَقُولُونَ مَتَيٰ هَٰذَا اَ۬لْفَتْحُ إِن كُنتُمْ صَٰدِقِينَ ﴿28﴾
قُلْ يَوْمَ اَ۬لْفَتْحِ لَا يَنفَعُ اُ۬لذِينَ كَفَرُوٓاْ إِيمَٰنُهُمْ وَلَا هُمْ
يُنظَرُونَ ﴿29﴾ فَأَعْرِضْ عَنْهُمْ وَانتَظِرِ اِنَّهُم مُّنتَظِرُونَ ﴿30﴾

- مِرْيَةٖ: شكّ
- أَوَلَمْ يَهْدِ لَهُمْ: أولم يُبيّنْ لهم مآلَهُم
- كَمَ اَهْلَكْنَا: كثرةُ مَن أهلكنا
- اَ۬لْقُرُونِ: الأممِ الخاليةِ
- اَ۬لَارْضِ اِ۬لْجُرُزِ: اليابسةِ الجرداءِ
- هَٰذَا اَ۬لْفَتْحُ: النّصرُ أو الفصلُ للخصومةِ
- يُنظَرُونَ: يُمهلونَ ليؤمنوا

مدّ مشبع 6 حركات | مدّ 2 أو 4 أو 6 جوازاً | مدّ حركتين | إخفاء، ومواقع الغنّة (حركتين) | إدغام، وما لا يُلفظ | تفخي | قلقـ

سُورَةُ الاحْزَابِ

ترتيبها 33 — آياتها 73

بِسْمِ اللَّهِ الرَّحْمَٰنِ الرَّحِيمِ

۞ يَٰٓأَيُّهَا النَّبِيٓءُ اُتَّقِ اِ۬للَّهَ وَلَا تُطِعِ اِ۬لْكَٰفِرِينَ وَالْمُنَٰفِقِينَ إِنَّ اَ۬للَّهَ كَانَ
عَلِيماً حَكِيماًۖ (1) وَاتَّبِعْ مَا يُوحَىٰٓ إِلَيْكَ مِن رَّبِّكَۖ إِنَّ اَ۬للَّهَ
كَانَ بِمَا تَعْمَلُونَ خَبِيراًۖ (2) وَتَوَكَّلْ عَلَى اَ۬للَّهِۖ وَكَفَىٰ بِاللَّهِ
وَكِيلاًۖ (3) مَّا جَعَلَ اَ۬للَّهُ لِرَجُلٍ مِّن قَلْبَيْنِ فِے جَوْفِهِۦۖ وَمَا جَعَلَ
أَزْوَٰجَكُمُ اُ۬لَّٰٓـِٔي تَظَّهَّرُونَ مِنْهُنَّ أُمَّهَٰتِكُمْۖ وَمَا جَعَلَ أَدْعِيَآءَكُمُۥ
أَبْنَآءَكُمْۖ ذَٰلِكُمْ قَوْلُكُم بِأَفْوَٰهِكُمْۖ وَاللَّهُ يَقُولُ اُ۬لْحَقَّۖ وَهُوَ
يَهْدِے اِ۬لسَّبِيلَۖ (4) اُدْعُوهُمْ لِأٓبَآئِهِمْ هُوَ أَقْسَطُ عِندَ اَ۬للَّهِۖ
فَإِن لَّمْ تَعْلَمُوٓاْ ءَابَآءَهُمْ فَإِخْوَٰنُكُمْ فِے اِ۬لدِّينِ وَمَوَٰلِيكُمْۖ وَلَيْسَ
عَلَيْكُمْ جُنَاحٌ فِيمَآ أَخْطَأْتُم بِهِۦۖ وَلَٰكِن مَّا تَعَمَّدَتْ قُلُوبُكُمْۖ
وَكَانَ اَ۬للَّهُ غَفُوراً رَّحِيماًۖ (5) اُ۬لنَّبِيٓءُ أَوْلَىٰ بِالْمُومِنِينَ مِنَ اَنفُسِهِمْۖ
وَأَزْوَٰجُهُۥٓ أُمَّهَٰتُهُمْۖ وَأُوْلُواْ اُ۬لَارْحَامِ بَعْضُهُمُۥٓ أَوْلَىٰ بِبَعْضٍ فِے
كِتَٰبِ اِ۬للَّهِ مِنَ اَ۬لْمُومِنِينَ وَالْمُهَٰجِرِينَ إِلَّآ أَن تَفْعَلُوٓاْ إِلَىٰٓ
أَوْلِيَآئِكُم مَّعْرُوفاًۖ كَانَ ذَٰلِكَ فِے اِ۬لْكِتَٰبِ مَسْطُوراًۖ (6)

نِصْفُ

- وَكِيلاً: حافظًا مفوّضًا إليهِ كلُّ أمرٍ
- تَظَّهَّرُونَ مِنْهُنَّ: تُحرّمونهنّ كحُرمةِ أمّهاتِكم
- أَدْعِيَآءَكُمْ: من تتبنّونَهم من أبناءِ غيرِكم
- أَقْسَطُ: أعدلُ
- مَوَٰلِيكُمْ: أولياؤكم في الدّينِ
- أَوْلَىٰ بِالْمُومِنِينَ: أرأفُ بهم وأنفعُ لهم
- أُوْلُواْ اُ۬لَارْحَامِ: ذوو القراباتِ

مدّ مشبع 6 حركات	مدّ حركتين	إخفاء، ومواقع الغُنّة (حركتين)	تفخيم
مدّ 2 أو 4 أو 6 جوازاً		إدغام، وما لا يُلفظ	قلقلة

وَإِذَ اَخَذْنَا مِنَ اَلنَّبِيٓـِٕينَ مِيثَٰقَهُمْ وَمِنكَ وَمِن نُّوحٖ وَإِبْرَٰهِيمَ
وَمُوسَيٰ وَعِيسَى اَ۪بْنِ مَرْيَمَۖ وَأَخَذْنَا مِنْهُم مِّيثَٰقاً غَلِيظاٗ (7)
لِّيَسْـَٔلَ اَلصَّٰدِقِينَ عَن صِدْقِهِمْۖ وَأَعَدَّ لِلْكَٰفِرِينَ عَذَاباً
اَلِيماٗۖ (8) ۞ يَٰٓأَيُّهَا اَلذِينَ ءَامَنُواْ اُ۟ذْكُرُواْ نِعْمَةَ اَللَّهِ عَلَيْكُمُۥٓ إِذْ
جَآءَتْكُمْ جُنُودٞ فَأَرْسَلْنَا عَلَيْهِمْ رِيحاٗ وَجُنُوداٗ لَّمْ تَرَوْهَاۖ وَكَانَ
اَللَّهُ بِمَا تَعْمَلُونَ بَصِيراً (9) اِذْ جَآءُوكُم مِّن فَوْقِكُمْ وَمِنَ
اَسْفَلَ مِنكُمْۖ وَإِذْ زَاغَتِ اِلَابْصَٰرُ وَبَلَغَتِ اِلْقُلُوبُ اُ۬لْحَنَاجِرَ
وَتَظُنُّونَ بِاللَّهِ اِ۬لظُّنُونَاۖ (10) هُنَالِكَ اَ۟بْتُلِيَ اَلْمُومِنُونَ وَزُلْزِلُواْ
زِلْزَالاٗ شَدِيداٗۖ (11) وَإِذْ يَقُولُ اُ۬لْمُنَٰفِقُونَ وَالذِينَ فِے قُلُوبِهِم
مَّرَضٞ مَّا وَعَدَنَا اَللَّهُ وَرَسُولُهُۥٓ إِلَّا غُرُوراٗۖ (12) وَإِذْ قَالَت طَّآئِفَةٞ
مِّنْهُمْ يَٰٓأَهْلَ يَثْرِبَ لَا مَقَامَ لَكُمْ فَارْجِعُواْۖ وَيَسْتَٰذِنُ فَرِيقٞ مِّنْهُمُ
اُ۬لنَّبِےٓءَ يَقُولُونَ إِنَّ بُيُوتَنَا عَوْرَةٞ وَمَا هِيَ بِعَوْرَةٍۖ اِن يُّرِيدُونَ إِلَّا
فِرَاراٗۖ (13) وَلَوْ دُخِلَتْ عَلَيْهِم مِّنَ اَقْطَارِهَا ثُمَّ سُيِلُواْ اُ۬لْفِتْنَةَ
لَأَتَوْهَا وَمَا تَلَبَّثُواْ بِهَآ إِلَّا يَسِيراٗۖ (14) وَلَقَدْ كَانُواْ عَٰهَدُواْ
اَللَّهَ مِن قَبْلُ لَا يُوَلُّونَ اَلَادْبَٰرَۖ وَكَانَ عَهْدُ اُ۬للَّهِ مَسْـُٔولاٗ (15)

- مِّيثَٰقاً غَلِيظاً: عهدًا وثيقًا
- زَاغَتِ اِلَابْصَٰرُ: مالتْ عن سننها حَيْرةً ودهشةً

ثُمُنٌ

- اُ۬لْحَنَاجِرَ: نهاياتِ الحلاقيمَ
- اَ۟بْتُلِيَ اَلْمُومِنُونَ: اختُبِرُوا بالشّدائِدِ
- زُلْزِلُواْ: اضطربُوا
- غُرُوراً: باطلًا أو خداعًا
- يَثْرِبَ: أرضِ المدينةِ
- لَا مَقَامَ لَكُمْ: لا إقامةَ لكُم هاهُنا
- عَوْرَةٌ: قاصيةٌ يُخشى عليها العدوُّ
- فِرَاراً: هرَبًا من القتالِ
- اَقْطَارِهَا: نواحيها وجوانبِها
- اُ۬لْفِتْنَةَ: قتالَ المسلمينَ

مدّ مشبع 6 حركات | مدّ حركتين | إخفاء، ومواقع الغُنَّة (حركتين) | تفخيـ
مدّ 2 أو 4 أو 6 جوازاً | إدغام، وما لا يُلفَظ | قلقـ

قُل لَّن يَّنفَعَكُمُ اُ۬لْفِرَارُ إِن فَرَرْتُم مِّنَ اَ۬لْمَوْتِ أَوِ اِ۬لْقَتْلِ وَإِذاً لَّا
تُمَتَّعُونَ إِلَّا قَلِيلاً ﴿16﴾ قُلْ مَن ذَا اَ۬لذِے يَعْصِمُكُم مِّنَ اَ۬للَّهِ إِنَ
اَرَادَ بِكُمْ سُوٓءاً اَوَ اَرَادَ بِكُمْ رَحْمَةً وَلَا يَجِدُونَ لَهُم مِّن دُونِ اِ۬للَّهِ
وَلِيّاً وَلَا نَصِيراً ﴿17﴾ ۞ قَدْ يَعْلَمُ اُ۬للَّهُ اُ۬لْمُعَوِّقِينَ مِنكُمْ وَالْقَآئِلِينَ
لِإِخْوَٰنِهِمْ هَلُمَّ إِلَيْنَا وَلَا يَاتُونَ اَ۬لْبَأْسَ إِلَّا قَلِيلاً ﴿18﴾ اَشِحَّةً
عَلَيْكُمْ فَإِذَا جَآءَ اَ۬لْخَوْفُ رَأَيْتَهُمْ يَنظُرُونَ إِلَيْكَ تَدُورُ أَعْيُنُهُمْ
كَالذِے يُغْشَيٰ عَلَيْهِ مِنَ اَ۬لْمَوْتِ فَإِذَا ذَهَبَ اَ۬لْخَوْفُ سَلَقُوكُم
بِأَلْسِنَةٍ حِدَادٍ اَشِحَّةً عَلَى اَ۬لْخَيْرِ أُوْلَٰٓئِكَ لَمْ يُومِنُواْ فَأَحْبَطَ اَ۬للَّهُ
أَعْمَٰلَهُمْ وَكَانَ ذَٰلِكَ عَلَى اَ۬للَّهِ يَسِيراً ﴿19﴾ يَحْسِبُونَ اَ۬لَاحْزَابَ
لَمْ يَذْهَبُواْ وَإِنْ يَّاتِ اِ۬لَاحْزَابُ يَوَدُّواْ لَوَ اَنَّهُم بَادُونَ
فِے اِ۬لَاعْرَابِ يَسْـَٔلُونَ عَنَ اَنۢبَآئِكُمْ وَلَوْ كَانُواْ فِيكُم مَّا
قَٰتَلُوٓاْ إِلَّا قَلِيلاً ﴿20﴾ لَّقَدْ كَانَ لَكُمْ فِے رَسُولِ اِ۬للَّهِ إِسْوَةٌ
حَسَنَةٌ لِّمَن كَانَ يَرْجُواْ اُ۬للَّهَ وَالْيَوْمَ اَ۬لَاخِرَ وَذَكَرَ اَ۬للَّهَ كَثِيراً ﴿21﴾
وَلَمَّا رَءَا اَ۬لْمُومِنُونَ اَ۬لَاحْزَابَ قَالُواْ هَٰذَا مَا وَعَدَنَا اَ۬للَّهُ وَرَسُولُهُۥ
وَصَدَقَ اَ۬للَّهُ وَرَسُولُهُۥ وَمَا زَادَهُمُۥٓ إِلَّآ إِيمَٰناً وَتَسْلِيماً ﴿22﴾

▪ يَعْصِمُكُم مِّنَ اَ۬للَّهِ: يمنعُكم من قدرِه
رُبُع
▪ اَ۬لْمُعَوِّقِينَ مِنكُمْ: المثبّطين منكم عن الرّسولِ ﷺ
▪ هَلُمَّ إِلَيْنَا: أقبلُوا أو قرِّبُوا أنفسَكم إلينا
▪ اَ۬لْبَأْسَ: الحربَ
▪ اَشِحَّةً عَلَيْكُمْ: بُخلاءَ عليكم بما ينفعُكم
▪ يُغْشَيٰ عَلَيْهِ: تُصيبُهُ الغاشيةُ والسَّكراتُ
▪ سَلَقُوكُم: آذوكُم ورمَوكم
▪ بِأَلْسِنَةٍ حِدَادٍ: ذَرِبةٍ قاطعةٍ كالحديدِ
▪ بَادُونَ فِے اِ۬لَاعْرَابِ: كانُوا معهم في الباديةِ
▪ إِسْوَةٌ: قُدوةٌ

● مدّ مشبع 6 حركات ● مدّ 2 أو 4 أو 6 جوازاً	● مدّ حركتين	● إخفاء، ومواقع الغُنّة (حركتين) ● إدغام، وما لا يُلفَظ	● تفخيم ● قلقلة

مِنَ ٱلْمُومِنِينَ رِجَالٌ صَدَقُواْ مَا عَٰهَدُواْ ٱللَّهَ عَلَيْهِ فَمِنْهُم مَّن
قَضَىٰ نَحْبَهُۥ وَمِنْهُم مَّنْ يَّنتَظِرُ وَمَا بَدَّلُواْ تَبْدِيلاً (23) لِّيَجْزِيَ
ٱللَّهُ ٱلصَّٰدِقِينَ بِصِدْقِهِمْ وَيُعَذِّبَ ٱلْمُنَٰفِقِينَ إِن شَآءَ أَوْ
يَتُوبَ عَلَيْهِمُۥ إِنَّ ٱللَّهَ كَانَ غَفُوراً رَّحِيماً (24) ۞ وَرَدَّ ٱللَّهُ ٱلذِينَ
كَفَرُواْ بِغَيْظِهِمْ لَمْ يَنَالُواْ خَيْراً وَكَفَى ٱللَّهُ ٱلْمُومِنِينَ ٱلْقِتَالَ
وَكَانَ ٱللَّهُ قَوِيّاً عَزِيزاً (25) وَأَنزَلَ ٱلذِينَ ظَٰهَرُوهُم مِّنَ
اَهْلِ ٱلْكِتَٰبِ مِن صَيَاصِيهِمْ وَقَذَفَ فِے قُلُوبِهِمُ ٱلرُّعْبَ
فَرِيقاً تَقْتُلُونَ وَتَاسِرُونَ فَرِيقاً (26) وَأَوْرَثَكُمُۥ أَرْضَهُمْ
وَدِيَٰرَهُمْ وَأَمْوَٰلَهُمْ وَأَرْضاً لَّمْ تَطَـُٔوهَا وَكَانَ ٱللَّهُ عَلَىٰ كُلِّ
شَےْءٍ قَدِيراً (27) يَٰٓأَيُّهَا ٱلنَّبِےٓءُ قُل لِّأَزْوَٰجِكَ إِن كُنتُنَّ تُرِدْنَ
ٱلْحَيَوٰةَ ٱلدُّنْيَا وَزِينَتَهَا فَتَعَالَيْنَ أُمَتِّعْكُنَّ وَأُسَرِّحْكُنَّ
سَرَاحاً جَمِيلاً (28) وَإِن كُنتُنَّ تُرِدْنَ ٱللَّهَ وَرَسُولَهُۥ وَٱلدَّارَ
ٱلَاخِرَةَ فَإِنَّ ٱللَّهَ أَعَدَّ لِلْمُحْسِنَٰتِ مِنكُنَّ أَجْراً عَظِيماً (29)
يَٰنِسَآءَ ٱلنَّبِےٓءِ مَنْ يَّاتِ مِنكُنَّ بِفَٰحِشَةٍ مُّبَيِّنَةٍ يُضَٰعَفْ
لَهَا ٱلْعَذَابُ ضِعْفَيْنِ وَكَانَ ذَٰلِكَ عَلَى ٱللَّهِ يَسِيراً (30)

ثُمُنٌ

- قَضَىٰ نَحْبَهُۥ: وفّى نذرَهُ أو ماتَ شهيدًا
- ظَٰهَرُوهُم: عاونُوا الأحزابَ
- صَيَاصِيهِمْ: حصونِهم
- ٱلرُّعْبَ: الخوفَ الشّديدَ
- أُمَتِّعْكُنَّ: أعطِكُنَّ مُتعةَ الطّلاقِ
- أُسَرِّحْكُنَّ: أطلّقكُنَّ
- بِفَٰحِشَةٍ: بمعصيةٍ كبيرةٍ

مدّ مشبع 6 حركات	مدّ حركتين	إخفاء، ومواقع الغُنّة (حركتين)	تفخيـ
مدّ 2 أو 4 أو 6 جوازاً		إدغام، وما لا يُلفَظ	قلقـ

۞ وَمَن يَقْنُتْ مِنكُنَّ لِلَّهِ وَرَسُولِهِۦ وَتَعْمَلْ صَٰلِحاً نُّوتِهَآ
أَجْرَهَا مَرَّتَيْنِ وَأَعْتَدْنَا لَهَا رِزْقاً كَرِيماً ﴿31﴾ يَٰنِسَآءَ أَلنَّبِےٓءِ
لَسْتُنَّ كَأَحَدٍ مِّنَ أَلنِّسَآءِ اِنِ اِتَّقَيْتُنَّ فَلَا تَخْضَعْنَ بِالْقَوْلِ
فَيَطْمَعَ أَلذِے فِے قَلْبِهِۦ مَرَضٌ وَقُلْنَ قَوْلاً مَّعْرُوفاً ﴿32﴾ وَقَرْنَ
فِے بُيُوتِكُنَّ وَلَا تَبَرَّجْنَ تَبَرُّجَ أَلْجَٰهِلِيَّةِ اِ۬لْأُولَىٰ وَأَقِمْنَ
أَلصَّلَوٰةَ وَءَاتِينَ أَلزَّكَوٰةَ وَأَطِعْنَ أَللَّهَ وَرَسُولَهُۥٓ إِنَّمَا
يُرِيدُ أَللَّهُ لِيُذْهِبَ عَنكُمُ أَلرِّجْسَ أَهْلَ أَلْبَيْتِ وَيُطَهِّرَكُمْ
تَطْهِيراً ﴿33﴾ وَاذْكُرْنَ مَا يُتْلَىٰ فِے بُيُوتِكُنَّ مِنَ
ءَايَٰتِ أِللَّهِ وَالْحِكْمَةِ إِنَّ أَللَّهَ كَانَ لَطِيفاً خَبِيراً ﴿34﴾
إِنَّ أَلْمُسْلِمِينَ وَالْمُسْلِمَٰتِ وَالْمُومِنِينَ وَالْمُومِنَٰتِ
وَالْقَٰنِتِينَ وَالْقَٰنِتَٰتِ وَالصَّٰدِقِينَ وَالصَّٰدِقَٰتِ وَالصَّٰبِرِينَ
وَالصَّٰبِرَٰتِ وَالْخَٰشِعِينَ وَالْخَٰشِعَٰتِ وَالْمُتَصَدِّقِينَ
وَالْمُتَصَدِّقَٰتِ وَالصَّٰٓئِمِينَ وَالصَّٰٓئِمَٰتِ وَالْحَٰفِظِينَ
فُرُوجَهُمْ وَالْحَٰفِظَٰتِ وَالذَّٰكِرِينَ أَللَّهَ كَثِيراً
وَالذَّٰكِرَٰتِ أَعَدَّ أَللَّهُ لَهُم مَّغْفِرَةً وَأَجْراً عَظِيماً ﴿35﴾

حِزْبٌ

- يَقْنُتْ مِنكُنَّ: تطعْ وتخضعْ منكنَّ
- فَلَا تَخْضَعْنَ بِالْقَوْلِ: لا تُلنَّ القولَ ولا ترقِّقْنَهُ
- وَقَرْنَ فِے بُيُوتِكُنَّ: الزمنَ بيوتكنَّ
- لَا تَبَرَّجْنَ: لا تُبدينَ الزّينةَ الواجبَ سترُها
- أَلرِّجْسَ: الذنبَ أو الإثمَ
- الْحِكْمَةِ: هَدي النّبوّةِ

مدّ مشبع 6 حركات / مدّ 2 أو 4 أو 6 جوازاً	مدّ حركتين	إخفاء، ومواقع الغُنَّة (حركتين) / إدغام، وما لا يُلفَظ	تفخيم / قلقلة

وَمَا كَانَ لِمُومِنٖ وَلَا مُومِنَةٍ اِذَا قَضَى اَ۬للَّهُ وَرَسُولُهُۥ أَمْراً اَن
تَكُونَ لَهُمُ اُ۬لْخِيَرَةُ مِنَ اَمْرِهِمْۖ وَمَنْ يَّعْصِ اِ۬للَّهَ وَرَسُولَهُۥ فَقَدْ ضَّلَّ
ضَلَٰلاً مُّبِيناًۖ (36) وَإِذْ تَقُولُ لِلذِےٓ أَنْعَمَ اَ۬للَّهُ عَلَيْهِ وَأَنْعَمْتَ
عَلَيْهِ أَمْسِكْ عَلَيْكَ زَوْجَكَ وَاتَّقِ اِ۬للَّهَ وَتُخْفِے فِے نَفْسِكَ مَا
اَ۬للَّهُ مُبْدِيهِ وَتَخْشَى اَ۬لنَّاسَ وَاللَّهُ أَحَقُّ أَن تَخْشَيٰهُۖ ۞ فَلَمَّا قَضٰى زَيْدٌ
مِّنْهَا وَطَراً زَوَّجْنَٰكَهَا لِكَےْ لَا يَكُونَ عَلَى اَ۬لْمُومِنِينَ حَرَجٌ فِےٓ
أَزْوَٰجِ أَدْعِيَآئِهِمُۥٓ إِذَا قَضَوْاْ مِنْهُنَّ وَطَراًۖ وَكَانَ أَمْرُ اُ۬للَّهِ مَفْعُولاًۖ (37)
مَّا كَانَ عَلَى اَ۬لنَّبِےٓءِ مِنْ حَرَجٖ فِيمَا فَرَضَ اَ۬للَّهُ لَهُۥۖ سُنَّةَ اَ۬للَّهِ فِے اِ۬لذِينَ
خَلَوْاْ مِن قَبْلُۖ وَكَانَ أَمْرُ اُ۬للَّهِ قَدَراً مَّقْدُوراً (38) اِ۬لذِينَ يُبَلِّغُونَ
رِسَٰلَٰتِ اِ۬للَّهِ وَيَخْشَوْنَهُۥ وَلَا يَخْشَوْنَ أَحَداً اِلَّا اَ۬للَّهَۖ وَكَفٰى بِاللَّهِ
حَسِيباًۖ (39) مَّا كَانَ مُحَمَّدٌ اَبَآ أَحَدٖ مِّن رِّجَالِكُمْ وَلَٰكِن رَّسُولَ
اَ۬للَّهِ وَخَاتَمَ اَ۬لنَّبِيٓـِٕۧنَۖ وَكَانَ اَ۬للَّهُ بِكُلِّ شَےْءٍ عَلِيماًۖ (40) يَٰٓأَيُّهَا
اَ۬لذِينَ ءَامَنُواْ اُ۟ذْكُرُواْ اُ۬للَّهَ ذِكْراً كَثِيراً (41) وَسَبِّحُوهُ بُكْرَةً
وَأَصِيلاًۖ (42) هُوَ اَ۬لذِے يُصَلِّے عَلَيْكُمْ وَمَلَٰٓئِكَتُهُۥ لِيُخْرِجَكُم
مِّنَ اَ۬لظُّلُمَٰتِ إِلَى اَ۬لنُّورِۖ وَكَانَ بِالْمُومِنِينَ رَحِيماًۖ (43)

ثُمُنٌ

- اُ۬لْخِيَرَةُ: الاختيارُ
- وَطَراً: حاجته المهمّة
- حَرَجٌ: ضيقٌ أو إثمٌ
- أَدْعِيَآئِهِمُ: من تبنّوهم
- خَلَوْاْ مِن قَبْلُ: مضَوْا من قبلك
- قَدَراً مَّقْدُوراً: مُرادًا أزلًا أو قضاءً مقضيًّا
- حَسِيباً: مُحاسبًا على الأعمالِ
- بُكْرَةً وَأَصِيلاً: في طرفي النّهارِ

مدّ مشبع 6 حركات — مدّ 2 أو 4 أو 6 جوازاً — مدّ حركتين — إخفاء، ومواقع الغُنّة (حركتين) — إدغام، وما لا يُلفظ — تفخيم — قلقلة

تَحِيَّتُهُمْ يَوْمَ يَلْقَوْنَهُۥ سَلَٰمٌ وَأَعَدَّ لَهُمْ أَجْراً كَرِيماً ﴿44﴾ يَٰأَيُّهَا
اَ۬لنَّبِےٓءُ إِنَّآ أَرْسَلْنَٰكَ شَٰهِداً وَمُبَشِّراً وَنَذِيراً ﴿45﴾ وَدَاعِياً
اِلَى اَ۬للَّهِ بِإِذْنِهِۦ وَسِرَاجاً مُّنِيراً ﴿46﴾ وَبَشِّرِ اِ۬لْمُومِنِينَ بِأَنَّ لَهُم
مِّنَ اَ۬للَّهِ فَضْلاً كَبِيراً ﴿47﴾ وَلَا تُطِعِ اِ۬لْكٰفِرِينَ وَالْمُنَٰفِقِينَ
وَدَعْ اَذ۪يٰهُمْ وَتَوَكَّلْ عَلَى اَ۬للَّهِ وَكَفٰى بِاللَّهِ وَكِيلاً ﴿48﴾
۞ يَٰأَيُّهَا اَ۬لذِينَ ءَامَنُوٓاْ إِذَا نَكَحْتُمُ اُ۬لْمُومِنَٰتِ ثُمَّ
طَلَّقْتُمُوهُنَّ مِن قَبْلِ أَن تَمَسُّوهُنَّ فَمَا لَكُمْ عَلَيْهِنَّ مِنْ
عِدَّةٍ تَعْتَدُّونَهَا فَمَتِّعُوهُنَّ وَسَرِّحُوهُنَّ سَرَاحاً جَمِيلاً ﴿49﴾ يَٰأَيُّهَا
اَ۬لنَّبِےٓءُ إِنَّآ أَحْلَلْنَا لَكَ أَزْوَٰجَكَ اَ۬لَّٰتِےٓ ءَاتَيْتَ أُجُورَهُنَّ
وَمَا مَلَكَتْ يَمِينُكَ مِمَّآ أَفَآءَ اَ۬للَّهُ عَلَيْكَ وَبَنَاتِ عَمِّكَ
وَبَنَاتِ عَمَّٰتِكَ وَبَنَاتِ خَالِكَ وَبَنَاتِ خَٰلَٰتِكَ اَ۬لَّٰتِے هَاجَرْنَ
مَعَكَ وَامْرَأَةً مُّومِنَةً اِنْ وَّهَبَتْ نَفْسَهَا لِلنَّبِےٓءِ اِنَ اَرَادَ اَ۬لنَّبِےٓءُ
أَن يَّسْتَنكِحَهَا خَالِصَةً لَّكَ مِن دُونِ اِ۬لْمُومِنِينَ قَدْ عَلِمْنَا
مَا فَرَضْنَا عَلَيْهِمْ فِےٓ أَزْوَٰجِهِمْ وَمَا مَلَكَتَ اَيْمَٰنُهُمْ
لِكَيْلَا يَكُونَ عَلَيْكَ حَرَجٌ وَكَانَ اَ۬للَّهُ غَفُوراً رَّحِيماً ﴿50﴾

رُبُعٌ

- أُجُورَهُنَّ: مهورَهُنَّ
- أَفَآءَ اَ۬للَّهُ عَلَيْكَ: رجَّعَهُ إليك من الغنيمةِ

مدّ مشبع 6 حركات	مدّ حركتين	إخفاء، ومواقع الغُنّة (حركتين)	تفخيم
مدّ 2 أو 4 أو 6 جوازاً		إدغام، وما لا يُلفظ	قلقلة

تُرْجِے مَن تَشَآءُ مِنْهُنَّ وَتُٔوِےٓ إِلَيْكَ مَن تَشَآءُ وَمَنِ اِ۪بْتَغَيْتَ
مِمَّنْ عَزَلْتَ فَلَا جُنَاحَ عَلَيْكَ ذَٰلِكَ أَدْنَىٰٓ أَن تَقَرَّ أَعْيُنُهُنَّ
وَلَا يَحْزَنَّ وَيَرْضَيْنَ بِمَآ ءَاتَيْتَهُنَّ كُلُّهُنَّ وَاللَّهُ يَعْلَمُ مَا فِے
قُلُوبِكُمْ وَكَانَ اللَّهُ عَلِيماً حَلِيماً ﴿51﴾ لَّا يَحِلُّ لَكَ النِّسَآءُ مِنۢ
بَعْدُ وَلَآ أَن تَبَدَّلَ بِهِنَّ مِنَ اَزْوَٰجٍ وَلَوَ اَعْجَبَكَ حُسْنُهُنَّ إِلَّا
مَا مَلَكَتْ يَمِينُكَ وَكَانَ اللَّهُ عَلَىٰ كُلِّ شَےْءٍ رَّقِيباً ﴿52﴾
۞ يَٰٓأَيُّهَا الَّذِينَ ءَامَنُواْ لَا تَدْخُلُواْ بُيُوتَ النَّبِےٓءِ إِلَّآ أَن يُّوذَنَ
لَكُمُۥٓ إِلَىٰ طَعَامٍ غَيْرَ نَٰظِرِينَ إِنَيٰهُ وَلَٰكِنِ اِذَا دُعِيتُمْ
فَادْخُلُواْ فَإِذَا طَعِمْتُمْ فَانتَشِرُواْ وَلَا مُسْتَٰنِسِينَ لِحَدِيثٍ اِنَّ
ذَٰلِكُمْ كَانَ يُوذِے النَّبِےٓءَ فَيَسْتَحْيِ۪ مِنكُمْ وَاللَّهُ لَا
يَسْتَحْيِ۪ مِنَ الْحَقِّ وَإِذَا سَأَلْتُمُوهُنَّ مَتَٰعاً فَسْـَٔلُوهُنَّ مِنْ
وَّرَآءِ حِجَابٍ ذَٰلِكُمُۥٓ أَطْهَرُ لِقُلُوبِكُمْ وَقُلُوبِهِنَّ وَمَا كَانَ
لَكُمُۥٓ أَن تُوذُواْ رَسُولَ اللَّهِ وَلَآ أَن تَنكِحُوٓاْ أَزْوَٰجَهُۥ
مِنۢ بَعْدِهِۦٓ أَبَداً اِنَّ ذَٰلِكُمْ كَانَ عِندَ اللَّهِ عَظِيماً ﴿53﴾ اِن
تُبْدُواْ شَيْـٔاً اَوْ تُخْفُوهُ فَإِنَّ اللَّهَ كَانَ بِكُلِّ شَےْءٍ عَلِيماً ﴿54﴾

- ذَٰلِكَ أَدْنَىٰٓ: أقربُ

ثُمُنٌ

- تَقَرَّ أَعْيُنُهُنَّ: يفرحْنَ
- فَانتَشِرُواْ: فتفرّقُوا ولا تمكُثُوا

مدّ مشبع 6 حركات | مدّ 2 أو 4 أو 6 جوازاً | مدّ حركتين | إخفاء، ومواقع الغُنَّة (حركتين) | إدغام، وما لا يُلفظ | تفخيـ | قلقـ

لَّا جُنَاحَ عَلَيْهِنَّ فِےٓ ءَابَآئِهِنَّ وَلَآ أَبْنَآئِهِنَّ وَلَآ إِخْوَٰنِهِنَّ وَلَآ
أَبْنَآءِ اخْوَٰنِهِنَّ وَلَآ أَبْنَآءِ أَخَوَٰتِهِنَّ وَلَا نِسَآئِهِنَّ وَلَا مَا
مَلَكَتَ اَيْمَٰنُهُنَّ وَاتَّقِينَ أَللَّهَ إِنَّ أَللَّهَ كَانَ عَلَيٰ كُلِّ شَےْءٍ
شَهِيداً (55) اِنَّ أَللَّهَ وَمَلَٰٓئِكَتَهُۥ يُصَلُّونَ عَلَي أَلنَّبِےٓءِ يَٰٓأَيُّهَا
أَلذِينَ ءَامَنُواْ صَلُّواْ عَلَيْهِ وَسَلِّمُواْ تَسْلِيماً (56) اِنَّ أَلذِينَ
يُوذُونَ أَللَّهَ وَرَسُولَهُۥ لَعَنَهُمُ أَللَّهُ فِے أَلدُّنْي۪ا وَالَاخِرَةِ وَأَعَدَّ
لَهُمْ عَذَاباً مُّهِيناً (57) وَالذِينَ يُوذُونَ أَلْمُومِنِينَ
وَالْمُومِنَٰتِ بِغَيْرِ مَا اَكْتَسَبُواْ فَقَدِ اِحْتَمَلُواْ بُهْتَٰناً وَإِثْماً
مُّبِيناً (58) يَٰٓأَيُّهَا أَلنَّبِےٓءُ قُل لِّأَزْوَٰجِكَ وَبَنَاتِكَ وَنِسَآءِ
اِلْمُومِنِينَ يُدْنِينَ عَلَيْهِنَّ مِن جَلَٰبِيبِهِنَّ ذَٰلِكَ أَدْنَيٰٓ أَنْ يُّعْرَفْنَ
فَلَا يُوذَيْنَ وَكَانَ أَللَّهُ غَفُوراً رَّحِيماً (59) ۞ لَّئِن لَّمْ يَنتَهِ
اِلْمُنَٰفِقُونَ وَالذِينَ فِے قُلُوبِهِم مَّرَضٌ وَالْمُرْجِفُونَ فِے اِلْمَدِينَةِ
لَنُغْرِيَنَّكَ بِهِمْ ثُمَّ لَا يُجَاوِرُونَكَ فِيهَآ إِلَّا قَلِيلاً (60)
مَّلْعُونِينَ أَيْنَمَا ثُقِفُوٓاْ أُخِذُواْ وَقُتِّلُواْ تَقْتِيلاً (61) سُنَّةَ
أَللَّهِ فِے اِلذِينَ خَلَوْاْ مِن قَبْلُ وَلَن تَجِدَ لِسُنَّةِ اِللَّهِ تَبْدِيلاً (62)

- بُهْتَٰناً: فعلًا شنيعًا أو كذبًا فظيعًا
- يُدْنِينَ عَلَيْهِنَّ: يُرخِينَ ويُسْدِلْنَ عليْهِنَّ

نِصْفٌ

- جَلَٰبِيبِهِنَّ: ما يستترن به كالملاءةِ
- الْمُرْجِفُونَ: المشيعونَ للأخبارِ الكاذبةِ
- لَنُغْرِيَنَّكَ بِهِمْ: لنسلّطنّك عليهم
- ثُقِفُوٓاْ: وُجِدُوا وأُدرِكُوا

مدّ مشبع 6 حركات | مدّ 2 أو 4 أو 6 جوازاً | مدّ حركتين | إخفاء، ومواقع الغُنّة (حركتين) | إدغام، وما لا يُلفظ | تفخيم | قلقلة

يَسْـَٔلُكَ اَ۬لنَّاسُ عَنِ اِ۬لسَّاعَةِۖ قُلِ اِنَّمَا عِلْمُهَا عِندَ اَ۬للَّهِۖ وَمَا يُدْرِيكَ لَعَلَّ
اَ۬لسَّاعَةَ تَكُونُ قَرِيباًۖ (63) اِنَّ اَ۬للَّهَ لَعَنَ اَ۬لْكٰفِرِينَ وَأَعَدَّ لَهُمْ
سَعِيراً (64) خَٰلِدِينَ فِيهَا أَبَداً لَّا يَجِدُونَ وَلِيّاً وَلَا نَصِيراًۖ (65) يَوْمَ
تُقَلَّبُ وُجُوهُهُمْ فِے اِ۬لنّ۪ارِ يَقُولُونَ يَٰلَيْتَنَا أَطَعْنَا اَ۬للَّهَ وَأَطَعْنَا
اَ۬لرَّسُولَاۖ (66) وَقَالُواْ رَبَّنَا إِنَّا أَطَعْنَا سَادَتَنَا وَكُبَرَآءَنَا فَأَضَلُّونَا
اَ۬لسَّبِيلَاۖ (67) رَبَّنَا ءَاتِهِمْ ضِعْفَيْنِ مِنَ اَ۬لْعَذَابِ وَالْعَنْهُمْ لَعْناً
كَثِيراًۖ (68) يَٰأَيُّهَا اَ۬لذِينَ ءَامَنُواْ لَا تَكُونُواْ كَالذِينَ ءَاذَوْاْ
مُوسَيٰ فَبَرَّأَهُ اُ۬للَّهُ مِمَّا قَالُواْۖ وَكَانَ عِندَ اَ۬للَّهِ وَجِيهاًۖ (69) يَٰأَيُّهَا
اَ۬لذِينَ ءَامَنُواْ اُ۪تَّقُواْ اُ۬للَّهَ وَقُولُواْ قَوْلاً سَدِيداً (70) يُصْلِحْ لَكُمُۥٓ
أَعْمَٰلَكُمْ وَيَغْفِرْ لَكُمْ ذُنُوبَكُمْۖ وَمَنْ يُّطِعِ اِ۬للَّهَ وَرَسُولَهُۥ
فَقَدْ فَازَ فَوْزاً عَظِيماًۖ (71) اِنَّا عَرَضْنَا اَ۬لَامَانَةَ عَلَى اَ۬لسَّمَٰوَٰتِ
وَالَارْضِ وَالْجِبَالِ فَأَبَيْنَ أَنْ يَّحْمِلْنَهَا وَأَشْفَقْنَ مِنْهَاۖ وَحَمَلَهَا
اَ۬لِانسَٰنُ إِنَّهُۥ كَانَ ظَلُوماً جَهُولاً (72) لِّيُعَذِّبَ اَ۬للَّهُ اُ۬لْمُنَٰفِقِينَ
وَالْمُنَٰفِقَٰتِ وَالْمُشْرِكِينَ وَالْمُشْرِكَٰتِ وَيَتُوبَ اَ۬للَّهُ
عَلَى اَ۬لْمُومِنِينَ وَالْمُومِنَٰتِۖ وَكَانَ اَ۬للَّهُ غَفُوراً رَّحِيماً (73)

- ضِعْفَيْنِ: مِثلَينِ
- قَوْلاً سَدِيداً: صوابًا أو صدقًا
- ألامَانَةَ: التّكاليف من فعلٍ وتركٍ
- فَأَبَيْنَ: امتنعنَ
- أَشْفَقْنَ مِنْهَا: خِفنَ من الخيانةِ فيها

مدّ مشبع 6 حركات مدّ 2 أو 4 أو 6 جوازاً	مدّ حركتين	إخفاء، ومواقع الغُنَّة (حركتين) إدغام، وما لا يُلفظ	تفخيم قلقلة

سُورَةُ سَبَإٍ

ترتيبها 34 — آياتها 54

بِسْمِ ٱللَّهِ ٱلرَّحْمَٰنِ ٱلرَّحِيمِ

ثُمُن

ٱلْحَمْدُ لِلهِ ٱلذِے لَهُۥ مَا فِے ٱلسَّمَٰوَٰتِ وَمَا فِے ٱلَارْضِ وَلَهُ ٱلْحَمْدُ
فِے ٱلَاخِرَةِ وَهُوَ ٱلْحَكِيمُ ٱلْخَبِيرُ (1) يَعْلَمُ مَا يَلِجُ فِے ٱلَارْضِ
وَمَا يَخْرُجُ مِنْهَا وَمَا يَنزِلُ مِنَ ٱلسَّمَآءِ وَمَا يَعْرُجُ فِيهَا وَهُوَ
ٱلرَّحِيمُ ٱلْغَفُورُ (2) وَقَالَ ٱلذِينَ كَفَرُواْ لَا تَاتِينَا ٱلسَّاعَةُ
قُلْ بَلَىٰ وَرَبِّے لَتَاتِيَنَّكُمْ عَٰلِمِ ٱلْغَيْبِ لَا يَعْزُبُ عَنْهُ مِثْقَالُ
ذَرَّةٍ فِے ٱلسَّمَٰوَٰتِ وَلَا فِے ٱلَارْضِ وَلَآ أَصْغَرُ مِن ذَٰلِكَ
وَلَآ أَكْبَرُ إِلَّا فِے كِتَٰبٍ مُّبِينٍ (3) لِّيَجْزِيَ ٱلذِينَ
ءَامَنُواْ وَعَمِلُواْ ٱلصَّٰلِحَٰتِ أُوْلَٰٓئِكَ لَهُم مَّغْفِرَةٌ وَرِزْقٌ
كَرِيمٌ (4) وَالذِينَ سَعَوْ فِے ءَايَٰتِنَا مُعَٰجِزِينَ أُوْلَٰٓئِكَ
لَهُمْ عَذَابٌ مِّن رِّجْزٍ اَلِيمٍ (5) وَيَرَى ٱلذِينَ أُوتُواْ ٱلْعِلْمَ
ٱلذِے أُنزِلَ إِلَيْكَ مِن رَّبِّكَ هُوَ ٱلْحَقَّ وَيَهْدِے إِلَىٰ صِرَٰطِ
ٱلْعَزِيزِ ٱلْحَمِيدِ (6) وَقَالَ ٱلذِينَ كَفَرُواْ هَلْ نَدُلُّكُمْ عَلَىٰ رَجُلٍ
يُنَبِّئُكُمُۥٓ إِذَا مُزِّقْتُمْ كُلَّ مُمَزَّقٍ اِنَّكُمْ لَفِے خَلْقٍ جَدِيدٍ (7)

- مَا يَلِجُ: ما يدخلُ
- مَا يَعْرُجُ: ما يصعدُ
- لَا يَعْزُبُ عَنْهُ: لا يغيبُ ولا يخفى عليهِ
- مِثْقَالُ: وزن
- مُعَٰجِزِينَ: ظانّينَ أنّهم يفوتونَنا
- رِّجْزٍ: أشدِّ العذابِ
- مُزِّقْتُمْ: قُطِّعتُم وصرتُم رفاتًا

مدّ مشبع 6 حركات / مدّ 2 أو 4 أو 6 جوازاً	مدّ حركتين	إخفاء، ومواقع الغُنّة (حركتين) / إدغام، وما لا يُلفَظ	تفخيم / قلقلة

أَفْتَرَىٰ عَلَى ٱللَّهِ كَذِبًا أَم بِهِۦ جِنَّةُۢ ۗ بَلِ ٱلَّذِينَ لَا يُؤْمِنُونَ بِٱلْـَٔاخِرَةِ فِى
ٱلْعَذَابِ وَٱلضَّلَـٰلِ ٱلْبَعِيدِ ﴿8﴾ أَفَلَمْ يَرَوْا۟ إِلَىٰ مَا بَيْنَ أَيْدِيهِمْ
وَمَا خَلْفَهُم مِّنَ ٱلسَّمَآءِ وَٱلْأَرْضِ ۚ إِن نَّشَأْ نَخْسِفْ بِهِمُ ٱلْأَرْضَ
أَوْ نُسْقِطْ عَلَيْهِمْ كِسَفًا مِّنَ ٱلسَّمَآءِ ۚ إِنَّ فِى ذَٰلِكَ لَـَٔايَةً لِّكُلِّ
عَبْدٍ مُّنِيبٍ ﴿9﴾ ۞ وَلَقَدْ ءَاتَيْنَا دَاوُۥدَ مِنَّا فَضْلًا ۖ يَـٰجِبَالُ
أَوِّبِى مَعَهُۥ وَٱلطَّيْرَ ۖ وَأَلَنَّا لَهُ ٱلْحَدِيدَ ﴿10﴾ أَنِ ٱعْمَلْ سَـٰبِغَـٰتٍ
وَقَدِّرْ فِى ٱلسَّرْدِ ۖ وَٱعْمَلُوا۟ صَـٰلِحًا ۖ إِنِّى بِمَا تَعْمَلُونَ بَصِيرٌ ﴿11﴾
وَلِسُلَيْمَـٰنَ ٱلرِّيحَ غُدُوُّهَا شَهْرٌ وَرَوَاحُهَا شَهْرٌ ۖ وَأَسَلْنَا لَهُۥ
عَيْنَ ٱلْقِطْرِ ۖ وَمِنَ ٱلْجِنِّ مَن يَعْمَلُ بَيْنَ يَدَيْهِ بِإِذْنِ رَبِّهِۦ ۖ وَمَن
يَزِغْ مِنْهُمْ عَنْ أَمْرِنَا نُذِقْهُ مِنْ عَذَابِ ٱلسَّعِيرِ ﴿12﴾ يَعْمَلُونَ
لَهُۥ مَا يَشَآءُ مِن مَّحَـٰرِيبَ وَتَمَـٰثِيلَ وَجِفَانٍ كَٱلْجَوَابِ
وَقُدُورٍ رَّاسِيَـٰتٍ ۚ ٱعْمَلُوٓا۟ ءَالَ دَاوُۥدَ شُكْرًا ۚ وَقَلِيلٌ مِّنْ عِبَادِىَ
ٱلشَّكُورُ ﴿13﴾ فَلَمَّا قَضَيْنَا عَلَيْهِ ٱلْمَوْتَ مَا دَلَّهُمْ عَلَىٰ مَوْتِهِۦٓ
إِلَّا دَآبَّةُ ٱلْأَرْضِ تَأْكُلُ مِنسَأَتَهُۥ ۖ فَلَمَّا خَرَّ تَبَيَّنَتِ ٱلْجِنُّ أَن
لَّوْ كَانُوا۟ يَعْلَمُونَ ٱلْغَيْبَ مَا لَبِثُوا۟ فِى ٱلْعَذَابِ ٱلْمُهِينِ ﴿14﴾

- بِهِۦ جِنَّةٌ: به جنونٌ
- نَخْسِفْ بِهِمُ: نغيّب بهم
- كِسَفًا: قِطَعًا

- رَوَاحُهَا شَهْرٌ: جَرْيُها بالعشيّ كذلك
- قُدُورٍ رَّاسِيَـٰتٍ: ثابتاتٍ على المواقدِ
- دَآبَّةُ ٱلْأَرْضِ: الأَرَضَةُ التي تأكُلُ الخشبَ

مدّ مشبع 6 حركات	مدّ حركتين	إخفاء، ومواقع الغُنَّة (حركتين)	تفخيم
مدّ 2 أو 4 أو 6 جوازاً		إدغام، وما لا يُلفظ	قلقلة

لَقَدْ كَانَ لِسَبَإٍ فِے مَسَٰكِنِهِمُۥٓ ءَايَةٌ جَنَّتَانِ عَن يَّمِينٖ وَشِمَالٖ
كُلُواْ مِن رِّزْقِ رَبِّكُمْ وَاشْكُرُواْ لَهُۥ بَلْدَةٞ طَيِّبَةٞ وَرَبٌّ
غَفُورٞ ﴿15﴾ فَأَعْرَضُواْ فَأَرْسَلْنَا عَلَيْهِمْ سَيْلَ اَ۬لْعَرِمِ وَبَدَّلْنَٰهُم
بِجَنَّتَيْهِمْ جَنَّتَيْنِ ذَوَاتَيْ اُكْلٍ خَمْطٖ وَأَثْلٖ وَشَےْءٖ مِّن سِدْرٖ
قَلِيلٖ ﴿16﴾ ذَٰلِكَ جَزَيْنَٰهُم بِمَا كَفَرُواْ وَهَلْ يُجْزَيٰٓ إِلَّا
اَ۬لْكَفُورُ ﴿17﴾ ۞ وَجَعَلْنَا بَيْنَهُمْ وَبَيْنَ اَ۬لْقُرَى اَ۬لتِے بَٰرَكْنَا
فِيهَا قُريٗ ظَٰهِرَةٗ وَقَدَّرْنَا فِيهَا اَ۬لسَّيْرَ سِيرُواْ فِيهَا لَيَالِيَ وَأَيَّاماً
ـَامِنِينَ ﴿18﴾ فَقَالُواْ رَبَّنَا بَٰعِدْ بَيْنَ أَسْفَارِنَا وَظَلَمُوٓاْ أَنفُسَهُمْ
فَجَعَلْنَٰهُمُۥٓ أَحَادِيثَ وَمَزَّقْنَٰهُمْ كُلَّ مُمَزَّقٍ اِنَّ فِے ذَٰلِكَ لَأٓيَٰتٖ
لِّكُلِّ صَبَّارٖ شَكُورٖ ﴿19﴾ وَلَقَدْ صَدَقَ عَلَيْهِمُۥٓ إِبْلِيسُ ظَنَّهُۥ
فَاتَّبَعُوهُ إِلَّا فَرِيقاً مِّنَ اَ۬لْمُومِنِينَ ﴿20﴾ وَمَا كَانَ لَهُۥ عَلَيْهِم مِّن
سُلْطَٰنٍ اِلَّا لِنَعْلَمَ مَن يُّومِنُ بِالَاخِرَةِ مِمَّنْ هُوَ مِنْهَا فِے شَكّٖ
وَرَبُّكَ عَلَيٰ كُلِّ شَےْءٍ حَفِيظٌ ﴿21﴾ قُلُ اُدْعُواْ اُ۬لذِينَ زَعَمْتُم
مِّن دُونِ اِ۬للَّهِ لَا يَمْلِكُونَ مِثْقَالَ ذَرَّةٖ فِے اِ۬لسَّمَٰوَٰتِ وَلَا فِے
اِ۬لَارْضِ وَمَا لَهُمْ فِيهِمَا مِن شِرْكٖ وَمَا لَهُۥ مِنْهُم مِّن ظَهِيرٖ ﴿22﴾

ثُمُن

- قَدَّرْنَا فِيهَا اَ۬لسَّيْرَ: جعلناهُ على مراحلَ متقاربةٍ
- فَجَعَلْنَٰهُمُۥٓ أَحَادِيثَ: أخبارًا يُتلهّى بها ويُتعجّبُ منها
- مِثْقَالَ ذَرَّةٖ: وزنَها من نفعٍ أو ضُرٍّ

مدّ مشبع 6 حركات | مدّ 2 أو 4 أو 6 جوازاً | مدّ حركتين | إخفاء، ومواقع الغُنّة (حركتين) | إدغام، وما لا يُلفظ | تفخيم | قلقلة

وَلَا تَنفَعُ اُ۬لشَّفَٰعَةُ عِندَهُۥٓ إِلَّا لِمَنَ اَذِنَ لَهُۥۖ حَتَّيٰٓ إِذَا فُزِّعَ عَن
قُلُوبِهِمْ قَالُواْ مَاذَا قَالَ رَبُّكُمْ قَالُواْ اُ۬لْحَقَّۖ وَهُوَ اَ۬لْعَلِيُّ اُ۬لْكَبِيرُۖ (23)
۞ قُلْ مَنْ يَّرْزُقُكُم مِّنَ اَ۬لسَّمَٰوَٰتِ وَالَارْضِ قُلِ اِ۬للَّهُۖ وَإِنَّآ أَوِ
إِيَّاكُمْ لَعَلَيٰ هُدًى اَوْ فِے ضَلَٰلٍ مُّبِينٍۖ (24) قُل لَّا تُسْـَٔلُونَ
عَمَّآ أَجْرَمْنَا وَلَا نُسْـَٔلُ عَمَّا تَعْمَلُونَۖ (25) قُلْ يَجْمَعُ بَيْنَنَا
رَبُّنَا ثُمَّ يَفْتَحُ بَيْنَنَا بِالْحَقِّۖ وَهُوَ اَ۬لْفَتَّاحُ اُ۬لْعَلِيمُۖ (26) قُلَ
اَرُونِيَ اَ۬لذِينَ أَلْحَقْتُم بِهِۦ شُرَكَآءَ كَلَّاۖ بَلْ هُوَ اَ۬للَّهُ اُ۬لْعَزِيزُ
اُ۬لْحَكِيمُۖ (27) وَمَآ أَرْسَلْنَٰكَ إِلَّا كَآفَّةً لِّلنَّاسِ بَشِيراً
وَنَذِيراًۖ وَلَٰكِنَّ أَكْثَرَ اَ۬لنَّاسِ لَا يَعْلَمُونَۖ (28) وَيَقُولُونَ
مَتَيٰ هَٰذَا اَ۬لْوَعْدُ إِن كُنتُمْ صَٰدِقِينَۖ (29) قُل لَّكُم
مِّيعَادُ يَوْمٍ لَّا تَسْتَـْٔخِرُونَ عَنْهُ سَاعَةً وَلَا تَسْتَقْدِمُونَۖ (30)
وَقَالَ اَ۬لذِينَ كَفَرُواْ لَن نُّومِنَ بِهَٰذَا اَ۬لْقُرْءَانِ وَلَا بِالذِے بَيْنَ
يَدَيْهِۖ وَلَوْ تَرَيٰٓ إِذِ اِ۬لظَّٰلِمُونَ مَوْقُوفُونَ عِندَ رَبِّهِمْ يَرْجِعُ
بَعْضُهُمُۥٓ إِلَيٰ بَعْضٍ اِ۬لْقَوْلَۖ يَقُولُ اُ۬لذِينَ اَسْتُضْعِفُواْ
لِلذِينَ اَسْتَكْبَرُواْ لَوْلَآ أَنتُمْ لَكُنَّا مُومِنِينَۖ (31)

حِزْبٌ

- فُزِّعَ عَن قُلُوبِهِمْ: أُزِيلَ عنها الفزعُ والخوفُ
- أَجْرَمْنَا: اكتسبْنا
- يَفْتَحُ بَيْنَنَا: يقضي ويحكمُ بيننا
- اَلْفَتَّاحُ: القاضي والحاكمُ
- كَآفَّةً: عامّة
- مَوْقُوفُونَ: محبوسُون في موقفِ الحسابِ
- يَرْجِعُ: يَرُدُّ

مدّ مشبع 6 حركات — مدّ 2 أو 4 أو 6 جوازاً — مدّ حركتين — إخفاء، ومواقع الغُنّة (حركتين) — إدغام، وما لا يُلفَظ — تفخيم — قلقلة

431

قَالَ ٱلَّذِينَ ٱسْتَكْبَرُوا۟ لِلَّذِينَ ٱسْتُضْعِفُوٓا۟ أَنَحْنُ صَدَدْنَـٰكُمْ
عَنِ ٱلْهُدَىٰ بَعْدَ إِذْ جَآءَكُم ۖ بَلْ كُنتُم مُّجْرِمِينَ ﴿32﴾ وَقَالَ ٱلَّذِينَ
ٱسْتُضْعِفُوا۟ لِلَّذِينَ ٱسْتَكْبَرُوا۟ بَلْ مَكْرُ ٱلَّيْلِ وَٱلنَّهَارِ إِذْ
تَأْمُرُونَنَآ أَن نَّكْفُرَ بِٱللَّهِ وَنَجْعَلَ لَهُۥٓ أَندَادًا ۚ وَأَسَرُّوا۟ ٱلنَّدَامَةَ لَمَّا
رَأَوُا۟ ٱلْعَذَابَ ۚ وَجَعَلْنَا ٱلْأَغْلَـٰلَ فِىٓ أَعْنَاقِ ٱلَّذِينَ كَفَرُوا۟ ۚ هَلْ
يُجْزَوْنَ إِلَّا مَا كَانُوا۟ يَعْمَلُونَ ﴿33﴾ وَمَآ أَرْسَلْنَا فِى قَرْيَةٍ مِّن نَّذِيرٍ
إِلَّا قَالَ مُتْرَفُوهَآ إِنَّا بِمَآ أُرْسِلْتُم بِهِۦ كَـٰفِرُونَ ﴿34﴾ وَقَالُوا۟ نَحْنُ
أَكْثَرُ أَمْوَٰلًا وَأَوْلَـٰدًا وَمَا نَحْنُ بِمُعَذَّبِينَ ﴿35﴾ قُلْ إِنَّ رَبِّى يَبْسُطُ
ٱلرِّزْقَ لِمَن يَشَآءُ وَيَقْدِرُ وَلَـٰكِنَّ أَكْثَرَ ٱلنَّاسِ لَا يَعْلَمُونَ ﴿36﴾
۞ وَمَآ أَمْوَٰلُكُمْ وَلَآ أَوْلَـٰدُكُم بِٱلَّتِى تُقَرِّبُكُمْ عِندَنَا زُلْفَىٰٓ
إِلَّا مَنْ ءَامَنَ وَعَمِلَ صَـٰلِحًا فَأُو۟لَـٰٓئِكَ لَهُمْ جَزَآءُ ٱلضِّعْفِ
بِمَا عَمِلُوا۟ وَهُمْ فِى ٱلْغُرُفَـٰتِ ءَامِنُونَ ﴿37﴾ وَٱلَّذِينَ يَسْعَوْنَ
فِىٓ ءَايَـٰتِنَا مُعَـٰجِزِينَ أُو۟لَـٰٓئِكَ فِى ٱلْعَذَابِ مُحْضَرُونَ ﴿38﴾
قُلْ إِنَّ رَبِّى يَبْسُطُ ٱلرِّزْقَ لِمَن يَشَآءُ مِنْ عِبَادِهِۦ وَيَقْدِرُ لَهُۥ ۚ
وَمَآ أَنفَقْتُم مِّن شَىْءٍ فَهُوَ يُخْلِفُهُۥ ۖ وَهُوَ خَيْرُ ٱلرَّٰزِقِينَ ﴿39﴾

ثُمُن

- مَكْرُ ٱلَّيْلِ وَٱلنَّهَارِ: مكرُهم بنا فيهما
- أَندَادًا: أمثالًا من الأصنامِ نعبُدُها
- أَسَرُّوا۟ ٱلنَّدَامَةَ: أخفَوا الندمَ خَشيةَ الملامة
- ٱلْأَغْلَـٰلَ: القيودَ
- مُتْرَفُوهَآ: مُتنعّمُوها وأكابرُها
- وَيَقْدِرُ: يضيّقُهُ على من يشاءُ
- زُلْفَىٰٓ: تقريبًا
- ٱلْغُرُفَـٰتِ: المنازلِ الرّفيعةِ في الجنّةِ
- مُعَـٰجِزِينَ: ظانينَ أنّهم يفوتونَنا
- مُحْضَرُونَ: تُحضِرُهم الزبانيةُ

مدّ مشبع 6 حركات / مدّ 2 أو 4 أو 6 جوازاً	مدّ حركتين	إخفاء، ومواقع الغُنّة (حركتين) / إدغام، وما لا يُلفَظ	تفخيم / قلقلة

وَيَوْمَ نَحْشُرُهُمْ جَمِيعاً ثُمَّ نَقُولُ لِلْمَلَٰٓئِكَةِ أَهَٰٓؤُلَآءِ إِيَّاكُمْ كَانُواْ
يَعْبُدُونَ ﴿40﴾ قَالُواْ سُبْحَٰنَكَ أَنتَ وَلِيُّنَا مِن دُونِهِم بَلْ كَانُواْ
يَعْبُدُونَ أَلْجِنَّ أَكْثَرُهُم بِهِم مُّومِنُونَ ﴿41﴾ فَالْيَوْمَ لَا يَمْلِكُ
بَعْضُكُمْ لِبَعْضٍ نَّفْعاً وَلَا ضَرّاً وَنَقُولُ لِلذِينَ ظَلَمُواْ ذُوقُواْ عَذَابَ
أَلنَّارِ أَلتِے كُنتُم بِهَا تُكَذِّبُونَ ﴿42﴾ وَإِذَا تُتْلَىٰ عَلَيْهِمُۥٓ ءَايَٰتُنَا
بَيِّنَٰتٍ قَالُواْ مَا هَٰذَآ إِلَّا رَجُلٌ يُرِيدُ أَن يَصُدَّكُمْ عَمَّا كَانَ يَعْبُدُ
ءَابَآؤُكُمْ وَقَالُواْ مَا هَٰذَآ إِلَّآ إِفْكٌ مُّفْتَرىٗ وَقَالَ أَلذِينَ كَفَرُواْ
لِلْحَقِّ لَمَّا جَآءَهُمُۥٓ إِنْ هَٰذَآ إِلَّا سِحْرٌ مُّبِينٌ ﴿43﴾ وَمَآ ءَاتَيْنَٰهُم
مِّن كُتُبٍ يَدْرُسُونَهَا وَمَآ أَرْسَلْنَآ إِلَيْهِمْ قَبْلَكَ مِن نَّذِيرٍ ﴿44﴾
وَكَذَّبَ أَلذِينَ مِن قَبْلِهِمْ وَمَا بَلَغُواْ مِعْشَارَ مَآ ءَاتَيْنَٰهُمْ فَكَذَّبُواْ
رُسُلِےۖ فَكَيْفَ كَانَ نَكِيرِۦ ﴿45﴾ ۞ قُلِ اِنَّمَآ أَعِظُكُم بِوَٰحِدَةٍ
اَن تَقُومُواْ لِلهِ مَثْنِيٰ وَفُرَٰدِيٰ ثُمَّ تَتَفَكَّرُواْ مَا بِصَٰحِبِكُم
مِّن جِنَّةٍ اِنْ هُوَ إِلَّا نَذِيرٌ لَّكُم بَيْنَ يَدَےْ عَذَابٍ شَدِيدٍ ﴿46﴾ قُلْ مَا
سَأَلْتُكُم مِّنَ اَجْرٍ فَهُوَ لَكُمُۥٓ إِنَ اَجْرِيَ إِلَّا عَلَى أَللَّهِ وَهُوَ عَلَىٰ كُلِّ
شَےْءٍ شَهِيدٌ ﴿47﴾ قُلِ اِنَّ رَبِّے يَقْذِفُ بِالْحَقِّ عَلَّٰمُ أَلْغُيُوبِ ﴿48﴾

رُبُعٌ

- إِفْكٌ: كذبٌ
- كَانَ نَكِيرِ: إنكاري عليهِم بالتّدمير
- جِنَّةٍ: جنونٍ
- يَقْذِفُ بِالْحَقِّ: يلقي به على الباطلِ

مدّ مشبع 6 حركات	مدّ حركتين	إخفاء، ومواقع الغُنّة (حركتين)	تفخيم
مدّ 2 أو 4 أو 6 جوازاً		إدغام، وما لا يُلفظ	قلقلة

قُلْ جَآءَ ٱلْحَقُّ وَمَا يُبْدِئُ ٱلْبَـٰطِلُ وَمَا يُعِيدُ ﴿49﴾ قُلْ إِن ضَلَلْتُ
فَإِنَّمَآ أَضِلُّ عَلَىٰ نَفْسِى ۖ وَإِنِ ٱهْتَدَيْتُ فَبِمَا يُوحِىٓ إِلَىَّ رَبِّىٓ ۚ إِنَّهُۥ
سَمِيعٌ قَرِيبٌ ﴿50﴾ وَلَوْ تَرَىٰٓ إِذْ فَزِعُوا۟ فَلَا فَوْتَ وَأُخِذُوا۟
مِن مَّكَانٍ قَرِيبٍ ﴿51﴾ وَقَالُوٓا۟ ءَامَنَّا بِهِۦ وَأَنَّىٰ لَهُمُ ٱلتَّنَاوُشُ
مِن مَّكَانٍۭ بَعِيدٍ ﴿52﴾ وَقَدْ كَفَرُوا۟ بِهِۦ مِن قَبْلُ ۖ وَيَقْذِفُونَ
بِٱلْغَيْبِ مِن مَّكَانٍۭ بَعِيدٍ ﴿53﴾ وَحِيلَ بَيْنَهُمْ وَبَيْنَ مَا يَشْتَهُونَ
كَمَا فُعِلَ بِأَشْيَاعِهِم مِّن قَبْلُ ۚ إِنَّهُمْ كَانُوا۟ فِى شَكٍّ مُّرِيبٍۭ ﴿54﴾

سُورَةُ فَاطِرٍ

ترتيبها 35 — آياتها 46

بِسْمِ ٱللَّهِ ٱلرَّحْمَـٰنِ ٱلرَّحِيمِ

ٱلْحَمْدُ لِلَّهِ فَاطِرِ ٱلسَّمَـٰوَٰتِ وَٱلْأَرْضِ جَاعِلِ ٱلْمَلَـٰٓئِكَةِ رُسُلًا أُو۟لِىٓ
أَجْنِحَةٍ مَّثْنَىٰ وَثُلَـٰثَ وَرُبَـٰعَ ۚ يَزِيدُ فِى ٱلْخَلْقِ مَا يَشَآءُ ۚ إِنَّ ٱللَّهَ عَلَىٰ كُلِّ
شَىْءٍ قَدِيرٌ ﴿1﴾ مَّا يَفْتَحِ ٱللَّهُ لِلنَّاسِ مِن رَّحْمَةٍ فَلَا مُمْسِكَ لَهَا ۖ
وَمَا يُمْسِكْ فَلَا مُرْسِلَ لَهُۥ مِنۢ بَعْدِهِۦ ۚ وَهُوَ ٱلْعَزِيزُ ٱلْحَكِيمُ ﴿2﴾
يَـٰٓأَيُّهَا ٱلنَّاسُ ٱذْكُرُوا۟ نِعْمَتَ ٱللَّهِ عَلَيْكُمْ ۚ هَلْ مِنْ خَـٰلِقٍ غَيْرُ ٱللَّهِ
يَرْزُقُكُم مِّنَ ٱلسَّمَآءِ وَٱلْأَرْضِ ۚ لَآ إِلَـٰهَ إِلَّا هُوَ ۖ فَأَنَّىٰ تُؤْفَكُونَ ﴿3﴾

- ٱلتَّنَاوُشُ: تناوُلُ الإيمانِ والتَّوبةِ
- يَقْذِفُونَ بِٱلْغَيْبِ: يرجمونَ بالظّنونِ
- بِأَشْيَاعِهِم: بأمثالِهم من الكفّارِ
- مَّا يَفْتَحِ ٱللَّهُ: ما يُرسِلِ اللهُ
- فَأَنَّىٰ تُؤْفَكُونَ: فكيفَ تُصرَفونَ عن توحيدِهِ

مدّ مشبع 6 حركات	مدّ حركتين	إخفاء، ومواقع الغُنَّة (حركتين)	تفخيم
مدّ 2 أو 4 أو 6 جوازاً		إدغام، وما لا يُلفَظ	قلقلة

وَإِن يُكَذِّبُوكَ فَقَدْ كُذِّبَتْ رُسُلٌ مِّن قَبْلِكَ وَإِلَى اَ۬للَّهِ تُرْجَعُ
اُ۬لْأُمُورُ ﴿4﴾ يَٰٓأَيُّهَا اَ۬لنَّاسُ إِنَّ وَعْدَ اَ۬للَّهِ حَقٌّ فَلَا تَغُرَّنَّكُمُ اُ۬لْحَيَوٰةُ
اُ۬لدُّنْيَا وَلَا يَغُرَّنَّكُم بِاللَّهِ اِ۬لْغَرُورُ ﴿5﴾ إِنَّ اَ۬لشَّيْطَٰنَ لَكُمْ
عَدُوٌّ فَاتَّخِذُوهُ عَدُوّاً اِنَّمَا يَدْعُواْ حِزْبَهُۥ لِيَكُونُواْ مِنَ اَصْحَٰبِ
اِ۬لسَّعِيرِ ﴿6﴾ اِ۬لذِينَ كَفَرُواْ لَهُمْ عَذَابٌ شَدِيدٌ وَالذِينَ ءَامَنُواْ وَعَمِلُواْ
اُ۬لصَّٰلِحَٰتِ لَهُم مَّغْفِرَةٌ وَأَجْرٌ كَبِيرٌ ﴿7﴾ ۞ اَفَمَن زُيِّنَ لَهُۥ سُوٓءُ
عَمَلِهِۦ فَرَءَاهُ حَسَناً فَإِنَّ اَ۬للَّهَ يُضِلُّ مَن يَشَآءُ وَيَهْدِے مَن يَشَآءُ فَلَا
تَذْهَبْ نَفْسُكَ عَلَيْهِمْ حَسَرَٰتٍ اِنَّ اَ۬للَّهَ عَلِيمُۢ بِمَا يَصْنَعُونَ ﴿8﴾ وَاللَّهُ
اُ۬لذِےٓ أَرْسَلَ اَ۬لرِّيَٰحَ فَتُثِيرُ سَحَاباً فَسُقْنَٰهُ إِلَىٰ بَلَدٍ مَّيِّتٍ فَأَحْيَيْنَا بِهِ
اِ۬لْأَرْضَ بَعْدَ مَوْتِهَا كَذَٰلِكَ اَ۬لنُّشُورُ ﴿9﴾ مَن كَانَ يُرِيدُ اُ۬لْعِزَّةَ فَلِلَّهِ
اِ۬لْعِزَّةُ جَمِيعاً اِلَيْهِ يَصْعَدُ اُ۬لْكَلِمُ اُ۬لطَّيِّبُ وَالْعَمَلُ اُ۬لصَّٰلِحُ يَرْفَعُهُۥ
وَالذِينَ يَمْكُرُونَ اَ۬لسَّيِّـَٔاتِ لَهُمْ عَذَابٌ شَدِيدٌ وَمَكْرُ اُوْلَٰٓئِكَ هُوَ
يَبُورُ ﴿10﴾ وَاللَّهُ خَلَقَكُم مِّن تُرَابٍ ثُمَّ مِن نُّطْفَةٍ ثُمَّ جَعَلَكُمُۥ
أَزْوَٰجاً وَمَا تَحْمِلُ مِنُ اُنث۪يٰ وَلَا تَضَعُ إِلَّا بِعِلْمِهِۦ وَمَا يُعَمَّرُ مِن مُّعَمَّرٖ
وَلَا يُنقَصُ مِنْ عُمُرِهِۦٓ إِلَّا فِے كِتَٰبٍ اِنَّ ذَٰلِكَ عَلَى اَ۬للَّهِ يَسِيرٌ ﴿11﴾

- فَلَا تَغُرَّنَّكُمُ: فلا تخدعنّكم
- اِ۬لْغَرُورُ: ما يخدع من شيطانٍ وغيرِه

ثُمُنٌ

- فَلَا تَذْهَبْ نَفْسُكَ: فلا تهلكْ نفسُكَ
- حَسَرَٰتٍ: ندامات شديدةً
- فَتُثِيرُ سَحَاباً: تحرّكُهُ وتهيّجُهُ
- اَ۬لنُّشُورُ: بعثُ الموتى من القبورِ
- اُ۬لْعِزَّةَ: الشّرفَ والمنعة
- يَبُورُ: يفسدُ ويبطلُ
- مُّعَمَّرٖ: طويلِ العمرِ

مدّ مشبع 6 حركات	مدّ حركتين	إخفاء، ومواقع الغُنّة (حركتين)	تفخيم
مدّ 2 أو 4 أو 6 جوازاً		إدغام، وما لا يُلفظ	قلقلة

وَمَا يَسْتَوِے اِ۬لْبَحْرَانِۖ هَٰذَا عَذْبٞ فُرَاتٞ سَآئِغٞ شَرَابُهُۥ وَهَٰذَا
مِلْحٌ اُجَاجٞۖ وَمِن كُلّٖ تَاكُلُونَ لَحْماٗ طَرِيّاٗ وَتَسْتَخْرِجُونَ
حِلْيَةٗ تَلْبَسُونَهَاۖ وَتَرَى اَ۬لْفُلْكَ فِيهِ مَوَاخِرَ لِتَبْتَغُواْ مِن فَضْلِهِۦ
وَلَعَلَّكُمْ تَشْكُرُونَۖ (12) يُولِجُ اُ۬ليْلَ فِے اِ۬لنَّهَارِ وَيُولِجُ
اُ۬لنَّهَارَ فِے اِ۬ليْلِۖ وَسَخَّرَ اَ۬لشَّمْسَ وَالْقَمَرَۖ كُلّٞ يَجْرِے
لِأَجَلٖ مُّسَمّيٗۖ ذَٰلِكُمُ اُ۬للَّهُ رَبُّكُمْ لَهُ اُ۬لْمُلْكُۖ وَالذِينَ
تَدْعُونَ مِن دُونِهِۦ مَا يَمْلِكُونَ مِن قِطْمِيرٍۖ (13) اِن
تَدْعُوهُمْ لَا يَسْمَعُواْ دُعَآءَكُمْ وَلَوْ سَمِعُواْ مَا اَ۪سْتَجَابُواْ لَكُمْۖ
وَيَوْمَ اَ۬لْقِيَٰمَةِ يَكْفُرُونَ بِشِرْكِكُمْۖ وَلَا يُنَبِّئُكَ مِثْلُ
خَبِيرٖۖ (14) ۞ يَٰٓأَيُّهَا اَ۬لنَّاسُ أَنتُمُ اُ۬لْفُقَرَآءُ إِلَى اَ۬للَّهِۖ وَاللَّهُ هُوَ اَ۬لْغَنِيُّ
اُ۬لْحَمِيدُۖ (15) إِنْ يَّشَأْ يُذْهِبْكُمْ وَيَاتِ بِخَلْقٖ جَدِيدٖۖ (16)
وَمَا ذَٰلِكَ عَلَى اَ۬للَّهِ بِعَزِيزٖۖ (17) وَلَا تَزِرُ وَازِرَةٞ وِزْرَ أُخْرَيٰۖ وَإِن
تَدْعُ مُثْقَلَةٌ اِلَيٰ حِمْلِهَا لَا يُحْمَلْ مِنْهُ شَےْءٞ وَلَوْ كَانَ ذَا قُرْبَيٰٓۖ
إِنَّمَا تُنذِرُ اُ۬لذِينَ يَخْشَوْنَ رَبَّهُم بِالْغَيْبِ وَأَقَامُواْ اُ۬لصَّلَوٰةَۖ
وَمَن تَزَكّ۪يٰ فَإِنَّمَا يَتَزَكّ۪يٰ لِنَفْسِهِۦۖ وَإِلَى اَ۬للَّهِ اِ۬لْمَصِيرُۖ (18)

- فُرَاتٌ: شديدُ العذوبةِ
- سَآئِغٌ شَرَابُهُ: سهلٌ ابتلاعُهُ
- اجَاجٌ: شديدُ الملوحةِ والمرارةِ
- مَوَاخِرَ: جواريَ بريحٍ واحدةٍ
- يُولِجُ: يُدْخِلُ
- قِطْمِيرٍ: هو القشرةُ الرَّقيقةُ على النَّواةِ

نِصْفٌ

- لَا تَزِرُ وَازِرَةٌ: لا تحملُ نفسٌ آثمةٌ
- مُثْقَلَةٌ: نفسٌ أثقلَتْها الذنوبُ
- حِمْلِهَا: ذنوبِها التي أثقلَتْها
- تَزَكّيٰ: تطهَّرَ من الكفرِ والمعاصي

مدّ مشبع 6 حركات	مدّ حركتين	إخفاء، ومواقع الغُنَّة (حركتين)	تفخيم
مدّ 2 أو 4 أو 6 جوازاً		إدغام، وما لا يُلفَظ	قلقلة

وَمَا يَسْتَوِے اِ۬لَاعْمِىٰ وَالْبَصِيرُ (19) وَلَا اَ۬لظُّلُمَٰتُ وَلَا اَ۬لنُّورُ (20)
وَلَا اَ۬لظِّلُّ وَلَا اَ۬لْحَرُورُ (21) وَمَا يَسْتَوِے اِ۬لَاحْيَآءُ وَلَا اَ۬لَامْوَٰتُ
إِنَّ اَ۬للَّهَ يُسْمِعُ مَن يَّشَآءُ وَمَآ أَنتَ بِمُسْمِعٖ مَّن فِے اِ۬لْقُبُورِ (22)
إِنَ اَنتَ إِلَّا نَذِيرٌ (23) إِنَّآ أَرْسَلْنَٰكَ بِالْحَقِّ بَشِيراٗ وَنَذِيراٗ
وَإِن مِّنُ اُمَّةٍ اِلَّا خَلَا فِيهَا نَذِيرٞ (24) وَإِنْ يُّكَذِّبُوكَ فَقَدْ
كَذَّبَ اَ۬لذِينَ مِن قَبْلِهِمْ جَآءَتْهُمْ رُسُلُهُم بِالْبَيِّنَٰتِ وَبِالزُّبُرِ
وَبِالْكِتَٰبِ اِ۬لْمُنِيرِ (25) ثُمَّ أَخَذتُّ اُ۬لذِينَ كَفَرُواْ فَكَيْفَ
كَانَ نَكِيرِ (26) أَلَمْ تَرَ أَنَّ اَ۬للَّهَ أَنزَلَ مِنَ اَ۬لسَّمَآءِ مَآءٗ فَأَخْرَجْنَا
بِهِۦ ثَمَرَٰتٖ مُّخْتَلِفاً اَلْوَٰنُهَا وَمِنَ اَ۬لْجِبَالِ جُدَدُۢ بِيضٞ وَحُمْرٞ
مُّخْتَلِفٌ اَلْوَٰنُهَا وَغَرَابِيبُ سُودٞ (27) وَمِنَ اَ۬لنَّاسِ وَالدَّوَآبِّ
وَالَانْعَٰمِ مُخْتَلِفٌ اَلْوَٰنُهُۥ كَذَٰلِكَ إِنَّمَا يَخْشَى اَ۬للَّهَ مِنْ عِبَادِهِ
اِ۬لْعُلَمَٰٓؤُاْ إِنَّ اَ۬للَّهَ عَزِيزٌ غَفُورٌ (28) اِنَّ اَ۬لذِينَ يَتْلُونَ كِتَٰبَ
اَ۬للَّهِ وَأَقَامُواْ اُ۬لصَّلَوٰةَ وَأَنفَقُواْ مِمَّا رَزَقْنَٰهُمْ سِرّاٗ وَعَلَانِيَةٗ
يَرْجُونَ تِجَٰرَةٗ لَّن تَبُورَ (29) لِيُوَفِّيَهُمُۥٓ أُجُورَهُمْ
وَيَزِيدَهُم مِّن فَضْلِهِۦٓ إِنَّهُۥ غَفُورٞ شَكُورٞ (30)

- **اَ۬لْحَرُورُ** شدّةُ الحرّ أو السّمومِ
- **بِالزُّبُرِ** بالكتبِ المنزَّلةِ
- **كَانَ نَكِيرِ** إنكاري عليهم بالتدميرِ
- **جُدَدُۢ** ذاتُ طرائقَ مختلفةِ الألوانِ
- **غَرَابِيبُ** متناهيةٌ في السّوادِ كالأغربةِ
- **لَّن تَبُورَ** لن تكسُدَ وتفسُدَ

مدّ مشبع 6 حركات	مدّ حركتين	إخفاء، ومواقع الغُنّة (حركتين)	تفخيم
مدّ 2 أو 4 أو 6 جوازاً		إدغام، وما لا يُلفَظ	قلقلة

۞ وَالذِي أَوْحَيْنَا إِلَيْكَ مِنَ الْكِتَٰبِ هُوَ الْحَقُّ مُصَدِّقاً
لِّمَا بَيْنَ يَدَيْهِ إِنَّ اللَّهَ بِعِبَادِهِۦ لَخَبِيرُۢ بَصِيرٌ (31) ثُمَّ أَوْرَثْنَا
الْكِتَٰبَ الذِينَ اَصْطَفَيْنَا مِنْ عِبَادِنَا فَمِنْهُمْ ظَالِمٌ لِّنَفْسِهِۦ
وَمِنْهُم مُّقْتَصِدٌ وَمِنْهُمْ سَابِقُۢ بِالْخَيْرَٰتِ بِإِذْنِ اللَّهِ ذَٰلِكَ هُوَ
الْفَضْلُ الْكَبِيرُ (32) جَنَّٰتُ عَدْنٍ يَدْخُلُونَهَا يُحَلَّوْنَ فِيهَا مِنَ
اَسَاوِرَ مِن ذَهَبٍ وَلُؤْلُؤاً وَلِبَاسُهُمْ فِيهَا حَرِيرٌ (33) وَقَالُواْ الْحَمْدُ
لِلَّهِ الذِي أَذْهَبَ عَنَّا الْحَزَنَ إِنَّ رَبَّنَا لَغَفُورٌ شَكُورٌ (34)
الذِي أَحَلَّنَا دَارَ الْمُقَامَةِ مِن فَضْلِهِۦ لَا يَمَسُّنَا فِيهَا
نَصَبٌ وَلَا يَمَسُّنَا فِيهَا لُغُوبٌ (35) وَالذِينَ كَفَرُواْ لَهُمْ
نَارُ جَهَنَّمَ لَا يُقْضَىٰ عَلَيْهِمْ فَيَمُوتُواْ وَلَا يُخَفَّفُ عَنْهُم مِّنْ
عَذَابِهَا كَذَٰلِكَ نَجْزِے كُلَّ كَفُورٍ (36) وَهُمْ يَصْطَرِخُونَ
فِيهَا رَبَّنَا أَخْرِجْنَا نَعْمَلْ صَٰلِحاً غَيْرَ الذِے كُنَّا نَعْمَلُ
أَوَلَمْ نُعَمِّرْكُم مَّا يَتَذَكَّرُ فِيهِ مَن تَذَكَّرَ وَجَآءَكُمُ
النَّذِيرُ فَذُوقُواْ فَمَا لِلظَّٰلِمِينَ مِن نَّصِيرٍ (37) اِنَّ اللَّهَ عَٰلِمُ
غَيْبِ السَّمَٰوَٰتِ وَالْأَرْضِ إِنَّهُۥ عَلِيمُۢ بِذَاتِ الصُّدُورِ (38)

- وَمِنْهُم مُّقْتَصِدٌ: معتدلٌ في أمرِ الدّينِ
- الْحَزَنَ: كلّ ما يُحزنُ ويَغمُّ
- دَارَ الْمُقَامَةِ: دارَ الإقامةِ الدّائمةِ وهي الجنّةُ
- نَصَبٌ: تعبٌ ومشقّةٌ
- لُغُوبٌ: إعياءٌ من التّعبِ
- يَصْطَرِخُونَ: يستغيثونَ ويصيحونَ بشدّةٍ

مدّ مشبع 6 حركات / مدّ 2 أو 4 أو 6 جوازاً / مدّ حركتين	إخفاء، ومواقع الغُنّة (حركتين) / إدغام، وما لا يُلفَظ	تفخيم / قلقلة

هُوَ ٱلذِے جَعَلَكُمْ خَلَٰٓئِفَ فِے ٱلَارْضِۖ فَمَن كَفَرَ فَعَلَيْهِ كُفْرُهُۥۖ وَلَا
يَزِيدُ ٱلْكٰفِرِينَ كُفْرُهُمْ عِندَ رَبِّهِمُۥٓ إِلَّا مَقْتاٗۖ وَلَا يَزِيدُ ٱلْكٰفِرِينَ
كُفْرُهُمُۥٓ إِلَّا خَسَاراٗۖ (39) قُلَ اَرَٰٓيْتُمْ شُرَكَآءَكُمُ ٱلذِينَ تَدْعُونَ
مِن دُونِ ٱللَّهِ أَرُونِے مَاذَا خَلَقُواْ مِنَ ٱلَارْضِ أَمْ لَهُمْ شِرْكٌ فِے
ٱلسَّمَٰوَٰتِۖ أَمَ ـَاتَيْنَٰهُمْ كِتَٰباٗ فَهُمْ عَلَيٰ بَيِّنَٰتٖ مِّنْهُۖ بَلِ اِن يَعِدُ
ٱلظَّٰلِمُونَ بَعْضُهُم بَعْضاً اِلَّا غُرُوراًۖ (40) ۞ اِنَّ ٱللَّهَ يُمْسِكُ
ٱلسَّمَٰوَٰتِ وَٱلَارْضَ أَن تَزُولَاۖ وَلَئِن زَالَتَآ إِنَ اَمْسَكَهُمَا مِنَ اَحَدٖ مِّنۢ
بَعْدِهِۦٓۖ إِنَّهُۥ كَانَ حَلِيماً غَفُوراٗۖ (41) وَأَقْسَمُواْ بِاللَّهِ جَهْدَ أَيْمَٰنِهِمْ
لَئِن جَآءَهُمْ نَذِيرٞ لَّيَكُونُنَّ أَهْدَيٰ مِنِ اِحْدَى ٱلْاُمَمِۖ فَلَمَّا جَآءَهُمْ
نَذِيرٞ مَّا زَادَهُمُۥٓ إِلَّا نُفُوراًۖ (42) إِسْتِكْبَاراٗ فِے ٱلَارْضِ وَمَكْرَ
ٱلسَّيِّےِۖ وَلَا يَحِيقُ ٱلْمَكْرُ ٱلسَّيِّئُ إِلَّا بِأَهْلِهِۦۖ فَهَلْ يَنظُرُونَ إِلَّا سُنَّتَ
ٱلَاوَّلِينَۖ فَلَن تَجِدَ لِسُنَّتِ ٱللَّهِ تَبْدِيلاٗۖ (43) وَلَن تَجِدَ لِسُنَّتِ ٱللَّهِ
تَحْوِيلاًۖ (44) اَوَلَمْ يَسِيرُواْ فِے ٱلَارْضِ فَيَنظُرُواْ كَيْفَ كَانَ عَٰقِبَةُ
ٱلذِينَ مِن قَبْلِهِمْ وَكَانُوٓاْ أَشَدَّ مِنْهُمْ قُوَّةٗۖ وَمَا كَانَ ٱللَّهُ لِيُعْجِزَهُۥ
مِن شَےْءٖ فِے ٱلسَّمَٰوَٰتِ وَلَا فِے ٱلَارْضِۖ إِنَّهُۥ كَانَ عَلِيماً قَدِيراٗۖ (45)

- **خَلَٰٓئِفَ** مستخلفينَ
- **مَقْتاً** أشدَّ البغضِ والغضبِ والاحتقارِ
- **خَساراً** هَلاكًا وخسرانًا

رُبُعٌ

- **اَرَٰٓيْتُمْ** أخبروني
- **لَهُمْ شِرْكٌ** شركةٌ مع اللهِ تعالى
- **غُروراً** باطلًا أو خداعًا
- **جَهْدَ أَيْمَٰنِهِمْ** بأغلظِها وأوكدِها
- **نُفوراً** تباعدًا عن الحقِّ
- **لَا يَحِيقُ** لا يُحيطُ أو لا ينزلُ
- **يَنظُرونَ** ينتظرونَ

مدّ مشبع 6 حركات — مدّ 2 أو 4 أو 6 جوازاً — مدّ حركتين — إخفاء، ومواقع الغُنّة (حركتين) — إدغام، وما لا يُلفَظ — تفخيم — قلقلة

وَلَوْ يُؤَاخِذُ ٱللَّهُ ٱلنَّاسَ بِمَا كَسَبُواْ مَا تَرَكَ عَلَىٰ
ظَهْرِهَا مِن دَآبَّةٍ وَلَٰكِن يُؤَخِّرُهُمُۥٓ إِلَىٰٓ أَجَلٍ مُّسَمًّىۖ
فَإِذَا جَآءَ اجَلُهُمْ فَإِنَّ ٱللَّهَ كَانَ بِعِبَادِهِۦ بَصِيرَاۢ 46

سُورَةُ يسٓ

ترتيبها 36 — آياتها 82

بِسْمِ ٱللَّهِ ٱلرَّحْمَٰنِ ٱلرَّحِيمِ

يسٓ وَٱلْقُرْءَانِ ٱلْحَكِيمِ 1 إِنَّكَ لَمِنَ ٱلْمُرْسَلِينَ 2 عَلَىٰ
صِرَٰطٍ مُّسْتَقِيمٍ 3 تَنزِيلُ ٱلْعَزِيزِ ٱلرَّحِيمِ 4 لِتُنذِرَ قَوْماً مَّآ
أُنذِرَ ءَابَآؤُهُمْ فَهُمْ غَٰفِلُونَ 5 ۞ لَقَدْ حَقَّ ٱلْقَوْلُ عَلَىٰٓ أَكْثَرِهِمْ
فَهُمْ لَا يُومِنُونَ 6 إِنَّا جَعَلْنَا فِےٓ أَعْنَٰقِهِمُۥٓ أَغْلَٰلاً فَهْيَ
إِلَى ٱلْأَذْقَانِ فَهُم مُّقْمَحُونَ 7 وَجَعَلْنَا مِنۢ بَيْنِ أَيْدِيهِمْ سُدّاً
وَمِنْ خَلْفِهِمْ سُدّاً فَأَغْشَيْنَٰهُمْ فَهُمْ لَا يُبْصِرُونَ 8 وَسَوَآءٌ
عَلَيْهِمُۥٓ ءَآنذَرْتَهُمُۥٓ أَمْ لَمْ تُنذِرْهُمْ لَا يُومِنُونَ 9 إِنَّمَا تُنذِرُ
مَنِ ٱتَّبَعَ ٱلذِّكْرَ وَخَشِيَ ٱلرَّحْمَٰنَ بِٱلْغَيْبِ فَبَشِّرْهُ بِمَغْفِرَةٍ
وَأَجْرٍ كَرِيمٍ 10 إِنَّا نَحْنُ نُحْيِ ٱلْمَوْتَىٰ وَنَكْتُبُ
مَا قَدَّمُواْ وَءَاثَٰرَهُمْ وَكُلَّ شَےْءٍ اَحْصَيْنَٰهُ فِےٓ إِمَامٍ مُّبِينٍ 11

- حَقَّ ٱلْقَوْلُ: ثبتَ ووجبَ
- أَغْلَٰلاً: قيودًا عظيمةً

ثُمُن

- مُّقْمَحُونَ: رافعو الرؤوسِ غاضّو الأبصارِ
- سُدّاً: حاجزًا ومانعًا
- فَأَغْشَيْنَٰهُمْ: فألبسْنا أبصارَهم غشاوةً
- ءَاثَٰرَهُمْ: ما سنّوهُ من حسنٍ أو سيئٍ
- أَحْصَيْنَٰهُ: أثبتْناه وحفظْناه
- إِمَامٍ مُّبِينٍ: أصلٍ عظيمٍ (اللوحِ المحفوظِ)

مدّ مشبع 6 حركات — مدّ 2 أو 4 أو 6 جوازاً — مدّ حركتين — إخفاء، ومواقع الغُنّة (حركتين) — إدغام، وما لا يُلفظ — تفخيم — قلقلة

وَاضْرِبْ لَهُم مَّثَلًا اَصْحَٰبَ اَ۬لْقَرْيَةِ إِذْ جَآءَهَا اَ۬لْمُرْسَلُونَ (12)
إِذَ اَرْسَلْنَآ إِلَيْهِمُ إِثْنَيْنِ فَكَذَّبُوهُمَا فَعَزَّزْنَا بِثَالِثٍ فَقَالُوٓاْ
إِنَّآ إِلَيْكُم مُّرْسَلُونَ (13) قَالُواْ مَآ أَنتُمُۥٓ إِلَّا بَشَرٌ مِّثْلُنَا
وَمَآ أَنزَلَ اَ۬لرَّحْمَٰنُ مِن شَےْءٍ اِنَ اَنتُمُۥٓ إِلَّا تَكْذِبُونَ (14) قَالُواْ
رَبُّنَا يَعْلَمُ إِنَّآ إِلَيْكُمْ لَمُرْسَلُونَ (15) وَمَا عَلَيْنَآ إِلَّا اَ۬لْبَلَٰغُ
اُ۬لْمُبِينُ (16) قَالُوٓاْ إِنَّا تَطَيَّرْنَا بِكُمْ لَئِن لَّمْ تَنتَهُواْ لَنَرْجُمَنَّكُمْ
وَلَيَمَسَّنَّكُم مِّنَّا عَذَابٌ اَلِيمٌ (17) قَالُواْ طَٰٓئِرُكُم مَّعَكُمُۥٓ أَٰيِن
ذُكِّرْتُم بَلَ اَنتُمْ قَوْمٌ مُّسْرِفُونَ (18) وَجَآءَ مِنَ اَقْصَا اَ۬لْمَدِينَةِ
رَجُلٌ يَسْعَىٰ قَالَ يَٰقَوْمِ إِتَّبِعُواْ اُ۬لْمُرْسَلِينَ (19) إِتَّبِعُواْ مَن
لَّا يَسْـَٔلُكُمُۥٓ أَجْرًا وَهُم مُّهْتَدُونَ (20) وَمَا لِيَ لَآ أَعْبُدُ
اُ۬لذِے فَطَرَنِے وَإِلَيْهِ تُرْجَعُونَ (21) ءَآتَّخِذُ مِن دُونِهِۦٓ ءَالِهَةً
اِنْ يُّرِدْنِ اِ۬لرَّحْمَٰنُ بِضُرٍّ لَّا تُغْنِ عَنِّے شَفَٰعَتُهُمْ شَيْـًٔا وَلَا
يُنقِذُونِۦ (22) إِنِّيَ إِذًا لَّفِے ضَلَٰلٍ مُّبِينٍ (23) اِنِّيَ ءَامَنتُ
بِرَبِّكُمْ فَاسْمَعُونِۦ (24) قِيلَ اَ۟دْخُلِ اِ۬لْجَنَّةَ قَالَ يَٰلَيْتَ قَوْمِے
يَعْلَمُونَ (25) بِمَا غَفَرَ لِے رَبِّے وَجَعَلَنِے مِنَ اَ۬لْمُكْرَمِينَ (26)

- فَعَزَّزْنَا بِثَالِثٍ: فقوّيناهُما وشددْناهُما به
- تَطَيَّرْنَا بِكُمْ: تشاءَمنا بكم
- طَٰٓئِرُكُم مَّعَكُمُ: شؤمُكم مصاحبُ لكم
- يَسْعَىٰ: يُسرعُ في مشيهِ
- فَطَرَنِے: أبدعني
- لَا تُغْنِ عَنِّے: لا تدفعُ عنّي

مدّ مشبع 6 حركات	مدّ حركتين	إخفاء، ومواقع الغُنّة (حركتين)	تفخيم
مدّ 2 أو 4 أو 6 جوازاً		إدغام، وما لا يُلفظ	قلقلة

۞ وَمَآ أَنزَلْنَا عَلَىٰ قَوْمِهِۦ مِنۢ بَعْدِهِۦ مِن جُندٍ مِّنَ ٱلسَّمَآءِ وَمَا
كُنَّا مُنزِلِينَ (27) إِن كَانَتْ إِلَّا صَيْحَةً وَٰحِدَةً فَإِذَا هُمْ
خَٰمِدُونَ (28) يَٰحَسْرَةً عَلَى ٱلْعِبَادِ مَا يَأْتِيهِم مِّن رَّسُولٍ إِلَّا
كَانُوا۟ بِهِۦ يَسْتَهْزِءُونَ (29) أَلَمْ يَرَوْا۟ كَمْ أَهْلَكْنَا قَبْلَهُم
مِّنَ ٱلْقُرُونِ أَنَّهُمْ إِلَيْهِمْ لَا يَرْجِعُونَ (30) وَإِن كُلٌّ لَّمَّا جَمِيعٌ
لَّدَيْنَا مُحْضَرُونَ (31) وَءَايَةٌ لَّهُمُ ٱلْأَرْضُ ٱلْمَيْتَةُ أَحْيَيْنَٰهَا
وَأَخْرَجْنَا مِنْهَا حَبًّا فَمِنْهُ يَأْكُلُونَ (32) وَجَعَلْنَا فِيهَا
جَنَّٰتٍ مِّن نَّخِيلٍ وَأَعْنَٰبٍ وَفَجَّرْنَا فِيهَا مِنَ ٱلْعُيُونِ (33)
لِيَأْكُلُوا۟ مِن ثَمَرِهِۦ وَمَا عَمِلَتْهُ أَيْدِيهِمْ أَفَلَا يَشْكُرُونَ (34)
سُبْحَٰنَ ٱلَّذِى خَلَقَ ٱلْأَزْوَٰجَ كُلَّهَا مِمَّا تُنۢبِتُ ٱلْأَرْضُ وَمِنْ
أَنفُسِهِمْ وَمِمَّا لَا يَعْلَمُونَ (35) وَءَايَةٌ لَّهُمُ ٱلَّيْلُ نَسْلَخُ مِنْهُ
ٱلنَّهَارَ فَإِذَا هُم مُّظْلِمُونَ (36) وَٱلشَّمْسُ تَجْرِى لِمُسْتَقَرٍّ لَّهَا
ذَٰلِكَ تَقْدِيرُ ٱلْعَزِيزِ ٱلْعَلِيمِ (37) وَٱلْقَمَرَ قَدَّرْنَٰهُ مَنَازِلَ حَتَّىٰ
عَادَ كَٱلْعُرْجُونِ ٱلْقَدِيمِ (38) لَا ٱلشَّمْسُ يَنۢبَغِى لَهَآ أَن تُدْرِكَ
ٱلْقَمَرَ وَلَا ٱلَّيْلُ سَابِقُ ٱلنَّهَارِ وَكُلٌّ فِى فَلَكٍ يَسْبَحُونَ (39)

- صَيْحَةً وَٰحِدَةً: صوتًا مُهلكًا من السّماءِ
- يَٰحَسْرَةً: يا وَيْلًا أو يا تندّمًا
- كَمْ أَهْلَكْنَا: كثيرًا أهلكْنا
- ٱلْقُرُونِ: الأمم
- فَجَّرْنَا فِيهَا: شققْنا في الأرضِ
- خَلَقَ ٱلْأَزْوَٰجَ: الأصنافَ والأنواعَ
- يَسْبَحُونَ: يسيرونَ

وَءَايَةٌ لَّهُمُۥٓ أَنَّا حَمَلْنَا ذُرِّيَّـٰتِهِمْ فِے اِ۬لْفُلْكِ اِ۬لْمَشْحُونِ (40) وَخَلَقْنَا
لَهُم مِّن مِّثْلِهِۦ مَا يَرْكَبُونَ (41) وَإِن نَّشَأْ نُغْرِقْهُمْ فَلَا صَرِيخَ
لَهُمْ وَلَا هُمْ يُنقَذُونَ (42) إِلَّا رَحْمَةً مِّنَّا وَمَتَٰعاً اِلَىٰ حِينٍ (43)
وَإِذَا قِيلَ لَهُمُ اُتَّقُواْ مَا بَيْنَ أَيْدِيكُمْ وَمَا خَلْفَكُمْ لَعَلَّكُمْ
تُرْحَمُونَ (44) ۞ وَمَا تَاتِيهِم مِّنَ ـايَةٍ مِّنَ ـايَٰتِ رَبِّهِمُۥٓ إِلَّا
كَانُواْ عَنْهَا مُعْرِضِينَ (45) وَإِذَا قِيلَ لَهُمُۥٓ أَنفِقُواْ مِمَّا رَزَقَكُمُ
اُ۬للَّهُ قَالَ اَ۬لَّذِينَ كَفَرُواْ لِلَّذِينَ ءَامَنُوٓاْ أَنُطْعِمُ مَن لَّوْ يَشَآءُ اُ۬للَّهُ
أَطْعَمَهُۥٓ إِنَ اَنتُمُۥٓ إِلَّا فِے ضَلَٰلٍ مُّبِينٍ (46) وَيَقُولُونَ مَتَيٰ هَٰذَا
اَ۬لْوَعْدُ إِن كُنتُمْ صَٰدِقِينَ (47) مَا يَنظُرُونَ إِلَّا صَيْحَةً وَٰحِدَةً
تَاخُذُهُمْ وَهُمْ يَخِصِّمُونَ (48) فَلَا يَسْتَطِيعُونَ تَوْصِيَةً وَلَآ إِلَيٰٓ
أَهْلِهِمْ يَرْجِعُونَ (49) وَنُفِخَ فِے اِ۬لصُّورِ فَإِذَا هُم مِّنَ اَ۬لْاَجْدَاثِ
إِلَيٰ رَبِّهِمْ يَنسِلُونَ (50) قَالُواْ يَٰوَيْلَنَا مَنۢ بَعَثَنَا مِن مَّرْقَدِنَا هَٰذَا
مَا وَعَدَ اَ۬لرَّحْمَٰنُ وَصَدَقَ اَ۬لْمُرْسَلُونَ (51) إِن كَانَتِ إِلَّا
صَيْحَةً وَٰحِدَةً فَإِذَا هُمْ جَمِيعٌ لَّدَيْنَا مُحْضَرُونَ (52) فَالْيَوْمَ لَا
تُظْلَمُ نَفْسٌ شَيْـٔاً وَلَا تُجْزَوْنَ إِلَّا مَا كُنتُمْ تَعْمَلُونَ (53)

- اِ۬لْمَشْحُونِ: المملوءِ
- فَلَا صَرِيخَ لَهُمْ: فلا مغيثَ لهم من الغَرَقِ

ثُمُنٌ

- يَخِصِّمُونَ: يختصمونَ غافلينَ
- اَ۬لْاَجْدَاثِ: القبورِ
- يَنسِلُونَ: يُسرعونَ في الخروجِ
- مُحْضَرُونَ: نحضِرُهم للحسابِ والجزاءِ

مدّ مشبع 6 حركات | مدّ 2 أو 4 أو 6 جوازاً | مدّ حركتين | إخفاء، ومواقع الغُنّة (حركتين) | إدغام، وما لا يُلفَظ | تفخيم | قلقلة

إِنَّ أَصْحَٰبَ ٱلْجَنَّةِ ٱلْيَوْمَ فِي شُغُلٍ فَٰكِهُونَ ﴿54﴾ هُمْ
وَأَزْوَٰجُهُمْ فِي ظِلَٰلٍ عَلَى ٱلْأَرَآئِكِ مُتَّكِـُٔونَ ﴿55﴾ لَهُمْ فِيهَا
فَٰكِهَةٌ وَلَهُم مَّا يَدَّعُونَ ﴿56﴾ سَلَٰمٌ قَوْلًا مِّن رَّبٍّ رَّحِيمٍ ﴿57﴾
وَٱمْتَٰزُوا۟ ٱلْيَوْمَ أَيُّهَا ٱلْمُجْرِمُونَ ﴿58﴾ ۞ أَلَمْ أَعْهَدْ إِلَيْكُمْ يَٰبَنِيٓ
ءَادَمَ أَن لَّا تَعْبُدُوا۟ ٱلشَّيْطَٰنَ إِنَّهُۥ لَكُمْ عَدُوٌّ مُّبِينٌ ﴿59﴾ وَأَنِ
ٱعْبُدُونِي هَٰذَا صِرَٰطٌ مُّسْتَقِيمٌ ﴿60﴾ وَلَقَدْ أَضَلَّ مِنكُمْ جِبِلًّا
كَثِيرًا أَفَلَمْ تَكُونُوا۟ تَعْقِلُونَ ﴿61﴾ هَٰذِهِۦ جَهَنَّمُ ٱلَّتِي كُنتُمْ
تُوعَدُونَ ﴿62﴾ ٱصْلَوْهَا ٱلْيَوْمَ بِمَا كُنتُمْ تَكْفُرُونَ ﴿63﴾ ٱلْيَوْمَ
نَخْتِمُ عَلَىٰٓ أَفْوَٰهِهِمْ وَتُكَلِّمُنَآ أَيْدِيهِمْ وَتَشْهَدُ أَرْجُلُهُم
بِمَا كَانُوا۟ يَكْسِبُونَ ﴿64﴾ وَلَوْ نَشَآءُ لَطَمَسْنَا عَلَىٰٓ أَعْيُنِهِمْ
فَٱسْتَبَقُوا۟ ٱلصِّرَٰطَ فَأَنَّىٰ يُبْصِرُونَ ﴿65﴾ وَلَوْ نَشَآءُ لَمَسَخْنَٰهُمْ
عَلَىٰ مَكَانَتِهِمْ فَمَا ٱسْتَطَٰعُوا۟ مُضِيًّا وَلَا يَرْجِعُونَ ﴿66﴾
وَمَن نُّعَمِّرْهُ نُنَكِّسْهُ فِي ٱلْخَلْقِ أَفَلَا تَعْقِلُونَ ﴿67﴾ وَمَا عَلَّمْنَٰهُ
ٱلشِّعْرَ وَمَا يَنۢبَغِي لَهُۥٓ إِنْ هُوَ إِلَّا ذِكْرٌ وَقُرْءَانٌ مُّبِينٌ ﴿68﴾
لِّيُنذِرَ مَن كَانَ حَيًّا وَيَحِقَّ ٱلْقَوْلُ عَلَى ٱلْكَٰفِرِينَ ﴿69﴾

ربع

- أَعْهَدْ إِلَيْكُمْ: أوصِكمْ أو أكلّفكمْ
- جِبِلًّا: خلقًا
- عَلَىٰ مَكَانَتِهِمْ: في أمكنتهم
- نُّعَمِّرْهُ: نطِلْ عُمُرَه
- نُنَكِّسْهُ فِي ٱلْخَلْقِ: نردّه إلى أرذل العمر

أَوَلَمْ يَرَوْاْ أَنَّا خَلَقْنَا لَهُم مِّمَّا عَمِلَتْ أَيْدِينَآ أَنْعَٰماً فَهُمْ
لَهَا مَٰلِكُونَ (70) وَذَلَّلْنَٰهَا لَهُمْ فَمِنْهَا رَكُوبُهُمْ
وَمِنْهَا يَاكُلُونَ (71) وَلَهُمْ فِيهَا مَنَٰفِعُ وَمَشَارِبُ
أَفَلَا يَشْكُرُونَ (72) وَاتَّخَذُواْ مِن دُونِ اِ۬للَّهِ ءَالِهَةً
لَّعَلَّهُمْ يُنصَرُونَ (73) لَا يَسْتَطِيعُونَ نَصْرَهُمْ وَهُمْ
لَهُمْ جُندٌ مُّحْضَرُونَ (74) فَلَا يُحْزِنكَ قَوْلُهُمُۥٓ إِنَّا نَعْلَمُ
مَا يُسِرُّونَ وَمَا يُعْلِنُونَ (75) أَوَلَمْ يَرَ اَ۬لْإِنسَٰنُ أَنَّا خَلَقْنَٰهُ
مِن نُّطْفَةٍ فَإِذَا هُوَ خَصِيمٌ مُّبِينٌ (76) وَضَرَبَ لَنَا
مَثَلًا وَنَسِيَ خَلْقَهُۥ قَالَ مَن يُّحْيِ اِ۬لْعِظَٰمَ وَهْيَ رَمِيمٌ (77) قُلْ
يُحْيِيهَا اَ۬لَّذِيٓ أَنشَأَهَآ أَوَّلَ مَرَّةٍ وَهُوَ بِكُلِّ خَلْقٍ عَلِيمٌ (78)
۞ اِ۬لَّذِے جَعَلَ لَكُم مِّنَ اَ۬لشَّجَرِ اِ۬لْأَخْضَرِ نَاراً فَإِذَآ أَنتُم مِّنْهُ
تُوقِدُونَ (79) أَوَلَيْسَ اَ۬لَّذِے خَلَقَ اَ۬لسَّمَٰوَٰتِ وَالْأَرْضَ بِقَٰدِرٍ
عَلَىٰٓ أَن يَّخْلُقَ مِثْلَهُم بَلَىٰ وَهُوَ اَ۬لْخَلَّٰقُ اُ۬لْعَلِيمُ (80) إِنَّمَآ أَمْرُهُۥٓ
إِذَآ أَرَادَ شَيْـًٔا أَن يَّقُولَ لَهُۥ كُن فَيَكُونُ (81) فَسُبْحَٰنَ
اَ۬لَّذِے بِيَدِهِۦ مَلَكُوتُ كُلِّ شَےْءٖ وَإِلَيْهِ تُرْجَعُونَ (82)

- ذَلَّلْنَٰهَا: صيّرْناها سهلةً مُنقادةً
- جُندٌ: أعوانٌ وشيعةٌ
- مُّحْضَرُونَ: نحضِرهم معهم في النّارِ
- هُوَ خَصِيمٌ: مُبالغٌ في الخصومةِ بالباطلِ
- هِيَ رَمِيمٌ: باليةٌ أشدَّ البلى
- مَلَكُوتُ: هو المُلكُ التّامُّ

ثُمُنٌ

مدّ مشبع 6 حركات	مدّ حركتين	إخفاء، ومواقع الغُنّة (حركتين)	تفخيم
مدّ 2 أو 4 أو 6 جوازاً		إدغام، وما لا يُلفظ	قلقلة

سُورَةُ اُ۬لصَّٰٓفَّٰتِ

ترتيبها 37 — آياتها 182

بِسْمِ اِ۬للَّهِ اِ۬لرَّحْمَٰنِ اِ۬لرَّحِيمِ

وَالصَّٰٓفَّٰتِ صَفّاٗ (1) فَالزَّٰجِرَٰتِ زَجْراٗ (2) فَالتَّٰلِيَٰتِ ذِكْراً (3) اِنَّ
إِلَٰهَكُمْ لَوَٰحِدٞ (4) رَّبُّ اُ۬لسَّمَٰوَٰتِ وَالْاَرْضِ وَمَا بَيْنَهُمَا وَرَبُّ اُ۬لْمَشَٰرِقِ (5)
إِنَّا زَيَّنَّا اَ۬لسَّمَآءَ اَ۬لدُّنْيَا بِزِينَةِ اِ۬لْكَوَاكِبِ (6) وَحِفْظاً مِّن كُلِّ شَيْطَٰنٖ
مَّارِدٖ (7) لَّا يَسْمَعُونَ إِلَى اَ۬لْمَلَإِ اِ۬لْاَعْلَىٰ وَيُقْذَفُونَ مِن كُلِّ جَانِبٖ (8)
دُحُوراً وَلَهُمْ عَذَابٞ وَاصِبٌ (9) اِلَّا مَنْ خَطِفَ اَ۬لْخَطْفَةَ فَأَتْبَعَهُۥ شِهَابٞ
ثَاقِبٞ (10) فَاسْتَفْتِهِمُۥٓ أَهُمُۥٓ أَشَدُّ خَلْقاً اَم مَّنْ خَلَقْنَآ إِنَّا خَلَقْنَٰهُم مِّن طِينٖ
لَّازِبٍ (11) بَلْ عَجِبْتَ وَيَسْخَرُونَ (12) وَإِذَا ذُكِّرُواْ لَا يَذْكُرُونَ (13)
وَإِذَا رَأَوْاْ ءَايَةٗ يَسْتَسْخِرُونَ (14) وَقَالُوٓاْ إِنْ هَٰذَآ إِلَّا سِحْرٞ مُّبِينٌ (15) أَ۟ذَا
مِتْنَا وَكُنَّا تُرَاباً وَعِظَٰماً اِنَّا لَمَبْعُوثُونَ (16) أَوَءَابَآؤُنَا اَ۬لْاَوَّلُونَ (17)
قُلْ نَعَمْ وَأَنتُمْ دَٰخِرُونَ (18) فَإِنَّمَا هِيَ زَجْرَةٞ وَٰحِدَةٞ فَإِذَا هُمْ يَنظُرُونَ (19)
وَقَالُواْ يَٰوَيْلَنَا هَٰذَا يَوْمُ اُ۬لدِّينِ (20) هَٰذَا يَوْمُ اُ۬لْفَصْلِ اِ۬لَّذِے كُنتُم بِهِۦ
تُكَذِّبُونَ (21) ۞اَحْشُرُواْ اُ۬لَّذِينَ ظَلَمُواْ وَأَزْوَٰجَهُمْ وَمَا كَانُواْ يَعْبُدُونَ (22)
مِن دُونِ اِ۬للَّهِ فَاهْدُوهُمُۥٓ إِلَىٰ صِرَٰطِ اِ۬لْجَحِيمِ (23) وَقِفُوهُمُۥٓ إِنَّهُم مَّسْـُٔولُونَ (24)

الصَّٰٓفَّٰتِ

- الصَّٰٓفَّٰتِ: الجماعاتِ تصفُّ أنفسَها للعبادةِ
- فَالزَّٰجِرَٰتِ: عن ارتكابِ المعاصي
- فَالتَّٰلِيَٰتِ ذِكْراً: آياتِ اللهِ وكتبَه المنزَّلةَ
- شَيْطَٰنٖ مَّارِدٖ: مريدٍ خارجٍ عن الطَّاعةِ
- يُقْذَفُونَ: يُرْجَمونَ
- دُحُوراً: إبعادًا وطردًا
- عَذَابٞ وَاصِبٌ: دائمٌ
- خَطِفَ اَ۬لْخَطْفَةَ: اختلسَها بسرعةٍ في غفلةٍ
- لَّازِبٍ: ملتزقٍ بَعْضُه ببَعضٍ

نِصْفُ

- يَسْتَسْخِرُونَ: يُبالغونَ في سُخْرِيَّتِهِمْ
- دَٰخِرُونَ: أذِلَّاء

مدّ مشبع 6 حركات	مدّ حركتين	إخفاء، ومواقع الغُنَّة (حركتين)	تفخيم
مدّ 2 أو 4 أو 6 جوازاً		إدغام، وما لا يُلفظ	قلقلة

مَا لَكُمْ لَا تَنَاصَرُونَ ﴿25﴾ بَلْ هُمُ ٱلْيَوْمَ مُسْتَسْلِمُونَ ﴿26﴾ وَأَقْبَلَ بَعْضُهُمْ
عَلَىٰ بَعْضٍ يَتَسَآءَلُونَ ﴿27﴾ قَالُوٓاْ إِنَّكُمْ كُنتُمْ تَأْتُونَنَا عَنِ ٱلْيَمِينِ ﴿28﴾
قَالُواْ بَل لَّمْ تَكُونُواْ مُؤْمِنِينَ ﴿29﴾ وَمَا كَانَ لَنَا عَلَيْكُم مِّن سُلْطَٰنٍۭ بَلْ
كُنتُمْ قَوْمًا طَٰغِينَ ﴿30﴾ فَحَقَّ عَلَيْنَا قَوْلُ رَبِّنَآ إِنَّا لَذَآئِقُونَ ﴿31﴾ فَأَغْوَيْنَٰكُمْ
إِنَّا كُنَّا غَٰوِينَ ﴿32﴾ فَإِنَّهُمْ يَوْمَئِذٍ فِى ٱلْعَذَابِ مُشْتَرِكُونَ ﴿33﴾
إِنَّا كَذَٰلِكَ نَفْعَلُ بِٱلْمُجْرِمِينَ ﴿34﴾ إِنَّهُمْ كَانُوٓاْ إِذَا قِيلَ لَهُمْ لَآ إِلَٰهَ
إِلَّا ٱللَّهُ يَسْتَكْبِرُونَ ﴿35﴾ وَيَقُولُونَ أَئِنَّا لَتَارِكُوٓاْ ءَالِهَتِنَا لِشَاعِرٍ
مَّجْنُونٍۭ ﴿36﴾ بَلْ جَآءَ بِٱلْحَقِّ وَصَدَّقَ ٱلْمُرْسَلِينَ ﴿37﴾ إِنَّكُمْ لَذَآئِقُواْ
ٱلْعَذَابِ ٱلْأَلِيمِ ﴿38﴾ وَمَا تُجْزَوْنَ إِلَّا مَا كُنتُمْ تَعْمَلُونَ ﴿39﴾ إِلَّا
عِبَادَ ٱللَّهِ ٱلْمُخْلَصِينَ ﴿40﴾ أُوْلَٰٓئِكَ لَهُمْ رِزْقٌ مَّعْلُومٌ ﴿41﴾ فَوَٰكِهُ
وَهُم مُّكْرَمُونَ ﴿42﴾ فِى جَنَّٰتِ ٱلنَّعِيمِ ﴿43﴾ عَلَىٰ سُرُرٍ مُّتَقَٰبِلِينَ ﴿44﴾
يُطَافُ عَلَيْهِم بِكَأْسٍ مِّن مَّعِينٍۭ ﴿45﴾ بَيْضَآءَ لَذَّةٍ لِّلشَّٰرِبِينَ ﴿46﴾
لَا فِيهَا غَوْلٌ وَلَا هُمْ عَنْهَا يُنزَفُونَ ﴿47﴾ وَعِندَهُمْ قَٰصِرَٰتُ
ٱلطَّرْفِ عِينٌ ﴿48﴾ كَأَنَّهُنَّ بَيْضٌ مَّكْنُونٌ ﴿49﴾ فَأَقْبَلَ بَعْضُهُمْ عَلَىٰ
بَعْضٍ يَتَسَآءَلُونَ ﴿50﴾ ۞ قَالَ قَآئِلٌ مِّنْهُمْ إِنِّى كَانَ لِى قَرِينٌ ﴿51﴾

- عَنِ ٱلْيَمِينِ: من جهةِ الخيرِ
- طَٰغِينَ: مُصرّينَ على الطُّغيانِ
- فَأَغْوَيْنَٰكُمْ: فدعَوناكم إلى الغيِّ
- ٱلْمُخْلَصِينَ: المصطفينَ الأخيارَ
- بِكَأْسٍ: بخمرٍ أو بقدحٍ فيه خمرٌ
- مِّن مَّعِينٍ: من شرابٍ نابعٍ من العيونِ
- غَوْلٌ: ضررٌ
- يُنزَفُونَ: يسكرونَ فتذهبُ عقولُهم
- قَٰصِرَٰتُ ٱلطَّرْفِ: لا ينظرْنَ إلى غيرِ أزواجهنّ
- عِينٌ: نُجلُ العيونِ حِسانُها
- بَيْضٌ مَّكْنُونٌ: مصونٌ مستورٌ

ثُمُنٌ

مدّ مشبع 6 حركات — مدّ 2 أو 4 أو 6 جوازاً — مدّ حركتين — إخفاء، ومواقع الغُنّة (حركتين) — إدغام، وما لا يُلفظ — تفخيم — قلقلة

يَقُولُ أَءِنَّكَ لَمِنَ ٱلْمُصَدِّقِينَ ﴿52﴾ أَءِذَا مِتْنَا وَكُنَّا تُرَابًا وَعِظَٰمًا
أَءِنَّا لَمَدِينُونَ ﴿53﴾ قَالَ هَلْ أَنتُم مُّطَّلِعُونَ ﴿54﴾ فَٱطَّلَعَ فَرَءَاهُ فِي
سَوَآءِ ٱلْجَحِيمِ ﴿55﴾ قَالَ تَٱللَّهِ إِن كِدتَّ لَتُرْدِينِ ﴿56﴾ وَلَوْلَا
نِعْمَةُ رَبِّي لَكُنتُ مِنَ ٱلْمُحْضَرِينَ ﴿57﴾ أَفَمَا نَحْنُ بِمَيِّتِينَ ﴿58﴾
إِلَّا مَوْتَتَنَا ٱلْأُولَىٰ وَمَا نَحْنُ بِمُعَذَّبِينَ ﴿59﴾ إِنَّ هَٰذَا لَهُوَ ٱلْفَوْزُ
ٱلْعَظِيمُ ﴿60﴾ لِمِثْلِ هَٰذَا فَلْيَعْمَلِ ٱلْعَٰمِلُونَ ﴿61﴾ أَذَٰلِكَ خَيْرٌ نُّزُلًا
أَمْ شَجَرَةُ ٱلزَّقُّومِ ﴿62﴾ إِنَّا جَعَلْنَٰهَا فِتْنَةً لِّلظَّٰلِمِينَ ﴿63﴾ إِنَّهَا
شَجَرَةٌ تَخْرُجُ فِيٓ أَصْلِ ٱلْجَحِيمِ ﴿64﴾ طَلْعُهَا كَأَنَّهُۥ رُءُوسُ
ٱلشَّيَٰطِينِ ﴿65﴾ فَإِنَّهُمْ لَءَاكِلُونَ مِنْهَا فَمَالِـُٔونَ مِنْهَا ٱلْبُطُونَ ﴿66﴾
ثُمَّ إِنَّ لَهُمْ عَلَيْهَا لَشَوْبًا مِّنْ حَمِيمٍ ﴿67﴾ ثُمَّ إِنَّ مَرْجِعَهُمْ لَإِلَى
ٱلْجَحِيمِ ﴿68﴾ إِنَّهُمْ أَلْفَوْا۟ ءَابَآءَهُمْ ضَآلِّينَ ﴿69﴾ فَهُمْ عَلَىٰٓ ءَاثَٰرِهِمْ
يُهْرَعُونَ ﴿70﴾ وَلَقَدْ ضَلَّ قَبْلَهُمْ أَكْثَرُ ٱلْأَوَّلِينَ ﴿71﴾ وَلَقَدْ أَرْسَلْنَا
فِيهِم مُّنذِرِينَ ﴿72﴾ فَٱنظُرْ كَيْفَ كَانَ عَٰقِبَةُ ٱلْمُنذَرِينَ ﴿73﴾
إِلَّا عِبَادَ ٱللَّهِ ٱلْمُخْلَصِينَ ﴿74﴾ وَلَقَدْ نَادَىٰنَا نُوحٌ فَلَنِعْمَ
ٱلْمُجِيبُونَ ﴿75﴾ وَنَجَّيْنَٰهُ وَأَهْلَهُۥ مِنَ ٱلْكَرْبِ ٱلْعَظِيمِ ﴿76﴾

- لَمَدِينُونَ: لمجزيّونَ ومحاسبونَ
- سَوَآءِ ٱلْجَحِيمِ: وسطِها
- لَتُرْدِينِ: لتهلِكني
- ٱلْمُحْضَرِينَ: للعذابِ مثلَك
- خَيْرٌ نُّزُلًا: منزلًا أو ضيافةً أو تكرمةً
- فِتْنَةً لِّلظَّٰلِمِينَ: مِحنةً وعذابًا لهم
- طَلْعُهَا: ثمرُها الخارجُ منها
- لَشَوْبًا: لخَلطًا ومزاجًا
- مِّنْ حَمِيمٍ: ماءٍ بالغٍ غايةَ الحرارةِ
- يُهْرَعُونَ: يُزعَجون على الإسراعِ على آثارِهم

مدّ مشبع 6 حركات — مدّ 2 أو 4 أو 6 جوازاً — مدّ حركتين — إخفاء، ومواقع الغُنَّة (حركتين) — إدغام، وما لا يُلفظ — تفخيم — قلقلة

وَجَعَلْنَا ذُرِّيَّتَهُۥ هُمُ ٱلْبَاقِينَ ﴿77﴾ وَتَرَكْنَا عَلَيْهِ فِى ٱلْـَٔاخِرِينَ ﴿78﴾
سَلَٰمٌ عَلَىٰ نُوحٍ فِى ٱلْعَٰلَمِينَ ﴿79﴾ إِنَّا كَذَٰلِكَ نَجْزِى ٱلْمُحْسِنِينَ ﴿80﴾
إِنَّهُۥ مِنْ عِبَادِنَا ٱلْمُؤْمِنِينَ ﴿81﴾ ثُمَّ أَغْرَقْنَا ٱلْـَٔاخَرِينَ ﴿82﴾
۞ وَإِنَّ مِن شِيعَتِهِۦ لَإِبْرَٰهِيمَ ﴿83﴾ إِذْ جَآءَ رَبَّهُۥ بِقَلْبٍ سَلِيمٍ ﴿84﴾
إِذْ قَالَ لِأَبِيهِ وَقَوْمِهِۦ مَاذَا تَعْبُدُونَ ﴿85﴾ أَئِفْكًا ءَالِهَةً دُونَ ٱللَّهِ
تُرِيدُونَ ﴿86﴾ فَمَا ظَنُّكُم بِرَبِّ ٱلْعَٰلَمِينَ ﴿87﴾ فَنَظَرَ نَظْرَةً فِى
ٱلنُّجُومِ ﴿88﴾ فَقَالَ إِنِّى سَقِيمٌ ﴿89﴾ فَتَوَلَّوْا۟ عَنْهُ مُدْبِرِينَ ﴿90﴾ فَرَاغَ
إِلَىٰٓ ءَالِهَتِهِمْ فَقَالَ أَلَا تَأْكُلُونَ ﴿91﴾ مَا لَكُمْ لَا تَنطِقُونَ ﴿92﴾ فَرَاغَ
عَلَيْهِمْ ضَرْبًۢا بِٱلْيَمِينِ ﴿93﴾ فَأَقْبَلُوٓا۟ إِلَيْهِ يَزِفُّونَ ﴿94﴾ قَالَ أَتَعْبُدُونَ
مَا تَنْحِتُونَ ﴿95﴾ وَٱللَّهُ خَلَقَكُمْ وَمَا تَعْمَلُونَ ﴿96﴾ قَالُوا۟ ٱبْنُوا۟ لَهُۥ
بُنْيَٰنًا فَأَلْقُوهُ فِى ٱلْجَحِيمِ ﴿97﴾ فَأَرَادُوا۟ بِهِۦ كَيْدًا فَجَعَلْنَٰهُمُ
ٱلْأَسْفَلِينَ ﴿98﴾ وَقَالَ إِنِّى ذَاهِبٌ إِلَىٰ رَبِّى سَيَهْدِينِ ﴿99﴾ رَبِّ هَبْ
لِى مِنَ ٱلصَّٰلِحِينَ ﴿100﴾ فَبَشَّرْنَٰهُ بِغُلَٰمٍ حَلِيمٍ ﴿101﴾ فَلَمَّا بَلَغَ مَعَهُ
ٱلسَّعْىَ قَالَ يَٰبُنَىَّ إِنِّىٓ أَرَىٰ فِى ٱلْمَنَامِ أَنِّىٓ أَذْبَحُكَ فَٱنظُرْ مَاذَا تَرَىٰ
قَالَ يَٰٓأَبَتِ ٱفْعَلْ مَا تُؤْمَرُ سَتَجِدُنِىٓ إِن شَآءَ ٱللَّهُ مِنَ ٱلصَّٰبِرِينَ ﴿102﴾

رُبُع

- شِيعَتِهِ: أتباعِه في أصلِ الدِّينِ
- أَئِفْكًا: أكذبًا
- فَنَظَرَ: تأمَّلَ تأمُّلَ الكاملينَ
- إِنِّى سَقِيمٌ: يُريدُ أنّه سقيمُ القلبِ لكفرهم
- فَرَاغَ إِلَىٰٓ ءَالِهَتِهِمْ: فمالَ إليها خفيةً ليُحطِّمَها
- ضَرْبًۢا بِٱلْيَمِينِ: بالقوّةِ
- يَزِفُّونَ: يسرعونَ
- بَلَغَ مَعَهُ ٱلسَّعْىَ: درجةَ العملِ معَه

مدّ مشبع 6 حركات — مدّ 2 أو 4 أو 6 جوازاً — مدّ حركتين — إخفاء، ومواقع الغُنَّة (حركتين) — إدغام، وما لا يُلفظ — تفخيم — قلقلة

فَلَمَّآ أَسْلَمَا وَتَلَّهُۥ لِلْجَبِينِ ﴿103﴾ وَنَٰدَيْنَٰهُ أَن يَّـٰٓإِبْرَٰهِيمُ ﴿104﴾
قَدْ صَدَّقْتَ اَ۬لرُّءْي۪ٓا إِنَّا كَذَٰلِكَ نَجْزِے اِ۬لْمُحْسِنِينَ ﴿105﴾ إِنَّ هَٰذَا
لَهُوَ اَ۬لْبَلَٰٓؤُاْ اُ۬لْمُبِينُ ﴿106﴾ وَفَدَيْنَٰهُ بِذِبْحٍ عَظِيمٖ ﴿107﴾ وَتَرَكْنَا
عَلَيْهِ فِے اِ۬لْاخِرِينَ ﴿108﴾ سَلَٰمٌ عَلَيٰٓ إِبْرَٰهِيمَ ﴿109﴾ كَذَٰلِكَ
نَجْزِے اِ۬لْمُحْسِنِينَ ﴿110﴾ إِنَّهُۥ مِنْ عِبَادِنَا اَ۬لْمُومِنِينَ ﴿111﴾ وَبَشَّرْنَٰهُ
بِإِسْحَٰقَ نَبِيٓـٔاً مِّنَ اَ۬لصَّٰلِحِينَ ﴿112﴾ وَبَٰرَكْنَا عَلَيْهِ وَعَلَيٰٓ إِسْحَٰقَ
وَمِن ذُرِّيَّتِهِمَا مُحْسِنٞ وَظَالِمٞ لِّنَفْسِهِۦ مُبِينٞ ﴿113﴾ ۞ وَلَقَدْ
مَنَنَّا عَلَيٰ مُوسَيٰ وَهَٰرُونَ ﴿114﴾ وَنَجَّيْنَٰهُمَا وَقَوْمَهُمَا مِنَ
اَ۬لْكَرْبِ اِ۬لْعَظِيمِ ﴿115﴾ وَنَصَرْنَٰهُمْ فَكَانُواْ هُمُ اُ۬لْغَٰلِبِينَ ﴿116﴾
وَءَاتَيْنَٰهُمَا اَ۬لْكِتَٰبَ اَ۬لْمُسْتَبِينَ ﴿117﴾ وَهَدَيْنَٰهُمَا اُ۬لصِّرَٰطَ
اَ۬لْمُسْتَقِيمَ ﴿118﴾ وَتَرَكْنَا عَلَيْهِمَا فِے اِ۬لْاخِرِينَ ﴿119﴾ سَلَٰمٌ عَلَيٰ
مُوسَيٰ وَهَٰرُونَ ﴿120﴾ إِنَّا كَذَٰلِكَ نَجْزِے اِ۬لْمُحْسِنِينَ ﴿121﴾
إِنَّهُمَا مِنْ عِبَادِنَا اَ۬لْمُومِنِينَ ﴿122﴾ وَإِنَّ إِلْيَاسَ لَمِنَ اَ۬لْمُرْسَلِينَ ﴿123﴾
إِذْ قَالَ لِقَوْمِهِۦٓ أَلَا تَتَّقُونَ ﴿124﴾ أَتَدْعُونَ بَعْلاٗ وَتَذَرُونَ أَحْسَنَ
اَ۬لْخَٰلِقِينَ ﴿125﴾ اَ۬للَّهُ رَبُّكُمْ وَرَبُّ ءَابَآئِكُمُ اُ۬لْأَوَّلِينَ ﴿126﴾

- أَسْلَمَا: استسلما لأمرِهِ تعالى
- تَلَّهُ لِلْجَبِينِ: صرعهُ على شِقِّهِ

ثُمُنٌ

- اَلْبَلَٰٓؤُاْ اُلْمُبِينُ: الاختبارُ البيّنُ أو المحنةُ البيّنةُ
- بِذِبْحٍ: بكبشٍ يُذبحُ
- أَتَدْعُونَ بَعْلاً: أتعبدونَ هذا الصّنمَ

● مدّ مشبع 6 حركات ● مدّ 2 أو 4 أو 6 جوازاً ● مدّ حركتين ● إخفاء، ومواقع الغُنّة (حركتين) ● إدغام، وما لا يُلفظ ● تفخيم ● قلقلة

فَكَذَّبُوهُ فَإِنَّهُمْ لَمُحْضَرُونَ (127) إِلَّا عِبَادَ ٱللَّهِ ٱلْمُخْلَصِينَ (128)
وَتَرَكْنَا عَلَيْهِ فِى ٱلْاخِرِينَ (129) سَلَٰمٌ عَلَىٰٓ ءَالِ يَاسِينَ (130) إِنَّا
كَذَٰلِكَ نَجْزِى ٱلْمُحْسِنِينَ (131) إِنَّهُۥ مِنْ عِبَادِنَا ٱلْمُومِنِينَ (132)
وَإِنَّ لُوطاً لَّمِنَ ٱلْمُرْسَلِينَ (133) إِذْ نَجَّيْنَٰهُ وَأَهْلَهُۥٓ أَجْمَعِينَ (134) إِلَّا
عَجُوزاً فِى ٱلْغَٰبِرِينَ (135) ثُمَّ دَمَّرْنَا ٱلْاخَرِينَ (136) وَإِنَّكُمْ لَتَمُرُّونَ
عَلَيْهِم مُّصْبِحِينَ (137) وَبِالَّيْلِ أَفَلَا تَعْقِلُونَ (138) وَإِنَّ يُونُسَ
لَمِنَ ٱلْمُرْسَلِينَ (139) إِذَ اَبَقَ إِلَى ٱلْفُلْكِ ٱلْمَشْحُونِ (140) فَسَاهَمَ
فَكَانَ مِنَ ٱلْمُدْحَضِينَ (141) فَالْتَقَمَهُ ٱلْحُوتُ وَهْوَ مُلِيمٌ (142)
فَلَوْلَآ أَنَّهُۥ كَانَ مِنَ ٱلْمُسَبِّحِينَ (143) لَلَبِثَ فِى بَطْنِهِۦٓ إِلَىٰ
يَوْمِ يُبْعَثُونَ (144) ۞ فَنَبَذْنَٰهُ بِالْعَرَآءِ وَهْوَ سَقِيمٌ (145)
وَأَنۢبَتْنَا عَلَيْهِ شَجَرَةً مِّن يَقْطِينٍ (146) وَأَرْسَلْنَٰهُ إِلَىٰ مِاْئَةِ أَلْفٍ
اَوْ يَزِيدُونَ (147) فَـَٔامَنُواْ فَمَتَّعْنَٰهُمُۥٓ إِلَىٰ حِينٍ (148) فَاسْتَفْتِهِمُۥٓ
أَلِرَبِّكَ ٱلْبَنَاتُ وَلَهُمُ ٱلْبَنُونَ (149) أَمْ خَلَقْنَا ٱلْمَلَٰٓئِكَةَ إِنَٰثاً
وَهُمْ شَٰهِدُونَ (150) أَلَآ إِنَّهُم مِّنِ اِفْكِهِمْ لَيَقُولُونَ (151) وَلَدَ
ٱللَّهُ وَإِنَّهُمْ لَكَٰذِبُونَ (152) أَصْطَفَى ٱلْبَنَاتِ عَلَى ٱلْبَنِينَ (153)

- لَمُحْضَرُونَ: تُحضرُهم الزّبانيةُ للعذابِ
- ءَالِ يَاسِينَ: إلياسَ أو إلياسَ وأتباعِه
- ٱلْغَٰبِرِينَ: الباقينَ في العذابِ
- دَمَّرْنَا ٱلْاخَرِينَ: أهلكْناهم
- مُّصْبِحِينَ: داخلينَ في وقتِ الصّباحِ
- اَبَقَ: هربَ
- ٱلْمَشْحُونِ: المملوءِ

حِزْبٌ

- فَسَاهَمَ: فقارعَ من في الفلكِ
- ٱلْمُدْحَضِينَ: المغلوبينَ بالقرعةِ
- هُوَ مُلِيمٌ: آتٍ بما يُلامُ عليه
- فَنَبَذْنَٰهُ بِالْعَرَآءِ: طرحْناه بالأرضِ الفضاءِ الواسعةِ

مدّ مشبع 6 حركات	مدّ حركتين	إخفاء، ومواقع الغُنّة (حركتين)	تفخيم
مدّ 2 أو 4 أو 6 جوازاً		إدغام، وما لا يُلفظ	قلقلة

مَا لَكُمۡ كَيۡفَ تَحۡكُمُونَ ﴿154﴾ أَفَلَا تَذَكَّرُونَ ﴿155﴾ أَمۡ لَكُمۡ
سُلۡطَٰنٞ مُّبِينٞ ﴿156﴾ فَأۡتُواْ بِكِتَٰبِكُمۡ إِن كُنتُمۡ صَٰدِقِينَ ﴿157﴾
وَجَعَلُواْ بَيۡنَهُۥ وَبَيۡنَ ٱلۡجِنَّةِ نَسَبٗاۚ وَلَقَدۡ عَلِمَتِ ٱلۡجِنَّةُ إِنَّهُمۡ
لَمُحۡضَرُونَ ﴿158﴾ سُبۡحَٰنَ ٱللَّهِ عَمَّا يَصِفُونَ ﴿159﴾ إِلَّا عِبَادَ ٱللَّهِ
ٱلۡمُخۡلَصِينَ ﴿160﴾ فَإِنَّكُمۡ وَمَا تَعۡبُدُونَ ﴿161﴾ مَآ أَنتُمۡ عَلَيۡهِ بِفَٰتِنِينَ ﴿162﴾
إِلَّا مَنۡ هُوَ صَالِ ٱلۡجَحِيمِ ﴿163﴾ وَمَا مِنَّآ إِلَّا لَهُۥ مَقَامٞ مَّعۡلُومٞ ﴿164﴾ وَإِنَّا
لَنَحۡنُ ٱلصَّآفُّونَ ﴿165﴾ وَإِنَّا لَنَحۡنُ ٱلۡمُسَبِّحُونَ ﴿166﴾ وَإِن كَانُواْ
لَيَقُولُونَ ﴿167﴾ لَوۡ أَنَّ عِندَنَا ذِكۡرٗا مِّنَ ٱلۡأَوَّلِينَ ﴿168﴾ لَكُنَّا عِبَادَ ٱللَّهِ
ٱلۡمُخۡلَصِينَ ﴿169﴾ فَكَفَرُواْ بِهِۦۖ فَسَوۡفَ يَعۡلَمُونَ ﴿170﴾ وَلَقَدۡ سَبَقَتۡ
كَلِمَتُنَا لِعِبَادِنَا ٱلۡمُرۡسَلِينَ ﴿171﴾ إِنَّهُمۡ لَهُمُ ٱلۡمَنصُورُونَ ﴿172﴾ وَإِنَّ
جُندَنَا لَهُمُ ٱلۡغَٰلِبُونَ ﴿173﴾ فَتَوَلَّ عَنۡهُمۡ حَتَّىٰ حِينٖ ﴿174﴾ وَأَبۡصِرۡهُمۡ
فَسَوۡفَ يُبۡصِرُونَ ﴿175﴾ أَفَبِعَذَابِنَا يَسۡتَعۡجِلُونَ ﴿176﴾ فَإِذَا نَزَلَ بِسَاحَتِهِمۡ
فَسَآءَ صَبَاحُ ٱلۡمُنذَرِينَ ﴿177﴾ وَتَوَلَّ عَنۡهُمۡ حَتَّىٰ حِينٖ ﴿178﴾ وَأَبۡصِرۡ
فَسَوۡفَ يُبۡصِرُونَ ﴿179﴾ سُبۡحَٰنَ رَبِّكَ رَبِّ ٱلۡعِزَّةِ عَمَّا يَصِفُونَ ﴿180﴾
وَسَلَٰمٌ عَلَى ٱلۡمُرۡسَلِينَ ﴿181﴾ وَٱلۡحَمۡدُ لِلَّهِ رَبِّ ٱلۡعَٰلَمِينَ ﴿182﴾

- إِنَّهُمۡ لَمُحۡضَرُونَ: إنّ الكفارَ لمحضرونَ للنّارِ
- ٱلصَّآفُّونَ: أنفسَنا في مقامِ العبادةِ
- بِسَاحَتِهِمۡ: بفِنائهم والمرادُ: بهم

مدّ مشبع 6 حركات	مدّ حركتين	إخفاء، ومواقع الغُنّة (حركتين)	تفخيم
مدّ 2 أو 4 أو 6 جوازاً		إدغام، وما لا يُلفظ	قلقلة

سُورَةُ صٓ

بِسْمِ اِ۬للَّهِ اِ۬لرَّحْمَٰنِ اِ۬لرَّحِيمِ

صٓۖ وَالْقُرْءَانِ ذِے اِ۬لذِّكْرِۖ بَلِ اِ۬لذِينَ كَفَرُواْ فِے عِزَّةٖ وَشِقَاقٖۖ (1) كَمَ
اَهْلَكْنَا مِن قَبْلِهِم مِّن قَرْنٖ فَنَادَواْ وَّلَاتَ حِينَ مَنَاصٖۖ (2) وَعَجِبُوٓاْ أَن
جَآءَهُم مُّنذِرٞ مِّنْهُمْۖ وَقَالَ اَ۬لْكَٰفِرُونَ هَٰذَا سَٰحِرٞ كَذَّابٌ (3)
اَجَعَلَ اَ۬لَالِهَةَ إِلَٰهاٗ وَٰحِداًۖ اِنَّ هَٰذَا لَشَےْءٌ عُجَابٞۖ (4) وَانطَلَقَ اَ۬لْمَلَأُ
مِنْهُمُۥٓ أَنِ اِمْشُواْ وَاصْبِرُواْ عَلَيٰٓ ءَالِهَتِكُمُۥٓ إِنَّ هَٰذَا لَشَےْءٞ يُرَادُ (5) مَا
سَمِعْنَا بِهَٰذَا فِے اِ۬لْمِلَّةِ اِ۬لَاخِرَةِ إِنْ هَٰذَآ إِلَّا اَ۪خْتِلَٰقٌ (6) آنزِلَ عَلَيْهِ اِ۬لذِّكْرُ
مِنۢ بَيْنِنَاۖ بَلْ هُمْ فِے شَكّٖ مِّن ذِكْرِےۖ بَل لَّمَّا يَذُوقُواْ عَذَابِۖ (7) أَمْ عِندَهُمْ
خَزَآئِنُ رَحْمَةِ رَبِّكَ اَ۬لْعَزِيزِ اِ۬لْوَهَّابِۖ (8) أَمْ لَهُم مُّلْكُ اُ۬لسَّمَٰوَٰتِ وَالَارْضِ
وَمَا بَيْنَهُمَاۖ فَلْيَرْتَقُواْ فِے اِ۬لَاسْبَٰبِۖ (9) جُندٞ مَّا هُنَالِكَ مَهْزُومٞ مِّنَ
اَ۬لَاحْزَابِۖ (10) كَذَّبَتْ قَبْلَهُمْ قَوْمُ نُوحٖ وَعَادٞ وَفِرْعَوْنُ ذُو اُ۬لَاوْتَادِ (11)
وَثَمُودُ وَقَوْمُ لُوطٖ وَأَصْحَٰبُ لَيْكَةَۖ أُوْلَٰٓئِكَ اَ۬لَاحْزَابُۖ (12) إِن كُلٌّ اِلَّا
كَذَّبَ اَ۬لرُّسُلَ فَحَقَّ عِقَابِۖ (13) وَمَا يَنظُرُ هَٰٓؤُلَآءِ اِلَّا صَيْحَةٗ وَٰحِدَةٗ
مَّا لَهَا مِن فَوَاقٖۖ (14) وَقَالُواْ رَبَّنَا عَجِّل لَّنَا قِطَّنَا قَبْلَ يَوْمِ اِ۬لْحِسَابِۖ (15)

- قَرْنٖ: أمّةٍ
- وَّلَاتَ حِينَ مَنَاصٖ: ليسَ الوقتُ وقتَ فرارٍ
- اَ۬لْمَلَأُ مِنْهُمُ: الوجوهُ من قريشٍ
- أَصْحَٰبُ لَيْكَةَ: البقعةِ الكثيفةِ الشَّجرِ
- مَا يَنظُرُ: ما ينتظرُ

مدّ مشبع 6 حركات	مدّ حركتين	إخفاء، ومواقع الغُنّة (حركتين)	تفخيـ
مدّ 2 أو 4 أو 6 جوازاً		إدغام، وما لا يُلفظ	قلقـ

ٱصْبِرْ عَلَىٰ مَا يَقُولُونَ وَٱذْكُرْ عَبْدَنَا دَاوُۥدَ ذَا ٱلْأَيْدِ إِنَّهُۥٓ
أَوَّابٌ ﴿16﴾ إِنَّا سَخَّرْنَا ٱلْجِبَالَ مَعَهُۥ يُسَبِّحْنَ بِٱلْعَشِيِّ وَٱلْإِشْرَاقِ ﴿17﴾
وَٱلطَّيْرَ مَحْشُورَةً كُلٌّ لَّهُۥٓ أَوَّابٌ ﴿18﴾ وَشَدَدْنَا مُلْكَهُۥ وَءَاتَيْنَٰهُ
ٱلْحِكْمَةَ وَفَصْلَ ٱلْخِطَابِ ﴿19﴾ ۞ وَهَلْ أَتَىٰكَ نَبَؤُا۟ ٱلْخَصْمِ إِذْ
تَسَوَّرُوا۟ ٱلْمِحْرَابَ ﴿20﴾ إِذْ دَخَلُوا۟ عَلَىٰ دَاوُۥدَ فَفَزِعَ مِنْهُمْ قَالُوا۟ لَا
تَخَفْ خَصْمَانِ بَغَىٰ بَعْضُنَا عَلَىٰ بَعْضٍ فَٱحْكُم بَيْنَنَا بِٱلْحَقِّ وَلَا
تُشْطِطْ وَٱهْدِنَآ إِلَىٰ سَوَآءِ ٱلصِّرَٰطِ ﴿21﴾ إِنَّ هَٰذَآ أَخِى لَهُۥ تِسْعٌ وَتِسْعُونَ
نَعْجَةً وَلِىَ نَعْجَةٌ وَٰحِدَةٌ فَقَالَ أَكْفِلْنِيهَا وَعَزَّنِى فِى ٱلْخِطَابِ ﴿22﴾
قَالَ لَقَدْ ظَلَمَكَ بِسُؤَالِ نَعْجَتِكَ إِلَىٰ نِعَاجِهِۦ ۖ وَإِنَّ كَثِيرًا مِّنَ ٱلْخُلَطَآءِ
لَيَبْغِى بَعْضُهُمْ عَلَىٰ بَعْضٍ إِلَّا ٱلَّذِينَ ءَامَنُوا۟ وَعَمِلُوا۟ ٱلصَّٰلِحَٰتِ
وَقَلِيلٌ مَّا هُمْ ۗ وَظَنَّ دَاوُۥدُ أَنَّمَا فَتَنَّٰهُ فَٱسْتَغْفَرَ رَبَّهُۥ وَخَرَّ رَاكِعًا
وَأَنَابَ ۩ ﴿23﴾ فَغَفَرْنَا لَهُۥ ذَٰلِكَ ۖ وَإِنَّ لَهُۥ عِندَنَا لَزُلْفَىٰ وَحُسْنَ
مَـَٔابٍ ﴿24﴾ يَٰدَاوُۥدُ إِنَّا جَعَلْنَٰكَ خَلِيفَةً فِى ٱلْأَرْضِ فَٱحْكُم بَيْنَ
ٱلنَّاسِ بِٱلْحَقِّ وَلَا تَتَّبِعِ ٱلْهَوَىٰ فَيُضِلَّكَ عَن سَبِيلِ ٱللَّهِ ۚ إِنَّ ٱلَّذِينَ
يَضِلُّونَ عَن سَبِيلِ ٱللَّهِ لَهُمْ عَذَابٌ شَدِيدٌۢ بِمَا نَسُوا۟ يَوْمَ ٱلْحِسَابِ ﴿25﴾

- ذَا ٱلْأَيْدِ: القوّة في الدّين
- ص
- إِنَّهُۥٓ أَوَّابٌ: راجعٌ إلى اللهِ تعالى
- رُبُعٌ
- بِٱلْعَشِيِّ وَٱلْإِشْرَاقِ: آخر النّهارِ ووقتِ الشّروقِ
- وَشَدَدْنَا مُلْكَهُۥ: قوّيْناه بأسبابِ القوّةِ
- فَصْلَ ٱلْخِطَابِ: ما بهِ الفصلُ بينَ الحقِّ والباطلِ
- تَسَوَّرُوا۟ ٱلْمِحْرَابَ: علَوا السّورَ ونزلُوا إليه
- سَجْدَةٌ
- بَغَىٰ بَعْضُنَا: تعدّى وظلمَ
- لَا تُشْطِطْ: لا تجرْ في حكمِك
- سَوَآءِ ٱلصِّرَٰطِ: وسطِ الطريقِ المستقيمِ
- أَكْفِلْنِيهَا: انزلْ لي عنها
- ٱلْخُلَطَآءِ: الشركاءِ

مدّ مشبع 6 حركات	مدّ حركتين	إخفاء، ومواقع الغُنّة (حركتين)	تفخيم
مدّ 2 أو 4 أو 6 جوازاً		إدغام، وما لا يُلفظ	قلقلة

وَمَا خَلَقْنَا ٱلسَّمَآءَ وَٱلْأَرْضَ وَمَا بَيْنَهُمَا بَٰطِلًا ذَٰلِكَ ظَنُّ ٱلَّذِينَ كَفَرُوا۟
فَوَيْلٌ لِّلَّذِينَ كَفَرُوا۟ مِنَ ٱلنَّارِ ﴿26﴾ أَمْ نَجْعَلُ ٱلَّذِينَ ءَامَنُوا۟ وَعَمِلُوا۟
ٱلصَّٰلِحَٰتِ كَٱلْمُفْسِدِينَ فِي ٱلْأَرْضِ أَمْ نَجْعَلُ ٱلْمُتَّقِينَ
كَٱلْفُجَّارِ ﴿27﴾ كِتَٰبٌ أَنزَلْنَٰهُ إِلَيْكَ مُبَٰرَكٌ لِّيَدَّبَّرُوٓا۟ ءَايَٰتِهِۦ
وَلِيَتَذَكَّرَ أُو۟لُوا۟ ٱلْأَلْبَٰبِ ﴿28﴾ وَوَهَبْنَا لِدَاوُۥدَ سُلَيْمَٰنَ نِعْمَ ٱلْعَبْدُ إِنَّهُۥٓ
أَوَّابٌ ﴿29﴾ ۞ إِذْ عُرِضَ عَلَيْهِ بِٱلْعَشِيِّ ٱلصَّٰفِنَٰتُ ٱلْجِيَادُ ﴿30﴾ فَقَالَ إِنِّيٓ
أَحْبَبْتُ حُبَّ ٱلْخَيْرِ عَن ذِكْرِ رَبِّي حَتَّىٰ تَوَارَتْ بِٱلْحِجَابِ ﴿31﴾
رُدُّوهَا عَلَيَّ فَطَفِقَ مَسْحًۢا بِٱلسُّوقِ وَٱلْأَعْنَاقِ ﴿32﴾ وَلَقَدْ فَتَنَّا سُلَيْمَٰنَ
وَأَلْقَيْنَا عَلَىٰ كُرْسِيِّهِۦ جَسَدًا ثُمَّ أَنَابَ ﴿33﴾ قَالَ رَبِّ ٱغْفِرْ لِي وَهَبْ
لِي مُلْكًا لَّا يَنۢبَغِي لِأَحَدٍ مِّنۢ بَعْدِيٓ إِنَّكَ أَنتَ ٱلْوَهَّابُ ﴿34﴾ فَسَخَّرْنَا لَهُ
ٱلرِّيحَ تَجْرِي بِأَمْرِهِۦ رُخَآءً حَيْثُ أَصَابَ ﴿35﴾ وَٱلشَّيَٰطِينَ كُلَّ بَنَّآءٍ
وَغَوَّاصٍ ﴿36﴾ وَءَاخَرِينَ مُقَرَّنِينَ فِي ٱلْأَصْفَادِ ﴿37﴾ هَٰذَا عَطَآؤُنَا فَٱمْنُنْ
أَوْ أَمْسِكْ بِغَيْرِ حِسَابٍ ﴿38﴾ وَإِنَّ لَهُۥ عِندَنَا لَزُلْفَىٰ وَحُسْنَ مَـَٔابٍ ﴿39﴾
وَٱذْكُرْ عَبْدَنَآ أَيُّوبَ إِذْ نَادَىٰ رَبَّهُۥٓ أَنِّي مَسَّنِيَ ٱلشَّيْطَٰنُ بِنُصْبٍ
وَعَذَابٍ ﴿40﴾ ٱرْكُضْ بِرِجْلِكَ هَٰذَا مُغْتَسَلٌۢ بَارِدٌ وَشَرَابٌ ﴿41﴾

- **أَوَّابٌ** كثيرُ الرجوعِ إليه تعالى
- **ٱلصَّٰفِنَٰتُ** الخيولُ الواقفةُ على ثلاثِ قوائمَ وطرفِ حافرِ الرابعةِ
- **ٱلْجِيَادُ** السّراعُ السّوابقُ في العدوِ
- **أَحْبَبْتُ** آثرتُ

ثُمُنٌ

- **حُبَّ ٱلْخَيْرِ** حبَّ الخيلِ
- **عَن ذِكْرِ رَبِّي** لأجلِهِ تعالى تقويةً لدينِه
- **تَوَارَتْ بِٱلْحِجَابِ** غابَتْ عن البصرِ
- **فَطَفِقَ** فَشرعَ وجعلَ
- **بِٱلسُّوقِ** بسيقانِها
- **فَتَنَّا سُلَيْمَٰنَ** ابْتليْناهُ وامتحنّاه
- **جَسَدًا** شِقّ إنسان ولِد له
- **أَنَابَ** رَجَعَ إلى اللّهِ تعالى
- **رُخَآءً حَيْثُ أَصَابَ** ليّنةً أو مُنقادةً حيثُ أرادَ

مدّ مشبع 6 حركات / مدّ 2 أو 4 أو 6 جوازاً	مدّ حركتين	إخفاء، ومواقع الغُنّة (حركتين) / إدغام، وما لا يُلفظ	تفخيم / قلقلة

وَوَهَبْنَا لَهُۥٓ أَهْلَهُۥ وَمِثْلَهُم مَّعَهُمْ رَحْمَةً مِّنَّا وَذِكْرَىٰ لِأُو۟لِى
ٱلْأَلْبَٰبِ (42) وَخُذْ بِيَدِكَ ضِغْثًا فَٱضْرِب بِّهِۦ وَلَا تَحْنَثْ إِنَّا وَجَدْنَٰهُ
صَابِرًا نِّعْمَ ٱلْعَبْدُ إِنَّهُۥٓ أَوَّابٌ (43) وَٱذْكُرْ عِبَٰدَنَآ إِبْرَٰهِيمَ وَإِسْحَٰقَ
وَيَعْقُوبَ أُو۟لِى ٱلْأَيْدِى وَٱلْأَبْصَٰرِ (44) إِنَّآ أَخْلَصْنَٰهُم بِخَالِصَةٍ ذِكْرَى
ٱلدَّارِ (45) وَإِنَّهُمْ عِندَنَا لَمِنَ ٱلْمُصْطَفَيْنَ ٱلْأَخْيَارِ (46) وَٱذْكُرْ
إِسْمَٰعِيلَ وَٱلْيَسَعَ وَذَا ٱلْكِفْلِ وَكُلٌّ مِّنَ ٱلْأَخْيَارِ (47) هَٰذَا ذِكْرٌ وَإِنَّ
لِلْمُتَّقِينَ لَحُسْنَ مَـَٔابٍ (48) جَنَّٰتِ عَدْنٍ مُّفَتَّحَةً لَّهُمُ ٱلْأَبْوَٰبُ (49)
مُتَّكِـِٔينَ فِيهَا يَدْعُونَ فِيهَا بِفَٰكِهَةٍ كَثِيرَةٍ وَشَرَابٍ (50)
۞ وَعِندَهُمْ قَٰصِرَٰتُ ٱلطَّرْفِ أَتْرَابٌ (51) هَٰذَا مَا تُوعَدُونَ
لِيَوْمِ ٱلْحِسَابِ (52) إِنَّ هَٰذَا لَرِزْقُنَا مَا لَهُۥ مِن نَّفَادٍ (53) هَٰذَا وَإِنَّ
لِلطَّٰغِينَ لَشَرَّ مَـَٔابٍ (54) جَهَنَّمَ يَصْلَوْنَهَا فَبِئْسَ ٱلْمِهَادُ (55) هَٰذَا
فَلْيَذُوقُوهُ حَمِيمٌ وَغَسَّاقٌ (56) وَءَاخَرُ مِن شَكْلِهِۦٓ أَزْوَٰجٌ (57)
هَٰذَا فَوْجٌ مُّقْتَحِمٌ مَّعَكُمْ لَا مَرْحَبًۢا بِهِمْ إِنَّهُمْ صَالُوا۟ ٱلنَّارِ (58)
قَالُوا۟ بَلْ أَنتُمْ لَا مَرْحَبًۢا بِكُمْ أَنتُمْ قَدَّمْتُمُوهُ لَنَا فَبِئْسَ ٱلْقَرَارُ (59)
قَالُوا۟ رَبَّنَا مَن قَدَّمَ لَنَا هَٰذَا فَزِدْهُ عَذَابًا ضِعْفًا فِى ٱلنَّارِ (60)

- ضِغْثاً: قبضةً من قضبانٍ

صٓ

- أُو۟لِى ٱلْأَيْدِى: أصحابَ القوّةِ في الدّينِ
- أَخْلَصْنَٰهُم بِخَالِصَةٍ: خصصْناهم بخصْلةٍ لا شَوْبَ فيها
- قَٰصِرَٰتُ ٱلطَّرْفِ: لا ينظرْن إلى غيرِ أزواجهِنّ

نصف

- أَتْرَابٌ: مستوياتٌ في الشّبابِ والحسنِ
- نَفَادٍ: انقطاعٍ وفَناءٍ
- يَصْلَوْنَهَا: يَدْخلونَها أو يقاسونَ حرّها
- ٱلْمِهَادُ: الفِراشُ أي المستقرُّ
- حَمِيمٌ: ماءٌ بالغٌ نهايةَ الحرارةِ
- غَسَّاقٌ: صَديدٌ يسيلُ من أجسامِهم
- هَٰذَا فَوْجٌ: جَمعٌ كَثيفٌ

مدّ مشبع 6 حركات	مدّ حركتين	إخفاء، ومواقع الغُنّة (حركتين)	تفخيم
مدّ 2 أو 4 أو 6 جوازاً		إدغام، وما لا يُلفَظ	قلقلة

وَقَالُواْ مَا لَنَا لَا نَرَىٰ رِجَالٗا كُنَّا نَعُدُّهُم مِّنَ ٱلۡأَشۡرَارِ (61) أَتَّخَذۡنَٰهُمۡ
سِخۡرِيًّا أَمۡ زَاغَتۡ عَنۡهُمُ ٱلۡأَبۡصَٰرُ (62) إِنَّ ذَٰلِكَ لَحَقّٞ تَخَاصُمُ
أَهۡلِ ٱلنَّارِ (63) قُلۡ إِنَّمَآ أَنَا۠ مُنذِرٞۖ وَمَا مِنۡ إِلَٰهٍ إِلَّا ٱللَّهُ ٱلۡوَٰحِدُ
ٱلۡقَهَّارُ (64) رَبُّ ٱلسَّمَٰوَٰتِ وَٱلۡأَرۡضِ وَمَا بَيۡنَهُمَا ٱلۡعَزِيزُ ٱلۡغَفَّٰرُ (65)
قُلۡ هُوَ نَبَؤٌاْ عَظِيمٌ (66) أَنتُمۡ عَنۡهُ مُعۡرِضُونَ (67) مَا كَانَ لِيَ مِنۡ
عِلۡمِۭ بِٱلۡمَلَإِ ٱلۡأَعۡلَىٰٓ إِذۡ يَخۡتَصِمُونَ (68) إِن يُوحَىٰٓ إِلَيَّ إِلَّآ أَنَّمَآ أَنَا۠ نَذِيرٞ
مُّبِينٌ (69) إِذۡ قَالَ رَبُّكَ لِلۡمَلَٰٓئِكَةِ إِنِّي خَٰلِقُۢ بَشَرٗا مِّن طِينٖ (70)
فَإِذَا سَوَّيۡتُهُۥ وَنَفَخۡتُ فِيهِ مِن رُّوحِي فَقَعُواْ لَهُۥ سَٰجِدِينَ (71)
فَسَجَدَ ٱلۡمَلَٰٓئِكَةُ كُلُّهُمۡ أَجۡمَعُونَ (72) إِلَّآ إِبۡلِيسَ ٱسۡتَكۡبَرَ
وَكَانَ مِنَ ٱلۡكَٰفِرِينَ (73) قَالَ يَٰٓإِبۡلِيسُ مَا مَنَعَكَ أَن تَسۡجُدَ لِمَا
خَلَقۡتُ بِيَدَيَّۖ أَسۡتَكۡبَرۡتَ أَمۡ كُنتَ مِنَ ٱلۡعَالِينَ (74) قَالَ أَنَا۠ خَيۡرٞ
مِّنۡهُ خَلَقۡتَنِي مِن نَّارٖ وَخَلَقۡتَهُۥ مِن طِينٖ (75) قَالَ فَٱخۡرُجۡ مِنۡهَا فَإِنَّكَ
رَجِيمٞ (76) وَإِنَّ عَلَيۡكَ لَعۡنَتِيٓ إِلَىٰ يَوۡمِ ٱلدِّينِ (77) قَالَ رَبِّ فَأَنظِرۡنِيٓ
إِلَىٰ يَوۡمِ يُبۡعَثُونَ (78) قَالَ فَإِنَّكَ مِنَ ٱلۡمُنظَرِينَ (79) إِلَىٰ يَوۡمِ
ٱلۡوَقۡتِ ٱلۡمَعۡلُومِ (80) قَالَ فَبِعِزَّتِكَ لَأُغۡوِيَنَّهُمۡ أَجۡمَعِينَ (81)

- سِخۡرِيًّا: مَهزوءًا بهم
- زَاغَتۡ عَنۡهُمُ: مَالَتْ عنهمْ
- ٱلۡعَالِينَ: المستحقّينَ للعلُوِّ والرِّفعَةِ
- رَجِيمٞ: طريدٌ
- فَأَنظِرۡنِيٓ: أمهلْني
- فَبِعِزَّتِكَ: فبسُلطانِك وقهرِك
- لَأُغۡوِيَنَّهُمۡ: لأضلَّنَّهمْ

مدّ مشبع 6 حركات	مدّ حركتين	إخفاء، ومواقع الغُنّة (حركتين)	تفخيم
مدّ 2 أو 4 أو 6 جوازاً		إدغام، وما لا يُلفظ	قلقلة

إِلَّا عِبَادَكَ مِنْهُمُ ٱلْمُخْلَصِينَ ﴿82﴾ ۞ قَالَ فَٱلْحَقُّ وَٱلْحَقَّ
أَقُولُ لَأَمْلَأَنَّ جَهَنَّمَ مِنكَ وَمِمَّن تَبِعَكَ مِنْهُمْ أَجْمَعِينَ ﴿83﴾
قُلْ مَآ أَسْـَٔلُكُمْ عَلَيْهِ مِنْ أَجْرٍ وَمَآ أَنَا۠ مِنَ ٱلْمُتَكَلِّفِينَ ﴿84﴾
إِنْ هُوَ إِلَّا ذِكْرٌ لِّلْعَٰلَمِينَ ﴿85﴾ وَلَتَعْلَمُنَّ نَبَأَهُۥ بَعْدَ حِينٍۭ ﴿86﴾

سُورَةُ الزُّمَرِ

ترتيبها 39 — آياتها 72

بِسْمِ ٱللَّهِ ٱلرَّحْمَٰنِ ٱلرَّحِيمِ

تَنزِيلُ ٱلْكِتَٰبِ مِنَ ٱللَّهِ ٱلْعَزِيزِ ٱلْحَكِيمِ ﴿1﴾ إِنَّآ أَنزَلْنَآ
إِلَيْكَ ٱلْكِتَٰبَ بِٱلْحَقِّ فَٱعْبُدِ ٱللَّهَ مُخْلِصًا لَّهُ ٱلدِّينَ ﴿2﴾ أَلَا
لِلَّهِ ٱلدِّينُ ٱلْخَالِصُ وَٱلَّذِينَ ٱتَّخَذُوا۟ مِن دُونِهِۦٓ أَوْلِيَآءَ مَا نَعْبُدُهُمْ
إِلَّا لِيُقَرِّبُونَآ إِلَى ٱللَّهِ زُلْفَىٰٓ إِنَّ ٱللَّهَ يَحْكُمُ بَيْنَهُمْ فِى مَا هُمْ فِيهِ
يَخْتَلِفُونَ ﴿3﴾ إِنَّ ٱللَّهَ لَا يَهْدِى مَنْ هُوَ كَٰذِبٌ كَفَّارٌ ﴿4﴾ لَّوْ
أَرَادَ ٱللَّهُ أَن يَتَّخِذَ وَلَدًا لَّٱصْطَفَىٰ مِمَّا يَخْلُقُ مَا يَشَآءُ سُبْحَٰنَهُۥ
هُوَ ٱللَّهُ ٱلْوَٰحِدُ ٱلْقَهَّارُ ﴿5﴾ خَلَقَ ٱلسَّمَٰوَٰتِ وَٱلْأَرْضَ بِٱلْحَقِّ
يُكَوِّرُ ٱلَّيْلَ عَلَى ٱلنَّهَارِ وَيُكَوِّرُ ٱلنَّهَارَ عَلَى ٱلَّيْلِ وَسَخَّرَ ٱلشَّمْسَ
وَٱلْقَمَرَ كُلٌّ يَجْرِى لِأَجَلٍ مُّسَمًّى أَلَا هُوَ ٱلْعَزِيزُ ٱلْغَفَّٰرُ ﴿6﴾

- ٱلْمُتَكَلِّفِينَ: المتصنّعين المتقوّلين على الله
- مُخْلِصًا لَّهُ ٱلدِّينَ: مُمَحِّضًا له العبادة
- زُلْفَىٰٓ: تقريبًا
- سُبْحَٰنَهُۥ: تنزيهًا له عن اتّخاذ الولد
- يُكَوِّرُ ٱلَّيْلَ عَلَى ٱلنَّهَارِ: يَلفُّهُ على النّهار فتظهرُ الظلمةُ

مدّ مشبع 6 حركات	إخفاء، ومواقع الغُنّة (حركتين)	تفخيم
مدّ 2 أو 4 أو 6 جوازًا	إدغام، وما لا يُلفَظ	قلقلة
مدّ حركتين		

خَلَقَكُم مِّن نَّفْسٍ وَٰحِدَةٍ ثُمَّ جَعَلَ مِنْهَا زَوْجَهَا وَأَنزَلَ لَكُم
مِّنَ اَ۬لْأَنْعَٰمِ ثَمَٰنِيَةَ أَزْوَٰجٍ يَخْلُقُكُمْ فِي بُطُونِ اُمَّهَٰتِكُمْ
خَلْقاً مِّنۢ بَعْدِ خَلْقٍ فِي ظُلُمَٰتٍ ثَلَٰثٍ ذَٰلِكُمُ اُ۬للَّهُ رَبُّكُمْ لَهُ
اُ۬لْمُلْكُ لَا إِلَٰهَ إِلَّا هُوَ فَأَنَّيٰ تُصْرَفُونَ (7) إِن تَكْفُرُواْ فَإِنَّ
اَ۬للَّهَ غَنِيٌّ عَنكُمْ وَلَا يَرْضَيٰ لِعِبَادِهِ اِ۬لْكُفْرَ وَإِن تَشْكُرُواْ يَرْضَهُ
لَكُمْ وَلَا تَزِرُ وَازِرَةٌ وِزْرَ أُخْرَيٰ ثُمَّ إِلَيٰ رَبِّكُم مَّرْجِعُكُمْ
فَيُنَبِّئُكُم بِمَا كُنتُمْ تَعْمَلُونَ إِنَّهُۥ عَلِيمُۢ بِذَاتِ اِ۬لصُّدُورِ (8)
۞ وَإِذَا مَسَّ اَ۬لْإِنسَٰنَ ضُرٌّ دَعَا رَبَّهُۥ مُنِيباً اِلَيْهِ ثُمَّ إِذَا خَوَّلَهُۥ
نِعْمَةً مِّنْهُ نَسِيَ مَا كَانَ يَدْعُوٓاْ إِلَيْهِ مِن قَبْلُ وَجَعَلَ لِلَّهِ أَندَاداً
لِّيُضِلَّ عَن سَبِيلِهِۦ قُلْ تَمَتَّعْ بِكُفْرِكَ قَلِيلاً اِنَّكَ مِنَ اَصْحَٰبِ
اِ۬لنَّارِ (9) أَمَنْ هُوَ قَٰنِتٌ ـانَآءَ اَ۬ليْلِ سَٰجِداً وَقَآئِماً يَحْذَرُ
اُ۬لْأخِرَةَ وَيَرْجُواْ رَحْمَةَ رَبِّهِۦ قُلْ هَلْ يَسْتَوِے اِ۬لذِينَ يَعْلَمُونَ وَالذِينَ
لَا يَعْلَمُونَ إِنَّمَا يَتَذَكَّرُ أُوْلُواْ اُ۬لْأَلْبَٰبِ (10) قُلْ يَٰعِبَادِ اِ۬لذِينَ
ءَامَنُواْ اُ۪تَّقُواْ رَبَّكُمْ لِلذِينَ أَحْسَنُواْ فِي هَٰذِهِ اِ۬لدُّنْيَا حَسَنَةٌ
وَأَرْضُ اُ۬للَّهِ وَٰسِعَةٌ اِنَّمَا يُوَفَّى اَ۬لصَّٰبِرُونَ أَجْرَهُم بِغَيْرِ حِسَابٍ (11)

- اَ۬لْأَنْعَٰمِ: الإبلِ والبقرِ والضّأنِ والمعز
- فَأَنَّيٰ تُصْرَفُونَ: فكيفَ يُعدل بكمْ عن عبادتِه

رُبُعٌ

- لَا تَزِرُ وَازِرَةٌ وِزْرَ: لا تحْملُ نفسٌ آثمةٌ
- أَندَاداً: أمثالًا
- ـانَآءَ اَ۬ليْلِ: سَاعاته

قُلِ اِنِّيَ أُمِرْتُ أَنَ اَعْبُدَ اَ۬للَّهَ مُخْلِصاٗ لَّهُ اُ۬لدِّينَ وَأُمِرْتُ لِأَنَ اَكُونَ
أَوَّلَ اَ۬لْمُسْلِمِينَ ﴿12﴾ قُلِ اِنِّيَ أَخَافُ إِنْ عَصَيْتُ رَبِّيَ عَذَابَ يَوْمٍ
عَظِيمٖ ﴿13﴾ قُلِ اِ۬للَّهَ أَعْبُدُ مُخْلِصاٗ لَّهُۥ دِينِے فَاعْبُدُواْ مَا شِئْتُم مِّن
دُونِهِۦ قُلِ اِنَّ اَ۬لْخَٰسِرِينَ اَ۬لذِينَ خَسِرُوٓاْ أَنفُسَهُمْ وَأَهْلِيهِمْ يَوْمَ اَ۬لْقِيَٰمَةِ
أَلَا ذَٰلِكَ هُوَ اَ۬لْخُسْرَانُ اُ۬لْمُبِينُ ﴿14﴾ لَهُم مِّن فَوْقِهِمْ ظُلَلٞ مِّنَ اَ۬لنّ۪ارِ
وَمِن تَحْتِهِمْ ظُلَلٞ ذَٰلِكَ يُخَوِّفُ اُ۬للَّهُ بِهِۦ عِبَادَهُۥ يَٰعِبَادِ فَاتَّقُونِ ﴿15﴾
وَالذِينَ اَ۪جْتَنَبُواْ اُ۬لطَّٰغُوتَ أَن يَّعْبُدُوهَا وَأَنَابُوٓاْ إِلَى اَ۬للَّهِ لَهُمُ اُ۬لْبُشْرَيٰ
فَبَشِّرْ عِبَادِ ﴿16﴾ اِ۬لذِينَ يَسْتَمِعُونَ اَ۬لْقَوْلَ فَيَتَّبِعُونَ أَحْسَنَهُۥٓ
أُوْلَٰٓئِكَ اَ۬لذِينَ هَدَيٰهُمُ اُ۬للَّهُ وَأُوْلَٰٓئِكَ هُمُۥٓ أُوْلُواْ اُ۬لْأَلْبَٰبِ ﴿17﴾
أَفَمَنْ حَقَّ عَلَيْهِ كَلِمَةُ اُ۬لْعَذَابِ أَفَأَنتَ تُنقِذُ مَن فِے اِ۬لنّ۪ارِ ﴿18﴾
لَٰكِنِ اِ۬لذِينَ اَ۪تَّقَوْاْ رَبَّهُمْ لَهُمْ غُرَفٞ مِّن فَوْقِهَا غُرَفٞ مَّبْنِيَّةٞ تَجْرِے
مِن تَحْتِهَا اَ۬لْأَنْهَٰرُ وَعْدَ اَ۬للَّهِ لَا يُخْلِفُ اُ۬للَّهُ اُ۬لْمِيعَادَ ﴿19﴾ ۞ أَلَمْ
تَرَ أَنَّ اَ۬للَّهَ أَنزَلَ مِنَ اَ۬لسَّمَآءِ مَآءٗ فَسَلَكَهُۥ يَنَٰبِيعَ فِے اِ۬لْأَرْضِ
ثُمَّ يُخْرِجُ بِهِۦ زَرْعاٗ مُّخْتَلِفاً اَلْوَٰنُهُۥ ثُمَّ يَهِيجُ فَتَرَيٰهُ مُصْفَرّاٗ
ثُمَّ يَجْعَلُهُۥ حُطَٰماً اِنَّ فِے ذَٰلِكَ لَذِكْرَيٰ لِأُوْلِے اِ۬لْأَلْبَٰبِ ﴿20﴾

الزُّمَر

ثُمُنٌ

- ظُلَلٌ مِّنَ اَلنّ۪ارِ: أطباقٌ منها كثيرةٌ متراكمةٌ
- اِجْتَنَبُواْ اَلطَّٰغُوتَ: الأوثانَ والمعبوداتِ الباطلةَ
- أَنَابُوٓاْ إِلَى اَللَّهِ: رجعُوا إلى عبادتِه وحدَه
- حَقَّ عَلَيْهِ: وَجَبَ وثبت عليه
- لَهُمْ غُرَفٌ: منازلُ رفيعةٌ في الجنّة
- فَسَلَكَهُۥ يَنَٰبِيعَ: أدخلَه في عيونٍ ومَجارٍ
- يَهِيجُ: يمضي إلى أقصى غايتِه
- يَجْعَلُهُۥ حُطَٰماً: يصيّرُه فتاتًا متكسّرًا

مدّ مشبع 6 حركات — مدّ 2 أو 4 أو 6 جوازاً — مدّ حركتين — إخفاء، ومواقع الغنّة (حركتين) — إدغام، وما لا يُلفظ — تفخيم — قلقلة

أَفَمَن شَرَحَ اللَّهُ صَدْرَهُۥ لِلْإِسْلَٰمِ فَهُوَ عَلَىٰ نُورٍ مِّن رَّبِّهِۦ ۚ فَوَيْلٌ
لِّلْقَٰسِيَةِ قُلُوبُهُم مِّن ذِكْرِ اللَّهِ ۚ أُو۟لَٰٓئِكَ فِى ضَلَٰلٍ مُّبِينٍ (21)
اللَّهُ نَزَّلَ أَحْسَنَ الْحَدِيثِ كِتَٰبًا مُّتَشَٰبِهًا مَّثَانِىَ تَقْشَعِرُّ مِنْهُ
جُلُودُ الَّذِينَ يَخْشَوْنَ رَبَّهُمْ ثُمَّ تَلِينُ جُلُودُهُمْ وَقُلُوبُهُمْ إِلَىٰ
ذِكْرِ اللَّهِ ۚ ذَٰلِكَ هُدَى اللَّهِ يَهْدِى بِهِۦ مَن يَشَآءُ ۚ وَمَن يُضْلِلِ
اللَّهُ فَمَا لَهُۥ مِنْ هَادٍ (22) أَفَمَن يَتَّقِى بِوَجْهِهِۦ سُوٓءَ الْعَذَابِ
يَوْمَ الْقِيَٰمَةِ ۚ وَقِيلَ لِلظَّٰلِمِينَ ذُوقُوا۟ مَا كُنتُمْ تَكْسِبُونَ (23)
كَذَّبَ الَّذِينَ مِن قَبْلِهِمْ فَأَتَىٰهُمُ الْعَذَابُ مِنْ حَيْثُ لَا
يَشْعُرُونَ (24) فَأَذَاقَهُمُ اللَّهُ الْخِزْىَ فِى الْحَيَوٰةِ الدُّنْيَا ۖ وَلَعَذَابُ
الْءَاخِرَةِ أَكْبَرُ ۚ لَوْ كَانُوا۟ يَعْلَمُونَ (25) وَلَقَدْ ضَرَبْنَا لِلنَّاسِ
فِى هَٰذَا الْقُرْءَانِ مِن كُلِّ مَثَلٍ لَّعَلَّهُمْ يَتَذَكَّرُونَ (26) قُرْءَانًا
عَرَبِيًّا غَيْرَ ذِى عِوَجٍ لَّعَلَّهُمْ يَتَّقُونَ (27) ضَرَبَ اللَّهُ مَثَلًا رَّجُلًا
فِيهِ شُرَكَآءُ مُتَشَٰكِسُونَ وَرَجُلًا سَلَمًا لِّرَجُلٍ هَلْ يَسْتَوِيَانِ
مَثَلًا ۚ الْحَمْدُ لِلَّهِ ۚ بَلْ أَكْثَرُهُمْ لَا يَعْلَمُونَ (28) إِنَّكَ مَيِّتٌ وَإِنَّهُم
مَّيِّتُونَ (29) ثُمَّ إِنَّكُمْ يَوْمَ الْقِيَٰمَةِ عِندَ رَبِّكُمْ تَخْتَصِمُونَ (30)

- فَوَيْلٌ: هلاكٌ
- كِتَٰبًا مُّتَشَٰبِهًا: في إعجازِه وهدايتِه وخصائصِه
- مَّثَانِىَ: مكرّرًا فيه الأحكامُ والمواعظُ وغيرها
- تَقْشَعِرُّ مِنْهُ: تضطربُ وترتعدُ مِنْ هيبته
- الْخِزْىَ: الذلّ والهوانَ
- عِوَجٍ: اختلافٍ واختلالٍ واضطرابٍ
- مُتَشَٰكِسُونَ: متنازعون شرسو الطّباع
- سَلَمًا لِّرَجُلٍ: خالصًا له مِنَ الشركة

مدّ مشبع 6 حركات / مدّ 2 أو 4 أو 6 جوازاً	مدّ حركتين	إخفاء، ومواقع الغُنّة (حركتين) / إدغام، وما لا يُلفظ	تفخيم / قلقلة

۞ فَمَنَ اَظْلَمُ مِمَّن كَذَبَ عَلَى اَ۬للَّهِ وَكَذَّبَ بِالصِّدْقِ
إِذْ جَآءَهُۥٓۖ أَلَيْسَ فِے جَهَنَّمَ مَثْوًى لِّلْكٰفِرِينَۖ (31) وَالذِے
جَآءَ بِالصِّدْقِ وَصَدَّقَ بِهِۦٓ أُوْلَٰٓئِكَ هُمُ اُ۬لْمُتَّقُونَۖ (32)
لَهُم مَّا يَشَآءُونَ عِندَ رَبِّهِمْۖ ذَٰلِكَ جَزَٰٓؤُاْ اُ۬لْمُحْسِنِينَ (33)
لِيُكَفِّرَ اَ۬للَّهُ عَنْهُمُۥٓ أَسْوَأَ اَ۬لذِے عَمِلُواْ وَيَجْزِيَهُمُۥٓ أَجْرَهُم
بِأَحْسَنِ اِ۬لذِے كَانُواْ يَعْمَلُونَۖ (34) أَلَيْسَ اَ۬للَّهُ بِكَافٍ
عَبْدَهُۥۖ وَيُخَوِّفُونَكَ بِالذِينَ مِن دُونِهِۦۖ وَمَنْ يُّضْلِلِ
اِ۬للَّهُ فَمَا لَهُۥ مِنْ هَادٖۖ وَمَنْ يَّهْدِ اِ۬للَّهُ فَمَا لَهُۥ مِن مُّضِلٍّۖ
اَلَيْسَ اَ۬للَّهُ بِعَزِيزٖ ذِے اِ۪نتِقَامٖۖ (35) وَلَئِن سَأَلْتَهُم مَّنْ خَلَقَ
اَ۬لسَّمَٰوَٰتِ وَالْأَرْضَ لَيَقُولُنَّ اَ۬للَّهُۖ قُلْ اَفَرَٰٓيْتُم مَّا تَدْعُونَ
مِن دُونِ اِ۬للَّهِ إِنَ اَرَادَنِيَ اَ۬للَّهُ بِضُرٍّ هَلْ هُنَّ كَٰشِفَٰتُ
ضُرِّهِۦٓ أَوَ اَرَادَنِے بِرَحْمَةٍ هَلْ هُنَّ مُمْسِكَٰتُ رَحْمَتِهِۦۖ قُلْ
حَسْبِيَ اَ۬للَّهُۖ عَلَيْهِ يَتَوَكَّلُ اُ۬لْمُتَوَكِّلُونَۖ (36) قُلْ يَٰقَوْمِ
اِ۪عْمَلُواْ عَلَىٰ مَكَانَٰتِكُمُۥٓ إِنِّے عَٰمِلٞۖ فَسَوْفَ تَعْلَمُونَ
مَنْ يَّاتِيهِ عَذَابٞ يُخْزِيهِ وَيَحِلُّ عَلَيْهِ عَذَابٞ مُّقِيمٌۖ (37)

حِزْبٌ

الزُّمَر

- مَثْوًى لِّلْكٰفِرِينَ: مأوًى ومُقامٌ لهمْ
- اَفَرَٰٓيْتُم: أخبروني
- حَسْبِيَ اَ۬للَّهُ: كافيَّ في جميعِ أموري
- مَكَانَٰتِكُمْ: حالتِكم المتمَكّنينَ منها
- يُخْزِيهِ: يُذلُّه ويهينُه
- وَيَحِلُّ عَلَيْهِ: يَجبُ عليه

مدّ مشبع 6 حركات — مدّ 2 أو 4 أو 6 جوازاً — مدّ حركتين — إخفاء، ومواقع الغُنَّة (حركتين) — إدغام، وما لا يُلفَظ — تفخيم — قلقلة

إِنَّآ أَنزَلْنَا عَلَيْكَ أَلْكِتَٰبَ لِلنَّاسِ بِالْحَقِّ فَمَنِ اِهْتَدٰى
فَلِنَفْسِهِۦ وَمَن ضَلَّ فَإِنَّمَا يَضِلُّ عَلَيْهَا وَمَآ أَنتَ عَلَيْهِم
بِوَكِيلٍ ﴿38﴾ اَللَّهُ يَتَوَفَّى أَلَانفُسَ حِينَ مَوْتِهَا وَالتِے لَمْ
تَمُتْ فِے مَنَامِهَا فَيُمْسِكُ أَلتِے قَضٰى عَلَيْهَا أَلْمَوْتَ وَيُرْسِلُ
أَلُاخْرَىٰٓ إِلَىٰٓ أَجَلٍ مُّسَمًّى إِنَّ فِے ذَٰلِكَ لَأٓيَٰتٍ لِّقَوْمٍ
يَتَفَكَّرُونَ ﴿39﴾ ۞ أَمِ اِتَّخَذُواْ مِن دُونِ اِللَّهِ شُفَعَآءَ قُلَ
اَوَلَوْ كَانُواْ لَا يَمْلِكُونَ شَيْـًٔا وَلَا يَعْقِلُونَ ﴿40﴾ قُل
لِّلَّهِ اِلشَّفَٰعَةُ جَمِيعاً لَّهُۥ مُلْكُ اُلسَّمَٰوَٰتِ وَالَارْضِ ثُمَّ إِلَيْهِ
تُرْجَعُونَ ﴿41﴾ وَإِذَا ذُكِرَ أَللَّهُ وَحْدَهُ اُشْمَأَزَّتْ قُلُوبُ
أَلذِينَ لَا يُومِنُونَ بِالَاخِرَةِ وَإِذَا ذُكِرَ أَلذِينَ مِن دُونِهِۦٓ إِذَا
هُمْ يَسْتَبْشِرُونَ ﴿42﴾ قُلِ اِللَّهُمَّ فَاطِرَ أَلسَّمَٰوَٰتِ وَالَارْضِ
عَٰلِمَ أَلْغَيْبِ وَالشَّهَٰدَةِ أَنتَ تَحْكُمُ بَيْنَ عِبَادِكَ فِے
مَا كَانُواْ فِيهِ يَخْتَلِفُونَ ﴿43﴾ وَلَوَ اَنَّ لِلذِينَ ظَلَمُواْ مَا
فِے اِلَارْضِ جَمِيعاً وَمِثْلَهُۥ مَعَهُۥ لَافْتَدَوْاْ بِهِۦ مِن سُوٓءِ اِلْعَذَابِ
يَوْمَ أَلْقِيَٰمَةِ وَبَدَا لَهُم مِّنَ أَللَّهِ مَا لَمْ يَكُونُواْ يَحْتَسِبُونَ ﴿44﴾

ثُمُنٌ

- اِشْمَأَزَّتْ: نفَرَتْ وانقبَضَتْ عن التَّوحيدِ
- فَاطِرَ: مُبْدِعَ
- يَحْتَسِبُونَ: يظنّونَ

مدّ مشبع 6 حركات / مدّ 2 أو 4 أو 6 جوازاً / مدّ حركتين	إخفاء، ومواقع الغُنّة (حركتين) / إدغام، وما لا يُلفَظ	تفخيم / قلقلة

وَبَدَا لَهُمْ سَيِّـَٔاتُ مَا كَسَبُواْ وَحَاقَ بِهِم مَّا كَانُواْ بِهِۦ
يَسْتَهْزِءُونَ ﴿45﴾ فَإِذَا مَسَّ اَ۬لِانسَٰنَ ضُرٌّ دَعَانَا ثُمَّ إِذَا خَوَّلْنَٰهُ
نِعْمَةً مِّنَّا قَالَ إِنَّمَا أُوتِيتُهُۥ عَلَىٰ عِلْمٍۭ بَلْ هِيَ فِتْنَةٌ وَلَٰكِنَّ
أَكْثَرَهُمْ لَا يَعْلَمُونَ ﴿46﴾ قَدْ قَالَهَا اَ۬لذِينَ مِن قَبْلِهِمْ فَمَا
أَغْنِيٰ عَنْهُم مَّا كَانُواْ يَكْسِبُونَ ﴿47﴾ فَأَصَابَهُمْ سَيِّـَٔاتُ مَا
كَسَبُواْ وَالذِينَ ظَلَمُواْ مِنْ هَٰٓؤُلَآءِ سَيُصِيبُهُمْ سَيِّـَٔاتُ مَا
كَسَبُواْ وَمَا هُم بِمُعْجِزِينَ ﴿48﴾ أَوَلَمْ يَعْلَمُوٓاْ أَنَّ اَ۬للَّهَ يَبْسُطُ
اُ۬لرِّزْقَ لِمَن يَشَآءُ وَيَقْدِرُ إِنَّ فِي ذَٰلِكَ لَأٓيَٰتٍ لِّقَوْمٍ يُومِنُونَ ﴿49﴾
قُلْ يَٰعِبَادِيَ اَ۬لذِينَ أَسْرَفُواْ عَلَىٰٓ أَنفُسِهِمْ لَا تَقْنَطُواْ مِن
رَّحْمَةِ اِ۬للَّهِ إِنَّ اَ۬للَّهَ يَغْفِرُ اُ۬لذُّنُوبَ جَمِيعاً إِنَّهُۥ هُوَ اَ۬لْغَفُورُ
اُ۬لرَّحِيمُ ﴿50﴾ ۞ وَأَنِيبُوٓاْ إِلَىٰ رَبِّكُمْ وَأَسْلِمُواْ لَهُۥ مِن قَبْلِ أَن
يَّاتِيَكُمُ اُ۬لْعَذَابُ ثُمَّ لَا تُنصَرُونَ ﴿51﴾ وَاتَّبِعُوٓاْ أَحْسَنَ مَآ
أُنزِلَ إِلَيْكُم مِّن رَّبِّكُم مِّن قَبْلِ أَن يَّاتِيَكُمُ اُ۬لْعَذَابُ
بَغْتَةً وَأَنتُمْ لَا تَشْعُرُونَ ﴿52﴾ أَن تَقُولَ نَفْسٌ يَٰحَسْرَتِيٰ
عَلَىٰ مَا فَرَّطتُّ فِي جَنۢبِ اِ۬للَّهِ وَإِن كُنتُ لَمِنَ اَ۬لسَّٰخِرِينَ ﴿53﴾

- حَاقَ بِهِم: نزل أو أحاطَ بهم

الزُّمَر

- خَوَّلْنَٰهُ نِعْمَةً: أعطيْناه نعمةً عظيمةً
- هِيَ فِتْنَةٌ: النّعمةُ امتحانٌ وابتلاءٌ
- بِمُعْجِزِينَ: فائتينَ من العَذابِ
- يَقْدِرُ: يُضيِّقُه على من يشاءُ
- أَسْرَفُواْ: تجاوَزُوا الحدَّ في المعاصي

رُبُعٌ

- لَا تَقْنَطُواْ: لا تَيْئَسُوا
- أَنِيبُوٓاْ إِلَىٰ رَبِّكُمْ: ارجعُوا إليه بالتَّوبةِ
- أَسْلِمُواْ لَهُۥ: أخلصُوا له عِبادَتكم
- بَغْتَةً: فجْأةً
- يَٰحَسْرَتِيٰ: يا ندَمي

مدّ مشبع 6 حركات	مدّ حركتين	إخفاء، ومواقع الغُنَّة (حركتين)	تفخيم
مدّ 2 أو 4 أو 6 جوازاً		إدغام، وما لا يُلفَظ	قلقلة

أَوْ تَقُولَ لَوَ اَنَّ اَللَّهَ هَدَيٰنِے لَكُنتُ مِنَ اَلْمُتَّقِينَ (54)
أَوْ تَقُولَ حِينَ تَرَى اَلْعَذَابَ لَوَ اَنَّ لِے كَرَّةً فَأَكُونَ
مِنَ اَلْمُحْسِنِينَ (55) بَلَيٰ قَدْ جَآءَتْكَ ءَايَٰتِے فَكَذَّبْتَ بِهَا
وَاسْتَكْبَرْتَ وَكُنتَ مِنَ اَلْكَٰفِرِينَ (56) وَيَوْمَ اَلْقِيَٰمَةِ
تَرَى اَلذِينَ كَذَبُواْ عَلَى اَللَّهِ وُجُوهُهُم مُّسْوَدَّةٌ اَلَيْسَ فِے
جَهَنَّمَ مَثْوىً لِّلْمُتَكَبِّرِينَ (57) وَيُنَجِّے اِ۬للَّهُ اُ۬لذِينَ اَتَّقَوْاْ
بِمَفَازَتِهِمْ لَا يَمَسُّهُمُ اُ۬لسُّوٓءُ وَلَا هُمْ يَحْزَنُونَ (58) اَللَّهُ
خَٰلِقُ كُلِّ شَےْءٍ وَهُوَ عَلَىٰ كُلِّ شَےْءٍ وَكِيلٌ (59) لَّهُۥ مَقَالِيدُ
اُ۬لسَّمَٰوَٰتِ وَالَارْضِ وَالذِينَ كَفَرُواْ بِـَٔايَٰتِ اِ۬للَّهِ أُوْلَٰٓئِكَ
هُمُ اُ۬لْخَٰسِرُونَ (60) قُلَ اَفَغَيْرَ اَللَّهِ تَامُرُونِيَ أَعْبُدُ أَيُّهَا
اَلْجَٰهِلُونَ (61) وَلَقَدُ اُوحِيَ إِلَيْكَ وَإِلَى اَلذِينَ مِن قَبْلِكَ لَئِنَ
اَشْرَكْتَ لَيَحْبَطَنَّ عَمَلُكَ وَلَتَكُونَنَّ مِنَ اَلْخَٰسِرِينَ (62) بَلِ
اِ۬للَّهَ فَاعْبُدْ وَكُن مِّنَ اَلشَّٰكِرِينَ (63) ۞ وَمَا قَدَرُواْ اُ۬للَّهَ حَقَّ
قَدْرِهِۦ وَالَارْضُ جَمِيعاً قَبْضَتُهُۥ يَوْمَ اَلْقِيَٰمَةِ وَالسَّمَٰوَٰتُ
مَطْوِيَّٰتُۢ بِيَمِينِهِۦ سُبْحَٰنَهُۥ وَتَعَٰلَىٰ عَمَّا يُشْرِكُونَ (64)

- كَرَّةً: رَجْعة إلى الدنيا
- مَثْوىً لِّلْمُتَكَبِّرِينَ: مَأوًى ومُقامٌ لهم
- بِمَفَازَتِهِمْ: بفوْزهم وظفرهِمْ بالبُغيَةِ
- لَّهُۥ مَقَالِيدُ: مَفاتيحُ أو خزائنُ
- لَيَحْبَطَنَّ عَمَلُكَ: ليبْطلَنَّ عَمَلُك
- مَا قَدَرُواْ اُ۬للَّهَ: ما عَرَفُوه أو ما عظَمُوه

ثُمُنٌ

- قَبْضَتُهُۥ: مِلكهُ
- مَطْوِيَّٰتُۢ: مجموعاتٌ كالسّجلّ المطويّ

مدّ مشبع 6 حركات / مدّ 2 أو 4 أو 6 جوازاً / مدّ حركتين	إخفاء، ومواقع الغُنّة (حركتين) / إدغام، وما لا يُلفَظ	تفخيم / قلقلة

وَنُفِخَ فِي الصُّورِ فَصَعِقَ مَن فِي السَّمَاوَاتِ وَمَن فِي الْأَرْضِ
إِلَّا مَن شَاءَ اللَّهُ ثُمَّ نُفِخَ فِيهِ أُخْرَىٰ فَإِذَا هُمْ قِيَامٌ يَنظُرُونَ (65)
وَأَشْرَقَتِ الْأَرْضُ بِنُورِ رَبِّهَا وَوُضِعَ الْكِتَابُ وَجِيءَ بِالنَّبِيِّينَ
وَالشُّهَدَاءِ وَقُضِيَ بَيْنَهُم بِالْحَقِّ وَهُمْ لَا يُظْلَمُونَ (66)
وَوُفِّيَتْ كُلُّ نَفْسٍ مَّا عَمِلَتْ وَهُوَ أَعْلَمُ بِمَا يَفْعَلُونَ (67)
وَسِيقَ الَّذِينَ كَفَرُوا إِلَىٰ جَهَنَّمَ زُمَرًا حَتَّىٰ إِذَا جَاءُوهَا
فُتِحَتْ أَبْوَابُهَا وَقَالَ لَهُمْ خَزَنَتُهَا أَلَمْ يَأْتِكُمْ رُسُلٌ
مِّنكُمْ يَتْلُونَ عَلَيْكُمْ آيَاتِ رَبِّكُمْ وَيُنذِرُونَكُمْ
لِقَاءَ يَوْمِكُمْ هَٰذَا قَالُوا بَلَىٰ وَلَٰكِنْ حَقَّتْ كَلِمَةُ الْعَذَابِ
عَلَى الْكَافِرِينَ (68) قِيلَ ادْخُلُوا أَبْوَابَ جَهَنَّمَ خَالِدِينَ فِيهَا
فَبِئْسَ مَثْوَى الْمُتَكَبِّرِينَ (69) وَسِيقَ الَّذِينَ اتَّقَوْا رَبَّهُمْ
إِلَى الْجَنَّةِ زُمَرًا حَتَّىٰ إِذَا جَاءُوهَا وَفُتِحَتْ أَبْوَابُهَا وَقَالَ
لَهُمْ خَزَنَتُهَا سَلَامٌ عَلَيْكُمْ طِبْتُمْ فَادْخُلُوهَا خَالِدِينَ (70)
وَقَالُوا الْحَمْدُ لِلَّهِ الَّذِي صَدَقَنَا وَعْدَهُ وَأَوْرَثَنَا الْأَرْضَ
نَتَبَوَّأُ مِنَ الْجَنَّةِ حَيْثُ نَشَاءُ فَنِعْمَ أَجْرُ الْعَامِلِينَ (71)

- فَصَعِقَ: ماتَ
- نَتَبَوَّأُ: ننزلُ

تفخيم	إخفاء، ومواقع الغُنَّة (حركتين)	مدّ حركتين	مدّ مشبع 6 حركات
قلقلة	إدغام، وما لا يُلفظ		مدّ 2 أو 4 أو 6 جوازاً

وَتَرَى اَ۬لْمَلَٰٓئِكَةَ حَآفِّينَ مِنْ حَوْلِ اِ۬لْعَرْشِ يُسَبِّحُونَ بِحَمْدِ
رَبِّهِمْۖ وَقُضِيَ بَيْنَهُم بِالْحَقِّۖ وَقِيلَ اَ۬لْحَمْدُ لِلَّهِ رَبِّ اِ۬لْعَٰلَمِينَ (72)

سُورَةُ غَافِرٍ

ترتيبها 40 — آياتها 84

بِسْمِ اِ۬للَّهِ اِ۬لرَّحْمَٰنِ اِ۬لرَّحِيمِ

۞ حمٓۖ تَنزِيلُ اُ۬لْكِتَٰبِ مِنَ اَ۬للَّهِ اِ۬لْعَزِيزِ اِ۬لْعَلِيمِ (1) غَافِرِ اِ۬لذَّنۢبِ
وَقَابِلِ اِ۬لتَّوْبِ شَدِيدِ اِ۬لْعِقَابِ ذِے اِ۬لطَّوْلِۖ لَآ إِلَٰهَ إِلَّا هُوَۖ إِلَيْهِ
اِ۬لْمَصِيرُۖ (2) مَا يُجَٰدِلُ فِےٓ ءَايَٰتِ اِ۬للَّهِ إِلَّا اَ۬لذِينَ كَفَرُواْ فَلَا
يَغْرُرْكَ تَقَلُّبُهُمْ فِے اِ۬لْبِلَٰدِۖ (3) كَذَّبَتْ قَبْلَهُمْ قَوْمُ نُوحٍ
وَالَاحْزَابُ مِنۢ بَعْدِهِمْۖ وَهَمَّتْ كُلُّ أُمَّةِۢ بِرَسُولِهِمْ لِيَاخُذُوهُۖ
وَجَٰدَلُواْ بِالْبَٰطِلِ لِيُدْحِضُواْ بِهِ اِ۬لْحَقَّ فَأَخَذتُّهُمْۖ فَكَيْفَ
كَانَ عِقَابِۖ (4) وَكَذَٰلِكَ حَقَّتْ كَلِمَٰتُ رَبِّكَ عَلَى
اَ۬لذِينَ كَفَرُوٓاْ أَنَّهُمُۥٓ أَصْحَٰبُ اُ۬لنّارِۖ (5) اَ۬لذِينَ يَحْمِلُونَ اَ۬لْعَرْشَ
وَمَنْ حَوْلَهُۥ يُسَبِّحُونَ بِحَمْدِ رَبِّهِمْ وَيُومِنُونَ بِهِۦ وَيَسْتَغْفِرُونَ
لِلذِينَ ءَامَنُواْۖ رَبَّنَا وَسِعْتَ كُلَّ شَےْءٍ رَّحْمَةً وَعِلْماً فَاغْفِرْ
لِلذِينَ تَابُواْ وَاتَّبَعُواْ سَبِيلَكَ وَقِهِمْ عَذَابَ اَ۬لْجَحِيمِۖ (6)

- حَآفِّينَ: مُحْدِقِينَ مُحِيطِينَ

نِصْفٌ

- غَافِرِ اِ۬لذَّنۢبِ: ساترِه
- قَابِلِ اِ۬لتَّوْبِ: التَّوبةِ من الذَّنبِ
- ذِے اِ۬لطَّوْلِ: الغنى أو الإنعامِ
- فَلَا يَغْرُرْكَ: فلا يَخدَعْك
- تَقَلُّبُهُمْ: تنقُّلُهُمْ سالمينَ غانمينَ
- لِيُدْحِضُواْ: ليبْطلُوا ويزيلُوا
- حَقَّتْ: وَجَبَتْ
- وَقِهِمْ عَذَابَ اَ۬لْجَحِيمِ: احفظْهمْ منه

مدّ مشبع 6 حركات	مدّ حركتين	إخفاء، ومواقع الغُنّة (حركتين)	تفخيم
مدّ 2 أو 4 أو 6 جوازاً		إدغام، وما لا يُلفظ	قلقلة

رَبَّنَا وَأَدْخِلْهُمْ جَنَّٰتِ عَدْنٍ اِ۬لتِے وَعَدتَّهُمْ وَمَن صَلَحَ
مِنَ ـابَآئِهِمْ وَأَزْوَٰجِهِمْ وَذُرِّيَّٰتِهِمُۥٓ إِنَّكَ أَنتَ اَ۬لْعَزِيزُ
اُ۬لْحَكِيمُ ﴿7﴾ وَقِهِمُ اُ۬لسَّيِّـَٔاتِ وَمَن تَقِ اِ۬لسَّيِّـَٔاتِ
يَوْمَئِذٍ فَقَدْ رَحِمْتَهُۥ وَذَٰلِكَ هُوَ اَ۬لْفَوْزُ اُ۬لْعَظِيمُ ﴿8﴾ إِنَّ
اَ۬لذِينَ كَفَرُواْ يُنَادَوْنَ لَمَقْتُ اُ۬للَّهِ أَكْبَرُ مِن مَّقْتِكُمُۥٓ
أَنفُسَكُمُۥٓ إِذْ تُدْعَوْنَ إِلَى اَ۬لْإِيمَٰنِ فَتَكْفُرُونَ ﴿9﴾ ۞ قَالُواْ
رَبَّنَآ أَمَتَّنَا اَ۪ثْنَتَيْنِ وَأَحْيَيْتَنَا اَ۪ثْنَتَيْنِ فَاعْتَرَفْنَا بِذُنُوبِنَا
فَهَلِ اِلَىٰ خُرُوجٍ مِّن سَبِيلٍ ﴿10﴾ ذَٰلِكُم بِأَنَّهُۥٓ إِذَا دُعِيَ
اَ۬للَّهُ وَحْدَهُۥ كَفَرْتُمْ وَإِن يُّشْرَكْ بِهِۦ تُومِنُواْ فَالْحُكْمُ لِلهِ
اِ۬لْعَلِيِّ اِ۬لْكَبِيرِ ﴿11﴾ هُوَ اَ۬لذِے يُرِيكُمُۥٓ ءَايَٰتِهِۦ وَيُنَزِّلُ
لَكُم مِّنَ اَ۬لسَّمَآءِ رِزْقاً وَمَا يَتَذَكَّرُ إِلَّا مَنْ يُّنِيبُ ﴿12﴾
فَادْعُواْ اُ۬للَّهَ مُخْلِصِينَ لَهُ اُ۬لدِّينَ وَلَوْ كَرِهَ اَ۬لْكَٰفِرُونَ ﴿13﴾
رَفِيعُ اُ۬لدَّرَجَٰتِ ذُو اُ۬لْعَرْشِ يُلْقِے اِ۬لرُّوحَ مِنَ اَمْرِهِۦ عَلَىٰ مَنْ
يَّشَآءُ مِنْ عِبَادِهِۦ لِيُنذِرَ يَوْمَ اَ۬لتَّلَٰقِ ﴿14﴾ يَوْمَ هُم بَٰرِزُونَ لَا يَخْفَىٰ
عَلَى اَ۬للَّهِ مِنْهُمْ شَےْءٌ لِّمَنِ اِ۬لْمُلْكُ اُ۬لْيَوْمَ لِلهِ اِ۬لْوَٰحِدِ اِ۬لْقَهَّارِ ﴿15﴾

غَافِر

ثُمُنٌ

- لَمَقْتُ اُ۬للَّهِ: لبغضُهُ الشّديدُ
- يُنِيبُ: يتوبُ من الشّركِ
- يُلْقِے اِ۬لرُّوحَ: يُنزِّلُ الوَحْيَ
- يَوْمَ اَ۬لتَّلَٰقِ: يومَ القيامةِ
- بَٰرِزُونَ: ظاهرونَ أو خارجونَ من القبور

مدّ مشبع 6 حركات	مدّ حركتين	إخفاء، ومواقع الغُنّة (حركتين)	تفخيم
مدّ 2 أو 4 أو 6 جوازاً		إدغام، وما لا يُلفَظ	قلقلة

ٱلْيَوْمَ تُجْزَىٰ كُلُّ نَفْسِۢ بِمَا كَسَبَتْ لَا ظُلْمَ ٱلْيَوْمَ إِنَّ ٱللَّهَ
سَرِيعُ ٱلْحِسَابِ ﴿16﴾ وَأَنذِرْهُمْ يَوْمَ ٱلْأَزِفَةِ إِذِ ٱلْقُلُوبُ لَدَى
ٱلْحَنَاجِرِ كَٰظِمِينَ ﴿17﴾ مَا لِلظَّٰلِمِينَ مِنْ حَمِيمٍ وَلَا شَفِيعٍ
يُطَاعُ ﴿18﴾ يَعْلَمُ خَآئِنَةَ ٱلْأَعْيُنِ وَمَا تُخْفِي ٱلصُّدُورُ ﴿19﴾ وَٱللَّهُ
يَقْضِي بِٱلْحَقِّ وَٱلَّذِينَ تَدْعُونَ مِن دُونِهِۦ لَا يَقْضُونَ بِشَيْءٍ
إِنَّ ٱللَّهَ هُوَ ٱلسَّمِيعُ ٱلْبَصِيرُ ﴿20﴾ ۞ أَوَلَمْ يَسِيرُواْ فِي ٱلْأَرْضِ
فَيَنظُرُواْ كَيْفَ كَانَ عَٰقِبَةُ ٱلَّذِينَ كَانُواْ مِن قَبْلِهِمْ كَانُواْ
هُمُۥٓ أَشَدَّ مِنْهُمْ قُوَّةً وَءَاثَارًا فِي ٱلْأَرْضِ فَأَخَذَهُمُ ٱللَّهُ
بِذُنُوبِهِمْ وَمَا كَانَ لَهُم مِّنَ ٱللَّهِ مِن وَاقٍ ﴿21﴾ ذَٰلِكَ بِأَنَّهُمْ
كَانَت تَّأْتِيهِمْ رُسُلُهُم بِٱلْبَيِّنَٰتِ فَكَفَرُواْ فَأَخَذَهُمُ ٱللَّهُ إِنَّهُۥ
قَوِيٌّ شَدِيدُ ٱلْعِقَابِ ﴿22﴾ وَلَقَدْ أَرْسَلْنَا مُوسَىٰ بِـَٔايَٰتِنَا
وَسُلْطَٰنٍ مُّبِينٍ ﴿23﴾ إِلَىٰ فِرْعَوْنَ وَهَٰمَٰنَ وَقَٰرُونَ
فَقَالُواْ سَٰحِرٌ كَذَّابٌ ﴿24﴾ فَلَمَّا جَآءَهُم بِٱلْحَقِّ مِنْ
عِندِنَا قَالُواْ ٱقْتُلُوٓاْ أَبْنَآءَ ٱلَّذِينَ ءَامَنُواْ مَعَهُۥ وَٱسْتَحْيُواْ
نِسَآءَهُمْ وَمَا كَيْدُ ٱلْكَٰفِرِينَ إِلَّا فِي ضَلَٰلٍ ﴿25﴾

- يَوْمَ ٱلْأَزِفَةِ: يومَ القيامةِ
- ٱلْحَنَاجِرِ: التراقي والحلاقيمِ

رُبُعٌ

- كَٰظِمِينَ: مُمْسكةً على الغمِّ والكربِ
- حَمِيمٍ: قريبٍ مُشفقٍ
- خَآئِنَةَ ٱلْأَعْيُنِ: النظرةَ الخائنةَ منها
- وَاقٍ: دافعٍ عنهم العذابَ
- ٱسْتَحْيُواْ نِسَآءَهُمْ: استبْقوهنّ للخِدْمةِ
- ضَلَٰلٍ: ضَياعٍ وبُطْلانٍ

- مدّ مشبع 6 حركات
- مدّ 2 أو 4 أو 6 جوازاً
- مدّ حركتين
- إخفاء، ومواقع الغُنَّة (حركتين)
- إدغام، وما لا يُلفَظ
- تفخيم
- قلقلة

وَقَالَ فِرْعَوْنُ ذَرُونِےٓ أَقْتُلْ مُوسِيٰ وَلْيَدْعُ رَبَّهُۥٓ إِنِّيَ أَخَافُ
أَن يُّبَدِّلَ دِينَكُمْ وَأَن يُّظْهِرَ فِے اِ۬لَارْضِ اِ۬لْفَسَادَ ﴿26﴾ وَقَالَ
مُوسِيٰٓ إِنِّے عُذْتُ بِرَبِّے وَرَبِّكُم مِّن كُلِّ مُتَكَبِّرٖ لَّا يُومِنُ
بِيَوْمِ اِ۬لْحِسَابِ ﴿27﴾ وَقَالَ رَجُلٞ مُّومِنٞ مِّنَ ـاٰلِ فِرْعَوْنَ
يَكْتُمُ إِيمَٰنَهُۥٓ أَتَقْتُلُونَ رَجُلًا اَن يَّقُولَ رَبِّيَ اَ۬للَّهُ وَقَدْ
جَآءَكُم بِالْبَيِّنَٰتِ مِن رَّبِّكُمْ وَإِنْ يَّكُ كَٰذِباٗ فَعَلَيْهِ
كَذِبُهُۥ وَإِنْ يَّكُ صَٰدِقاٗ يُصِبْكُم بَعْضُ اُ۬لذِے يَعِدُكُمُۥٓ
إِنَّ اَ۬للَّهَ لَا يَهْدِے مَنْ هُوَ مُسْرِفٞ كَذَّابٞ ﴿28﴾ يَٰقَوْمِ لَكُمُ
اُ۬لْمُلْكُ اُ۬لْيَوْمَ ظَٰهِرِينَ فِے اِ۬لَارْضِ فَمَنْ يَّنصُرُنَا مِنۢ بَأْسِ اِ۬للَّهِ
إِن جَآءَنَا قَالَ فِرْعَوْنُ مَآ أُرِيكُمُۥٓ إِلَّا مَآ أَرِيٰ وَمَآ أَهْدِيكُمُۥٓ
إِلَّا سَبِيلَ اَ۬لرَّشَادِ ﴿29﴾ ۞ وَقَالَ اَ۬لذِےٓ ءَامَنَ يَٰقَوْمِ إِنِّيَ أَخَافُ
عَلَيْكُم مِّثْلَ يَوْمِ اِ۬لَاحْزَابِ ﴿30﴾ مِثْلَ دَأْبِ قَوْمِ نُوحٖ وَعَادٖ
وَثَمُودَ وَالذِينَ مِنۢ بَعْدِهِمْ وَمَا اَ۬للَّهُ يُرِيدُ ظُلْماٗ لِّلْعِبَادِ ﴿31﴾ وَيَٰقَوْمِ
إِنِّيَ أَخَافُ عَلَيْكُمْ يَوْمَ اَ۬لتَّنَادِ ﴿32﴾ يَوْمَ تُوَلُّونَ مُدْبِرِينَ مَا
لَكُم مِّنَ اَ۬للَّهِ مِنْ عَاصِمٖ وَمَن يُّضْلِلِ اِ۬للَّهُ فَمَا لَهُۥ مِنْ هَادٖ ﴿33﴾

- ظَٰهِرِينَ: غالبينَ عالينَ
- بَأْسِ اِ۬للَّهِ: عذابِه
- مَآ أُرِيكُمُ: ما أشيرُ عليكمْ

- دَأْبِ قَوْمِ نُوحٖ: عادَتهمْ
- يَوْمَ اَ۬لتَّنَادِ: يومَ القيامةِ

وَلَقَدْ جَآءَكُمْ يُوسُفُ مِن قَبْلُ بِالْبَيِّنَٰتِ فَمَا زِلْتُمْ فِے شَكّٖ
مِّمَّا جَآءَكُم بِهِۦ حَتَّيٰٓ إِذَا هَلَكَ قُلْتُمْ لَن يَّبْعَثَ أَللَّهُ مِنۢ
بَعْدِهِۦ رَسُولاٗۖ كَذَٰلِكَ يُضِلُّ أَللَّهُ مَنْ هُوَ مُسْرِفٞ
مُّرْتَابٌ (34) اِ۬لذِينَ يُجَٰدِلُونَ فِےٓ ءَايَٰتِ اِ۬للَّهِ بِغَيْرِ سُلْطَٰنٍ
اَتَيٰهُمْۖ كَبُرَ مَقْتاً عِندَ أَللَّهِ وَعِندَ أَلذِينَ ءَامَنُواْۖ كَذَٰلِكَ
يَطْبَعُ أَللَّهُ عَلَيٰ كُلِّ قَلْبِ مُتَكَبِّرٖ جَبَّارٖۖ (35) وَقَالَ فِرْعَوْنُ
يَٰهَٰمَٰنُ اُ۪بْنِ لِے صَرْحاٗ لَّعَلِّيَ أَبْلُغُ أَلَاسْبَٰبَ (36) أَسْبَٰبَ
أَلسَّمَٰوَٰتِ فَأَطَّلِعُ إِلَيٰٓ إِلَٰهِ مُوسَيٰ وَإِنِّے لَأَظُنُّهُۥ كَٰذِباٗۖ
وَكَذَٰلِكَ زُيِّنَ لِفِرْعَوْنَ سُوٓءُ عَمَلِهِۦ وَصَدَّ عَنِ اِ۬لسَّبِيلِۖ
وَمَا كَيْدُ فِرْعَوْنَ إِلَّا فِے تَبَابٖۖ (37) وَقَالَ أَلذِےٓ
ءَامَنَ يَٰقَوْمِ اِ۪تَّبِعُونِ أَهْدِكُمْ سَبِيلَ أَلرَّشَادِۖ (38)
يَٰقَوْمِ إِنَّمَا هَٰذِهِ اِ۬لْحَيَوٰةُ أَلدُّنْيَا مَتَٰعٞۖ وَإِنَّ أَلَاخِرَةَ هِيَ
دَارُ اُ۬لْقَرَارِۖ (39) مَنْ عَمِلَ سَيِّئَةً فَلَا يُجْزَيٰٓ إِلَّا مِثْلَهَاۖ
وَمَنْ عَمِلَ صَٰلِحاٗ مِّن ذَكَرٍ اَوُ اُنث۪يٰ وَهُوَ مُومِنٞ
فَأُوْلَٰٓئِكَ يَدْخُلُونَ أَلْجَنَّةَ يُرْزَقُونَ فِيهَا بِغَيْرِ حِسَابٖۖ (40)

- مُّرْتَابٌ: شاكٌ في دينه
- بِغَيْرِ سُلْطَٰنٍ: بغيرِ برهانٍ
- كَبُرَ مَقْتاً: عَظُمَ جدالُهمْ بُغضًا
- صَرْحاٗ: قصرًا أو بناءً عاليًا ظاهرًا
- تَبَابٍ: خسرانٍ وهلاكٍ

مدّ مشبع 6 حركات — مدّ 2 أو 4 أو 6 جوازاً — مدّ حركتين — إخفاء، ومواقع الغُنَّة (حركتين) — إدغام، وما لا يُلفظ — تفخيم — قلقلة

۞ وَيَٰقَوْمِ مَا لِيٓ أَدْعُوكُمْ إِلَى ٱلنَّجَوٰةِ وَتَدْعُونَنِيٓ إِلَى
ٱلنَّارِ ﴿41﴾ تَدْعُونَنِي لِأَكْفُرَ بِٱللَّهِ وَأُشْرِكَ بِهِۦ مَا لَيْسَ
لِي بِهِۦ عِلْمٌ وَأَنَا۠ أَدْعُوكُمْ إِلَى ٱلْعَزِيزِ ٱلْغَفَّٰرِ ﴿42﴾ لَا
جَرَمَ أَنَّمَا تَدْعُونَنِيٓ إِلَيْهِ لَيْسَ لَهُۥ دَعْوَةٌ فِي ٱلدُّنْيَا وَلَا فِي
ٱلْءَاخِرَةِ وَأَنَّ مَرَدَّنَآ إِلَى ٱللَّهِ وَأَنَّ ٱلْمُسْرِفِينَ هُمْ أَصْحَٰبُ
ٱلنَّارِ ﴿43﴾ فَسَتَذْكُرُونَ مَآ أَقُولُ لَكُمْ وَأُفَوِّضُ أَمْرِيٓ
إِلَى ٱللَّهِ إِنَّ ٱللَّهَ بَصِيرُۢ بِٱلْعِبَادِ ﴿44﴾ فَوَقَىٰهُ ٱللَّهُ سَيِّـَٔاتِ مَا
مَكَرُواْ وَحَاقَ بِـَٔالِ فِرْعَوْنَ سُوٓءُ ٱلْعَذَابِ ﴿45﴾ ٱلنَّارُ
يُعْرَضُونَ عَلَيْهَا غُدُوًّا وَعَشِيًّا وَيَوْمَ تَقُومُ ٱلسَّاعَةُ أَدْخِلُوٓاْ
ءَالَ فِرْعَوْنَ أَشَدَّ ٱلْعَذَابِ ﴿46﴾ وَإِذْ يَتَحَآجُّونَ فِي
ٱلنَّارِ فَيَقُولُ ٱلضُّعَفَٰٓؤُاْ لِلَّذِينَ ٱسْتَكْبَرُوٓاْ إِنَّا كُنَّا
لَكُمْ تَبَعًا فَهَلْ أَنتُم مُّغْنُونَ عَنَّا نَصِيبًا مِّنَ ٱلنَّارِ ﴿47﴾
قَالَ ٱلَّذِينَ ٱسْتَكْبَرُوٓاْ إِنَّا كُلٌّ فِيهَآ إِنَّ ٱللَّهَ قَدْ
حَكَمَ بَيْنَ ٱلْعِبَادِ ﴿48﴾ وَقَالَ ٱلَّذِينَ فِي ٱلنَّارِ لِخَزَنَةِ
جَهَنَّمَ ٱدْعُواْ رَبَّكُمْ يُخَفِّفْ عَنَّا يَوْمًا مِّنَ ٱلْعَذَابِ ﴿49﴾

حِزْبُ

غَافِر

- **لَا جَرَمَ** حقَّ وثبَتَ أو لا مَحالةَ
- **لَيْسَ لَهُۥ دَعْوَةٌ** مستجابةٌ أو استجابةُ الدعوةِ
- **مَرَدَّنَآ إِلَى ٱللَّهِ** رُجُوعنا إليه تعالى
- **حَاقَ** أحاطَ أو نزلَ
- **غُدُوًّا وَعَشِيًّا** صباحًا ومساءً أو دائمًا
- **مُّغْنُونَ عَنَّا** دافِعون أو حاملونَ عنّا

مدّ مشبع 6 حركات	مدّ حركتين	إخفاء، ومواقع الغُنّة (حركتين)	تفخيم
مدّ 2 أو 4 أو 6 جوازاً		إدغام، وما لا يُلفظ	قلقلة

قَالُوٓاْ أَوَلَمْ تَكُ تَاتِيكُمْ رُسُلُكُم بِالْبَيِّنَٰتِ قَالُواْ بَلَىٰ
قَالُواْ فَادْعُواْ وَمَا دُعَٰٓؤُاْ الْكَٰفِرِينَ إِلَّا فِي ضَلَٰلٍ (50)
إِنَّا لَنَنصُرُ رُسُلَنَا وَالذِينَ ءَامَنُواْ فِي الْحَيَوٰةِ الدُّنْيا
وَيَوْمَ يَقُومُ الْاَشْهَٰدُ (51) يَوْمَ لَا يَنفَعُ الظَّٰلِمِينَ مَعْذِرَتُهُمْ
وَلَهُمُ اللَّعْنَةُ وَلَهُمْ سُوٓءُ الدّارِ (52) ۞ وَلَقَدَ اتَيْنَا مُوسَى
الْهُدَىٰ وَأَوْرَثْنَا بَنِيٓ إِسْرَٰٓءِيلَ الْكِتَٰبَ هُدًى
وَذِكْرَىٰ لِأُوْلِي الْاَلْبَٰبِ (53) فَاصْبِرِ انَّ وَعْدَ اللَّهِ
حَقٌّ وَاسْتَغْفِرْ لِذَنۢبِكَ وَسَبِّحْ بِحَمْدِ رَبِّكَ بِالْعَشِيِّ
وَالْاِبْكَٰرِ (54) إِنَّ الذِينَ يُجَٰدِلُونَ فِيٓ ءَايَٰتِ اللَّهِ
بِغَيْرِ سُلْطَٰنٍ اتَيٰهُمُۥٓ إِن فِي صُدُورِهِمُۥٓ إِلَّا كِبْرٌ مَّا
هُم بِبَٰلِغِيهِ فَاسْتَعِذْ بِاللَّهِ إِنَّهُۥ هُوَ السَّمِيعُ الْبَصِيرُ (55)
لَخَلْقُ السَّمَٰوَٰتِ وَالْاَرْضِ أَكْبَرُ مِنْ خَلْقِ النَّاسِ
وَلَٰكِنَّ أَكْثَرَ النَّاسِ لَا يَعْلَمُونَ (56) وَمَا
يَسْتَوِے الْاَعْمَىٰ وَالْبَصِيرُ (57) وَالذِينَ ءَامَنُواْ وَعَمِلُواْ
الصَّٰلِحَٰتِ وَلَا الْمُسِيٓءُ قَلِيلًا مَّا يَتَذَكَّرُونَ (58)

ثُمُنٌ

- يَقُومُ الْاَشْهَٰدُ: الملائكة والرسل والمؤمنون
- مَعْذِرَتُهُمْ: عذرهم أو اعتذارهم
- بِالْعَشِيِّ وَالْاِبْكَٰرِ: طرفي النهار أو دائمًا
- سُلْطَٰنٍ: حجّة وبرهان

مدّ مشبع 6 حركات	مدّ حركتين	إخفاء، ومواقع الغُنّة (حركتين)	تفخيم
مدّ 2 أو 4 أو 6 جوازًا		إدغام، وما لا يُلفظ	قلقلة

إِنَّ ٱلسَّاعَةَ لَءَاتِيَةٌ لَّا رَيْبَ فِيهَا وَلَٰكِنَّ أَكْثَرَ ٱلنَّاسِ
لَا يُومِنُونَ (59) وَقَالَ رَبُّكُمُ ادْعُونِيَ أَسْتَجِبْ لَكُمُۥٓ
إِنَّ ٱلذِينَ يَسْتَكْبِرُونَ عَنْ عِبَادَتِے سَيَدْخُلُونَ جَهَنَّمَ
دَاخِرِينَ (60) ٱللَّهُ ٱلذِے جَعَلَ لَكُمُ ٱلَّيْلَ لِتَسْكُنُواْ
فِيهِ وَٱلنَّهَارَ مُبْصِراً اِنَّ ٱللَّهَ لَذُو فَضْلٍ عَلَى ٱلنَّاسِ
وَلَٰكِنَّ أَكْثَرَ ٱلنَّاسِ لَا يَشْكُرُونَ (61) ذَٰلِكُمُ ٱللَّهُ
رَبُّكُمْ خَٰلِقُ كُلِّ شَےْءٍ لَّا إِلَٰهَ إِلَّا هُوَ فَأَنِّيٰ تُوفَكُونَ (62)
كَذَٰلِكَ يُوفَكُ ٱلذِينَ كَانُواْ بِـَٔايَٰتِ ٱللَّهِ يَجْحَدُونَ (63)
ٱللَّهُ ٱلذِے جَعَلَ لَكُمُ ٱلْأَرْضَ قَرَاراً وَٱلسَّمَآءَ بِنَآءً
وَصَوَّرَكُمْ فَأَحْسَنَ صُوَرَكُمْ وَرَزَقَكُم مِّنَ
ٱلطَّيِّبَٰتِ ذَٰلِكُمُ ٱللَّهُ رَبُّكُمْ فَتَبَٰرَكَ ٱللَّهُ رَبُّ
ٱلْعَٰلَمِينَ (64) هُوَ ٱلْحَيُّ لَا إِلَٰهَ إِلَّا هُوَ فَادْعُوهُ مُخْلِصِينَ
لَهُ ٱلدِّينَ ٱلْحَمْدُ لِلَّهِ رَبِّ ٱلْعَٰلَمِينَ (65) ۞ قُلِ اِنِّيَ نُهِيتُ
أَنَ اَعْبُدَ ٱلذِينَ تَدْعُونَ مِن دُونِ ٱللَّهِ لَمَّا جَآءَنِيَ
ٱلْبَيِّنَٰتُ مِن رَّبِّيَ وَأُمِرْتُ أَنُ اَسْلِمَ لِرَبِّ ٱلْعَٰلَمِينَ (66)

غَافِر

- دَاخِرِينَ: صاغرينَ أذلّاءَ
- فَأَنِّيٰ تُوفَكُونَ: فكيفَ تصرفونَ عن عبادتِه
- يُوفَكُ: يُصرفُ عن الحقِّ
- فَتَبَٰرَكَ ٱللَّهُ: تعالى أو كَثُر خيرُه وإحسانُه
- اسْلِمَ: أنقادَ أو أُخْلصَ

رُبُعٌ

مدّ مشبع 6 حركات	مدّ حركتين	إخفاء، ومواقع الغُنّة (حركتين)	تفخيم
مدّ 2 أو 4 أو 6 جوازاً		إدغام، وما لا يُلفَظ	قلقلة

هُوَ ٱلَّذِى خَلَقَكُم مِّن تُرَابٍ ثُمَّ مِن نُّطْفَةٍ ثُمَّ مِنْ عَلَقَةٍ ثُمَّ يُخْرِجُكُمْ طِفْلًا ثُمَّ لِتَبْلُغُوٓا۟ أَشُدَّكُمْ ثُمَّ لِتَكُونُوا۟ شُيُوخًا وَمِنكُم مَّن يُتَوَفَّىٰ مِن قَبْلُ وَلِتَبْلُغُوٓا۟ أَجَلًا مُّسَمًّى وَلَعَلَّكُمْ تَعْقِلُونَ ﴿٦٧﴾ هُوَ ٱلَّذِى يُحْىِۦ وَيُمِيتُ فَإِذَا قَضَىٰٓ أَمْرًا فَإِنَّمَا يَقُولُ لَهُۥ كُن فَيَكُونُ ﴿٦٨﴾ أَلَمْ تَرَ إِلَى ٱلَّذِينَ يُجَٰدِلُونَ فِىٓ ءَايَٰتِ ٱللَّهِ أَنَّىٰ يُصْرَفُونَ ﴿٦٩﴾ ٱلَّذِينَ كَذَّبُوا۟ بِٱلْكِتَٰبِ وَبِمَآ أَرْسَلْنَا بِهِۦ رُسُلَنَا فَسَوْفَ يَعْلَمُونَ ﴿٧٠﴾ إِذِ ٱلْأَغْلَٰلُ فِىٓ أَعْنَٰقِهِمْ وَٱلسَّلَٰسِلُ يُسْحَبُونَ ﴿٧١﴾ فِى ٱلْحَمِيمِ ثُمَّ فِى ٱلنَّارِ يُسْجَرُونَ ﴿٧٢﴾ ثُمَّ قِيلَ لَهُمْ أَيْنَ مَا كُنتُمْ تُشْرِكُونَ مِن دُونِ ٱللَّهِ قَالُوا۟ ضَلُّوا۟ عَنَّا بَل لَّمْ نَكُن نَّدْعُوا۟ مِن قَبْلُ شَيْـًٔا كَذَٰلِكَ يُضِلُّ ٱللَّهُ ٱلْكَٰفِرِينَ ﴿٧٣﴾ ذَٰلِكُم بِمَا كُنتُمْ تَفْرَحُونَ فِى ٱلْأَرْضِ بِغَيْرِ ٱلْحَقِّ وَبِمَا كُنتُمْ تَمْرَحُونَ ﴿٧٤﴾ ٱدْخُلُوٓا۟ أَبْوَٰبَ جَهَنَّمَ خَٰلِدِينَ فِيهَا فَبِئْسَ مَثْوَى ٱلْمُتَكَبِّرِينَ ﴿٧٥﴾ فَٱصْبِرْ إِنَّ وَعْدَ ٱللَّهِ حَقٌّ فَإِمَّا نُرِيَنَّكَ بَعْضَ ٱلَّذِى نَعِدُهُمْ أَوْ نَتَوَفَّيَنَّكَ فَإِلَيْنَا يُرْجَعُونَ ﴿٧٦﴾

• لِتَبْلُغُوٓا۟ أَشُدَّكُمْ	كمالَ عَقلِكم وقوّتكم
• قَضَىٰٓ أَمْرًا	أَرَادَهُ
• أَنَّىٰ يُصْرَفُونَ	كيف يُعدَل بهم عن الحق
• ٱلْأَغْلَٰلَ	القيودُ
• ٱلْحَمِيمِ	الماء البالغ نهاية الحرارة
• يُسْجَرُونَ	يحرقون ظاهرًا وباطنًا
• تَفْرَحُونَ	تبطرونَ وتأشرون
• تَمْرَحُونَ	تتوسعون في الفرح والبطر
• مَثْوَى ٱلْمُتَكَبِّرِينَ	مأواهم ومقامهم

• مَدّ مشبع ٦ حركات	• إخفاء، ومواقع الغُنّة (حركتين)	• مَدّ حركتين	• تفخيم
• مَدّ ٢ أو ٤ أو ٦ جوازًا	• إدغام، وما لا يُلفظ		• قلقلة

وَلَقَدْ أَرْسَلْنَا رُسُلًا مِّن قَبْلِكَ مِنْهُم مَّن قَصَصْنَا عَلَيْكَ وَمِنْهُم مَّن لَّمْ نَقْصُصْ عَلَيْكَ وَمَا كَانَ لِرَسُولٍ أَن يَأْتِيَ بِآيَةٍ إِلَّا بِإِذْنِ اللَّهِ فَإِذَا جَاءَ أَمْرُ اللَّهِ قُضِيَ بِالْحَقِّ وَخَسِرَ هُنَالِكَ الْمُبْطِلُونَ ۝ ۝ اللَّهُ الَّذِي جَعَلَ لَكُمُ الْأَنْعَمَ لِتَرْكَبُوا مِنْهَا وَمِنْهَا تَأْكُلُونَ ۝ وَلَكُمْ فِيهَا مَنَفِعُ وَلِتَبْلُغُوا عَلَيْهَا حَاجَةً فِي صُدُورِكُمْ وَعَلَيْهَا وَعَلَى الْفُلْكِ تُحْمَلُونَ ۝ وَيُرِيكُمْ ءَايَتِهِ فَأَىَّ ءَايَتِ اللَّهِ تُنكِرُونَ ۝ أَفَلَمْ يَسِيرُوا فِي الْأَرْضِ فَيَنظُرُوا كَيْفَ كَانَ عَقِبَةُ الَّذِينَ مِن قَبْلِهِمْ كَانُوا أَكْثَرَ مِنْهُمْ وَأَشَدَّ قُوَّةً وَءَاثَارًا فِي الْأَرْضِ فَمَا أَغْنَى عَنْهُم مَّا كَانُوا يَكْسِبُونَ ۝ فَلَمَّا جَاءَتْهُمْ رُسُلُهُم بِالْبَيِّنَتِ فَرِحُوا بِمَا عِندَهُم مِّنَ الْعِلْمِ وَحَاقَ بِهِم مَّا كَانُوا بِهِ يَسْتَهْزِءُونَ ۝ فَلَمَّا رَأَوْا بَأْسَنَا قَالُوا ءَامَنَّا بِاللَّهِ وَحْدَهُ وَكَفَرْنَا بِمَا كُنَّا بِهِ مُشْرِكِينَ ۝ فَلَمْ يَكُ يَنفَعُهُمْ إِيمَنُهُمْ لَمَّا رَأَوْا بَأْسَنَا سُنَّتَ اللَّهِ الَّتِي قَدْ خَلَتْ فِي عِبَادِهِ وَخَسِرَ هُنَالِكَ الْكَفِرُونَ ۝

- حَاجَةً فِي صُدُورِكُمْ
أَمْرًا ذَا بَالٍ تهتمون به
- فَمَا أَغْنَى عَنْهُم
فما دفع عنهم
- حَاقَ بِهِم
أحاط أو نزل بهم
- رَأَوْا بَأْسَنَا
شِدَّةَ عذابنا
- خَلَتْ
مَضَتْ

• مدّ مشبع 6 حركات   • مدّ حركتين
• مدّ 2 أو 4 أو 6 جوازًا   • مدّ حركتين
• إخفاء، ومواقع الغُنّة (حركتين)
• إدغام، وما لا يُلفظ
• تفخيم
• قلقلة

سُورَةُ فُصِّلَتْ

ترتيبها ٤١   آياتها ٥٣

بِسۡمِ ٱللَّهِ ٱلرَّحۡمَٰنِ ٱلرَّحِيمِ

حمٓ ١ تَنزِيلٌ مِّنَ ٱلرَّحۡمَٰنِ ٱلرَّحِيمِ ١ كِتَٰبٌ فُصِّلَتۡ ءَايَٰتُهُۥ قُرۡءَانًا عَرَبِيًّا لِّقَوۡمٍ يَعۡلَمُونَ ٢ بَشِيرًا وَنَذِيرًا فَأَعۡرَضَ أَكۡثَرُهُمۡ فَهُمۡ لَا يَسۡمَعُونَ ٣ وَقَالُوا۟ قُلُوبُنَا فِيٓ أَكِنَّةٍ مِّمَّا تَدۡعُونَآ إِلَيۡهِ وَفِيٓ ءَاذَانِنَا وَقۡرٌ وَمِنۢ بَيۡنِنَا وَبَيۡنِكَ حِجَابٌ فَٱعۡمَلۡ إِنَّنَا عَٰمِلُونَ ٤ قُلۡ إِنَّمَآ أَنَا۠ بَشَرٌ مِّثۡلُكُمۡ يُوحَىٰٓ إِلَيَّ أَنَّمَآ إِلَٰهُكُمۡ إِلَٰهٌ وَٰحِدٌ فَٱسۡتَقِيمُوٓا۟ إِلَيۡهِ وَٱسۡتَغۡفِرُوهُ وَوَيۡلٌ لِّلۡمُشۡرِكِينَ ٥ ٱلَّذِينَ لَا يُؤۡتُونَ ٱلزَّكَوٰةَ وَهُم بِٱلۡءَاخِرَةِ هُمۡ كَٰفِرُونَ ٦ إِنَّ ٱلَّذِينَ ءَامَنُوا۟ وَعَمِلُوا۟ ٱلصَّٰلِحَٰتِ لَهُمۡ أَجۡرٌ غَيۡرُ مَمۡنُونٍ ٧ ۞ قُلۡ أَئِنَّكُمۡ لَتَكۡفُرُونَ بِٱلَّذِي خَلَقَ ٱلۡأَرۡضَ فِي يَوۡمَيۡنِ وَتَجۡعَلُونَ لَهُۥٓ أَندَادًا ذَٰلِكَ رَبُّ ٱلۡعَٰلَمِينَ ٨ وَجَعَلَ فِيهَا رَوَٰسِيَ مِن فَوۡقِهَا وَبَٰرَكَ فِيهَا وَقَدَّرَ فِيهَآ أَقۡوَٰتَهَا فِيٓ أَرۡبَعَةِ أَيَّامٍ سَوَآءً لِّلسَّآئِلِينَ ٩ ثُمَّ ٱسۡتَوَىٰٓ إِلَى ٱلسَّمَآءِ وَهِيَ دُخَانٌ فَقَالَ لَهَا وَلِلۡأَرۡضِ ٱئۡتِيَا طَوۡعًا أَوۡ كَرۡهًا قَالَتَآ أَتَيۡنَا طَآئِعِينَ ١٠

نصف

• مدّ مشبع ٦ حركات   • إخفاء، ومواقع الغنّة (حركتين)   • مدّ حركتين   • تفخيم
• مدّ ٢ أو ٤ أو ٦ جوازاً   • إدغام، وما لا يُلفظ   • قلقلة

477

فَقَضَيٰهُنَّ سَبْعَ سَمَٰوَاتٖ فِے يَوْمَيْنِ وَأَوْحَيٰ فِے كُلِّ سَمَآءٍ اَمْرَهَاۖ
وَزَيَّنَّا اَ۬لسَّمَآءَ اَ۬لدُّنْيا بِمَصَٰبِيحَ وَحِفْظاًۖ ذَٰلِكَ تَقْدِيرُ اُ۬لْعَزِيزِ
اِ۬لْعَلِيمِۖ (11) فَإِنَ اَعْرَضُواْ فَقُلَ اَنذَرْتُكُمْ صَٰعِقَةٗ مِّثْلَ صَٰعِقَةِ
عَادٖ وَثَمُودَ (12) إِذْ جَآءَتْهُمُ اُ۬لرُّسُلُ مِنۢ بَيْنِ أَيْدِيهِمْ وَمِنْ
خَلْفِهِمُۥٓ أَلَّا تَعْبُدُوٓاْ إِلَّا اَ۬للَّهَۖ قَالُواْ لَوْ شَآءَ رَبُّنَا لَأَنزَلَ مَلَٰٓئِكَةٗ فَإِنَّا
بِمَآ أُرْسِلْتُم بِهِۦ كَٰفِرُونَۖ (13) فَأَمَّا عَادٞ فَاسْتَكْبَرُواْ فِے اِ۬لَارْضِ
بِغَيْرِ اِ۬لْحَقِّ وَقَالُواْ مَنَ اَشَدُّ مِنَّا قُوَّةًۖ اَوَلَمْ يَرَوَاْ اَنَّ اَ۬للَّهَ اَ۬لذِے خَلَقَهُمْ
هُوَ أَشَدُّ مِنْهُمْ قُوَّةٗۖ وَكَانُواْ بِـَٔايَٰتِنَا يَجْحَدُونَۖ (14) فَأَرْسَلْنَا
عَلَيْهِمْ رِيحاٗ صَرْصَراٗ فِے أَيَّامٖ نَّحْسَاتٖ لِّنُذِيقَهُمْ عَذَابَ اَ۬لْخِزْيِ
فِے اِ۬لْحَيَوٰةِ اِ۬لدُّنْياۖ وَلَعَذَابُ اُ۬لَاخِرَةِ أَخْزَيٰ وَهُمْ لَا يُنصَرُونَۖ (15)
۞ وَأَمَّا ثَمُودُ فَهَدَيْنَٰهُمْ فَاسْتَحَبُّواْ اُ۬لْعَمَيٰ عَلَي اَ۬لْهُدَيٰ فَأَخَذَتْهُمْ
صَٰعِقَةُ اُ۬لْعَذَابِ اِ۬لْهُونِ بِمَا كَانُواْ يَكْسِبُونَۖ (16) وَنَجَّيْنَا
اَ۬لذِينَ ءَامَنُواْ وَكَانُواْ يَتَّقُونَۖ (17) وَيَوْمَ نَحْشُرُ أَعْدَآءَ
اَ۬للَّهِ إِلَي اَ۬لنَّارِ فَهُمْ يُوزَعُونَۖ (18) حَتَّيٰٓ إِذَا مَا جَآءُوهَا شَهِدَ
عَلَيْهِمْ سَمْعُهُمْ وَأَبْصَٰرُهُمْ وَجُلُودُهُم بِمَا كَانُواْ يَعْمَلُونَۖ (19)

- فَقَضَيٰهُنَّ: أحْكَمَ خلقهُنّ
- وَأَوْحَيٰ: كوّنَ أو دبّرَ

فُصِّلَت

- أنذرْتُكُمْ صَٰعِقَةً: عذابًا مهلكًا
- رِيحاً صَرْصَراً: شديدةَ البَرْدِ أو الصّوتِ
- أَيَّامٍ نَّحْسَاتٍ: مشؤوماتٍ
- أَخْزَيٰ: أشدُّ إذلالًا

ثُمُنٌ

- اُ۬لْعَذَابِ اِ۬لْهُونِ: المهينِ
- فَهُمْ يُوزَعُونَ: يُحبَسُ سوابقهم ليلحقهم تواليهم

مدّ مشبع 6 حركات / مدّ 2 أو 4 أو 6 جوازاً	مدّ حركتين	إخفاء، ومواقع الغُنّة (حركتين) / إدغام، وما لا يُلفَظ	تفخيم / قلقلة

وَقَالُواْ لِجُلُودِهِمْ لِمَ شَهِدتُّمْ عَلَيْنَا قَالُواْ أَنطَقَنَا ٱللَّهُ ٱلَّذِىٓ أَنطَقَ كُلَّ شَىْءٍ وَهُوَ خَلَقَكُمْ أَوَّلَ مَرَّةٍ وَإِلَيْهِ تُرْجَعُونَ ﴿٢٠﴾ وَمَا كُنتُمْ تَسْتَتِرُونَ أَن يَشْهَدَ عَلَيْكُمْ سَمْعُكُمْ وَلَا أَبْصَـٰرُكُمْ وَلَا جُلُودُكُمْ وَلَـٰكِن ظَنَنتُمْ أَنَّ ٱللَّهَ لَا يَعْلَمُ كَثِيرًا مِّمَّا تَعْمَلُونَ ﴿٢١﴾ وَذَٰلِكُمْ ظَنُّكُمُ ٱلَّذِى ظَنَنتُم بِرَبِّكُمْ أَرْدَىٰكُمْ فَأَصْبَحْتُم مِّنَ ٱلْخَـٰسِرِينَ ﴿٢٢﴾ فَإِن يَصْبِرُواْ فَٱلنَّارُ مَثْوًى لَّهُمْ وَإِن يَسْتَعْتِبُواْ فَمَا هُم مِّنَ ٱلْمُعْتَبِينَ ﴿٢٣﴾ ۞ وَقَيَّضْنَا لَهُمْ قُرَنَآءَ فَزَيَّنُواْ لَهُم مَّا بَيْنَ أَيْدِيهِمْ وَمَا خَلْفَهُمْ وَحَقَّ عَلَيْهِمُ ٱلْقَوْلُ فِىٓ أُمَمٍ قَدْ خَلَتْ مِن قَبْلِهِم مِّنَ ٱلْجِنِّ وَٱلْإِنسِ إِنَّهُمْ كَانُواْ خَـٰسِرِينَ ﴿٢٤﴾ وَقَالَ ٱلَّذِينَ كَفَرُواْ لَا تَسْمَعُواْ لِهَـٰذَا ٱلْقُرْءَانِ وَٱلْغَوْاْ فِيهِ لَعَلَّكُمْ تَغْلِبُونَ ﴿٢٥﴾ فَلَنُذِيقَنَّ ٱلَّذِينَ كَفَرُواْ عَذَابًا شَدِيدًا وَلَنَجْزِيَنَّهُمْ أَسْوَأَ ٱلَّذِى كَانُواْ يَعْمَلُونَ ﴿٢٦﴾ ذَٰلِكَ جَزَآءُ أَعْدَآءِ ٱللَّهِ ٱلنَّارُ لَهُمْ فِيهَا دَارُ ٱلْخُلْدِ جَزَآءً بِمَا كَانُواْ بِـَٔايَـٰتِنَا يَجْحَدُونَ ﴿٢٧﴾ وَقَالَ ٱلَّذِينَ كَفَرُواْ رَبَّنَآ أَرِنَا ٱلَّذَيْنِ أَضَلَّانَا مِنَ ٱلْجِنِّ وَٱلْإِنسِ نَجْعَلْهُمَا تَحْتَ أَقْدَامِنَا لِيَكُونَا مِنَ ٱلْأَسْفَلِينَ ﴿٢٨﴾

الكلمة	المعنى
● تَسْتَتِرُونَ	تستخفون
● ظَنَنتُمْ	اعتقدتُم
● أَرْدَىٰكُمْ	أهلكَكُمْ
● مَثْوًى لَّهُمْ	مأوًى ومقام لهم
● يَسْتَعْتِبُواْ	يطلبوا رضاء ربهم
● ٱلْمُعْتَبِينَ	المجابين إلى ما طلبوا
● وَقَيَّضْنَا لَهُمْ	سبّبنا وهيّأنا لهم
● حَقَّ عَلَيْهِمُ	وجب وثبت عليهم
● ٱلْغَوْاْ فِيهِ	ائتوا باللغو عند قراءته

رُبْع

● مَدّ مشبع 6 حركات ● مَدّ حركتين ● إخفاء، ومواقع الغُنّة (حركتين) ● تفخيم
● مَدّ 2 أو 4 أو 6 جوازًا ● إدغام، وما لا يُلفظ ● قلقلة

479

إِنَّ ٱلَّذِينَ قَالُوا۟ رَبُّنَا ٱللَّهُ ثُمَّ ٱسْتَقَـٰمُوا۟ تَتَنَزَّلُ عَلَيْهِمُ ٱلْمَلَـٰٓئِكَةُ أَلَّا تَخَافُوا۟ وَلَا تَحْزَنُوا۟ وَأَبْشِرُوا۟ بِٱلْجَنَّةِ ٱلَّتِى كُنتُمْ تُوعَدُونَ ﴿٢٩﴾ نَحْنُ أَوْلِيَآؤُكُمْ فِى ٱلْحَيَوٰةِ ٱلدُّنْيَا وَفِى ٱلْءَاخِرَةِ وَلَكُمْ فِيهَا مَا تَشْتَهِىٓ أَنفُسُكُمْ وَلَكُمْ فِيهَا مَا تَدَّعُونَ ﴿٣٠﴾ نُزُلًا مِّنْ غَفُورٍ رَّحِيمٍ ﴿٣١﴾ وَمَنْ أَحْسَنُ قَوْلًا مِّمَّن دَعَآ إِلَى ٱللَّهِ وَعَمِلَ صَـٰلِحًا وَقَالَ إِنَّنِى مِنَ ٱلْمُسْلِمِينَ ﴿٣٢﴾ وَلَا تَسْتَوِى ٱلْحَسَنَةُ وَلَا ٱلسَّيِّئَةُ ٱدْفَعْ بِٱلَّتِى هِىَ أَحْسَنُ فَإِذَا ٱلَّذِى بَيْنَكَ وَبَيْنَهُۥ عَدَٰوَةٌ كَأَنَّهُۥ وَلِىٌّ حَمِيمٌ ﴿٣٣﴾ وَمَا يُلَقَّىٰهَآ إِلَّا ٱلَّذِينَ صَبَرُوا۟ وَمَا يُلَقَّىٰهَآ إِلَّا ذُو حَظٍّ عَظِيمٍ ﴿٣٤﴾ وَإِمَّا يَنزَغَنَّكَ مِنَ ٱلشَّيْطَـٰنِ نَزْغٌ فَٱسْتَعِذْ بِٱللَّهِ إِنَّهُۥ هُوَ ٱلسَّمِيعُ ٱلْعَلِيمُ ﴿٣٥﴾ وَمِنْ ءَايَـٰتِهِ ٱلَّيْلُ وَٱلنَّهَارُ وَٱلشَّمْسُ وَٱلْقَمَرُ لَا تَسْجُدُوا۟ لِلشَّمْسِ وَلَا لِلْقَمَرِ وَٱسْجُدُوا۟ لِلَّهِ ٱلَّذِى خَلَقَهُنَّ إِن كُنتُمْ إِيَّاهُ تَعْبُدُونَ ۩ ﴿٣٦﴾ فَإِنِ ٱسْتَكْبَرُوا۟ فَٱلَّذِينَ عِندَ رَبِّكَ يُسَبِّحُونَ لَهُۥ بِٱلَّيْلِ وَٱلنَّهَارِ وَهُمْ لَا يَسْـَٔمُونَ ﴿٣٧﴾

• مَا تَدَّعُونَ
ما تتمنونه
أو تطلبونه

• نُزُلًا
منزلًا أو رزقًا
أو ضيافة

• وَلِىٌّ حَمِيمٌ
صديق قريب
يهتم لأمرك

• مَا يُلَقَّىٰهَآ
ما يُوَّفق لهذه
الخصلة
الشريفة

• يَنزَغَنَّكَ
يصيبنك أو
يصرفنك

• نَزْغٌ
وسوسة أو
صارف

• لَا يَسْـَٔمُونَ
لا يَمَلّون
التسبيح

مدّ مشبع ٦ حركات	مدّ حركتين
مدّ ٢ أو ٤ أو ٦ جوازًا	إدغام، وما لا يلفظ
إخفاء، ومواقع الغُنّة (حركتين)	تفخيم
	قلقلة

480

وَمِنْ ءَايَـٰتِهِۦٓ أَنَّكَ تَرَى ٱلْأَرْضَ خَـٰشِعَةً فَإِذَآ أَنزَلْنَا عَلَيْهَا ٱلْمَآءَ ٱهْتَزَّتْ وَرَبَتْ إِنَّ ٱلَّذِىٓ أَحْيَاهَا لَمُحْىِ ٱلْمَوْتَىٰٓ إِنَّهُۥ عَلَىٰ كُلِّ شَىْءٍ قَدِيرٌ ۝ إِنَّ ٱلَّذِينَ يُلْحِدُونَ فِىٓ ءَايَـٰتِنَا لَا يَخْفَوْنَ عَلَيْنَآ أَفَمَن يُلْقَىٰ فِى ٱلنَّارِ خَيْرٌ أَم مَّن يَأْتِىٓ ءَامِنًا يَوْمَ ٱلْقِيَـٰمَةِ ٱعْمَلُوا۟ مَا شِئْتُمْ إِنَّهُۥ بِمَا تَعْمَلُونَ بَصِيرٌ ۝ إِنَّ ٱلَّذِينَ كَفَرُوا۟ بِٱلذِّكْرِ لَمَّا جَآءَهُمْ وَإِنَّهُۥ لَكِتَـٰبٌ عَزِيزٌ ۝ لَّا يَأْتِيهِ ٱلْبَـٰطِلُ مِنۢ بَيْنِ يَدَيْهِ وَلَا مِنْ خَلْفِهِۦ تَنزِيلٌ مِّنْ حَكِيمٍ حَمِيدٍ ۝ مَّا يُقَالُ لَكَ إِلَّا مَا قَدْ قِيلَ لِلرُّسُلِ مِن قَبْلِكَ إِنَّ رَبَّكَ لَذُو مَغْفِرَةٍ وَذُو عِقَابٍ أَلِيمٍ ۝ وَلَوْ جَعَلْنَـٰهُ قُرْءَانًا أَعْجَمِيًّا لَّقَالُوا۟ لَوْلَا فُصِّلَتْ ءَايَـٰتُهُۥٓ ءَا۬عْجَمِىٌّ وَعَرَبِىٌّ قُلْ هُوَ لِلَّذِينَ ءَامَنُوا۟ هُدًى وَشِفَآءٌ وَٱلَّذِينَ لَا يُؤْمِنُونَ فِىٓ ءَاذَانِهِمْ وَقْرٌ وَهُوَ عَلَيْهِمْ عَمًى أُو۟لَـٰٓئِكَ يُنَادَوْنَ مِن مَّكَانٍۭ بَعِيدٍ ۝ وَلَقَدْ ءَاتَيْنَا مُوسَى ٱلْكِتَـٰبَ فَٱخْتُلِفَ فِيهِ وَلَوْلَا كَلِمَةٌ سَبَقَتْ مِن رَّبِّكَ لَقُضِىَ بَيْنَهُمْ وَإِنَّهُمْ لَفِى شَكٍّ مِّنْهُ مُرِيبٍ ۝ مَّنْ عَمِلَ صَـٰلِحًا فَلِنَفْسِهِۦ وَمَنْ أَسَآءَ فَعَلَيْهَا وَمَا رَبُّكَ بِظَلَّـٰمٍ لِّلْعَبِيدِ ۝

فُصِّلَت

۞ إِلَيْهِ يُرَدُّ عِلْمُ ٱلسَّاعَةِ وَمَا تَخْرُجُ مِن ثَمَرَٰتٍ مِّنْ أَكْمَامِهَا

وَمَا تَحْمِلُ مِنْ أُنثَىٰ وَلَا تَضَعُ إِلَّا بِعِلْمِهِۦ وَيَوْمَ يُنَادِيهِمْ أَيْنَ

شُرَكَآءِى قَالُوٓاْ ءَاذَنَّٰكَ مَا مِنَّا مِن شَهِيدٍ ۝ وَضَلَّ

عَنْهُم مَّا كَانُواْ يَدْعُونَ مِن قَبْلُ وَظَنُّواْ مَا لَهُم مِّن مَّحِيصٍ ۝

لَّا يَسْـَٔمُ ٱلْإِنسَٰنُ مِن دُعَآءِ ٱلْخَيْرِ وَإِن مَّسَّهُ ٱلشَّرُّ فَيَـُٔوسٌ

قَنُوطٌ ۝ وَلَئِنْ أَذَقْنَٰهُ رَحْمَةً مِّنَّا مِنۢ بَعْدِ ضَرَّآءَ مَسَّتْهُ

لَيَقُولَنَّ هَٰذَا لِى وَمَآ أَظُنُّ ٱلسَّاعَةَ قَآئِمَةً وَلَئِن رُّجِعْتُ إِلَىٰ

رَبِّىٓ إِنَّ لِى عِندَهُۥ لَلْحُسْنَىٰ فَلَنُنَبِّئَنَّ ٱلَّذِينَ كَفَرُواْ بِمَا عَمِلُواْ

وَلَنُذِيقَنَّهُم مِّنْ عَذَابٍ غَلِيظٍ ۝ وَإِذَآ أَنْعَمْنَا عَلَى ٱلْإِنسَٰنِ

أَعْرَضَ وَنَـَٔا بِجَانِبِهِۦ وَإِذَا مَسَّهُ ٱلشَّرُّ فَذُو دُعَآءٍ عَرِيضٍ ۝

قُلْ أَرَءَيْتُمْ إِن كَانَ مِنْ عِندِ ٱللَّهِ ثُمَّ كَفَرْتُم بِهِۦ مَنْ

أَضَلُّ مِمَّنْ هُوَ فِى شِقَاقٍ بَعِيدٍ ۝ سَنُرِيهِمْ ءَايَٰتِنَا

فِى ٱلْءَافَاقِ وَفِىٓ أَنفُسِهِمْ حَتَّىٰ يَتَبَيَّنَ لَهُمْ أَنَّهُ ٱلْحَقُّ

أَوَلَمْ يَكْفِ بِرَبِّكَ أَنَّهُۥ عَلَىٰ كُلِّ شَىْءٍ شَهِيدٌ ۝ أَلَآ إِنَّهُمْ

فِى مِرْيَةٍ مِّن لِّقَآءِ رَبِّهِمْ أَلَآ إِنَّهُۥ بِكُلِّ شَىْءٍ مُّحِيطٌ ۝

• أَكْمَامِهَا
أَوْعِيَتِهَا

• ءَاذَنَّٰكَ
أَخْبَرْنَاكَ

• مَحِيصٍ
مَهْرَبٍ وَمَفَرٍّ

• لَّا يَسْـَٔمُ
ٱلْإِنسَٰنُ
لَا يَمَلُّ وَلَا
يَفْتُرُ

• فَيَـُٔوسٌ
كَثِيرُ ٱلْيَأْسِ

• غَلِيظٍ
شَدِيدٍ

• وَنَـَٔا بِجَانِبِهِۦ
تَبَاعَدَ عَنِ
ٱلشُّكْرِ بِكُلِّيَّتِهِ

• عَرِيضٍ
كَثِيرٌ مُسْتَمِرٌّ

• أَرَءَيْتُمْ
أَخْبِرُونِى

• ٱلْءَافَاقِ
أَقْطَارِ
ٱلسَّمَٰوَٰتِ
وَٱلْأَرْضِ

• مِرْيَةٍ
شَكٍّ عَظِيمٍ

● مَدّ مُشْبَع 6 حَرَكَات	● مَدّ حَرَكَتَيْن	● إخْفَاء، وَمَوَاقِع الغُنَّة (حَرَكَتَيْن)
● مَدّ 2 أو 4 أو 6 جَوَازاً	● إدْغَام، وَمَا لَا يُلْفَظ	

● تَفْخِيم
● قَلْقَلَة

482

سورة الشورى
ترتيبها ٤٢   آياتها ٥٠

بِسْمِ اللَّهِ الرَّحْمَٰنِ الرَّحِيمِ

حمٓ ﴿١﴾ عٓسٓقٓ كَذَٰلِكَ يُوحِىٓ إِلَيْكَ وَإِلَى ٱلَّذِينَ مِن قَبْلِكَ ٱللَّهُ ٱلْعَزِيزُ ٱلْحَكِيمُ ﴿١﴾ لَهُۥ مَا فِى ٱلسَّمَٰوَٰتِ وَمَا فِى ٱلْأَرْضِ وَهُوَ ٱلْعَلِىُّ ٱلْعَظِيمُ ﴿٢﴾ ۞ تَكَادُ ٱلسَّمَٰوَٰتُ يَتَفَطَّرْنَ مِن فَوْقِهِنَّ وَٱلْمَلَٰٓئِكَةُ يُسَبِّحُونَ بِحَمْدِ رَبِّهِمْ وَيَسْتَغْفِرُونَ لِمَن فِى ٱلْأَرْضِ أَلَآ إِنَّ ٱللَّهَ هُوَ ٱلْغَفُورُ ٱلرَّحِيمُ ﴿٣﴾ وَٱلَّذِينَ ٱتَّخَذُوا۟ مِن دُونِهِۦٓ أَوْلِيَآءَ ٱللَّهُ حَفِيظٌ عَلَيْهِمْ وَمَآ أَنتَ عَلَيْهِم بِوَكِيلٍ ﴿٤﴾ وَكَذَٰلِكَ أَوْحَيْنَآ إِلَيْكَ قُرْءَانًا عَرَبِيًّا لِّتُنذِرَ أُمَّ ٱلْقُرَىٰ وَمَنْ حَوْلَهَا وَتُنذِرَ يَوْمَ ٱلْجَمْعِ لَا رَيْبَ فِيهِ فَرِيقٌ فِى ٱلْجَنَّةِ وَفَرِيقٌ فِى ٱلسَّعِيرِ ﴿٥﴾ وَلَوْ شَآءَ ٱللَّهُ لَجَعَلَهُمْ أُمَّةً وَٰحِدَةً وَلَٰكِن يُدْخِلُ مَن يَشَآءُ فِى رَحْمَتِهِۦ وَٱلظَّٰلِمُونَ مَا لَهُم مِّن وَلِىٍّ وَلَا نَصِيرٍ ﴿٦﴾ أَمِ ٱتَّخَذُوا۟ مِن دُونِهِۦٓ أَوْلِيَآءَ فَٱللَّهُ هُوَ ٱلْوَلِىُّ وَهُوَ يُحْىِ ٱلْمَوْتَىٰ وَهُوَ عَلَىٰ كُلِّ شَىْءٍ قَدِيرٌ ﴿٧﴾ وَمَا ٱخْتَلَفْتُمْ فِيهِ مِن شَىْءٍ فَحُكْمُهُۥٓ إِلَى ٱللَّهِ ذَٰلِكُمُ ٱللَّهُ رَبِّى عَلَيْهِ تَوَكَّلْتُ وَإِلَيْهِ أُنِيبُ ﴿٨﴾

تُنٌ

• يَتَفَطَّرْنَ
يتشققن من عظمته تعالى

• أَوْلِيَآءَ
معبوداتٍ يزعمون نُصْرتها لهم

• اللَّهُ حَفِيظٌ عَلَيْهِمْ
رقيبٌ على أعمالهم ومُجازيهم

• بِوَكِيلٍ
موكولٌ إليك أمرهم

• أُمَّ ٱلْقُرَىٰ
مَكَّة أي أهلها

• يَوْمَ ٱلْجَمْعِ
يوم القيامة

• إِلَيْهِ أُنِيبُ
إليه أرجعُ في كلّ الأمور

• مدّ مشبع ٦ حركات   • إخفاء، ومواقع الغُنَّة (حركتين)   • تفخيم
مدّ ٢ أو ٤ أو ٦ جوازاً   مدّ حركتين   • إدغام، وما لا يُلفظ   • قلقلة

483

فَاطِرُ ٱلسَّمَوَٰتِ وَٱلْأَرْضِ جَعَلَ لَكُم مِّنْ أَنفُسِكُمْ أَزْوَٰجًا

وَمِنَ ٱلْأَنْعَٰمِ أَزْوَٰجًا يَذْرَؤُكُمْ فِيهِ لَيْسَ كَمِثْلِهِ شَىْءٌ وَهُوَ

ٱلسَّمِيعُ ٱلْبَصِيرُ ۝ لَّهُۥ مَقَالِيدُ ٱلسَّمَوَٰتِ وَٱلْأَرْضِ يَبْسُطُ

ٱلرِّزْقَ لِمَن يَشَآءُ وَيَقْدِرُ إِنَّهُۥ بِكُلِّ شَىْءٍ عَلِيمٌ ۝ ۞ شَرَعَ

لَكُم مِّنَ ٱلدِّينِ مَا وَصَّىٰ بِهِۦ نُوحًا وَٱلَّذِىٓ أَوْحَيْنَآ إِلَيْكَ

وَمَا وَصَّيْنَا بِهِۦٓ إِبْرَٰهِيمَ وَمُوسَىٰ وَعِيسَىٰٓ أَنْ أَقِيمُوا۟ ٱلدِّينَ وَلَا

تَتَفَرَّقُوا۟ فِيهِ كَبُرَ عَلَى ٱلْمُشْرِكِينَ مَا تَدْعُوهُمْ إِلَيْهِ ٱللَّهُ يَجْتَبِىٓ

إِلَيْهِ مَن يَشَآءُ وَيَهْدِىٓ إِلَيْهِ مَن يُنِيبُ ۝ وَمَا تَفَرَّقُوٓا۟

إِلَّا مِنۢ بَعْدِ مَا جَآءَهُمُ ٱلْعِلْمُ بَغْيًۢا بَيْنَهُمْ وَلَوْلَا كَلِمَةٌ

سَبَقَتْ مِن رَّبِّكَ إِلَىٰٓ أَجَلٍ مُّسَمًّى لَّقُضِىَ بَيْنَهُمْ وَإِنَّ ٱلَّذِينَ

أُورِثُوا۟ ٱلْكِتَٰبَ مِنۢ بَعْدِهِمْ لَفِى شَكٍّ مِّنْهُ مُرِيبٍ ۝

فَلِذَٰلِكَ فَٱدْعُ وَٱسْتَقِمْ كَمَآ أُمِرْتَ وَلَا تَتَّبِعْ أَهْوَآءَهُمْ

وَقُلْ ءَامَنتُ بِمَآ أَنزَلَ ٱللَّهُ مِن كِتَٰبٍ وَأُمِرْتُ لِأَعْدِلَ

بَيْنَكُمُ ٱللَّهُ رَبُّنَا وَرَبُّكُمْ لَنَآ أَعْمَٰلُنَا وَلَكُمْ أَعْمَٰلُكُمْ

لَا حُجَّةَ بَيْنَنَا وَبَيْنَكُمُ ٱللَّهُ يَجْمَعُ بَيْنَنَا وَإِلَيْهِ ٱلْمَصِيرُ ۝

وَٱلَّذِينَ يُحَآجُّونَ فِي ٱللَّهِ مِنۢ بَعْدِ مَا ٱسْتُجِيبَ لَهُۥ حُجَّتُهُمْ دَاحِضَةٌ عِندَ رَبِّهِمْ وَعَلَيْهِمْ غَضَبٌ وَلَهُمْ عَذَابٌ شَدِيدٌ ﴿١٤﴾ ٱللَّهُ ٱلَّذِىٓ أَنزَلَ ٱلْكِتَـٰبَ بِٱلْحَقِّ وَٱلْمِيزَانَ وَمَا يُدْرِيكَ لَعَلَّ ٱلسَّاعَةَ قَرِيبٌ ﴿١٥﴾ يَسْتَعْجِلُ بِهَا ٱلَّذِينَ لَا يُؤْمِنُونَ بِهَا وَٱلَّذِينَ ءَامَنُوا۟ مُشْفِقُونَ مِنْهَا وَيَعْلَمُونَ أَنَّهَا ٱلْحَقُّ أَلَآ إِنَّ ٱلَّذِينَ يُمَارُونَ فِي ٱلسَّاعَةِ لَفِى ضَلَـٰلٍۭ بَعِيدٍ ﴿١٦﴾ ٱللَّهُ لَطِيفٌۢ بِعِبَادِهِۦ يَرْزُقُ مَن يَشَآءُ وَهُوَ ٱلْقَوِىُّ ٱلْعَزِيزُ ﴿١٧﴾ مَن كَانَ يُرِيدُ حَرْثَ ٱلْءَاخِرَةِ نَزِدْ لَهُۥ فِى حَرْثِهِۦ وَمَن كَانَ يُرِيدُ حَرْثَ ٱلدُّنْيَا نُؤْتِهِۦ مِنْهَا وَمَا لَهُۥ فِى ٱلْءَاخِرَةِ مِن نَّصِيبٍ ﴿١٨﴾ أَمْ لَهُمْ شُرَكَـٰٓؤُا۟ شَرَعُوا۟ لَهُم مِّنَ ٱلدِّينِ مَا لَمْ يَأْذَنۢ بِهِ ٱللَّهُ وَلَوْلَا كَلِمَةُ ٱلْفَصْلِ لَقُضِىَ بَيْنَهُمْ وَإِنَّ ٱلظَّـٰلِمِينَ لَهُمْ عَذَابٌ أَلِيمٌ ﴿١٩﴾ تَرَى ٱلظَّـٰلِمِينَ مُشْفِقِينَ مِمَّا كَسَبُوا۟ وَهُوَ وَاقِعٌۢ بِهِمْ وَٱلَّذِينَ ءَامَنُوا۟ وَعَمِلُوا۟ ٱلصَّـٰلِحَـٰتِ فِى رَوْضَاتِ ٱلْجَنَّاتِ لَهُم مَّا يَشَآءُونَ عِندَ رَبِّهِمْ ذَٰلِكَ هُوَ ٱلْفَضْلُ ٱلْكَبِيرُ ﴿٢٠﴾

* حُجَّتُهُمْ دَاحِضَةٌ
باطلةٌ زائلةٌ

* الْمِيزَانَ
العدلُ والتسويةُ

* مُشْفِقُونَ مِنْهَا
خائفونَ منها مع اعتنائهم بها

ثُمُنْ

* يُمَارُونَ فِي السَّاعَةِ
يجادلونَ فيها

* لَطِيفٌ بِعِبَادِهِ
بَرٌّ رفيقٌ بهم

* حَرْثَ الْآخِرَةِ
ثوابَها

* رَوْضَاتِ الْجَنَّاتِ
محاسنها وملاذّها

* مدّ مشبع ٦ حركات   * مدّ حركتين   * إخفاء، ومواقع الغُنّة (حركتين)   * تفخيم
* مدّ ٢ أو ٤ أو ٦ جوازاً   * إدغام، وما لا يُلفظ   * قلقلة

ذَٰلِكَ ٱلَّذِي يُبَشِّرُ ٱللَّهُ عِبَادَهُ ٱلَّذِينَ ءَامَنُوا۟ وَعَمِلُوا۟ ٱلصَّٰلِحَٰتِ قُل

لَّآ أَسْـَٔلُكُمْ عَلَيْهِ أَجْرًا إِلَّا ٱلْمَوَدَّةَ فِي ٱلْقُرْبَىٰ وَمَن يَقْتَرِفْ حَسَنَةً

نَّزِدْ لَهُۥ فِيهَا حُسْنًا إِنَّ ٱللَّهَ غَفُورٌ شَكُورٌ ۝ أَمْ يَقُولُونَ ٱفْتَرَىٰ

عَلَى ٱللَّهِ كَذِبًا فَإِن يَشَإِ ٱللَّهُ يَخْتِمْ عَلَىٰ قَلْبِكَ وَيَمْحُ ٱللَّهُ ٱلْبَٰطِلَ

وَيُحِقُّ ٱلْحَقَّ بِكَلِمَٰتِهِۦٓ إِنَّهُۥ عَلِيمٌۢ بِذَاتِ ٱلصُّدُورِ ۝ وَهُوَ

ٱلَّذِي يَقْبَلُ ٱلتَّوْبَةَ عَنْ عِبَادِهِۦ وَيَعْفُوا۟ عَنِ ٱلسَّيِّـَٔاتِ وَيَعْلَمُ مَا

تَفْعَلُونَ ۝ وَيَسْتَجِيبُ ٱلَّذِينَ ءَامَنُوا۟ وَعَمِلُوا۟ ٱلصَّٰلِحَٰتِ

وَيَزِيدُهُم مِّن فَضْلِهِۦ وَٱلْكَٰفِرُونَ لَهُمْ عَذَابٌ شَدِيدٌ ۝ ۞ وَلَوْ

بَسَطَ ٱللَّهُ ٱلرِّزْقَ لِعِبَادِهِۦ لَبَغَوْا۟ فِي ٱلْأَرْضِ وَلَٰكِن يُنَزِّلُ بِقَدَرٍ

مَّا يَشَآءُ إِنَّهُۥ بِعِبَادِهِۦ خَبِيرٌۢ بَصِيرٌ ۝ وَهُوَ ٱلَّذِي يُنَزِّلُ ٱلْغَيْثَ

مِنۢ بَعْدِ مَا قَنَطُوا۟ وَيَنشُرُ رَحْمَتَهُۥ وَهُوَ ٱلْوَلِيُّ ٱلْحَمِيدُ ۝ وَمِنْ

ءَايَٰتِهِۦ خَلْقُ ٱلسَّمَٰوَٰتِ وَٱلْأَرْضِ وَمَا بَثَّ فِيهِمَا مِن دَآبَّةٍ وَهُوَ عَلَىٰ

جَمْعِهِمْ إِذَا يَشَآءُ قَدِيرٌ ۝ وَمَآ أَصَٰبَكُم مِّن مُّصِيبَةٍ فَبِمَا

كَسَبَتْ أَيْدِيكُمْ وَيَعْفُوا۟ عَن كَثِيرٍ ۝ وَمَآ أَنتُم بِمُعْجِزِينَ

فِي ٱلْأَرْضِ وَمَا لَكُم مِّن دُونِ ٱللَّهِ مِن وَلِيٍّ وَلَا نَصِيرٍ ۝

الشُّورَى

نصف

• يَقْتَرِفْ
يَكْتَسِبْ

• لَبَغَوْا۟
لَطَغَوْا
وَتَجَبَّرُوا أَو
لَظَلَمُوا

• بِقَدَرٍ
بِتَقْدِيرٍ مُحْكَمٍ

• قَنَطُوا۟
يَئِسُوا مِن
نُزُولِهِ

• بَثَّ
فَرَّقَ وَنَشَرَ

• بِمُعْجِزِينَ
بِفَائِتِينَ مِن
العَذَاب

• مَدّ مشبع 6 حركات	• إخفاء، ومواقع الغُنَّة (حركتين)	• مَدّ حركتين	• تفخيم
• مَدّ 2 أو 4 أو 6 جوازاً	• إدغام، وما لا يُلفَظ		• قلقلة

وَمِنْ ءَايَٰتِهِ ٱلْجَوَارِ فِى ٱلْبَحْرِ كَٱلْأَعْلَٰمِ إِن يَشَأْ يُسْكِنِ ٱلرِّيحَ فَيَظْلَلْنَ رَوَاكِدَ عَلَىٰ ظَهْرِهِۦٓ إِنَّ فِى ذَٰلِكَ لَءَايَٰتٍ لِّكُلِّ صَبَّارٍ شَكُورٍ ﴿٣٠﴾ أَوْ يُوبِقْهُنَّ بِمَا كَسَبُوا۟ وَيَعْفُ عَن كَثِيرٍ ﴿٣١﴾ وَيَعْلَمَ ٱلَّذِينَ يُجَٰدِلُونَ فِىٓ ءَايَٰتِنَا مَا لَهُم مِّن مَّحِيصٍ ﴿٣٢﴾ فَمَآ أُوتِيتُم مِّن شَىْءٍ فَمَتَٰعُ ٱلْحَيَوٰةِ ٱلدُّنْيَا ۖ وَمَا عِندَ ٱللَّهِ خَيْرٌ وَأَبْقَىٰ لِلَّذِينَ ءَامَنُوا۟ وَعَلَىٰ رَبِّهِمْ يَتَوَكَّلُونَ ﴿٣٣﴾ وَٱلَّذِينَ يَجْتَنِبُونَ كَبَٰٓئِرَ ٱلْإِثْمِ وَٱلْفَوَٰحِشَ وَإِذَا مَا غَضِبُوا۟ هُمْ يَغْفِرُونَ ﴿٣٤﴾ وَٱلَّذِينَ ٱسْتَجَابُوا۟ لِرَبِّهِمْ وَأَقَامُوا۟ ٱلصَّلَوٰةَ وَأَمْرُهُمْ شُورَىٰ بَيْنَهُمْ وَمِمَّا رَزَقْنَٰهُمْ يُنفِقُونَ ﴿٣٥﴾ وَٱلَّذِينَ إِذَآ أَصَابَهُمُ ٱلْبَغْىُ هُمْ يَنتَصِرُونَ ﴿٣٦﴾ وَجَزَٰٓؤُا۟ سَيِّئَةٍ سَيِّئَةٌ مِّثْلُهَا ۖ فَمَنْ عَفَا وَأَصْلَحَ فَأَجْرُهُۥ عَلَى ٱللَّهِ ۚ إِنَّهُۥ لَا يُحِبُّ ٱلظَّٰلِمِينَ ﴿٣٧﴾ وَلَمَنِ ٱنتَصَرَ بَعْدَ ظُلْمِهِۦ فَأُو۟لَٰٓئِكَ مَا عَلَيْهِم مِّن سَبِيلٍ ﴿٣٨﴾ ۞ إِنَّمَا ٱلسَّبِيلُ عَلَى ٱلَّذِينَ يَظْلِمُونَ ٱلنَّاسَ وَيَبْغُونَ فِى ٱلْأَرْضِ بِغَيْرِ ٱلْحَقِّ ۚ أُو۟لَٰٓئِكَ لَهُمْ عَذَابٌ أَلِيمٌ ﴿٣٩﴾ وَلَمَن صَبَرَ وَغَفَرَ إِنَّ ذَٰلِكَ لَمِنْ عَزْمِ ٱلْأُمُورِ ﴿٤٠﴾ وَمَن يُضْلِلِ ٱللَّهُ فَمَا لَهُۥ مِن وَلِىٍّ مِّنۢ بَعْدِهِۦ ۗ وَتَرَى ٱلظَّٰلِمِينَ لَمَّا رَأَوُا۟ ٱلْعَذَابَ يَقُولُونَ هَلْ إِلَىٰ مَرَدٍّ مِّن سَبِيلٍ ﴿٤١﴾

- ٱلْجَوَارِ
  السُّفُن الجاريَة
- كَٱلْأَعْلَٰمِ
  كالجبال أو القصور
- فَيَظْلَلْنَ رَوَاكِدَ
  ثوابت
- يُوبِقْهُنَّ
  يُهلكهُنَّ بالرِّيح العاصفة
- مَّحِيصٍ
  مَهْرَب من العذاب
- ٱلْفَوَٰحِشَ
  ما عَظُم قُبحُه من الذنوب
- أَمْرُهُمْ شُورَىٰ
  يَتشاوَرُون فيه
- أَصَابَهُمُ ٱلْبَغْىُ
  نالهم الظلم
- يَنتَصِرُونَ
  ينتقمون
- يَبْغُونَ
  يُفسدون

● مدّ مشبع 6 حركات   ● إخفاء، ومواقع الغُنَّة (حركتين)   ● مدّ حركتين   ● تفخيم
● مدّ 2 أو 4 أو 6 جوازاً   ● إدغام، وما لا يُلفظ   ● قلقلة

487

وَتَرَىٰهُمْ يُعْرَضُونَ عَلَيْهَا خَٰشِعِينَ مِنَ ٱلذُّلِّ يَنظُرُونَ مِن طَرْفٍ خَفِيٍّ وَقَالَ ٱلَّذِينَ ءَامَنُوٓاْ إِنَّ ٱلْخَٰسِرِينَ ٱلَّذِينَ خَسِرُوٓاْ أَنفُسَهُمْ وَأَهْلِيهِمْ يَوْمَ ٱلْقِيَٰمَةِ أَلَآ إِنَّ ٱلظَّٰلِمِينَ فِي عَذَابٍ مُّقِيمٍ ۝ وَمَا كَانَ لَهُم مِّنْ أَوْلِيَآءَ يَنصُرُونَهُم مِّن دُونِ ٱللَّهِ وَمَن يُضْلِلِ ٱللَّهُ فَمَا لَهُۥ مِن سَبِيلٍ ۝ ٱسْتَجِيبُواْ لِرَبِّكُم مِّن قَبْلِ أَن يَأْتِيَ يَوْمٌ لَّا مَرَدَّ لَهُۥ مِنَ ٱللَّهِ مَا لَكُم مِّن مَّلْجَإٍ يَوْمَئِذٍ وَمَا لَكُم مِّن نَّكِيرٍ ۝ فَإِنْ أَعْرَضُواْ فَمَآ أَرْسَلْنَٰكَ عَلَيْهِمْ حَفِيظًا إِنْ عَلَيْكَ إِلَّا ٱلْبَلَٰغُ وَإِنَّآ إِذَآ أَذَقْنَا ٱلْإِنسَٰنَ مِنَّا رَحْمَةً فَرِحَ بِهَا وَإِن تُصِبْهُمْ سَيِّئَةٌ بِمَا قَدَّمَتْ أَيْدِيهِمْ فَإِنَّ ٱلْإِنسَٰنَ كَفُورٌ ۝ لِّلَّهِ مُلْكُ ٱلسَّمَٰوَٰتِ وَٱلْأَرْضِ يَخْلُقُ مَا يَشَآءُ يَهَبُ لِمَن يَشَآءُ إِنَٰثًا وَيَهَبُ لِمَن يَشَآءُ ٱلذُّكُورَ ۝ أَوْ يُزَوِّجُهُمْ ذُكْرَانًا وَإِنَٰثًا وَيَجْعَلُ مَن يَشَآءُ عَقِيمًا إِنَّهُۥ عَلِيمٌ قَدِيرٌ ۝ وَمَا كَانَ لِبَشَرٍ أَن يُكَلِّمَهُ ٱللَّهُ إِلَّا وَحْيًا أَوْ مِن وَرَآئِ حِجَابٍ أَوْ يُرْسِلَ رَسُولًا فَيُوحِيَ بِإِذْنِهِۦ مَا يَشَآءُ إِنَّهُۥ عَلِيٌّ حَكِيمٌ ۝

الحواشي:

• خَٰشِعِينَ
خاضعين
متضائلين

• مِن طَرْفٍ
خَفِيٍّ
بتحريك ضعيف
لأجفانهم

• الشورى

• نَّكِيرٍ
إنكار ينجيكم

• فَرِحَ بِهَا
بَطِرَ لأجلها

ربع

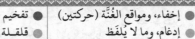

• مدّ مشبع 6 حركات   • مدّ حركتين   • إخفاء، ومواقع الغُنّة (حركتين)   • تفخيم
• مدّ 2 أو 4 أو 6 جوازا   • إدغام، وما لا يلفظ   • قلقلة

وَكَذَلِكَ أَوْحَيْنَآ إِلَيْكَ رُوحًا مِّنْ أَمْرِنَا مَا كُنتَ تَدْرِى مَا ٱلْكِتَٰبُ وَلَا ٱلْإِيمَٰنُ وَلَٰكِن جَعَلْنَٰهُ نُورًا نَّهْدِى بِهِۦ مَن نَّشَآءُ مِنْ عِبَادِنَا وَإِنَّكَ لَتَهْدِىٓ إِلَىٰ صِرَٰطٍ مُّسْتَقِيمٍ ﴿٤٩﴾ صِرَٰطِ ٱللَّهِ ٱلَّذِى لَهُۥ مَا فِى ٱلسَّمَٰوَٰتِ وَمَا فِى ٱلْأَرْضِ أَلَآ إِلَى ٱللَّهِ تَصِيرُ ٱلْأُمُورُ ﴿٥٠﴾

سُورَةُ ٱلزُّخْرُفِ
ترتيبها 43 — آياتها 89

بِسْمِ ٱللَّهِ ٱلرَّحْمَٰنِ ٱلرَّحِيمِ

حمٓ ﴿١﴾ وَٱلْكِتَٰبِ ٱلْمُبِينِ ﴿١﴾ إِنَّا جَعَلْنَٰهُ قُرْءَٰنًا عَرَبِيًّا لَّعَلَّكُمْ تَعْقِلُونَ ﴿٢﴾ وَإِنَّهُۥ فِىٓ أُمِّ ٱلْكِتَٰبِ لَدَيْنَا لَعَلِىٌّ حَكِيمٌ ﴿٣﴾ أَفَنَضْرِبُ عَنكُمُ ٱلذِّكْرَ صَفْحًا أَن كُنتُمْ قَوْمًا مُّسْرِفِينَ ﴿٤﴾ وَكَمْ أَرْسَلْنَا مِن نَّبِىٍّ فِى ٱلْأَوَّلِينَ ﴿٥﴾ وَمَا يَأْتِيهِم مِّن نَّبِىٍّ إِلَّا كَانُوا۟ بِهِۦ يَسْتَهْزِءُونَ ﴿٦﴾ فَأَهْلَكْنَآ أَشَدَّ مِنْهُم بَطْشًا وَمَضَىٰ مَثَلُ ٱلْأَوَّلِينَ ﴿٧﴾ وَلَئِن سَأَلْتَهُم مَّنْ خَلَقَ ٱلسَّمَٰوَٰتِ وَٱلْأَرْضَ لَيَقُولُنَّ خَلَقَهُنَّ ٱلْعَزِيزُ ٱلْعَلِيمُ ﴿٨﴾ ٱلَّذِى جَعَلَ لَكُمُ ٱلْأَرْضَ مَهْدًا وَجَعَلَ لَكُمْ فِيهَا سُبُلًا لَّعَلَّكُمْ تَهْتَدُونَ ﴿٩﴾

ثُمُن

۞ وَالذِے نَزَّلَ مِنَ اَ۬لسَّمَآءِ مَآءَۢ بِقَدَرٖ فَأَنشَرْنَا بِهِۦ بَلْدَةٗ مَّيْتاٗ
كَذَٰلِكَ تُخْرَجُونَ ﴿10﴾ وَالذِے خَلَقَ اَ۬لَازْوَٰجَ كُلَّهَا وَجَعَلَ
لَكُم مِّنَ اَ۬لْفُلْكِ وَالَانْعَٰمِ مَا تَرْكَبُونَ ﴿11﴾ لِتَسْتَوُۥاْ عَلَيٰ
ظُهُورِهِۦ ثُمَّ تَذْكُرُواْ نِعْمَةَ رَبِّكُمُۥٓ إِذَا اَ۪سْتَوَيْتُمْ عَلَيْهِ وَتَقُولُواْ
سُبْحَٰنَ اَ۬لذِے سَخَّرَ لَنَا هَٰذَا وَمَا كُنَّا لَهُۥ مُقْرِنِينَ ﴿12﴾ وَإِنَّآ إِلَيٰ
رَبِّنَا لَمُنقَلِبُونَ ﴿13﴾ وَجَعَلُواْ لَهُۥ مِنْ عِبَادِهِۦ جُزْءاً اِنَّ اَ۬لِانسَٰنَ
لَكَفُورٞ مُّبِينٌ ﴿14﴾ اَمِ اِ۪تَّخَذَ مِمَّا يَخْلُقُ بَنَاتٖ وَأَصْفِيٰكُم
بِالْبَنِينَ ﴿15﴾ وَإِذَا بُشِّرَ أَحَدُهُم بِمَا ضَرَبَ لِلرَّحْمَٰنِ مَثَلاً
ظَلَّ وَجْهُهُۥ مُسْوَدّاٗ وَهُوَ كَظِيمٌ ﴿16﴾ اَوَمَن يُّنَشَّؤُاْ فِے
اِ۬لْحِلْيَةِ وَهُوَ فِے اِ۬لْخِصَامِ غَيْرُ مُبِينٖ ﴿17﴾ وَجَعَلُواْ اُ۬لْمَلَٰٓئِكَةَ
اَ۬لذِينَ هُمْ عِندَ اَ۬لرَّحْمَٰنِ إِنَٰثاً اَشْهِدُواْ خَلْقَهُمْ سَتُكْتَبُ
شَهَٰدَتُهُمْ وَيُسْـَٔلُونَ ﴿18﴾ وَقَالُواْ لَوْ شَآءَ اَ۬لرَّحْمَٰنُ مَا عَبَدْنَٰهُم
مَّا لَهُم بِذَٰلِكَ مِنْ عِلْمٍ اِنْ هُمُۥٓ إِلَّا يَخْرُصُونَ ﴿19﴾ أَمَ ـاتَيْنَٰهُمْ
كِتَٰباٗ مِّن قَبْلِهِۦ فَهُم بِهِۦ مُسْتَمْسِكُونَ ﴿20﴾ بَلْ قَالُوٓاْ
إِنَّا وَجَدْنَآ ءَابَآءَنَا عَلَيٰٓ أُمَّةٖ وَإِنَّا عَلَيٰٓ ءَاثَٰرِهِم مُّهْتَدُونَ ﴿21﴾

- مَآءَۢ بِقَدَرٖ: بتقديرٍ مُحكمٍ
- فَأَنشَرْنَا بِهِۦ: فأحيينا به

- خَلَقَ اَ۬لَازْوَٰجَ: أوجدَ أصنافَ المخلوقاتِ وأنواعَها
- لِتَسْتَوُۥاْ: لتستقرُّوا
- وَأَصْفِيٰكُم بِالْبَنِينَ: أخلصَكم وخصَّكم بهم
- اِ۬لْخِصَامِ: المُخاصمةِ والجدالِ
- يَخْرُصُونَ: يكذبونَ

وَكَذَٰلِكَ مَآ أَرْسَلْنَا مِن قَبْلِكَ فِي قَرْيَةٍ مِّن نَّذِيرٍ إِلَّا قَالَ مُتْرَفُوهَآ
إِنَّا وَجَدْنَآ ءَابَآءَنَا عَلَىٰٓ أُمَّةٍ وَإِنَّا عَلَىٰٓ ءَاثَٰرِهِم مُّقْتَدُونَ ﴿22﴾
۞ قُلَ اوَلَوْ جِئْتُكُم بِأَهْدَىٰ مِمَّا وَجَدتُّمْ عَلَيْهِ ءَابَآءَكُمْ قَالُوٓاْ
إِنَّا بِمَآ أُرْسِلْتُم بِهِۦ كَٰفِرُونَ ﴿23﴾ فَانتَقَمْنَا مِنْهُمْ فَانظُرْ كَيْفَ
كَانَ عَٰقِبَةُ الْمُكَذِّبِينَ ﴿24﴾ وَإِذْ قَالَ إِبْرَٰهِيمُ لِأَبِيهِ وَقَوْمِهِۦٓ
إِنَّنِي بَرَآءٌ مِّمَّا تَعْبُدُونَ ﴿25﴾ إِلَّا الَّذِي فَطَرَنِي فَإِنَّهُۥ سَيَهْدِينِ ﴿26﴾
وَجَعَلَهَا كَلِمَةَۢ بَاقِيَةً فِي عَقِبِهِۦ لَعَلَّهُمْ يَرْجِعُونَ ﴿27﴾ بَلْ مَتَّعْتُ
هَٰٓؤُلَآءِ وَءَابَآءَهُمْ حَتَّىٰ جَآءَهُمُ الْحَقُّ وَرَسُولٌ مُّبِينٌ ﴿28﴾ وَلَمَّا
جَآءَهُمُ الْحَقُّ قَالُواْ هَٰذَا سِحْرٌ وَإِنَّا بِهِۦ كَٰفِرُونَ ﴿29﴾ وَقَالُواْ
لَوْلَا نُزِّلَ هَٰذَا الْقُرْءَانُ عَلَىٰ رَجُلٍ مِّنَ الْقَرْيَتَيْنِ عَظِيمٍ ﴿30﴾ أَهُمْ
يَقْسِمُونَ رَحْمَتَ رَبِّكَ نَحْنُ قَسَمْنَا بَيْنَهُم مَّعِيشَتَهُمْ فِي الْحَيَوٰةِ
الدُّنْيَا وَرَفَعْنَا بَعْضَهُمْ فَوْقَ بَعْضٍ دَرَجَٰتٍ لِّيَتَّخِذَ بَعْضُهُم
بَعْضًا سُخْرِيًّا وَرَحْمَتُ رَبِّكَ خَيْرٌ مِّمَّا يَجْمَعُونَ ﴿31﴾ وَلَوْلَآ أَن
يَكُونَ النَّاسُ أُمَّةً وَٰحِدَةً لَّجَعَلْنَا لِمَن يَكْفُرُ بِالرَّحْمَٰنِ
لِبُيُوتِهِمْ سُقُفًا مِّن فِضَّةٍ وَمَعَارِجَ عَلَيْهَا يَظْهَرُونَ ﴿32﴾

حِزْبٌ

- قَالَ مُتْرَفُوهَآ: مُتنعِّمُوها المنغمسونَ في شهواتِهم
- إِنَّنِي بَرَآءٌ: بريءٌ
- فَطَرَنِي: أبدعني
- عَقِبِهِ: ذرِّيته
- الْقَرْيَتَيْنِ: مكّةَ والطّائفِ
- سُخْرِيًّا: مسخَّرًا في العملِ مُسْتخدَمًا فيه
- مَعَارِجَ: مصاعِدَ ودرجاتٍ
- يَظْهَرُونَ: يَصعدونَ ويرتقونَ

مدّ مشبع 6 حركات	مدّ حركتين	إخفاء، ومواقع الغُنّة (حركتين)	تفخيم
مدّ 2 أو 4 أو 6 جوازاً		إدغام، وما لا يُلفَظ	قلقلة

وَلِبُيُوتِهِمۡ أَبۡوَٰبࣰا وَسُرُرًا عَلَيۡهَا يَتَّكِـُٔونَ ۝ وَزُخۡرُفࣰاۚ وَإِن

كُلُّ ذَٰلِكَ لَمَّا مَتَٰعُ ٱلۡحَيَوٰةِ ٱلدُّنۡيَاۚ وَٱلۡأٓخِرَةُ عِندَ رَبِّكَ

لِلۡمُتَّقِينَ ۝ وَمَن يَعۡشُ عَن ذِكۡرِ ٱلرَّحۡمَٰنِ نُقَيِّضۡ لَهُۥ شَيۡطَٰنࣰا

فَهُوَ لَهُۥ قَرِينࣱ ۝ وَإِنَّهُمۡ لَيَصُدُّونَهُمۡ عَنِ ٱلسَّبِيلِ وَيَحۡسَبُونَ

أَنَّهُم مُّهۡتَدُونَ ۝ حَتَّىٰٓ إِذَا جَآءَنَا قَالَ يَٰلَيۡتَ بَيۡنِي وَبَيۡنَكَ

بُعۡدَ ٱلۡمَشۡرِقَيۡنِ فَبِئۡسَ ٱلۡقَرِينُ ۝ وَلَن يَنفَعَكُمُ ٱلۡيَوۡمَ إِذ

ظَّلَمۡتُمۡ أَنَّكُمۡ فِي ٱلۡعَذَابِ مُشۡتَرِكُونَ ۝ أَفَأَنتَ تُسۡمِعُ

ٱلصُّمَّ أَوۡ تَهۡدِي ٱلۡعُمۡيَ وَمَن كَانَ فِي ضَلَٰلࣲ مُّبِينࣲ ۝ فَإِمَّا

نَذۡهَبَنَّ بِكَ فَإِنَّا مِنۡهُم مُّنتَقِمُونَ ۝ أَوۡ نُرِيَنَّكَ ٱلَّذِي وَعَدۡنَٰهُمۡ

فَإِنَّا عَلَيۡهِم مُّقۡتَدِرُونَ ۝ فَٱسۡتَمۡسِكۡ بِٱلَّذِيٓ أُوحِيَ إِلَيۡكَۖ

إِنَّكَ عَلَىٰ صِرَٰطࣲ مُّسۡتَقِيمࣲ ۝ وَإِنَّهُۥ لَذِكۡرࣱ لَّكَ وَلِقَوۡمِكَۖ

وَسَوۡفَ تُسۡـَٔلُونَ ۝ وَسۡـَٔلۡ مَنۡ أَرۡسَلۡنَا مِن قَبۡلِكَ مِن رُّسُلِنَآ

أَجَعَلۡنَا مِن دُونِ ٱلرَّحۡمَٰنِ ءَالِهَةࣰ يُعۡبَدُونَ ۝ وَلَقَدۡ أَرۡسَلۡنَا

مُوسَىٰ بِـَٔايَٰتِنَآ إِلَىٰ فِرۡعَوۡنَ وَمَلَإِيْهِۦ فَقَالَ إِنِّي رَسُولُ رَبِّ

ٱلۡعَٰلَمِينَ ۝ فَلَمَّا جَآءَهُم بِـَٔايَٰتِنَآ إِذَا هُم مِّنۡهَا يَضۡحَكُونَ ۝

Marginal notes (left):

• وَزُخۡرُفࣰا
ذهبًا أو زينة
مزوّقة

• مَن يَعۡشُ
من يتعامى
ويُعرض
ويتغافل

ٱلزُّخۡرُف

• نُقَيِّضۡ لَهُۥ
نسبّب
أو نتح له

• لَهُۥ قَرِينࣱ
مُصاحِبٌ له
لا يُفارقه

• إِنَّهُۥ لَذِكۡرࣱ
لشرفٌ عظيمٌ

Bottom legend:

مدّ مشبع ٦ حركات	إخفاء، ومواقع الغُنّة (حركتين)	تفخيم
مدّ ٢ أو ٤ أو ٦ جوازًا	إدغام، وما لا يُلفظ	قلقلة
مدّ حركتين		

وَمَا نُرِيهِم مِّنْ ءَايَةٍ اِلَّا هِيَ أَكْبَرُ مِنُ اخْتِهَا وَأَخَذْنَٰهُم
بِالْعَذَابِ لَعَلَّهُمْ يَرْجِعُونَ ﴿47﴾ وَقَالُواْ يَٰٓأَيُّهَ اَلسَّاحِرُ ادْعُ لَنَا
رَبَّكَ بِمَا عَهِدَ عِندَكَ إِنَّنَا لَمُهْتَدُونَ ﴿48﴾ فَلَمَّا كَشَفْنَا
عَنْهُمُ اُلْعَذَابَ إِذَا هُمْ يَنكُثُونَ ﴿49﴾ وَنَادَىٰ فِرْعَوْنُ فِي
قَوْمِهِۦ قَالَ يَٰقَوْمِ أَلَيْسَ لِي مُلْكُ مِصْرَ وَهَٰذِهِ اِلَانْهَٰرُ
تَجْرِي مِن تَحْتِيَ أَفَلَا تُبْصِرُونَ ﴿50﴾ أَمَ انَا خَيْرٌ مِّنْ هَٰذَا
اَلذِي هُوَ مَهِينٌ ﴿51﴾ وَلَا يَكَادُ يُبِينُ ﴿52﴾ فَلَوْلَا أُلْقِيَ عَلَيْهِ
أَسْوِرَةٌ مِّن ذَهَبٍ اَوْ جَآءَ مَعَهُ اُلْمَلَٰٓئِكَةُ مُقْتَرِنِينَ ﴿53﴾
فَاسْتَخَفَّ قَوْمَهُۥ فَأَطَاعُوهُ إِنَّهُمْ كَانُواْ قَوْماً فَٰسِقِينَ ﴿54﴾
فَلَمَّآ ءَاسَفُونَا اِنتَقَمْنَا مِنْهُمْ فَأَغْرَقْنَٰهُمُۥ أَجْمَعِينَ ﴿55﴾
فَجَعَلْنَٰهُمْ سَلَفاً وَمَثَلاً لِّلَاخِرِينَ ﴿56﴾ وَلَمَّا ضُرِبَ اَبْنُ مَرْيَمَ
مَثَلًا اِذَا قَوْمُكَ مِنْهُ يَصُدُّونَ ﴿57﴾ وَقَالُوٓاْ ءَالِهَتُنَا خَيْرٌ
اَمْ هُوَ مَا ضَرَبُوهُ لَكَ إِلَّا جَدَلَا بَلْ هُمْ قَوْمٌ خَصِمُونَ ﴿58﴾ إِنْ
هُوَ إِلَّا عَبْدٌ اَنْعَمْنَا عَلَيْهِ وَجَعَلْنَٰهُ مَثَلًا لِّبَنِيٓ إِسْرَٰٓءِيلَ ﴿59﴾
وَلَوْ نَشَآءُ لَجَعَلْنَا مِنكُم مَّلَٰٓئِكَةً فِي اِلَارْضِ يَخْلُفُونَ ﴿60﴾

- يَنكُثُونَ: ينقضونَ عهدَهم
- هُوَ مَهِينٌ: ضعيفٌ حقيرٌ
- يُبِينُ: يُفصِحُ بكلامِهِ
- مُقْتَرِنِينَ: مقرونينَ به يُصدّقونَه
- فَاسْتَخَفَّ قَوْمَهُ: وجدَهم ضعيفي العقولِ
- ءَاسَفُونَا: أغضَبُونا أشدَّ الغضبِ
- سَلَفاً: قدْوَةً للكفّارِ في العقابِ
- مَثَلًا لِّلَاخِرِينَ: عِبْرَةً وعظةً لهم
- يَصُدُّونَ: يضجّونَ فرَحًا أو يصدّون عن الحقّ ويعُرضون
- قَوْمٌ خَصِمُونَ: شدادُ الخصومةِ بالباطلِ
- مَثَلًا: آية وعبرةً كالمثَلِ
- لَجَعَلْنَا مِنكُم: بدلَكم أو لولَدْنا منكم

● تفخيم ● قلقلة ● إخفاء، ومواقع الغُنَّة (حركتين) ● إدغام، وما لا يُلفَظ ● مدّ حركتين ● مدّ مشبع 6 حركات ● مدّ 2 أو 4 أو 6 جوازاً

رُبُعٌ

وَإِنَّهُۥ لَعِلْمٌ لِّلسَّاعَةِ فَلَا تَمْتَرُنَّ بِهَا وَاتَّبِعُونِ هَٰذَا صِرَٰطٌ
مُّسْتَقِيمٌ (61) وَلَا يَصُدَّنَّكُمُ اُ۬لشَّيْطَٰنُ إِنَّهُۥ لَكُمْ عَدُوٌّ
مُّبِينٌ (62) ۞ وَلَمَّا جَآءَ عِيسَىٰ بِالْبَيِّنَٰتِ قَالَ قَدْ جِئْتُكُم
بِالْحِكْمَةِ وَلِأُبَيِّنَ لَكُم بَعْضَ اَ۬لذِے تَخْتَلِفُونَ فِيهِ فَاتَّقُواْ
اُ۬للَّهَ وَأَطِيعُونِ (63) إِنَّ اَ۬للَّهَ هُوَ رَبِّے وَرَبُّكُمْ فَاعْبُدُوهُ هَٰذَا
صِرَٰطٌ مُّسْتَقِيمٌ (64) فَاخْتَلَفَ اَ۬لَاحْزَابُ مِنۢ بَيْنِهِمْ فَوَيْلٌ
لِّلذِينَ ظَلَمُواْ مِنْ عَذَابِ يَوْمٍ اَلِيمٍ (65) هَلْ يَنظُرُونَ إِلَّا
اَ۬لسَّاعَةَ أَن تَاتِيَهُم بَغْتَةً وَهُمْ لَا يَشْعُرُونَ (66) اَ۬لَاخِلَّآءُ يَوْمَئِذِۢ
بَعْضُهُمْ لِبَعْضٍ عَدُوٌّ اِلَّا اَ۬لْمُتَّقِينَ (67) يَٰعِبَادِے لَا خَوْفٌ
عَلَيْكُمُ اُ۬لْيَوْمَ وَلَآ أَنتُمْ تَحْزَنُونَ (68) اَ۬لذِينَ ءَامَنُواْ بِـَٔايَٰتِنَا
وَكَانُواْ مُسْلِمِينَ (69) اُ۟دْخُلُواْ اُ۬لْجَنَّةَ أَنتُمْ وَأَزْوَٰجُكُمْ
تُحْبَرُونَ (70) يُطَافُ عَلَيْهِم بِصِحَافٍ مِّن ذَهَبٍ وَأَكْوَابٍ
وَفِيهَا مَا تَشْتَهِيهِ اِ۬لَانفُسُ وَتَلَذُّ اُ۬لَاعْيُنُ وَأَنتُمْ فِيهَا
خَٰلِدُونَ (71) وَتِلْكَ اَ۬لْجَنَّةُ اُ۬لتِے أُورِثْتُمُوهَا بِمَا كُنتُمْ
تَعْمَلُونَ (72) لَكُمْ فِيهَا فَٰكِهَةٌ كَثِيرَةٌ مِّنْهَا تَاكُلُونَ (73)

الزُّخْرُف

- لَعِلْمٌ لِّلسَّاعَةِ: يُعلَمُ قربُها بنزولِه
- فَلَا تَمْتَرُنَّ بِهَا: فلا تشكّنّ في قيامِها
- فَوَيْلٌ: هلاكٌ أو حسرةٌ
- بَغْتَةً: فجأة
- اَ۬لَاخِلَّآءُ: الأحبّاءُ
- تُحْبَرُونَ: تسرّونَ سرورًا ظاهرًا
- أَكْوَابٍ: أقداحٍ لا عُرى لها

مدّ مشبع 6 حركات — مدّ 2 أو 4 أو 6 جوازًا — مدّ حركتين — إخفاء، ومواقع الغُنّة (حركتين) — إدغام، وما لا يُلفظ — تفخيم — قلقلة

إِنَّ ٱلْمُجْرِمِينَ فِي عَذَابِ جَهَنَّمَ خَٰلِدُونَ ﴿٧٤﴾ لَا يُفَتَّرُ عَنْهُمْ وَهُمْ

فِيهِ مُبْلِسُونَ ﴿٧٥﴾ وَمَا ظَلَمْنَٰهُمْ وَلَٰكِن كَانُوا۟ هُمُ ٱلظَّٰلِمِينَ ﴿٧٦﴾

وَنَادَوْا۟ يَٰمَٰلِكُ لِيَقْضِ عَلَيْنَا رَبُّكَ قَالَ إِنَّكُم مَّٰكِثُونَ ﴿٧٧﴾ لَقَدْ

جِئْنَٰكُم بِٱلْحَقِّ وَلَٰكِنَّ أَكْثَرَكُمْ لِلْحَقِّ كَٰرِهُونَ ﴿٧٨﴾ أَمْ

أَبْرَمُوٓا۟ أَمْرًا فَإِنَّا مُبْرِمُونَ ﴿٧٩﴾ أَمْ يَحْسَبُونَ أَنَّا لَا نَسْمَعُ سِرَّهُمْ

وَنَجْوَىٰهُم بَلَىٰ وَرُسُلُنَا لَدَيْهِمْ يَكْتُبُونَ ﴿٨٠﴾ قُلْ إِن كَانَ

لِلرَّحْمَٰنِ وَلَدٌ فَأَنَا۠ أَوَّلُ ٱلْعَٰبِدِينَ ﴿٨١﴾ سُبْحَٰنَ رَبِّ ٱلسَّمَٰوَٰتِ

وَٱلْأَرْضِ رَبِّ ٱلْعَرْشِ عَمَّا يَصِفُونَ ﴿٨٢﴾ فَذَرْهُمْ يَخُوضُوا۟ وَيَلْعَبُوا۟

حَتَّىٰ يُلَٰقُوا۟ يَوْمَهُمُ ٱلَّذِي يُوعَدُونَ ﴿٨٣﴾ وَهُوَ ٱلَّذِي فِي ٱلسَّمَآءِ

إِلَٰهٌ وَفِي ٱلْأَرْضِ إِلَٰهٌ وَهُوَ ٱلْحَكِيمُ ٱلْعَلِيمُ ﴿٨٤﴾ ۞ وَتَبَارَكَ ٱلَّذِي

لَهُۥ مُلْكُ ٱلسَّمَٰوَٰتِ وَٱلْأَرْضِ وَمَا بَيْنَهُمَا وَعِندَهُۥ عِلْمُ ٱلسَّاعَةِ

وَإِلَيْهِ تُرْجَعُونَ ﴿٨٥﴾ وَلَا يَمْلِكُ ٱلَّذِينَ يَدْعُونَ مِن دُونِهِ ٱلشَّفَٰعَةَ

إِلَّا مَن شَهِدَ بِٱلْحَقِّ وَهُمْ يَعْلَمُونَ ﴿٨٦﴾ وَلَئِن سَأَلْتَهُم مَّنْ

خَلَقَهُمْ لَيَقُولُنَّ ٱللَّهُ فَأَنَّىٰ يُؤْفَكُونَ ﴿٨٧﴾ وَقِيلِهِۦ يَٰرَبِّ إِنَّ هَٰٓؤُلَآءِ

قَوْمٌ لَّا يُؤْمِنُونَ ﴿٨٨﴾ فَٱصْفَحْ عَنْهُمْ وَقُلْ سَلَٰمٌ فَسَوْفَ يَعْلَمُونَ ﴿٨٩﴾

- لَا يُفَتَّرُ عَنْهُمْ
  لا يُخفَّف عنهم

- مُبْلِسُونَ
  حزينون من شدّة اليأس

- لِيَقْضِ عَلَيْنَا
  لِيُمِتْنا

- أَبْرَمُوٓا۟ أَمْرًا
  أحكموا كيدًا

- وَنَجْوَىٰهُم
  تناجيهم فيما بينهم

- يَخُوضُوا۟
  يدخلوا مداخل الباطل

- تَبَٰرَكَ ٱلَّذِي
  تعالى أو تكاثر خيرُه وإحسانه

- فَأَنَّىٰ يُؤْفَكُونَ
  فكيف يُصرَفون عن عبادته تعالى

- وَقِيلِهِۦ
  وقول الرسول ﷺ

- فَٱصْفَحْ عَنْهُمْ
  فأعرِض عنهم

- سَلَٰمٌ
  ترك وتباعد عن الجدال

| ● مدّ مشبع 6 حركات | ● إخفاء، ومواقع الغُنّة (حركتين) | ● مدّ حركتين | ● تفخيم |
| ● مدّ 2 أو 4 أو 6 جوازًا | ● إدغام، وما لا يُلفظ | | ● قلقلة |

سُورَةُ الدُّخَانِ

ترتيبها 44 — آياتها 56

بِسْمِ اللَّهِ الرَّحْمَٰنِ الرَّحِيمِ

حمٓ وَالْكِتَٰبِ الْمُبِينِ ﴿1﴾ إِنَّآ أَنزَلْنَٰهُ فِي لَيْلَةٍ مُّبَٰرَكَةٍ
إِنَّا كُنَّا مُنذِرِينَ ﴿2﴾ فِيهَا يُفْرَقُ كُلُّ أَمْرٍ حَكِيمٍ ﴿3﴾
أَمْرًا مِّنْ عِندِنَآ إِنَّا كُنَّا مُرْسِلِينَ ﴿4﴾ رَحْمَةً مِّن رَّبِّكَ
إِنَّهُۥ هُوَ السَّمِيعُ الْعَلِيمُ ﴿5﴾ رَبِّ السَّمَٰوَٰتِ وَالْأَرْضِ وَمَا
بَيْنَهُمَآ إِن كُنتُم مُّوقِنِينَ ﴿6﴾ لَآ إِلَٰهَ إِلَّا هُوَ يُحْيِۦ وَيُمِيتُ
رَبُّكُمْ وَرَبُّ ءَابَآئِكُمُ الْأَوَّلِينَ ﴿7﴾ بَلْ هُمْ فِي شَكٍّ
يَلْعَبُونَ ﴿8﴾ فَارْتَقِبْ يَوْمَ تَأْتِي السَّمَآءُ بِدُخَانٍ مُّبِينٍ ﴿9﴾
يَغْشَى النَّاسَ هَٰذَا عَذَابٌ أَلِيمٌ ﴿10﴾ رَّبَّنَا اكْشِفْ
عَنَّا الْعَذَابَ إِنَّا مُؤْمِنُونَ ﴿11﴾ أَنَّىٰ لَهُمُ الذِّكْرَىٰ وَقَدْ
جَآءَهُمْ رَسُولٌ مُّبِينٌ ﴿12﴾ ثُمَّ تَوَلَّوْا عَنْهُ وَقَالُوا مُعَلَّمٌ
مَّجْنُونٌ ﴿13﴾ إِنَّا كَاشِفُوا الْعَذَابِ قَلِيلًا إِنَّكُمْ عَآئِدُونَ ﴿14﴾
يَوْمَ نَبْطِشُ الْبَطْشَةَ الْكُبْرَىٰٓ إِنَّا مُنتَقِمُونَ ﴿15﴾ وَلَقَدْ
فَتَنَّا قَبْلَهُمْ قَوْمَ فِرْعَوْنَ وَجَآءَهُمْ رَسُولٌ كَرِيمٌ ﴿16﴾

- لَيْلَةٍ مُّبَٰرَكَةٍ: ليلةِ القدرِ
- فِيهَا يُفْرَقُ: يفصَّلُ ويُبيَّنُ

الدُّخَان

- فَارْتَقِبْ: انتظرْ بهؤلاءِ الشاكّين
- يَغْشَى النَّاسَ: يشملُهم ويحيطُ بهم
- أَنَّىٰ لَهُمُ الذِّكْرَىٰ: كيفَ يتذكّرونَ ويتعِظونَ
- مُعَلَّمٌ: يعلّمُه بشرٌ
- نَبْطِشُ: نأخذُ بشدّةٍ وعنفٍ
- فَتَنَّا: ابتلينا وامتحنّا

مدّ مشبع 6 حركات — مدّ 2 أو 4 أو 6 جوازاً — مدّ حركتين — إخفاء، ومواقع الغُنّة (حركتين) — إدغام، وما لا يُلفَظ — تفخيم — قلقلة

أَنْ أَدُّوٓاْ إِلَيَّ عِبَادَ ٱللَّهِ إِنِّى لَكُمْ رَسُولٌ أَمِينٌ ﴿١٧﴾

وَأَن لَّا تَعْلُواْ عَلَى ٱللَّهِ إِنِّىٓ ءَاتِيكُم بِسُلْطَٰنٍ مُّبِينٍ ﴿١٨﴾ وَإِنِّى

عُذْتُ بِرَبِّى وَرَبِّكُمْ أَن تَرْجُمُونِ ﴿١٩﴾ وَإِن لَّمْ تُؤْمِنُواْ لِى

فَٱعْتَزِلُونِ ﴿٢٠﴾ فَدَعَا رَبَّهُۥٓ أَنَّ هَٰٓؤُلَآءِ قَوْمٌ مُّجْرِمُونَ ﴿٢١﴾ فَأَسْرِ

بِعِبَادِى لَيْلًا إِنَّكُم مُّتَّبَعُونَ ﴿٢٢﴾ وَٱتْرُكِ ٱلْبَحْرَ رَهْوًا إِنَّهُمْ

جُندٌ مُّغْرَقُونَ ﴿٢٣﴾ ۞ كَمْ تَرَكُواْ مِن جَنَّٰتٍ وَعُيُونٍ ﴿٢٤﴾

وَزُرُوعٍ وَمَقَامٍ كَرِيمٍ ﴿٢٥﴾ وَنَعْمَةٍ كَانُواْ فِيهَا فَٰكِهِينَ ﴿٢٦﴾

كَذَٰلِكَ وَأَوْرَثْنَٰهَا قَوْمًا ءَاخَرِينَ ﴿٢٧﴾ فَمَا بَكَتْ عَلَيْهِمُ ٱلسَّمَآءُ

وَٱلْأَرْضُ وَمَا كَانُواْ مُنظَرِينَ ﴿٢٨﴾ وَلَقَدْ نَجَّيْنَا بَنِىٓ إِسْرَٰٓءِيلَ

مِنَ ٱلْعَذَابِ ٱلْمُهِينِ ﴿٢٩﴾ مِن فِرْعَوْنَ إِنَّهُۥ كَانَ عَالِيًا مِّنَ

ٱلْمُسْرِفِينَ ﴿٣٠﴾ وَلَقَدِ ٱخْتَرْنَٰهُمْ عَلَىٰ عِلْمٍ عَلَى ٱلْعَٰلَمِينَ ﴿٣١﴾

وَءَاتَيْنَٰهُم مِّنَ ٱلْءَايَٰتِ مَا فِيهِ بَلَٰٓؤٌاْ مُّبِينٌ ﴿٣٢﴾ إِنَّ هَٰٓؤُلَآءِ

لَيَقُولُونَ ﴿٣٣﴾ إِنْ هِىَ إِلَّا مَوْتَتُنَا ٱلْأُولَىٰ وَمَا نَحْنُ بِمُنشَرِينَ

فَأْتُواْ بِـَٔابَآئِنَآ إِن كُنتُمْ صَٰدِقِينَ ﴿٣٤﴾ أَهُمْ خَيْرٌ أَمْ قَوْمُ

تُبَّعٍ وَٱلَّذِينَ مِن قَبْلِهِمْ أَهْلَكْنَٰهُمْ إِنَّهُمْ كَانُواْ مُجْرِمِينَ ﴿٣٥﴾

وَمَا خَلَقْنَا ٱلسَّمَـٰوَٰتِ وَٱلْأَرْضَ وَمَا بَيْنَهُمَا لَـٰعِبِينَ ۝٣٦

مَا خَلَقْنَـٰهُمَآ إِلَّا بِٱلْحَقِّ وَلَـٰكِنَّ أَكْثَرَهُمْ لَا يَعْلَمُونَ ۝٣٧

• يَوْمُ ٱلْفَصْلِ
يوم القيامة

إِنَّ يَوْمَ ٱلْفَصْلِ مِيقَـٰتُهُمْ أَجْمَعِينَ ۝٣٨ يَوْمَ لَا يُغْنِي مَوْلًى عَن

• لَا يُغْنِي
مَوْلًى
لا يدفع قريب
أو صديق

مَّوْلًى شَيْـًٔا وَلَا هُمْ يُنصَرُونَ ۝٣٩ إِلَّا مَن رَّحِمَ ٱللَّهُ إِنَّهُ هُوَ

الدُّخَان

ٱلْعَزِيزُ ٱلرَّحِيمُ ۝٤٠ إِنَّ شَجَرَتَ ٱلزَّقُّومِ ۝ طَعَامُ ٱلْأَثِيمِ ۝٤١

• كَٱلْمُهْلِ
دُرْدِيّ الزَّيت
أي عكره أو
المعدن المذاب

كَٱلْمُهْلِ يَغْلِي فِي ٱلْبُطُونِ ۝٤٢ كَغَلْيِ ٱلْحَمِيمِ ۝٤٣ خُذُوهُ

فَٱعْتِلُوهُ إِلَىٰ سَوَآءِ ٱلْجَحِيمِ ۝٤٤ ثُمَّ صُبُّوا۟ فَوْقَ رَأْسِهِۦ مِنْ عَذَابِ

• ٱلْحَمِيمِ
الماء البالغ
غاية الحرارة

ٱلْحَمِيمِ ۝٤٥ ذُقْ إِنَّكَ أَنتَ ٱلْعَزِيزُ ٱلْكَرِيمُ ۝٤٦ إِنَّ هَـٰذَا

مَا كُنتُم بِهِۦ تَمْتَرُونَ ۝٤٧ إِنَّ ٱلْمُتَّقِينَ فِي مَقَامٍ أَمِينٍ ۝٤٨

• فَٱعْتِلُوهُ
فجرُّوه بعنفٍ
وقهرٍ

فِي جَنَّـٰتٍ وَعُيُونٍ ۝٤٩ يَلْبَسُونَ مِن سُندُسٍ وَإِسْتَبْرَقٍ

• سَوَآءِ
ٱلْجَحِيمِ
وسط النار

مُّتَقَـٰبِلِينَ ۝٥٠ كَذَٰلِكَ وَزَوَّجْنَـٰهُم بِحُورٍ عِينٍ ۝٥١

• بِهِۦ تَمْتَرُونَ
فيه تجادلون
وتمارون

يَدْعُونَ فِيهَا بِكُلِّ فَـٰكِهَةٍ ءَامِنِينَ ۝٥٢ لَا يَذُوقُونَ فِيهَا

ٱلْمَوْتَ إِلَّا ٱلْمَوْتَةَ ٱلْأُولَىٰ وَوَقَـٰهُمْ عَذَابَ ٱلْجَحِيمِ ۝٥٣ فَضْلًا

• سُندُسٍ
رقيق الحرير
• وَإِسْتَبْرَقٍ
غليظ الحرير

مِّن رَّبِّكَ ذَٰلِكَ هُوَ ٱلْفَوْزُ ٱلْعَظِيمُ ۝٥٤ فَإِنَّمَا يَسَّرْنَـٰهُ بِلِسَانِكَ

لَعَلَّهُمْ يَتَذَكَّرُونَ ۝٥٥ فَٱرْتَقِبْ إِنَّهُم مُّرْتَقِبُونَ ۝٥٦

• بِحُورٍ
نساء بيض

بِسْمِ اللَّهِ الرَّحْمَٰنِ الرَّحِيمِ

حمٓ ۝ تَنزِيلُ ٱلْكِتَٰبِ مِنَ ٱللَّهِ ٱلْعَزِيزِ ٱلْحَكِيمِ ۝ إِنَّ فِي ٱلسَّمَٰوَٰتِ وَٱلْأَرْضِ لَءَايَٰتٍ لِّلْمُؤْمِنِينَ ۝ وَفِي خَلْقِكُمْ وَمَا يَبُثُّ مِن دَآبَّةٍ ءَايَٰتٌ لِّقَوْمٍ يُوقِنُونَ ۝ وَٱخْتِلَٰفِ ٱلَّيْلِ وَٱلنَّهَارِ وَمَآ أَنزَلَ ٱللَّهُ مِنَ ٱلسَّمَآءِ مِن رِّزْقٍ فَأَحْيَا بِهِ ٱلْأَرْضَ بَعْدَ مَوْتِهَا وَتَصْرِيفِ ٱلرِّيَٰحِ ءَايَٰتٌ لِّقَوْمٍ يَعْقِلُونَ ۝ تِلْكَ ءَايَٰتُ ٱللَّهِ نَتْلُوهَا عَلَيْكَ بِٱلْحَقِّ فَبِأَيِّ حَدِيثٍ بَعْدَ ٱللَّهِ وَءَايَٰتِهِ يُؤْمِنُونَ ۝ وَيْلٌ لِّكُلِّ أَفَّاكٍ أَثِيمٍ ۝ يَسْمَعُ ءَايَٰتِ ٱللَّهِ تُتْلَىٰ عَلَيْهِ ثُمَّ يُصِرُّ مُسْتَكْبِرًا كَأَن لَّمْ يَسْمَعْهَا فَبَشِّرْهُ بِعَذَابٍ أَلِيمٍ ۝ وَإِذَا عَلِمَ مِنْ ءَايَٰتِنَا شَيْـًٔا ٱتَّخَذَهَا هُزُوًا أُو۟لَٰٓئِكَ لَهُمْ عَذَابٌ مُّهِينٌ ۝ مِّن وَرَآئِهِمْ جَهَنَّمُ وَلَا يُغْنِي عَنْهُم مَّا كَسَبُوا۟ شَيْـًٔا وَلَا مَا ٱتَّخَذُوا۟ مِن دُونِ ٱللَّهِ أَوْلِيَآءَ وَلَهُمْ عَذَابٌ عَظِيمٌ ۝ هَٰذَا هُدًى وَٱلَّذِينَ كَفَرُوا۟ بِـَٔايَٰتِ رَبِّهِمْ لَهُمْ عَذَابٌ مِّن رِّجْزٍ أَلِيمٌ ۝ ٱللَّهُ ٱلَّذِي سَخَّرَ لَكُمُ ٱلْبَحْرَ لِتَجْرِيَ ٱلْفُلْكُ فِيهِ بِأَمْرِهِ وَلِتَبْتَغُوا۟ مِن فَضْلِهِ وَلَعَلَّكُمْ تَشْكُرُونَ ۝

ربع

الجاثية

وَسَخَّرَ لَكُم مَّا فِى ٱلسَّمَٰوَٰتِ وَمَا فِى ٱلْأَرْضِ جَمِيعًا مِّنْهُ إِنَّ فِى ذَٰلِكَ لَءَايَٰتٍ لِّقَوْمٍ يَتَفَكَّرُونَ ۝ ۞ قُل لِّلَّذِينَ ءَامَنُوا۟ يَغْفِرُوا۟ لِلَّذِينَ لَا يَرْجُونَ أَيَّامَ ٱللَّهِ لِيَجْزِىَ قَوْمًۢا بِمَا كَانُوا۟ يَكْسِبُونَ ۝ مَنْ عَمِلَ صَٰلِحًا فَلِنَفْسِهِۦ وَمَنْ أَسَآءَ فَعَلَيْهَا ثُمَّ إِلَىٰ رَبِّكُمْ تُرْجَعُونَ ۝ وَلَقَدْ ءَاتَيْنَا بَنِىٓ إِسْرَٰٓءِيلَ ٱلْكِتَٰبَ وَٱلْحُكْمَ وَٱلنُّبُوَّةَ وَرَزَقْنَٰهُم مِّنَ ٱلطَّيِّبَٰتِ وَفَضَّلْنَٰهُمْ عَلَى ٱلْعَٰلَمِينَ ۝ وَءَاتَيْنَٰهُم بَيِّنَٰتٍ مِّنَ ٱلْأَمْرِ فَمَا ٱخْتَلَفُوٓا۟ إِلَّا مِنۢ بَعْدِ مَا جَآءَهُمُ ٱلْعِلْمُ بَغْيًۢا بَيْنَهُمْ إِنَّ رَبَّكَ يَقْضِى بَيْنَهُمْ يَوْمَ ٱلْقِيَٰمَةِ فِيمَا كَانُوا۟ فِيهِ يَخْتَلِفُونَ ۝ ثُمَّ جَعَلْنَٰكَ عَلَىٰ شَرِيعَةٍ مِّنَ ٱلْأَمْرِ فَٱتَّبِعْهَا وَلَا تَتَّبِعْ أَهْوَآءَ ٱلَّذِينَ لَا يَعْلَمُونَ ۝ إِنَّهُمْ لَن يُغْنُوا۟ عَنكَ مِنَ ٱللَّهِ شَيْـًٔا وَإِنَّ ٱلظَّٰلِمِينَ بَعْضُهُمْ أَوْلِيَآءُ بَعْضٍ وَٱللَّهُ وَلِىُّ ٱلْمُتَّقِينَ ۝ هَٰذَا بَصَٰٓئِرُ لِلنَّاسِ وَهُدًى وَرَحْمَةٌ لِّقَوْمٍ يُوقِنُونَ ۝ أَمْ حَسِبَ ٱلَّذِينَ ٱجْتَرَحُوا۟ ٱلسَّيِّـَٔاتِ أَن نَّجْعَلَهُمْ كَٱلَّذِينَ ءَامَنُوا۟ وَعَمِلُوا۟ ٱلصَّٰلِحَٰتِ سَوَآءً مَّحْيَاهُمْ وَمَمَاتُهُمْ سَآءَ مَا يَحْكُمُونَ ۝ وَخَلَقَ ٱللَّهُ ٱلسَّمَٰوَٰتِ وَٱلْأَرْضَ بِٱلْحَقِّ وَلِتُجْزَىٰ كُلُّ نَفْسٍ بِمَا كَسَبَتْ وَهُمْ لَا يُظْلَمُونَ ۝

• بَغْيًۢا بَيْنَهُمْ
حسدًا وعداوةً بينهم

• شَرِيعَةٍ مِّنَ ٱلْأَمْرِ
طريقة ومنهاج من الدين

• لَن يُغْنُوا۟ عَنكَ
لن يدفعوا عنك

• ٱجْتَرَحُوا۟ ٱلسَّيِّـَٔاتِ
اكتسبوها

• مدّ مشبع 6 حركات   • مدّ حركتين
• مدّ 2 أو 4 أو 6 جوازًا
• إخفاء، ومواقع الغنّة (حركتين)   • تفخيم
• إدغام، وما لا يلفظ   • قلقلة

أَفَرَآيْتَ مَنِ اِ۪تَّخَذَ إِلَٰهَهُۥ هَوِيٰهُ وَأَضَلَّهُ اُ۬للَّهُ عَلَيٰ عِلْمٖ وَخَتَمَ عَلَيٰ سَمْعِهِۦ
وَقَلْبِهِۦ وَجَعَلَ عَلَيٰ بَصَرِهِۦ غِشَٰوَةٗ فَمَنْ يَّهْدِيهِ مِنۢ بَعْدِ اِ۬للَّهِۖ أَفَلَا
تَذَّكَّرُونَۖ (22) وَقَالُواْ مَا هِيَ إِلَّا حَيَاتُنَا اَ۬لدُّنْيا نَمُوتُ وَنَحْيا وَمَا
يُهْلِكُنَآ إِلَّا اَ۬لدَّهْرُۖ وَمَا لَهُم بِذَٰلِكَ مِنْ عِلْمٍۖ اِنْ هُمُۥٓ إِلَّا يَظُنُّونَۖ (23)
۞ وَإِذَا تُتْلَيٰ عَلَيْهِمُۥٓ ءَايَٰتُنَا بَيِّنَٰتٖ مَّا كَانَ حُجَّتَهُمُۥٓ إِلَّآ أَن قَالُواْ
اِيتُواْ بِـَٔابَآئِنَآ إِن كُنتُمْ صَٰدِقِينَۖ (24) قُلِ اِ۬للَّهُ يُحْيِيكُمْ ثُمَّ يُمِيتُكُمْ
ثُمَّ يَجْمَعُكُمُۥٓ إِلَيٰ يَوْمِ اِ۬لْقِيَٰمَةِ لَا رَيْبَ فِيهِۖ وَلَٰكِنَّ أَكْثَرَ اَ۬لنَّاسِ لَا
يَعْلَمُونَۖ (25) وَلِلَّهِ مُلْكُ اُ۬لسَّمَٰوَٰتِ وَالْأَرْضِۖ وَيَوْمَ تَقُومُ اُ۬لسَّاعَةُ يَوْمَئِذٖ
يَخْسَرُ اُ۬لْمُبْطِلُونَۖ (26) وَتَرَيٰ كُلَّ أُمَّةٖ جَاثِيَةٗۖ كُلُّ أُمَّةٖ تُدْعَيٰٓ إِلَيٰ كِتَٰبِهَا
اَ۬لْيَوْمَ تُجْزَوْنَ مَا كُنتُمْ تَعْمَلُونَۖ (27) هَٰذَا كِتَٰبُنَا يَنطِقُ عَلَيْكُم بِالْحَقِّۖ
إِنَّا كُنَّا نَسْتَنسِخُ مَا كُنتُمْ تَعْمَلُونَۖ (28) فَأَمَّا اَ۬لَّذِينَ ءَامَنُواْ وَعَمِلُواْ
اُ۬لصَّٰلِحَٰتِ فَيُدْخِلُهُمْ رَبُّهُمْ فِے رَحْمَتِهِۦۖ ذَٰلِكَ هُوَ اَ۬لْفَوْزُ اُ۬لْمُبِينُۖ (29) وَأَمَّا
اَ۬لَّذِينَ كَفَرُوٓاْ أَفَلَمْ تَكُنْ ءَايَٰتِے تُتْلَيٰ عَلَيْكُمْ فَاسْتَكْبَرْتُمْ وَكُنتُمْ
قَوْماٗ مُّجْرِمِينَۖ (30) وَإِذَا قِيلَ إِنَّ وَعْدَ اَ۬للَّهِ حَقّٞ وَالسَّاعَةُ لَا رَيْبَ فِيهَا
قُلْتُم مَّا نَدْرِے مَا اَ۬لسَّاعَةُ إِن نَّظُنُّ إِلَّا ظَنّاٗ وَمَا نَحْنُ بِمُسْتَيْقِنِينَۖ (31)

- أَفَرَآيْتَ: أخبرني
- غِشَٰوَةً: غطاءً

ثُمُنٌ

- جَاثِيَةً: باركةً على الرّكبِ لشدّةِ الهوْلِ
- نَسْتَنسِخُ: نأمرُ بنسخ

مدّ مشبع 6 حركات	مدّ حركتين	إخفاء، ومواقع الغُنّة (حركتين)	تفخيم
مدّ 2 أو 4 أو 6 جوازاً		إدغام، وما لا يُلفظ	قلقلة

وَبَدَا لَهُمْ سَيِّئَاتُ مَا عَمِلُوا۟ وَحَاقَ بِهِم مَّا كَانُوا۟ بِهِ

يَسْتَهْزِءُونَ ۝ وَقِيلَ ٱلْيَوْمَ نَنسَىٰكُمْ كَمَا نَسِيتُمْ لِقَآءَ

يَوْمِكُمْ هَٰذَا وَمَأْوَىٰكُمُ ٱلنَّارُ وَمَا لَكُم مِّن نَّٰصِرِينَ ۝

ذَٰلِكُم بِأَنَّكُمُ ٱتَّخَذْتُمْ ءَايَٰتِ ٱللَّهِ هُزُوًا۟ وَغَرَّتْكُمُ ٱلْحَيَوٰةُ

ٱلدُّنْيَا فَٱلْيَوْمَ لَا يُخْرَجُونَ مِنْهَا وَلَا هُمْ يُسْتَعْتَبُونَ ۝ فَلِلَّهِ

ٱلْحَمْدُ رَبِّ ٱلسَّمَٰوَٰتِ وَرَبِّ ٱلْأَرْضِ رَبِّ ٱلْعَٰلَمِينَ ۝ وَلَهُ

ٱلْكِبْرِيَآءُ فِى ٱلسَّمَٰوَٰتِ وَٱلْأَرْضِ وَهُوَ ٱلْعَزِيزُ ٱلْحَكِيمُ ۝

سُورَةُ الأَحْقَافِ

ترتيبها 46 — آياتها 34

بِسْمِ ٱللَّهِ ٱلرَّحْمَٰنِ ٱلرَّحِيمِ

حمٓ ۝ تَنزِيلُ ٱلْكِتَٰبِ مِنَ ٱللَّهِ ٱلْعَزِيزِ ٱلْحَكِيمِ ۝ مَا خَلَقْنَا ٱلسَّمَٰوَٰتِ

وَٱلْأَرْضَ وَمَا بَيْنَهُمَآ إِلَّا بِٱلْحَقِّ وَأَجَلٍ مُّسَمًّى وَٱلَّذِينَ كَفَرُوا۟ عَمَّآ أُنذِرُوا۟

مُعْرِضُونَ ۝ قُلْ أَرَءَيْتُم مَّا تَدْعُونَ مِن دُونِ ٱللَّهِ أَرُونِى مَاذَا خَلَقُوا۟

مِنَ ٱلْأَرْضِ أَمْ لَهُمْ شِرْكٌ فِى ٱلسَّمَٰوَٰتِ ٱئْتُونِى بِكِتَٰبٍ مِّن قَبْلِ هَٰذَآ أَوْ

أَثَٰرَةٍ مِّنْ عِلْمٍ إِن كُنتُمْ صَٰدِقِينَ ۝ وَمَنْ أَضَلُّ مِمَّن يَدْعُوا۟ مِن دُونِ

ٱللَّهِ مَن لَّا يَسْتَجِيبُ لَهُۥٓ إِلَىٰ يَوْمِ ٱلْقِيَٰمَةِ وَهُمْ عَن دُعَآئِهِمْ غَٰفِلُونَ ۝

الحواشي (يمين):

• حَاقَ بِهِم
نَزَلَ أو أحاط بهم

• نَنسَىٰكُمْ
نترككم في العذاب

• مَأْوَىٰكُمُ ٱلنَّارُ
منزلكم ومقرّكم النار

• غَرَّتْكُمُ
خدعتكم

الأحقاف

• وَلَهُ ٱلْكِبْرِيَآءُ
العظمة والملك

حِزْبٌ

• أَرَءَيْتُم
أخبروني

• شِرْكٌ
شِركة

• أَثَٰرَةٍ
بقيّة

| • مدّ مشبع 6 حركات | ● إخفاء، ومواقع الغنّة (حركتين) | ● مدّ حركتين | ● تفخيم |
| • مدّ 2 أو 4 أو 6 جوازاً | ● إدغام، وما لا يُلفظ | | ● قلقلة |

502

وَإِذَا حُشِرَ اَ۬لنَّاسُ كَانُواْ لَهُمُۥٓ أَعْدَآءٗ وَكَانُواْ بِعِبَادَتِهِمْ
كَٰفِرِينَۖ ﴿5﴾ وَإِذَا تُتْل۪يٰ عَلَيْهِمُۥٓ ءَايَٰتُنَا بَيِّنَٰتٖ قَالَ اَ۬لذِينَ كَفَرُواْ
لِلْحَقِّ لَمَّا جَآءَهُمْ هَٰذَا سِحْرٞ مُّبِينٌۖ ﴿6﴾ اَمْ يَقُولُونَ اَ۪فْتَر۪يٰهُۖ قُلِ اِنِ
اِ۪فْتَرَيْتُهُۥ فَلَا تَمْلِكُونَ لِے مِنَ اَ۬للَّهِ شَيْـًٔاۖ هُوَ أَعْلَمُ بِمَا تُفِيضُونَ فِيهِۖ
كَف۪يٰ بِهِۦ شَهِيداَۢ بَيْنِے وَبَيْنَكُمْۖ وَهُوَ اَ۬لْغَفُورُ اُ۬لرَّحِيمُۖ ﴿7﴾ قُلْ مَا
كُنتُ بِدْعاٗ مِّنَ اَ۬لرُّسُلِ وَمَآ أَدْرِے مَا يُفْعَلُ بِے وَلَا بِكُمُۥٓۖ إِنَ اَتَّبِعُ
إِلَّا مَا يُوح۪يٰٓ إِلَيَّۖ وَمَآ أَنَا إِلَّا نَذِيرٞ مُّبِينٞۖ ﴿8﴾ قُلَ اَرَآيْتُمُۥٓ إِن كَانَ
مِنْ عِندِ اِ۬للَّهِ وَكَفَرْتُم بِهِۦ وَشَهِدَ شَاهِدٞ مِّنۢ بَنِےٓ إِسْرَآءِيلَ عَلَيٰ
مِثْلِهِۦ فَـَٔامَنَ وَاسْتَكْبَرْتُمُۥٓۖ إِنَّ اَ۬للَّهَ لَا يَهْدِے اِ۬لْقَوْمَ اَ۬لظَّٰلِمِينَۖ ﴿9﴾
وَقَالَ اَ۬لذِينَ كَفَرُواْ لِلذِينَ ءَامَنُواْ لَوْ كَانَ خَيْراٗ مَّا سَبَقُونَا إِلَيْهِۖ
وَإِذْ لَمْ يَهْتَدُواْ بِهِۦ فَسَيَقُولُونَ هَٰذَآ إِفْكٞ قَدِيمٞۖ ﴿10﴾ وَمِن قَبْلِهِۦ
كِتَٰبُ مُوس۪يٰٓ إِمَاماٗ وَرَحْمَةٗۖ وَهَٰذَا كِتَٰبٞ مُّصَدِّقٞ لِّسَاناً عَرَبِيّاٗ
لِّتُنذِرَ اَ۬لذِينَ ظَلَمُواْ وَبُشْر۪يٰ لِلْمُحْسِنِينَۖ ﴿11﴾ إِنَّ اَ۬لذِينَ قَالُواْ رَبُّنَا
اُ۬للَّهُ ثُمَّ اَ۪سْتَقَٰمُواْ فَلَا خَوْفٌ عَلَيْهِمْ وَلَا هُمْ يَحْزَنُونَۖ ﴿12﴾ أُوْلَٰٓئِكَ
أَصْحَٰبُ اُ۬لْجَنَّةِ خَٰلِدِينَ فِيهَاۖ جَزَآءَۢ بِمَا كَانُواْ يَعْمَلُونَۖ ﴿13﴾

- تُفِيضُونَ فِيهِ: تندفعونَ فيه طعنًا وتكذيبًا
- بِدْعاً: بديعًا لم يسبقْ لي مثيلٌ
- إِفْكٌ قَدِيمٌ: كذبٌ متقادمٌ

مدّ مشبع 6 حركات	إخفاء، ومواقع الغُنَّة (حركتين)	تفخيم
مدّ 2 أو 4 أو 6 جوازاً	إدغام، وما لا يُلفظ	قلقلة
مدّ حركتين		

۞ وَوَصَّيْنَا ٱلْإِنسَٰنَ بِوَٰلِدَيْهِ حُسْنًا حَمَلَتْهُ أُمُّهُۥ كُرْهًا وَوَضَعَتْهُ كُرْهًا وَحَمْلُهُۥ وَفِصَٰلُهُۥ ثَلَٰثُونَ شَهْرًا حَتَّىٰٓ إِذَا بَلَغَ أَشُدَّهُۥ وَبَلَغَ أَرْبَعِينَ سَنَةً قَالَ رَبِّ أَوْزِعْنِىٓ أَنْ أَشْكُرَ نِعْمَتَكَ ٱلَّتِىٓ أَنْعَمْتَ عَلَىَّ وَعَلَىٰ وَٰلِدَىَّ وَأَنْ أَعْمَلَ صَٰلِحًا تَرْضَىٰهُ وَأَصْلِحْ لِى فِى ذُرِّيَّتِىٓ إِنِّى تُبْتُ إِلَيْكَ وَإِنِّى مِنَ ٱلْمُسْلِمِينَ ﴿١٤﴾ أُو۟لَٰٓئِكَ ٱلَّذِينَ يُتَقَبَّلُ عَنْهُمْ أَحْسَنَ مَا عَمِلُوا۟ وَيُتَجَاوَزُ عَن سَيِّـَٔاتِهِمْ فِىٓ أَصْحَٰبِ ٱلْجَنَّةِ وَعْدَ ٱلصِّدْقِ ٱلَّذِى كَانُوا۟ يُوعَدُونَ ﴿١٥﴾ وَٱلَّذِى قَالَ لِوَٰلِدَيْهِ أُفٍّ لَّكُمَآ أَتَعِدَانِنِىٓ أَنْ أُخْرَجَ وَقَدْ خَلَتِ ٱلْقُرُونُ مِن قَبْلِى وَهُمَا يَسْتَغِيثَانِ ٱللَّهَ وَيْلَكَ ءَامِنْ إِنَّ وَعْدَ ٱللَّهِ حَقٌّ فَيَقُولُ مَا هَٰذَآ إِلَّآ أَسَٰطِيرُ ٱلْأَوَّلِينَ ﴿١٦﴾ أُو۟لَٰٓئِكَ ٱلَّذِينَ حَقَّ عَلَيْهِمُ ٱلْقَوْلُ فِىٓ أُمَمٍ قَدْ خَلَتْ مِن قَبْلِهِم مِّنَ ٱلْجِنِّ وَٱلْإِنسِ إِنَّهُمْ كَانُوا۟ خَٰسِرِينَ ﴿١٧﴾ وَلِكُلٍّ دَرَجَٰتٌ مِّمَّا عَمِلُوا۟ وَلِيُوَفِّيَهُمْ أَعْمَٰلَهُمْ وَهُمْ لَا يُظْلَمُونَ ﴿١٨﴾ وَيَوْمَ يُعْرَضُ ٱلَّذِينَ كَفَرُوا۟ عَلَى ٱلنَّارِ أَذْهَبْتُمْ طَيِّبَٰتِكُمْ فِى حَيَاتِكُمُ ٱلدُّنْيَا وَٱسْتَمْتَعْتُم بِهَا فَٱلْيَوْمَ تُجْزَوْنَ عَذَابَ ٱلْهُونِ بِمَا كُنتُمْ تَسْتَكْبِرُونَ فِى ٱلْأَرْضِ بِغَيْرِ ٱلْحَقِّ وَبِمَا كُنتُمْ تَفْسُقُونَ ﴿١٩﴾

وَصَّيْنَا ٱلْإِنسَٰنَ
أمرناه

كُرْهًا
على مشقّةٍ

فِصَٰلُهُۥ
فطامُهُ

بَلَغَ أَشُدَّهُۥ
كمال قوّته وعقله

أَوْزِعْنِىٓ
ألهمني ووفّقني

أُفٍّ لَّكُمَآ
كلمة تضجّرٍ وكراهية

أُخْرَجَ
أبعَثُ من القبر بعد الموت

خَلَتِ ٱلْقُرُونُ
مضت الأمم

وَيْلَكَ
هلكت، والمراد حثُّه على الإيمان

ءَامِنْ
آمن بالله وبالبعث

أَسَٰطِيرُ ٱلْأَوَّلِينَ
أباطيلهم المسطرة في كتبهم

● مدّ مشبع ٦ حركات   ● إخفاء، ومواقع الغنّة (حركتين)   ● مدّ حركتين   ● تفخيم
● مدّ ٢ أو ٤ أو ٦ جوازًا   ● إدغام، وما لا يُلفظ   ● قلقلة

٥٠٤

۞ وَٱذۡكُرۡ أَخَا عَادٍ إِذۡ أَنذَرَ قَوۡمَهُۥ بِٱلۡأَحۡقَافِ وَقَدۡ خَلَتِ ٱلنُّذُرُ مِنۢ بَيۡنِ يَدَيۡهِ وَمِنۡ خَلۡفِهِۦٓ أَلَّا تَعۡبُدُوٓاْ إِلَّا ٱللَّهَ إِنِّيٓ أَخَافُ عَلَيۡكُمۡ عَذَابَ يَوۡمٍ عَظِيمٍ ۞ ٢٠ قَالُوٓاْ أَجِئۡتَنَا لِتَأۡفِكَنَا عَنۡ ءَالِهَتِنَا فَأۡتِنَا بِمَا تَعِدُنَآ إِن كُنتَ مِنَ ٱلصَّـٰدِقِينَ ۞ ٢١ قَالَ إِنَّمَا ٱلۡعِلۡمُ عِندَ ٱللَّهِ وَأُبَلِّغُكُم مَّآ أُرۡسِلۡتُ بِهِۦ وَلَـٰكِنِّيٓ أَرَىٰكُمۡ قَوۡمٗا تَجۡهَلُونَ ۞ ٢٢ فَلَمَّا رَأَوۡهُ عَارِضٗا مُّسۡتَقۡبِلَ أَوۡدِيَتِهِمۡ قَالُواْ هَـٰذَا عَارِضٌ مُّمۡطِرُنَا بَلۡ هُوَ مَا ٱسۡتَعۡجَلۡتُم بِهِۦ رِيحٞ فِيهَا عَذَابٌ أَلِيمٞ ۞ ٢٣ تُدَمِّرُ كُلَّ شَيۡءِۭ بِأَمۡرِ رَبِّهَا فَأَصۡبَحُواْ لَا يُرَىٰٓ إِلَّا مَسَـٰكِنُهُمۡ كَذَٰلِكَ نَجۡزِي ٱلۡقَوۡمَ ٱلۡمُجۡرِمِينَ ۞ ٢٤ وَلَقَدۡ مَكَّنَّـٰهُمۡ فِيمَآ إِن مَّكَّنَّـٰكُمۡ فِيهِ وَجَعَلۡنَا لَهُمۡ سَمۡعٗا وَأَبۡصَـٰرٗا وَأَفۡـِٔدَةٗ فَمَآ أَغۡنَىٰ عَنۡهُمۡ سَمۡعُهُمۡ وَلَآ أَبۡصَـٰرُهُمۡ وَلَآ أَفۡـِٔدَتُهُم مِّن شَيۡءٍ إِذۡ كَانُواْ يَجۡحَدُونَ بِـَٔايَـٰتِ ٱللَّهِ وَحَاقَ بِهِم مَّا كَانُواْ بِهِۦ يَسۡتَهۡزِءُونَ ۞ ٢٥ وَلَقَدۡ أَهۡلَكۡنَا مَا حَوۡلَكُم مِّنَ ٱلۡقُرَىٰ وَصَرَّفۡنَا ٱلۡأٓيَـٰتِ لَعَلَّهُمۡ يَرۡجِعُونَ ۞ ٢٦ فَلَوۡلَا نَصَرَهُمُ ٱلَّذِينَ ٱتَّخَذُواْ مِن دُونِ ٱللَّهِ قُرۡبَانًا ءَالِهَةَۢ بَلۡ ضَلُّواْ عَنۡهُمۡ وَذَٰلِكَ إِفۡكُهُمۡ وَمَا كَانُواْ يَفۡتَرُونَ ۞ ٢٧

• بِٱلۡأَحۡقَاف
وادٍ بين عُمان ومَهرة

• لِتَأۡفِكَنَا
لتصرفَنا

• عَارِضًا
سحاباً يعرض في الأفق

• تُدَمِّرُ
تُهلك

• مَكَّنَّـٰهُمۡ
أقدرناهم

• فِيمَآ إِن مَّكَّنَّـٰكُمۡ فِيهِ
في الذي ما مكّنّاكم فيه

• فَمَآ أَغۡنَىٰ عَنۡهُمۡ
فما دفع عنهم

• حَاقَ بِهِم
أحاطَ أو نزل بهم

• صَرَّفۡنَا ٱلۡأٓيَـٰتِ
كرّرناها بأساليب مُختلفة

• قُرۡبَانًا
متقرّبًا بهم إلى الله

• إِفۡكُهُمۡ
كذبُهم

• يَفۡتَرُونَ
يختلقون

• مَدّ مشبع ٦ حركات   • إخفاء، ومواقع الغُنّة (حركتين)   • تفخيم
• مَدّ ٢ أو ٤ أو ٦ جوازاً   • مَدّ حركتين   • إدغام، وما لا يُلفظ   • قلقلة

وَإِذْ صَرَفْنَآ إِلَيْكَ نَفَرًا مِّنَ ٱلْجِنِّ يَسْتَمِعُونَ ٱلْقُرْءَانَ
فَلَمَّا حَضَرُوهُ قَالُوٓا۟ أَنصِتُوا۟ ۖ فَلَمَّا قُضِىَ وَلَّوْا۟ إِلَىٰ قَوْمِهِم
مُّنذِرِينَ ۝28 قَالُوا۟ يَٰقَوْمَنَآ إِنَّا سَمِعْنَا كِتَٰبًا أُنزِلَ مِنۢ بَعْدِ
مُوسَىٰ مُصَدِّقًا لِّمَا بَيْنَ يَدَيْهِ يَهْدِىٓ إِلَى ٱلْحَقِّ وَإِلَىٰ طَرِيقٍ
مُّسْتَقِيمٍ ۝29 يَٰقَوْمَنَآ أَجِيبُوا۟ دَاعِىَ ٱللَّهِ وَءَامِنُوا۟ بِهِۦ يَغْفِرْ
لَكُم مِّن ذُنُوبِكُمْ وَيُجِرْكُم مِّنْ عَذَابٍ أَلِيمٍ ۝30 وَمَن لَّا
يُجِبْ دَاعِىَ ٱللَّهِ فَلَيْسَ بِمُعْجِزٍ فِى ٱلْأَرْضِ وَلَيْسَ لَهُۥ مِن دُونِهِۦٓ
أَوْلِيَآءُ ۚ أُو۟لَٰٓئِكَ فِى ضَلَٰلٍ مُّبِينٍ ۝31 ۞ أَوَلَمْ يَرَوْا۟ أَنَّ ٱللَّهَ
ٱلَّذِى خَلَقَ ٱلسَّمَٰوَٰتِ وَٱلْأَرْضَ وَلَمْ يَعْىَ بِخَلْقِهِنَّ بِقَٰدِرٍ عَلَىٰٓ
أَن يُحْۦِىَ ٱلْمَوْتَىٰ ۚ بَلَىٰٓ إِنَّهُۥ عَلَىٰ كُلِّ شَىْءٍ قَدِيرٌ ۝32 وَيَوْمَ
يُعْرَضُ ٱلَّذِينَ كَفَرُوا۟ عَلَى ٱلنَّارِ أَلَيْسَ هَٰذَا بِٱلْحَقِّ ۖ قَالُوا۟ بَلَىٰ
وَرَبِّنَا ۚ قَالَ فَذُوقُوا۟ ٱلْعَذَابَ بِمَا كُنتُمْ تَكْفُرُونَ ۝33
فَٱصْبِرْ كَمَا صَبَرَ أُو۟لُوا۟ ٱلْعَزْمِ مِنَ ٱلرُّسُلِ وَلَا تَسْتَعْجِل
لَّهُمْ ۚ كَأَنَّهُمْ يَوْمَ يَرَوْنَ مَا يُوعَدُونَ لَمْ يَلْبَثُوٓا۟ إِلَّا سَاعَةً
مِّن نَّهَارٍۭ ۚ بَلَٰغٌ ۚ فَهَلْ يُهْلَكُ إِلَّا ٱلْقَوْمُ ٱلْفَٰسِقُونَ ۝34

- صَرَفْنَآ إِلَيْكَ: أمَلْنا ووجَّهنا نَحْوَك
- أَنصِتُوا۟: أصغُوا
- قُضِىَ: فُرِغَ من قراءةِ القرآنِ
- فَلَيْسَ بِمُعْجِزٍ: للهِ بالهَرَبِ
- لَمْ يَعْىَ: لم يتعبْ
- أُو۟لُوا۟ ٱلْعَزْمِ: ذوو الجِدِّ والثّباتِ والصّبرِ
- بَلَٰغٌ: هذا تبليغٌ من رسولِنا

الأحقاف

ثُمُنٌ

مدّ مشبع 6 حركات	إخفاء، ومواقع الغُنّة (حركتين)	تفخيم
مدّ 2 أو 4 أو 6 جوازاً	إدغام، وما لا يُلفظ	قلقلة
مدّ حركتين		

ترتيبها 47 — سُورَةُ مُحَمَّدٍ — آياتها 39

بِسْمِ ٱللَّهِ ٱلرَّحْمَٰنِ ٱلرَّحِيمِ

ٱلَّذِينَ كَفَرُوا۟ وَصَدُّوا۟ عَن سَبِيلِ ٱللَّهِ أَضَلَّ أَعْمَٰلَهُمْ ﴿1﴾ وَٱلَّذِينَ ءَامَنُوا۟
وَعَمِلُوا۟ ٱلصَّٰلِحَٰتِ وَءَامَنُوا۟ بِمَا نُزِّلَ عَلَىٰ مُحَمَّدٍ وَهُوَ ٱلْحَقُّ مِن رَّبِّهِمْ كَفَّرَ
عَنْهُمْ سَيِّـَٔاتِهِمْ وَأَصْلَحَ بَالَهُمْ ﴿2﴾ ذَٰلِكَ بِأَنَّ ٱلَّذِينَ كَفَرُوا۟ ٱتَّبَعُوا۟ ٱلْبَٰطِلَ وَأَنَّ
ٱلَّذِينَ ءَامَنُوا۟ ٱتَّبَعُوا۟ ٱلْحَقَّ مِن رَّبِّهِمْ كَذَٰلِكَ يَضْرِبُ ٱللَّهُ لِلنَّاسِ أَمْثَٰلَهُمْ ﴿3﴾
فَإِذَا لَقِيتُمُ ٱلَّذِينَ كَفَرُوا۟ فَضَرْبَ ٱلرِّقَابِ حَتَّىٰٓ إِذَآ أَثْخَنتُمُوهُمْ فَشُدُّوا۟ ٱلْوَثَاقَ
فَإِمَّا مَنًّۢا بَعْدُ وَإِمَّا فِدَآءً حَتَّىٰ تَضَعَ ٱلْحَرْبُ أَوْزَارَهَا ﴿4﴾ ذَٰلِكَ وَلَوْ يَشَآءُ ٱللَّهُ
لَٱنتَصَرَ مِنْهُمْ وَلَٰكِن لِّيَبْلُوَا۟ بَعْضَكُم بِبَعْضٍ وَٱلَّذِينَ قَٰتَلُوا۟ فِى سَبِيلِ
ٱللَّهِ فَلَن يُضِلَّ أَعْمَٰلَهُمْ ﴿5﴾ سَيَهْدِيهِمْ وَيُصْلِحُ بَالَهُمْ ﴿6﴾ وَيُدْخِلُهُمُ ٱلْجَنَّةَ
عَرَّفَهَا لَهُمْ ﴿7﴾ يَٰٓأَيُّهَا ٱلَّذِينَ ءَامَنُوٓا۟ إِن تَنصُرُوا۟ ٱللَّهَ يَنصُرْكُمْ وَيُثَبِّتْ
أَقْدَامَكُمْ ﴿8﴾ وَٱلَّذِينَ كَفَرُوا۟ فَتَعْسًا لَّهُمْ وَأَضَلَّ أَعْمَٰلَهُمْ ﴿9﴾ ذَٰلِكَ بِأَنَّهُمْ
كَرِهُوا۟ مَآ أَنزَلَ ٱللَّهُ فَأَحْبَطَ أَعْمَٰلَهُمْ ﴿10﴾ ۞ أَفَلَمْ يَسِيرُوا۟ فِى ٱلْأَرْضِ فَيَنظُرُوا۟
كَيْفَ كَانَ عَٰقِبَةُ ٱلَّذِينَ مِن قَبْلِهِمْ دَمَّرَ ٱللَّهُ عَلَيْهِمْ وَلِلْكَٰفِرِينَ أَمْثَٰلُهَا ﴿11﴾
ذَٰلِكَ بِأَنَّ ٱللَّهَ مَوْلَى ٱلَّذِينَ ءَامَنُوا۟ وَأَنَّ ٱلْكَٰفِرِينَ لَا مَوْلَىٰ لَهُمْ ﴿12﴾

- أَضَلَّ أَعْمَٰلَهُمْ: أحبطها وأبطلها
- كَفَّرَ عَنْهُمْ: أزالَ ومَحا عنهم
- وَأَصْلَحَ بَالَهُمْ: حالَهمْ وشأنَهمْ
- أَثْخَنتُمُوهُمْ: أوْسعْتموهمْ قتلًا وجراحًا
- فَشُدُّوا۟ ٱلْوَثَاقَ: فأحكموا قيْدَ الأسارى منهم
- مَنًّۢا: بإطلاقِ الأسرى
- تَضَعَ ٱلْحَرْبُ أَوْزَارَهَا: تنقضيَ الحربُ
- لِّيَبْلُوَا۟: ليَخْتبرَ
- فَتَعْسًا لَّهُمْ: فهلاكًا أو عثارًا لهم

نِصْف

- فَأَحْبَطَ أَعْمَٰلَهُمْ: فأبْطلَها
- دَمَّرَ ٱللَّهُ عَلَيْهِمْ: أطبقَ الهلاكَ عليهم
- مَوْلَى: ناصرَ

مدّ مشبع 6 حركات	مدّ حركتين	إخفاء، ومواقع الغُنّة (حركتين)	تفخيم
مدّ 2 أو 4 أو 6 جوازًا		إدغام، وما لا يُلفظ	قلقلة

إِنَّ ٱللَّهَ يُدْخِلُ ٱلَّذِينَ ءَامَنُواْ وَعَمِلُواْ ٱلصَّٰلِحَٰتِ جَنَّٰتٍ تَجْرِي مِن

تَحْتِهَا ٱلْأَنْهَٰرُ وَٱلَّذِينَ كَفَرُواْ يَتَمَتَّعُونَ وَيَأْكُلُونَ كَمَا تَأْكُلُ

ٱلْأَنْعَٰمُ وَٱلنَّارُ مَثْوًى لَّهُمْ ۝ وَكَأَيِّن مِّن قَرْيَةٍ هِيَ أَشَدُّ قُوَّةً مِّن

قَرْيَتِكَ ٱلَّتِيٓ أَخْرَجَتْكَ أَهْلَكْنَٰهُمْ فَلَا نَاصِرَ لَهُمْ ۝ أَفَمَن كَانَ

عَلَىٰ بَيِّنَةٍ مِّن رَّبِّهِۦ كَمَن زُيِّنَ لَهُۥ سُوٓءُ عَمَلِهِۦ وَٱتَّبَعُوٓاْ أَهْوَآءَهُم ۝

مَّثَلُ ٱلْجَنَّةِ ٱلَّتِي وُعِدَ ٱلْمُتَّقُونَ فِيهَآ أَنْهَٰرٌ مِّن مَّآءٍ غَيْرِ ءَاسِنٍ وَأَنْهَٰرٌ

مِّن لَّبَنٍ لَّمْ يَتَغَيَّرْ طَعْمُهُۥ وَأَنْهَٰرٌ مِّنْ خَمْرٍ لَّذَّةٍ لِّلشَّٰرِبِينَ وَأَنْهَٰرٌ مِّنْ

عَسَلٍ مُّصَفًّى وَلَهُمْ فِيهَا مِن كُلِّ ٱلثَّمَرَٰتِ وَمَغْفِرَةٌ مِّن رَّبِّهِمْ كَمَنْ

هُوَ خَٰلِدٌ فِي ٱلنَّارِ وَسُقُواْ مَآءً حَمِيمًا فَقَطَّعَ أَمْعَآءَهُمْ ۝ وَمِنْهُم

مَّن يَسْتَمِعُ إِلَيْكَ حَتَّىٰٓ إِذَا خَرَجُواْ مِنْ عِندِكَ قَالُواْ لِلَّذِينَ أُوتُواْ

ٱلْعِلْمَ مَاذَا قَالَ ءَانِفًا أُوْلَٰٓئِكَ ٱلَّذِينَ طَبَعَ ٱللَّهُ عَلَىٰ قُلُوبِهِمْ وَٱتَّبَعُوٓاْ

أَهْوَآءَهُمْ ۝ وَٱلَّذِينَ ٱهْتَدَوْاْ زَادَهُمْ هُدًى وَءَاتَىٰهُمْ تَقْوَىٰهُمْ ۝

فَهَلْ يَنظُرُونَ إِلَّا ٱلسَّاعَةَ أَن تَأْتِيَهُم بَغْتَةً فَقَدْ جَآءَ أَشْرَاطُهَا فَأَنَّىٰ لَهُمْ إِذَا

جَآءَتْهُمْ ذِكْرَىٰهُمْ ۝ فَٱعْلَمْ أَنَّهُۥ لَا إِلَٰهَ إِلَّا ٱللَّهُ وَٱسْتَغْفِرْ لِذَنۢبِكَ

وَلِلْمُؤْمِنِينَ وَٱلْمُؤْمِنَٰتِ وَٱللَّهُ يَعْلَمُ مُتَقَلَّبَكُمْ وَمَثْوَىٰكُمْ ۝

Marginal notes (right column):

• مَثْوًى لَّهُمْ
مقام ومأوى
لهم

• كَأَيِّن
كثير

• غَيْرِ ءَاسِنٍ
غير متغيّر ولا
مُنتِن

• عَسَلٍ
مُصَفًّى
مُنقًّى من
جميع
الشوائب

مُحَمَّد

• مَآءً حَمِيمًا
بالغًا الغاية في
الحرارة

• قَالَ ءَانِفًا
مبتدأً أو
قُبيل الآن

• جَآءَ
أَشْرَاطُهَا
علاماتها
وأماراتها

• فَأَنَّىٰ لَهُمْ
فكيف لهم
التذكّر

• مُتَقَلَّبَكُمْ
تصرّفكم
حيث
تتحرّكون

• مَثْوَىٰكُمْ
مقامكم حيث
تستقرّون

Bottom legend:

● مدّ مشبع 6 حركات   ● مدّ حركتين
● مدّ 2 أو 4 أو 6 جوازاً

● إخفاء، ومواقع الغُنّة (حركتين)
● إدغام، وما لا يُلفظ

● تفخيم
● قلقلة

۞ وَيَقُولُ ٱلَّذِينَ ءَامَنُواْ لَوْلَا نُزِّلَتْ سُورَةٌ فَإِذَآ أُنزِلَتْ سُورَةٌ مُّحْكَمَةٌ وَذُكِرَ فِيهَا ٱلْقِتَالُ رَأَيْتَ ٱلَّذِينَ فِي قُلُوبِهِم مَّرَضٌ يَنظُرُونَ إِلَيْكَ نَظَرَ ٱلْمَغْشِيِّ عَلَيْهِ مِنَ ٱلْمَوْتِ فَأَوْلَىٰ لَهُمْ ۝ طَاعَةٌ وَقَوْلٌ مَّعْرُوفٌ فَإِذَا عَزَمَ ٱلْأَمْرُ فَلَوْ صَدَقُواْ ٱللَّهَ لَكَانَ خَيْرًا لَّهُمْ ۝ فَهَلْ عَسَيْتُمْ إِن تَوَلَّيْتُمْ أَن تُفْسِدُواْ فِي ٱلْأَرْضِ وَتُقَطِّعُوٓاْ أَرْحَامَكُمْ ۝ أُوْلَٰٓئِكَ ٱلَّذِينَ لَعَنَهُمُ ٱللَّهُ فَأَصَمَّهُمْ وَأَعْمَىٰ أَبْصَارَهُمْ ۝ أَفَلَا يَتَدَبَّرُونَ ٱلْقُرْءَانَ أَمْ عَلَىٰ قُلُوبٍ أَقْفَالُهَآ ۝ إِنَّ ٱلَّذِينَ ٱرْتَدُّواْ عَلَىٰٓ أَدْبَارِهِم مِّنۢ بَعْدِ مَا تَبَيَّنَ لَهُمُ ٱلْهُدَى ٱلشَّيْطَٰنُ سَوَّلَ لَهُمْ وَأَمْلَىٰ لَهُمْ ۝ ذَٰلِكَ بِأَنَّهُمْ قَالُواْ لِلَّذِينَ كَرِهُواْ مَا نَزَّلَ ٱللَّهُ سَنُطِيعُكُمْ فِي بَعْضِ ٱلْأَمْرِ وَٱللَّهُ يَعْلَمُ أَسْرَارَهُمْ ۝ فَكَيْفَ إِذَا تَوَفَّتْهُمُ ٱلْمَلَٰٓئِكَةُ يَضْرِبُونَ وُجُوهَهُمْ وَأَدْبَارَهُمْ ۝ ذَٰلِكَ بِأَنَّهُمُ ٱتَّبَعُواْ مَآ أَسْخَطَ ٱللَّهَ وَكَرِهُواْ رِضْوَٰنَهُۥ فَأَحْبَطَ أَعْمَٰلَهُمْ ۝ أَمْ حَسِبَ ٱلَّذِينَ فِي قُلُوبِهِم مَّرَضٌ أَن لَّن يُخْرِجَ ٱللَّهُ أَضْغَٰنَهُمْ ۝

• ٱلْمَغْشِيِّ عَلَيْهِ	مَرَضٌ
مَنْ أَصَابَتْهُ الغَشْيَةُ	
• فَأَوْلَىٰ لَهُمْ	
قَارَبَهُمْ مَا يُهْلِكُهُمْ	
• طَاعَةٌ	
خَيْرٌ لَهُمْ	
• فَهَلْ عَسَيْتُمْ	
فَهَلْ يُتَوَقَّعُ مِنْكُمْ	
• تَوَلَّيْتُمْ	
كُنْتُمْ وُلَاةَ أَمْرِ الأُمَّةِ	
• أَقْفَالُهَآ	
مَغَالِيقُهَا	
• سَوَّلَ لَهُمْ	
زَيَّنَ وَسَهَّلَ لَهُمْ	
• أَمْلَىٰ لَهُمْ	
مَدَّ لَهُمْ فِي الأَمَانِي	
• يَعْلَمُ	
أَسْرَارَهُمْ	
خَفَايَاهُمْ وَطَوَايَا نُفُوسِهِمْ	
• أَضْغَٰنَهُمْ	
أَحْقَادَهُمُ الشَّدِيدَةَ	

● مَدٌّ مُشْبَعٌ ٦ حَرَكَات	● إخفاء، ومواقع الغُنّة (حركتين)	● تفخيم
● مَدّ حركتين	● إدغام، وما لا يُلفَظ	● قلقلة
● مدّ ٢ أو ٤ أو ٦ جوازاً		

وَلَوْ نَشَاءُ لَأَرَيْنَاكَهُمْ فَلَعَرَفْتَهُم بِسِيمَاهُمْ وَلَتَعْرِفَنَّهُمْ فِي لَحْنِ ٱلْقَوْلِ وَٱللَّهُ يَعْلَمُ أَعْمَالَكُمْ ۝ وَلَنَبْلُوَنَّكُمْ حَتَّىٰ نَعْلَمَ ٱلْمُجَاهِدِينَ مِنكُمْ وَٱلصَّابِرِينَ وَنَبْلُوَا۟ أَخْبَارَكُمْ ۝ إِنَّ ٱلَّذِينَ كَفَرُوا۟ وَصَدُّوا۟ عَن سَبِيلِ ٱللَّهِ وَشَاقُّوا۟ ٱلرَّسُولَ مِنۢ بَعْدِ مَا تَبَيَّنَ لَهُمُ ٱلْهُدَىٰ لَن يَضُرُّوا۟ ٱللَّهَ شَيْئًا وَسَيُحْبِطُ أَعْمَالَهُمْ ۝ يَٰٓأَيُّهَا ٱلَّذِينَ ءَامَنُوٓا۟ أَطِيعُوا۟ ٱللَّهَ وَأَطِيعُوا۟ ٱلرَّسُولَ وَلَا تُبْطِلُوٓا۟ أَعْمَالَكُمْ ۝ إِنَّ ٱلَّذِينَ كَفَرُوا۟ وَصَدُّوا۟ عَن سَبِيلِ ٱللَّهِ ثُمَّ مَاتُوا۟ وَهُمْ كُفَّارٌ فَلَن يَغْفِرَ ٱللَّهُ لَهُمْ ۝ فَلَا تَهِنُوا۟ وَتَدْعُوٓا۟ إِلَى ٱلسَّلْمِ وَأَنتُمُ ٱلْأَعْلَوْنَ وَٱللَّهُ مَعَكُمْ وَلَن يَتِرَكُمْ أَعْمَالَكُمْ ۝ إِنَّمَا ٱلْحَيَوٰةُ ٱلدُّنْيَا لَعِبٌ وَلَهْوٌ وَإِن تُؤْمِنُوا۟ وَتَتَّقُوا۟ يُؤْتِكُمْ أُجُورَكُمْ وَلَا يَسْـَٔلْكُمْ أَمْوَٰلَكُمْ ۝ إِن يَسْـَٔلْكُمُوهَا فَيُحْفِكُمْ تَبْخَلُوا۟ وَيُخْرِجْ أَضْغَٰنَكُمْ ۝ هَٰٓأَنتُمْ هَٰٓؤُلَآءِ تُدْعَوْنَ لِتُنفِقُوا۟ فِي سَبِيلِ ٱللَّهِ فَمِنكُم مَّن يَبْخَلُ وَمَن يَبْخَلْ فَإِنَّمَا يَبْخَلُ عَن نَّفْسِهِ وَٱللَّهُ ٱلْغَنِىُّ وَأَنتُمُ ٱلْفُقَرَآءُ وَإِن تَتَوَلَّوْا۟ يَسْتَبْدِلْ قَوْمًا غَيْرَكُمْ ثُمَّ لَا يَكُونُوٓا۟ أَمْثَٰلَكُم ۝

- بِسِيمَاهُمْ بِعَلَامَاتٍ نَسِمُهُم بِهَا
- لَحْنِ ٱلْقَوْلِ أُسْلُوبِ كَلَامِهِمُ ٱلْمَلْتَوِي
- لَنَبْلُوَنَّكُمْ لِنَخْتَبِرَكُم بِٱلتَّكَالِيفِ ٱلشَّاقَّةِ

رُبْع

مُحَمَّد

- نَبْلُوَا۟ أَخْبَارَكُمْ نُظْهِرَهَا وَنَكْشِفَهَا
- فَلَا تَهِنُوا۟ فَلَا تَضْعُفُوا۟
- ٱلسَّلْمِ ٱلصُّلْحِ وَٱلْمُوَادَعَةِ
- يَتِرَكُمْ أَعْمَالَكُمْ يَنْقُصُكُمْ أُجُورَهَا
- فَيُحْفِكُمْ يُجْهِدْكُم بِطَلَبِ ٱلْمَالِ كُلِّهِ
- أَضْغَٰنَكُمْ أَحْقَادَكُمُ ٱلشَّدِيدَةَ عَلَى ٱلْإِسْلَامِ

| ● مَدّ مُشْبَع ٦ حَرَكَات | ● مَدّ حَرَكَتَيْن | ● إِخْفَاء، وَمَوَاقِع ٱلْغُنَّة (حَرَكَتَيْن) | ● تَفْخِيم |
| ● مَدّ ٢ أَوْ ٤ أَوْ ٦ جَوَازًا | | ● إِدْغَام، وَمَا لَا يُلْفَظ | ● قَلْقَلَة |

بِسْمِ ٱللَّهِ ٱلرَّحْمَنِ ٱلرَّحِيمِ

إِنَّا فَتَحْنَا لَكَ فَتْحاً مُّبِيناً ۝ لِّيَغْفِرَ لَكَ ٱللَّهُ مَا تَقَدَّمَ مِن ذَنبِكَ

وَمَا تَأَخَّرَ وَيُتِمَّ نِعْمَتَهُ عَلَيْكَ وَيَهْدِيَكَ صِرَاطاً مُّسْتَقِيماً ۝

وَيَنصُرَكَ ٱللَّهُ نَصْراً عَزِيزاً ۝ هُوَ ٱلَّذِيٓ أَنزَلَ ٱلسَّكِينَةَ فِي

قُلُوبِ ٱلْمُؤْمِنِينَ لِيَزْدَادُوٓاْ إِيمَاناً مَّعَ إِيمَانِهِمْ وَلِلَّهِ جُنُودُ

ٱلسَّمَٰوَٰتِ وَٱلأَرْضِ وَكَانَ ٱللَّهُ عَلِيماً حَكِيماً ۝ لِّيُدْخِلَ

ٱلْمُؤْمِنِينَ وَٱلْمُؤْمِنَٰتِ جَنَّٰتٍ تَجْرِي مِن تَحْتِهَا ٱلأَنْهَٰرُ خَٰلِدِينَ فِيهَا

وَيُكَفِّرَ عَنْهُمْ سَيِّئَاتِهِمْ وَكَانَ ذَٰلِكَ عِندَ ٱللَّهِ فَوْزاً عَظِيماً ۝

وَيُعَذِّبَ ٱلْمُنَٰفِقِينَ وَٱلْمُنَٰفِقَٰتِ وَٱلْمُشْرِكِينَ وَٱلْمُشْرِكَٰتِ

ٱلظَّانِّينَ بِٱللَّهِ ظَنَّ ٱلسَّوْءِ عَلَيْهِمْ دَآئِرَةُ ٱلسَّوْءِ وَغَضِبَ ٱللَّهُ

عَلَيْهِمْ وَلَعَنَهُمْ وَأَعَدَّ لَهُمْ جَهَنَّمَ وَسَآءَتْ مَصِيراً ۝ وَلِلَّهِ

جُنُودُ ٱلسَّمَٰوَٰتِ وَٱلأَرْضِ وَكَانَ ٱللَّهُ عَزِيزاً حَكِيماً ۝

۞ إِنَّآ أَرْسَلْنَٰكَ شَٰهِداً وَمُبَشِّراً وَنَذِيراً ۝ لِّتُؤْمِنُواْ بِٱللَّهِ

وَرَسُولِهِ وَتُعَزِّرُوهُ وَتُوَقِّرُوهُ وَتُسَبِّحُوهُ بُكْرَةً وَأَصِيلاً ۝

ثُمُنٌ

إِنَّ ٱلَّذِينَ يُبَايِعُونَكَ إِنَّمَا يُبَايِعُونَ ٱللَّهَ يَدُ ٱللَّهِ فَوْقَ أَيْدِيهِمْ فَمَن نَّكَثَ فَإِنَّمَا يَنكُثُ عَلَىٰ نَفْسِهِ وَمَنْ أَوْفَىٰ بِمَا عَٰهَدَ

• نَكَثَ
نقض البيعة والعهد

عَلَيْهُ ٱللَّهَ فَسَيُؤْتِيهِ أَجْرًا عَظِيمًا ۝ سَيَقُولُ لَكَ ٱلْمُخَلَّفُونَ مِنَ ٱلْأَعْرَابِ شَغَلَتْنَا أَمْوَٰلُنَا وَأَهْلُونَا فَٱسْتَغْفِرْ لَنَا يَقُولُونَ

• ٱلْمُخَلَّفُونَ
عن صحبتك في عمرتك

بِأَلْسِنَتِهِم مَّا لَيْسَ فِي قُلُوبِهِمْ قُلْ فَمَن يَمْلِكُ لَكُم مِّنَ ٱللَّهِ شَيْئًا إِنْ أَرَادَ بِكُمْ ضَرًّا أَوْ أَرَادَ بِكُمْ نَفْعًا بَلْ كَانَ ٱللَّهُ بِمَا تَعْمَلُونَ خَبِيرًا ۝ بَلْ ظَنَنتُمْ أَن لَّن يَنقَلِبَ ٱلرَّسُولُ

الفَتْح

• لَّن يَنقَلِبَ
لن يعود إلى المدينة

وَٱلْمُؤْمِنُونَ إِلَىٰ أَهْلِيهِمْ أَبَدًا وَزُيِّنَ ذَٰلِكَ فِي قُلُوبِكُمْ وَظَنَنتُمْ ظَنَّ ٱلسَّوْءِ وَكُنتُمْ قَوْمًا بُورًا ۝ وَمَن لَّمْ يُؤْمِن

• قَوْمًا بُورًا
هالكين

• ذَرُونَا
اتركونا

بِٱللَّهِ وَرَسُولِهِ فَإِنَّا أَعْتَدْنَا لِلْكَٰفِرِينَ سَعِيرًا ۝ وَلِلَّهِ مُلْكُ ٱلسَّمَٰوَٰتِ وَٱلْأَرْضِ يَغْفِرُ لِمَن يَشَاءُ وَيُعَذِّبُ مَن يَشَاءُ وَكَانَ ٱللَّهُ غَفُورًا رَّحِيمًا ۝ سَيَقُولُ ٱلْمُخَلَّفُونَ إِذَا ٱنطَلَقْتُمْ إِلَىٰ مَغَانِمَ لِتَأْخُذُوهَا ذَرُونَا نَتَّبِعْكُمْ يُرِيدُونَ أَن يُبَدِّلُوا كَلَٰمَ ٱللَّهِ قُل لَّن تَتَّبِعُونَا كَذَٰلِكُمْ قَالَ ٱللَّهُ مِن قَبْلُ فَسَيَقُولُونَ بَلْ تَحْسُدُونَنَا بَلْ كَانُوا لَا يَفْقَهُونَ إِلَّا قَلِيلًا ۝

قُل لِّلْمُخَلَّفِينَ مِنَ ٱلْأَعْرَابِ سَتُدْعَوْنَ إِلَىٰ قَوْمٍ أُوْلِى بَأْسٍ شَدِيدٍ تُقَٰتِلُونَهُمْ أَوْ يُسْلِمُونَ فَإِن تُطِيعُواْ يُؤْتِكُمُ ٱللَّهُ أَجْرًا حَسَنًا وَإِن تَتَوَلَّوْا۟ كَمَا تَوَلَّيْتُم مِّن قَبْلُ يُعَذِّبْكُمْ عَذَابًا أَلِيمًا ﴿١٦﴾ لَّيْسَ عَلَى ٱلْأَعْمَىٰ حَرَجٌ وَلَا عَلَى ٱلْأَعْرَجِ حَرَجٌ وَلَا عَلَى ٱلْمَرِيضِ حَرَجٌ وَمَن يُطِعِ ٱللَّهَ وَرَسُولَهُ يُدْخِلْهُ جَنَّٰتٍ تَجْرِى مِن تَحْتِهَا ٱلْأَنْهَٰرُ وَمَن يَتَوَلَّ يُعَذِّبْهُ عَذَابًا أَلِيمًا ﴿١٧﴾ ۞ لَّقَدْ رَضِىَ ٱللَّهُ عَنِ ٱلْمُؤْمِنِينَ إِذْ يُبَايِعُونَكَ تَحْتَ ٱلشَّجَرَةِ فَعَلِمَ مَا فِى قُلُوبِهِمْ فَأَنزَلَ ٱلسَّكِينَةَ عَلَيْهِمْ وَأَثَٰبَهُمْ فَتْحًا قَرِيبًا ﴿١٨﴾ وَمَغَانِمَ كَثِيرَةً يَأْخُذُونَهَا وَكَانَ ٱللَّهُ عَزِيزًا حَكِيمًا ﴿١٩﴾ وَعَدَكُمُ ٱللَّهُ مَغَانِمَ كَثِيرَةً تَأْخُذُونَهَا فَعَجَّلَ لَكُمْ هَٰذِهِ وَكَفَّ أَيْدِىَ ٱلنَّاسِ عَنكُمْ وَلِتَكُونَ ءَايَةً لِّلْمُؤْمِنِينَ وَيَهْدِيَكُمْ صِرَٰطًا مُّسْتَقِيمًا ﴿٢٠﴾ وَأُخْرَىٰ لَمْ تَقْدِرُواْ عَلَيْهَا قَدْ أَحَاطَ ٱللَّهُ بِهَا وَكَانَ ٱللَّهُ عَلَىٰ كُلِّ شَىْءٍ قَدِيرًا ﴿٢١﴾ وَلَوْ قَٰتَلَكُمُ ٱلَّذِينَ كَفَرُواْ لَوَلَّوُاْ ٱلْأَدْبَٰرَ ثُمَّ لَا يَجِدُونَ وَلِيًّا وَلَا نَصِيرًا ﴿٢٢﴾ سُنَّةَ ٱللَّهِ ٱلَّتِى قَدْ خَلَتْ مِن قَبْلُ وَلَن تَجِدَ لِسُنَّةِ ٱللَّهِ تَبْدِيلًا ﴿٢٣﴾

• اوْلِى بَأْسٍ
شِدَّةٍ فِى
الحَرْب

• حَرَجٌ
إثْم

حِزْبٌ

• أَحَاطَ ٱللَّهُ
بِهَا
أعَدَّها أو
حَفِظَها لكم

• مدّ مشبع ٦ حركات   • مدّ حركتين   • إخفاء، ومواقع الغُنّة (حركتين)   • تفخيم
• مدّ ٢ أو ٤ أو ٦ جوازاً   • إدغام، وما لا يُلفظ   • قلقلة

513

وَهُوَ ٱلَّذِى كَفَّ أَيْدِيَهُمْ عَنكُمْ وَأَيْدِيَكُمْ عَنْهُم بِبَطْنِ مَكَّةَ مِنۢ بَعْدِ أَنْ أَظْفَرَكُمْ عَلَيْهِمْ وَكَانَ ٱللَّهُ بِمَا تَعْمَلُونَ بَصِيرًا ۝ هُمُ ٱلَّذِينَ كَفَرُوا۟ وَصَدُّوكُمْ عَنِ ٱلْمَسْجِدِ ٱلْحَرَامِ وَٱلْهَدْىَ مَعْكُوفًا أَن يَبْلُغَ مَحِلَّهُۥ وَلَوْلَا رِجَالٌ مُّؤْمِنُونَ وَنِسَآءٌ مُّؤْمِنَٰتٌ لَّمْ تَعْلَمُوهُمْ أَن تَطَـُٔوهُمْ فَتُصِيبَكُم مِّنْهُم مَّعَرَّةٌۢ بِغَيْرِ عِلْمٍ لِّيُدْخِلَ ٱللَّهُ فِى رَحْمَتِهِۦ مَن يَشَآءُ لَوْ تَزَيَّلُوا۟ لَعَذَّبْنَا ٱلَّذِينَ كَفَرُوا۟ مِنْهُمْ عَذَابًا أَلِيمًا ۝ إِذْ جَعَلَ ٱلَّذِينَ كَفَرُوا۟ فِى قُلُوبِهِمُ ٱلْحَمِيَّةَ حَمِيَّةَ ٱلْجَٰهِلِيَّةِ فَأَنزَلَ ٱللَّهُ سَكِينَتَهُۥ عَلَىٰ رَسُولِهِۦ وَعَلَى ٱلْمُؤْمِنِينَ وَأَلْزَمَهُمْ كَلِمَةَ ٱلتَّقْوَىٰ وَكَانُوٓا۟ أَحَقَّ بِهَا وَأَهْلَهَا وَكَانَ ٱللَّهُ بِكُلِّ شَىْءٍ عَلِيمًا ۝ لَّقَدْ صَدَقَ ٱللَّهُ رَسُولَهُ ٱلرُّءْيَا بِٱلْحَقِّ لَتَدْخُلُنَّ ٱلْمَسْجِدَ ٱلْحَرَامَ إِن شَآءَ ٱللَّهُ ءَامِنِينَ مُحَلِّقِينَ رُءُوسَكُمْ وَمُقَصِّرِينَ لَا تَخَافُونَ فَعَلِمَ مَا لَمْ تَعْلَمُوا۟ فَجَعَلَ مِن دُونِ ذَٰلِكَ فَتْحًا قَرِيبًا ۝ هُوَ ٱلَّذِىٓ أَرْسَلَ رَسُولَهُۥ بِٱلْهُدَىٰ وَدِينِ ٱلْحَقِّ لِيُظْهِرَهُۥ عَلَى ٱلدِّينِ كُلِّهِۦ وَكَفَىٰ بِٱللَّهِ شَهِيدًا ۝

الحاشية اليمنى:

- بِبَطْنِ مَكَّةَ: بالحديبية
- أَظْفَرَكُمْ عَلَيْهِمْ: أظهركم عليهم وأعلاكم
- ٱلْهَدْىَ: البُدْن (الأنعام) التي ساقها الرسول
- مَعْكُوفًا: محبوسًا
- مَحِلَّهُ: مكانه الذي يجب فيه نحرُهُ
- تَطَـُٔوهُمْ: تهلكوهم
- مَعَرَّةٌ: مضرّة أو سُبّة
- تَزَيَّلُوا: تميزوا من الكفار
- ٱلْحَمِيَّةَ: الأنفة والتكبر

الفتح

مُّحَمَّدٌ رَّسُولُ ٱللَّهِ وَٱلَّذِينَ مَعَهُۥٓ أَشِدَّآءُ عَلَى ٱلْكُفَّارِ رُحَمَآءُ بَيْنَهُمْ تَرَىٰهُمْ رُكَّعاً سُجَّداً يَبْتَغُونَ فَضْلاً مِّنَ ٱللَّهِ وَرِضْوَٰناً سِيمَاهُمْ فِى وُجُوهِهِم مِّنْ أَثَرِ ٱلسُّجُودِ ذَٰلِكَ مَثَلُهُمْ فِى ٱلتَّوْرَىٰةِ وَمَثَلُهُمْ فِى ٱلْإِنجِيلِ كَزَرْعٍ أَخْرَجَ شَطْـَٔهُۥ فَـَٔازَرَهُۥ فَٱسْتَغْلَظَ فَٱسْتَوَىٰ عَلَىٰ سُوقِهِۦ يُعْجِبُ ٱلزُّرَّاعَ لِيَغِيظَ بِهِمُ ٱلْكُفَّارَ وَعَدَ ٱللَّهُ ٱلَّذِينَ ءَامَنُواْ وَعَمِلُواْ ٱلصَّـٰلِحَـٰتِ مِنْهُم مَّغْفِرَةً وَأَجْراً عَظِيماً ﴿٢٩﴾

سُورَةُ ٱلْحُجُرَاتِ
ترتيبها ٤٩   آياتها ١٨

بِسْمِ ٱللَّهِ ٱلرَّحْمَٰنِ ٱلرَّحِيمِ

۞ يَـٰٓأَيُّهَا ٱلَّذِينَ ءَامَنُواْ لَا تُقَدِّمُواْ بَيْنَ يَدَىِ ٱللَّهِ وَرَسُولِهِۦ وَٱتَّقُواْ ٱللَّهَ إِنَّ ٱللَّهَ سَمِيعٌ عَلِيمٌ ﴿١﴾ يَـٰٓأَيُّهَا ٱلَّذِينَ ءَامَنُواْ لَا تَرْفَعُوٓاْ أَصْوَٰتَكُمْ فَوْقَ صَوْتِ ٱلنَّبِىِّ وَلَا تَجْهَرُواْ لَهُۥ بِٱلْقَوْلِ كَجَهْرِ بَعْضِكُمْ لِبَعْضٍ أَن تَحْبَطَ أَعْمَـٰلُكُمْ وَأَنتُمْ لَا تَشْعُرُونَ ﴿٢﴾ إِنَّ ٱلَّذِينَ يَغُضُّونَ أَصْوَٰتَهُمْ عِندَ رَسُولِ ٱللَّهِ أُوْلَـٰٓئِكَ ٱلَّذِينَ ٱمْتَحَنَ ٱللَّهُ قُلُوبَهُمْ لِلتَّقْوَىٰ لَهُم مَّغْفِرَةٌ وَأَجْرٌ عَظِيمٌ ﴿٣﴾ إِنَّ ٱلَّذِينَ يُنَادُونَكَ مِن وَرَآءِ ٱلْحُجُرَاتِ أَكْثَرُهُمْ لَا يَعْقِلُونَ ﴿٤﴾

الحاشية اليمنى
- **سِيمَاهُمْ** علامتهم
- **مَثَلُهُمْ** صفتهم
- **أَخْرَجَ شَطْـَٔهُۥ** فراخه المتفرّعة منه
- **فَـَٔازَرَهُۥ** قوّاه
- **فَٱسْتَغْلَظَ** صار غليظاً
- **فَٱسْتَوَىٰ عَلَىٰ سُوقِهِ** قام على قضبانه
- **لَا تُقَدِّمُواْ** أمراً من الأمور
- **تَحْبَطَ أَعْمَـٰلُكُمْ** تبطل أعمالكم
- **يَغُضُّونَ أَصْوَٰتَهُمْ** يخفضونها ويُخافتون بها
- **ٱمْتَحَنَ ٱللَّهُ قُلُوبَهُمْ** أخلصها

الهامش السفلي
- مدّ مشبع ٦ حركات ● مدّ حركتين ● إخفاء، ومواقع الغنّة (حركتين) ● تفخيم
- مدّ ٢ أو ٤ أو ٦ جوازاً ● إدغام، وما لا يُلفظ ● قلقلة

وَلَوْ أَنَّهُمْ صَبَرُوا حَتَّىٰ تَخْرُجَ إِلَيْهِمْ لَكَانَ خَيْرًا لَّهُمْ وَاللَّهُ غَفُورٌ

رَّحِيمٌ ۝ يَـٰٓأَيُّهَا ٱلَّذِينَ ءَامَنُوٓا إِن جَآءَكُمْ فَاسِقٌۢ بِنَبَإٍ فَتَبَيَّنُوٓا أَن

تُصِيبُوا قَوْمًۢا بِجَهَـٰلَةٍ فَتُصْبِحُوا عَلَىٰ مَا فَعَلْتُمْ نَـٰدِمِينَ ۝ وَٱعْلَمُوٓا

أَنَّ فِيكُمْ رَسُولَ ٱللَّهِ لَوْ يُطِيعُكُمْ فِي كَثِيرٍ مِّنَ ٱلْأَمْرِ لَعَنِتُّمْ

وَلَـٰكِنَّ ٱللَّهَ حَبَّبَ إِلَيْكُمُ ٱلْإِيمَـٰنَ وَزَيَّنَهُ فِي قُلُوبِكُمْ وَكَرَّهَ

إِلَيْكُمُ ٱلْكُفْرَ وَٱلْفُسُوقَ وَٱلْعِصْيَانَ أُو۟لَـٰٓئِكَ هُمُ ٱلرَّٰشِدُونَ ۝

فَضْلًا مِّنَ ٱللَّهِ وَنِعْمَةً وَٱللَّهُ عَلِيمٌ حَكِيمٌ ۝ ۞ وَإِن طَآئِفَتَانِ

مِنَ ٱلْمُؤْمِنِينَ ٱقْتَتَلُوا فَأَصْلِحُوا بَيْنَهُمَا فَإِنۢ بَغَتْ إِحْدَىٰهُمَا عَلَى

ٱلْأُخْرَىٰ فَقَـٰتِلُوا ٱلَّتِي تَبْغِي حَتَّىٰ تَفِيٓءَ إِلَىٰٓ أَمْرِ ٱللَّهِ فَإِن فَآءَتْ

فَأَصْلِحُوا بَيْنَهُمَا بِٱلْعَدْلِ وَأَقْسِطُوٓا إِنَّ ٱللَّهَ يُحِبُّ ٱلْمُقْسِطِينَ ۝

إِنَّمَا ٱلْمُؤْمِنُونَ إِخْوَةٌ فَأَصْلِحُوا بَيْنَ أَخَوَيْكُمْ وَٱتَّقُوا ٱللَّهَ لَعَلَّكُمْ

تُرْحَمُونَ ۝ يَـٰٓأَيُّهَا ٱلَّذِينَ ءَامَنُوا لَا يَسْخَرْ قَوْمٌ مِّن قَوْمٍ عَسَىٰٓ

أَن يَكُونُوا خَيْرًا مِّنْهُمْ وَلَا نِسَآءٌ مِّن نِّسَآءٍ عَسَىٰٓ أَن يَكُنَّ خَيْرًا

مِّنْهُنَّ وَلَا تَلْمِزُوٓا أَنفُسَكُمْ وَلَا تَنَابَزُوا بِٱلْأَلْقَـٰبِ بِئْسَ ٱلِٱسْمُ

ٱلْفُسُوقُ بَعْدَ ٱلْإِيمَـٰنِ وَمَن لَّمْ يَتُبْ فَأُو۟لَـٰٓئِكَ هُمُ ٱلظَّـٰلِمُونَ ۝

ثُمُنْ

الحجرات

• لَعَنِتُّمْ
لَأَثِمْتُمْ وهلكتُم

• بَغَتْ
اعتدَتْ

• تَفِيٓءَ
ترجِعَ

• وَأَقْسِطُوٓا
اعدلوا في كل
أموركم

• ٱلْمُقْسِطِينَ
العادلين

• لَا يَسْخَرْ
لا يهزأ

• لَا تَلْمِزُوٓا
أنفسكم

لا يَعِبْ
بعضكم بعضًا

• لَا تَنَابَزُوا
بِٱلْأَلْقَابِ
لا تداعَوْا
بالألقاب
المستكرهةِ

يَـٰٓأَيُّهَا ٱلَّذِينَ ءَامَنُوا۟ ٱجْتَنِبُوا۟ كَثِيرًا مِّنَ ٱلظَّنِّ إِنَّ بَعْضَ ٱلظَّنِّ إِثْمٌ وَلَا تَجَسَّسُوا۟ وَلَا يَغْتَب بَّعْضُكُم بَعْضًا أَيُحِبُّ أَحَدُكُمْ أَن يَأْكُلَ لَحْمَ أَخِيهِ مَيْتًا فَكَرِهْتُمُوهُ وَٱتَّقُوا۟ ٱللَّهَ إِنَّ ٱللَّهَ تَوَّابٌ رَّحِيمٌ ۝١٢ يَـٰٓأَيُّهَا ٱلنَّاسُ إِنَّا خَلَقْنَـٰكُم مِّن ذَكَرٍ وَأُنثَىٰ وَجَعَلْنَـٰكُمْ شُعُوبًا وَقَبَآئِلَ لِتَعَارَفُوٓا۟ إِنَّ أَكْرَمَكُمْ عِندَ ٱللَّهِ أَتْقَىٰكُمْ إِنَّ ٱللَّهَ عَلِيمٌ خَبِيرٌ ۝١٣ ۞ قَالَتِ ٱلْأَعْرَابُ ءَامَنَّا قُل لَّمْ تُؤْمِنُوا۟ وَلَـٰكِن قُولُوٓا۟ أَسْلَمْنَا وَلَمَّا يَدْخُلِ ٱلْإِيمَـٰنُ فِى قُلُوبِكُمْ وَإِن تُطِيعُوا۟ ٱللَّهَ وَرَسُولَهُۥ لَا يَلِتْكُم مِّنْ أَعْمَـٰلِكُمْ شَيْـًٔا إِنَّ ٱللَّهَ غَفُورٌ رَّحِيمٌ ۝١٤ إِنَّمَا ٱلْمُؤْمِنُونَ ٱلَّذِينَ ءَامَنُوا۟ بِٱللَّهِ وَرَسُولِهِۦ ثُمَّ لَمْ يَرْتَابُوا۟ وَجَـٰهَدُوا۟ بِأَمْوَٰلِهِمْ وَأَنفُسِهِمْ فِى سَبِيلِ ٱللَّهِ أُو۟لَـٰٓئِكَ هُمُ ٱلصَّـٰدِقُونَ ۝١٥ قُلْ أَتُعَلِّمُونَ ٱللَّهَ بِدِينِكُمْ وَٱللَّهُ يَعْلَمُ مَا فِى ٱلسَّمَـٰوَٰتِ وَمَا فِى ٱلْأَرْضِ وَٱللَّهُ بِكُلِّ شَىْءٍ عَلِيمٌ ۝١٦ يَمُنُّونَ عَلَيْكَ أَنْ أَسْلَمُوا۟ قُل لَّا تَمُنُّوا۟ عَلَىَّ إِسْلَـٰمَكُم بَلِ ٱللَّهُ يَمُنُّ عَلَيْكُمْ أَنْ هَدَىٰكُمْ لِلْإِيمَـٰنِ إِن كُنتُمْ صَـٰدِقِينَ ۝١٧ إِنَّ ٱللَّهَ يَعْلَمُ غَيْبَ ٱلسَّمَـٰوَٰتِ وَٱلْأَرْضِ وَٱللَّهُ بَصِيرٌۢ بِمَا تَعْمَلُونَ ۝١٨

• لَا تَجَسَّسُوا۟
لا تتبعوا عَوْرَات المسلمين

نِصْف

• لَا يَلِتْكُمْ
لا ينقصكم
• أَتُعَلِّمُونَ ٱللَّهَ
أتخبرونه بقولكم آمنا

● تفخيم	● إخفاء، ومواقع الغُنّة (حركتين)	● مدّ مشبع ٦ حركات
● قلقلة	● إدغام، وما لا يُلفظ	● مدّ حركتين
		● مدّ ٢ أو ٤ أو ٦ جوازًا

سورة ق

بِسْمِ اللَّهِ الرَّحْمَنِ الرَّحِيمِ

قٓ ۚ وَالْقُرْآنِ الْمَجِيدِ ﴿١﴾ بَلْ عَجِبُوا أَن جَاءَهُم مُّنذِرٌ مِّنْهُمْ فَقَالَ الْكَافِرُونَ هَٰذَا شَيْءٌ عَجِيبٌ ﴿٢﴾ أَإِذَا مِتْنَا وَكُنَّا تُرَابًا ۖ ذَٰلِكَ رَجْعٌ بَعِيدٌ ﴿٣﴾ قَدْ عَلِمْنَا مَا تَنقُصُ الْأَرْضُ مِنْهُمْ ۖ وَعِندَنَا كِتَابٌ حَفِيظٌ ﴿٤﴾ بَلْ كَذَّبُوا بِالْحَقِّ لَمَّا جَاءَهُمْ فَهُمْ فِي أَمْرٍ مَّرِيجٍ ﴿٥﴾ أَفَلَمْ يَنظُرُوا إِلَى السَّمَاءِ فَوْقَهُمْ كَيْفَ بَنَيْنَاهَا وَزَيَّنَّاهَا وَمَا لَهَا مِن فُرُوجٍ ﴿٦﴾ وَالْأَرْضَ مَدَدْنَاهَا وَأَلْقَيْنَا فِيهَا رَوَاسِيَ وَأَنبَتْنَا فِيهَا مِن كُلِّ زَوْجٍ بَهِيجٍ ﴿٧﴾ تَبْصِرَةً وَذِكْرَىٰ لِكُلِّ عَبْدٍ مُّنِيبٍ ﴿٨﴾ وَنَزَّلْنَا مِنَ السَّمَاءِ مَاءً مُّبَارَكًا فَأَنبَتْنَا بِهِ جَنَّاتٍ وَحَبَّ الْحَصِيدِ ﴿٩﴾ وَالنَّخْلَ بَاسِقَاتٍ لَّهَا طَلْعٌ نَّضِيدٌ ﴿١٠﴾ رِّزْقًا لِّلْعِبَادِ ۖ وَأَحْيَيْنَا بِهِ بَلْدَةً مَّيْتًا ۚ كَذَٰلِكَ الْخُرُوجُ ﴿١١﴾ كَذَّبَتْ قَبْلَهُمْ قَوْمُ نُوحٍ وَأَصْحَابُ الرَّسِّ وَثَمُودُ ﴿١٢﴾ وَعَادٌ وَفِرْعَوْنُ وَإِخْوَانُ لُوطٍ ﴿١٣﴾ وَأَصْحَابُ الْأَيْكَةِ وَقَوْمُ تُبَّعٍ ۚ كُلٌّ كَذَّبَ الرُّسُلَ فَحَقَّ وَعِيدِ ﴿١٤﴾ أَفَعَيِينَا بِالْخَلْقِ الْأَوَّلِ ۚ بَلْ هُمْ فِي لَبْسٍ مِّنْ خَلْقٍ جَدِيدٍ ﴿١٥﴾

الهامش الأيسر:

• رَجْعٌ
رجوعٌ إلى الحياةِ

• أَمْرٌ مَرِيجٌ
مختلطٌ مضطربٌ

• فُرُوجٍ
فتوقٌ وشقوقٌ

• رَوَاسِيَ
جبالاً ثوابتَ

• زَوْجٍ بَهِيجٍ
صنفٍ حسنٍ نضيرٍ

• عَبْدٍ مُنِيبٍ
راجعٍ إلينا

• حَبَّ الْحَصِيدِ
حبَّ الزرعِ المحصودِ

• النَّخْلَ بَاسِقَاتٍ
طوالاً أو حواملَ

• طَلْعٌ نَّضِيدٌ
متراكمٌ بعضُه فوقَ بعضٍ

• أَصْحَابُ الرَّسِّ
البئرِ، قتلوا نبيَّهم فأهلكوا

• أَصْحَابُ الْأَيْكَةِ
البقعةِ المتكاثفةِ الأشجارِ

التجويد (أسفل الصفحة):

• مدّ مشبع 6 حركات
• إخفاء، ومواقع الغنَّة (حركتين)
• مدّ حركتين
• مدّ 2 أو 4 أو 6 جوازًا
• إدغام، وما لا يُلفظ
• تفخيم
• قلقلة

وَلَقَدْ خَلَقْنَا ٱلْإِنسَٰنَ وَنَعْلَمُ مَا تُوَسْوِسُ بِهِۦ نَفْسُهُۥ وَنَحْنُ أَقْرَبُ إِلَيْهِ

مِنْ حَبْلِ ٱلْوَرِيدِ ﴿١٦﴾ إِذْ يَتَلَقَّى ٱلْمُتَلَقِّيَانِ عَنِ ٱلْيَمِينِ وَعَنِ ٱلشِّمَالِ

قَعِيدٌ ﴿١٧﴾ مَّا يَلْفِظُ مِن قَوْلٍ إِلَّا لَدَيْهِ رَقِيبٌ عَتِيدٌ ﴿١٨﴾ وَجَآءَتْ

سَكْرَةُ ٱلْمَوْتِ بِٱلْحَقِّ ذَٰلِكَ مَا كُنتَ مِنْهُ تَحِيدُ ﴿١٩﴾ وَنُفِخَ فِى

ٱلصُّورِ ذَٰلِكَ يَوْمُ ٱلْوَعِيدِ ﴿٢٠﴾ وَجَآءَتْ كُلُّ نَفْسٍ مَّعَهَا سَآئِقٌ

وَشَهِيدٌ ﴿٢١﴾ لَّقَدْ كُنتَ فِى غَفْلَةٍ مِّنْ هَٰذَا فَكَشَفْنَا عَنكَ غِطَآءَكَ

فَبَصَرُكَ ٱلْيَوْمَ حَدِيدٌ ﴿٢٢﴾ وَقَالَ قَرِينُهُۥ هَٰذَا مَا لَدَىَّ عَتِيدٌ ﴿٢٣﴾ أَلْقِيَا

فِى جَهَنَّمَ كُلَّ كَفَّارٍ عَنِيدٍ ﴿٢٤﴾ مَّنَّاعٍ لِّلْخَيْرِ مُعْتَدٍ مُّرِيبٍ ﴿٢٥﴾

ٱلَّذِى جَعَلَ مَعَ ٱللَّهِ إِلَٰهًا ءَاخَرَ فَأَلْقِيَاهُ فِى ٱلْعَذَابِ ٱلشَّدِيدِ ﴿٢٦﴾

۞ قَالَ قَرِينُهُۥ رَبَّنَا مَا أَطْغَيْتُهُۥ وَلَٰكِن كَانَ فِى ضَلَٰلٍۭ بَعِيدٍ ﴿٢٧﴾

قَالَ لَا تَخْتَصِمُوا۟ لَدَىَّ وَقَدْ قَدَّمْتُ إِلَيْكُم بِٱلْوَعِيدِ ﴿٢٨﴾ مَا يُبَدَّلُ

ٱلْقَوْلُ لَدَىَّ وَمَآ أَنَا۠ بِظَلَّٰمٍ لِّلْعَبِيدِ ﴿٢٩﴾ يَوْمَ نَقُولُ لِجَهَنَّمَ هَلِ ٱمْتَلَأْتِ

وَتَقُولُ هَلْ مِن مَّزِيدٍ ﴿٣٠﴾ وَأُزْلِفَتِ ٱلْجَنَّةُ لِلْمُتَّقِينَ غَيْرَ بَعِيدٍ ﴿٣١﴾

هَٰذَا مَا تُوعَدُونَ لِكُلِّ أَوَّابٍ حَفِيظٍ ﴿٣٢﴾ مَّنْ خَشِىَ ٱلرَّحْمَٰنَ بِٱلْغَيْبِ

وَجَآءَ بِقَلْبٍ مُّنِيبٍ ﴿٣٣﴾ ٱدْخُلُوهَا بِسَلَٰمٍ ذَٰلِكَ يَوْمُ ٱلْخُلُودِ ﴿٣٤﴾

الهوامش التفسيرية (الحاشية اليمنى):

• حَبْلِ ٱلْوَرِيدِ
عِرْقٌ كبيرٌ في العنق

• يَتَلَقَّى ٱلْمُتَلَقِّيَانِ
يُثْبِتُ ويكتب

• قَعِيدٌ
مَلَكٌ قاعد

• رَقِيبٌ
حافظٌ لأعماله

• عَتِيدٌ
مُعَدٌّ حاضر

• سَكْرَةُ ٱلْمَوْتِ
شدّته وغمرته

• تَحِيدُ
تنفر وتهرُب

• غِطَآءَكَ
حجاب غفلتك

ربع

• حَدِيدٌ
نافذٌ قويّ

• عَنِيدٍ
شديد العناد
والمجافاة للحق

• مُّرِيبٍ
شاكٌّ في دينه

• مَآ أَطْغَيْتُهُ
ما قهرته على
الطغيان والغواية

• أُزْلِفَتِ
ٱلْجَنَّةُ
قُرِّبَتْ وأُدْنِيَت

• أَوَّابٍ
راجعٌ إلى الله

لَهُم مَّا يَشَآءُونَ فِيهَا وَلَدَيْنَا مَزِيدٌ ۝ وَكَمْ أَهْلَكْنَا قَبْلَهُم مِّن

قَرْنٍ هُمْ أَشَدُّ مِنْهُم بَطْشًا فَنَقَّبُوا فِي ٱلْبِلَٰدِ هَلْ مِن مَّحِيصٍ ۝

إِنَّ فِي ذَٰلِكَ لَذِكْرَىٰ لِمَن كَانَ لَهُ قَلْبٌ أَوْ أَلْقَى ٱلسَّمْعَ وَهُوَ

شَهِيدٌ ۝ وَلَقَدْ خَلَقْنَا ٱلسَّمَٰوَٰتِ وَٱلْأَرْضَ وَمَا بَيْنَهُمَا فِي سِتَّةِ

أَيَّامٍ وَمَا مَسَّنَا مِن لُّغُوبٍ ۝ فَٱصْبِرْ عَلَىٰ مَا يَقُولُونَ وَسَبِّحْ

بِحَمْدِ رَبِّكَ قَبْلَ طُلُوعِ ٱلشَّمْسِ وَقَبْلَ ٱلْغُرُوبِ ۝ وَمِنَ ٱلَّيْلِ

فَسَبِّحْهُ وَإِدْبَٰرَ ٱلسُّجُودِ ۝ وَٱسْتَمِعْ يَوْمَ يُنَادِ ٱلْمُنَادِ مِن مَّكَانٍ

قَرِيبٍ ۝ يَوْمَ يَسْمَعُونَ ٱلصَّيْحَةَ بِٱلْحَقِّ ذَٰلِكَ يَوْمُ ٱلْخُرُوجِ ۝

إِنَّا نَحْنُ نُحْيِۦ وَنُمِيتُ وَإِلَيْنَا ٱلْمَصِيرُ ۝ يَوْمَ تَشَقَّقُ ٱلْأَرْضُ

عَنْهُمْ سِرَاعًا ذَٰلِكَ حَشْرٌ عَلَيْنَا يَسِيرٌ ۝ نَّحْنُ أَعْلَمُ بِمَا يَقُولُونَ

وَمَآ أَنتَ عَلَيْهِم بِجَبَّارٍ فَذَكِّرْ بِٱلْقُرْءَانِ مَن يَخَافُ وَعِيدِ ۝

سُورَةُ ٱلذَّارِيَٰتِ
ترتيبها 51 · آياتها 60

بِسْمِ ٱللَّهِ ٱلرَّحْمَٰنِ ٱلرَّحِيمِ

وَٱلذَّٰرِيَٰتِ ذَرْوًا ۝ فَٱلْحَٰمِلَٰتِ وِقْرًا ۝ فَٱلْجَٰرِيَٰتِ يُسْرًا ۝

فَٱلْمُقَسِّمَٰتِ أَمْرًا ۝ إِنَّمَا تُوعَدُونَ لَصَادِقٌ ۝ وَإِنَّ ٱلدِّينَ لَوَٰقِعٌ ۝

الحاشية اليمنى:

• كَمْ أَهْلَكْنَا
كثيرًا أهلكنا

• فَنَقَّبُوا فِي
ٱلْبِلَٰدِ
طوّفوا في الأرض
حذر الموت

• مَّحِيصٍ
مهرب ومفرّ
من الله

• لُّغُوبٍ
تعب وإعياء

• إِدْبَٰرَ ٱلسُّجُودِ
عقب الصلوات

• يَسْمَعُونَ
ٱلصَّيْحَةَ
نفخة البعث

• بِجَبَّارٍ
تقهرهم على
الإيمان

الذاريات

• فَٱلْجَٰرِيَٰتِ
يُسْرًا
السفن تجري
بسهولة في البحر

• فَٱلْمُقَسِّمَٰتِ
أَمْرًا
الملائكة تقسم
المقدّرات

• إِنَّمَا تُوعَدُونَ
من البعث

• وَإِنَّ ٱلدِّينَ
الجزاء

الشريط السفلي:

ثُمُن

• مدّ مشبع 6 حركات — • إخفاء، ومواقع الغنّة (حركتين) — • مدّ حركتين — • تفخيم

• مدّ 2 أو 4 أو 6 جوازًا — • إدغام، وما لا يُلفظ — • قلقلة

وَٱلسَّمَآءِ ذَاتِ ٱلْحُبُكِ ۝ إِنَّكُمْ لَفِى قَوْلٍ مُّخْتَلِفٍ ۝ يُؤْفَكُ عَنْهُ

مَنْ أُفِكَ ۝ قُتِلَ ٱلْخَرَّٰصُونَ ۝ ٱلَّذِينَ هُمْ فِى غَمْرَةٍ سَاهُونَ ۝

يَسْـَٔلُونَ أَيَّانَ يَوْمُ ٱلدِّينِ ۝ يَوْمَ هُمْ عَلَى ٱلنَّارِ يُفْتَنُونَ ۝ ذُوقُوا۟

فِتْنَتَكُمْ هَٰذَا ٱلَّذِى كُنتُم بِهِۦ تَسْتَعْجِلُونَ ۝ إِنَّ ٱلْمُتَّقِينَ فِى

جَنَّٰتٍ وَعُيُونٍ ۝ ءَاخِذِينَ مَآ ءَاتَىٰهُمْ رَبُّهُمْ إِنَّهُمْ كَانُوا۟ قَبْلَ ذَٰلِكَ

مُحْسِنِينَ ۝ كَانُوا۟ قَلِيلًا مِّنَ ٱلَّيْلِ مَا يَهْجَعُونَ ۝ وَبِٱلْأَسْحَارِ

هُمْ يَسْتَغْفِرُونَ ۝ وَفِىٓ أَمْوَٰلِهِمْ حَقٌّ لِّلسَّآئِلِ وَٱلْمَحْرُومِ ۝ وَفِى

ٱلْأَرْضِ ءَايَٰتٌ لِّلْمُوقِنِينَ ۝ وَفِىٓ أَنفُسِكُمْ أَفَلَا تُبْصِرُونَ ۝

وَفِى ٱلسَّمَآءِ رِزْقُكُمْ وَمَا تُوعَدُونَ ۝ فَوَرَبِّ ٱلسَّمَآءِ وَٱلْأَرْضِ

إِنَّهُۥ لَحَقٌّ مِّثْلَ مَآ أَنَّكُمْ تَنطِقُونَ ۝ هَلْ أَتَىٰكَ حَدِيثُ ضَيْفِ

إِبْرَٰهِيمَ ٱلْمُكْرَمِينَ ۝ إِذْ دَخَلُوا۟ عَلَيْهِ فَقَالُوا۟ سَلَٰمًا قَالَ سَلَٰمٌ قَوْمٌ

مُّنكَرُونَ ۝ فَرَاغَ إِلَىٰٓ أَهْلِهِۦ فَجَآءَ بِعِجْلٍ سَمِينٍ ۝ فَقَرَّبَهُۥٓ إِلَيْهِمْ

قَالَ أَلَا تَأْكُلُونَ ۝ فَأَوْجَسَ مِنْهُمْ خِيفَةً قَالُوا۟ لَا تَخَفْ وَبَشَّرُوهُ بِغُلَٰمٍ

عَلِيمٍ ۝ فَأَقْبَلَتِ ٱمْرَأَتُهُۥ فِى صَرَّةٍ فَصَكَّتْ وَجْهَهَا وَقَالَتْ عَجُوزٌ

عَقِيمٌ ۝ قَالُوا۟ كَذَٰلِكِ قَالَ رَبُّكِ إِنَّهُۥ هُوَ ٱلْحَكِيمُ ٱلْعَلِيمُ ۝

- **ذَاتِ ٱلْحُبُكِ**
الطُّرُق التي تسير فيها الكواكب

- **يُؤْفَكُ عَنْهُ**
يُصْرَفُ عنه

- **قُتِلَ ٱلْخَرَّٰصُونَ**
لُعِن الكذّابون

- **غَمْرَةٍ**
جهالة غامرة

- **سَاهُونَ**
غافلون عمّا أُمِروا به

- **أَيَّانَ يَوْمُ ٱلدِّينِ**
متى يوم الجزاء

- **يُفْتَنُونَ**
يُحرَقون ويُعذّبون

- **ٱلْمَحْرُومِ**
الذي حُرِم الصدقة لتعفّفه عن السؤال

- **ضَيْفِ إِبْرَٰهِيمَ**
أضيافه من الملائكة

- **فَرَاغَ**
ذهب إليهم في خِفية من ضيفه

- **فَأَوْجَسَ مِنْهُمْ**
فأحسّ في نفسه منهم

- **صَرَّةٍ**
صيحة وضجّة

● تفخيم	● مدّ مشبع ٦ حركات	● إخفاء، ومواقع الغُنّة (حركتين)	● مدّ حركات
● قلقلة	● مدّ ٢ أو ٤ أو ٦ جوازًا	● إدغام، وما لا يُلفظ	● مدّ حركتين

قَالَ فَمَا خَطۡبُكُمۡ أَيُّهَا ٱلۡمُرۡسَلُونَ ﴿٣١﴾ قَالُوٓاْ إِنَّآ أُرۡسِلۡنَآ إِلَىٰ

قَوۡمٖ مُّجۡرِمِينَ ﴿٣٢﴾ لِنُرۡسِلَ عَلَيۡهِمۡ حِجَارَةٗ مِّن طِينٖ ﴿٣٣﴾ مُّسَوَّمَةً عِندَ

رَبِّكَ لِلۡمُسۡرِفِينَ ﴿٣٤﴾ فَأَخۡرَجۡنَا مَن كَانَ فِيهَا مِنَ ٱلۡمُؤۡمِنِينَ ﴿٣٥﴾ فَمَا

وَجَدۡنَا فِيهَا غَيۡرَ بَيۡتٖ مِّنَ ٱلۡمُسۡلِمِينَ ﴿٣٦﴾ وَتَرَكۡنَا فِيهَآ ءَايَةٗ لِّلَّذِينَ

يَخَافُونَ ٱلۡعَذَابَ ٱلۡأَلِيمَ ﴿٣٧﴾ وَفِي مُوسَىٰٓ إِذۡ أَرۡسَلۡنَٰهُ إِلَىٰ فِرۡعَوۡنَ

بِسُلۡطَٰنٖ مُّبِينٖ ﴿٣٨﴾ فَتَوَلَّىٰ بِرُكۡنِهِۦ وَقَالَ سَٰحِرٌ أَوۡ مَجۡنُونٞ ﴿٣٩﴾

فَأَخَذۡنَٰهُ وَجُنُودَهُۥ فَنَبَذۡنَٰهُمۡ فِي ٱلۡيَمِّ وَهُوَ مُلِيمٞ ﴿٤٠﴾ وَفِي عَادٍ إِذۡ

أَرۡسَلۡنَا عَلَيۡهِمُ ٱلرِّيحَ ٱلۡعَقِيمَ ﴿٤١﴾ مَا تَذَرُ مِن شَيۡءٍ أَتَتۡ عَلَيۡهِ إِلَّا

جَعَلَتۡهُ كَٱلرَّمِيمِ ﴿٤٢﴾ وَفِي ثَمُودَ إِذۡ قِيلَ لَهُمۡ تَمَتَّعُواْ حَتَّىٰ حِينٖ ﴿٤٣﴾

فَعَتَوۡاْ عَنۡ أَمۡرِ رَبِّهِمۡ فَأَخَذَتۡهُمُ ٱلصَّٰعِقَةُ وَهُمۡ يَنظُرُونَ ﴿٤٤﴾ فَمَا

ٱسۡتَطَٰعُواْ مِن قِيَامٖ وَمَا كَانُواْ مُنتَصِرِينَ ﴿٤٥﴾ وَقَوۡمَ نُوحٖ مِّن قَبۡلُ إِنَّهُمۡ

كَانُواْ قَوۡمٗا فَٰسِقِينَ ﴿٤٦﴾ وَٱلسَّمَآءَ بَنَيۡنَٰهَا بِأَيۡيْدٖ وَإِنَّا لَمُوسِعُونَ ﴿٤٧﴾

وَٱلۡأَرۡضَ فَرَشۡنَٰهَا فَنِعۡمَ ٱلۡمَٰهِدُونَ ﴿٤٨﴾ وَمِن كُلِّ شَيۡءٍ خَلَقۡنَا زَوۡجَيۡنِ

لَعَلَّكُمۡ تَذَكَّرُونَ ﴿٤٩﴾ فَفِرُّوٓاْ إِلَى ٱللَّهِ إِنِّي لَكُم مِّنۡهُ نَذِيرٞ مُّبِينٞ ﴿٥٠﴾

وَلَا تَجۡعَلُواْ مَعَ ٱللَّهِ إِلَٰهًا ءَاخَرَ إِنِّي لَكُم مِّنۡهُ نَذِيرٞ مُّبِينٞ ﴿٥١﴾

• فَمَا خَطۡبُكُمۡ
فما شأنكم
الخطير

• مُسَوَّمَةً
مُعَلَّمَة

• فَتَوَلَّىٰ
بِرُكۡنِهِ
أعرض بجنوده
عن الإيمان

• هُوَ مُلِيمٞ
آتٍ بما يُلامُ
عليه

• ٱلرِّيحَ ٱلۡعَقِيمَ
المهلكة لهم
القاطعة لنسلهم

• كَٱلرَّمِيمِ
كالهشيم
المُفَتَّت

• فَعَتَوۡاْ
فاستكبروا

• ٱلصَّٰعِقَةُ
الصيحة
الشديدة أو نار
من السماء

• بَنَيۡنَٰهَا
بِأَيۡيْدٖ
بقوة

• زَوۡجَيۡنِ
صنفين ونوعين
مختلفين

• فَفِرُّوٓاْ إِلَى
ٱللَّهِ
فاهربوا من
عقابه إلى ثوابه

● مدّ مشبع ٦ حركات	● إخفاء، ومواقع الغُنّة (حركتين)
● مدّ ٢ أو ٤ أو ٦ جوازاً	● إدغام، وما لا يُلفظ
● مدّ حركتين	● تفخيم
	● قلقلة

522

كَذَٰلِكَ مَآ أَتَى ٱلَّذِينَ مِن قَبْلِهِم مِّن رَّسُولٍ إِلَّا قَالُوا۟ سَاحِرٌ أَوْ مَجْنُونٌ ﴿٥٢﴾ أَتَوَاصَوْا۟ بِهِۦ بَلْ هُمْ قَوْمٌ طَاغُونَ ﴿٥٣﴾ فَتَوَلَّ عَنْهُمْ فَمَآ أَنتَ بِمَلُومٍ ﴿٥٤﴾ وَذَكِّرْ فَإِنَّ ٱلذِّكْرَىٰ تَنفَعُ ٱلْمُؤْمِنِينَ ﴿٥٥﴾ ۞ وَمَا خَلَقْتُ ٱلْجِنَّ وَٱلْإِنسَ إِلَّا لِيَعْبُدُونِ ﴿٥٦﴾ مَآ أُرِيدُ مِنْهُم مِّن رِّزْقٍ وَمَآ أُرِيدُ أَن يُطْعِمُونِ ﴿٥٧﴾ إِنَّ ٱللَّهَ هُوَ ٱلرَّزَّاقُ ذُو ٱلْقُوَّةِ ٱلْمَتِينُ ﴿٥٨﴾ فَإِنَّ لِلَّذِينَ ظَلَمُوا۟ ذَنُوبًا مِّثْلَ ذَنُوبِ أَصْحَٰبِهِمْ فَلَا يَسْتَعْجِلُونِ ﴿٥٩﴾ فَوَيْلٌ لِّلَّذِينَ كَفَرُوا۟ مِن يَوْمِهِمُ ٱلَّذِى يُوعَدُونَ ﴿٦٠﴾

سُورَةُ الطُّورِ

ترتيبها ٥٢   آياتها ٤٧

بِسْمِ ٱللَّهِ ٱلرَّحْمَٰنِ ٱلرَّحِيمِ

وَٱلطُّورِ وَكِتَٰبٍ مَّسْطُورٍ ﴿١﴾ فِى رَقٍّ مَّنشُورٍ ﴿٢﴾ وَٱلْبَيْتِ ٱلْمَعْمُورِ ﴿٣﴾ وَٱلسَّقْفِ ٱلْمَرْفُوعِ ﴿٤﴾ وَٱلْبَحْرِ ٱلْمَسْجُورِ ﴿٥﴾ إِنَّ عَذَابَ رَبِّكَ لَوَٰقِعٌ ﴿٦﴾ مَّا لَهُۥ مِن دَافِعٍ ﴿٧﴾ يَوْمَ تَمُورُ ٱلسَّمَآءُ مَوْرًا ﴿٨﴾ وَتَسِيرُ ٱلْجِبَالُ سَيْرًا ﴿٩﴾ فَوَيْلٌ يَوْمَئِذٍ لِّلْمُكَذِّبِينَ ﴿١٠﴾ ٱلَّذِينَ هُمْ فِى خَوْضٍ يَلْعَبُونَ ﴿١١﴾ يَوْمَ يُدَعُّونَ إِلَىٰ نَارِ جَهَنَّمَ دَعًّا هَٰذِهِ ٱلنَّارُ ٱلَّتِى كُنتُم بِهَا تُكَذِّبُونَ ﴿١٢﴾

الهامش الجانبي:

● ذَنُوبًا: نصيبًا من العذاب

● فَوَيْلٌ: هلاكٌ أو حسرة

● ٱلطُّورِ: الجبل الذي كلّم اللهُ عنده موسى

● كِتَٰبٍ مَّسْطُورٍ: مكتوب على وجه الانتظام

● رَقٍّ: ما يُكتب فيه

● مَّنشُورٍ: مبسوطٍ غير مختوم عليه

● ٱلْبَحْرِ ٱلْمَسْجُورِ: الموقَد نارًا يوم القيامة

● تَمُورُ ٱلسَّمَآءُ: تضطرب وتدور كالرَّحى

● فَوَيْلٌ: هلاكٌ وحسرة

● خَوْضٍ: اندفاع في الأباطيل

● يُدَعُّونَ: يُدفعون بعنفٍ وشدّةٍ

أَفَسِحْرٌ هَٰذَآ أَمْ أَنتُمْ لَا تُبْصِرُونَ ۝١٣ إِصْلَوْهَا فَٱصْبِرُوٓا أَوْ لَا تَصْبِرُوا۟ سَوَآءٌ عَلَيْكُمْ إِنَّمَا تُجْزَوْنَ مَا كُنتُمْ تَعْمَلُونَ ۝١٤ إِنَّ ٱلْمُتَّقِينَ فِى جَنَّٰتٍ وَنَعِيمٍ ۝١٥ فَٰكِهِينَ بِمَآ ءَاتَىٰهُمْ رَبُّهُمْ وَوَقَىٰهُمْ رَبُّهُمْ عَذَابَ ٱلْجَحِيمِ ۝١٦ كُلُوا۟ وَٱشْرَبُوا۟ هَنِيٓـًٔا بِمَا كُنتُمْ تَعْمَلُونَ ۝١٧ مُتَّكِـِٔينَ عَلَىٰ سُرُرٍ مَّصْفُوفَةٍ وَزَوَّجْنَٰهُم بِحُورٍ عِينٍ ۝١٨ وَٱلَّذِينَ ءَامَنُوا۟ وَٱتَّبَعَتْهُمْ ذُرِّيَّتُهُم بِإِيمَٰنٍ أَلْحَقْنَا بِهِمْ ذُرِّيَّتَهُمْ وَمَآ أَلَتْنَٰهُم مِّنْ عَمَلِهِم مِّن شَىْءٍ كُلُّ ٱمْرِئٍ بِمَا كَسَبَ رَهِينٌ ۝١٩ وَأَمْدَدْنَٰهُم بِفَٰكِهَةٍ وَلَحْمٍ مِّمَّا يَشْتَهُونَ ۝٢٠ يَتَنَٰزَعُونَ فِيهَا كَأْسًا لَّا لَغْوٌ فِيهَا وَلَا تَأْثِيمٌ ۩ ۝٢١ ۞ وَيَطُوفُ عَلَيْهِمْ غِلْمَانٌ لَّهُمْ كَأَنَّهُمْ لُؤْلُؤٌ مَّكْنُونٌ ۝٢٢ وَأَقْبَلَ بَعْضُهُمْ عَلَىٰ بَعْضٍ يَتَسَآءَلُونَ ۝٢٣ قَالُوٓا۟ إِنَّا كُنَّا قَبْلُ فِىٓ أَهْلِنَا مُشْفِقِينَ ۝٢٤ فَمَنَّ ٱللَّهُ عَلَيْنَا وَوَقَىٰنَا عَذَابَ ٱلسَّمُومِ ۝٢٥ إِنَّا كُنَّا مِن قَبْلُ نَدْعُوهُ إِنَّهُۥ هُوَ ٱلْبَرُّ ٱلرَّحِيمُ ۝٢٦ فَذَكِّرْ فَمَآ أَنتَ بِنِعْمَتِ رَبِّكَ بِكَاهِنٍ وَلَا مَجْنُونٍ ۝٢٧ أَمْ يَقُولُونَ شَاعِرٌ نَّتَرَبَّصُ بِهِۦ رَيْبَ ٱلْمَنُونِ ۝٢٨ قُلْ تَرَبَّصُوا۟ فَإِنِّى مَعَكُم مِّنَ ٱلْمُتَرَبِّصِينَ ۝٢٩

الطور

رُبُع

● مدّ مشبع ٦ حركات   ● إخفاء، ومواقع الغُنّة (حركتين)   ● تفخيم
● مدّ ٢ أو ٤ أو ٦ جوازاً   ● مدّ حركتين   ● إدغام، وما لا يُلفظ   ● قلقلة

أَمْ تَأْمُرُهُمْ أَحْلَٰمُهُم بِهَٰذَآ أَمْ هُمْ قَوْمٌ طَاغُونَ ۝ أَمْ يَقُولُونَ

تَقَوَّلَهُۥ بَل لَّا يُؤْمِنُونَ ۝ فَلْيَأْتُوا۟ بِحَدِيثٍ مِّثْلِهِۦٓ إِن كَانُوا۟

صَٰدِقِينَ ۝ أَمْ خُلِقُوا۟ مِنْ غَيْرِ شَىْءٍ أَمْ هُمُ ٱلْخَٰلِقُونَ ۝ أَمْ

خَلَقُوا۟ ٱلسَّمَٰوَٰتِ وَٱلْأَرْضَ بَل لَّا يُوقِنُونَ ۝ أَمْ عِندَهُمْ خَزَآئِنُ

رَبِّكَ أَمْ هُمُ ٱلْمُصَۣيْطِرُونَ ۝ أَمْ لَهُمْ سُلَّمٌ يَسْتَمِعُونَ فِيهِ فَلْيَأْتِ

مُسْتَمِعُهُم بِسُلْطَٰنٍ مُّبِينٍ ۝ أَمْ لَهُ ٱلْبَنَٰتُ وَلَكُمُ ٱلْبَنُونَ ۝

أَمْ تَسْـَٔلُهُمْ أَجْرًا فَهُم مِّن مَّغْرَمٍ مُّثْقَلُونَ ۝ أَمْ عِندَهُمُ ٱلْغَيْبُ

فَهُمْ يَكْتُبُونَ ۝ أَمْ يُرِيدُونَ كَيْدًا فَٱلَّذِينَ كَفَرُوا۟ هُمُ

ٱلْمَكِيدُونَ ۝ أَمْ لَهُمْ إِلَٰهٌ غَيْرُ ٱللَّهِ سُبْحَٰنَ ٱللَّهِ عَمَّا يُشْرِكُونَ ۝

۞ وَإِن يَرَوْا۟ كِسْفًا مِّنَ ٱلسَّمَآءِ سَاقِطًا يَقُولُوا۟ سَحَابٌ

مَّرْكُومٌ ۝ فَذَرْهُمْ حَتَّىٰ يُلَٰقُوا۟ يَوْمَهُمُ ٱلَّذِي فِيهِ يُصْعَقُونَ ۝

يَوْمَ لَا يُغْنِى عَنْهُمْ كَيْدُهُمْ شَيْـًٔا وَلَا هُمْ يُنصَرُونَ ۝

وَإِنَّ لِلَّذِينَ ظَلَمُوا۟ عَذَابًا دُونَ ذَٰلِكَ وَلَٰكِنَّ أَكْثَرَهُمْ لَا

يَعْلَمُونَ ۝ وَٱصْبِرْ لِحُكْمِ رَبِّكَ فَإِنَّكَ بِأَعْيُنِنَا وَسَبِّحْ بِحَمْدِ

رَبِّكَ حِينَ تَقُومُ ۝ وَمِنَ ٱلَّيْلِ فَسَبِّحْهُ وَإِدْبَٰرَ ٱلنُّجُومِ ۝

• قَوْمٌ طَاغُونَ
متجاوزون
الحَدَّ في العِنَاد

• تَقَوَّلَهُ
اختلقه من
تلقاء نفسه

• ٱلْمُصَيْطِرُونَ
الأرباب الغالبون

• مِن مَّغْرَمٍ
مُّثْقَلُونَ
من غرم متعبون
مغتمّون

• ٱلْمَكِيدُونَ
المَجزِيُّون
بكيدهم

• كِسْفًا
قطعة عظيمة

• سَحَابٌ
مَّرْكُومٌ
مجموع بعضه
على بعض

ثمن

• يُصْعَقُونَ
يهلكون

• لَا يُغْنِى
عَنْهُمْ
لا يَدفعُ عنهم

• بِأَعْيُنِنَا
في حفظنا
وحراستنا

• سَبِّحْ بِحَمْدِ
رَبِّكَ
سبّحه واحمَده

• إِدْبَٰرَ ٱلنُّجُومِ
وَقْتَ غَيْبَتِها
بضوءِ الصباح

• مدّ مشبع ٦ حركات   • إخفاء، ومواقع الغُنَّة (حركتين)   • تفخيم
• مدّ ٢ أو ٤ أو ٦ جوازاً   • مدّ حركتين   • إدغام، وما لا يُلفظ   • قلقلة

٥٢٥

سُورَةُ النَّجْمِ

ترتيبها ٥٣ • آياتها ٦١

بِسۡمِ ٱللَّهِ ٱلرَّحۡمَٰنِ ٱلرَّحِيمِ

وَٱلنَّجۡمِ إِذَا هَوَىٰ ۝١ مَا ضَلَّ صَاحِبُكُمۡ وَمَا غَوَىٰ ۝٢ وَمَا يَنطِقُ عَنِ ٱلۡهَوَىٰٓ ۝٣ إِنۡ هُوَ إِلَّا وَحۡيٌ يُوحَىٰ ۝٤ عَلَّمَهُۥ شَدِيدُ ٱلۡقُوَىٰ ۝٥ ذُو مِرَّةٍ فَٱسۡتَوَىٰ ۝٦ وَهُوَ بِٱلۡأُفُقِ ٱلۡأَعۡلَىٰ ۝٧ ثُمَّ دَنَا فَتَدَلَّىٰ ۝٨ فَكَانَ قَابَ قَوۡسَيۡنِ أَوۡ أَدۡنَىٰ ۝٩ فَأَوۡحَىٰٓ إِلَىٰ عَبۡدِهِۦ مَآ أَوۡحَىٰ ۝١٠ مَا كَذَبَ ٱلۡفُؤَادُ مَا رَأَىٰٓ ۝١١ أَفَتُمَٰرُونَهُۥ عَلَىٰ مَا يَرَىٰ ۝١٢ وَلَقَدۡ رَءَاهُ نَزۡلَةً أُخۡرَىٰ ۝١٣ عِندَ سِدۡرَةِ ٱلۡمُنتَهَىٰ ۝١٤ عِندَهَا جَنَّةُ ٱلۡمَأۡوَىٰٓ ۝١٥ إِذۡ يَغۡشَى ٱلسِّدۡرَةَ مَا يَغۡشَىٰ ۝١٦ مَا زَاغَ ٱلۡبَصَرُ وَمَا طَغَىٰ ۝١٧ لَقَدۡ رَأَىٰ مِنۡ ءَايَٰتِ رَبِّهِ ٱلۡكُبۡرَىٰٓ ۝١٨ أَفَرَءَيۡتُمُ ٱللَّٰتَ وَٱلۡعُزَّىٰ ۝١٩ وَمَنَوٰةَ ٱلثَّالِثَةَ ٱلۡأُخۡرَىٰٓ ۝٢٠ أَلَكُمُ ٱلذَّكَرُ وَلَهُ ٱلۡأُنثَىٰ ۝٢١ تِلۡكَ إِذًا قِسۡمَةٌ ضِيزَىٰٓ ۝٢٢ إِنۡ هِيَ إِلَّآ أَسۡمَآءٌ سَمَّيۡتُمُوهَآ أَنتُمۡ وَءَابَآؤُكُم مَّآ أَنزَلَ ٱللَّهُ بِهَا مِن سُلۡطَٰنٍ إِن يَتَّبِعُونَ إِلَّا ٱلظَّنَّ وَمَا تَهۡوَى ٱلۡأَنفُسُ وَلَقَدۡ جَآءَهُم مِّن رَّبِّهِمُ ٱلۡهُدَىٰٓ ۝٢٣ أَمۡ لِلۡإِنسَٰنِ مَا تَمَنَّىٰ ۝٢٤ فَلِلَّهِ ٱلۡأٓخِرَةُ وَٱلۡأُولَىٰ ۝٢٥ ۞ وَكَم مِّن مَّلَكٍ فِي ٱلسَّمَٰوَٰتِ لَا تُغۡنِي شَفَٰعَتُهُمۡ شَيۡـًٔا إِلَّا مِنۢ بَعۡدِ أَن يَأۡذَنَ ٱللَّهُ لِمَن يَشَآءُ وَيَرۡضَىٰٓ ۝٢٦

إِنَّ ٱلَّذِينَ لَا يُؤْمِنُونَ بِٱلْءَاخِرَةِ لَيُسَمُّونَ ٱلْمَلَـٰٓئِكَةَ تَسْمِيَةَ ٱلْأُنثَىٰ ﴿٢٧﴾ وَمَا لَهُم بِهِۦ مِنْ عِلْمٍ إِن يَتَّبِعُونَ إِلَّا ٱلظَّنَّ وَإِنَّ ٱلظَّنَّ لَا يُغْنِى مِنَ ٱلْحَقِّ شَيْـًٔا فَأَعْرِضْ عَن مَّن تَوَلَّىٰ عَن ذِكْرِنَا وَلَمْ يُرِدْ إِلَّا ٱلْحَيَوٰةَ ٱلدُّنْيَا ﴿٢٨﴾ ذَٰلِكَ مَبْلَغُهُم مِّنَ ٱلْعِلْمِ إِنَّ رَبَّكَ هُوَ أَعْلَمُ بِمَن ضَلَّ عَن سَبِيلِهِۦ وَهُوَ أَعْلَمُ بِمَنِ ٱهْتَدَىٰ ﴿٢٩﴾ وَلِلَّهِ مَا فِى ٱلسَّمَـٰوَٰتِ وَمَا فِى ٱلْأَرْضِ لِيَجْزِىَ ٱلَّذِينَ أَسَـٰٓـُٔوا۟ بِمَا عَمِلُوا۟ وَيَجْزِىَ ٱلَّذِينَ أَحْسَنُوا۟ بِٱلْحُسْنَى ﴿٣٠﴾ ٱلَّذِينَ يَجْتَنِبُونَ كَبَـٰٓئِرَ ٱلْإِثْمِ وَٱلْفَوَٰحِشَ إِلَّا ٱللَّمَمَ إِنَّ رَبَّكَ وَٰسِعُ ٱلْمَغْفِرَةِ هُوَ أَعْلَمُ بِكُمْ إِذْ أَنشَأَكُم مِّنَ ٱلْأَرْضِ وَإِذْ أَنتُمْ أَجِنَّةٌ فِى بُطُونِ أُمَّهَـٰتِكُمْ فَلَا تُزَكُّوٓا۟ أَنفُسَكُمْ هُوَ أَعْلَمُ بِمَنِ ٱتَّقَىٰٓ ﴿٣١﴾ أَفَرَءَيْتَ ٱلَّذِى تَوَلَّىٰ ﴿٣٢﴾ وَأَعْطَىٰ قَلِيلًا وَأَكْدَىٰٓ ﴿٣٣﴾ أَعِندَهُۥ عِلْمُ ٱلْغَيْبِ فَهُوَ يَرَىٰٓ ﴿٣٤﴾ أَمْ لَمْ يُنَبَّأْ بِمَا فِى صُحُفِ مُوسَىٰ ﴿٣٥﴾ وَإِبْرَٰهِيمَ ٱلَّذِى وَفَّىٰٓ ﴿٣٦﴾ أَلَّا تَزِرُ وَازِرَةٌ وِزْرَ أُخْرَىٰ ﴿٣٧﴾ وَأَن لَّيْسَ لِلْإِنسَـٰنِ إِلَّا مَا سَعَىٰ ﴿٣٨﴾ وَأَنَّ سَعْيَهُۥ سَوْفَ يُرَىٰ ﴿٣٩﴾ ثُمَّ يُجْزَىٰهُ ٱلْجَزَآءَ ٱلْأَوْفَىٰ ﴿٤٠﴾ وَأَنَّ إِلَىٰ رَبِّكَ ٱلْمُنتَهَىٰ ﴿٤١﴾ وَأَنَّهُۥ هُوَ أَضْحَكَ وَأَبْكَىٰ ﴿٤٢﴾ وَأَنَّهُۥ هُوَ أَمَاتَ وَأَحْيَا ﴿٤٣﴾

- **ٱلْفَوَٰحِشَ**
ما عَظُمَ قُبْحُه من الكبائر

- **ٱللَّمَمَ**
صغائر الذنوب

- **فَلَا تُزَكُّوٓا۟ أَنفُسَكُمْ**
فلا تمدحوها بحُسْن الأعمال

- **أَكْدَىٰ**
قطع عطيّته بخلًا

- **أَلَّا تَزِرُ وَازِرَةٌ**
لا تَحْمِلُ نفسٌ آثمةٌ

- **ٱلْمُنتَهَىٰ**
المصير في الآخرة

● تفخيم	● إخفاء، ومواقع الغُنّة (حركتين)	● مدّ مشبع ٦ حركات
● قلقلة	● إدغام، وما لا يُلفظ	● مدّ حركتين
		● مدّ ٢ أو ٤ أو ٦ جوازًا

527

وَأَنَّهُ خَلَقَ ٱلزَّوْجَيْنِ ٱلذَّكَرَ وَٱلْأُنثَىٰ ﴿44﴾ مِن نُّطْفَةٍ إِذَا تُمْنَىٰ ﴿45﴾

۞ وَأَنَّ عَلَيْهِ ٱلنَّشْأَةَ ٱلْأُخْرَىٰ ﴿46﴾ وَأَنَّهُ هُوَ أَغْنَىٰ وَأَقْنَىٰ ﴿47﴾ وَأَنَّهُ هُوَ

رَبُّ ٱلشِّعْرَىٰ ﴿48﴾ وَأَنَّهُ أَهْلَكَ عَادًا ٱلْأُولَىٰ ﴿49﴾ وَثَمُودَا۟ فَمَآ أَبْقَىٰ ﴿50﴾

وَقَوْمَ نُوحٍ مِّن قَبْلُ إِنَّهُمْ كَانُوا۟ هُمْ أَظْلَمَ وَأَطْغَىٰ ﴿51﴾ وَٱلْمُؤْتَفِكَةَ

أَهْوَىٰ ﴿52﴾ فَغَشَّىٰهَا مَا غَشَّىٰ ﴿53﴾ فَبِأَيِّ ءَالَآءِ رَبِّكَ تَتَمَارَىٰ ﴿54﴾

هَٰذَا نَذِيرٌ مِّنَ ٱلنُّذُرِ ٱلْأُولَىٰ ﴿55﴾ أَزِفَتِ ٱلْآزِفَةُ ﴿56﴾ لَيْسَ لَهَا مِن دُونِ

ٱللَّهِ كَاشِفَةٌ ﴿57﴾ أَفَمِنْ هَٰذَا ٱلْحَدِيثِ تَعْجَبُونَ ﴿58﴾ وَتَضْحَكُونَ

وَلَا تَبْكُونَ ﴿59﴾ وَأَنتُمْ سَٰمِدُونَ ﴿60﴾ فَٱسْجُدُوا۟ لِلَّهِ وَٱعْبُدُوا۟ ﴿61﴾

سُورَةُ ٱلْقَمَرِ
ترتيبها 54 — آياتها 55

بِسْمِ ٱللَّهِ ٱلرَّحْمَٰنِ ٱلرَّحِيمِ

ٱقْتَرَبَتِ ٱلسَّاعَةُ وَٱنشَقَّ ٱلْقَمَرُ ﴿1﴾ وَإِن يَرَوْا۟ ءَايَةً يُعْرِضُوا۟

وَيَقُولُوا۟ سِحْرٌ مُّسْتَمِرٌّ ﴿2﴾ وَكَذَّبُوا۟ وَٱتَّبَعُوٓا۟ أَهْوَآءَهُمْ ۚ

وَكُلُّ أَمْرٍ مُّسْتَقِرٌّ ﴿3﴾ وَلَقَدْ جَآءَهُم مِّنَ ٱلْأَنبَآءِ مَا

فِيهِ مُزْدَجَرٌ ﴿4﴾ حِكْمَةٌۢ بَٰلِغَةٌ ۖ فَمَا تُغْنِ ٱلنُّذُرُ ﴿5﴾

فَتَوَلَّ عَنْهُمْ ۘ يَوْمَ يَدْعُ ٱلدَّاعِ إِلَىٰ شَىْءٍ نُّكُرٍ ﴿6﴾

خُشَّعًا أَبْصَرُهُمْ يَخْرُجُونَ مِنَ الْأَجْدَاثِ كَأَنَّهُمْ جَرَادٌ مُّنتَشِرٌ ۝

مُّهْطِعِينَ إِلَى الدَّاعِ يَقُولُ الْكَـٰفِرُونَ هَـٰذَا يَوْمٌ عَسِرٌ ۝ كَذَّبَتْ

قَبْلَهُمْ قَوْمُ نُوحٍ فَكَذَّبُوا عَبْدَنَا وَقَالُوا مَجْنُونٌ وَازْدُجِرَ ۝

فَدَعَا رَبَّهُۥٓ أَنِّى مَغْلُوبٌ فَانتَصِرْ ۝ فَفَتَحْنَآ أَبْوَٰبَ السَّمَآءِ بِمَآءٍ

مُّنْهَمِرٍ ۝ وَفَجَّرْنَا الْأَرْضَ عُيُونًا فَالْتَقَى الْمَآءُ عَلَىٰٓ أَمْرٍ قَدْ قُدِرَ ۝

وَحَمَلْنَـٰهُ عَلَىٰ ذَاتِ أَلْوَٰحٍ وَدُسُرٍ ۝ تَجْرِى بِأَعْيُنِنَا جَزَآءً لِّمَن كَانَ

كُفِرَ ۝ وَلَقَد تَّرَكْنَـٰهَآ ءَايَةً فَهَلْ مِن مُّدَّكِرٍ ۝ فَكَيْفَ كَانَ

عَذَابِى وَنُذُرِ ۝ وَلَقَدْ يَسَّرْنَا الْقُرْءَانَ لِلذِّكْرِ فَهَلْ مِن مُّدَّكِرٍ ۝

كَذَّبَتْ عَادٌ فَكَيْفَ كَانَ عَذَابِى وَنُذُرِ ۝ إِنَّآ أَرْسَلْنَا عَلَيْهِمْ رِيحًا

صَرْصَرًا فِى يَوْمِ نَحْسٍ مُّسْتَمِرٍّ ۝ تَنزِعُ النَّاسَ كَأَنَّهُمْ أَعْجَازُ نَخْلٍ

مُّنقَعِرٍ ۝ فَكَيْفَ كَانَ عَذَابِى وَنُذُرِ ۝ وَلَقَدْ يَسَّرْنَا الْقُرْءَانَ

لِلذِّكْرِ فَهَلْ مِن مُّدَّكِرٍ ۝ كَذَّبَتْ ثَمُودُ بِالنُّذُرِ ۝ فَقَالُوٓا

أَبَشَرًا مِّنَّا وَٰحِدًا نَّتَّبِعُهُۥٓ إِنَّآ إِذًا لَّفِى ضَلَـٰلٍ وَسُعُرٍ ۝ أَءُلْقِىَ الذِّكْرُ

عَلَيْهِ مِنۢ بَيْنِنَا بَلْ هُوَ كَذَّابٌ أَشِرٌ ۝ سَيَعْلَمُونَ غَدًا مَّنِ الْكَذَّابُ

الْأَشِرُ ۝ إِنَّا مُرْسِلُوا النَّاقَةِ فِتْنَةً لَّهُمْ فَارْتَقِبْهُمْ وَاصْطَبِرْ ۝

● مدّ مشبع ٦ حركات | ● إخفاء، ومواقع الغنّة (حركتين) | ● مدّ حركتين | ● تفخيم
● مدّ ٢ أو ٤ أو ٦ جوازًا | ● إدغام، وما لا يُلفظ | | ● قلقلة

529

وَنَبِّئْهُمْ أَنَّ ٱلْمَآءَ قِسْمَةٌ بَيْنَهُمْ كُلُّ شِرْبٍ مُّحْتَضَرٌ ۝٢٨ فَنَادَوْاْ صَاحِبَهُمْ فَتَعَاطَىٰ فَعَقَرَ ۝٢٩ فَكَيْفَ كَانَ عَذَابِي وَنُذُرِ ۝٣٠ إِنَّآ أَرْسَلْنَا عَلَيْهِمْ صَيْحَةً وَٰحِدَةً فَكَانُواْ كَهَشِيمِ ٱلْمُحْتَظِرِ ۝٣١ وَلَقَدْ يَسَّرْنَا ٱلْقُرْءَانَ لِلذِّكْرِ فَهَلْ مِن مُّدَّكِرٍ ۝٣٢ كَذَّبَتْ قَوْمُ لُوطٍ بِٱلنُّذُرِ ۝٣٣ إِنَّآ أَرْسَلْنَا عَلَيْهِمْ حَاصِبًا إِلَّآ ءَالَ لُوطٍ نَّجَّيْنَٰهُم بِسَحَرٍ ۝٣٤ نِّعْمَةً مِّنْ عِندِنَا كَذَٰلِكَ نَجْزِي مَن شَكَرَ ۝٣٥ وَلَقَدْ أَنذَرَهُم بَطْشَتَنَا فَتَمَارَوْاْ بِٱلنُّذُرِ ۝٣٦ وَلَقَدْ رَٰوَدُوهُ عَن ضَيْفِهِۦ فَطَمَسْنَآ أَعْيُنَهُمْ فَذُوقُواْ عَذَابِي وَنُذُرِ ۝٣٧ وَلَقَدْ صَبَّحَهُم بُكْرَةً عَذَابٌ مُّسْتَقِرٌّ ۝٣٨ فَذُوقُواْ عَذَابِي وَنُذُرِ ۝٣٩ وَلَقَدْ يَسَّرْنَا ٱلْقُرْءَانَ لِلذِّكْرِ فَهَلْ مِن مُّدَّكِرٍ ۝٤٠ وَلَقَدْ جَآءَ ءَالَ فِرْعَوْنَ ٱلنُّذُرُ ۝٤١ كَذَّبُواْ بِـَٔايَٰتِنَا كُلِّهَا فَأَخَذْنَٰهُمْ أَخْذَ عَزِيزٍ مُّقْتَدِرٍ ۝٤٢ أَكُفَّارُكُمْ خَيْرٌ مِّنْ أُوْلَٰئِكُمْ أَمْ لَكُم بَرَآءَةٌ فِي ٱلزُّبُرِ ۝٤٣ أَمْ يَقُولُونَ نَحْنُ جَمِيعٌ مُّنتَصِرٌ ۝٤٤ سَيُهْزَمُ ٱلْجَمْعُ وَيُوَلُّونَ ٱلدُّبُرَ ۝٤٥ بَلِ ٱلسَّاعَةُ مَوْعِدُهُمْ وَٱلسَّاعَةُ أَدْهَىٰ وَأَمَرُّ ۝٤٦ إِنَّ ٱلْمُجْرِمِينَ فِي ضَلَٰلٍ وَسُعُرٍ ۝٤٧ يَوْمَ يُسْحَبُونَ فِي ٱلنَّارِ عَلَىٰ وُجُوهِهِمْ ذُوقُواْ مَسَّ سَقَرَ ۝٤٨ إِنَّا كُلَّ شَيْءٍ خَلَقْنَٰهُ بِقَدَرٍ ۝٤٩

وَمَآ أَمْرُنَآ إِلَّا وَاحِدَةٌ كَلَمْحٍ بِٱلْبَصَرِ ﴿٥٠﴾ وَلَقَدْ أَهْلَكْنَآ أَشْيَاعَكُمْ فَهَلْ مِن مُّدَّكِرٍ ﴿٥١﴾ وَكُلُّ شَىْءٍ فَعَلُوهُ فِى ٱلزُّبُرِ ﴿٥٢﴾ وَكُلُّ صَغِيرٍ وَكَبِيرٍ مُّسْتَطَرٌ ﴿٥٣﴾ إِنَّ ٱلْمُتَّقِينَ فِى جَنَّٰتٍ وَنَهَرٍ ﴿٥٤﴾ فِى مَقْعَدِ صِدْقٍ عِندَ مَلِيكٍ مُّقْتَدِرٍۭ ﴿٥٥﴾

سُورَةُ الرَّحْمن
ترتيبها ٥٥ — آياتها ٧٧

بِسْمِ ٱللَّهِ ٱلرَّحْمَٰنِ ٱلرَّحِيمِ

۞ ٱلرَّحْمَٰنُ ﴿١﴾ عَلَّمَ ٱلْقُرْءَانَ ﴿١﴾ خَلَقَ ٱلْإِنسَٰنَ ﴿٢﴾ عَلَّمَهُ ٱلْبَيَانَ ﴿٢﴾ ٱلشَّمْسُ وَٱلْقَمَرُ بِحُسْبَانٍ ﴿٣﴾ وَٱلنَّجْمُ وَٱلشَّجَرُ يَسْجُدَانِ ﴿٤﴾ وَٱلسَّمَآءَ رَفَعَهَا وَوَضَعَ ٱلْمِيزَانَ ﴿٥﴾ أَلَّا تَطْغَوْا۟ فِى ٱلْمِيزَانِ ﴿٦﴾ وَأَقِيمُوا۟ ٱلْوَزْنَ بِٱلْقِسْطِ وَلَا تُخْسِرُوا۟ ٱلْمِيزَانَ ﴿٧﴾ وَٱلْأَرْضَ وَضَعَهَا لِلْأَنَامِ ﴿٨﴾ فِيهَا فَٰكِهَةٌ وَٱلنَّخْلُ ذَاتُ ٱلْأَكْمَامِ ﴿٩﴾ وَٱلْحَبُّ ذُو ٱلْعَصْفِ وَٱلرَّيْحَانُ ﴿١٠﴾ فَبِأَىِّ ءَالَآءِ رَبِّكُمَا تُكَذِّبَانِ ﴿١١﴾ خَلَقَ ٱلْإِنسَٰنَ مِن صَلْصَٰلٍ كَٱلْفَخَّارِ ﴿١٢﴾ وَخَلَقَ ٱلْجَآنَّ مِن مَّارِجٍ مِّن نَّارٍ ﴿١٣﴾ فَبِأَىِّ ءَالَآءِ رَبِّكُمَا تُكَذِّبَانِ ﴿١٤﴾

• إِلَّا وَاحِدَةٌ
كلمةٌ واحدة
هي «كُنْ»
• أَشْيَاعَكُمْ
أمثالكم في
الكفر
• مُسْتَطَرٌ
مسطورٌ مكتوب
• وَنَهَرٍ
أنهار
• مَقْعَدِ صِدْقٍ
مكانٌ مرضيٌّ

• ٱلنَّجْمُ
النبات
لا ساق له
• يَسْجُدَانِ
ينقادان لله
فيما خُلِقَا لَهُ
• أَلَّا تَطْغَوْا۟
لئلا تتجاوزوا
الحق
• ذَاتُ
ٱلْأَكْمَامِ
أوعية الطلع
• ذُو ٱلْعَصْفِ
القشر أو التبن
• ءَالَآءِ رَبِّكُمَا
نعمه
• تُكَذِّبَانِ
تكفران أيها
الثقلان
• مَّارِجٍ
لهبٌ صافٍ
لا دخان فيه

• مدّ مشبع ٦ حركات   • إخفاء، ومواقع الغنّة (حركتين)   • تفخيم
• مدّ حركتين   • مدّ ٢ أو ٤ أو ٦ جوازًا   • إدغام، وما لا يلفظ   • قلقلة

531

رَبُّ ٱلْمَشْرِقَيْنِ وَرَبُّ ٱلْمَغْرِبَيْنِ ﴿١٥﴾ فَبِأَيِّ ءَالَآءِ رَبِّكُمَا تُكَذِّبَانِ ﴿١٦﴾

مَرَجَ ٱلْبَحْرَيْنِ يَلْتَقِيَانِ ﴿١٧﴾ بَيْنَهُمَا بَرْزَخٌ لَّا يَبْغِيَانِ ﴿١٨﴾ فَبِأَيِّ ءَالَآءِ

رَبِّكُمَا تُكَذِّبَانِ ﴿١٩﴾ يَخْرُجُ مِنْهُمَا ٱللُّؤْلُؤُ وَٱلْمَرْجَانُ ﴿٢٠﴾ فَبِأَيِّ

ءَالَآءِ رَبِّكُمَا تُكَذِّبَانِ ﴿٢١﴾ وَلَهُ ٱلْجَوَارِ ٱلْمُنشَئَاتُ فِي ٱلْبَحْرِ

كَٱلْأَعْلَامِ ﴿٢٢﴾ فَبِأَيِّ ءَالَآءِ رَبِّكُمَا تُكَذِّبَانِ ﴿٢٣﴾ كُلُّ مَنْ عَلَيْهَا

فَانٍ ﴿٢٤﴾ وَيَبْقَىٰ وَجْهُ رَبِّكَ ذُو ٱلْجَلَالِ وَٱلْإِكْرَامِ ﴿٢٥﴾ فَبِأَيِّ ءَالَآءِ

رَبِّكُمَا تُكَذِّبَانِ ﴿٢٦﴾ يَسْـَٔلُهُ مَن فِي ٱلسَّمَٰوَٰتِ وَٱلْأَرْضِ كُلَّ يَوْمٍ

هُوَ فِي شَأْنٍ ﴿٢٧﴾ فَبِأَيِّ ءَالَآءِ رَبِّكُمَا تُكَذِّبَانِ ﴿٢٨﴾ سَنَفْرُغُ لَكُمْ

أَيُّهَ ٱلثَّقَلَانِ ﴿٢٩﴾ فَبِأَيِّ ءَالَآءِ رَبِّكُمَا تُكَذِّبَانِ ﴿٣٠﴾ يَٰمَعْشَرَ ٱلْجِنِّ

وَٱلْإِنسِ إِنِ ٱسْتَطَعْتُمْ أَن تَنفُذُوا۟ مِنْ أَقْطَارِ ٱلسَّمَٰوَٰتِ وَٱلْأَرْضِ

فَٱنفُذُوا۟ لَا تَنفُذُونَ إِلَّا بِسُلْطَٰنٍ ﴿٣١﴾ فَبِأَيِّ ءَالَآءِ رَبِّكُمَا تُكَذِّبَانِ ﴿٣٢﴾

يُرْسَلُ عَلَيْكُمَا شُوَاظٌ مِّن نَّارٍ ﴿٣٣﴾ وَنُحَاسٌ فَلَا تَنتَصِرَانِ ﴿٣٤﴾ فَبِأَيِّ

ءَالَآءِ رَبِّكُمَا تُكَذِّبَانِ ﴿٣٥﴾ فَإِذَا ٱنشَقَّتِ ٱلسَّمَآءُ فَكَانَتْ وَرْدَةً

كَٱلدِّهَانِ ﴿٣٦﴾ فَبِأَيِّ ءَالَآءِ رَبِّكُمَا تُكَذِّبَانِ ﴿٣٧﴾ فَيَوْمَئِذٍ لَّا يُسْـَٔلُ

عَن ذَنۢبِهِ إِنسٌ وَلَا جَآنٌّ ﴿٣٨﴾ فَبِأَيِّ ءَالَآءِ رَبِّكُمَا تُكَذِّبَانِ ﴿٣٩﴾

الحاشية اليمنى:

• مَرَجَ ٱلْبَحْرَيْنِ أرسلهما في مجاريهما

• يَلْتَقِيَانِ يتجاوران

• بَيْنَهُمَا بَرْزَخٌ حاجز من قدرته تعالى

• لَّا يَبْغِيَانِ لا يطغى أحدهما على الآخر

• لَهُ ٱلْجَوَارِ السفن الجارية

• ٱلْمُنشَئَاتُ المرفوعات الشرع

• كَٱلْأَعْلَامِ كالجبال الشاهقة أو القصور

• ذُو ٱلْجَلَالِ الاستغناء المطلق

• ٱلْإِكْرَامِ الفضل التام

• سَنَفْرُغُ لَكُمْ سنقصد لمحاسبتكم

• كَٱلدِّهَانِ كدُهْنِ الزيت في الذوبان

شريط التجويد (أسفل الصفحة):

● مدّ مشبع ٦ حركات ● مدّ حركتين ● إخفاء، ومواقع الغُنَّة (حركتين) ● تفخيم

● مدّ ٢ أو ٤ أو ٦ جوازًا ● إدغام، وما لا يُلفظ ● قلقلة

ثُمُنْ

۞ يُعْرَفُ ٱلْمُجْرِمُونَ بِسِيمَٰهُمْ فَيُؤْخَذُ بِٱلنَّوَٰصِى وَٱلْأَقْدَامِ ﴿٤٠﴾

فَبِأَىِّ ءَالَآءِ رَبِّكُمَا تُكَذِّبَانِ ﴿٤١﴾ هَٰذِهِۦ جَهَنَّمُ ٱلَّتِى يُكَذِّبُ بِهَا

ٱلْمُجْرِمُونَ ﴿٤٢﴾ يَطُوفُونَ بَيْنَهَا وَبَيْنَ حَمِيمٍ ءَانٍ ﴿٤٣﴾ فَبِأَىِّ ءَالَآءِ

رَبِّكُمَا تُكَذِّبَانِ ﴿٤٤﴾ وَلِمَنْ خَافَ مَقَامَ رَبِّهِۦ جَنَّتَانِ ﴿٤٥﴾ فَبِأَىِّ

ءَالَآءِ رَبِّكُمَا تُكَذِّبَانِ ﴿٤٦﴾ ذَوَاتَآ أَفْنَانٍ ﴿٤٧﴾ فَبِأَىِّ ءَالَآءِ رَبِّكُمَا

تُكَذِّبَانِ ﴿٤٨﴾ فِيهِمَا عَيْنَانِ تَجْرِيَانِ ﴿٤٩﴾ فَبِأَىِّ ءَالَآءِ رَبِّكُمَا

تُكَذِّبَانِ ﴿٥٠﴾ فِيهِمَا مِن كُلِّ فَٰكِهَةٍ زَوْجَانِ ﴿٥١﴾ فَبِأَىِّ ءَالَآءِ رَبِّكُمَا

تُكَذِّبَانِ ﴿٥٢﴾ مُتَّكِـِٔينَ عَلَىٰ فُرُشٍ بَطَآئِنُهَا مِنْ إِسْتَبْرَقٍ وَجَنَى

ٱلْجَنَّتَيْنِ دَانٍ ﴿٥٣﴾ فَبِأَىِّ ءَالَآءِ رَبِّكُمَا تُكَذِّبَانِ ﴿٥٤﴾ فِيهِنَّ قَٰصِرَٰتُ

ٱلطَّرْفِ لَمْ يَطْمِثْهُنَّ إِنسٌ قَبْلَهُمْ وَلَا جَآنٌّ ﴿٥٥﴾ فَبِأَىِّ ءَالَآءِ رَبِّكُمَا

تُكَذِّبَانِ ﴿٥٦﴾ كَأَنَّهُنَّ ٱلْيَاقُوتُ وَٱلْمَرْجَانُ ﴿٥٧﴾ فَبِأَىِّ ءَالَآءِ رَبِّكُمَا

تُكَذِّبَانِ ﴿٥٨﴾ هَلْ جَزَآءُ ٱلْإِحْسَٰنِ إِلَّا ٱلْإِحْسَٰنُ ﴿٥٩﴾ فَبِأَىِّ ءَالَآءِ

رَبِّكُمَا تُكَذِّبَانِ ﴿٦٠﴾ وَمِن دُونِهِمَا جَنَّتَانِ ﴿٦١﴾ فَبِأَىِّ ءَالَآءِ رَبِّكُمَا

تُكَذِّبَانِ ﴿٦٢﴾ مُدْهَآمَّتَانِ ﴿٦٣﴾ فَبِأَىِّ ءَالَآءِ رَبِّكُمَا تُكَذِّبَانِ ﴿٦٤﴾

فِيهِمَا عَيْنَانِ نَضَّاخَتَانِ ﴿٦٥﴾ فَبِأَىِّ ءَالَآءِ رَبِّكُمَا تُكَذِّبَانِ ﴿٦٦﴾

فِيهِمَا فَٰكِهَةٞ وَنَخۡلٞ وَرُمَّانٞ (67) فَبِأَيِّ ءَالَآءِ رَبِّكُمَا تُكَذِّبَانِ (68)
فِيهِنَّ خَيۡرَٰتٌ حِسَانٞ (69) فَبِأَيِّ ءَالَآءِ رَبِّكُمَا تُكَذِّبَانِ (70) حُورٞ
مَّقۡصُورَٰتٞ فِي ٱلۡخِيَامِ (71) فَبِأَيِّ ءَالَآءِ رَبِّكُمَا تُكَذِّبَانِ (72) لَمۡ
يَطۡمِثۡهُنَّ إِنسٞ قَبۡلَهُمۡ وَلَا جَآنّٞ (73) فَبِأَيِّ ءَالَآءِ رَبِّكُمَا تُكَذِّبَانِ (74)
مُتَّكِـِٔينَ عَلَىٰ رَفۡرَفٍ خُضۡرٖ وَعَبۡقَرِيٍّ حِسَانٖ (75) فَبِأَيِّ ءَالَآءِ
رَبِّكُمَا تُكَذِّبَانِ (76) تَبَٰرَكَ ٱسۡمُ رَبِّكَ ذِي ٱلۡجَلَٰلِ وَٱلۡإِكۡرَامِ (77)

سُورَةُ الوَاقِعَةِ

ترتيبها 56 — آياتها 99

بِسۡمِ ٱللَّهِ ٱلرَّحۡمَٰنِ ٱلرَّحِيمِ

إِذَا وَقَعَتِ ٱلۡوَاقِعَةُ (1) لَيۡسَ لِوَقۡعَتِهَا كَاذِبَةٌ (2) خَافِضَةٞ
رَّافِعَةٌ (3) إِذَا رُجَّتِ ٱلۡأَرۡضُ رَجّٗا (4) وَبُسَّتِ ٱلۡجِبَالُ بَسّٗا (5)
فَكَانَتۡ هَبَآءٗ مُّنۢبَثّٗا (6) وَكُنتُمۡ أَزۡوَٰجٗا ثَلَٰثَةٗ (7) فَأَصۡحَٰبُ
ٱلۡمَيۡمَنَةِ (8) مَآ أَصۡحَٰبُ ٱلۡمَيۡمَنَةِ (9) وَأَصۡحَٰبُ ٱلۡمَشۡـَٔمَةِ (10) مَآ أَصۡحَٰبُ
ٱلۡمَشۡـَٔمَةِ (11) وَٱلسَّٰبِقُونَ ٱلسَّٰبِقُونَ (12) أُوْلَٰٓئِكَ ٱلۡمُقَرَّبُونَ (13)
فِي جَنَّٰتِ ٱلنَّعِيمِ (14) ثُلَّةٞ مِّنَ ٱلۡأَوَّلِينَ (15) وَقَلِيلٞ مِّنَ ٱلۡأٓخِرِينَ (16)
عَلَىٰ سُرُرٖ مَّوۡضُونَةٖ (17) مُّتَّكِـِٔينَ عَلَيۡهَا مُتَقَٰبِلِينَ (18)

- حُورٌ: نساءٌ بيضٌ
- مَقْصُورَاتٌ فِي الْخِيَامِ: مخدّراتٌ في البيوتِ
- رَفْرَفٍ: وسائدَ أو فُرُشٍ مُرتفعةٍ
- عَبْقَرِيٍّ: بُسطٍ ذاتِ خملٍ رقيقٍ
- تَبَارَكَ: تعالى أو كثُر خيرُه وإحسانُه
- ذِي الْجَلَالِ: الاستغناءِ المُطلقِ

رُبُع

الوَاقِعَة

- كَاذِبَةٌ: نفسٌ كاذبةٌ في الإخبارِ بوقوعها
- بُسَّتِ: فُتّتتْ
- كُنتُمْ أَزْوَاجًا: أصنافًا
- أَصْحَابُ الْمَشْأَمَةِ: ناحيةُ الشّمالِ
- ثُلَّةٌ: أمّةٌ كثيرةٌ من النّاسِ
- مَوْضُونَةٍ: منسوجةٍ بالذهبِ

مدّ مشبع 6 حركات	مدّ حركتين	إخفاء، ومواقع الغُنّة (حركتين)	تفخيم
مدّ 2 أو 4 أو 6 جوازاً		إدغام، وما لا يُلفَظ	قلقلة

يَطُوفُ عَلَيْهِمْ وِلْدَٰنٌ مُّخَلَّدُونَ ﴿19﴾ بِأَكْوَابٍ وَأَبَارِيقَ ﴿20﴾ وَكَأْسٍ
مِّن مَّعِينٍ ﴿21﴾ لَّا يُصَدَّعُونَ عَنْهَا وَلَا يُنزِفُونَ ﴿22﴾ وَفَٰكِهَةٍ مِّمَّا
يَتَخَيَّرُونَ ﴿23﴾ وَلَحْمِ طَيْرٍ مِّمَّا يَشْتَهُونَ ﴿24﴾ وَحُورٌ عِينٌ كَأَمْثَٰلِ
اِ۬للُّوْلُوِ اِ۬لْمَكْنُونِ ﴿25﴾ جَزَآءَۢ بِمَا كَانُواْ يَعْمَلُونَ ﴿26﴾ لَا يَسْمَعُونَ فِيهَا
لَغْواً وَلَا تَاثِيماً ﴿27﴾ اِلَّا قِيلاً سَلَٰماً سَلَٰماً ﴿28﴾ وَأَصْحَٰبُ اُ۬لْيَمِينِ مَآ
أَصْحَٰبُ اُ۬لْيَمِينِ ﴿29﴾ فِے سِدْرٍ مَّخْضُودٍ ﴿30﴾ وَطَلْحٍ مَّنضُودٍ ﴿31﴾ وَظِلٍّ
مَّمْدُودٍ ﴿32﴾ وَمَآءٍ مَّسْكُوبٍ ﴿33﴾ وَفَٰكِهَةٍ كَثِيرَةٍ ﴿34﴾ لَّا مَقْطُوعَةٍ
وَلَا مَمْنُوعَةٍ ﴿35﴾ وَفُرُشٍ مَّرْفُوعَةٍ ﴿36﴾ اِنَّآ أَنشَأْنَٰهُنَّ إِنشَآءً ﴿37﴾
فَجَعَلْنَٰهُنَّ أَبْكَاراً ﴿38﴾ عُرُباً اَتْرَاباً ﴿39﴾ لِّأَصْحَٰبِ اِ۬لْيَمِينِ ﴿40﴾ ثُلَّةٌ
مِّنَ اَ۬لَاوَّلِينَ ﴿41﴾ وَثُلَّةٌ مِّنَ اَ۬لَاخِرِينَ ﴿42﴾ وَأَصْحَٰبُ اُ۬لشِّمَالِ ﴿43﴾ مَآ
أَصْحَٰبُ اُ۬لشِّمَالِ ﴿44﴾ فِے سَمُومٍ وَحَمِيمٍ ﴿45﴾ وَظِلٍّ مِّن يَحْمُومٍ ﴿46﴾ لَّا
بَارِدٍ وَلَا كَرِيمٍ ﴿47﴾ اِنَّهُمْ كَانُواْ قَبْلَ ذَٰلِكَ مُتْرَفِينَ ﴿48﴾ وَكَانُواْ
يُصِرُّونَ عَلَى اَ۬لْحِنثِ اِ۬لْعَظِيمِ ﴿49﴾ وَكَانُواْ يَقُولُونَ أَيِذَا مِتْنَا وَكُنَّا
تُرَاباً وَعِظَٰماً اِنَّا لَمَبْعُوثُونَ ﴿50﴾ أَوَ ءَابَآؤُنَا اَ۬لَاوَّلُونَ ﴿51﴾ ۞ قُلِ اِنَّ
اَ۬لَاوَّلِينَ وَالَاخِرِينَ لَمَجْمُوعُونَ ﴿52﴾ إِلَىٰ مِيقَٰتِ يَوْمٍ مَّعْلُومٍ ﴿53﴾

- **وِلْدَانٌ مُّخَلَّدُونَ**: لا يتحوّلونَ عن هيئةِ الولدانِ
- **مِّن مَّعِينٍ**: خمْرٍ جاريةٍ من العيونِ
- **لَّا يُصَدَّعُونَ عَنْهَا**: لا يُصيبُهم صداعٌ بشربِها
- **لَا يُنزِفُونَ**: لا تذهَبُ عقولُهم بها
- **حُورٌ عِينٌ**: نساءٌ بيضٌ واسعاتُ الأعينِ حِسانُها
- **لَغْواً**: كلامًا لا خيرَ فيه
- **لَا تَاثِيماً**: ولا نسبةً إلى الإثمِ ولا ما يوجِبُه
- **مَّخْضُودٍ**: مقطوعٍ شوكُه
- **يَحْمُومٍ**: دُخانٍ أسودَ
- **وَطَلْحٍ**: شجرِ الموزِ
- **مَّنضُودٍ**: نضَدَ بالحمْلِ من أسفلِه إلى أعلاه

ثُمُنٌ

- **عُرُباً**: متحبّباتٍ إلى أزواجِهنّ
- **اَتْرَاباً**: مستوياتٍ سِنًّا وحُسْنًا
- **اَلْحِنثِ**: الذّنْبِ

مدّ مشبع 6 حركات	مدّ حركتين	إخفاء، ومواقع الغُنَّة (حركتين)	تفخيم
مدّ 2 أو 4 أو 6 جوازاً		إدغام، وما لا يُلفَظ	قلقلة

ثُمَّ إِنَّكُمُۥٓ أَيُّهَا ٱلضَّآلُّونَ ٱلْمُكَذِّبُونَ ﴿54﴾ لَأٓكِلُونَ مِن شَجَرٖ مِّن
زَقُّومٖ ﴿55﴾ فَمَالِـُٔونَ مِنْهَا ٱلْبُطُونَ ﴿56﴾ فَشَـٰرِبُونَ عَلَيْهِ مِنَ
ٱلْحَمِيمِ ﴿57﴾ فَشَـٰرِبُونَ شُرْبَ ٱلْهِيمِ ﴿58﴾ هَـٰذَا نُزُلُهُمْ يَوْمَ ٱلدِّينِ ﴿59﴾
نَحْنُ خَلَقْنَـٰكُمْ فَلَوْلَا تُصَدِّقُونَ ﴿60﴾ أَفَرَٰٓيْتُم مَّا تُمْنُونَ ﴿61﴾ ءَآنتُمْ
تَخْلُقُونَهُۥٓ أَمْ نَحْنُ ٱلْخَـٰلِقُونَ ﴿62﴾ نَحْنُ قَدَّرْنَا بَيْنَكُمُ ٱلْمَوْتَ وَمَا
نَحْنُ بِمَسْبُوقِينَ ﴿63﴾ عَلَىٰٓ أَن نُّبَدِّلَ أَمْثَـٰلَكُمْ وَنُنشِئَكُمْ فِے مَا لَا
تَعْلَمُونَ ﴿64﴾ وَلَقَدْ عَلِمْتُمُ ٱلنَّشْأَةَ ٱلْأُولَىٰ فَلَوْلَا تَذَّكَّرُونَ ﴿65﴾
أَفَرَٰٓيْتُم مَّا تَحْرُثُونَ ﴿66﴾ ءَآنتُمْ تَزْرَعُونَهُۥٓ أَمْ نَحْنُ ٱلزَّٰرِعُونَ ﴿67﴾
لَوْ نَشَآءُ لَجَعَلْنَـٰهُ حُطَـٰمًا فَظَلْتُمْ تَفَكَّهُونَ ﴿68﴾ إِنَّا لَمُغْرَمُونَ ﴿69﴾
بَلْ نَحْنُ مَحْرُومُونَ ﴿70﴾ أَفَرَٰٓيْتُمُ ٱلْمَآءَ ٱلَّذِے تَشْرَبُونَ ﴿71﴾ ءَآنتُمُۥٓ
أَنزَلْتُمُوهُ مِنَ ٱلْمُزْنِ أَمْ نَحْنُ ٱلْمُنزِلُونَ ﴿72﴾ لَوْ نَشَآءُ جَعَلْنَـٰهُ أُجَاجًا
فَلَوْلَا تَشْكُرُونَ ﴿73﴾ أَفَرَٰٓيْتُمُ ٱلنَّارَ ٱلَّتِے تُورُونَ ﴿74﴾ ءَآنتُمُۥٓ
أَنشَأْتُمْ شَجَرَتَهَآ أَمْ نَحْنُ ٱلْمُنشِـُٔونَ ﴿75﴾ نَحْنُ جَعَلْنَـٰهَا تَذْكِرَةً
وَمَتَـٰعًا لِّلْمُقْوِينَ ﴿76﴾ فَسَبِّحْ بِٱسْمِ رَبِّكَ ٱلْعَظِيمِ ﴿77﴾ ۞ فَلَآ
أُقْسِمُ بِمَوَٰقِعِ ٱلنُّجُومِ ﴿78﴾ وَإِنَّهُۥ لَقَسَمٌ لَّوْ تَعْلَمُونَ عَظِيمٌ ﴿79﴾

- شُرْبَ ٱلْهِيمِ: الإبلِ العطاشِ التي لا تروى
- هَـٰذَا نُزُلُهُمْ: ما أُعِدَّ لهم من الجزاءِ
- أَفَرَٰٓيْتُم: أخبروني
- مَّا تُمْنُونَ: الماءَ الذي تقذفونَه في الأرحامِ
- بِمَسْبُوقِينَ: بمغلوبينَ
- مَّا تَحْرُثُونَ: البَذرَ الذي تلقونَه في الأرضِ
- تَزْرَعُونَهُۥ: تنبتونَه
- حُطَـٰمًا: هشيمًا متكسّرًا
- تَفَكَّهُونَ: تتعجّبونَ من سوءِ حالِه ومصيرِه
- ٱلْمُزْنِ: السُّحُبِ
- جَعَلْنَـٰهُ أُجَاجًا: مِلحًا زُعاقًا
- تُورُونَ: تُشْعِلُون

الوَاقِعَة

نِصْفُ

مدّ مشبع 6 حركات — مدّ 2 أو 4 أو 6 جوازاً — مدّ حركتين — إخفاء، ومواقع الغُنّة (حركتين) — إدغام، وما لا يُلفظ — تفخيم — قلقلة

إِنَّهُۥ لَقُرۡءَانٞ كَرِيمٞ ﴿80﴾ فِي كِتَٰبٖ مَّكۡنُونٖ ﴿81﴾ لَّا يَمَسُّهُۥٓ إِلَّا
ٱلۡمُطَهَّرُونَ ﴿82﴾ تَنزِيلٞ مِّن رَّبِّ ٱلۡعَٰلَمِينَ ﴿83﴾ أَفَبِهَٰذَا ٱلۡحَدِيثِ أَنتُم
مُّدۡهِنُونَ ﴿84﴾ وَتَجۡعَلُونَ رِزۡقَكُمۡ أَنَّكُمۡ تُكَذِّبُونَ ﴿85﴾ فَلَوۡلَآ إِذَا
بَلَغَتِ ٱلۡحُلۡقُومَ ﴿86﴾ وَأَنتُمۡ حِينَئِذٖ تَنظُرُونَ ﴿87﴾ وَنَحۡنُ أَقۡرَبُ إِلَيۡهِ
مِنكُمۡ وَلَٰكِن لَّا تُبۡصِرُونَ ﴿88﴾ فَلَوۡلَآ إِن كُنتُمۡ غَيۡرَ مَدِينِينَ ﴿89﴾
تَرۡجِعُونَهَآ إِن كُنتُمۡ صَٰدِقِينَ ﴿90﴾ فَأَمَّآ إِن كَانَ مِنَ ٱلۡمُقَرَّبِينَ ﴿91﴾
فَرَوۡحٞ وَرَيۡحَانٞ وَجَنَّتُ نَعِيمٖ ﴿92﴾ وَأَمَّآ إِن كَانَ مِنۡ أَصۡحَٰبِ
ٱلۡيَمِينِ ﴿93﴾ فَسَلَٰمٞ لَّكَ مِنۡ أَصۡحَٰبِ ٱلۡيَمِينِ ﴿94﴾ وَأَمَّآ إِن كَانَ مِنَ
ٱلۡمُكَذِّبِينَ ٱلضَّآلِّينَ ﴿95﴾ فَنُزُلٞ مِّنۡ حَمِيمٖ ﴿96﴾ وَتَصۡلِيَةُ جَحِيمٍ ﴿97﴾
إِنَّ هَٰذَا لَهُوَ حَقُّ ٱلۡيَقِينِ ﴿98﴾ فَسَبِّحۡ بِٱسۡمِ رَبِّكَ ٱلۡعَظِيمِ ﴿99﴾

سُورَةُ الحَدِيدِ

ترتيبها 57 — آياتها 28

بِسۡمِ ٱللَّهِ ٱلرَّحۡمَٰنِ ٱلرَّحِيمِ

سَبَّحَ لِلَّهِ مَا فِي ٱلسَّمَٰوَٰتِ وَٱلَارۡضِۖ وَهُوَ ٱلۡعَزِيزُ ٱلۡحَكِيمُ ﴿1﴾ لَهُۥ مُلۡكُ
ٱلسَّمَٰوَٰتِ وَٱلَارۡضِۖ يُحۡيِۦ وَيُمِيتُۖ وَهُوَ عَلَىٰ كُلِّ شَيۡءٖ قَدِيرٌ ﴿2﴾
هُوَ ٱلَاوَّلُ وَٱلَاخِرُ وَٱلظَّٰهِرُ وَٱلۡبَاطِنُۖ وَهُوَ بِكُلِّ شَيۡءٍ عَلِيمٞ ﴿3﴾

- لَقُرۡءَانٞ كَرِيمٞ: جَمُّ المنافعِ
- كِتَٰبٖ مَّكۡنُونٖ: مصونٍ
- أَنتُم مُّدۡهِنُونَ: مُتهاونونَ به أو مكذّبونَ
- تَجۡعَلُونَ رِزۡقَكُمۡ: شكرَكم
- غَيۡرَ مَدِينِينَ: غيرَ مربوبينَ مقهورينَ
- تَصۡلِيَةُ جَحِيمٍ: إدخالٌ فيها في الآخرةِ
- سَبَّحَ لِلَّهِ: نزّهَ اللّهَ ومجّده
- ٱلۡعَزِيزُ: القويُّ الغالبُ

مدّ مشبع 6 حركات	مدّ حركتين	إخفاء، ومواقع الغُنّة (حركتين)	تفخيم
مدّ 2 أو 4 أو 6 جوازاً		إدغام، وما لا يُلفَظ	قلقلة

537

هُوَ ٱلذِے خَلَقَ ٱلسَّمَٰوَٰتِ وَالَارْضَ فِے سِتَّةِ أَيَّامٍ ثُمَّ اَسْتَوَىٰ
عَلَى ٱلْعَرْشِ يَعْلَمُ مَا يَلِجُ فِے ٱلَارْضِ وَمَا يَخْرُجُ مِنْهَا وَمَا يَنزِلُ مِنَ
ٱلسَّمَآءِ وَمَا يَعْرُجُ فِيهَا وَهُوَ مَعَكُمُۥ أَيْنَ مَا كُنتُمْ وَاللَّهُ بِمَا
تَعْمَلُونَ بَصِيرٞ ﴿4﴾ لَّهُۥ مُلْكُ ٱلسَّمَٰوَٰتِ وَالَارْضِ وَإِلَى ٱللَّهِ تُرْجَعُ
ٱلُامُورُ ﴿5﴾ يُولِجُ ٱليْلَ فِے ٱلنَّهَارِ وَيُولِجُ ٱلنَّهَارَ فِے ٱليْلِ وَهُوَ عَلِيمُۢ
بِذَاتِ ٱلصُّدُورِ ﴿6﴾ ۞ ءَامِنُواْ بِاللَّهِ وَرَسُولِهِۦ وَأَنفِقُواْ مِمَّا
جَعَلَكُم مُّسْتَخْلَفِينَ فِيهِ فَالذِينَ ءَامَنُواْ مِنكُمْ وَأَنفَقُواْ لَهُمُۥ أَجْرٞ
كَبِيرٞ ﴿7﴾ وَمَا لَكُمْ لَا تُومِنُونَ بِاللَّهِ وَالرَّسُولُ يَدْعُوكُمْ لِتُومِنُواْ
بِرَبِّكُمْ وَقَدَ اَخَذَ مِيثَٰقَكُمُۥ إِن كُنتُم مُّومِنِينَ ﴿8﴾ هُوَ ٱلذِے
يُنَزِّلُ عَلَىٰ عَبْدِهِۦ ءَايَٰتِۢ بَيِّنَٰتٖ لِّيُخْرِجَكُم مِّنَ ٱلظُّلُمَٰتِ إِلَى ٱلنُّورِ
وَإِنَّ ٱللَّهَ بِكُمْ لَرَءُوفٞ رَّحِيمٞ ﴿9﴾ وَمَا لَكُمُۥ أَلَّا تُنفِقُواْ فِے سَبِيلِ
ٱللَّهِ وَلِلَّهِ مِيرَٰثُ ٱلسَّمَٰوَٰتِ وَالَارْضِ لَا يَسْتَوِے مِنكُم مَّنَ اَنفَقَ مِن
قَبْلِ ٱلْفَتْحِ وَقَٰتَلَ أُوْلَٰٓئِكَ أَعْظَمُ دَرَجَةٗ مِّنَ ٱلذِينَ أَنفَقُواْ مِنۢ بَعْدُ
وَقَٰتَلُواْ وَكُلّاٗ وَعَدَ ٱللَّهُ ٱلْحُسْنَىٰ وَاللَّهُ بِمَا تَعْمَلُونَ خَبِيرٞ ﴿10﴾ مَّن ذَا
ٱلذِے يُقْرِضُ ٱللَّهَ قَرْضاً حَسَناٗ فَيُضَٰعِفَهُۥ لَهُۥ وَلَهُۥ أَجْرٞ كَرِيمٞ ﴿11﴾

- مَا يَلِجُ: ما يَدخُلُ
- يُولِجُ ٱليْلَ: يُدخِلُه
- ثُمُنٌ
- ٱلْحُسْنَىٰ: المثوبة الفضلى، وهي الجنة
- قَرْضاً حَسَناً: محتسبًا به طيّبةً به نفسه

الحَدِيد

مدّ مشبع 6 حركات	مدّ حركتين	إخفاء، ومواقع الغُنّة (حركتين)	تفخيم
مدّ 2 أو 4 أو 6 جوازاً		إدغام، وما لا يُلفظ	قلقلة

يَوْمَ تَرَى أَلْمُومِنِينَ وَالْمُومِنَٰتِ يَسْعَىٰ نُورُهُم بَيْنَ أَيْدِيهِمْ وَبِأَيْمَٰنِهِم
بُشْرَيٰكُمُ أَلْيَوْمَ جَنَّٰتٌ تَجْرِے مِن تَحْتِهَا أَلَانْهَٰرُ خَٰلِدِينَ فِيهَا ذَٰلِكَ هُوَ
أَلْفَوْزُ أَلْعَظِيمُ (12) يَوْمَ يَقُولُ أَلْمُنَٰفِقُونَ وَالْمُنَٰفِقَٰتُ لِلذِينَ ءَامَنُوا
اُنظُرُونَا نَقْتَبِسْ مِن نُّورِكُمْ قِيلَ اَرْجِعُوا وَرَآءَكُمْ فَالْتَمِسُوا نُوراً
فَضُرِبَ بَيْنَهُم بِسُورٍ لَّهُۥ بَابٌ بَاطِنُهُۥ فِيهِ أَلرَّحْمَةُ وَظَٰهِرُهُۥ مِن قِبَلِهِ
أَلْعَذَابُ يُنَادُونَهُمُۥ أَلَمْ نَكُن مَّعَكُمْ قَالُوا بَلَيٰ وَلَٰكِنَّكُمْ فَتَنتُمُۥ
أَنفُسَكُمْ وَتَرَبَّصْتُمْ وَارْتَبْتُمْ وَغَرَّتْكُمُ الَامَانِيُّ حَتَّيٰ جَآءَ امْرُ
اُللَّهِ وَغَرَّكُم بِاللَّهِ أَلْغَرُورُ (13) فَالْيَوْمَ لَا يُوخَذُ مِنكُمْ فِدْيَةٌ وَلَا
مِنَ أَلذِينَ كَفَرُوا مَأْوَيٰكُمُ أَلنَّارُ هِيَ مَوْلَيٰكُمْ وَبِيسَ أَلْمَصِيرُ (14)
۞ أَلَمْ يَانِ لِلذِينَ ءَامَنُوٓا أَن تَخْشَعَ قُلُوبُهُمْ لِذِكْرِ اِللَّهِ وَمَا
نَزَلَ مِنَ أَلْحَقِّ وَلَا يَكُونُوا كَالذِينَ أُوتُوا أَلْكِتَٰبَ مِن قَبْلُ
فَطَالَ عَلَيْهِمُ الَامَدُ فَقَسَتْ قُلُوبُهُمْ وَكَثِيرٌ مِّنْهُمْ فَٰسِقُونَ (15)
اِعْلَمُوٓا أَنَّ اَللَّهَ يُحْيِ اِلَارْضَ بَعْدَ مَوْتِهَا قَدْ بَيَّنَّا لَكُمُ الَايَٰتِ
لَعَلَّكُمْ تَعْقِلُونَ (16) إِنَّ أَلْمُصَّدِّقِينَ وَالْمُصَّدِّقَٰتِ وَأَقْرَضُوا
اُللَّهَ قَرْضاً حَسَناً يُضَٰعَفُ لَهُمْ وَلَهُمُۥ أَجْرٌ كَرِيمٌ (17)

- اُنظُرُونَا: انتظِرُونا
- نَقْتَبِسْ: نُصِبْ ونأخذْ
- بِسُورٍ: حاجزٍ
- فَتَنتُمُۥ أَنفُسَكُمْ: أهلكتُموها بالنِّفاقِ
- تَرَبَّصْتُمْ: انتظرتُم بالمؤمنينَ النوائبَ
- غَرَّتْكُمُ الَامَانِيُّ: خدعَتكم الأباطيلُ

رُبُعٌ

- أَلْغَرُورُ: الشيطانُ وكلُّ خادعٍ
- هِيَ مَوْلَيٰكُمْ: النارُ أولى بكم
- أَلَمْ يَانِ: ألَمْ يجئ الوقتُ
- أَن تَخْشَعَ: تخضعَ وترقَّ وتلينَ
- الَامَدُ: الأجلُ أو الزمانُ

تفخيم	إخفاء، ومواقع الغُنَّة (حركتين)	مدّ حركتين	مدّ مشبع 6 حركات
قلقلة	إدغام، وما لا يُلفظ		مدّ 2 أو 4 أو 6 جوازاً

وَالذِينَ ءَامَنُواْ بِاللَّهِ وَرُسُلِهِۦٓ أُوْلَٰٓئِكَ هُمُ ٱلصِّدِّيقُونَ وَالشُّهَدَآءُ
عِندَ رَبِّهِمْ لَهُمُۥٓ أَجْرُهُمْ وَنُورُهُمْ وَالذِينَ كَفَرُواْ وَكَذَّبُواْ
بِـَٔايَٰتِنَآ أُوْلَٰٓئِكَ أَصْحَٰبُ ٱلْجَحِيمِ (18) إِعْلَمُوٓاْ أَنَّمَا ٱلْحَيَوٰةُ
ٱلدُّنْيَا لَعِبٞ وَلَهْوٞ وَزِينَةٞ وَتَفَاخُرُۢ بَيْنَكُمْ وَتَكَاثُرٞ فِے ٱلْأَمْوَٰلِ
وَالْأَوْلَٰدِ كَمَثَلِ غَيْثٍ اَعْجَبَ ٱلْكُفَّارَ نَبَاتُهُۥ ثُمَّ يَهِيجُ فَتَرَيٰهُ
مُصْفَرّاٗ ثُمَّ يَكُونُ حُطَٰماٗ وَفِے ٱلْأٓخِرَةِ عَذَابٞ شَدِيدٞ وَمَغْفِرَةٞ
مِّنَ ٱللَّهِ وَرِضْوَٰنٞ وَمَا ٱلْحَيَوٰةُ ٱلدُّنْيَآ إِلَّا مَتَٰعُ ٱلْغُرُورِ (19)
سَابِقُوٓاْ إِلَيٰ مَغْفِرَةٖ مِّن رَّبِّكُمْ وَجَنَّةٍ عَرْضُهَا كَعَرْضِ
ٱلسَّمَآءِ وَالْأَرْضِ أُعِدَّتْ لِلذِينَ ءَامَنُواْ بِاللَّهِ وَرُسُلِهِۦ ذَٰلِكَ
فَضْلُ ٱللَّهِ يُوتِيهِ مَن يَّشَآءُ وَاللَّهُ ذُو ٱلْفَضْلِ ٱلْعَظِيمِ (20)
۞ مَآ أَصَابَ مِن مُّصِيبَةٖ فِے ٱلْأَرْضِ وَلَا فِےٓ أَنفُسِكُمُۥٓ إِلَّا
فِے كِتَٰبٖ مِّن قَبْلِ أَن نَّبْرَأَهَآ إِنَّ ذَٰلِكَ عَلَى ٱللَّهِ يَسِيرٞ (21)
لِّكَيْلَا تَاسَوْاْ عَلَيٰ مَا فَاتَكُمْ وَلَا تَفْرَحُواْ بِمَآ ءَاتَيٰكُمْ وَاللَّهُ
لَا يُحِبُّ كُلَّ مُخْتَالٖ فَخُورٍ (22) ٱلذِينَ يَبْخَلُونَ وَيَامُرُونَ
ٱلنَّاسَ بِالْبُخْلِ وَمَن يَّتَوَلَّ فَإِنَّ ٱللَّهَ ٱلْغَنِيُّ ٱلْحَمِيدُ (23)

- تَكَاثُرٌ: مباهاةٌ بالعَدَد وتطاولٌ بالعُدَدِ
- أَعْجَبَ ٱلْكُفَّارَ: الزُّرَّاعَ
- يَهِيجُ: يمضي إلى أقصى غايته
- يَكُونُ حُطَٰماٗ: هشيمًا متكسّرًا

ثُمُن

- نَّبْرَأَهَآ: نخلقها

الحَدِيد

- لِّكَيْلَا تَاسَوْاْ: لكيلا تحزنوا
- مُخْتَالٖ فَخُورٍ: متكبّرٍ مُباهٍ بما أوتي

مدّ مشبع 6 حركات / مدّ 2 أو 4 أو 6 جوازاً	مدّ حركتين	إخفاء، ومواقع الغُنّة (حركتين) / إدغام، وما لا يُلفظ	تفخيم / قلقلة

لَقَدَ اَرْسَلْنَا رُسُلَنَا بِالْبَيِّنَٰتِ وَأَنزَلْنَا مَعَهُمُ اُ۬لْكِتَٰبَ
وَالْمِيزَانَ لِيَقُومَ اَ۬لنَّاسُ بِالْقِسْطِۖ وَأَنزَلْنَا اَ۬لْحَدِيدَ فِيهِ بَأْسٞ
شَدِيدٞ وَمَنَٰفِعُ لِلنَّاسِۖ وَلِيَعْلَمَ اَ۬للَّهُ مَنْ يَّنصُرُهُۥ وَرُسُلَهُۥ
بِالْغَيْبِۖ إِنَّ اَ۬للَّهَ قَوِيٌّ عَزِيزٞ (24) وَلَقَدَ اَرْسَلْنَا نُوحاٗ وَإِبْرَٰهِيمَ
وَجَعَلْنَا فِے ذُرِّيَّتِهِمَا اَ۬لنُّبُوٓءَةَ وَالْكِتَٰبَۖ فَمِنْهُم مُّهْتَدٖ
وَكَثِيرٞ مِّنْهُمْ فَٰسِقُونَۖ (25) ثُمَّ قَفَّيْنَا عَلَيٰٓ ءَاثَٰرِهِم بِرُسُلِنَا
وَقَفَّيْنَا بِعِيسَى اَبْنِ مَرْيَمَ وَءَاتَيْنَٰهُ اُ۬لِانجِيلَۖ وَجَعَلْنَا فِے
قُلُوبِ اِ۬لذِينَ اَتَّبَعُوهُ رَأْفَةٗ وَرَحْمَةٗ وَرَهْبَانِيَّةً اِبْتَدَعُوهَا مَا
كَتَبْنَٰهَا عَلَيْهِمُۥٓ إِلَّا اَ۪بْتِغَآءَ رِضْوَٰنِ اِ۬للَّهِۖ فَمَا رَعَوْهَا
حَقَّ رِعَايَتِهَاۖ فَـَٔاتَيْنَا اَ۬لذِينَ ءَامَنُواْ مِنْهُمُۥٓ أَجْرَهُمْۖ وَكَثِيرٞ
مِّنْهُمْ فَٰسِقُونَۖ (26) يَٰٓأَيُّهَا اَ۬لذِينَ ءَامَنُواْ اُ۪تَّقُواْ اُ۬للَّهَ وَءَامِنُواْ
بِرَسُولِهِۦ يُوتِكُمْ كِفْلَيْنِ مِن رَّحْمَتِهِۦ وَيَجْعَل لَّكُمْ نُوراٗ
تَمْشُونَ بِهِۦ وَيَغْفِرْ لَكُمْۖ وَاللَّهُ غَفُورٞ رَّحِيمٞ (27) لِّيَلَّا يَعْلَمَ
أَهْلُ اُ۬لْكِتَٰبِ أَلَّا يَقْدِرُونَ عَلَيٰ شَےْءٖ مِّن فَضْلِ اِ۬للَّهِۖ وَأَنَّ
اَ۬لْفَضْلَ بِيَدِ اِ۬للَّهِ يُوتِيهِ مَنْ يَّشَآءُۖ وَاللَّهُ ذُو اُ۬لْفَضْلِ اِ۬لْعَظِيمِ (28)

- الْمِيزَانَ: العَدْلَ
- أَنزَلْنَا اَ۬لْحَدِيدَ: خلقْناه أو هيَّأْناه للنّاسِ
- بَأْسٞ شَدِيدٞ: قوّةٌ شديدةٌ
- قَفَّيْنَا: أتبَعْنا
- رَأْفَةٗ وَرَحْمَةٗ: لينًا وشفقةً
- رَهْبَانِيَّةً: مبالغةً في التعبّدِ والتقشّفِ
- مَا كَتَبْنَٰهَا: ما فرضْناها
- يُوتِكُمْ كِفْلَيْنِ: نصيبَين
- لِّيَلَّا يَعْلَمَ: لأن يعلمَ و«لا» مزيدة

- مدّ مشبع 6 حركات
- مدّ 2 أو 4 أو 6 جوازاً
- مدّ حركتين
- إخفاء، ومواقع الغُنّة (حركتين)

بِسْمِ اِ۬للَّهِ اِ۬لرَّحْمَٰنِ اِ۬لرَّحِيمِ

قَدْ سَمِعَ اَ۬للَّهُ قَوْلَ اَ۬لتِے تُجَٰدِلُكَ فِے زَوْجِهَا وَتَشْتَكِےٓ إِلَى اَ۬للَّهِ
وَاللَّهُ يَسْمَعُ تَحَاوُرَكُمَآ إِنَّ اَ۬للَّهَ سَمِيعُۢ بَصِيرٌ (1) اَ۬لذِينَ يَظَّهَّرُونَ
مِنكُم مِّن نِّسَآئِهِم مَّا هُنَّ أُمَّهَٰتِهِمُۥٓ إِنُ اُمَّهَٰتُهُمُۥٓ إِلَّا اَ۬للَّٰٓـِٔي
وَلَدْنَهُمْ وَإِنَّهُمْ لَيَقُولُونَ مُنكَراً مِّنَ اَ۬لْقَوْلِ وَزُوراً وَإِنَّ اَ۬للَّهَ
لَعَفُوٌّ غَفُورٌ (2) وَالذِينَ يَظَّهَّرُونَ مِن نِّسَآئِهِمْ ثُمَّ يَعُودُونَ لِمَا
قَالُواْ فَتَحْرِيرُ رَقَبَةٍ مِّن قَبْلِ أَنْ يَّتَمَآسَّا ذَٰلِكُمْ تُوعَظُونَ بِهِۦ
وَاللَّهُ بِمَا تَعْمَلُونَ خَبِيرٌ (3) فَمَن لَّمْ يَجِدْ فَصِيَامُ شَهْرَيْنِ مُتَتَابِعَيْنِ
مِن قَبْلِ أَنْ يَّتَمَآسَّا فَمَن لَّمْ يَسْتَطِعْ فَإِطْعَامُ سِتِّينَ مِسْكِيناً
ذَٰلِكَ لِتُومِنُواْ بِاللَّهِ وَرَسُولِهِۦ وَتِلْكَ حُدُودُ اُ۬للَّهِ وَلِلْكَٰفِرِينَ
عَذَابٌ اَلِيمٌ (4) اِنَّ اَ۬لذِينَ يُحَآدُّونَ اَ۬للَّهَ وَرَسُولَهُۥ كُبِتُواْ كَمَا
كُبِتَ اَ۬لذِينَ مِن قَبْلِهِمْ وَقَدَ اَنزَلْنَآ ءَايَٰتِۢ بَيِّنَٰتٍ وَلِلْكَٰفِرِينَ
عَذَابٌ مُّهِينٌ (5) يَوْمَ يَبْعَثُهُمُ اُ۬للَّهُ جَمِيعاً فَيُنَبِّئُهُم بِمَا
عَمِلُوٓاْ أَحْصَيٰهُ اُ۬للَّهُ وَنَسُوهُ وَاللَّهُ عَلَيٰ كُلِّ شَےْءٍ شَهِيدٌ (6)

- تُجَٰدِلُكَ: تحاورُك وتراجعُك
- تَحَاوُرَكُمَآ: مراجعتَكما القوْلَ
- يَظَّهَّرُونَ: يُحَرِّمونَ نساءَهمْ تحريمَ أمّهاتهم

- كُبِتُواْ: أذلُوا أو أُهلِكُوا

مدّ مشبع 6 حركات	مدّ حركتين	إخفاء، ومواقع الغُنّة (حركتين)	تفخيم
مدّ 2 أو 4 أو 6 جوازاً		إدغام، وما لا يُلفظ	قلقلة

اَلَمْ تَرَ أَنَّ اَ۬للَّهَ يَعْلَمُ مَا فِے اِ۬لسَّمَٰوَٰتِ وَمَا فِے اِ۬لَارْضِۖ مَا يَكُونُ
مِن نَّجْوَيٰ ثَلَٰثَةٍ اِلَّا هُوَ رَابِعُهُمْ وَلَا خَمْسَةٍ اِلَّا هُوَ سَادِسُهُمْ وَلَآ
أَدْنَيٰ مِن ذَٰلِكَ وَلَآ أَكْثَرَ إِلَّا هُوَ مَعَهُمُۥٓ أَيْنَ مَا كَانُواْۖ ثُمَّ يُنَبِّئُهُم
بِمَا عَمِلُواْ يَوْمَ اَ۬لْقِيَٰمَةِۖ إِنَّ اَ۬للَّهَ بِكُلِّ شَےْءٍ عَلِيمٌۖ (7) ۞ اَلَمْ تَرَ
إِلَى اَ۬لذِينَ نُهُواْ عَنِ اِ۬لنَّجْوَيٰ ثُمَّ يَعُودُونَ لِمَا نُهُواْ عَنْهُ وَيَتَنَٰجَوْنَ
بِالِاثْمِ وَالْعُدْوَٰنِ وَمَعْصِيَتِ اِ۬لرَّسُولِۖ وَإِذَا جَآءُوكَ حَيَّوْكَ بِمَا
لَمْ يُحَيِّكَ بِهِ اِ۬للَّهُ وَيَقُولُونَ فِے أَنفُسِهِمْ لَوْلَا يُعَذِّبُنَا اَ۬للَّهُ بِمَا نَقُولُۖ
حَسْبُهُمْ جَهَنَّمُ يَصْلَوْنَهَاۖ فَبِيسَ اَ۬لْمَصِيرُۖ (8) يَٰٓأَيُّهَا اَ۬لذِينَ ءَامَنُوٓاْ
إِذَا تَنَٰجَيْتُمْ فَلَا تَتَنَٰجَوْاْ بِالِاثْمِ وَالْعُدْوَٰنِ وَمَعْصِيَتِ اِ۬لرَّسُولِۖ
وَتَنَٰجَوْاْ بِالْبِرِّ وَالتَّقْوَيٰۖ وَاتَّقُواْ اُ۬للَّهَ اَ۬لذِے إِلَيْهِ تُحْشَرُونَۖ (9) إِنَّمَا
اَ۬لنَّجْوَيٰ مِنَ اَ۬لشَّيْطَٰنِ لِيُحْزِنَ اَ۬لذِينَ ءَامَنُواْ وَلَيْسَ بِضَآرِّهِمْ
شَيْـًٔا اِلَّا بِإِذْنِ اِ۬للَّهِۖ وَعَلَى اَ۬للَّهِ فَلْيَتَوَكَّلِ اِ۬لْمُومِنُونَۖ (10) يَٰٓأَيُّهَا
اَ۬لذِينَ ءَامَنُوٓاْ إِذَا قِيلَ لَكُمْ تَفَسَّحُواْ فِے اِ۬لْمَجْلِسِ فَافْسَحُواْ
يَفْسَحِ اِ۬للَّهُ لَكُمْۖ وَإِذَا قِيلَ اَنشُزُواْ فَانشُزُواْ يَرْفَعِ اِ۬للَّهُ اُ۬لذِينَ ءَامَنُواْ
مِنكُمْ وَالذِينَ أُوتُواْ اُ۬لْعِلْمَ دَرَجَٰتٖۖ وَاللَّهُ بِمَا تَعْمَلُونَ خَبِيرٞۖ (11)

- نَجْوَيٰ ثَلَٰثَةٍ: تناجيهم ومُسارّتهم
- لَوْلَا يُعَذِّبُنَا: هلّا يعذّبُنا
- حَسْبُهُمْ جَهَنَّمُ: كافيهم جهنّمُ عذابًا
- لِيُحْزِنَ: لِيُوقعَ في الهمِّ الشّديدِ
- تَفَسَّحُواْ فِے اِ۬لْمَجْلِسِ: توسَّعُوا فيه ولا تضامُّوا

- إدغام، وما لا يُلفظ

يَٰٓأَيُّهَا ٱلَّذِينَ ءَامَنُوٓاْ إِذَا نَٰجَيْتُمُ ٱلرَّسُولَ فَقَدِّمُواْ بَيْنَ يَدَيْ
نَجْوَىٰكُمْ صَدَقَةً ذَٰلِكَ خَيْرٌ لَّكُمْ وَأَطْهَرُ فَإِن لَّمْ تَجِدُواْ فَإِنَّ ٱللَّهَ
غَفُورٌ رَّحِيمٌ ﴿12﴾ ءَآشْفَقْتُمُ أَن تُقَدِّمُواْ بَيْنَ يَدَيْ نَجْوَىٰكُمْ صَدَقَٰتٍ
فَإِذْ لَمْ تَفْعَلُواْ وَتَابَ ٱللَّهُ عَلَيْكُمْ فَأَقِيمُواْ ٱلصَّلَوٰةَ وَءَاتُواْ ٱلزَّكَوٰةَ
وَأَطِيعُواْ ٱللَّهَ وَرَسُولَهُۥ وَٱللَّهُ خَبِيرُۢ بِمَا تَعْمَلُونَ ﴿13﴾ ۞ أَلَمْ تَرَ إِلَى ٱلَّذِينَ
تَوَلَّوْاْ قَوْمًا غَضِبَ ٱللَّهُ عَلَيْهِم مَّا هُم مِّنكُمْ وَلَا مِنْهُمْ وَيَحْلِفُونَ عَلَى
ٱلْكَذِبِ وَهُمْ يَعْلَمُونَ ﴿14﴾ أَعَدَّ ٱللَّهُ لَهُمْ عَذَابًا شَدِيدًا إِنَّهُمْ سَآءَ مَا
كَانُواْ يَعْمَلُونَ ﴿15﴾ إِتَّخَذُوٓاْ أَيْمَٰنَهُمْ جُنَّةً فَصَدُّواْ عَن سَبِيلِ ٱللَّهِ
فَلَهُمْ عَذَابٌ مُّهِينٌ ﴿16﴾ لَّن تُغْنِيَ عَنْهُمْ أَمْوَٰلُهُمْ وَلَآ أَوْلَٰدُهُم مِّنَ
ٱللَّهِ شَيْـًٔا أُوْلَٰٓئِكَ أَصْحَٰبُ ٱلنَّارِ هُمْ فِيهَا خَٰلِدُونَ ﴿17﴾ يَوْمَ يَبْعَثُهُمُ
ٱللَّهُ جَمِيعًا فَيَحْلِفُونَ لَهُۥ كَمَا يَحْلِفُونَ لَكُمْ وَيَحْسِبُونَ أَنَّهُمْ عَلَىٰ شَيْءٍ
أَلَآ إِنَّهُمْ هُمُ ٱلْكَٰذِبُونَ ﴿18﴾ إِسْتَحْوَذَ عَلَيْهِمُ ٱلشَّيْطَٰنُ فَأَنسَىٰهُمْ
ذِكْرَ ٱللَّهِ أُوْلَٰٓئِكَ حِزْبُ ٱلشَّيْطَٰنِ أَلَآ إِنَّ حِزْبَ ٱلشَّيْطَٰنِ هُمُ
ٱلْخَٰسِرُونَ ﴿19﴾ إِنَّ ٱلَّذِينَ يُحَآدُّونَ ٱللَّهَ وَرَسُولَهُۥٓ أُوْلَٰٓئِكَ فِي
ٱلْأَذَلِّينَ كَتَبَ ٱللَّهُ لَأَغْلِبَنَّ أَنَا۠ وَرُسُلِيٓ إِنَّ ٱللَّهَ قَوِيٌّ عَزِيزٌ ﴿20﴾

رُبُع

- ءَآشْفَقْتُمُ: أخِفتُم الفقرَ
- تَوَلَّوْاْ قَوْماً: اتّخذُوا أولياءَ
- جُنَّةً: وقايةً لأنفسِهم وأموالِهم
- لَّن تُغْنِيَ: لن تدفعَ
- إِسْتَحْوَذَ: اسْتولى وغلبَ
- ٱلْأَذَلِّينَ: الزّائدينَ في الذّلّةِ والهوانِ

المُجَادلة

مدّ مشبع 6 حركات	مدّ حركتين	إخفاء، ومواقع الغُنّة (حركتين)	تفخيم
مدّ 2 أو 4 أو 6 جوازاً		إدغام، وما لا يُلفظ	قلقلة

لَّا تَجِدُ قَوْماً يُومِنُونَ بِاللَّهِ وَالْيَوْمِ اِ۬لَاخِرِ يُوَآدُّونَ مَنْ
حَآدَّ اَ۬للَّهَ وَرَسُولَهُۥ وَلَوْ كَانُوٓاْ ءَابَآءَهُمُۥٓ أَوَ اَبْنَآءَهُمُۥٓ أَوِ
اِخْوَٰنَهُمُۥٓ أَوْ عَشِيرَتَهُمُۥٓۖ أُوْلَٰٓئِكَ كَتَبَ فِے قُلُوبِهِمُ
اُ۬لِايمَٰنَ وَأَيَّدَهُم بِرُوحٖ مِّنْهُۖ وَيُدْخِلُهُمْ جَنَّٰتٖ تَجْرِے مِن
تَحْتِهَا اَ۬لَانْهَٰرُ خَٰلِدِينَ فِيهَاۖ رَضِيَ اَ۬للَّهُ عَنْهُمْ وَرَضُواْ عَنْهُۖ
أُوْلَٰٓئِكَ حِزْبُ اُ۬للَّهِۖ أَلَآ إِنَّ حِزْبَ اَ۬للَّهِ هُمُ اُ۬لْمُفْلِحُونَ 21

سُورَةُ الْحَشْرِ

ترتيبها 59 — آياتها 24

بِسْمِ اِ۬للَّهِ اِ۬لرَّحْمَٰنِ اِ۬لرَّحِيمِ

سَبَّحَ لِلَّهِ مَا فِے اِ۬لسَّمَٰوَٰتِ وَمَا فِے اِ۬لَارْضِۖ وَهُوَ اَ۬لْعَزِيزُ اُ۬لْحَكِيمُۖ 1
هُوَ اَ۬لذِےٓ أَخْرَجَ اَ۬لذِينَ كَفَرُواْ مِنَ اَهْلِ اِ۬لْكِتَٰبِ مِن دِيَٰرِهِمْ
لِأَوَّلِ اِ۬لْحَشْرِۖ مَا ظَنَنتُمُۥٓ أَنْ يَّخْرُجُواْۖ وَظَنُّوٓاْ أَنَّهُم مَّانِعَتُهُمْ
حُصُونُهُم مِّنَ اَ۬للَّهِ فَأَتَىٰهُمُ اُ۬للَّهُ مِنْ حَيْثُ لَمْ يَحْتَسِبُواْۖ ۞ وَقَذَفَ
فِے قُلُوبِهِمُ اُ۬لرُّعْبَۖ يُخْرِبُونَ بُيُوتَهُم بِأَيْدِيهِمْ وَأَيْدِے اِ۬لْمُومِنِينَۖ
فَاعْتَبِرُواْ يَٰٓأُوْلِے اِ۬لَابْصَٰرِۖ 2 وَلَوْلَآ أَن كَتَبَ اَ۬للَّهُ عَلَيْهِمُ
اُ۬لْجَلَآءَ لَعَذَّبَهُمْ فِے اِ۬لدُّنْي۪اۖ وَلَهُمْ فِے اِ۬لَاخِرَةِ عَذَابُ اُ۬لنَّارِۖ 3

- سَبَّحَ لِلَّهِ: نزّهَهُ ومَجّدَهُ
- لِأَوَّلِ اِ۬لْحَشْرِ: عندَ أوّلِ إجلاءٍ عن الجزيرةِ

ثُمُنٌ

- لَمْ يَحْتَسِبُواْ: لم يظنُّوا
- قَذَفَ: ألقى وأنزلَ إنزالًا شديدًا
- اُ۬لْجَلَآءَ: الخروجَ أو الإخراجَ من الدّيارِ

مدّ مشبع 6 حركات — مدّ 2 أو 4 أو 6 جوازاً — مدّ حركتين — إخفاء، ومواقع الغُنَّة (حركتين) — إدغام، وما لا يُلفَظ — تفخيم — قلقلة

ذَٰلِكَ بِأَنَّهُمْ شَآقُّوا۟ ٱللَّهَ وَرَسُولَهُۥ ۖ وَمَن يُشَآقِّ ٱللَّهَ فَإِنَّ ٱللَّهَ شَدِيدُ
ٱلْعِقَابِ ﴿4﴾ مَا قَطَعْتُم مِّن لِّينَةٍ أَوْ تَرَكْتُمُوهَا قَآئِمَةً عَلَىٰٓ
أُصُولِهَا فَبِإِذْنِ ٱللَّهِ وَلِيُخْزِىَ ٱلْفَـٰسِقِينَ ﴿5﴾ وَمَآ أَفَآءَ ٱللَّهُ عَلَىٰ
رَسُولِهِۦ مِنْهُمْ فَمَآ أَوْجَفْتُمْ عَلَيْهِ مِنْ خَيْلٍ وَلَا رِكَابٍ وَلَـٰكِنَّ
ٱللَّهَ يُسَلِّطُ رُسُلَهُۥ عَلَىٰ مَن يَشَآءُ ۚ وَٱللَّهُ عَلَىٰ كُلِّ شَىْءٍ قَدِيرٌ ﴿6﴾
مَّآ أَفَآءَ ٱللَّهُ عَلَىٰ رَسُولِهِۦ مِنْ أَهْلِ ٱلْقُرَىٰ فَلِلَّهِ وَلِلرَّسُولِ وَلِذِى
ٱلْقُرْبَىٰ وَٱلْيَتَـٰمَىٰ وَٱلْمَسَـٰكِينِ وَٱبْنِ ٱلسَّبِيلِ كَىْ لَا يَكُونَ
دُولَةًۢ بَيْنَ ٱلْأَغْنِيَآءِ مِنكُمْ ۚ وَمَآ ءَاتَىٰكُمُ ٱلرَّسُولُ فَخُذُوهُ وَمَا
نَهَىٰكُمْ عَنْهُ فَٱنتَهُوا۟ ۚ وَٱتَّقُوا۟ ٱللَّهَ ۖ إِنَّ ٱللَّهَ شَدِيدُ ٱلْعِقَابِ ﴿7﴾
لِلْفُقَرَآءِ ٱلْمُهَـٰجِرِينَ ٱلَّذِينَ أُخْرِجُوا۟ مِن دِيَـٰرِهِمْ وَأَمْوَٰلِهِمْ
يَبْتَغُونَ فَضْلًا مِّنَ ٱللَّهِ وَرِضْوَٰنًا وَيَنصُرُونَ ٱللَّهَ وَرَسُولَهُۥٓ ۚ أُو۟لَـٰٓئِكَ
هُمُ ٱلصَّـٰدِقُونَ ﴿8﴾ وَٱلَّذِينَ تَبَوَّءُو ٱلدَّارَ وَٱلْإِيمَـٰنَ مِن قَبْلِهِمْ
يُحِبُّونَ مَنْ هَاجَرَ إِلَيْهِمْ وَلَا يَجِدُونَ فِى صُدُورِهِمْ حَاجَةً
مِّمَّآ أُوتُوا۟ وَيُؤْثِرُونَ عَلَىٰٓ أَنفُسِهِمْ وَلَوْ كَانَ بِهِمْ خَصَاصَةٌ ۚ
وَمَن يُوقَ شُحَّ نَفْسِهِۦ فَأُو۟لَـٰٓئِكَ هُمُ ٱلْمُفْلِحُونَ ﴿9﴾

- شَآقُّوا۟: عادَوْا وعَصَوْا
- لِّينَةٍ: نخلةٍ، أو نخلةٍ كريمةٍ
- مَآ أَفَآءَ ٱللَّهُ: ما ردَّ وما أعادَ
- فَمَآ أَوْجَفْتُمْ عَلَيْهِ: فما أجرَيْتم على تحصيلِه
- رِكَابٍ: ما يُركَبُ من الإبلِ
- دُولَةًۢ: مُتداولًا في الأيدي
- تَبَوَّءُو ٱلدَّارَ: توطّنُوا المدينة
- حَاجَةً: حزازةً وحسدًا
- خَصَاصَةٌ: فقرٌ واحتياجٌ

الحَشْر

- مَن يُوقَ: منْ يُجنَّبْ ويُكَفَّ
- شُحَّ نَفْسِهِۦ: بُخْلَها مع الحرصِ

مدّ مشبع 6 حركات	مدّ حركتين	إخفاء، ومواقع الغُنّة (حركتين)	تفخيم
مدّ 2 أو 4 أو 6 جوازاً		إدغام، وما لا يُلفظ	قلقلة

وَالذِينَ جَآءُو مِنۢ بَعْدِهِمْ يَقُولُونَ رَبَّنَا اَ۪غْفِرْ لَنَا وَلِإِخْوَٰنِنَا
اَ۬لذِينَ سَبَقُونَا بِالِايمَٰنِ وَلَا تَجْعَلْ فِے قُلُوبِنَا غِلّاٗ لِّلذِينَ
ءَامَنُواْ رَبَّنَآ إِنَّكَ رَءُوفٞ رَّحِيمٌ ﴿10﴾ ۞ اَلَمْ تَرَ إِلَى اَ۬لذِينَ
نَافَقُواْ يَقُولُونَ لِإِخْوَٰنِهِمُ اُ۬لذِينَ كَفَرُواْ مِنَ اَهْلِ اِ۬لْكِتَٰبِ
لَئِنُ اُخْرِجْتُمْ لَنَخْرُجَنَّ مَعَكُمْ وَلَا نُطِيعُ فِيكُمُۥٓ أَحَداً اَبَداٗ
وَإِن قُوتِلْتُمْ لَنَنصُرَنَّكُمْ وَاللَّهُ يَشْهَدُ إِنَّهُمْ لَكَٰذِبُونَ ﴿11﴾
لَئِنُ اُخْرِجُواْ لَا يَخْرُجُونَ مَعَهُمْ وَلَئِن قُوتِلُواْ لَا يَنصُرُونَهُمْ
وَلَئِن نَّصَرُوهُمْ لَيُوَلُّنَّ اَ۬لَادْبَٰرَ ثُمَّ لَا يُنصَرُونَ ﴿12﴾ لَأَنتُمُۥٓ
أَشَدُّ رَهْبَةٗ فِے صُدُورِهِم مِّنَ اَ۬للَّهِ ذَٰلِكَ بِأَنَّهُمْ قَوْمٞ لَّا
يَفْقَهُونَ ﴿13﴾ لَا يُقَٰتِلُونَكُمْ جَمِيعاً اِلَّا فِے قُرىٗ مُّحَصَّنَةٍ
اَوْ مِنْ وَرَآءِ جُدُرِۢ بَأْسُهُم بَيْنَهُمْ شَدِيدٞ تَحْسِبُهُمْ جَمِيعاٗ
وَقُلُوبُهُمْ شَتّ۪يٰ ذَٰلِكَ بِأَنَّهُمْ قَوْمٞ لَّا يَعْقِلُونَ ﴿14﴾ كَمَثَلِ
اِ۬لذِينَ مِن قَبْلِهِمْ قَرِيباٗ ذَاقُواْ وَبَالَ أَمْرِهِمْ وَلَهُمْ عَذَابٌ
اَلِيمٌ ﴿15﴾ كَمَثَلِ اِ۬لشَّيْطَٰنِ إِذْ قَالَ لِلِانسَٰنِ اِ۟كْفُرْ فَلَمَّا
كَفَرَ قَالَ إِنِّے بَرِےٓءٞ مِّنكَ إِنِّيَ أَخَافُ اُ۬للَّهَ رَبَّ اَ۬لْعَٰلَمِينَ ﴿16﴾

نِصْفٌ

- غِلّاٗ: حقدًا وبُغضًا
- بَأْسُهُم بَيْنَهُمْ: قتالهم فيما بينهم
- قُلُوبُهُمْ شَتّ۪يٰ: متفرّقةٌ لتعاديهم
- وَبَالَ أَمْرِهِمْ: سوءَ عاقبةِ كفرهم

مدّ مشبع 6 حركات	مدّ حركتين	إخفاء، ومواقع الغُنّة (حركتين)	تفخيم
مدّ 2 أو 4 أو 6 جوازاً		إدغام، وما لا يُلفظ	قلقلة

فَكَانَ عَٰقِبَتَهُمَآ أَنَّهُمَا فِے اِ۬لنَّارِ خَٰلِدَيْنِ فِيهَاۖ وَذَٰلِكَ
جَزَٰٓؤُاْ اُ۬لظَّٰلِمِينَۖ (17) يَٰٓأَيُّهَا اَ۬لذِينَ ءَامَنُواْ اُ۪تَّقُواْ
اُ۬للَّهَ وَلْتَنظُرْ نَفْسٞ مَّا قَدَّمَتْ لِغَدٖۖ وَاتَّقُواْ اُ۬للَّهَۖ إِنَّ اَ۬للَّهَ
خَبِيرُۢ بِمَا تَعْمَلُونَۖ (18) وَلَا تَكُونُواْ كَالذِينَ نَسُواْ
اُ۬للَّهَ فَأَنسِيٰهُمُۥٓ أَنفُسَهُمُۥٓۖ أُوْلَٰٓئِكَ هُمُ اُ۬لْفَٰسِقُونَۖ (19)
لَا يَسْتَوِے أَصْحَٰبُ اُ۬لنَّارِ وَأَصْحَٰبُ اُ۬لْجَنَّةِۖ أَصْحَٰبُ
اُ۬لْجَنَّةِ هُمُ اُ۬لْفَآئِزُونَۖ (20) لَوَ اَنزَلْنَا هَٰذَا اَ۬لْقُرْءَانَ
عَلَيٰ جَبَلٖ لَّرَأَيْتَهُۥ خَٰشِعاٗ مُّتَصَدِّعاٗ مِّنْ خَشْيَةِ اِ۬للَّهِۖ
وَتِلْكَ اَ۬لَامْثَٰلُ نَضْرِبُهَا لِلنَّاسِ لَعَلَّهُمْ يَتَفَكَّرُونَۖ (21)
هُوَ اَ۬للَّهُ اُ۬لذِے لَآ إِلَٰهَ إِلَّا هُوَۖ عَٰلِمُ اُ۬لْغَيْبِ وَالشَّهَٰدَةِۖ هُوَ
اَ۬لرَّحْمَٰنُ اُ۬لرَّحِيمُۖ (22) هُوَ اَ۬للَّهُ اُ۬لذِے لَآ إِلَٰهَ إِلَّا هُوَ اَ۬لْمَلِكُ
اُ۬لْقُدُّوسُ اُ۬لسَّلَٰمُ اُ۬لْمُومِنُ اُ۬لْمُهَيْمِنُ اُ۬لْعَزِيزُ اُ۬لْجَبَّارُ
اُ۬لْمُتَكَبِّرُۖ سُبْحَٰنَ اَ۬للَّهِ عَمَّا يُشْرِكُونَۖ (23) هُوَ اَ۬للَّهُ
اُ۬لْخَٰلِقُ اُ۬لْبَارِئُ اُ۬لْمُصَوِّرُۖ لَهُ اُ۬لَاسْمَآءُ اُ۬لْحُسْنَيٰۖ يُسَبِّحُ لَهُۥ
مَا فِے اِ۬لسَّمَٰوَٰتِ وَالَارْضِۖ وَهُوَ اَ۬لْعَزِيزُ اُ۬لْحَكِيمُ (24)

- خَٰشِعاً: ذليلًا خاضعًا
- مُّتَصَدِّعاً: مُتشقّقًا
- اُ۬لْمَلِكُ: المالكُ لكلّ شيءٍ
- اُ۬لْقُدُّوسُ: البَليغ في النّزاهةِ عن النّقائصِ
- اُ۬لسَّلَٰمُ: ذو السّلامةِ منْ كلِّ عيْبٍ
- اُ۬لْمُومِنُ: المصدّقُ لرسله بالمعجزاتِ
- اُ۬لْمُهَيْمِنُ: الرقيبُ على كلِّ شيءٍ
- اُ۬لْعَزِيزُ: القويُّ الغالبُ
- اُ۬لْجَبَّارُ: القهّارُ أو العظيمُ

الحَشْر

- اُ۬لْمُتَكَبِّرُ: بَليغُ الكبرياءِ والعظمةِ
- اُ۬لْبَارِئُ: المبدعُ المخترعُ
- اُ۬لْمُصَوِّرُ: خالقُ الصُّوَرِ على ما يريدُ

مدّ مشبع 6 حركات	مدّ حركتين	إخفاء، ومواقع الغُنّة (حركتين)	تفخيم
مدّ 2 أو 4 أو 6 جوازاً		إدغام، وما لا يُلفظ	قلقلة

سُورَةُ الْمُمْتَحَنَةِ

ترتيبها 60 — آياتها 13

بِسۡمِ ٱللَّهِ ٱلرَّحۡمَٰنِ ٱلرَّحِيمِ

۞ يَٰٓأَيُّهَا ٱلَّذِينَ ءَامَنُواْ لَا تَتَّخِذُواْ عَدُوِّي وَعَدُوَّكُمۡ أَوۡلِيَآءَ تُلۡقُونَ إِلَيۡهِم
بِٱلۡمَوَدَّةِ وَقَدۡ كَفَرُواْ بِمَا جَآءَكُم مِّنَ ٱلۡحَقِّ يُخۡرِجُونَ ٱلرَّسُولَ وَإِيَّاكُمۡ
أَن تُؤۡمِنُواْ بِٱللَّهِ رَبِّكُمۡ إِن كُنتُمۡ خَرَجۡتُمۡ جِهَٰدٗا فِي سَبِيلِي وَٱبۡتِغَآءَ
مَرۡضَاتِيۚ تُسِرُّونَ إِلَيۡهِم بِٱلۡمَوَدَّةِ وَأَنَا۠ أَعۡلَمُ بِمَآ أَخۡفَيۡتُمۡ وَمَآ أَعۡلَنتُمۡۚ وَمَن يَفۡعَلۡهُ
مِنكُمۡ فَقَدۡ ضَلَّ سَوَآءَ ٱلسَّبِيلِ (1) إِن يَثۡقَفُوكُمۡ يَكُونُواْ لَكُمۡ أَعۡدَآءٗ
وَيَبۡسُطُوٓاْ إِلَيۡكُمۡ أَيۡدِيَهُمۡ وَأَلۡسِنَتَهُم بِٱلسُّوٓءِ وَوَدُّواْ لَوۡ تَكۡفُرُونَ (2)
لَن تَنفَعَكُمۡ أَرۡحَامُكُمۡ وَلَآ أَوۡلَٰدُكُمۡۚ يَوۡمَ ٱلۡقِيَٰمَةِ يَفۡصِلُ بَيۡنَكُمۡۚ وَٱللَّهُ
بِمَا تَعۡمَلُونَ بَصِيرٞ (3) قَدۡ كَانَتۡ لَكُمۡ إِسۡوَةٌ حَسَنَةٞ فِيٓ إِبۡرَٰهِيمَ وَٱلَّذِينَ
مَعَهُۥٓ إِذۡ قَالُواْ لِقَوۡمِهِمۡ إِنَّا بُرَءَٰٓؤُاْ مِنكُمۡ وَمِمَّا تَعۡبُدُونَ مِن دُونِ ٱللَّهِ
كَفَرۡنَا بِكُمۡ وَبَدَا بَيۡنَنَا وَبَيۡنَكُمُ ٱلۡعَدَٰوَةُ وَٱلۡبَغۡضَآءُ أَبَدًا حَتَّىٰ تُؤۡمِنُواْ
بِٱللَّهِ وَحۡدَهُۥٓ إِلَّا قَوۡلَ إِبۡرَٰهِيمَ لِأَبِيهِ لَأَسۡتَغۡفِرَنَّ لَكَ وَمَآ أَمۡلِكُ لَكَ مِنَ ٱللَّهِ
مِن شَيۡءٖۖ رَّبَّنَا عَلَيۡكَ تَوَكَّلۡنَا وَإِلَيۡكَ أَنَبۡنَا وَإِلَيۡكَ ٱلۡمَصِيرُ (4) رَبَّنَا لَا
تَجۡعَلۡنَا فِتۡنَةٗ لِّلَّذِينَ كَفَرُواْ وَٱغۡفِرۡ لَنَا رَبَّنَآۖ إِنَّكَ أَنتَ ٱلۡعَزِيزُ ٱلۡحَكِيمُ (5)

ثُمُنٌ

- أَوۡلِيَآءَ: أعوانًا تُوادُّونهم وتناصحونهم
- يَثۡقَفُوكُمۡ: يظفرُوا بكم
- يَبۡسُطُوٓاْ إِلَيۡكُمۡ: يمدُّوا إليكم
- إِسۡوَةٌ: قدوةٌ
- بُرَءَٰٓؤُاْ مِنكُمۡ: أبرياءُ منكم
- إِلَيۡكَ أَنَبۡنَا: إليك رَجَعْنا تائبينَ

مدّ مشبع 6 حركات — مدّ 2 أو 4 أو 6 جوازاً — مدّ حركتين — إخفاء، ومواقع الغُنَّة (حركتين) — إدغام، وما لا يُلفظ — تفخيم — قلقلة

549

رُبع

لَقَدْ كَانَ لَكُمْ فِيهِمُۥٓ إِسْوَةٌ حَسَنَةٌ لِّمَن كَانَ يَرْجُواْ اُ۬للَّهَ وَالْيَوْمَ اَلْءَاخِرَۖ
وَمَن يَّتَوَلَّ فَإِنَّ اَللَّهَ هُوَ اَلْغَنِيُّ اُ۬لْحَمِيدُۖ ﴿6﴾ ۞ عَسَى اَللَّهُ أَن يَّجْعَلَ
بَيْنَكُمْ وَبَيْنَ اَلذِينَ عَادَيْتُم مِّنْهُم مَّوَدَّةًۖ وَاللَّهُ قَدِيرٌۖ وَاللَّهُ غَفُورٌ رَّحِيمٌۖ ﴿7﴾
لَّا يَنْهَيٰكُمُ اُ۬للَّهُ عَنِ اِ۬لذِينَ لَمْ يُقَٰتِلُوكُمْ فِے اِ۬لدِّينِ وَلَمْ يُخْرِجُوكُم مِّن
دِيَٰرِكُمُۥٓ أَن تَبَرُّوهُمْ وَتُقْسِطُوٓاْ إِلَيْهِمُۥٓۖ إِنَّ اَللَّهَ يُحِبُّ اُ۬لْمُقْسِطِينَۖ ﴿8﴾
إِنَّمَا يَنْهَيٰكُمُ اُ۬للَّهُ عَنِ اِ۬لذِينَ قَٰتَلُوكُمْ فِے اِ۬لدِّينِ وَأَخْرَجُوكُم مِّن
دِيَٰرِكُمْ وَظَٰهَرُواْ عَلَيٰٓ إِخْرَاجِكُمُۥٓ أَن تَوَلَّوْهُمْۖ وَمَن يَّتَوَلَّهُمْ فَأُوْلَٰٓئِكَ
هُمُ اُ۬لظَّٰلِمُونَۖ ﴿9﴾ يَٰٓأَيُّهَا اَلذِينَ ءَامَنُوٓاْ إِذَا جَآءَكُمُ اُ۬لْمُومِنَٰتُ مُهَٰجِرَٰتٍ
فَامْتَحِنُوهُنَّۖ اَللَّهُ أَعْلَمُ بِإِيمَٰنِهِنَّۖ فَإِنْ عَلِمْتُمُوهُنَّ مُومِنَٰتٍ فَلَا تَرْجِعُوهُنَّ
إِلَى اَلْكُفَّارِۖ لَا هُنَّ حِلٌّ لَّهُمْ وَلَا هُمْ يَحِلُّونَ لَهُنَّۖ وَءَاتُوهُم مَّآ أَنفَقُواْۖ وَلَا
جُنَاحَ عَلَيْكُمُۥٓ أَن تَنكِحُوهُنَّ إِذَآ ءَاتَيْتُمُوهُنَّ أُجُورَهُنَّۖ وَلَا
تُمْسِكُواْ بِعِصَمِ اِ۬لْكَوَافِرِۖ وَسْـَٔلُواْ مَآ أَنفَقْتُمْ وَلْيَسْـَٔلُواْ مَآ أَنفَقُواْۖ
ذَٰلِكُمْ حُكْمُ اُ۬للَّهِ يَحْكُمُ بَيْنَكُمْۖ وَاللَّهُ عَلِيمٌ حَكِيمٌۖ ﴿10﴾ وَإِن فَاتَكُمْ
شَےْءٌ مِّنَ اَزْوَٰجِكُمُۥٓ إِلَى اَلْكُفَّارِ فَعَٰقَبْتُمْ فَـَٔاتُواْ اُ۬لذِينَ ذَهَبَتَ
اَزْوَٰجُهُم مِّثْلَ مَآ أَنفَقُواْۖ وَاتَّقُواْ اُ۬للَّهَ اَلذِےٓ أَنتُم بِهِۦ مُومِنُونَۖ ﴿11﴾

- تَبَرُّوهُمْ: تحسنوا إليهم
- تُقْسِطُوٓاْ إِلَيْهِمُ: تعطوهم قسطًا من أموالكم
- ظَٰهَرُواْ: عاونوا
- تَوَلَّوْهُمْ: تتخذوهم أولياءَ
- فَامْتَحِنُوهُنَّ: فاختبروهنَّ بالتحليف
- أُجُورَهُنَّ: مهورهنَّ
- بِعِصَمِ اِ۬لْكَوَافِرِ: عقودِ نكاحِ المشركاتِ

المُمْتَحَنَة

- فَعَٰقَبْتُمْ: فغزوتُم فغنمتُم منهمْ

مدّ مشبع 6 حركات	إخفاء، ومواقع الغُنّة (حركتين)	تفخيم
مدّ 2 أو 4 أو 6 جوازاً	إدغام، وما لا يُلفظ	قلقلة
مدّ حركتين		

يَٰٓأَيُّهَا ٱلنَّبِےٓءُ إِذَا جَآءَكَ ٱلْمُومِنَٰتُ يُبَايِعْنَكَ عَلَيٰٓ أَن لَّا يُشْرِكْنَ
بِاللَّهِ شَيْـٔاً وَلَا يَسْرِقْنَ وَلَا يَزْنِينَ وَلَا يَقْتُلْنَ أَوْلَٰدَهُنَّ وَلَا يَاتِينَ
بِبُهْتَٰنٍ يَفْتَرِينَهُۥ بَيْنَ أَيْدِيهِنَّ وَأَرْجُلِهِنَّ وَلَا يَعْصِينَكَ فِے
مَعْرُوفٍ فَبَايِعْهُنَّ وَاسْتَغْفِرْ لَهُنَّ ٱللَّهَ إِنَّ ٱللَّهَ غَفُورٌ رَّحِيمٌ ﴿12﴾
يَٰٓأَيُّهَا ٱلَّذِينَ ءَامَنُواْ لَا تَتَوَلَّوْاْ قَوْماً غَضِبَ ٱللَّهُ عَلَيْهِمْ قَدْ
يَئِسُواْ مِنَ ٱلْاخِرَةِ كَمَا يَئِسَ ٱلْكُفَّارُ مِنْ أَصْحَٰبِ ٱلْقُبُورِ ﴿13﴾

سُورَةُ الصَّفِّ

ترتيبها 61 — آياتها 14

بِسْمِ ٱللَّهِ ٱلرَّحْمَٰنِ ٱلرَّحِيمِ

۞ سَبَّحَ لِلَّهِ مَا فِے ٱلسَّمَٰوَٰتِ وَمَا فِے ٱلْأَرْضِ وَهُوَ ٱلْعَزِيزُ
ٱلْحَكِيمُ ﴿1﴾ يَٰٓأَيُّهَا ٱلَّذِينَ ءَامَنُواْ لِمَ تَقُولُونَ مَا لَا
تَفْعَلُونَ ﴿2﴾ كَبُرَ مَقْتاً عِندَ ٱللَّهِ أَن تَقُولُواْ مَا لَا
تَفْعَلُونَ ﴿3﴾ إِنَّ ٱللَّهَ يُحِبُّ ٱلَّذِينَ يُقَٰتِلُونَ فِے سَبِيلِهِۦ
صَفّاً كَأَنَّهُم بُنْيَٰنٌ مَّرْصُوصٌ ﴿4﴾ وَإِذْ قَالَ مُوسَيٰ لِقَوْمِهِۦ
يَٰقَوْمِ لِمَ تُوذُونَنِے وَقَد تَّعْلَمُونَ أَنِّے رَسُولُ ٱللَّهِ إِلَيْكُمْ فَلَمَّا
زَاغُوٓاْ أَزَاغَ ٱللَّهُ قُلُوبَهُمْ وَٱللَّهُ لَا يَهْدِے ٱلْقَوْمَ ٱلْفَٰسِقِينَ ﴿5﴾

- بِبُهْتَٰنٍ: بإلصاقِ اللّقطاءِ بالأزواجِ كَذِبًا
- يَفْتَرِينَهُ: يَختلِقنَه

ثُمُنٌ

- سَبَّحَ لِلَّهِ: نزّهَه ومجّدَه
- كَبُرَ مَقْتاً: عَظُمَ بغضًا
- صَفّاً: صافّينَ أنفسَهم
- بُنْيَٰنٌ مَّرْصُوصٌ: متلاصقٌ مُحكمٌ
- زَاغُوٓاْ: مالوا عن الحقِّ

تفخيم	إخفاء، ومواقع الغُنّة (حركتين)	مدّ حركتين	مدّ مشبع 6 حركات
قلقلة	إدغام، وما لا يُلفَظ		مدّ 2 أو 4 أو 6 جوازاً

وَإِذْ قَالَ عِيسَى اَبْنُ مَرْيَمَ يَٰبَنِےٓ إِسْرَآءِيلَ إِنِّے رَسُولُ اُ۬للَّهِ
إِلَيْكُم مُّصَدِّقاً لِّمَا بَيْنَ يَدَيَّ مِنَ اَ۬لتَّوْرَيٰةِ وَمُبَشِّراَۢ بِرَسُولٖ
يَاتِے مِنۢ بَعْدِيَ اَ۪سْمُهُۥٓ أَحْمَدُۖ فَلَمَّا جَآءَهُم بِالْبَيِّنَٰتِ قَالُواْ
هَٰذَا سِحْرٞ مُّبِينٞۖ (6) وَمَنَ اَظْلَمُ مِمَّنِ اِ۪فْتَر۪يٰ عَلَى اَ۬للَّهِ
اِ۬لْكَذِبَ وَهُوَ يُدْعَيٰٓ إِلَى اَ۬لِاسْلَٰمِۖ وَاللَّهُ لَا يَهْدِے اِ۬لْقَوْمَ
اَ۬لظَّٰلِمِينَۖ (7) يُرِيدُونَ لِيُطْفِـُٔواْ نُورَ اَ۬للَّهِ بِأَفْوَٰهِهِمْ وَاللَّهُ
مُتِمٌّ نُّورِهِۦ وَلَوْ كَرِهَ اَ۬لْكَٰفِرُونَۖ (8) هُوَ اَ۬لذِےٓ أَرْسَلَ
رَسُولَهُۥ بِالْهُد۪يٰ وَدِينِ اِ۬لْحَقِّ لِيُظْهِرَهُۥ عَلَى اَ۬لدِّينِ كُلِّهِۦ وَلَوْ
كَرِهَ اَ۬لْمُشْرِكُونَۖ (9) يَٰٓأَيُّهَا اَ۬لذِينَ ءَامَنُواْ هَلَ اَدُلُّكُمْ عَلَيٰ
تِجَٰرَةٖ تُنجِيكُم مِّنْ عَذَابٍ اَلِيمٖ (10) تُومِنُونَ بِاللَّهِ وَرَسُولِهِۦ
وَتُجَٰهِدُونَ فِے سَبِيلِ اِ۬للَّهِ بِأَمْوَٰلِكُمْ وَأَنفُسِكُمْ ذَٰلِكُمْ
خَيْرٞ لَّكُمُۥٓ إِن كُنتُمْ تَعْلَمُونَ (11) يَغْفِرْ لَكُمْ ذُنُوبَكُمْ
وَيُدْخِلْكُمْ جَنَّٰتٖ تَجْرِے مِن تَحْتِهَا اَ۬لَانْهَٰرُ وَمَسَٰكِنَ
طَيِّبَةٗ فِے جَنَّٰتِ عَدْنٍۖ ذَٰلِكَ اَ۬لْفَوْزُ اُ۬لْعَظِيمُۖ (12) وَأُخْر۪يٰ
تُحِبُّونَهَا نَصْرٞ مِّنَ اَ۬للَّهِ وَفَتْحٞ قَرِيبٞۖ وَبَشِّرِ اِ۬لْمُومِنِينَۖ (13)

▪ نُورَ أَللَّهِ الحقَّ الذي جاءَ به الرسولُ صلّى اللهُ عليهِ وسلّم

مدّ مشبع 6 حركات	مدّ حركتين	إخفاء، ومواقع الغُنَّة (حركتين)	تفخيم
مدّ 2 أو 4 أو 6 جوازاً		إدغام، وما لا يُلفَظ	قلقلة

يَـٰٓأَيُّهَا ٱلذِينَ ءَامَنُواْ كُونُوٓاْ أَنصَاراً لِّلهِ كَمَا قَالَ عِيسَى
اِ۪بْنُ مَرْيَمَ لِلْحَوَارِيِّـۧنَ مَنَ اَنصَارِيَ إِلَى ٱللَّهِ قَالَ ٱلْحَوَارِيُّونَ
نَحْنُ أَنصَارُ ٱللَّهِ فَـَٔامَنَت طَّآئِفَةٌ مِّنۢ بَنِےٓ إِسْرَآءِيلَ وَكَفَرَت
طَّآئِفَةٌ فَأَيَّدْنَا ٱلذِينَ ءَامَنُواْ عَلَىٰ عَدُوِّهِمْ فَأَصْبَحُواْ ظَٰهِرِينَ (14)

سُورَةُ الْجُمُعَةِ

ترتيبها 62 — آياتها 11

بِسْمِ اِ۬للَّهِ اِ۬لرَّحْمَٰنِ اِ۬لرَّحِيمِ

۞ يُسَبِّحُ لِلهِ مَا فِے ٱلسَّمَٰوَٰتِ وَمَا فِے ٱلْأَرْضِ ٱلْمَلِكِ ٱلْقُدُّوسِ ٱلْعَزِيزِ
ٱلْحَكِيمِ (1) هُوَ ٱلذِے بَعَثَ فِے ٱلْأُمِّيِّـۧنَ رَسُولاً مِّنْهُمْ يَتْلُواْ عَلَيْهِمُۥ
ءَايَٰتِهِۦ وَيُزَكِّيهِمْ وَيُعَلِّمُهُمُ ٱلْكِتَٰبَ وَٱلْحِكْمَةَ وَإِن كَانُواْ مِن
قَبْلُ لَفِے ضَلَٰلٍ مُّبِينٍ (2) وَءَاخَرِينَ مِنْهُمْ لَمَّا يَلْحَقُواْ بِهِمْ وَهُوَ
ٱلْعَزِيزُ ٱلْحَكِيمُ (3) ذَٰلِكَ فَضْلُ ٱللَّهِ يُوتِيهِ مَن يَّشَآءُ وَٱللَّهُ ذُو ٱلْفَضْلِ
ٱلْعَظِيمِ (4) مَثَلُ ٱلذِينَ حُمِّلُواْ ٱلتَّوْرَىٰةَ ثُمَّ لَمْ يَحْمِلُوهَا كَمَثَلِ ٱلْحِمَارِ
يَحْمِلُ أَسْفَاراَۢ بِيسَ مَثَلُ ٱلْقَوْمِ ٱلذِينَ كَذَّبُواْ بِـَٔايَٰتِ ٱللَّهِ وَٱللَّهُ لَا
يَهْدِے ٱلْقَوْمَ ٱلظَّٰلِمِينَ (5) قُلْ يَـٰٓأَيُّهَا ٱلذِينَ هَادُوٓاْ إِن زَعَمْتُمُۥٓ أَنَّكُمُۥ
أَوْلِيَآءُ لِلهِ مِن دُونِ ٱلنَّاسِ فَتَمَنَّوُاْ ٱلْمَوْتَ إِن كُنتُمْ صَٰدِقِينَ (6)

- لِلْحَوَارِيِّـۧنَ: أصْفياءِ عيسى وخواصِّه
- ظَٰهِرِينَ: غالبينَ بالحججِ والبيِّناتِ

حِزْبٌ

- يُسَبِّحُ لِلهِ: يُنزِّهُه ويُمجِّدُه
- ٱلْمَلِكِ: مالكِ الأشياءِ كلِّها
- ٱلْقُدُّوسِ: البليغ في النزاهةِ عن النقائصِ
- ٱلْعَزِيزِ: القويّ الغالبِ
- ءَاخَرِينَ مِنْهُمْ: من العَرَبِ الذين جاؤُوا بعدَهم
- يَحْمِلُ أَسْفَاراً: كُتبًا عظامًا
- هَادُوٓاْ: تديّنوا باليهوديةِ

مدّ مشبع 6 حركات	مدّ حركتين	إخفاء، ومواقع الغُنّة (حركتين)	تفخيم
مدّ 2 أو 4 أو 6 جوازاً		إدغام، وما لا يُلفظ	قلقلة

وَلَا يَتَمَنَّوْنَهُۥٓ أَبَداَۢ بِمَا قَدَّمَتَ اَيْدِيهِمْۖ وَاللَّهُ عَلِيمُۢ بِالظَّٰلِمِينَۖ (7)
قُلِ اِنَّ اَلْمَوْتَ اَلذِے تَفِرُّونَ مِنْهُ فَإِنَّهُۥ مُلَٰقِيكُمْ ثُمَّ تُرَدُّونَ إِلَىٰ
عَٰلِمِ اِلْغَيْبِ وَالشَّهَٰدَةِ فَيُنَبِّئُكُم بِمَا كُنتُمْ تَعْمَلُونَۖ (8)
يَٰٓأَيُّهَا اَلذِينَ ءَامَنُوٓاْ إِذَا نُودِيَ لِلصَّلَوٰةِ مِنۢ يَوْمِ اِلْجُمُعَةِ فَاسْعَوْاْ
إِلَىٰ ذِكْرِ اِللَّهِ وَذَرُواْ اُلْبَيْعَۖ ذَٰلِكُمْ خَيْرٌ لَّكُمُۥٓ إِن كُنتُمْ
تَعْلَمُونَۖ (9) فَإِذَا قُضِيَتِ اِلصَّلَوٰةُ فَانتَشِرُواْ فِے اِلْاَرْضِ وَابْتَغُواْ
مِن فَضْلِ اِللَّهِ وَاذْكُرُواْ اُللَّهَ كَثِيراً لَّعَلَّكُمْ تُفْلِحُونَۖ (10)
وَإِذَا رَأَوْاْ تِجَٰرَةً اَوْ لَهْواً اِنفَضُّوٓاْ إِلَيْهَا وَتَرَكُوكَ قَآئِماًۖ قُلْ مَا
عِندَ اَللَّهِ خَيْرٌ مِّنَ اَللَّهْوِ وَمِنَ اَلتِّجَٰرَةِۖ وَاللَّهُ خَيْرُ اُلرَّٰزِقِينَ (11)

سُورَةُ المُنَافِقُونَ

ترتيبها 63 — آياتها 11

بِسْمِ اِللَّهِ اِلرَّحْمَٰنِ اِلرَّحِيمِ

۞ إِذَا جَآءَكَ اَلْمُنَٰفِقُونَ قَالُواْ نَشْهَدُ إِنَّكَ لَرَسُولُ اُللَّهِۖ وَاللَّهُ يَعْلَمُ إِنَّكَ
لَرَسُولُهُۥۖ وَاللَّهُ يَشْهَدُ إِنَّ اَلْمُنَٰفِقِينَ لَكَٰذِبُونَۖ (1) اِتَّخَذُوٓاْ أَيْمَٰنَهُمْ
جُنَّةً فَصَدُّواْ عَن سَبِيلِ اِللَّهِۖ إِنَّهُمْ سَآءَ مَا كَانُواْ يَعْمَلُونَۖ (2) ذَٰلِكَ
بِأَنَّهُمُۥ ءَامَنُواْ ثُمَّ كَفَرُواْ فَطُبِعَ عَلَىٰ قُلُوبِهِمْ فَهُمْ لَا يَفْقَهُونَۖ (3)

- ذَرُواْ اُلْبَيْعَ: اتركُوه وتفرّغُوا لذكرِ اللّهِ
- فَانتَشِرُواْ: تفرّقُوا للتصرفِ في حوَائجِكم
- اِنفَضُّوٓاْ إِلَيْهَا: تفرّقُوا عنكَ قاصدينَ إليها
- ثُمُن
- جُنَّةً: وقايةً لأنفسِهم وأموالِهم
- فَطُبِعَ: خُتِمَ
- لَا يَفْقَهُونَ: لا يعرفونَ حقيقةَ الإيمانِ

المُنَافِقُون

- مدّ مشبع 6 حركات
- مدّ 2 أو 4 أو 6 جوازاً
- مدّ حركتين
- إخفاء، ومواقع الغُنّة (حركتين)
- إدغام، وما لا يُلفَظ
- تفخيم
- قلقلة

وَإِذَا رَأَيْتَهُمْ تُعْجِبُكَ أَجْسَامُهُمْ وَإِن يَّقُولُواْ تَسْمَعْ لِقَوْلِهِمْ
كَأَنَّهُمْ خُشُبٌ مُّسَنَّدَةٌ يَحْسِبُونَ كُلَّ صَيْحَةٍ عَلَيْهِمْ هُمُ الْعَدُوُّ
فَاحْذَرْهُمْ قَاتَلَهُمُ اللَّهُ أَنَّىٰ يُوفَكُونَ (4) وَإِذَا قِيلَ لَهُمْ تَعَالَوْاْ
يَسْتَغْفِرْ لَكُمْ رَسُولُ اللَّهِ لَوَوْاْ رُءُوسَهُمْ وَرَأَيْتَهُمْ يَصُدُّونَ
وَهُم مُّسْتَكْبِرُونَ (5) سَوَآءٌ عَلَيْهِمُۥٓ أَسْتَغْفَرْتَ لَهُمُۥٓ أَمْ
لَمْ تَسْتَغْفِرْ لَهُمْ لَن يَّغْفِرَ اللَّهُ لَهُمُۥٓ إِنَّ اللَّهَ لَا يَهْدِے الْقَوْمَ
الْفَاسِقِينَ (6) هُمُ الذِينَ يَقُولُونَ لَا تُنفِقُواْ عَلَىٰ مَنْ عِندَ رَسُولِ
اللَّهِ حَتَّىٰ يَنفَضُّواْ وَلِلَّهِ خَزَآئِنُ السَّمَاوَاتِ وَالْأَرْضِ وَلَٰكِنَّ
الْمُنَافِقِينَ لَا يَفْقَهُونَ (7) يَقُولُونَ لَئِن رَّجَعْنَآ إِلَى الْمَدِينَةِ
لَيُخْرِجَنَّ الْأَعَزُّ مِنْهَا الْأَذَلَّ وَلِلَّهِ الْعِزَّةُ وَلِرَسُولِهِۦ وَلِلْمُومِنِينَ
وَلَٰكِنَّ الْمُنَافِقِينَ لَا يَعْلَمُونَ (8) ۞ يَٰٓأَيُّهَا الذِينَ ءَامَنُواْ
لَا تُلْهِكُمُۥٓ أَمْوَالُكُمْ وَلَآ أَوْلَادُكُمْ عَن ذِكْرِ اللَّهِ وَمَن
يَّفْعَلْ ذَٰلِكَ فَأُوْلَٰٓئِكَ هُمُ الْخَاسِرُونَ (9) وَأَنفِقُواْ مِن مَّا
رَزَقْنَاكُم مِّن قَبْلِ أَنْ يَّاتِيَ أَحَدَكُمُ الْمَوْتُ فَيَقُولَ رَبِّ لَوْلَآ
أَخَّرْتَنِےٓ إِلَىٰٓ أَجَلٍ قَرِيبٍ فَأَصَّدَّقَ وَأَكُن مِّنَ الصَّالِحِينَ (10)

- خُشُبٌ مُّسَنَّدَةٌ: أجسامٌ بلا أحلامٍ (بلا عقولٍ)
- أَنَّىٰ يُوفَكُونَ: كيف يُصرَفون عن الحقّ
- لَوَوْاْ رُءُوسَهُمْ: عطفوها إعراضًا واستكبارًا
- حَتَّىٰ يَنفَضُّواْ: كيْ يتفرّقوا عنه ﷺ

رُبُعٌ

- لَيُخْرِجَنَّ الْأَعَزُّ: الأشدُّ والأقوى
- الْأَذَلَّ: الأضعفَ والأهونَ
- وَلِلَّهِ الْعِزَّةُ: الغلبةُ والقهرُ
- لَا تُلْهِكُمُ: لا تشغَلْكم

مدّ مشبع 6 حركات | مدّ 2 أو 4 أو 6 جوازاً | مدّ حركتين | إخفاء، ومواقع الغُنّة (حركتين) | إدغام، وما لا يُلفظ | تفخيم | قلقلة

وَلَنْ يُّوَخِّرَ اَ۬للَّهُ نَفْساً اِذَا جَآءَ اَجَلُهَاۖ وَاللَّهُ خَبِيرُۢ بِمَا تَعْمَلُونَ (11)

سُورَةُ التَّغَابُنِ

ترتيبها 64 — آياتها 18

بِسْمِ اِ۬للَّهِ اِ۬لرَّحْمَٰنِ اِ۬لرَّحِيمِ

يُسَبِّحُ لِلهِ مَا فِے اِ۬لسَّمَٰوَٰتِ وَمَا فِے اِ۬لَارْضِۖ لَهُ اُ۬لْمُلْكُ وَلَهُ اُ۬لْحَمْدُۖ
وَهُوَ عَلَيٰ كُلِّ شَےْءٖ قَدِيرٌۖ (1) هُوَ اَ۬لذِے خَلَقَكُمْ فَمِنكُمْ
كَافِرٞ وَمِنكُم مُّومِنٞۖ وَاللَّهُ بِمَا تَعْمَلُونَ بَصِيرٌۖ (2) خَلَقَ
اَ۬لسَّمَٰوَٰتِ وَالَارْضَ بِالْحَقِّ وَصَوَّرَكُمْ فَأَحْسَنَ صُوَرَكُمْۖ وَإِلَيْهِ
اِ۬لْمَصِيرُۖ (3) يَعْلَمُ مَا فِے اِ۬لسَّمَٰوَٰتِ وَالَارْضِ وَيَعْلَمُ مَا تُسِرُّونَ وَمَا
تُعْلِنُونَۖ وَاللَّهُ عَلِيمُۢ بِذَاتِ اِ۬لصُّدُورِۖ (4) أَلَمْ يَاتِكُمْ نَبَؤُاْ اُ۬لذِينَ
كَفَرُواْ مِن قَبْلُ فَذَاقُواْ وَبَالَ أَمْرِهِمْ وَلَهُمْ عَذَابٌ اَلِيمٌۖ (5)
ذَٰلِكَ بِأَنَّهُۥ كَانَت تَّاتِيهِمْ رُسُلُهُم بِالْبَيِّنَٰتِ فَقَالُوٓاْ أَبَشَرٞ
يَهْدُونَنَاۖ فَكَفَرُواْ وَتَوَلَّواْ وَّاسْتَغْنَى اَ۬للَّهُۖ وَاللَّهُ غَنِيٌّ حَمِيدٞۖ (6)
۞ زَعَمَ اَ۬لذِينَ كَفَرُوٓاْ أَن لَّنْ يُّبْعَثُواْۖ قُلْ بَلَيٰ وَرَبِّے لَتُبْعَثُنَّ ثُمَّ
لَتُنَبَّؤُنَّ بِمَا عَمِلْتُمْۖ وَذَٰلِكَ عَلَى اَ۬للَّهِ يَسِيرٞۖ (7) فَـَٔامِنُواْ بِاللَّهِ
وَرَسُولِهِۦ وَالنُّورِ اِ۬لذِے أَنزَلْنَاۖ وَاللَّهُ بِمَا تَعْمَلُونَ خَبِيرٞۖ (8)

- يُسَبِّحُ لِلهِ: يُنزّهه ويُمجّده
- لَهُ الْمُلْكُ: التصرّف المطلق في كلّ شيءٍ
- فَأَحْسَنَ صُوَرَكُمْ: أتقنها وأحكمها
- وَبَالَ أَمْرِهِمْ: سوءَ عاقبةِ كفرهم
- وَتَوَلَّواْ: أعرضوا عن الإيمانِ
- النُّورِ: القرآنِ

ثُمُن

مدّ مشبع 6 حركات — مدّ 2 أو 4 أو 6 جوازاً — مدّ حركتين — إخفاء، ومواقع الغُنّة (حركتين) — إدغام، وما لا يُلفظ — تفخيم — قلقلة

يَوْمَ يَجْمَعُكُمْ لِيَوْمِ الْجَمْعِ ذَٰلِكَ يَوْمُ التَّغَابُنِ وَمَن يُؤْمِن بِاللَّهِ وَيَعْمَلْ
صَٰلِحًا نُّكَفِّرْ عَنْهُ سَيِّـَٔاتِهِۦ وَنُدْخِلْهُ جَنَّٰتٍ تَجْرِى مِن تَحْتِهَا
الْأَنْهَٰرُ خَٰلِدِينَ فِيهَآ أَبَدًا ذَٰلِكَ الْفَوْزُ الْعَظِيمُ ﴿9﴾ وَالَّذِينَ
كَفَرُوا وَكَذَّبُوا بِـَٔايَٰتِنَآ أُو۟لَٰٓئِكَ أَصْحَٰبُ النَّارِ خَٰلِدِينَ فِيهَا
وَبِئْسَ الْمَصِيرُ ﴿10﴾ مَآ أَصَابَ مِن مُّصِيبَةٍ إِلَّا بِإِذْنِ اللَّهِ وَمَن يُؤْمِن
بِاللَّهِ يَهْدِ قَلْبَهُۥ وَاللَّهُ بِكُلِّ شَىْءٍ عَلِيمٌ ﴿11﴾ وَأَطِيعُوا اللَّهَ وَأَطِيعُوا
الرَّسُولَ فَإِن تَوَلَّيْتُمْ فَإِنَّمَا عَلَىٰ رَسُولِنَا الْبَلَٰغُ الْمُبِينُ ﴿12﴾ اللَّهُ
لَآ إِلَٰهَ إِلَّا هُوَ وَعَلَى اللَّهِ فَلْيَتَوَكَّلِ الْمُؤْمِنُونَ ﴿13﴾ يَٰٓأَيُّهَا الَّذِينَ
ءَامَنُوٓا إِنَّ مِنْ أَزْوَٰجِكُمْ وَأَوْلَٰدِكُمْ عَدُوًّا لَّكُمْ فَاحْذَرُوهُمْ
وَإِن تَعْفُوا وَتَصْفَحُوا وَتَغْفِرُوا فَإِنَّ اللَّهَ غَفُورٌ رَّحِيمٌ ﴿14﴾ إِنَّمَآ
أَمْوَٰلُكُمْ وَأَوْلَٰدُكُمْ فِتْنَةٌ وَاللَّهُ عِندَهُۥٓ أَجْرٌ عَظِيمٌ ﴿15﴾ فَاتَّقُوا
اللَّهَ مَا اسْتَطَعْتُمْ وَاسْمَعُوا وَأَطِيعُوا وَأَنفِقُوا خَيْرًا لِّأَنفُسِكُمْ
وَمَن يُوقَ شُحَّ نَفْسِهِۦ فَأُو۟لَٰٓئِكَ هُمُ الْمُفْلِحُونَ ﴿16﴾ إِن تُقْرِضُوا
اللَّهَ قَرْضًا حَسَنًا يُضَٰعِفْهُ لَكُمْ وَيَغْفِرْ لَكُمْ وَاللَّهُ شَكُورٌ
حَلِيمٌ ﴿17﴾ عَٰلِمُ الْغَيْبِ وَالشَّهَٰدَةِ الْعَزِيزُ الْحَكِيمُ ﴿18﴾

- لِيَوْمِ الْجَمْعِ: ليومِ القيامةِ حيثُ تجتمعُ الخلائقُ
- يَوْمُ التَّغَابُنِ: يَظهرُ فيه غَبْنُ الكافرِ بتركِه الإيمانَ وغبنُ المؤمنِ بتقصيرِه في الإحسانِ
- بِإِذْنِ اللَّهِ: بإرادتِه وقضائِه
- فِتْنَةٌ: بلاءٌ ومحنةٌ
- يُوقَ شُحَّ نَفْسِهِ: يُكَفَّ بُخلَهَا مع حِرْصِها
- قَرْضًا حَسَنًا: احتسابًا بطيبةِ نفسٍ

مدّ مشبع 6 حركات	مدّ حركتين	إخفاء، ومواقع الغنّة (حركتين)	تفخيم
مدّ 2 أو 4 أو 6 جوازاً		إدغام، وما لا يُلفظ	قلقلة

سُورَةُ الطَّلَاقِ

ترتيبها 65 — آياتها 12

بِسْمِ اللَّهِ الرَّحْمَٰنِ الرَّحِيمِ

نصف

۞ يَـٰٓأَيُّهَا ٱلنَّبِےٓءُ إِذَا طَلَّقْتُمُ ٱلنِّسَآءَ فَطَلِّقُوهُنَّ لِعِدَّتِهِنَّ وَأَحْصُواْ
ٱلْعِدَّةَ وَاتَّقُواْ ٱللَّهَ رَبَّكُمْ لَا تُخْرِجُوهُنَّ مِنۢ بُيُوتِهِنَّ وَلَا يَخْرُجْنَ
إِلَّآ أَن يَاتِينَ بِفَٰحِشَةٖ مُّبَيَّنَةٖ وَتِلْكَ حُدُودُ ٱللَّهِ وَمَن يَتَعَدَّ حُدُودَ
ٱللَّهِ فَقَدْ ظَّلَمَ نَفْسَهُۥ لَا تَدْرِے لَعَلَّ ٱللَّهَ يُحْدِثُ بَعْدَ ذَٰلِكَ أَمْراٗ (1)
فَإِذَا بَلَغْنَ أَجَلَهُنَّ فَأَمْسِكُوهُنَّ بِمَعْرُوفٍ اَوْ فَارِقُوهُنَّ بِمَعْرُوفٖ
وَأَشْهِدُواْ ذَوَےْ عَدْلٖ مِّنكُمْ وَأَقِيمُواْ ٱلشَّهَٰدَةَ لِلَّهِ ذَٰلِكُمْ يُوعَظُ
بِهِۦ مَن كَانَ يُومِنُ بِاللَّهِ وَالْيَوْمِ ٱلَاخِرِ وَمَن يَتَّقِ ٱللَّهَ يَجْعَل لَّهُۥ
مَخْرَجاٗ (2) وَيَرْزُقْهُ مِنْ حَيْثُ لَا يَحْتَسِبُ وَمَن يَتَوَكَّلْ عَلَى ٱللَّهِ فَهْوَ
حَسْبُهُۥٓ إِنَّ ٱللَّهَ بَٰلِغٌ اَمْرَهُۥ قَدْ جَعَلَ ٱللَّهُ لِكُلِّ شَےْءٖ قَدْراٗ (3) وَالَّٰٓےِ
يَئِسْنَ مِنَ ٱلْمَحِيضِ مِن نِّسَآئِكُمْ إِنِ اِرْتَبْتُمْ فَعِدَّتُهُنَّ ثَلَٰثَةُ
أَشْهُرٖ وَالَّٰٓےِ لَمْ يَحِضْنَ وَأُوْلَٰتُ ٱلَاحْمَالِ أَجَلُهُنَّ أَن يَضَعْنَ حَمْلَهُنَّ
وَمَن يَتَّقِ ٱللَّهَ يَجْعَل لَّهُۥ مِنَ اَمْرِهِۦ يُسْراٗ (4) ذَٰلِكَ أَمْرُ ٱللَّهِ أَنزَلَهُۥٓ
إِلَيْكُمْ وَمَن يَتَّقِ ٱللَّهَ يُكَفِّرْ عَنْهُ سَيِّـَٔاتِهِۦ وَيُعْظِمْ لَهُۥٓ أَجْراً (5)

- أَحْصُواْ ٱلْعِدَّةَ: اضبطوها وأكملوها
- بِفَٰحِشَةٖ مُّبَيَّنَةٖ: بمعصية ظاهرة
- لَا يَحْتَسِبُ: لا يخطرُ بباله
- فَهْوَ حَسْبُهُۥ: كافيه ما أهمَّهُ
- قَدْراً: أجلًا ينتهي إليه أو تقديرًا
- يَئِسْنَ: انقطع رجاؤهنّ
- اِرْتَبْتُمْ: جهلتُم مقدارَ عدّتهنّ
- يُسْراً: تيْسيرًا وفرَجًا

مدّ مشبع 6 حركات — مدّ 2 أو 4 أو 6 جوازًا — مدّ حركتين — إخفاء، ومواقع الغُنّة (حركتين) — إدغام، وما لا يُلفظ — تفخيم — قلقلة

أَسْكِنُوهُنَّ مِنْ حَيْثُ سَكَنتُم مِّن وُّجْدِكُمْ وَلَا تُضَآرُّوهُنَّ لِتُضَيِّقُواْ
عَلَيْهِنَّ وَإِن كُنَّ أُوْلَٰتِ حَمْلٖ فَأَنفِقُواْ عَلَيْهِنَّ حَتَّىٰ يَضَعْنَ حَمْلَهُنَّ
فَإِنَ اَرْضَعْنَ لَكُمْ فَـَٔاتُوهُنَّ أُجُورَهُنَّ وَاتَمِرُواْ بَيْنَكُم بِمَعْرُوفٖ
۞ وَإِن تَعَاسَرْتُمْ فَسَتُرْضِعُ لَهُۥٓ أُخْرَىٰ ﴿6﴾ لِيُنفِقْ ذُو سَعَةٖ مِّن سَعَتِهِۦ
وَمَن قُدِرَ عَلَيْهِ رِزْقُهُۥ فَلْيُنفِقْ مِمَّآ ءَاتَيٰهُ اُ۬للَّهُ لَا يُكَلِّفُ اُ۬للَّهُ نَفْساً اِلَّا
مَآ ءَاتَيٰهَا سَيَجْعَلُ اُ۬للَّهُ بَعْدَ عُسْرٖ يُسْراً ﴿7﴾ وَكَأَيِّن مِّن قَرْيَةٍ عَتَتْ
عَنَ اَمْرِ رَبِّهَا وَرُسُلِهِۦ فَحَاسَبْنَٰهَا حِسَاباً شَدِيداً وَعَذَّبْنَٰهَا عَذَاباً
نُّكْراً ﴿8﴾ فَذَاقَتْ وَبَالَ أَمْرِهَا وَكَانَ عَٰقِبَةُ أَمْرِهَا خُسْراً ﴿9﴾ اَعَدَّ
اَ۬للَّهُ لَهُمْ عَذَاباً شَدِيداً فَاتَّقُواْ اُ۬للَّهَ يَٰٓأُوْلِے اِ۬لْأَلْبَٰبِ اِ۬لذِينَ ءَامَنُواْ قَدَ اَنزَلَ
اَ۬للَّهُ إِلَيْكُمْ ذِكْراً ﴿10﴾ رَّسُولاً يَتْلُواْ عَلَيْكُمُۥٓ ءَايَٰتِ اِ۬للَّهِ مُبَيَّنَٰتٖ
لِّيُخْرِجَ اَ۬لذِينَ ءَامَنُواْ وَعَمِلُواْ اُ۬لصَّٰلِحَٰتِ مِنَ اَ۬لظُّلُمَٰتِ إِلَى اَ۬لنُّورِ
وَمَنْ يُّومِنۢ بِاللَّهِ وَيَعْمَلْ صَٰلِحاً نُّدْخِلْهُ جَنَّٰتٖ تَجْرِے مِن تَحْتِهَا
اَ۬لْأَنْهَٰرُ خَٰلِدِينَ فِيهَآ أَبَداً قَدَ اَحْسَنَ اَ۬للَّهُ لَهُۥ رِزْقاً ﴿11﴾ اُ۬للَّهُ اُ۬لذِے خَلَقَ
سَبْعَ سَمَٰوَٰتٖ وَمِنَ اَ۬لْأَرْضِ مِثْلَهُنَّ يَتَنَزَّلُ اُ۬لْأَمْرُ بَيْنَهُنَّ لِتَعْلَمُوٓاْ أَنَّ
اَ۬للَّهَ عَلَىٰ كُلِّ شَےْءٖ قَدِيرٞ وَأَنَّ اَ۬للَّهَ قَدَ اَحَاطَ بِكُلِّ شَےْءٍ عِلْماً ﴿12﴾

- وُجْدِكُمْ: وُسعكم وطاقتِكم
- وَاتَمِرُواْ بَيْنَكُمْ: تشاوَرُوا في الأجرةِ والإرضاعِ

ثُمُنٌ

- تَعَاسَرْتُمْ: تشاحنْتُم فيهما
- ذُو سَعَةٍ: غنى وطاقةٍ
- قُدِرَ عَلَيْهِ: ضُيِّق عليه
- كَأَيِّن: كثيرٌ
- عَتَتْ: تجبّرت وتكبّرت
- عَذَاباً نُّكْراً: مُنكرًا شنيعًا
- وَبَالَ أَمْرِهَا: سوءَ عاقبةِ عُتوِّها
- خُسْراً: خسرانًا وهلاكًا
- ذِكْراً: قرآنًا
- رَّسُولاً: محمدًا ﷺ أرسلَه اللهُ رسولًا
- يَتَنَزَّلُ اُ۬لْأَمْرُ: القضاءُ والقدرُ أو التدبيرُ

مدّ مشبع 6 حركات	مدّ حركتين	إخفاء، ومواقع الغنّة (حركتين)	تفخيم
مدّ 2 أو 4 أو 6 جوازاً		إدغام، وما لا يُلفظ	قلقلة

سُورَةُ التَّحْرِيمِ

ترتيبها 66 — آياتها 12

بِسْمِ اللَّهِ الرَّحْمَٰنِ الرَّحِيمِ

۞ يَٰٓأَيُّهَا ٱلنَّبِيُّ لِمَ تُحَرِّمُ مَآ أَحَلَّ ٱللَّهُ لَكَ تَبْتَغِي مَرْضَاتَ أَزْوَٰجِكَ
وَٱللَّهُ غَفُورٞ رَّحِيمٞ ١ قَدْ فَرَضَ ٱللَّهُ لَكُمْ تَحِلَّةَ أَيْمَٰنِكُمْ
وَٱللَّهُ مَوْلَىٰكُمْ وَهُوَ ٱلْعَلِيمُ ٱلْحَكِيمُ ٢ وَإِذْ أَسَرَّ ٱلنَّبِيُّ
إِلَىٰ بَعْضِ أَزْوَٰجِهِۦ حَدِيثٗا فَلَمَّا نَبَّأَتْ بِهِۦ وَأَظْهَرَهُ ٱللَّهُ عَلَيْهِ
عَرَّفَ بَعْضَهُۥ وَأَعْرَضَ عَنۢ بَعْضٖ فَلَمَّا نَبَّأَهَا بِهِۦ قَالَتْ مَنْ
أَنۢبَأَكَ هَٰذَا قَالَ نَبَّأَنِيَ ٱلْعَلِيمُ ٱلْخَبِيرُ ٣ إِن تَتُوبَآ إِلَى ٱللَّهِ
فَقَدْ صَغَتْ قُلُوبُكُمَا وَإِن تَظَّٰهَرَا عَلَيْهِ فَإِنَّ ٱللَّهَ هُوَ مَوْلَىٰهُ
وَجِبْرِيلُ وَصَٰلِحُ ٱلْمُؤْمِنِينَ وَٱلْمَلَٰٓئِكَةُ بَعْدَ ذَٰلِكَ ظَهِيرٌ ٤
عَسَىٰ رَبُّهُۥٓ إِن طَلَّقَكُنَّ أَن يُبْدِلَهُۥٓ أَزْوَٰجًا خَيْرٗا مِّنكُنَّ
مُسْلِمَٰتٖ مُّؤْمِنَٰتٖ قَٰنِتَٰتٖ تَٰٓئِبَٰتٍ عَٰبِدَٰتٖ سَٰٓئِحَٰتٖ ثَيِّبَٰتٖ
وَأَبْكَارٗا ٥ يَٰٓأَيُّهَا ٱلَّذِينَ ءَامَنُواْ قُوٓاْ أَنفُسَكُمْ وَأَهْلِيكُمْ
نَارٗا وَقُودُهَا ٱلنَّاسُ وَٱلْحِجَارَةُ عَلَيْهَا مَلَٰٓئِكَةٌ غِلَاظٞ
شِدَادٞ لَّا يَعْصُونَ ٱللَّهَ مَآ أَمَرَهُمْ وَيَفْعَلُونَ مَا يُؤْمَرُونَ ٦

- تَبْتَغِي: تطلبُ
- رُبُع
- تَحِلَّةَ أَيْمَٰنِكُمْ: تحليلَها بالكفّارة
- ٱللَّهُ مَوْلَىٰكُمْ: متولّي أموركم
- نَبَّأَتْ بِهِۦ: أخبَرَتْ به
- أَظْهَرَهُ ٱللَّهُ عَلَيْهِ: أطلعَه اللهُ تعالى عليه
- صَغَتْ قُلُوبُكُمَا: مالَتْ عن حقِّه ﷺ عليكما
- تَظَّٰهَرَا عَلَيْهِ: تتعاونا عليه بما يَسُوءُهُ
- هُوَ مَوْلَىٰهُ: وَليُّه وناصِرُه
- ظَهِيرٌ: فوجٌ مُظاهِرٌ معينٌ له
- قَٰنِتَٰتٖ: مطيعاتٍ خاضعاتٍ للهِ
- سَٰٓئِحَٰتٖ: مهاجِراتٍ أو صائماتٍ

مدّ مشبع 6 حركات	مدّ حركتين	إخفاء، ومواقع الغُنّة (حركتين)	تفخيم
مدّ 2 أو 4 أو 6 جوازاً		إدغام، وما لا يُلفظ	قلقلة

التَّحْرِيم

يَٰٓأَيُّهَا ٱلَّذِينَ كَفَرُوا۟ لَا تَعْتَذِرُوا۟ ٱلْيَوْمَ ۖ إِنَّمَا تُجْزَوْنَ مَا كُنتُمْ
تَعْمَلُونَ ﴿7﴾ ۞ يَٰٓأَيُّهَا ٱلَّذِينَ ءَامَنُوا۟ تُوبُوٓا۟ إِلَى ٱللَّهِ تَوْبَةً نَّصُوحًا
عَسَىٰ رَبُّكُمْ أَن يُكَفِّرَ عَنكُمْ سَيِّـَٔاتِكُمْ وَيُدْخِلَكُمْ
جَنَّٰتٍ تَجْرِى مِن تَحْتِهَا ٱلْأَنْهَٰرُ يَوْمَ لَا يُخْزِى ٱللَّهُ ٱلنَّبِىَّ وَٱلَّذِينَ
ءَامَنُوا۟ مَعَهُۥ ۖ نُورُهُمْ يَسْعَىٰ بَيْنَ أَيْدِيهِمْ وَبِأَيْمَٰنِهِمْ يَقُولُونَ رَبَّنَآ أَتْمِمْ
لَنَا نُورَنَا وَٱغْفِرْ لَنَآ ۖ إِنَّكَ عَلَىٰ كُلِّ شَىْءٍ قَدِيرٌ ﴿8﴾ يَٰٓأَيُّهَا ٱلنَّبِىُّ
جَٰهِدِ ٱلْكُفَّارَ وَٱلْمُنَٰفِقِينَ وَٱغْلُظْ عَلَيْهِمْ ۚ وَمَأْوَىٰهُمْ جَهَنَّمُ ۖ
وَبِئْسَ ٱلْمَصِيرُ ﴿9﴾ ضَرَبَ ٱللَّهُ مَثَلًا لِّلَّذِينَ كَفَرُوا۟ ٱمْرَأَتَ
نُوحٍ وَٱمْرَأَتَ لُوطٍ ۖ كَانَتَا تَحْتَ عَبْدَيْنِ مِنْ عِبَادِنَا صَٰلِحَيْنِ
فَخَانَتَاهُمَا فَلَمْ يُغْنِيَا عَنْهُمَا مِنَ ٱللَّهِ شَيْـًٔا وَقِيلَ ٱدْخُلَا ٱلنَّارَ
مَعَ ٱلدَّٰخِلِينَ ﴿10﴾ وَضَرَبَ ٱللَّهُ مَثَلًا لِّلَّذِينَ ءَامَنُوا۟ ٱمْرَأَتَ
فِرْعَوْنَ إِذْ قَالَتْ رَبِّ ٱبْنِ لِى عِندَكَ بَيْتًا فِى ٱلْجَنَّةِ وَنَجِّنِى
مِن فِرْعَوْنَ وَعَمَلِهِۦ وَنَجِّنِى مِنَ ٱلْقَوْمِ ٱلظَّٰلِمِينَ ﴿11﴾ وَمَرْيَمَ
ٱبْنَتَ عِمْرَٰنَ ٱلَّتِىٓ أَحْصَنَتْ فَرْجَهَا فَنَفَخْنَا فِيهِ مِن رُّوحِنَا
وَصَدَّقَتْ بِكَلِمَٰتِ رَبِّهَا وَكُتُبِهِۦ وَكَانَتْ مِنَ ٱلْقَٰنِتِينَ ﴿12﴾

ثُمُنٌ

- تَوْبَةً نَّصُوحًا: خالصةً أو صادقةً
- لَا يُخْزِى ٱللَّهُ ٱلنَّبِىَّ: لا يُذِلُّه بل يُعزُّه
- وَٱغْلُظْ عَلَيْهِمْ: شدِّدْ أو اقسُ عليهم
- فَلَمْ يُغْنِيَا عَنْهُمَا: فلمْ يَدفَعا ولم يمْنَعا عنهما
- أَحْصَنَتْ فَرْجَهَا: صانَتْه من دنسِ المعصيةِ
- مِن رُّوحِنَا: روحًا مِنْ خَلقنا (عيسى عليهِ السلامُ)
- مِنَ ٱلْقَٰنِتِينَ: من القومِ المطيعينَ

مدّ مشبع 6 حركات	مدّ حركتين	إخفاء، ومواقع الغُنّة (حركتين)	تفخيم
مدّ 2 أو 4 أو 6 جوازاً		إدغام، وما لا يُلفَظ	قلقلة

سُورَةُ الْمُلْكِ

ترتيبها 67 | آياتها 31

بِسۡمِ ٱللَّهِ ٱلرَّحۡمَٰنِ ٱلرَّحِيمِ

۞ تَبَٰرَكَ ٱلَّذِي بِيَدِهِ ٱلۡمُلۡكُ وَهُوَ عَلَىٰ كُلِّ شَيۡءٖ قَدِيرٌ ﴿1﴾ ٱلَّذِي
خَلَقَ ٱلۡمَوۡتَ وَٱلۡحَيَوٰةَ لِيَبۡلُوَكُمۡ أَيُّكُمۡ أَحۡسَنُ عَمَلٗاۚ وَهُوَ ٱلۡعَزِيزُ
ٱلۡغَفُورُ ﴿2﴾ ٱلَّذِي خَلَقَ سَبۡعَ سَمَٰوَٰتٖ طِبَاقٗاۖ مَّا تَرَىٰ فِي خَلۡقِ ٱلرَّحۡمَٰنِ
مِن تَفَٰوُتٖۖ فَٱرۡجِعِ ٱلۡبَصَرَ هَلۡ تَرَىٰ مِن فُطُورٖ ﴿3﴾ ثُمَّ ٱرۡجِعِ ٱلۡبَصَرَ كَرَّتَيۡنِ
يَنقَلِبۡ إِلَيۡكَ ٱلۡبَصَرُ خَاسِئٗا وَهُوَ حَسِيرٞ ﴿4﴾ وَلَقَدۡ زَيَّنَّا ٱلسَّمَآءَ
ٱلدُّنۡيَا بِمَصَٰبِيحَ وَجَعَلۡنَٰهَا رُجُومٗا لِّلشَّيَٰطِينِۖ وَأَعۡتَدۡنَا لَهُمۡ عَذَابَ
ٱلسَّعِيرِ ﴿5﴾ وَلِلَّذِينَ كَفَرُواْ بِرَبِّهِمۡ عَذَابُ جَهَنَّمَۖ وَبِئۡسَ ٱلۡمَصِيرُ ﴿6﴾
إِذَآ أُلۡقُواْ فِيهَا سَمِعُواْ لَهَا شَهِيقٗا وَهِيَ تَفُورُ ﴿7﴾ تَكَادُ تَمَيَّزُ مِنَ
ٱلۡغَيۡظِۖ كُلَّمَآ أُلۡقِيَ فِيهَا فَوۡجٞ سَأَلَهُمۡ خَزَنَتُهَآ أَلَمۡ يَأۡتِكُمۡ نَذِيرٞ ﴿8﴾ قَالُواْ
بَلَىٰ قَدۡ جَآءَنَا نَذِيرٞ ﴿9﴾ فَكَذَّبۡنَا وَقُلۡنَا مَا نَزَّلَ ٱللَّهُ مِن شَيۡءٍ إِنۡ أَنتُمۡ
إِلَّا فِي ضَلَٰلٖ كَبِيرٖ ﴿10﴾ وَقَالُواْ لَوۡ كُنَّا نَسۡمَعُ أَوۡ نَعۡقِلُ مَا كُنَّا فِيٓ
أَصۡحَٰبِ ٱلسَّعِيرِ ﴿11﴾ فَٱعۡتَرَفُواْ بِذَنۢبِهِمۡ فَسُحۡقٗا لِّأَصۡحَٰبِ ٱلسَّعِيرِ ﴿12﴾
إِنَّ ٱلَّذِينَ يَخۡشَوۡنَ رَبَّهُم بِٱلۡغَيۡبِ لَهُم مَّغۡفِرَةٞ وَأَجۡرٞ كَبِيرٞ ﴿13﴾

حِزْب

- تَبَٰرَكَ ٱلَّذِي: تعالى أو تكاثرَ خيرُه وإنعامُه
- بِيَدِهِ ٱلۡمُلۡكُ: الأمرُ والنهيُ والسّلطانُ
- خَلَقَ ٱلۡمَوۡتَ: قدّرَه أزلًا
- لِيَبۡلُوَكُمۡ: ليختبرَكم
- فُطُورٖ: صدوعٍ أو خللٍ
- كَرَّتَيۡنِ: رَجْعتينِ رجعةً بعدَ رجعةٍ
- خَاسِئٗا: صاغرًا لعدمِ وجْدانِ الفطورِ
- حَسِيرٞ: كليلٌ من كثْرةِ المراجعةِ
- بِمَصَٰبِيحَ: بكواكبَ مُضيئةٍ
- رُجُومٗا لِّلشَّيَٰطِينِ: بانقضاضِ الشّهبِ منها عليهم
- شَهِيقٗا: صَوْتًا مُنكرًا
- تَكَادُ تَمَيَّزُ: تتقطّعُ وتتفرّقُ

مدّ مشبع 6 حركات	مدّ حركتين	إخفاء، ومواقع الغُنّة (حركتين)	تفخيم
مدّ 2 أو 4 أو 6 جوازًا		إدغام، وما لا يُلفَظ	قلقلة

وَأَسِرُّوا۟ قَوْلَكُمْ أَوِ ٱجْهَرُوا۟ بِهِۦٓ ۖ إِنَّهُۥ عَلِيمٌۢ بِذَاتِ ٱلصُّدُورِ ﴿14﴾
أَلَا يَعْلَمُ مَنْ خَلَقَ وَهُوَ ٱللَّطِيفُ ٱلْخَبِيرُ ﴿15﴾ هُوَ ٱلَّذِى جَعَلَ
لَكُمُ ٱلْأَرْضَ ذَلُولًا فَٱمْشُوا۟ فِى مَنَاكِبِهَا وَكُلُوا۟ مِن رِّزْقِهِۦ ۖ وَإِلَيْهِ
ٱلنُّشُورُ ﴿16﴾ ءَأَمِنتُم مَّن فِى ٱلسَّمَآءِ أَن يَخْسِفَ بِكُمُ ٱلْأَرْضَ فَإِذَا هِىَ
تَمُورُ ﴿17﴾ أَمْ أَمِنتُم مَّن فِى ٱلسَّمَآءِ أَن يُرْسِلَ عَلَيْكُمْ حَاصِبًا ۖ
فَسَتَعْلَمُونَ كَيْفَ نَذِيرِ ﴿18﴾ وَلَقَدْ كَذَّبَ ٱلَّذِينَ مِن قَبْلِهِمْ فَكَيْفَ
كَانَ نَكِيرِ ﴿19﴾ ۞ أَوَلَمْ يَرَوْا۟ إِلَى ٱلطَّيْرِ فَوْقَهُمْ صَٰٓفَّٰتٍ وَيَقْبِضْنَ ۚ
مَا يُمْسِكُهُنَّ إِلَّا ٱلرَّحْمَٰنُ ۚ إِنَّهُۥ بِكُلِّ شَىْءٍۭ بَصِيرٌ ﴿20﴾ أَمَّنْ هَٰذَا ٱلَّذِى
هُوَ جُندٌ لَّكُمْ يَنصُرُكُم مِّن دُونِ ٱلرَّحْمَٰنِ ۚ إِنِ ٱلْكَٰفِرُونَ إِلَّا فِى
غُرُورٍ ﴿21﴾ أَمَّنْ هَٰذَا ٱلَّذِى يَرْزُقُكُمْ إِنْ أَمْسَكَ رِزْقَهُۥ ۚ بَل لَّجُّوا۟ فِى
عُتُوٍّ وَنُفُورٍ ﴿22﴾ أَفَمَن يَمْشِى مُكِبًّا عَلَىٰ وَجْهِهِۦٓ أَهْدَىٰٓ أَمَّن يَمْشِى
سَوِيًّا عَلَىٰ صِرَٰطٍ مُّسْتَقِيمٍ ﴿23﴾ قُلْ هُوَ ٱلَّذِىٓ أَنشَأَكُمْ وَجَعَلَ لَكُمُ
ٱلسَّمْعَ وَٱلْأَبْصَٰرَ وَٱلْأَفْـِٔدَةَ ۖ قَلِيلًا مَّا تَشْكُرُونَ ﴿24﴾ قُلْ هُوَ ٱلَّذِى ذَرَأَكُمْ
فِى ٱلْأَرْضِ وَإِلَيْهِ تُحْشَرُونَ ﴿25﴾ وَيَقُولُونَ مَتَىٰ هَٰذَا ٱلْوَعْدُ إِن كُنتُمْ
صَٰدِقِينَ ﴿26﴾ قُلْ إِنَّمَا ٱلْعِلْمُ عِندَ ٱللَّهِ وَإِنَّمَآ أَنَا۠ نَذِيرٌ مُّبِينٌ ﴿27﴾

- ٱلْأَرْضَ ذَلُولًا: مُذلّلةً ليّنةً سَهْلةً
- مَنَاكِبِهَا: جَوانبِها أو طُرُقِها
- إِلَيْهِ ٱلنُّشُورُ: إليه تبْعثونَ من القبورِ
- يَخْسِفَ بِكُمُ: يُغوّر بكم
- هِىَ تَمُورُ: ترْتجُّ وتضطربُ

ثُمُن

- حَاصِبًا: ريحًا فيها حَصباءُ
- كَانَ نَكِيرِ: إنكاري عليهم بالإهلاكِ
- صَٰٓفَّٰتٍ: باسطاتٍ أجنحتهنّ عندَ الطيرانِ
- يَقْبِضْنَ: يَضْمُمْنها إذا ضربنَ بها جُنوبهنّ
- جُندٌ لَّكُمْ: أعْوانٌ لكم
- غُرُورٍ: خديعةٍ من الشّيطانِ وجندهِ
- لَّجُّوا۟ فِى عُتُوٍّ: تمادَوْا في استكبارٍ وعنادٍ
- مُكِبًّا عَلَىٰ وَجْهِهِۦ: سَاقطًا عليه

مدّ مشبع 6 حركات	إخفاء، ومواقع الغُنّة (حركتين)	تفخيم
مدّ 2 أو 4 أو 6 جوازاً	إدغام، وما لا يُلفَظ	قلقلة
مدّ حركتين		

فَلَمَّا رَأَوۡهُ زُلۡفَةٗ سِيٓـَٔتۡ وُجُوهُ ٱلَّذِينَ كَفَرُواْ وَقِيلَ هَٰذَا ٱلَّذِي
كُنتُم بِهِۦ تَدَّعُونَ (28) قُلۡ أَرَءَيۡتُمۡ إِنۡ أَهۡلَكَنِيَ ٱللَّهُ وَمَن مَّعِيَ أَوۡ
رَحِمَنَا فَمَن يُجِيرُ ٱلۡكَٰفِرِينَ مِنۡ عَذَابٍ أَلِيمٖ (29) قُلۡ هُوَ ٱلرَّحۡمَٰنُ
ءَامَنَّا بِهِۦ وَعَلَيۡهِ تَوَكَّلۡنَاۖ فَسَتَعۡلَمُونَ مَنۡ هُوَ فِي ضَلَٰلٖ مُّبِينٖ (30)
قُلۡ أَرَءَيۡتُمۡ إِنۡ أَصۡبَحَ مَآؤُكُمۡ غَوۡرٗا فَمَن يَأۡتِيكُم بِمَآءٖ مَّعِينِۭ (31)

سُورَةُ القَلَم

ترتيبها 68 — آياتها 52

بِسۡمِ ٱللَّهِ ٱلرَّحۡمَٰنِ ٱلرَّحِيمِ

نٓۚ وَٱلۡقَلَمِ وَمَا يَسۡطُرُونَ (1) مَآ أَنتَ بِنِعۡمَةِ رَبِّكَ بِمَجۡنُونٖ (2)
وَإِنَّ لَكَ لَأَجۡرًا غَيۡرَ مَمۡنُونٖ (3) وَإِنَّكَ لَعَلَىٰ خُلُقٍ عَظِيمٖ (4)
فَسَتُبۡصِرُ وَيُبۡصِرُونَ (5) بِأَييِّكُمُ ٱلۡمَفۡتُونُ (6) إِنَّ رَبَّكَ هُوَ
أَعۡلَمُ بِمَن ضَلَّ عَن سَبِيلِهِۦ وَهُوَ أَعۡلَمُ بِٱلۡمُهۡتَدِينَ (7) فَلَا تُطِعِ
ٱلۡمُكَذِّبِينَ (8) وَدُّواْ لَوۡ تُدۡهِنُ فَيُدۡهِنُونَ (9) وَلَا تُطِعۡ كُلَّ حَلَّافٖ
مَّهِينٍ (10) هَمَّازٖ مَّشَّآءِۭ بِنَمِيمٖ (11) مَّنَّاعٖ لِّلۡخَيۡرِ مُعۡتَدٍ أَثِيمٍ (12)
عُتُلِّۭ بَعۡدَ ذَٰلِكَ زَنِيمٍ (13) أَن كَانَ ذَا مَالٖ وَبَنِينَ (14) إِذَا تُتۡلَىٰ
عَلَيۡهِ ءَايَٰتُنَا قَالَ أَسَٰطِيرُ ٱلۡأَوَّلِينَ (15) سَنَسِمُهُۥ عَلَى ٱلۡخُرۡطُومِ (16)

- رَأَوۡهُ زُلۡفَةٗ: رأوُا العذابَ قريبًا منهم
- يُجِيرُ ٱلۡكَٰفِرِينَ: يُنجّيهمۡ أو يَمنعُهم
- بِمَآءٖ مَّعِينِۭ: جَارٍ أو ظاهرٍ سَهْلِ التّناوُلِ
- غَيۡرَ مَمۡنُونٖ: غيرَ مقطوعٍ عنك
- بِأَييِّكُمُ ٱلۡمَفۡتُونُ: في أيّ طائفةٍ منكم المجنونُ
- مَّشَّآءِۭ بِنَمِيمٖ: بالسِّعايَةِ والإفسادِ بينَ النّاسِ

إِنَّا بَلَوْنَٰهُمْ كَمَا بَلَوْنَآ أَصْحَٰبَ ٱلْجَنَّةِ إِذْ أَقْسَمُوا۟ لَيَصْرِمُنَّهَا مُصْبِحِينَ ﴿17﴾ وَلَا
يَسْتَثْنُونَ ﴿18﴾ ۞ فَطَافَ عَلَيْهَا طَآئِفٌ مِّن رَّبِّكَ وَهُمْ نَآئِمُونَ ﴿19﴾ فَأَصْبَحَتْ
كَٱلصَّرِيمِ ﴿20﴾ فَتَنَادَوْا۟ مُصْبِحِينَ ﴿21﴾ أَنِ ٱغْدُوا۟ عَلَىٰ حَرْثِكُمْ إِن كُنتُمْ
صَٰرِمِينَ ﴿22﴾ فَٱنطَلَقُوا۟ وَهُمْ يَتَخَٰفَتُونَ ﴿23﴾ أَن لَّا يَدْخُلَنَّهَا ٱلْيَوْمَ عَلَيْكُم
مِّسْكِينٌ ﴿24﴾ وَغَدَوْا۟ عَلَىٰ حَرْدٍ قَٰدِرِينَ ﴿25﴾ فَلَمَّا رَأَوْهَا قَالُوٓا۟ إِنَّا لَضَآلُّونَ ﴿26﴾
بَلْ نَحْنُ مَحْرُومُونَ ﴿27﴾ قَالَ أَوْسَطُهُمْ أَلَمْ أَقُل لَّكُمْ لَوْلَا تُسَبِّحُونَ ﴿28﴾
قَالُوا۟ سُبْحَٰنَ رَبِّنَآ إِنَّا كُنَّا ظَٰلِمِينَ ﴿29﴾ فَأَقْبَلَ بَعْضُهُمْ عَلَىٰ بَعْضٍ
يَتَلَٰوَمُونَ ﴿30﴾ قَالُوا۟ يَٰوَيْلَنَآ إِنَّا كُنَّا طَٰغِينَ ﴿31﴾ عَسَىٰ رَبُّنَآ أَن يُبْدِلَنَا
خَيْرًا مِّنْهَآ إِنَّآ إِلَىٰ رَبِّنَا رَٰغِبُونَ ﴿32﴾ كَذَٰلِكَ ٱلْعَذَابُ ۖ وَلَعَذَابُ ٱلْءَاخِرَةِ أَكْبَرُ ۚ
لَوْ كَانُوا۟ يَعْلَمُونَ ﴿33﴾ إِنَّ لِلْمُتَّقِينَ عِندَ رَبِّهِمْ جَنَّٰتِ ٱلنَّعِيمِ ﴿34﴾ أَفَنَجْعَلُ
ٱلْمُسْلِمِينَ كَٱلْمُجْرِمِينَ ﴿35﴾ مَا لَكُمْ كَيْفَ تَحْكُمُونَ ﴿36﴾ أَمْ لَكُمْ
كِتَٰبٌ فِيهِ تَدْرُسُونَ ﴿37﴾ إِنَّ لَكُمْ فِيهِ لَمَا تَخَيَّرُونَ ﴿38﴾ أَمْ لَكُمْ أَيْمَٰنٌ عَلَيْنَا
بَٰلِغَةٌ إِلَىٰ يَوْمِ ٱلْقِيَٰمَةِ ۙ إِنَّ لَكُمْ لَمَا تَحْكُمُونَ ﴿39﴾ سَلْهُمْ أَيُّهُم بِذَٰلِكَ
زَعِيمٌ ﴿40﴾ أَمْ لَهُمْ شُرَكَآءُ فَلْيَأْتُوا۟ بِشُرَكَآئِهِمْ إِن كَانُوا۟ صَٰدِقِينَ ﴿41﴾
يَوْمَ يُكْشَفُ عَن سَاقٍ وَيُدْعَوْنَ إِلَى ٱلسُّجُودِ فَلَا يَسْتَطِيعُونَ ﴿42﴾

- لَيَصْرِمُنَّهَا: ليقطعُنَّ ثمارَها
- وَلَا يَسْتَثْنُونَ: حِصّةَ المساكينِ كأبيهم
- عَلَىٰ حَرْثِكُمْ: على بستانِكم
- غَدَوْا۟: ساروا غُدوةً إلى حرثِهم
- عَلَىٰ حَرْدٍ: على انفرادٍ عن المساكينِ
- قَٰدِرِينَ: على الصِّرامِ
- لَكُمْ أَيْمَٰنٌ عَلَيْنَا: عهودٌ مؤكَّدةٌ بالأيمانِ
- يُكْشَفُ عَن سَاقٍ: كنايةٌ عن شدّةِ هوْلِ يومِ القيامةِ

مدّ مشبع 6 حركات	إخفاء، ومواقع الغُنّة (حركتين)	تفخيم
مدّ حركتين	إدغام، وما لا يُلفَظ	قلقلة
مدّ 2 أو 4 أو 6 جوازاً		

خَٰشِعَةً أَبۡصَٰرُهُمۡ تَرۡهَقُهُمۡ ذِلَّةٞۖ وَقَدۡ كَانُواْ يُدۡعَوۡنَ إِلَى ٱلسُّجُودِ وَهُمۡ
سَٰلِمُونَ (43) فَذَرۡنِي وَمَن يُكَذِّبُ بِهَٰذَا ٱلۡحَدِيثِۖ سَنَسۡتَدۡرِجُهُم مِّنۡ حَيۡثُ
لَا يَعۡلَمُونَ (44) وَأُمۡلِي لَهُمۡۚ إِنَّ كَيۡدِي مَتِينٌ (45) أَمۡ تَسۡـَٔلُهُمۡ أَجۡرٗا فَهُم مِّن
مَّغۡرَمٖ مُّثۡقَلُونَ (46) أَمۡ عِندَهُمُ ٱلۡغَيۡبُ فَهُمۡ يَكۡتُبُونَ (47) ۞ فَٱصۡبِرۡ لِحُكۡمِ
رَبِّكَ وَلَا تَكُن كَصَاحِبِ ٱلۡحُوتِ إِذۡ نَادَىٰ وَهُوَ مَكۡظُومٞ (48) لَّوۡلَآ
أَن تَدَٰرَكَهُۥ نِعۡمَةٞ مِّن رَّبِّهِۦ لَنُبِذَ بِٱلۡعَرَآءِ وَهُوَ مَذۡمُومٞ (49) فَٱجۡتَبَٰهُ رَبُّهُۥ
فَجَعَلَهُۥ مِنَ ٱلصَّٰلِحِينَ (50) وَإِن يَكَادُ ٱلَّذِينَ كَفَرُواْ لَيُزۡلِقُونَكَ بِأَبۡصَٰرِهِمۡ لَمَّا
سَمِعُواْ ٱلذِّكۡرَ وَيَقُولُونَ إِنَّهُۥ لَمَجۡنُونٞ (51) وَمَا هُوَ إِلَّا ذِكۡرٞ لِّلۡعَٰلَمِينَ (52)

سُورَةُ الحَاقَّة

ترتيبها 69 — آياتها 52

بِسۡمِ ٱللَّهِ ٱلرَّحۡمَٰنِ ٱلرَّحِيمِ

ٱلۡحَآقَّةُ مَا ٱلۡحَآقَّةُ (1) وَمَآ أَدۡرَىٰكَ مَا ٱلۡحَآقَّةُ (2) كَذَّبَتۡ
ثَمُودُ وَعَادُۢ بِٱلۡقَارِعَةِ (3) فَأَمَّا ثَمُودُ فَأُهۡلِكُواْ بِٱلطَّاغِيَةِ (4)
وَأَمَّا عَادٞ فَأُهۡلِكُواْ بِرِيحٖ صَرۡصَرٍ عَاتِيَةٖ (5) سَخَّرَهَا عَلَيۡهِمۡ
سَبۡعَ لَيَالٖ وَثَمَٰنِيَةَ أَيَّامٍ حُسُومٗاۖ فَتَرَى ٱلۡقَوۡمَ فِيهَا صَرۡعَىٰ
كَأَنَّهُمۡ أَعۡجَازُ نَخۡلٍ خَاوِيَةٖ (6) فَهَلۡ تَرَىٰ لَهُم مِّنۢ بَاقِيَةٖ (7)

- خَٰشِعَةً أَبۡصَٰرُهُمۡ: ذليلةً مُنكسِرةً
- تَرۡهَقُهُمۡ: تغشاهم

ثُمُن

- أُمۡلِي لَهُمۡ: أُمهلهم ليزدادوا إثمًا
- مَّغۡرَمٖ: غرامةٍ ماليّةٍ
- مُّثۡقَلُونَ: مُكلّفونَ حِملًا ثقيلًا
- مَكۡظُومٞ: مَملوءٌ غَيظًا أو غمًّا
- لَنُبِذَ بِٱلۡعَرَآءِ: لطُرِحَ بالأرضِ الفضاءِ المُهلِكةِ
- فَٱجۡتَبَٰهُ رَبُّهُۥ: فاصطفاهُ بعَودةِ الوَحيِ إليه
- لَيُزۡلِقُونَكَ: يُزلّونَ قدمَك فيَرمُونك
- ٱلۡحَآقَّةُ: السّاعةُ يَتحقّقُ فيها ما أنكرُوه
- بِٱلۡقَارِعَةِ: بالقيامةِ تقرَعُ القلوبَ بأفزاعِها
- بِٱلطَّاغِيَةِ: بالعقوبةِ المُجاوِزةِ للحدِّ في الشِّدةِ
- بِرِيحٖ صَرۡصَرٍ: شديدةِ البَرْدِ أو الصَّوتِ
- حُسُومٗا: متتابعات

مدّ مشبع 6 حركات	مدّ حركتين	إخفاء، ومواقع الغُنّة (حركتين)	تفخيم
مدّ 2 أو 4 أو 6 جوازاً		إدغام، وما لا يُلفظ	قلقلة

وَجَآءَ فِرْعَوْنُ وَمَن قَبْلَهُۥ وَٱلْمُؤْتَفِكَٰتُ بِٱلْخَاطِئَةِ ﴿8﴾ فَعَصَوْا۟ رَسُولَ
رَبِّهِمْ فَأَخَذَهُمْ أَخْذَةً رَّابِيَةً ﴿9﴾ إِنَّا لَمَّا طَغَا ٱلْمَآءُ حَمَلْنَٰكُمْ فِى
ٱلْجَارِيَةِ ﴿10﴾ لِنَجْعَلَهَا لَكُمْ تَذْكِرَةً وَتَعِيَهَآ أُذُنٌ وَٰعِيَةٌ ﴿11﴾ فَإِذَا نُفِخَ
فِى ٱلصُّورِ نَفْخَةٌ وَٰحِدَةٌ ﴿12﴾ وَحُمِلَتِ ٱلْأَرْضُ وَٱلْجِبَالُ فَدُكَّتَا دَكَّةً
وَٰحِدَةً ﴿13﴾ فَيَوْمَئِذٍ وَقَعَتِ ٱلْوَاقِعَةُ ﴿14﴾ وَٱنشَقَّتِ ٱلسَّمَآءُ فَهِىَ يَوْمَئِذٍ
وَاهِيَةٌ ﴿15﴾ وَٱلْمَلَكُ عَلَىٰٓ أَرْجَآئِهَا ۚ وَيَحْمِلُ عَرْشَ رَبِّكَ فَوْقَهُمْ يَوْمَئِذٍ
ثَمَٰنِيَةٌ ﴿16﴾ يَوْمَئِذٍ تُعْرَضُونَ لَا تَخْفَىٰ مِنكُمْ خَافِيَةٌ ﴿17﴾ ۞ فَأَمَّا مَنْ أُوتِىَ
كِتَٰبَهُۥ بِيَمِينِهِۦ فَيَقُولُ هَآؤُمُ ٱقْرَءُوا۟ كِتَٰبِيَهْ ﴿18﴾ إِنِّى ظَنَنتُ أَنِّى مُلَٰقٍ
حِسَابِيَهْ ﴿19﴾ فَهُوَ فِى عِيشَةٍ رَّاضِيَةٍ ﴿20﴾ فِى جَنَّةٍ عَالِيَةٍ ﴿21﴾ قُطُوفُهَا
دَانِيَةٌ ﴿22﴾ كُلُوا۟ وَٱشْرَبُوا۟ هَنِيٓـًٔۢا بِمَآ أَسْلَفْتُمْ فِى ٱلْأَيَّامِ ٱلْخَالِيَةِ ﴿23﴾
وَأَمَّا مَنْ أُوتِىَ كِتَٰبَهُۥ بِشِمَالِهِۦ ﴿24﴾ فَيَقُولُ يَٰلَيْتَنِى لَمْ أُوتَ كِتَٰبِيَهْ ﴿25﴾
وَلَمْ أَدْرِ مَا حِسَابِيَهْ ﴿26﴾ يَٰلَيْتَهَا كَانَتِ ٱلْقَاضِيَةَ ﴿27﴾ مَآ أَغْنَىٰ عَنِّى
مَالِيَهْ ۜ ﴿28﴾ هَلَكَ عَنِّى سُلْطَٰنِيَهْ ﴿29﴾ خُذُوهُ فَغُلُّوهُ ﴿30﴾ ثُمَّ ٱلْجَحِيمَ
صَلُّوهُ ﴿31﴾ ثُمَّ فِى سِلْسِلَةٍ ذَرْعُهَا سَبْعُونَ ذِرَاعًا فَٱسْلُكُوهُ ﴿32﴾ إِنَّهُۥ
كَانَ لَا يُؤْمِنُ بِٱللَّهِ ٱلْعَظِيمِ ﴿33﴾ وَلَا يَحُضُّ عَلَىٰ طَعَامِ ٱلْمِسْكِينِ ﴿34﴾

- ٱلْمُؤْتَفِكَٰتُ: قرى قومِ لوطٍ
- بِٱلْخَاطِئَةِ: بالفَعلاتِ ذاتِ الخَطأِ الجَسيمِ
- أَخْذَةً رَّابِيَةً: زائدةً في الشدّةِ
- ٱلْجَارِيَةِ: سَفينةِ نوحٍ عليهِ السّلامُ
- تَعِيَهَآ: تحْفَظَها
- فَدُكَّتَا: فدقَّتَا وكُسِرَتا أو فسُوِّيَتا
- وَقَعَتِ ٱلْوَاقِعَةُ: قامَت القيامةُ

نِصْفٌ

- وَاهِيَةٌ: ضعيفةٌ مُتداعِيَةٌ
- أَرْجَآئِهَا: جَوانبِها وأطرافِها
- هَآؤُمُ: خُذُوا أو تعالَوْا
- قُطُوفُهَا دَانِيَةٌ: ثِمارُها سهلةُ التّناوُلِ
- هَنِيٓـًٔۢا: غيْرَ مُنغَّصٍ ولا مكَدَّرٍ
- كَانَتِ ٱلْقَاضِيَةَ: المَوْتَةَ القاطعةَ لأمْري
- مَآ أَغْنَىٰ عَنِّى: ما دَفَعَ العَذابَ عَنّي ونحوَه
- سُلْطَٰنِيَهْ: حُجَّتي أو تَسلُّطي وقوّتي
- صَلُّوهُ: أدْخِلوه أو أحرِقوه فيها
- فَغُلُّوهُ: فقيّدوه بالأغلالِ

مدّ مشبع 6 حركات / مدّ 2 أو 4 أو 6 جوازاً / مدّ حركتين	إخفاء، ومواقع الغُنّة (حركتين) / إدغام، وما لا يُلفظ	تفخيم / قلقلة

فَلَيْسَ لَهُ ٱلْيَوْمَ هَٰهُنَا حَمِيمٌ (35) وَلَا طَعَامٌ إِلَّا مِنْ غِسْلِينٍ (36) لَّا يَأْكُلُهُۥٓ
إِلَّا ٱلْخَٰطِـُٔونَ (37) فَلَآ أُقْسِمُ بِمَا تُبْصِرُونَ (38) وَمَا لَا تُبْصِرُونَ (39)
إِنَّهُۥ لَقَوْلُ رَسُولٍ كَرِيمٍ (40) وَمَا هُوَ بِقَوْلِ شَاعِرٍ قَلِيلًا مَّا تُؤْمِنُونَ (41)
وَلَا بِقَوْلِ كَاهِنٍ قَلِيلًا مَّا تَذَكَّرُونَ (42) تَنزِيلٌ مِّن رَّبِّ ٱلْعَٰلَمِينَ (43)
وَلَوْ تَقَوَّلَ عَلَيْنَا بَعْضَ ٱلْأَقَاوِيلِ (44) لَأَخَذْنَا مِنْهُ بِٱلْيَمِينِ (45) ثُمَّ لَقَطَعْنَا
مِنْهُ ٱلْوَتِينَ (46) فَمَا مِنكُم مِّنْ أَحَدٍ عَنْهُ حَٰجِزِينَ (47) وَإِنَّهُۥ لَتَذْكِرَةٌ
لِّلْمُتَّقِينَ (48) وَإِنَّا لَنَعْلَمُ أَنَّ مِنكُم مُّكَذِّبِينَ (49) وَإِنَّهُۥ لَحَسْرَةٌ عَلَى
ٱلْكَٰفِرِينَ (50) وَإِنَّهُۥ لَحَقُّ ٱلْيَقِينِ (51) فَسَبِّحْ بِٱسْمِ رَبِّكَ ٱلْعَظِيمِ (52)

سُورَةُ ٱلْمَعَارِجِ

ترتيبها 70 — آياتها 44

بِسْمِ ٱللَّهِ ٱلرَّحْمَٰنِ ٱلرَّحِيمِ

۞ سَأَلَ سَآئِلٌۢ بِعَذَابٍ وَاقِعٍ (1) لِّلْكَٰفِرِينَ لَيْسَ لَهُۥ دَافِعٌ (2) مِّنَ
ٱللَّهِ ذِى ٱلْمَعَارِجِ (3) تَعْرُجُ ٱلْمَلَٰٓئِكَةُ وَٱلرُّوحُ إِلَيْهِ فِى يَوْمٍ كَانَ
مِقْدَارُهُۥ خَمْسِينَ أَلْفَ سَنَةٍ (4) فَٱصْبِرْ صَبْرًا جَمِيلًا (5) إِنَّهُمْ يَرَوْنَهُۥ
بَعِيدًا (6) وَنَرَىٰهُ قَرِيبًا (7) يَوْمَ تَكُونُ ٱلسَّمَآءُ كَٱلْمُهْلِ (8)
وَتَكُونُ ٱلْجِبَالُ كَٱلْعِهْنِ (9) وَلَا يَسْـَٔلُ حَمِيمٌ حَمِيمًا (10)

- حَمِيمٌ: قريبٌ مُشفقٌ يَحميه
- غِسْلِينٍ: صَديد أهلِ النّارِ
- ٱلْخَٰطِـُٔونَ: الكافرونَ
- فَلَآ أُقْسِمُ: أقسِمُ و«لا» مزيدة
- تَقَوَّلَ عَلَيْنَا: اختلقَ وافترى علينا
- بِٱلْيَمِينِ: بيَمينِه أوْ بالقوّةِ
- ٱلْوَتِينَ: نِياطَ القلبِ أو نُخاعَ الظهرِ
- حَٰجِزِينَ: مانِعينَ الهلاكَ عنه
- لَحَسْرَةٌ: لندامَةٌ

ثُمُن

- سَأَلَ سَآئِلٌۢ: دَعا داعٍ أو وادٍ في جهنّم يسيل
- ذِى ٱلْمَعَارِجِ: ذي السّمواتِ أو الفضائلِ والنّعمِ
- تَعْرُجُ ٱلْمَلَٰٓئِكَةُ: تصْعَدُ
- ٱلرُّوحُ: جبريلُ عليهِ السّلامُ
- كَٱلْمُهْلِ: الفضّة المذابة
- كَٱلْعِهْنِ: الصوف الملوّن

مدّ مشبع 6 حركات	مدّ حركتين	إخفاء، ومواقع الغُنّة (حركتين)	تفخيم
مدّ 2 أو 4 أو 6 جوازاً		إدغام، وما لا يُلفظ	قلقلة

يُبَصَّرُونَهُمْۚ يَوَدُّ ٱلْمُجْرِمُ لَوْ يَفْتَدِي مِنْ عَذَابِ يَوْمِئِذِۭ بِبَنِيهِ (11)
وَصَٰحِبَتِهِۦ وَأَخِيهِ (12) وَفَصِيلَتِهِ ٱلَّتِي تُـْٔوِيهِ (13) وَمَن فِي ٱلْأَرْضِ جَمِيعٗا
ثُمَّ يُنجِيهِ (14) كَلَّآۖ إِنَّهَا لَظَىٰ (15) نَزَّاعَةٗ لِّلشَّوَىٰ (16) تَدْعُواْ مَنْ أَدْبَرَ
وَتَوَلَّىٰ (17) وَجَمَعَ فَأَوْعَىٰٓ (18) إِنَّ ٱلْإِنسَٰنَ خُلِقَ هَلُوعًا (19) إِذَا
مَسَّهُ ٱلشَّرُّ جَزُوعٗا (20) وَإِذَا مَسَّهُ ٱلْخَيْرُ مَنُوعًا (21) إِلَّا ٱلْمُصَلِّينَ (22)
ٱلَّذِينَ هُمْ عَلَىٰ صَلَاتِهِمْ دَآئِمُونَ (23) وَٱلَّذِينَ فِيٓ أَمْوَٰلِهِمْ حَقّٞ مَّعْلُومٞ (24)
لِّلسَّآئِلِ وَٱلْمَحْرُومِ (25) وَٱلَّذِينَ يُصَدِّقُونَ بِيَوْمِ ٱلدِّينِ (26) وَٱلَّذِينَ هُم مِّنْ
عَذَابِ رَبِّهِم مُّشْفِقُونَ (27) إِنَّ عَذَابَ رَبِّهِمْ غَيْرُ مَأْمُونٖ (28) وَٱلَّذِينَ هُمْ
لِفُرُوجِهِمْ حَٰفِظُونَ (29) إِلَّا عَلَىٰٓ أَزْوَٰجِهِمْ أَوْ مَا مَلَكَتْ أَيْمَٰنُهُمْ فَإِنَّهُمْ غَيْرُ
مَلُومِينَ (30) فَمَنِ ٱبْتَغَىٰ وَرَآءَ ذَٰلِكَ فَأُوْلَٰٓئِكَ هُمُ ٱلْعَادُونَ (31) وَٱلَّذِينَ هُمْ
لِأَمَٰنَٰتِهِمْ وَعَهْدِهِمْ رَٰعُونَ (32) وَٱلَّذِينَ هُم بِشَهَٰدَٰتِهِمْ قَآئِمُونَ (33) وَٱلَّذِينَ
هُمْ عَلَىٰ صَلَاتِهِمْ يُحَافِظُونَ (34) أُوْلَٰٓئِكَ فِي جَنَّٰتٖ مُّكْرَمُونَ (35) فَمَالِ
ٱلَّذِينَ كَفَرُواْ قِبَلَكَ مُهْطِعِينَ (36) عَنِ ٱلْيَمِينِ وَعَنِ ٱلشِّمَالِ عِزِينَ (37)
أَيَطْمَعُ كُلُّ ٱمْرِيٕٖ مِّنْهُمْ أَن يُدْخَلَ جَنَّةَ نَعِيمٖ (38) كَلَّآۖ إِنَّا خَلَقْنَٰهُم
مِّمَّا يَعْلَمُونَ (39) ۞ فَلَآ أُقْسِمُ بِرَبِّ ٱلْمَشَٰرِقِ وَٱلْمَغَٰرِبِ إِنَّا لَقَٰدِرُونَ (40)

- يُبَصَّرُونَهُمْ: يُعرَّفون أحماءَهم
- فَصِيلَتِهِ: عشيرتِهِ الأقربين
- تُـْٔوِيهِ: تضمُّه في النّسبِ أو عِندَ الشدّةِ
- إِنَّهَا لَظَىٰ: جهنّمُ أو طبقٌ منها
- نَزَّاعَةٗ لِّلشَّوَىٰ: قلّاعةٌ للأطرافِ أوْ جلدِ الرّأسِ
- فَأَوْعَىٰٓ: أمْسَكَ مالهُ في وعاءٍ بخلًا
- هَلُوعًا: سريعَ الجَزَعِ شديدَ الحِرْصِ
- جَزُوعٗا: كثيرَ الجَزَعِ والأسَى
- مَنُوعًا: والإمساكِ
- مُّشْفِقُونَ: خائفونَ
- ٱلْعَادُونَ: المُجاوِزُونَ الحلالَ إلى الحَرامِ

رُبُع

- مُهْطِعِينَ: مسرعينَ
- عِزِينَ: متفرّقين

مدّ مشبع 6 حركات	مدّ حركتين	إخفاء، ومواقع الغُنّة (حركتين)	تفخيم
مدّ 2 أو 4 أو 6 جوازاً		إدغام، وما لا يُلفظ	قلقلة

عَلَىٰٓ أَن نُّبَدِّلَ خَيْرًا مِّنْهُمْ وَمَا نَحْنُ بِمَسْبُوقِينَ ﴿41﴾ فَذَرْهُمْ يَخُوضُوا۟
وَيَلْعَبُوا۟ حَتَّىٰ يُلَـٰقُوا۟ يَوْمَهُمُ ٱلَّذِى يُوعَدُونَ ﴿42﴾ يَوْمَ يَخْرُجُونَ مِنَ
ٱلْأَجْدَاثِ سِرَاعًا كَأَنَّهُمْ إِلَىٰ نُصُبٍ يُوفِضُونَ ﴿43﴾ خَـٰشِعَةً
أَبْصَـٰرُهُمْ تَرْهَقُهُمْ ذِلَّةٌ ذَٰلِكَ ٱلْيَوْمُ ٱلَّذِى كَانُوا۟ يُوعَدُونَ ﴿44﴾

سُورَةُ نُوحٍ

ترتيبها 71 — آياتها 30

بِسْمِ ٱللَّهِ ٱلرَّحْمَـٰنِ ٱلرَّحِيمِ

إِنَّآ أَرْسَلْنَا نُوحًا إِلَىٰ قَوْمِهِۦٓ أَنْ أَنذِرْ قَوْمَكَ مِن قَبْلِ أَن يَأْتِيَهُمْ
عَذَابٌ أَلِيمٌ ﴿1﴾ قَالَ يَـٰقَوْمِ إِنِّى لَكُمْ نَذِيرٌ مُّبِينٌ ﴿2﴾ أَنِ ٱعْبُدُوا۟ ٱللَّهَ
وَٱتَّقُوهُ وَأَطِيعُونِ ﴿3﴾ يَغْفِرْ لَكُم مِّن ذُنُوبِكُمْ وَيُؤَخِّرْكُمْ إِلَىٰٓ
أَجَلٍ مُّسَمًّى إِنَّ أَجَلَ ٱللَّهِ إِذَا جَآءَ لَا يُؤَخَّرُ لَوْ كُنتُمْ تَعْلَمُونَ ﴿4﴾
قَالَ رَبِّ إِنِّى دَعَوْتُ قَوْمِى لَيْلًا وَنَهَارًا ﴿5﴾ فَلَمْ يَزِدْهُمْ دُعَآءِىٓ إِلَّا
فِرَارًا ﴿6﴾ وَإِنِّى كُلَّمَا دَعَوْتُهُمْ لِتَغْفِرَ لَهُمْ جَعَلُوٓا۟ أَصَـٰبِعَهُمْ فِىٓ
ءَاذَانِهِمْ وَٱسْتَغْشَوْا۟ ثِيَابَهُمْ وَأَصَرُّوا۟ وَٱسْتَكْبَرُوا۟ ٱسْتِكْبَارًا ﴿7﴾
ثُمَّ إِنِّى دَعَوْتُهُمْ جِهَارًا ﴿8﴾ ثُمَّ إِنِّىٓ أَعْلَنتُ لَهُمْ وَأَسْرَرْتُ لَهُمْ
إِسْرَارًا ﴿9﴾ فَقُلْتُ ٱسْتَغْفِرُوا۟ رَبَّكُمْ إِنَّهُۥ كَانَ غَفَّارًا ﴿10﴾

نُوح

- بِمَسْبُوقِينَ: مَغْلوبينَ عاجزينَ
- فَذَرْهُمْ: فدعْهُم وخلِّهم
- مِنَ ٱلْأَجْدَاثِ: مِنَ القبُورِ
- سِرَاعًا: مُسْرعينَ إلى الدّاعي
- نُصُبٍ: عَلَمٍ قد نُصبَ لهم
- يُوفِضُونَ: يُسْرعونَ أو يستبِقون
- تَرْهَقُهُمْ ذِلَّةٌ: تغْشاهمْ مَهانةٌ شديدةٌ
- أَجَلَ ٱللَّهِ: وَقتَ مَجيء عذابِه
- فِرَارًا: تباعُدًا ونفارًا عن الإيمانِ
- ٱسْتَغْشَوْا۟ ثِيَابَهُمْ: بالغُوا في إظهارِ الكَراهةِ للدعوةِ
- أَصَرُّوا۟: تشدّدُوا وانهمَكُوا في الكُفرِ

مدّ مشبع 6 حركات	مدّ حركتين	إخفاء، ومواقع الغُنَّة (حركتين)	تفخيم
مدّ 2 أو 4 أو 6 جوازاً		إدغام، وما لا يُلفظ	قلقلة

يُرْسِلِ السَّمَآءَ عَلَيْكُم مِّدْرَاراً ﴿11﴾ وَيُمْدِدْكُم بِأَمْوَٰلٍ وَبَنِينَ وَيَجْعَل
لَّكُمْ جَنَّٰتٍ وَيَجْعَل لَّكُمُۥٓ أَنْهَٰراً ﴿12﴾ مَّا لَكُمْ لَا تَرْجُونَ لِلَّهِ
وَقَاراً ﴿13﴾ وَقَدْ خَلَقَكُمُۥٓ أَطْوَاراً ﴿14﴾ ۞ أَلَمْ تَرَوْاْ كَيْفَ خَلَقَ اللَّهُ
سَبْعَ سَمَٰوَٰتٍ طِبَاقاً ﴿15﴾ وَجَعَلَ الْقَمَرَ فِيهِنَّ نُوراً وَجَعَلَ الشَّمْسَ
سِرَاجاً ﴿16﴾ وَاللَّهُ أَنۢبَتَكُم مِّنَ الْأَرْضِ نَبَاتاً ﴿17﴾ ثُمَّ يُعِيدُكُمْ
فِيهَا وَيُخْرِجُكُمُۥٓ إِخْرَاجاً ﴿18﴾ وَاللَّهُ جَعَلَ لَكُمُ الْأَرْضَ بِسَاطاً ﴿19﴾
لِّتَسْلُكُواْ مِنْهَا سُبُلاً فِجَاجاً ﴿20﴾ قَالَ نُوحٌ رَّبِّ إِنَّهُمْ عَصَوْنِي وَاتَّبَعُواْ
مَن لَّمْ يَزِدْهُ مَالُهُۥ وَوَلَدُهُۥٓ إِلَّا خَسَاراً ﴿21﴾ وَمَكَرُواْ مَكْراً كُبَّاراً ﴿22﴾
وَقَالُواْ لَا تَذَرُنَّ ءَالِهَتَكُمْ وَلَا تَذَرُنَّ وُدّاً وَلَا سُوَاعاً ﴿23﴾ وَلَا
يَغُوثَ وَيَعُوقَ وَنَسْراً ﴿24﴾ وَقَدَ اَضَلُّواْ كَثِيراً وَلَا تَزِدِ الظَّٰلِمِينَ
إِلَّا ضَلَٰلاً ﴿25﴾ مِّمَّا خَطِيٓـَٰٔتِهِمُۥٓ أُغْرِقُواْ فَأُدْخِلُواْ نَاراً ﴿26﴾ فَلَمْ
يَجِدُواْ لَهُم مِّن دُونِ اللَّهِ أَنصَاراً ﴿27﴾ وَقَالَ نُوحٌ رَّبِّ لَا تَذَرْ عَلَى
الْأَرْضِ مِنَ الْكَٰفِرِينَ دَيَّاراً ﴿28﴾ اِنَّكَ إِن تَذَرْهُمْ يُضِلُّواْ عِبَادَكَ
وَلَا يَلِدُوٓاْ إِلَّا فَاجِراً كَفَّاراً ﴿29﴾ رَّبِّ اغْفِرْ لِي وَلِوَٰلِدَيَّ وَلِمَن دَخَلَ
بَيْتِيَ مُومِناً وَلِلْمُومِنِينَ وَالْمُومِنَٰتِ وَلَا تَزِدِ الظَّٰلِمِينَ إِلَّا تَبَاراً ﴿30﴾

- لَا تَرْجُونَ لِلَّهِ وَقَاراً: لا تخافونَ عَظمَةَ اللهِ
- خَلَقَكُمُۥٓ أَطْوَاراً: مُدَرّجًا لكم في حالاتٍ مُختلفةٍ
- سَمَٰوَٰتٍ طِبَاقاً: كلّ سَماءٍ مُطبِقَةٌ على الأخرى
- سُبُلاً فِجَاجاً: طرقًا واسعةً
- خَسَاراً: ضلالًا وطغيانًا
- مَكْراً كُبَّاراً: بالغَ الغايةِ في الكِبَرِ

مدّ مشبع 6 حركات	مدّ حركتين	إخفاء، ومواقع الغُنّة (حركتين)
مدّ 2 أو 4 أو 6 جوازًا		إدغام، وما لا يُلفظ
تفخيم	قلقلة	

ترتيبها 72 — آياتها 28

بِسْمِ اللَّهِ الرَّحْمَٰنِ الرَّحِيمِ

قُلْ أُوحِيَ إِلَيَّ أَنَّهُ اسْتَمَعَ نَفَرٌ مِّنَ الْجِنِّ فَقَالُوا إِنَّا سَمِعْنَا قُرْآنًا
عَجَبًا (1) يَهْدِي إِلَى الرُّشْدِ فَآمَنَّا بِهِ وَلَن نُّشْرِكَ بِرَبِّنَا أَحَدًا (2)
وَإِنَّهُ تَعَالَىٰ جَدُّ رَبِّنَا مَا اتَّخَذَ صَاحِبَةً وَلَا وَلَدًا (3) وَإِنَّهُ كَانَ
يَقُولُ سَفِيهُنَا عَلَى اللَّهِ شَطَطًا (4) وَإِنَّا ظَنَنَّا أَن لَّن تَقُولَ الْإِنسُ
وَالْجِنُّ عَلَى اللَّهِ كَذِبًا (5) وَإِنَّهُ كَانَ رِجَالٌ مِّنَ الْإِنسِ يَعُوذُونَ
بِرِجَالٍ مِّنَ الْجِنِّ فَزَادُوهُمْ رَهَقًا (6) وَإِنَّهُمْ ظَنُّوا كَمَا ظَنَنتُمْ
أَن لَّن يَبْعَثَ اللَّهُ أَحَدًا (7) وَإِنَّا لَمَسْنَا السَّمَاءَ فَوَجَدْنَاهَا مُلِئَتْ
حَرَسًا شَدِيدًا وَشُهُبًا (8) وَإِنَّا كُنَّا نَقْعُدُ مِنْهَا مَقَاعِدَ لِلسَّمْعِ
فَمَن يَسْتَمِعِ الْآنَ يَجِدْ لَهُ شِهَابًا رَّصَدًا (9) وَإِنَّا لَا نَدْرِي أَشَرٌّ
أُرِيدَ بِمَن فِي الْأَرْضِ أَمْ أَرَادَ بِهِمْ رَبُّهُمْ رَشَدًا (10) وَإِنَّا مِنَّا
الصَّالِحُونَ وَمِنَّا دُونَ ذَٰلِكَ كُنَّا طَرَائِقَ قِدَدًا (11) وَإِنَّا ظَنَنَّا أَن
لَّن نُّعْجِزَ اللَّهَ فِي الْأَرْضِ وَلَن نُّعْجِزَهُ هَرَبًا (12) وَإِنَّا لَمَّا سَمِعْنَا
الْهُدَىٰ آمَنَّا بِهِ فَمَن يُؤْمِن بِرَبِّهِ فَلَا يَخَافُ بَخْسًا وَلَا رَهَقًا (13)

- جَدُّ رَبِّنَا: جلالُه أو سلطانُه أو غناه
- يَقُولُ سَفِيهُنَا: جاهِلُنا (إبليس اللعين)
- فَزَادُوهُمْ رَهَقاً: إثمًا أو طغيانًا وسفَهًا

الجِن — حِزْب

مدّ مشبع 6 حركات	مدّ حركتين	إخفاء، ومواقع الغُنّة (حركتين)	تفخيم
مدّ 2 أو 4 أو 6 جوازاً		إدغام، وما لا يُلفظ	قلقلة

وَإِنَّا مِنَّا اَ۬لْمُسْلِمُونَ وَمِنَّا اَ۬لْقَٰسِطُونَ فَمَنَ اَسْلَمَ فَأُوْلَٰٓئِكَ
تَحَرَّوْاْ رَشَداٗ (14) وَأَمَّا اَ۬لْقَٰسِطُونَ فَكَانُواْ لِجَهَنَّمَ حَطَباٗ (15)
وَأَن لَّوِ اِسْتَقَٰمُواْ عَلَى اَ۬لطَّرِيقَةِ لَأَسْقَيْنَٰهُم مَّآءً غَدَقاٗ (16) لِّنَفْتِنَهُمْ
فِيهِ وَمَنْ يُّعْرِضْ عَن ذِكْرِ رَبِّهِۦ نَسْلُكْهُ عَذَاباٗ صَعَداٗ (17) وَأَنَّ
اَ۬لْمَسَٰجِدَ لِلَّهِ فَلَا تَدْعُواْ مَعَ اَ۬للَّهِ أَحَداٗ (18) وَإِنَّهُۥ لَمَّا قَامَ عَبْدُ اُ۬للَّهِ
يَدْعُوهُ كَادُواْ يَكُونُونَ عَلَيْهِ لِبَداٗ (19) قَالَ إِنَّمَآ أَدْعُواْ رَبِّے وَلَآ
أُشْرِكُ بِهِۦٓ أَحَداٗ (20) قُلِ اِنِّيَ لَآ أَمْلِكُ لَكُمْ ضَرّاٗ وَلَا رَشَداٗ (21)
قُلِ اِنِّے لَنْ يُّجِيرَنِے مِنَ اَ۬للَّهِ أَحَدٞ وَلَنَ اَجِدَ مِن دُونِهِۦ مُلْتَحَداً (22)
اِلَّا بَلَٰغاٗ مِّنَ اَ۬للَّهِ وَرِسَٰلَٰتِهِۦ ۞ وَمَنْ يَّعْصِ اِ۬للَّهَ وَرَسُولَهُۥ فَإِنَّ لَهُۥ
نَارَ جَهَنَّمَ خَٰلِدِينَ فِيهَآ أَبَداً (23) حَتَّىٰٓ إِذَا رَأَوْاْ مَا يُوعَدُونَ
فَسَيَعْلَمُونَ مَنَ اَضْعَفُ نَاصِراٗ وَأَقَلُّ عَدَداٗ (24) قُلِ اِنْ اَدْرِےٓ
أَقَرِيبٞ مَّا تُوعَدُونَ أَمْ يَجْعَلُ لَهُۥ رَبِّيَ أَمَداً (25) عَٰلِمُ اُ۬لْغَيْبِ
فَلَا يُظْهِرُ عَلَىٰ غَيْبِهِۦٓ أَحَداً (26) اِلَّا مَنِ اِرْتَضَىٰ مِن رَّسُولٖ فَإِنَّهُۥ
يَسْلُكُ مِنۢ بَيْنِ يَدَيْهِ وَمِنْ خَلْفِهِۦ رَصَداٗ (27) لِّيَعْلَمَ أَن قَدَ اَبْلَغُواْ
رِسَٰلَٰتِ رَبِّهِمْ وَأَحَاطَ بِمَا لَدَيْهِمْ وَأَحْصَىٰ كُلَّ شَےْءٍ عَدَداۢ (28)

- مِنَّا اَ۬لْقَٰسِطُونَ: الجائرونَ عن طريقِ الحقِّ
- اَ۬لطَّرِيقَةِ: المِلّةِ الحنيفيّةِ
- مَّآءً غَدَقاٗ: غزيرًا
- لِّنَفْتِنَهُمْ فِيهِ: لنختبرَهم فيما أعْطيناهم
- نَسْلُكْهُ: نُدخله
- عَذَاباٗ صَعَداٗ: شاقًّا يعلوه ويَغلبُه

ثُمُن

- عَلَيْهِ لِبَداٗ: مُتراكِمينَ من ازدحامهم عليهِ
- لَنْ يُّجِيرَنِے: لنْ يمنعَني وينقذَني
- مُلْتَحَداً: مَلْجأً أركَنُ إليه
- أَمَداً: زمنًا بعيدًا
- رَصَداٗ: حَرَسًا من الملائكة يحرسونَه
- أَحَاطَ: عَلِمَ عِلمًا تامًّا
- أَحْصَىٰ: ضَبَطَ ضبطًا كاملًا

مدّ مشبع 6 حركات	مدّ حركتين	إخفاء، ومواقع الغُنّة (حركتين)	تفخيم
مدّ 2 أو 4 أو 6 جوازاً		إدغام، وما لا يُلفظ	قلقلة

سُورَةُ ٱلْمُزَّمِّلِ

ترتيبها 73 — آياتها 18

بِسْمِ ٱللَّهِ ٱلرَّحْمَٰنِ ٱلرَّحِيمِ

يَٰٓأَيُّهَا ٱلْمُزَّمِّلُ قُمِ ٱلَّيْلَ إِلَّا قَلِيلًا ﴿1﴾ نِّصْفَهُۥٓ أَوِ ٱنقُصْ مِنْهُ
قَلِيلًا ﴿2﴾ أَوْ زِدْ عَلَيْهِ وَرَتِّلِ ٱلْقُرْءَانَ تَرْتِيلًا ﴿3﴾ إِنَّا سَنُلْقِى عَلَيْكَ
قَوْلًا ثَقِيلًا ﴿4﴾ إِنَّ نَاشِئَةَ ٱلَّيْلِ هِىَ أَشَدُّ وَطْـًٔا وَأَقْوَمُ قِيلًا ﴿5﴾
إِنَّ لَكَ فِى ٱلنَّهَارِ سَبْحًا طَوِيلًا ﴿6﴾ وَٱذْكُرِ ٱسْمَ رَبِّكَ وَتَبَتَّلْ
إِلَيْهِ تَبْتِيلًا ﴿7﴾ رَّبُّ ٱلْمَشْرِقِ وَٱلْمَغْرِبِ لَآ إِلَٰهَ إِلَّا هُوَ فَٱتَّخِذْهُ
وَكِيلًا ﴿8﴾ وَٱصْبِرْ عَلَىٰ مَا يَقُولُونَ وَٱهْجُرْهُمْ هَجْرًا جَمِيلًا ﴿9﴾
وَذَرْنِى وَٱلْمُكَذِّبِينَ أُو۟لِى ٱلنَّعْمَةِ وَمَهِّلْهُمْ قَلِيلًا ﴿10﴾ إِنَّ لَدَيْنَآ
أَنكَالًا وَجَحِيمًا ﴿11﴾ وَطَعَامًا ذَا غُصَّةٍ وَعَذَابًا أَلِيمًا ﴿12﴾ يَوْمَ تَرْجُفُ
ٱلْأَرْضُ وَٱلْجِبَالُ وَكَانَتِ ٱلْجِبَالُ كَثِيبًا مَّهِيلًا ﴿13﴾ إِنَّآ أَرْسَلْنَآ
إِلَيْكُمْ رَسُولًا شَٰهِدًا عَلَيْكُمْ كَمَآ أَرْسَلْنَآ إِلَىٰ فِرْعَوْنَ رَسُولًا ﴿14﴾
فَعَصَىٰ فِرْعَوْنُ ٱلرَّسُولَ فَأَخَذْنَٰهُ أَخْذًا وَبِيلًا ﴿15﴾ فَكَيْفَ تَتَّقُونَ
إِن كَفَرْتُمْ يَوْمًا يَجْعَلُ ٱلْوِلْدَٰنَ شِيبًا ٱلسَّمَآءُ مُنفَطِرٌۢ بِهِۦ ۚ كَانَ وَعْدُهُۥ
مَفْعُولًا ﴿16﴾ إِنَّ هَٰذِهِۦ تَذْكِرَةٌ ۖ فَمَن شَآءَ ٱتَّخَذَ إِلَىٰ رَبِّهِۦ سَبِيلًا ﴿17﴾

- ٱلْمُزَّمِّلُ: المتلفّف بثيابه
- رَتِّلِ ٱلْقُرْءَانَ: اقرأه بتمهّلٍ وتبيّن الحروف
- قَوْلًا ثَقِيلًا: شاقًّا على المكلّفين

ٱلْمُزَّمِّل

- نَاشِئَةَ ٱلَّيْلِ: العبادة فيه
- أَشَدُّ وَطْـًٔا: ثباتًا ورسوخًا
- أَقْوَمُ قِيلًا: أثبتُ قراءةً
- سَبْحًا: تصرّفًا وتقلّبًا في مُهمّاتك
- تَبَتَّلْ إِلَيْهِ: انقطعْ لعبادته واستغرقْ في مراقبته
- هَجْرًا جَمِيلًا: حسنًا لا جزعَ فيه
- أُو۟لِى ٱلنَّعْمَةِ: أربابِ التنعّمِ وغضارةِ العيشِ
- مَهِّلْهُمْ: أمهلْهُم
- أَنكَالًا: قيودًا شديدةً
- ذَا غُصَّةٍ: ذا نُشوبٍ في الحلقِ فلا يَنساغُ
- تَرْجُفُ ٱلْأَرْضُ: تضطربُ وتتزلزلُ
- كَثِيبًا: رملًا مُجتمعًا
- مَّهِيلًا: رخوًا ليّنًا
- أَخْذًا وَبِيلًا: شديدًا ثقيلًا

مدّ مشبع 6 حركات	مدّ حركتين	إخفاء، ومواقع الغُنّة (حركتين)	تفخيم
مدّ 2 أو 4 أو 6 جوازًا		إدغام، وما لا يُلفظ	قلقلة

۞اِنَّ رَبَّكَ يَعْلَمُ أَنَّكَ تَقُومُ أَدْنيٰ مِن ثُلُثَيِ اِ۬ليْلِ وَنِصْفِهِۦ وَثُلُثِهِۦ وَطَآئِفَةٞ
مِّنَ اَ۬لذِينَ مَعَكَۖ وَاللَّهُ يُقَدِّرُ اُ۬ليْلَ وَالنَّهارَۖ عَلِمَ أَن لَّن تُحْصُوهُ فَتَابَ
عَلَيْكُمْۖ فَاقْرَءُواْ مَا تَيَسَّرَ مِنَ اَ۬لْقُرْءَانِۖ عَلِمَ أَن سَيَكُونُ مِنكُم مَّرْضيٰ
وَءَاخَرُونَ يَضْرِبُونَ فِے اِ۬لَارْضِ يَبْتَغُونَ مِن فَضْلِ اِ۬للَّهِ وَءَاخَرُونَ
يُقَٰتِلُونَ فِے سَبِيلِ اِ۬للَّهِۖ فَاقْرَءُواْ مَا تَيَسَّرَ مِنْهُۖ وَأَقِيمُواْ اُ۬لصَّلَوٰةَ وَءَاتُواْ
اُ۬لزَّكَوٰةَ وَأَقْرِضُواْ اُ۬للَّهَ قَرْضاً حَسَناٗۖ وَمَا تُقَدِّمُواْ لِأَنفُسِكُم مِّنْ خَيْرٖ تَجِدُوهُ
عِندَ اَ۬للَّهِ هُوَ خَيْراٗ وَأَعْظَمَ أَجْراٗۖ وَاسْتَغْفِرُواْ اُ۬للَّهَۖ إِنَّ اَ۬للَّهَ غَفُورٞ رَّحِيمُۢ 18

سُورَةُ الْمُدَّثِّرِ

ترتيبها 74 — آياتها 55

بِسْمِ اِ۬للَّهِ اِ۬لرَّحْمَٰنِ اِ۬لرَّحِيمِ

يَٰٓأَيُّهَا اَ۬لْمُدَّثِّرُ 1 قُمْ فَأَنذِرْۖ 2 وَرَبَّكَ فَكَبِّرْۖ 3 وَثِيَابَكَ فَطَهِّرْۖ 4
وَالرِّجْزَ فَاهْجُرْۖ 5 وَلَا تَمْنُن تَسْتَكْثِرُۖ 6 وَلِرَبِّكَ فَاصْبِرْۖ 7 فَإِذَا
نُقِرَ فِے اِ۬لنَّاقُورِ 8 فَذَٰلِكَ يَوْمَئِذٖ يَوْمٌ عَسِيرٌ 9 عَلَى اَ۬لْكٰفِرِينَ غَيْرُ
يَسِيرٖۖ 10 ذَرْنِے وَمَنْ خَلَقْتُ وَحِيداٗ 11 وَجَعَلْتُ لَهُۥ مَالاٗ مَّمْدُوداٗ 12
وَبَنِينَ شُهُوداٗ 13 وَمَهَّدتُّ لَهُۥ تَمْهِيداٗ 14 ثُمَّ يَطْمَعُ أَنَ اَزِيدَ 15 كَلَّآۖ
إِنَّهُۥ كَانَ لِأٓيَٰتِنَا عَنِيداٗ 16 سَأُرْهِقُهُۥ صَعُوداً 17 اِنَّهُۥ فَكَّرَ وَقَدَّرَ 18

- لَّن تُحْصُوهُ: لنْ تطيقُوا التقديرَ أو القيامَ
- فَاقْرَءُواْ مَا تَيَسَّرَ: فصلُّوا ما سَهُلَ عليكم
- مِنَ اَ۬لْقُرْءَانِ: منْ صلاةِ الليل
- يَضْرِبُونَ: يُسافرونَ
- قَرْضاً حَسَناً: احتسابًا بطيبةِ نفسٍ
- اَ۬لْمُدَّثِّرُ: المتلفِّفُ بثيابِه
- رَبَّكَ فَكَبِّرْ: فعظِّمْه
- الرِّجْزَ: المآثمَ والمعاصيَ الموجبةَ للعذابِ
- لَا تَمْنُن تَسْتَكْثِرُ: لا تعْطِ طالبًا العوضَ ممَّن تعطيهِ
- نُقِرَ فِے اِ۬لنَّاقُورِ: نُفخَ في الصُّورِ للبعثِ
- مَالاً مَّمْدُوداً: كثيرًا دائمًا غيرَ منقطعٍ
- بَنِينَ شُهُوداً: حضورًا معهُ لا يُفارقونَه للتكسّبِ
- مَهَّدتُّ لَهُ: بَسَطتُ له النّعمةَ والرّياسةَ والجاهَ
- لِأيَٰتِنَا عَنِيداً: معاندًا جاحدًا
- سَأُرْهِقُهُۥ صَعُوداً: سَأكلِّفُهُ عذابًا شاقًّا لا يطاقُ

مدّ مشبع 6 حركات مدّ 2 أو 4 أو 6 جوازاً	مدّ حركتين	إخفاء، ومواقع الغُنَّة (حركتين) إدغام، وما لا يُلفظ	تفخيم قلقلة

فَقُتِلَ كَيْفَ قَدَّرَ (19) ثُمَّ قُتِلَ كَيْفَ قَدَّرَ (20) ثُمَّ نَظَرَ (21) ثُمَّ عَبَسَ
وَبَسَرَ (22) ثُمَّ أَدْبَرَ وَاسْتَكْبَرَ (23) فَقَالَ إِنْ هَٰذَا إِلَّا سِحْرٌ يُوثَرُ (24)
إِنْ هَٰذَا إِلَّا قَوْلُ الْبَشَرِ (25) سَأُصْلِيهِ سَقَرَ (26) وَمَا أَدْرِيكَ مَا
سَقَرُ (27) لَا تُبْقِي وَلَا تَذَرُ (28) لَوَّاحَةٌ لِّلْبَشَرِ (29) عَلَيْهَا تِسْعَةَ عَشَرَ (30)
۞ وَمَا جَعَلْنَا أَصْحَابَ النَّارِ إِلَّا مَلَائِكَةً وَمَا جَعَلْنَا عِدَّتَهُمْ إِلَّا فِتْنَةً لِّلَّذِينَ
كَفَرُوا لِيَسْتَيْقِنَ الَّذِينَ أُوتُوا الْكِتَابَ وَيَزْدَادَ الَّذِينَ ءَامَنُوا إِيمَانًا وَلَا
يَرْتَابَ الَّذِينَ أُوتُوا الْكِتَابَ وَالْمُومِنُونَ وَلِيَقُولَ الَّذِينَ فِي قُلُوبِهِم مَّرَضٌ
وَالْكَافِرُونَ مَاذَا أَرَادَ اللَّهُ بِهَٰذَا مَثَلًا كَذَٰلِكَ يُضِلُّ اللَّهُ مَن يَشَاءُ وَيَهْدِي
مَن يَشَاءُ وَمَا يَعْلَمُ جُنُودَ رَبِّكَ إِلَّا هُوَ وَمَا هِيَ إِلَّا ذِكْرَىٰ لِلْبَشَرِ (31) كَلَّا
وَالْقَمَرِ (32) وَاللَّيْلِ إِذَ اَدْبَرَ (33) وَالصُّبْحِ إِذَا أَسْفَرَ (34) إِنَّهَا لَإِحْدَى
الْكُبَرِ (35) نَذِيرًا لِّلْبَشَرِ (36) لِمَن شَاءَ مِنكُمْ أَن يَتَقَدَّمَ أَوْ يَتَأَخَّرَ (37)
كُلُّ نَفْسٍ بِمَا كَسَبَتْ رَهِينَةٌ (38) إِلَّا أَصْحَابَ الْيَمِينِ (39) فِي جَنَّاتٍ
يَتَسَاءَلُونَ عَنِ الْمُجْرِمِينَ (40) مَا سَلَكَكُمْ فِي سَقَرَ (41) قَالُوا لَمْ نَكُ
مِنَ الْمُصَلِّينَ (42) وَلَمْ نَكُ نُطْعِمُ الْمِسْكِينَ (43) وَكُنَّا نَخُوضُ مَعَ
الْخَائِضِينَ (44) وَكُنَّا نُكَذِّبُ بِيَوْمِ الدِّينِ (45) حَتَّىٰ أَتَانَا الْيَقِينُ (46)

المُدَّثِّر — ثُمُن

- سَأُصْلِيهِ سَقَرَ: سأدْخِله جهنّمَ
- إِذَ اَدْبَرَ: وَلّى وذهَبَ
- إِذَآ أَسْفَرَ: أضاءَ وانكشَفَ
- مَا سَلَكَكُمْ: ما أدْخَلكمْ
- بِيَوْمِ الدِّينِ: بيَوْمِ الجزاءِ

مدّ مشبع 6 حركات	مدّ حركتين	إخفاء، ومواقع الغُنّة (حركتين)	تفخيم
مدّ 2 أو 4 أو 6 جوازاً		إدغام، وما لا يُلفظ	قلقلة

فَمَا تَنفَعُهُمْ شَفَٰعَةُ ٱلشَّٰفِعِينَ (47) فَمَا لَهُمْ عَنِ ٱلتَّذْكِرَةِ مُعْرِضِينَ (48)
كَأَنَّهُمْ حُمُرٌ مُّسْتَنفِرَةٌ (49) فَرَّتْ مِن قَسْوَرَةٍۭ (50) بَلْ يُرِيدُ كُلُّ
ٱمْرِيٍٕ مِّنْهُمُۥٓ أَنْ يُّوتَىٰ صُحُفًا مُّنَشَّرَةً (51) كَلَّا بَل لَّا يَخَافُونَ
ٱلْاخِرَةَ (52) كَلَّآ إِنَّهُۥ تَذْكِرَةٌ (53) فَمَن شَآءَ ذَكَرَهُۥ (54) وَمَا
تَذْكُرُونَ إِلَّآ أَن يَشَآءَ ٱللَّهُ هُوَ أَهْلُ ٱلتَّقْوَىٰ وَأَهْلُ ٱلْمَغْفِرَةِ (55)

سُورَةُ القِيَمَة

ترتيبها 75 — آياتها 39

بِسْمِ ٱللَّهِ ٱلرَّحْمَٰنِ ٱلرَّحِيمِ

لَآ أُقْسِمُ بِيَوْمِ ٱلْقِيَٰمَةِ (1) وَلَآ أُقْسِمُ بِٱلنَّفْسِ ٱللَّوَّامَةِ (2) أَيَحْسِبُ
ٱلْاِنسَٰنُ أَلَّن نَّجْمَعَ عِظَامَهُۥ (3) بَلَىٰ قَٰدِرِينَ عَلَىٰٓ أَن نُّسَوِّيَ بَنَانَهُۥ (4)
بَلْ يُرِيدُ ٱلْاِنسَٰنُ لِيَفْجُرَ أَمَامَهُۥ (5) يَسْـَٔلُ أَيَّانَ يَوْمُ ٱلْقِيَٰمَةِ (6) فَإِذَا بَرَقَ
ٱلْبَصَرُ (7) وَخَسَفَ ٱلْقَمَرُ (8) وَجُمِعَ ٱلشَّمْسُ وَٱلْقَمَرُ (9) يَقُولُ ٱلْاِنسَٰنُ
يَوْمَئِذٍ أَيْنَ ٱلْمَفَرُّ (10) كَلَّا لَا وَزَرَ (11) إِلَىٰ رَبِّكَ يَوْمَئِذٍ ٱلْمُسْتَقَرُّ (12)
يُنَبَّؤُاْ ٱلْاِنسَٰنُ يَوْمَئِذٍۭ بِمَا قَدَّمَ وَأَخَّرَ (13) بَلِ ٱلْاِنسَٰنُ عَلَىٰ نَفْسِهِۦ بَصِيرَةٌ (14)
وَلَوْ أَلْقَىٰ مَعَاذِيرَهُۥ (15) لَا تُحَرِّكْ بِهِۦ لِسَانَكَ لِتَعْجَلَ بِهِۦٓ إِنَّ عَلَيْنَا جَمْعَهُۥ
وَقُرْءَانَهُۥ (16) فَإِذَا قَرَأْنَٰهُ فَاتَّبِعْ قُرْءَانَهُۥ (17) ثُمَّ إِنَّ عَلَيْنَا بَيَانَهُۥ (18)

نصف

- حُمُرٌ مُّسْتَنفِرَةٌ: حُمُرٌ وَحْشِيَّةٌ شديدةُ النِّفَارِ
- قَسْوَرَةٍ: أسدٍ أو الرجالِ الرُّماةِ
- لَآ أُقْسِمُ: أُقْسِمُ و«لا» مزيدة
- بِالنَّفْسِ اللَّوَّامَةِ: كثيرةِ النَّدَمِ على ما فاتَ
- بَلَىٰ: نجمعُها بَعْدَ تفرّقِها
- نُّسَوِّيَ بَنَانَهُۥ: نضمَّ سُلامِيّاتِه كما كانَتْ
- لِيَفْجُرَ أَمَامَهُۥ: ليَدُومَ على فجورِهِ لا ينزِعُ عنه
- بَرَقَ الْبَصَرُ: دَهِشَ فزَعًا وشَخَصَ فلا يَطْرِف
- خَسَفَ الْقَمَرُ: ذَهَبَ ضوءُه
- أَيْنَ الْمَفَرُّ: المَهْرَبُ من العذابِ أو الهَوْلِ
- لَا وَزَرَ: لا مَلْجأَ ولا مَنجى منه
- بَصِيرَةٌ: حُجَّةٌ بَيِّنَةٌ
- أَلْقَىٰ مَعَاذِيرَهُۥ: جاءَ بكلِّ عُذرٍ
- جَمْعَهُۥ: في صَدْرِكَ

- مدّ مشبع 6 حركات
- مدّ 2 أو 4 أو 6 جوازاً
- مدّ حركتين
- إخفاء، ومواقع الغُنَّة (حركتين)

كَلَّا بَلْ تُحِبُّونَ ٱلْعَاجِلَةَ ﴿19﴾ وَتَذَرُونَ ٱلْـَٔاخِرَةَ ﴿20﴾ وُجُوهٌ يَوْمَئِذٍ
نَّاضِرَةٌ ﴿21﴾ إِلَىٰ رَبِّهَا نَاظِرَةٌ ﴿22﴾ وَوُجُوهٌ يَوْمَئِذٍ بَاسِرَةٌ ﴿23﴾ تَظُنُّ أَن يُفْعَلَ
بِهَا فَاقِرَةٌ ﴿24﴾ كَلَّآ إِذَا بَلَغَتِ ٱلتَّرَاقِىَ ﴿25﴾ وَقِيلَ مَنْ رَاقٍ ﴿26﴾ وَظَنَّ أَنَّهُ
ٱلْفِرَاقُ ﴿27﴾ وَٱلْتَفَّتِ ٱلسَّاقُ بِٱلسَّاقِ ﴿28﴾ إِلَىٰ رَبِّكَ يَوْمَئِذٍ ٱلْمَسَاقُ ﴿29﴾ فَلَا صَدَّقَ
وَلَا صَلَّىٰ ﴿30﴾ وَلَٰكِن كَذَّبَ وَتَوَلَّىٰ ﴿31﴾ ثُمَّ ذَهَبَ إِلَىٰٓ أَهْلِهِۦ يَتَمَطَّىٰٓ ﴿32﴾ أَوْلَىٰ
لَكَ فَأَوْلَىٰ ﴿33﴾ ثُمَّ أَوْلَىٰ لَكَ فَأَوْلَىٰٓ ﴿34﴾ أَيَحْسَبُ ٱلْإِنسَٰنُ أَن يُتْرَكَ سُدًى ﴿35﴾
أَلَمْ يَكُ نُطْفَةً مِّن مَّنِىٍّ تُمْنَىٰ ﴿36﴾ ثُمَّ كَانَ عَلَقَةً فَخَلَقَ فَسَوَّىٰ ﴿37﴾ فَجَعَلَ مِنْهُ
ٱلزَّوْجَيْنِ ٱلذَّكَرَ وَٱلْأُنثَىٰٓ ﴿38﴾ أَلَيْسَ ذَٰلِكَ بِقَٰدِرٍ عَلَىٰٓ أَن يُحْـِۧىَ ٱلْمَوْتَىٰ ﴿39﴾

سُورَةُ ٱلْإِنسَٰنِ

ترتيبها 76 — آياتها 31

بِسْمِ ٱللَّهِ ٱلرَّحْمَٰنِ ٱلرَّحِيمِ

هَلْ أَتَىٰ عَلَى ٱلْإِنسَٰنِ حِينٌ مِّنَ ٱلدَّهْرِ لَمْ يَكُن شَيْـًٔا مَّذْكُورًا ﴿1﴾ إِنَّا
خَلَقْنَا ٱلْإِنسَٰنَ مِن نُّطْفَةٍ أَمْشَاجٍ نَّبْتَلِيهِ فَجَعَلْنَٰهُ سَمِيعًۢا بَصِيرًا ﴿2﴾ إِنَّا
هَدَيْنَٰهُ ٱلسَّبِيلَ إِمَّا شَاكِرًا وَإِمَّا كَفُورًا ﴿3﴾ إِنَّآ أَعْتَدْنَا لِلْكَٰفِرِينَ
سَلَٰسِلَا وَأَغْلَٰلًا وَسَعِيرًا ﴿4﴾ إِنَّ ٱلْأَبْرَارَ يَشْرَبُونَ مِن كَأْسٍ كَانَ
مِزَاجُهَا كَافُورًا ﴿5﴾ عَيْنًا يَشْرَبُ بِهَا عِبَادُ ٱللَّهِ يُفَجِّرُونَهَا تَفْجِيرًا ﴿6﴾

- نَّاضِرَةٌ: مُشْرِقةٌ مُتهلِّلةٌ
- بَاسِرَةٌ: شديدةُ الكلوحةِ والعُبُوسِ
- فَاقِرَةٌ: داهيةٌ عظيمةٌ تقصِمُ فَقارَ الظهْرِ
- بَلَغَتِ ٱلتَّرَاقِىَ: وَصَلتِ الرّوحُ لأعلى الصّدْرِ
- مَنْ رَاقٍ: مَنْ يُداويه وينجيهِ من الموتِ
- ٱلْتَفَّتِ: التوتْ أو الْتصقَتْ
- ٱلْمَسَاقُ: سَوْقُ العِبادِ
- يَتَمَطَّىٰٓ: يتبختَرُ في مِشيَتِه اختيالًا
- أَوْلَىٰ لَكَ: قاربَكَ ما يُهْلِكُك
- مَنِىٍّ تُمْنَىٰ: تُصَبُّ في الرّحِمِ

ثُمُن

- أَمْشَاجٍ: أخلاطٍ من عناصرَ مختلفةٍ
- نَّبْتَلِيهِ: مُبتلِينَ له بالتّكاليفِ
- هَدَيْنَٰهُ ٱلسَّبِيلَ: بيّنّا له طريقَ الهدايةِ
- وَأَغْلَٰلًا: قيودًا
- كَأْسٍ: خمْرٍ
- كَافُورًا: ماءً كالكافور في أحسنِ أوصافِه

● مدّ مشبع 6 حركات ● مدّ 2 أو 4 أو 6 جوازاً ● مدّ حركتين ● إخفاء، ومواقع الغُنّة (حركتين) ● إدغام، وما لا يُلفظ ● تفخيم ● قلقلة

يُوفُونَ بِالنَّذْرِ وَيَخَافُونَ يَوْماً كَانَ شَرُّهُۥ مُسْتَطِيراً ﴿7﴾ وَيُطْعِمُونَ
اَ۬لطَّعَامَ عَلَىٰ حُبِّهِۦ مِسْكِيناً وَيَتِيماً وَأَسِيراً ﴿8﴾ اِنَّمَا نُطْعِمُكُمْ لِوَجْهِ
اِ۬للَّهِ لَا نُرِيدُ مِنكُمْ جَزَآءً وَلَا شُكُوراً ﴿9﴾ اِنَّا نَخَافُ مِن رَّبِّنَا يَوْماً
عَبُوساً قَمْطَرِيراً ﴿10﴾ فَوَقَيٰهُمُ اُ۬للَّهُ شَرَّ ذَٰلِكَ اَ۬لْيَوْمِ وَلَقَّيٰهُمْ نَضْرَةً
وَسُرُوراً ﴿11﴾ وَجَزَيٰهُم بِمَا صَبَرُواْ جَنَّةً وَحَرِيراً ﴿12﴾ مُّتَّكِـِٔينَ فِيهَا
عَلَى اَ۬لْأَرَآئِكِ لَا يَرَوْنَ فِيهَا شَمْساً وَلَا زَمْهَرِيراً ﴿13﴾ وَدَانِيَةً عَلَيْهِمْ ظِلَٰلُهَا
وَذُلِّلَتْ قُطُوفُهَا تَذْلِيلاً ﴿14﴾ وَيُطَافُ عَلَيْهِم بِـَٔانِيَةٍ مِّن فِضَّةٍ وَأَكْوَابٍ
كَانَتْ قَوَارِيراً ﴿15﴾ قَوَارِيراً مِّن فِضَّةٍ قَدَّرُوهَا تَقْدِيراً ﴿16﴾ وَيُسْقَوْنَ
فِيهَا كَأْساً كَانَ مِزَاجُهَا زَنجَبِيلاً ﴿17﴾ عَيْناً فِيهَا تُسَمَّيٰ سَلْسَبِيلاً ﴿18﴾
۞ وَيَطُوفُ عَلَيْهِمْ وِلْدَٰنٌ مُّخَلَّدُونَ إِذَا رَأَيْتَهُمْ حَسِبْتَهُمْ لُؤْلُؤاً
مَّنثُوراً ﴿19﴾ وَإِذَا رَأَيْتَ ثَمَّ رَأَيْتَ نَعِيماً وَمُلْكاً كَبِيراً ﴿20﴾ عَلِيهِمْ
ثِيَابُ سُندُسٍ خُضْرٌ وَإِسْتَبْرَقٌ وَحُلُّوٓاْ أَسَاوِرَ مِن فِضَّةٍ وَسَقَيٰهُمْ
رَبُّهُمْ شَرَاباً طَهُوراً ﴿21﴾ اِنَّ هَٰذَا كَانَ لَكُمْ جَزَآءً وَكَانَ
سَعْيُكُم مَّشْكُوراً ﴿22﴾ اِنَّا نَحْنُ نَزَّلْنَا عَلَيْكَ اَ۬لْقُرْءَانَ تَنزِيلاً ﴿23﴾
فَاصْبِرْ لِحُكْمِ رَبِّكَ وَلَا تُطِعْ مِنْهُمُۥٓ ءَاثِماً اَوْ كَفُوراً ﴿24﴾

- **مُسْتَطِيراً**: مُنتشِرًا غايةَ الانتشارِ
- **يَوْماً عَبُوساً**: تَكْلَحُ فيه الوُجوهُ لِهَوْلِه
- **قَمْطَرِيراً**: شديدَ العُبوسِ
- **نَضْرَةً**: حُسْنًا وبَهْجَةً في الوُجوهِ
- **أَلْأَرَآئِكِ**: السُّرُرِ في الحِجالِ (بيتُ العروسِ)
- **زَمْهَرِيراً**: بَرْدًا شديدًا
- **ذُلِّلَتْ قُطُوفُهَا**: قُرِّبَتْ ثِمارُها
- **قَوَارِيراً**: كالزّجاجاتِ في الصّفاءِ

رُبُعٌ

- **قَدَّرُوهَا**: جعَلوا شرابَها على قدْرِ الرِّيِّ
- **زَنجَبِيلاً**: ماءً كالزنجبيلِ في أحْسَنِ أوصافِه
- **تُسَمَّيٰ سَلْسَبِيلاً**: تُوصَفُ بغايةِ السّلاسةِ والانسياغِ
- **وِلْدَٰنٌ مُّخَلَّدُونَ**: مُبقَوْنَ على هيْئةِ الولدانِ
- **لُؤْلُؤاً مَّنثُوراً**: مُفرّقًا غيرَ منظومٍ
- **سُندُسٍ**: حرير رقيقٌ
- **إِسْتَبْرَقٌ**: حرير غليظٌ

مدّ مشبع 6 حركات	مدّ حركتين	إخفاء، ومواقع الغُنّة (حركتين)	تفخيم
مدّ 2 أو 4 أو 6 جوازاً		إدغام، وما لا يُلفظ	قلقلة

وَاذْكُرِ اِسْمَ رَبِّكَ بُكْرَةً وَأَصِيلاً (25) وَمِنَ اَ۬ليْلِ فَاسْجُدْ لَهُۥ
وَسَبِّحْهُ لَيْلاً طَوِيلاً (26) اِنَّ هَٰٓؤُلَآءِ يُحِبُّونَ اَ۬لْعَاجِلَةَ وَيَذَرُونَ وَرَآءَهُمْ
يَوْماً ثَقِيلاً (27) نَّحْنُ خَلَقْنَٰهُمْ وَشَدَدْنَآ أَسْرَهُمْ وَإِذَا شِئْنَا بَدَّلْنَآ أَمْثَٰلَهُمْ
تَبْدِيلاً (28) اِنَّ هَٰذِهِۦ تَذْكِرَةٌ فَمَن شَآءَ اَ۪تَّخَذَ إِلَىٰ رَبِّهِۦ سَبِيلاً (29)
وَمَا تَشَآءُونَ إِلَّآ أَن يَشَآءَ اَ۬للَّهُ إِنَّ اَ۬للَّهَ كَانَ عَلِيماً حَكِيماً (30)
يُدْخِلُ مَن يَشَآءُ فِے رَحْمَتِهِۦ وَالظَّٰلِمِينَ أَعَدَّ لَهُمْ عَذَاباً اَلِيماً (31)

سُورَةُ المُرْسَلَاتِ

ترتيبها 77 — آياتها 50

بِسْمِ اِ۬للَّهِ اِ۬لرَّحْمَٰنِ اِ۬لرَّحِيمِ

وَالْمُرْسَلَٰتِ عُرْفاً (1) فَالْعَٰصِفَٰتِ عَصْفاً (2) وَالنَّٰشِرَٰتِ نَشْراً (3)
فَالْفَٰرِقَٰتِ فَرْقاً (4) فَالْمُلْقِيَٰتِ ذِكْراً (5) عُذْراً اَوْ نُذْراً (6) اِنَّمَا
تُوعَدُونَ لَوَٰقِعٌ (7) فَإِذَا اَ۬لنُّجُومُ طُمِسَتْ (8) وَإِذَا اَ۬لسَّمَآءُ فُرِجَتْ (9)
وَإِذَا اَ۬لْجِبَالُ نُسِفَتْ (10) وَإِذَا اَ۬لرُّسُلُ أُقِّتَتْ (11) لِأَيِّ يَوْمٍ اُجِّلَتْ (12)
لِيَوْمِ اِ۬لْفَصْلِ (13) وَمَآ أَدْرَىٰكَ مَا يَوْمُ اُ۬لْفَصْلِ (14) وَيْلٌ يَوْمَئِذٖ
لِّلْمُكَذِّبِينَ (15) ۞ أَلَمْ نُهْلِكِ اِ۬لْأَوَّلِينَ (16) ثُمَّ نُتْبِعُهُمُ اُ۬لْأخِرِينَ (17)
كَذَٰلِكَ نَفْعَلُ بِالْمُجْرِمِينَ (18) وَيْلٌ يَوْمَئِذٖ لِّلْمُكَذِّبِينَ (19)

- يَوْماً ثَقِيلاً: شديدَ الأهوالِ (يومُ القيامةِ)
- شَدَدْنَآ أَسْرَهُمْ: أحكَمْنا خلقَهم
- المُرْسَلَٰتِ عُرْفاً: رياحِ العذابِ متتابعةً
- فَالْعَٰصِفَٰتِ: الرّياحِ الشّديدةِ الهبوبِ
- النَّٰشِرَٰتِ: الملائكةِ تنشرُ أجنحتَها في الجوِّ

المُرْسَلَاتِ

- فَالْفَٰرِقَٰتِ: الملائكةِ تفرقُ بالوحيِ بينَ الحقِّ والباطلِ
- ذِكْراً: وحيًا إلى الأنبياءِ والرّسلِ
- عُذْراً: لإزالةِ الأعذارِ
- نُذْراً: للإنذارِ والتّخويفِ بالعقابِ
- النُّجُومُ طُمِسَتْ: مُحِيَ نورُها
- السَّمَآءُ فُرِجَتْ: فُتِحَتْ فكانتْ أبوابًا
- الجِبَالُ نُسِفَتْ: قُلِعَتْ من أماكنِها

ثُمُن

- الرُّسُلُ أُقِّتَتْ: بُلِّغَتْ ميقاتَها المنتظرَ
- لِيَوْمِ الفَصْلِ: بينَ الحقِّ والباطلِ
- وَيْلٌ يَوْمَئِذٖ: هلاكٌ في ذلكَ اليومِ

مدّ مشبع 6 حركات — مدّ 2 أو 4 أو 6 جوازاً — مدّ حركتين — إخفاء، ومواقع الغُنّة (حركتين) — إدغام، وما لا يُلفظ — تفخيم — قلقلة

أَلَمْ نَخْلُقكُّم مِّن مَّآءٖ مَّهِينٖ (20) فَجَعَلْنَٰهُ فِے قَرَارٖ مَّكِينٍ (21) اِلَيٰ قَدَرٖ
مَّعْلُومٖ (22) فَقَدَّرْنَا فَنِعْمَ اَ۬لْقَٰدِرُونَ (23) وَيْلٞ يَوْمَئِذٖ لِّلْمُكَذِّبِينَ (24)
أَلَمْ نَجْعَلِ اِ۬لَارْضَ كِفَاتاً (25) اَحْيَآءٗ وَأَمْوَٰتاٗ (26) وَجَعَلْنَا فِيهَا رَوَٰسِيَ
شَٰمِخَٰتٖ وَأَسْقَيْنَٰكُم مَّآءٗ فُرَاتاٗ (27) وَيْلٞ يَوْمَئِذٖ لِّلْمُكَذِّبِينَ (28)
اِنطَلِقُوٓاْ إِلَيٰ مَا كُنتُم بِهِۦ تُكَذِّبُونَ (29) اِنطَلِقُوٓاْ إِلَيٰ ظِلّٖ ذِے ثَلَٰثِ
شُعَبٖ (30) لَّا ظَلِيلٖ وَلَا يُغْنِے مِنَ اَ۬للَّهَبِ (31) إِنَّهَا تَرْمِے بِشَرَرٖ
كَالْقَصْرِ (32) كَأَنَّهُۥ جِمَٰلَتٌ صُفْرٞ (33) وَيْلٞ يَوْمَئِذٖ لِّلْمُكَذِّبِينَ (34)
هَٰذَا يَوْمُ لَا يَنطِقُونَ (35) وَلَا يُوذَنُ لَهُمْ فَيَعْتَذِرُونَ (36) وَيْلٞ يَوْمَئِذٖ
لِّلْمُكَذِّبِينَ (37) هَٰذَا يَوْمُ اُ۬لْفَصْلِ جَمَعْنَٰكُمْ وَالَاوَّلِينَ (38) فَإِن كَانَ
لَكُمْ كَيْدٞ فَكِيدُونِ (39) وَيْلٞ يَوْمَئِذٖ لِّلْمُكَذِّبِينَ (40) إِنَّ اَ۬لْمُتَّقِينَ
فِے ظِلَٰلٖ وَعُيُونٖ (41) وَفَوَٰكِهَ مِمَّا يَشْتَهُونَ (42) كُلُواْ وَاشْرَبُواْ
هَنِيٓـٔاَۢ بِمَا كُنتُمْ تَعْمَلُونَ (43) إِنَّا كَذَٰلِكَ نَجْزِے اِ۬لْمُحْسِنِينَ (44) وَيْلٞ
يَوْمَئِذٖ لِّلْمُكَذِّبِينَ (45) كُلُواْ وَتَمَتَّعُواْ قَلِيلاً اِنَّكُم مُّجْرِمُونَ (46)
وَيْلٞ يَوْمَئِذٖ لِّلْمُكَذِّبِينَ (47) وَإِذَا قِيلَ لَهُمُ اُ۪رْكَعُواْ لَا يَرْكَعُونَ (48)
وَيْلٞ يَوْمَئِذٖ لِّلْمُكَذِّبِينَ (49) فَبِأَيِّ حَدِيثِۢ بَعْدَهُۥ يُومِنُونَ (50)

- مَّآءٖ مَّهِينٖ: مَنيٍّ ضعيفٍ حقيرٍ
- قَرَارٖ مَّكِينٍ: مُتمكّنٍ وهو الرّحِمُ
- اِ۬لَارْضَ كِفَاتاً: وعاءً تضمُّ الأحياءَ والأمواتَ
- رَوَٰسِيَ شَٰمِخَٰتٖ: جبالًا ثوابتَ عالياتٍ
- مَّآءٗ فُرَاتاٗ: شديدَ العذوبةِ
- ظِلّٖ: هو دُخانُ جهنّم
- ثَلَٰثِ شُعَبٖ: فِرَقٍ ثلاثٍ كالذوائبِ
- لَّا ظَلِيلٖ: لا مُظلِّلٍ من الحرِّ
- لَا يُغْنِے مِنَ اَ۬للَّهَبِ: لا يَدْفعُ عنه شيْئًا منه
- تَرْمِے بِشَرَرٖ: هو ما تطايَرَ من النّارِ
- كَالْقَصْرِ: كالبناءِ العظيمِ
- جِمَٰلَتٌ صُفْرٞ: إبلٌ صفرٌ أو سودٌ وهي تضربُ إلى الصُّفرةِ
- كَيْدٞ: حيلةٌ لاتّقاءِ العذابِ

تفخيم	إخفاء، ومواقع الغُنّة (حركتين)	مدّ حركتين	مدّ مشبع 6 حركات
قلقلة	إدغام، وما لا يُلفظ		مدّ 2 أو 4 أو 6 جوازاً

سُورَةُ ٱلنَّبَإِ

بِسْمِ ٱللَّهِ ٱلرَّحْمَٰنِ ٱلرَّحِيمِ

عَمَّ يَتَسَآءَلُونَ (1) عَنِ ٱلنَّبَإِ ٱلْعَظِيمِ (2) ٱلَّذِى هُمْ فِيهِ مُخْتَلِفُونَ (3)
كَلَّا سَيَعْلَمُونَ (4) ثُمَّ كَلَّا سَيَعْلَمُونَ (5) أَلَمْ نَجْعَلِ ٱلْأَرْضَ مِهَٰدًا (6)
وَٱلْجِبَالَ أَوْتَادًا (7) وَخَلَقْنَٰكُمْ أَزْوَٰجًا (8) وَجَعَلْنَا نَوْمَكُمْ
سُبَاتًا (9) وَجَعَلْنَا ٱلَّيْلَ لِبَاسًا (10) وَجَعَلْنَا ٱلنَّهَارَ مَعَاشًا (11)
وَبَنَيْنَا فَوْقَكُمْ سَبْعًا شِدَادًا (12) وَجَعَلْنَا سِرَاجًا وَهَّاجًا (13)
وَأَنزَلْنَا مِنَ ٱلْمُعْصِرَٰتِ مَآءً ثَجَّاجًا (14) لِّنُخْرِجَ بِهِۦ حَبًّا وَنَبَاتًا (15)
وَجَنَّٰتٍ أَلْفَافًا (16) إِنَّ يَوْمَ ٱلْفَصْلِ كَانَ مِيقَٰتًا (17) يَوْمَ يُنفَخُ فِى
ٱلصُّورِ فَتَأْتُونَ أَفْوَاجًا (18) وَفُتِحَتِ ٱلسَّمَآءُ فَكَانَتْ أَبْوَٰبًا (19)
وَسُيِّرَتِ ٱلْجِبَالُ فَكَانَتْ سَرَابًا (20) إِنَّ جَهَنَّمَ كَانَتْ مِرْصَادًا (21)
لِّلطَّٰغِينَ مَـَٔابًا (22) لَّٰبِثِينَ فِيهَآ أَحْقَابًا (23) لَّا يَذُوقُونَ فِيهَا بَرْدًا وَلَا
شَرَابًا (24) إِلَّا حَمِيمًا وَغَسَّاقًا (25) جَزَآءً وِفَاقًا (26) إِنَّهُمْ كَانُوا۟
لَا يَرْجُونَ حِسَابًا (27) وَكَذَّبُوا۟ بِـَٔايَٰتِنَا كِذَّابًا (28) وَكُلَّ شَىْءٍ
أَحْصَيْنَٰهُ كِتَٰبًا (29) فَذُوقُوا۟ فَلَن نَّزِيدَكُمْ إِلَّا عَذَابًا (30)

مدّ مشبع 6 حركات	مدّ حركتين	إخفاء، ومواقع الغُنّة (حركتين)	تفخيم
مدّ 2 أو 4 أو 6 جوازاً		إدغام، وما لا يُلفظ	قلقلة

- ٱلنَّبَإِ ٱلْعَظِيمِ: البَعْث

حِزب

- ٱلْجِبَالَ أَوْتَادًا: كالأوتادِ للأرض

النَّبَإِ

- سَبْعًا شِدَادًا: قويّاتٍ مُحكَماتٍ
- ٱلْمُعْصِرَٰتِ: السّحائبِ
- مَآءً ثَجَّاجًا: مُنصبًّا بكثرةٍ
- فَتَأْتُونَ أَفْوَاجًا: أممًا أو جماعاتٍ مُختلفةً
- فَكَانَتْ سَرَابًا: كالسّرابِ الذي لا حقيقةَ له
- أَحْقَابًا: دهورًا لا نهايةَ لها
- جَزَآءً وِفَاقًا: مُوافقًا لأعمالِهم

إِنَّ لِلْمُتَّقِينَ مَفَازاً (31) حَدَآئِقَ وَأَعْنَٰباً (32) وَكَوَاعِبَ أَتْرَاباً (33)
وَكَأْساً دِهَاقاً (34) لَّا يَسْمَعُونَ فِيهَا لَغْواً وَلَا كِذَّٰباً (35) جَزَآءً مِّن
رَّبِّكَ عَطَآءً حِسَاباً (36) رَّبُّ اُ۬لسَّمَٰوَٰتِ وَالْأَرْضِ وَمَا بَيْنَهُمَا اَ۬لرَّحْمَٰنُ
لَا يَمْلِكُونَ مِنْهُ خِطَاباً (37) يَوْمَ يَقُومُ اُ۬لرُّوحُ وَالْمَلَٰٓئِكَةُ صَفّاً لَّا
يَتَكَلَّمُونَ إِلَّا مَنْ اَذِنَ لَهُ اُ۬لرَّحْمَٰنُ وَقَالَ صَوَاباً (38) ذَٰلِكَ اَ۬لْيَوْمُ اُ۬لْحَقُّ
فَمَن شَآءَ اَ۪تَّخَذَ إِلَىٰ رَبِّهِۦ مَـَٔاباً (39) إِنَّآ أَنذَرْنَٰكُمْ عَذَاباً قَرِيباً يَوْمَ
يَنظُرُ اُ۬لْمَرْءُ مَا قَدَّمَتْ يَدَاهُ وَيَقُولُ اُ۬لْكَافِرُ يَٰلَيْتَنِے كُنتُ تُرَٰباً (40)

سُورَةُ النَّازِعَاتِ

ترتيبها 79 — آياتها 45

بِسْمِ اِ۬للَّهِ اِ۬لرَّحْمَٰنِ اِ۬لرَّحِيمِ

۞ وَالنَّٰزِعَٰتِ غَرْقاً (1) وَالنَّٰشِطَٰتِ نَشْطاً (2) وَالسَّٰبِحَٰتِ سَبْحاً (3)
فَالسَّٰبِقَٰتِ سَبْقاً (4) فَالْمُدَبِّرَٰتِ أَمْراً (5) يَوْمَ تَرْجُفُ اُ۬لرَّاجِفَةُ (6)
تَتْبَعُهَا اَ۬لرَّادِفَةُ (7) قُلُوبٌ يَوْمَئِذٍ وَاجِفَةٌ (8) اَبْصَٰرُهَا خَٰشِعَةٌ (9)
يَقُولُونَ أَِ۟نَّا لَمَرْدُودُونَ فِي اِ۬لْحَافِرَةِ (10) إِذَا كُنَّا عِظَٰماً
نَّخِرَةً (11) قَالُواْ تِلْكَ إِذاً كَرَّةٌ خَاسِرَةٌ (12) فَإِنَّمَا هِيَ زَجْرَةٌ
وَٰحِدَةٌ (13) فَإِذَا هُم بِالسَّاهِرَةِ (14) هَلَ اَتَىٰكَ حَدِيثُ مُوسَىٰٓ (15)

- مَفَازاً: فوزًا وظفرًا
- كَوَاعِبَ: فتياتٍ ناهداتٍ
- أَتْرَاباً: مُستوياتٍ في السّنِ والحسنِ
- كَأْساً دِهَاقاً: مُترعةً مليئةً
- عَطَآءً حِسَاباً: إحسانًا كافيًا
- مَـَٔاباً: مَرجعًا بالإيمانِ والطّاعةِ
- كُنتُ تُرَٰباً: فلم أُبعَثْ في هذا اليوم
- غَرْقاً: نزعًا شديدًا
- السَّٰبِحَٰتِ: الملائكةِ تنزلُ مسرعةً بما أُمِرَتْ به
- فَالسَّٰبِقَٰتِ: الملائكةِ تسبقُ الأرواحَ إلى مستقرِّها

ثُمُن

- تَتْبَعُهَا اَ۬لرَّادِفَةُ: نفخةُ البعثِ
- وَاجِفَةٌ: مُضطربةٌ أو خائفةٌ
- اَبْصَٰرُهَا خَٰشِعَةٌ: ذليلةٌ مُنكسرةٌ
- فِي اِ۬لْحَافِرَةِ: في الحالةِ الأولى (الحياةِ)
- عِظَٰماً نَّخِرَةً: باليَةً
- كَرَّةٌ خَاسِرَةٌ: رَجعةٌ غابنةٌ
- زَجْرَةٌ وَٰحِدَةٌ: صيحةٌ واحدةٌ (نفخةُ البعثِ)

إِذْ نَادَىٰهُ رَبُّهُۥ بِٱلْوَادِ ٱلْمُقَدَّسِ طُوًى ﴿16﴾ ٱذْهَبْ إِلَىٰ فِرْعَوْنَ إِنَّهُۥ
طَغَىٰ ﴿17﴾ فَقُلْ هَل لَّكَ إِلَىٰٓ أَن تَزَكَّىٰ ﴿18﴾ وَأَهْدِيَكَ إِلَىٰ رَبِّكَ
فَتَخْشَىٰ ﴿19﴾ فَأَرَىٰهُ ٱلْءَايَةَ ٱلْكُبْرَىٰ ﴿20﴾ فَكَذَّبَ وَعَصَىٰ ﴿21﴾ ثُمَّ
أَدْبَرَ يَسْعَىٰ ﴿22﴾ فَحَشَرَ فَنَادَىٰ ﴿23﴾ فَقَالَ أَنَا۠ رَبُّكُمُ ٱلْأَعْلَىٰ ﴿24﴾ فَأَخَذَهُ
ٱللَّهُ نَكَالَ ٱلْءَاخِرَةِ وَٱلْأُولَىٰٓ ﴿25﴾ إِنَّ فِى ذَٰلِكَ لَعِبْرَةً لِّمَن يَخْشَىٰٓ ﴿26﴾
ءَأَنتُمْ أَشَدُّ خَلْقًا أَمِ ٱلسَّمَآءُ ۚ بَنَىٰهَا ﴿27﴾ رَفَعَ سَمْكَهَا فَسَوَّىٰهَا ﴿28﴾
وَأَغْطَشَ لَيْلَهَا وَأَخْرَجَ ضُحَىٰهَا ﴿29﴾ وَٱلْأَرْضَ بَعْدَ ذَٰلِكَ دَحَىٰهَآ ﴿30﴾
أَخْرَجَ مِنْهَا مَآءَهَا وَمَرْعَىٰهَا ﴿31﴾ وَٱلْجِبَالَ أَرْسَىٰهَا ﴿32﴾ مَتَٰعًا لَّكُمْ
وَلِأَنْعَٰمِكُمْ ﴿33﴾ فَإِذَا جَآءَتِ ٱلطَّآمَّةُ ٱلْكُبْرَىٰ ﴿34﴾ يَوْمَ يَتَذَكَّرُ
ٱلْإِنسَٰنُ مَا سَعَىٰ ﴿35﴾ وَبُرِّزَتِ ٱلْجَحِيمُ لِمَن يَرَىٰ ﴿36﴾ فَأَمَّا مَن طَغَىٰ
وَءَاثَرَ ٱلْحَيَوٰةَ ٱلدُّنْيَا ﴿37﴾ فَإِنَّ ٱلْجَحِيمَ هِىَ ٱلْمَأْوَىٰ ﴿38﴾ وَأَمَّا مَنْ خَافَ
مَقَامَ رَبِّهِۦ وَنَهَى ٱلنَّفْسَ عَنِ ٱلْهَوَىٰ ﴿39﴾ فَإِنَّ ٱلْجَنَّةَ هِىَ ٱلْمَأْوَىٰ ﴿40﴾
۞ يَسْـَٔلُونَكَ عَنِ ٱلسَّاعَةِ أَيَّانَ مُرْسَىٰهَا ﴿41﴾ فِيمَ أَنتَ مِن ذِكْرَىٰهَآ ﴿42﴾
إِلَىٰ رَبِّكَ مُنتَهَىٰهَآ ﴿43﴾ إِنَّمَآ أَنتَ مُنذِرُ مَن يَخْشَىٰهَا ﴿44﴾
كَأَنَّهُمْ يَوْمَ يَرَوْنَهَا لَمْ يَلْبَثُوٓا۟ إِلَّا عَشِيَّةً أَوْ ضُحَىٰهَا ﴿45﴾

- **طُوًى**: اسمُ الوادي
- **طَغَىٰ**: عتا وتجبّر
- **تَزَكَّىٰ**: تتطهّرَ من الكفرِ والطّغيانِ
- **يَسْعَىٰ**: يَجِدُّ في الإفسادِ والمعارضةِ
- **فَحَشَرَ**: جَمَعَ السَّحَرَةَ أو الجُندَ
- **نَكَالَ**: عُقوبةً

النَّٰزِعَٰت

- **رَفَعَ سَمْكَهَا**: جعلَ ثِخَنها مُرتفعًا جهةَ العلوِّ
- **فَسَوَّىٰهَا**: فجعَلها ملساءَ مُستويةً
- **أَغْطَشَ لَيْلَهَا**: أظلمَهُ
- **أَخْرَجَ ضُحَىٰهَا**: أبرزَ نهارَها
- **دَحَىٰهَآ**: بَسَطها وأوسَعها
- **ٱلْجِبَالَ أَرْسَىٰهَا**: أثبتَها في الأرضِ كالأوتادِ

رُبُع

- **ٱلطَّآمَّةُ ٱلْكُبْرَىٰ**: القيامةُ أو نفخةُ البعثِ
- **بُرِّزَتِ ٱلْجَحِيمُ**: أظهِرَتْ إظهارًا بيّنًا
- **هِىَ ٱلْمَأْوَىٰ**: هي المَرْجِعُ
- **أَيَّانَ مُرْسَىٰهَا**: متى يقيمُها اللهُ ويُثبتُها

مدّ مشبع 6 حركات	مدّ حركتين	إخفاء، ومواقع الغُنَّة (حركتين)	تفخيم
مدّ 2 أو 4 أو 6 جوازاً		إدغام، وما لا يُلفَظ	قلقلة

سُورَةُ عَبَسَ

ترتيبها 80 — آياتها 42

بِسْمِ ٱللَّهِ ٱلرَّحْمَٰنِ ٱلرَّحِيمِ

عَبَسَ وَتَوَلَّىٰٓ (1) أَن جَآءَهُ ٱلْأَعْمَىٰ (2) وَمَا يُدْرِيكَ لَعَلَّهُۥ يَزَّكَّىٰٓ (3) أَوْ يَذَّكَّرُ
فَتَنفَعُهُ ٱلذِّكْرَىٰٓ (4) أَمَّا مَنِ ٱسْتَغْنَىٰ (5) فَأَنتَ لَهُۥ تَصَدَّىٰ (6) وَمَا عَلَيْكَ
أَلَّا يَزَّكَّىٰ (7) وَأَمَّا مَن جَآءَكَ يَسْعَىٰ (8) وَهُوَ يَخْشَىٰ (9) فَأَنتَ عَنْهُ تَلَهَّىٰ (10)
كَلَّآ إِنَّهَا تَذْكِرَةٌ (11) فَمَن شَآءَ ذَكَرَهُۥ (12) فِى صُحُفٍ مُّكَرَّمَةٍ (13) مَّرْفُوعَةٍ
مُّطَهَّرَةٍۭ (14) بِأَيْدِى سَفَرَةٍ (15) كِرَامٍۭ بَرَرَةٍ (16) قُتِلَ ٱلْإِنسَٰنُ مَآ أَكْفَرَهُۥ (17)
مِنْ أَىِّ شَىْءٍ خَلَقَهُۥ (18) مِن نُّطْفَةٍ خَلَقَهُۥ فَقَدَّرَهُۥ (19) ثُمَّ ٱلسَّبِيلَ يَسَّرَهُۥ (20)
ثُمَّ أَمَاتَهُۥ فَأَقْبَرَهُۥ (21) ثُمَّ إِذَا شَآءَ أَنشَرَهُۥ (22) كَلَّا لَمَّا يَقْضِ مَآ أَمَرَهُۥ (23)
فَلْيَنظُرِ ٱلْإِنسَٰنُ إِلَىٰ طَعَامِهِۦٓ (24) إِنَّا صَبَبْنَا ٱلْمَآءَ صَبًّا (25) ثُمَّ شَقَقْنَا
ٱلْأَرْضَ شَقًّا (26) فَأَنۢبَتْنَا فِيهَا حَبًّا (27) وَعِنَبًا وَقَضْبًا (28) وَزَيْتُونًا وَنَخْلًا (29)
وَحَدَآئِقَ غُلْبًا (30) وَفَٰكِهَةً وَأَبًّا (31) مَّتَٰعًا لَّكُمْ وَلِأَنْعَٰمِكُمْ (32) فَإِذَا
جَآءَتِ ٱلصَّآخَّةُ (33) يَوْمَ يَفِرُّ ٱلْمَرْءُ مِنْ أَخِيهِ (34) وَأُمِّهِۦ وَأَبِيهِ (35) وَصَٰحِبَتِهِۦ
وَبَنِيهِ (36) لِكُلِّ ٱمْرِئٍ مِّنْهُمْ يَوْمَئِذٍ شَأْنٌ يُغْنِيهِ (37) وُجُوهٌ يَوْمَئِذٍ
مُّسْفِرَةٌ (38) ضَاحِكَةٌ مُّسْتَبْشِرَةٌ (39) وَوُجُوهٌ يَوْمَئِذٍ عَلَيْهَا غَبَرَةٌ (40)

- يَزَّكَّىٰ: يتطهّرُ مِنْ دَنسِ الجهْلِ
- تَصَدَّىٰ: تتعرضُ له وتقبلُ عليه
- تَلَهَّىٰ: تتشاغَلُ وتُعرِضُ
- مَّرْفُوعَةٍ: رَفيعةِ القدْرِ والمَنزلةِ
- سَفَرَةٍ: كتبَةٍ من الملائكةِ
- بَرَرَةٍ: مُطيعينَ له تعالى

عَبَس

- قُتِلَ ٱلْإِنسَٰنُ: لُعِنَ الكافرُ أو عُذِّبَ
- فَقَدَّرَهُۥ: فهيّأهُ لما يَصْلُحُ له
- فَأَقْبَرَهُۥ: أمرَ بدفنه في القبرِ
- أَنشَرَهُۥ: أحياهُ بعدَ موته
- لَمَّا يَقْضِ: لمْ يفعلْ
- قَضْبًا: علفا رَطْبًا للدوابِّ
- حَدَآئِقَ غُلْبًا: بَساتينَ عِظامًا مُتكاثفةَ الأشجارِ
- أَبًّا: كلأً وعُشْبًا أو هُوَ التبْنُ خاصّةً
- جَآءَتِ ٱلصَّآخَّةُ: الدّاهيةُ العظيمةُ (نفخةُ البعثِ)
- مُّسْفِرَةٌ: مُشرقةٌ مُضيئةٌ
- غَبَرَةٌ: غبارٌ وكُدُورَةٌ

مدّ مشبع 6 حركات	مدّ حركتين	إخفاء، ومواقع الغُنّة (حركتين)	تفخيم
مدّ 2 أو 4 أو 6 جوازاً		إدغام، وما لا يُلفظ	قلقلة

تَرْهَقُهَا قَتَرَةٌ ﴿41﴾ أُوْلَٰٓئِكَ هُمُ ٱلْكَفَرَةُ ٱلْفَجَرَةُ ﴿42﴾

بِسْمِ ٱللَّهِ ٱلرَّحْمَٰنِ ٱلرَّحِيمِ

إِذَا ٱلشَّمْسُ كُوِّرَتْ ﴿1﴾ وَإِذَا ٱلنُّجُومُ ٱنكَدَرَتْ ﴿2﴾ وَإِذَا ٱلْجِبَالُ
سُيِّرَتْ ﴿3﴾ وَإِذَا ٱلْعِشَارُ عُطِّلَتْ ﴿4﴾ وَإِذَا ٱلْوُحُوشُ حُشِرَتْ ﴿5﴾
وَإِذَا ٱلْبِحَارُ سُجِّرَتْ ﴿6﴾ وَإِذَا ٱلنُّفُوسُ زُوِّجَتْ ﴿7﴾ وَإِذَا ٱلْمَوْءُۥدَةُ
سُئِلَتْ ﴿8﴾ بِأَىِّ ذَنۢبٍ قُتِلَتْ ﴿9﴾ وَإِذَا ٱلصُّحُفُ نُشِرَتْ ﴿10﴾
وَإِذَا ٱلسَّمَآءُ كُشِطَتْ ﴿11﴾ وَإِذَا ٱلْجَحِيمُ سُعِّرَتْ ﴿12﴾ وَإِذَا ٱلْجَنَّةُ
أُزْلِفَتْ ﴿13﴾ عَلِمَتْ نَفْسٌ مَّآ أَحْضَرَتْ ﴿14﴾ فَلَآ أُقْسِمُ بِٱلْخُنَّسِ ﴿15﴾ ٱلْجَوَارِ
ٱلْكُنَّسِ ﴿16﴾ وَٱلَّيْلِ إِذَا عَسْعَسَ ﴿17﴾ وَٱلصُّبْحِ إِذَا تَنَفَّسَ ﴿18﴾ إِنَّهُۥ
لَقَوْلُ رَسُولٍ كَرِيمٍ ﴿19﴾ ذِى قُوَّةٍ عِندَ ذِى ٱلْعَرْشِ مَكِينٍ ﴿20﴾ مُّطَاعٍ ثَمَّ
أَمِينٍ ﴿21﴾ وَمَا صَاحِبُكُم بِمَجْنُونٍ ﴿22﴾ وَلَقَدْ رَءَاهُ بِٱلْأُفُقِ ٱلْمُبِينِ ﴿23﴾
وَمَا هُوَ عَلَى ٱلْغَيْبِ بِضَنِينٍ ﴿24﴾ وَمَا هُوَ بِقَوْلِ شَيْطَٰنٍ رَّجِيمٍ ﴿25﴾
فَأَيْنَ تَذْهَبُونَ ﴿26﴾ إِنْ هُوَ إِلَّا ذِكْرٌ لِّلْعَٰلَمِينَ ﴿27﴾ لِمَن شَآءَ مِنكُمْ
أَن يَسْتَقِيمَ ﴿28﴾ وَمَا تَشَآءُونَ إِلَّآ أَن يَشَآءَ ٱللَّهُ رَبُّ ٱلْعَٰلَمِينَ ﴿29﴾

- ٱلشَّمْسُ كُوِّرَتْ: أزيلَ نورُها
- ٱلنُّجُومُ ٱنكَدَرَتْ: تساقطتْ وتهاوَت
- ٱلْجِبَالُ سُيِّرَتْ: أزيلتْ عن مَواضعِها
- ٱلْوُحُوشُ حُشِرَتْ: جُمِعتْ مِنْ كلِّ صَوْبٍ
- ٱلنُّفُوسُ زُوِّجَتْ: قُرِنتْ كلُّ نفسٍ بشكلِها
- ٱلسَّمَآءُ كُشِطَتْ: قُلِعتْ كما يُقتلَعُ السّقف
- ٱلْجَنَّةُ أُزْلِفَتْ: قُرِّبَتْ وأُدْنِيَتْ
- فَلَآ أُقْسِمُ: أقسمُ و(لا) مزيدة
- ٱلْجَوَارِ: السّيّارة

مدّ مشبع 6 حركات	مدّ حركتين	إخفاء، ومواقع الغُنّة (حركتين)	تفخيم
مدّ 2 أو 4 أو 6 جوازاً		إدغام، وما لا يُلفظ	قلقلة

سُورَةُ ٱلۡانفِطَارِ

ترتيبها 82 — آياتها 19

بِسۡمِ ٱللَّهِ ٱلرَّحۡمَٰنِ ٱلرَّحِيمِ

إِذَا ٱلسَّمَآءُ ٱنفَطَرَتۡ ﴿1﴾ وَإِذَا ٱلۡكَوَاكِبُ ٱنتَثَرَتۡ ﴿2﴾ وَإِذَا
ٱلۡبِحَارُ فُجِّرَتۡ ﴿3﴾ وَإِذَا ٱلۡقُبُورُ بُعۡثِرَتۡ ﴿4﴾ عَلِمَتۡ نَفۡسٞ مَّا قَدَّمَتۡ
وَأَخَّرَتۡ ﴿5﴾ يَٰٓأَيُّهَا ٱلۡإِنسَٰنُ مَا غَرَّكَ بِرَبِّكَ ٱلۡكَرِيمِ ﴿6﴾ ٱلَّذِي
خَلَقَكَ فَسَوَّىٰكَ فَعَدَلَكَ ﴿7﴾ فِيٓ أَيِّ صُورَةٖ مَّا شَآءَ رَكَّبَكَ ﴿8﴾
كَلَّا بَلۡ تُكَذِّبُونَ بِٱلدِّينِ ﴿9﴾ وَإِنَّ عَلَيۡكُمۡ لَحَٰفِظِينَ ﴿10﴾ كِرَامٗا
كَٰتِبِينَ ﴿11﴾ يَعۡلَمُونَ مَا تَفۡعَلُونَ ﴿12﴾ إِنَّ ٱلۡأَبۡرَارَ لَفِي نَعِيمٖ ﴿13﴾
وَإِنَّ ٱلۡفُجَّارَ لَفِي جَحِيمٖ ﴿14﴾ يَصۡلَوۡنَهَا يَوۡمَ ٱلدِّينِ ﴿15﴾ وَمَا هُمۡ عَنۡهَا
بِغَآئِبِينَ ﴿16﴾ وَمَآ أَدۡرَىٰكَ مَا يَوۡمُ ٱلدِّينِ ﴿17﴾ ثُمَّ مَآ أَدۡرَىٰكَ مَا يَوۡمُ
ٱلدِّينِ ﴿18﴾ يَوۡمَ لَا تَمۡلِكُ نَفۡسٞ لِّنَفۡسٖ شَيۡـٔٗاۖ وَٱلۡأَمۡرُ يَوۡمَئِذٖ لِّلَّهِ ﴿19﴾

سُورَةُ ٱلۡمُطَفِّفِينَ

ترتيبها 83 — آياتها 36

بِسۡمِ ٱللَّهِ ٱلرَّحۡمَٰنِ ٱلرَّحِيمِ

وَيۡلٞ لِّلۡمُطَفِّفِينَ ﴿1﴾ ٱلَّذِينَ إِذَا ٱكۡتَالُواْ عَلَى ٱلنَّاسِ يَسۡتَوۡفُونَ ﴿2﴾ وَإِذَا
كَالُوهُمۡ أَو وَّزَنُوهُمۡ يُخۡسِرُونَ ﴿3﴾ أَلَا يَظُنُّ أُوْلَٰٓئِكَ أَنَّهُم مَّبۡعُوثُونَ ﴿4﴾

نِصۡفُ

- ٱلسَّمَآءُ ٱنفَطَرَتۡ: انشقّتْ
- ٱلۡكَوَاكِبُ ٱنتَثَرَتۡ: تساقطتْ مُتفرقةً
- ٱلۡبِحَارُ فُجِّرَتۡ: شُقِّقَتْ فصارتْ بَحْرًا واحدًا
- ٱلۡقُبُورُ بُعۡثِرَتۡ: قُلِبَ ترابُها وأُخرِجَ موتاها
- مَا غَرَّكَ بِرَبِّكَ: ما خدعكَ وجرّأكَ على عِصْيانِهِ

الانفطار

- فَسَوَّىٰكَ: جَعَلَ أعضاءَكَ سَويّةً سليمةً
- فَعَدَلَكَ: جَعَلَكَ متناسبَ الخَلْقِ
- يَصۡلَوۡنَهَا: يَدْخُلُونها أو يُقاسُونَ حَرَّها
- وَيۡلٞ: هلاكٌ أو حسرةٌ
- لِّلۡمُطَفِّفِينَ: المُنقِصينَ في الكَيْلِ ومثلُهُ الوزنُ
- ٱكۡتَالُواْ: اشترَوْا بالكيلِ ومثلُهُ الوزنُ
- كَالُوهُمۡ: أعطَوْا غيرَهم بالكيلِ
- وَّزَنُوهُمۡ: أعطَوْا غيرَهم بالوزنِ
- يُخۡسِرُونَ: يُنقِصونَ الكيلَ والوَزنَ

مدّ مشبع 6 حركات	مدّ حركتين	إخفاء، ومواقع الغُنّة (حركتين)	تفخيم
مدّ 2 أو 4 أو 6 جوازاً		إدغام، وما لا يُلفظ	قلقلة

لِيَوۡمٍ عَظِيمٖ (5) يَوۡمَ يَقُومُ ٱلنَّاسُ لِرَبِّ ٱلۡعَٰلَمِينَ (6) كَلَّآ إِنَّ كِتَٰبَ
ٱلۡفُجَّارِ لَفِي سِجِّينٖ (7) وَمَآ أَدۡرَىٰكَ مَا سِجِّينٞ (8) كِتَٰبٞ مَّرۡقُومٞ (9) وَيۡلٞ
يَوۡمَئِذٖ لِّلۡمُكَذِّبِينَ (10) ٱلَّذِينَ يُكَذِّبُونَ بِيَوۡمِ ٱلدِّينِ (11) وَمَا يُكَذِّبُ بِهِۦٓ
إِلَّا كُلُّ مُعۡتَدٍ أَثِيمٍ (12) إِذَا تُتۡلَىٰ عَلَيۡهِ ءَايَٰتُنَا قَالَ أَسَٰطِيرُ ٱلۡأَوَّلِينَ (13)
۞ كَلَّاۖ بَلۡۜ رَانَ عَلَىٰ قُلُوبِهِم مَّا كَانُواْ يَكۡسِبُونَ (14) كَلَّآ إِنَّهُمۡ عَن
رَّبِّهِمۡ يَوۡمَئِذٖ لَّمَحۡجُوبُونَ (15) ثُمَّ إِنَّهُمۡ لَصَالُواْ ٱلۡجَحِيمِ (16) ثُمَّ يُقَالُ هَٰذَا
ٱلَّذِي كُنتُم بِهِۦ تُكَذِّبُونَ (17) كَلَّآ إِنَّ كِتَٰبَ ٱلۡأَبۡرَارِ لَفِي عِلِّيِّينَ (18)
وَمَآ أَدۡرَىٰكَ مَا عِلِّيُّونَ (19) كِتَٰبٞ مَّرۡقُومٞ (20) يَشۡهَدُهُ ٱلۡمُقَرَّبُونَ (21) إِنَّ
ٱلۡأَبۡرَارَ لَفِي نَعِيمٍ (22) عَلَى ٱلۡأَرَآئِكِ يَنظُرُونَ (23) تَعۡرِفُ فِي وُجُوهِهِمۡ نَضۡرَةَ
ٱلنَّعِيمِ (24) يُسۡقَوۡنَ مِن رَّحِيقٖ مَّخۡتُومٍ (25) خِتَٰمُهُۥ مِسۡكٞۚ وَفِي ذَٰلِكَ
فَلۡيَتَنَافَسِ ٱلۡمُتَنَٰفِسُونَ (26) وَمِزَاجُهُۥ مِن تَسۡنِيمٍ (27) عَيۡنٗا يَشۡرَبُ بِهَا
ٱلۡمُقَرَّبُونَ (28) إِنَّ ٱلَّذِينَ أَجۡرَمُواْ كَانُواْ مِنَ ٱلَّذِينَ ءَامَنُواْ يَضۡحَكُونَ (29)
وَإِذَا مَرُّواْ بِهِمۡ يَتَغَامَزُونَ (30) وَإِذَا ٱنقَلَبُوٓاْ إِلَىٰٓ أَهۡلِهِمُ ٱنقَلَبُواْ
فَكِهِينَ (31) وَإِذَا رَأَوۡهُمۡ قَالُوٓاْ إِنَّ هَٰٓؤُلَآءِ لَضَآلُّونَ (32) وَمَآ أُرۡسِلُواْ
عَلَيۡهِمۡ حَٰفِظِينَ (33) فَٱلۡيَوۡمَ ٱلَّذِينَ ءَامَنُواْ مِنَ ٱلۡكُفَّارِ يَضۡحَكُونَ (34)

- كِتَٰبَ ٱلۡفُجَّارِ: ما يُكتبُ من أعمالِهم
- لَفِي سِجِّينٖ: لمُثبَتٌ في ديوانِ الشرِّ
- مُعۡتَدٍ: مُجاوِزٍ لنهجِ الحقِّ
- أَسَٰطِيرُ ٱلۡأَوَّلِينَ: أباطيلُهم المسَطرةُ في كتبِهم

ثُمُنٌ

- رَانَ عَلَىٰ قُلُوبِهِم: غَلَبَ وغَطّى عليها
- لَصَالُواْ ٱلۡجَحِيمِ: لداخِلوها أو لمقاسُو حرِّها
- كِتَٰبَ ٱلۡأَبۡرَارِ: ما يُكتبُ من أعمالِهم

المُطَفِّفِين

- لَفِي عِلِّيِّينَ: لمُثبَتٌ في ديوانِ الخيْرِ
- ٱلۡأَرَآئِكِ: الأسِرّةِ في الحجالِ
- نَضۡرَةَ ٱلنَّعِيمِ: بهجتَهُ ورونقَهُ
- رَّحِيقٖ: أجوَدِ الخَمْرِ
- مَّخۡتُومٍ: مسدودة آنيته لم يُمَسّ
- مِزَاجُهُۥ: ما يُمْزَجُ به
- تَسۡنِيمٍ: عَيْنٍ في الجنةِ شرابُها أشرفُ شرابٍ
- يَتَغَامَزُونَ: يُشيرون إليهم بالأعينِ استهزاءً
- فَكِهِينَ: مُتلذِّذينَ باستخفافِهم بالمؤمنينَ

مدّ مشبع 6 حركات	مدّ حركتين	إخفاء، ومواقع الغُنّة (حركتين)	تفخيم
مدّ 2 أو 4 أو 6 جوازاً		إدغام، وما لا يُلفظ	قلقلة

عَلَى ٱلْأَرَآئِكِ يَنظُرُونَ ﴿35﴾ هَلْ ثُوِّبَ ٱلْكُفَّارُ مَا كَانُوا۟ يَفْعَلُونَ ﴿36﴾

ترتيبها 84

سُورَةُ الانشقاق

آياتها 25

بِسْمِ ٱللَّهِ ٱلرَّحْمَٰنِ ٱلرَّحِيمِ

إِذَا ٱلسَّمَآءُ ٱنشَقَّتْ ﴿1﴾ وَأَذِنَتْ لِرَبِّهَا وَحُقَّتْ ﴿2﴾ وَإِذَا ٱلْأَرْضُ

مُدَّتْ ﴿3﴾ وَأَلْقَتْ مَا فِيهَا وَتَخَلَّتْ ﴿4﴾ وَأَذِنَتْ لِرَبِّهَا وَحُقَّتْ ﴿5﴾

يَٰٓأَيُّهَا ٱلْإِنسَٰنُ إِنَّكَ كَادِحٌ إِلَىٰ رَبِّكَ كَدْحًا فَمُلَٰقِيهِ ﴿6﴾ فَأَمَّا مَنْ

أُوتِىَ كِتَٰبَهُۥ بِيَمِينِهِۦ ﴿7﴾ فَسَوْفَ يُحَاسَبُ حِسَابًا يَسِيرًا ﴿8﴾

وَيَنقَلِبُ إِلَىٰٓ أَهْلِهِۦ مَسْرُورًا ﴿9﴾ وَأَمَّا مَنْ أُوتِىَ كِتَٰبَهُۥ وَرَآءَ ظَهْرِهِۦ ﴿10﴾

فَسَوْفَ يَدْعُوا۟ ثُبُورًا ﴿11﴾ وَيَصْلَىٰ سَعِيرًا ﴿12﴾ إِنَّهُۥ كَانَ فِىٓ أَهْلِهِۦ

مَسْرُورًا ﴿13﴾ إِنَّهُۥ ظَنَّ أَن لَّن يَحُورَ ﴿14﴾ بَلَىٰٓ إِنَّ رَبَّهُۥ كَانَ بِهِۦ

بَصِيرًا ﴿15﴾ ۞ فَلَآ أُقْسِمُ بِٱلشَّفَقِ ﴿16﴾ وَٱلَّيْلِ وَمَا وَسَقَ ﴿17﴾ وَٱلْقَمَرِ

إِذَا ٱتَّسَقَ ﴿18﴾ لَتَرْكَبُنَّ طَبَقًا عَن طَبَقٍ ﴿19﴾ فَمَا لَهُمْ لَا يُؤْمِنُونَ ﴿20﴾

وَإِذَا قُرِئَ عَلَيْهِمُ ٱلْقُرْءَانُ لَا يَسْجُدُونَ ۩ ﴿21﴾ بَلِ ٱلَّذِينَ كَفَرُوا۟

يُكَذِّبُونَ ﴿22﴾ وَٱللَّهُ أَعْلَمُ بِمَا يُوعُونَ ﴿23﴾ فَبَشِّرْهُم بِعَذَابٍ أَلِيمٍ ﴿24﴾

إِلَّا ٱلَّذِينَ ءَامَنُوا۟ وَعَمِلُوا۟ ٱلصَّٰلِحَٰتِ لَهُمْ أَجْرٌ غَيْرُ مَمْنُونٍ ﴿25﴾

مدّ مشبع 6 حركات / مدّ 2 أو 4 أو 6 جوازاً — مدّ حركتين	إخفاء، ومواقع الغُنّة (حركتين) / إدغام، وما لا يُلفظ	تفخيم / قلقلة

- ثُوِّبَ ٱلْكُفَّارُ: جُوزُوا بسُخريَتِهم بالمؤمنينَ
- ٱلسَّمَآءُ ٱنشَقَّتْ: تصَدَّعَتْ
- أَذِنَتْ لِرَبِّهَا: استَمعَتْ وانقادَتْ له تعالى
- حُقَّتْ: حَقَّ لها أنْ تَستمعَ وتنقادَ
- ٱلْأَرْضُ مُدَّتْ: بُسِطتْ وسُوِّيَتْ
- أَلْقَتْ مَا فِيهَا: لفظَتْ ما في جَوْفِها
- تَخَلَّتْ: خَلَتْ عنه غايةَ الخُلوِّ
- يَدْعُوا۟ ثُبُورًا: يطلبُ هلاكًا
- يَصْلَىٰ سَعِيرًا: يُدخِله اللهُ ناراً يعذِّبه فيها

الانشقاق

رُبُع

- لَّن يَحُورَ: لن يرْجِعَ إلى ربِّهِ
- بِٱلشَّفَقِ: بالحُمْرةِ في الأُفقِ بعدَ الغروبِ
- مَا وَسَقَ: ما ضَمَّ وجَمَعَ
- ٱتَّسَقَ: اجْتمَعَ وتمَّ نورُهُ
- يُوعُونَ: يُضمِرونَ أو يَجمعونَ من السّيئاتِ
- غَيْرُ مَمْنُونٍ: غيرُ مقطوعٍ عنهم

سُورَةُ البُرُوجِ

ترتيبها 85 — آياتها 22

بِسْمِ اللَّهِ الرَّحْمَٰنِ الرَّحِيمِ

وَالسَّمَآءِ ذَاتِ الْبُرُوجِ ﴿1﴾ وَالْيَوْمِ الْمَوْعُودِ ﴿2﴾ وَشَاهِدٖ
وَمَشْهُودٖ ﴿3﴾ قُتِلَ أَصْحَٰبُ الْاُخْدُودِ ﴿4﴾ اِلنّارِ ذَاتِ الْوَقُودِ ﴿5﴾
إِذْ هُمْ عَلَيْهَا قُعُودٞ ﴿6﴾ وَهُمْ عَلَىٰ مَا يَفْعَلُونَ بِالْمُومِنِينَ
شُهُودٞ ﴿7﴾ وَمَا نَقَمُواْ مِنْهُمُۥٓ إِلَّآ أَنْ يُّومِنُواْ بِاللَّهِ الْعَزِيزِ
الْحَمِيدِ ﴿8﴾ الذِے لَهُۥ مُلْكُ السَّمَٰوَٰتِ وَالْاَرْضِۖ وَاللَّهُ عَلَىٰ كُلِّ
شَےْءٖ شَهِيدٌۖ ﴿9﴾ إِنَّ الذِينَ فَتَنُواْ الْمُومِنِينَ وَالْمُومِنَٰتِ ثُمَّ لَمْ
يَتُوبُواْ فَلَهُمْ عَذَابُ جَهَنَّمَ وَلَهُمْ عَذَابُ الْحَرِيقِۖ ﴿10﴾ إِنَّ الذِينَ
ءَامَنُواْ وَعَمِلُواْ الصَّٰلِحَٰتِ لَهُمْ جَنَّٰتٞ تَجْرِے مِن تَحْتِهَا الْاَنْهَٰرُۖ ذَٰلِكَ
الْفَوْزُ الْكَبِيرُۖ ﴿11﴾ ۞ إِنَّ بَطْشَ رَبِّكَ لَشَدِيدٌۖ ﴿12﴾ إِنَّهُۥ هُوَ يُبْدِئُ
وَيُعِيدُۖ ﴿13﴾ وَهُوَ الْغَفُورُ الْوَدُودُ ﴿14﴾ ذُو الْعَرْشِ الْمَجِيدُۖ ﴿15﴾
فَعَّالٞ لِّمَا يُرِيدُۖ ﴿16﴾ هَلَ اَتَيٰكَ حَدِيثُ الْجُنُودِ ﴿17﴾ فِرْعَوْنَ
وَثَمُودَۖ ﴿18﴾ بَلِ الذِينَ كَفَرُواْ فِے تَكْذِيبٖ ﴿19﴾ وَاللَّهُ مِن وَرَآئِهِم
مُّحِيطُۢۖ ﴿20﴾ بَلْ هُوَ قُرْءَانٞ مَّجِيدٞ ﴿21﴾ فِے لَوْحٖ مَّحْفُوظِۢ ﴿22﴾

- ذَاتِ الْبُرُوجِ: ذاتِ المنازلِ للكواكبِ
- الْيَوْمِ الْمَوْعُودِ: يوم القيامةِ
- مَا نَقَمُواْ: ما كَرِهُوا وما عابُوا

البُرُوج — ثُمُنٌ

- فَتَنُواْ: عذَّبُوا وأحرَقُوا
- بَطْشَ رَبِّكَ: أخْذَه الجبابرةَ بالعذابِ
- الْمَجِيدُ: العظيمُ الجليلُ المتعالي

مدّ مشبع 6 حركات	مدّ حركتين	إخفاء، ومواقع الغُنَّة (حركتين)	تفخيم
مدّ 2 أو 4 أو 6 جوازاً		إدغام، وما لا يُلفظ	قلقلة

سُورَةُ ٱلطَّارِقِ

ترتيبها 86 — آياتها 17

بِسْمِ ٱللَّهِ ٱلرَّحْمَٰنِ ٱلرَّحِيمِ

وَٱلسَّمَآءِ وَٱلطَّارِقِ (1) وَمَآ أَدْرَىٰكَ مَا ٱلطَّارِقُ (2) ٱلنَّجْمُ ٱلثَّاقِبُ (3) إِن كُلُّ
نَفْسٍ لَّمَّا عَلَيْهَا حَافِظٌ (4) فَلْيَنظُرِ ٱلْإِنسَٰنُ مِمَّ خُلِقَ (5) خُلِقَ مِن مَّآءٍ
دَافِقٍ (6) يَخْرُجُ مِنۢ بَيْنِ ٱلصُّلْبِ وَٱلتَّرَآئِبِ (7) إِنَّهُۥ عَلَىٰ رَجْعِهِۦ لَقَادِرٌ (8)
يَوْمَ تُبْلَى ٱلسَّرَآئِرُ (9) فَمَا لَهُۥ مِن قُوَّةٍ وَلَا نَاصِرٍ (10) وَٱلسَّمَآءِ ذَاتِ ٱلرَّجْعِ (11)
وَٱلْأَرْضِ ذَاتِ ٱلصَّدْعِ (12) إِنَّهُۥ لَقَوْلٌ فَصْلٌ (13) وَمَا هُوَ بِٱلْهَزْلِ (14) إِنَّهُمْ
يَكِيدُونَ كَيْدًا (15) وَأَكِيدُ كَيْدًا (16) فَمَهِّلِ ٱلْكَٰفِرِينَ أَمْهِلْهُمْ رُوَيْدًۢا (17)

سُورَةُ ٱلْأَعْلَىٰ

ترتيبها 87 — آياتها 19

بِسْمِ ٱللَّهِ ٱلرَّحْمَٰنِ ٱلرَّحِيمِ

۞ سَبِّحِ ٱسْمَ رَبِّكَ ٱلْأَعْلَى (1) ٱلَّذِى خَلَقَ فَسَوَّىٰ (2) وَٱلَّذِى قَدَّرَ
فَهَدَىٰ (3) وَٱلَّذِىٓ أَخْرَجَ ٱلْمَرْعَىٰ (4) فَجَعَلَهُۥ غُثَآءً أَحْوَىٰ (5)
سَنُقْرِئُكَ فَلَا تَنسَىٰٓ (6) إِلَّا مَا شَآءَ ٱللَّهُ ۚ إِنَّهُۥ يَعْلَمُ ٱلْجَهْرَ وَمَا يَخْفَىٰ (7)
وَنُيَسِّرُكَ لِلْيُسْرَىٰ (8) فَذَكِّرْ إِن نَّفَعَتِ ٱلذِّكْرَىٰ (9) سَيَذَّكَّرُ مَن
يَخْشَىٰ (10) وَيَتَجَنَّبُهَا ٱلْأَشْقَى (11) ٱلَّذِى يَصْلَى ٱلنَّارَ ٱلْكُبْرَىٰ (12)

- **ٱلطَّارِقِ** النَّجم الثَّاقِب
- **ٱلنَّجْمُ ٱلثَّاقِبُ** المُضيءُ المنيرُ
- **حَافِظٌ** مُهَيْمِنٌ ورَقيبٌ
- **مَّآءٍ دَافِقٍ** مَصبوبٍ بِدَفعٍ في الرَّحِم
- **ٱلتَّرَآئِبِ** أطرافهما
- **رَجْعِهِۦ** إعادَتِه بعدَ فنائِهِ
- **تُبْلَى ٱلسَّرَآئِرُ** تُكشَفُ المكنوناتُ الخفياتُ
- **ذَاتِ ٱلرَّجْعِ** المطرِ لِرُجُوعِه إلى الأرضِ ثانيًا
- **ذَاتِ ٱلصَّدْعِ** النباتِ الذي تنشقُّ عنه
- **أَمْهِلْهُمْ رُوَيْدًا** قريبًا أو قليلًا ثمّ يأتيهم العذابُ

الطَّارق — الأعلى — حِزْب

- **فَهَدَىٰ** وجّهَ كلَّ مخلوقٍ إلى ما يَنبَغي له
- **أَخْرَجَ ٱلْمَرْعَىٰ** أنبَتَ العُشبَ رطبًا غضًّا
- **فَجَعَلَهُۥ غُثَآءً** يابسًا هَشيمًا كغثاءِ السَّيلِ
- **أَحْوَىٰ** أسودَ بعدَ الخضرةِ والغضارةِ

مدّ مشبع 6 حركات / مدّ 2 أو 4 أو 6 جوازاً — مدّ حركتين	إخفاء، ومواقع الغُنّة (حركتين) / إدغام، وما لا يُلفظ	تفخيم / قلقلة

سُورَةُ الغَاشِيَةِ 88

ثُمَّ لَا يَمُوتُ فِيهَا وَلَا يَحْيَىٰ (13) قَدْ أَفْلَحَ مَن تَزَكَّىٰ (14) وَذَكَرَ اسْمَ رَبِّهِۦ
فَصَلَّىٰ (15) بَلْ تُؤْثِرُونَ الْحَيَوٰةَ الدُّنْيَا (16) وَالْآخِرَةُ خَيْرٌ وَأَبْقَىٰٓ (17)
إِنَّ هَٰذَا لَفِي الصُّحُفِ الْأُولَىٰ (18) صُحُفِ إِبْرَٰهِيمَ وَمُوسَىٰ (19)

سُورَةُ الغَاشِيَةِ

ترتيبها 88 — آياتها 26

بِسْمِ اللَّهِ الرَّحْمَٰنِ الرَّحِيمِ

هَلْ أَتَىٰكَ حَدِيثُ الْغَٰشِيَةِ (1) وُجُوهٌ يَوْمَئِذٍ خَٰشِعَةٌ (2) عَامِلَةٌ
نَّاصِبَةٌ (3) تَصْلَىٰ نَارًا حَامِيَةً (4) تُسْقَىٰ مِنْ عَيْنٍ ءَانِيَةٍ (5) لَّيْسَ لَهُمْ طَعَامٌ
إِلَّا مِن ضَرِيعٍ (6) لَّا يُسْمِنُ وَلَا يُغْنِي مِن جُوعٍ (7) وُجُوهٌ يَوْمَئِذٍ نَّاعِمَةٌ (8)
لِّسَعْيِهَا رَاضِيَةٌ (9) فِي جَنَّةٍ عَالِيَةٍ (10) لَّا تَسْمَعُ فِيهَا لَٰغِيَةً (11) فِيهَا عَيْنٌ
جَارِيَةٌ (12) فِيهَا سُرُرٌ مَّرْفُوعَةٌ (13) وَأَكْوَابٌ مَّوْضُوعَةٌ (14) وَنَمَارِقُ
مَصْفُوفَةٌ (15) وَزَرَابِيُّ مَبْثُوثَةٌ (16) ۞ أَفَلَا يَنظُرُونَ إِلَى الْإِبِلِ كَيْفَ
خُلِقَتْ (17) وَإِلَى السَّمَاءِ كَيْفَ رُفِعَتْ (18) وَإِلَى الْجِبَالِ كَيْفَ
نُصِبَتْ (19) وَإِلَى الْأَرْضِ كَيْفَ سُطِحَتْ (20) فَذَكِّرْ إِنَّمَا أَنتَ
مُذَكِّرٌ (21) لَّسْتَ عَلَيْهِم بِمُصَيْطِرٍ (22) إِلَّا مَن تَوَلَّىٰ وَكَفَرَ (23) فَيُعَذِّبُهُ
اللَّهُ الْعَذَابَ الْأَكْبَرَ (24) إِنَّ إِلَيْنَا إِيَابَهُمْ (25) ثُمَّ إِنَّ عَلَيْنَا حِسَابَهُم (26)

- تَزَكَّىٰ: تطهّرَ من الكفرِ والمعاصي
- الْغَاشِيَةِ: القيامةِ تغشى الناسَ بأهوالِها
- خَاشِعَةٌ: ذليلةٌ من الخِزْي
- عَامِلَةٌ: تجُرُّ السلاسلَ والأغلالَ في النارِ
- نَّاصِبَةٌ: تعِبةٌ ممّا تعملُ فيه
- تَصْلَىٰ نَارًا: تدخلُها أو تقاسي حرَّها
- عَيْنٍ ءَانِيَةٍ: بلَغتْ أناها (غايَتها) في الحرارةِ
- ضَرِيعٍ: شيءٍ في النارِ كالشَّوكِ مُرٍّ مُنتن
- لَا يُغْنِي مِن جُوعٍ: لا يَدفعُ عنهم جوعًا

ثُمُنُ الغَاشِيَة

- نَّاعِمَةٌ: ذاتُ بهجةٍ وحُسنٍ
- لَٰغِيَةً: مُتكلّمةٌ بالباطل
- سُرُرٌ مَّرْفُوعَةٌ: رفيعةُ القدْرِ
- أَكْوَابٌ مَّوْضُوعَةٌ: أقداحٌ مُعدَّةٌ للشربِ
- نَمَارِقُ: وسائدُ ومَرافقُ
- زَرَابِيُّ مَبْثُوثَةٌ: بُسطٌ فاخرةٌ مُفرّقةٌ في المجالسِ

مدّ مشبع 6 حركات	مدّ حركتين	إخفاء، ومواقع الغُنّة (حركتين) / تفخيم
مدّ 2 أو 4 أو 6 جوازاً		إدغام، وما لا يُلفظ / قلقلة

سُورَةُ الْفَجْرِ

ترتيبها 89 — آياتها 32

بِسْمِ اللَّهِ الرَّحْمَٰنِ الرَّحِيمِ

وَالْفَجْرِ ﴿1﴾ وَلَيَالٍ عَشْرٍ ﴿2﴾ وَالشَّفْعِ وَالْوَتْرِ ﴿3﴾ وَالَّيْلِ إِذَا
يَسْرِ ﴿4﴾ هَلْ فِي ذَٰلِكَ قَسَمٌ لِّذِي حِجْرٍ ﴿5﴾ أَلَمْ تَرَ كَيْفَ
فَعَلَ رَبُّكَ بِعَادٍ ﴿6﴾ إِرَمَ ذَاتِ الْعِمَادِ ﴿7﴾ الَّتِي لَمْ يُخْلَقْ مِثْلُهَا فِي
الْبِلَادِ ﴿8﴾ وَثَمُودَ الَّذِينَ جَابُوا الصَّخْرَ بِالْوَادِ ﴿9﴾ وَفِرْعَوْنَ ذِي
الْأَوْتَادِ ﴿10﴾ الَّذِينَ طَغَوْا فِي الْبِلَادِ ﴿11﴾ فَأَكْثَرُوا فِيهَا الْفَسَادَ ﴿12﴾
فَصَبَّ عَلَيْهِمْ رَبُّكَ سَوْطَ عَذَابٍ ﴿13﴾ إِنَّ رَبَّكَ لَبِالْمِرْصَادِ ﴿14﴾
فَأَمَّا الْإِنسَانُ إِذَا مَا ابْتَلَاهُ رَبُّهُ فَأَكْرَمَهُ وَنَعَّمَهُ ﴿15﴾ فَيَقُولُ رَبِّي
أَكْرَمَنِ ﴿16﴾ وَأَمَّا إِذَا مَا ابْتَلَاهُ فَقَدَرَ عَلَيْهِ رِزْقَهُ ﴿17﴾ فَيَقُولُ رَبِّي
أَهَانَنِ ﴿18﴾ كَلَّا بَل لَّا تُكْرِمُونَ الْيَتِيمَ ﴿19﴾ وَلَا تَحُضُّونَ
عَلَىٰ طَعَامِ الْمِسْكِينِ ﴿20﴾ وَتَاكُلُونَ التُّرَاثَ أَكْلًا لَّمًّا ﴿21﴾
وَتُحِبُّونَ الْمَالَ حُبًّا جَمًّا ﴿22﴾ كَلَّا إِذَا دُكَّتِ الْأَرْضُ دَكًّا
دَكًّا ﴿23﴾ وَجَاءَ رَبُّكَ وَالْمَلَكُ صَفًّا صَفًّا ﴿24﴾ وَجِيءَ يَوْمَئِذٍ
بِجَهَنَّمَ ﴿25﴾ يَوْمَئِذٍ يَتَذَكَّرُ الْإِنسَانُ وَأَنَّىٰ لَهُ الذِّكْرَىٰ ﴿26﴾

- مدّ مشبع 6 حركات
- مدّ 2 أو 4 أو 6 جوازاً
- مدّ حركتين
- إخفاء، ومواقع الغُنّة (حركتين)
- إدغام، وما لا يُلفظ
- تفخيم
- قلقلة

- لَيَالٍ عَشْرٍ: العَشرِ الأُولى من ذي الحِجَّةِ
- الشَّفْعِ وَالْوَتْرِ: يوم النَّحرِ ويَوم عَرَفَة
- قَسَمٌ لِّذِي حِجْرٍ: مُقسَمٌ به لذي عقلٍ
- ذِي الْأَوْتَادِ: الجُيُوشِ التى تَشُدُّ مُلكَه
- سَوْطَ عَذَابٍ: عذابًا مُؤلمًا دائمًا
- لَبِالْمِرْصَادِ: يرقبُ أعمالَهم ويُجازيهم عليها
- ابْتَلَاهُ رَبُّهُ: امتحَنَه واختبَرَه

الْفَجْر

- أَكْلًا لَّمًّا: جَمعًا بينَ الحلالِ والحرام
- دُكَّتِ الْأَرْضُ: دقَّتْ وكُسِرَتْ
- دَكًّا دَكًّا: دَكًّا مُتتابعًا
- أَنَّىٰ لَهُ الذِّكْرَىٰ: من أينَ له مَنفعَتها

يَقُولُ يَٰلَيْتَنِى قَدَّمْتُ لِحَيَاتِى ﴿27﴾ فَيَوْمَئِذٍ لَّا يُعَذِّبُ عَذَابَهُۥٓ أَحَدٌ ﴿28﴾
وَلَا يُوثِقُ وَثَاقَهُۥٓ أَحَدٌ ﴿29﴾ يَٰٓأَيَّتُهَا ٱلنَّفْسُ ٱلْمُطْمَئِنَّةُ ﴿30﴾ ٱرْجِعِىٓ إِلَىٰ
رَبِّكِ رَاضِيَةً مَّرْضِيَّةً ﴿31﴾ فَٱدْخُلِى فِى عِبَٰدِى وَٱدْخُلِى جَنَّتِى ﴿32﴾

ترتيبها 90

سُورَةُ ٱلْبَلَدِ

آياتها 20

بِسْمِ ٱللَّهِ ٱلرَّحْمَٰنِ ٱلرَّحِيمِ

۞ لَآ أُقْسِمُ بِهَٰذَا ٱلْبَلَدِ ﴿1﴾ وَأَنتَ حِلٌّۢ بِهَٰذَا ٱلْبَلَدِ ﴿2﴾ وَوَالِدٍ
وَمَا وَلَدَ ﴿3﴾ لَقَدْ خَلَقْنَا ٱلْإِنسَٰنَ فِى كَبَدٍ ﴿4﴾ أَيَحْسَبُ أَن
لَّن يَقْدِرَ عَلَيْهِ أَحَدٌ ﴿5﴾ يَقُولُ أَهْلَكْتُ مَالًا لُّبَدًا ﴿6﴾
أَيَحْسَبُ أَن لَّمْ يَرَهُۥٓ أَحَدٌ ﴿7﴾ أَلَمْ نَجْعَل لَّهُۥ عَيْنَيْنِ ﴿8﴾ وَلِسَانًا
وَشَفَتَيْنِ ﴿9﴾ وَهَدَيْنَٰهُ ٱلنَّجْدَيْنِ ﴿10﴾ فَلَا ٱقْتَحَمَ ٱلْعَقَبَةَ ﴿11﴾ وَمَآ
أَدْرَىٰكَ مَا ٱلْعَقَبَةُ ﴿12﴾ فَكُّ رَقَبَةٍ ﴿13﴾ أَوْ إِطْعَٰمٌ فِى يَوْمٍ ذِى
مَسْغَبَةٍ ﴿14﴾ يَتِيمًا ذَا مَقْرَبَةٍ ﴿15﴾ أَوْ مِسْكِينًا ذَا مَتْرَبَةٍ ﴿16﴾
ثُمَّ كَانَ مِنَ ٱلَّذِينَ ءَامَنُوا۟ وَتَوَاصَوْا۟ بِٱلصَّبْرِ وَتَوَاصَوْا۟
بِٱلْمَرْحَمَةِ ﴿17﴾ أُو۟لَٰٓئِكَ أَصْحَٰبُ ٱلْمَيْمَنَةِ ﴿18﴾ وَٱلَّذِينَ كَفَرُوا۟
بِـَٔايَٰتِنَا هُمْ أَصْحَٰبُ ٱلْمَشْـَٔمَةِ ﴿19﴾ عَلَيْهِمْ نَارٌ مُّؤْصَدَةٌۢ ﴿20﴾

- لَا يُوثِقُ: لا يَشُدُّ بالسّلاسلِ والأغلالِ
- لَآ أُقْسِمُ: أقسِمُ و«لا» مزيدة
- بِهَٰذَا ٱلْبَلَدِ: بمكّةَ المكرّمةِ

رُبعٌ

- حِلٌّۢ بِهَٰذَا ٱلْبَلَدِ: حلالٌ لكَ ما تصْنعُ به يومئذٍ
- كَبَدٍ: نصَبٍ ومشقّةٍ ومُكابَدةٍ للشّدائدِ
- مَالًا لُّبَدًا: كثيرًا
- ٱلنَّجْدَيْنِ: طريقي الخيْرِ والشرِّ

البَلَد

- فَلَا ٱقْتَحَمَ ٱلْعَقَبَةَ: فهلّا جاهدَ نفسَه في الطّاعاتِ
- فَكُّ رَقَبَةٍ: تخليصُها من الرّقِ بالإعتاقِ
- مَسْغَبَةٍ: مَجاعَةٍ
- مَتْرَبَةٍ: فاقةٍ شديدةٍ
- ٱلْمَشْـَٔمَةِ: الشّؤمِ

مدّ مشبع 6 حركات / مدّ 2 أو 4 أو 6 جوازاً	مدّ حركتين	إخفاء، ومواقع الغُنّة (حركتين) / إدغام، وما لا يُلفظ	تفخيم / قلقلة

سُورَةُ الشَّمْسِ

ترتيبها 91 — آياتها 15

بِسْمِ اللَّهِ الرَّحْمَٰنِ الرَّحِيمِ

وَالشَّمْسِ وَضُحَيٰهَا (1) وَالْقَمَرِ إِذَا تَلَيٰهَا (2) وَالنَّهَارِ إِذَا جَلَّيٰهَا (3) وَاليْلِ
إِذَا يَغْشَيٰهَا (4) وَالسَّمَآءِ وَمَا بَنَيٰهَا (5) وَالَارْضِ وَمَا طَحَيٰهَا (6) وَنَفْسٍ وَمَا
سَوَّيٰهَا (7) فَأَلْهَمَهَا فُجُورَهَا وَتَقْوَيٰهَا (8) قَدَ اَفْلَحَ مَن زَكَّيٰهَا (9)
وَقَدْ خَابَ مَن دَسَّيٰهَا (10) كَذَّبَتْ ثَمُودُ بِطَغْوَيٰهَآ (11) إِذِ اِنۢبَعَثَ
أَشْقَيٰهَا (12) فَقَالَ لَهُمْ رَسُولُ اللَّهِ نَاقَةَ اللَّهِ وَسُقْيَاهَا (13) فَكَذَّبُوهُ فَعَقَرُوهَا
فَدَمْدَمَ عَلَيْهِمْ رَبُّهُم بِذَنۢبِهِمْ فَسَوَّيٰهَا (14) فَلَا يَخَافُ عُقْبَٰهَا (15)

سُورَةُ اللَّيْلِ

ترتيبها 92 — آياتها 21

بِسْمِ اللَّهِ الرَّحْمَٰنِ الرَّحِيمِ

۞ وَاليْلِ إِذَا يَغْشَيٰ (1) وَالنَّهَارِ إِذَا تَجَلَّيٰ (2) وَمَا خَلَقَ الذَّكَرَ وَالُانثَيٰٓ (3)
إِنَّ سَعْيَكُمْ لَشَتَّيٰ (4) فَأَمَّا مَنَ اَعْطَيٰ وَاتَّقَيٰ (5) وَصَدَّقَ بِالْحُسْنَيٰ (6)
فَسَنُيَسِّرُهُ لِلْيُسْرَيٰ (7) وَأَمَّا مَنۢ بَخِلَ وَاسْتَغْنَيٰ (8) وَكَذَّبَ بِالْحُسْنَيٰ (9)
فَسَنُيَسِّرُهُ لِلْعُسْرَيٰ (10) وَمَا يُغْنِي عَنْهُ مَالُهُۥٓ إِذَا تَرَدَّيٰٓ (11) إِنَّ عَلَيْنَا
لَلْهُدَيٰ (12) وَإِنَّ لَنَا لَلَاخِرَةَ وَالُاولَيٰ (13) فَأَنذَرْتُكُمْ نَاراً تَلَظَّيٰ (14)

تفخيم	إخفاء، ومواقع الغُنَّة (حركتين)	مدّ حركتين	مدّ مشبع 6 حركات
قلقلة	إدغام، وما لا يُلفظ		مدّ 2 أو 4 أو 6 جوازاً

- ضُحَيٰهَا: ضوئها إذا أشرقت
- تَلَيٰهَا: تبعها في الإضاءة
- جَلَّيٰهَا: أظهرَ الشمسَ للرّائينَ
- طَحَيٰهَا: بَسَطَها ووطَّأها
- مَن دَسَّيٰهَا: نقصَها وأخفاها بالفجورِ
- بِطَغْوَيٰهَآ: بطغيانها وعُدوانها
- إِنۢبَعَثَ أَشْقَيٰهَا: قامَ مسرعًا لعقرِ الناقةِ
- سُقْيَاهَا: نصيبَها من الماءِ
- فَدَمْدَمَ عَلَيْهِمْ: أطبقَ العذابَ عليهم
- فَسَوَّيٰهَا: عَمَّهُم بالدَّمدمةِ والإهلاكِ
- عُقْبَٰهَا: عاقبةَ هذهِ العقوبةِ

ثُمُن

- يَغْشَيٰ: يُغطي الأشياءَ بظلمته

الشَّمس
الليل

- لَشَتَّيٰ: لمختلفٌ في الجزاءِ
- لِلْيُسْرَيٰ: للخصلةِ المؤدّيةِ إلى اليُسْرِ
- لِلْعُسْرَيٰ: للخصلةِ المؤدّيةِ إلى العُسْرِ
- تَرَدَّيٰٓ: هلَكَ أوْ سقطَ في النارِ
- نَاراً تَلَظَّيٰ: تتلهّبُ وتتوقّدُ

لَا يَصْلَيٰهَآ إِلَّا اَ۬لَاشْقَى ﴿15﴾ اَ۬لذِے كَذَّبَ وَتَوَلّ۪يٰ ﴿16﴾ وَسَيُجَنَّبُهَا
اَ۬لَاتْقَى ﴿17﴾ اَ۬لذِے يُوتِے مَالَهُۥ يَتَزَكّ۪يٰ ﴿18﴾ وَمَا لِأَحَدٍ عِندَهُۥ مِن
نِّعْمَةٍ تُجْزَيٰٓ ﴿19﴾ إِلَّا اَ۪بْتِغَآءَ وَجْهِ رَبِّهِ اِ۬لَاعْلَيٰ ﴿20﴾ وَلَسَوْفَ يَرْضَيٰ ﴿21﴾

سُورَةُ الضُّحَىٰ

ترتيبها 93 — آياتها 11

بِسْمِ اِ۬للَّهِ اِ۬لرَّحْمَٰنِ اِ۬لرَّحِيمِ

وَالضُّحَيٰ ﴿1﴾ وَالَّيْلِ إِذَا سَجَيٰ ﴿2﴾ مَا وَدَّعَكَ رَبُّكَ وَمَا قَل۪يٰ ﴿3﴾
وَلَلَاخِرَةُ خَيْرٞ لَّكَ مِنَ اَ۬لُاول۪يٰ ﴿4﴾ وَلَسَوْفَ يُعْطِيكَ رَبُّكَ
فَتَرْضَيٰٓ ﴿5﴾ أَلَمْ يَجِدْكَ يَتِيماٗ فَـَٔاو۪يٰ ﴿6﴾ وَوَجَدَكَ ضَآلّاٗ
فَهَدَيٰ ﴿7﴾ وَوَجَدَكَ عَآئِلاٗ فَأَغْن۪يٰ ﴿8﴾ فَأَمَّا اَ۬لْيَتِيمَ فَلَا تَقْهَرْ ﴿9﴾
وَأَمَّا اَ۬لسَّآئِلَ فَلَا تَنْهَرْ ﴿10﴾ وَأَمَّا بِنِعْمَةِ رَبِّكَ فَحَدِّثْ ﴿11﴾

سُورَةُ الشَّرْحِ

ترتيبها 94 — آياتها 8

بِسْمِ اِ۬للَّهِ اِ۬لرَّحْمَٰنِ اِ۬لرَّحِيمِ

۞ أَلَمْ نَشْرَحْ لَكَ صَدْرَكَ ﴿1﴾ وَوَضَعْنَا عَنكَ وِزْرَكَ ﴿2﴾ اَ۬لذِے أَنقَضَ
ظَهْرَكَ ﴿3﴾ وَرَفَعْنَا لَكَ ذِكْرَكَ ﴿4﴾ فَإِنَّ مَعَ اَ۬لْعُسْرِ يُسْراً ﴿5﴾ اِنَّ
مَعَ اَ۬لْعُسْرِ يُسْراٗ ﴿6﴾ فَإِذَا فَرَغْتَ فَانصَبْ ﴿7﴾ وَإِلَيٰ رَبِّكَ فَارْغَبْ ﴿8﴾

- سَيُجَنَّبُهَا: سَيُبْعَدُ عنها
- عَآئِلاٗ: فقيراً

نِصْفُ — الضحى — الشرح

- وَضَعْنَا عَنكَ: خفَّفْنا عنك
- فَإِذَا فَرَغْتَ: مِنْ عِبادةٍ

سُورَةُ التِّينِ

ترتيبها 95 — آياتها 8

بِسْمِ اللَّهِ الرَّحْمَٰنِ الرَّحِيمِ

وَالتِّينِ وَالزَّيْتُونِ ﴿1﴾ وَطُورِ سِينِينَ ﴿2﴾ وَهَٰذَا الْبَلَدِ الْأَمِينِ ﴿3﴾ لَقَدْ
خَلَقْنَا الْإِنسَانَ فِي أَحْسَنِ تَقْوِيمٍ ﴿4﴾ ثُمَّ رَدَدْنَاهُ أَسْفَلَ سَافِلِينَ ﴿5﴾
إِلَّا الَّذِينَ ءَامَنُوا وَعَمِلُوا الصَّالِحَاتِ فَلَهُمْ أَجْرٌ غَيْرُ مَمْنُونٍ ﴿6﴾
فَمَا يُكَذِّبُكَ بَعْدُ بِالدِّينِ ﴿7﴾ أَلَيْسَ اللَّهُ بِأَحْكَمِ الْحَاكِمِينَ ﴿8﴾

سُورَةُ الْعَلَقِ

ترتيبها 96 — آياتها 20

بِسْمِ اللَّهِ الرَّحْمَٰنِ الرَّحِيمِ

اقْرَأْ بِاسْمِ رَبِّكَ الَّذِي خَلَقَ ﴿1﴾ خَلَقَ الْإِنسَانَ مِنْ عَلَقٍ ﴿2﴾ اقْرَأْ وَرَبُّكَ
الْأَكْرَمُ ﴿3﴾ الَّذِي عَلَّمَ بِالْقَلَمِ ﴿4﴾ عَلَّمَ الْإِنسَانَ مَا لَمْ يَعْلَمْ ﴿5﴾ كَلَّا إِنَّ
الْإِنسَانَ لَيَطْغَىٰ ﴿6﴾ أَن رَّءَاهُ اسْتَغْنَىٰ ﴿7﴾ إِنَّ إِلَىٰ رَبِّكَ الرُّجْعَىٰ ﴿8﴾ أَرَايْتَ
الَّذِي يَنْهَىٰ ﴿9﴾ عَبْدًا إِذَا صَلَّىٰ ﴿10﴾ أَرَايْتَ إِن كَانَ عَلَى الْهُدَىٰ ﴿11﴾ أَوْ أَمَرَ
بِالتَّقْوَىٰ ﴿12﴾ أَرَايْتَ إِن كَذَّبَ وَتَوَلَّىٰ ﴿13﴾ أَلَمْ يَعْلَم بِأَنَّ اللَّهَ يَرَىٰ ﴿14﴾
كَلَّا لَئِن لَّمْ يَنتَهِ ﴿15﴾ لَنَسْفَعًا بِالنَّاصِيَةِ ﴿16﴾ نَاصِيَةٍ كَاذِبَةٍ خَاطِئَةٍ ﴿17﴾ فَلْيَدْعُ
نَادِيَهُ ﴿18﴾ سَنَدْعُ الزَّبَانِيَةَ ﴿19﴾ كَلَّا لَا تُطِعْهُ وَاسْجُدْ وَاقْتَرِب ﴿20﴾

- **وَالتِّينِ وَالزَّيْتُونِ**: بِمَنْبِتِيهِما من الأرضِ المباركةِ
- **طُورِ سِينِينَ**: جَبَلِ المُناجاةِ
- **الْبَلَدِ الْأَمِينِ**: مكةَ المكرّمةِ
- **أَحْسَنِ تَقْوِيمٍ**: أعدلِ قامةٍ وأحسنِ صُورةٍ
- **أَسْفَلَ سَافِلِينَ**: إلى الهَرَمِ وأرذَلِ العُمُرِ
- **غَيْرُ مَمْنُونٍ**: غيرُ مَقطوعٍ عنهم
- **بِالدِّينِ**: بالجزاءِ
- **عَلَقٍ**: دَمٍ جامدٍ
- **لَيَطْغَىٰ**: لَيُجاوِزُ الحدَّ في العِصيانِ
- **الرُّجْعَىٰ**: الرُّجوعَ في الآخرةِ
- **لَنَسْفَعًا بِالنَّاصِيَةِ**: لنسحبَنّه بناصيتِه إلى النارِ
- **فَلْيَدْعُ نَادِيَهُ**: أهلَ مَجلسِه
- **سَنَدْعُ الزَّبَانِيَةَ**: ملائكةَ العذابِ

التين العلق

مدّ مشبع 6 حركات	مدّ حركتين	إخفاء، ومواقع الغُنّة (حركتين)	تفخيم
مدّ 2 أو 4 أو 6 جوازاً		إدغام، وما لا يُلفظ	قلقلة

سُورَةُ القَدْرِ

ترتيبها 97 — آياتها 5

بِسْمِ ٱللَّهِ ٱلرَّحْمَٰنِ ٱلرَّحِيمِ

إِنَّآ أَنزَلْنَٰهُ فِى لَيْلَةِ ٱلْقَدْرِ ﴿1﴾ وَمَآ أَدْرَىٰكَ مَا لَيْلَةُ ٱلْقَدْرِ ﴿2﴾
لَيْلَةُ ٱلْقَدْرِ خَيْرٌ مِّنْ أَلْفِ شَهْرٍ ﴿3﴾ تَنَزَّلُ ٱلْمَلَٰٓئِكَةُ وَٱلرُّوحُ
فِيهَا بِإِذْنِ رَبِّهِم مِّن كُلِّ أَمْرٍ ﴿4﴾ سَلَٰمٌ هِىَ حَتَّىٰ مَطْلَعِ ٱلْفَجْرِ ﴿5﴾

سُورَةُ البَيِّنَةِ

ترتيبها 98 — آياتها 8

بِسْمِ ٱللَّهِ ٱلرَّحْمَٰنِ ٱلرَّحِيمِ

۞ لَمْ يَكُنِ ٱلَّذِينَ كَفَرُوا۟ مِنْ أَهْلِ ٱلْكِتَٰبِ وَٱلْمُشْرِكِينَ مُنفَكِّينَ
حَتَّىٰ تَأْتِيَهُمُ ٱلْبَيِّنَةُ ﴿1﴾ رَسُولٌ مِّنَ ٱللَّهِ يَتْلُوا۟ صُحُفًا مُّطَهَّرَةً ﴿2﴾
فِيهَا كُتُبٌ قَيِّمَةٌ ﴿3﴾ وَمَا تَفَرَّقَ ٱلَّذِينَ أُوتُوا۟ ٱلْكِتَٰبَ إِلَّا مِنۢ
بَعْدِ مَا جَآءَتْهُمُ ٱلْبَيِّنَةُ ﴿4﴾ وَمَآ أُمِرُوٓا۟ إِلَّا لِيَعْبُدُوا۟ ٱللَّهَ مُخْلِصِينَ
لَهُ ٱلدِّينَ حُنَفَآءَ وَيُقِيمُوا۟ ٱلصَّلَوٰةَ وَيُؤْتُوا۟ ٱلزَّكَوٰةَ وَذَٰلِكَ دِينُ
ٱلْقَيِّمَةِ ﴿5﴾ إِنَّ ٱلَّذِينَ كَفَرُوا۟ مِنْ أَهْلِ ٱلْكِتَٰبِ وَٱلْمُشْرِكِينَ
فِى نَارِ جَهَنَّمَ خَٰلِدِينَ فِيهَآ أُو۟لَٰٓئِكَ هُمْ شَرُّ ٱلْبَرِيَّةِ ﴿6﴾ إِنَّ
ٱلَّذِينَ ءَامَنُوا۟ وَعَمِلُوا۟ ٱلصَّٰلِحَٰتِ أُو۟لَٰٓئِكَ هُمْ خَيْرُ ٱلْبَرِيَّةِ ﴿7﴾

- سَلَٰمٌ هِىَ: سلامةٌ من كلِّ خوفٍ

ثُمُنٌ

- تَأْتِيَهُمُ الْبَيِّنَةُ: الحُجَّةُ الواضحةُ
- دِينُ الْقَيِّمَةِ: المِلَّةُ المستقيمةُ أو الكتبُ القيِّمةُ

البيّنة

مدّ مشبع 6 حركات	مدّ حركتين	إخفاء، ومواقع الغُنَّة (حركتين)	تفخيم
مدّ 2 أو 4 أو 6 جوازاً		إدغام، وما لا يُلفظ	قلقلة

جَزَآؤُهُمْ عِندَ رَبِّهِمْ جَنَّٰتُ عَدْنٍ تَجْرِے مِن تَحْتِهَا اَ۬لَانْهَٰرُ خَٰلِدِينَ
فِيهَآ أَبَدًا رَّضِيَ اَ۬للَّهُ عَنْهُمْ وَرَضُواْ عَنْهُۥ ذَٰلِكَ لِمَنْ خَشِيَ رَبَّهُۥ (8)

سُورَةُ الزَّلزَلَة

ترتيبها 99 — آياتها 9

بِسْمِ اِ۬للَّهِ اِ۬لرَّحْمَٰنِ اِ۬لرَّحِيمِ

إِذَا زُلْزِلَتِ اِ۬لَارْضُ زِلْزَالَهَا (1) وَأَخْرَجَتِ اِ۬لَارْضُ أَثْقَالَهَا (2)
وَقَالَ اَ۬لِانسَٰنُ مَا لَهَا (3) يَوْمَئِذٍ تُحَدِّثُ أَخْبَارَهَا (4)
بِأَنَّ رَبَّكَ أَوْحَىٰ لَهَا (5) يَوْمَئِذٍ يَصْدُرُ اُ۬لنَّاسُ أَشْتَاتًا (6)
لِّيُرَوْاْ أَعْمَٰلَهُمْ (7) فَمَنْ يَّعْمَلْ مِثْقَالَ ذَرَّةٍ خَيْرًا
يَرَهُۥ (8) وَمَنْ يَّعْمَلْ مِثْقَالَ ذَرَّةٍ شَرًّا يَرَهُۥ (9)

سُورَةُ العَٰدِيَٰت

ترتيبها 100 — آياتها 11

بِسْمِ اِ۬للَّهِ اِ۬لرَّحْمَٰنِ اِ۬لرَّحِيمِ

وَالْعَٰدِيَٰتِ ضَبْحًا (1) فَالْمُورِيَٰتِ قَدْحًا (2) فَالْمُغِيرَٰتِ
صُبْحًا (3) فَأَثَرْنَ بِهِۦ نَقْعًا (4) فَوَسَطْنَ بِهِۦ جَمْعًا (5) اِنَّ اَ۬لِانسَٰنَ
لِرَبِّهِۦ لَكَنُودٌ (6) وَإِنَّهُۥ عَلَىٰ ذَٰلِكَ لَشَهِيدٌ (7) وَإِنَّهُۥ لِحُبِّ
اِ۬لْخَيْرِ لَشَدِيدٌ (8) ۞ أَفَلَا يَعْلَمُ إِذَا بُعْثِرَ مَا فِے اِ۬لْقُبُورِ (9)

- زُلْزِلَتِ اِ۬لَارْضُ: حُرِّكَتْ تحريكًا عنيفًا
- أَثْقَالَهَا: مَوْتاها
- تُحَدِّثُ أَخْبَارَهَا: تخبرُ بما عُمِلَ عليها
- أَوْحَىٰ لَهَا: جَعَلَ في حالِها دلالةً على ذلك
- أَشْتَاتًا: مُتفرّقينَ
- مِثْقَالَ: وَزْن
- وَالْعَٰدِيَٰتِ: الخيْلِ الغزاةِ تعْدو بسرعةٍ
- ضَبْحًا: هُوَ صَوْتُ أنفاسِها إذا عَدَتْ
- فَالْمُورِيَٰتِ قَدْحًا: المُخْرِجاتِ النّارَ بصكِّ حَوافِرِها
- فَالْمُغِيرَٰتِ صُبْحًا: المباغِتاتِ للعدوِّ وَقتَ الصّباحِ
- فَأَثَرْنَ بِهِۦ نَقْعًا: هيّجْنَ في الصّبحِ غبارًا

ربع — الزّلزلة العاديات

- فَوَسَطْنَ بِهِۦ جَمْعًا: فتوسّطْنَ فيه جمعًا مِنَ الأعداءِ
- لَكَنُودٌ: لكفورٌ جَحودٌ

مدّ مشبع 6 حركات — مدّ 2 أو 4 أو 6 جوازًا — مدّ حركتين — إخفاء، ومواقع الغُنّة (حركتين) — إدغام، وما لا يُلفظ — تفخيم — قلقلة

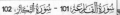

وَحُصِّلَ مَا فِي الصُّدُورِ ﴿10﴾ إِنَّ رَبَّهُم بِهِمْ يَوْمَئِذٍ لَّخَبِيرٌ ﴿11﴾

سُورَةُ القَارِعَةِ

ترتيبها 101 — آياتها 10

بِسْمِ اللَّهِ الرَّحْمَٰنِ الرَّحِيمِ

الْقَارِعَةُ مَا الْقَارِعَةُ ﴿1﴾ وَمَا أَدْرَاكَ مَا الْقَارِعَةُ ﴿2﴾
يَوْمَ يَكُونُ النَّاسُ كَالْفَرَاشِ الْمَبْثُوثِ ﴿3﴾
وَتَكُونُ الْجِبَالُ كَالْعِهْنِ الْمَنفُوشِ ﴿4﴾ فَأَمَّا
مَن ثَقُلَتْ مَوَازِينُهُ ﴿5﴾ فَهُوَ فِي عِيشَةٍ رَّاضِيَةٍ ﴿6﴾
وَأَمَّا مَنْ خَفَّتْ مَوَازِينُهُ ﴿7﴾ فَأُمُّهُ هَاوِيَةٌ ﴿8﴾
وَمَا أَدْرَاكَ مَا هِيَهْ ﴿9﴾ نَارٌ حَامِيَةٌ ﴿10﴾

سُورَةُ التَّكَاثُرِ

ترتيبها 102 — آياتها 8

بِسْمِ اللَّهِ الرَّحْمَٰنِ الرَّحِيمِ

أَلْهَاكُمُ التَّكَاثُرُ ﴿1﴾ حَتَّىٰ زُرْتُمُ الْمَقَابِرَ ﴿2﴾ كَلَّا سَوْفَ
تَعْلَمُونَ ﴿3﴾ ثُمَّ كَلَّا سَوْفَ تَعْلَمُونَ ﴿4﴾ كَلَّا لَوْ تَعْلَمُونَ
عِلْمَ الْيَقِينِ ﴿5﴾ لَتَرَوُنَّ الْجَحِيمَ ﴿6﴾ ثُمَّ لَتَرَوُنَّهَا
عَيْنَ الْيَقِينِ ﴿7﴾ ثُمَّ لَتُسْأَلُنَّ يَوْمَئِذٍ عَنِ النَّعِيمِ ﴿8﴾

- حُصِّلَ: جُمِعَ أو مُيِّزَ
- الْقَارِعَةُ: القيامةُ
- كَالْفَرَاشِ: ما يطيرُ ويَتهافتُ في النارِ
- الْمَبْثُوثِ: المتفرّقِ المُنتشِرِ
- كَالْعِهْنِ: كالصّوفِ المصْبوغِ ألوانًا
- الْمَنفُوشِ: المُفرّقِ بالأصابعِ ونحْوِها
- ثَقُلَتْ: رَجَحَتْ
- فَأُمُّهُ: فمأواه ومسكنُه
- هَاوِيَةٌ: الطبقةُ السّابعةُ من النّارِ
- أَلْهَاكُمُ: شغَلكم عنْ طاعةِ ربِّكم
- التَّكَاثُرُ: التباهي بكثرةِ نعمِ الدّنيا
- عِلْمَ الْيَقِينِ: العلمَ اليقينيَّ
- عَيْنَ الْيَقِينِ: نفسَ اليقينِ
- النَّعِيمِ: ما يتلذّذُ به في الدّنيا

القارعة — التكاثر

مدّ مشبع 6 حركات — مدّ 2 أو 4 أو 6 جوازاً	مدّ حركتين	إخفاء، ومواقع الغُنّة (حركتين) — إدغام، وما لا يُلفَظ
تفخيم — قلقلة		

سُورَةُ الْعَصْرِ

ترتيبها 103 — آياتها 3

بِسْمِ اِ۬للَّهِ اِ۬لرَّحْمَٰنِ اِ۬لرَّحِيمِ

وَالْعَصْرِ إِنَّ اَ۬لِانسَٰنَ لَفِے خُسْرٍ (1) اِلَّا اَ۬لذِينَ ءَامَنُواْ وَعَمِلُواْ
اُ۬لصَّٰلِحَٰتِ وَتَوَاصَوْاْ بِالْحَقِّ (2) وَتَوَاصَوْاْ بِالصَّبْرِ (3)

سُورَةُ الْهُمَزَةِ

ترتيبها 104 — آياتها 9

بِسْمِ اِ۬للَّهِ اِ۬لرَّحْمَٰنِ اِ۬لرَّحِيمِ

وَيْلٌ لِّكُلِّ هُمَزَةٖ لُّمَزَةٍ (1) اِ۬لذِے جَمَعَ مَالاٗ وَعَدَّدَهُۥ (2)
يَحْسِبُ أَنَّ مَالَهُۥ أَخْلَدَهُۥ (3) كَلَّا لَيُنۢبَذَنَّ فِے اِ۬لْحُطَمَةِ (4)
وَمَا أَدْرِيٰكَ مَا اَ۬لْحُطَمَةُ (5) نَارُ اُ۬للَّهِ اِ۬لْمُوقَدَةُ (6) اُ۬لتِے تَطَّلِعُ
عَلَى اَ۬لْأَفْـِٔدَةِ (7) إِنَّهَا عَلَيْهِم مُّوصَدَةٞ (8) فِے عَمَدٖ مُّمَدَّدَةِۢ (9)

سُورَةُ الْفِيلِ

ترتيبها 105 — آياتها 5

بِسْمِ اِ۬للَّهِ اِ۬لرَّحْمَٰنِ اِ۬لرَّحِيمِ

أَلَمْ تَرَ كَيْفَ فَعَلَ رَبُّكَ بِأَصْحَٰبِ اِ۬لْفِيلِ (1) أَلَمْ يَجْعَلْ كَيْدَهُمْ
فِے تَضْلِيلٖ (2) وَأَرْسَلَ عَلَيْهِمْ طَيْراً اَبَابِيلَ (3) تَرْمِيهِم
بِحِجَارَةٖ مِّن سِجِّيلٖ (4) فَجَعَلَهُمْ كَعَصْفٖ مَّاكُولِۢ (5)

مدّ مشبع 6 حركات / مدّ 2 أو 4 أو 6 جوازاً	مدّ حركتين	إخفاء، ومواقع الغُنَّة (حركتين) / إدغام، وما لا يُلفظ	تفخيم / قلقلة

- لَيُنۢبَذَنَّ: ليُطرَحَنّ
- طَيْراً اَبَابِيلَ: جماعاتٍ مُتفرِّقةً

العصر الهمزة الفيل

سُورَةُ قُرَيْشٍ

ترتيبها 106 — آياتها 5

بِسْمِ ٱللَّهِ ٱلرَّحْمَٰنِ ٱلرَّحِيمِ

لِإِيلَٰفِ قُرَيْشٍ ﴿1﴾ إِيلَٰفِهِمْ رِحْلَةَ ٱلشِّتَآءِ وَٱلصَّيْفِ ﴿2﴾
فَلْيَعْبُدُواْ رَبَّ هَٰذَا ٱلْبَيْتِ ﴿3﴾ ٱلَّذِےٓ أَطْعَمَهُم مِّن
جُوعٍ ﴿4﴾ وَءَامَنَهُم مِّنْ خَوْفٍ ﴿5﴾

سُورَةُ ٱلْمَاعُونِ

ترتيبها 107 — آياتها 6

بِسْمِ ٱللَّهِ ٱلرَّحْمَٰنِ ٱلرَّحِيمِ

أَرَآيْتَ ٱلَّذِے يُكَذِّبُ بِٱلدِّينِ ﴿1﴾ فَذَٰلِكَ ٱلَّذِے
يَدُعُّ ٱلْيَتِيمَ ﴿2﴾ وَلَا يَحُضُّ عَلَىٰ طَعَامِ ٱلْمِسْكِينِ ﴿3﴾
فَوَيْلٌ لِّلْمُصَلِّينَ ﴿4﴾ ٱلَّذِينَ هُمْ عَن صَلَاتِهِمْ سَاهُونَ ﴿5﴾
ٱلَّذِينَ هُمْ يُرَآءُونَ وَيَمْنَعُونَ ٱلْمَاعُونَ ﴿6﴾

سُورَةُ ٱلْكَوْثَرِ

ترتيبها 108 — آياتها 3

بِسْمِ ٱللَّهِ ٱلرَّحْمَٰنِ ٱلرَّحِيمِ

إِنَّآ أَعْطَيْنَٰكَ ٱلْكَوْثَرَ ﴿1﴾ فَصَلِّ لِرَبِّكَ وَٱنْحَرْ ﴿2﴾
إِنَّ شَانِئَكَ هُوَ ٱلْأَبْتَرُ ﴿3﴾

ثُمُن

- لِإِيلَٰفِ قُرَيْشٍ: لجعلهم آلفينَ الرّحلتينِ
- أَرَآيْتَ: هل عرفْتَ
- يُكَذِّبُ بِالدِّينِ: يَجْحَدُ الجزاءَ
- يَدُعُّ ٱلْيَتِيمَ: يَدْفَعُهُ دفعًا عنيفًا عنْ حَقِّهِ
- لَا يَحُضُّ: لا يَحُثُّ ولا يَبْعَثُ أحدًا
- فَوَيْلٌ: هَلاكٌ أوْ حسرةٌ
- سَاهُونَ: غافلونَ غيْرَ مُبالينَ بها
- يُرَآءُونَ: يَقصِدونَ الرّياءَ بأعمالِهِمْ
- أَعْطَيْنَٰكَ ٱلْكَوْثَرَ: نهرًا في الجنّة أو الخيْرَ الكثيرَ
- انْحَرْ: البُدْنَ نُسُكًا شُكْرًا للّهِ تعالى
- شَانِئَكَ: مُبْغِضَكَ
- ٱلْأَبْتَرُ: المقطوعُ الأثرِ

مدّ مشبع 6 حركات	مدّ حركتين	إخفاء، ومواقع الغُنّة (حركتين)	تفخيم
مدّ 2 أو 4 أو 6 جوازاً		إدغام، وما لا يُلفَظ	قلقلة

سُورَةُ الْكَافِرُونَ

ترتيبها 109 — آياتها 6

بِسْمِ اللَّهِ الرَّحْمَٰنِ الرَّحِيمِ

قُلْ يَا أَيُّهَا الْكَافِرُونَ (1) لَا أَعْبُدُ مَا تَعْبُدُونَ (2)
وَلَا أَنتُمْ عَابِدُونَ مَا أَعْبُدُ (3) وَلَا أَنَا عَابِدٌ مَّا عَبَدتُّمْ (4)
وَلَا أَنتُمْ عَابِدُونَ مَا أَعْبُدُ (5) لَكُمْ دِينُكُمْ وَلِيَ دِينِ (6)

سُورَةُ النَّصْرِ

ترتيبها 110 — آياتها 3

بِسْمِ اللَّهِ الرَّحْمَٰنِ الرَّحِيمِ

إِذَا جَاءَ نَصْرُ اللَّهِ وَالْفَتْحُ (1) وَرَأَيْتَ النَّاسَ
يَدْخُلُونَ فِي دِينِ اللَّهِ أَفْوَاجًا (2) فَسَبِّحْ بِحَمْدِ رَبِّكَ
وَاسْتَغْفِرْهُ إِنَّهُ كَانَ تَوَّابًا (3)

سُورَةُ الْمَسَدِ

ترتيبها 111 — آياتها 5

بِسْمِ اللَّهِ الرَّحْمَٰنِ الرَّحِيمِ

تَبَّتْ يَدَا أَبِي لَهَبٍ وَتَبَّ (1) مَا أَغْنَىٰ عَنْهُ مَالُهُ وَمَا
كَسَبَ (2) سَيَصْلَىٰ نَارًا ذَاتَ لَهَبٍ (3) وَامْرَأَتُهُ
حَمَّالَةَ الْحَطَبِ (4) فِي جِيدِهَا حَبْلٌ مِّن مَّسَدٍ (5)

- لَكُمْ دِينُكُمْ: شِرْكُكُم
- وَلِيَ دِينِ: إخلاصي وتوحيدي
- نَصْرُ اللَّهِ: عَوْنُهُ لكَ على الأعداءِ
- الْفَتْحُ: فتحُ مكةَ وغيرِها
- أَفْوَاجًا: جَماعاتٍ
- فَسَبِّحْ بِحَمْدِ رَبِّكَ: فنزِّهْهُ تعالى حامِدًا له
- تَوَّابًا: كثيرَ القبولِ لتوبةِ عبادهِ
- تَبَّتْ: هَلَكَتْ أو خَسِرَتْ
- وَتَبَّ: و قَدْ هَلَكَ أو خَسِرَ
- مَا أَغْنَىٰ عَنْهُ: ما دَفَعَ العذابَ عنه
- مَا كَسَبَ: الذي كَسَبَهُ بنفسِهِ
- سَيَصْلَىٰ نَارًا: سَيَدْخلُها أوْ يُقاسي حَرَّها
- جِيدِهَا: عُنقِها
- مِّن مَّسَدٍ: ممَّا يُفتلُ قويًّا مِنَ الحِبالِ

مدّ مشبع 6 حركات	إخفاء، ومواقع الغُنَّة (حركتين)	تفخيم
مدّ 2 أو 4 أو 6 جوازاً	إدغام، وما لا يُلفَظ	قلقلة
مدّ حركتين		

ترتيبها 112 — سُورَةُ الإخلاص — آياتها 4

بِسْمِ ٱللَّهِ ٱلرَّحْمَٰنِ ٱلرَّحِيمِ

قُلْ هُوَ ٱللَّهُ أَحَدٌ ۝١ ٱللَّهُ ٱلصَّمَدُ ۝٢ لَمْ يَلِدْ
وَلَمْ يُولَدْ ۝٣ وَلَمْ يَكُن لَّهُۥ كُفُوًا أَحَدٌۢ ۝٤

ترتيبها 113 — سُورَةُ الفَلَق — آياتها 5

بِسْمِ ٱللَّهِ ٱلرَّحْمَٰنِ ٱلرَّحِيمِ

قُلْ أَعُوذُ بِرَبِّ ٱلْفَلَقِ ۝١ مِن شَرِّ مَا خَلَقَ ۝٢ وَمِن
شَرِّ غَاسِقٍ إِذَا وَقَبَ ۝٣ وَمِن شَرِّ ٱلنَّفَّٰثَٰتِ فِى
ٱلْعُقَدِ ۝٤ وَمِن شَرِّ حَاسِدٍ إِذَا حَسَدَ ۝٥

ترتيبها 114 — سُورَةُ النَّاس — آياتها 6

بِسْمِ ٱللَّهِ ٱلرَّحْمَٰنِ ٱلرَّحِيمِ

قُلْ أَعُوذُ بِرَبِّ ٱلنَّاسِ ۝١ مَلِكِ ٱلنَّاسِ ۝٢ إِلَٰهِ
ٱلنَّاسِ ۝٣ مِن شَرِّ ٱلْوَسْوَاسِ ٱلْخَنَّاسِ ۝٤ ٱلَّذِى
يُوَسْوِسُ فِى صُدُورِ ٱلنَّاسِ ۝٥
مِنَ ٱلْجِنَّةِ وَٱلنَّاسِ ۝٦

- ٱللَّهُ ٱلصَّمَدُ: هو وَحْدَه الذي يقصدُ في الحوائجِ
- كُفُوًا: مُكافئًا ومُماثِلًا
- أَعُوذُ: أعْتصِمُ وأسْتجيرُ
- بِرَبِّ ٱلْفَلَقِ: الصُّبْحِ أو الخَلقِ
- شَرِّ غَاسِقٍ: شرِّ الليلِ
- وَقَبَ: دَخَلَ ظلامُه في كلِّ شيءٍ
- ٱلنَّفَّٰثَٰتِ: السَّواحِرِ المفسداتِ
- ٱلْعُقَدِ: ما يَعْقِدْنَ من السِّحرِ
- أَعُوذُ: أعْتصِمُ وأستجيرُ
- بِرَبِّ ٱلنَّاسِ: مُرَبِّيهِمْ
- مَلِكِ ٱلنَّاسِ: مالكِهِمْ
- إِلَٰهِ ٱلنَّاسِ: مَعْبُودِهِم
- ٱلْوَسْوَاسِ: المُوَسْوِسِ جِنِّيًّا أو إنسيًّا
- ٱلْخَنَّاسِ: المُتَوارِي المُخْتفِي
- ٱلْجِنَّةِ: الجِنِّ

مدّ مشبع 6 حركات	مدّ حركتين	إخفاء، ومواقع الغُنّة (حركتين)	تفخيم
مدّ 2 أو 4 أو 6 جوازاً		إدغام، وما لا يُلفَظ	قلقلة

604

رِوَايَةُ هَذَا المُصْحَفِ

بِعونِ اللهِ تعالى، كُتِبَ هَذَا المُصْحَفُ الشَّرِيفُ، وضُبِطَ على مَا يُوَافِقُ رِوَايَةَ أَبِي سَعِيدٍ عُثْمَانَ بْنِ سَعِيدٍ المِصْرِيِّ المُلَقَّبِ بِوَرْشٍ المُتَوَفَّى بِمِصْرَ سَنَةَ سَبْعٍ وَتِسْعِينَ وَمِائَةٍ مِنَ الهِجْرَةِ عَنْ نَافِعِ بْنِ عَبْدِ الرَّحْمَنِ بْنِ أَبِي نُعَيْمٍ المَدَنِيِّ المُتَوَفَّى بِالمَدِينَةِ المُنَوَّرَةِ سَنَةَ تِسْعٍ وَسِتِّينَ وَمِائَةٍ عَنْ أَبِي جَعْفَرٍ يَزِيدَ بْنِ القَعْقَاعِ، وَأَبِي دَاوُدَ عَبْدِ الرَّحْمَنِ بْنِ هُرْمُزَ الأَعْرَجِ، وَشَيْبَةَ بْنِ نِصَاحٍ القَاضِي، وَأَبِي عَبْدِ اللهِ مُسْلِمِ بْنِ جُنْدُبٍ الهُذَلِيِّ مَوْلَاهُمْ، وَأَبِي رَوْحٍ يَزِيدَ بْنِ رُومَانَ، عَنْ أَبِي هُرَيْرَةَ، وَابْنِ عَبَّاسٍ، وَعَبْدِ اللهِ بْنِ عَيَّاشِ بْنِ أَبِي رَبِيعَةَ، عَنْ أُبَيِّ بْنِ كَعْبٍ، عَنِ النَّبِيِّ صَلَّى اللهُ عَلَيْهِ وَسَلَّم.

وَرِوَايَةُ وَرْشٍ الَّتِي ضُبِطَ هَذَا المُصْحَفُ عَلى وَفْقِهَا هِيَ مِنْ طَرِيقِ أَبِي يَعْقُوبَ يُوسُفَ بْنِ عَمْرٍو ابْنِ يَسَارٍ الأَزْرَقِ.

وَأُخِذَ هِجَاؤُهُ مِمَّا رَوَاهُ عُلَمَاءُ الرَّسْمِ عَنِ المَصَاحِفِ الَّتِي بَعَثَ بِها الخَلِيفَةُ الرَّاشِدُ عُثْمَانُ ابْنُ عَفَّانَ رَضِيَ اللهُ عَنْهُ إِلَى مَكَّةَ، وَالبَصْرَةِ، وَالكُوفَةِ، وَالشَّامِ، وَالمُصْحَفِ الَّذِي جَعَلَهُ لِأَهْلِ المَدِينَةِ، وَالمُصْحَفِ الَّذِي اخْتَصَّ بِهِ نَفْسَهُ، وَعَنِ المَصَاحِفِ المُنْتَسَخَةِ مِنْهَا، وَقَدْ رُوعِيَ فِي ذَلِكَ مَا نَقَلَهُ الشَّيْخَانِ أَبُو عَمْرٍو الدَّانِيُّ، وَأَبُو دَاوُدَ سُلَيْمَانُ بْنُ نَجَاحٍ مَعَ اخْتِيَارِ قَوْلِ أَحَدِهِمَا عِنْدَ الاخْتِلَافِ، عَلى مَا حَقَّقَهُ الأُسْتَاذُ مُحَمَّدُ بْنُ مُحَمَّدٍ الأُمَوِيُّ الشَّرِيشِيُّ الشَّهِيرُ بِالخَرَّازِ فِي مَنْظُومَتِهِ «مَوْرِدِ الظَّمْآنِ»، وَقَدْ يُؤْخَذُ بِقَوْلِ غَيْرِهِمَا مِنْ مُحَقِّقِي هَذَا الفَنِّ.

هَذَا، وَكُلُّ حَرْفٍ مِنْ حُرُوفِ هَذَا المُصْحَفِ مُوَافِقٌ لِنَظِيرِهِ فِي المَصَاحِفِ العُثْمَانِيَّةِ السَّابِقِ ذِكْرُهَا.

وَأُخِذَتْ طَرِيقَةُ ضَبْطِهِ مِمَّا قَرَّرَهُ عُلَمَاءُ الضَّبْطِ عَلى حَسَبِ مَا وَرَدَ فِي كِتَابِ «الطِّرَازِ على ضَبْطِ الخَرَّازِ» لِلإِمَامِ التَّنَسِيِّ، وَغَيْرِهِ مِنَ الكُتُبِ، مَعَ الأَخْذِ بِعَلَامَاتِ المَغَارِبَةِ بَدَلًا مِنْ

عَلامَاتِ المَشارقةِ مَعَ مُراعَاةِ مَا جَرىٰ بِهِ العَمَلُ عندَ المَغاربَةِ .

وضُبِطت أواخرُ السُّورِ علىٰ وَجهِ السَّكتِ .

واتُّبِعَتْ في عدِّ آيَاتهِ طريقَةُ عَدَدِ «المَدَنِيِّ الأَخيرِ» وَهُو مَا روَاه إِسْمَاعيلُ بنُ جَعْفَرٍ عَن سُليمانَ ابن جَمَّازٍ عَن شَيبَةَ بْن نِصَاحٍ، وَأَبي جَعْفَرٍ، وعَددُ آيِ القُرآن علىٰ طريقَتِهمْ 6214 آية .

وقَد اعْتمدَ في عَدِّ الآيِ علىٰ ما وَردَ في كِتَاب «البَيان» للإمام أَبي عَمرٍو الدَّانِيِّ، و«نَاظمَةِ الزُّهْرِ» للإمَام الشّاطِبِيّ، وغيرِهما من الكتُبِ المدوَّنةِ في عِلْمِ الفوَاصِل .

وَأُخِذَ بيَانُ أجزائِه الثَّلاثينَ، وأحزَابهِ السِّتّينَ، وأَنصَافِهَا وأَربَاعِهَا وأَثْمَانِها مِن كتاب «البَيَانِ» للإمَام أَبي عَمْرٍو الدَّانِيِّ، و«غَيْث النَّفعِ» لِلعلَّامةِ الصَّفاقُسِيّ، وَغيرِهما مِنَ الكُتبِ ومَا جَرىٰ بِه العَمَلُ عِندَ المغَاربَةِ.

وأُخِذَ بيَانُ مَكِّيِّهِ، ومَدَنيِّهِ في الجدْوَل الملحَقِ بآخِرِ المصحَفِ مِن كُتُبِ التَّفْسِيرِ وَالقِرَاءَاتِ.

وَوَضْعُ هٰذِه العَلَامة (ﺻ) علىٰ الكَلِمَةِ يَدُلُّ على الوَقْفِ عَليهَا اخْتياراً مُوافقة لِلمَصَاحِفِ في المَغربِ.

وَهٰذِه العَلَامَةُ (۩) تَدلُّ علىٰ مَوْضِعِ السَّجْدَةِ، وَمَواضِعُ السَّجدَات في هذَا المُصْحَفِ مُوَافقة لِلمَصَاحِفِ في المَغْرِبِ.

وَأُخِذَ تفسيرٌ مختصرٌ لكَلِمَاتِ القُرآنِ الكَريمِ وَكُتِبَت علىٰ الهَامِشِ من أشْهَر كُتبِ التَّفسِيرِ، «تَفسيرِ القُرْآنِ العَظِيم» لابنِ كَثيرٍ القُرَشيِّ الدِّمَشقيِّ، و«تَفْسيرِ الجَلَالَيْنِ» لجَلَالِ الدِّين المَحَلِّيِّ وَجَلَالِ الدِّينِ السُّيُوطِيِّ، و«تَفْسيرِ كَلِمَاتِ القُرآنِ» لحَسَنَين محمَّد مخلُوف، و«العُمدَةِ في غَريبِ القُرآنِ» لمَكِّيِّ بْنِ أبي طَالِب .

مُصْطَلَحَاتُ الضَّبْطِ

وَضْعُ الدَّائرة الَّتي هِيَ حلقَةٌ مجوَّفَةٌ هٰكذَا (ە) فَوقَ أَحَدِ أَحْرُفِ العِلَّةِ الثَّلَاثَةِ المَزيدَةِ رَسْمًا يَدُلّ علىٰ زِيادَةِ ذٰلِك الحَرفِ، فَلا يُنطقُ به فِي الوَصْلِ وَلا فِي الوَقْفِ نَحْوُ: ﴿ءَامَنُواْ﴾ ﴿يَتْلُواْ صُحُفًا﴾ ﴿لَأَاْذْبَحَنَّهُۥٓ﴾ ﴿أُوْلَٰٓئِكَ﴾ ﴿أَفَإِيْن﴾ ﴿مِن نَّبَإِيْ﴾.

وَعلَامَةُ السُّكون عِندَ المغاربَةِ حَلقَةٌ مُفرَغَةٌ أَيْضًا كالدَّارة هٰكذَا: (ە) وَوَضْعُ هٰذِه العَلَامَةِ فوق الحَرْف يَدُلّ علىٰ سُكونِه بحَيْثُ يَقْرَعُهُ اللِّسَانُ إِذَا لَمْ يُشَدَّدْ مَا بَعدَه نَحْوُ: ﴿مِنْ خَيْرٍ﴾ ﴿أَوَعَظْتَ﴾ ﴿نَضِجَتْ جُلُودُهُم﴾ ﴿وَإِذْ صَرَفْنَآ﴾.

وَوَضْعُ عَلَامَةِ السُّكون فوقَ المُدغَمِ، وَعلَامَةِ التَّشْدِيدِ فَوقَ المُدْغَمِ فيهِ يَدُلّ علىٰ إِدغَام الأَوّل في الثّانِي إِدغَامًا نَاقِصًا بحَيْثُ يَذهَبُ مَعَهُ ذَاتُ المدْغَمِ مَعَ بَقَاءِ صِفَتِهِ، فَالتَّشْدِيدُ وحده يَدُلّ عَلى النُّقْصَانِ وَيَشمَلُ ذٰلِك مَا يَلِي:

أ- إِدغَام النُّونِ السَّاكِنةِ في كُلٍّ منَ اليَاءِ وَالوَاو نَحْو: ﴿مَنْ يَّشَآءُ﴾ ﴿مِنْ وَّلِيٍّ﴾ وكان الإِدْغَامُ هُنا نَاقِصًا لِبقَاءِ صِفَةِ الغُنَّة.

ب- إِدغَام الطّاءِ السَّاكِنَة في التَّاءِ نَحْوُ: ﴿بَسَطْتَّ﴾ ﴿أَحَطْتُّ﴾ وكان الإِدْغَامُ هُنا نَاقِصًا لِبقَاءِ صِفَةِ الإِطبَاقِ.

وَتَعْرِيَةُ الحَرف مِن عَلَامَةِ السُّكون مَعَ تَشْدِيدِ الحَرْف التّالِي تدلّ علىٰ إِدغَام الأَوّل في الثَّاني إِدْغَامًا كامِلًا بحَيْثُ يَذهَبُ مَعَهُ ذاتُ المُدغَمِ وَصِفتُه، فَالتَّشْدِيدُ يَدلّ علىٰ الإِدغَام، وَالتّعْرِيَةُ تَدلّ علىٰ كَمَالِه نَحوُ قولهِ تعالىٰ: ﴿مِّن لِّينَةٍ﴾ ﴿مِّن رَّبِّكَ﴾ ﴿مِن نُّورٍ﴾ ﴿مِّن مَّآءٍ﴾ ﴿قَدْ اجِيبَت دَّعْوَتُكُمَا﴾ ﴿عَصَواْ وَّكَانُواْ﴾ ﴿بَل رَّفَعَهُ ٱللَّهُ﴾ وَكَذا قوله تعالىٰ: ﴿أَلَمْ نَخْلُقكُّم﴾ على الوَجه المقدَّم في الأداءِ.

وَتَعْرِيَةُ الحَرف مِن عَلَامَةِ السُّكون مَعَ عَدَم تَشْدِيدِ التَّالي تَدلّ علىٰ إِخفَاءِ الأَوّلِ عِندَ

الثّاني فلَا هُوَ مُظهرٌ حتّى يقرعَهُ اللّسان، ولا هُو مُدْغَمٌ حتّى يُقلَبَ مِن جِنْسِ تاليهِ، سَوَاء أَكَانَ هٰذَا الإخفاءُ حَقيقيًّا نحْوُ: ﴿مِن تَحْتِهَا﴾ أَم شَفويًّا نحوُ: ﴿بَلْ جَآءَهُم بِالْحَقِّ﴾ علىٰ مَا جرىٰ عَلَيهِ أَكثَرُ أَهْلِ الأَدَاءِ مِن إِخْفَاءِ المِيم عِندَ البَاءِ.

وَتَرْكِيبُ الحَرَكَتَينِ (حَرَكةِ الحَرْف وَالحَرَكةِ الدَّالّةِ عَلى التّنوينِ) سَوَاء أَكانتا ضمّتَين أم فتحتَين أم كسرَتَين هٰكَذَا: (ـٌ ـً ـٍ) يَدلّ علىٰ إظهار التّنوين نحْوُ: ﴿حَرِيصٌ عَلَيْكُم﴾ ﴿حَلِيماً غَفُوراً﴾ ﴿وَلِكُلِّ قَوْمٍ هَادٍ﴾.

وَتَتَابُعهمَا هٰكَذَا: (ـٌ ـً ـٍ) مَعَ تَشديدِ التّالي يَدُلّ عَلى الإِدْغَام الكَامِلِ نحْوُ: ﴿رَسُولٌ مِّنَ ٱللَّهِ﴾ ﴿يَوْمَئِذٍ نَّاعِمَةٌ﴾ ﴿مُبْصِرَةً لِّتَبْتَغُواْ﴾ ﴿لَرَءُوفٌ رَّحِيمٌ﴾.

وَتَتَابُعهمَا مَعَ عَدَمِ تَشْديدِ التّالي يَدُلّ عَلى الإِدْغَام النَّاقِصِ نَحْوُ: ﴿وُجُوهٌ يَوْمَئِذٍ﴾ ﴿رَحِيمٌ وَدُودٌ﴾ أو عَلى الإِخْفَاءِ نَحْوُ: ﴿شِهَابٌ ثَاقِبٌ﴾ ﴿سِرَاعاً ذَٰلِكَ﴾ ﴿أَوْ عَلَىٰ سَفَرٍ فَعِدَّةٌ﴾.

فَتَرْكِيبُ الحَرَكتَين بمنزلَةِ وَضْعِ السُّكون علىٰ الحَرف، وَتَتَابُعهمَا بمَنزلَةِ تَعْرِيَتِهِ عَنهُ.

وَوَضْعُ مِيمٍ صَغِيرَةٍ بَدَل الحَرَكة الثّانيَةِ مِنَ المنوَّن، أَو فَوقَ النُّون السَّاكِنَةِ بَدَلَ السُّكون مَعَ عدم تَشديدِ البَاء التَّاليَةِ يَدُلّ علىٰ قلْبِ التَّنْوين أَو النُّون السَّاكِنَةِ مِيمًا نحْوُ: ﴿عَلِيمٌۢ بِذَاتِ ٱلصُّدُورِ﴾ ﴿جَزَآءَۢ بِمَا كَانُواْ﴾ ﴿كِرَامٍۭ بَرَرَةٍ﴾ ﴿مِنۢ بَعْدِ﴾ ﴿هَبَآءً مُّنۢبَثّاً﴾.

وَعلَامَةُ الضَّمَّة وَاوٌ صَغيرَةٌ هٰكَذَا(ـُ).

وَحُرُوفُ المد الصَّغيرَة تَدُلّ علىٰ أَعْيَانِ الحرُوفِ المتروكةِ في خَطّ المصَاحِفِ العُثمانيَّةِ مَعَ وُجُوب النُّطقِ بها نَحْوُ: ﴿ذَٰلِكَ ٱلْكِتَٰبُ﴾ ﴿دَاوُۥدُ﴾ ﴿يَلْوُۥنَ أَلْسِنَتَهُم﴾ ﴿يُحْيِۦ وَيُمِيتُ﴾ ﴿كَانَ بِهِۦ بَصِيراً﴾.

وَقد يَكونُ الإِلْحَاقُ بتَرقِيق الحَرْفِ فِي الخَطّ، وَاتّصَالِه بِحُرُوف الكَلِمَةِ وَذٰلِك نَحْوُ: ﴿إِنَّ وَلِـِّۧيَ ٱللَّهُ﴾ وَعَلى ذٰلِك جرى العَمَلُ عِندَ المغَاربَةِ، وَإِنَّمَا كَانَ الحرْفُ دَقِيقًا رَقِيقًا لِئَلّا يُتَوَهَّمَ أَنَّ الحَرْفَ ثَابِتٌ رَسْمًا مَعَ أَنَّه مَحْذُوفٌ.

وَإِذَا كَانَ الحَرفُ المَترُوكُ لَه بَدَلٌ في الكِتَابةِ الأَصْلِيّةِ عُوِّلَ في النُّطق عَلى الحَرْف المُلحَق لَا عَلَى البَدَلِ نَحوُ: ﴿ٱلصَّلَوٰةَ﴾ ﴿كَمِشْكَوٰةٍ﴾ ﴿ٱلرِّبَوٰاْ﴾ ﴿وَإِذِ ٱسْتَسْقَىٰ مُوسَىٰ لِقَوْمِهِۦ﴾.

وَوَضْعُ هٰذِه العَلَامَةِ (~) فوقَ الحَرف يَدُلّ عَلىٰ لُزوم مَدِّهِ مَدًّا زَائِدًا عَلى المَدِّ الأَصْليِّ الطبِيعِيِّ نَحوُ: ﴿الٓمٓ﴾ ﴿ٱلْحَآقَّةُ﴾ ﴿قُرُوٓءٍ﴾ ﴿سِيٓءَ بِهِمْ﴾ ﴿لَا يَسْتَحْيِۦٓ أَن يَضْرِبَ مَثَلًا مَّا﴾ ﴿بِمَآ أُنزِلَ﴾.

وَالمدُّ اللّازمُ مِقدَارهُ سِتُّ حَركاتٍ لِجميع القُرَّاءِ وَكذا المتّصِلُ والمنفصلُ لورْشٍ من طَرِيق الأَزرَقِ عَنهُ، وَلَم توضَعْ هٰذِه العَلَامَةُ عَلى مَدِّ البَدَلِ، وَلَا على حَرْفَي اللِّين بالشُّرُوطِ المذكورَة فِي كتُبِ القِرَاءَاتِ إِلّا عَلىٰ وَجهِ الإشبَاعِ منَ الطّرِيقِ المذكورَةِ، وَلَم تُوضَعْ علىٰ وَجْهِ التَّوسُّطِ الجَائِزِ في كلٍّ منهمَا، كمَا جرىٰ علَيهِ العَمَلُ عِندَ المغَاربَةِ؛ لِئَلَّا يلتَبسَ بالإِشبَاعِ.

وَوَضْعُ جرَّةٍ هٰكذَا (ـ) مَكانَ هَمزَةِ القَطعِ الّتِي حُذِفَت بَعدَ نَقل حَركتهَا إِلى السَّاكِن قَبلَهَا يَدُلّ علىٰ أَنَّ مَحلَّ الجرَّةِ هُو مَحلُّ الهَمْزة قَبلَ نَقْل حَرَكتهَا، فَتُوضَعُ الجرَّةُ فوقَ الأَلِف إِذَا كانَت الهَمزَة مَفتُوحَةً نَحوُ: ﴿وَمَآ أَسْـَٔلُكُمْ عَلَيْهِ مِنَ اجْرٍ﴾ وَتحتَهَا إِذَا كانَتْ مَكسُورَةً نَحوُ ﴿أَئِن اذَا سَمِعْتُمُ ءَايَتِ﴾ وَفي وَسَطِها على اليَسَارِ إِذَا كانَتْ مَضمُومَةً نَحوُ: ﴿مَنُ اوتِيَ﴾ وَعَلى السَّطرِ قبلَ الأَلِف الّتي بَعْدَهَا إِذَا لَم يَكُن لَها صُورَةٌ نَحوُ: ﴿مَنَ ـامَنَ﴾.

ثمَّ إِنّ صِلَةَ أَلِفِ الوَصْلِ تَابِعَةٌ لِلحَركَة الّتي قَبلَ أَلِفِ الوَصْلِ (هَمْزَة الوَصْل) سَوَاء أَكانت الحَرَكة لازمَةً أَم عَارضَةً، (وَأَلفُ الوَصْل هِيَ الّتِي تَسْقُط وَصلًا وَتَثبتُ ابتِدَاءً) فَإِن كَانَت الحَرَكة فَتحةً جُعِلَت جرَّةُ الصِّلَة فَوقَ الأَلِف نَحوُ: ﴿هُوَ ٱللَّهُ﴾ وَإِن كَانَت كسرةً جُعِلَتْ تَحتها نَحوُ: ﴿إِنِّى ٱصْطَفَيْتُكَ﴾ وَإِن كَانَتْ ضَمَّةً جُعِلَت في وَسَطِها نَحوُ: ﴿أَنُ ٱشْكُرْ لِى﴾.

وَالنُّقطَةُ المُستَديرَةُ الشّكلِ المطمُوسَة الوَسَط تَدلّ علىٰ كيفيَّةِ الابتدَاءِ بأَلِفِ الوَصل، فَإِن وُضِعَت فوقَ الأَلِف ابتُدِئَ بهَا مَفتوحَةً، وإِن وُضِعَتْ تحتهَا ابتُدِئَ بها مَكسُورَةً، وَإِن

وُضِعَتْ في وَسطِهَا ابتدِئَ بها مَضْمُومَةً، كمَا رَأَينا في الأَمْثِلَة الثَّلَاثةِ السَّابقَةِ.

وَوَضْعُ نُقطَةٍ كبِيرَةٍ مَطموسَةِ الوَسطِ تَحتَ الحَرفِ بَدَلًا مِنَ الفَتحَةِ يَدُلّ عَلى التَّقليل وَهُوَ المسَمّىٰ بالإِمَالةِ الصُّغْرىٰ نَحْوُ: ﴿مُوسىٰ﴾ ﴿فَأَحْيا﴾ ﴿وَالنَّهارِ﴾.

وَلَم تَردِ الإِمَالةُ الكُبرىٰ عَن وَرْشٍ مِن طَريقِ الأَزرَقِ إِلّا في الهاءِ من كَلِمَةِ ﴿طه﴾.

وَضَبْطُهَا بوَضْعِ النّقطَةِ المَذكورَةِ تَحْتَهَا أَيضًا بَدَلَ الفَتْحَةِ.

وَوَضْعُ هٰذِه النّقطَةِ المذكورَةِ مَكانَ الهَمزَةِ منْ غَيْرِ حَرَكَةٍ يَدُلّ علىٰ تَسْهِيلِ الهَمزَةِ بَين بَينَ، وَهُو النُّطقُ بالهَمْزَةِ بَيْنهَا وَبَيْنَ الأَلِفِ إِن كَانَت مَفْتُوحَةً نَحْوُ: ﴿ءَامَنتُمْ﴾، وَبَينها وَبَينَ اليَاءِ إِن كَانَت مَكسُورَةً نَحْوُ: ﴿شُهَدَآءَ إِذْ﴾، وَبَينها وَبَينَ الوَاوِ إِن كَانَتْ مَضْمُومَةً نَحْوُ: ﴿جَآءَ امَّةً﴾.

وَوَضْعُ هٰذِه النُّقطَةِ السَّابقَةِ مَعَ الحَرَكَةِ مَوْضعَ الهَمْزَةِ يَدُلُّ علىٰ إِبدَالِ الهَمزَةِ حَرفًا مُحرَّكًا، سَواءٌ أَكَانَ ياءً نَحْوُ: ﴿لِّئَلَّا﴾ ﴿نُنَزِّلْ عَلَيْهِم مِّنَ اَلسَّمَآءِ ءَايَةً﴾ أَمْ وَاوًا نَحْوُ: ﴿مُّؤَجَّلًا﴾ ﴿نَشَآءُ أَصَبْنَٰهُم﴾ وَكذَا نَحْوُ: ﴿يَشَآءُ إِلَىٰ﴾ علىٰ وَجْهِ إِبدَالِ الهَمْزَةِ واوًا وهُو المقدَّمُ في الأَدَاءِ.

وَوَضْعُ النُّقطَةِ السَّالِفَةِ الذِّكرِ بين حَرْفِ السِّينِ والياء من فوق في قَولِهِ تَعالىٰ: ﴿سِيٓءَ بِهِمْ﴾ وَقَولِهِ: ﴿سِيٓـَٔتْ وُجُوهُ﴾ يَدُلّ على الإِشمَامِ، وَهُو النُّطقُ بِحَرَكَةٍ مُرَكّبَةٍ من حَرَكَتَين ضَمَّةٍ وَكَسْرَةٍ، وَجُزءُ الضَّمَّةِ مُقدَّمٌ وَهُو الأَصغر، وَيَليهِ جُزءُ الكَسْرَةِ وَهُو الأَكبر، وَمِنْ ثَمَّ تَمَحَّضتِ اليَاءُ.

وَالدَّائِرَةُ المحلَّاةُ الّتي يَكونُ في وَسطِهَا رَقْمٌ تَدلّ علىٰ نِهايَةِ الآيَةِ هٰكذَا ﴿5﴾ وَلذٰلِك لا تَكونُ في أَوائِلِ السُّوَرِ.

وَهٰذِه العَلَامَةُ ۞ تَدلّ علىٰ بدَايَةِ الثُّمنِ والرُّبعِ وَالحِزْبِ وَنصفِهِ.

تَنْبِيهَاتٌ

1- ﴿تَامَنَّا﴾ بِسُورَةِ يُوسُفَ:

هٰذِه الكلِمَةُ مُكوّنةٌ مِن فِعْلٍ مُضارعٍ مَرْفُوعٍ آخرُهُ نُونٌ مَضْمُومَةٌ، وَمن مَفعُولٍ بِهِ أَوّلُه نُونٌ، فَأَصْلُها (تَأمَنُنَا) بِنُونَيْنِ، وَقد أَجْمعَ كُتّابُ المَصَاحِفِ علىٰ كِتَابتها بنُونٍ وَاحِدَةٍ، وَفيهَا لِلقُرَّاءِ العَشَرَةِ مَا عَدَا أَبَا جَعْفرٍ وَجْهَانِ أَحَدُهُمَا: الإِخْفَاءُ، وَالمَرادُ بِهِ النُّطق بثُلُثَي الحَرَكَةِ، وَعلىٰ هٰذَا يَذهَبُ منَ النُّون الأُولىٰ عِندَ النُّطقِ بهَا ثُلُثُ حَرَكَتِها.

وَثَانِيهِمَا: إِدْغَام النُّون الأُولى فِي الثَّانِيَةِ إِدْغامًا تَامًّا مَعَ الإِشْمَامِ، وَهُو ضَمُّ الشَّفَتَيْن مُقارنًا لِسُكونِ الحَرْفِ المُدْغَمِ، وَالإِخْفَاءُ مُقدَّمٌ فِي الأَدَاءِ.

وَقَد ضُبِطَتْ هٰذِه الكَلِمَةُ ضَبْطًا صَالِحًا لِكلٍّ مِنَ الوَجْهَيْنِ السَّابِقَيْن.

2- رَأَتِ اللّجْنَةُ تَنقيطَ الأَحرُفِ الأَرْبَعَةِ المَجمُوعَةِ فِي كَلمَةِ (يُنفِقُ) عِندَما تَكون مُتطرِّفَةً، والاكتِفاءَ فَقط بِعَدمِ تَنقِيطِ حَرفِ اليَاءِ المُتطرِّفَة، كَما جَرى العَمَلُ عِند المَشَارقَةِ، وَجرتِ اللّجْنَةُ علىٰ هٰذَا وذٰلِك مِنَ التَسْهيلِ عَلى القَارئ.

3- رَأَتِ اللّجْنَةُ أَن يَكُونَ نَقْطُ القَافِ والفَاءِ بوَضْعِ نُقْطَتَي القَافِ فَوقَهَا ونُقطَةِ الفَاءِ فَوقَهَا أَيضًا، كَما جَرى العَمَلُ عِندَ المَشارِقَةِ، وَجرتِ اللّجْنَةُ علىٰ هٰذَا وذٰلِكَ مِنَ التَسْهيلِ عَلى القَارئ.

4- ﴿بِأَيْيْدٍ﴾ بسورة الذَّٰرِيَٰتِ:

كُتبَتْ هٰذِه الكَلِمَةُ بِيَاءَيْن إِحْدَاهُمَا زَائِدَة، وَالمختَارُ أَنّ الزَّائِدَةَ هِي الثَّانِيَةُ، وَقد ضُبِطَتْ بَوضْعِ الدَّارَةِ فَوقَهَا دلَالَةً علىٰ زِيادَتِهَا، أَمَّا اليَاءُ الأُولىٰ فَجرىٰ عَمَلُ المغَارِبَةِ علىٰ وَضْعِ جَرَّةٍ

فوقَهَا تَكُونُ فِي مَوْضِعِ السُّكون عَلَامَةً علىٰ سُكونِهَا، وَإنَّما جَرَوا علىٰ هٰذَا الضَّبْطِ لِشبهِ عَلَامةِ السُّكُونِ عِندَهُم بِالدَّارَةِ، وَعلىٰ هٰذَا فَالجَرَّةُ هُنَا لَيْسَتْ بِحَرَكَةٍ، وَضبطها المَشَارِقة بِوَضْعِ السُّكون علىٰ اليَاء الأُولىٰ وهو عبارة عن رأس خاء (ْ) ودارَة علىٰ اليَاء الثَّانِيَةِ، عَلَامَةً علىٰ زِيَادَتِهَا، وَكلٌّ له دَليل.

5- كلِمةُ ﴿ٱلَّٰتِي﴾ وكلِمةُ ﴿ٱلَّٰئِي﴾ الاسْمُ المَوْصُولُ الدَّالُّ علىٰ جَمْعِ الإِنَاثِ: ضُبِطتْ هَاتان الكَلِمَتان بناءً علىٰ مَا ذهب إليه أبو داود سليمان بن نجاح من وضع الشَّدَّة والفَتحة فوق اللَّام وبعدها أَلِفُ الإلحاق خوف التباسها على القارئ بكلمة ﴿ٱلَّتِي﴾ المفردة، وهذا من جملة ما خُولف فيه العمل بمَا رَجَّحَهُ الإِمَام أَبُو عَمْرٍو الدَّانِيّ مِن حَذْفِ اللَّام الثَّانيَةِ، فَلَم تُوضَعْ عَلَى اللَّام شَدَّةٌ وَلَا فتحةٌ، وَلم تُلْحَق الأَلِفُ المحذُوفَةُ بَعْد اللَّام لِفَقْدِ الحَرْفِ المَفتُوحِ.

هٰذَا وَقد وَرَدَتْ هٰذِه الكَلِمَةُ ﴿ٱلَّٰتِي﴾ الوَاقعَة اسْمًا لِلمَوصُولِ الدَّالِّ علىٰ جَمْعِ الإِنَاثِ في عَشَرَةِ مَواضِعَ فِي القُرْآنِ الكَرِيمِ:

سِتَّةٌ في سُورَةِ النِّسَاءِ الآيَات: (15 ، 23 ، 34 ، 126) وَمَوْضِعٌ في سُورَةِ يُوسُفَ الآيَة: (50)، وَمَوْضِعٌ في سُورَةِ النُّورِ الآية: (58) وَمَوْضعَانِ بسُورَة الأَحزابِ الآية: (50)، وكلِمةُ ﴿ٱلَّٰئِي﴾ في أربعة مَوَاضِع، مَوْضِعٌ في سُورَةِ الأحزاب الآية: (4)، وَمَوْضِعٌ في سُورَةِ الْمُجَادلَةِ الآية: (2)، وَمَوضِعان في سُورَةِ الطَّلَاقِ الآية: (4).

تَعْرِيفُ بِمُصْحَفِ التَّجْوِيدِ

بعون الله تعالى، وبعد سنواتٍ من الجهد المتواصل، أُنجز هذا المصحف الشريف ليعين قارئ القرآن الكريم على التزامه بأحكام التجويد أثناء التلاوة.

وفيما يلي تعريف بالمنهج المعتمَد:

اللون الأحمر القاني: يرمز إلى مواضع المدّ المشبع، ويمد ست حركات، (أي بمقدار ثلاث ألفات) ومقدار كل حركة نصف ثانية تقريبًا، ويشمل المد اللازم بأنواعه والمد المتصل والمنفصل ومد الفرق والصلة الكبرى، مثل: ﴿حَآجَّكَ﴾ ﴿أَلَمَّ﴾ ﴿الْمَآءُ﴾ ﴿يَأَيُّهَا﴾ ﴿مَالَهُۥٓ أَخْلَدَهُۥ﴾.

اللون الأحمر البرتقالي: يرمز إلى مواضع المدّ الجائز، ويمد 2 أو 4 أو 6 حركات جوازًا، (حيث يجوز فيها القصر أو التوسط أو الإشباع) ويشمل مد البدل والمد العارض للسكون ومد اللين، مثل: ﴿ءَامَنُواْ﴾ ﴿عَظِيمٌ ۝﴾ ﴿خَوْفٍ ۝﴾.

اللون الأحمر الكموني: يرمز إلى بعض حالات المدّ الطبيعي للألف والياء والواو، باستثناء إذا كانت أحرف المد في نهاية آية لا وقف عليها، ويختص بما ترك كتّاب المصاحف في الأصل رسمه في المصاحف العثمانية، وألحقه علماء الضبط فيما بعد، وقد ميّزناها بهذا اللون إشارة إلى وجوب النطق بها ممدودة حركتين مثل: ﴿ٱلْخَلَّٰقُ﴾ ﴿لَهُۥ تَصَدَّىٰ﴾ ﴿يَسْتَحْيِۦ﴾ ﴿دَاوُۥدَ﴾ ﴿ٱلنَّبِيِّـۧنَ﴾.

اللون الأخضر: يرمز إلى مواضع الغُنَّة، والغُنَّة صوت يخرج من الأنف، ويشتمل هذا اللون على:

- الإدغام بغنّة، مثل: ﴿مَن يَعْمَلْ﴾ ﴿عَذَاباً مُّهِيناً﴾، وقد لوَنَّا الحرف المُدْغَم فيه لأن الغُنَّة عليه.
- الإخفاء، مثل: ﴿أَنتَ﴾ ﴿عَلِيماً قَدِيراً﴾، وقد لَوَنَّا هنا النون والتنوين لأن الغُنّة عندهما.
- القلب، مثل: ﴿مِنۢ بَعْدِ﴾ ﴿سَمِيعاً بَصِيراً﴾، وقد لوَنَّا الميم المرسومة فوقها لأن الغُنّة عليها.
- النون والميم المشددتين، مثل : ﴿إِنَّ﴾ ﴿ثُمَّ﴾.

ونشير إلى أن الغُنَّة مطلوبة دومًا إن كانت في كلمة مستقلة، أما إن كانت مرتبطة بما قبلها أو بما بعدها فهي مطلوبة حال الوصل فقط، على تفصيلٍ يُعْلَم من فن التجويد.

اللون الرمادي: يرمز إلى بعض ما لا يُلفَظ من حروف القرآن الكريم، وهو نوعان:

أولًا: ما لا يُلفَظ مُطلَقًا:

1- اللام الشمسية: ﴿ **ٱلشَّمْسُ** ﴾ ﴿ **ٱللَّغْوِ** ﴾.

2- المرسوم خلاف اللفظ: ﴿ **زَكَوٰةٍ** ﴾ ﴿ **أُوْلَآءِ** ﴾.

3- ألف التفريق: ﴿ **ذُكِّرُواْ** ﴾.

4- همزة الوصل داخل الكلمة: ﴿ **وَٱلْمُرْسَلَٰتِ** ﴾.

5- موضع ألف الإلحاق: ﴿ **وَلِّيهُمْ** ﴾.

6- النون المنقلبة ميمًا داخل الكلمة: ﴿ **فَأَنۢبَتْنَا** ﴾.

ثانيًا: ما لا يُلفَظ من الأحرف المُدغَمة والمُنقلبة:

1- النون والتنوين المُدْغَمان: ﴿ **مَن يَعْمَلْ** ﴾ ﴿ **عَذَابًا مُّهِينًا** ﴾.

2- النون المُنْقلبة ميمًا في آخر الكلمة، أو وسطها : ﴿ **مَنۢ بَعْدِ** ﴾ ﴿ **بِٱلْجَنۢبِ** ﴾.

3- الحرف المُدْغَم إدغامًا متجانسًا: ﴿ **أَثْقَلَت دَّعَوَا** ﴾ ﴿ **لَقَد تَّقَطَّعَ** ﴾.

4- الحرف المُدْغَم إدغامًا متقاربًا : ﴿ **وَقُل رَّبِّ** ﴾ ﴿ **نَخْلُقكُّم** ﴾.

وأما ما يجوز لفظه حال الوصل أو الفصل مما سوى هذا فقد تركناه على حاله .

اللون الأزرق الغامق: يرمز لحرف اللام المفخمة في اسمِ الجلالة: ﴿ **إِنَّ ٱللَّهَ** ﴾، ويرمز إلى تفخيم حرف الراء وحروف الاستعلاء (خ ، ص ، ض ، غ ، ط ، ق ، ظ)، مثل: ﴿ **بِرَبِّ** ﴾ ﴿ **خَلَقَكَ** ﴾ ﴿ **لَضَالُّواْ** ﴾ ﴿ **يَضْحَكُونَ** ﴾ ﴿ **ٱللَّغْوِ** ﴾ ﴿ **لِّلْمُطَفِّفِينَ** ﴾ ﴿ **قُرَيْشٍ** ﴾ ﴿ **عَظِيمٍ** ﴾ وكذلك اللام المفتوحة بعد حروف (ص ، ط ، ظ)، مثل: ﴿ **ٱلصَّلَوٰةَ** ﴾ ﴿ **طَلَعَت** ﴾ ﴿ **تُظْلَمُ** ﴾.

مع ملاحظة ضرورة عدم تفخيم الراء المتطرفة (الملونة) والمكسورة بنفسها في رؤوس الآي، عند الوصل، مثل: ﴿ **ٱلْقَدْرِ ۝١ وَمَآ** ﴾.

اللون الأزرق الفاتح: يرمز إلى مواضع القلقلة على الحروف :(ق ، ط ، ب ، ج ، د) الساكنة، مثل : ﴿ **نَتَقْنَا** ﴾ ﴿ **يَطْبَعُ** ﴾ ﴿ **قَبْلِهِم** ﴾ ﴿ **يَجْعَلَ** ﴾ ﴿ **أَدْعُواْ** ﴾.

أو المتحركة، التي يوقف عليها عند رؤوس الآي، أو عند الوقف : ﴿ **ٱلْفَلَقِ ۝١** ﴾.

تَوضيحٌ للمُتَخَصِّصِينَ فِي القِراءةِ

1. إن كثيرًا من أحكام التجويد تتغير بحسب الوقف والابتداء، وإن العلماء غير متفقين في تسمية أنواع الوقف واصطلاحاته، وقد التزمنا حيال ذلك ما اختاره المغاربة في مصاحفهم من اعتماد وقف الهبطي، سواء كان الوقف على رؤوس الآي أو في وسطها، وكان اختيارنا هذا أوفق لما جرى عليه نساخ المصاحف من الإشارة إلى الإدغام والقلب والإخفاء في كل موضع في القرآن الكريم، ولو كان ثمة وقف على آخر الكلمة، كما في قوله سبحانه ﴿تَذْكِرَةٌ فَمَن﴾، وذلك جريًا على قاعدتهم، وليس في القرآن من وقف وجب، واكتفينا بالإشارة إلى ما يمدُّ حال الوقف في رؤوس الآي وخواتيم السور.

2. جعلنا المد المشبع كلَّهُ باللون الأحمر القاني، بلا تمييز بين أنواعه، لأن المدّ في جميعها واحد وهو ست حركات، (أي بمقدار ثلاث ألفات) ومقدار كل حركة نصف ثانية تقريبًا، فجعلناه في اللازم الكلمي على الحرف الممدود، وفي الحرفي على الحرف الذي يرمز إلى المدّ مع حركته، وكذلك المد المتصل والمنفصل والصلة الكبرى باللون نفسه.

3. جعلنا مد البدل باللون الأحمر البرتقالي، حيث يجوز فيه القصر والتوسط والإشباع، ومد البدل هو حرف المد إذا وقع بعد همز سواء كان الهمز محققا، مثل: ﴿ءَامَنُواْ﴾ ﴿أُوحِىَ﴾ ﴿إِيمَـٰنًا﴾ أو مسهلا، مثل: ﴿ءَآلَ﴾ أو المنقولة حركة سكونه إلى ما قبله، مثل: ﴿ٱلۡأَخِرَةَ﴾ ﴿وَٱلۡأُولَىٰ﴾ ﴿فَٱلَٰٔنَ﴾ وكذلك ﴿قُلِ إِۦ﴾ أو مبدلًا مثل: ﴿هَـٰٓؤُلَآءِ ءَالِهَةً﴾.

وكذلك جعلنا هذا اللون على المدّ العارض للسكون ومدّ اللين، ولكن مبنى هذين المدين على السكون العارض، وهو يدور على اختيار القرّاء، ولما تعذر ضبط ذلك والتزامه، اكتفينا بالإشارة إليه عند أواخر الآي فقط، ولأن ذلك هو الأرفق بالمتعلم كما سبق بيانه، وعلى القارئ أن يلاحظ قاعدة العارض للسكون واللين في المواضع التي تتحقق فيها في الآيات

الطوال، حيث يقف اضطرارًا، مما لم نثبته باللون البرتقالي التزامًا بما قدمناه.

وكذلك تركنا تلوين غُنّة الإدغام والقلب والإخفاء إذا جاء ذلك بين سورتين أو آيتين، وتركنا كذلك تلوين المدود التي التزمناها إذا جاءت بين آيتين .

4. ربما وردت الأحرف الصغيرة للدلالة على أحرف محذوفة ملحقة لا تستلزم مدًّا، مثل: ﴿لِّنُحۡـِۧيَ﴾ فقد جاءت للدلالة عل ياء مكسورة، ملحقة بقلم رقيق، فلم نُدْخِلها وأمثالها في اللون الأحمر القاني أو الكموني، لأن مرادنا التذكير بما يلزم مدّه مما تركه الكُتّاب.

5. اخترنا أن نلوّن حركتي التنوين معًا دفعًا للتشويش على القارئ، علمًا أن ذلك لا يغير من حكم التنوين الأصلي في شيء.

6. تكون الغُنَّة في الإدغام **باللون الأخضر** على الحرف المُدغَم فيه، وتكون في القلب على الميم المرسومة فوق، وتكون على الميم والنون المشددتين حقيقة، وهذا ظاهر، ولكنها في الإخفاء تكون على النون الساكنة أو التنوين، وليس على ما بعدهما حقيقة، فكان اجتهادنا في اختيار تذكير المتعلم بموضع الغُنّة، أما تحقيق خروجها فلا بد من العودة فيه إلى علماء القراءة كما أسلفنا .

7. أدخلنا في اللون الرمادي اللام الشمسية، ومنها: ﴿ٱللَّغۡوَ﴾ ﴿ٱللَّهۡوِ﴾، وأمثالهما، وذلك على قاعدة اللام الشمسية.

8. أدخلنا في اللون الرمادي ألف الوصل داخل الكلمة، إذ لا يصح لفظها بحال، كما في: ﴿فَٱتَّبِعُوهُ﴾ ﴿بِٱسۡمِ﴾ ﴿وَٱلضُّحَىٰ﴾، وكانت قاعدتنا في ذلك أن ما ورد قبل ألف الوصل إن صح أن يوقف عليه مستقلًا - ولو مع الاستئناف اللاحق- فالألف حينئذ ألف وصل يبدأ بها، كما في: ﴿فِي ٱلۡأَرۡضِ﴾ ﴿أَوِ ٱدۡعُواْ﴾.

وإن لم يمكن أن يوقف عليه مستقلًا فهي حينئذ ألف داخلية كما في: ﴿وَٱلۡمُومِنِينَ

وَالْمُومِنَٰتِ﴾، فلا يصح بحال أن تقف عند قوله: ﴿وَالْمُومِنِينَ وَ... ثم تستأنف.

وبالجملة، فكل ألف وصل سبقتها أداة لا تنفصل عنها كالباء أو التاء أو الكاف أو الواو أو الفاء فهي حينئذ ألف داخلية لا تُلفظ بحال.

9. أدخلنا في اللون الرمادي ما رُسِم خلاف اللفظ، وبذلك نكون قد تجاوزنا مشكلة كان يعاني منها المسلمون الأعاجم إذ يصادفهم المرسوم خلاف اللفظ في كلمات كثيرة، وقد حافظنا بذلك على الرسم العثماني.

ولم نُدخِل في اللون الرمادي كرسي الهمزة سواء كان ألفًا أو واوًا أو ياءً، وإذا خالف الرسم القواعد الإملائية فإننا نُبقي كرسي الهمزة وفق الرسم القرآني بلا اعتبار للقاعدة الإملائية المحدثة مثل: ﴿الْمَلَؤُاْ﴾.

10. أدخلنا في اللون الرمادي كرسي الألف الملحق ليدل على أنه لا يلفظ، والحقيقة أن كتاب المصاحف العثمانية لم يكتبوا هذا الملحق، ولذلك جعلنا كرسي هذه الألف باللون الرمادي، مثال ما كتبه الكتّاب: ﴿إِحْدَيٰهُمَا﴾ ﴿نَجْوَيٰهُمْ﴾، ومثال ما لم يكتبه الكتّاب: ﴿يَٰمُوسَىٰ﴾ ﴿هَٰتَيْنِ﴾.

11. أدخلنا في اللون الرمادي كل الحروف المدغمة سواء أكان إدغاما تامًّا أم ناقصًا، بغنة أم بغير غنة، متجانسًا أو متقاربًا، ولم نُدخِل المدغم إدغامًا متماثلًا، دفعًا للتشويش على المتعلم، وذلك أن قصدنا يتمثل في أن يَترك القارئ لفظ الحرف الرمادي، وهذا متحقق وفق هذه القاعدة، وغاية ما يهم القارئ في المتماثلين أن ينطق بهما حرفًا واحدًا مشددًا، ولا يتغير الأمر بالنسبة للمتعلم سواء نطق بساكن ثم متحرك، أو نطق بحرف مشدد.

12. أدخلنا في اللون الرمادي النون الساكنة المنقلبة ميمًا، مثل: ﴿مِنۢ بَعْدِ﴾، ولم نُدخِل التنوين لأن نُسّاخ المصاحف عالجوا ذلك أصلًا، إذ حذفوا التنوين، واكتفوا بحركة

واحدة، ورسموا الحركة الثانية ميمًا صغيرة، مثل: ﴿خَبِيرُۢ بِمَا﴾.

13. أدخلنا في اللون الأزرق الغامق حرف اللام المفخمة في اسْمِ الجلالة: ﴿وَاللَّهُ﴾، وغير المفخمة تركناها باللون الأسود.

14. أدخلنا في اللون الأزرق الغامق حرف الراء المفخم مثل: ﴿وَرَبَّكَ﴾ ﴿بِرَبِّ﴾، وتركنا الراء المرققة على حالها من غير تلوين، إذا توارد عليها سبب من أسباب الترقيق، مثل: ﴿غَيْرَ﴾ ﴿اَفْتَرِىٰ﴾ ﴿إِشْتَرِىٰ﴾ وغير ذلك من الراءات التي يرققها ورش دون غيره من القراء، كما هو معلوم في محله.

15. أدخلنا في اللون الأزرق الغامق حروف الاستعلاء (خ ، ص ، ض ، غ ، ط ، ق ، ظ)، علمًا أن درجة التفخيم تكون في أعلى مستوياتها مع الفتحة تليها ألف، وفي أدناها مع الكسرة، مثل: ﴿خَلَقَكَ﴾ ﴿لَصَالُواْ﴾ ﴿يَضْحَكُونَ﴾ ﴿اِللَّغْوِ﴾ ﴿لِّلْمُطَفِّفِينَ﴾ ﴿قُرَيْشٍ﴾ ﴿عَظِيمٍ﴾.

16. أدخلنا في اللون الأزرق الغامق اللام المفتوحة بعد حروف (ص ، ط ، ظ) المفتوحة والمسكنة، مثل: ﴿اُلصَّلَوٰةَ﴾ ﴿طَلَعَت﴾ ﴿تُظْلَمُ﴾.

17. أدخلنا في اللون الأزرق الفاتح حروف القلقلة في حالاتها الصغرى مثل: ﴿أَبْنَآءَ﴾، وفي حالتها الكبرى عند الوقف عليها في رؤوس الآي (دون تلوين الحركة)، مثل: ﴿قُلْ هُوَ اَللَّهُ أَحَدٌ ①﴾.

أحكَامُ التَّجْوِيدِ معَ أمثِلةٍ من مُصْحَفِ التَّجْوِيدِ

فقط بثلاثة ألوان رئيسية: الأحمر (بتدرجاته) لمواقع المدود، الأخضر لمواقع الغُنن، الحرف الأزرق الغامق للتفخيم، والأزرق الفاتح للقلقلة، بينما الرمادي لما لا يلفظ

تُطبق أثناء التلاوة 28 حكمًا بشكل عمليّ ومباشر

اللَّامُ الشَّمسِية، وما لا يُلفَظ	أَلشَّمْسَ - أَلدِّينَ - أَلصَّلَوٰةَ
أَحكَام النّون السَّاكِنة وَالتّنوين	
الإدغَام الكامِلُ (بِلا غُنَّة)	مِّن رَّبِّ - وَإِن لَّمْ - أَخْذَةً رَّابِيَةً - خَيْرٌ لَّكُمْ
الإخفَاء	وَالْمُنَٰفِقِينَ - مِن تَحْتِهَا - ثَمَناً قَلِيلاً
الإدغَام بغُنّة	مَنْ يَّشْتَرِے - خَيْراً يَرَهُ - مِن وَالٍ - تِجَٰرَةٌ وَلَا بَيْعٌ
القلب	بِالْجَنۢبِ - مِنۢ بَعْدِ - بَغْياَۢ بَيْنَهُمْ
الإظهَار	مِنْهَا - عَنْ عِبَادَتِهِۦ - وَهْناً عَلَىٰ
أَحكَام الميم السَّاكِنة	
الإدغَام الشفوِيّ	عَلَّمَكُم مَّا - فَمِنْهُم مَّنَ - يُخْرِجُهُم مِّنَ
الإخفَاء الشفويّ	وَأَيَّدَهُم بِرُوحٍ - رَبَّهُم بِالْغَيْبِ
الإظهَار الشفوِيّ	وَلَهُمْ عَلَيَّ - عَلَيْهِمْ وَلَا - لَهُمْ فِيهَا
أَحكَام النُّون والميمِ المُشَددتَين	
النُّون المشدَّدَة	جَنَّٰتٍ - تَحْسِبَنَّ
المِيم المشدَّدَة	فَأَمَّا - سَمُّوهُمْ - أُمِّهَا
أَحكَام المدُود	
مَدٌّ لَازم كلمي مُثقّل 6 حركات	وَالصَّٰٓفَّٰتِ - كَآفَّةً - أَتُحَٰٓجُّونِے
مَدٌّ لَازِم حرفي مُثقّل 6 حركات	أَلٓمٓر - أَلٓمٓ - طَسٓمٓ
مَدٌّ لَازِم حرفي مُخَفّف 6 حركات	قٓ - نٓ - طَسٓ
مَدُّ الفرق 6 حركات	قُلَ ءَآلذَّكَرَيْنِ
المَدُّ المتصل والمنفصل 6 حركات	جَآءَهُمُ - حَتَّىٰٓ إِذَا

مَدُّ صِلَةٍ كُبْرَى 6 حركات	وَلَهُۥٓ أَسْلَمَ - إِسْمُهُۥٓ أَحْمَدُ - هَٰذِهِۦٓ أُمَّتُكُمْ
مَدٌّ عَارِض للسكون 2، 4، 6 حركات	أَلْحَكِيمِ - يُوزَعُونَ - اِ۬لْعَٰلَمِينَ - اَلْحِسَابِ
مَدُّ اللِّين توسط وإشباع	لِشَاْءٍ - شَيْـًٔا - سَوْءَةَ - كَهَيْـَٔةِ
مَدُّ اللِّين قصر وتوسط وإشباع	أَلْبَيْتِ - خَوْفٍ
مَدُّ البَدَل قصر وتوسط وإشباع	ءَامَنُواْ - أُوحِيَ - إِيمَٰناً - اِ۬لَاخِرَةُ - اُ۬لُاولِيٰ
مَدّ صِلَةٍ صُغْرَى ومَدُّ أَلِفِ الإشارة 2 حركة	جَوْفِهِۦ وَمَا - وَرَسُولَهُۥ وَالدَّارَ - اَ۬لرَّحْمَٰنِ
مَدّ العِوَض 2 حركة (تبقى الألف سوداء، وتُمدُّ حركتين عند الوقف عوضًا عن تنوين النصب)	وَقَالَ صَوَاباً

إدغام المتجانسين والمتقاربين والمتماثلين

إدغَامُ المُتجانِسين	كِدتَّ - فَقَد ضَّلَّ - قَالَت طَّآئِفَةٌ
إدغَامُ المُتقارِبين	وَقُل رَّبِّ - نَخْلُقكُّم
إدغَامُ المُتمَاثِلين	بَل لَّآ - اَضْرِب بِّعَصَاكَ - أَتَواْ وَّيُحِبُّونَ

التَّفخِيم والتَّرقِيق

تَفْخِيمُ الرَّاء	أَلَامْرُ - وَالَارْضِ - اِ۬لرَّسُولُ
تَرقِيقُ الرَّاء	وَالْقَنَٰطِيرِ - بِنَصْرِهِۦ - نَصِيرٍ
تَفخِيمُ لَامِ اسْمِ الجَلالَة	وَاللَّهُ - إِنَّ اَ۬للَّهَ - عَبْدُ اُ۬للَّهِ
تَفخِيمُ أَحْرُفِ الاسْتِعْلَاء (خ، ص، ض، غ، ط، ق، ظ)	خَآئِفاً - اَقْصَا - ضَلَّ - غَفْلَةٍ وَأَطَعْنَا - قَالَ - ظَلَمْتُ

القَلقَلَة

حُرُوفُ القَلْقَلَة (ق، ط، ب، ج، د)	وَأَقْبَلَ - بَطْنِهِۦ - نَبْتَهِلْ - وَجْهِيَ - وَأَعْتَدْنَا

ملاحظة: عند الوقف، يجب أن يُعامل حرف المد الموجود قبل الحرف الأخير من الكلمة، معاملة المد الجائز العارض للسكون، ويتم كذلك قلقلة حروف (ق، ط، ب، ج، د) وتسكين حركتها من آخر الكلمة، علمًا أن صفات الحروف ومخارجها، لابد من سماعها لتأديتها بشكل صحيح من خلال التلقي...

فهذا المصحف الشريف لا يغني عن التلقي

بين يدي المصحف الشريف

وقد أشرف على تدوين أحكام الترتيل في بعض الأحرف الخاضعة لأحكام التجويد لجنة عليا من كبار العلماء قامت بجهود مضنية عدة سنوات لإنجاز هذا العمل المبارك وعلى الوجه الأكمل.

وصدرت موافقة وزارة الأوقاف - إدارة الإفتاء العام في الجمهورية العربية السورية - على طبع هذا المصحف الشريف وتداوله وتصديره برواية حفص عن عاصم برقم 169(15/4) تاريخ 2004/9/16 م، وكانت وزارة الإعلام قد وافقت على نشر مصحف التجويد وتداوله برقم 18952 تاريخ 1994/9/14 م، وذلك بموجب كتاب المفتي العام جوابًا لكتاب وزارة الإعلام رقم 1139 تاريخ 1994/4/26 م، وطلب المهندس صبحي طه المسجل برقم 290 تاريخ 1994/6/28 م.

وقد صدرت موافقة الأزهر الشريف (مجمع البحوث الإسلامية) الإدارة العامة للبحوث والتأليف والترجمة، بنشر وتداول هذا المصحف الشريف باسم: مصحف التجويد «ورتل القرآن ترتيلا»، بتاريخ 1420/5/28 هـالموافق 1999/9/8 م، ولاحقًا بتاريخ 2015/10/8 م تصريح تداول رقم 113.

وكذلك صدرت موافقة وزارةالأوقاف - إدارة الإفتاء والتدريس الديني- المفتي العام في الجمهورية العربية السورية برقم 15/4/442 بتاريخ 2007/12/12 م على مصحف التجويد (الواضح).

كما حازت هذه الطبعة من مصحف التجويد برواية ورش، على موافقة رئاسة قسم الدراسات الإسلامية في وزارة الأوقاف المغربية المبينة في بداية المصحف.

إذ استخدم الخط المشرقي بالرسم العثماني، وحوفظ على خصائص الكتابة بالطريقة المغاربية (بالنسبة لألف الوصل، وجرة الصلة، وتغديرة التسهيل والإبدال والتقليل ...)

وامتاز هذا المصحف بعدد الأسطر، ونهايات الصفحات، بشكل مطابق لنسخة المصحف

برواية حفص عن عاصم، مع التعديل المطلوب ليتوافق مع مصحف رواية ورش عن نافع على ما قرأ به أبو عمرو عثمان بن سعيد الداني على شيخه أبي القاسم خلف بن إبراهيم بن محمد بن خاقان، المقرئ بمصر عن شيخه أبي جعفر أحمد بن أسامة التُّجِيبيّ، عن إسماعيل بن عبد الله النحاس، عن أبي يعقوب يوسف بن عمرو بن يسار الأزرق، عن ورش عن نافع (كما في كتاب التيسير)، ومذهبه السكت بين السورتين، مع الالتزام بالعد المدني الأخير والوقف الهبطي.

وتقدم دار المعرفة تقديرها للدكتور **محمد حبش** الذي قام بتنفيذ الفكرة الإبداعية لدار المعرفة في تدوين أحكام التجويد في البداية على رواية حفص عن عاصم، وما وفقها الله به لإنجازها على رواية ورش عن نافع.

والشكر الأوفى لفضيلة الشيخ **كريم راجح**، ولفضيلة الشيخ **محي الدين الكردي** رحمه الله، وللأساتذة الدكاترة: **محمد سعيد رمضان البوطي** رحمه الله - **وهبة الزحيلي** رحمه الله - **محمد عبد اللطيف الفرفور** رحمه الله - **محمد الزحيلي**، الذين دعموا العمل وتبنّوا فكرته وشجعوا تنفيذها.

والشكر الخالص من القلب للعلماء الأفاضل عل مستوى العالم الإسلامي الذين باركوا العمل ورحّبوا به، تسهيلًا لتلاوة القرآن الكريم كما أمر بها الله تعالى: ﴿ وَرَتِّلِ ٱلْقُرْءَانَ تَرْتِيلًا ﴾.

والشكر الأسمى من قبل ذلك كله ومن بعده، لله تعالى عزَّ وجَل الهادي والموفق في إنجاز هذا العمل المبارك، والصلاة والسلام على أفضل خلق الله، النبي الأمي سيدنا محمد عليه أفضل الصلاة وأزكى السلام، وعلى آله وصحبه الأخيار، وعلى من اتبع هدى القرآن إلى يوم يبعثون.

دار المعرفة- دمشق

ق

ر

أقرت صحة هذا المصحف الشريف

ودقة رسمه وضبطه وعد آيه،

الهيئة العلمية لمراجعة المصاحف

بمؤسسة محمد السادس لنشر المصحف الشريف

بالمملكة المغربية،

بموجب القرار رقم 01 الصادر في 2022/02/01.

MW0047302